Alfred Böge

Arbeitshilfen und Formeln für das technische Studium

Band 1 **Grundlagen**

6., überarbeitete Auflage

erarbeitet von Alfred Böge, unter Mitarbeit von Klemens Herrmann, Walter Schlemmer und Wolfgang Weißbach

Mit 453 Bildern

Friedr. Vieweg & Sohn Braunschweig / Wiesbaden

Arbeitshilfen und Formeln für das technische Studium
erscheinen in der Reihe Viewegs Fachbücher der Technik
und werden herausgegeben von Alfred Böge

1. Auflage 1975
2., durchgesehene Auflage 1976
3., überarbeitete Auflage 1980
4., überarbeitete Auflage 1981
5., überarbeitete Auflage 1983
6., überarbeitete Auflage 1985

Satz: Vieweg, Braunschweig
Druck und buchbinderische Verarbeitung: Lengericher Handelsdruckerei, Lengerich
Umschlaggestaltung: Peter Morys, Salzhemmendorf
Printed in Germany

ISBN 3-528-54030-3

Vorwort

Für wen und wozu

Im Band 1 der „Arbeitshilfen“ finden die Studierenden an

- *Fachhochschulen*
- *Fachschulen*
- *Fachoberschulen*
- *Fachgymnasien*
- *Berufsaufbauschulen*

die zum Lösen von Aufgaben aus den technischen Grundlagenfächern erforderlichen und hilfreichen

- *Größengleichungen*
- *Erläuterungen einzelner Größen*
- *Lehrsätze*
- *Regeln und Verfahren*
- *Skizzen*
- *Diagramme*
- *Beispiele*

Weitere Bände erfassen die Unterrichtsinhalte der Ausbildungsschwerpunkte *Konstruktion, Fertigung, Elektrotechnik*.

Was wird erreicht, und wie

Mit den „Arbeitshilfen“ wird Zeit gespart für das Erarbeiten des Lösungsweges der Aufgaben:

- *das ausführliche Sachwortverzeichnis führt zur gesuchten Größe*
- *die zugehörige Tafel enthält die Größengleichungen in zweckmäßiger Form*
- *mit einem Blick erfaßt man den Anwendungsbereich*
- *die zusätzlichen Erläuterungen sichern die richtige Anwendung*
- *Hinweise auf andere Tafeln vervollständigen den Überblick*

Für Klausuren gerade richtig

Umfang, Schwerpunktbildung und Ordnung des Stoffes bringen den Studierenden die zulässige und wünschenswerte Hilfe für schriftliche Prüfungen.

Brücke von einer Schulform zur folgenden

Herausgeber und Autoren sind bestrebt, alle Bände didaktisch und methodisch so anzulegen, daß sie für alle Schulformen der Sekundarstufe II mit technischen Lehrinhalten und für die anschließenden Studiengänge echte *Arbeitshilfen* sind.

Alfred Böge

Inhaltsverzeichnis

Benutzen Sie auch das ausführliche Sachwortverzeichnis.

1. Mathematik

1.1. Mathematische Zeichen (nach DIN 1302)

$\sim$	proportional, ähnlich, asymptotisch gleich (sich $\to \infty$ angleichend), gleichmächtig
$\approx$	ungefähr gleich
$\cong$	kongruent
$\triangleq$	entspricht
$\neq$	ungleich
$<$	kleiner als
$\leqslant$	kleiner als oder gleich
$>$	größer als
$\geqslant$	größer als oder gleich
∞	unendlich
$\parallel$	parallel
$\nparallel$	nicht parallel
#	parallelgleich: parallel und gleich lang
$\perp$	orthogonal zu
$\to$	gegen (bei Grenzübergang), zugeordnet
$\Longrightarrow$	aus ... folgt ...
$\Longleftrightarrow$	äquivalent (gleichwertig); aus ... folgt ... und umgekehrt
$\wedge$	und, sowohl ... als auch ...
$\vee$	oder; das eine oder das andere oder beides (also nicht: entweder ... oder ...)
$\lvert x \rvert$	Betrag von x, Absolutwert
$\{x \mid ...\}$	Menge aller x, für die gilt ...
$\{a, b, c\}$	Menge aus den Elementen a, b, c; beliebige Reihenfolge der Elemente
(a, b)	Paar mit den geordneten Elementen (Komponenten) a und b; vorgeschriebene Reihenfolge
(a, b, c)	Tripel mit den geordneten Elementen (Komponenten) a, b und c; vorgeschriebene Reihenfolge
AB	Gerade AB; geht durch die Punkte A und B
$\overline{AB}$	Strecke AB
$\lvert\overline{AB}\rvert$	Betrag (Länge) der Strecke AB
(A, B)	Pfeil AB
$\overrightarrow{AB}$	Vektor AB; Menge aller zu (A, B) parallelgleichen Pfeile

$\in$	Element von
$\notin$	nicht Element von
$\mid$	teilt; $n \mid m$: natürliche Zahl n teilt natürliche Zahl m ohne Rest
$\nmid$	nicht teilt; $n \nmid m$: m ist nicht Vielfaches von n
$\mathbb{N}$	$= \{0, 1, 2, 3, ...\}$ Menge der natürlichen Zahlen mit Null
$\mathbb{N}^*$	$= \{1, 2, 3, ...\}$ Menge der natürlichen Zahlen ohne Null
$\mathbb{Z}$	$= \{..., -3, -2, -1, 0, 1, 2, 3, ...\}$ Menge der ganzen Zahlen
$\mathbb{Z}^*$	$= \{-3, -2, -1, 1, 2, 3, ...\}$ Menge der ganzen Zahlen ohne Null
$\mathbb{Q}$	$= \left\{ \frac{n}{m} \mid n \in \mathbb{Z} \wedge m \in \mathbb{N}^* \right\}$ Menge der rationalen Zahlen (Bruchzahlen)
$\mathbb{Q}^*$	$= \left\{ \frac{n}{m} \mid n \in \mathbb{Z}^* \wedge m \in \mathbb{N}^* \right\}$ Menge der rationalen Zahlen ohne Null
$\mathbb{R}$	Menge der reellen Zahlen
$\mathbb{R}^*$	Menge $\mathbb{R}$ ohne Null
$\mathbb{C}$	Menge der komplexen Zahlen
$n!$	$= 1 \cdot 2 \cdot 3 \cdot ... \cdot n$, n Fakultät
$\binom{n}{k}$	$= \dfrac{n(n-1)(n-2) ... (n-k+1)}{k!}$ gelesen: n über k; $k \leqslant n$; binomischer Koeffizient
$[a; b]$	$= a ... b$; geschlossenes Intervall von a bis b, d.h. a und b eingeschlossen: $= \{x \mid a \leqslant x \leqslant b\}$
$]a; b[$	$= \{x \mid a < x < b\}$; offenes Intervall von a bis b, d.h. ohne die Grenzen a und b
$]a; b]$	$= \{x \mid a < x \leqslant b\}$; halboffenes Intervall, a ausgeschlossen, b eingeschlossen
lim	Limes, Grenzwert
log	Logarithmus, beliebige Basis
$\log_a$	Logarithmus zur Basis a
$\lg x$	$= \log_{10} x$ Zehnerlogarithmus

1. Mathematik

$\ln x$ = $\log_e x$ natürlicher Logarithmus

Δx Delta x, Differenz von zwei x-Werten, z.B. $x_2 - x_1$

dx Differential von x, symbolischer Grenzwert von Δx bei $\Delta x \to 0$

$\frac{dy}{dx}$ dy nach dx, Differentialquotient

$y' = f'(x), y'' = f''(x)$, ... Abkürzungen für $\frac{df(x)}{dx}, \frac{d^2 f(x)}{dx^2} = \frac{d}{dx}\left(\frac{df(x)}{dx}\right), \ldots$ erste, zweite, ... Ableitung; Differentialquotient erster, zweiter,... Ordnung

$\sum_{\nu=1}^{n} a_\nu = a_1 + a_2 + \ldots + a_n$, Summe

$\int \ldots dx$ unbestimmtes Integral, Umkehrung des Differentialquotienten

$\int_a^b f(x)\,dx = [F(x)]_a^b = F(b) - F(a)$ mit $F'(x) = f(x)$, bestimmtes Integral

1.2. Häufig gebrauchte Konstanten

$\sqrt{2}$ =	1,4142 2	$\sqrt{e}$ =	1,6487 21	$1 : \pi^2$ =	0,1013 21
$\sqrt{3}$ =	1,7320 5	$\sqrt[3]{e}$ =	1,3956 12	$\sqrt{1 : \pi}$ =	0,5641 90
π =	3,1415 93	$e^{\pi/2}$ =	4,8104 77	$\sqrt{1 : 2\pi}$ =	0,3989 42
2π =	6,2831 85	e^{π} =	23,1406 93	$\sqrt{2 : \pi}$ =	0,7978 85
3π =	9,4247 78	$e^{2\pi}$ =	535,4916 56	$\sqrt[3]{1 : \pi}$ =	0,6827 84
4π =	12,5663 71	$M = \lg e$ =	0,4342 94	$1 : e$ =	0,3678 79
$\pi : 2$ =	1,5707 96	g =	9,81	$1 : e^2$ =	0,1353 35
$\pi : 3$ =	1,0471 98	g^2 =	96,2361	$\sqrt{1 : e}$ =	0,6065 31
$\pi : 4$ =	0,7853 98	$\sqrt{g}$ =	3,13209	$\sqrt[3]{1 : e}$ =	0,7165 32
$\pi : 180$ =	0,0174 53	$\sqrt{2g}$ =	4,42945	$e^{-\pi/2}$ =	0,2078 80
π^2 =	9,8696 04	$1 : \pi$ =	0,3183 10	$e^{-\pi}$ =	0,0432 14
$\sqrt{\pi}$ =	1,7724 54	$1 : 2\pi$ =	0,1591 55	$e^{-2\pi}$ =	0,0018 67
$\sqrt{2\pi}$ =	2,5066 28	$1 : 3\pi$ =	0,1061 03	$1 : M = \ln 10$ =	2,3025 85
$\sqrt{\pi : 2}$ =	1,2533 14	$1 : 4\pi$ =	0,0795 77	$1 : g$ =	0,10194
$\sqrt[3]{\pi}$ =	1,4645 92	$2 : \pi$ =	0,6366 20	$1 : 2g$ =	0,050968
e =	2,7182 82	$3 : \pi$ =	0,9549 30	$\pi\sqrt{g}$ =	9,83976
e^2 =	7,3890 56	$4 : \pi$ =	1,2732 40	$\pi\sqrt{2g}$ =	13,91552
		$180 : \pi$ =	57,2957 80		

1.3. Tafel der Evolventenfunktion $\text{inv}\,\alpha = \tan\alpha - \text{arc}\,\alpha = \tan\alpha - \frac{\pi\,\alpha^\circ}{180^\circ}$

α°	0′	10′	20′	30′	40′	50′
12	0,003 117	0,003 250	0,003 387	0,003 528	0,003 673	0,003 822
13	0,003 975	0,004 132	0,004 294	0,004 459	0,004 629	0,004 803
14	0,004 982	0,005 165	0,005 353	0,005 545	0,005 742	0,005 943
15	0,006 150	0,006 361	0,006 577	0,006 798	0,007 025	0,007 256
16	0,007 493	0,007 735	0,007 982	0,008 234	0,008 492	0,008 756
17	0,009 025	0,009 299	0,009 580	0,009 866	0,010 158	0,010 456
18	0,010 760	0,011 071	0,011 387	0,011 709	0,012 038	0,012 373
19	0,012 715	0,013 063	0,013 418	0,013 779	0,014 148	0,014 523
20	0,014 904	0,015 293	0,015 689	0,016 092	0,016 502	0,016 920
21	0,017 345	0,017 777	0,018 217	0,018 665	0,019 120	0,019 583
22	0,020 054	0,020 533	0,021 019	0,021 514	0,022 018	0,022 529
23	0,023 049	0,023 577	0,024 114	0,024 660	0,025 214	0,025 777
24	0,026 350	0,026 931	0,027 521	0,028 121	0,028 729	0,029 348
25	0,029 975	0,030 613	0,031 260	0,031 917	0,032 583	0,033 260
26	0,033 947	0,034 644	0,035 352	0,036 069	0,036 798	0,037 537
27	0,038 287	0,039 047	0,039 819	0,040 602	0,041 395	0,042 201
28	0,043 017	0,043 845	0,044 685	0,045 537	0,046 400	0,047 276
29	0,048 164	0,049 064	0,049 976	0,050 901	0,051 838	0,052 788
30	0,053 751	0,054 728	0,055 717	0,056 720	0,057 736	0,058 765
31	0,059 809	0,060 866	0,061 937	0,063 022	0,064 122	0,065 236
32	0,066 364	0,067 507	0,068 665	0,069 838	0,071 026	0,072 230
33	0,073 449	0,074 684	0,075 934	0,077 200	0,078 483	0,079 781
34	0,081 097	0,082 428	0,083 777	0,085 142	0,086 525	0,087 925
35	0,089 342	0,090 777	0,092 230	0,093 701	0,095 190	0,096 698
36	0,09 822	0,09 977	0,10 133	0,10 292	0,10 452	0,10 614
37	0,10 778	0,10 944	0,11 113	0,11 283	0,11 455	0,11 630
38	0,11 806	0,11 985	0,12 165	0,12 348	0,12 534	0,12 721
39	0,12 911	0,13 102	0,13 297	0,13 493	0,13 692	0,13 893
40	0,14 097	0,14 303	0,14 511	0,14 722	0,14 935	0,15 152
41	0,15 370	0,15 591	0,15 815	0,16 041	0,16 270	0,16 502
42	0,16 737	0,16 974	0,17 214	0,17 457	0,17 702	0,17 951
43	0,18 202	0,18 457	0,18 714	0,18 975	0,19 238	0,19 505
44	0,19 774	0,20 047	0,20 323	0,20 603	0,20 885	0,21 171

Mit dem Rechner lassen sich die Funktionswerte $\text{inv}\,\alpha$ leicht ermitteln, zum Beispiel

$$\text{inv}\;21{,}38^\circ = \tan 21{,}38^\circ - \frac{\pi \cdot 21{,}38^\circ}{180^\circ} = 0{,}018\;341\;699\;5$$

($\text{inv}\,\alpha$ sprich „involut“ α)

1.4. Griechisches Alphabet

α	A	Alpha	ι	I	Jota	ρ	P	Rho
β	B	Beta	κ	K	Kappa	σ	Σ	Sigma
γ	Γ	Gamma	λ	Λ	Lambda	τ	T	Tau
δ	Δ	Delta	μ	M	My	υ	Y	Ypsilon
ϵ	E	Epsilon	ν	N	Ny	φ	Φ	Phi
ζ	Z	Zeta	ξ	Ξ	Xi	χ	X	Chi
η	H	Eta	o	O	Omikron	ψ	Ψ	Psi
ϑ	Θ	Theta	π	Π	Pi	ω	Ω	Omega

1.5. Multiplikation, Division, Klammern, Binomische Formeln, Mittelwerte

Produkt $n \cdot a$	$n \cdot a = \underbrace{a + a + a + \ldots + a}_{n \text{ Summanden}}$ n, a Faktoren
Vorzeichenregeln	$(+a)(+b) = ab$ $(+a)(-b) = -ab$ $(-a)(+b) = -ab$ $(-a)(-b) = ab$ $(+a):(+b) = a/b$ $(+a):(-b) = -a/b$ $(-a):(+b) = -a/b$ $(-a):(-b) = a/b$
Rechnen mit Null	$a \cdot b = 0$ heißt $a = 0$ oder $b = 0$; $0 \cdot a = 0$; $0 : a = 0$
Multiplizieren von Summen	$(a+b)(c+d) = ac + ad + bc + bd$
Quotient	$a = b/n = b : n$; $n \neq 0$ b Dividend; n Divisor Division durch 0 gibt es nicht
Brüche	$\frac{a}{b} \cdot \frac{c}{d} = \frac{ac}{bd}$ Brüche werden multipliziert, indem man ihre Zähler und ihre Nenner multipliziert. $\frac{a}{b} : \frac{c}{d} = \frac{ad}{bc}$ Brüche werden dividiert, indem man mit dem Kehrwert des Divisors multipliziert. $\frac{a}{d} + \frac{b}{d} - \frac{c}{d} = \frac{a+b-c}{d}$; $\frac{a+b}{c} = \frac{a}{c} + \frac{b}{c}$ $\frac{a}{mx} + \frac{b}{nx} - \frac{c}{px} = \frac{anp + bmp - cmn}{mnpx}$; $mnpx$ Hauptnenner
Klammerregeln	$a + (b - c) = a + b - c$ $a - (b + c) = a - b - c$ $a - (b - c) = a - b + c$ Steht ein Minuszeichen vor der Klammer, so sind beim Weglassen der Klammer die Vorzeichen aller in der Klammer stehenden Summanden umzukehren.
Binomische Formeln, Polynome	$(a+b)^2 = (a+b)(a+b) = a^2 + 2ab + b^2$ $(a-b)^2 = (a-b)(a-b) = a^2 - 2ab + b^2$ $a^2 - b^2 = (a+b)(a-b)$ $(a+b+c)^2 = a^2 + b^2 + c^2 + 2ab + 2ac + 2bc$ $(a \pm b)^3 = a^3 \pm 3a^2b + 3ab^2 \pm b^3$ $a^3 + b^3 = (a+b)(a^2 - ab + b^2)$; $a^3 - b^3 = (a-b)(a^2 + ab + b^2)$ $(a+b)^n = a^n + \frac{n}{1} a^{n-1} b + \frac{n(n-1)}{1 \cdot 2} a^{n-2} b^2 + \frac{n(n-1)(n-2)}{1 \cdot 2 \cdot 3} a^{n-3} b^3 + \ldots + b^n$

arithmetisches Mittel	$x_a = \frac{x_1 + x_2 + \ldots + x_n}{n}$ z. B. $x_a = \frac{2+3+6}{3} = 3{,}67$
geometrisches Mittel	$x_g = \sqrt[n]{x_1 \cdot x_2 \ldots x_n}$ z. B. $x_g = \sqrt[3]{2 \cdot 3 \cdot 6} = \sqrt[3]{36} = 3{,}3$
harmonisches Mittel	$x_h = \frac{1}{\frac{1}{n}\left(\frac{1}{x_1} + \frac{1}{x_2} + \cdots + \frac{1}{x_n}\right)}$ z. B. $x_h = \frac{1}{\frac{1}{3}\left(\frac{1}{2} + \frac{1}{3} + \frac{1}{6}\right)} = 3{,}0$
Beziehung zwischen x_a, x_g, x_h	$x_a \geqq x_g \geqq x_h$; Gleichheitszeichen nur bei $x_1 = x_2 = \ldots = x_n$

1.6. Potenzrechnung (Potenzieren)

Definition (*a* Basis, *n* Exponent, *c* Potenz)	$\underbrace{a \cdot a \cdot a \cdot \ldots a}_{n \text{ Faktoren}} = a^n = c$	$3 \cdot 3 \cdot 3 \cdot 3 = 3^4 = 81$
Potenzen mit Basis $a = (-1)$; *n* ist ganze Zahl	$\left.\begin{matrix}(-1)^0\\(-1)^2\\(-1)^4\\(-1)^{2n}\end{matrix}\right\} = 1$	$\left.\begin{matrix}(-1)^1\\(-1)^3\\(-1)^5\\(-1)^{2n+1}\end{matrix}\right\} = -1$
erste und nullte Potenz	$a^1 = a$; $a^0 = 1$	$7^1 = 7$; $7^0 = 1$
negativer Exponent	$a^{-n} = \frac{1}{a^n}$; $a^{-1} = \frac{1}{a}$	$7^{-2} = \frac{1}{7^2}$; $7^{-1} = \frac{1}{7}$
erst potenzieren, dann multiplizieren	$b\,a^n = b \cdot a^n = b \cdot (a^n)$	$6 \cdot 3^4 = 6 \cdot 3 \cdot 3 \cdot 3 \cdot 3 = 6 \cdot (3^4) = 486$ aber: $(6 \cdot 3)^4 = 18^4 = 104\,976$
Addition und Subtraktion	$p\,a^n + q\,a^n = (p+q)\,a^n$	$2 \cdot 3^4 + 5 \cdot 3^4 = 7 \cdot 3^4$
Multiplikation und Division bei gleicher Basis	$a^n \cdot a^m = a^{n+m}$ $\frac{a^n}{a^m} = a^{n-m}$	$3^2 \cdot 3^3 = 3^{2+3} = 3^5 = 243$ $\frac{3^5}{3^2} = 3^{5-2} = 3^3 = 27$
Multiplikation und Division bei gleichem Exponenten	$a^n \cdot b^n = (a\,b)^n$ $\frac{a^n}{b^n} = \left(\frac{a}{b}\right)^n$	$2^3 \cdot 4^3 = (2 \cdot 4)^3$ $\frac{2^3}{4^3} = \left(\frac{2}{4}\right)^3 = (0{,}5)^3$
Potenzieren von Produkten und Quotienten	$(a\,b)^n = a^n \cdot b^n$ $\left(\frac{a}{b}\right)^n = \frac{a^n}{b^n}$	$(2 \cdot 3)^4 = 2^4 \cdot 3^4$ $\left(\frac{2}{3}\right)^4 = \frac{2^4}{3^4}$

1. Mathematik

Potenzieren einer Potenz	$(a^n)^m = a^{nm} = a^{mn}$	$(2^3)^4 = 2^{3\cdot 4} = 2^{12} = 2^{4\cdot 3}$
gebrochene Exponenten	$a^{1/n} \cdot b^{1/n} = (ab)^{1/n} = \sqrt[n]{ab}$ $(a^{1/m})^{1/n} = a^{1/mn} = \sqrt[mn]{a}$	$a^{1/n} : b^{1/n} = \left(\frac{a}{b}\right)^{1/n} = \sqrt[n]{\frac{a}{b}}$ $(a^{1/n})^m = a^{m/n} = (a^m)^{1/n} = \sqrt[n]{a^m}$
Zehnerpotenzen	$10^0 = 1$ $10^1 = 10$ $10^2 = 100$ $10^3 = 1000$	10^6 ist 1 Million $\quad 10^{-1} = 0{,}1$ 10^9 ist 1 Milliarde $\quad 10^{-2} = 0{,}01$ 10^{12} ist 1 Billion $\quad 10^{-3} = 0{,}001$ 10^{15} ist 1 Billiarde usw.

1.7. Wurzelrechnung (Radizieren)

Definition (c Radikand, n Wurzelexponent, a Wurzel)	$\sqrt[n]{c} = a \rightarrow a^n = c$ $a \geqslant 0$ und $c \geqslant 0$ $\sqrt{\ }$ immer positiv	$\sqrt[4]{81} = 3 \rightarrow 3^4 = 81$
Wurzeln sind Potenzen mit gebrochenen Exponenten, es gelten die Regeln der Potenzrechnung	$\sqrt[n]{c} = c^{1/n}$ $\sqrt[-n]{c} = c^{-1/n} = \frac{1}{c^{1/n}} = \frac{1}{\sqrt[n]{c}} = \sqrt[n]{\frac{1}{c}} = \sqrt[n]{c^{-1}}$	$\sqrt[4]{81} = 81^{1/4} = 3$
Addition und Subtraktion	$p\sqrt[n]{c} + q\sqrt[n]{c} = (p+q)\sqrt[n]{c}$	$3\cdot\sqrt[4]{7} + 2\cdot\sqrt[4]{7} = 5\cdot\sqrt[4]{7}$
Multiplikation	$\sqrt[n]{c}\cdot\sqrt[n]{d} = \sqrt[n]{c\cdot d}$	$\sqrt[4]{5}\cdot\sqrt[4]{7} = \sqrt[4]{35}$
Division	$\sqrt[n]{c} : \sqrt[n]{d} = \sqrt[n]{\frac{c}{d}}$	$\sqrt[4]{5} : \sqrt[4]{7} = \sqrt[4]{\frac{5}{7}}$
Wurzel aus Produkt und Quotient	$\sqrt[n]{cd} = \sqrt[n]{c}\cdot\sqrt[n]{d}$ $\sqrt[n]{c/d} = \sqrt[n]{c} : \sqrt[n]{d}$	$\sqrt{4\cdot 9} = \sqrt{4}\cdot\sqrt{9} = 2\cdot 3 = 6 = \sqrt{36}$ $\sqrt{\frac{4}{9}} = \sqrt{4} : \sqrt{9} = \frac{2}{3}$
Wurzel aus Wurzel	$\sqrt[n]{\sqrt[m]{c}} = \sqrt[m]{\sqrt[n]{c}} = \sqrt[mn]{c}$	$\sqrt[3]{\sqrt[2]{64}} = \sqrt[2]{\sqrt[3]{64}} = \sqrt[6]{64} = 2$
Potenzieren einer Wurzel	$\left(\sqrt[n]{c}\right)^m = \sqrt[n]{c^m}$	$\left(\sqrt[3]{8}\right)^2 = \sqrt[3]{8^2} = \sqrt[3]{64} = 4$
Wurzel aus Potenz	$\sqrt[n]{c^m} = \left(\sqrt[n]{c}\right)^m$	$\sqrt[3]{8^2} = \left(\sqrt[3]{8}\right)^2 = 2^2 = 4$
Kürzen von Wurzel- und Potenzexponent	$\sqrt[np]{c^{nq}} = \left(\sqrt[np]{c}\right)^{nq}$ $= \sqrt[p]{c^q} = \left(\sqrt[p]{c}\right)^q$	$\sqrt[2\cdot 3]{8^{2\cdot 4}} = \left(\sqrt[2\cdot 3]{8}\right)^{2\cdot 4} = \left(\sqrt[3]{8}\right)^4 = 16$

Erweitern der Wurzel	$c \cdot \sqrt{c} = \sqrt{c^2 \cdot c} = \sqrt{c^3}$ $\frac{1}{c}\sqrt{c^2+1} = \sqrt{1+\frac{1}{c^2}}$	$4\sqrt{4} = \sqrt{4^2 \cdot 4} = \sqrt{4^3} = \sqrt{64} = 8$
teilweises Wurzelziehen	$\sqrt{c^3} = \sqrt{c^2 \cdot c} = c \cdot \sqrt{c}$	$\sqrt[3]{5 \cdot c^3} = c \cdot \sqrt[3]{5}$
Rationalmachen des Nenners	$\frac{a}{\sqrt[3]{a}} = \frac{a \cdot \sqrt[3]{a^2}}{\sqrt[3]{a} \cdot \sqrt[3]{a^2}}$ $= \frac{a \cdot \sqrt[3]{a^2}}{a} = \sqrt[3]{a^2}$	$\frac{a}{b+\sqrt{c}} = \frac{a(b-\sqrt{c})}{(b+\sqrt{c})(b-\sqrt{c})}$ $= \frac{a(b-\sqrt{c})}{b^2-c}$

1.8. Logarithmen

Definition (c Numerus, a Basis, n Logarithmus)	Logarithmus c zur Basis a ist diejenige Zahl n, mit der man a potenzieren muß, um c zu erhalten.	$\log_a c = n$ $\quad a^n = c$ $\log_3 243 = 5$ $\quad 3^5 = 243$ „Logarithmus 243 zur Basis drei gleich fünf"
Logarithmen-systeme	Dekadische (Briggssche) Logarithmen, Basis $a = 10$: $\log_{10} c = \lg c = n$, wenn $10^n = c$.	Natürliche Logarithmen, Basis $a = e = 2{,}71828\ldots$: $\log_e c = \ln c = n$, wenn $e^n = c$.
spezielle Fälle	$a^{\log_a c} = c$ $\log_a (a^n) = n$ $\log_a a = 1$ $\log_a 1 = 0$	$10^{\lg c} = c$ $\quad e^{\ln c} = c$ $\lg 10^n = n$ $\quad \ln e^n = n$ $\lg 10 = 1$ $\quad \ln e = 1$ $\lg 1 = 0$ $\quad \ln 1 = 0$; $\ln \frac{1}{e} = -1$
Logarithmen-gesetze (als dekadische Logarithmen geschrieben)	$\lg (xy) = \lg x + \lg y$ $\lg \left(\frac{x}{y}\right) = \lg x - \lg y$ $\log x^n = n \lg x$ $\lg \sqrt[n]{x} = \frac{1}{n} \lg x$	$\lg (10 \cdot 100) = \lg 10 + \lg 100 = 1 + 2 = 3$ $\lg \left(\frac{10}{100}\right) = \lg 10 - \lg 100 = 1 - 2 = -1$ $\lg 10^{100} = 100 \lg 10 = 100$ $\lg \sqrt[100]{10} = \frac{1}{100} \lg 10 = \frac{1}{100}$
Beziehungen zwischen dekadischen und natürlichen Logarithmen	$\ln x = \ln 10 \cdot \lg x = \frac{\lg x}{\lg e} = 2{,}30\,259 \lg x$ $\lg x = \lg e \cdot \ln x = \frac{\ln x}{\ln 10} = 0{,}43\,429 \ln x$	
Kennziffern der dekadischen Logarithmen n natürliche Zahl	$\lg 1 = 0$ $\lg 10 = 1$ $\lg 100 = 2$ $\lg 1000 = 3$ usw. $\lg \infty = \infty$ $\lg 10^n = n$	$\lg 0{,}1 = -1$ $\lg 0{,}01 = -2$ $\lg 0{,}001 = -3$ usw. $\lg 0 = -\infty$ $\lg 10^{-n} = -n$

Lösen von Exponentialgleichungen	$a^x = b$ $x \lg a = \lg b$ $x = \dfrac{\lg b}{\lg a}$	$10^x = 1000$ $x \lg 10 = \lg 1000$ $x = \dfrac{\lg 1000}{\lg 10} = \dfrac{3}{1} = 3$
Exponentialfunktion und logarithmische Funktion	$y = e^x \xleftrightarrow{\text{Umkehrfunktion}} y = \ln x$ $y = 10^x \xleftrightarrow{\text{Umkehrfunktion}} y = \lg x$	

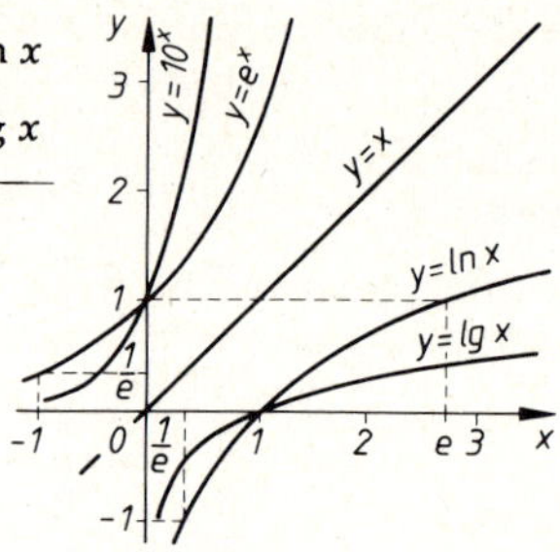

1.9. Komplexe Zahlen

imaginäre Einheit i und Definition	$i = \sqrt{-1}$ $i^2 = -1$	also auch: $i^3 = -i$; $i^4 = 1$; $i^5 = i$ usw. bzw. $i^{-1} = 1/i = -i$; $i^{-2} = -1$; $i^{-3} = i$; $i^{-4} = 1$; $i^{-5} = -i$ usw. allgemein: $i^{4n+m} = i^m$
rein imaginäre Zahl	ist darstellbar als Produkt einer reellen Zahl mit der imaginären Einheit, z. B.: $\sqrt{-4} = \sqrt{4}\,\sqrt{-1} = 2\,i$	
komplexe Zahl z a Realteil b Imaginärteil	ist die Summe aus einer reellen Zahl a und einer imaginären Zahl $b\,i$ (a, b reell): $z = a + b\,i$	$\left.\begin{array}{l} z = a - b\,i \\ z = a + b\,i \end{array}\right\}$ konjugiert komplexes Zahlenpaar
goniometrische Darstellung der komplexen Zahl	$z = a + b\,i = r\,(\cos\varphi + i\sin\varphi) = r\,e^{i\varphi}$ $r = \sqrt{a^2 + b^2} = \lvert z \rvert$ absoluter Betrag oder Modul $\tan\varphi = \dfrac{b}{a}$; φ Argument $a = r\cos\varphi$; $b = r\sin\varphi$	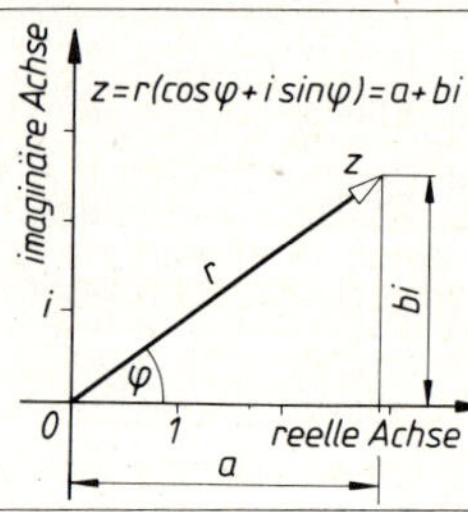
Darstellungsbeispiel	$z = 3 + 4\,i = 5\,(\cos 53°8' + i\sin 53°8')$ $= 5\,(0{,}6 + 0{,}8\,i)$	
Addition und Subtraktion	$z_1 + z_2 = (a_1 + b_1\,i) + (a_2 + b_2\,i) = (a_1 + a_2) + (b_1 + b_2)\,i$ $z_1 - z_2 = (a_1 + b_1\,i) - (a_2 + b_2\,i) = (a_1 - a_2) + (b_1 - b_2)\,i$ *Beispiel:* $(3 + 4\,i) - (5 - 2\,i) = -2 + 6\,i$	

Multiplikation

$$z_1 \cdot z_2 = (a_1 + b_1\,i) \cdot (a_2 + b_2\,i) = (a_1 a_2 - b_1 b_2) + i\,(b_1 a_2 + b_2 a_1)$$
$$(3 + 4\,i) \cdot (5 - 2\,i) = 23 + 14\,i$$

z_1, z_2 sind konjugiert komplex

$$z_1 \cdot z_2 = (a_1 + b_1\,i) \cdot (a_1 - b_1\,i) = a^2 + b^2$$
$$= (3 + 4\,i) \cdot (3 - 4\,i) = 25$$

z_1, z_2 in goniometrischer Darstellung

$$z_1 \cdot z_2 = r_1 (\cos \varphi_1 + i \sin \varphi_1) \cdot r_2 (\cos \varphi_2 + i \sin \varphi_2)$$
$$= r_1 r_2 [\cos (\varphi_1 + \varphi_2) + i \sin (\varphi_1 + \varphi_2)]$$
$$5 (\cos 30^\circ + i \sin 30^\circ) \cdot 13 (\cos 60^\circ + i \sin 60^\circ)$$
$$= 65 (\cos 90^\circ + i \sin 90^\circ) = 65\, i$$

z_1, z_2 in Exponentialform

$$z_1 \cdot z_2 = r_1 e^{i \varphi_1} \cdot r_2 e^{i \varphi_2} = r_1 r_2 e^{i (\varphi_1 + \varphi_2)}$$
$$= 3 e^{i 25^\circ} \cdot 5 e^{i 30^\circ} = 15 e^{i 55^\circ}$$

Division

$$\frac{z_1}{z_2} = \frac{a_1 + b_1 i}{a_2 + b_2 i} = \frac{(a_1 + b_1 i)(a_2 - b_2 i)}{(a_2 + b_2 i)(a_2 - b_2 i)} =$$
$$= \frac{a_1 a_2 + b_1 b_2}{a_2^2 + b_2^2} + \frac{a_2 b_1 - a_1 b_2}{a_2^2 + b_2^2} i$$
$$\frac{(3 + 4 i)}{(5 - 2 i)} = \frac{(3 + 4 i)(5 + 2 i)}{(5 - 2 i)(5 + 2 i)} = \frac{7}{29} + \frac{26}{29} i$$

z_1, z_2 in goniometrischer Darstellung

$$\frac{z_1}{z_2} = \frac{r_1 (\cos \varphi_1 + i \sin \varphi_1)}{r_2 (\cos \varphi_2 + i \sin \varphi_2)} = \frac{r_1}{r_2} [\cos (\varphi_1 - \varphi_2) + i \sin (\varphi_1 - \varphi_2)]$$

z_1, z_2 in Exponentialform

$$\frac{z_1}{z_2} = \frac{r_1 e^{i \varphi_1}}{r_2 e^{i \varphi_2}} = \frac{r_1}{r_2} e^{i (\varphi_1 - \varphi_2)} = \frac{3 e^{i 25^\circ}}{5 e^{i 30^\circ}} = \frac{3}{5} e^{-i 5^\circ}$$

Potenzieren mit einer natürlichen Zahl

durch wiederholtes Multiplizieren mit sich selbst:

$$(a + b i)^3 = (a^3 - 3 a b^2) + (3 a^2 b - b^3) i$$
$$(4 + 3 i)^3 = -44 + 117 i$$

Potenzieren (radizieren) mit beliebigen reellen Zahlen (nur in goniometrischer Darstellung möglich)

man potenziert (radiziert) den Modul und multipliziert (dividiert) das Argument mit dem Exponenten (durch den Wurzelexponenten):

$$(a + b i)^n = [r (\cos \varphi + i \sin \varphi)]^n$$
$$= r^n (\cos n \varphi + i \sin n \varphi)$$

$$\sqrt[n]{a + b i} = \sqrt[n]{r (\cos \varphi + i \sin \varphi)}$$
$$= \sqrt[n]{r} \left(\cos \frac{\varphi}{n} + i \sin \frac{\varphi}{n} \right)$$

$$(4 + 3 i)^3 = [5 (\cos 36{,}87^\circ + i \sin 36{,}87^\circ)]^3$$
$$= 125 (\cos 110{,}61^\circ + i \sin 110{,}619)$$
$$= 125 (-\cos 69{,}39^\circ + i \sin 69{,}39^\circ)$$
$$= 125 (-0{,}3520 + 0{,}9360 i)$$
$$= -44{,}00 + 117{,}00 i$$

Ist Wurzelexponent n natürliche Zahl, gibt es genau n Lösungen, z. B. bei $\sqrt[3]{1}$:

$$w_1 = \sqrt[3]{1 (\cos 0^\circ + i \sin 0^\circ)}$$
$$= 1$$
$$w_2 = \sqrt[3]{1 (\cos 360^\circ + i \sin 360^\circ)}$$
$$= 1 (\cos 120^\circ + i \sin 120^\circ)$$
$$= -\frac{1}{2} + \frac{i}{2} \sqrt{3}$$
$$w_3 = \sqrt[3]{1 (\cos 720^\circ + i \sin 720^\circ)}$$
$$= 1 (\cos 240^\circ + i \sin 240^\circ)$$
$$= -\frac{1}{2} - \frac{i}{2} \sqrt{3}$$

Exponentialform der komplexen Zahl	$e^{i\varphi} = \cos\varphi + i\sin\varphi$ $\lvert e^{-i\varphi}\rvert = \sqrt{\cos^2\varphi + \sin^2\varphi} = 1$ $\cos\varphi = \frac{e^{i\varphi} + e^{-i\varphi}}{2}$ $\lg z = \ln r + i(\varphi + 2\pi n)$ mit $n = 0, \pm 1, \pm 2 \ldots$ und φ in Bogenmaß $e^{-i\varphi} = \cos\varphi - i\sin\varphi = \frac{1}{\cos\varphi + i\sin\varphi}$ $\sin\varphi = \frac{e^{i\varphi} - e^{-i\varphi}}{2i}$

1.10. Quadratische Gleichungen

Allgemeine Form	$a_2 x^2 + a_1 x + a_0 = 0 \quad (a_2 \neq 0)$	Die Lösungen x_1, x_2 sind a) beide verschieden und reell, wenn Wurzelwert positiv ist; b) beide gleich und reell, wenn Wurzelwert Null ist; c) beide konjugiert komplex, wenn Wurzelwert negativ ist.
Normalform	$x^2 + \frac{a_1}{a_2} x + \frac{a_0}{a_2} = x^2 + px + q = 0$	
Lösungsformel	$x_{1,2} = -\frac{p}{2} \pm \sqrt{\left(\frac{p}{2}\right)^2 - q}$	
Beispiel	$25x^2 - 70x + 13 = 0$ $x^2 - \frac{70}{25}x + \frac{13}{25} = 0$ $x_{1,2} = +\frac{70}{50} \pm \sqrt{\left(\frac{70}{50}\right)^2 - \frac{13}{25}}$ $x_1 = +\frac{7}{5} + \sqrt{\frac{49}{25} - \frac{13}{25}} = \frac{13}{5}$; $x_2 = \frac{1}{5}$	
Kontrolle der Lösungen (Viéta)	$x_1 + x_2 = -p$ $x_1 \cdot x_2 = q$ Im Beispiel ist $p = -\frac{70}{25}$ und $q = \frac{13}{25}$, also $x_1 + x_2 = \frac{13}{5} + \frac{1}{5} = \frac{14}{5} = \frac{70}{25} = -p$ $x_1 \cdot x_2 = \frac{13}{5} \cdot \frac{1}{5} = \frac{13}{25} = q$	

1.11. Wurzelgleichungen, Exponentialgleichungen, Logarithmische Gleichungen und Goniometrische Gleichungen in Beispielen

Wurzelgleichungen:

a) $11 - \sqrt{x+3} = 6$

$\sqrt{x+3} = 11 - 6$

$x + 3 = 25 \qquad x = 22$

b) $2x - \sqrt{3+x} + 5 = 0$

$\sqrt{3+x} = 2x + 5$

$3 + x = 4x^2 + 20x + 25$

$x^2 + \frac{19}{4}x + \frac{11}{2} = 0$

$x_1 = -2 \qquad x_2 = -\frac{11}{4}$

Nur x_1
ist Lösung der gegebenen Gleichung.

Logarithmische Gleichungen:

a) $\log_7 (x^2 + 19) = 3$

$x^2 + 19 = 7^3 \qquad x_{1,2} = \pm 18$

b) $\log_3 (x + 4) = x$

$x + 4 = 3^x$

Gleichung ist nicht geschlossen lösbar. Näherungslösung durch systematisches Probieren, am besten mit Hilfe des programmierbaren Taschenrechners.

$x \approx 1{,}561919$

Exponentialgleichungen:

$2^x = 5;\ x = \log_2 5 = \log_{10} 5 : \log_{10} 2 = \frac{\lg 5}{\lg 2}$

$x = \frac{\lg 5}{\lg 2} = \frac{0{,}699}{0{,}301} = 2{,}32$

Goniometrische Gleichungen:

a) $\sin x = \sin 75°$

$x = \text{arc } 75° + 2\,n\,\pi$ und

$x = \text{arc } (180° - 75°) + 2\,n\,\pi$ mit

$n = 0 \pm 1;\ \pm 2;\ \pm 3;\ \ldots$ oder

$x = \text{arc } (90° \pm 15°) + 2\,n\,\pi$, also

$$x = \frac{\pi}{2} \pm \frac{\pi}{12} + 2\,n\,\pi$$

b) $\sin^2 x + 2 \cos x = 1{,}5$

Man setzt $\sin^2 x = 1 - \cos^2 x$ und erhält eine quadratische Gleichung für $\cos x$:

$1 - \cos^2 x + 2 \cos x = 1{,}5$

$\cos x_{1,2} = 1 \pm \sqrt{1 - 0{,}5}$

$\cos x_1 = 1 + \frac{1}{2}\sqrt{2}$ scheidet aus, da $|\cos x| \leqq 1$

$\cos x_2 = 1 - \frac{1}{2}\sqrt{2} \approx 0{,}293$

$x_2 \approx 73{,}0° \approx 1{,}274$ rad ist Hauptwert

c) $\sin x + \cos x - 0{,}9\,x = 0$

Diese transzendente Gleichung ist nicht geschlossen lösbar. Näherungslösung durch Probieren (Interpolieren in der Nähe der Lösung), am besten mit dem programmierbaren Taschenrechner.

$x = 76°39' = 1{,}3377$ rad ist näherungsweise die einzige reelle Lösung.

1.12. Graphische Darstellung der wichtigsten Relationen (schematisch)

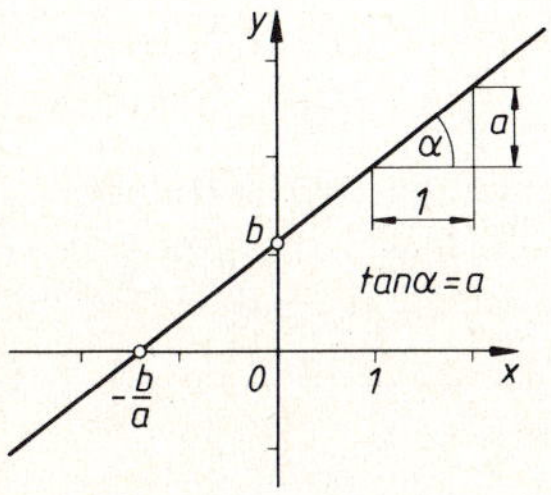

Gerade: $y = a\,x + b$

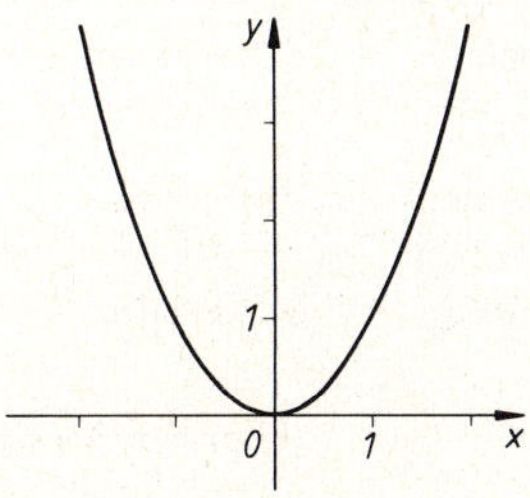

Parabel: $y = x^2$

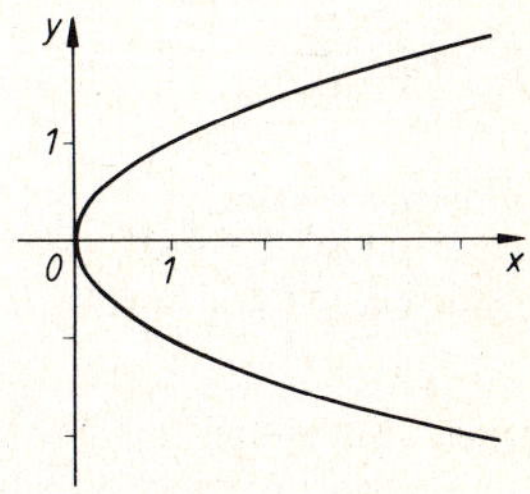

Parabel: $y = \pm\sqrt{x}$

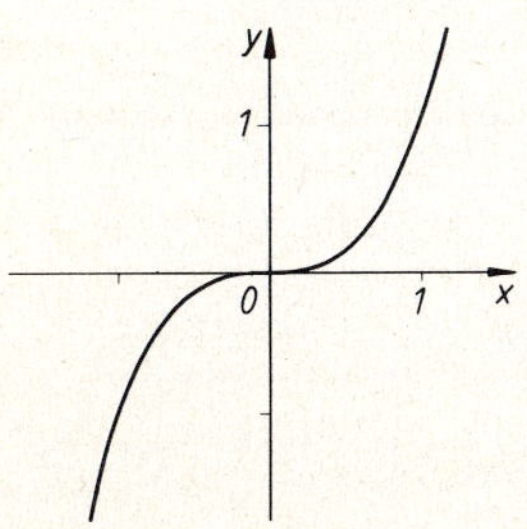

Kubische Parabel: $y = x^3$

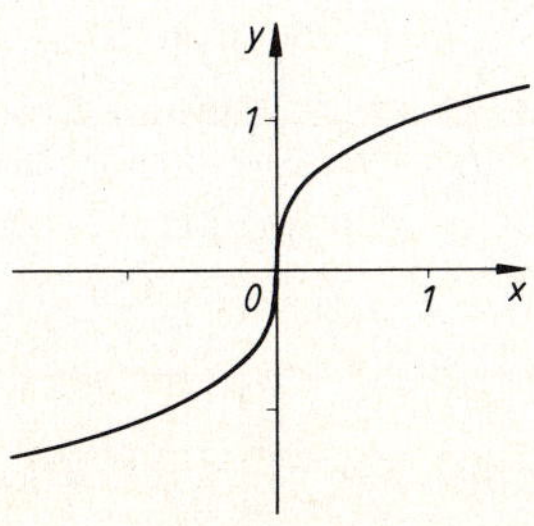

$y = \sqrt[3]{x}$

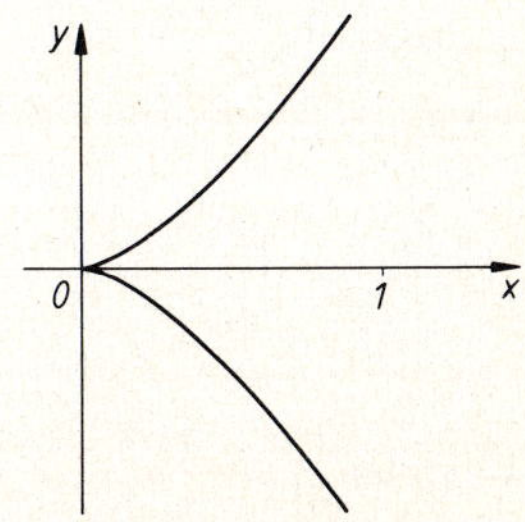

Semikubische Parabel:
$y = \pm\, x^{3/2} = \pm\sqrt{x^3}$

1. Mathematik

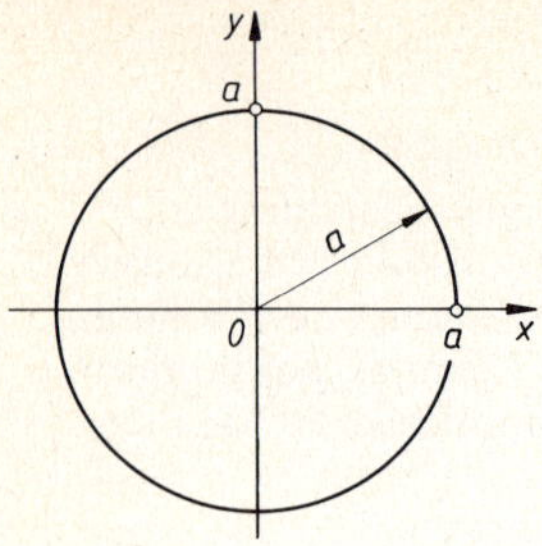

Kreis: $y = \pm \sqrt{a^2 - x^2}$

$x^2 + y^2 = a^2$

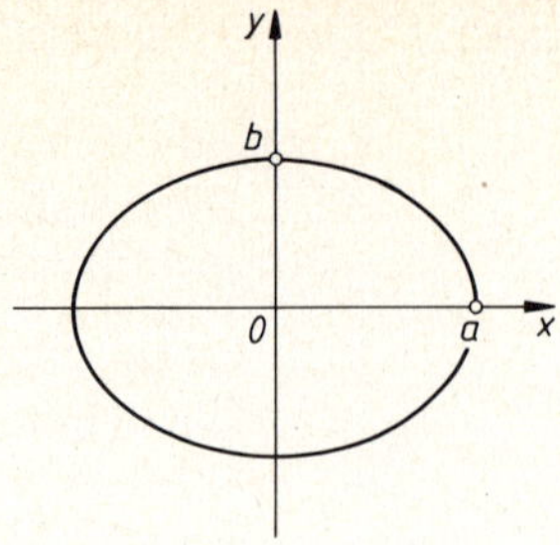

Ellipse: $y = \pm \frac{b}{a} \sqrt{a^2 - x^2}$

$\frac{x^2}{a^2} + \frac{y^2}{b^2} = 1$

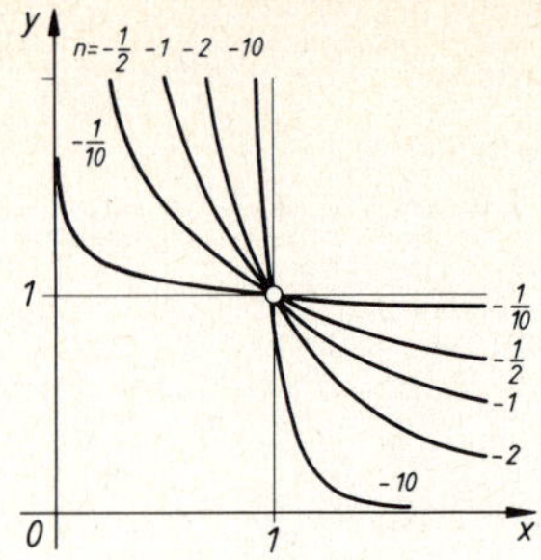

Potenzfunktionen:

$y = x^n$ für $n < 0$

und $x > 0$

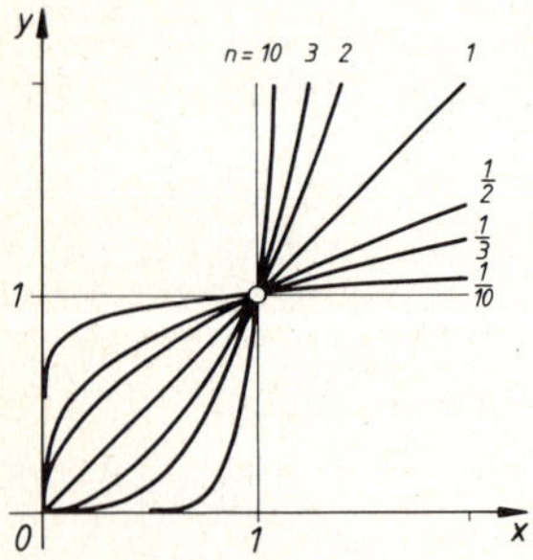

Potenzfunktionen:

$y = x^n$ für $n > 0$

und $x > 0$

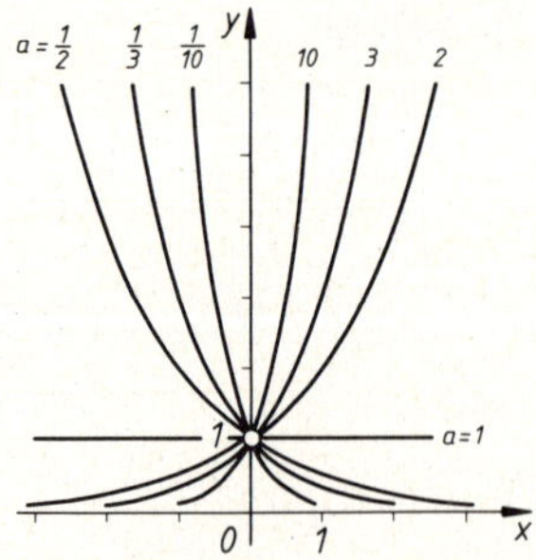

Exponentialfunktionen:

$y = a^x$ für $a > 0$

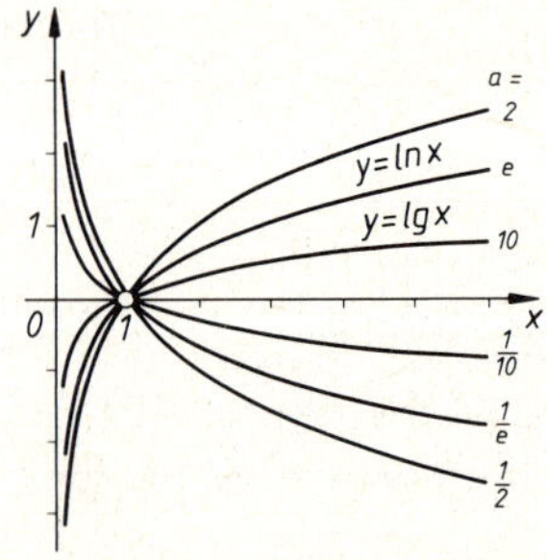

Logarithmische Funktionen:

$y = \log_a x$ für $a > 0$

und $x > 0$

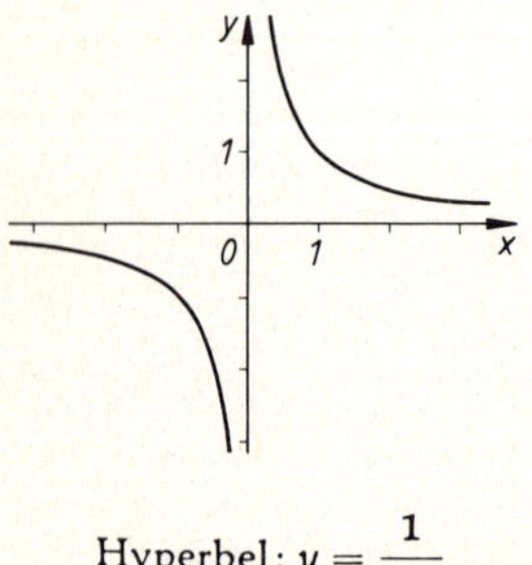

Hyperbel: $y = \frac{1}{x}$

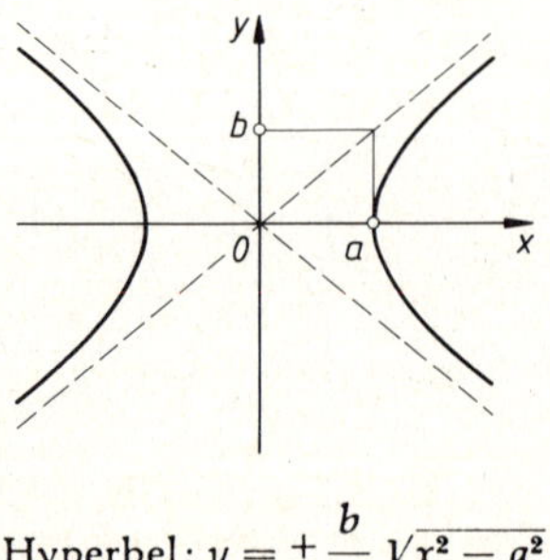

Hyperbel: $y = \pm \frac{b}{a} \sqrt{x^2 - a^2}$

$\frac{x^2}{a^2} - \frac{y^2}{b^2} = 1$

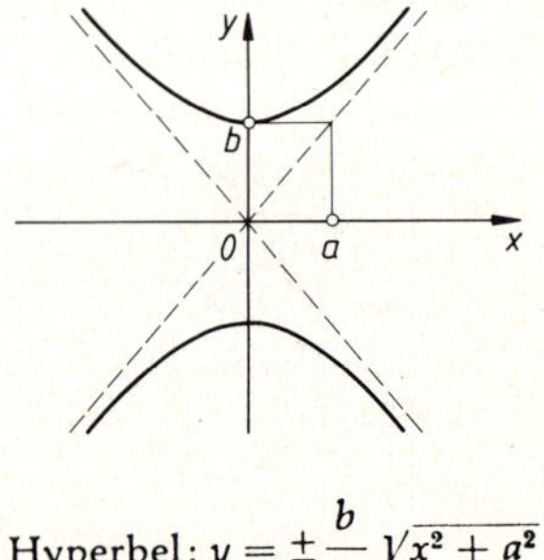

Hyperbel: $y = \pm \frac{b}{a} \sqrt{x^2 + a^2}$

$\frac{y^2}{b^2} - \frac{x^2}{a^2} = 1$

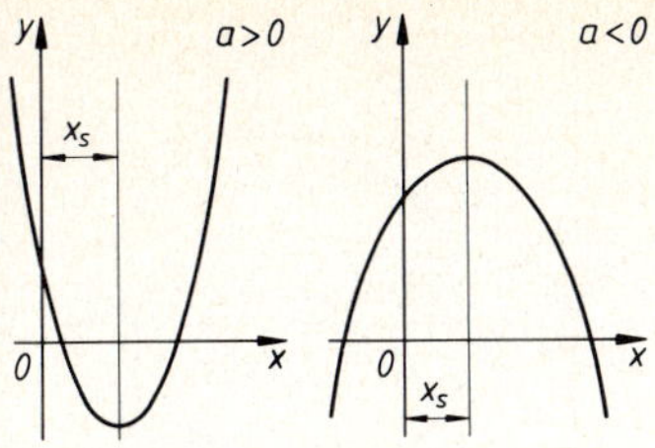

Quadratisches Polynom:

$y = a x^2 + b x + c$ mit $x_s = \dfrac{-b}{2a}$

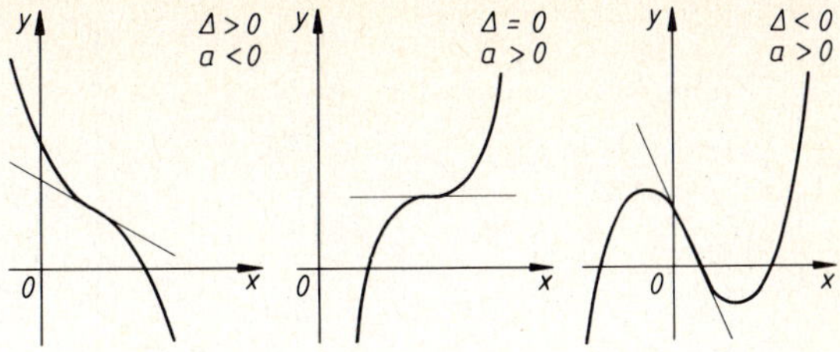

Polynom dritten Grades:
$y = a x^3 + b x^2 + c x + d$
(kubische Parabel); Diskriminante
$\Delta = 3 a c - b^2$

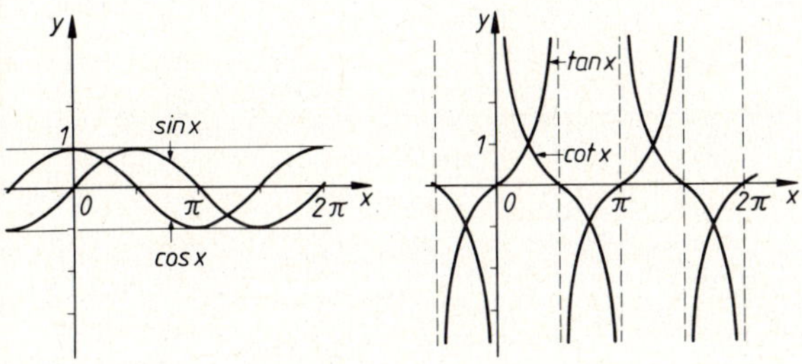

Trigonometrische Funktionen:
$y = \sin x,\ y = \cos x,\ y = \tan x,\ y = \cot x$

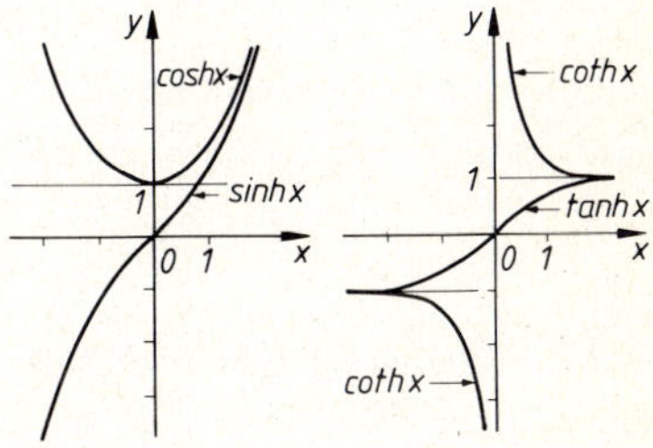

Hyperbelfunktionen:
$y = \sinh x,\ y = \cosh x,\ y = \tanh x,$
$y = \coth x$

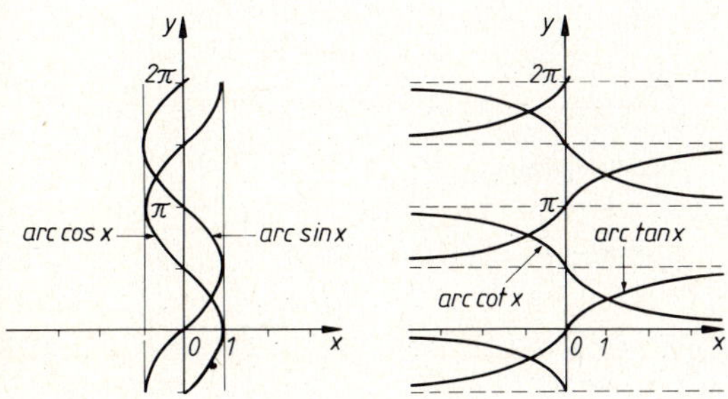

Inverse trigonometrische Funktionen:

$y = \arcsin x,\ y = \arccos x,$
$y = \arctan x,\ y = \operatorname{arccot} x$

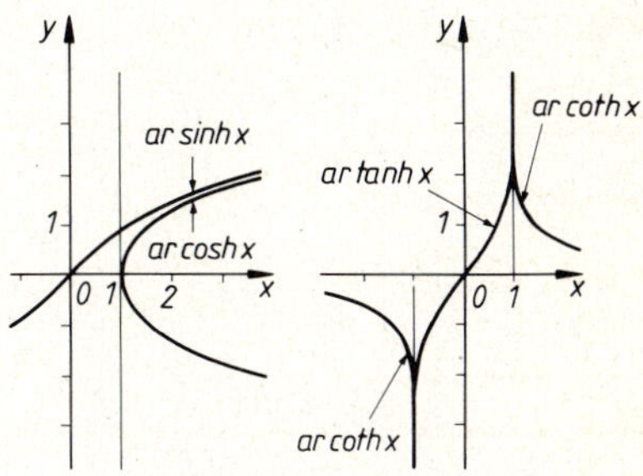

Inverse Hyperbelfunktionen:

$y = \operatorname{arsinh} x = \ln (x + \sqrt{x^2 + 1})$

$y = \operatorname{arcosh} x = \ln (x \pm \sqrt{x^2 - 1})$

$y = \operatorname{artanh} x = \frac{1}{2} \ln \dfrac{1 + x}{1 - x}$

$y = \operatorname{arcoth} x = \frac{1}{2} \ln \dfrac{x + 1}{x - 1}$

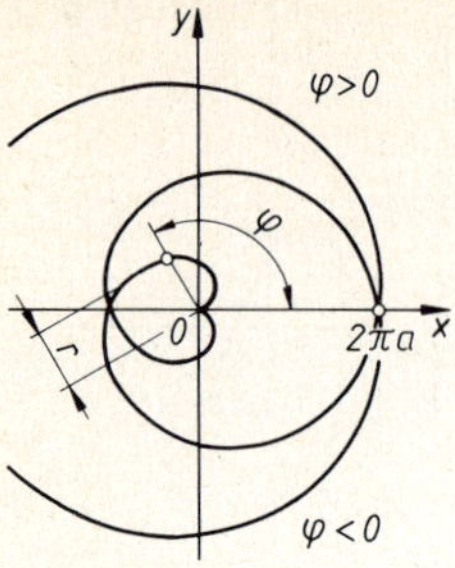

Archimedische Spirale:

$r = a\varphi$

$\varrho = a \dfrac{(1+\varphi^3)^{3/2}}{2+\varphi^2}$

(ϱ Radius des Krümmungskreises)

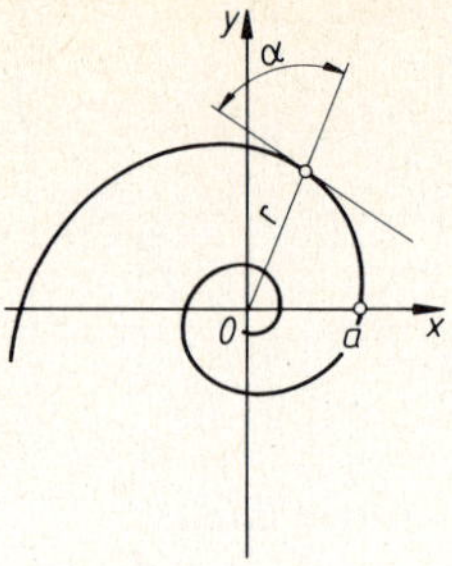

Logarithmische Spirale:

$r = a\,e^{m\varphi}$

$\alpha = \text{arccot}\, m =$ konstant

$\varrho = r\sqrt{m^2+1}$

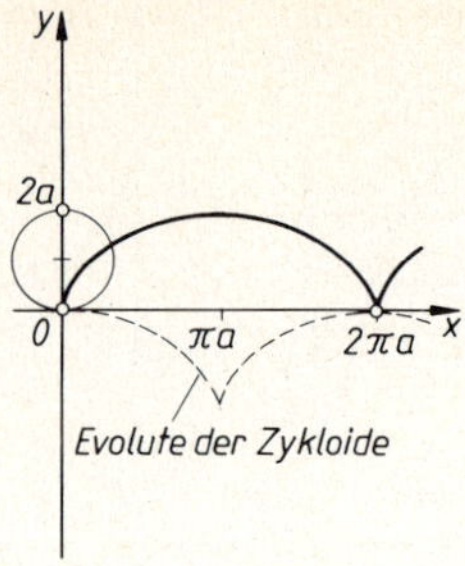

Zykloide:

$x = a\,(t - \sin t)$

$y = a\,(1 - \cos t)$

(a Radius, t Wälzwinkel)

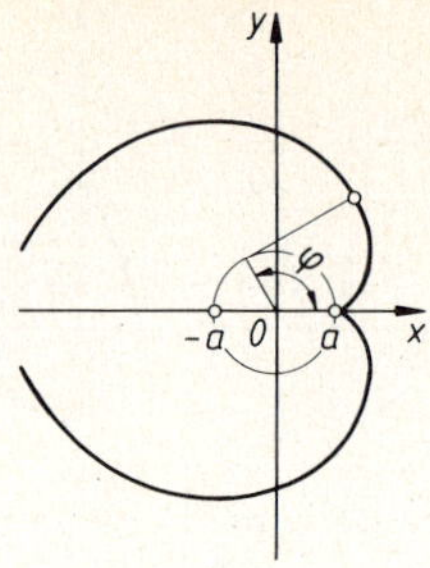

Kreisevolvente:

$x = a\cos\varphi + a\varphi\sin\varphi$

$y = a\sin\varphi - a\varphi\cos\varphi$

1.13. Flächen (A Flächeninhalt, U Umfang)

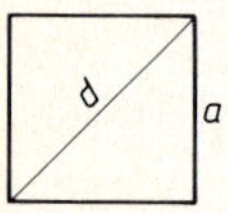

Quadrat

$A = a^2$

$U = 4a$

$d = a\sqrt{2}$

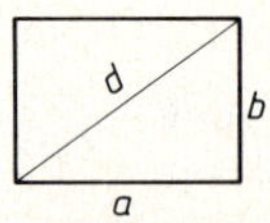

Rechteck

$A = ab$

$U = 2\,(a+b)$

$d = \sqrt{a^2+b^2}$

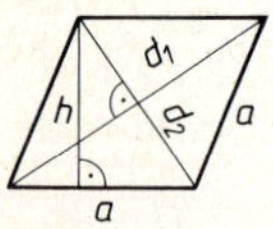

Rhombus

$A = ah = \dfrac{d_1\,d_2}{2}$

$U = 4a$

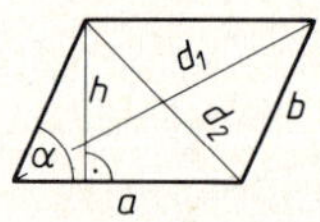

Parallelogramm

$A = ah = ab\sin\alpha$

$U = 2\,(a+b)$

$d_1 = \sqrt{(a + h\cot\alpha)^2 + h^2}$

$d_2 = \sqrt{(a - h\cot\alpha)^2 + h^2}$

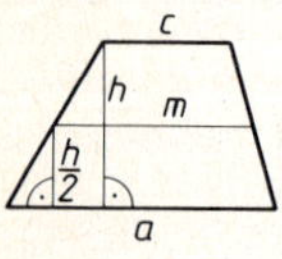

Trapez

$A = \dfrac{a+c}{2}\,h$

$= m\,h$

$m = \dfrac{a+c}{2}$

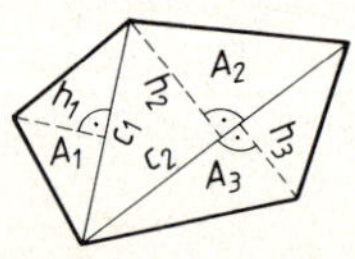

Vieleck

$A = A_1 + A_2 + A_3$

$= \dfrac{c_1 h_1 + c_2 h_2 + c_2 h_3}{2}$

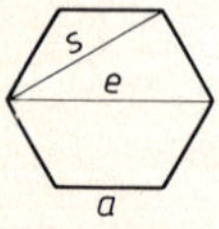

regelmäßiges Sechseck

$A = \dfrac{3}{2}\,a^2\sqrt{3}$

Schlüsselweite: $S = a\sqrt{3}$

Eckenmaß: $e = 2a$

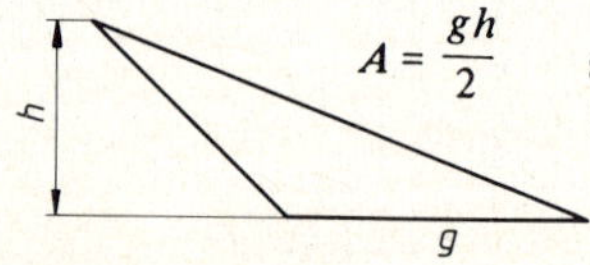

Dreieck

$A = \dfrac{gh}{2}$

siehe auch unter 1.17 und 1.18

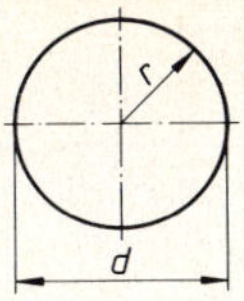

Kreis

$$A = r^2 \pi = \frac{d^2 \pi}{4}$$

$$U = 2 r \pi = d \pi$$

$$\pi = 3{,}141592$$

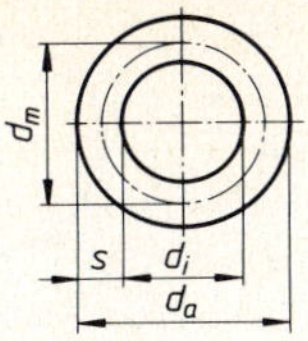

Kreisring

$$A = \pi (r_a^2 - r_i^2)$$
$$= \frac{\pi}{4} (d_a^2 - d_i^2)$$
$$= d_m \pi s$$
$$s = \frac{d_a - d_i}{2}$$
$$d_m = \frac{d_a + d_i}{2}$$

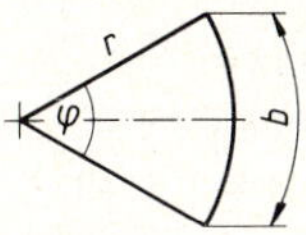

Kreissektor

$$A = \frac{b r}{2} = \frac{\varphi^\circ}{360^\circ} \pi r^2$$
$$= \frac{\varphi r^2}{2}$$

Bogenlänge b:

$$b = \varphi r = \frac{\varphi^\circ \pi r}{180^\circ}$$

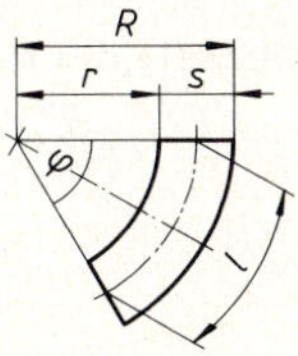

$$A = \frac{\varphi^\circ \cdot \pi}{360^\circ} (R^2 - r^2) = l s$$

mittlere Bogenlänge l:

$$l = \frac{R + r}{2} \cdot \frac{\pi}{180^\circ} \varphi^\circ$$

Ringbreite s:

$$s = R - r$$

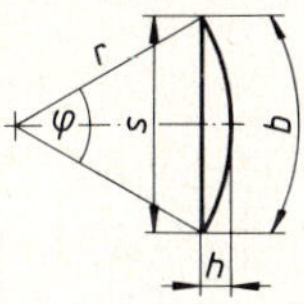

Kreisabschnitt

$$A = \frac{r^2}{2} \left(\frac{\varphi^\circ \pi}{180^\circ} - \sin \varphi \right)$$
$$= \frac{1}{2} [r (b - s) + s h]$$
$$\approx \frac{2}{3} s h$$

Sehnenlänge s:

$$s = 2 r \sin \frac{\varphi}{2}$$

Kreisradius r:

$$r = \frac{\left(\frac{s}{2} \right)^2 + h^2}{2 h}$$

Bogenhöhe h:

$$h = r \left(1 - \cos \frac{\varphi}{2} \right)$$
$$= \frac{s}{2} \tan \frac{\varphi}{4}$$

Bogenlänge b:

$$b = \sqrt{s^2 + \frac{16}{3} h^2}$$

$$b = \frac{\varphi^\circ \pi r}{180^\circ} = \varphi r$$

1.14. Fläche A, Umkreisradius r und Inkreisradius ρ einiger regelmäßiger Vielecke

Dreieck (gleichseitiges)

$$A = \frac{a^2}{4} \sqrt{3}$$
$$r = \frac{a}{3} \sqrt{3}$$
$$\varrho = \frac{a}{6} \sqrt{3}$$

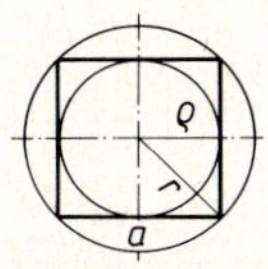

Viereck (Quadrat)

$$A = a^2$$
$$r = \frac{a}{2} \sqrt{2}$$
$$\varrho = \frac{a}{2}$$

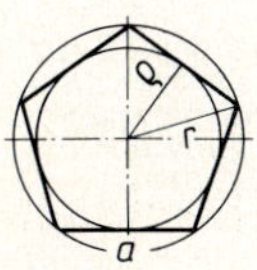

Fünfeck

$$A = \frac{a^2}{4} \sqrt{25 + 10 \sqrt{5}}$$
$$r = \frac{a}{10} \sqrt{50 + 10 \sqrt{5}}$$
$$\varrho = \frac{a}{10} \sqrt{25 + 10 \sqrt{5}}$$

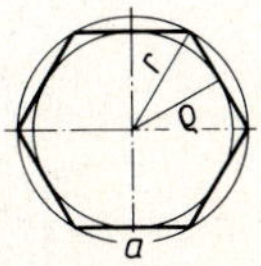

Sechseck

$$A = \frac{3}{2} a^2 \sqrt{3}$$
$$r = a$$
$$\varrho = \frac{a}{2} \sqrt{3}$$

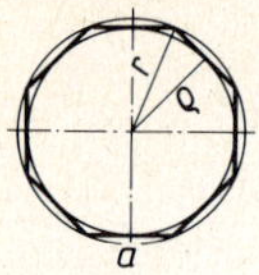

Achteck

$$A = 2\,a^2\,(\sqrt{2} + 1)$$

$$r = \frac{a}{2}\sqrt{4 + 2\sqrt{2}}$$

$$\varrho = \frac{a}{2}\,(\sqrt{2} + 1)$$

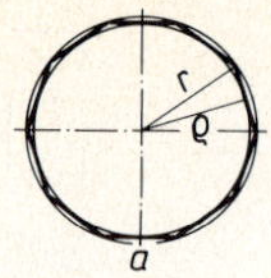

Zehneck

$$A = \frac{5}{2}\,a^2\sqrt{5 + 2\sqrt{5}}$$

$$r = \frac{a}{2}\,(\sqrt{5} + 1)$$

$$\varrho = \frac{a}{2}\sqrt{5 + 2\sqrt{5}}$$

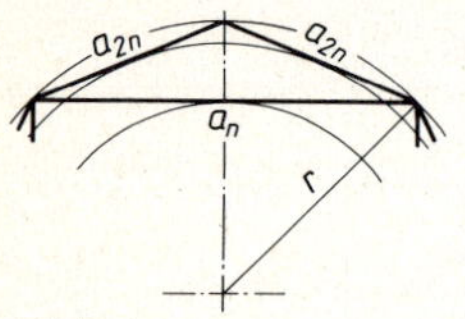

n-Eck

$$A = \frac{a\,n}{2}\,r\sqrt{1 - \frac{a^2}{4\,r^2}} \qquad \varrho = r\sqrt{1 - \frac{a^2}{4\,r^2}}$$

Ist $a = a_n$ die Seite des n-Ecks, dann gilt für das 2 n-Eck:

$$a_{2n} = r\sqrt{2 - \sqrt{4 - \frac{a_n^2}{r^2}}}$$

1.15. Körper (V Volumen, O Oberfläche, M Mantelfläche)

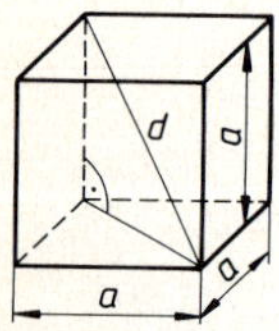

Würfel

$$V = a^3$$

$$O = 6\,a^2$$

$$d = a\sqrt{3}$$

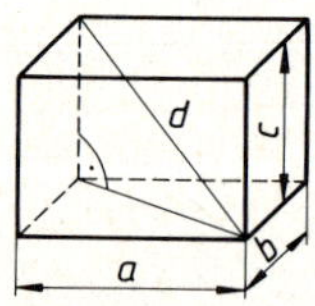

Quader

$$V = a\,b\,c$$

$$O = 2\,(a\,b + a\,c + b\,c)$$

$$d = \sqrt{a^2 + b^2 + c^2}$$

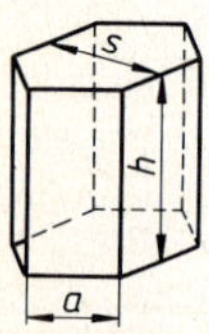

Sechskantsäule

$$V = \tfrac{3}{2}\,a^2\,h\,\sqrt{3} = \frac{\sqrt{3}}{2}\,s^2\,h$$

$$O = 3\,a\,(a\sqrt{3} + 2\,h) = \sqrt{3}\,s\,(s + 2\,h)$$

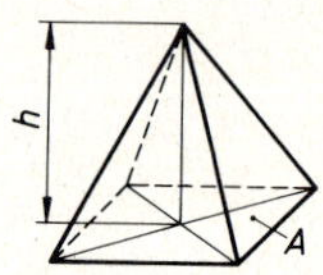

Pyramide

$$V = \frac{A\,h}{3}$$

(gilt für jede Pyramide)

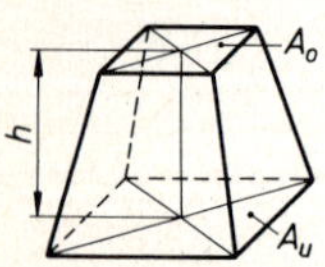

Pyramidenstumpf

$$V = \frac{h}{3}\,(A_u + \sqrt{A_u\,A_o} + A_o) \approx h\,\frac{A_u + A_o}{2}$$

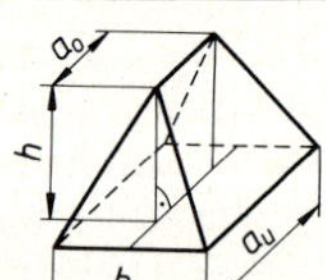

Keil

$$V = \frac{h}{6}\,b_u\,(2\,a_u + a_o)$$

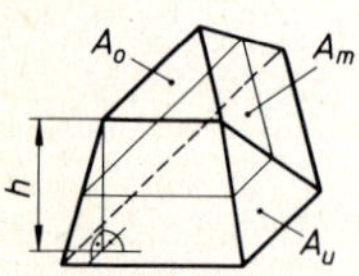

Prismatoid
(Prismoid)

$$V = \frac{h}{6}\,(A_o + 4\,A_m + A_u)$$

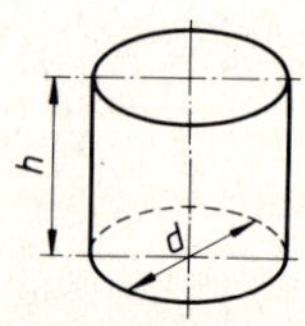

Kreiszylinder

$$V = \frac{d^2\,\pi}{4}\,h$$

$$M = d\,\pi\,h$$

$$O = \frac{\pi\,d}{2}\,(d + 2\,h)$$

Volumen des Hohlzylinders als Differenz zweier Zylinder berechnen!

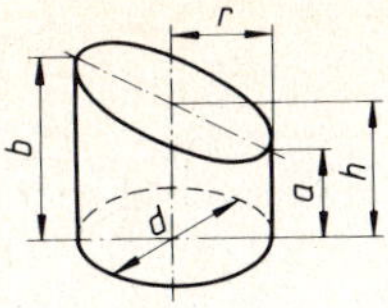

Kreiszylinder, schief abgeschnitten

$$V = \pi r^2 \left(\frac{a+b}{2}\right) = \frac{d^2 \pi}{4} h$$

$$M = d \pi h = \pi r (a+b)$$

$$O = \pi r \left[a + b + r + \sqrt{r^2 + \left(\frac{b-a}{2}\right)^2}\right]$$

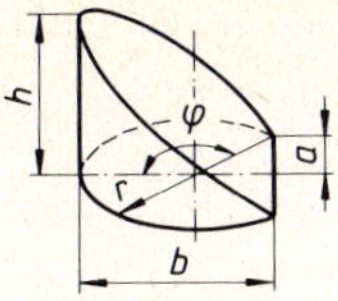

Zylinderhuf

$$V = \frac{h}{3b}\left[a(3r^2 - a^2) + 3r^2(b-r)\varphi\right]$$

$$M = \frac{2rh}{b}\left[(b-r)\varphi + a\right];$$

φ in rad

Für Halbkreisfläche als Grundfläche ist:

$$V = \tfrac{2}{3} r^2 h; \quad M = 2 r h;$$

$$O = M + \frac{r^2 \pi}{2} + \frac{r \pi \sqrt{r^2 + h^2}}{2}$$

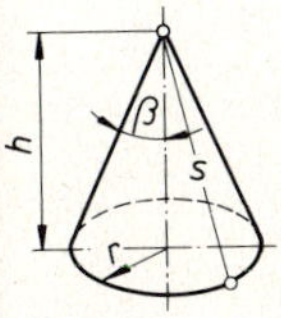

gerader Kreiskegel

$$V = \tfrac{1}{3} r^2 \pi h; \quad M = r \pi s$$

$$s = \sqrt{r^2 + h^2}$$

$$O = r \pi (r + s)$$

Abwicklung ist Kreissektor mit Öffnungswinkel φ:

$$\varphi^\circ = 360^\circ \frac{r}{s} = 360^\circ \sin \beta$$

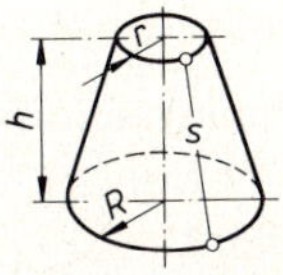

gerader Kreiskegelstumpf

$$V = \frac{\pi h}{3}(R^2 + R r + r^2)$$

$$s = \sqrt{(R-r)^2 + h^2}$$

$$M = \pi s (R + r)$$

$$O = \pi \left[R^2 + r^2 + s(R + r)\right]$$

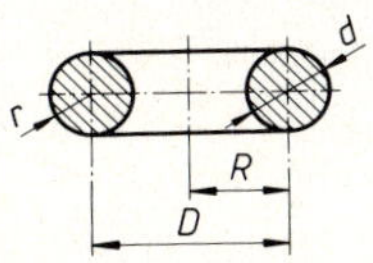

Kreisringtorus

$$V = \frac{d^2 \pi^2 D}{4} = 2 r^2 \pi^2 R$$

$$M = d \pi^2 D = 4 r \pi^2 R$$

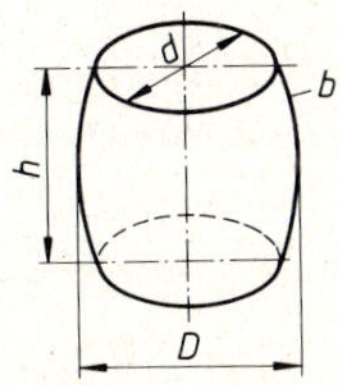

Faß

$$V = \frac{\pi h}{12}(2D^2 + d^2)$$

bei kreisförmigem b

$$V = \frac{\pi h}{15}\left(2D^2 + Dd + \frac{3}{4} d^2\right)$$

bei parabelförmigem b

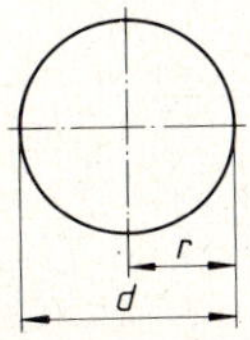

Kugel

$$V = \tfrac{4}{3} r^3 \pi = \tfrac{1}{6} d^3 \pi \approx 4{,}189\, r^3$$

$$O = 4 \pi r^2 = \pi d^2$$

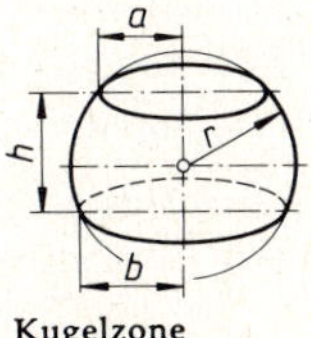

Kugelzone (Kugelschicht)

$$V = \frac{\pi h}{6}(3a^2 + 3b^2 + h^2)$$

$$M = 2 \pi r h$$

$$O = \pi (2 r h + a^2 + b^2)$$

$$h = \sqrt{r^2 - a^2} + \sqrt{r^2 - b^2}$$

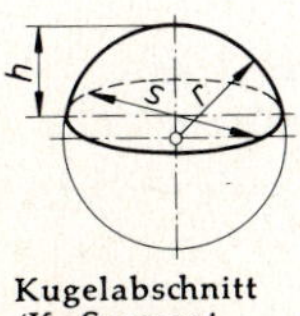

Kugelabschnitt (K.-Segment, K.-Kappe, K.-Kalotte)

$$V = \frac{\pi h}{6}\left(\frac{3}{4} s^2 + h^2\right) = \pi h^2 \left(r - \frac{h}{3}\right)$$

$$M = 2 \pi r h = \frac{\pi}{4}(s^2 + 4h^2)$$

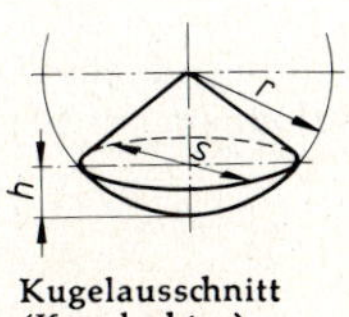

Kugelausschnitt (Kugelsektor)

$$V = \tfrac{2}{3} r^2 \pi h$$

$$O = \frac{\pi r}{2}(4h + s)$$

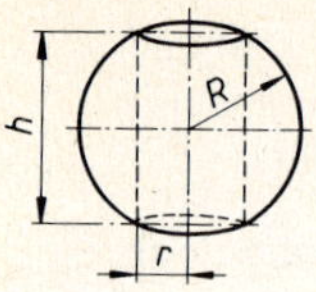

zylindrisch durchbohrte Kugel

$$V = \frac{\pi h^3}{6}$$

$$O = 2\pi h (R + r)$$

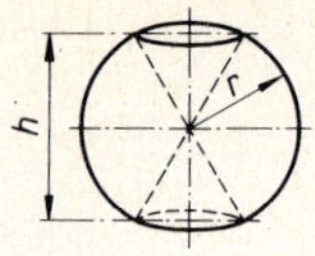

kegelig durchbohrte Kugel

$$V = \frac{2\pi r^2 h}{3}$$

$$O = 2\pi r \left(h + \sqrt{r^2 - \frac{h^2}{4}}\right)$$

1.16. Kongruenzsätze, Ähnlichkeitssätze, Strahlensatz

Kongruenzsätze

Zwei Dreiecke sind kongruent (deckungsgleich), wenn sie übereinstimmen in je:

a) drei Seiten (SSS),

b) zwei Seiten und dem eingeschlossenen Winkel (SWS),

c) einer Seite und zwei Winkeln (WSW) oder (WWS),

d) zwei Seiten und dem der größeren Seite gegenüberliegenden Winkel (SSW).

Ähnlichkeitssätze

Zwei Dreiecke sind ähnlich, wenn sie übereinstimmen im:

a) Verhältnis der drei Seiten,

b) Verhältnis zweier Seiten und dem eingeschlossenen Winkel,

c) Verhältnis zweier Seiten und dem der größeren Seite gegenüberliegenden Winkel,

d) in zwei Winkeln.

Strahlensatz

Werden zwei sich schneidende Geraden von Parallelen geschnitten, so verhalten sich:

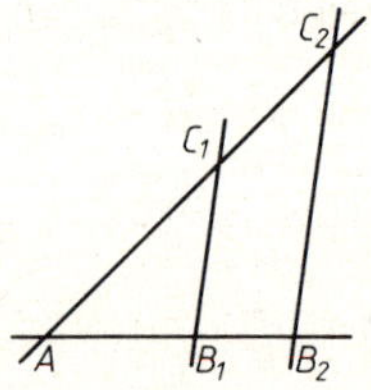

a) die Abschnitte auf dem einen Strahl wie die entsprechenden Abschnitte auf dem anderen Strahl:

$$\frac{AB_1}{AB_2} = \frac{AC_1}{AC_2}\,; \quad \frac{AB_1}{B_1B_2} = \frac{AC_1}{C_1C_2}\,,$$

b) die Abschnitte auf den Parallelen wie die entsprechenden Abschnitte auf einem der Strahlen (bis zum Scheitel gesehen):

$$\frac{C_1B_1}{C_2B_2} = \frac{C_1A}{C_2A} = \frac{B_1A}{B_2A}\,.$$

c) Die Flächeninhalte ähnlicher Dreiecke verhalten sich wie die Quadrate entsprechender Seiten.

1.17. Rechtwinkliges Dreieck

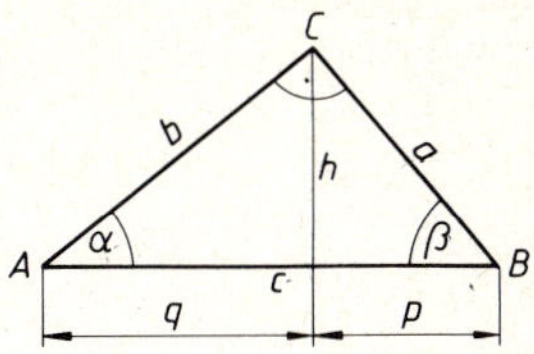

allgemeine Beziehungen	Pythagoras: $c^2 = a^2 + b^2$ Euklid: $b^2 = c\,q;\ a^2 = c\,p;\ h^2 = p\,q$ $\sin\alpha = \frac{a}{c};\ \cos\alpha = \frac{b}{c};$ $\tan\alpha = \frac{a}{b};\ \cot\alpha = \frac{b}{a}$ $\frac{h}{a} = \frac{b}{c};\ h = \frac{a\,b}{c};\ h^2 = \frac{a^2\,b^2}{a^2 + b^2};\quad \frac{1}{h^2} = \frac{1}{a^2} + \frac{1}{b^2}$ Fläche $A = \frac{1}{2}\,a\,b = \frac{1}{2}\,a^2 \cot\alpha = \frac{1}{2}\,b^2 \tan\alpha = \frac{1}{4}\,c^2 \sin 2\alpha$
gegeben a, b	$\tan\alpha = \frac{a}{b};\quad \alpha = 90° - \beta;\quad \tan\beta = \frac{b}{a};\quad \beta = 90° - \alpha$ $c = \sqrt{a^2 + b^2} = \frac{a}{\sin\alpha} = \frac{b}{\sin\beta} = \frac{a}{\cos\beta} = \frac{b}{\cos\alpha}$ $A = \frac{a\,b}{2};\ h = \frac{a\,b}{\sqrt{a^2 + b^2}}$
gegeben a, c	$\sin\alpha = \frac{a}{c};\quad \alpha = 90° - \beta;\quad \cos\beta = \frac{a}{c};\quad \beta = 90° - \alpha$ $b = \sqrt{c^2 - a^2} = \sqrt{(c + a)\,(c - a)} = c\cos\alpha = c\sin\beta = a\cot\alpha$ $A = \frac{a}{2}\sqrt{c^2 - a^2} = \frac{1}{2}\,a\,c\sin\beta;\ h = \frac{a}{c}\sqrt{c^2 - a^2}$
gegeben b, c	$\cos\alpha = \frac{b}{c};\quad \beta = 90° - \alpha$ $a = \sqrt{c^2 - b^2};\ A = \frac{1}{2}\,b^2 \tan\alpha;\ h = \frac{b}{c}\sqrt{c^2 - b^2}$
gegeben a, α	$\beta = 90° - \alpha;\ b = a\cot\alpha;\ c = a/\sin\alpha;\ A = \frac{1}{2}\,a^2 \cot\alpha;\ h = a\cos\alpha$
gegeben b, α	$\beta = 90° - \alpha;\ a = b\tan\alpha;\ c = b/\cos\alpha;\ A = \frac{1}{2}\,b^2 \tan\alpha;\ h = b\sin\alpha$
gegeben c, α	$\beta = 90° - \alpha;\ a = c\sin\alpha;$ $b = c\cos\alpha;\ A = \frac{1}{2}\,c^2 \sin\alpha\cos\alpha;\ h = c\sin\alpha\cos\alpha$

1.18. Schiefwinkliges Dreieck

allgemeine Beziehungen	$\sin\frac{\alpha}{2} = \sqrt{\frac{(s-b)(s-c)}{bc}} = \sqrt{\frac{(s-a)(s-b)}{ab}} = \sqrt{\frac{(s-a)(s-c)}{ac}}$ $\cos\frac{\alpha}{2} = \sqrt{\frac{s(s-a)}{bc}}$; . . . 1) $\tan\frac{\alpha}{2} = \sqrt{\frac{(s-b)(s-c)}{s(s-a)}}$ $= \frac{\varrho}{s-a}$; . . . 1) $\tan\alpha = \frac{a\sin\gamma}{b - a\cos\gamma}$; . . . 1) 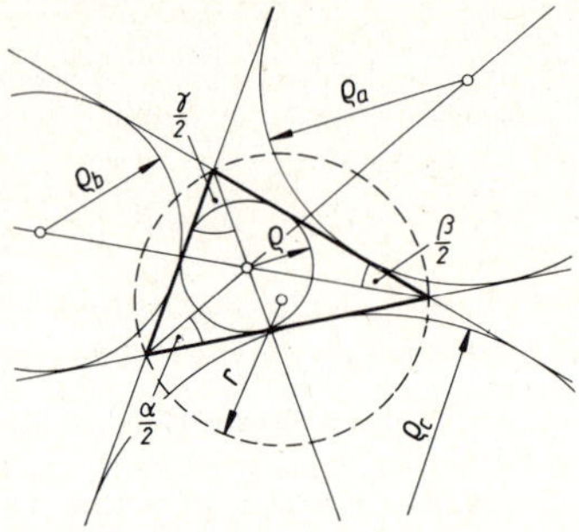
halber Umfang s	$s = \frac{1}{2}(a+b+c) = 4\,r\cos\frac{\alpha}{2}\cos\frac{\beta}{2}\cos\frac{\gamma}{2}$
Radius des Inkreises ϱ	$\varrho = 4\,r\sin\frac{\alpha}{2}\sin\frac{\beta}{2}\sin\frac{\gamma}{2} = \frac{abc}{4\,rs}$ $= \sqrt{\frac{(s-a)(s-b)(s-c)}{s}} = s\tan\frac{\alpha}{2}\tan\frac{\beta}{2}\tan\frac{\gamma}{2}$
Radien der Ankreise ϱ_a, ϱ_b, ϱ_c	$\varrho_a = \varrho\frac{s}{s-a} = s\tan\frac{\alpha}{2} = \sqrt{\frac{s(s-b)(s-c)}{s-a}}$; . . . 1)
Höhen h_a, h_b, h_c	$h_a = b\sin\gamma = c\sin\beta = \frac{bc}{a}\sin\alpha$; . . . 1) $a\,h_a = b\,h_b = c\,h_c = 2\sqrt{s(s-a)(s-b)(s-c)}$
seitenhalbierende Mittellinien m_a, m_b, m_c	$m_a = \frac{1}{2}\sqrt{2(b^2+c^2)-a^2}$; . . . 1) $\quad m_a^2 + m_b^2 + m_c^2 = \frac{3}{4}(a^2+b^2+c^2)$ $\frac{1}{\varrho} = \frac{1}{\varrho_a} + \frac{1}{\varrho_b} + \frac{1}{\varrho_c} = \frac{1}{h_a} + \frac{1}{h_b} + \frac{1}{h_c}$ $\frac{1}{\varrho_a} = -\frac{1}{h_a} + \frac{1}{h_b} + \frac{1}{h_c}$; . . . 1)
Winkelhalbierende w_a, w_b, w_c	$w_a = \frac{2}{b+c}\sqrt{bcs(s-a)} = \frac{1}{b+c}\sqrt{bc[(b+c)^2-a^2}$; . . . 1)
Flächeninhalt	$A = \varrho s = \sqrt{s(s-a)(s-b)(s-c)} = 2\,r^2\sin\alpha\sin\beta\sin\gamma$ $A = \frac{1}{2}ab\sin\gamma = \frac{1}{2}bc\sin\alpha = \frac{1}{2}ac\sin\beta$
Radius des Umkreises r	$r = \frac{a}{2\sin\alpha} = \frac{b}{2\sin\beta} = \frac{c}{2\sin\gamma}$

1) Die Punkte weisen darauf hin, daß sich durch zyklisches Vertauschen von a, b, c und α, β, γ, noch zwei weitere Gleichungen ergeben.

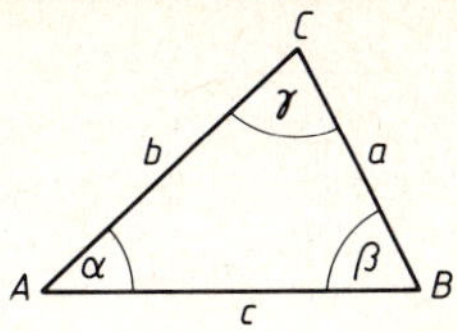

Sinussatz	$\frac{a}{b} = \frac{\sin\alpha}{\sin\beta}$; $\frac{b}{c} = \frac{\sin\beta}{\sin\gamma}$; $\frac{c}{a} = \frac{\sin\gamma}{\sin\alpha}$
Kosinussatz (bei stumpfem ∢ α wird cos α negativ)	$a^2 = b^2 + c^2 - 2\,b\,c\cos\alpha$; . . .[1]) $a^2 = (b + c)^2 - 4\,b\,c\cos^2(\alpha/2)$; . . .[1]) $a^2 = (b - c)^2 + 4\,b\,c\sin^2(\alpha/2)$; . . .[1])
Projektionssatz	$a = b\cos\gamma + c\cos\beta$; . . .[1])
Mollweidesche Formeln	$\frac{a+b}{c} = \cos\frac{\alpha-\beta}{2} : \cos\frac{\alpha+\beta}{2} = \cos\frac{\alpha-\beta}{2} : \sin\frac{\gamma}{2}$; . . .[1]) $\frac{a-b}{c} = \sin\frac{\alpha-\beta}{2} : \sin\frac{\alpha+\beta}{2} = \sin\frac{\alpha-\beta}{2} : \cos\frac{\gamma}{2}$; . . .[1])
Tangenssatz	$\frac{a+b}{a-b} = \tan\frac{\alpha+\beta}{2} : \tan\frac{\alpha-\beta}{2}$; . . .[1])
gegeben 1 Seite und 2 Winkel (z.B. α, α, β); WWS	$\gamma = 180^\circ - (\alpha + \beta)$; $b = \frac{a\sin\beta}{\sin\alpha}$; $c = \frac{a\sin\gamma}{\sin\alpha}$ $A = \frac{1}{2}\,a\,b\sin\gamma$
gegeben 2 Seiten und der eingeschlossene Winkel (z. B. a, b, γ); SWS	$\tan\frac{\alpha-\beta}{2} = \frac{a-b}{a+b}\cot\frac{\gamma}{2}$; $\frac{\alpha+\beta}{2} = 90^\circ - \frac{\gamma}{2}$ Mit $\alpha + \beta$ und $\alpha - \beta$ ergibt sich α und β und damit: $c = a\frac{\sin\gamma}{\sin\alpha}$; $A = \frac{1}{2}\,a\,b\sin\gamma$
gegeben 2 Seiten und der einer von beiden gegenüberliegende Winkel (z. B. a, b, α); SSW	$\sin\beta = \frac{b}{a}\sin\alpha$ — Ist $a \geqq b$, so ist $\beta < 90^\circ$ und damit β eindeutig bestimmt. Ist $a < b$, so sind folgende Fälle möglich: 1. β hat für $b\sin\alpha < a$ zwei Werte ($\beta_2 = 180^\circ - \beta_1$); 2. β hat den Wert 90° für $b\sin\alpha = a$; 3. für $b\sin\alpha > a$ ergibt sich kein Dreieck. $\gamma = 180^\circ - (\alpha + \beta)$; $c = a\frac{\sin\gamma}{\sin\alpha}$; $A = \frac{1}{2}\,a\,b\sin\gamma$
gegeben 3 Seiten (z. B. a, b, c); SSS	$\varrho = \sqrt{\frac{(s-a)(s-b)(s-c)}{s}}$; $\tan\frac{\alpha}{2} = \frac{\varrho}{s-a}$; $\tan\frac{\beta}{2} = \frac{\varrho}{s-b}$; $\tan\frac{\gamma}{2} = \frac{\varrho}{s-c}$ $A = \varrho\,s = \sqrt{s\,(s-a)(s-b)(s-c)}$

1) Die Punkte weisen darauf hin, daß sich durch zyklisches Vertauschen von a, b, c und α, β, γ, noch zwei weitere Gleichungen ergeben.

1.19. Einheiten des ebenen Winkels

Begriff des ebenen Winkels	Der *ebene* Winkel α (kurz: Winkel α, im Gegensatz zum Raumwinkel) zwischen den beiden Strahlen g_1, g_2 ist die Länge des Kreisbogens b auf dem Einheitskreis, der im Gegenuhrzeigersinn von Punkt P_1 zum Punkt P_2 führt. 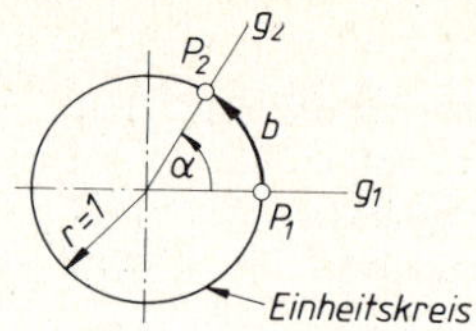
Bogenmaß des ebenen Winkels	Die Länge des Bogens b auf dem Einheitskreis ist das Bogenmaß des Winkels.
kohärente Einheit des ebenen Winkels	Die kohärente Einheit (SI-Einheit) des ebenen Winkels ist der Radiant (rad). Der Radiant ist der ebene Winkel, für den das Verhältnis der Länge des Kreisbogens b zu seinem Radius r gleich Eins ist. $1\ \text{rad} = \frac{b}{r} = 1$
Vollwinkel und rechter Winkel	Für den Vollwinkel α beträgt der Kreisbogen $b = 2\pi r$. Es ist demnach: $\alpha = \frac{b}{r} = \frac{2\pi r}{r}\ \text{rad} = 2\pi\ \text{rad}$ Vollwinkel = 2π rad Ebenso ist für den rechten Winkel ($1^{\llcorner}$): $\alpha = 1^{\llcorner} = \frac{b}{r} = \frac{2\pi r}{4r}\ \text{rad} = \frac{\pi}{2}\ \text{rad}$ rechter Winkel $1^{\llcorner} = \frac{\pi}{2}$ rad
Umrechnung von Winkeleinheiten	Ein Grad (1°) ist der 360ste Teil des Vollwinkels (360°). Folglich gilt: $1^\circ = \frac{b}{r} = \frac{2\pi r}{360 r}\ \text{rad} = \frac{2\pi}{360}\ \text{rad} = \frac{\pi}{180}\ \text{rad}$ $1^\circ = \frac{\pi}{180}\ \text{rad} \approx 0{,}0175\ \text{rad}$ oder durch Umstellen: $1\ \text{rad} = \frac{1^\circ \cdot 180}{\pi} = \frac{180^\circ}{\pi} \approx 57{,}3^\circ$ *Beispiel:* a) $\alpha = 90^\circ = \frac{\pi}{180^\circ}\ 90\ \text{rad} = \frac{\pi}{2}\ \text{rad}$ b) $\alpha = \pi\ \text{rad} = \pi\,\frac{180^\circ}{\pi} = 180^\circ$

1.20. Trigonometrische Funktionen (Graphen in 1.15)

$$\text{Sinus} = \frac{\text{Gegenkathete}}{\text{Hypotenuse}} \qquad \sin\alpha = BC = \frac{a}{c}$$

$$\text{Kosinus} = \frac{\text{Ankathete}}{\text{Hypotenuse}} \qquad \cos\alpha = OB = \frac{b}{c}$$

$\left.\right\}$ von $-1 \ldots +1$

$$\text{Tangens} = \frac{\text{Gegenkathete}}{\text{Ankathete}} \qquad \tan\alpha = AD = \frac{a}{b}$$

$$\text{Kotangens} = \frac{\text{Ankathete}}{\text{Gegenkathete}} \qquad \cot\alpha = EF = \frac{b}{a}$$

$\left.\right\}$ von $-\infty \ldots +\infty$

$$\text{Sekans} = \frac{\text{Hypotenuse}}{\text{Ankathete}} \qquad \sec\alpha = OD = \frac{c}{b}$$

$$\text{Kosekans} = \frac{\text{Hypotenuse}}{\text{Gegenkathete}} \qquad \text{cosec}\,\alpha = OF = \frac{c}{a}$$

$\left.\right\}$ von $-\infty \ldots -1$ und $+1 \ldots +\infty$

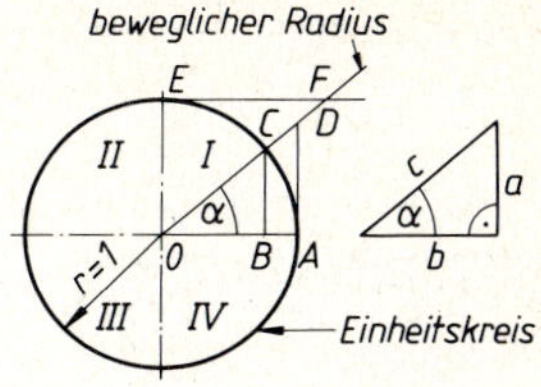

Beachte: Winkel werden vom festen Radius OA aus linksdrehend gemessen.

Vorzeichen der Funktion
(richtet sich nach dem Quadranten, in dem der bewegliche Radius liegt)

Quadrant	Größe des Winkels	sin	cos	tan	cot	sec	cosec
I	von 0° bis 90°	+	+	+	+	+	+
II	„ 90° „ 180°	+	−	−	−	−	+
III	„ 180° „ 270°	−	−	+	+	−	−
IV	„ 270° „ 360°	−	+	−	−	+	−

Funktionen für Winkel zwischen 90° ... 360°

Funktion	$\beta = 90° \pm \alpha$	$\beta = 180° \pm \alpha$	$\beta = 270° \pm \alpha$	$\beta = 360° - \alpha$
$\sin\beta$	$+\cos\alpha$	$\mp\sin\alpha$	$-\cos\alpha$	$-\sin\alpha$
$\cos\beta$	$\mp\sin\alpha$	$-\cos\alpha$	$\pm\sin\alpha$	$+\cos\alpha$
$\tan\beta$	$\mp\cot\alpha$	$\pm\tan\alpha$	$\mp\cot\alpha$	$-\tan\alpha$
$\cot\beta$	$\mp\tan\alpha$	$\pm\cot\alpha$	$\mp\tan\alpha$	$-\cot\alpha$

Beispiel [1]: $\sin 205° = \sin(180 + 25°) = -(\sin 25°) = -0{,}4226$

Funktionen für negative Winkel werden auf solche für positive Winkel zurückgeführt:

$$\sin(-\alpha) = -\sin\alpha$$
$$\cos(-\alpha) = \cos\alpha$$
$$\tan(-\alpha) = -\tan\alpha$$
$$\cot(-\alpha) = -\cot\alpha$$

Beispiel [1]: $\sin(-205°) = -205°$

Funktionen für Winkel über 360° werden auf solche von Winkeln zwischen 0° ... 360° zurückgeführt (bzw. zwischen 0° ... 180°); „n“ ist ganzzahlig:

$$\sin(360° \cdot n + \alpha) = \sin\alpha$$
$$\cos(360° \cdot n + \alpha) = \cos\alpha$$
$$\tan(180° \cdot n + \alpha) = \tan\alpha$$
$$\cot(180° \cdot n + \alpha) = \cot\alpha$$

Beispiel [1]:
$\sin(-660°) = -\sin 660° = -\sin(360° \cdot 1 + 300°)$
$= -\sin 300° = -\sin(270° + 30°) = +\cos 30°$
$= 0{,}8660.$

[1] Der Rechner liefert die Funktionswerte direkt, z.B. $\sin(-660°) = 0{,}866\,025\,403\,8$.

1. Mathematik

1.21. Beziehungen zwischen den trigonometrischen Funktionen

Grundformeln

$$\sin^2\alpha + \cos^2\alpha = 1;\quad \tan\alpha = \frac{\sin\alpha}{\cos\alpha};\quad \cot\alpha = \frac{1}{\tan\alpha} = \frac{\cos\alpha}{\sin\alpha}$$

Umrechnung zwischen Funktionen desselben Winkels (die Wurzel erhält das Vorzeichen des Quadranten, in dem der Winkel α liegt)

	$\sin\alpha$	$\cos\alpha$	$\tan\alpha$	$\cot\alpha$
$\sin\alpha =$	$\sin\alpha$	$\sqrt{1-\cos^2\alpha}$	$\dfrac{\tan\alpha}{\sqrt{1+\tan^2\alpha}}$	$\dfrac{1}{\sqrt{1+\cot^2\alpha}}$
$\cos\alpha =$	$\sqrt{1-\sin^2\alpha}$	$\cos\alpha$	$\dfrac{1}{\sqrt{1+\tan^2\alpha}}$	$\dfrac{\cot\alpha}{\sqrt{1+\cot^2\alpha}}$
$\tan\alpha =$	$\dfrac{\sin\alpha}{\sqrt{1-\sin^2\alpha}}$	$\dfrac{\sqrt{1-\cos^2\alpha}}{\cos\alpha}$	$\tan\alpha$	$\dfrac{1}{\cot\alpha}$
$\cot\alpha =$	$\dfrac{\sqrt{1-\sin^2\alpha}}{\sin\alpha}$	$\dfrac{\cos\alpha}{\sqrt{1-\cos^2\alpha}}$	$\dfrac{1}{\tan\alpha}$	$\cot\alpha$

Additionstheoreme

$$\sin(\alpha+\beta) = \sin\alpha\cdot\cos\beta + \cos\alpha\cdot\sin\beta$$

$$\cos(\alpha+\beta) = \cos\alpha\cdot\cos\beta - \sin\alpha\cdot\sin\beta$$

$$\sin(\alpha-\beta) = \sin\alpha\cdot\cos\beta - \cos\alpha\cdot\sin\beta$$

$$\cos(\alpha-\beta) = \cos\alpha\cdot\cos\beta + \sin\alpha\cdot\sin\beta$$

$$\tan(\alpha+\beta) = \frac{\tan\alpha+\tan\beta}{1-\tan\alpha\cdot\tan\beta}$$

$$\cot(\alpha+\beta) = \frac{\cot\alpha\cdot\cot\beta-1}{\cot\alpha+\cot\beta}$$

$$\tan(\alpha-\beta) = \frac{\tan\alpha-\tan\beta}{1+\tan\alpha\cdot\tan\beta}$$

$$\cot(\alpha-\beta) = \frac{\cot\alpha\cdot\cot\beta+1}{\cot\beta-\cot\alpha}$$

Summenformeln

$$\sin\alpha+\sin\beta = 2\sin\frac{\alpha+\beta}{2}\cos\frac{\alpha-\beta}{2}$$

$$\cos\alpha+\cos\beta = 2\cos\frac{\alpha+\beta}{2}\cos\frac{\alpha-\beta}{2}$$

$$\sin\alpha-\sin\beta = 2\cos\frac{\alpha+\beta}{2}\sin\frac{\alpha-\beta}{2}$$

$$\cos\alpha-\cos\beta = -2\sin\frac{\alpha+\beta}{2}\sin\frac{\alpha-\beta}{2}$$

$$\tan\alpha+\tan\beta = \frac{\sin(\alpha+\beta)}{\cos\alpha\cos\beta}$$

$$\cot\alpha+\cot\beta = \frac{\sin(\beta+\alpha)}{\sin\alpha\sin\beta}$$

$$\tan\alpha-\tan\beta = \frac{\sin(\alpha-\beta)}{\cos\alpha\cos\beta}$$

$$\cot\alpha-\cot\beta = -\frac{\sin(\alpha-\beta)}{\sin\alpha\sin\beta}$$

$$\sin(\alpha+\beta)+\sin(\alpha-\beta) = 2\sin\alpha\cos\beta$$

$$\cos(\alpha+\beta)+\cos(\alpha-\beta) = 2\cos\alpha\cos\beta$$

$$\sin(\alpha+\beta)-\sin(\alpha-\beta) = 2\cos\alpha\sin\beta$$

$$\cos(\alpha+\beta)-\cos(\alpha-\beta) = -2\sin\alpha\sin\beta$$

$$\cos\alpha+\sin\alpha = \sqrt{2}\sin(45^\circ+\alpha) = \sqrt{2}\cos(45^\circ-\alpha)$$

$$\cos\alpha-\sin\alpha = \sqrt{2}\cos(45^\circ+\alpha) = \sqrt{2}\sin(45^\circ-\alpha)$$

$$\frac{1+\tan\alpha}{1-\tan\alpha} = \tan(45^\circ+\alpha)$$

$$\frac{\cot\alpha+1}{\cot\alpha-1} = \cot(45^\circ-\alpha)$$

Funktionen für Winkelvielfache

$\sin 2\alpha = 2 \sin\alpha \cdot \cos\alpha$

$$\cos 2\alpha = \cos^2\alpha - \sin^2\alpha = 1 - 2\sin^2\alpha = 2\cos^2\alpha - 1$$

$\sin 3\alpha = 3\sin\alpha - 4\sin^3\alpha$ $\qquad$ $\cos 3\alpha = 4\cos^3\alpha - 3\cos\alpha$

$\sin 4\alpha = 8\sin\alpha\cos^3\alpha - 4\sin\alpha\cos\alpha$ $\qquad$ $\cos 4\alpha = 8\cos^4\alpha - 8\cos^2\alpha + 1$

$$\tan 2\alpha = \frac{2\tan\alpha}{1-\tan^2\alpha} \qquad \cot 2\alpha = \frac{\cot^2\alpha - 1}{2\cot\alpha}$$

$$\tan 3\alpha = \frac{3\tan\alpha - \tan^3\alpha}{1 - 3\tan^2\alpha} \qquad \cot 3\alpha = \frac{\cot^3\alpha - 3\cot\alpha}{3\cot^2\alpha - 1}$$

Für $n > 3$ berechnet man $\sin n\alpha$ und $\cos n\alpha$ nach der Moivre-Formel:

$$\sin n\alpha = n \sin\alpha\cos^{n-1}\alpha - \binom{n}{3}\sin^3\alpha\cos^{n-3}\alpha \pm \ldots$$

$$\cos n\alpha = \cos^n\alpha - \binom{n}{2}\cos^{n-2}\alpha\sin^2\alpha + \binom{n}{4}\cos^{n-4}\alpha\sin^4\alpha \mp \ldots$$

Funktionen der halben Winkel (die Wurzel erhält das Vorzeichen des entsprechenden Quadranten)

$$\sin\frac{\alpha}{2} = \sqrt{\frac{1-\cos\alpha}{2}} \qquad \cos\frac{\alpha}{2} = \sqrt{\frac{1+\cos\alpha}{2}}$$

$$\tan\frac{\alpha}{2} = \sqrt{\frac{1-\cos\alpha}{1+\cos\alpha}} = \frac{1-\cos\alpha}{\sin\alpha} = \frac{\sin\alpha}{1+\cos\alpha}$$

$$\cot\frac{\alpha}{2} = \sqrt{\frac{1+\cos\alpha}{1-\cos\alpha}} = \frac{\sin\alpha}{1-\cos\alpha} = \frac{1+\cos\alpha}{\sin\alpha}$$

Produkte von Funktionen

$$\sin(\alpha+\beta)\sin(\alpha-\beta) = \sin^2\alpha - \sin^2\beta = \cos^2\beta - \cos^2\alpha$$

$$\cos(\alpha+\beta)\cos(\alpha-\beta) = \cos^2\alpha - \sin^2\beta = \cos^2\beta - \sin^2\alpha$$

$$\sin\alpha\cdot\sin\beta = \tfrac{1}{2}[\cos(\alpha-\beta) - \cos(\alpha+\beta)]$$

$$\cos\alpha\cdot\cos\beta = \tfrac{1}{2}[\cos(\alpha-\beta) + \cos(\alpha+\beta)]$$

$$\sin\alpha\cdot\cos\beta = \tfrac{1}{2}[\sin(\alpha-\beta) + \sin(\alpha+\beta)].$$

$$\tan\alpha\cdot\tan\beta = \frac{\tan\alpha + \tan\beta}{\cot\alpha + \cot\beta} = -\frac{\tan\alpha - \tan\beta}{\cot\alpha - \cot\beta}$$

$$\cot\alpha\cdot\cot\beta = \frac{\cot\alpha + \cot\beta}{\tan\alpha + \tan\beta} = -\frac{\cot\alpha - \cot\beta}{\tan\alpha - \tan\beta}$$

Potenzen von Funktionen	$\sin^2\alpha = \frac{1}{2}(1-\cos 2\alpha)$ $\quad \cos^2\alpha = \frac{1}{2}(1+\cos 2\alpha)$ $\sin^3\alpha = \frac{1}{4}(3\sin\alpha - \sin 3\alpha)$ $\quad \cos^3\alpha = \frac{1}{4}(\cos 3\alpha + 3\cos\alpha)$ $\sin^4\alpha = \frac{1}{8}(\cos 4\alpha - 4\cos 2\alpha + 3)$ $\quad \cos^4\alpha = \frac{1}{8}(\cos 4\alpha + 4\cos 2\alpha + 3)$
Funktionen dreier Winkel	$\sin\alpha + \sin\beta + \sin\gamma = 4\cos\frac{\alpha}{2}\cos\frac{\beta}{2}\cos\frac{\gamma}{2}$ $\cos\alpha + \cos\beta + \cos\gamma = 4\sin\frac{\alpha}{2}\sin\frac{\beta}{2}\sin\frac{\gamma}{2} + 1$ $\tan\alpha + \tan\beta + \tan\gamma = \tan\alpha\cdot\tan\beta\cdot\tan\gamma$ $\cot\frac{\alpha}{2} + \cot\frac{\beta}{2} + \cot\frac{\gamma}{2} = \cot\frac{\alpha}{2}\cdot\cot\frac{\beta}{2}\cdot\cot\frac{\gamma}{2}$ $\sin^2\alpha + \sin^2\beta + \sin^2\gamma = 2(\cos\alpha\cos\beta\cos\gamma + 1)$ $\sin 2\alpha + \sin 2\beta + \sin 2\gamma = 4\sin\alpha\sin\beta\sin\gamma$ gültig für $\alpha + \beta + \gamma = 180°$

1.22. Arcusfunktionen

Die Arcusfunktionen sind invers zu den Kreisfunktionen.

Invers zur Kreisfunktion	ist die Arcusfunction	mit der Definition (y in Radiant)	Hauptwert der Arcusfunktion im Bereich	Definitionsbereich
$y = \sin x$	$y = \arcsin x$	$x = \sin y$	$\frac{-\pi}{2} \leqq y \leqq \frac{\pi}{2}$	$-1 \leqq x \leqq 1$
$y = \cos x$	$y = \arccos x$	$x = \cos y$	$0 \leqq y \leqq \pi$	$-1 \leqq x \leqq 1$
$y = \tan x$	$y = \arctan x$	$x = \tan y$	$\frac{-\pi}{2} < y < \frac{\pi}{2}$	$-\infty < x < +\infty$
$y = \cot x$	$y = \text{arccot}\, x$	$x = \cot y$	$0 < y < \pi$	$-\infty < x < +\infty$

Beziehungen zwischen den Arcusfunktionen (Formeln in eckigen Klammern gelten nur für positive Werte von x)	$\arcsin x = -\arcsin(-x) = \frac{\pi}{2} - \arccos x = [\arccos\sqrt{1-x^2}]$ $= \arctan\frac{x}{\sqrt{1-x^2}} = \left[\text{arccot}\,\frac{\sqrt{1-x^2}}{x}\right]$ $\arccos x = \pi - \arccos(-x) = \frac{\pi}{2} - \arcsin x = [\arcsin\sqrt{1-x^2}]$ $= \left[\arctan\frac{\sqrt{1-x^2}}{x}\right] = \text{arccot}\,\frac{x}{\sqrt{1-x^2}}$

Beziehungen zwischen den Arcusfunktionen (Formeln in eckigen Klammern gelten nur für positive Werte von x)	$\arctan x = -\arctan(-x) = \frac{\pi}{2} - \operatorname{arccot} x = \arcsin\frac{x}{\sqrt{1+x^2}}$ $= \left[\arccos\frac{1}{\sqrt{1+x^2}}\right] = \left[\operatorname{arccot}\frac{1}{x}\right]$ $\operatorname{arccot} x = \pi - \operatorname{arccot}(-x) = \frac{\pi}{2} - \arctan x$ $= \left[\arcsin\frac{1}{\sqrt{1+x^2}}\right] = \arccos\frac{x}{\sqrt{1+x^2}} = \left[\arctan\frac{1}{x}\right]$
Additionstheoreme und andere Beziehungen	$\arcsin x + \arcsin y = \arcsin(x\sqrt{1-y^2} + y\sqrt{1-x^2})$ $[xy \leqq 0$ oder $x^2+y^2 \leqq 1]$ $= \pi - \arcsin(x\sqrt{1-y^2} + y\sqrt{1-x^2})$ $[x>0, y>0$ und $x^2+y^2>1]$ $= -\pi - \arcsin(x\sqrt{1-y^2} + y\sqrt{1-x^2})$ $[x<0, y<0$ und $x^2+y^2>1]$ $\arcsin x - \arcsin y = \arcsin(x\sqrt{1-y^2} - y\sqrt{1-x^2})$ $[xy \geqq 0$ oder $x^2+y^2 \leqq 1]$ $= \pi - \arcsin(x\sqrt{1-y^2} - y\sqrt{1-x^2})$ $[x>0, y<0$ und $x^2+y^2>1]$ $= -\pi - \arcsin(x\sqrt{1-y^2} - y\sqrt{1-x^2})$ $[x<0, y>0$ und $x^2+y^2>1]$ $\arccos x + \arccos y = \arccos(xy - \sqrt{1-x^2}\sqrt{1-y^2})$ $[x+y \geqq 0]$ $= 2\pi - \arccos(xy - \sqrt{1-x^2}\sqrt{1-y^2})$ $[x+y<0]$ $\arccos x - \arccos y = -\arccos(xy + \sqrt{1-x^2}\sqrt{1-y^2})$ $[x \geqq y]$ $= \arccos(xy + \sqrt{1-x^2}\sqrt{1-y^2})$ $[x<y]$ $\arctan x + \arctan y = \arctan\frac{x+y}{1-xy}$ $[xy<1]$ $= \pi + \arctan\frac{x+y}{1-xy}$ $[x>0, xy>1]$ $= -\pi + \arctan\frac{x+y}{1-xy}$ $[x<0, xy>1]$ $\arctan x - \arctan y = \arctan\frac{x-y}{1+xy}$ $[xy>-1]$ $= \pi + \arctan\frac{x-y}{1+xy}$ $[x>0, xy<-1]$ $= -\pi + \arctan\frac{x-y}{1+xy}$ $[x<0, xy<-1]$

Additions-theoreme und andere Beziehungen	$2 \arcsin x = \arcsin (2x\sqrt{1-x^2})$ $\left[\lvert x\rvert \leqq \frac{1}{\sqrt{2}}\right]$ $= \pi - \arcsin (2x\sqrt{1-x^2})$ $\left[\frac{1}{\sqrt{2}} < x \leqq 1\right]$ $= -\pi - \arcsin (2x\sqrt{1-x^2})$ $\left[-1 \leqq x < -\frac{1}{\sqrt{2}}\right]$ $2 \arccos x = \arccos (2x^2 - 1)$ $[0 \leqq x \leqq 1]$ $= 2\pi - \arccos (2x^2 - 1)$ $[-1 \leqq x < 0]$ $2 \arctan x = \arctan \frac{2x}{1-x^2}$ $[\lvert x\rvert < 1]$ $= \pi + \arctan \frac{2x}{1-x^2}$ $[x > 1]$ $= -\pi + \arctan \frac{2x}{1-x^2}$ $[x < -1]$

1.23. Hyperbelfunktionen

Definitionen	$\sinh x = \frac{e^x - e^{-x}}{2}$; $\cosh x = \frac{e^x + e^{-x}}{2}$ $\tanh x = \frac{e^x - e^{-x}}{e^x + e^{-x}} = \frac{e^{2x} - 1}{e^{2x} + 1}$; $\coth x = \frac{e^x + e^{-x}}{e^x - e^{-x}} = \frac{e^{2x} + 1}{e^{2x} - 1}$
Grund-beziehungen	$\cosh^2 x - \sinh^2 x = 1$ $\tanh x \cdot \coth x = 1$ $\tanh x = \frac{\sinh x}{\cosh x}$; $\coth x = \frac{\cosh x}{\sinh x}$
Beziehungen zwischen den Hyperbel-funktionen (vgl. die ent-sprechenden Formeln der trigono-metrischen Funktionen)	$\sinh x = \sqrt{\cosh^2 x - 1} = \frac{\tanh x}{\sqrt{1 - \tanh^2 x}} = \frac{1}{\sqrt{\coth^2 x - 1}}$ $\cosh x = \sqrt{\sinh^2 x + 1} = \frac{1}{\sqrt{1 - \tanh^2 x}} = \frac{\coth x}{\sqrt{\coth^2 x - 1}}$ $\tanh x = \frac{\sinh x}{\sqrt{\sinh^2 x + 1}} = \frac{\sqrt{\cosh^2 x - 1}}{\cosh x} = \frac{1}{\coth x}$ $\coth x = \frac{\sqrt{\sinh^2 x + 1}}{\sinh x} = \frac{\cosh x}{\sqrt{\cosh^2 x - 1}} = \frac{1}{\tanh x}$ Für negative x gilt: $\sinh(-x) = -\sinh x$ $\tanh(-x) = -\tanh x$ $\cosh(-x) = \cos x$ $\coth(-x) = -\coth x$

Additions-theoreme und andere Beziehungen	$\sinh(x \pm y) = \sinh x \cdot \cosh y \pm \cosh x \cdot \sinh y$
	$\cosh(x \pm y) = \cosh x \cdot \cosh y \pm \sinh x \cdot \sinh y$
	$\tanh(x \pm y) = \dfrac{\tanh x \pm \tanh y}{1 \pm \tanh x \cdot \tanh y}$; $\coth(x \pm y) = \dfrac{1 \pm \coth x \cdot \coth y}{\coth x \pm \coth y}$
	$\sinh 2x = 2 \sinh x \cdot \cosh x$ $\tanh 2x = \dfrac{2 \tanh x}{1 + \tanh^2 x}$
	$\cosh 2x = \sinh^2 x + \cosh^2 x$ $\coth 2x = \dfrac{1 + \coth^2 x}{2 \coth x}$
	$(\cosh x \pm \sinh x)^n = \cosh nx \pm \sinh nx$
+ für $x > 0$ – für $x < 0$	$\sinh \dfrac{x}{2} = \pm \sqrt{\dfrac{\cosh x - 1}{2}}$ $\tanh \dfrac{x}{2} = \dfrac{\cosh x - 1}{\sinh x} = \dfrac{\sinh x}{\cosh x + 1}$
	$\cosh \dfrac{x}{2} = \sqrt{\dfrac{\cosh x + 1}{2}}$ $\coth \dfrac{x}{2} = \dfrac{\sinh x}{\cosh x - 1} = \dfrac{\cosh x + 1}{\sinh x}$
	$\sinh x \pm \sinh y = 2 \sinh \frac{1}{2}(x \pm y) \cosh \frac{1}{2}(x \mp y)$
	$\cosh x + \cosh y = 2 \cosh \frac{1}{2}(x + y) \cosh \frac{1}{2}(x - y)$
	$\cosh x - \cosh y = 2 \sinh \frac{1}{2}(x + y) \sinh \frac{1}{2}(x - y)$
	$\tanh x \pm \tanh y = \dfrac{\sinh(x \pm y)}{\cosh x \cosh y}$

1.24. Areafunktionen

Die Areafunktionen sind die Umkehrfunktionen der Hyperbelfunktionen.

Invers zur Hyperbel-funktion	ist die Areafunktion	mit der Definition	Grenzen der Funktion	Definitionsbereich
$y = \sinh x$	$y = \operatorname{arsinh} x = \ln(x + \sqrt{x^2 + 1})$	$x = \sinh y$	$-\infty < y < +\infty$	$-\infty < x < +\infty$
$y = \cosh x$	$y = \operatorname{arcosh} x = \ln(x \pm \sqrt{x^2 - 1})$	$x = \cosh y$	$-\infty < y < +\infty$	$1 \leq x < +\infty$
$y = \tanh x$	$y = \operatorname{artanh} x = \frac{1}{2} \ln \dfrac{1 + x}{1 - x}$	$x = \tanh y$	$-\infty < y < +\infty$	$-1 < x < 1$
$y = \coth x$	$y = \operatorname{arcoth} x = \frac{1}{2} \ln \dfrac{x + 1}{x - 1}$	$x = \coth y$	$-\infty < y < +\infty$	$-1 > x > 1$

Beziehungen zwischen den Area-funktionen	$\operatorname{arsinh} x = \pm \operatorname{arcosh} \sqrt{x^2 + 1} = \operatorname{artanh} \dfrac{x}{\sqrt{x^2 + 1}} = \operatorname{arcoth} \dfrac{\sqrt{x^2 + 1}}{x}$
	$\operatorname{arcosh} x = \pm \operatorname{arsinh} \sqrt{x^2 - 1} = \pm \operatorname{artanh} \dfrac{\sqrt{x^2 - 1}}{x} = \pm \operatorname{arcoth} \dfrac{x}{\sqrt{x^2 - 1}}$
+ für $x > 0$ – für $x < 0$	$\operatorname{artanh} x = \operatorname{arsinh} \dfrac{x}{\sqrt{1 - x^2}} = \pm \operatorname{arcosh} \dfrac{1}{\sqrt{1 - x^2}} = \operatorname{arcoth} \dfrac{1}{x}$
	$\operatorname{arcoth} x = \operatorname{arsinh} \dfrac{1}{\sqrt{x^2 - 1}} = \pm \operatorname{arcosh} \dfrac{x}{\sqrt{x^2 - 1}} = \operatorname{artanh} \dfrac{1}{x}$

Für negative x gilt	$\operatorname{arsinh}(-x) = -\operatorname{arsinh} x$ $\quad$ $\operatorname{artanh}(-x) = -\operatorname{artanh} x$ $\operatorname{arcoth}(-x) = -\operatorname{arcoth} x$ $\quad$ $\operatorname{arcosh}(-x) = \operatorname{arcosh} x$
Additionstheoreme	$\operatorname{arsinh} x \pm \operatorname{arsinh} y = \operatorname{arsinh}(x\sqrt{1+y^2} \pm y\sqrt{1+x^2})$ $\operatorname{arcosh} x \pm \operatorname{arcosh} y = \operatorname{arcosh}(xy \pm \sqrt{(x^2-1)(y^2-1)})$ $\operatorname{artanh} x \pm \operatorname{artanh} y = \operatorname{artanh} \dfrac{x \pm y}{1 \pm xy}$

1.25. Analytische Geometrie: Punkte in der Ebene

Entfernung zweier Punkte	$e = \sqrt{(x_2 - x_1)^2 + (y_2 - y_1)^2}$
Koordinaten des Mittelpunktes einer Strecke	$x_m = \dfrac{x_1 + x_2}{2}$; $y_m = \dfrac{y_2 - y_1}{2}$
Teilungsverhältnis λ einer Strecke	$\lambda = \dfrac{x - x_1}{x_2 - x} = \dfrac{y - y_1}{y_2 - y} = \dfrac{m}{n} = \dfrac{P_1 P}{P P_2}$ (+) innerhalb, (–) außerhalb $\overrightarrow{P_1 P_2}$
Koordinaten des Teilungspunktes P einer Strecke	$x_p = \dfrac{m x_2 + n x_1}{m + n} = \dfrac{x_1 + \lambda x_2}{1 + \lambda}$; $y_p = \dfrac{m y_2 + n y_1}{m + n} = \dfrac{y_1 + \lambda y_2}{1 + \lambda}$
Flächeninhalt eines Dreiecks	$A = \dfrac{x_1 (y_2 - y_3) + x_2 (y_3 - y_1) + x_3 (y_1 - y_2)}{2}$
Schwerpunkt S eines Dreiecks (Koordinaten von S)	$x_s = \dfrac{x_1 + x_2 + x_3}{3}$; $y_s = \dfrac{y_1 + y_2 + y_3}{3}$

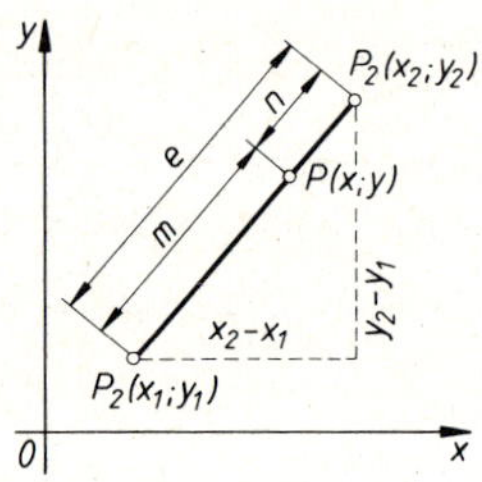

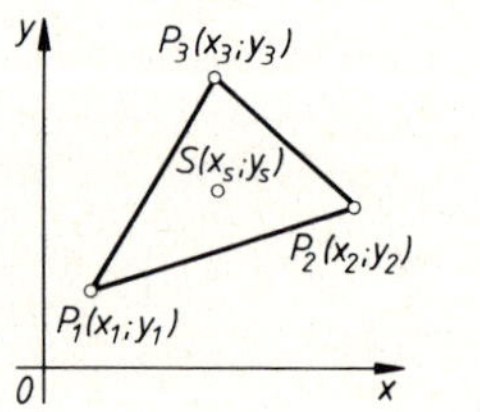

1.26. Analytische Geometrie: Gerade

Normalform der Geraden	$y = mx + n$; $\quad$ n ist Ordinatenabschnitt (s. S. 36)

Achsenabschnittsform der Geraden	$\frac{x}{a} + \frac{y}{b} = 1$ a Abschnitt auf x-Achse, b Abschnitt auf y-Achse
Punkt-Steigungsform der Geraden	$m = \tan\varphi = \frac{y - y_1}{x - x_1}$
Zweipunkteform der Geraden	$\frac{y - y_1}{x - x_1} = \frac{y_2 - y_1}{x_2 - x_1}$
Steigung m und Steigungswinkel φ	$m = \frac{y_2 - y_1}{x_2 - x_1} = \tan\varphi = \frac{\Delta y}{\Delta x}$
Hessesche Normalform	$x\cos\alpha + y\sin\alpha - p = 0$
Senkrechter Abstand d eines Punktes P_1 von einer Geraden	$d = x_1\cos\alpha + y_1\sin\alpha - p$ (+) wenn P und 0 auf verschiedenen Seiten der Geraden; sonst (–)
Allgemeine Linearform der Geradengleichung	$Ax + By + C = 0$ Bei $A = 0$ ist Gerade parallel zur x-Achse, bei $B = 0$ parallel zur y-Achse, bei $C = 0$ geht Gerade durch 0.
Schnittpunkt s zweier Geraden	$x_s = \begin{vmatrix} B_1 & C_1 \\ B_2 & C_2 \end{vmatrix} : \begin{vmatrix} A_1 & B_1 \\ A_2 & B_2 \end{vmatrix}$ $y_s = \begin{vmatrix} C_1 & A_1 \\ C_2 & A_2 \end{vmatrix} : \begin{vmatrix} A_1 & B_1 \\ A_2 & B_2 \end{vmatrix}$
Sonderfälle	bei $\begin{vmatrix} A_1 & B_1 \\ A_2 & B_2 \end{vmatrix} = 0$ sind die gegebenen Geraden parallel, bei $\frac{A_1}{A_2} = \frac{B_1}{B_2} = \frac{C_1}{C_2}$ fallen sie zusammen.
Schnittpunkt s zweier Geraden, die in Normalform gegeben sind	gegeben: $y_1 = m_1 x + n_1$; $y_2 = m_2 x + n_2$ $x_s = \frac{n_1 - n_2}{m_2 - m_1}$; $y_s = \frac{n_1 m_2 - n_2 m_1}{m_2 - m_1}$
Sonderfall	Dritte Gerade geht durch den Schnittpunkt der beiden ersten Geraden, wenn $\begin{vmatrix} A_1 & B_1 & C_1 \\ A_2 & B_2 & C_2 \\ A_3 & B_3 & C_3 \end{vmatrix} = 0$ ist.

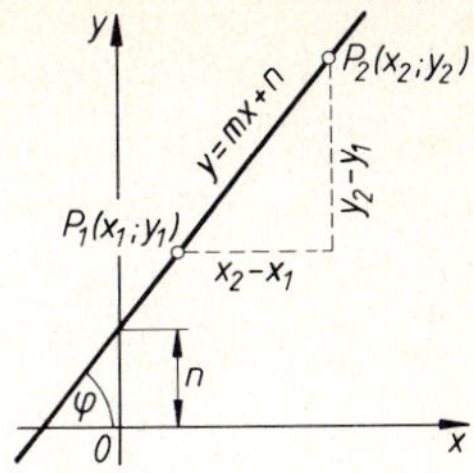

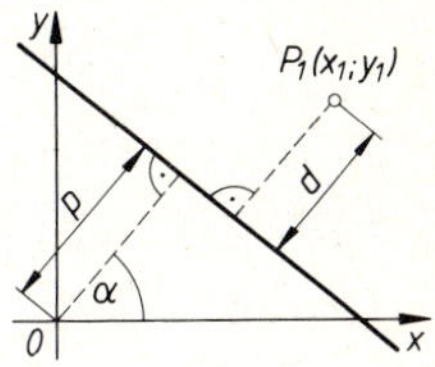

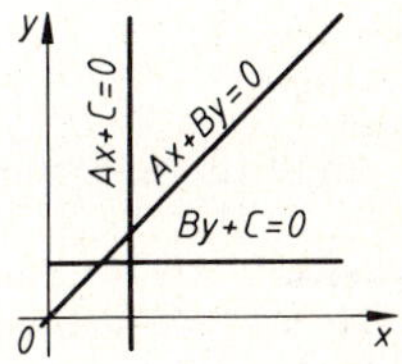

Schnittwinkel φ zweier Geraden	$\tan\varphi = \dfrac{m_2 - m_1}{1 + m_1 m_2}$ $\quad y = m_1 x + n_1$, $y = m_2 x + n_1$ $\tan\varphi = \dfrac{A_1 B_2 - A_2 B_1}{A_1 A_2 - B_1 B_2}$ $\quad A_1 x + B_1 y + C_1 = 0$, $A_2 x + B_2 y + C_2 = 0$ Schnittwinkel φ wird beim Drehen der Geraden g_1 in Lage von g_2 überstrichen (im entgegengesetzten Sinne des Uhrzeigers).
Sonderfälle	bei $m_2 = m_1$ bzw. $\dfrac{A_1}{B_1} = \dfrac{A_2}{B_2}$ sind Gerade parallel, bei $m_2 = -\dfrac{1}{m_1}$ bzw. $\dfrac{A_1}{B_1} = -\dfrac{B_2}{A_2}$ stehen sie senkrecht aufeinander.
Winkelhalbierende w_1, w_2 zweier Geraden g_1, g_2	Sind $g_{1\,\mathrm{H}}$ und $g_{2\,\mathrm{H}}$ die Hesseschen Normalformen der Geraden, so wird $w_{1,2} = g_{1\,\mathrm{H}} \pm g_{2\,\mathrm{H}}$. w_1, w_2 sind die Gleichungen für die Winkelhalbierenden.

1.27. Analytische Geometrie: Lage einer Geraden im rechtwinkligen Achsenkreuz

Zur Kontrolle der Rechnungen nach 1.29. wird die Gleichung der Geraden auf die Form $Ax + By + C = 0$ gebracht, die Konstanten A, B und C bestimmt und die Lage der Geraden der folgenden Tabelle entnommen. Gleichungen mit positiver Konstante C müssen vorher mit (-1) multipliziert werden.

Vorzeichen der Konstanten			Beziehung zwischen Konstanten A und B	Lage der Geraden	
A	B	C		Steigungswinkel φ mit positiver x-Achse	Lage zum Koordinatenursprung
+	+	−	$A > B$ $A = B$ $A < B$	$90° < \varphi < 135°$ $135°$ $135° < \varphi < 180°$	rechts oberhalb
−	+	−	$\|A\| < B$ $\|A\| = B$ $\|A\| > B$	$0° < \varphi < 45°$ $45°$ $45° < \varphi < 90°$	links oberhalb
−	−	−	$\|A\| > \|B\|$ $A = B$ $\|A\| < \|B\|$	$90° < \varphi < 135°$ $135°$ $135° < \varphi < 180°$	links unterhalb
+	−	−	$A < \|B\|$ $A = \|B\|$ $A > \|B\|$	$0° < \varphi < 45°$ $45°$ $45° < \varphi < 90°$	rechts unterhalb

Beispiel: Gegeben ist eine Gerade mit $16x - 11y + 6 = 0$; mit (-1) multipliziert: $-16x + 11y - 6 = 0$; also ist $A = -16$, $B = +11$ und $C = -6$, d. h. $|A| > B$. Nach der Tabelle liegt die Gerade links oberhalb des Koordinatenursprungs mit Steigungswinkel φ zwischen 45° und 90° ($\varphi \approx 56{,}4°$).

Zusammenfassung der Sonderfälle

Konstante	$A = 0$ [1]	$B = 0$ [1]	$C = 0$	$A = 0;\ C = 0$	$B = 0;\ C = 0$
Gleichung	$y = -\dfrac{C}{B}$	$x = -\dfrac{C}{A}$	$y = -\dfrac{A}{B}x$	$y = 0$	$x = 0$
Lage der Geraden	Parallele zur x-Achse im Abstand $-C/B$	Parallele zur y-Achse im Abstand $-C/A$	Gerade durch den Koordinatenursprung	Gerade fällt zusammen mit x-Achse	Gerade fällt zusammen mit y-Achse

[1] Bei $A = 0$ und $B = 0$ unendlich ferne Gerade.

1.28. Analytische Geometrie: Kreis

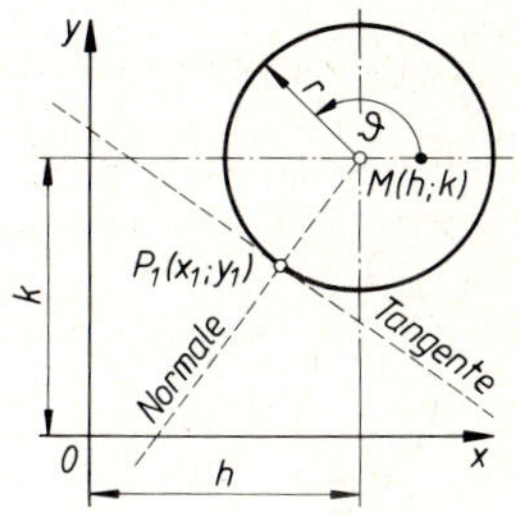

Kreisgleichung (Mittelpunkt M liegt im Nullpunkt)	$x^2 + y^2 = r^2$
in Parameterform	$x = h + r\cos\vartheta;\ \ y = k + r\sin\vartheta$
Kreisgleichung für beliebige Lage von $M\ (h;\ k)$	$(x - h)^2 + (y - k)^2 = r^2$
Scheitelgleichung (M liegt auf x-Achse, Kreis geht durch Nullpunkt)	$y^2 = x\,(2\,r - x)$
Schnitt von Kreis und Gerade	Kreis $x^2 + y^2 = r^2$ wird von Gerade $y = m\,x + n$ geschnitten, wenn Diskriminante $\Delta = r^2\,(1 + m^2) - n^2 > 0$ ist. Bei $r^2\,(1 + m^2) - n^2 = 0$ ist Gerade Tangente.
Abszissen der Geradenschnittpunkte	$x_{1,2} = \dfrac{1}{1 + m^2}\left[- m\,n \pm \sqrt{(r^2\,(1 + m^2) - n^2}\right]$
Tangentengleichung für Berührungspunkt $P_1\,(x_1;\ y_1)$	$x_1\,x + y_1\,y = r^2$ $(x_1 - h)\,(x - h) + (y_1 - k)\,(y - k) = r^2$
Normalengleichung	$y = \dfrac{y_1}{x_1}\,x;\quad \dfrac{y - k}{x - h} = \dfrac{k - y_1}{h - y_1}$

Für den Kreis mit:

$x^2 + y^2 = r^2$

$(x - h)^2 + (y - k)^2 = r^2$

1.29. Analytische Geometrie: Parabel

Scheitelgleichungen und Lage der Parabel

	Scheitel S		Lage der Parabel bei	
	im Nullpunkt	beliebig	$p > 0$	$p < 0$
x-Achse ist Symmetrieachse	$y^2 = 2\,p\,x$	$(y - k)^2 = 2\,p\,(x - h)$	nach rechts geöffnet	nach links geöffnet
y-Achse ist Symmetrieachse	$x^2 = 2\,p\,y$	$(x - h)^2 = 2\,p\,(y - k)$	nach oben geöffnet	nach unten geöffnet

k; h sind Koordinaten des Scheitels S (siehe Kreis und Ellipse)

Halbparameter p	Entfernung des Brennpunktes F von der Leitlinie l (Strecke FL)
Tangentengleichungen für Berührungspunkt $P_1\,(x_1; y_1)$	$y\,y_1 = p\,(x + x_1)$ für Scheitelgleichung $y^2 = 2\,p\,x$ $x\,x_1 = p\,(y + y_1)$ für Scheitelgleichung $x^2 = 2\,p\,y$ $(y - k)\,(y_1 - k) = p\,(x + x_1 - 2\,h)$ für Scheitelgleichung $(y - k)^2 = 2\,p\,(x - h)$ $(x - h)\,(x_1 - h) = p\,(y + y_1 - 2\,k)$ für Scheitelgleichung $(x - h)^2 = 2\,p\,(y - k)$
Normalengleichung	$p\,(y - y_1) + y_1\,(x - x_1) = 0$
Krümmungsradius ϱ in $P\,(x_1; y_1)$	$\varrho = \dfrac{(p + 2\,x_1)^{3/2}}{\sqrt{p}}$
Krümmungsradius im Scheitel	$r_s = p$
Schnitt der Parabel $y^2 = 2\,p\,x$ mit Gerader $y = m\,x + n$ ergibt	zwei reelle Schnittpunkte für $p > 2\,m\,n$, eine Tangente für $p = 2\,m\,n$, keinen reellen Schnittpunkt für $p < 2\,m\,n$.

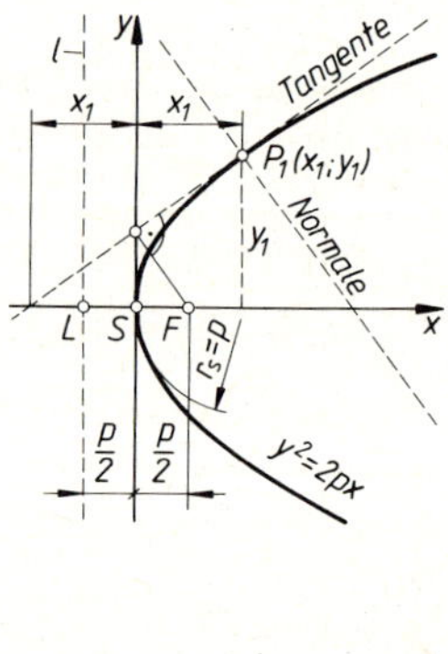

1.30. Analytische Geometrie: Ellipse und Hyperbel

	Ellipse	Hyperbel
Grundeigenschaft der Ellipse: $PF_1 + PF_2 = 2a$ der Hyperbel: $PF_2 - PF_1 = 2a$ F_1, F_2 Brennpunkte; r_1, r_2 Brennstrahlen; a große, b kleine Halbachse; S_1, S_2 Hauptscheitel; S_1', S_2' Nebenscheitel	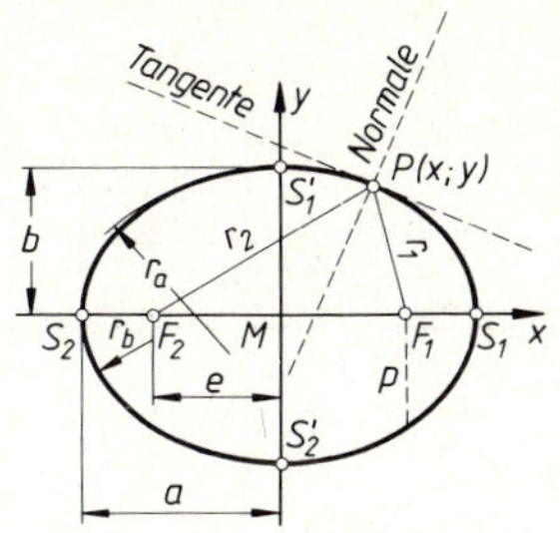	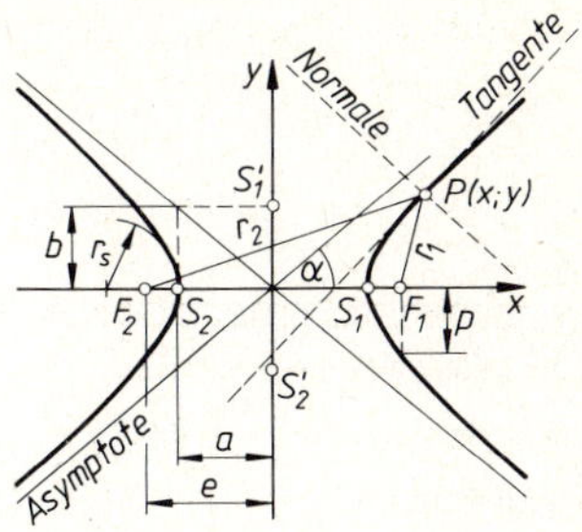
Mittelpunktsgleichung (M liegt im Nullpunkt)	$\frac{x^2}{a^2} + \frac{y^2}{b^2} = 1$	$\frac{x^2}{a^2} - \frac{y^2}{b^2} = 1$
in Parameterform (siehe 1.28)	$x = a \cos\vartheta;\ y = b \sin\vartheta$	$x = a \cosh\vartheta;\ y = b \sinh\vartheta$
für beliebige Lage von $M\ (h; k)$	$\frac{(x-h)^2}{a^2} + \frac{(y-k)^2}{b^2} = 1$	$\frac{(x-h)^2}{a^2} - \frac{(y-k)^2}{b^2} = 1$
lineare Exzentrizität e	$e = \sqrt{a^2 - b^2}$	$e = \sqrt{a^2 + b^2}$
numerische Exzentrizität ε	$\varepsilon = \frac{e}{a} < 1$	$\varepsilon = \frac{e}{a} > 1$
Länge des Lotes p in den Brennpunkten	$p = \frac{b^2}{a}$	$p = \frac{b^2}{a}$
Scheitelgleichung	$y^2 = 2px - \frac{p}{a}x^2$	$y^2 = 2px + \frac{p}{a}x^2$
Polargleichung (Mittelpunkt ist Pol)	$r = \frac{p}{1 - \varepsilon \cos\varphi}$	
Brennstrahlenlänge r_1, r_2	$r_1 = F_1P = a - \varepsilon x$ $r_2 = F_2P = a + \varepsilon x$	$r_1 = F_1P = \pm(\varepsilon x - a)$ $r_2 = F_2P = \pm(\varepsilon x + a)$
Tangentengleichung für $M\ (0; 0)$	$\frac{xx_1}{a^2} + \frac{yy_1}{b^2} = 1$	$\frac{xx_1}{a^2} - \frac{yy_1}{b^2} = 1$

	Ellipse	Hyperbel
Normalengleichung für M (0; 0)	$\frac{x - x_1}{x_1 b^2} = \frac{y - y_1}{y_1 a^2}$	$\frac{x - x_1}{x_1 b^2} = -\frac{y - y_1}{y_1 a^2}$
Scheitelradien r_a, r_b, r_s	$r_a = \frac{a^2}{b}$; $r_b = \frac{b^2}{a}$	$r_s = \frac{b^2}{a}$
Radius ϱ des Krümmungskreises im Punkt $(x_1; y_1)$	$\varrho = a^2 b^2 \left(\frac{x_1^2}{a^4} + \frac{y_1^2}{b^4}\right)^{3/2}$	$\varrho = a^2 b^2 \left(\frac{x_1^2}{a^4} + \frac{y_1^2}{b^4}\right)^{3/2}$
Ellipsenumfang U (Näherung)	$U = \pi\,[1{,}5\,(a + b) - \sqrt{a b}\,]$	
Flächeninhalt A	$A = \pi\, a b$	
Steigungswinkel α der Asymptoten aus		$\tan \alpha = m = \pm \frac{b}{a}$

Die gleichseitige Hyperbel hat gleiche Achsen: $a = b$; ihre Gleichung lautet: $x^2 - y^2 = a^2$; ihre Asymptoten stehen senkrecht aufeinander; sind die Koordinatenachsen die Asymptoten der gleichseitigen Hyperbel, so gilt $x y = a^2/2$ als deren Gleichung.

1.31. Reihen

Arithmetische Reihen

Definition	In einer arithmetischen Reihe $a_1 + a_2 + \ldots a_n$ ist die *Differenz* d zweier aufeinanderfolgender Glieder konstant; jedes Glied ist arithmetisches Mittel seiner beiden Nachbarglieder: $a_2 - a_1 = a_3 - a_2 = \ldots a_n - a_{n-1} = d$
allgemeine Form (s Summe)	$s = a + (a + d) + (a + 2\,d) + \ldots + [a + (n-2)\,d] + [a + (n-1)\,d]$
Schlußglied z	$z = a + (n - 1)\,d$
Anfangsglied a	$a = z - (n - 1)\,d$
Differenz d	$d = \frac{z - a}{n - 1}$
Anzahl der Glieder n	$n = \frac{z - a + d}{d} = \frac{z - a}{d} + 1$

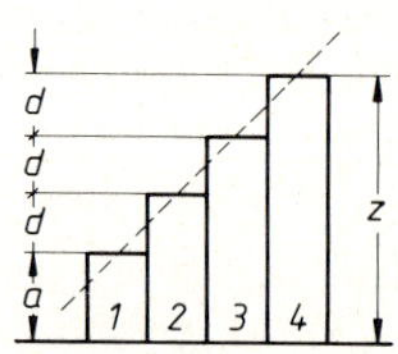

$n = 4$ Glieder

Schema einer arithmetischen Stufung

Summe s von n Gliedern der Reihe	$s = \frac{n}{2}(a+z) = a\,n + \frac{n\,(n-1)}{d} = \frac{n}{2}(2\,a + n\,d - d) =$ $= \frac{n}{2}(2\,z - n\,d + d) = \frac{a+z}{2} \cdot \frac{z-a+d}{d}$

Geometrische Reihen

Definition	In einer geometrischen Reihe $a_1 + a_2 + \ldots + a$ ist der *Quotient* q zweier aufeinanderfolgender Glieder konstant; jedes Glied ist geometrisches Mittel seiner beiden Nachbarglieder: $\frac{a_2}{a_1} = \frac{a_3}{a_2} = \ldots = \frac{a_n}{a_{n-1}} = q$
allgemeine Form (s Summe)	$s = a + a\,q + a\,q^2 + a\,q^3 + a\,q^4 + \ldots + a\,q^{n-2} + a\,q^{n-1}$
Schlußglied z	$z = a\,q^{n-1}$
Summe s von n Gliedern der Reihe	$s = a\frac{1-q^n}{1-q} = \frac{a-q\,z}{1-q}$ (für $q < 1$) $s = a\frac{q^n-1}{q-1} = \frac{q\,z-a}{q-1}$ (für $q > 1$)
Quotient a (Stufensprung)	$q = \sqrt[n-1]{\frac{z}{a}}$

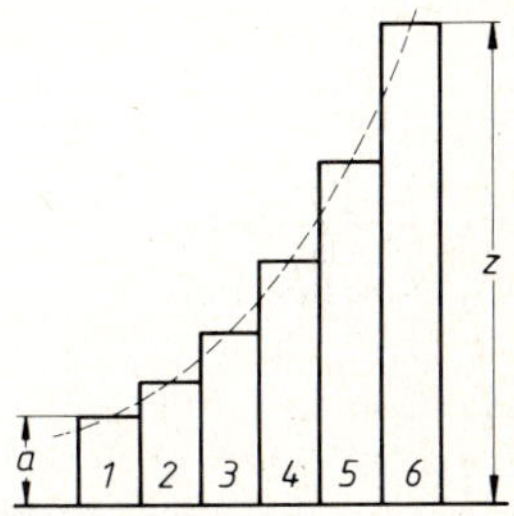

$n = 6$ Glieder

Schema einer geometrischen Stufung

1.32. Potenzreihen

Funktion	Potenzreihe	Konvergenzbereich
$(1 \pm x)^n = 1 \pm \binom{n}{1}x + \binom{n}{2}x^2 \pm \binom{n}{3}x^3 + \pm \ldots$	(n beliebig)	$\lvert x\rvert \leqq 1$
$(1 \pm x)^{1/2} = 1 \pm \frac{1}{2}x - \frac{1\cdot 1}{2\cdot 4}x^2 \pm \frac{1\cdot 1\cdot 3}{2\cdot 4\cdot 6}x^3 - \frac{1\cdot 1\cdot 3\cdot 5}{2\cdot 4\cdot 6\cdot 8}x^4 \pm - \ldots$ $= 1 \pm \frac{1}{2}x - \frac{1}{8}x^2 \pm \frac{1}{16}x^3 - \frac{5}{128}x^4 \pm - \ldots$		$\lvert x\rvert \leqq 1$
$(1 \pm x)^{1/3} = 1 \pm \frac{1}{3}x - \frac{1\cdot 2}{3\cdot 6}x^2 \pm \frac{1\cdot 2\cdot 5}{3\cdot 6\cdot 9}x^3 - \frac{1\cdot 2\cdot 5\cdot 8}{3\cdot 6\cdot 9\cdot 12}x^4 \pm - \ldots$ $= 1 \pm \frac{1}{3}x - \frac{1}{9}x^2 \pm \frac{5}{81}x^3 - \frac{10}{243}x^4 \pm - \ldots$		$\lvert x\rvert \leqq 1$

1. Mathematik

$$(1 \pm x)^{1/4} = 1 \pm \frac{1}{4}x - \frac{3}{32}x^2 \pm \frac{7}{128}x^3 - \frac{77}{2048}x^4 \pm \frac{231}{8192}x^5 - \pm \ldots \qquad |x| \leqq 1$$

$$\frac{1}{(1 \pm x)^n} = 1 \mp \frac{n}{1}x + \frac{n(n+1)}{1 \cdot 2}x^2 \mp \frac{n(n+1)(n+2)}{1 \cdot 2 \cdot 3}x^3 + \mp \ldots \qquad |x| < 1$$

$$\frac{1}{(1 \pm x)^{1/2}} = 1 \mp \frac{1}{2}x + \frac{1 \cdot 3}{2 \cdot 4}x^2 \mp \frac{1 \cdot 3 \cdot 5}{2 \cdot 4 \cdot 6}x^3 + \frac{1 \cdot 3 \cdot 5 \cdot 7}{2 \cdot 4 \cdot 6 \cdot 8}x^4 \mp + \ldots \qquad |x| < 1$$

$$\frac{1}{(1 \pm x)^{1/3}} = 1 \mp \frac{1}{3}x + \frac{1 \cdot 4}{3 \cdot 6}x^2 \mp \frac{1 \cdot 4 \cdot 7}{3 \cdot 6 \cdot 9}x^3 + \frac{1 \cdot 4 \cdot 7 \cdot 10}{3 \cdot 6 \cdot 9 \cdot 12}x^4 \mp + \ldots \qquad |x| < 1$$

$$\frac{1}{(1 \pm x)^{1/4}} = 1 \mp \frac{1}{4}x + \frac{1 \cdot 5}{4 \cdot 8}x^2 \mp \frac{1 \cdot 5 \cdot 9}{4 \cdot 8 \cdot 12}x^3 + \frac{1 \cdot 5 \cdot 9 \cdot 13}{4 \cdot 8 \cdot 12 \cdot 16}x^4 \mp + \ldots \qquad |x| < 1$$

$$\frac{1}{1 \pm x} = 1 \mp x + x^2 \mp x^3 + x^4 \mp + \ldots \qquad |x| < 1$$

$$\frac{1}{(1 \pm x)^2} = 1 \mp 2x + 3x^2 \mp 4x^3 + 5x^4 \mp + \ldots \qquad |x| < 1$$

$$\frac{1}{(1 \pm x)^3} = 1 \mp \frac{1}{2}(2 \cdot 3x \mp 3 \cdot 4x^2 + 4 \cdot 5x^3 \mp 5 \cdot 6x^4 + \mp \ldots) \qquad |x| < 1$$

$$a^x = 1 + \ln a \frac{x}{1!} + (\ln a)^2 \frac{x^2}{2!} + (\ln a)^3 \frac{x^3}{3!} + (\ln a)^4 \frac{x^4}{4!} + \ldots \qquad |x| < \infty$$

$$e^x = 1 + \frac{x}{1!} + \frac{x^2}{2!} + \frac{x^3}{3!} + \frac{x^4}{4!} + \ldots; \quad \text{daraus e:} \qquad |x| < \infty$$

$$e^1 = 1 + \frac{1}{1!} + \frac{1}{2!} + \frac{1}{3!} + \ldots = 2{,}718\,281\,828\,459$$

$$e^{-x} = 1 - \frac{x}{1!} + \frac{x^2}{2!} - \frac{x^3}{3!} + \frac{x^4}{4!} - + \ldots; \quad \text{daraus } e^{-1}\text{:} \qquad |x| < \infty$$

$$1 - \frac{1}{1!} + \frac{1}{2!} - \frac{1}{3!} + \frac{1}{4!} - + \ldots = 0{,}367\,879\,441$$

$$e^{ix} = \cos x + i \sin x = 1 + i\frac{x}{1!} - \frac{x^2}{2!} - i\frac{x^3}{3!} + \frac{x^4}{4!} + i\frac{x^5}{5!} - - + + \ldots$$

$$e^{-ix} = \cos x - i \sin x = 1 - i\frac{x}{1!} - \frac{x^2}{2!} + i\frac{x^3}{3!} + \frac{x^4}{4!} - - + + \ldots$$

Formeln von Euler

Funktion	Potenzreihe	Konvergenzbereich
$\ln(1+x)$	$= x - \frac{1}{2}x^2 + \frac{1}{3}x^3 - \frac{1}{4}x^4 + - \ldots$	$-1 < x \leqq 1$
$\ln(1-x)$	$= -x - \frac{1}{2}x^2 - \frac{1}{3}x^3 - \frac{1}{4}x^4 - \ldots$	$-1 < x \leqq 1$
$\ln \frac{1+x}{1-x}$	$= 2\left(x + \frac{1}{3}x^3 + \frac{1}{5}x^5 + \frac{1}{7}x^7 + \ldots\right)$	$\lvert x\rvert \leqq 1$
$\ln \frac{x+1}{x-1}$	$= 2\left(x^{-1} + \frac{1}{3}x^{-3} + \frac{1}{5}x^{-5} + \frac{1}{7}x^{-7} + \ldots\right)$	$\lvert x\rvert > 1$
$\ln x$	$= 2\left[\frac{x-1}{x+1} + \frac{1}{3}\left(\frac{x-1}{x+1}\right)^3 + \frac{1}{5}\left(\frac{x-1}{x+1}\right)^5 + \frac{1}{7}\left(\frac{x-1}{x+1}\right)^7 + \ldots\right]$	$x > 0$
$\ln(a+x)$	$= \ln a + 2\left[\frac{x}{2a+x} + \frac{1}{3}\left(\frac{x}{2a+x}\right)^3 + \frac{1}{5}\left(\frac{x}{2a+x}\right)^5 + \ldots\right]$	$a > 0;\ x > -a$
$\ln 2$	$= \frac{1}{2} + \frac{1}{2 \cdot 2^2} + \frac{1}{3 \cdot 2^3} + \frac{1}{4 \cdot 2^4} + \ldots = 0{,}693\,147\,180$	
$\ln 3$	$= 1 + \frac{2}{3 \cdot 2^3} + \frac{2}{5 \cdot 2^5} + \frac{2}{7 \cdot 2^7} + \ldots = 1{,}098\,612\,288$	
$\sin x$	$= \frac{x}{1!} - \frac{x^3}{3!} + \frac{x^5}{5!} - \frac{x^7}{7!} + \frac{x^9}{9!} - \frac{x^{11}}{11!} + - \ldots$	$\lvert x\rvert < \infty$
$\cos x$	$= 1 - \frac{x^2}{2!} + \frac{x^4}{4!} - \frac{x^6}{6!} + \frac{x^8}{8!} - \frac{x^{10}}{10!} + - \ldots$	$\lvert x\rvert < \infty$
$\tan x$	$= x + \frac{x^3}{3} + \frac{2x^5}{3 \cdot 5} + \frac{17x^7}{3^2 \cdot 5 \cdot 7} + \frac{62x^9}{3^2 \cdot 5 \cdot 7 \cdot 9} + \ldots$	$\lvert x\rvert < \pi/2$
$\cot x$	$= \frac{1}{x} - \frac{x}{3} - \frac{x^3}{3^2 \cdot 5} - \frac{2x^5}{3^3 \cdot 5 \cdot 7} - \frac{x^7}{3^3 \cdot 5^2 \cdot 7} - \ldots$	$0 < \lvert x\rvert < \pi$
$\sin 1$	$= 1 - \frac{1}{3!} + \frac{1}{5!} - \frac{1}{7!} + - \ldots = 0{,}841\,470\,984$	

$$\cos 1 = 1 - \frac{1}{2!} + \frac{1}{4!} - \frac{1}{6!} + - \ldots = 0{,}540\,302\,305$$

$$\arcsin x = x + \frac{x^3}{2 \cdot 3} + \frac{1 \cdot 3\, x^5}{2 \cdot 4 \cdot 5} + \frac{1 \cdot 3 \cdot 5\, x^7}{2 \cdot 4 \cdot 6 \cdot 7} + \ldots \qquad |x| < 1$$

$$\arccos x = \frac{\pi}{2} - \arcsin x \qquad |x| < 1$$

$$\arctan x = x - \frac{x^3}{3} + \frac{x^5}{5} - \frac{x^7}{7} + \frac{x^9}{9} - + \ldots \qquad |x| < 1$$

$$\operatorname{arccot} x = \frac{\pi}{2} - \arctan x \qquad |x| < 1$$

$$\sinh x = x + \frac{x^3}{3!} + \frac{x^5}{5!} + \frac{x^7}{7!} + \ldots \qquad |x| < \infty$$

$$\cosh x = 1 + \frac{x^2}{2!} + \frac{x^4}{4!} + \frac{x^6}{6!} + \ldots \qquad |x| < \infty$$

$\sinh 1 = 1{,}175\,201\,193$; $\cosh 1 = 1{,}543\,080\,634$

1.33. Differentialrechnung: Grundregeln

Funktion	Ableitung	Beispiele
Funktion mit konstantem Faktor: $y = a\,f(x)$	$y' = a\,f'(x)$	$y = 3\,x^2$; $y' = 6\,x$ $y = -3\,x^4$; $y' = -12\,x^3$
Potenzfunktion: $y = x^n$	$y' = n\,x^{n-1}$	$y = \sqrt{x}$; $y' = \frac{1}{2\sqrt{x}}$
Konstante: $y = a$	$y' = 0$	$y = 50$; $y' = 0$
Summe oder Differenz: $y = u(x) \pm v(x)$	$y' = u'(x) \pm v'(x)$	$y = x + x^3$; $y' = 1 + 3\,x^2$ $y = 5 - 2\,x + x^2$; $y' = -2 + 2\,x = 2\,(x - 1)$

Funktion	Ableitung	Beispiele
Produktregel: $y = u(x) \cdot v(x)$	$y' = u' v + u v'$	$y = \sin x \cdot \cos x$ $y' = \sin x \cdot (-\sin x) + \cos x \cdot \cos x$ $= \cos 2x$
bei mehr als zwei Faktoren: $y = u \cdot v \cdot w \cdot z = f(x)$	$y' = u' v w z + u v' w z$ $+ u v w' z + u v w z'$	$y = e^x \arcsin x \, x^4$ $y' = e^x \arcsin x \, x^4 + e^x \frac{1}{\sqrt{1-x^2}} x^4$ $+ e^x \arcsin x \, 4x^3$ $y' = e^x x^3 \left(x \arcsin x + \frac{x}{\sqrt{1-x^2}} + 4 \arcsin x\right)$
Quotientenregel: $y = \frac{u(x)}{v(x)}$	$y' = \frac{u' v - u v'}{v^2}$	$y = \frac{x+1}{x-1}$; $y' = -\frac{2}{(x-1)^2}$
Kettenregel: $y = f[u(x)]$	$y' = f'(u) \cdot u'(x) =$ $= \frac{dy}{du} \cdot \frac{du}{dx}$	$y = \cos(3x+5)$, also $u = 3x+5$ und damit $y' = -\sin(3x+5) \cdot 3 = -3 \sin(3x+5)$
Umkehrfunktion: $x = \varphi(y)$	$y' = \frac{dy}{dx} = \frac{1}{\varphi'(y)}$	$y = \tan x$; $x = \arctan y$ $\varphi'(y) = \frac{1}{1+\tan^2 x} = \frac{1}{1+y^2}$ $y' = \frac{1}{\varphi'(y)} = 1 + y^2$
logarithmische Regel	Erst logarithmieren, dann nach der Kettenregel differenzieren	$y = (2x)^{\sin x}$; $\ln y = \ln (2x)^{\sin x} = \sin x \cdot \ln(2x)$ $\frac{1}{y} \cdot y' = \sin x \cdot \frac{1}{2x} \cdot 2 + \ln(2x) \cdot \cos x$ $y' = (2x)^{\sin x} \left[\frac{\sin x}{x} + \cos x \cdot \ln(2x)\right]$
implizites Differenzieren	Die Funktion wird nicht nach einer Veränderlichen aufgelöst, sondern implizit gliedweise differenziert	$x^2 + y^2 = r^2$ $2x + 2y \cdot y' = 0$ $y' = \frac{-x}{y}$

1.34. Differentialrechnung: Ableitungen elementarer Funktionen

$\frac{da}{dx} = 0 \; (a = \text{konst})$	$\frac{d \sin x}{dx} = \cos x$	$\frac{d \sinh x}{dx} = \cosh x$
$\frac{dx^n}{dx} = n\,x^{n-1}$	$\frac{d \cos x}{dx} = -\sin x$	$\frac{d \cosh x}{dx} = \sinh x$
$\frac{d\,(m\,x + a)}{dx} = m$	$\frac{d \tan x}{dx} = \frac{1}{\cos^2 x} = 1 + \tan^2 x$	$\frac{d \tanh x}{dx} = \frac{1}{\cosh^2 x} = 1 - \tanh^2 x$
$\frac{d\,a\,x^n}{dx} = n\,a\,x^{n-1}$		
$\frac{d \sqrt{x}}{dx} = \frac{1}{2\sqrt{x}}$	$\frac{d \cot x}{dx} = -\frac{1}{\sin^2 x} = -1 - \cot^2 x$	$\frac{d \coth x}{dx} = -\frac{1}{\sinh^2 x} = 1 - \coth^2 x$
$\frac{d\,(1/x)}{dx} = -\frac{1}{x^2}$		
$\frac{d\,e^x}{dx} = e^x$	$\frac{d \arcsin x}{dx} = \frac{1}{\sqrt{1 - x^2}}$	$\frac{d \operatorname{arsinh} x}{dx} = \frac{1}{\sqrt{x^2 + 1}}$
$\frac{d a^x}{dx} = a^x \ln a$	$\frac{d \arccos x}{dx} = -\frac{1}{\sqrt{1 - x^2}}$	$\frac{d \operatorname{arcosh} x}{dx} = \frac{1}{\sqrt{x^2 - 1}}$
$\frac{d \ln x}{dx} = \frac{1}{x}$	$\frac{d \arctan x}{dx} = \frac{1}{1 + x^2}$	$\frac{d \operatorname{artanh} x}{dx} = \frac{1}{1 - x^2}$
$\frac{d\,{}^a\log x}{dx} = \frac{1}{x \ln a}$	$\frac{d \operatorname{arccot} x}{dx} = -\frac{1}{1 + x^2}$	$\frac{d \operatorname{arcoth} x}{dx} = \frac{1}{1 - x^2}$

1.35. Integrationsregeln

Konstanten-regel	Ein Faktor k beim Integranden $f(x)\,dx$ kann vor das Integral gezogen werden: $\int k \cdot f(x)\,dx = k \int f(x)\,dx$	$\int 7 \cdot x^2\,dx = 7 \cdot \int x^2\,dx = 7\left[\frac{x^3}{3}\right] + C$
Summen-regel	Eine Summe wird gliedweise integriert: $\int [u(x) + v(x)]\,dx = \int u(x)\,dx + \int v(x)\,dx$	$\int (1 + x + x^2 + x^3)\,dx = x + \frac{x^2}{2} + \frac{x^3}{3} + \frac{x^4}{4}$
Einsetzregel (Substitutions-methode)	*1. Form:* In den Integranden wird eine Funktion $z(x)$ so eingeführt, daß deren Ableitung z' als Faktor von dx auftritt: $\int f(x)\,dx = \int \varphi(z) \cdot z' \cdot dx = \int \varphi(z)\,dz$	$\int \sin x \cos x\,dx;\; \sin x = z;\; z' = \frac{dz}{dx} = \cos x;$ $\int \sin x \cos x\,dx = \int z \cdot z'\,dx = \int z\,dz = \frac{z^2}{2} = \frac{\sin^2 x}{2}$

	2. Form: Neue Funktion z einführen; aus der Substitutionsgleichung dx berechnen und alles unter dem Integral einführen:	$\int \frac{1}{\sqrt{1-x^2}}\,dx = \int \frac{1}{\cos z} \cos z\,dz =$ $= \arcsin x$ $x = \sin z;\ \sqrt{1-\sin^2 z} = \sqrt{1-x^2} = \cos z;$ $dx = \cos z\,dz;\ z = \arcsin x$ $\int f(a\,x+b)\,dx = \frac{1}{a}\int \varphi(z)\,dz$ $(a\,x+b) = z;\quad \frac{dz}{dx} = a \Longrightarrow dx = \frac{dz}{a}$
Sonderregeln	Ist der Zähler eines Integranden die Ableitung des Nenners, so ist das Integral gleich dem natürlichen Logarithmus des Nenners: $\int \frac{f'(x)}{f(x)}\,dx = \ln f(x)$	$\int \frac{2\,a\,x+b}{a\,x^2+b\,x}\,dx = \ln(a\,x^2+b\,x)$ $\int \frac{1}{x+a}\,dx = \ln(x+a)$
Produktregel (partielle Integration)	Läßt sich der Integrand als Produkt zweier Funktionen $f(x)$ und $g(x)$ darstellen, so kann der neue Integrand einfacher zu integrieren sein: $\int f(x)\,g(x)\,dx = \int u\,dv =$ $= u\cdot v - \int v\,du$	$\int x\cos x\,dx = x\cdot\sin x - \int 1\cdot\sin x\,dx$ $= x\cdot\sin x + \cos x$ $\begin{pmatrix} u = x;\ v' = \cos x \\ u' = 1;\ v = \sin x \end{pmatrix}$
Flächenintegral (bestimmtes Integral)	Ist A der Flächeninhalt unter der Kurve $y = f(x)$, begrenzt durch die Ordinaten $x = a$ und $x = b$, so gilt $A = \int_a^b f(x)\,dx = \Big[F(x)\Big]_a^b = F(b) - F(a)$ d. h. das bestimmte Integral $f(x)\,dx$ stellt den Flächeninhalt unter der Kurve $y = f(x)$ bis zur x-Achse im Intervall von a bis b dar $(a \leqq x \leqq b)$	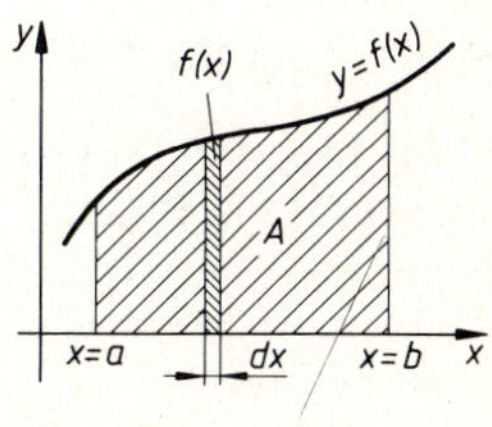
Integrieren einer Konstanten k	$\int_a^b k\cdot dx = \Big[kx\Big]_a^b = k(b-a)$	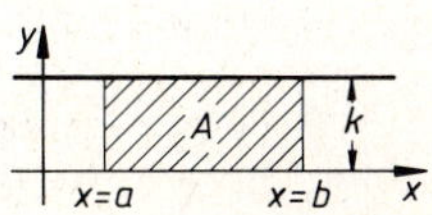

Vorzeichenwechsel	$\int_a^b f(x)\,dx = -\int_b^a f(x)\,dx$	Vertauschen der Grenzen bedeutet Vorzeichenwechsel (integrieren von anderer Richtung kommend)
Aufspalten des bestimmten Integrals in Teilintegrale	$\int_a^c f(x)\,dx = \int_a^b f(x)\,dx + \int_b^c f(x)\,dx$	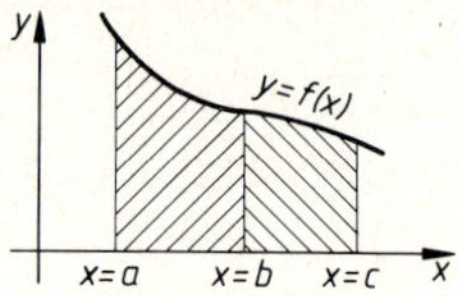
Definition des Mittelwertes y_m	Mittelwert y_m ist die Höhe des flächengleichen Rechtecks gewonnen aus: $(b-a)\,y_m = \int_a^b f(x)\,dx$ $y_m = \frac{1}{b-a} \cdot \int_a^b f(x)\,dx$	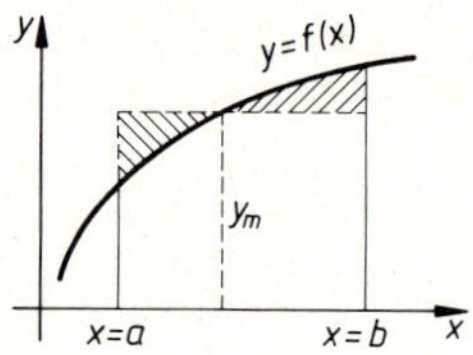

1.36. Grundintegrale

$$\int x^n\,dx = \frac{x^{n+1}}{n+1} + C; \quad n \neq -1$$

$$\int \frac{dx}{x} = \ln|x| + C; \quad x \neq 0$$

$$\int \sin x\,dx = -\cos x + C$$

$$\int \cos x\,dx = \sin x + C$$

$$\int \frac{dx}{\sin^2 x} = -\cot x + C$$

$$\int \frac{dx}{\cos^2 x} = \tan x + C$$

$$\int a^x\,dx = \frac{a^x}{\ln a} + C; \quad 0 < a \neq 1$$

$$\int e^x\,dx = e^x + C$$

$$\int \frac{dx}{\sqrt{1-x^2}} = \arcsin x + C = -\arccos x + C'$$

$$\int \frac{dx}{1+x^2} = \arctan x + C = -\operatorname{arccot} x + C'$$

$$\int \sinh x\,dx = \cosh x + C$$

$$\int \cosh x\,dx = \sinh x + C$$

$$\int \frac{dx}{\cosh^2 x} = \tanh x + C$$

$$\int \frac{dx}{\sinh^2 x} = -\coth x + C; \quad x \neq 0$$

$$\int \frac{dx}{\sqrt{1+x^2}} = \operatorname{arsinh} x + C = \ln\left(x + \sqrt{1+x^2}\right) + C$$

$$\int \frac{dx}{\sqrt{x^2-1}} = \operatorname{arcosh}|x| + C = \ln\left(|x| \pm \sqrt{x^2-1}\right) + C; \quad |x| > 1$$

$$\int \frac{dx}{1-x^2} = \operatorname{artanh} x + C = \frac{1}{2}\ln\frac{1+x}{1-x} + C; \quad |x| < 1$$

$$\int \frac{dx}{1-x^2} = \operatorname{arcoth} x + C = \frac{1}{2}\ln\frac{x+1}{x-1} + C; \quad |x| > 1$$

1.37. Lösungen häufig vorkommender Integrale (ohne Integrationskonstante C geschrieben)

Integrale algebraischer Funktionen

$$\int (a \pm b\,x)^n\,dx = \pm \frac{(a \pm b\,x)^{n+1}}{b\,(n+1)}; \quad n \neq -1$$

$$= \pm \frac{1}{b} \ln |a \pm b\,x|; \quad n = -1$$

$$\int \frac{x\,dx}{a + b\,x} = \frac{x}{b} - \frac{a}{b^2} \ln |a + b\,x|$$

$$\int \frac{dx}{a^2 - x^2} = \frac{1}{a} \operatorname{artanh} \frac{x}{a}; \quad \left|\frac{x}{a}\right| < 1$$

$$= \frac{1}{a} \operatorname{arcoth} \frac{x}{a}; \quad \left|\frac{x}{a}\right| > 1$$

$$\int \frac{x\,dx}{(a + b\,x)^2} = \frac{1}{b^2}\left(\frac{a}{a + b\,x} + \ln |a + b\,x|\right)$$

$$\int \frac{dx}{x^2 + a^2} = \frac{1}{a} \arctan \frac{x}{a}$$

$$\int \frac{dx}{a^2 + b^2\,x^2} = \frac{1}{a\,b} \arctan \frac{b\,x}{a}$$

$$\int \frac{dx}{a^2 - b^2\,x^2} = \frac{1}{2\,a\,b} \ln \left|\frac{a + b\,x}{a - b\,x}\right|$$

$$\int \frac{x\,dx}{(x^2 + 1)^n} = \frac{1}{2} \ln (x^2 + 1); \quad n = 1$$

$$= -\frac{1}{2\,(n-1)\,(x^2 + 1)^{n-1}}; \quad n > 1$$

$$\int \frac{dx}{a\,x^2 + b\,x + c} = \frac{2}{\sqrt{4\,a\,c - b^2}} \arctan \frac{2\,a\,x + b}{\sqrt{4\,a\,c - b^2}}; \quad b^2 - 4\,a\,c < 0$$

$$= -\frac{2}{2\,a\,x + b}; \quad b^2 - 4\,a\,c = 0$$

$$= \frac{1}{\sqrt{b^2 - 4\,a\,c}} \ln \left|\frac{2\,a\,x + b - \sqrt{b^2 - 4\,a\,c}}{2\,a\,x + b + \sqrt{b^2 - 4\,a\,c}}\right|; \quad b^2 - 4\,a\,c > 0$$

$$\int \frac{A\,x + B}{a\,x^2 + b\,x + c}\,dx = \frac{A}{2\,a} \ln |a\,x^2 + b\,x + c| + \left(B - \frac{A\,b}{2\,a}\right) \int \frac{dx}{a\,x^2 + b\,x + c}$$

$$\int \frac{dx}{(a\,x^2 + b\,x + c)^n} = \frac{1}{(n-1)\,(4\,a\,c - b^2)} \cdot \frac{2\,a\,x + b}{(a\,x^2 + b\,x + c)^{n-1}} + \frac{2\,(2\,n - 3)\,a}{(n-1)\,(4\,a\,c - b^2)} \int \frac{dx}{(a\,x^2 + b\,x + c)^{n-1}}$$

$$\int \frac{A\,x + B}{(a\,x^2 + b\,x + c)^n}\,dx = -\frac{A}{2\,a\,(n-1)} \cdot \frac{1}{(a\,x^2 + b\,x + c)^{n-1}} + \left(B - \frac{A\,b}{2\,a}\right) \int \frac{dx}{(a\,x^2 + b\,x + c)^n}$$

$$\int \sqrt{x^2 \pm a^2}\,dx = \frac{x}{2} \sqrt{x^2 \pm a^2} \pm \frac{a^2}{2} \ln \left| x + \sqrt{x^2 \pm a^2} \right|$$

$$\int \sqrt{a^2 - x^2}\,dx = \frac{x}{2} \sqrt{a^2 - x^2} + \frac{a^2}{2} \arcsin \frac{x}{a}$$

$$\int \frac{x\,dx}{\sqrt{x^2 \pm a^2}} = \sqrt{x^2 \pm a^2} \qquad \int \frac{x\,dx}{\sqrt{a^2 - x^2}} = -\sqrt{a^2 - x^2}$$

$$\int \frac{dx}{x\sqrt{x^2 - a^2}} = -\frac{1}{a} \arcsin \frac{a}{x}$$

$$\int \frac{dx}{x\sqrt{a^2 - x^2}} = -\frac{1}{a} \operatorname{arcosh} \left| \frac{a}{x} \right| = -\frac{1}{2a} \ln \frac{a + \sqrt{a^2 - x^2}}{a - \sqrt{a^2 - x^2}}$$

$$\int \frac{dx}{x\sqrt{x^2 + a^2}} = -\frac{1}{a} \operatorname{arsinh} \frac{a}{x} = -\frac{1}{2a} \ln \frac{\sqrt{x^2 + a^2} + a}{\sqrt{x^2 + a^2} - a}$$

$$\int \frac{dx}{\sqrt{a^2 + b^2 x^2}} = \frac{1}{b} \ln \left(b\,x + \sqrt{a^2 + b^2 x^2}\right)$$

$$\int \frac{dx}{\sqrt{a^2 - b^2 x^2}} = \frac{1}{b} \arcsin \left(\frac{b}{a} x\right)$$

$$\int \frac{dx}{\sqrt{a\,x^2 + b\,x + c}} = \frac{1}{\sqrt{a}} \ln \left| \frac{2\,a\,x + b}{2\sqrt{a}} + \sqrt{a\,x^2 + b\,x + c} \right| ; \quad a > 0$$

$$= \frac{1}{\sqrt{-a}} \arcsin \frac{-2\,a\,x - b}{\sqrt{b^2 - 4\,a\,c}} ; \quad a < 0$$

$$\int \sqrt{a^2 + b^2 x^2}\,dx = \frac{x}{2} \sqrt{a^2 + b^2 x^2} + \frac{a^2}{2\,b} \operatorname{arsinh} \left(\frac{b}{a} x\right)$$

$$\int \sqrt{a^2 - b^2 x^2}\,dx = \frac{x}{2} \sqrt{a^2 - b^2 x^2} - \frac{a^2}{2\,b} \arccos \left(\frac{b}{a} x\right)$$

$$\int \sqrt{a\,x^2 - b}\,dx = \frac{x}{2} \sqrt{a\,x^2 - b} - \frac{b^2}{2\,a} \operatorname{arcosh} \left(\frac{a}{b} x\right)$$

$$\int x^2 \sqrt{a^2 - x^2}\,dx = \left(\frac{1}{4} x^3 - \frac{1}{8} a^2 x\right) \sqrt{a^2 - x^2} + \frac{1}{8} a^4 \arcsin \frac{x}{a}$$

$$\int x^2 \sqrt{x^2 - a^2}\,dx = \left(\frac{1}{4} x^3 - \frac{1}{8} a^2 x\right) \sqrt{x^2 - a^2} - \frac{1}{8} a^4 \ln \left|x + \sqrt{x^2 - a^2}\right|$$

$$\int x^2 \sqrt{a^2 + x^2}\,dx = \left(\frac{1}{4} x^3 + \frac{1}{8} a^2 x\right) \sqrt{a^2 + x^2} - \frac{1}{8} a^4 \ln \left|x + \sqrt{a^2 + x^2}\right|$$

Integrale transzendenter Funktionen

$$\int \ln (a\,x)\,dx = x\,[\ln (a\,x) - 1]$$

$$\int \frac{1}{x} (\ln x)^n\,dx = \frac{1}{n+1} (\ln x)^{n+1}$$

$$\int \ln (a + b\,x)\,dx = \frac{a + b\,x}{b} [\ln (a + b\,x) - 1]$$

$$\int e^x x^n \,dx = e^x [x^n - n x^{n-1} + n (n-1) x^{n-2} - + \ldots + (-1)^n n!]$$

$$\int e^{-x} x^n \,dx = -e^{-x} [x^n + n x^{n-1} + n (n-1) x^{n-2} + \ldots + n!]$$

$$\int e^{ax} \sin bx \,dx = \frac{a}{a^2+b^2} e^{ax} \left(\sin bx - \frac{b}{a} \cos bx\right)$$

$$\int e^{ax} \cos bx \,dx = \frac{a}{a^2+b^2} e^{ax} \left(\frac{b}{a} \sin bx + \cos bx\right)$$

$$\int \sin (a + bx) \,dx = -\frac{1}{b} \cos (a + bx)$$

$$\int \cos (a + bx) \,dx = \frac{1}{b} \sin (a + bx)$$

$$\int \frac{dx}{\sin x} = \ln \left| \tan \frac{x}{2} \right| \qquad \int \frac{dx}{\cos x} = \ln \left| \tan \left(\frac{\pi}{4} + \frac{x}{2}\right) \right|$$

$$\int \frac{dx}{\sin x \cos x} = \ln |\tan x|$$

$$\int \frac{dx}{a \cos x + b \sin x} = \frac{1}{a} \sin \varphi \ln \left| \tan \frac{x+\varphi}{2} \right| ; \quad \tan \varphi = \frac{a}{b}$$

$$\int \frac{dx}{\sin^2 x \cos^2 x} = 2 \cot 2x$$

$$\int \sin mx \sin nx \,dx = \frac{1}{2} \left(\frac{\sin (m-n)x}{m-n} - \frac{\sin (m+n)x}{m+n}\right); \quad |m| \neq |n|$$

$$\int \cos mx \cos nx \,dx = \frac{1}{2} \left(\frac{\sin (m+n)x}{m+n} + \frac{\sin (m-n)x}{m-n}\right); \quad |m| \neq |n|$$

$$\int \sin mx \cos nx \,dx = -\frac{1}{2} \left(\frac{\cos (m+n)x}{m+n} + \frac{\cos (m-n)x}{m-n}\right); \quad |m| \neq |n|$$

$$\int \arcsin x \,dx = x \arcsin x + \sqrt{1-x^2}$$

$$\int \arccos x \,dx = x \arccos x - \sqrt{1-x^2}$$

$$\int \arctan x \,dx = x \arctan x - \frac{1}{2} \ln (1 + x^2)$$

$$\int \operatorname{arccot} x \,dx = -x \operatorname{arccot} x + \frac{1}{2} \ln (1 + x^2)$$

$$\int \tan x \,dx = -\ln |\cos x| \qquad \int \cot x \,dx = \ln |\sin x|$$

$$\int \tanh x \,dx = \ln |\cosh x| \qquad \int \coth x \,dx = \ln |\sinh x|$$

Rekursionsformeln

$$\int \frac{dx}{(1+x^2)^n} = \frac{1}{2(n-1)} \left(\frac{x}{(1+x^2)^{n-1}} + (2n-3) \int \frac{dx}{(1+x^2)^{n-1}} \right); \quad n \neq 1$$

$$\int x^n \sin x \, dx = -x^n \cos x + n \int x^{n-1} \cos x \, dx$$

$$\int x^n \cos x \, dx = x^n \sin x - n \int x^{n-1} \sin x \, dx$$

$$\int \frac{\sin x}{x^n} dx = -\frac{\sin x}{(n-1)\, x^{n-1}} + \frac{1}{n-1} \int \frac{\cos x}{x^{n-1}} dx; \quad n > 1$$

$$\int \frac{\cos x}{x^n} dx = -\frac{\cos x}{(n-1)\, x^{n-1}} - \frac{1}{n-1} \int \frac{\sin x}{x^{n-1}} dx; \quad n > 1$$

$$\int \sin^n x \, dx = -\frac{1}{n} \sin^{n-1} x \cos x + \frac{n-1}{n} \int \sin^{n-2} x \, dx$$

$$\int \cos^n x \, dx = \frac{1}{n} \cos^{n-1} x \sin x + \frac{n-1}{n} \int \cos^{n-2} x \, dx$$

$$\int \tan^n x \, dx = \frac{1}{n-1} \tan^{n-1} x - \int \tan^{n-2} x \, dx; \quad n \neq 1$$

$$\int \cot^n x \, dx = -\frac{1}{n-1} \cot^{n-1} x - \int \cot^{n-2} x \, dx; \quad n \neq 1$$

$$\int (\ln x)^n \, dx = x (\ln x)^n - n \int (\ln x)^{n-1} \, dx; \quad n > 0$$

$$\int \sinh^n x \, dx = \frac{1}{n} \sinh^{n-1} x \cosh x - \frac{n-1}{n} \int \sinh^{n-2} x \, dx$$

$$\int \cosh^n x \, dx = \frac{1}{n} \cosh^{n-1} x \sinh x + \frac{n-1}{n} \int \cosh x^{n-2} \, dx$$

1.38. Uneigentliche Integrale (Beispiele)

Integrant im Intervall unendlich

$$A = \int_a^b \frac{1}{\sqrt{x-a}} dx = 2\sqrt{x-a} \Big|_a^b = 2\sqrt{b-a} - 0$$

$$= 2\sqrt{b-a}$$

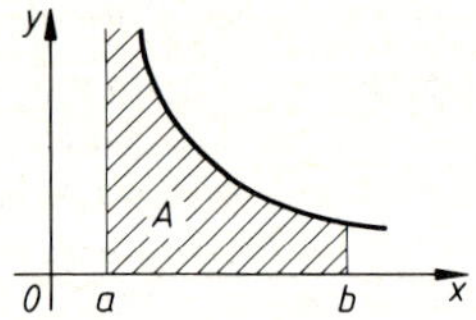

$$A = \int_0^1 \frac{1}{x} dx = \ln x \Big|_0^1 = \ln 1 - \ln 0 = \infty$$

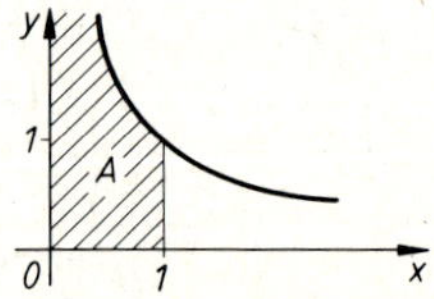

Integrationsweg unendlich	$A = \int_0^\infty e^{-x}\,dx = -e^{-x}\Big\vert_0^\infty = e^{-x}\Big\vert_\infty^0$ $= e^{-0} - 0 = 1$ 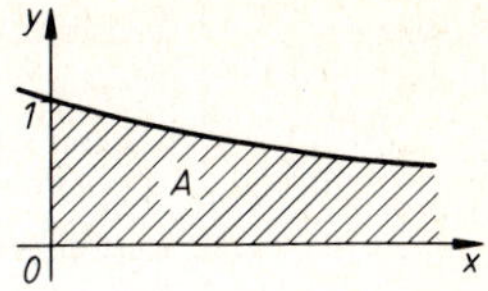 $A = \int_1^\infty \frac{1}{\sqrt[3]{x^2}}\,dx = \int_1^\infty x^{-\frac{3}{2}}\,dx = 3\,x^{\frac{1}{3}}\Big\vert_1^\infty$ $= 3\,(\infty - 1) = \infty$ 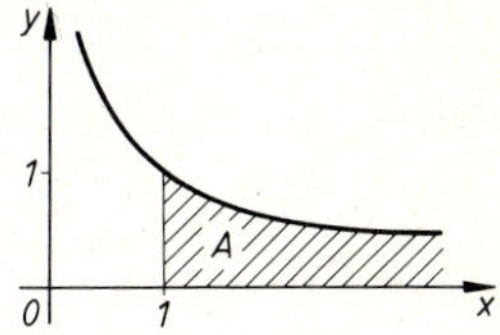

1.39. Anwendungen der Differential- und Integralrechnung

Nullstelle	Eine Funktion $y = f(x)$ hat an der Stelle $x = x_0$ dann eine Nullstelle, wenn $y = f(x) = 0$ ist. Hat die Funktion $y = f(x)$ die Form $y = A(x)/B(x)$, so muß $A(x_0) = 0$ und reell und $B(x_0) \neq 0$ sein. A ist Zähler, B ist Nenner des Bruchs.
Schnittpunkt mit der y-Achse	Eine Funktion $y = f(x)$ hat dann an der Stelle y_1 einen Schnittpunkt mit der y-Achse, wenn $x_1 = 0$ ist. Bei allen Transzendenten Funktionen muß y_1 stets reell sein.
Polstelle	Eine Funktion $y = f(x)$ hat an der Stelle $x = x_2$ bei $\lim_{y \to \infty} f(x)$ eine Unendlichkeitsstelle. Hat die Funktion $y = f(x)$ die Form $y = A(x)/B(x)$, so hat sie Pole, wenn $A(x_2) \neq 0$ und $B(x_2) = 0$ ist.
Asymptote	Eine Funktion $y = f(x)$ hat an der Stelle y_4 eine Unendlichkeitsstelle, wenn der Grenzwert $\lim_{x \to \infty} f(x)$ gebildet werden kann. Eine Funktion von der Form $y = f(x) = \frac{x^m}{x^n}$ hat eine Asymptote: 1. parallel zur x-Achse bei $m = n$, 2. als x-Achse selbst bei $m < n$.

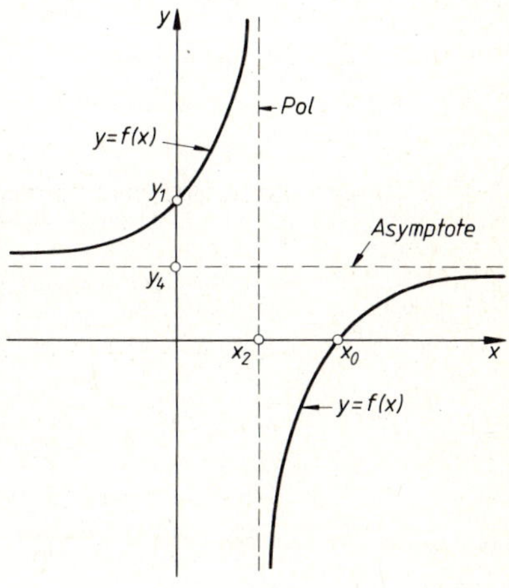

Extremwerte

Voraussetzung muß sein, daß eine Funktion $y = f(x)$ mindestens zweimal stetig differenzierbar ist. Ein (relatives) Maximum (Minimum) einer Funktion $y = f(x)$ an der Stelle $x = x_0$ tritt dann auf, wenn in einer hinreichend kleinen Umgebung alle $f(x)$ kleiner (größer) als $f(x_0)$ sind.

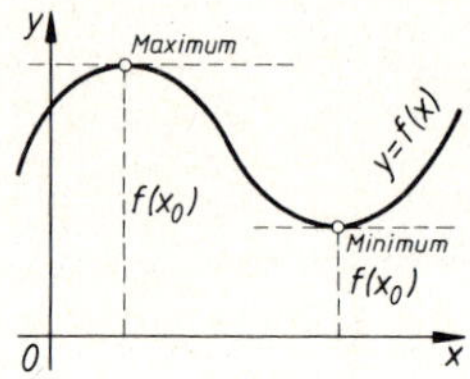

Maximum

Für das Auftreten eines Maximums an der Stelle $x = x_0$ sind die Bedingungen

$$f'(x_0) = 0 \quad \text{und} \quad f''(x_0) < 0$$

hinreichend.

Minimum

Für das Auftreten eines Minimums an der Stelle $x = x_0$ sind die Bedingungen

$$f'(x_0) = 0 \quad \text{und} \quad f''(x_0) > 0$$

hinreichend.

Wendepunkt

Ist eine Funktion $y = f(x)$ dreimal stetig differenzierbar, so besitzt sie an der Stelle $x = x_0$ einen Wendepunkt, wenn sie dort von einer Seite der Tangente auf die andere Seite übertritt.

Für das Auftreten eines Wendepunkts an der Stelle $x = x_0$ sind die Bedingungen

$$f''(x_0) = 0 \quad \text{und} \quad f'''(x_0) \neq 0$$

hinreichend.

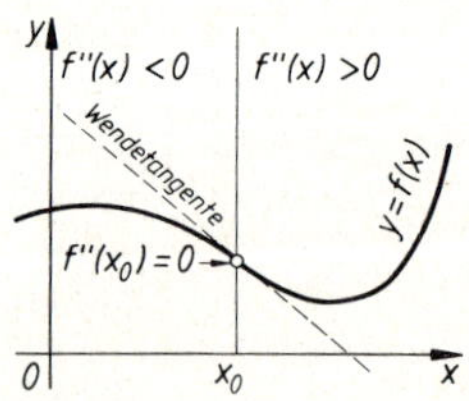

Bogenelement ds bei rechtwinkligen Koordinaten

Für die differenzierbare Funktion $y = f(x)$ zeigt die Anschauung:

$$ds^2 = dx^2 + dy^2 = \left(1 + \frac{dy^2}{dx^2}\right) dx^2$$

$$ds = \sqrt{1 + y'^2}\, dx$$

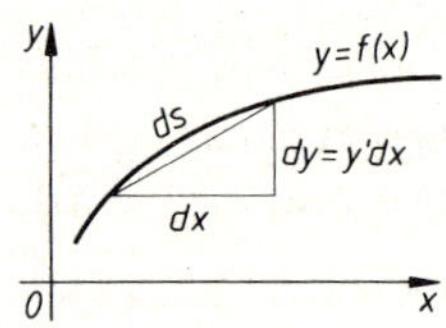

in Parameterdarstellung

$$x = x(t) \qquad dx = \dot{x}\, dt$$

$$y = y(t) \qquad dy = \dot{y}\, dt$$

$$ds^2 = \dot{x}^2\, dt^2 + \dot{y}^2\, dt^2 = (\dot{x}^2 + \dot{y}^2)\, dt^2$$

$$ds = \sqrt{\dot{x}^2 + \dot{y}^2}\, dt$$

in Polarkoordinaten

$$r = f(\varphi); \; ds^2 = dr^2 + d\varphi^2\, r^2; \; dr = \dot{r}\, d\varphi$$

$$ds^2 = \dot{r}^2\, d\varphi^2 + r^2\, d\varphi^2 = d\varphi^2\,(r^2 + \dot{r}^2)$$

$$ds = \sqrt{r^2 + \dot{r}^2}\, d\varphi$$

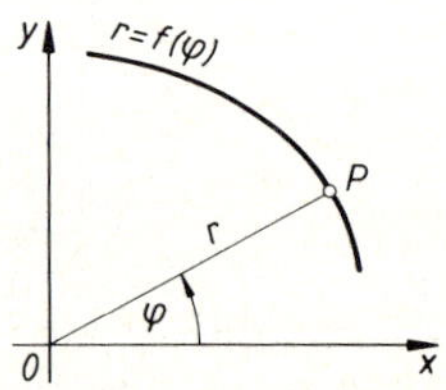

Krümmung k und Krümmungsradius ϱ

Aus der Definition $k = \mathrm{d}\varphi/\mathrm{d}s$ und $\varrho = 1/k$ ergibt sich für die Kurve $y = f(x)$:

bei rechtwinkligen Koordinaten

$$k = \frac{y''}{\sqrt{(1+y'^2)^3}}\,; \qquad \varrho = \frac{1}{|k|} = \frac{\sqrt{(1+y'^2)^3}}{y''}$$

in Parameterdarstellung

$$k = \frac{\dot{x}\,\ddot{y} - \dot{y}\,\ddot{x}}{\sqrt{(\dot{x}^2+\dot{y}^2)^3}}\,; \qquad \varrho = \frac{1}{|k|} = \frac{\sqrt{(\dot{x}^2+\dot{y}^2)^3}}{\dot{x}\,\ddot{y} - \dot{y}\,\ddot{x}}$$

in Polarkoordinaten

$$k = \frac{r^2 + 2\,\dot{r}^2 - r\,\ddot{r}}{\sqrt{(r^2+\dot{r}^2)^3}}\,; \qquad \varrho = \frac{1}{|k|} = \frac{\sqrt{(r^2+\dot{r}^2)^3}}{r^2 + 2\,\dot{r}^2 - r\,\ddot{r}}$$

Flächenberechnung in rechtwinkligen Koordinaten

$$A = \int_a^b f(x)\,\mathrm{d}x = \Big[F(x)\Big]_a^b$$

$$A = F(b) - F(a)$$

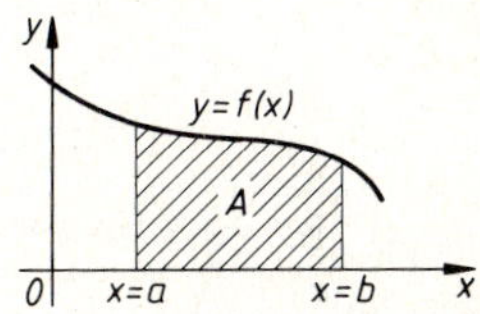

Beispiel: Fläche unter Sinuskurve

$$A = \int_0^\pi \sin x\,\mathrm{d}x = \Big[-\cos x\Big]_0^\pi$$

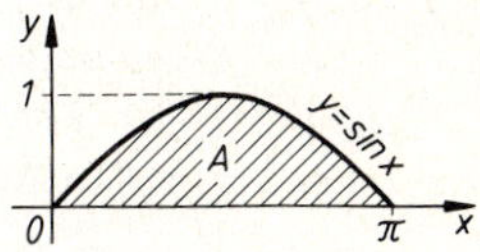

Vorzeichenwechsel beim Vertauschen der Grenzen:

$$A = \Big[\cos x\Big]_\pi^0 = \cos 0 - \cos \pi$$

$$A = 1 - (-1) = 2$$

positiver und negativer Flächeninhalt

Beispiel:

$$A = \int_0^\pi \cos x\,\mathrm{d}x = \Big[\sin x\Big]_0^\pi$$

$$A = \sin\pi - \sin 0 = 0 - 0 = 0$$

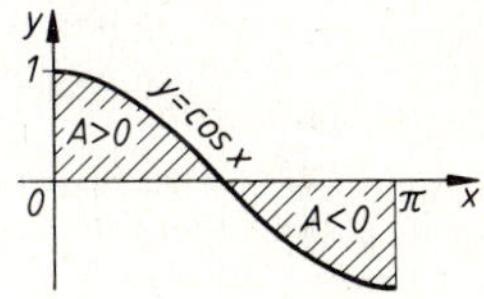

gerade Funktionen $f(-x) = f(x)$

liegen symmetrisch zur y-Achse, z. B. $\cos x$, $\cos^2 x$, x^2, $x \sin x$

$$\int_{-a}^{a} f(x)\,\mathrm{d}x = 2\int_0^a f(x)\,\mathrm{d}x$$

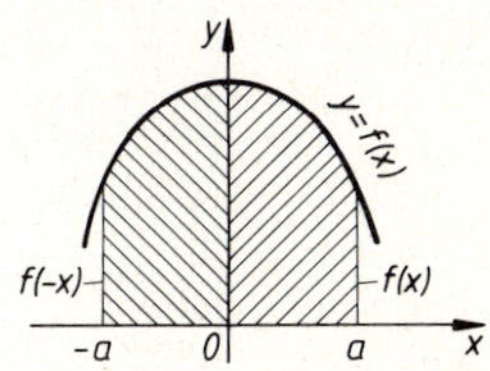

ungerade Funktionen $f(-x) = -f(x)$

liegen symmetrisch zum Nullpunkt, z. B. $\sin x$, $\tan x$, $x\cos x$, x^3

$$\int_{-a}^{a} f(x)\,\mathrm{d}x = 0$$

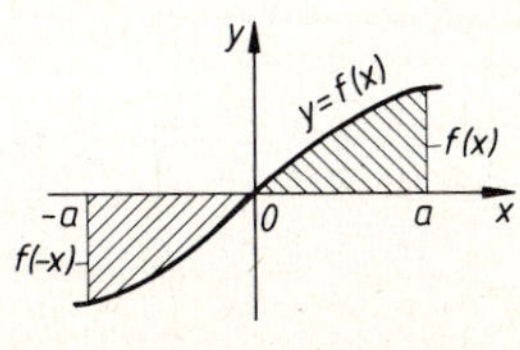

Flächeninhalt zwischen zwei Funktionen

$$A = \int_a^b [f_1(x) - f_2(x)]\,\mathrm{d}x$$

Obere Funktion minus untere Funktion.

Intervall: $0 \leqq x \leqq b$

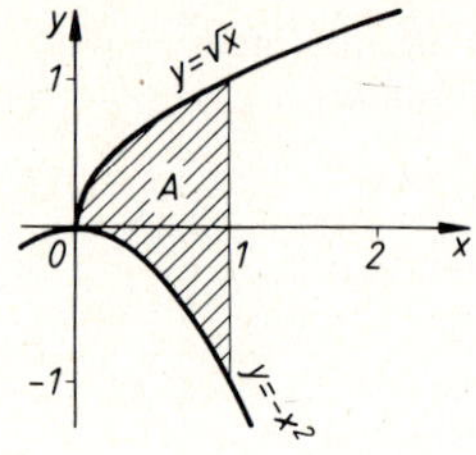

Beispiel:

$$A = \int_0^1 [\sqrt{x} - (-x^2)]\,\mathrm{d}x$$

$$A = \left[\frac{2}{3}\sqrt{x^3} + \frac{x^3}{3}\right]_0^1$$

$$A = \frac{2}{3} + \frac{1}{3} = 1$$

Flächenberechnung in Parameterdarstellung

$$A = \int_{x_0}^{x} y(t)\,\mathrm{d}x = \int_{t_0}^{t} y\,\dot{x}\,\mathrm{d}t$$

$x = x(t)$; $y = y(t)$; $\mathrm{d}x = \dot{x}\,\mathrm{d}t$

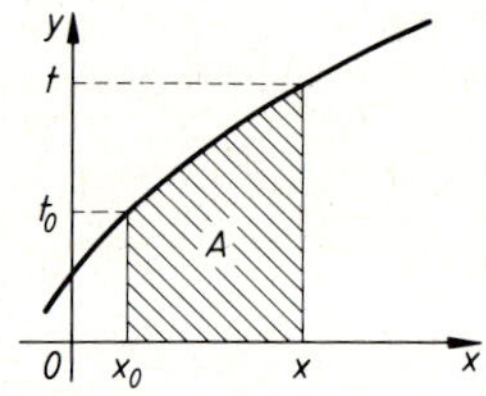

Beispiel: Fläche unter Zykloidenbogen

$x = r(t - \sin t)$

$y = r(1 - \cos t)$ $\quad \dot{x} = r(1 - \cos t)$

Intervall: $0 \leqq t \leqq 2\pi$

$$A = \int_0^{2\pi} y\,\dot{x}\,\mathrm{d}t = \int_0^{2\pi} r(1 - \cos t)\,r(1 - \cos t)\,\mathrm{d}t$$

$$A = r^2 \int_0^{2\pi} (1 - 2\cos t + \cos^2 t)\,\mathrm{d}t$$

$$A = r^2 (2\pi + 0 + \pi) = 3 r^2 \pi$$

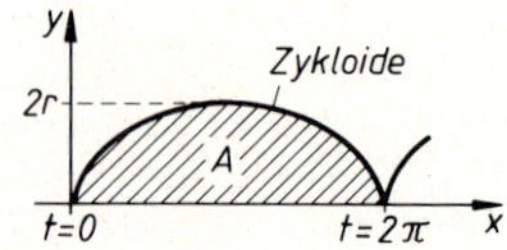

Flächeninhalt der geschlossenen Kurve

Integration vom Anfangsparameter bis zum Endparameter als Grenzpunkt:

$$A = \int_{t_0}^{t_2} y\,\dot{x}\,\mathrm{d}t$$

Beispiel: Kreisfläche

$x = r\cos t$ $\quad$ Intervall: $0 \leqq t \leqq 2\pi$

$y = 2r + r\sin t$ $\quad \dot{x} = -r\sin t$

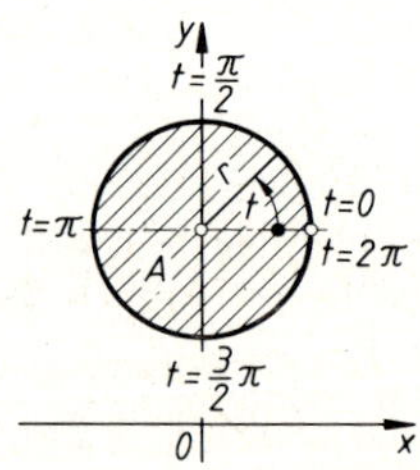

$$A = \int_0^{2\pi} y\,\dot{x}\,\mathrm{d}t = -\int_0^{2\pi} r(2 + \sin t)\,r \cdot \sin t\,\mathrm{d}t$$

$$A = -r^2 \int_0^{2\pi} [2\sin t + \sin^2 t]\,\mathrm{d}t$$

$$A = -r^2 (0 + \pi) = -r^2\pi$$

Flächenberechnung in Polarkoordinaten

$$A = \frac{1}{2} \int_{\varphi_1}^{\varphi_2} r^2 \, d\varphi$$

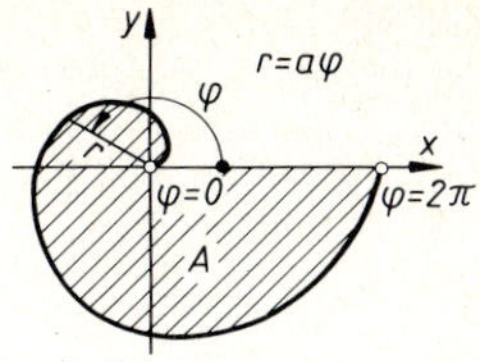

Beispiel: Archimedische Spirale, überstrichene Fläche von $\varphi_1 = 0$ bis $\varphi_2 = 2\pi$; $r = a\varphi$.

$$A = \frac{1}{2} \int_0^{2\pi} r^2 \, d\varphi = \frac{1}{2} \int_0^{2\pi} a^2 \varphi^2 \, d\varphi = \frac{a^2}{2} \int_0^{2\pi} \varphi^2 \, d\varphi$$

$$A = \left[\frac{a^2}{6} \varphi^3 \right]_0^{2\pi} = \frac{4 a^2 \pi^3}{3}$$

Volumen V von Rotationskörpern

aus erzeugender Fläche mal Schwerpunktsweg bei einer Umdrehung:

um die x-Achse:

$$V = \pi \int_{x=a}^{x=b} y^2 \, dx$$

um die y-Achse:

$$V = 2\pi \int_{x=-a}^{x=a} x y \, dy \quad \text{bzw.} \quad V = \pi \int_{y=a}^{y=b} x^2 \, dy$$

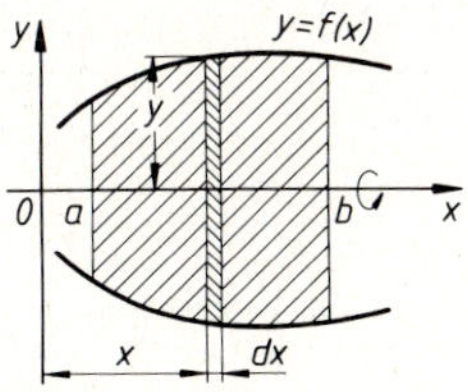

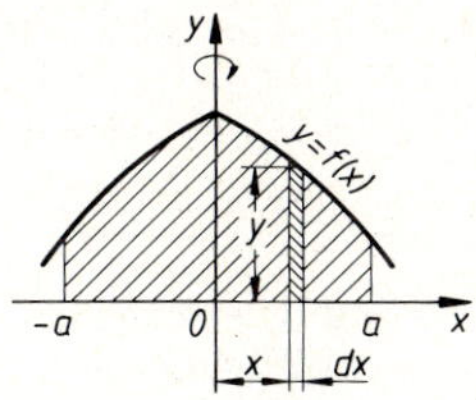

Beispiel: Kugelvolumen mit $y = \sqrt{r^2 - x^2}$

Intervall: $-r \leqq x \leqq r$

$$V = \int_{-r}^{r} (r^2 - x^2) \, dx = \pi \left[r^2 x - \frac{x^3}{3} \right]_{-r}^{r}$$

$$V = \pi \left(r^3 - \frac{r^3}{3} + r^3 - \frac{r^3}{3} \right) = \tfrac{4}{3} r^3 \pi$$

Beispiel: Volumen eines Rotationsparaboloids mit $y = a x^2$

Intervall: $0 \leqq y \leqq h$

$$V = \pi \int_0^h x^2 \, dx = \frac{\pi}{a} \int_0^h y \, dy$$

$$V = \left[\frac{\pi}{2a} y^2 \right]_0^h = \frac{\pi h^2}{2a}$$

Kurvenlängen s in rechtwinkligen Koordinaten

Ist die Funktion $y = f(x)$ im Intervall $x_1 \leqq x \leqq x_2$ eindeutig, also $f'(x)$ stetig, so ist die Länge s der Kurve:

$$s = \int_{x_1}^{x_2} \sqrt{1 + \left(\frac{dy}{dx} \right)^2} \, dx = \int_{x_1}^{x_2} \sqrt{1 + y'^2} \, dx$$

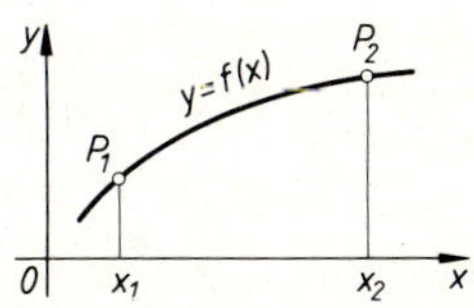

in Parameterdarstellung

$x = x(t)$ | $\mathrm{d}y = \dot{y}\,\mathrm{d}t;\quad \mathrm{d}x = \dot{x}\,\mathrm{d}t$

$y = y(t)$ | Intervall; $t_1 \leqq t \leqq t_2$

$$s = \int_{t_1}^{t_2} \sqrt{\dot{x}^2 + \dot{y}^2}\,\mathrm{d}t$$

in Polarkoordinaten

$r = f(\varphi)$; Länge s des Kurvenstückes zwischen den Leitstrahlen $r_1 = f(\varphi_1)$ und $r_2 = f(\varphi_2)$:

$$s = \int_{\varphi_1}^{\varphi_2} \sqrt{r^2 + \dot{r}^2}\,\mathrm{d}\varphi$$

Beispiel: Bogen s des Viertelkreises $y = \sqrt{r^2 - x^2}$ mit Radius r:

$$s = \int_0^r \sqrt{1 + \frac{x^2}{r^2 - x^2}}\,\mathrm{d}x = \int_0^r \frac{\mathrm{d}x}{\sqrt{1 - \left(\frac{x}{r}\right)^2}} = \left[r \cdot \arcsin \frac{x}{r}\right]_0^r = \frac{\pi r}{2};$$

mit $x = r\cos t$ und $y = r \sin t$; $\dot{x}^2 = r^2 \sin^2 t$, $\dot{y}^2 = r^2 \cos^2 t$ wird:

$$s = r\int_0^{\pi/2} \sqrt{\sin^2 t + \cos^2 t}\,\mathrm{d}t = r\int_0^{\pi/2} \mathrm{d}t = \frac{\pi r}{2};$$

ebenso mit $r =$ konstant, $\mathrm{d}r/\mathrm{d}\varphi = 0$:

$$s = \int_0^{\pi/2} \sqrt{r^2}\,\mathrm{d}\varphi = r\int_0^{\pi/2} \mathrm{d}\varphi = \frac{\pi r}{2}, \text{ wie oben.}$$

Mantelflächen M von Rotationskörpern

aus erzeugender Kurve mal Schwerpunktsweg bei einer Umdrehung um

die x-Achse:

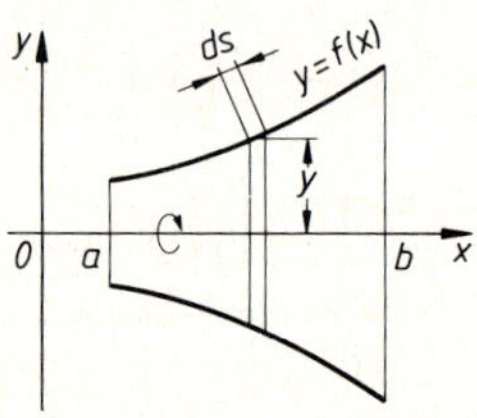

$$M = 2\pi \int_a^b y\,\mathrm{d}s = 2\pi \int_a^b y\sqrt{1 + y'^2}\,\mathrm{d}x$$

die y-Achse:

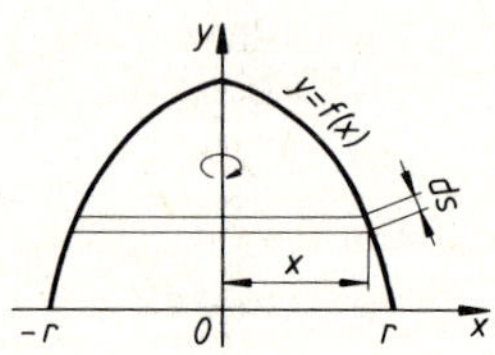

$$M = 2\pi \int_0^r x\,\mathrm{d}s = 2\pi \int_0^r x\sqrt{1 + y'^2}\,\mathrm{d}x$$

Beispiel: Kurvendiskussion der Gleichung

$$y = f(x) = \frac{A(x)}{B(x)} = \frac{x^3}{2x^2 - 3x - 2}$$

(siehe dazu Bild am Ende des Abschnitts)

Nullstellen:

$$y = f(x) = 0 \Rightarrow A(x) = 0 \Rightarrow \left.\begin{matrix} x_1 = 0 \\ y_1 = 0 \end{matrix}\right\} P_1$$

$x_1 = 0$ ist eine Lösung der Gleichung, da $B(x) \neq 0$ ist und kein unbestimmter Ausdruck vorliegt.

Schnittpunkt mit der y-Achse:

$$x = 0 \Rightarrow y = \frac{0}{0-0-2} = 0; \quad \left.\begin{matrix} x_2 = 0 \\ y_2 = 0 \end{matrix}\right\} P_2$$

Die Kurve schneidet die y-Achse bei $y_2 = 0$.

Polstellen:

$$y \to \infty \Rightarrow B(x) = 0$$

$$2x^2 - 3x - 2 = 0$$

$$x_{3/4} = \frac{3}{4} \pm \sqrt{\frac{25}{16}}; \quad \left.\begin{matrix} x_3 = 2 \\ x_4 = -0{,}5 \end{matrix}\right\} P_3, P_4$$

Die Funktion besitzt zwei Pole (Unendlichkeitsstellen). Ein unbestimmter Ausdruck liegt nicht vor, weil $A(x_3, x_4) \neq 0$ ist.

Asymptoten:

$$x \to \infty \Rightarrow y = f(x) = \frac{x}{2} + \frac{3}{4} + \frac{\frac{13}{4}x + \frac{3}{2}}{2x^2 - 3x - 2}$$

$$y_A = \frac{x}{2} + \frac{3}{4}$$

Die unecht gebrochene rationale Funktion läßt sich in die Summe der ganzen und der gebrochenen Funktionen zerlegen.

Schnittpunkt zwischen Kurve und Asymptote:

$$y = y_A \Rightarrow \frac{x^3}{2x^2 - 3x - 2} = \frac{x}{2} + \frac{3}{4}; \quad \left.\begin{matrix} x_5 = -0{,}461 \\ y_5 = 0{,}51 \end{matrix}\right\} P_5$$

Durch Gleichsetzen der ganzen Funktion mit der Teilfunktion ergeben sich die Koordinaten des Schnittpunkts.

Extremwerte:

$$y' = f'(x) = 0 \Rightarrow y' = \frac{2x^2(x^2 - 3x - 3)}{(2x^2 - 3x - 2)^2}$$

$$2x^2(x^2 - 3x - 3 = 0 \qquad \left.\begin{matrix} x_6 = 0 \\ y_6 = 0 \end{matrix}\right\} P_6$$

$$2x^2 = 0$$

$$x^2 - 3x - 3 = 0$$

$$\left.\begin{matrix} x_7 = 3{,}8; & y_7 = 3{,}58 \\ x_8 = -0{,}7; & y_8 = -0{,}315 \end{matrix}\right\} P_7, P_8$$

Die Nullsetzung des Zählers der ersten Ableitung ergibt die x-Koordinaten der Extremwerte. Die zugehörigen y-Koordinaten ergeben sich durch Einsetzen der x-Werte in die Stammfunktion.

$$y'' = f''(x) = \frac{2x(13x^2 + 18x + 12)}{(2x^2 - 3x - 2)^3}$$

$y'' = f''(x_7) = 131{,}6 > 0$; Minimum!

$y'' = f''(x_8) = -32{,}9 < 0$; Maximum!

Die errechneten x-Koordinaten (x_7, x_8) werden in die Funktion $y'' = f''(x)$ eingesetzt, um ein Maximum bzw. Minimum bestimmen zu können.

Wendepunkte:

$$y'' = f''(x) = 0$$

$$2x(13x^2 + 18x + 12) = 0 \qquad \left.\begin{matrix} x_6 = 0 \\ y_6 = 0 \end{matrix}\right\} P_6$$

$$2x = 0$$

$13x^2 + 18x + 12 = 0$ führt zu einem imaginären Ergebnis

$$y''' = f'''(x) = \frac{-12(13^4 + 48x^3 - 12x^2 - 24x - 4)}{(2x^2 - 3x - 2)^4}$$

$y''' = f'''(x_6) = 3 \neq 0!$

Es ergeben sich die Koordinaten eines Wendepunkts, der dann existiert, wenn die dritte Ableitung ungleich Null ist.

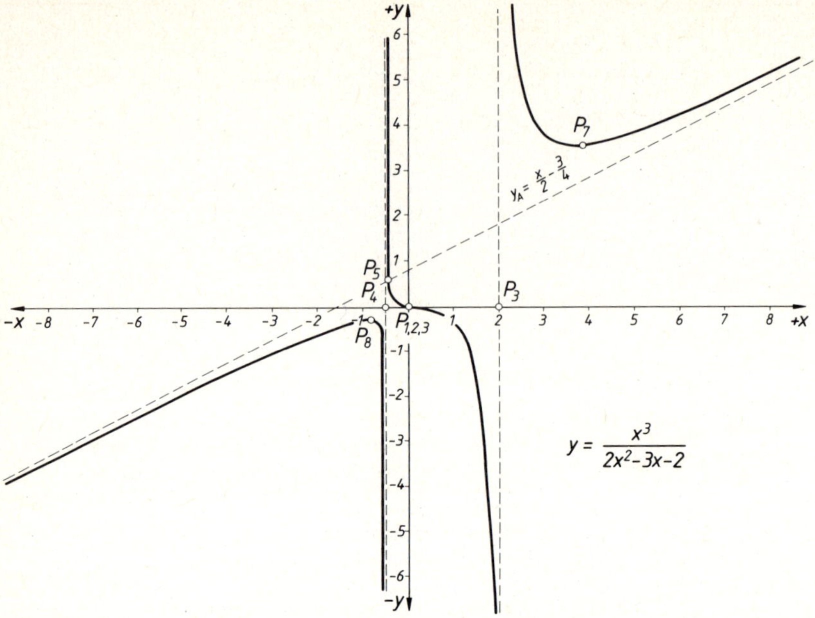

1.40. Geometrische Grundkonstruktionen[1]

Senkrechte im Punkt P einer Geraden errichten	Von P aus gleiche Strecken nach links und rechts abtragen ($\overline{PA} = \overline{PB}$). Kreisbögen mit gleichem Radius um A und B schneiden sich in C. $\overline{PC}$ ist gesuchte Senkrechte.	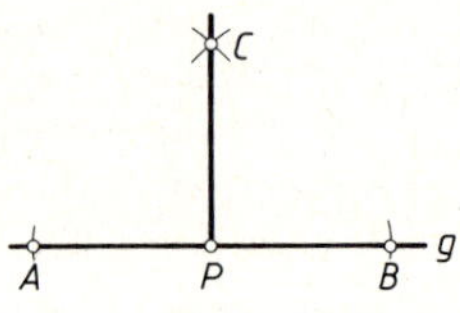
Strecke halbieren (Mittelsenkrechte)	Kreisbögen mit gleichem Radius um A und B nach oben und unten schneiden sich in C und D. $\overline{CD}$ steht senkrecht auf $\overline{AB}$ und halbiert diese.	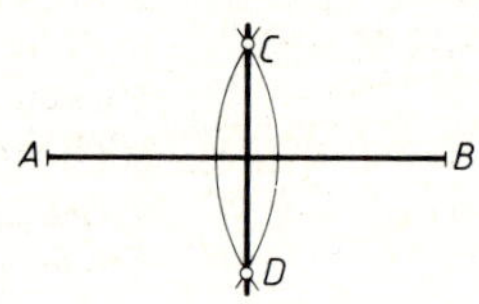
Lot vom Punkt P auf Gerade g fällen	Kreisbogen um P schneidet g in A und B. Kreisbögen mit gleichem Radius um A und B schneiden sich in C. $\overline{PC}$ ist das Lot auf die Gerade g.	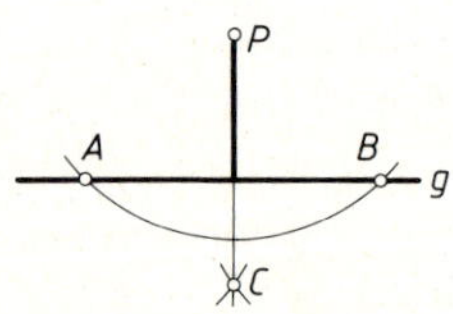

[1] Bestimmung wahrer Längen siehe *Böge, A.*: Blechkörper, Abwicklungs- und Fertigungsverfahren, Fachbuchverlag Dr. Pfanneberg & Co, Gießen 1967.

Senkrechte im Endpunkt P eine Strecke s (eines Strahles) errichten	Kreis von beliebigem Radius um P ergibt A. Gleicher Kreis um A ergibt B, um B ergibt C. Kreise von beliebigem Radius um B und C schneiden sich in D. $\overline{PD}$ ist die gesuchte Senkrechte in P.	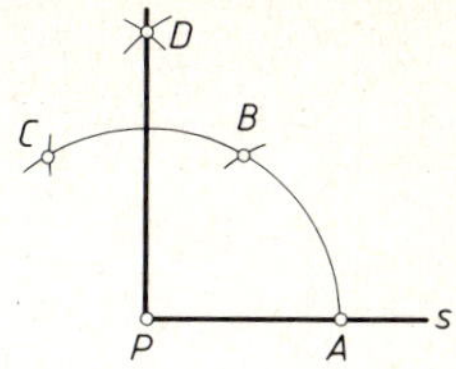
Winkel halbieren	Kreis um O schneidet die Schenkel in A und B. Kreise mit gleichem Radius ergeben Schnittpunkt C. $\overline{OC}$ halbiert den gegebenen Winkel.	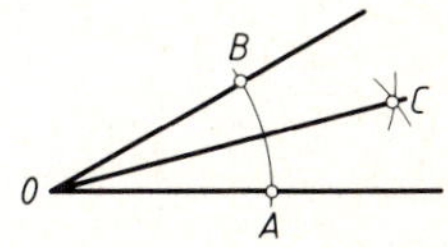
einen gegebenen Winkel α an eine Gerade g antragen	Kreis um O mit beliebigem Radius schneidet die Schenkel des gegebenen Winkels α in A und B. Kreis mit gleichem Radius um O' gibt A'. Kreis mit $\overline{AB}$ um A' ergibt Schnittpunkt B'. Strahl von O' durch B' schließt mit Gerade g Winkel α ein.	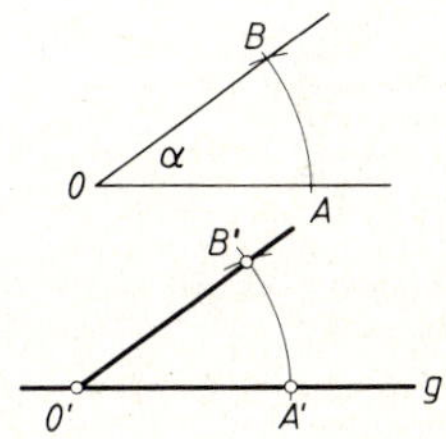
einen rechten Winkel dreiteilen	Kreis um O ergibt Schnittpunkte A und B. Kreise um A und B mit gleichem Radius wie vorher schneiden den Kreis um O in C und D.	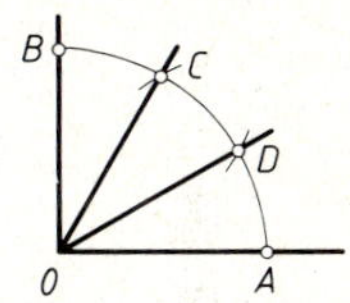
Strecke AB in gleiche Teile teilen	Auf beliebig errichtetem Strahl $\overline{AC}$ von A aus fortschreitend mit beliebiger Zirkelöffnung die gewünschte Anzahl gleicher Teile abtragen, z. B. 5 Teile. B' mit B verbinden und Parallele zu $\overline{BB'}$ durch Teilpunkte 1 … 4 legen.	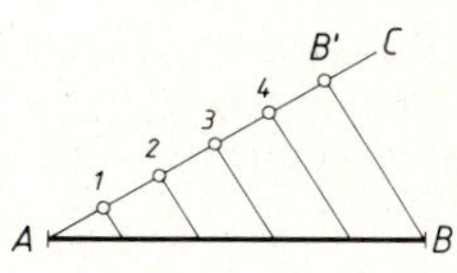
Mittelpunkt eines Kreises ermitteln	Zwei beliebige Sehnen $\overline{AB}$ und $\overline{CD}$ eintragen und darauf Mittelsenkrechte errichten. Schnittpunkt M ist Kreismittelpunkt.	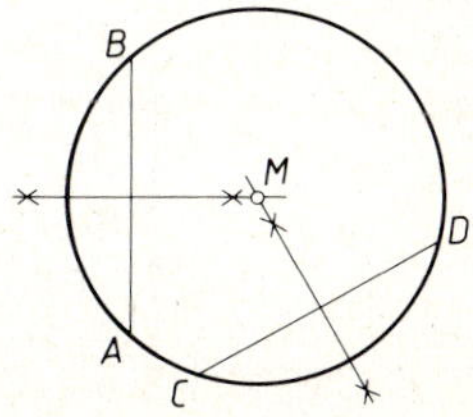

1. Mathematik

Außenkreis für gegebenes Dreieck	Mittelsenkrechte auf zwei Dreieckseiten schneiden sich im Mittelpunkt M des Außenkreises.	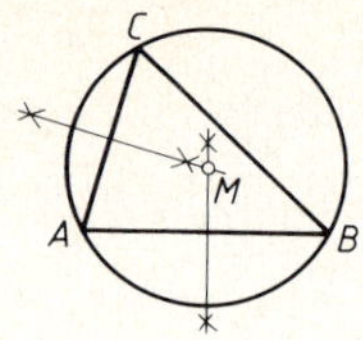
Innenkreis für gegebenes Dreieck	Schnittpunkt von zwei Winkelhalbierenden ist Mittelpunkt M des Innenkreises.	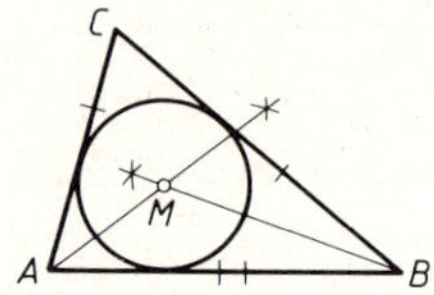
Parallele zu gegebener Geraden g durch Punkt P	Beliebig gerichteter Strahl von P aus trifft Gerade g in A. Kreis mit $\overline{PA}$ um A schneidet g in B. Kreise mit gleichem Radius $\overline{PA}$ um P und B schneiden sich in C. Strecke $\overline{PC}$ ist Teil der zu g parallelen Geraden p.	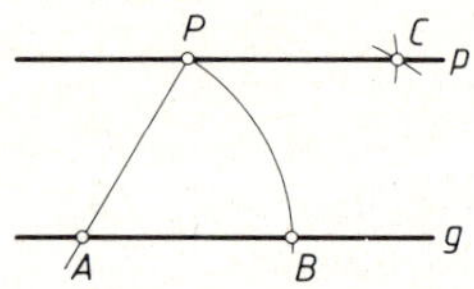
Tangente an Kreis im gegebenen Punkt A	M mit A verbinden und über A hinaus verlängern und in A Senkrechte errichten — oder — Strecke $\overline{MA}$ zeichnen und im Endpunkt A Senkrechte errichten (siehe vorn).	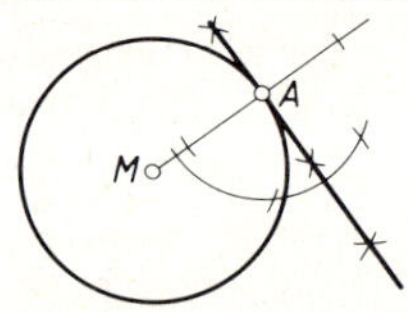
Tangenten an Kreis von gegebenem Punkt P aus	P mit Mittelpunkt M verbinden und $\overline{PM}$ halbieren (siehe vorn), ergibt M_1. Kreis mit Radius MM_1 um M_1 schneidet gegebenen Kreis in A und B. $\overline{PA}$ und $\overline{PB}$ sind Teile der gesuchten Tangenten.	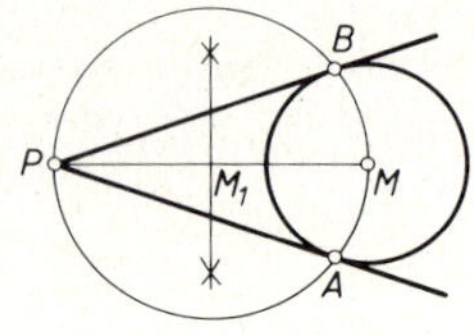
Tangente t im gegebenen Punkt A an Kreis k mit unbekanntem Mittelpunkt	Kreis um A von beliebigem Radius ergibt Schnittpunkte B und C. Kreise von beliebigem Radius um B und C ergeben D und E, deren Verbindungslinie Teil des Radiusses von k ist. Senkrechte in A auf $\overline{DE}$ (siehe oben) ist Teil der Tangente t.	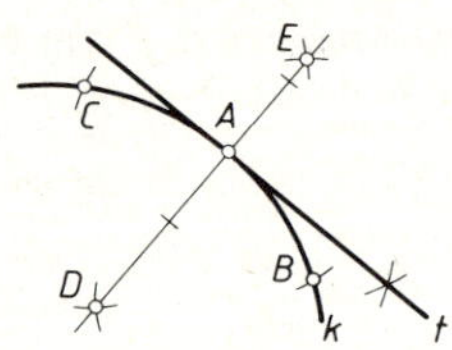
Tangenten an zwei gegebene Kreise	Hilfskreis um M_1 mit Radius $(R-r)$ zeichnen und von M_2 aus die Tangenten $\overline{M_2A}$ und $\overline{M_2B}$ anlegen (siehe oben). Strecken $\overline{M_1A}$ und $\overline{M_1B}$ bis C und D verlängern. Parallele zu $\overline{M_1C}$ und $\overline{M_1D}$ durch M_2 ergeben E und F. $\overline{CE}$ und $\overline{DF}$ sind die gesuchten Tangenten.	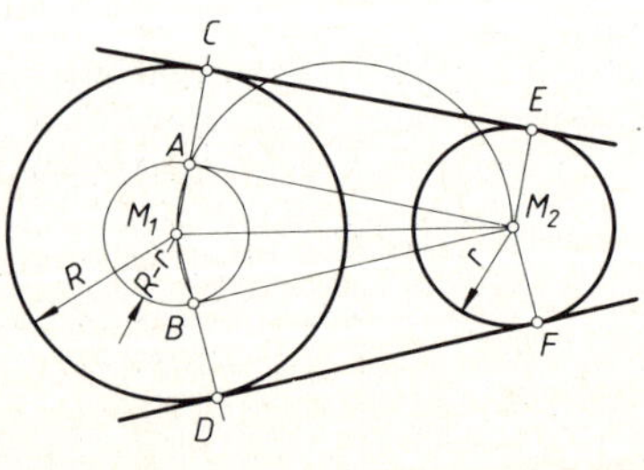

Gleichseitiges Dreieck mit Seitenlänge $\overline{AB}$	Kreise mit Radius $\overline{AB}$ um A und B ergeben Schnittpunkt C und damit das gesuchte Dreieck ABC.	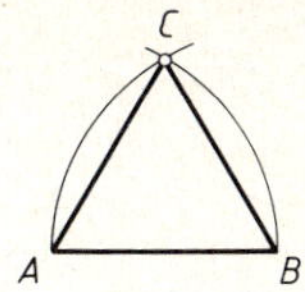
regelmäßiges Fünfeck	Radius $\overline{MA}$ des Umkreises halbieren, ergibt D. Kreisbogen mit $\overline{CD}$ um D ergibt E, mit $\overline{CE}$ um C ergibt F. $\overline{CF}$ ist die gesuchte Fünfeckseite.	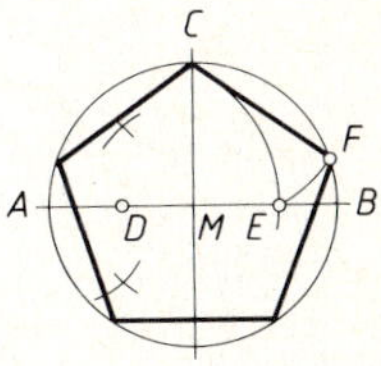
regelmäßiges Sechseck	Radius $\overline{MA}$ des Umkreises ist Sechseckseite. Kreisbögen mit $\overline{AM}$ um A und B schneiden den Umkreis in den Eckpunkten des Sechsecks.	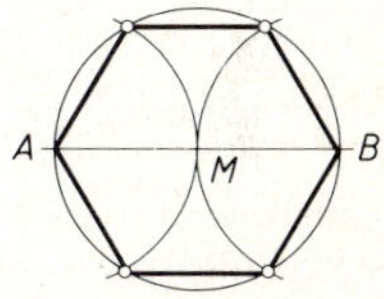
regelmäßiges Siebeneck	Kreisbogen mit Umkreisradius $\overline{MA}$ um A ergibt B und C. Kreisbogen mit Radius $\overline{BD}$ um B ergibt Eckpunkt E. $\overline{BE}$ ist die gesuchte Siebeneckseite.	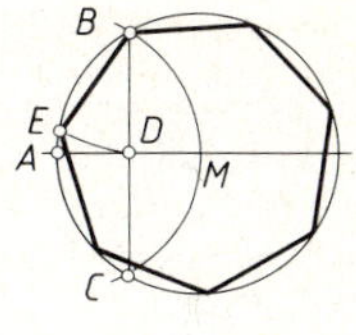
regelmäßiges Achteck	Kreise mit Umkreisradius $\overline{MA}$ um A, B, C ergeben Schnittpunkte D und E. Geraden durch D und M sowie E und M schneiden den Umkreis in den Eckpunkten des Achtecks.	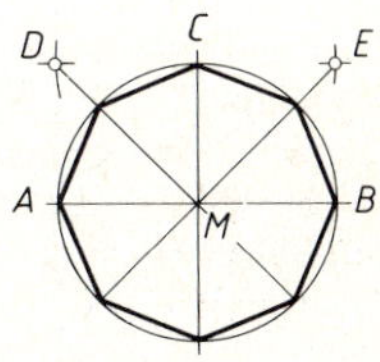
regelmäßiges Neuneck (gilt entsprechend für alle regelmäßigen Vielecke)	Durchmesser $\overline{AB}$ des Umkreises in neun gleiche Teile teilen. Kreise mit Radius $\overline{AB}$ um A und B ergeben Schnittpunkte C und D. Strahlen von C und D durch die Teilpunkte 1, 3, 5, 7 des Durchmessers schneiden den Umkreis in den Eckpunkten des Neunecks.	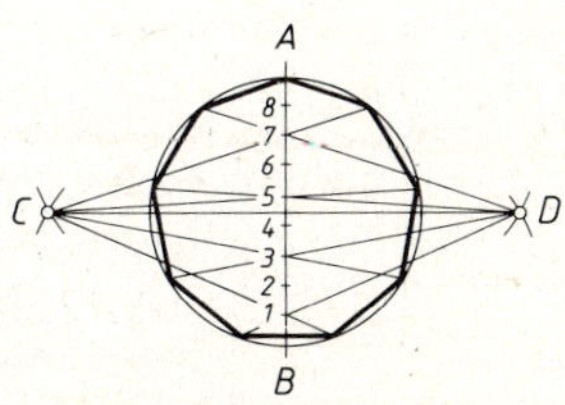

1. Mathematik

Ellipsenkonstruktion

Hilfskreise um M mit Halbachse a und b als Radius zeichnen und beliebige Anzahl Strahlen 1, 2, 3 ... durch Kreismittelpunkt M legen. In den Schnittpunkten der Strahlen mit den beiden Hilfskreisen Parallele zu den Ellipsenachsen zeichnen, die sich in I, II, III ... als Punkte der gesuchten Kurve schneiden.

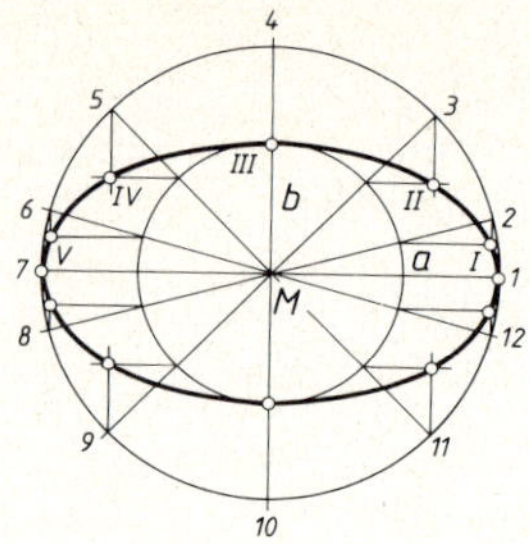

Bogenanschluß: Kreisbogen an die Schenkel eines Winkels

Parallelen p im Abstand R zu den beiden Schenkeln s des Winkels ergeben Schnittpunkt M als Mittelpunkt des gesuchten Kreisbogens. Senkrechte von M auf s ergeben die Anschlußpunkte A.

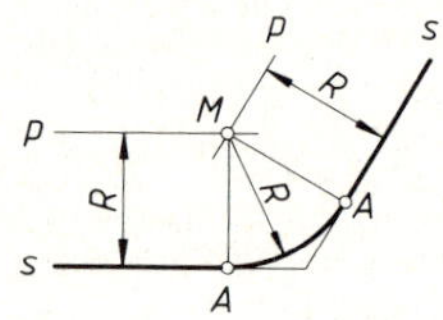

Bogenanschluß: Kreisbogen durch zwei Punkte

Kreisbogen mit R um gegebene Punkte A_1, A_2 legen Mittelpunkt M des gesuchten Kreisbogens fest.

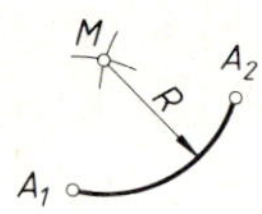

Bogenanschluß: Gerade mit Punkt durch Kreisbogen verbinden

Parallele p im Abstand R zur Geraden g und Kreisbogen mit R um A legen Mittelpunkt M des gesuchten Kreisbogens fest.

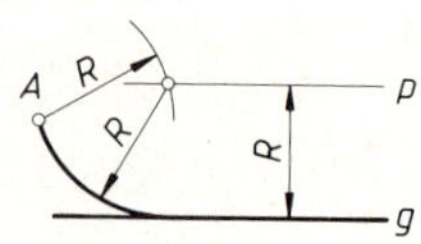

Bogenanschluß: Kreis mit Punkt; R_A Radius des Anschlußbogens

Kreisbögen mit $R_1 + R_A$ um M_1 und mit R_A um P ergeben Mittelpunkt M_A des Anschlußbogens. $\overline{M_1 M_A}$ schneidet den gegebenen Kreis im Anschlußpunkt A.

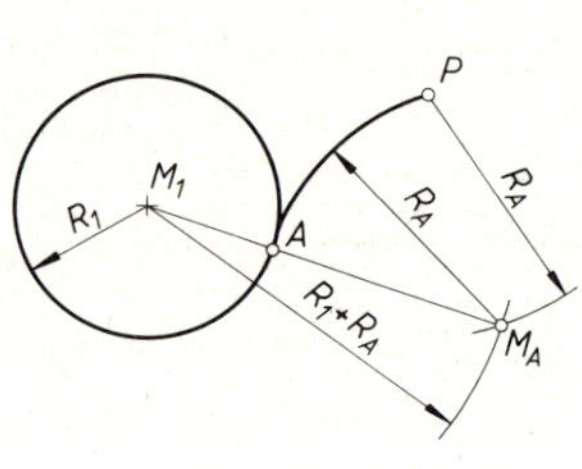

Bogenanschluß: Kreis mit Gerade g; R_{A1}, R_{A2} Radien der Anschlußbögen

Lot l von M auf gegebene Gerade g ergibt Anschlußpunkte A, A_1, A_2. Die halbierten Strecken $\overline{AA_1}$ und $\overline{AA_2}$ legen die Mittelpunkte M_{A1}, M_{A2} der beiden Anschlußbögen fest.

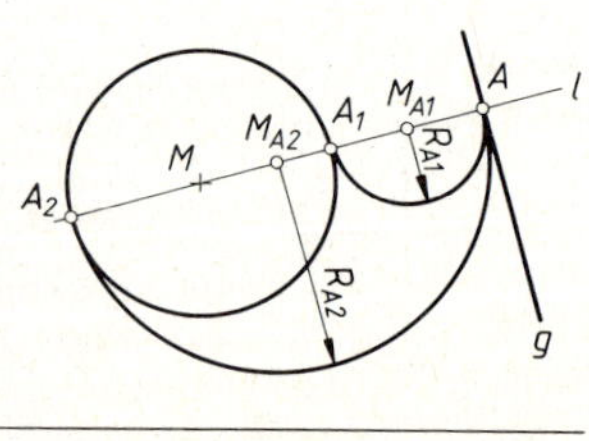

2. Physik

2.1. Physikalische Größen, Definitionsgleichungen und Einheiten

Mechanik

Größe	Formelzeichen	Definitionsgleichung	SI-Einheit [1])	Bemerkung, Beispiel, andere zulässige Einheiten
Länge	l, s, r	Basisgröße	m (Meter)	1 Seemeile (sm) ist gleich 1852 m
Fläche	A	$A = l^2$	m^2	Hektar (ha), 1 ha = $10^4\,m^2$ Ar (a), 1 a = $10^2\,m^2$
Volumen	V	$V = l^3$	m^3	Liter (l), 1 l = $10^{-3}\,m^3$ = 1 dm^3
Flächenwinkel	$\alpha, \beta, \gamma \ldots$	$\alpha = \dfrac{\text{Kreisbogen}}{\text{Kreisradius}}$	rad ≡ 1 (Radiant)	$\alpha = 1{,}7\,\dfrac{m}{m} = 1{,}7$ rad
Raumwinkel	Ω	$\Omega = \dfrac{\text{Kugelfläche}}{\text{Radiusquadrat}}$	sr ≡ 1 (Steradiant)	$\Omega = 0{,}4\,\dfrac{m^2}{m^2} = 0{,}4$ sr
Zeit	t	Basisgröße	s (Sekunde)	1 min = 60 s; 1 h = 60 min 1 d = 24 h = 86 400 s
Frequenz	f, ν	$f = \dfrac{1}{T}$	$\dfrac{1}{s} = s^{-1}$ = Hz (Hertz)	bei *Umlauf*frequenz wird U/s statt 1/s benutzt T Periodendauer
Drehzahl	n	$n = 2\pi f$	$\dfrac{1}{s} = s^{-1}$	$\dfrac{U}{min} = \dfrac{1}{min} = min^{-1} = \dfrac{1}{60\,s}$
Geschwindigkeit	v	$v = \dfrac{ds}{dt} = \dfrac{\Delta s}{\Delta t}$	$\dfrac{m}{s}$	1 kn = 1 $\dfrac{sm}{h}$ = 1 Knoten $1\,\dfrac{km}{h} = \dfrac{1}{3{,}6}\,\dfrac{m}{s}$
Beschleunigung	a	$a = \dfrac{dv}{dt} = \dfrac{\Delta v}{\Delta t}$	$\dfrac{m}{s^2}$	$\dfrac{cm}{h^2}, \dfrac{km}{s^2} \ldots$
Fallbeschleunigung	g		$\dfrac{m}{s^2}$	Normfallbeschleunigung $g_n = 9{,}80665\,m/s^2$

[1]) Einheit des „Système International d'Unités" (Internationales Einheitensystem)

2. Physik

Größe	Formelzeichen	Definitionsgleichung	SI-Einheit	Bemerkung, Beispiel, andere zulässige Einheiten
Winkelgeschwindigkeit	ω	$\omega = \frac{\Delta\varphi}{\Delta t} = \frac{v_u}{r}$	$\frac{1}{s} = \frac{rad}{s}$	φ Drehwinkel in rad
Umfangsgeschwindigkeit	v_u	$v_u = \pi d n = \omega r$	$\frac{m}{s}$	d Durchmesser n Drehzahl
Winkelbeschleunigung	α	$\alpha = \frac{\Delta\omega}{\Delta t} = \frac{a}{r}$	$\frac{1}{s^2} = \frac{rad}{s^2}$	ω Winkelgeschwindigkeit
Masse	m	Basisgröße	kg	$1\ g = 10^{-3}\ kg$ $1\ t = 10^3\ kg$
Dichte	ρ	$\rho = \frac{m}{V}$	$\frac{kg}{m^3}$	$\frac{g}{cm^3}; \frac{t}{m^3}$
Kraft	F	$F = m a$	$N \equiv \frac{kgm}{s^2}$ (Newton)	$1\ dyn = 10^{-5}\ N$
Gewichtskraft	G	$G = m g$	$N \equiv \frac{kgm}{s^2}$	Normgewichtskraft $G_n = m g_n$
Druck	p	$p = \frac{F}{A}$	$\frac{N}{m^2} = \frac{kgm}{m^2 s^2}$	$1\ bar = 10^5\ \frac{N}{m^2} = 10^5\ Pa$ $\frac{N}{m^2} = Pa$ (Pascal)
dynamische Viskosität	η	–	$\frac{Ns}{m^2} = \frac{kgms}{m^2 s^2}$	$\frac{Ns}{m^2} = Pa \cdot s$ $1\ P = 0{,}1\ Pa \cdot s$; P Poise
kinematische Viskosität	ν	$\nu = \frac{\eta}{\rho}$	$\frac{m^2}{s} = \frac{Ns/m^2}{kg/m^3}$	$1\ St = 10^{-4}\ \frac{m^2}{s}$; St Stokes
Arbeit	W	$W = F s$	$J = \frac{kgm^2}{s^2}$	$1\ J \equiv 1\ Nm \equiv 1\ Ws$ J Joule Nm Newtonmeter Ws Wattsekunde kWh Kilowattstunde $1\ kWh = 3{,}6 \cdot 10^6\ J = 3{,}6\ MJ$
Energie	W, E	$W = \frac{m}{2} v^2$ $W = m g h$	$J = \frac{kgm^2}{s^2}$	
Leistung	P	$P = \frac{W}{t}$	$W = \frac{Nm}{s}$	$1\ \frac{Nm}{s} \equiv 1\ \frac{J}{s} \equiv 1\ W$

Größe	Formelzeichen	Definitionsgleichung	SI-Einheit	Bemerkung, Beispiel, andere zulässige Einheiten
Drehmoment	M	$M = Fl$	$\mathrm{Nm} = \frac{\mathrm{kgm^2}}{\mathrm{s^2}}$	Nmm
Trägheitsmoment	J	$J = \int \mathrm{d}m\, \rho^2$	$\mathrm{kgm^2}$	Massenmoment 2. Grades (früher: Massenträgheitsmoment)
Elastizitätsmodul	E	$E = \sigma \frac{l_0}{\Delta l}$	$\frac{\mathrm{N}}{\mathrm{m^2}} = \frac{\mathrm{kg}}{\mathrm{s^2 m}}$	$\frac{\mathrm{N}}{\mathrm{mm^2}}$
Schubmodul	G	$G = \frac{E}{2(1+\mu)}$	$\frac{\mathrm{N}}{\mathrm{m^2}} = \frac{\mathrm{kg}}{\mathrm{s^2 m}}$	$\frac{\mathrm{N}}{\mathrm{mm^2}}$; μ Poisson-Zahl
Flächenmoment 2. Grades	I_x I_y I_p	$I = \int \mathrm{d}A\, x^2$ $I_y = \int \mathrm{d}A\, y^2$ $I_p = \int \mathrm{d}A\, \rho^2$	$\mathrm{m^4}$	$\mathrm{mm^4}$ I_x, I_y axiales Flächenmoment 2. Grades I_p polares Flächenmoment 2. Grades (früher: Flächenträgheitsmoment)

Wärmelehre

Temperatur	T, Θ	Basisgröße	K (Kelvin)	1 K = 1 °C (Grad Celsius) t, ϑ Celsius-Temperatur
spezifische innere Energie	u	$\Delta u = \Delta q + \Delta W$	$\frac{\mathrm{J}}{\mathrm{kg}} = \frac{\mathrm{kgm^2}}{\mathrm{s^2 kg}}$	$1 \frac{\mathrm{kg\,m^2}}{\mathrm{s^2}} = 1\,\mathrm{Nm} = 1\,\mathrm{J}$
Wärme (Wärmemenge)	Q	$\Delta Q = m c \Delta\vartheta$ $\Delta Q = \Delta u - \Delta W$	$\mathrm{J} = \frac{\mathrm{kgm^2}}{\mathrm{s^2}}$	$1 \frac{\mathrm{kg\,m^2}}{\mathrm{s^2}} = 1\,\mathrm{Nm} = 1\,\mathrm{J}$
spezifische Wärmekapazität	c	$c = \frac{\Delta Q}{m \Delta\vartheta} = \frac{\Delta q}{\Delta T}$	$\frac{\mathrm{J}}{\mathrm{kg\,K}} = \frac{\mathrm{kgm^2}}{\mathrm{s^2 kg\,K}}$	c_p spezifische Wärmekapazität bei konstantem Druck c_v spezifische Wärmekapazität bei konstantem Volumen
Enthalpie	H	$H = U + pV$ $h = u + pv$	$\mathrm{J} = \frac{\mathrm{kgm^2}}{\mathrm{s^2}}$	$h = \frac{H}{m}$ spezifische Enthalpie
Wärmeleitfähigkeit	λ		$\frac{\mathrm{W}}{\mathrm{m\,K}} = \frac{\mathrm{kgm}}{\mathrm{s^3 K}}$	$\frac{\mathrm{J}}{\mathrm{m\,h\,K}}$
Wärmeübergangskoeffizient	α		$\frac{\mathrm{W}}{\mathrm{m^2 K}} = \frac{\mathrm{kg}}{\mathrm{s^3 K}}$	$\frac{\mathrm{J}}{\mathrm{m^2 h\,K}}$
Wärmedurchgangskoeffizient	k		$\frac{\mathrm{W}}{\mathrm{m^2 K}} = \frac{\mathrm{kg}}{\mathrm{s^3 K}}$	$\frac{\mathrm{J}}{\mathrm{m^2 h\,K}}$

Größe	Formelzeichen	Definitionsgleichung	SI-Einheit	Bemerkung
spezifische Gaskonstante	$R_i = \frac{R}{M}$	$R_i = \frac{p}{T\rho}$	$\frac{J}{kg\,K} = \frac{m^2}{s^2\,K}$	M Molare Masse in $\frac{kg}{kmol}$
universelle Gaskonstante	R	$R = 8315\ \frac{J}{kmol\,K}$	$\frac{J}{kmol\,K}$	1 kmol = 1 Kilomol 1 kmol = M kg
Strahlungsaustauschkonstante	C		$\frac{W}{m^2\,K^4} = \frac{kg}{s^3\,K^4}$	$C_s = 5{,}67\ \frac{W}{m^2\,K^4}$

Elektrotechnik

elektrische Stromstärke	I	Basisgröße	A (Ampere)	
elektrische Spannung	U	$U = \Sigma E\,\Delta s$	V (Volt)	$1\ V = 1\ \frac{W}{A} = 1\ \frac{kgm^2}{s^3\,A}$ W (Watt)
elektrischer Widerstand	R		Ω	$1\ \frac{V}{A} = 1\ \Omega = 1\ \frac{kgm^2}{s^3\,A^2}$
elektrischer Leitwert	G		$\frac{1}{\Omega}$	$1\ \frac{A}{V} = 1\ S = 1\ \frac{A^2\,s^3}{kgm^2}$ S (Siemens)
elektrische Ladung, Elektrizitätsmenge	Q		C = As (Coulomb)	1 As = 1 C 1 Ah = 3600 As
elektrische Kapazität	C	$C = \frac{Q}{U}$	$F = \frac{As}{V}$ (Farad)	$1\ F = 1\ \frac{C}{V} = 1\ \frac{As}{V} = 1\ \frac{A^2\,s^4}{kgm^2}$
elektrische Flußdichte	D	$D = \epsilon_0\,\epsilon_r\,E$	$\frac{C}{m^2}$	$1\ \frac{C}{m^2} = 1\ \frac{As}{m^2}$

Größe	Formelzeichen	Definitionsgleichung	SI-Einheit	Bemerkung
elektrische Feldstärke	E	$E = \frac{F}{Q}$	$\frac{\mathrm{V}}{\mathrm{m}}$	$1\,\frac{\mathrm{V}}{\mathrm{m}} = 1\,\frac{\mathrm{kgm}}{\mathrm{s^3 A}}$
Permittivität, Dielektrizitätskonstante	ϵ	$\epsilon = \epsilon_0\,\epsilon_r$ ϵ_0 elektrische Feldkonstante ϵ_r Dielektrizitätszahl	$\frac{\mathrm{F}}{\mathrm{m}} = \frac{\mathrm{A^2 s^4}}{\mathrm{kgm^3}}$	$1\,\frac{\mathrm{s}}{\mathrm{V}} = 1\,\frac{\mathrm{s^2 C^2}}{\mathrm{kgm^3}}$
elektrische Energie	W_e	$W_e = \frac{QU}{2}$	Ws	$1\,\mathrm{Nm} \equiv 1\,\mathrm{J} \equiv 1\,\mathrm{Ws} \equiv 1\,\frac{\mathrm{kgm^2}}{\mathrm{s^2}}$
magnetische Feldstärke	H	$H = \frac{I}{2\pi r}$	$\frac{\mathrm{A}}{\mathrm{m}}$	
magnetische Flußdichte, Induktion	B	$B = \mu H$	$\mathrm{T} = \frac{\mathrm{kg}}{\mathrm{s^2 A}}$ T (Tesla)	$1\,\frac{\mathrm{Wb}}{\mathrm{m^2}} = 1\,\frac{\mathrm{Vs}}{\mathrm{m^2}} = 1\,\frac{\mathrm{kg}}{\mathrm{s^2 A}}$ $1\,\mathrm{T} = 1\,\frac{\mathrm{Vs}}{\mathrm{m^2}}$ Wb (Weber)
magnetischer Fluß	Φ	$\Phi = \Sigma B\,\Delta A$	$\mathrm{Wb} = \frac{\mathrm{kgm^2}}{\mathrm{s^2 A}}$	$1\,\mathrm{Wb} = 1\,\mathrm{Vs} = 1\,\frac{\mathrm{kgm^2}}{\mathrm{s^2 A}}$
Induktivität	L	$L = -\frac{N\Phi}{I}$	$\mathrm{H} = \frac{\mathrm{kgm^2}}{\mathrm{s^2 A^2}}$ H (Henry)	$1\,\mathrm{H} = 1\,\frac{\mathrm{Vs}}{\mathrm{A}} = 1\,\frac{\mathrm{Wb}}{\mathrm{A}} = 1\,\frac{\mathrm{kgm^2}}{\mathrm{s^2 A^2}}$
Permeabilität	μ	$\mu = \mu_0\,\mu_r$ μ_0 magnetische Feldkonstante μ_r Permeabilitätszahl	$\frac{\mathrm{H}}{\mathrm{m}} = \frac{\mathrm{kgm}}{\mathrm{s^2 A^2}}$	$1\,\frac{\mathrm{Vs}}{\mathrm{Am}} = 1\,\frac{\mathrm{kgm}}{\mathrm{s^2 A^2}}$

2. Physik

Optik

Größe	Formelzeichen	Name der Einheit	Zeichen der Einheit	Bemerkung
Lichtstärke	I	Candela	cd	Basisgröße
Beleuchtungsstärke	E	Lux	lx	
Lichtstrom	Φ	Lumen	lm	1 lm = 1 cd sr
Lichtmenge	Q	Candelastunde	cdh	
Lichtausbeute	η	$\frac{\text{Lumen}}{\text{Watt}}$	$\frac{\text{lm}}{\text{W}}$	
Leuchtdichte	L	Candela durch Quadratmeter	$\frac{\text{cd}}{\text{m}^2}$	

Umrechnungsfaktoren von Candela in Hefnerkerzen (HK) und umgekehrt

Farbtemperatur	HK/cd	cd/HK
2043 K (Platinpunkt)	0,903	1,107
2360 K (Wolfram-Vakuum-Lampe)	0,877	1,140
2750 K (gasgefüllte Wolframlampe)	0,861	1,162

2.2. Allgemeine und atomare Konstanten

Bezeichnung	Beziehung
Avogadro-Konstante	$N_A = 6{,}022 \cdot 10^{23}\ \text{mol}^{-1}$
Boltzmannsche Entropiekonstante	$k = 1{,}38041 \cdot 10^{-23}\ \text{J/K}$
Elementarladung	$e = 1{,}602189 \cdot 10^{-19}\ \text{C}$
elektrische Feldkonstante	$\epsilon_0 = 8{,}85416 \cdot 10^{-12}\ \text{F/m}$
Faraday-Konstante	$F = 9{,}648 \cdot 10^{4}\ \text{C/mol}$
Lichtgeschwindigkeit im Vakuum	$c_0 = 2{,}99793 \cdot 10^{8}\ \text{m/s}$
magnetische Feldkonstante	$\mu_0 = 1{,}256637 \cdot 10^{-6}\ \text{H/m}$
molares Normvolumen idealer Gase	$V_0 = 2{,}24208 \cdot 10^{4}\ \text{cm}^3/\text{mol}$
Plancksches Wirkungsquantum	$h = 6{,}6252 \cdot 10^{-34}\ \text{Js}$
Protonenmasse/Elektronenmasse	$m_p/m_e = 1836{,}12$
Stefan-Boltzmannsche Strahlungskonstante	$\sigma = 5{,}668 \cdot 10^{-8}\ \text{Wm}^{-2}\ (\text{K})^{-4}$
universelle Gaskonstante	$R_0 = 8{,}315\ \text{J}\ (\text{K})^{-1}\ \text{mol}^{-1}$
Gravitationskonstante	$G = 6{,}67 \cdot 10^{-11}\ \text{m}^3\ \text{kg}^{-1}\ \text{s}^{-2}$

2.3. Umrechnungstafel für metrische Längeneinheiten

Einheit	Picometer pm	Ångström Å	Nanometer nm	Mikrometer µm	Millimeter mm	Zentimeter cm	Dezimeter dm	Meter m	Kilometer km
1 pm =	1	10^{-2}	10^{-3}	10^{-6}	10^{-9}	10^{-10}	10^{-11}	10^{-12}	10^{-15}
1 Å =	10^{2}	1	10^{-1}	10^{-4}	10^{-7}	10^{-8}	10^{-9}	10^{-10}	10^{-13}
1 nm =	10^{3}	10	1	10^{-3}	10^{-6}	10^{-7}	10^{-8}	10^{-9}	10^{-12}
1 µm =	10^{6}	10^{4}	10^{3}	1	10^{-3}	10^{-4}	10^{-5}	10^{-6}	10^{-9}
1 mm =	10^{9}	10^{7}	10^{6}	10^{3}	1	10^{-1}	10^{-2}	10^{-3}	10^{-6}
1 cm =	10^{10}	10^{8}	10^{7}	10^{4}	10	1	10^{-1}	10^{-2}	10^{-5}
1 dm =	10^{11}	10^{9}	10^{8}	10^{5}	10^{2}	10	1	10^{-1}	10^{-4}
1 m =	10^{12}	10^{10}	10^{9}	10^{6}	10^{3}	10^{2}	10	1	10^{-3}
1 km =	10^{15}	10^{13}	10^{12}	10^{9}	10^{3}	10^{5}	10^{4}	10^{3}	1

2.4. Umrechnung von Flächeneinheiten

	km^2	ha	a	m^2	dm^2	cm^2	mm^2
1 km^2	1	10^{2}	10^{4}	10^{6}	10^{8}	10^{10}	10^{12}
1 ha	10^{-2}	1	10^{2}	10^{4}	10^{6}	10^{8}	10^{10}
1 a	10^{-4}	10^{-2}	1	10^{2}	10^{4}	10^{6}	10^{8}
1 m^2	10^{-6}	10^{-4}	10^{-2}	1	10^{2}	10^{4}	10^{6}
1 dm^2	10^{-8}	10^{-6}	10^{-4}	10^{-2}	1	10^{2}	10^{4}
1 cm^2	10^{-10}	10^{-8}	10^{-6}	10^{-4}	10^{-2}	1	10^{2}
1 mm^2	10^{-12}	10^{-10}	10^{-8}	10^{-6}	10^{-4}	10^{-2}	1

2.5. Umrechnung von Volumeneinheiten

	m^3	hl	dm^3 l	dl	cl	cm^3 ml	mm^3 µl	$µm^3$
1 m^3	1	10	10^{3}	10^{4}	10^{5}	10^{6}	10^{9}	10^{18}
1 hl	10^{-1}	1	10^{2}	10^{3}	10^{4}	10^{5}	10^{8}	10^{17}
1 dm^3 = 1 l	10^{-3}	10^{-2}	1	10	10^{2}	10^{3}	10^{6}	10^{15}
1 dl	10^{-4}	10^{-3}	10^{-1}	1	10	10^{2}	10^{5}	10^{14}
1 cl	10^{-5}	10^{-4}	10^{-2}	10^{-1}	1	10	10^{4}	10^{13}
1 cm^3 = 1 ml	10^{-6}	10^{-5}	10^{-3}	10^{-2}	10^{-1}	1	10^{3}	10^{12}
1 mm^3 = 1 µl	10^{-9}	10^{-8}	10^{-6}	10^{-5}	10^{-4}	10^{-3}	1	10^{9}
1 $µm^3$	10^{-18}	10^{-17}	10^{-15}	10^{-14}	10^{-13}	10^{-12}	10^{-9}	1

2.6. Umrechnung von Krafteinheiten

	N	dyn	kp	p	Mp
1 N	1	10^{5}	0,1019716	$0{,}1019716 \cdot 10^{3}$	$0{,}1019716 \cdot 10^{-3}$
1 dyn	10^{-5}	1	$0{,}1019716 \cdot 10^{-5}$	$0{,}1019716 \cdot 10^{-2}$	$0{,}1019716 \cdot 10^{-8}$
1 kp	9,80665	$9{,}80665 \cdot 10^{5}$	1	10^{3}	10^{-3}
1 p	$9{,}80665 \cdot 10^{-3}$	$9{,}80665 \cdot 10^{2}$	10^{-3}	1	10^{-6}
1 Mp	$9{,}80665 \cdot 10^{3}$	$9{,}80665 \cdot 10^{8}$	10^{3}	10^{6}	1

2.7. Umrechnung von Druck- und Spannungseinheiten

	atm	at kp/cm²	N/m²	kp/m² mm WS	bar	Torr mm QS
1 atm =	1	1,033	$1{,}013 \cdot 10^5$	$1{,}033 \cdot 10^4$	1,013	760
1 at = 1 kp/cm² =	0,968	1	$9{,}81 \cdot 10^4$	10^4	0,981	735,6
1 N/m² =	$0{,}986 \cdot 10^{-5}$	$1{,}02 \cdot 10^{-5}$	1	0,102	10^{-5}	$0{,}75 \cdot 10^{-2}$
1 kp/m² = 1 mm WS =	$0{,}968 \cdot 10^{-4}$	10^{-4}	9,81	1	$9{,}81 \cdot 10^{-5}$	$0{,}736 \cdot 10^{-1}$
1 bar =	0,987	1,02	10^5	$1{,}02 \cdot 10^4$	1	750,06
1 Torr = 1 mm QS =	$1{,}316 \cdot 10^{-3}$	$1{,}36 \cdot 10^{-3}$	$1{,}33 \cdot 10^2$	13,595	$1{,}33 \cdot 10^{-3}$	1

2.8. Vorsatzzeichen zur Bildung von dezimalen Vielfachen und Teilen von Basiseinheiten oder abgeleiteten Einheiten mit selbständigem Namen

Vorsatz	Kurzzeichen	Bedeutung	Beispiel
Tera	T	10^{12} Einheiten	1 Terameter (Tm) $= 10^{12}$ m
Giga	G	10^9 Einheiten	1 Gigagramm (Gg) $= 10^9$ g $= 10^6$ kg $= 10^3$ t = 1000 t
Mega	M	10^6 Einheiten	1 Megapond (Mp) $= 10^6$ p $= 10^3$ kp = 1000 kp
Kilo	k	10^3 Einheiten	1 Kilogramm (kg) $= 10^3$ g = 1000 g
Hekto	h	10^2 Einheiten	1 Hektoliter (hl) $= 10^2$ l = 100 l
Deka	da	10^1 Einheiten	1 Dekameter (dam) = 10 m
Dezi	d	10^{-1} Einheiten	1 Deziliter (dl) = 0,1 l
Zenti	c	10^{-2} Einheiten	1 Zentimeter (cm) = 0,01 m
Milli	m	10^{-3} Einheiten	1 Millisekunde (ms) = 0,001 s
Mikro	µ	10^{-6} Einheiten	1 Mikrometer (µm) = 0,000001 m
Nano	n	10^{-9} Einheiten	1 Nanosekunde (ns) $= 10^{-9}$ s
Pico	p	10^{-12} Einheiten	1 Picofarad (pF) $= 10^{-12}$ F

2.9. Umrechnungstafel für Arbeits-(Energie-)Einheiten

Einheit	Nm = Ws = J	kpm	PSh	kWh	kcal
1 Nm = 1 Ws = 1 J =	1	0,101972	$0{,}377673 \cdot 10^{-6}$	$0{,}277778 \cdot 10^{-6}$	$2{,}38846 \cdot 10^{-4}$
1 kpm =	9,80665	1	$3{,}70370 \cdot 10^{-6}$	$2{,}72407 \cdot 10^{-6}$	$2{,}34228 \cdot 10^{-3}$
1 PSh =	$2{,}64780 \cdot 10^6$	$2{,}70000 \cdot 10^5$	1	0,735499	632,415
1 kWh =	$3{,}60000 \cdot 10^6$	$3{,}67098 \cdot 10^5$	1,35962	1	859,845
1 kcal =	4186,80	426,935	$1{,}58124 \cdot 10^{-3}$	$1{,}16300 \cdot 10^{-3}$	1

Beachte: 1 J (Joule) = 1 Nm (Newtonmeter) = 1 Ws (Wattsekunde) $= 1 \frac{\text{kg m}^2}{\text{s}^2}$

2.10. Umrechnungstafel für Leistungseinheiten

Einheit	Nm/s = W	kpm/s	PS	kW	kcal/s
1 Nm/s = 1 W =	1	0,101972	$1{,}35962 \cdot 10^{-3}$	0,001	$2{,}38846 \cdot 10^{-4}$
1 kpm/s =	9,80665	1	0,0133333	$9{,}80665 \cdot 10^{-3}$	$2{,}34228 \cdot 10^{-3}$
1 PS =	735,499	75	1	0,735499	0,175671
1 kW =	1000	101,972	1,35962	1	0,238846
1 kcal/s =	4186,80	426,935	5,69246	4,18680	1

2.11. Schallgeschwindigkeit c, Dichte ρ und Elastizitätsmodul E einiger fester Stoffe

Stoff	c in $\frac{m}{s}$	ρ in $\frac{kg}{m^3}$	E in $\frac{N}{m^2}$
Aluminium in Stabform	5 080	2 700	$7{,}1 \cdot 10^{10}$
Blei	1 170	11 400	$1{,}6 \cdot 10^{10}$
Stahl in Stabform	5 120	7 850	$21 \cdot 10^{10}$
Kupfer	3 700	8 900	$12{,}5 \cdot 10^{10}$
Messing	3 500	8 100	$10 \cdot 10^{10}$
Nickel	4 780	8 800	$20 \cdot 10^{10}$
Zink	3 800	7 100	$10{,}5 \cdot 10^{10}$
Zinn	2 720	7 300	$5{,}5 \cdot 10^{10}$
Quarzglas	5 360	2 600	$7{,}6 \cdot 10^{10}$
Plexiglas	2 090	1 200	$0{,}5 \cdot 10^{10}$

2.12. Schallgeschwindigkeit c und Dichte ρ einiger Flüssigkeiten

Flüssigkeit	t in °C	c in $\frac{m}{s}$	ρ in $\frac{kg}{m^3}$
Benzol	20	1 330	878
Petroleum	34	1 300	825
Quecksilber	20	1 450	13 595
Transformatorenöl	32,5	1 425	895
Wasser	20	1 485	997

2.13. Schallgeschwindigkeit c, Verhältnis $\kappa = \frac{c_p}{c_v}$ einiger Gase bei $t = 0$ °C

Gas	c in $\frac{m}{s}$	κ
Helium	965	1,66
Kohlenoxid	338	1,4
Leuchtgas	453	–
Luft	331 (344 bei 20 °C)	1,402
Sauerstoff	316	1,396
Wasserstoff	1 284 (1 306 bei 20 °C)	1,408

2.14. Schalldämmung von Trennwänden

Baustoff	Dicke s in cm	Masse m' in kg/m²	mittlere Dämmzahl D in db
Dachpappe	—	1	13
Sperrholz, lackiert	0,5	2	19
Dickglas	0,6 . . . 0,7	16	29
Heraklithwand, verputzt	—	50	38,5
Vollziegelwand, 1/4 Stein verputzt	9	153	41,5
bei 1/2 Stein	15	228	44
bei 1/1 Stein	27	457	49,5

2.15. Elektromagnetisches Spektrum

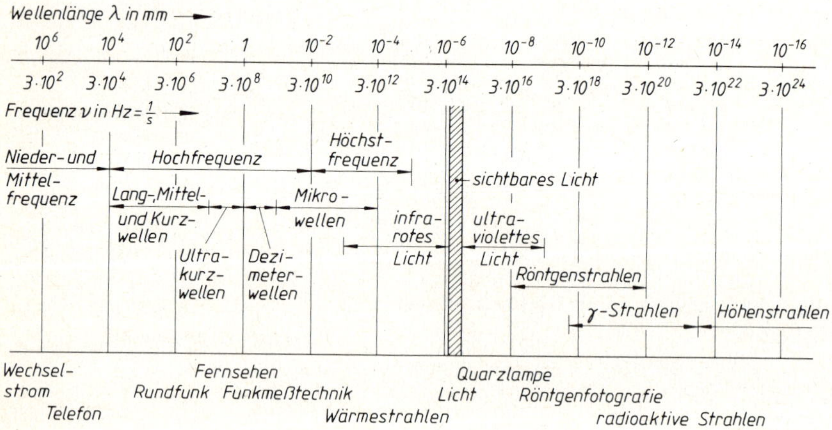

2.16. Brechzahlen n für Übergang des Lichtes aus dem Vakuum in optische Mittel[1]) (durchsichtige Stoffe)

Luft	1,000 293 ≈ 1	Kalkspat (ao Strahl)	1,49
Wasser	1,33	Kalkspat (o Strahl)	1,66
Acrylglas (Plexiglas)	1,49	Steinsalz	1,54
Kronglas[2])	1,48...1,57	Saphir	1,76
Flintglas[2])	1,56...1,9	Diamant	2,4
Kanadabalsam	1,54	Schwefelkohlenstoff	1,63

[1]) Das optisch dichtere (dünnere) Mittel ist das mit der größeren (kleineren) Brechzahl.

[2]) Kronglas ist Glas mit geringer, Flintglas mit hoher Farbzerstreuung (Dispersion).

3. Chemie

3.1. Atombau und Periodensystem

Elementarteilchen	(see table below)

Name	Symbol	Masse g	Ladung As
Proton	p	$1{,}6723 \cdot 10^{-24}$	$+ 1{,}6 \cdot 10^{-19}$
Neutron	n	$1{,}6745 \cdot 10^{-24}$	0
Elektron	e^-	$9{,}106 \cdot 10^{-28}$	$- 1{,}6 \cdot 10^{-19}$

Atomkern	Kugelähnliches Gebilde aus Nukleonen, das sind schwere Elementarteilchen (Protonen und Neutronen). Das Verhältnis von Protonen und Neutronen in einem Kern ist nicht konstant. Kerndurchmesser etwa 10^{-14} m.
Ordnungszahl	gibt die Stellung des Elementes im Periodischen System an: Ordnungszahl = Protonenzahl = Elektronenzahl.
Massenzahl	gibt die Anzahl der schweren Kernteilchen, d.h. der Protonen und Neutronen an.
relative Atommasse A_r (Atomgewicht)	Verhältniszahl, Vielfaches der atomaren Masseneinheit u.
atomare Masseneinheit u	ist der 12te Teil der Masse eines Atoms des Nuklids ^{12}C (Kohlenstoffisotop mit der Massenzahl 12). $u = 1{,}66 \cdot 10^{-24}$ g.
Isotope	Atomarten (Nuklide) gleicher Protonenzahl = Kernladungszahl, aber unterschiedlicher Neutronenzahl, damit auch verschiedener Massenzahl.
Reinelemente	Chemische Elemente, die nur aus einem Nuklid bestehen, es sind etwa 22.
Mischelemente	Chemische Elemente, die aus verschiedenen Nukliden bestehen (Mischungen aus zwei oder mehr Nukliden). Chlor besteht zu 75,53 % aus $^{35}_{17}Cl$ und 24,47 % aus $^{37}_{17}Cl$. Daraus errechnet sich die relative Atommasse zu 35,45.

Periodensystem

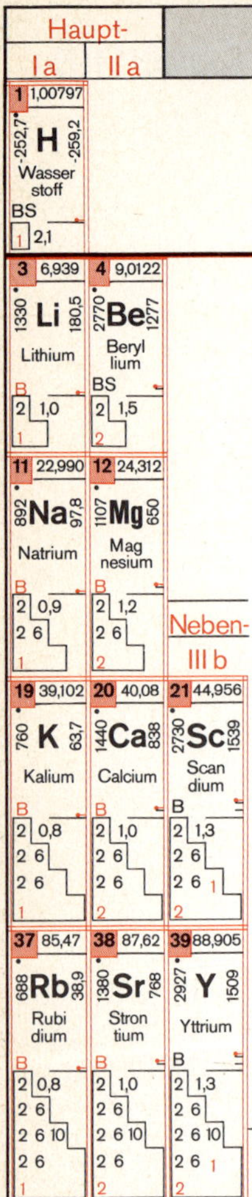

Erläuterungen:

1. Ordnungszahl
2. Atomgewicht, bezogen auf 1/12 der Masse des Kohlenstoffisotops $^{12}_{6}C$ der auf der Erde vorkommenden Isotopenmischung.
3. Die Punkte machen Angaben über die Dichte der Elemente: $\cdot$: $\varrho<5$; $\cdot\cdot$: $5<\varrho<10$; $\cdot\cdot\cdot$: $10<\varrho<15$; $\cdot\cdot\cdot\cdot$: $15<\varrho<20$; $\cdot\cdot\cdot\cdot\cdot$: $20<\varrho$ (jeweils in kg/dm^3).
4. Ein* bedeutet, daß das Element nur künstlich erzeugt werden kann.
5. Siedepunkt in °C
6. Schmelzpunkt in °C (**As** sublimiert bei 613 °C und 760 Torr)
7. Ist das Elementsymbol farbig eingetragen, so sind alle Isotope radioaktiv.
8. Ist der Name des Elementes farbig gedruckt, so handelt es sich um ein Edelmetall: (**Cu, Hg**: Halbedelmetalle).
9. Es bedeutet:
   B (B): Elemente mit (stark) basischen Oxiden
   S (S): Elemente mit (stark) sauren Oxiden
   BS : Elemente mit basischen und sauren bzw. amphoteren Oxiden
10. Die Punkte bedeuten Wertigkeiten, und zwar ein schwarzer Punkt eine Hauptwertigkeit, ein farbiger die wichtigste Wertigkeit. Die Striche dienen nur dem Abzählen: Vom größeren mittleren Strich aus ist nach oben positiv, nach unten negativ zu zählen.
11. Elektronegativität (nach L. Pauling)
12. Elektronenverteilung. Sie entspricht dem Grundzustand. Farbig angegebene Elektronen sind für das chemische Verhalten maßgeblich.
13. Die schwarze Linie bedeutet die Grenze zwischen Metallen und Nichtmetallen. Sie spaltet sich bei den Halbmetallen auf. Angegeben sind jeweils die wichtigsten Modifikationen (z.B. gilt für **C**: Graphit: Halbmetall, Diamant: Nichtmetall).
14. Die farbige Linie bedeutet die Grenze zwischen (bei 20 °C) gasförmigen und festen Elementen (mit zwei Ausnahmen: **Br, Hg** sind flüssig).

Lanthanide und Actinide

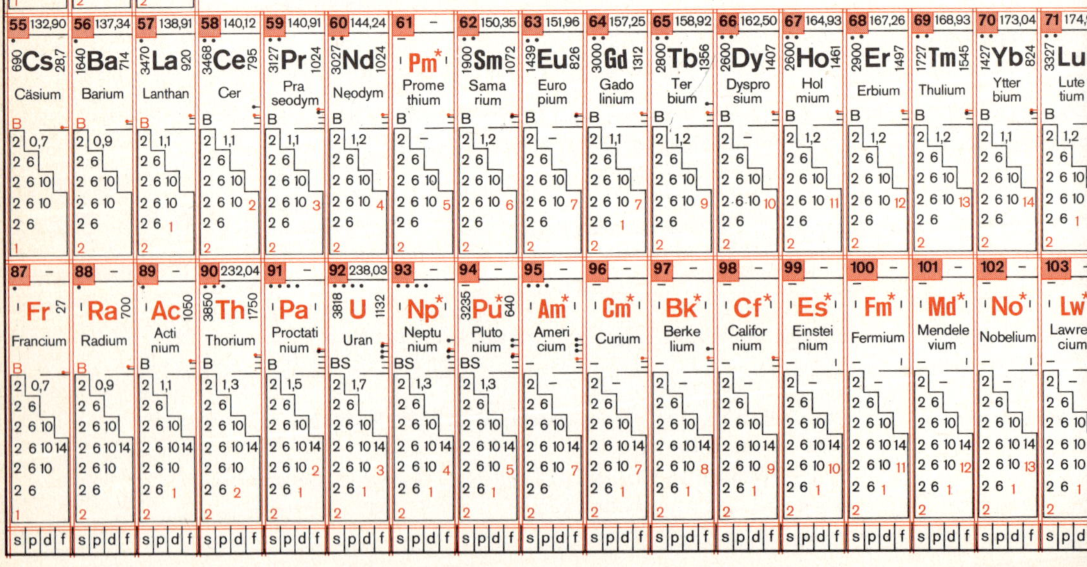

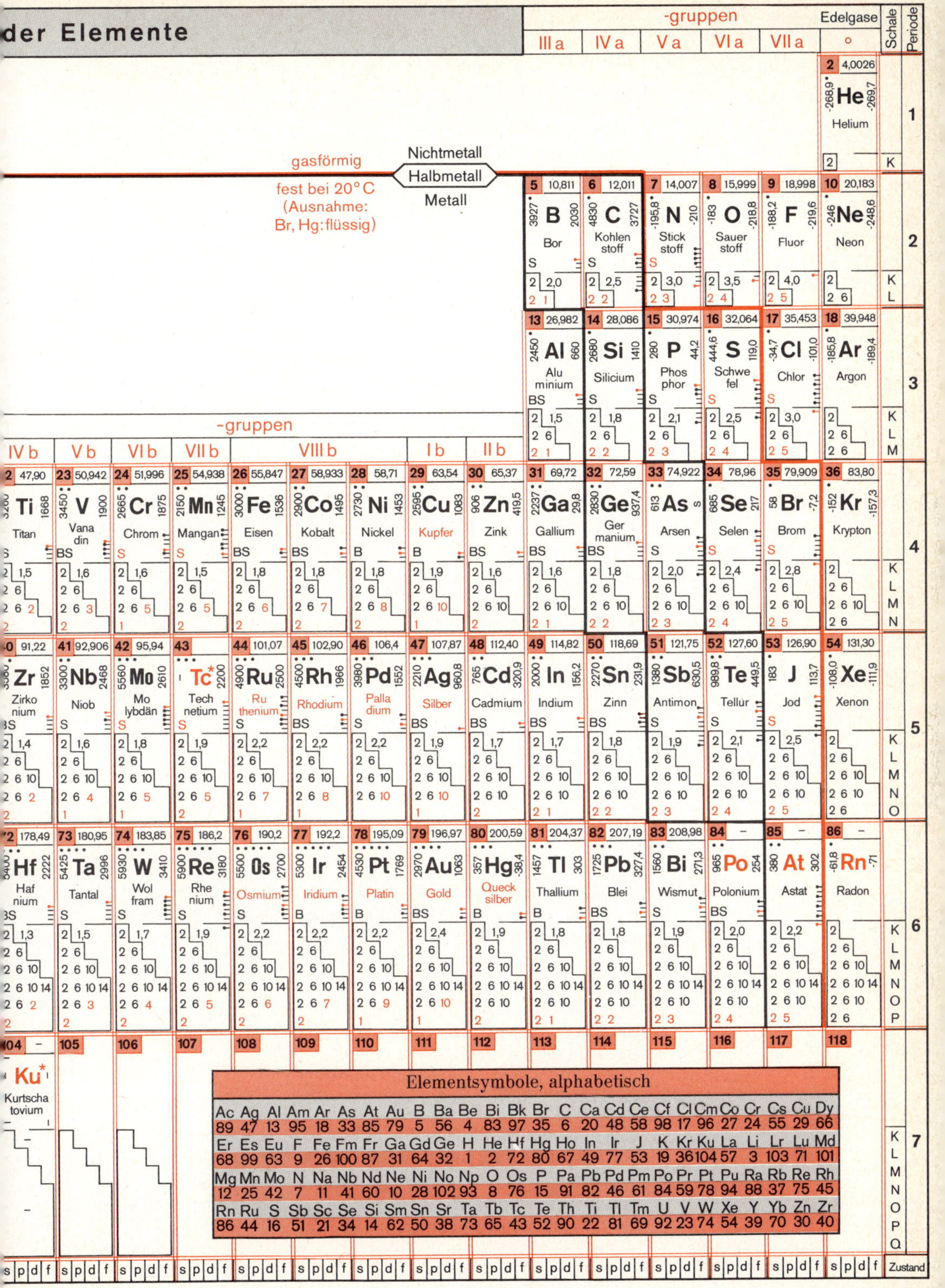

Elementsymbole, alphabetisch

Ac	Ag	Al	Am	Ar	As	At	Au	B	Ba	Be	Bi	Bk	Br	C	Ca	Cd	Ce	Cf	Cl	Cm	Co	Cr	Cs	Cu	Dy
89	47	13	95	18	33	85	79	5	56	4	83	97	35	6	20	48	58	98	17	96	27	24	55	29	66
Er	Es	Eu	F	Fe	Fm	Fr	Ga	Gd	Ge	H	He	Hf	Hg	Ho	In	Ir	J	K	Kr	Ku	La	Li	Lr	Lu	Md
68	99	63	9	26	100	87	31	64	32	1	2	72	80	67	49	77	53	19	36	104	57	3	103	71	101
Mg	Mn	Mo	N	Na	Nb	Nd	Ne	Ni	No	Np	O	Os	P	Pa	Pb	Pd	Pm	Po	Pr	Pt	Pu	Ra	Rb	Re	Rh
12	25	42	7	11	41	60	10	28	102	93	8	76	15	91	82	46	61	84	59	78	94	88	37	75	45
Rn	Ru	S	Sb	Sc	Se	Si	Sm	Sn	Sr	Ta	Tb	Tc	Te	Th	Ti	Tl	Tm	U	V	W	Xe	Y	Yb	Zn	Zr
86	44	16	51	21	34	14	62	50	38	73	65	43	52	90	22	81	69	92	23	74	54	39	70	30	40

nach Rainer Engelhard

3. Chemie

Periode	Waagerechte Zeile im Periodischen System der Elemente. Die Periodennummer entspricht der Anzahl der besetzten Elektronenschalen. *Beispiel:* Die 18 Elemente der Periode 4 haben eine angefangene Außenschale 4, die beim letzten Element dieser Periode, dem Krypton $_{36}Kr$ mit 8 Elektronen besetzt ist.
Gruppe	Senkrechte Spalte im Periodensystem. Die Gruppennummer entspricht der Anzahl der energiereichsten Elektronen (Valenzelektronen).
Elektronenhülle	Aufenthaltsbereich der Elektronen. Sie geben im Grundzustand des Atoms keine Energie ab. Beschreibung des Energiezustandes eines Elektrons durch die Quantenzahlen.
Orbital	Unterteilung der Elektronenhülle in Ladungswolken. Jeder Orbital kann höchstens 2 Elektronen aufnehmen, die sich durch einen antiparallelen Spin unterscheiden.
Hauptquantenzahl n	kennzeichnet den *Abstand des Orbitals* vom Kern. Sie hat die Beträge 1...7 vom Kern nach außen gezählt.
Nebenquantenzahl l	kennzeichnet die *Form des Orbitals* mit den Buchstaben s, p, d und f. l liegt zwischen 0 und $(n-1)$.
Magnetquantenzahl m	kennzeichnet die *Lage des Orbitals* im Raum. m ist ganzzahlig und liegt zwischen $-l$ und $+l$ einschließlich der Null.
Spinquantenzahl s	kennzeichnet die *Richtung des Spins*, vorstellbar als Eigendrehung des Elektrons. Dabei gibt es zwei Möglichkeiten: Parallel und antiparallel. s hat die Beträge $+1/2$ oder $-1/2$.
Pauli-Prinzip	In der Elektronenhülle eines Atoms treten niemals zwei Elektronen des gleichen Energiezustandes auf, d.h. sie stimmen niemals in allen vier Quantenzahlen überein.
Hundsche Regel	In der Elektronenhülle eines Atoms besitzen die Elektronen von den möglichen Zuständen die jeweils energieärmsten. Orbitale mit gleicher Haupt- und Nebenquantenzahl werden deshalb zunächst einfach besetzt. Erst nach der Einfachbesetzung aller dieser Orbitale werden sie durch ein zweites Elektron mit antiparallelem Spin aufgefüllt.

3.1.2. Besetzung der Hauptniveaus mit Elektronen

Hauptquantenzahl	1	2	3	4	5	6	7
Hauptniveau	K	L	M	N	O	P	Q
Anzahl der möglichen Nebenniveaus	1	2	3	4	5	6	7
Bezeichnung der möglichen Nebenniveaus	1s	2s 2p	3s 3p 3d	4s 4p 4d 4f	5s 5p 5d 5f	6s 6p 6d –	7s – – –
maximale Elektronenbesetzung des Hauptniveaus, $z_{max} = 2n^2$	2	8	18	32	(50)	–	–

Striche in der Tafel geben an, daß bei den natürlichen und künstlichen Atomen im Grundzustand diese Energieniveaus noch nicht beobachtet worden sind.

3.1.3. Maximale Elektronenbesetzung der Nebenniveaus

Nebenquantenzahl	0	1	2	3
Nebenniveau	s	p	d	f
maximale Anzahl der Orbitale	1	3	5	7
maximale Anzahl der Elektronen	2	6	10	14

Beispiel für die Beschreibung der Elektronenkonfiguration Element Nr. 15 Phosphor:

Elektronenbesetzung: $1s^2$; $2s^2$; $2p^6$; $3s^2$; $3p^3$ mit insgesamt 15 Elektronen

Symbolische Darstellung:

15^+	↑↓	↑↓	↑↓	↑↓	↑↓	↑↓	↑	↑	↑
	1s	2s	2p			3s	3p (einfach besetzt!)		

3.2. Metalle

Metalle sind elektropositive Elemente, sie geben Elektronen ab und bilden dann positiv geladene Ionen (Kationen).

Bezeichnung	Name des Elements	Symbol	Ordnungszahl	relative Atommasse	Massenzahl der häufigsten Isotope	Wertigkeiten	Dichte ρ (20 °C) in g/cm³	Schmelzpunkt °C	E-Modul in N/mm² · 10⁵	Wärmeausdehnung α · 10⁻⁶/K
Alkalimetalle	Lithium	Li	3	6,94	7	I	0,534	179		
	Natrium	Na	11	22,99	23	I	0,971	97,7		
	Kalium	K	19	39,1	39	I	0,862	63,6		
	Rubidium	Rb	37	85,48	85	I	1,532	39		
	Cäsium	Cs	55	132,91	133	I	1,90	28,5		
Erdalkalimetalle	Beryllium	Be	4	9,01	9	II	1,85	1280		
	Magnesium	Mg	12	24,32	24	II	1,74	650		
	Calcium	Ca	20	40,08	40	II	1,55	851		
	Strontium	Sr	38	87,63	88	II	2,60	757		
	Barium	Ba	56	137,36	138	II	3,5	710		
Erdmetalle	Aluminium	Al	13	26,98	27	III	2,70	659		
	Scandium	Sc	21	44,96	45	III	2,99	1530		
	Yttrium	Y	39	88,92	89	III	4,48	1510		
	Lanthan	La	57	138,92	139	III	6,17	920		

3. Chemie

Bezeichnung	Name des Elements	Symbol	Ordnungszahl	relative Atommasse	Massenzahl der häufigsten Isotope	Wertigkeiten	Dichte ρ (20 °C) in g/cm³	Schmelzpunkt °C	E-Modul in N/mm² · 10^5	Wärmeausdehnung $\alpha \cdot 10^{-6}$/K
Seltene Erden (hierzu auch Sc, Y, La)	Cer	C	58	140,13	140	III, IV	6,8	795		
	Praseodym	Pr	59	140,92	141	III, IV, V	6,8	935		
	Neodym	Nd	60	144,27	142	III	7,0	1024		
	Promethium[1]	Pm	61	147	145	III	6,9	–		
	Samarium[1]	Sm	62	150,35	152	II, III	6,93	1072		
	Europium	Eu	63	152	153	II, III	5,3	820		
	Gadolinum	Gd	64	157,26	158	III	7,9	1312		
	Terbium	Tb	65	158,93	159	III, IV	8,3	1356		
	Dysprosium	Dy	66	162,51	164	III	8,5	1404		
	Holmium	Ho	67	164,94	165	III	8,8	1461		
	Erbium	Er	68	167,27	166	III	9,1	1497		
	Thulium	Tm	69	168,94	169	III	9,3	1545		
	Ytterbium	Yb	70	173,04	174	II, III	7,0	824		
	Lutetium[1]	Lu	71	174,99	175	III	9,8	1652		
Leichtmetalle	Aluminium[2]	Al	13	26,98	27	III	2,70	659	0,72	23,8
	Beryllium[4]	Be	4	9,01	9	II	1,85	1280	2,92	28
	Magnesium[4]	Mg	12	24,37	24	II	1,74	650	0,4	26
Schwermetalle niedrigschmelzend	Gallium	Ga	31	69,72	69	I, II, III	5,92	30	–	18
	Indium	In	49	114,82	115	I, II, III	7,36	156	0,1	42
	Zinn[5]	Sn	50	118,70	120	II, IV	7,28	232	0,55	20,7
	Wismut	Bi	83	209,00	209	II, III, V	9,78	271	0,34	12,1
	Thallium[3]	Tl	81	204,39	205	I, III	11,85	302	–	–
	Cadmium[4]	Cd	48	112,41	114	II	8,64	321	0,05	29,7
	Blei[2]	Pb	82	207,19	208	II, IV	11,34	327	0,18	29
	Zink[4]	Zn	30	65,38	64	II	7,13	420	0,94	36
	Antimon	Sb	51	121,76	121	III, IV, V	6,62	630	0,8	10,8
Schwermetalle hochschmelzend	Germanium	Ge	32	72,60	74	II, IV	5,35	958		
	Kupfer[2]	Cu	29	63,54	63	I, II, III	8,92	1083	1,25	17
	Mangan	Mn	25	54,94	55	I…V	7,44	1245	2,0	23
	Nickel[2]	Ni	28	58,71	58	I…IV	8,9	1450	2,1	13,3
	Kobalt[2] [4]	Co	27	58,94	59	II, III, IV	8,9	1490	2,13	14
	Eisen[2] [3]	Fe	26	55,85	56	II, III VI	7,86	1535	2,1	12
Schwermetalle höchstschmelzend	Titan[3] [4]	Ti	22	47,90	48	II, III, VI	4,51	1670	1,05	10,8
	Vanadium[3]	V	23	50,94	51	II…V	6,10	1730	1,5	12
	Zirkon	Zr	40	91,22	90	II, III, IV	6,47	1860	0,69	14,3
	Chrom[3]	Cr	24	52,00	52	II…VI	7,2	1890	1,9	8,5
	Niob	Nb	41	92,91	93	II…V	8,55	2500	1,6	7,1
	Molybdän[3]	Mo	42	95,95	98	II…VI	10,2	2600	3,36	5,1
	Tantal[3]	Ta	73	180,95	181	II…V	16,65	3030	1,91	6,6
	Wolfram[3]	W	74	183,86	184	II…VI	19,27	3380	4,15	4,5
Edelmetalle	Quecksilber	Hg	80	200,59	202	I, II	13,54	−38,9	–	
	Silber[2]	Ag	47	107,88	107	I, II	10,49	960,8	0,8	18,7
	Gold[2]	Au	79	197,0	197	I, III	19,29	1063	0,81	14,2
	Palladium	Pd	46	106,4	106	II, III, IV	11,97	1555	1,15	10,6
	Platin[2]	Pt	78	195,09	195	I…IV, VI	21,45	1773	1,7	9
	Rhodium	Rh	45	102,91	103	I…IV, Vi	12,4	1966	2,8	
	Hafnium	Hf	72	178,5	180	IV	13,3	1975	–	
	Ruthenium	Ru	44	101,10	102	II…VII	12,6	2450	–	10
	Iridium	Ir	77	192,2	193	I…IV, VI	22,4	2454	5,3	6,6
	Osmium	Os	76	190,2	192	II…IV, VI	22,48	2700	5,7	7
	Rhenium	Re	75	186,22	187	I…VII	20,53	3170	–	4

1) radioaktiv. 2) Kristallgitter: kubisch flächenzentriert. 3) kubisch raumzentriert. 4) hexagonal. 5) tetragonal.

3.3. Nichtmetalle

Bezeichnung	Name des Elements	Symbol	Ordnungszahl	relative Atomgewicht Atommasse	bekannte Isotope	Massenzahl der häufigsten Isotope	Dichte ρ in g/l bei 20 °C	Wertigkeiten, Bindigkeiten	
Edelgase	Helium	He	2	4,00	2	4	0,178	nullwertig	
	Neon	Ne	10	20,18	3	20	0,900	nullwertig	
	Argon	Ar	18	39,95	3	40	1,78	nullwertig	
	Krypton	Kr	36	83,80	6	84	3,74	nullwertig	
	Xenon	Xe	54	131,30	9	132 129	5,89	nullwertig	
	Radon	Rn	86	222	3	–	9,96	nullwertig; Zerfallsprodukt des Radiums	
Halogene	Fluor	F	9	19,00	1	19	1,69	I	
	Chlor	Cl	17	35,45	2	35	3,21	I, III, V, VII	
	Brom	Br	35	79,91	2	79	3,14	I, III, V	Dichte in g/cm³
	Jod	J	53	126,90	1	127	4,93	I, III, V, VII	Dichte in g/cm³
	Astatin [1]	At	85	211	–	–	–		
Gase	Wasserstoff	H	1	1,008	3	1	0,0898	I	
	Stickstoff	N	7	14,007	2	14	1,250	I…V	
	Sauerstoff	O	8	16,00	1	16	1,429	II	
feste Nichtmetalle							Dichte ρ in g/cm³ bei 20 °C		Schmelzpunkt in °C
	Arsen	As	33	74,92	1	75	5,72	III, V	817 [2]
	Bor	B	5	10,81	2	11	2,3	III, V	2300
	Kohlenstoff	C	6	12,01	2	12	2,25	II, III, IV	3540 [2]
	Phosphor	P	15	30,97	1	31	2,20 1,82	I, III, IV, V	512 rot 44 weiß
	Schwefel	S	16	32,06	4	32	≈ 2	II, IV, VI	120
	Selen	Se	34	78,96	6	80	4,47	II, IV, VI	144
	Silicium	Si	14	28,09	3	28	2,32	II, IV	1414
	Tellur	Te	52	127,60	8	130	6,24	II, IV, VI	452

[1]) radioaktiv, langlebigste Isotope mit Halbwertszeit 8,3 h [2]) verdampft aus dem festen Zustand.

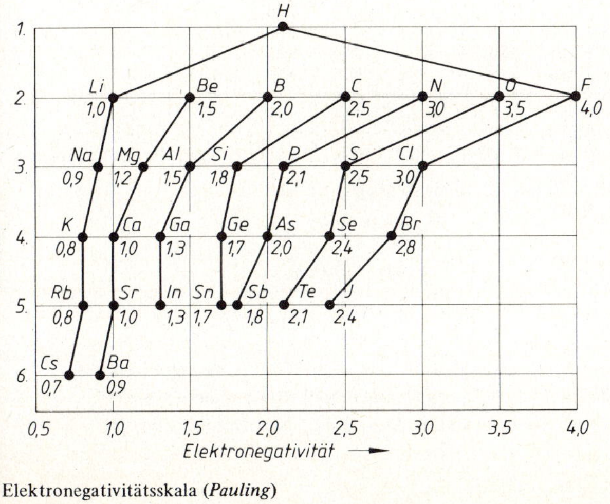

Elektronegativitätsskala (*Pauling*)

Nichtmetalle sind elektronegative Elemente. Sie ziehen Elektronen an und bilden dann negativ geladene Ionen (Anionen).

Der Grad der Anziehung, die sogenannte Elektronegativität, wird nach einer Skala mit empirischen Zahlen bewertet. Danach ist Fluor das Element mit der stärksten Anziehung für Elektronen, während das Cäsium das elektropositivste Metall ist.

3.4. Chemische Bindungen, Wertigkeit

	Metallbindung	Ionenbindung heteropolare, elektrovalente Bindung	Atombindung homöopolare, kovalente Bindung	
Bindungspartner	Metallatome	Metallatome + Nichtmetallatome	Nichtmetallatome	
Elektronegativität der Partner	elektropositive Elemente	Elemente mit unterschiedlicher Elektronegativität	Elemente mit gleicher oder gering unterschiedlicher Elektronegativität	
Änderung in der Elektronenhülle	Abgabe der Valenzelektronen, nicht lokalisierte Elektronen → „Elektronengas“	Übergang der Valenzelektronen zum Anion, lokalisierte Elektronen → Ionenbildung	Elektronenpaarbildung durch Überlappung einfach besetzter Orbitale, lokalisierte Elektronen → Molekülbildung	
Richtung der Bindung	Bindungskräfte allseitig	Bindungskräfte allseitig	Bindungskräfte gerichtet	
Struktur und Art der Teilchen	Metallgitter aus gleichen Gitterbausteinen von platzwechselnden Elektronen zusammengehalten	Ionengitter aus Kationen und Anionen mit starken elektrostatischen Kräften zusammengehalten	Moleküle bestimmter räumlicher Gestalt bilden Molekülgitter mit schwachen zwischenmolekularen Kräften	**Sonderfall, Gruppe IV (PSE)** Atomgitter mit Elektronenpaarbindung nach 4 Richtungen → Diamantgitter
Eigenschaften der entstehenden Stoffe	elektrische Leiter I. Klasse, plastische Verformbarkeit in kaltem Zustand	elektrische Leiter II. Klasse (Ionenleiter), keine plastische Verformbarkeit in kaltem Zustand, hohe Schmelz- und Siedepunkte	Nichtleiter, niedrige Schmelz- und Siedepunkte, z. T. Gase	Halbleiter (evtl. durch Erwärmung), hohe Härte und Schmelzpunkte, keine plastische Verformbarkeit im kalten Zustand
Beispiele	Metalle und Legierungen	Metalloxide, -hydroxide, Salze	Elementare Gase (außer Edelgase), Kohlenstoffverbindungen	Diamant, Quarz SiO_2, Siliciumcarbid SiC, Borcarbid B_4C

polarisierte Atombindung

Atombindung zwischen Nichtmetallen mit unterschiedlicher Elektronegativität. Das bindende Elektronenpaar verlagert sich zum negativeren Partner.

Beispiel: H = 2,1; Cl = 3,0; Chlorwasserstoff HCl

$$\overset{+\delta}{\text{H}}-\overset{-\delta}{\overline{\underline{\text{Cl}}}|} \qquad \text{Folge: } +\,(\text{H–Cl})\,-$$

Ladung $\delta \approx 0{,}2 \cdot e^-$ Dipol

Die polarisierte Atombindung ist als fließender Übergang zwischen den reinen Formen der Atombindung (Nichtmetallatome gleicher Elektronegativität) und der Ionenbindung (Metall- mit Nichtmetallatom) zu betrachten.

Dipol

Molekül mit polarisierter Atombindung, bei dem die Schwerpunkte der Ladung beider Teilchen nicht zusammenfallen, so daß das Molekül ein positives und negatives Ende besitzt.

Wichtige Dipole: Wasser H_2O, Ammoniak NH_3 (flüssig)
Fluorwasserstoff HF (flüssig)

Dipole haben hohe Dielektrizitätskonstante und sind dadurch Lösungsmittel für Ionenverbindungen.

Die beiden Enden eines Dipolmoleküls wirken auf Ionen anziehend bzw. abstoßend. Dadurch umgeben sich Ionen mit einer Hülle von Dipolen, welche die elektrostatische Anziehung der Ionen verringern. Dadurch entstehen die freibeweglichen Ionen in z. B. Lösungen des Wassers → elektrolytische Dissoziation, Tafel 3.8.

stöchiometrische Wertigkeit

Ganzzahlige Angabe über das Verhältnis, mit dem Atome oder -gruppen das Wasserstoffatom binden oder ersetzen können. Neben dem einwertigen Wasserstoff H kann auch der zweiwertige Sauerstoff O als Bezugsgröße dienen.

Ionenwertigkeit Ladungszahl

Ganzzahlige Angabe mit Vorzeichen; kennzeichnet die Anzahl der aufgenommenen Elektronen (Minus-Zeichen) oder der abgegebenen Elektronen (Pluszeichen).

Der Betrag der Ionenwertigkeit stimmt mit der stöchiometrischen Wertigkeit überein.

Beispiel: Schwefelsäure H_2SO_4; der Säurerest $(SO_4)^{2-}$ hat die Ladungszahl −2 und die stöchiometrische Wertigkeit 2.

Bindigkeit, Bindungswertigkeit

Ganzzahlige Angabe; kennzeichnet die Anzahl der Elektronen, die das Atom mit seinen Partnern gemeinsam besitzt. Bindigkeit und Wertigkeit stimmen nicht immer überein!

Beispiel C-Atome:

Methan CH_4:	Wertigkeit 4	Bindigkeit 4
Äthen C_2H_4:	Wertigkeit 2	Bindigkeit 4

Bindigkeit mit Hilfe der Elektronenformeln oder Strukturformeln erklärbar.

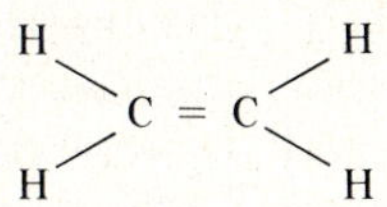

Strukturformel

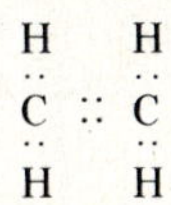

Elektronenformel

Oxydationszahl

Rechengröße zur Erfassung von Redoxreaktionen. Die Oxydationszahl ist die gedachte Ladung eines Elementes in einer chemischen Verbindung unter der Annahme, sie würde aus Ionen bestehen (auch wenn es eine Atombindung ist). Dabei sind folgende Regeln der Reihe nach anzuwenden:

1. Alle Metalle sowie Bor und Silicium erhalten positive Oxydationszahlen.
2. Fluor, als elektronegativstes Element erhält −1.

3. Wasserstoff erhält +1 und Sauerstoff −2, soweit nicht bereits durch Anwendung von Regel 1 und 2 andere Zahlen festliegen.

Mit Hilfe der Oxydationszahlen können Reaktionsgleichungen nachgeprüft werden unter Beachtung folgender Grundsätze:

Alle Elemente, auch die elementaren Gase, haben die Oxydationszahl Null.

Bei einer chemischen Verbindung ist die Summe aller Oxydationszahlen gleich Null.

Beispiel: Oxydationszahlen des Schwefels

$\overset{+1}{H}_2S$ für Schwefelwasserstoff ergibt sich −2

$S\overset{-2}{O}_2$ für Schwefeldioxid ergibt sich +4

$S\overset{-2}{O}_3$ für Schwefeltrioxid ergibt sich +6

Bei einem Ion ist die Summe der Oxydationszahlen gleich der Ionenwertigkeit (Ladungszahl).

Beispiel: Oxydationszahl des Stickstoffs im Nitrat-Ion, Ladung −1.

$\left[N\overset{-2}{O}_3\right]^{1-}$ für Stickstoff ergibt sich +5.

Bei einer Reaktionsgleichung muß die Summe der Oxydationszahlen auf beiden Seiten gleichgroß sein. Dabei können die Oxydationszahlen von Elementen, die sich nicht ändern, fortgelassen werden. Es müssen jedoch die Koeffizienten und Multiplikatoren berücksichtigt werden.

Beispiel: Aluminothermische Reduktion von Silicium

$\overset{+4}{Si}O_2 + \overset{0}{Al} \rightarrow \overset{+3}{Al}_2O_3 + \overset{0}{Si}$

+4 +6

Vergleich der 0-Zahlen links und rechts läßt auf fehlende Koeffizienten schließen.

(Faktor 3) (Faktor 2)

$3\,SiO_2 + Al \rightarrow 2\,Al_2O_3 + Si$

4 Al

3 Si

Probe auf Gleichheit der Massen ergibt restliche Koeffizienten.

$3\,SiO_2 + 4\,Al \rightarrow 2\,Al_2O_3 + 3\,Si$ Reaktionsgleichung

---

Koordinationszahl

Angabe über die Zahl der unmittelbaren Nachbarteilchen in Raumgittern und Komplex-Ionen. Sie läßt eine Schluß auf die Struktur und den Modellkörper zu, den das Teilchen mit diesen Nachbarn bildet.

Koordinationszahl	Modellkörper	Raumgitterstruktur, Beispiel
4	Tetraeder	Diamantgitter
6	Oktaeder	kubisch-einfach, Kochsalzgitter
8	Würfel	kubisch-raumzentriert, α-Eisen
12	Würfel	kubisch-flächenzentriert, γ-Eisen, Blei
12	hexagonales Prisma	hexagonal-dichteste Packung, Zink, Magnesium

Bei Komplex-Ionen gibt die Koordinationszahl an, wieviele Liganden (Ionen oder Moleküle) um das sogenannte Zentralion angeordnet sind. Es sind alle Zahlen von 2...8 möglich, häufig sind die geraden Koordinationszahlen.

Beispiel: Natriumhexafluoraluminat, $Na_3(AlF_6)$. Als Kryolith für die Al-Schmelzflußelektrolyse ein wichtiges Flußmittel.

$3Na^+ + (AlF_6)^{3-}$	Im Anion ist das Al von 6 Fluorionen umgeben.
$\overset{+3}{Al}\overset{-1}{F_6}$	Aus den Oxydationszahlen errechnet sich die dreifach negative Ladung des Ions.

Komplex-Ionen haben einen räumlichen Bau, der durch die in der Tafel angegebenen Modellkörper beschrieben wird.

3.5. Systematische Benennung chemischer Verbindungen

3.5.1. Anorganische Verbindungen

allgemeine Regeln

Grundsätzlich wird der Name des elektropositiveren Elementes (Metall) an erster Stelle (meist unverändert) genannt. Daran wird der Name des elektronegativeren Elementes (oder Gruppe) mit einer *Endung* angehängt.

Bei Verbindungen aus zwei Elementen heißt die Endung –id.

Die Reihenfolge der Benennung wird durch die Elektronegativitätsskala nach *Pauling* geregelt.

K	Na Ba	Li Ca	Mg	Al	Zn	Si	H	P	C	S	N	Cl	O	F
0,8	0,9	1,0	1,2	1,5	1,7	1,8	2,1	2,1	2,5	2,5	3,0	3,0	3,5	4,0

← elektropositiver   elektronegativer →

Verbindungen des	Name	Verbindungen des	Name
Wasserstoff	-hydrid	Sauerstoff	-oxid
Fluor	-fluorid	Schwefel	-sulfid
Chlor	-chlorid	Stickstoff	-nitrid
Brom	-bromid	Kohlenstoff	-carbid
Jod	-jodid	Phosphor	-phosphid

Metallverbindungen

Wenn mehrere Verbindungen des Metalls mit einem Element (oder Gruppe) existieren, wird zur eindeutigen Kennzeichnung die Oxydationsstufe des Metalles zwischen die beiden Teile gesetzt:

Beispiele:

FeO	Eisen(II)-oxid	Fe_2O_3	Eisen(III)-oxid
Fe_3O_4	Eisen(II,III)-oxid,	dagegen nur	

Aluminiumoxid (keine weiteres Oxid bekannt)

Verbindungen von zwei Nichtmetallen

1	mon(o)
2	di
3	tri
4	tetr(a)
5	pent(a)
6	hex(a)
7	hept(a)

Wenn mehrere Verbindungen zwischen beiden Elementen existieren, wird zur eindeutigen Kennzeichnung zu einem oder auch zu beiden Teilen ein griechisches Zahlwort hinzugefügt.

Grundsatz: Nur soviel Zahlworte, als zur zweifelsfreien Bezeichnung erforderlich! Für das elektropositivere Element entfällt das Zahlwort „mono".

Beispiele:

CO	Kohlenmonoxid	CO_2	Kohlendioxid
SO_2	Schwefeldioxid	SO_3	Schwefeltrioxid
N_2O	Distickstoffoxid		
N_2O_4	Distickstofftetroxid		

Hydroxide	Namen werden aus dem Metall (evtl. unter Angabe der Oxydationsstufe) und der Hydroxidgruppe (OH) gebildet. Die Zahl der OH-Gruppen wird nicht angegeben. *Beispiele:* $Fe(OH)_2$ Eisen(II)-hydroxid $Fe(OH)_3$ Eisen(III)-hydroxid, dagegen: $Al(OH)_3$ Aluminiumhydroxid (kein weiteres bekannt)
Säuren	Keine systematische Benennung, es werden Trivialnamen (gewerbliche Bezeichnungen) verwendet.
Salze	Salznamen werden aus dem Metall (evtl. unter Angabe der Oxydationsstufe) und dem Namen des Säurerestes gebildet. Saure Salze, die noch Säurewasserstoff enthalten, werden durch ein zwischengeschaltetes -hydrogen- gekennzeichnet (siehe Tafel).

3.5.2. Säuren, Säurereste, Ladung und Benennung

Säure	Formel	Säurerest	Ladung	Salzname
Fluorwasserstoffsäure Flußsäure	HF	F	1-	-fluorid
Chlorwasserstoffsäure Salzsäure	HCl	Cl	1-	-chlorid
Bromwasserstoffsäure	HBr	Br	1-	-bromid
Jodwasserstoffsäure	HJ	J	1-	-jodid
Schwefelwasserstoffsäure	H_2S	S	2-	-sulfid
Cyanwasserstoffsäure Blausäure	HCN	CN	1-	-cyanid
chlorige Säure	$HClO_2$	ClO_2	1-	-chlorit
Chlorsäure	$HClO_3$	ClO_3	1-	-chlorat
Perchlorsäure	$HClO_4$	ClO_4	1-	-perchlorat
Cyansäure	HOCN	OCN	1-	-cyanat
Kieselsäure	H_2SiO_3	SiO_3	2-	-silikat
Kohlensäure	H_2CO_3	CO_3	2-	-carbonat
		HCO_3	1-	-hydrogencarbonat
Phosphorsäure	H_3PO_4	PO_4	3-	-phosphat
		HPO_4	2-	-hydrogenphosphat
salpetrige Säure	HNO_2	NO_2	1-	-nitrit
Salpetersäure	HNO_3	NO_3	1-	-nitrat

3.5.3. Organische Verbindungen

Kettenförmige Kohlenwasserstoffe (Aliphaten)

Der Name einer chemischen Verbindung besteht aus dem Stammnamen, Endungen bzw. Vorsilben und Ziffern, die die Stellung der Gruppen in der Kette angeben.

Stammname — wird nach der Zahl der C-Atome in der Hauptkette gebildet

Stamm	Zahl	Stamm	Zahl
Meth-	1	Hex-	6
Äth-	2	Hept-	7
Prop-	3	Okt-	8
But-	4	Non-	9
Pent-	5	Dec-	10

Endung

wird nach der Bindung der C-Atome in der Kette gebildet

Endung	Name der Reihe	Formel allgemein	Beispiel	Bindungen
-an	Alkan (Paraffin)	C_nH_{2n+2}	C_2H_6 Äthan, Ethan $-\overset{\mid}{\underset{\mid}{C}}-\overset{\mid}{\underset{\mid}{C}}-$	Einfachbindung, gesättigt
-en	Alken (Olefin)	C_nH_{2n}	C_2H_4 Äthen, Ethen $>C=C<$	Doppelbindung, ungesättigt
-dien	Alkadien (Diolefin)	C_nH_{2n-2}	C_4H_6 Butadien $>C=\underset{\mid}{C}-\underset{\mid}{C}=C<$	2 Doppelbindungen, ungesättigt
-in	Alkin (Acetylen)	C_nH_{2n-2}	C_2H_2 Äthin, Ethin $-C\equiv C-$	Dreifachbindung, ungesättigt

Ziffern

Nachgestellte Ziffern geben an, hinter welchem (oder welchen) C-Atom(en) die Mehrfachbindung liegt. Sie kann weggelassen werden, wenn bei kurzen Ketten keine Zweideutigkeit vorliegt.

Beispiele:

$CH_2=C=CH-CH_3$ Butadien-(1,2)

- (1,2) → Stellung der Doppelbindungen
- -dien → 2 Doppelbindungen
- Buta- → 4 C-Atome in der Kette

$CH\equiv C-CH_3$
$CH_3-C\equiv CH$ Propin

- -in → Dreifachbindung
- Prop- → 3 C-Atome in der Kette

Hier kann die Stellungsziffer weggelassen werden, da die beiden Möglichkeiten für die Lage der Dreifachbindung gleichwertig sind.

verzweigte Ketten

wurden früher mit der Vorsilbe Iso- gekennzeichnet. Systematische Benennung nach vier Regeln:

1. Stammname wird nach der Anzahl der C-Atome in der längsten Kette gebildet.
2. Radikalname(n) der Seitenketten als Vorsilben vorgestellt.
3. Zahlwörter vor den Radikalnamen, wenn mehrere gleiche Radikale vorliegen.
4. Stellungsziffer vor dem Radikalnamen gibt an, bei welchem Glied der C-Kette die Seitenkette abzweigt (kleinstmögliche Ziffer), kann bei Eindeutigkeit fortfallen.

Radikale

Kohlenwasserstoffreste (Alkyle) sind ein- oder mehrbindige Atomgruppen, die nicht selbständig existieren, bei chemischen Reaktionen aber meist zusammenbleiben. Sie leiten sich von den Stammnamen der Kohlenwasserstoffe ab und haben die Endung -yl.

CH_3-	Methyl	C_3H_7-	Propyl	$CH_2 = CH$-	Äthenyl
C_2H_5-	Äthyl	C_4H_9-	Butyl	$CH_2 = CH - CH_2$	Propenyl

Beispiele:

$\overset{1}{C}H_3 - \overset{2}{C}H(CH_3) - \overset{3}{C}H_2 - \overset{4}{C}H_3$ (Methylgruppe am C-Atom 2)

2-Methylbutan
- 4 C-Atome in der Hauptkette
- Seitenkettenradikal
- Abzweig beim 2. C-Atom

$CH_3 - C(CH_3)_2 - CH_3$ (zwei Methylgruppen am mittleren C-Atom)

2,2-Dimethylpropan
- 3 C-Atome in der Hauptkette
- 2 Radikale gleicher Art
- Abzweige am 2. C-Atom

$CH_3 - C(CH_3) = CH_2$ (Methylgruppe am mittleren C-Atom)

Methylpropen (statt 2-Methylpropen-(1), da eindeutig)

Halogenderivate

Hierfür gelten die Regeln die auf verzweigten Ketten angewendet werden. Anstelle der Alkyl-Radikale treten die Namen der Halogenelemente.

Beispiele:

$CH_3 - CH_2Cl$ Chloräthan $CH_2Cl - CH_2Cl$ 1,2-Dichloräthan

CF_2Cl_2 Difluordichlormethan

$CF_2 = CFCl$ Trifluorchloräthen Stellungsziffern überflüssig
- 2 C-Atome, Doppelbindung
- 1 Cl-Atom als Substituent
- 3 F-Atome als Substituenten

weitere Derivate

Durch Einbau funktioneller Gruppen in die Stammkohlenwasserstoffe entstehen Derivate, deren Namen meist mit Endungen gebildet werden, die von der funktionellen Gruppe abhängen. Bei längeren Ketten muß die Stellung der Gruppe in der Kette angegeben werden. Gleiche Gruppen zwei- oder mehrfach werden durch Zahlwörter berücksichtigt.

Beispiel:

$\overset{4}{C}H_3 - \overset{3}{C}H_2 - \overset{2}{C}H(OH) - \overset{1}{C}H_2 - OH$ Butandiol-(1,2)

3.5.4. Funktionelle Gruppen

In Klammern stehende Namen sind bekannte Trivialnamen der Verbindungen

Derivatname	Endung	kennzeichnende Gruppe Name	Struktur	Formel	Beispiel
Alkanol (Alkohol)	-ol	Hydoxy-	R–OH	–OH	C_2H_5–OH Äthanol $C_3H_5(OH)_3$ Propantriol (Glyzerin)
Alkanal (Aldehyd)	-al	Aldehyd-	R–C(=O)–H	–CHO	CH_3–CHO Äthanal (Acetaldehyd)
Alkanon (Keton)	-on	Oxo-	R–C(=O)–R	=CO	CH_3–CO–CH_3 Propanon (Aceton)
Alkansäure (Karbonsäure) Alkensäure	-säure	Carboxyl-	R–C(=O)–OH	–COOH	CH_3–COOH Äthansäure (Essigsäure) CH_3=CH–COOH Propensäure (Acrylsäure)
Aminoalkane	-amin	Amino-	R–N(–H)–H	$–NH_2$	$CH_3–NH_2$ Methylamin Aminomethan
Alkanamide	-amid		R–C(=O)–NH_2	$–CONH_2$	$CH_3–CONH_2$ Äthanamid
Alkannitril	-nitril	Nitril-	R–C≡N	–CN	CH_3–CN Äthannitril
Alkennitril					CH_2=CH–CN Propennitril (Acrylnitril)
Nitroalkan	–	Nitro-	R–N(=O)=O	$–NO_2$	$CH_3–NO_2$ Nitromethan
Alkylsulfone	-sulfon	Sulfon-	R–S(=O)–R	$=SO_2$	$CH_3–SO_2–CH_3$ Dimethylsulfon
Alkansäurealkyl-Ester	-ester		R_1–C(=O)–OR_2	–COO–	CH_3COOCH_3 Äthansäure-methylester
Alkoxyalkane Äther	-oxy-		$R_1–O–R_2$		$C_2H_5–O–C_2H_5$ Äthoxy-äthan (Diäthyläther)

3.5.5. Ringförmige Kohlenwasserstoffe (Aromaten)

Für diese Verbindungen und ihre Derivate (Ableitungen) sind meist Trivialnamen im Gebrauch. Deswegen werden die Regeln auf Benzol und die wichtigsten Derivate beschränkt.

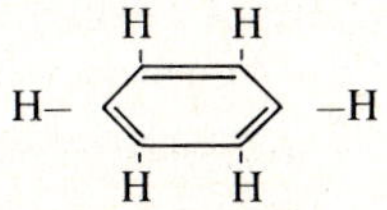

Benzol C_6H_6

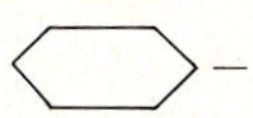

Radikal Phenyl C_6H_5–

Stellungsziffern

Die H-Atome können durch Alkylradikale, Halogene oder funktionelle Gruppen substituiert werden. Bei mehreren Substituenten wird die Stellung am Benzolring durch Ziffern bezeichnet, die direkt an der Bezeichnung für den Substituenten stehen (siehe Beispiele).

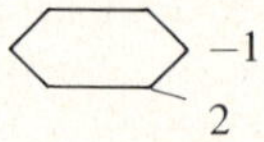

1,2-Stellung
(ortho-), o-

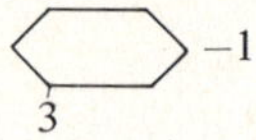

1,3-Stellung
(meta-), m-

1,4-Stellung
(para-), p-

Beispiele:

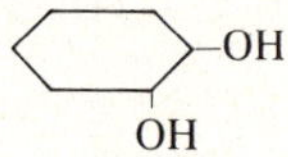

1,2-Dimethylbenzol
(o-Xylol)

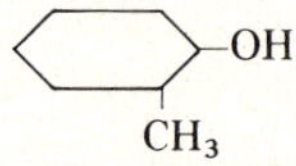

2-Methylhydroxybenzol
(o-Kresol)

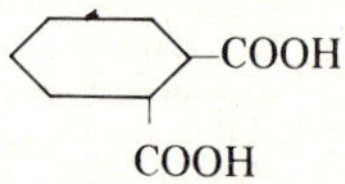

Benzoldicarbonsäure-(1,2)
(Phtalsäure)

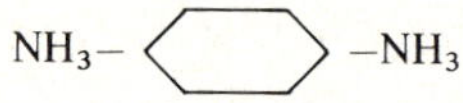

1,4-Diaminobenzol
(p-Phenylendiamin)

3.6. Wichtige Stoffgruppen und chemische Verbindungen

3.6.1. Basen, Laugen

Bezeichnung	chemische Formel	Beispiel und Bemerkung: $CaO + H_2O \rightarrow Ca(OH)_2$ (Metalloxid) + (Wasser) → (Hydroxid)
Natronlauge	$NaOH$	Herstellung durch Elektrolyse von NaCl-Lösung nach verschiedenen Verfahren. Zum Aufschluß von Bauxit, Zellstoff; für Seifenherstellung und Beizen von Aluminium.
Kalilauge	KOH	Elektrolyt in Nickel-Eisen-Akkumulatoren.
Calciumhydroxid, gelöschter Kalk	$Ca(OH)_2$	Als Kalkwasser eine billige Lauge bei der Zuckerherstellung.
Calciumoxid, gebrannter Kalk	CaO	Basischer Stoff für die Neutralisation von Abfallsäuren und sauren Böden. Zur Entphosphorung im Stahlwerk.
Calciumcarbonat, Kalkstein	$CaCO_3$	Hochofenzuschlag zur Schlackenbildung und Entschwefelung.
Magnesiumcarbonat, Magnesit, Dolomit	$MgCO_3$	Basische Stoffe für feuerfeste Auskleidungen von Öfen und Pfannen im Stahlwerk und Gießerei.
Natriumcarbonat, Soda	Na_2CO_3	Roheisenentschwefelung, Glasherstellung, Entfettungsmittel.
Kaliumcarbonat, Pottasche	K_2CO_3	Glasherstellung.

3.6.2. Gewerbliche und chemische Benennung von Chemikalien, chemische Formeln

gewerbliche Benennung	chemische Benennung	chemische Formel
Äther	Äthyläther	$(C_2H_5)_2O$
Ätzkali	Kaliumhydroxid	KOH
Ätznatron	Natriumhydroxid	$NaOH$
Alaun	Kaliumaluminiumsulfat	$KAl(SO_4)_2 \cdot 12\,H_2O$
Alkohol	Äthanol	C_2H_5OH
Antichlor	Natriumthiosulfat	$Na_2S_2O_3 \cdot 5\,H_2O$
Azeton	Aceton	$(CH_3)_2 \cdot CO$
Azetylen	Acetylen	C_2H_2
Blausäure	Cyanwasserstoff	HCN
Bleiglätte	Bleioxid	PbO
Bleiweiß	bas. Bleicarbonat	$2\,PbCO_3 \cdot Pb(OH)_2$
Bleizucker	Bleiacetat	$Pb(C_2H_3O_2)_2 \cdot 3\,H_2O$
Blutlaugensalz, gelb	Kaliumhexacyanoferrat(II)	$K_4[Fe(CN)_6] \cdot 3\,H_2O$
Blutlaugensalz, rot	Kaliumhexacyanoferrat(III)	$K_3[Fe(CN)_6]$
Borax	Natriumtetraborat	$Na_2B_4O_7 \cdot 10\,H_2O$
Braunstein	Mangandioxid	MnO_2
Chilesalpeter	Natriumnitrat	$NaNO_3$
Chlorkalk	Chlorkalk	$CaCl(OCl)$
Chromsäure	Chrom(VI)-oxid	CrO_3
Chromkali, gelb	Kaliumchromat	K_2CrO_4
Chromkali, rot	Kaliumbichromat	$K_2Cr_2O_7$
destilliertes Wasser	destilliertes Wasser	H_2O
Eisenoxyd, salzsauer	Eisen(III)-chlorid	$FeCl_3 \cdot 6\,H_2O$
Eisenrost	Eisen(III)-oxid-Hydrat	$Fe_2O_3 \cdot xH_2O$
Eisenvitriol	Ferrosulfat	$FeSO_4 \cdot 7\,H_2O$
Essig	Essigsäure	CH_3COOH
Fixiersalz	Natriumthiosulfat	$Na_2S_2O_3 \cdot 5\,H_2O$
Flußsäure	Fluorwasserstoff	HF
Gips	Calciumsulfat	$CaSO_4 \cdot 2\,H_2O$
Glaubersalz	Natriumsulfat	$Na_2SO_4 \cdot 10\,H_2O$
Glyzerin	Glycerin	$C_3H_5(OH)_3$
Graphit	Graphit	C
Grünspan	bas. Kupferacetat	$Cu(C_2H_3O_2)_2 + Cu(OH)_2 \cdot 5\,H_2O$
Höllenstein	Silbernitrat	$AgNO_3$
Kalilauge (kaustisches Kali)	Kaliumhydroxid	KOH
Kalisalpeter	Kaliumnitrat	KNO_3
Kalk, gebrannt	Calciumoxid	CaO
Kalk, gelöscht	Calciumhydroxid	$Ca(OH)_2$
Kalkstein		$CaCO_3$
(Kalzium-)Karbid	Calciumcarbid	CaC_2
kaustische Pottaschenlauge	Kaliumhydroxid	KOH
kaustische Soda	Natriumhydroxid	$NaOH$
Kieselsäure (Quarz)	Siliciumdioxid	SiO_2
Kochsalz (Steinsalz)	Natriumchlorid	$NaCl$
Kohlensäure	Kohlendioxid	CO_2
Korund	Aluminiumoxid	Al_2O_3
Kreide	Calciumcarbonat	$CaCO_3$
Kupferoxyd, salzsauer	Kupfer(II)-chlorid	$CuCl_2 \cdot 2\,H_2O$
Kupfervitriol	Kupfersulfat	$CuSO_4 \cdot 5\,H_2O$
Lötwasser	wässerige Lösung von Zinkchlorid	$ZnCl_2$
Manganoxydul, salzsauer	Mangan(II)-chlorid	$MnCl_2 \cdot 4\,H_2O$
Marmor	Calciumcarbonat	$CaCO_3$
Mennige	Blei(II,IV)-oxid	Pb_3O_4
Methyl-Alkohol	Methanol	CH_3OH
Natron (Natronlauge)	Natriumhydroxid	$NaOH$
Natronsalpeter	Natriumnitrat	$NaNO_3$
Polierrot	Eisen(III)-oxid	Fe_2O_3
Pottasche	Kaliumcarbonat	K_2CO_3
Salmiak, Salmiaksalz	Ammoniumchlorid	NH_4Cl
Salmiakgeist	wässerige Lösung von Ammoniak	NH_3
Salzsäure	Chlorwasserstoffsäure	HCl
Scheidewasser	Salpetersäure	HNO_2
Schwefelsäure	Schwefelsäure	H_2SO_4
Siliziumkarbid	Siliciumcarbid	SiC
Soda (Kristall-)	Natriumcarbonat	$Na_2CO_3 \cdot 10\,H_2O$
Tetra	Tetrachlorkohlenstoff	CCl_4
Tetraäthylblei	Bleitetraäthyl	$Pb(C_2H_5)_4$
Tetralin	Tetrahydronaphthalin	$C_{10}H_{12}$
Tri	Trichloräthylen	C_2HCl_3
übermangansaures Kali	Kaliumpermanganat	$KMnO_4$
Vitriol, blauer	Kupfersulfat	$CuSO_4 \cdot 5\,H_2O$
Vitriol, grüner	Eisen(II)-sulfat	$FeSO_4 \cdot 7\,H_2O$
Wasserglas (Natron-)	Natriumsilicat	Na_2SiO_2
Wasserglas (Kali-)	Kaliumsilicat	K_2SiO_3
Wasserstoffsuperoxyd	Wasserstoffperoxid	H_2O_2
Zink, salzsauer	Zinkchlorid	$ZnCl_2$
Zinkchlorid	Zinkchlorid	$ZnCl_2 \cdot 3\,H_2O$
Zinkweiß	Zinkoxid	ZnO
Zinnchlorid	Zinn(IV)-chlorid	$SnCl_4$
Zinnsalz, Chlorzinn	Zinn(II)-chlorid	$SnCl_2$
Zyankali	Kaliumcyanid	KCN

3.6.3. Säuren

Bezeichnung	chemische Formel	SO_2 + H_2O → H_2SO_3 (Nichtmetalloxid) + (Wasser) → (Säure)
Chlorwasserstoffsäure, Salzsäure	HCl	Wasser löst bei 15 °C etwa das 450fache Volumen Chlorwasserstoff. Beizmittel zum Entzundern.
Fluorwasserstoffsäure, Flußsäure	HF	Siedepunkt 19,5 °C, als 30...50 %ige Säure in wäßriger Lösung. Ätzmittel für Glas.
Schwefelsäure	H_2SO_4	Meist verdünnt verwendet. Konzentriert stark wasserentziehend. Hauptverwendung zur Düngemittelherstellung, Akkusäure, Herstellung anderer Säuren.
Salpetersäure	HNO_3	Starkes Oxydationsmittel, entzündet konzentriert Holz, Alkohol. Dient zur Einführung der Gruppe NO_2 in Kohlenwasserstoffe: Nitrierung von Glycerin: Nitroglycerin.
Phosphorsäure	H_3PO_4	Phosphatieren von Oberflächen.

3.7. Chemische Reaktionen, Gesetze, Einflußgrößen

Reaktionsgleichung	Qualitative und quantitative Beschreibung einer chemischen Reaktion mit Symbolen für Elemente und Formeln für chemische Verbindungen. Es sind verschiedene Formen möglich: Reaktionsgleichung mit Summenformeln $NaCl + AgNO_3 \rightarrow NaNO_3 + AgCl\downarrow$ Ionengleichung $Na^+ + Cl^- + Ag^+ + (NO_3)^- \rightarrow Na^+ + (NO_3)^- + AgCl\downarrow$ Reaktionsgleichung mit Elektronenformeln $N + N \rightarrow N_2$; $:\dot{\underset{\cdot}{N}}\cdot + \cdot\dot{\underset{\cdot}{N}}: \rightarrow :N\vdots\vdots N:$ Reaktionsgleichung mit Elektronenformeln (Unterscheidung in gepaarte und ungepaarte Außenelektronen) $H_2 + Cl_2 \rightarrow 2\,HCl$; $H{:}H + \vert\overline{\underline{Cl}}{:}\overline{\underline{Cl}}\vert \rightarrow 2\ H{:}\overline{\underline{Cl}}\vert$
Erhaltung der Masse	Bei chemischen Reaktionen ändert sich die Masse eines geschlossenen Systems nicht. Folgerung für die Reaktionsgleichung: Jede Atomart muß auf beiden Seiten der Gleichung in gleicher Anzahl auftreten.
Erhaltung der Energie	Wenn bei der Bildung eines Stoffes Energie frei wird, so muß für den umgekehrten Vorgang der gleiche Energiebetrag zugeführt werden. Die Art der Energie (Wärme, elektrische Energie) kann in manchen Fällen eine andere sein.
Reaktionsgeschwindigkeit	Konzentrationsänderung eines Stoffes je Zeiteinheit. Die Reaktionsgeschwindigkeit steigt mit der Temperatur (größere Energie und Häufigkeit der Zusammenstöße) und mit der Konzentration (größere Häufigkeit der Zusammenstöße der Teilchen). Katalysatoren erhöhen, Inhibitoren erniedrigen die Reaktionsgeschwindigkeit.

Konzentration	Anteil eines Stoffes am Stoffsystem (Gasmischung, Lösung) Stoffmengenkonzentration (Molarität) c: Stoffmenge des gelösten Stoffes in 1 l Lösung mit der Einheit $\frac{\text{mol}}{\text{l}}$ Stoffmengenbruch (Molenbruch) x: Stoffmenge einer Komponente durch gesamte Stoffmenge mit der Einheit $\frac{\text{mol}}{\text{mol}} = 1$
Umkehrbare Reaktionen	Chemische Reaktionen verlaufen gleichzeitig in beiden Richtungen mit zunächst unterschiedlichen Reaktionsgeschwindigkeiten. Hinreaktion, Bildung von SO_3 → $SO_2 + O \rightleftharpoons SO_3 - \Delta H$ Rückreaktion, Zerfall von SO_3 ← Die Hinreaktion verläuft anfangs schnell, wegen der abnehmenden Konzentration der Ausgangsstoffe aber langsamer werdend. Die Rückreaktion setzt sehr langsam ein, wird mit zunehmender Konzentration der SO_3-Moleküle schneller. Wenn beide Geschwindigkeiten gleich groß geworden sind, ist die Reaktion von außen betrachtet beendet. Dann ist das chemische Gleichgewicht erreicht.
chemisches Gleichgewicht	Dynamischer Gleichgewichtszustand eines Stoffsystems, bei dem gleichviele Moleküle entstehen wie andererseits zerfallen. Ausgangsstoffe und Reaktionsprodukte sind in bestimmten Massenverhältnissen vorhanden. Dieses Massenverhältnis wird als Lage des Gleichgewichts bezeichnet und mit dem Massenwirkungsgesetz berechnet. Das im Gleichgewicht vorhandene Massenverhältnis der Stoffe bleibt bestehen, solange nicht einer der drei Gleichgewichtsfaktoren geändert wird: 1. Temperatur; 2. Druck; 3. Konzentration (durch Zu- oder Abfuhr eines der Reaktionspartner).
Prinzip des kleinsten Zwanges	Gesetzmäßigkeit (*Le Chatelier, Braun*) über das Verhalten von Stoffsystemen, die im Gleichgewicht sind. Jede Änderung der drei Gleichgewichtsfaktoren (Temperatur, Druck, Konzentration) übt auf das System einen Zwang aus. Dadurch wird diejenige Reaktion beschleunigt, welche den Zwang vermindert. Das System erhält eine neue Gleichgewichtslage.
Einfluß der Temperatur	Bei Temperaturerhöhung wird die Gleichgewichtslage auf die Seite der endothermen Verbindung verschoben, bei Temperatursenkung auf die andere Seite der Reaktionsgleichung. *Beispiel:* Boudouard-Gleichgewicht, Reaktion eines CO/CO_2-Gemisches bei Koksüberschuß (Hochofenprozeß) $CO_2 + C \rightleftharpoons 2\,CO + 1{,}716 \cdot 10^5\,J$. Die Bildung von CO ist endotherm, bei Temperaturerhöhung wird mehr CO entstehen, die Hinreaktion wird beschleunigt. Temperatursenkung beschleunigt die Rückreaktion, CO zerfällt in $C + CO_2$.

Einfluß des Druckes	Bei Druckerhöhung wird die Gleichgewichtslage zu der Seite verschoben, welche Stoffe mit kleinerem Volumen aufweist, bei Druckminderung im entgegengesetztem Sinne. *Beispiel:* Vakuumbehandlung von Stahlschmelzen zur weiteren Desoxydation $FeO + C \rightleftharpoons CO + Fe$; rechte Seite mit größerem Volumen Die Gleichgewichtsreaktion wird bei Druckminderung (Vakuum) bevorzugt nach rechts weiterlaufen, da die Reaktionsprodukte ein größeres Volumen besitzen. Der Anteil der Ausgangsstoffe (Oxidschlacke) wird vermindert.
Massenwirkungsgesetz (MWG)	Gesetz (*Guldberg* und *Waage*) über den Einfluß der Stoffmassen (Konzentration) auf die Reaktion. Der Quotient aus $\frac{\text{Produkt der Konzentrationen der Reaktionsstoffe}}{\text{Produkt der Konzentrationen der Ausgangsstoffe}}$ ist eine für jede Reaktion verschiedene Konstante, die von der Temperatur abhängt. Diese Gleichgewichtskonstante K wird durch Versuche ermittelt. Allgemeine Formulierung für eine Reaktion: $n_1 A + n_2 B \ldots \rightleftharpoons m_1 C + m_2 D + \ldots$ $[C]$ bedeutet: Konzentration von C $K = \frac{[C]^{m_1} \cdot [D]^{m_2}}{[A]^{n_1} \cdot [B]^{n_2}}$ für eine Temperatur T Für die Ammoniaksynthese, z.B.: $N_2 + 3\,H_2 \rightleftharpoons 2\,NH_3$ $K = \frac{[NH_3]^2}{[N_2] \cdot [H_2]^3}$ Folgerungen aus dem MWG: Wird bei konstanter Temperatur die Konzentration eines Stoffes geändert, so verschiebt sich die Gleichgewichtslage so, daß der Quotient des MWG wieder den Betrag K erhält. *Beispiel:* Wenn auf der linken Seite der Ammoniaksynthesegleichung die beiden Gase nicht im Verhältnis 1:3, sondern mit etwas mehr Wasserstoff gemischt werden, so erhält der Nenner des MWG einen größeren Wert. Um auf die gleiche Gleichgewichtskonstante K zu kommen, muß das System mehr NH_3 bilden, d.h., die Ausbeute an Ammoniak steigt. Wird eines der Reaktionsprodukte ständig aus dem Stoffsystem entfernt, so kann sich kein Gleichgewicht ausbilden. Die Reaktion verläuft ständig unter Bildung dieses Produktes weiter. *Beispiel:* Brennen von Kalkstein, Calciumcarbonat $CaCO_3 \rightarrow CaO + CO_2 \uparrow$ CO_2 kann aus dem Prozeß an die Luft entweichen Fällungsreaktionen in Lösungen: $AgNO_3 + NaCl \rightarrow AgCl \downarrow + NaNO_3$ Schwerlösliche Salze – hier AgCl – fallen als Niederschlag aus dem homogenen System der Lösung aus, dadurch Verschiebung der Gleichgewichtslage nach rechts, bis keine Cl-Ionen mehr vorhanden sind.

Größenordnung der Konstanten K	Die Größenordnung der Gleichgewichtskonstanten K läßt einen Schluß auf die Richtung der Reaktionen zu. Für den Bereich der technisch beherrschbaren Temperaturen gilt: $K \approx 1$: Reaktion ist leicht umkehrbar K sehr klein: Rückreaktion verläuft fast vollständig K sehr groß: Hinreaktion verläuft fast vollständig

3.8. Ionenlehre

elektrolytische Dissoziation

Aufspaltung von Ionenbindungen und polarisierten Atombindungen in freibewegliche Ionen die von einer Hydrathülle aus H_2O-Dipolen umgeben sind.

Elektrolyt

Stoff, der Ionen enthält und dadurch den elektrischen Strom leitet.

Geschmolzene Ionenverbindungen: Salze, Oxide. Gelöste Salze, Säuren und Basen.

Dissoziationsgrad α

Verhältnis der dissoziierten Moleküle zu der Zahl der Moleküle vor der Dissoziation. Der Dissoziationsgrad steigt mit der Temperatur und mit der Verdünnung (Erhöhung der elektrischen Leitfähigkeit).

Dissoziationsgrad bei 18 °C in 1-normaler Lösung

	α	Säure	Base
sehr stark	1 ... 0,7	HNO_3, HCl	KOH, NaOH, $Ba(OH)_2$
stark	0,7 ... 0,2	H_2SO_4	LiOH, $Ca(OH)_2$
mäßig stark	0,2 ... 0,01	H_3PO_4, HF	AgOH
schwach	0,01 ... 0,001	CH_3COOH	NH_4OH

Dissoziationskonstante K_D

Bei Anwendung des Massenwirkungsgesetzes auf die elektrolytische Dissoziation (Gleichgewichtsreaktion) wird die Gleichgewichtskonstante K zur Dissoziationskonstanten K_D

$$\frac{[\text{Kation}] \cdot [\text{Anion}]}{[\text{Molekül}]} = K_D$$

Kation, Anion	K_D
$\frac{\text{mol}}{\text{l}}$	$\frac{\text{mol}}{\text{l}}$

Größenordnung von K_D:

schwache Elektrolyte $K_D < 10^{-4}$
mittlere Elektrolyte $K_D > 10^{-4}$
starke Elektrolyte $K_D \approx 1$

K_D steigt mit der Temperatur, ist aber unabhängig von der Konzentration des Elektrolyten.

Ostwaldsches Verdünnungs-Gesetz

Zusammenhang zwischen Dissoziationskonstante K_D und Dissoziationsgrad α. Gültig für schwache Elektrolyte in starker Verdünnung

$$K_D = \frac{c\,\alpha^2}{1-\alpha}$$

Konzentration c: mol/l

Ionenprodukt des Wassers

Reines Wasser ist außerordentlich gering dissoziiert. Das Produkt der Konzentrationen im Zähler des MWG beträgt

$$[H^+] \cdot [OH^-] = 10^{-14}\ \frac{\text{mol}^2}{\text{l}^2} \quad \text{bei } 25\,°\text{C}$$

Die Konzentrationen der beiden Ionen betragen danach 10^{-7} mol/l, d.h.:

1 l Wasser enthält $10^{-7} \cdot 1$ g Wasserstoff-Ionen
und $10^{-7} \cdot 17$ g Hydroxid-Ionen.

$$\left.\begin{array}{ll} \text{Reines Wasser:} & [H^+] = [OH^-] \\ \text{Säure:} & [H^+] > [OH^-] \\ \text{Base:} & [H^+] < [OH^-] \end{array}\right\} \text{Produkt immer } 10^{-14}\ \frac{\text{mol}^2}{\text{l}^2}$$

pH-Wert

Negativer Briggsscher Logarithmus der Wasserstoff-Ionenkonzentration in wäßrigen Lösungen.

$pH = -\lg [H^+]$ und $[H^+] = 10^{-pH}$

Maß für den sauren, neutralen oder basischen Charakter eines Elektrolyten, durch Indikatoren mittels Farbumschlag oder elektrisch meßbar.

1 2 3 4 5 6	7	8 9 10 11 12 13 14
stark ← sauer	neutral	basisch → stark

Indikatoren

Name	Farbumschlag	Umschlagbereich pH-Werte
Dimethylgelb	rot – gelb	2,9... 4,0
Methylorange	rot – orange	3,0... 4,4
Methylrot	rot – gelb	4,2... 6,3
Lackmus	rot – blau	5,0... 8,0
Phenolphtalein	farblos – rot	8,2...10,0
Thymolphtalein	farblos – blau	9,3...10,5
Alizaringelb	gelb – orangebraun	10,1...12,1

Löslichkeitsprodukt L

Diese Konstante entspricht der Gleichgewichtskonstanten des MWG, wenn es auf gesättigte Lösungen angewendet wird. Bei konstanter Temperatur läßt sich die Konzentration der gelösten Teilchen nicht erhöhen (Sättigung).

Bei Zugabe der einen Ionensorte muß die andere in Form der unlöslichen Verbindung als Niederschlag ausfallen.

Beispiel: L für Silberchlorid AgCl beträgt $1{,}6 \cdot 10^{-10}$

$$[Ag^+] \cdot [Cl^-] = 1{,}6 \cdot 10^{-10}\ \frac{\text{mol}^2}{\text{l}^2}$$

Daraus läßt sich die Stoffmengenkonzentration (siehe 3.10) der Ag-Ionen bestimmen:

$$c = \sqrt{1{,}6 \cdot 10^{-10}\ \frac{\text{mol}^2}{\text{l}^2}} = 1{,}265 \cdot 10^{-5}\ \frac{\text{mol}}{\text{l}}$$

das ergibt einen Silbergehalt von

$$m = M\,V\,c = 108\ \frac{\text{g}}{\text{mol}} \cdot 1\,\text{l} \cdot 1{,}265 \cdot 10^{-5}\ \frac{\text{mol}}{\text{l}}$$

$$m = 1{,}366 \cdot 10^{83}\ \text{g} = 1{,}366\ \text{mg} \quad \text{in einem Liter}$$

Durch Zugabe von weiteren Cl-Ionen (HCl-Zusatz) würde das Löslichkeitsprodukt überschritten, deshalb muß bei Erhöhung des einen Faktors (Cl^-) der andere Faktor (Ag^+) kleiner werden, d.h., es bildet sich weiteres unlösliches Silberchlorid AgCl.

Gilt streng nur für schwerlösliche Verbindungen oder Lösungen schwacher Konzentration $< 0{,}1\ \frac{\text{mol}}{\text{l}}$.

3.9. Elektrochemische Größen und Gesetze

Spannungsreihe

Reihenfolge der Elemente nach fallendem Lösungsdruck geordnet. Lösungsdruck ist das Bestreben, in den Ionenzustand überzugehen und als elektrische Spannung meßbar → Normalpotentiale.

K Ca Na Mg Al Zn Cr Fe Cd Ni Sn Pb | H | Cu Ag Pt Au

— HCl greift an, Wasserstoff wird frei! | HCl greift nicht an! +

unedler ↔ edler

Metalle, die in der Spannungsreihe links stehen, können rechts davon stehende reduzieren, d.h., sie verdrängen diese aus ihren Salzlösungen.

Beispiel: Eisenblech in Kupfersulfatlösung

$\overset{+2}{Cu}SO_4 + \overset{0}{Fe} \rightarrow \overset{+2}{Fe}SO_4 + \overset{0}{Cu}$ Redoxreaktion

Unedle Metalle: links stehend, niedrige Elektronenaffinität, leicht oxydierbar.

Edle Metalle: rechts stehend, hohe Elektronenaffinität, schwer oxydierbar.

Normalpotentiale E_0
Standardpotentiale

Spannung eines Metalls in seiner Salzlösung gegenüber der Normalwasserstoffelektrode bei 25 °C.

Metall	Spannung V	Metall	Spannung V
Li	- 3,02	Cd	- 0,41
K	- 2,92	Co	- 0,28
Ca	- 2,87	Ni	- 0,23
Na	- 2,71	Sn	- 0,14
Mg	- 2,36	Pb	- 0,13
Al	- 1,66	H	± 0
Mn	- 1,05	Cu	+ 0,34
Zn	- 0,76	Ag	+ 0,80
Cr	- 0,71	Pt	+ 1,2
Fe	- 0,44	Au	+ 1,42

Spannungswerte sind abhängig von der Konzentration der Salzlösungen. Sie werden negativer, wenn die Konzentration sinkt.

galvanisches Element

System aus einem Elektrolyten, in den zwei verschiedene Metalle tauchen. Stromquelle mit einer Urspannung E, die sich aus der Differenz der Normalpotentiale errechnet.

Minuspol: Metall, in der Spannungsreihe links stehend, geht in Lösung, gibt Elektronen ab.

Pluspol: Metall, rechts in der Spannungsreihe stehend, nimmt Elektronen aus dem Elektrolyten auf, bleibt unverändert.

Beispiel: Urspannung zwischen Cu und Zn unter den Bedingungen der Normalpotentialmessung:

$$E = E_{0\,Cu} - E_{0\,Zn} = +0{,}34\ V - (-0{,}76\ V) = 1{,}1\ V$$

Elektrolyse

Redoxreaktion in einem Elektrolyten unter Zufuhr von Energie. Oxydation und Reduktion verlaufen örtlich getrennt.

Anode (Plus-Pol): Anziehung der negativ geladenen Ionen (Anionen), z.B. OH^- oder Halogene. Entladung durch Abgabe von Elektronen: Oxydation.

	Kathode (Minus-Pol): Anziehung der positiv geladenen Ionen (Kationen), z. B. Metalle und Wasserstoff. Entladung durch Aufnahme von Elektronen: Reduktion. Besteht der Elektrolyt aus zwei oder mehr verschiedenen Anionen (Kationen), so werden diejenigen Teilchen entladen, für deren Abscheidung die kleinste Spannung benötigt wird. *Beispiel:* Bei der Elektrolyse von Salzlösungen unedler Metalle (K, Na, Mg, Al) wird Wasserstoff abgeschieden, da H^+ ein niedrigeres Potential besitzt als diese Metallionen.
Faradaysche Gesetze	Die abgeschiedenen Stoffmengen sind bei gleichen Elektrolyten der Elektrizitätsmenge proportional. Bei verschiedenen Elektrolyten werden von der gleichen Elektrizitätsmenge Stoffmassen abgeschieden, die sich wie die Äquivalentmassen der Stoffe verhalten.

abgeschiedene Stoffmasse $m = \frac{MIt}{zF}$

M molare Masse (siehe 3.10)
z Ionenwertigkeit
F Faraday-Konstante

m	M	I	t	F
g	$\frac{\text{g}}{\text{mol}}$	A	s	$\frac{\text{As}}{\text{mol}}$
			h	$\frac{\text{Ah}}{\text{mol}}$

$$F = 96\,485\ \frac{\text{As}}{\text{mol}} = 26{,}8\ \frac{\text{Ah}}{\text{mol}}$$

Faraday-Konstante F	Elektrizitätsmenge, die bei 100 %iger Stromausbeute aus einem Elektrolyten die äquivalente Masse M_{eq} eines Stoffes abscheidet. Sie ist das Produkt aus der Elementarladung und der Avogadro-Konstante.

$$F = e \cdot N_A = 1{,}602 \cdot 10^{-19}\ \text{As} \cdot 6{,}022 \cdot 10^{23}\ \frac{1}{\text{mol}}$$

$$F = 96\,485\ \frac{\text{C}}{\text{mol}} = 96\,485\ \frac{\text{As}}{\text{mol}} \approx 96\,500\ \frac{\text{As}}{\text{mol}}$$

elektrochemische Äquivalente	Stoffmasse in mg oder g, die bei 100 %iger Stromausbeute von einer Elektrizitätsmenge 1 As bzw. 1 Ah abgeschieden wird.

Element		Ionenwertigkeit	Äquivalent $\ddot{A}$ $\frac{\text{mg}}{\text{As}}$	Äquivalent $\ddot{A}$ $\frac{\text{g}}{\text{Ah}}$
Aluminium	Al	III	0,093	0,335
Beryllium	Be	II	0,047	0,168
Cadmium	Cd	II	0,582	2,097
Chrom	Cr	III	0,180	0,647
Eisen	Fe	II	0,289	1,042
	Fe	III	0,193	0,694
Kupfer	Cu	I	0,658	2,370
	Cu	II	0,329	1,185
Magnesium	Mg	II	0,126	0,454
Sauerstoff	O	II	0,083	0,298
Silber	Ag	I	1,118	4,025
Wasserstoff	H	I	0,0104	0,0376
Zink	Zn	II	0,339	1,22
Zinn	Sn	IV	0,308	1,107

	Die Berechnung der abgeschiedenen Stoffmassen wird durch elektrochemische Äquivalente vereinfacht.
	$m = \ddot{A} I t$
	Beispiel: Welche Zeit ist erforderlich, um 50 g Kupfer aus einer Kupfer(II)-sulfatlösung mit einem Strom von 8 A abzuscheiden?
	$t = \frac{m}{\ddot{A} I} = \frac{50\ \text{g Ah}}{1{,}185\ \text{g} \cdot 8\ \text{A}} = 5{,}274\ \text{h}$

m	$\ddot{A}$	I	t
mg	mg/As	A	s
g	g/Ah		h

3.10. Masse- Volumen- und Konzentrationsverhältnisse

3.10.1. Größen

relative Atommasse A_r	siehe 3.1.
relative Molekülmasse M_r	Summe der relativen Atommassen A_r aller im Molekül gebundenen Atome, aus der Summenformel der chemischen Verbindung errechnet. *Beispiel:* Aluminiumsulfat $Al_2(SO_4)_3$ $M_r = 2\,\text{Al} + 3(\text{S} + 4 \cdot \text{O}) = 2 \cdot 27 + 3(32 + 4 \cdot 16) = 342$
Stoffmenge n	Basisgröße mit der Einheit der Teilchenmenge „Mol“. Kurzzeichen mol, 1 kmol = 10^3 mol. Definition der Einheit nach dem Einheitengesetz: 1 mol ist die Stoffmenge eines Systems, das aus ebenso vielen Teilchen besteht, wie Atome in 0,012 kg des Nuklids ^{12}C enthalten sind. Teilchen im Sinne dieser Definition sind Atome, Moleküle, Ionen, Radikale, Elektronen. $n = \frac{\text{Teilchenzahl } N}{\text{Avogadro-Konstante } N_A} = \frac{N u A_r}{N_A u A_r} = \frac{m}{M}$ mit u atomare Masseneinheit, M molare Masse. *Beispiel:* Welche Stoffmenge stellen 200 g Äthin, C_2H_2 dar? $M(C_2H_2) = (2 \cdot 12 + 2)\frac{\text{g}}{\text{mol}} = 26\frac{\text{g}}{\text{mol}}$ $\quad n = \frac{200\ \text{g}}{26\ \text{g} \cdot \text{mol}^{-1}} = 7{,}69\ \text{mol}$
Avogadro-Konstante N_A	Naturkonstante, Anzahl der Teilchen, die in der Stoffmenge 1 mol aller Stoffe enthalten ist. $N_A = 6{,}022 \cdot 10^{23} \cdot \text{mol}^{-1}$ (Der Betrag dieser Konstanten wird auch als Avogadro-Zahl, vielfach auch als Loschmidtsche Zahl bezeichnet.)

3. Chemie

molare Masse M	Masse einer Stoffmenge $n = 1\,\text{mol}$ $M = N_A u A_r = \underbrace{6{,}022 \cdot 10^{23} \frac{1}{\text{mol}} \cdot 1{,}66 \cdot 10^{-24}\,\text{g}}_{1\,\frac{\text{g}}{\text{mol}}} \cdot A_r$ $M = A_r \frac{\text{g}}{\text{mol}}$ für atomare Substanzen $M = M_r \frac{\text{g}}{\text{mol}}$ für molekulare Substanzen *Beispiele:* Kohlenstoff $M_C = 12 \frac{\text{g}}{\text{mol}}$ (Grammatom) Kohlendioxid $M_{CO_2} = 44 \frac{\text{g}}{\text{mol}}$ (Grammolekül) Sulfat-Ion $M_{SO_4} = 96 \frac{\text{g}}{\text{mol}}$ (Grammion)
molares Normvolumen V_{mn} (Molvolumen)	Die Stoffmenge 1 kmol eines idealen Gases nimmt im Normzustand (bei 0 °C und 1,013 bar) ein Volumen von $22{,}414\,\text{m}^3$ ein. $V_{mn} = 22{,}414 \frac{\text{m}^3}{\text{kmol}}$
Umrechnung Masse – Volumen	$V_n = \frac{m}{M} V_{mn} = n\, V_{mn}$ *Beispiel:* Normvolumen von 100 g Propan C_3H_8 $M(C_3H_8) = (3 \cdot 12 + 8) \frac{\text{g}}{\text{mol}} = 44 \frac{\text{g}}{\text{mol}}$ $V_n = \frac{100\,\text{g} \cdot 22{,}414\,\text{dm}^3 \cdot \text{mol}^{-1}}{44\,\text{g} \cdot \text{mol}^{-1}} = 50{,}9\,\text{dm}^3$
Stoffmengenkonzentration c (Molarität)	Quotient aus der Stoffmenge n und dem Volumen eines homogenen Stoffsystems (Gasmischung, Lösung) $c = \frac{n}{V} = \frac{m}{M\,V}$ *Beispiel:* In einer Lösung sind in 10 ml Lösung 0,2 g NaOH enthalten. $c = \frac{0{,}2\,\text{g}}{40\,\text{g}\,\text{mol}^{-1} \cdot 10^{-2}\,\text{l}} = 0{,}5 \frac{\text{mol}}{\text{l}}$ (0,5-molar)
molare Lösung	Lösung mit bestimmter Stoffmengenkonzentration. Eine Lösung ist n-molar, wenn in 1 l Lösung die Stoffmenge n mol gelöst ist. *Beispiel:* Wieviel Gramm NaCl sind in 100 ml einer 0,1 molaren Lösung enthalten? $M(\text{NaCl}) = (23 + 35{,}5) \frac{\text{g}}{\text{mol}}$; $c = \frac{m}{M\,V}$; $m = c\,M\,V = 0{,}1 \frac{\text{mol}}{\text{l}}\, 58{,}5 \frac{\text{g}}{\text{mol}} \cdot 0{,}1\,\text{l} = 0{,}585\,\text{g}$

Einheiten zu $V_n = \frac{m}{M} V_{mn}$:

m	M	V
kg	$\frac{\text{kg}}{\text{kmol}}$	m^3
g	$\frac{\text{g}}{\text{mol}}$	l

Einheiten zu $c = \frac{m}{M\,V}$:

c	m	M	V
$\frac{\text{mol}}{\text{l}}$	g	$\frac{\text{g}}{\text{mol}}$	l

Äquivalentmenge n_{eq}	Hilfsgröße, ganzzahliges Vielfaches der Stoffmenge, Produkt aus Stoffmenge und Wertigkeit z $n_{eq} = n z = \frac{m z}{M} = \frac{m}{M_{eq}}$ n Stoffmenge in mol m Masse in g M_{eq} äquivalente Masse in $\frac{g}{mol}$

Wertigkeiten z

Salze	Ladungszahl der Ionen
Säuren	Anzahl der H-Atome der Summenformel
Basen	Anzahl der OH-Gruppen der Summenformel
Redox-Reaktionen	Differenz der Oxydationszahlen

Die Äquivalentmenge n_{eq} eines Stoffes kann aufgefaßt werden als Teilchenmenge von Wasserstoff-Ionen, die in der Lage ist, die Stoffmenge 1 mol dieses Stoffes zu ersetzen oder zu binden.

Beispiel: Zink reduziert Wasserstoff. Die Stoffmenge 1 mol Zn^{2+} hat die Äquivalentmenge $n_{eq} = 2$ mol, da diese Ionen die zweifache Menge Wasserstoffatome freimachen können, d.h., ihnen äquivalent sind.

äquivalente Masse M_{eq} (Grammäquivalent)

$M_{eq} = \frac{M}{z}$ Hilfsgröße, aus der molaren Masse gebildet, als Quotient aus molarer Masse und Wertigkeit.

Bei mehrladigen Ionen wird durch die Elektrizitätsmenge $F = 96\,485$ As/mol die äquivalente Masse abgeschieden (F Faraday-Konstante).

Äquivalentmengenkonzentration c_{eq} (Normalität)

Hilfsgröße, aus der Stoffmengenkonzentration (Molarität) gebildet, als Produkt von Molarität und Wertigkeit z

$$c_{eq} = c z = \frac{n z}{V} = \frac{m z}{M V}$$

c_{eq}	m	z	M	V
$\frac{mol}{l}$	g	–	$\frac{g}{mol}$	l

Beispiel: Normalität von 150 ml Lösung in der 10 g H_2SO_4 gelöst sind.
$M(H_2SO_4) = 98\ \frac{g}{mol}$

$$c_{eq} = \frac{10\,g \cdot 2}{98\,g mol^{-1} \cdot 0{,}15\,l} = 1{,}36\ \frac{mol}{l}$$

Normallösung

Lösung mit bestimmter Äquivalentmengenkonzentration (Normalität). In einer 1 n Lösung ist in 1 l Lösung die äquivalente Masse M_{eq} gelöst.

Beispiel: Herstellung einer 0,1 n Lösung HNO_3 von 400 ml.

$$m = \frac{c_{eq} M V}{z} = \frac{0{,}1\,mol \cdot l^{-1} \cdot 63\,g \cdot mol^{-1} \cdot 0{,}4\,l}{1}$$

$m = 2{,}52$ g HNO_3 in $V = 400$ ml Säure ergeben eine 0,1 n Salpetersäure.

Säure- und Basenlösungen der gleichen Normalität neutralisieren sich, wenn gleiche Volumina zusammengebracht werden.

3.10.2. Stöchiometrische Rechnungen

Massengehalt

Berechnung des Massenanteils eines Elementes E an einem Molekül M

$$E\,\% = \frac{A_{rE}}{M_r} \cdot 100$$

A_{rE} relative Atommasse des Elements E
M_r relative Molekülmasse des Moleküls M

Beispiel: Eisengehalt von Fe_3O_4 mit $A_{rFe} = 56$ und $A_{rO} = 16$.

$$Fe\,\% = \frac{3 \cdot 56}{3 \cdot 56 + 4 \cdot 16}\,100 = \frac{168}{232}\,100 = 72{,}4\,\%$$

Stoffumsatz

Berechnung von Ausgangsstoffen oder Reaktionsprodukten in folgenden Schritten.

Beispiel: Vollständige Verbrennung von Propan. Gesucht sind Sauerstoffmasse und -volumen zur Verbrennung von 80 g Propan.

Vollständige Reaktionsgleichung aufstellen:	$C_3H_8 + 5\,O_2 \rightarrow 3\,CO_2 + 4\,H_2O$ 6 O- + 4 O-Atome
Einsetzen der molaren Massen ergibt Massengleichung:	44 g + 160 g = 132 g + 72 g
Gegebene Stoffmasse hinschreiben:	80 g
Faktor $x = \frac{80\,g}{44\,g} = 1{,}818$	Überlegung: Von allen Stoffen die 1,818fache Masse nehmen.
Massengleichung mit dem Faktor multiplizieren:	80 g + 290,9 g = 240 g + 130,9 g

Ergebnis: Sauerstoffbedarf für 80 g Propan beträgt 290,9 g.

Umrechnung Masse – Volumen siehe „molares Normvolumen"

$$V_n = \frac{m}{M} V_{mn} = \frac{290{,}5\,g \cdot 22{,}4\,\frac{l}{mol}}{32\,\frac{g}{mol}} = 203{,}6\,l$$

Das Volumen der beteiligten Gase kann auch direkt aus der Reaktionsgleichung berechnet werden:

Reaktionsgleichung:	C_3H_8 +	$5\,O_2$ →	$3\,CO_2$ +	$4\,H_2O$
Gleichung mit Stoffmengen ansetzen:	1 mol	5 mol	3 mol	4 mol
Für unbekannte Gase das molare Normvolumen einsetzen:	44 g	5 · 22,4 l	3 · 22,4 l	4 · 22,4 l
Gegebenen Stoff einsetzen:	80 g	V_{n1}	V_{n2}	V_{n3}
Proportion ansetzen	$\frac{44\,g}{80\,g}$ =	$\frac{5 \cdot 22{,}4\,l}{V_{n1}}$ =	$\frac{3 \cdot 22{,}4\,l}{V_{n2}}$ =	$\frac{4 \cdot 22{,}4\,l}{V_{n3}}$

Gesuchtes Gasvolumen ausrechnen:

$$V_{n1} = \frac{5 \cdot 22{,}4\,l \cdot 80\,g}{44\,g} = 203{,}6\,l$$

Mischungsregel

$$m_1 \cdot \omega_1 + m_2 \cdot \omega_2 = (m_1 + m_2)\,\omega$$

m_1, m_2 Masse der Mischungskomponenten
ω_1, ω_2 Massengehalt der Komponenten in %
ω Massengehalt der Mischung in %

Beispiel: Welchen Massengehalt hat die Mischung von 100 g 10 %iger Natronlauge mit 50 g 20 %iger?

$$\omega = \frac{m_1 \cdot \omega_1 + m_2 \cdot \omega_2}{m_1 + m_2} = \frac{100\,\text{g}\;10\,\% + 50\,\text{g}\;20\,\%}{150\,\text{g}} = 13{,}33\,\%$$

Mischungskreuz

Zur einfachen Bestimmung der Massenteile (Mischungsverhältnis) der Komponenten, wenn die Massengehalte der Komponenten und der Mischung gegeben sind.

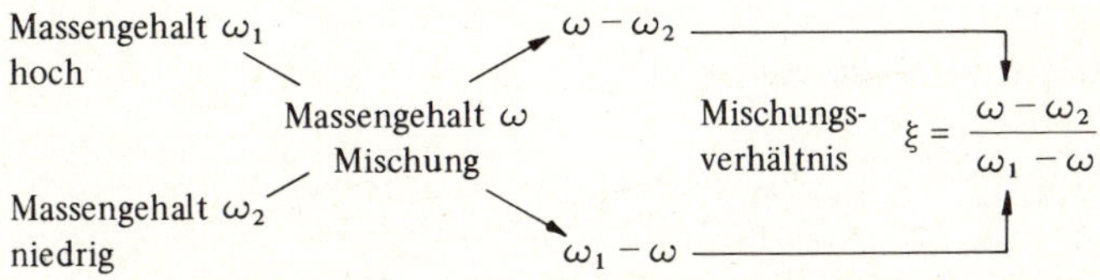

In Pfeilrichtung die Differenzen der Massengehalte bilden (positive Vorzeichen). Die beiden Differenzen ergeben das Mischungsverhältnis ξ.

Beispiel: Aus den Messingsorten mit 63 % und 72 % Cu-Gehalt soll 68 %iges Messing hergestellt werden.

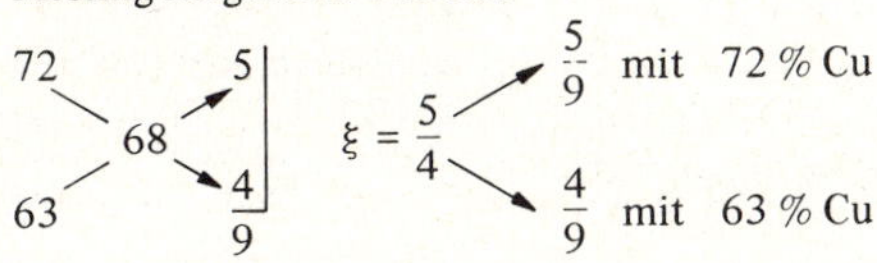

3.11. Energieverhältnisse bei chemischen Reaktionen

exotherme Reaktion

Bei der Reaktion wird Energie, meist Wärme, nach außen abgegeben. Die Energie erscheint in der Reaktionsgleichung auf der rechten Seite mit Minus-Zeichen, sie wird von dem reagierenden Stoffsystem weggenommen.

endotherme Reaktion

Bei der Reaktion wird Energie, meist Wärme, verbraucht, d.h., sie muß zugeführt werden, damit die Reaktion verläuft. Die Energie erscheint auf der rechten Seite mit Plus-Zeichen, sie muß dem Stoffsystem zugeführt werden.

Bildungsenthalpie

Wärme, die beim Entstehen einer chemischen Verbindung aus ihren Elementen gemessen werden kann. Angabe in der Einheit J/mol.

$$4\,Fe + 3\,O_2 \rightarrow 2\,Fe_2O_3 - 16{,}62 \cdot 10^5\,J$$

Da 2 mol Fe_2O_3 entstehen, beträgt die Bildungsenthalpie die Hälfte, $W = 8{,}31 \cdot 10^5$ J/mol.

Reaktionsenthalpie

Wärme, die bei einer chemischen Reaktion als Energiedifferenz auftritt. Ihr Betrag bezieht sich auf den Formelumsatz. Dazu wird die Reaktionsgleichung mit den kleinsten ganzzahligen Koeffizienten aufgestellt. Der dann in Molen beschriebene Stoffumsatz hat die angegebene Reaktionsenthalpie.

$$Fe_2O_3 + 2\,Al \longrightarrow Al_2O_3 + 2\,Fe - 8{,}4 \cdot 10^5\,J$$

Die Energieangabe bezieht sich dabei auf die Umsetzung von

1 mol Fe_2O_3 = 160 g mit 2 mol Al = 54 g zu 1 mol Al_2O_3 = 102 g und 2 mol Fe = 112 g

sie ist die Differenz aus den Bildungsenthalpien (= Trennungsenthalpien).

Bildung von	1 mol Al_2O_3	$-16{,}71 \cdot 10^5$ J
Trennung von	1 mol Fe_2O_3	$+\ 8{,}31 \cdot 10^5$ J
Reaktions-Enthalpie		$-\ 8{,}40 \cdot 10^5$ J

3.12. Heizwerte von Brennstoffen

Name		Heizwert H_u $\cdot 10^6$ J/m³	Name		Heizwert H_u $\cdot 10^6$ J/kg
Gase und Dämpfe [1]), chemisch rein			**Flüssige Brennstoffe**		
Äthan	C_2H_6	64,5	Äthanol (Äthylalkohol)	C_2H_5OH	27
Äthen (Äthylen)	C_2H_4	59,5	Benzin für Automotoren		42,5
Äthin (Acetylen)	C_2H_2	56,9	Benzol	C_6H_6	40
Benzol	C_6H_6	144,0	Dieselöl		41,6
Dimetylbenzol (Xylol)	$C_6H_4(CH_3)_2$	199,0	Flüssiggas		45,8
Methan	CH_4	35,9	Heizöl		42,9
Methylbenzol (Toluol)	$C_6H_5CH_3$	172,0	Methanol (Methylalkohol)		19,5
Propan	C_3H_8	93,0			
Propen (Propylen)	C_3H_6	87,8			
Technische Gase [1])			**Feste Brennstoffe**		
Erdgas, trocken		(25...33)	Holz, frisch		8,4
Generatorgas		(4,8...5,2)	Holz, trocken		15,1
Gichtgas		(3,9...4,1)	Braunkohle, roh		9,6
Koksofengas		(17,2...18)	Braunkohle, brikettiert		19,3
Stadtgas		(17,6...19,3)	Steinkohle, Anthrazit		31,0
Wassergas		(9,8...10,7)	Zechenkoks		29,3
			Gaskoks		28,0

[1]) bezogen auf 1 Normalkubikmeter

3.13. Bildungs- und Verbrennungswärmen einiger Stoffe

Element (Stoff)	Oxid	Bildungswärme J/mol Oxid	Verbrennungswärme J/kg Stoff	Verbrennungswärme J/m³ Gas bei 0 °C; 1,013 bar
C	CO	$1{,}1 \cdot 10^5$	$9{,}2 \cdot 10^6$	–
C	CO_2	$3{,}9 \cdot 10^5$	$32{,}8 \cdot 10^6$	–
CO	CO_2	$2{,}8 \cdot 10^5$	$10{,}1 \cdot 10^6$	$12{,}6 \cdot 10^6$
P	P_2O_5	$15{,}1 \cdot 10^5$	$24{,}3 \cdot 10^6$	–
S	SO_2	$3{,}0 \cdot 10^5$	$9{,}3 \cdot 10^6$	–
Si	SiO_2	$8{,}6 \cdot 10^5$	$30{,}6 \cdot 10^6$	–
Mn	MnO	$3{,}9 \cdot 10^5$	$7{,}0 \cdot 10^6$	–
Ti	TiO_2	$9{,}4 \cdot 10^5$	$19{,}7 \cdot 10^6$	–
Al	Al_2O_3	$16{,}7 \cdot 10^5$	$31{,}0 \cdot 10^6$	–
Mg	MgO	$6{,}0 \cdot 10^5$	$24{,}8 \cdot 10^6$	–
Ca	CaO	$6{,}4 \cdot 10^5$	$11{,}3 \cdot 10^6$	–
H	H_2O	$2{,}9 \cdot 10^5$	$142 \cdot 10^6$	$12{,}8 \cdot 10^6$
H	(HF)	$2{,}7 \cdot 10^5$	$268 \cdot 10^6$	$24{,}1 \cdot 10^6$
H	(Cl)	$0{,}9 \cdot 10^5$	$91 \cdot 10^6$	$8{,}2 \cdot 10^6$

4. Werkstoffkunde

4.1. Werkstoffprüfung

Härteprüfung nach Brinell (DIN 50 351)

$$HB = \frac{0{,}204\,F}{\pi D\,(D - \sqrt{D^2 - d^2})}$$

HB	F	D, d
1	N	mm

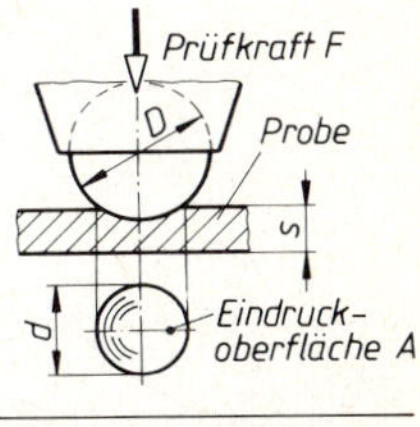

Kurzzeichen

350 HB: Brinellhärte = 350 mit Kugel von 10 mm Durchmesser und F = 29420 N Prüfkraft bei 10...15 s Einwirkdauer gemessen.

120 HB 5/250/30: Brinellhärte von 120 mit Kugel von 5 mm Durchmesser und F = 2450 N Prüfkraft bei 30 s Einwirkdauer gemessen.

Werkstoffgruppen, Belastungsgrad, Härte-Meßbereich

Werkstoffgruppen	Belastungsgrad $C = \frac{0{,}102\,F}{D^2}$ (F in N)	Härte-Meßbereich HB
Stahl, Stahlguß, Gußeisen, Titanlegierungen	30	67...450
Leichtmetall, Kupfer, Messing, Nickel	10	22...315
Rein-Aluminium, Magnesium, Zink, Gußmessing	5	11...158
Lagermetalle	2,5	6...78
Blei, Zinn	1,25	3...39

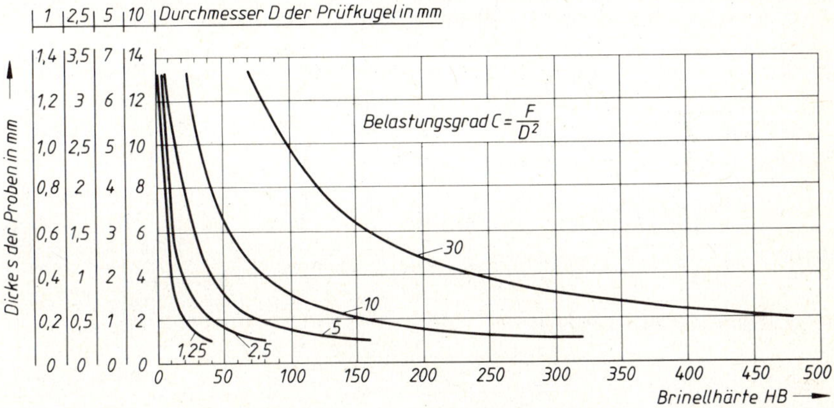

Dicke der Proben nach der Beziehung $s \geqq 10 \cdot$ Eindringtiefe der Kugel

Wahl des Kugeldurchmessers: Belastungsgrad nach Werkstoffgruppe wählen, Kugeldurchmesser nach Probendicke aus dem Diagramm entnehmen, größtmögliche Kugel verwenden!

Beispiel: Blech mit s = 2 mm aus Messing soll geprüft werden. Die zu erwartende Härte beträgt 120 HB.

Der Belastungsgrad für Messing beträgt 10. Gehe von der Abszisse bei HB = 120 nach oben bis zur Kurve Belastungsgrad 10, von da aus waagerecht nach links zur Ordinate. Die kleinste Blechdicke, die noch zulässig ist beträgt für die Kugel mit 10 mm Durchmesser etwa 2,5 mm, für die Kugel mit 5 mm Durchmesser dagegen etwa 1,5 mm. Gewählter Kugeldurchmesser deshalb D = 5 mm.

Bestimmung der Prüfkraft F aus dem Belastungsgrad C: $C = \frac{0{,}102\,F}{D^2} = 10$; $F = \frac{10 \cdot D^2}{0{,}102} = \frac{10 \cdot 25}{0{,}102} = 2450$ N

Härteprüfung nach Vickers (DIN 50 133)

$$HV = \frac{0{,}189\,F}{d^2} \qquad d = \frac{d_1 + d_2}{2}$$

HV	F	d
1	N	mm

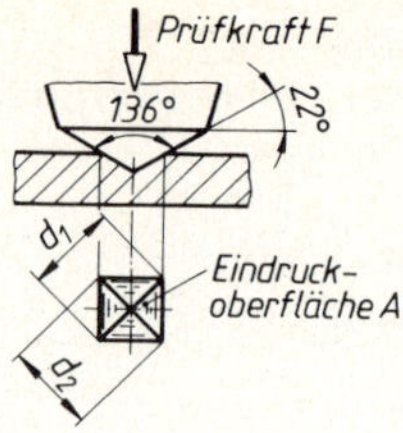

Kurzzeichen

640 HV 30: Vickershärte von 640 mit $F = 294$ N bei 10...15 s Einwirkdauer gemessen.

180 HV 50/30: Vickershärte von 180 mit $F = 490$ N bei 30 s Einwirkdauer gemessen.

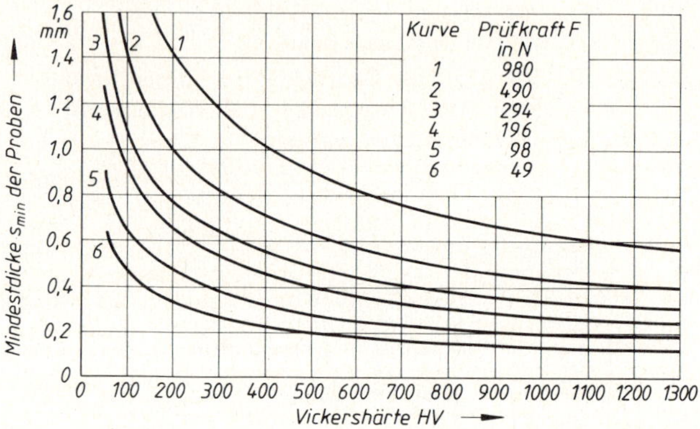

Mindestdicke der Proben nach der Beziehung $s_{min} = 1{,}5 \cdot$ Eindruckdiagonale

Die Prüfkraft ist abhängig von der Dicke der Probe nach der Beziehung $s_{min} = 1{,}5\,d$ (siehe Diagramm).

Beispiel: Probe mit einer zu erwartenden Härte von 300 HV und 1 mm Dicke.

Der Schnittpunkt beider Koordinaten im Diagramm liegt oberhalb der Kurve 2, also ist eine Prüfkraft von $F = 490$ N geeignet, sie würde in einem weicheren Werkstoff mit der Probendicke $s = 1$ mm bis herunter zu einer Vickershärte von 200 HV noch zulässig sein.

Härteprüfung nach Rockwell (DIN 50 103)

$$\begin{matrix} HRC \\ HRA \end{matrix} = 100 - 500\,t_b \qquad HRN = 100 - 1000\,t_b$$

HRC	t_b
1	mm

HRN	t_b
1	mm

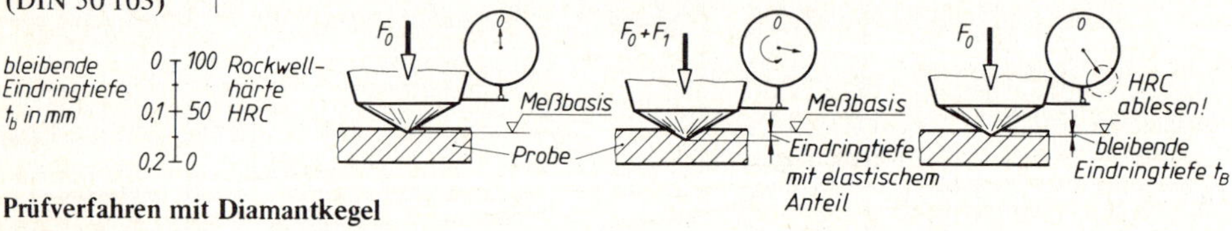

Prüfverfahren mit Diamantkegel

Kurzzeichen	HRC	HRA	HR 15 N	HR 30 N	HR 45 N
Einheit von F	N	N	N	N	N
Prüfvorkraft F_0	98	98	29,4	29,4	29,4
Prüfkraft F_1	1373	490	117,6	265	412
Prüfgesamtkraft F	1471	588	147	294	441
Meßbereich	20...70 HRC	60...88 HRA	66...92 HR 15 N	39...84 HR 30 N	17...75 HR 45 N
Härteskale	0,2 mm	0,2 mm	0,1 mm		
Werkstoffe	Stahl, gehärtet, angelassen	Wolframcarbid, Bleche ≧ 0,4 mm	dünne Proben ≧ 0,15 mm, kleine Prüfflächen, dünne Oberflächenhärteschichten		

Die *Probendicke* soll mindestens das 10-fache der bleibenden Eindringtiefe t_b betragen.

Zugversuch (DIN 50 143 bis 50 146)

mit Zugproben (DIN 50 125):
kurzer Proportionalstab mit $L_0: d_0 = 5$
langer Proportionalstab mit $L_0: d_0 = 10$

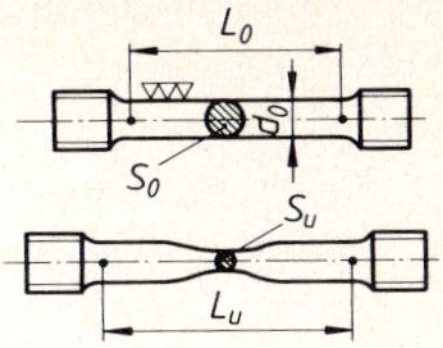

Hookesches Gesetz

$$\sigma = \epsilon E = \frac{\Delta L}{L_0} E = \frac{F}{S_0}$$

σ, E	ϵ	$\Delta L, L_0$	F	S_0
$\frac{N}{mm^2}$	1	mm	N	mm^2

Zugfestigkeit R_m

$$R_m = \frac{F_{max}}{S_0}$$

$R_m, R_e, R_{p\,0,2}$	A_5, A_{10}, Z	F	L	S_0	ϵ
$\frac{N}{mm^2}$	%	N	mm	mm^2	1

Streckgrenze R_e

$$R_e = \frac{F_{0,2}}{S_0}$$

0,2-Dehngrenze $R_{p\,0,2}$

$$R_{p\,0,2} = \frac{F_{0,2}}{S_0}$$

Bruchdehnung A

$$A_5, A_{10} = \frac{L_u - L_o}{L_o} \cdot 100\,\%$$

Bruch-einschnürung Z

$$Z = \frac{S_o - S_u}{S_o} \cdot 100\,\%$$

Elastizitätsmodul E

$$E = \frac{\sigma}{\epsilon_{el}}$$

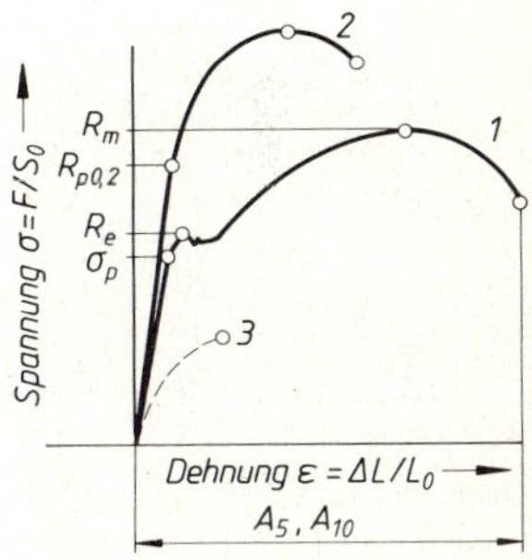

Spannung-Dehnung-Diagramme
1 weicher Stahl
2 legierter Stahl
3 Grauguß

Kerbschlagbiege-Versuch DIN 50 115

Kerbschlagarbeit $A_v = F(h - h_1)$

A_v	F	h, h_1
J	N	m

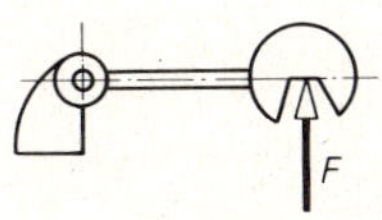

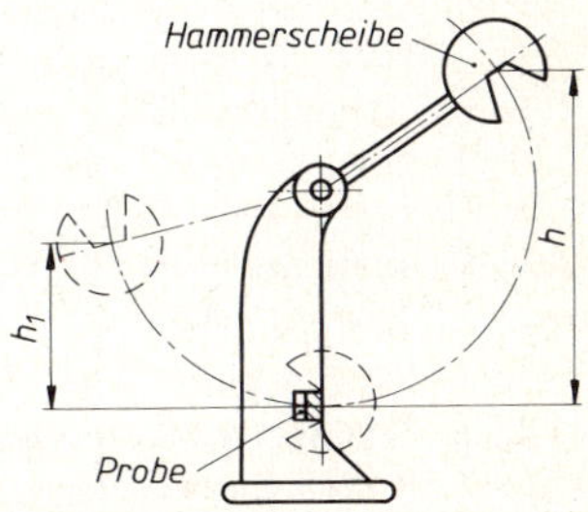

1) A_v ist abhängig von der Probenform und muß mit angegeben werden, z.B.: A_v (DVM) = 41 J

4.2. Eisen-Kohlenstoff-Diagramm

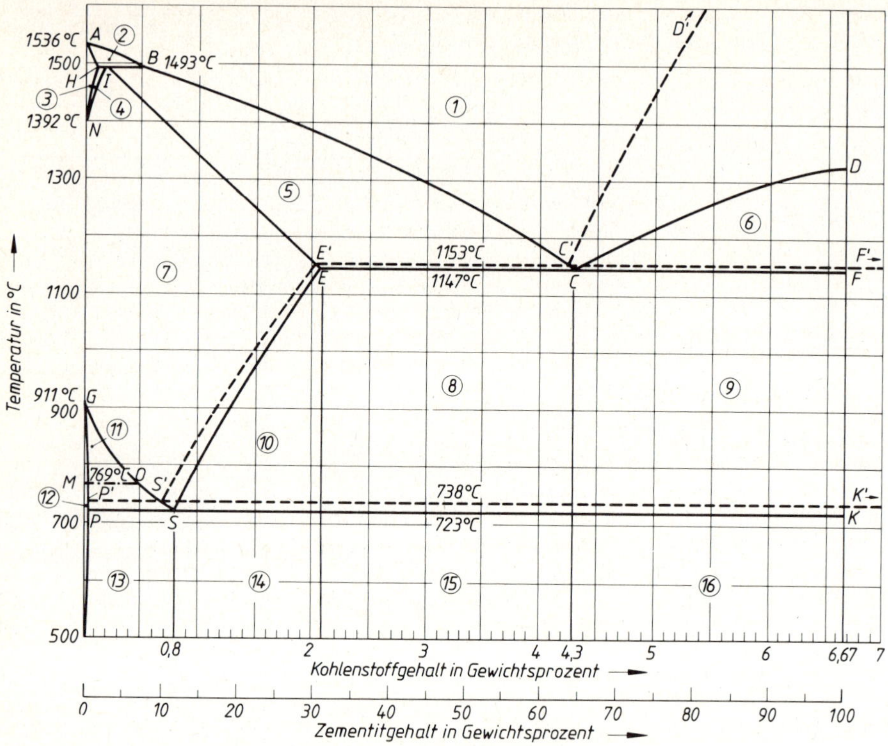

Metastabiles System: ausgezogene Linien; stabiles System: strichlierte Linien.

Zustand der Legierungen in den Phasenfeldern

Feld	Metastabiles System	Stabiles System
1	Schmelze	
2	Schmelze + δ-Mischkristalle	
3	δ-Mischkristalle	
4	δ- + γ-Mischkristalle	
5	Schmelze + γ-Mischkristalle	
6	Schmelze + Primärzementit	Schmelze + Graphit
7	γ-Mischkristalle (Austenit)	γ-Mischkristalle
8	γ-Mischkristalle + Eutektikum (Ledeburit)	γ-Mischkristalle + Graphiteutektikum
9	Primärzementit + Eutektikum (Ledeburit)	Graphit + Graphiteutektikum
10	γ-Mischkristalle + Sekundärzementit	γ-Mischkristalle + Sekundärgraphit
11	γ-Mischkristalle + α-Mischkristalle (Ferrit)	
12	α-Mischkristalle (Ferrit)	
13	Ferrit + Perlit	
14	Sekundärzementit + Perlit	
15	Perlit + Eutektikum (Ledeburit)	α-Mischkristalle + Graphiteutektikum
16	Primärzementit + Eutektikum (Ledeburit)	Graphit + Graphiteutektikum

Haltepunkte, Kurzzeichen und Bedeutung

Kurzzeichen	Bedeutung der Haltepunkte
A_{r3}	Haltepunkt A_3 bei Abkühlung, Beginn der Ferritausscheidung (γ-α-Umwandlung Linie *GSK*).
A_{c3}	Haltepunkt A_3 bei Erwärmung, Ende der Austenitbildung (α-γ-Umwandlung).
A_{r1}	Austenitzerfall und Perlitbildung beim Abkühlen (Linie *PSK*).
A_{c1}	Umwandlung des Perlit zu Austenit beim Erwärmen.
$A_{r\,cm}$	Beginn der Zementit-*Ausscheidung* bei der Abkühlung (Linie *ES*).
$A_{c\,cm}$	Ende der Zementit-*Einformung* beim Erwärmen.

4.3. Bezeichnung von Werkstoffen

4.3.1. Werkstoffnummern DIN 17007

Die Kennzeichnung *aller* Werkstoffe erfolgt durch eine Kombination von Ziffern und -gruppen, die durch einen Punkt getrennt werden und die folgende Bedeutung besitzen:

☐ Werkstoff-Hauptgruppe — ☐☐☐☐ Werkstoffsorte (Sortennummer) — ☐☐ Werkstoffzustand (Anhängezahl)

Beispiel: X 210 Cr 12
legierter Werkzeugstahl
für Kaltarbeit

1 . 20 80 . 92

- 92 → weichgeglüht
- 9 → Elektrostahl
- 80 → Zählziffern innerhalb der Cr-Stähle
- 20 → Cr-legierter Werkzeugstahl
- 1 → Stahl

Hauptgruppen

0.	Roheisen und Legierungen
1.	Stahl, Stahlguß
2.	NE-Schwermetalle
3.	Leichtmetalle
4.	Sinterwerkstoffe, Pulver
5.	Nichtmetallische Werkstoffe

Sortennummer. Die ersten beiden Ziffern klassifizieren den Werkstoff aufgrund seiner chemischen Zusammensetzung und Verwendung. Die letzten beiden sind Zählnummern und dienen zur Unterscheidung der einzelnen Werkstoffe innerhalb einer Sorte.

Übersicht über die Einteilung der Stähle

Sortennummer (Bereich)	Stahlsorten
1.01 … 1.09	Massen- und Qualitätsstähle, unlegiert und legiert nach steigenden C-Gehalten zusammengefaßt
1.10 … 1.19	unlegierte Edelstähle als Konstruktions- und Werkzeugstähle
1.20 … 1.29	legierte Werkzeugstähle mit verschiedenen Kombinationen von Legierungselementen in Sorten zusammengefaßt
1.30 … 1.39	Schnellarbeits- und Wälzlagerstähle, verschleißfeste Stähle und solche mit besonderen physikalischen Eigenschaften
1.40 … 1.49	chemisch beständige Stähle und hitzebeständige Stähle, Hochtemperaturwerkstoffe
1.50 … 1.89	Baustähle mit verschiedenen Kombinationen von Legierungselementen z. B. Cr-Ni-Mo-Stähle 1.65 … mit < 0,4 % Mo + < 2 % Ni

Anhängezahl. Für die Stähle gibt die erste Ziffer die Art der Erschmelzung, die zweite die Nachbehandlung an.

Erschmelzung			Behandlung
unbestimmt, bedeutungslos		.0	0 keine oder beliebige
Thomasstahl	unberuhigt	.1	1 normalgeglüht
	beruhigt	.2	2 weichgeglüht
beliebige Erschmelzung	unberuhigt	.3	3 wärmebehandelt, beste Zerspanbarkeit
	beruhigt	.4	4 zäh vergütet
Siemens-Martin-Stahl	unberuhigt	.5	5 vergütet
	beruhigt	.6	6 hart vergütet
Sauerstoff-blasstahl	unberuhigt	.7	7 kaltverformt
	beruhigt	.8	8 federhart kaltverformt
Elektrostahl		.9	9 nach besonderen Angaben

4.3.2. Benennung von Eisen und Stahl DIN 17 006

Allgemeine Bezeichnungen (Mindestangabe)

Werkstoffgruppe	Kurzzeichenbildung	Beispiel
Massenstähle	St-Angabe der Mindestzugfestigkeit in 0,102 N/mm^2	St-37
Qualitätsstähle	C / Kohlenstoffkennzahl	C 45
Edelstähle	Ck / Kohlenstoffkennzahl	Ck 45
niedriglegierte Stähle	Kohlenstoffkennzahl / Symbole der Hauptlegierungselemente / Kennzahlen	42 CrMo 4
hochlegierte Stähle	X / Kohlenstoffkennzahl / Symbole der Hauptlegierungselemente / wirkliche Gehalte der Legierungselemente	X 5 CrNi 18 10
Gußwerkstoffe	Buchstabe G vorgesetzt (Tafel Gußzeichen)	GS-Ck 25

Kennzahlen sind Vielfache der wirklichen Gehalte in Prozent.

Faktor	100	10	4
Legierungselemente	C, Ce, N, P, S	Al, B, Be, Cu, Mo, Nb, Pb, Ta, Ti, V, Zr	Mn, Si, Cr, Ni, W, Co

Zusätzliche Angaben (wahlweise)

Vorgestellte Zeichen für die Vorbehandlung der Schmelze

Erschmelzungsart	Eigenschaften
B Bessemerstahl	A alterungsbeständig
E Elektrostahl, allgemein	G größerer P- oder S-Gehalt
M SM-Stahl	K kleiner P- oder S-Gehalt
T Thomasstahl	L laugenrißbeständig
Ti Tiegelstahl	P preßschweißbar
W Windfrischstahl	Q kaltstauchbar
B basisch } zusätzlich	R ruhig vergossen
Y sauer } angehängt	U unruhig vergossen

Gußzeichen

Werkstoff	
Stahlguß	GS
Grauguß, lamellar	GG
Grauguß, globular (Kugelgraphitguß)	GGG
Temperguß, weiß	GTW
Temperguß, schwarz	GTS
Hartguß	GH

Nachgestellte Zeichen für den Behandlungszustand

Behandlung		Behandlung	
A	angelassen	N	normalgeglüht
B	beste Bearbeitbarkeit	NT	nitriert
E	einsatzgehärtet	S	spannungsfrei geglüht
G	weichgeglüht	U	unbehandelt
H	gehärtet	V	vergütet
K	kaltverformt		

Nachgestellte Kennziffern für Umfang der gewährleisteten Eigenschaften

Gewährleistungsumfang	Kennziffer								
	.1	.2	.3	.4	.5	.6	.7	.8	.9
Streckgrenze	○			○		○	○		
Falt- und Stauchversuch		○		○	○		○		
Kerbschlagzähigkeit			○		○	○	○		
warmfest oder Dauerfestigkeit								○	
elektromagn. Eigenschaften									○

Beispiele:

TU St 37 K unberuhigter Thomasstahl, Mindestzugfestigkeit 360 N/mm², kalt gezogen

MQ St 52-3 kaltverformbarer SM-Stahl, Mindestzugfestigkeit 510 N/mm², Gütegruppe 3

GS-E 25 CrMo 56 V + S 65 Stahlguß im Elektroofen erschmolzen mit 0,25 % C, 1,25 % Cr, 0,6 % Mo, vergütet und spannungsfrei geglüht, Festigkeit 640 N/mm²

GS-52.1 N unlegierter Stahlguß, Mindestzugfestigkeit 510 N/mm², Streckgrenze gewährleistet, normalisiert

4.3.3. Benennung der NE-Metalle

Die systematische Benennung nach DIN 1700 sieht vor, Legierungen nach dem *Basis-Metall* und dem Hauptlegierungselement zu benennen. Zur weiteren Klärung kann auch noch ein drittes Element genannt werden. In der Kurzbezeichnung erscheinen die chemischen Symbole *abwechselnd* mit den Prozentangaben hintereinander. Nur das Basismetall wird nicht in Prozenten angegeben.

Beispiele: Benennung von NE-Legierungen

Kurzzeichen	Beschreibung
AlMn	Al-Legierung mit 1 % Mn. Die Zahlenangabe fehlt, da nur dieser Typ existiert und keine Verwechslung möglich ist.
AlMg 3	Al-Legierung mit 3 % Magnesium.
CuAl 10 Ni	Cu-Legierung mit 10 % Aluminium und Nickel in kleineren Anteilen (Aluminium-Bronze AlBz 10 Ni)
CuNi 25 Zn 15	Cu-Legierung mit 25 % Nickel und 15 % Zink (Neusilber Ns 6025)
GD-ZnAl 4	Zn-Druckgußlegierung mit 4 % Al
GZ-CuSn 10 Zn	Cu-Schleudergußlegierung mit 10 % Sn und etwas Zn (Rotguß Rg 10).

Bezeichnung der Gießart durch vorgestellte Zeichen

Zeichen	Gießart
G-	Massel-, Sandguß
GK-	Kokillenguß
GD-	Druckguß
GZ-	Schleuderguß
GC-	Strangguß

F-Zahl, Angabe der Mindestzugfestigkeit R_m in 0,1 N/mm² bei Halbzeugen und Schmiedestücken. Sie kennzeichnet einen durch Kaltumformung oder Aushärtung hervorgerufenen Gefügezustand mit einer gegenüber dem weichgeglühten Zustand erhöhten Festigkeit und verminderten Dehnung.

Beispiel: CuSn8 F37 Festigkeit mindestens 370 N/mm² bei 60 % Bruchdehnung,
CuSn8 F69 Festigkeit mindestens 690 N/mm² bei 5 % Bruchdehnung.

4.3.4 Kurzzeichen für Kunststoffe DIN 7728

Kurzzeichen	Erklärung	Kurzzeichen	Erklärung
ABS	Acrylnitril-Butadien-Styrol	PC	Polycarbonat
AMMA	Acrylnitril-Methylmethacrylat	PCTFE	Polychlortrifluorethylen
ASA	Acrylnitril-Styrol-Acrylsäureester	PE	Polyethylen
CA	Celluloseacetat	PETP	Polyethylenterephtalat
CAB	Celluloseacetobutyrat	PF	Phenolformaldehyd
CAP	Celluloseacetopropionat	PI	Polyimid
CF	Kresolformaldehyd	PIB	Polyisobutylen
CFK	Kohlenstoffaserverstärkter Kunststoff	PMMA	Polymethylmethacrylat
CN	Cellulosenitrat	POM	Polyoxymethylen, Polyformaldehyd
CP	Cellulosepropionat	PP	Polypropylen
CS	Casein	PS	Polystyrol
DAP	Diallylphtalat	PTFE	Polytetrafluorethylen
EC	Ethylcellulose	PUR	Polyurethan
EP	Epoxid	PVC	Polyvinylchlorid
EVA	Ethylen-Vinylacetat	PVCC	chloriertes PVC
GF-	Glasfaser (-verstärkt)	PVCA	Vinylchlorid-Vinylacetat
GFK	Glasfaserverstärkter Kunststoff	PVDC	Polyvinylidenchlorid
HDPE	Polyethylen hoher Dichte	PVF	Polyvinylfluorid
LDPE	Polyethylen niedriger Dichte	PVK	Polyvinylcarbazol
MF	Melaminformaldehyd	SAN	Styrol-Acrylnitril
PA	Polyamid	SB	Styrol-Butadien
PAN	Polyacrylnitril	SI	Silikon
PB	Polybutylen	UF	Harnstofformaldehyd
PBTP	Polybutylenterephtalat	UP	Ungesättigte Polyester

4.4. Baustähle nach DIN 17100

Stahlsorte		3 … 100	≤ 16		3 … 40	3 … 63	10 … 63	Erzeugnisdicke in mm	
Name	St.-Nr.	R_m N/mm²	R_{eO} N/mm²	Probenlage[1]	A_5 %	Dorn-∅ n · a[2]	A_v[3] J(°C)	Eigenschaften, Verwendung	
St 33	1.0035	290	185	l q	18 16	3 a 3,5 a	– –		Bauschlosserei
St 37-2 St 37-3	1.0037 1.0116	340 bis 470	235	l q l q	26 24 26 24	1 a 2 a 1 a 1,5 a	27 (+ 20) U, N 27 (± 0) U 27 (– 20) N	schmelz-schweißbar	Niet- und Schweißkonstruktionen im Stahl- und Behälterbau, Flansche, Armaturen
St 44-2 St 44-3	1.0044 1.0144	410 bis 540	275	l q	22 20	2,5 a 3 a	27 (+ 20) U, N 27 (± 0) U 27 (– 20) N		für höhere Beanspruchungen, im Stahl- und Fahrzeugbau, Kräne, Maschinengestelle
St 52-3	1.0570	490 630	355	l q	22 20	2,5 a 3 a	27 (± 0) U 27 (– 20) N		
St 50-2	1.0050	470 610	295	l q	20 18	– –	– –	preß-schweißbar	Achsen, Wellen, Zahnräder, Kurbeln, Paßfedern und -stifte, Keile, Buchsen
St 60-2	1.0060	570 710	335	l q	16 14	– –	– –		
St 70-2	1.0070	670 830	365	l q	11 10	– –	– –		

[1]) l Längsprobe; q Querprobe

[2]) Faltversuch DIN 1605, 180° Biegewinkel, Probendicke a

[3]) Kerbschlagarbeit ISO-Spitzkerbprobe (längs) im Behandlungszustand U (warmgeformt, unbehandelt) oder N (normalgeglüht) bei verschiedenen Temperaturen (Klammerwert) geschlagen.

4.5. Vergütungsstähle nach DIN 17 200

Lfd. Nr.	Stahlsorte Kurzname DIN 17 006	gewährleistete Eigenschaften, vergütet (Mindestwerte) Durchmesserbereich ≤ 16 mm R_e N/mm²	R_m N/mm²	A_5 %	Z %	A_v[1] J	16 < d ≤ 40 mm R_e N/mm²	R_m N/mm²	A_5 %	Z %	A_v J
1	Ck25	360	700 ... 550	19	45	45	320	650 ... 500	21	50	45
2	Ck35	430	780 ... 630	17	35	35	370	750 ... 600	19	45	35
3	Ck45	500	850 ... 700	14	35	25	430	800 ... 650	16	40	25
4	Ck55	550	950 ... 800	12	25	–	470	900 ... 750	14	35	–
5	Ck60	580	1000 ... 850	11	25	–	520	950 ... 800	13	30	–
6	28Mn6	590	930 ... 780	13	40	35	490	840 ... 690	15	45	40
7	32Cr2	450	850 ... 700	15	40	35	350	750 ... 600	15	45	35
8	38Cr2	550	950 ... 800	14	35	35	450	850 ... 700	15	40	35
9	46Cr2	650	1100 ... 900	12	35	30	550	950 ... 800	14	40	35
10	28Cr4	650	1000 ... 850	12	40	35	550	900 ... 750	14	45	40
11	34Cr4	700	1100 ... 900	11	35	35	590	950 ... 800	14	40	40
12	37Cr4	750	1150 ... 950	11	35	30	630	950 ... 850	13	40	35
13	41Cr4	800	1200 ... 1000	10	30	30	660	1100 ... 900	12	35	35
14	25CrMo4	700	1100 ... 900	12	50	45	600	950 ... 800	14	55	50
15	34CrMo4	800	1200 ... 1000	11	45	35	650	1100 ... 900	12	50	40
16	42CrMo4	900	1300 ... 1100	9	40	30	780	1200 ... 1000	10	45	30
17	50CrMo4	900	1300 ... 1100	9	40	30	780	1200 ... 1000	10	45	30
18	30CrMoV9	1050	1450 ... 1250	9	35	25	1020	1450 ... 1250	9	35	25
19	36CrNiMo4	900	1300 ... 1100	10	45	35	800	1200 ... 1000	11	50	40
20	34CrNiMo6	1000	1400 ... 1200	9	40	35	900	1300 ... 1100	10	45	45
21	30CrNiMo8	1050	1450 ... 1250	9	40	30	1050	1450 ... 1250	9	40	30
22	50CrV4	900	1300 ... 1100	9	40	30	800	1200 ... 1000	10	45	30

[1] ISO-V-Probe

Neben den angeführten unlegierten Sorten enthält die Norm noch C22, C30, C40, C50. Alle unlegierten Sorten können als Qualitätsstähle (Kennzeichen C), als Edelstähle mit gewährleisteter Kerbschlagarbeit (Kennzeichen Ck) und als Automatenlegierung mit geregeltem, leicht erhöhtem Schwefelgehalt (Kennzeichen Cm) geliefert werden. Ebenso gibt es zu den Cr- und CrMo-legierten Stählen eine Automatensorte (Kennzeichen z.B. 46Cr2S).

Ablesebeispiel:

Ein Werkstück von 40 mm Durchmesser soll eine Mindeststreckgrenze von $R_e = 600$ N/mm² aufweisen. Welche Stahlsorten kommen in Frage?

Aus dem Schaubild entnimmt man aus dem Schnittpunkt zwischen $R_e = 600$ N/mm² (waagerechte Linie) und dem ⌀-Bereich über 16 bis 40 mm (senkrechte Spalte) die lfd. Nrn. 11 und 14.

Nach obiger Tafel sind es die Stähle:

Nr. 11: 34Cr4 mit $R_e = 590$ N/mm²; $A_v = 40$ J;
Nr. 14: 25CrMo4 mit $R_e = 600$ N/mm²; $A_v = 50$ J.

Bei gleicher Festigkeit hat der Stahl mit höherer lfd. Nr. den kleineren C-Gehalt, damit die größere Zähigkeit.

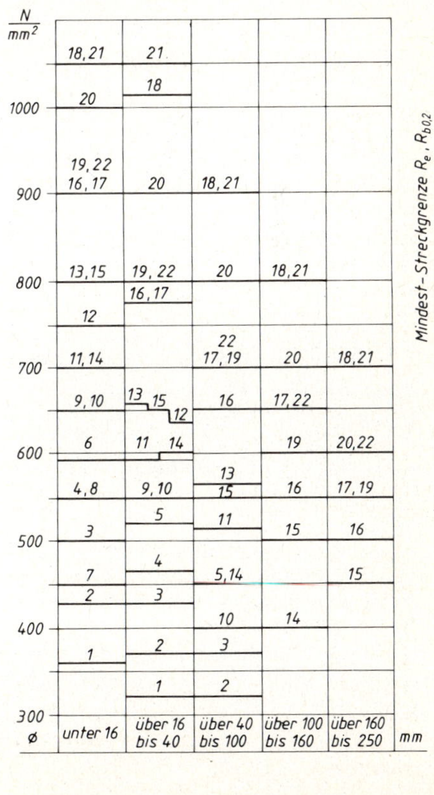

Vergütungsstähle nach DIN 17200, Übersicht über die Mindestwerte der Streckgrenze für verschiedene Durchmesserbereiche. Für die in einem Feld angeführten Sorten gilt der untere stark ausgezogene Rand als Mindeststreckgrenze. Die lfd. Nr. bezieht sich auf Tafel 4.5.

4.6. Einsatzstähle DIN 17210, gewährleistete Eigenschaften (Mindestwerte)

Stahlsorte Kurzname DIN 17006	Behandlungszustand E (im Einsatz gehärtet), Kerneigenschaften, 30 mm Durchmesser					Anwendungsbeispiele
	R_e N/mm²	R_m N/mm²	A_5 %	Z %	A_v J	
Ck 10/C 10	300	500... 650	16	50/45	89	niedrige Beanspruchung bei hoher Zähigkeit
Ck 15/C 15	360	600... 800	14	45/40	62	Bolzen, Wellen, Zahnräder (badnitriert), Werkzeuge
15 Cr 3	450	700... 900	11	40	55	Schaltstangen, Kolbenbolzen, Meßzeuge
16 MnCr 5	600	800...1100	10	40	41	kleine } Zahnräder, Wellen von Kfz-Getrieben
20 MnCr 5	700	1000...1300	8	35	34	mittlere } Zahnräder, Wellen von Kfz-Getrieben
20 MoCr 4	600	800...1100	10	40	48	} wie vor, für Direkthärtung und Badnitrieren
25 MoCr 4	700	1000...1300	8	35	41	} wie vor, für Direkthärtung und Badnitrieren
15 CrNi 6	650	900...1200	9	40	55	mittlere } Zahnräder, Wellen von Getrieben im Nutzfahrzeugbau, z.B. Tellerräder und Ritzel
18 CrNi 8	800	1200...1450	7	35	48	große }
17 CrNiMo 6	750	1100...1350	8	35	55	große }

4.7. Nitrierstähle DIN 17211, gewährleistete Eigenschaften (Mindestwerte)

Stahlsorte Kurzname DIN 17006	⌀ mm	vergütet $R_{p0,2}$ N/mm²	A_5 %	A_v J	HV [1] etwa	Eigenschaften, Anwendung
31 CrMo 12	⩽ 16	900	10	41	800	Ventilspindeln
	> 16... ⩽ 40	850	10	48		Extruderschnecken
	> 40... ⩽ 100	800	11	48		
	>100... ⩽ 160	750	12	48		
39 CrMoV 139	⩽ 70	1100	8	27	800	höchste Kernfestigkeit,
34 CrAlMo 5	⩽ 70	600	14	41	950	Heißdampfarmaturenteile
41 CrAlMo 7	⩽ 100	750	12	34	950	
	>100... ⩽ 160	650	14	41		
34 CrAlS 5	⩽ 60	450	12	–	900	Automatenteile
34 CrAlNi 7	⩾ 70... 250	600	13	41	950	große Querschnitte, Extruderschnecken

[1]) Anhaltswerte der Oberflächenhärte nach dem Gasnitrieren, nicht gewährleistet.

4.8. Stahlguß für allgemeine Verwendungszwecke DIN 1681 (Mindestwerte)

Werkstoff	Festigkeiten R_m N/mm²	R_e N/mm²	Bruchdehnung A_5 %	Kerbschlagarbeit A_v [1]) J	Brucheinschnürung Z [2]) %	Entwurf [3]) DIN E 1681
GS-38	370	190	25	34	35	GS-20-38
GS-45	440	230	22	27	30	GS-23-45
GS-52	510	250	18	20	25	GS-26-52
GS-60	590	290	15	13	–	GS-30-60
GS-62	610	340	15	13	–	entfällt
GS-70	690	410	12	–	–	entfällt

[1]) Werte gelten für Stahlguß mit gewährleisteter Kerbschlagzähigkeit, Bezeichnung z.B. GS-38.3.

[2]) nicht gewährleistet. [3]) Die neue Bezeichnung der Sorten enthält als erste Zahl die Streckgrenze (0,1 $R_{p0,2}$), als zweite die Zugfestigkeit (0,1 R_m).

Bedeutung der Formelzeichen: $R_{p0,2}$ 0,2-Dehngrenze (Streckgrenze), A_5 Bruchdehnung, A_v Kerbschlagzähigkeit (DVM-Probe).

4.9. Gußeisen mit Lamellengraphit DIN 1691

	Einheit	GG-10	GG-15	GG-20	GG-25	GG-30	GG-35	GG-40 [2]
Zugfestigkeit R_m	N/mm²	100	150	200	250	300	350	400
Biegefestigkeit σ_{bB}	N/mm²	200 bis 300	230 bis 370	290 bis 430	350 bis 490	410 bis 550	470 bis 610	530 bis 670
Brinellhärte HB [1]	1	100 bis 150	140 bis 190	170 bis 210	180 bis 240	200 bis 260	210 bis 280	230 bis 300
Elastizitätsmodul E	10^4 N/mm²	80	85	100	110	125	135	140
Biegewechselfestigkeit σ_{bW}	N/mm²	0,35 R_m ⟵						⟶ 0,5 R_m
Schlagarbeit A_v (DVM-Probe)	J	6,3 ⟵						⟶ 18,8

[1]) wanddickenabhängig

[2]) Im Normentwurf DIN E 1691 (10/83) ist GG-40 gestrichen und 6 neue Sorten mit steigender Brinellhärte aufgenommen, neue Bezeichnung GG-140 HB ... 170/190/220/240/... GG-260 HB.

4.9.1. Schaubild zur Abschätzung der Zugfestigkeit und Brinellhärte in Gußstücken aus GG

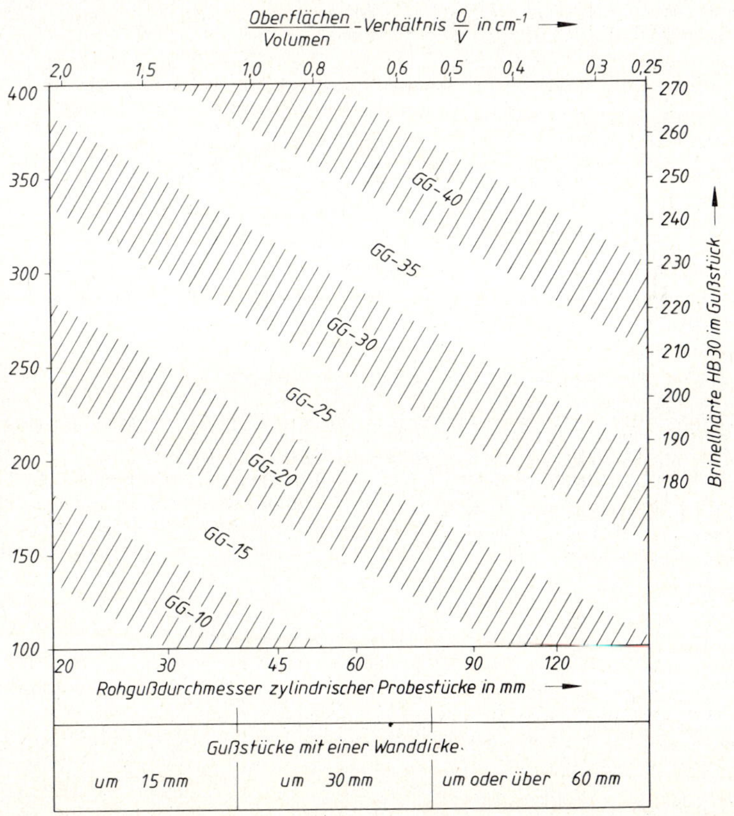

4.10. Gußeisen mit Kugelgraphit DIN 1693

	Einheit	GGG-35.3	GGG-40.3	GGG-40	GGG-50	GGG-60	GGG-70	GGG-80
Zugfestigkeit R_m	N/mm²	350	400	400	500	600	700	800
Streckgrenze R_e	N/mm²	220	250	250	320	380	440	500
Bruchdehnung A_5	%	22	18	15	7	3	2	2
Kerbschlagarbeit A_v (DVM-Probe, 20 °C)	J	19	16	12 bis 17	5 bis 14	4 bis 8	4 bis 8	4 bis 8
Brinellhärte HB 30	–	130 bis 160	130 bis 170	140 bis 200	150 bis 240	175 bis 290	210 bis 310	230 bis 320
Druckfestigkeit σ_{dB}	N/mm²	600	700	800	900	1000	1000	1200
Biegefestigkeit σ_{bB}	N/mm²	700 bis 800	800 bis 900	800 bis 900	850 bis 1000	900 bis 1100	1000 bis 1200	1100 bis 1300
E-Modul	N/mm²	$15 \cdot 10^4$ N/mm² ⟷						$18{,}5 \cdot 10^4$ N/mm²
Wechselfestigkeit σ_{bW}	N/mm²	$0{,}5 \cdot R_m$ ⟷						$0{,}35 \cdot R_m$
Gefüge	–	Ferrit		überw. Ferrit	Ferrit/ Perlit	Perlit		Perlit/ Zwischen- st.-Gefüge
Bearbeitbarkeit	–	sehr gut			gut	gut	ausreichend	
Verschleißfestigkeit	–	gering			mittel	gut	sehr gut	
Oberflächenhärtung	–	gering			mittel	gut	sehr gut	
Dämpfung	–	gut			gut	mittel		gering

4.11. Temperguß nach DIN 1692

Werkstoff	R_m N/mm²	$R_{p0,2}$ N/mm²	A_3 %	HB 30	Anwendungsbeispiele
GTW-35-04	350	–	4	230	Fittings, Förderkettenglieder, Schloßteile
GTW-40-05	400	220	5	220	Schraubzwingen, Kanalstreben
GTW-45-07	450	260	7	220	sehr schlagfest, Fahrwerksteile
GTW-S 38-12	380	200	12	200	Verbundkonstruktionen mit Walzstahl, schweißbar, PKW-Fahrwerksteile
GTS-35-10	350	200	10	150	Getriebe-, Hinterachsgehäuse mit großer Wanddicke, kaltzäh
GTS-45-06	450	270	6	150 ... 200	Schaltgabeln, Bremstrommeln
GTS-55-04	550	340	4	180 ... 230	Kurbelwellen, Kipphebel für Flammhärtung, Federböcke, Bremsträger
GTS-65-02	650	430	2	210 ... 260	vergütet, druckbeanspruchte kleine Gehäuse
GTS-70-02	700	550	2	240 ... 290	vergütet, für Verschleißteile, Kardangabelstücke

[1] Das Kurzzeichen enthält neben der Zugfestigkeit (0,1 R_m) noch die Bruchdehnung A_3.

Die Werte für GTS sind an Probestäben von 12 mm ⌀ ermittelt, bei kleineren Wanddicken ergeben sich höhere Dehnungs- und kleinere Festigkeitswerte.

4.12. Aluminiumlegierungen, Auswahl nach DIN 1725

Kurzzeichen	Hauptbestandteile in %	Zustand	R_m/R_e/HB in N/mm²	Verformbarkeit spanlos	Verformbarkeit spanend	Schweißbarkeit	Beständigkeit gegen Witterung	Beständigkeit gegen Seewasser	Halbzeugarten, Verwendung
Knetlegierungen									
AlMn 1	1 Mn	W9	90/35/28	1	–	1	1	2	Bleche, Bänder, Rohre, Profile;
		F 17	165/145/50	–	5	–	1	2	wie Rein-Al, höhere Festigkeit
AlMg 3	3 Mg, Mn	F 19	190/80/50	2	5	2	1	1	wie vor, Preß- und Schmiedeteile
		F 27	265/215/80	–	4	–	1	1	
AlMgSi 1	1 Mg, 1 Si	w	150/85/35	1	5	2	3	4	kalt- und warmaushärtbare Legierung,
		ka F21	205/110/65	3	3	–	1	2	Bleche, Bänder, Profile und Gesenk-
		wa F30	295/245/95	4	2	–	2	3	teile im Fahrzeug-, Berg- und Schiffbau
AlCuMg 1	4 Cu	w	215/140/50	3	4	–	–	–	Konstruktionslegierung, abgeschreckt
		ka F40	395/265/100	–	2	–	5	–	noch verformbar, punktschweißbar, Bleche und Bänder plattiert lieferbar (AlCuMg 1 pl)
AlCuMgPb	4 Cu, 1 Mg 2 Pb + Sn	ka F35	350/220/90	3	4	–	–	–	Automatenlegierungen, Rohre, Stangen, Drähte
AlZn 4,5 Mg 1	5 Zn, 1 Mg	w	220/140/45	–	2	3	3	–	selbstaushärtende Konstruktionslegierung
		wa F35	350/275/105	–	2	3	3	–	mittlere chemische Beständigkeit
AlZnMgCu 1,5	5,5 Zn 2,5 Mg 2 Cu, Mn	w	280/–/–	4	3	–	–	–	wie AlCuMg 1, höhere Festigkeit,
		wa F53	530/450/140						warmaushärtbar
Gußlegierungen				Gießbarkeit					
G-AlSi 12	12 Si	geglüht	180/90/50	1	3	2	2	2	dünnwandige, dichte, stoßfeste Teile
Gk-AlSi 12	12 Si		200/90/50						aller Art; bei höherer Beanspruchung als
GD-AlSi 12	12 Si		200/120/70						G-AlSi 12 (Cu) mit geringer Witterungsbeständigkeit
G-AlMg 3 Si	3 Mg, Si, Mn	Sandguß	140/80/50	2	1	4	1	1	höher beanspruchte Teile für Schiffs-
		wa	210/130/70						masch., Feuerlöschgeräte, Apparatebau
G-AlSi 9 Mg	9 Si, Mg, Ti	wa	250/200/75	1	2	1	2	3	aushärtbare Legierung für verwickelte, dünnwandige, schwingungsfeste Teile höchster Beanspruchung

1 sehr gut; 2 gut bis sehr gut; 3 gut; 4 ausreichend; 5 bedingt; – nicht angewandt; w weich; ka kalt ausgehärtet; wa warm ausgehärtet

4.13. Kupferlegierungen, Auswahl

DIN-Nr. Kurzzeichen	Stoff-Nr.	Werkstoffeigenschaften [1] $R_{p0,2}$	R_m	A_5	HB	Eigenschaften	Verwendung
1705							
G-CuSn 12 Ni	2.1060.01	160	280	14	90	kavitationsfest } korrosions- und meerwasserbeständig	Schneckenradkränze
GZ-CuSn 12 Pb	2.1061.03	150	280	5	90	Notlaufeigenschaften } korrosions- und meerwasserbeständig	Gleitlager mit Lastspitzen p = 120 N/mm²
G-CuSn 5 ZnPb	2.1096.01	90	240	18	60	lötbar, meerwasserbeständig	Armaturen für Dampf und Wasser bis 225 °C
17662							
CuSn 6 F 35	2.1020.10	300	350	55	85	chemisch beständig	Federn, Membranen, Drahtgewebe, Metallschläuche
CuSn 6 F 63	2.1020.34	600	630	6	220		
1709							
G-CuZn 33 Pb	2.0290.01	70	180	12	45	gute elektrische Leitfähigkeit, beständig gegen Brauchwasser	Beschlagteile, Gehäuse für Armaturen
G-CuZn 35 Al 1	2.0592.01	170	450	20	110	mittlere Gleiteigenschaften	Druckmuttern für stoßende Kräfte
17660							
CuZn 37 F 30	2.0321.10	180	300	48	70	gut kaltform-, löt- und schweißbar	Hauptlegierung für spanlose Verarbeitung
CuZn 40 F 34	2.0360.10	240	340	43	80	warm- und kaltformbar	Drehteile mit Staucharbeiten, Beschlagteile
CuZn 39 Pb 2 F 36	2.0380.10	270	360	40	85	gut stanz- und zerspanbar, gering kaltformbar	Uhrenteile
CuZn 40 Pb 2 F 38	2.0402.10	300	380	35	95	gut warm-, kaum kaltformbar	Formdrehteile, Strangpreßprofile
CuZn 40 Al 1 F 44	2.0561.08	180	440	15	125	witterungsbeständig mit Gleiteigenschaften, zäh	Strangpreßprofile, Schmiedestücke
1714							
G-CuAl 9 Ni	2.0970.01	200	500	20	110	chemisch gut beständig, sehr gut schweißbar	Gußteile für Nahrungsmittelmaschinen, Schiffbau, chemischen Apparatebau, Verbundkonstruktionen, Knet- mit Gußlegierungen
GK-CuAl 9 Ni	2.0970.02	250	600	20	120		
17665							
CuAl 8 F 38	2.0920.10	130	370	30	90	noch kaltformbar	Blechkonstruktionen für chemischen Apparatebau
17663							
CuNi 12 Zn 30 Pb 1	2.0780	240	410	25	120	Strangpreßprofile, gut zerspanbar	optische Geräte, Schlüssel
CuNi 18 Zn 20 F 38	2.0740.10	250	380	37	85	gut kaltformbar, hohe Anlaufbeständigkeit	Tiefziehteile, Schanktische, Innenarchitektur
F 52	2.0740.30	430	520	6	160		
1716							
GZ-CuPb 15 Sn	2.1182.03	110	220	7	65	beständig gegen Schwefelsäure, gute Gleit- und Notlaufeigenschaften	stoßbeanspruchte Lager, Verbundlager für Verbrennungsmaschinen

[1]) *Bedeutung der Formelzeichen:* $R_{p0,2}$ 0,2-Dehngrenze und R_m Zugfestigkeit in N/mm², Bruchdehnung A_5 in % (bei Gußwerkstoffen im Probestab), HB mit Belastungsgrad 10.

4.14. Lagerwerkstoff auf Cu-Basis, Auswahl (DKI)

Bezeichnung	DIN	Gieß-verfahren	mittlere Festigkeitseigenschaften[1] $R_{p0,2}$ N/mm²	R_m N/mm²	A_5 %	HB 10	Besonderheiten	Verwendung
G-CuSn 12 (SnBz 12)	1705	S	160	280	15	95	Sorte mit 2 % Ni bei Schneckenradkränzen. Für Lagerzwecke ist eine Sorte mit 2 % Pb empfehlungswert, hierdurch verbesserte Notlaufeigenschaften. In Schleuder- und Stranggußausführung $pv \sim 3000$ zulässig[2]. Verwendung gehärteter Wellen zweckmäßig.	Schneckenradkränze und Schneckenräder, Gelenksteine, unter Last bewegte Spindelmuttern, Lager mit hohen Lastspitzen.
		Z, C	170	320	15	105		
G-CuSn 7 ZnPb (Rg 7)	1705	S	120	260	18	75	Preisgünstiger Werkstoff für normale Gleitbeanspruchung. Gute Notlaufeigenschaften durch ~6 % Bleigehalt. In Schleuderguß- bzw. Stranggußausführung bei Flüssigkeitsreibung $pv \sim 1000$ zulässig[2].	Lager im Werkzeugmaschinenbau, in Baumaschinen usw., Schiffswellenbezüge.
		Z, C	140	300	20	85		
G-CuPb 15 Sn (SnPbBz 16)	1716	S	110	220	12	70	Beste Notlaufeigenschaften bei zeitweiligem Schmierstoffmangel oder Wasserschmierung. In Stranggußausführung $pv \sim 1600$ zulässig[2].	Lager mit höchsten Flächendrücken, z.B. Lager in Kaltwalzwerken, Lager mit Kantenpressungen. Gleitlager für Pumpen und Motoren.
		C	150	240	15	70		
G-Cu 25 ZnAl 5 (SoMsF 75)	1709	S, Z	450	750	8	190	Preisgünstiger Werkstoff für besonders hohe statische Belastungen, weniger geeignet bei hohen Gleitgeschwindigkeiten, dynamischen Belastungen, Schwingungen, Stoß und Schlag. Schlechte Notlaufeigenschaften, gute Schmierung erforderlich.	Gelenksteine Spindelmuttern, die nicht unter Last verstellt werden.
G-CuAl 11 Ni (NiAlBzF 68)	1714	S, Z	400	750	8	190	Für Lastspitzen bis $p = 2{,}5$ kN/cm². Auch bei Wechsel- und Stoßbeanspruchung verwendbar. Biegewechselfestigkeit ca. 280 N/mm². Mäßige Notlaufeigenschaften, gute Schmierung erforderlich.	Stoßbeanspruchte Gleitlager in Schmiedemaschinen und Pressen. Langsam laufende Schneckenradkränze mit hohen Zahndrücken.

Gießverfahren: S Sandguß, Z Schleuderguß, C Strangguß

[1] Durchschnittswerte

[2] Produkt aus $|p|$ in kp/cm² und $|v|$ in m/s

4.15. Druckgußwerkstoffe

Kurzzeichen (Handelsbez.)	Dichte ρ g/cm³	Dehngrenze $R_{p0,2}$ N/mm²	Zugfestigkeit R_m N/mm²	Bruchdehnung A_5 %	Brinellhärte HB 10	Schmelztemperatur °C	Gießbarkeit	Spanbarkeit	Standmenge ca. 10³	Wanddicke S_{min} mm	größte Werkstückmasse kg	Anwendung	Eigenschaften
Zink-Legierungen DIN 1743 Bl. 2													
GD-ZnAl 4 (Z 400)	6,7	200–230	250–300	3–6	70–90	380–386	1	1	500	0,6 bis 2	20	Plattenteller, Vergasergehäuse, Pkw-Scheinwerferrahmen, Pkw-Türschlösser-Griffe, Modelleisenbahnen	dekorativ galvanisierbar, wenig kaltzäh, Basis Feinzink 99,995
GD-ZnAl 4 Cu 1 (Z 410)	6,7	220–250	280–350	2–5	85–105	380–386	1	1					
Aluminium-Legierungen DIN 1725 Bl. 2													
GD-AlSi 12 (230)	2,55	140–180	220–280	1–3	60–80	575	2	2–3	80	1 bis 3	25	hydraulische Getriebeteile, druckdichte Gehäuse	eutektische Legierung, keine Warmrisse, korrosionsbeständig
GD-AlSi 8 Cu 3 (226)	2,75	160–240	240–310	0,5–3	80–110	510–620	2	2				Trittstufen f. Rolltreppen E-Motoren-Gehäuse	billig, z. T. aus Umschmelzmetall, meist verwendet
GD-AlSi 12 CuNi (239)	2,65	190–230	260–320	1–3	90–120	570–585	2	2–3				Kolben, Zylinderköpfe, Fernsehrahmen, Nähmasch.	warmfest, Gleiteigenschaften
GD-AlMg 9	2,6	140–220	200–300	1–5	70–100	520–620	3–4	1				Gehäuse für Haushalts-, Büro- und optische Geräte	dekorativ anodisierbar, korrosionsbeständig
Magnesium-Legierungen DIN 1729 Bl. 2													
GD-MgAl 9 Zn 1 (AZ 91)	1,8	150–170	220–250	0,5–3	65–85	470–600	1–2	1	100	1 bis 3	15	Rahmen f. Schreibmasch., Tonbandgeräte,	Oberflächenschutz durch Bichromatschicht erforderlich, sehr leicht
GD-MgAl6 (AM 60)	1,8	120–150	190–230	4–8	55–70	470–620	1–2	1				Gehäuse für tragbare Werkzeuge und Motoren,	
GD-MgAl 4 Si 1 (AS 41)	1,8	120–150	200–250	3–6	60–90	580–620	2	1				Kfz-Getriebegehäuse, Radfelgen	
Kupfer-Legierungen DIN 1709													
GD-CuZn 37 Pb	8,5	120	280	4	75	880–900	3	3	10	2 bis 4	5	Armaturen für Warm- und Kaltwasser	höhere Festigkeit und Zähigkeit, hoher Formverschleiß durch hohe Gießtemperatur
GD-CuZn 15 Si 4	8,6	300–400	500–600	8	125	850	2	3					
Zinn-Legierungen DIN 1742													
GD-Sn 80 Sb	7,1		115	2,5	30	250–320	1	2				Teile von Meßgeräten	höchste Maßbeständigkeit, kaltformbar, korrosionsbeständig

4.16. Einteilung der Sinterwerkstoffe nach WLB[1])

Werkstoff-klasse	Raum-erfüllung %	Beschreibung
Sint A-	75	Niedrige Dichte und großer Porenraum, für Filterkörper aller Art, Flammensperren, Auflockerungsböden zur Förderung von staubförmigen Schüttgütern
Sint B-	80	Porenräume zwischen 17 ... 30 %, die sich leicht mit Schmiermitteln tränken lassen. Sinterlager aus Eisen, Bronze mit Zugaben von Graphit, Blei u.a., Gleitbeläge, Reibbeläge.
Sint C-	85	Mittlerer Porenraum, dadurch höhere Dichte. Eisenwerkstoffe werden ab dieser Klasse als Sinterstahl bezeichnet. Formteile der verschiedensten Art für vorwiegend statische Belastung, aus Büro- und Nähmaschinenbau, Ölpumpenzahnräder, Polschuhe für Kleinmotoren.
Sint D-	90	Die weitere Verringerung des Porenraumes läßt die Eigenschaften dieser Stoffe näher an die der erschmolzenen Werkstoffe heranrücken. Dies wird meist nur durch zweimaliges Pressen und Sintern erreicht. Dadurch höhere Zähigkeit und Oberflächengüte, die eine Oberflächenbehandlung zuläßt. Für dynamisch und oberflächlich auf Verschleiß beanspruchte Teile (Randschichthärtung ist möglich).
Sint E-	94	Das Doppelpreßverfahren für kleine Teile ermöglicht die hohe Verdichtung im kalten Zustand, für die nicht alle Pulver geeignet sind. Sinterstahl hat gute Festigkeit bei hoher Bruchdehnung, kaltformbar, löt- und schweißbar, wegen der dichten Oberfläche ist Einsatzhärten und galvanische Oberflächenbehandlung möglich.
Sint F-	95,5	Stoffe mit praktisch 100 %iger Raumerfüllung durch das Infiltrieren mit bei der Sintertemperatur flüssigen Metallen. Sinterstahl mit Cu, erreicht eine Dichte von 7,5 g/cm^3 bei 500 N/mm^2 Festigkeit und 10 % Bruchdehnung. Hierzu gehören auch Werkstoffe, die sich nicht schmelzmetallurgisch herstellen lassen, wie z.B. Kontaktwerkstoffe aus W–Cu oder W–Ag, sowie kleine Schwungmassen für Uhren und Meßgeräte aus Wolfram.
Sint G-	97	Durch Heißpressen wird der Porenraum so gering, daß Dichten von über 7,6 (Fe) erreicht werden. Eigenschaften gleichen denen der schmelzmetallurgisch hergestellten Legierungen oder sind z.T. besser, da Seigerungen und Schlacken fehlen. Hierzu gehören auch Werkstoffe, bei denen Nichtmetalle oder -oxide in eine metallische Grundmasse eingebettet sind (Schleifkontakte).
Sint H-	90	Lagerwerkstoffe mit sehr hoher Raumerfüllung und eingelagertem Festschmierstoff.

[1]) Werkstoff-Leistungsblätter, Herausgeber: Fachverband Pulvermetallurgie, Schwelm

Bezeichnungsbeispiel: Sint- [B] [1|0] 1. Ziffer Grundwerkstoff
2. Ziffer Zählziffer

↓ Buchstabe A, B, C ...: Werkstoffklasse

4.17. Schnellarbeitsstähle, Auswahl nach Stahl-Eisen-Werkstoffblatt 320–69

Gruppe	Bezeichnung neu (alt)	Anwendung
Wolfram hoch	S 18-1-2-5 (E 18 Co 5)	Schrupparbeiten, harte Werkstoffe mit großer Zerspanleistung, Hartguß, nichtmetallische Stoffe
Wolfram mittel	S 10-4-3-10 (EW 9 Co 10)	Schlichtarbeiten, Automatenarbeit mit hoher Schnittgeschwindigkeit bei bester Oberflächengüte
Wolfram Molybdän	S 6-5-2-5 (EMo 5 Co 5)	für Fräser, Bohrer und Gewindeschneidwerkzeuge höchster Beanspruchung
Molybdän hoch	S 6-5-2 (D Mo 9)	Bohrer und Gewindebohrer, Schlitzfräser und Metallsägen kleiner Abmessungen

In der neuen Bezeichnung der SS-Stähle sind die Prozente der Legierungselemente in der *Reihenfolge* Wolfram, Molybdän, Vanadium und Kobalt angegeben. Der Chromgehalt beträgt etwa 4 %. Der Kohlenstoffgehalt liegt zwischen 0,8 % und 1,4 %.

Der Stahl S 6-5-2 hat demnach als mittlere Analysenwerte 6 % W, 5 % Mo und 2 % V neben 4 % Cr.

4.18. Auswahl thermoplastischer Kunststoffe (Plastomere)

chem. Bezeichnung und Kurzzeichen DIN 7728	Handelsnamen (Auswahl)	Dichte g/cm³	Gebrauchstemperatur 0 °C dauernd/kurz	Kugeldruckhärte 10″ N/mm²	E-Modul N/mm²	Zeitstandfestigkeit in N/mm² 20 °C/10³h	Längenausdehnungskoeffizient · 10^{-5}/°C	unbeständig gegen (bedingt)	Eigenschaften, Verwendungsbeispiele
Polyvinylchlorid PVC hart schlagzäh	Hostalit Vestolit Trovidur	1,36	– 30/60/70	115	3 000	40	7	Tri¹) Tetra²)	hart, zäh, korrosionsbeständig, selbstlöschend, Rohre, Fittings für Frisch- und Abwasser
Polytetrafluoräthylen PTFE	Teflon Hostaflon	2,2	– 100/280	32	350		8		korrosionsbest., klebwidrig, geringste Reibung, hohe Konstanz elektrischer Eigensch. zwischen – 150...300 °C
Polyäthylen PE	Hostalen Lupolen Vestolen Baylon	0,92 bis 0,96	– 50/60/80 – 50/80/100	16 bis 64	140 bis 1 000	7 20	23 13	Tri¹) Tetra²)	biegsam bis hart, teilkristallin, korrosionsbeständig, kaltzäh Wasserleitungsrohre, Galvanikbehälter, Batteriekästen, Folien f. Verpackung
Polypropylen PP	Hostalen PP Novolen Vestolen P	0,9	± 0/100/140	75	500	25	11...17	Halogene Tetra²) starke Säuren	wie PE, temperaturstandfester, weniger kaltzäh, kochfest, hochkristallin
Polystyrol PS	Polystyrol Vestyron Hostyren	1,05	– 50/80/95	155	3 300	35	7	Benzin Tetra²) Tri¹)	glasklar, hart, spröde, geringste elektrische Verluste, geschäumt: Wärmeisolator
schlagfestes PS: SB Styrol-Butadien SAN Styrol-Acrylnitril	 Luran	 1,05 1,08	 – 50/80/90 – 50/85/95	 100 170	 2 400 3 700	 21 45	 9 7	 (min. Öl) (und Fett) (Tri¹), Tetra²)	Gehäuse für Feingeräte, Tiefziehplatten, Lager und Transportbehälter, Batteriekästen, benzinfest
ABS Acrylnitril-Butadien-Styrol-Copolymerisat	Terluran Novodur Vestodur	1,08	– 50/85/105	95	2 400	28	9	wie SAN	Karosserie-Innenausbau Schutzhelme, galvanisierbare Beschlagteile
glasfaserverstärkt	Luran	1,36	– 50/95/105	250	10 000	80	2,4	wie SAN	geringeres Kriechen und Dehnen bei Erwärmung
Polycarbonat PC	Makrolon	1,2	– 100/100/135	100	2 200	48	6...7	Benzol Alkalien Org. Lösgs.-mittel	glasklar, kaltzäh-warmhart, maßbeständig
glasfaserverstärkt	Makrolon GV	1,4	– 100/110/145	150	6 000	58	2,5		Trägerteile und Gehäuse für Beleuchtungskörper und Meßgeräte, Schrauben für E-Technik
Polyoxymethylen POM	Delrin Hostaform Dynal Ultraform	1,41	– 40/100/140	140	3 000	40	9	starke Säuren	kristallin, geringe Wasseraufnahme und Kaltfluß, sonst ähnl. PA, auch in Anwendung; auch glasfaserverstärkt
Polyamide PA	Durethan Trogamid Vestamid Ultramid Degamid	1,01 bis 1,14	– 40/100/160 bis – 30/120/160	40 bis 100	1 000 bis 2 000	42 bis 55	7 bis 8	(Säuren) Tri¹)	teilkristallin, zähhart, abriebfest, geräuschdämpfend, wasseraufnehmend, dadurch Maßänderungen und Abfall der Festigkeit; Zahnräder, Laufrollen, Lagerbuchsen
glasfaserverstärkt		1,4	– 40/120/200	120	5 000	65	2,5		erhöhte Maßhaltigkeit und Steifigkeit, Gehäuse für Handbohrmaschinen, Gebläseräder

¹) Tri Trichloräthylen ²) Tetra Tetrachlorkohlenstoff

5. Statik

5.1. Freimachen der Bauteile

Alle am freizumachenden Körper K angreifenden Bauteile B_1, B_2, B_3 ... gedanklich nacheinander wegnehmen und deren Aktionskräfte F_1, F_2, F_3 ... an K antragen. Gewichtskraft G des Körpers K wirkt stets lotrecht nach unten und greift im Schwerpunkt S an. Angreifende Bauteile in diesem Sinne sind auch Gase, Flüssigkeiten usw. F_R ist Reibkraft.

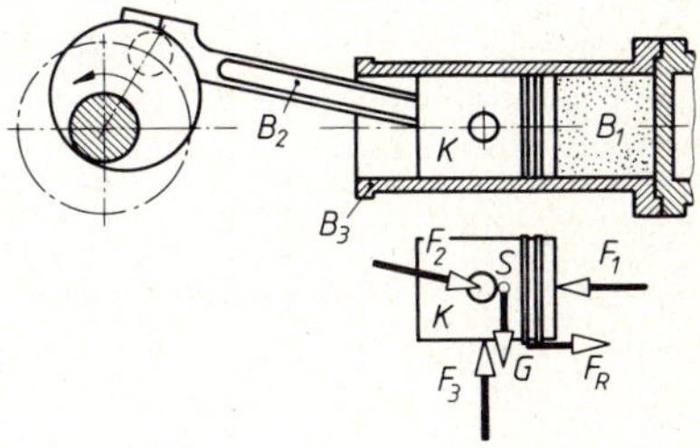

Seile, Ketten, Bänder, Riemen übertragen nur *Zug*kräfte in Richtung ihrer Schwerachse.

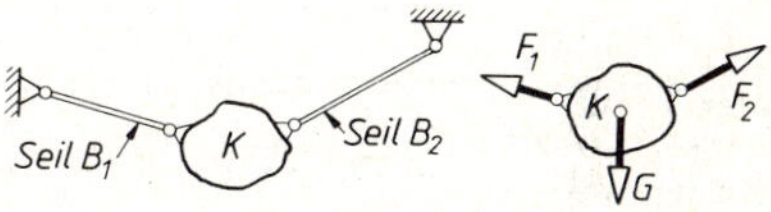

Zweigelenkstäbe (Pendelstützen) übertragen ohne Rücksicht darauf, ob die Stäbe gerade oder gekrümmt sind, nur *Zug*- oder *Druck*kräfte (Axialkräfte), deren Wirklinie durch beide Gelenkpunkte verläuft. Dies gilt jedoch nur dann exakt, wenn das Eigengewicht vernachlässigt wird.

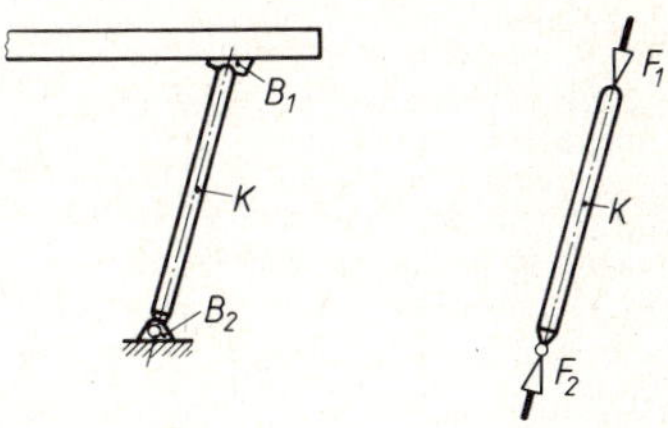

Stützflächen, auch gekrümmte, übertragen je eine Normalkraft F_N und eine Tangentialkraft (Reibkraft) F_R. F_N wirkt stets senkrecht zur Auflagefläche. Bei gekrümmten Flächen geht die Wirklinie (WL) von F_N durch Krümmungsmittelpunkt T. Bei ebenen Flächen liegt dieser im Unendlichen. F_R versucht den langsameren Körper zu beschleunigen, den schnelleren zu verlangsamen. F_N und F_R stehen stets senkrecht aufeinander.

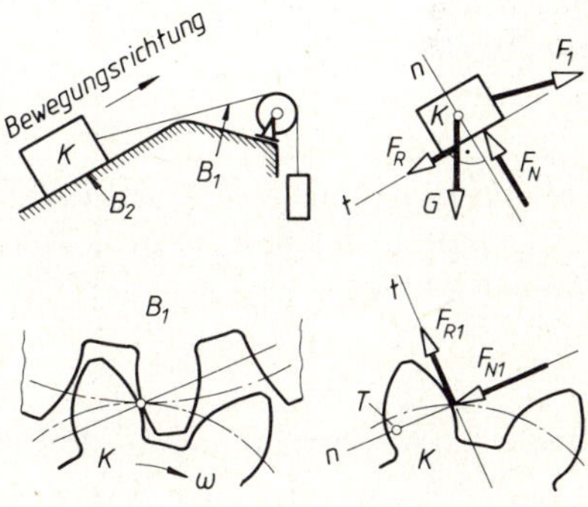

Rollen, Kugeln haben gekrümmte Stützflächen mit Krümmungsradius = Kreisradius. Normalkraft F_N geht durch Berührungspunkt und Kreismittelpunkt, WL der Reibkraft ist Kreistangente.

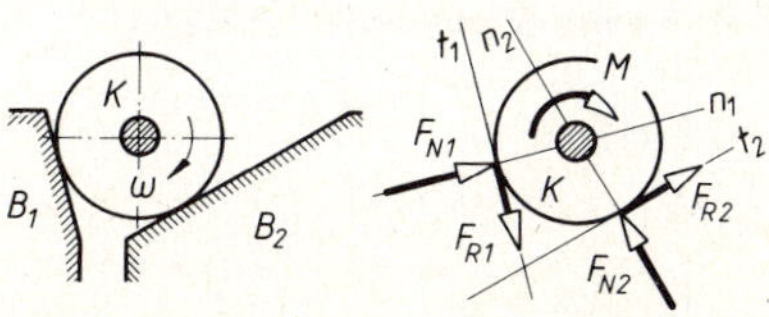

5.2. Zeichnerische Bestimmung der Resultierenden F_r (zeichnerische Ersatzaufgabe)

Beim zentralen ebenen Kräftesystem:
Kräfte in beliebiger Reihenfolge maßstabgerecht aneinanderreihen, so daß sich fortlaufender Kräftezug ergibt.

F_r ist Verbindungslinie *vom* Anfangspunkt A der zuerst gezeichneten *zum* Endpunkt E der zuletzt gezeichneten Kraft.

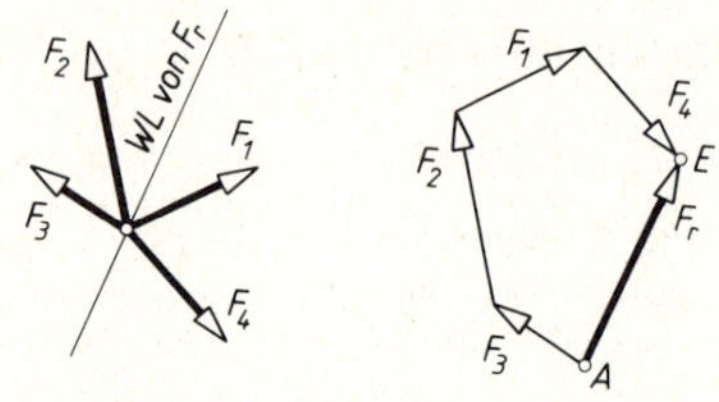

Beim zentralen räumlichen Kräftesystem:
Nach den Gesetzen der darstellenden Geometrie Kraftecke im Grund- und Aufriß zeichnen, daraus wahre Größe und wahre Winkel bestimmen.

Beim allgemeinen ebenen Kräftesystem:
Bei *schrägen* Kräften durch wiederholte Parallelogrammzeichnung: F_1 und F_2 auf WL verschieben und zum Schnitt bringen ergibt $F_{r\,1,2}$, diese mit F_3 zum Schnitt bringen ergibt WL von F_r.

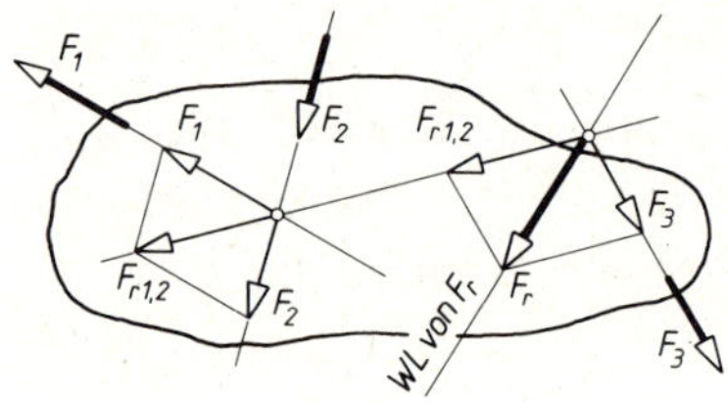

Bei *parallelen* oder annähernd parallelen Kräften durch **Seileckverfahren.** Kräfteplan der gegebenen Kräfte durch Parallelverschiebung der WL aus dem Lageplan in den Kräfteplan; F_r als Verbindungslinie *vom* Anfangspunkt A *zum* Endpunkt E des Kräftezuges; Polpunkt P beliebig wählen und Polstrahlen ziehen; durch Parallelverschiebung in den Lageplan Seilstrahlen zeichnen; Anfangs- und Endseilstrahl zum Schnitt S bringen, womit ein Punkt der WL von F_r gefunden ist.

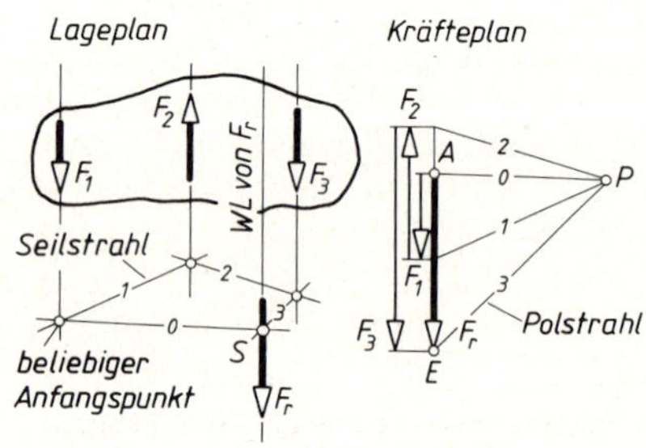

Beim allgemeinen räumlichen Kräftesystem:
Besser die rechnerische Lösung anwenden.

5.3. Rechnerische Bestimmung der Resultierenden F_r (rechnerische Ersatzaufgabe)

Beim zentralen ebenen Kräftesystem:
Zwei Kräfte, die den Winkel α einschließen, haben die Resultierende

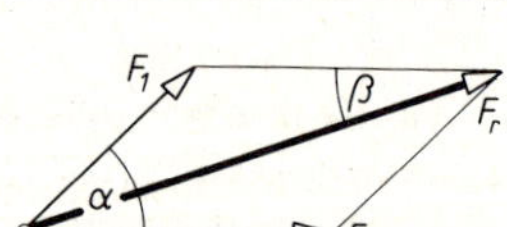

$$F_r = \sqrt{F_1^2 + F_2^2 + 2\,F_1 F_2 \cos\alpha}$$

$$\sin\beta = \frac{F_1 \sin\alpha}{F_r}$$

oder, besonders bei mehreren Kräften, durch Zerlegen aller gegebenen Kräfte in Komponenten

$F_{nx} = F_n \cdot \cos\alpha_n$; $F_{ny} = F_n \cdot \sin\alpha_n$ (Buchstabe „n" steht für Zahlen 1, 2, 3 ...)

nach Lageskizze.

Teilresultierende F_{rx} und F_{ry} berechnen aus:

$$F_{rx} = F_{1x} + F_{2x} + F_{3x} + \ldots F_{nx} = \Sigma F_{nx}$$

$$F_{ry} = F_{1y} + F_{2y} + F_{3y} + \ldots F_{ny} = \Sigma F_{ny}$$

Gesamtresultierende:

$$F_r = \sqrt{F_{rx}^2 + F_{ry}^2}$$

deren Winkel zur positiven x-Achse:

$$\tan\alpha_r = \frac{F_{ry}}{F_{rx}}$$

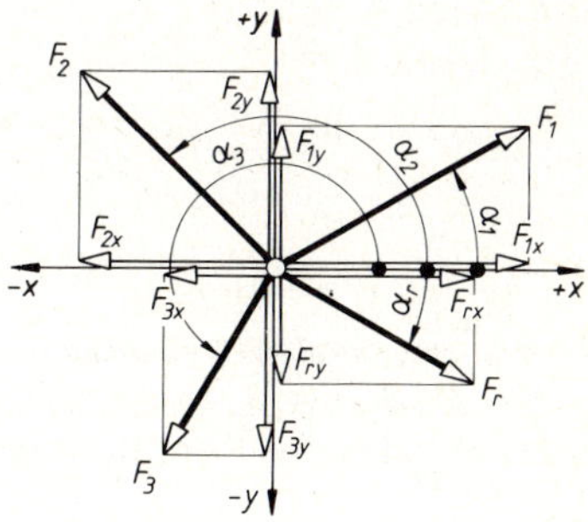

Beim zentralen räumlichen Kräftesystem:

Wie beim zentralen ebenen Kräftesystem, mit zusätzlich dritter (z-)Richtung:

$$F_{nx} = F_n \cos\alpha_n;$$

$$F_{ny} = F_n \cos\beta_n; \quad F_{nz} = F_n \cos\gamma_n$$

$$F_{rx} = \Sigma F_n \cos\alpha_n;$$

$$F_{ry} = \Sigma F_n \cos\beta_n; \quad F_{rz} = \Sigma F_n \cos\gamma_n$$

$$F_r = \sqrt{F_{rx}^2 + F_{ry}^2 + F_{rz}^2}$$

$$\cos\alpha_r = \frac{F_{rx}}{F_r}; \quad \cos\beta_r = \frac{F_{ry}}{F_r}; \quad \cos\gamma_r = \frac{F_{rz}}{F_r}$$

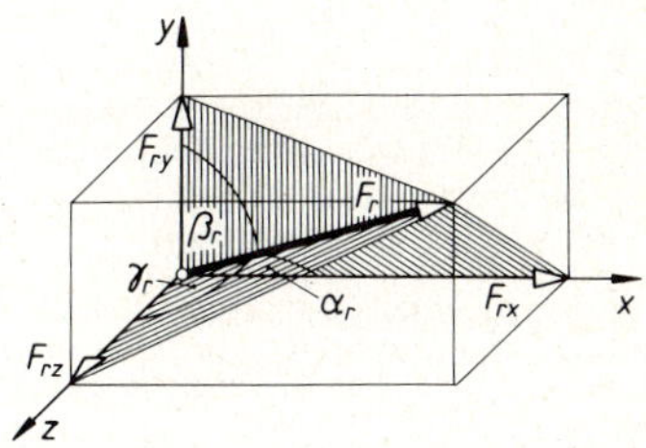

Beim allgemeinen ebenen Kräftesystem:

Betrag und Richtung der Resultierenden F_r wie beim zentralen ebenen Kräftesystem, zusätzlich *Lage* von F_r durch

Momentensatz

Wirken mehrere Kräfte drehend auf einen Körper, so ist die algebraische Summe ihrer Momente gleich dem Moment der Resultierenden in bezug auf gleichen Drehpunkt.

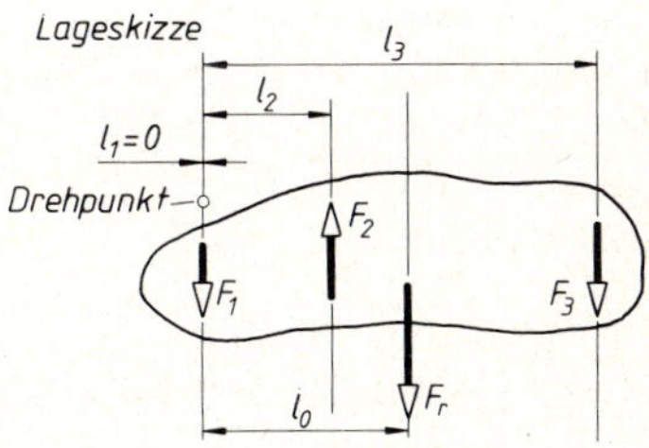

$$F_r l_0 = F_1 l_1 + F_2 l_2 + \ldots + F_n l_n$$

$F_1, F_2 \ldots F_n$ gegebene Kräfte oder deren Komponenten F_x, F_y

$l_0, l_1, l_2 \ldots l_n$ deren Wirkabstände (⊥) vom gewählten (beliebigen) Drehpunkt

$F_1 l_1, F_2 l_2 \ldots F_n l_n$ die statischen Momente der gegebenen Kräfte in bezug auf gewählten Drehpunkt (Vorzeichen beachten!)

5.4. Zeichnerische Bestimmung unbekannter Kräfte (zeichnerische Gleichgewichtsaufgabe)

Beim zentralen ebenen Kräftesystem:

Krafteck muß sich schließen!

Gegebene Kräfte in beliebiger Reihenfolge maßstäblich aneinanderreihen; gesuchte Gleichgewichtskraft F_g (oder zwei Kräfte F_{g1}, F_{g2}) bekannter Wirklinie schließen das Krafteck.

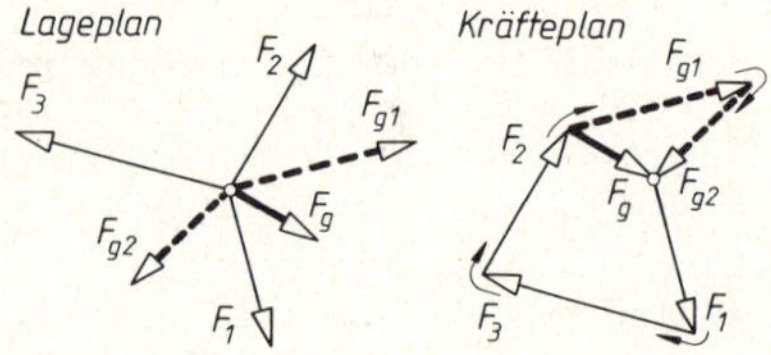

Beim zentralen räumlichen Kräftesystem:

Räumliches Krafteck muß sich schließen! Nach den Gesetzen der darstellenden Geometrie Kraftecke im Grund- und Aufriß konstruieren.

Beim allgemeinen ebenen Kräftesystem:

Kraft- und Seileck müssen sich schließen! Oder je nach Anzahl der beteiligten Kräfte:

Zwei-Kräfteverfahren

Zwei Kräfte stehen im Gleichgewicht, wenn sie gleichen Betrag und Wirklinie, jedoch entgegengesetzten Richtungssinn haben.

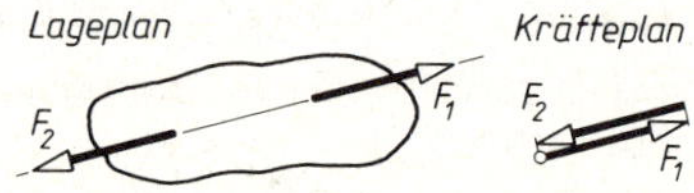

Drei-Kräfteverfahren

Drei nicht parallele Kräfte sind im Gleichgewicht, wenn das Krafteck geschlossen ist und die Wirklinien sich in einem Punkt schneiden. WL der gegebenen Kraft F_1 mit der bekannten WL der gesuchten Kraft schneiden. Verbindungslinie vom Schnittpunkt S mit dem Angriffspunkt der gesuchten Kraft F_3 ist deren WL. Kräfteplan mit gegebener Kraft F_1 beginnen und mit F_2 und F_3 schließen.

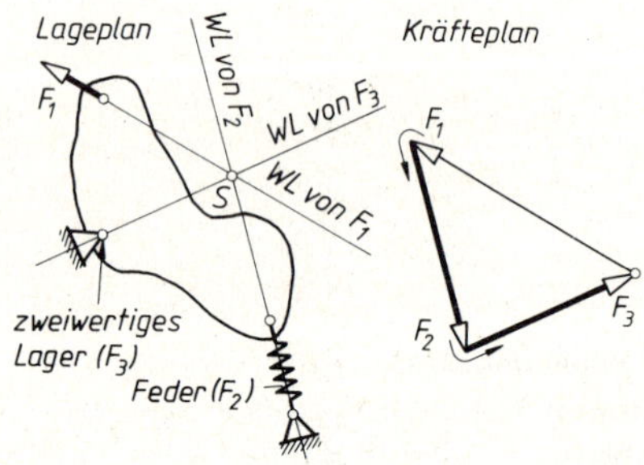

Vier-Kräfteverfahren

Vier nicht parallele Kräfte sind im Gleichgewicht, wenn die Resultierenden je zweier Kräfte ein geschlossenes Krafteck bilden und eine gemeinsame Wirklinie haben (die Culmannsche Gerade).

WL je zweier Kräfte zum Schnitt I und II bringen; Kräfteplan mit der bekannten Kraft beginnen; dann mit Culmannscher Geraden und den WL der anderen Kräfte schließen. Voraussetzung: Alle WL sind bekannt.

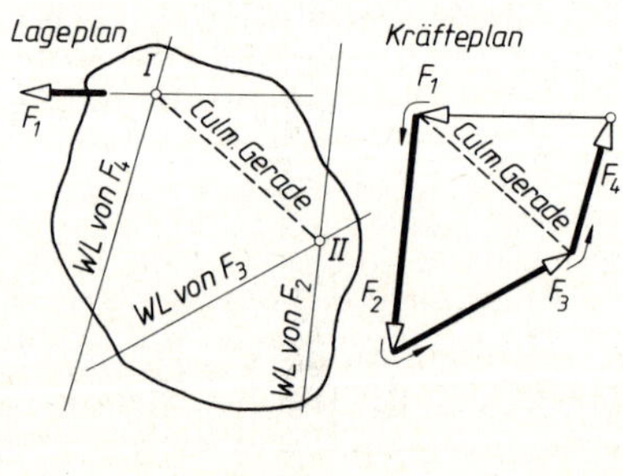

Schlußlinien-Verfahren

Kraft- und Seileck müssen sich schließen! Für parallele oder nahezu parallele Kräfte, die sich nicht auf der Zeichenebene zum Schnitt bringen lassen.

Krafteck und Seileck zeichnen, dabei ersten Seilstrahl (0) durch zweiwertigen Lagerpunkt legen und Endseilstrahl (3) mit der WL der einwertigen Stützkraft zum Schnitt bringen, ergibt „Schlußlinie S“ im Seileck, die im Krafteck (übertragen!) Teilpunkt T festlegt. Stützkräfte nach zugehörigen Seilstrahlen ins Krafteck einzeichnen.

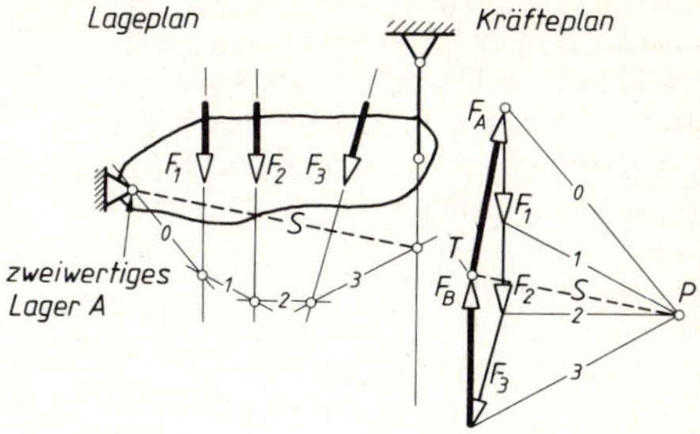

5.5. Rechnerische Bestimmung unbekannter Kräfte (rechnerische Gleichgewichtsaufgabe)

Beim zentralen ebenen Kräftesystem:

Zerlegen aller gegebenen und gesuchten Kräfte (diese mit angenommenem Richtungssinn) in ihre Komponenten in x- und y-Richtung mit

$F_{nx} = F_n \cos \alpha_n$; $\quad F_{ny} = F_n \sin \alpha_n$

Algebraische Summe aller Komponentenbeträge muß null sein. Damit stehen *zwei Gleichungen* zur Verfügung:

$\Sigma F_x = 0 = F_{1x} + F_{2x} + \ldots F_{nx}$; $\quad \Sigma F_y = 0 = F_{1y} + F_{2y} + \ldots F_{ny}$

Beim zentralen räumlichen Kräftesystem:

Wie beim zentralen ebenen Kräftesystem, zusätzlich dritte Richtung (z-Achse) damit auch dritte *Gleichung:*

$\Sigma F_z = 0 = F_{1z} + F_{2z} + \ldots F_{nz}$

Beim allgemeinen ebenen Kräftesystem:

Wie beim zentralen ebenen Kräftesystem; zusätzlich muß Summe aller Momente der Komponenten um beliebigen Drehpunkt D null sein; damit stehen bei diesem hauptsächlichen Fall *drei Gleichungen* zur Verfügung:

$\Sigma F_x = 0$; $\quad \Sigma F_y = 0$; $\quad \Sigma M_{(D)} = 0$

Beim allgemeinen räumlichen Kräftesystem:

Es stehen drei Kräfte- und drei Momentgleichungen zur Verfügung.

5.6. Fachwerke

Jeder Knotenpunkt stellt ein zentrales Kräftesystem dar.

s Anzahl der Stäbe, k Anzahl der Knoten.

Bei $s = 2k - 3$ ist Fachwerk innerlich statisch bestimmt, bei $s > 2k - 3$ ist es innerlich statisch unbestimmt, bei $s < 2k - 3$ ist es kinematisch unbestimmt (beweglich).

Cremonaplan (zeichnerische Bestimmung der Stabkräfte)

Lageplan des Fachwerkes zeichnen; Stützkräfte zeichnerisch oder rechnerisch bestimmen; Krafteck der äußeren Kräfte zeichnen; Kraftecke der Stäbe anbauen, für jeden Knoten eines; mit Knoten beginnen, an dem nicht mehr als zwei unbekannte Kräfte und mindestens eine bekannte Kraft angreifen, dabei an jedem Knoten den gewählten Kraftfolgesinn beibehalten; Reihenfolge der Knoten beliebig; nach jeder Krafteckzeichnung sofort Richtungssinn der Stabkräfte durch Pfeile im Lageplan kennzeichnen (in bezug auf den Knoten!). Im Kräfteplan Stabkräfte durch (+) oder (−) als Zug- oder Druckkräfte kennzeichnen.

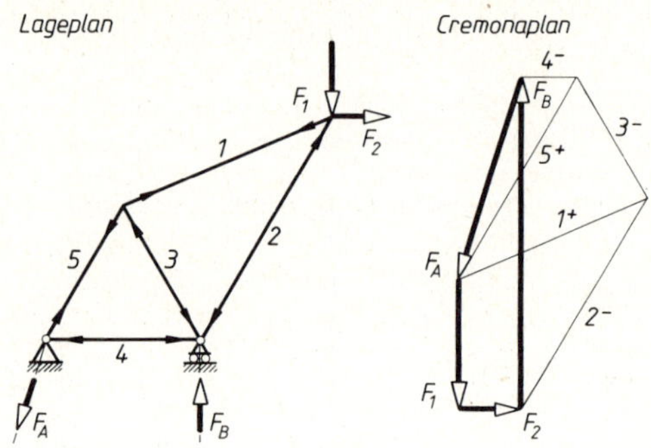

Culmannsches Schnittverfahren (zeichnerische Bestimmung einzelner Stabkräfte)

Lageplan des Fachwerkes zeichnen; Stützkräfte bestimmen; Fachwerk durch Schnitt in zwei Teile (A) und (B) zerlegen: Schnitt darf höchstens drei Stäbe treffen (4, 5, 6), die nicht zum selben Knoten gehören; für einen Schnitteil (B) Resultierende (F) der äußeren Kräfte (einschl. Stützkräfte) bestimmen; Resultierende (F) mit einer der gesuchten Stabkräfte zum Schnitt (II) bringen; Verbindungslinie zwischen diesem und dem Schnittpunkt (I) der beiden anderen gesuchten Stabkräfte ist Culmannsche Gerade l, nach „Vier-Kräfteverfahren" das Krafteck zeichnen.

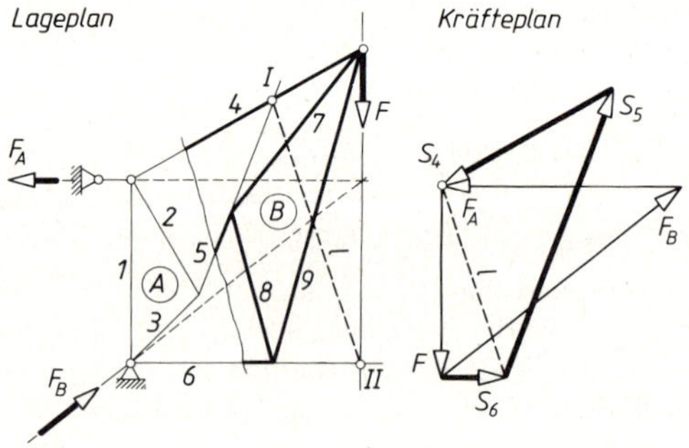

Rittersches Schnittverfahren (rechnerische Bestimmung einzelner Stabkräfte)

Lageskizze des Fachwerkes zeichnen; Stützkräfte bestimmen; Fachwerk wie bei „Culmann" zerlegen und die drei unbekannten Stabkräfte als Zugkräfte annehmen; Stäbe, für die die Rechnung *negative* Beträge ergibt, sind *Druck*stäbe. Wirkabstände $l_1, l_2 \ldots$ berechnen oder aus dem Lageplan abgreifen: Momentengleichgewichtsbedingungen für ein Schnitteil (B) ansetzen (mit den gesuchten drei Stabkräften und den äußeren Kräften am Schnitteil), z. B. um Drehpunkt D für Fachwerkteil B:

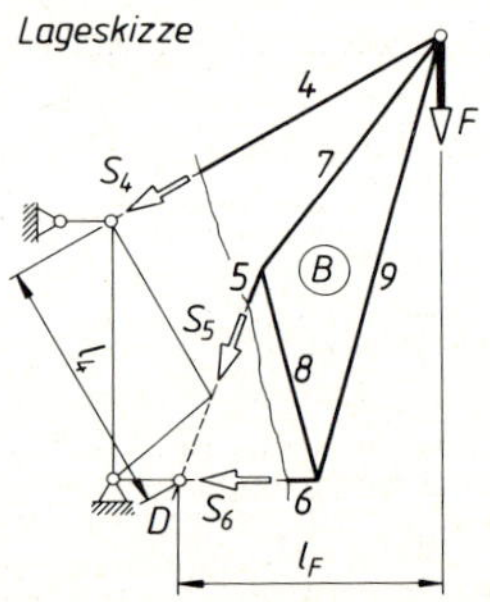

$$\Sigma M_{(D)} = + F\, l_F - S_4\, l_4 \quad \text{und daraus} \quad S_4 = \frac{F\, l_F}{l_4}$$

5.7. Schwerpunkt

Dreiecksumfang

Dreieckseiten halbieren, Mittelpunkte A, B, C verbinden. S ist Mittelpunkt des dem Dreieck A, B, C einbeschriebenen Kreises.

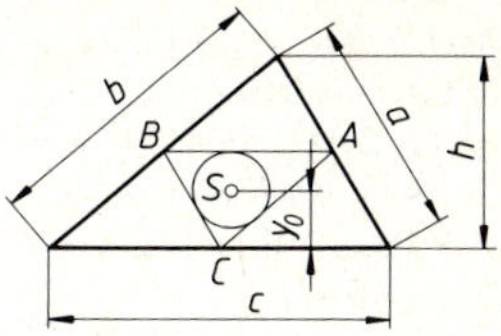

$$y_0 = \frac{h}{2} \cdot \frac{a+b}{a+b+c}$$

Parallelogrammumfang und -fläche: S ist Schnittpunkt der Diagonalen.

Kreisbogen

S liegt auf der Winkelhalbierenden des Zentriwinkels 2α (Symmetrielinie).

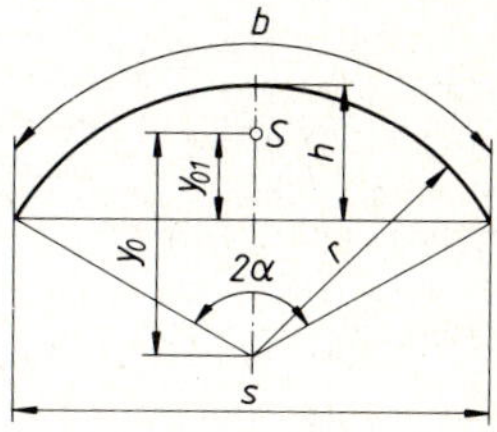

$$y_0 = \frac{r\,s}{b}; \qquad y_{01} \approx \frac{2}{3}\,h \text{ für flache Bögen}$$

$$y_0 = \frac{2\,r}{\pi} = 0{,}637\,r \text{ für } 2\,\alpha = 180°$$

$$y_0 = \frac{2\,r}{\pi}\sqrt{2} = 0{,}9\,r \text{ für } 2\,\alpha = 90°; \qquad y_0 = \frac{3\,r}{\pi} = 0{,}955\,r \text{ für } 2\,\alpha = 60°$$

Dreieckfläche

S liegt im Schnittpunkt der Seitenhalbierenden.

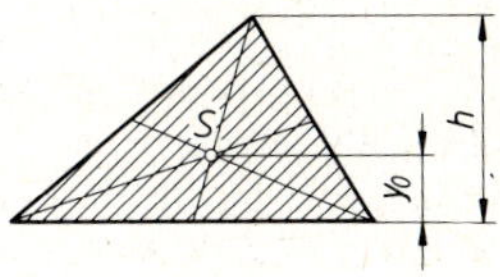

$$y_0 = \tfrac{1}{3}\,h$$

Liegt eine Dreicksfläche im ebenen Achsenkreuz und sind x_1, x_2, x_3 bzw. y_1, y_2, y_3 die Koordinaten der Eckpunkte des Dreiecks, so sind die Koordinaten des Schwerpunktes S:

$$x_0 = \tfrac{1}{3}\,(x_1 + x_2 + x_3); \quad y_0 = \tfrac{1}{3}\,(y_1 + y_2 + y_3)$$

Trapezfläche

Grundseiten a und b wechselseitig antragen und Endpunkte dieser Strecken verbinden, ebenso Mitten der Seiten a und b verbinden. S liegt im Schnittpunkt beider Verbindungslinien.

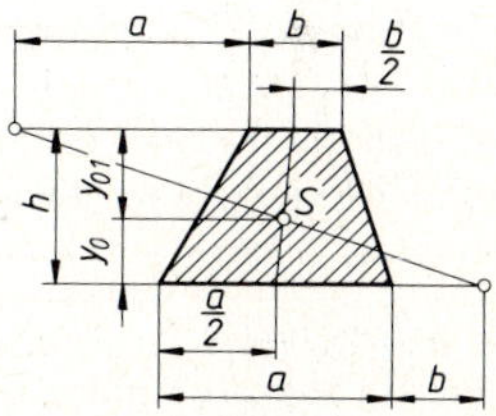

$$y_0 = \frac{h}{3} \cdot \frac{a+2\,b}{a+b}; \quad y_{01} = \frac{h}{3} \cdot \frac{2\,a+b}{a+b}$$

Kreisausschnittfläche

S liegt auf der Winkelhalbierenden des Zentriwinkels $2\,\alpha$.

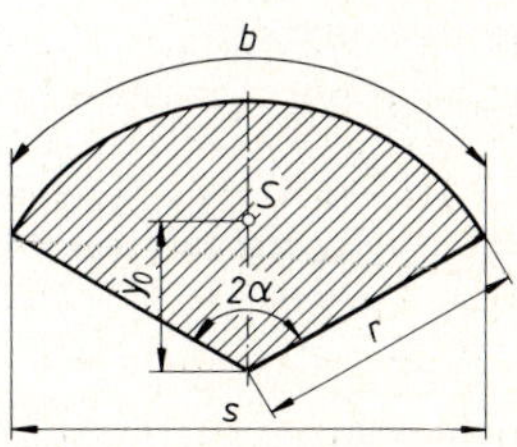

$$y_0 = \frac{2}{3} \cdot \frac{r\,s}{b}$$

$$y_0 = \frac{4\,r}{3\,\pi} = 0{,}424\,r \text{ für } 2\,\alpha = 180°$$

$$y_0 = \frac{4\,r}{3\,\pi}\sqrt{2} = 0{,}6\,r \text{ für } 2\,\alpha = 90°; \qquad y_0 = \frac{2\,r}{\pi} = 0{,}637\,r \text{ für } 2\,\alpha = 60°$$

Kreisringstück-Fläche

S liegt auf der Winkelhalbierenden des Zentriwinkels 2 α.

$$y_0 = 38{,}197 \frac{(R^3 - r^3) \sin \alpha}{(R^2 - r^2) \alpha^\circ}$$

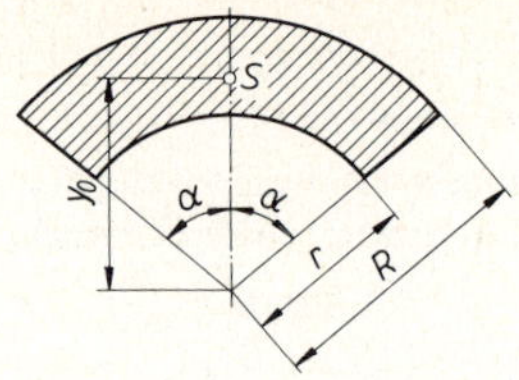

Kreisabschnittsfläche

S liegt auf der Winkelhalbierenden des Zentriwinkels 2 α.

$$y_0 = \frac{2}{3} \cdot \frac{r \sin^3 \alpha}{\operatorname{arc} \alpha - \sin \alpha \cos \alpha} = \frac{s^3}{12\,A}$$

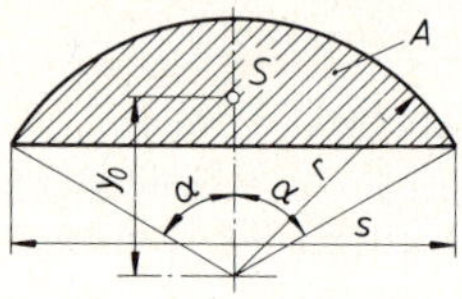

Parabelfläche

$$x_{01} = \frac{3}{8} a\,; \qquad y_{01} = \frac{3}{5} b$$

$$x_{02} = \frac{3}{4} a\,; \qquad y_{02} = \frac{3}{10} b$$

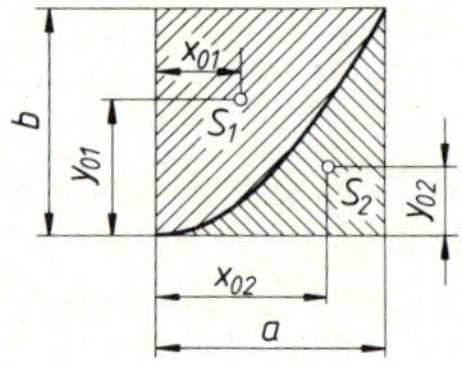

Mantel der Kugelzone und der Kugelhaube

Verbinde die Mittelpunkte beider Stirnflächen miteinander durch eine Gerade. Der Mantelschwerpunkt liegt auf der Mitte der Verbindungsstrecke. Bei der Kugelhaube tritt an die Stelle der kleinen Stirnfläche der Kugelpol.

Kegelmantel und Pyramidenmantel

Verbinde Kegel- oder Pyramidenspitze mit dem Schwerpunkt des Umfanges der Grundfläche. Auf dieser Schwerlinie liegt der Mantelschwerpunkt. Sein Abstand beträgt ein Drittel der Kegel(Pyramiden-)höhe.

Mantel des abgestumpften Kreiskegels

Verbinde die Mitten beider Stirnflächen (Schwerlinie). Der Schwerpunktsabstand von der Grundfläche beträgt:

$$y_0 = \frac{h}{3} \cdot \frac{R + 2\,r}{R + r}$$

h Höhe des Kegelstumpfes, R Radius der unteren, r Radius der oberen Stirnfläche.

Normalprofile

siehe Schwerpunktsabstände e in Tafel 9.11 und folgende

gerades und schiefes Prisma (und Zylinder) mit parallelen Stirnflächen

Körperschwerpunkt S liegt in der Mitte der Verbindungslinie der Flächenschwerpunkte S_0, also

$$y_0 = \frac{h}{2}$$

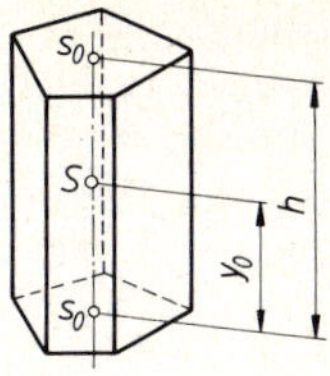

abgeschrägter gerader Kreiszylinder

Körperschwerpunkt S liegt auf der x, y-Ebene als Symmetrieebene mit den Abständen:

$$x_0 = \frac{r^2 \tan\alpha}{4\,h}\;;\quad y_0 = \frac{h}{2} + \frac{r^2 \tan^2\alpha}{8\,h}$$

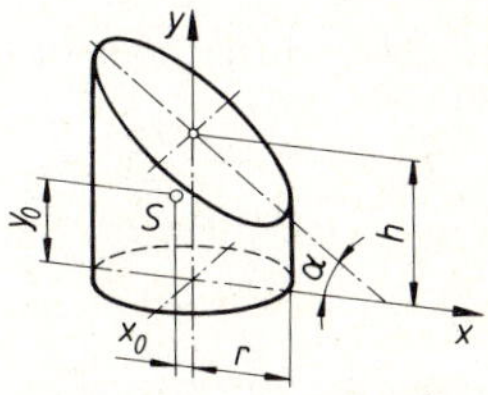

gerade und schiefe Pyramide und Kegel

Verbinde die Spitze mit dem Schwerpunkt der Grundfläche. Körperschwerpunkt liegt auf dieser Schwerlinie. Sein Abstand von der Grundfläche beträgt ein Viertel der Pyramiden-(Kegel-)höhe.

Pyramidenstumpf mit beliebiger Grundfläche

Der Körperschwerpunkt liegt auf der Verbindungslinie der Schwerpunkte beider Stirnflächen. Sind A_1, A_2 die Stirnflächen, h die Höhe des Stumpfes, so ist der Abstand des Schwerpunktes von der unteren Stirnfläche A_1:

$$y_0 = \frac{h}{4} \cdot \frac{A_1 + 2\sqrt{A_1 A_2} + 3\,A_2}{A_1 + \sqrt{A_1 A_2} + A_2}$$

gerader und schiefer Kegelstumpf

Der Körperschwerpunkt liegt auf der Verbindungslinie der Schwerpunkte beider Stirnflächen. Ist h Höhe des Kegelstumpfes, R der Radius der unteren Stirnfläche, r der Radius der oberen Stirnfläche, so ist der Abstand des Schwerpunktes von der unteren Stirnfläche

$$y_0 = \frac{h}{4} \cdot \frac{R^2 + 2\,R\,r + 3\,r^2}{R^2 + R\,r + r^2}$$

Keil

$$y_0 = \frac{h}{2} \cdot \frac{a + a_1}{2\,a + a_1}$$

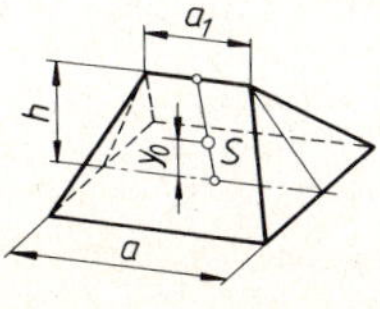

Umdrehungsparaboloid

$$y_0 = \frac{2}{3}\,b$$

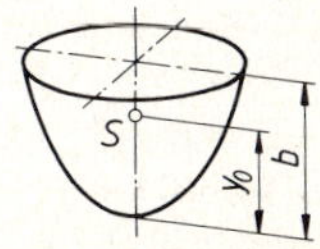

Kugelabschnitt

Der Körperschwerpunkt liegt auf der Symmetrieachse. Ist R der Kugelradius, und h die Abschnittshöhe, so ist der Abstand des Schwerpunktes vom Kugelmittelpunkt

$$y_0 = \frac{3}{4} \cdot \frac{(2R - h)^2}{3R - h}$$

$$y_0 = \frac{3}{8} R$$

für Halbkugel

$$y_0 = \frac{3}{8} \cdot \frac{R^4 - r^4}{R^3 - r^3}$$

für halbe Hohlkugel

Kugelausschnitt

Der Körperschwerpunkt liegt auf der Symmetrieachse. Sein Abstand vom Kugelmittelpunkt ist

$$y_0 = \frac{3}{8} r (1 + \cos\alpha)$$

$$y_0 = \frac{3}{8} (2r - h)$$

zeichnerische Schwerpunktsbestimmung

Zeichne das gegebene Gebilde (Fläche oder Linienzüge, z. B. Schnittplatte) maßstäblich auf (bei räumlichen Gebilden Vorderansicht und Draufsicht). Zerlege gegeb. Fläche (den Linienzug) in Teilflächen bekannter Schwerpunktlage (Rechteck, Dreieck usw.). Betrachte Teilflächen (Teillinienzuglängen) als Parallelkräfte, die im Teilschwerpunkt angreifen. Zeichne Krafteck und Seileck für zwei senkrecht aufeinander stehende Richtungen und bestimme die Wirklinien der Resultierenden nach 5.2. Schnittpunkt der beiden WL ist gesuchter Schwerpunkt S

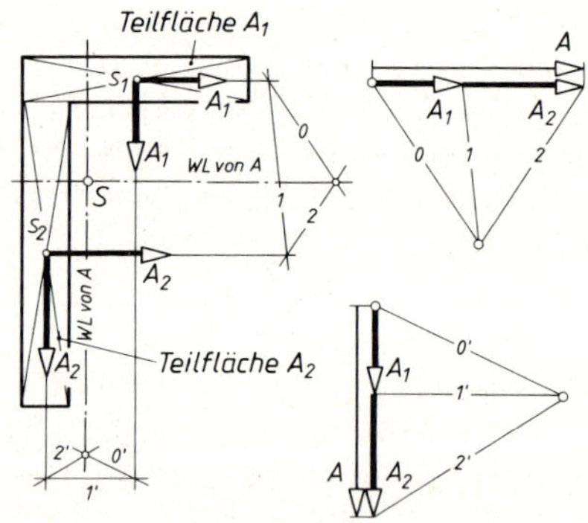

rechnerische Schwerpunktsbestimmung

Rechentafel (Zahlenwerte nach Bild)

Querschnitt mm	Fläche ΔA cm²	Schwerpunktsabstand cm	Flächenmoment $\Delta A x$ cm³	Schwerpunktsabstand y cm	Flächenmoment $\Delta A y$ cm³
90 × 10	9,0	0,5	4,5	4,5	40,5
50 × 10	5,0	3,5	17,5	0,5	2,5
Summe:	14,0		22,0		43,0

$$x_0 = \frac{\Sigma\, \Delta A\, x}{\Sigma\, \Delta A} = \frac{22\ \text{cm}^3}{14\ \text{cm}^2} = 1{,}57\ \text{cm}$$

$$y_0 = \frac{\Sigma\, \Delta A\, y}{\Sigma\, \Delta A} = \frac{43\ \text{cm}^3}{14\ \text{cm}^2} = 3{,}07\ \text{cm}$$

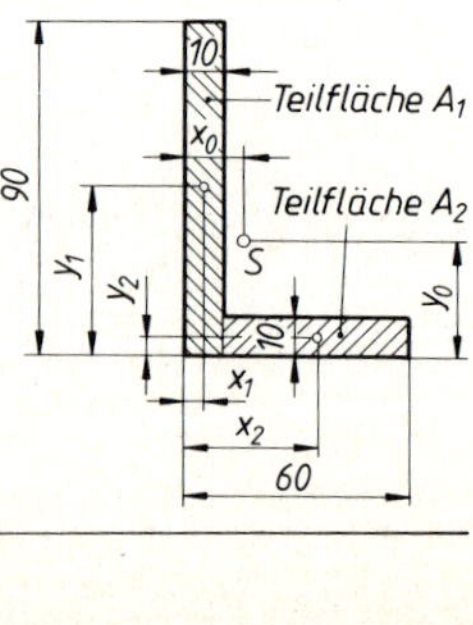

5.8. Guldinsche Regeln

Oberfläche

A Flächeninhalt der Umdrehungsfläche in cm²
x_0 Schwerpunktsabstand von Drehachse in cm
l Länge der Profillinie in cm

$A = 2\,\pi\,x_0\,l$

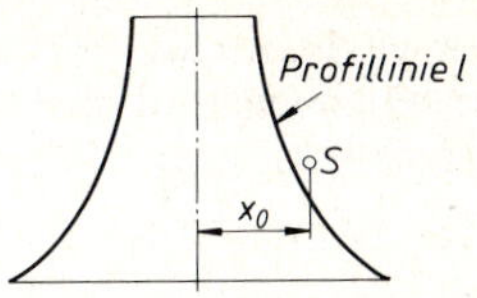

Rauminhalt

V Rauminhalt der Umdrehungsfläche in cm³
x_0 Schwerpunktabstand von Drehachse in cm
A Flächeninhalt der Profilfläche in cm²

$V = 2\,\pi\,x_0\,A$

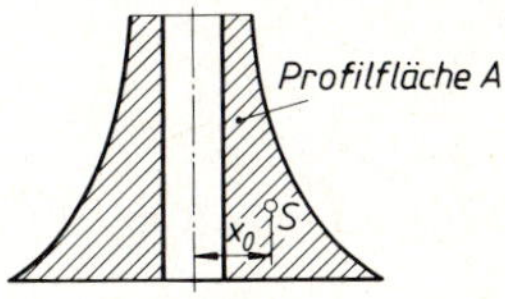

5.9. Reibung

Gleitreibung und Haftreibung

F_R Gleitreibkraft (F_{R0} Haftreibkraft), F_N Normalkraft, F_e Ersatzkraft (Resultierende aus Normalkraft und Reibkraft), μ Reibzahl (μ_0 Haftreibzahl), ρ Reibwinkel (ρ_0 Haftreibwinkel)

$F_R = F_N\,\mu$ $\qquad F_{R0\,max} = F_N\,\mu_0$

$\tan\rho = \mu = F_R/F_N$ $\qquad \tan\rho_0 = \mu_0 = F_{R0\,max}/F_N$

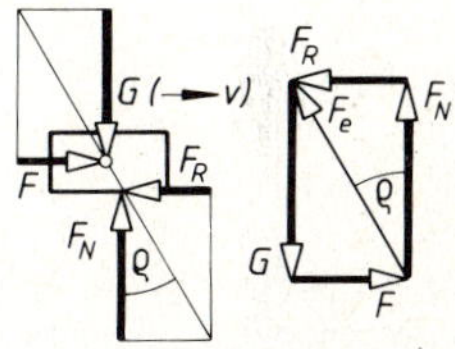

Reibung auf schiefer Ebene

G Gewichtskraft des Körpers, F Verschiebe- oder Haltekraft, F_R Reibkraft, F_{R0} Haftreibkraft, F_N Normalkraft, F_e Ersatzkraft aus F_N und F_R (F_{R0}), Neigungswinkel $\alpha >$ Reibwinkel ρ (ρ_0).

	Zugkraft wirkt parallel zur Ebene Lageskizze	*Zugkraft wirkt parallel zur Ebene* Krafteckskizze	*Zugkraft wirkt waagerecht* Lageskizze	*Zugkraft wirkt waagerecht* Krafteckskizze
Körper bewegt sich gleichförmig *F = Verschiebekraft** * oberes Vorzeichen: aufwärts unteres Vorzeichen: abwärts	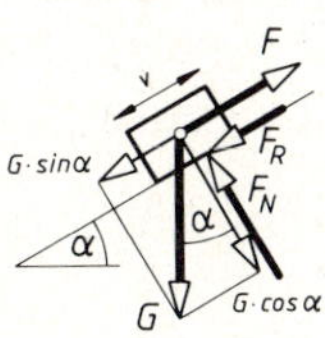	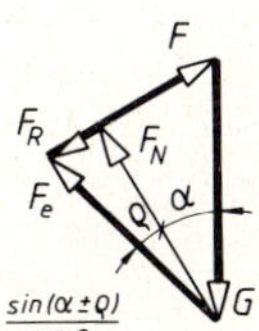 $F = G \cdot \frac{\sin(\alpha \pm \rho)}{\cos\rho}$ $F = G \cdot (\sin\alpha \pm \mu\cos\alpha)$	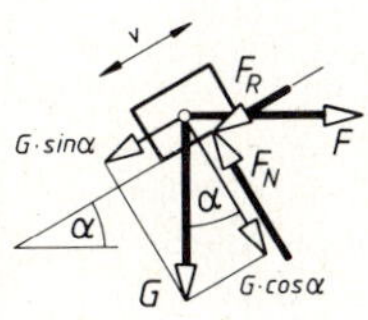	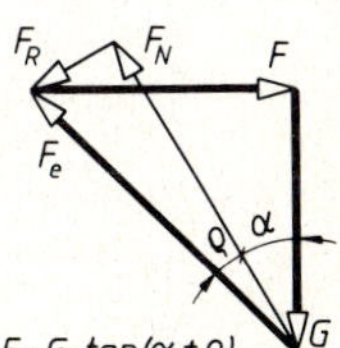 $F = G \cdot \tan(\alpha \pm \rho)$ $F = G \cdot \frac{\sin\alpha \pm \mu\cos\alpha}{\cos\alpha \mp \mu\sin\alpha}$
Körper ist in Ruhe *F = Haltekraft*	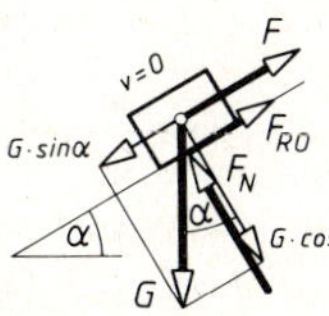	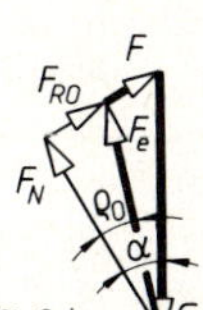 $F = G \cdot \frac{\sin(\alpha - \rho_0)}{\cos\rho_0}$ $F = G \cdot (\sin\alpha - \mu_0\cos\alpha)$	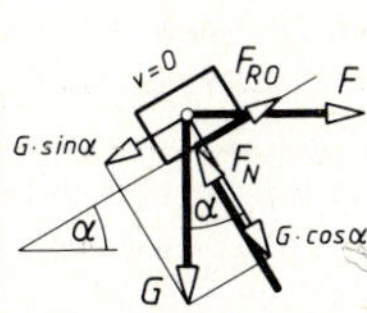	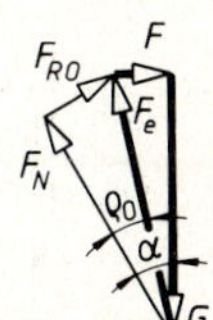 $F = G \cdot \tan(\alpha - \rho_0)$ $F = G \cdot \frac{\sin\alpha - \mu_0\cos\alpha}{\cos\alpha + \mu_0\sin\alpha}$

Selbsthemmungsbedingung

Körper bleibt auf schiefer Ebene solange in Ruhe, d. h. es liegt Selbsthemmung vor, solange der Neigungswinkel α einen Grenzwinkel ϱ_0 nicht überschreitet (z. B. bei Befestigungsgewinde mit $\alpha \approx 3°$).

$\tan\alpha \leqq \tan\varrho_0$; $\tan\alpha \leqq \mu_0$

(Selbsthemmungsbedingung)

5.10. Reibung in Maschinenelementen

Schraube

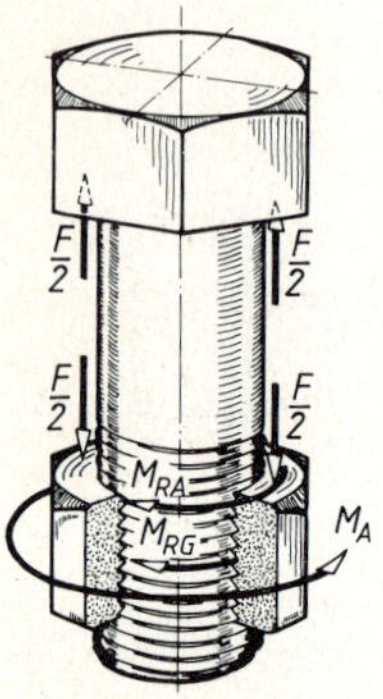

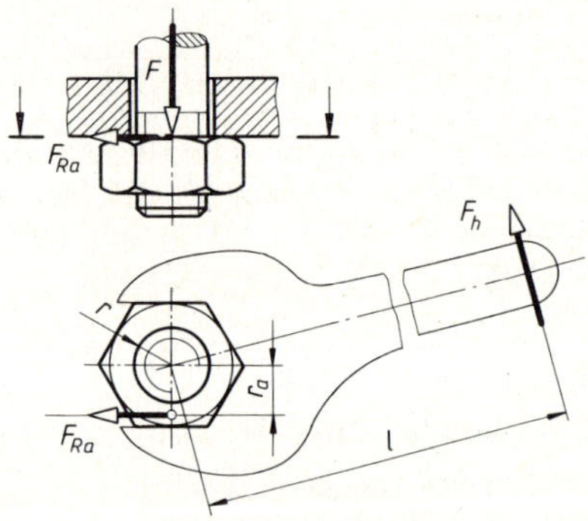

F	Schraubenlängskraft (z.B. Vorspannkraft)
M_{RG}	Gewindereibmoment
M_{RA}	Auflagereibmoment (F_{Ra} Auflagereibkraft)
M_A	Anziehdrehmoment
α	Steigungswinkel am Flankenradius r_2 $\tan\alpha = P/2\,r_2\,\pi$
ρ'	Reibwinkel im Gewinde
μ'	Reibzahl im Gewinde
μ	Reibzahl nach 5.12
P	Steigung des Gewindes
r_2	Flankenradius
$r_a = 1{,}4\,r$	Wirkabstand der Auflagereibung
r	Nennradius (z. B. bei M 12: $r = 6$ mm)
μ_a	Reibzahl der Mutterauflage, vom Werkstoff abhängig nach 5.12
η	Wirkungsgrad des Schraubgetriebes
β	Spitzenwinkel des Gewindes ($\beta = 30°$ für Trapezgewinde, $\beta = 60°$ für Spitzgewinde)

$$M_{RG} = F r_2 \tan(\alpha \pm \rho')$$

$$M_{RA} = F_{Ra} r_a = F \mu_a r_a$$

$$M_A = M_{RG} + M_{RA} = F_h\, l$$

$$M_A = F\,[r_2 \tan(\alpha \pm \rho') + \mu_a r_a]$$

$$\mu' = \tan\rho' = \frac{\mu}{\cos(\beta/2)}$$

$$\eta = \frac{\tan\alpha}{\tan(\alpha + \rho')}$$

$$\eta = \frac{\tan(\alpha - \rho')}{\tan\alpha}$$

(+) für Anziehen (Heben)

(−) für Lösen (Senken der Last)

Selbsthemmung bei $\alpha \leqq \rho'$

Zylinderführung

F resultierende Verschiebekraft aus Gewichtskraft und äußerer Belastung

Führungsbuchse klemmt sich fest, solange die Wirklinie von F durch Überdeckungsfläche der beiden Reibkegel geht.

Führungslänge l: $l = 2\,\mu\, l_a$

Bei $l < 2\,\mu\, l_a$ klemmt Buchse fest, bei $l > 2\,\mu\, l_a$ gleitet sie.

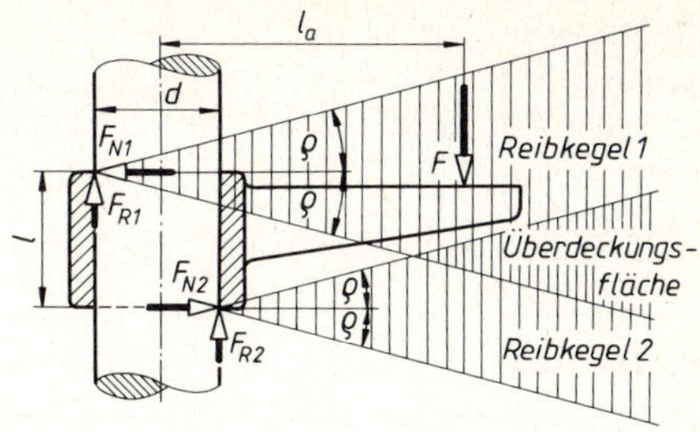

Keilgetriebe

Verschiebekraft:

$$F = F_1 \frac{\sin(\alpha + \varrho_2 + \varrho_3)\cos\varrho_1}{\cos(\alpha + \varrho_1 + \varrho_2)\cos\varrho_3}$$

Bei $\varrho_1 = \varrho_2 = \varrho_3 = \varrho$ ist

$$F = F_1 \frac{\sin(\alpha + 2\,\varrho)\cos\varrho}{\cos(\alpha + 2\,\varrho)\cos\varrho} = F_1 \tan(\varrho + 2\,\varrho)$$

Wirkungsgrad η bei Lastheben:

$$\eta = \frac{\tan\alpha}{\tan(\alpha + 2\,\varrho)}$$

Selbsthemmung bei $\alpha < 2\,\varrho_0$

Haltekraft, die Herausdrücken des Keiles verhindert:
$F' = F_1 \tan(\alpha - 2\,\varrho_0)$

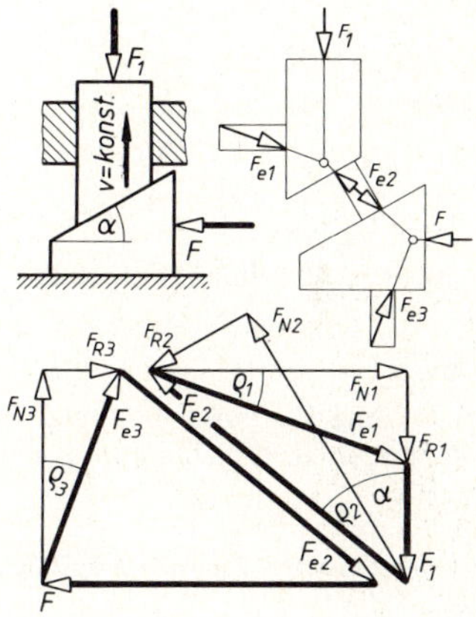

Querlager (Tragzapfen)

mittlere Flächenpressung:

$p_m = F/d\,l$

Mit Zapfenreibzahl μ, Zapfenradius r wird das Reibmoment:

$M_R = F\,r\,\mu$

Mit Winkelgeschwindigkeit $\omega = 2\pi n$ oder mit Drehzahl n wird die Reibleistung:

$P_R = M_R\,\omega = 2\,F\,r\,\mu\,\pi\,n$

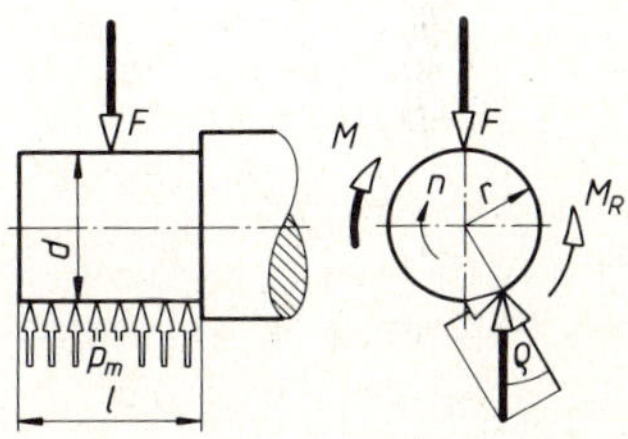

Längslager (Spurzapfen)

für Hohlzapfen ist Reibmoment $M_R = \frac{2}{3}\,\mu F \frac{r_2^3 - r_1^3}{r_2^2 - r_1^2}$

Reibleistung $P_R = M_R\,\omega$

Für Vollzapfen ist $M_R = \frac{2}{3}\,\mu F r_2$

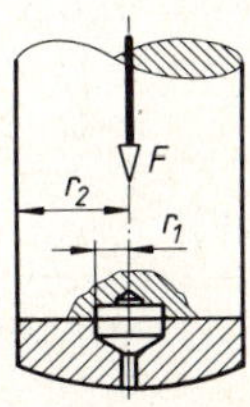

5. Statik

Rollreibung

Rollkraft:

$$F = F_1 \frac{f}{r}$$

Rollbedingung:

$$F_R < \mu_0 F_N \quad \text{oder} \quad \frac{f}{r} < \mu_0$$

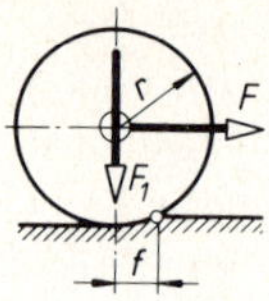

f Hebelarm der Rollreibung: Stahlräder auf Stahlschienen $f \approx 0{,}05$ cm

Fahrwiderstand

Wird Fahrzeug mit konstanter Geschwindigkeit v auf horizontaler Bahn bewegt, so ist, abgesehen vom Luftwiderstand, außer dem Rollwiderstand noch der durch Lagerreibung entstehende Widerstand zu überwinden. Beide werden zusammengefaßt zum Fahrwiderstand F_f.

$$F_f = F_N \mu_f$$

F_N gesamte Normalkraft (Anpreßkraft) des Fahrzeuges, bei horizontaler Bahn ist F_N = Gewichtskraft des Fahrzeuges;

μ_f Fahrwiderstandszahl:

Eisenbahn 0,0025;
Straßenbahn mit Wälzlagern 0,005;
Straßenbahn mit Gleitlagern 0,018;
Kraftfahrzeuge auf Asphalt 0,025;
Drahtseilbahn 0,01.

Seilreibung

Durch Reibung F_R zwischen Zugmittel und Scheibe wird Spannkraft F_1 größer als Gegenkraft F_2. Bei Gleichgewicht ist

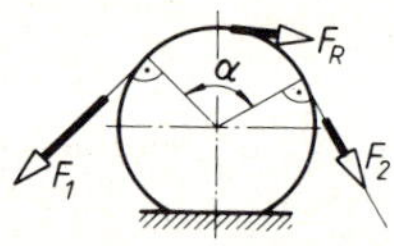

$$F_1 = F_2 \, e^{\mu\alpha}$$

μ Reibzahl zwischen Zugmittel und Scheibe: $\alpha = \dfrac{\alpha° \cdot \pi \text{ rad}}{180°}$

Umschlingungswinkel in Bogenmaß (rad). (Werte für $e^{\mu\alpha}$ in 5.13)

Seilreibung F_R ist größte Umfangskraft, die eine Seil-, Band- oder Riemenscheibe übertragen kann:

$$F_R = F_1 - F_2 = F_2 (e^{\mu\alpha} - 1) = F_1 \frac{(e^{\mu\alpha} - 1)}{e^{\mu\alpha}}$$

Rollen- und Flaschenzüge

F Zugkraft, F_1 Last, s_1 Kraftweg, s_2 Lastweg, η Wirkungsgrad der festen und der losen Rolle, η_r des Rollenzuges, n Anzahl der tragenden Seilstränge.

Feste Rolle (Leit- oder Umlenkrolle)

$$F = \frac{F_1}{\eta} \qquad \eta \text{ für Ketten und Seile} \approx 0{,}96$$

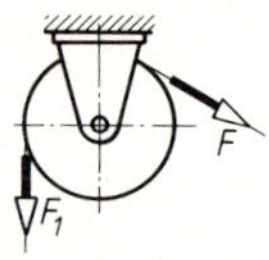

Lose Rolle

$$F = \frac{F_1}{2\eta} \qquad s_1 = 2\, s_2$$

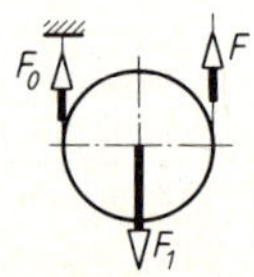

Flaschenzug (Rollenzug)

$$F = \frac{F_1}{n\,\eta_r} = F_1 \frac{1-\eta}{\eta\,(1-\eta^n)}$$

$$\eta_r = \frac{\eta\,(1-\eta^n)}{n\,(1-\eta)}$$

$$s_1 = n\,s_2$$

(η_r nach 5.14)

Rollenzug mit
$n = 4$ tragenden Seilsträngen

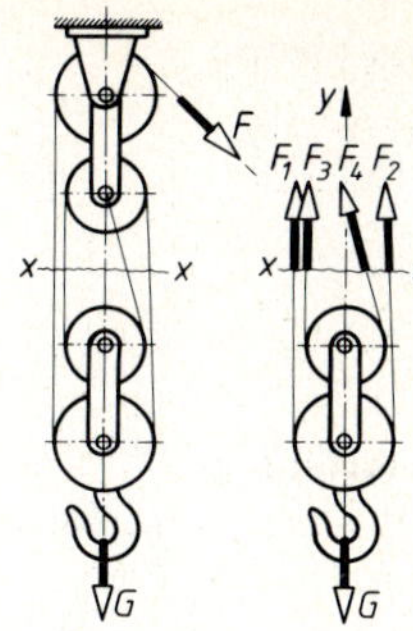

5.11. Bremsen

F Bremskraft in N, *M* Bremsmoment in Nm, *P* Wellenleistung in kW, μ Reibzahl, sämtliche Längen *l* und *r* in m, Umschlingungswinkel in rad.

Backenbremse mit überhöhtem Drehpunkt *D*

$$F = F_N \frac{(l_1 \pm \mu\,l_2)}{l} \quad \begin{matrix}(+) \text{ bei Rechtslauf} \\ (-) \text{ bei Linkslauf}\end{matrix}$$

Selbsthemmung bei Linkslauf, wenn $l_1 < \mu\,l_2$.

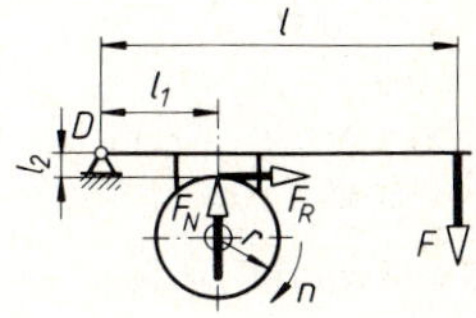

Backenbremse mit unterzogenem Drehpunkt *D*

$$F = F_N \frac{(l_1 \mp \mu\,l_2)}{l} \quad \begin{matrix}(-) \text{ bei Rechtslauf} \\ (+) \text{ bei Linkslauf}\end{matrix}$$

Selbsthemmung bei Rechtslauf, wenn $l_1 < \mu\,l_2$.

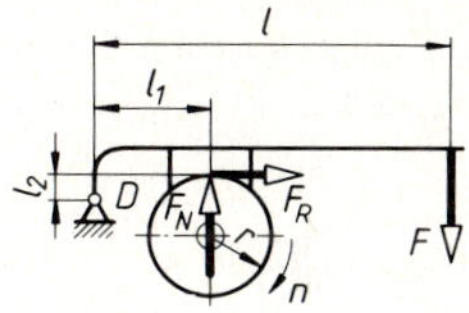

Backenbremse mit tangentialem Drehpunkt *D*

$$F = F_N \frac{l_1}{l}$$

Selbsthemmung tritt nicht auf.

Die Normalkraft F_N ergibt sich bei den drei Backenbremsarten aus dem Bremsmoment *M*:

$$M = F_R\,r = F_N\,\mu\,r$$

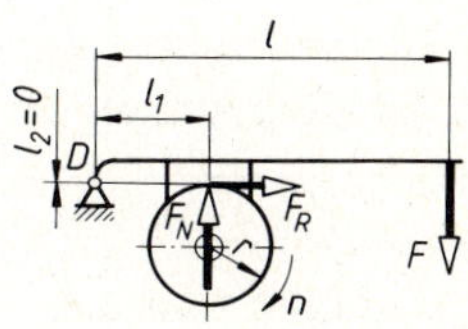

Einfache Bandbremse

$$M = F_R\,r = F\,r\,\frac{l}{l_1}\,(e^{\mu\alpha} - 1)$$

($e^{\mu\alpha}$ nach 5.13)

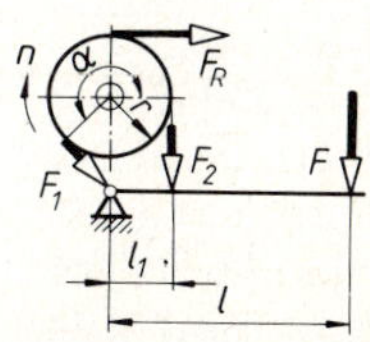

Summenbremse

$$M = F_R\, r = F\, r\, \frac{l}{l_1} \cdot \frac{e^{\mu\alpha} - 1}{e^{\mu\alpha} + 1}$$

($e^{\mu\alpha}$ nach 5.13)

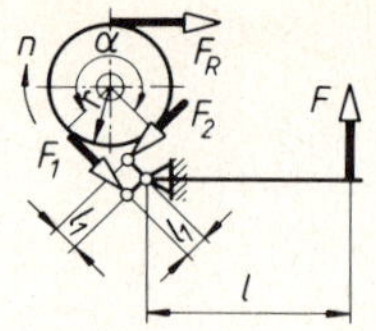

Differenzbremse

$$M = F_R\, r = F\, r\, l\, \frac{e^{\mu\alpha} - 1}{l_2 - l_1\, e^{\mu\alpha}}$$

($e^{\mu\alpha}$ nach 5.13)

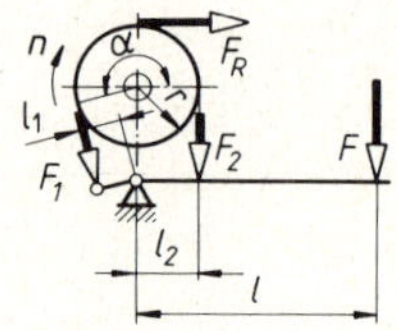

Bremszaum

$$P = \frac{G\, l\, n}{9550}$$ Einheiten siehe Bandbremszaum

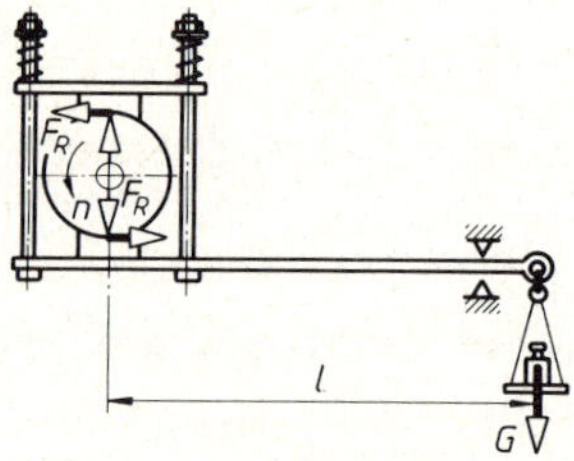

Bandbremszaum

$$P = \frac{(G - F)\, r\, n}{9550}$$

P	G	F	r, l	n
kW	N	N	m	min^{-1}

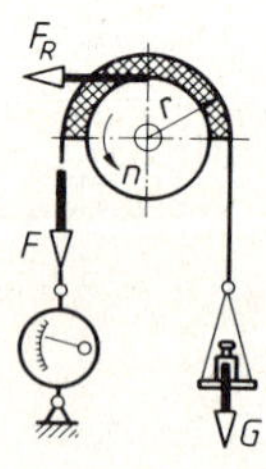

5.12. Gleitreibzahl μ und Haftreibzahl μ_0 (Klammerwerte sind die Gradzahlen für den Reibwinkel ϱ bzw. ϱ_0)

Werkstoff	Haftreibzahl μ_0 trocken	Haftreibzahl μ_0 gefettet	Gleitreibzahl μ trocken	Gleitreibzahl μ gefettet
Stahl auf Stahl	0,15 (8,5)	0,1 (5,7)	0,15 (8,5)	0,01 (0,6)
Stahl auf GG oder Bz	0,19 (10,8)	0,1 (5,7)	0,18 (10,2)	0,01 (0,6)
GG auf GG		0,16 (9,1)		0,1 (5,7)
Holz auf Holz	0,5 (26,6)	0,16 (9,1)	0,3 (16,7)	0,08 (4,6)
Holz auf Metall	0,7 (35)	0,11 (6,3)	0,5 (26,6)	0,1 (5,7)
Lederriemen auf GG		0,3 (16,7)		
Gummiriemen auf GG			0,4 (21,8)	
Textilriemen auf GG			0,4 (21,8)	
Bremsbelag auf Stahl			0,5 (26,6)	0,4 (21,8)
Lederdichtungen auf Metall	0,6 (31)	0,2 (11,3)	0,2 (11,3)	0,12 (6,8)

5.13. Werte für $e^{\mu\alpha}$ in Abhängigkeit vom Umschlingungswinkel α und von der Reibzahl μ

		Reibzahlen μ									
$\alpha°$	α	0.05	0.1	0.15	0.2	0,25	0.3	0,35	0,4	0,45	0,5
36	0.2 π	1.032	1.065	1.099	1.134	1.170	1.207	1.246	1,286	1,327	1,369
72	0.4 π	1.065	1.134	1.207	1.286	1,369	1.458	1,552	1,653	1,760	1,874
108	0.6 π	1.099	1.207	1,327	1,458	1.602	1.760	1,934	2,125	2,336	2,566
144	0.8 π	1.134	1,286	1.458	1.653	1.874	2.125	2,410	2,733	3,099	3,514
180	1.0 π	1.170	1,369	1,602	1,874	2.193	2,566	3,003	3.514	4,111	4,810
216	1.2 π	1.207	1,458	1.760	2.125	2,566	3,099	3,741	4,518	5,455	6,586
252	1,4 π	1.246	1,552	1.934	2.410	3.003	3.741	4,662	5.808	7,237	9,017
288	1,6 π	1.286	1,653	2.125	2.733	3,514	4,518	5,808	7,468	9,602	12,35
324	1,8 π	1,327	1,760	2,336	3,099	4,111	5,455	7,237	9,602	12,74	16,90
360	2,0 π	1,369	1,874	2,566	3.514	4,810	6,586	9,017	12,35	16,90	23,14
540	3 π	1.602	2,566	4,111	6,586	10,55	16,90	27.08	43,38	69,49	111,3
720	4 π	1,874	3,514	6.586	12,35	23,14	43,38	81,31	152,1	285,7	535,5
900	5 π	2,193	4,810	10,55	23,14	50,75	111,3	244,2	535,5	1 174	2 576
1080	6 π	2,566	6,586	16,90	43,38	111,3	285,7	733,1	1 881	4 829	12 390
1260	7 π	3,003	9,017	27,08	81,31	244,2	733,1	2 202	6 611	19 850	59 610
1440	8 π	3,514	12,35	43,38	152,4	535,5	1 881	6 611	23 230	81 610	286 800
1620	9 π	4,111	16,90	69,49	285,7	1 174	4 829	19 850	81 610	335 500	1 379 000
1800	10 π	4,810	23,14	111,3	535,5	2 576	12 390	59 610	286 800	1 379 000	6 636 000

5.14. Wirkungsgrad η_r des Rollenzuges in Abhängigkeit von der Anzahl n der tragenden Seilstränge (η = 0,96 angenommen)

n	1	2	3	4	5	6	7	8	9	10
η_r	0,960	0,941	0,922	0,904	0,886	0,869	0,852	0,836	0,820	0,804

6. Dynamik

6.1. Geradlinige gleichmäßig beschleunigte (verzögerte) Bewegung

Die Gleichungen gelten auch für den *freien Fall* und für den *senkrechten Wurf* mit Fall- oder Steighöhe h = Weg s und Fallbeschleunigung g = Beschleunigung oder Verzögerung a; $g = 9{,}81\ \mathrm{m/s^2}$.

Beschleunigung a	Die Beschleunigung a ist konstant. Die rechnerische Behandlung beginnt mit dem Aufzeichnen des v,t-Diagramms, weil stets die Fläche unter der Geschwindigkeitslinie dem zurückgelegten Weg s entspricht. $a = \dfrac{\text{Geschwindigkeitsänderung } \Delta v}{\text{Zeitabschnitt } t}$ in $\dfrac{\mathrm{m}}{\mathrm{s^2}}$
Umrechnung von $\dfrac{\mathrm{km}}{\mathrm{h}}$ in $\dfrac{\mathrm{m}}{\mathrm{s}}$	$A\,\dfrac{\mathrm{km}}{\mathrm{h}} = \dfrac{A}{3{,}6}\,\dfrac{\mathrm{m}}{\mathrm{s}}$ A, B Zahlenwert $B\,\dfrac{\mathrm{m}}{\mathrm{s}} = B \cdot 3{,}6\,\dfrac{\mathrm{km}}{\mathrm{h}}$ *Beispiel:* $72\,\dfrac{\mathrm{km}}{\mathrm{h}} = \dfrac{72}{3{,}6}\,\dfrac{\mathrm{m}}{\mathrm{s}} = 20\,\dfrac{\mathrm{m}}{\mathrm{s}}$ $20\,\dfrac{\mathrm{m}}{\mathrm{s}} = 20 \cdot 3{,}6\,\dfrac{\mathrm{km}}{\mathrm{h}} = 72\,\dfrac{\mathrm{km}}{\mathrm{h}}$
Endgeschwindigkeit v_e (bei $v_a = 0$)	$v_e = at = \sqrt{2as}$
Endgeschwindigkeit v_e (bei $v_a \neq 0$)	$v_e = v_a + \Delta v = v_a + at$ $v_e = \sqrt{v_a^2 + 2as}$
Weg s (bei $v_a = 0$)	$s = \dfrac{v_e t}{2} = \dfrac{at^2}{2} = \dfrac{v_e^2}{2a}$
Weg s (bei $v_a \neq 0$)	$s = \dfrac{v_a + v_e}{2}\,t = v_a t + \dfrac{at^2}{2} = \dfrac{v_e^2 - v_a^2}{2a}$
Zeit t (bei $v_a = 0$)	$t = \dfrac{v_e}{a} = \sqrt{\dfrac{2s}{a}}$
Zeit t (bei $v_a \neq 0$)	$t = \dfrac{v_e - v_a}{a} = -\dfrac{v_a}{a} \pm \sqrt{\left(\dfrac{v_a}{a}\right)^2 + \dfrac{2s}{a}}$
Beschleunigung a (bei $v_a = 0$)	$a = \dfrac{v_e^2}{2s} = \dfrac{v_e}{t} = \dfrac{2s}{t^2}$
Beschleunigung a (bei $v_a \neq 0$)	$a = \dfrac{v_e - v_a}{t} = \dfrac{v_e^2 - v_a^2}{2s}$

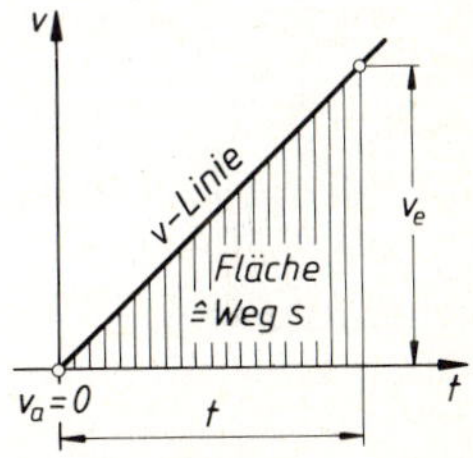

v, t-Diagramm bei $v_a = 0$

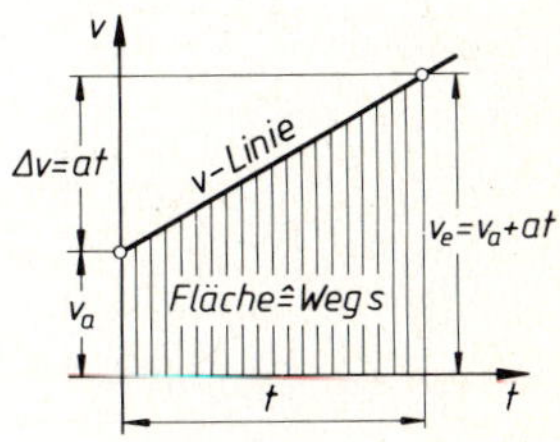

v, t-Diagramm bei $v_a \neq 0$

6. Dynamik

Anfangsgeschwindigkeit v_a (bei $v_e = 0$)	$v_a = at = \sqrt{2as}$
Anfangsgeschwindigkeit v_a (bei $v_e \neq 0$)	$v_a = v_e + \Delta v = v_e + at$ $v_a = \sqrt{v_e^2 + 2as}$
Weg s (bei $v_e = 0$)	$s = \frac{v_a t}{2} = \frac{at}{2} = \frac{v_a^2}{2a}$
Weg s (bei $v_e \neq 0$)	$s = \frac{v_a + v_e}{2} t = v_a t - \frac{at^2}{2}$
Zeit t (bei $v_e = 0$)	$t = \frac{v_a}{a} = \sqrt{\frac{2s}{a}}$
Zeit t (bei $v_e \neq 0$)	$t = \frac{v_a - v_e}{a} = \frac{v_a}{a} \pm \sqrt{\left(\frac{v_a}{a}\right)^2 - \frac{2s}{a}}$
Verzögerung a (bei $v_e = 0$)	$a = \frac{v_a}{t} = \frac{v_a^2}{2s} = \frac{2s}{t^2}$
Verzögerung a (bei $v_e \neq 0$)	$a = \frac{v_a - v_e}{t} = \frac{v_a^2 - v_e^2}{2s}$

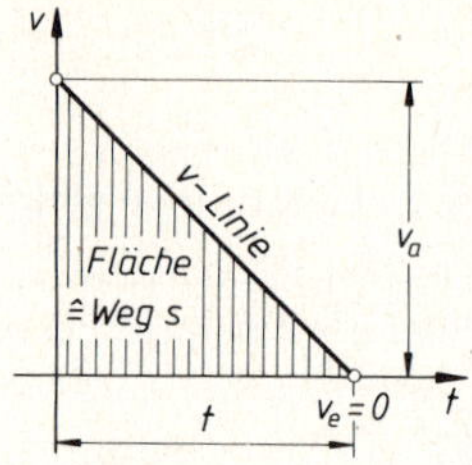

v, t-Diagramm bei $v_e = 0$

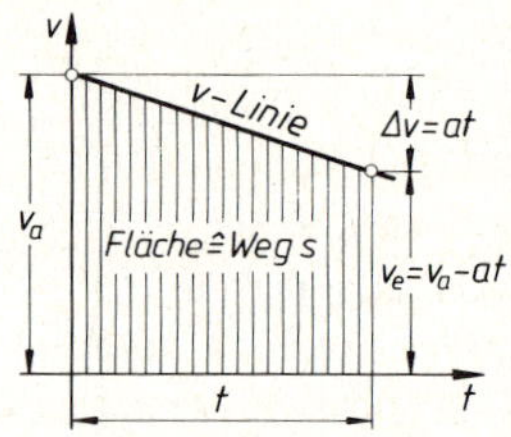

v, t-Diagramm bei $v_e \neq 0$

6.2. Wurfgleichungen

6.2.1. **Horizontaler Wurf** (ohne Luftwiderstand)

Geschwindigkeit v in einem Bahnpunkt	$v = \sqrt{v_x^2 + v_y^2} = \sqrt{v_a^2 + (gt)^2}$
Geschwindigkeit v nach Fallhöhe h	$v = \sqrt{v_a^2 + 2gh}$
Fallhöhe h nach Wurfweite w	$h = \frac{gw^2}{2v_a^2}$ Gleichung der Wurfbahn
Wurfweite w	$w = v_a \sqrt{\frac{2h}{g}}$

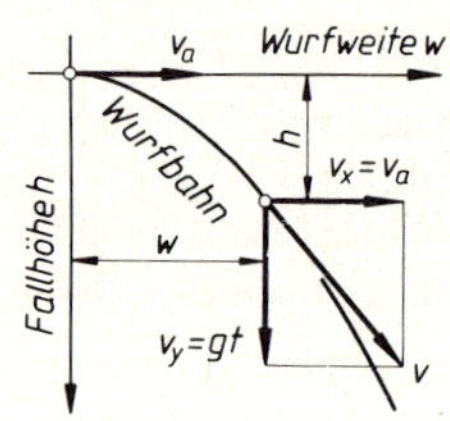

6.2.2. **Wurf schräg nach oben** (ohne Luftwiderstand)

Wurfweite w (Größtwert bei $\alpha = 45°$)	$w = \frac{v_a^2 \sin 2\alpha}{g}$

Wurfdauer t	$t = \dfrac{w}{v_a \cos\alpha} = \dfrac{2\,v_a \sin\alpha}{g}$	
Wurfhöhe h	$h = \dfrac{v_a^2 \sin^2\alpha}{2g}$	
Geschwindigkeit v_x in x-Richtung	$v_x = v_a \cos\alpha$	
Geschwindigkeit v_y in y-Richtung	$v_y = v_a \sin\alpha - g t$	

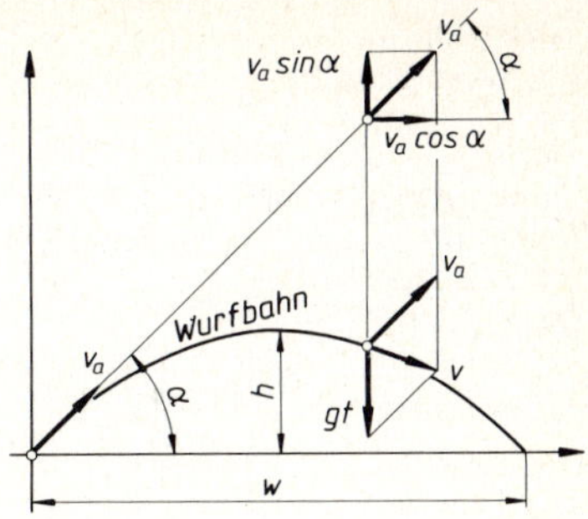

6.3. Gleichförmige Drehbewegung

Winkelgeschwindigkeit ω	$\omega = 2\pi n = \dfrac{\varphi}{t} = \dfrac{v_u}{r}$
Umfangsgeschwindigkeit v_u	$v_u = \dfrac{\varphi}{t} r = \omega r = d\pi n = 2\pi r n$
Drehwinkel φ (z Anzahl der Umdrehungen)	$\varphi = \omega t$ $\varphi = 2\pi z$ $\sin\varphi = \dfrac{s}{r}$

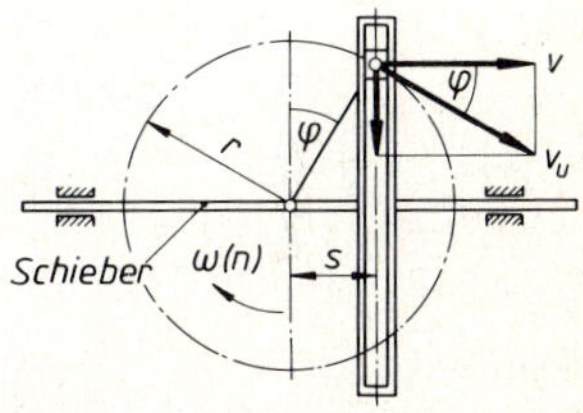

v_u	ω, n	t	r	φ	z
$\frac{m}{s}$	$\frac{rad}{s}$	s	m	rad	1

In der Technik sind als Zahlenwertgleichungen gebräuchlich:

Umfangsgeschwindigkeit v_u	$v_u = \dfrac{\pi d n}{1000}$	v_u: $\frac{m}{min}$; d: mm; n: min^{-1}
	$v_u = \dfrac{\pi d n}{60\,000}$	v_u: $\frac{m}{s}$; d: mm; n: min^{-1}
Winkelgeschwindigkeit ω	$\omega = \dfrac{\pi n}{30} \approx 0{,}1\,n$	ω: $\frac{rad}{s}$; n: min^{-1}

6.4. Gleichmäßig beschleunigte (verzögerte) Kreisbewegung

Winkelbeschleunigung α	Die Winkelbeschleunigung α ist konstant. Die rechnerische Behandlung beginnt mit dem Aufzeichnen des ω, t-Diagramms (ω Winkelgeschwindigkeit), weil stets die Fläche unter der Winkelgeschwindigkeitslinie dem überstrichenen Drehwinkel φ entspricht. $\alpha = \dfrac{\text{Winkelgeschwindigkeitsänderung } \Delta\omega}{\text{Zeitabschnitt } t}$ in $\dfrac{rad}{s^2}$

6. Dynamik

Endwinkel-geschwindigkeit ω_e (bei $\omega_a = 0$)	$\omega_e = \alpha t = \sqrt{2\alpha\varphi}$
Endwinkel-geschwindigkeit ω_e (bei $\omega_a \neq 0$)	$\omega_e = \omega_a + \Delta\omega = \omega_a + \alpha t$ $\omega_e = \sqrt{\omega_a^2 + 2\alpha\varphi}$
Drehwinkel φ (bei $\omega_a = 0$)	$\varphi = \dfrac{\omega_e t}{2} = \dfrac{\alpha t^2}{2} = \dfrac{\omega_e^2}{2\alpha}$
Drehwinkel φ (bei $\omega_a \neq 0$)	$\varphi = \dfrac{\omega_a + \omega_e}{2} t = \omega_a t + \dfrac{\alpha t^2}{2} = \dfrac{\omega_e^2 - \omega_a^2}{2\alpha}$
Zeit t (bei $\omega_a = 0$)	$t = \dfrac{\omega_e}{\alpha} = \sqrt{\dfrac{2\varphi}{\alpha}}$
Zeit t (bei $\omega_a \neq 0$)	$t = \dfrac{\omega_e - \omega_a}{\alpha} = -\dfrac{\omega_a}{\alpha} \pm \sqrt{\left(\dfrac{\omega_a}{\alpha}\right)^2 + \dfrac{2\varphi}{\alpha}}$
Winkelbeschleunigung α (bei $\omega_a = 0$)	$\alpha = \dfrac{\omega_e}{t} = \dfrac{\omega_e^2}{2\varphi} = \dfrac{2\varphi}{t^2}$
Winkelbeschleunigung α (bei $\omega_a \neq 0$)	$\alpha = \dfrac{\omega_e - \omega_a}{t} = \dfrac{\omega_e^2 - \omega_a^2}{2\varphi}$
Anfangswinkel-geschwindigkeit ω_a (bei $\omega_e = 0$)	$\omega_a = \alpha t = \sqrt{2\alpha\varphi}$
Anfangswinkel-geschwindigkeit ω_a (bei $\omega_e \neq 0$)	$\omega_a = \omega_e + \Delta\omega = \omega_e + \alpha t$ $\omega_a = \sqrt{\omega_e^2 + 2\alpha\varphi}$
Drehwinkel φ (bei $\omega_e = 0$)	$\varphi = \dfrac{\omega_a t}{2} = \dfrac{\alpha t^2}{2} = \dfrac{\omega_a^2}{2\alpha}$
Drehwinkel φ (bei $\omega_e \neq 0$)	$\varphi = \dfrac{\omega_a + \omega_e}{2} t = \omega_a t - \dfrac{\alpha t^2}{2}$
Zeit t (bei $\omega_e = 0$)	$t = \dfrac{\omega_a}{\alpha} = \sqrt{\dfrac{2\varphi}{\alpha}}$
Zeit t (bei $\omega_e \neq 0$)	$t = \dfrac{\omega_a - \omega_e}{\alpha} = \dfrac{\omega_a}{\alpha} \pm \sqrt{\left(\dfrac{\omega_a}{\alpha}\right)^2 - \dfrac{2\varphi}{\alpha}}$

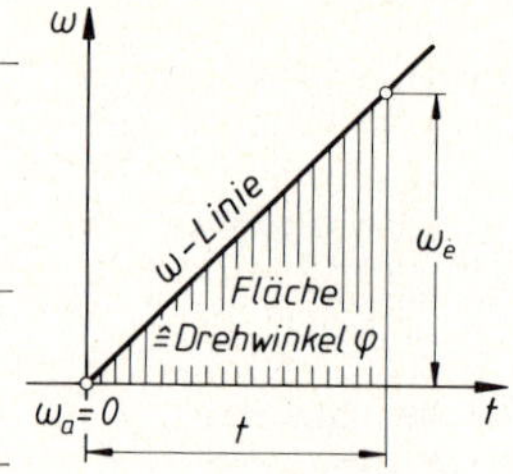

ω, t-Diagramm bei $\omega_a = 0$

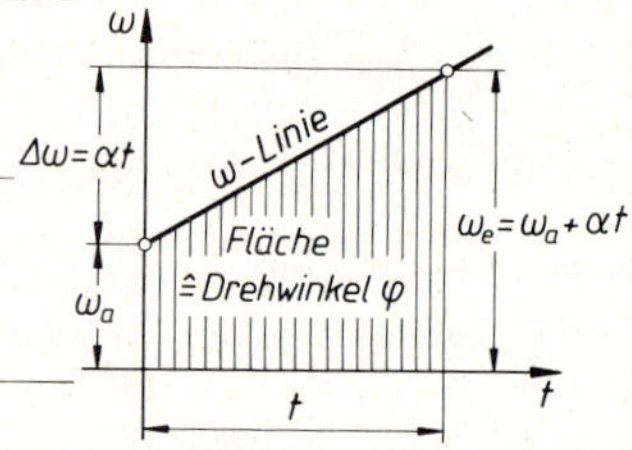

ω, t-Diagramm bei $\omega_a \neq 0$

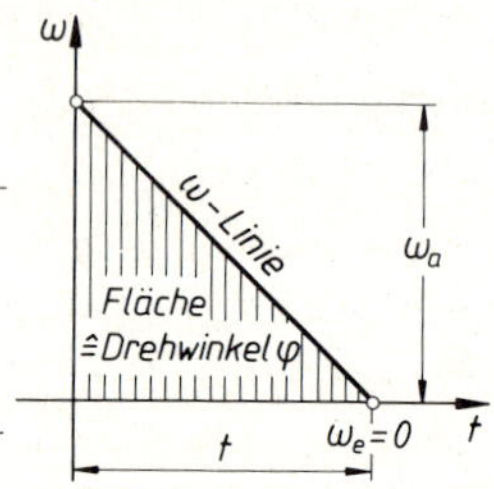

ω, t-Diagramm bei $\omega_e = 0$

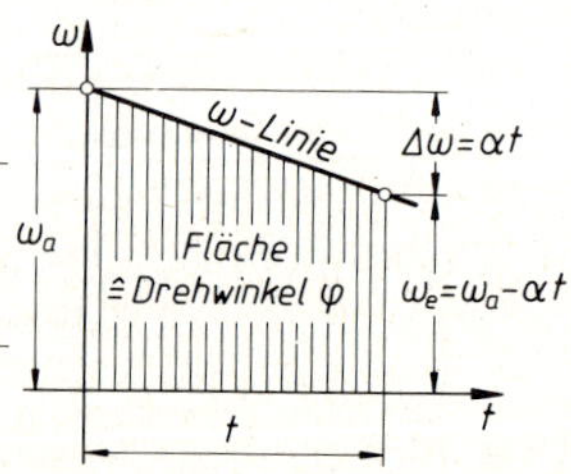

ω, t-Diagramm bei $\omega_e \neq 0$

Winkelverzögerung α (bei $\omega_e = 0$)	$\alpha = \frac{\omega_a}{t} = \frac{\omega_a^2}{2\varphi} = \frac{2\varphi}{t^2}$	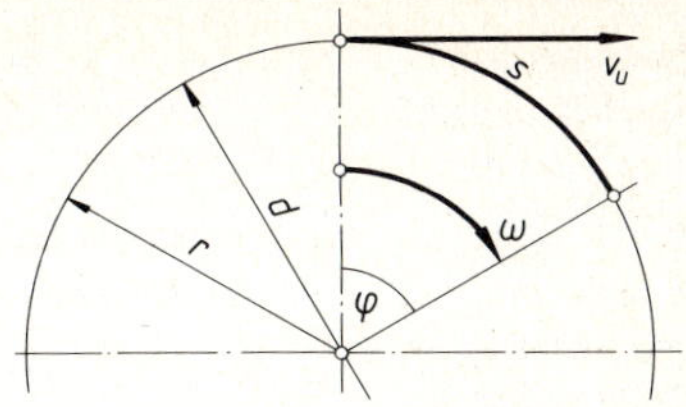
Winkelverzögerung α (bei $\omega_e \neq 0$)	$\alpha = \frac{\omega_a - \omega_e}{t} = \frac{\omega_a^2 - \omega_e^2}{2\varphi}$	
Tangentialbeschleunigung oder -verzögerung a_T	$a_T = \frac{\Delta\omega r}{t} = \alpha r = \frac{\Delta v_u}{t}$	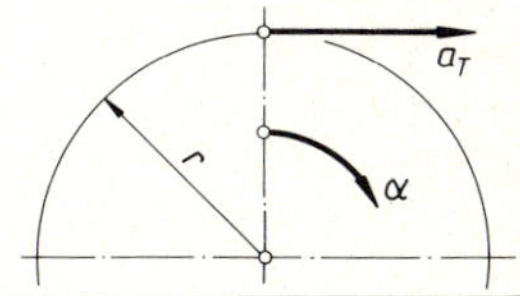

6.5. Sinusschwingung (harmonische Schwingung)

Periodische Schwingung	liegt vor, wenn sich eine physikalische Größe (z.B. Auslenkung y eines Punktes) zeitlich so verändert, daß sich der Vorgang nach Schwingungsdauer T in genau gleicher Weise wiederholt. 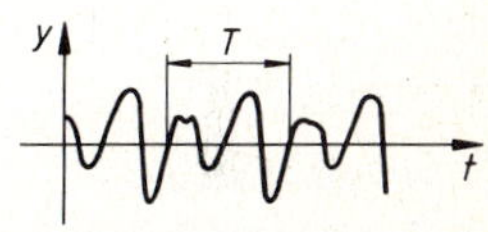
Sinusschwingung (harmonische Schwingung)	ist Sonderfall einer periodischen Schwingung, z.B. eine lineare Schwingung, die sich als seitliche Projektion eines gleichförmig auf der Kreisbahn umlaufenden Punktes darstellen läßt.
Zusammenhang zwischen periodischer Schwingung und Sinusschwingung	Jede periodische Schwingung läßt sich durch eine Fourier-Entwicklung in Sinusschwingungen zerlegen: $y(t) = \frac{A_0}{2} + \sum A_n \cos(n\omega t) + \sum B_n \sin(n\omega t)$
Differentialgleichung der freien ungedämpften Schwingung	$m\ddot{y} + cy = 0$ für geradlinige Schwingbewegung $J\ddot{\varphi} + c\varphi = 0$ für Drehbewegung m Masse des Schwingers, y Auslenkung, c Federrate, J Trägheitsmoment, φ Drehwinkel
Phase	Phase ist der Winkel φ im Bogenmaß (rad), den der umlaufende Punkt im Zeitabschnitt t durchläuft: $\varphi = \omega t = 2\pi f t = 2\pi z$
Auslenkung y	y ist die momentane Entfernung des schwingenden Punktes von der Nullage (Mittellage, Gleichgewichtslage)
Amplitude A	A (Schwingungsweite) ist die maximale Auslenkung y_{max} aus der Nullage. Bei ungedämpfter Schwingung ist A = konstant.

6. Dynamik

Schwingungsdauer T	$T = \frac{t}{z} = \frac{\text{gemessener Zeitabschnitt}}{\text{Anzahl der Schwingungen}}$; T ist die Zeit für eine volle Schwingung
Frequenz f	f (Schwingungszahl) ist der Quotient aus der Anzahl z der Schwingungen und dem zugehörigen Zeitabschnitt t: $f = \frac{z}{t} = \frac{1}{T} = \frac{\omega}{2\pi}$
Kreisfrequenz ω	$\omega = 2\pi n = 2\pi \frac{z}{t} = 2\pi f = \frac{2\pi}{T}$
Auslenkung y, Geschwindigkeit v_y und Beschleunigung a_y eines harmonisch schwingenden Punktes	$y = A \sin(\omega t) = A \sin(2\pi f t) = A \sin \frac{2\pi t}{T}$ $v_y = A\,\omega \cos(\omega t) = A\,\omega \cos(2\pi f t) = A\,\omega \cos \frac{2\pi t}{T}$ $a_y = -A\,\omega^2 \sin(\omega t) = -A\,\omega^2 \sin(2\pi f t) = -A\,\omega^2 \sin \frac{2\pi t}{T} = -y\,\omega^2$
Schwingungsbeginn bei Phasenwinkel $\Delta\varphi_0$	$y = A \sin(\varphi + \Delta\varphi_0) = A \sin(\omega t + \Delta\varphi_0)$

f	T, t	z	ω	φ	n	A, y	v_y	a_y
$\frac{1}{s}$	s	1	$\frac{1}{s}$	rad	$\frac{1}{s}$	m	$\frac{m}{s}$	$\frac{m}{s^2}$

Auslenkung-Zeit-Diagramm

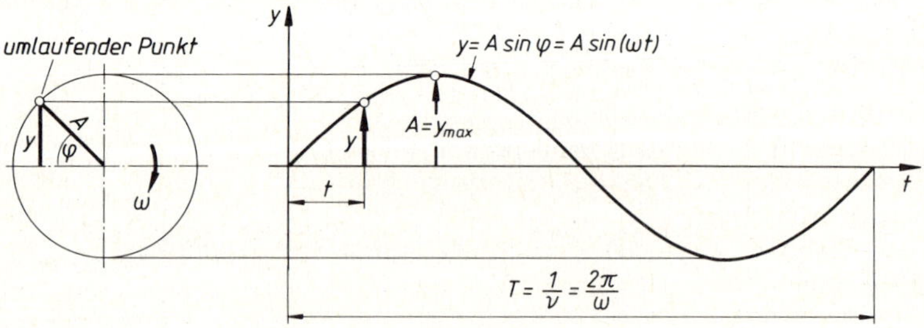

Geschwindigkeit-Zeit-Diagramm

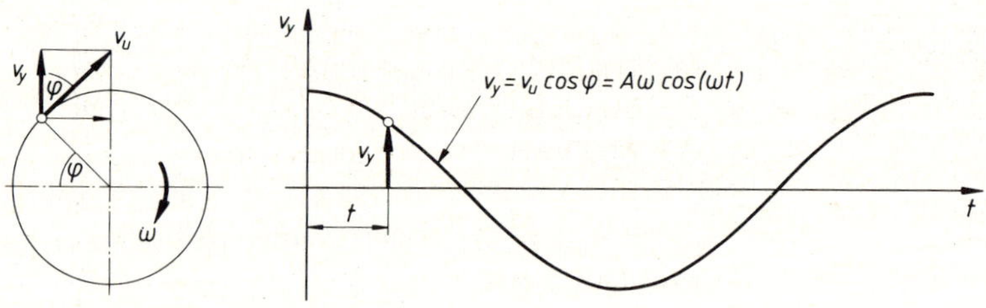

Beschleunigung-Zeit-Diagramm

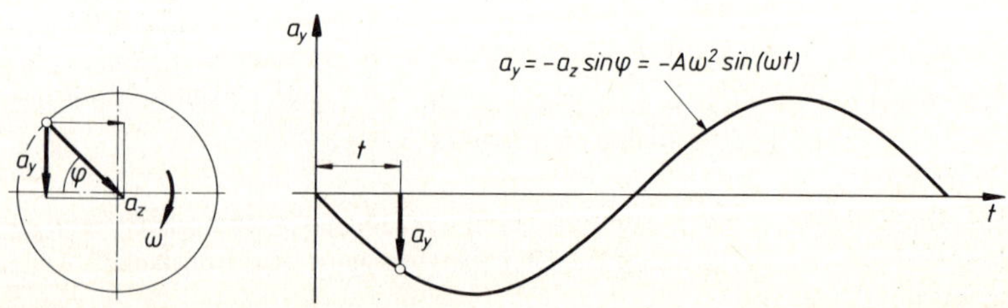

6.6. Pendelgleichungen

	Schwerependel	Schraubenfederpendel	Torsionspendel
Pendelart	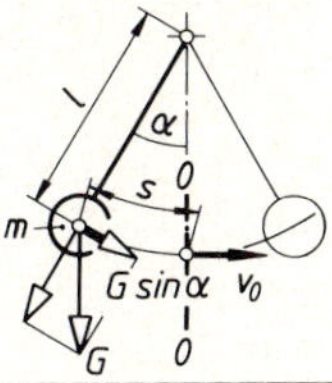	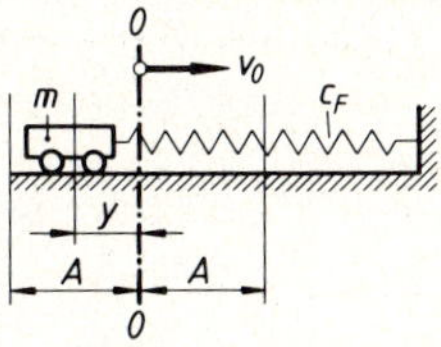	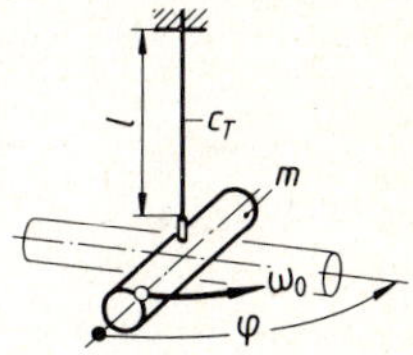
Rückstellkraft F_R Rückstellmoment M_R	$F_R = G \sin\alpha = mg \sin\alpha$ $F_R = \frac{mg}{l} s = D s$	$F_R = c_F y = m \frac{4\pi^2}{T^2} y$	$M_R = c_T \varphi$
Richtgröße D Federrate c_F, c_T (Federsteifigkeit)	$D = \frac{mg}{l}$	$c_F = m \frac{4\pi^2}{T^2}$	$c_T = \frac{M_R}{\Delta\varphi} = \frac{I_p G}{l}$ (G Schubmodul, I_p polares Flächenmoment 2. Grades)
Schwingungsdauer T	$T = 2\pi \sqrt{\frac{l}{g}}$	$T = 2\pi \sqrt{\frac{m}{c_F}}$	$T = 2\pi \sqrt{\frac{J}{c_T}}$ J Trägheitsmoment
maximale Geschwindigkeit v_0 maximale Winkelgeschwindigkeit ω_0	$v_0 = \sqrt{2gl(1 - \cos\alpha_{max})}$ gilt bis $\alpha_{max} < 14°$	$v_0 = A \sqrt{\frac{c_F}{m}}$	$\omega_0 = \varphi \sqrt{\frac{c_T}{J}}$ J Trägheitsmoment
experimentelle Bestimmung des Trägheitsmomentes J_2 eines Körpers	$J_2 = J_1 \frac{T_2^2 - T_1^2}{T_1^2}$ J_1 bekanntes Trägheitsmoment J_2 unbekanntes Trägheitsmoment T_1 gemessene Schwingungsdauer bei Körper 1 allein T_2 bei Körper 1 und 2 zusammen 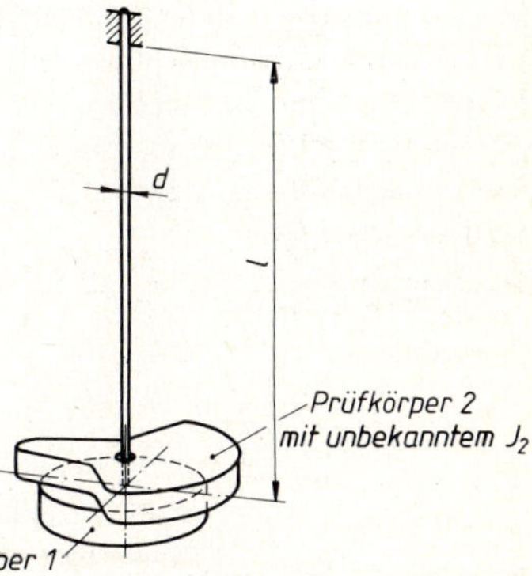		

Einheiten der vorkommenden physikalischen Größen

F_R, G	M_R	m	g	l, s, y, A	c_F	c_T	φ	T	ω	J	v_0	ω_0
N	$\frac{Nm}{rad}$	kg	$\frac{m}{s^2}$	m	$\frac{N}{m}$	$\frac{Nm}{rad}$	rad	s	$\frac{1}{s}$	kgm^2	$\frac{m}{s}$	$\frac{1}{s}$

6. Dynamik

6.7. Schubkurbelgetriebe (für ω = konstant = $\pi n/30$)

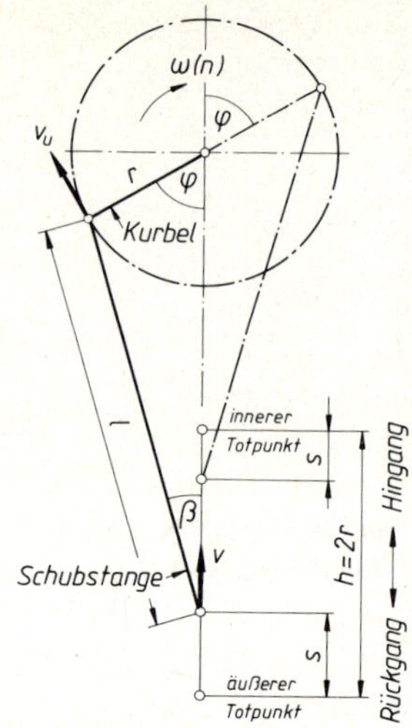

Umfangsgeschwindigkeit v_u	$v_u = \omega r = \dfrac{\pi h n}{60}$
Kolbenweg s (+) für Hingang (−) für Rückgang	$s = r(1-\cos\varphi) \pm l(1-\cos\beta)$ $s \approx r(1-\cos\varphi \pm 0{,}5\,\lambda \sin^2\varphi)$
Schubstangenverhältnis λ	$\lambda = \dfrac{\text{Kurbelradius } r}{\text{Länge der Schubstange } l}$
Kolbengeschwindigkeit v (+) für Hingang (−) für Rückgang	$v = v_u(\sin\varphi \pm 0{,}5\,\lambda \sin 2\varphi)$ $v = \omega r(\sin\omega t \pm 0{,}5\,\lambda \sin 2\omega t)$ $v_{max} = v_u(1 + 0{,}5\,\lambda^2) = \omega r(1 + 0{,}5\,\lambda^2)$
mittlere Geschwindigkeit v_m	$v_m = \dfrac{hn}{30}$
Kolbenbeschleunigung a (+) für Hingang (−) für Rückgang	$a = \dfrac{v_u^2}{r}(\cos\varphi \pm \lambda \cos 2\varphi)$ $a = \omega^2 r(\cos\omega t \pm \lambda \cos 2\omega t)$ $a_{max} = \omega^2 r(1 \pm \lambda)$ in den Totlagen

v_u, v_m, v	ω	a	h, r, s, l	λ	n
$\frac{m}{s}$	$\frac{1}{s}$	$\frac{m}{s^2}$	m	1	min^{-1}

6.8. Gerader zentrischer Stoß

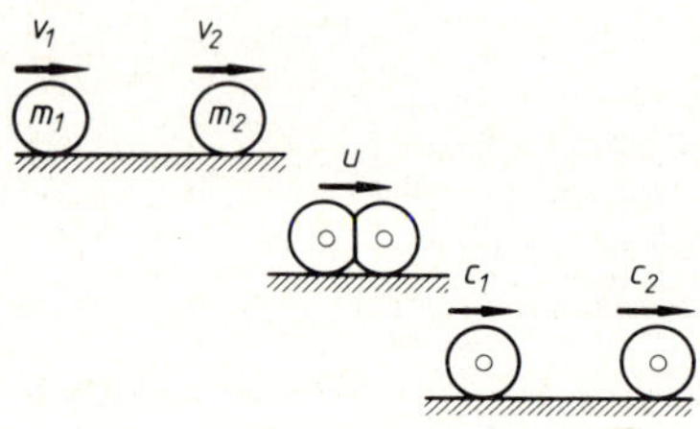

Zwei Körper der Masse m_1, m_2 bewegen sich vor dem Stoß in Richtung der Stoßlinie mit den Geschwindigkeiten $v_1 > v_2$. Gemeinsamer Berührungspunkt und die Schwerpunkte beider Körper liegen auf der Stoßlinie. Nach erstem Stoßabschnitt (Stoßkraft $F = F_{max}$) haben beide Körper die Geschwindigkeit c, nach zweitem Stoßabschnitt ($F = 0$) die Geschwindigkeiten c_1, c_2.

Stoßzahl k	$k = \dfrac{c_2 - c_1}{v_1 - v_2}$ $k = \frac{15}{16}$ für Glas, $\frac{8}{9}$ für Elfenbein, $\frac{5}{9}$ für Stahl und Kork, $\frac{1}{2}$ für Holz $k = 0$ vollkommen unelastischer Stoß; $\Delta W = 0$ (ΔW Energieverlust) $k = 1$ vollkommen elastischer Stoß allgemeiner Fall: $0 < k < 1$
Stoßzahlbestimmung	$k = \sqrt{\dfrac{h_1}{h}}$ h freie Fallhöhe einer Kugel auf waagerechte Platte aus gleichem Material h_1 Rücksprunghöhe der Kugel

gemeinsame Geschwindigkeit c	$c = \dfrac{m_1 v_1 + m_2 v_2}{m_1 + m_2}$	c, v: $\frac{m}{s}$; m: kg; k: 1; W: J
Geschwindigkeiten c_1, c_2 nach dem Stoß	$c_1 = \dfrac{m_1 v_1 + m_2 v_2 - m_2 (v_1 - v_2) k}{m_1 + m_2}$	$c_2 = \dfrac{m_1 v_1 + m_2 v_2 + m_1 (v_1 - v_2) k}{m_1 + m_2}$
Energieverlust ΔW beim Stoß	$\Delta W = \dfrac{m_1 m_2}{2(m_1 + m_2)} (v_1 - v_2)^2 (1 - k^2)$	
Energieverlust ΔW beim vollkommen unelastischen Stoß	$k = 0;\quad c_1 = c_2 = c$ $\Delta W = \dfrac{m_1 m_2}{2(m_1 + m_2)} (v_1 - v_2)^2$	Für Schmieden und Nieten muß ΔW möglichst groß sein ($m_2 \gg m_1$)
Geschwindigkeiten c_1, c_2 nach dem vollkommen elastischen Stoß	$k = 1;\quad \Delta W = 0$ $c_1 = \dfrac{(m_1 - m_2) v_1 + 2 m_2 v_2}{m_1 + m_2}$	$c_2 = \dfrac{(m_2 - m_1) v_2 + 2 m_1 v_1}{m_1 + m_2}$
Sonderfälle	bei $m_1 = m_2$ wird $c_1 = v_2$ und $c_2 = v_1$ bei $m_2 = \infty$ und $v_2 = 0$ wird $c_1 = -v_1$ bei $m_1 = \infty$ und $v_2 = 0$ wird $c_2 = 2 v_1$	

6.9. Mechanische Arbeit W

Die mechanische Teilarbeit ΔW einer den Körper bewegenden Kraft F ist das Produkt aus dem Wegabschnitt Δs und der Kraftkomponente F in Wegrichtung. Die Gesamtarbeit W ist die Summe aller Teilarbeiten ΔW:

$$W = \sum \Delta W = \sum F \Delta s = F_1 \Delta s_1 + F_2 \Delta s_2 + \dots F_n \Delta s_n$$

Die von der Kraft F oder dem Drehmoment M verrichtete Arbeit W entspricht stets der Fläche unter der Kraft- oder Momentenlinie im Kraft-Weg-Schaubild oder im Moment-Drehwinkel-Schaubild.

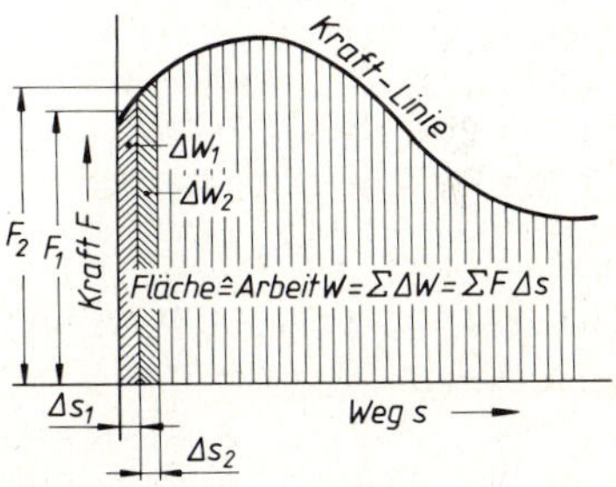

Arbeit W einer veränderlichen Kraft

kohärente Einheit (gesetzliche Einheit, zugleich SI-Einheit)	1 Joule (J) = 1 Wattsekunde (Ws) $1\,J = 1\,\dfrac{kgm}{s^2}\,m = 1\,\dfrac{kgm^2}{s^2}$ 1 J = 1 Nm = 1 Ws
Arbeit W der konstanten Kraft F	$W = Fs \cos\alpha$ $W = Fs$ (für $\alpha = 0°$) 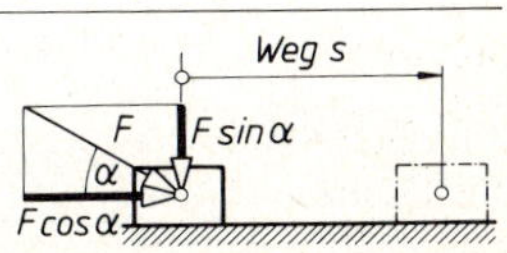

6. Dynamik

Arbeit W der Gewichtskraft G (Hubarbeit)

$$W = Gh = mgh$$

W	G	m	g	h
J = Nm	N	kg	$\frac{m}{s^2}$	m

G Gewichtskraft des Körpers
m Masse des Körpers
h Hubhöhe

Reibungsarbeit W_R auf schiefer Ebene mit ∢ α, Kraft F parallel zur Bahn

$$W_R = F_R\, s \qquad \mu \text{ Reibzahl nach 5.12}$$

$$W_R = G\mu s \cos\alpha = mg\mu s \cos\alpha$$

W_R	F_R, G	m	g	s
J = Nm	N	kg	$\frac{m}{s^2}$	m

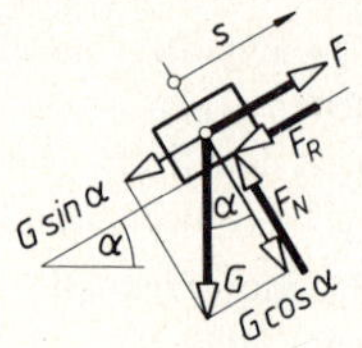

Kraft F waagerecht

$$W_R = F_R\, s$$

$$W_R = \mu s (G\cos\alpha + F\sin\alpha)$$

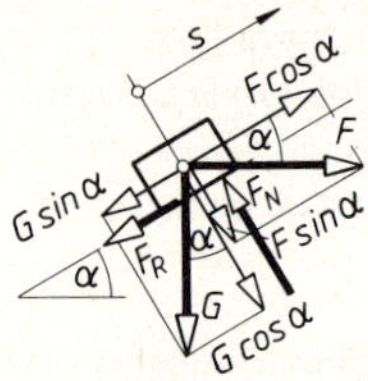

Formänderungsarbeit W_f

c Federrate (Federsteifigkeit)

$$W_f = \frac{F_1 + F_2}{2}\Delta s \qquad c = \frac{F_2 - F_1}{\Delta s} = \frac{F_2}{s_2} = \frac{F_1}{s_1}$$

$$W_f = \frac{c}{2}(s_2^2 - s_1^2)$$

W_f	F_1, F_2	s_1, s_2	c
J = Nm	N	m	$\frac{N}{m}$

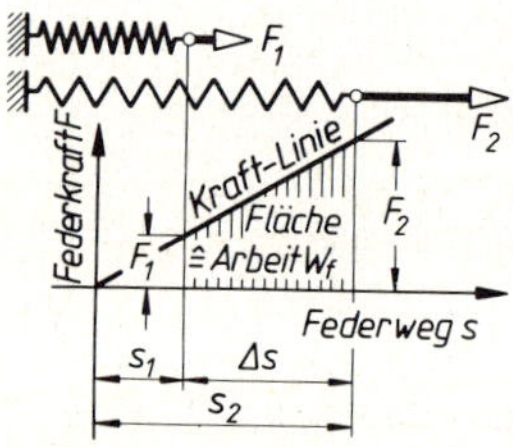

Arbeit W eines konstanten Drehmomentes M

F_T Tangentialkraft
z Anzahl der Umdrehungen

$$W = M\varphi$$

$$W = F_T\, 2\pi r z$$

W	M	φ	F_T	r	z
J = Nm	$\frac{Nm}{rad}$	rad	N	m	1

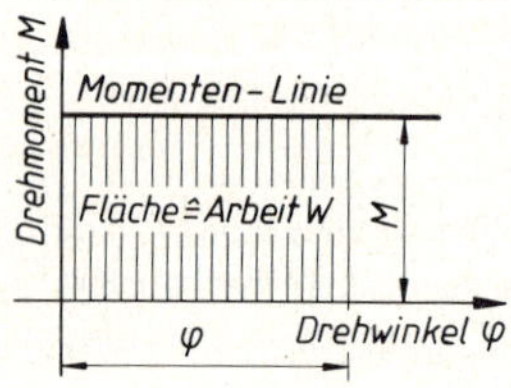

Beschleunigungsarbeit W_b eines konstanten Kraftmomentes M

$$W = \frac{J}{2}(\omega_2^2 - \omega_1^2)$$

W_b	J	ω
J = Nm	kgm²	$\frac{1}{s}$

ω_1, ω_2 Winkelgeschwindigkeit vor oder nach dem Beschleunigungs- oder Verzögerungsvorgang

6.10. Leistung P, Übersetzung i und Wirkungsgrad η

P_{trans} bei geradliniger Bewegung

$$P_{trans} = \frac{W}{t} = \frac{Fs}{t} = Fv$$

P_{trans}	F	v
$\frac{J}{s} = \frac{Nm}{s} = W$	N	$\frac{m}{s}$

P_{rot} bei Drehbewegung

$$P_{rot} = M\omega = 2\pi M n$$

P_{rot}	M	n, ω
$J = \frac{Nm}{s} = W$	Nm	$\frac{1}{s}$

Zahlenwertgleichungen für Leistung P und Drehmoment M

$$P = \frac{Mn}{9550}$$

$$M = 9550 \frac{P}{n}$$

P	M	n
kW	Nm	min^{-1}

Wirkungsgrad η

M_1 Antriebsmoment
M_2 Abtriebsmoment
i Übersetzung

$$\eta = \frac{\text{Nutzarbeit } W_n}{\text{zugeführte Arbeit } W_z} = \frac{\text{Nutzleistung } P_n}{\text{zugeführte Leistung } P_z} < 1$$

$$\eta = \frac{M_2}{M_1} \cdot \frac{1}{i} \qquad M_2 = M_1\, \eta_{ges}\, i_{ges}$$

Gesamtwirkungsgrad η_{ges}

$$\eta_{ges} = \eta_1 \eta_2 \eta_3 \ldots \eta_n < 1$$

Übersetzung i

$$i = \frac{n_1}{n_2} = \frac{\omega_1}{\omega_2} = \frac{d_2}{d_1} = \frac{d_{02}}{d_{01}} = \frac{z_2}{z_1}$$

$$i = \frac{M_2}{M_1} \text{ (ohne Reibung)} \qquad i = \frac{M_2}{M_1} \cdot \frac{1}{\eta_{res}} \text{ (mit Reibung)}$$

6.11. Dynamik der Verschiebebewegung (Translation)

Dynamisches Grundgesetz, allgemein

$$F_{res} = ma$$

F_{res}, G	m	a, g
$N = \frac{kgm}{s^2}$	kg	$\frac{m}{s^2}$

F_{res} ist Resultierende der Kräftegruppe in Beschleunigungsrichtung
m Masse des Körpers
a Beschleunigung
g Fallbeschleunigung
g_n Normfallbeschleunigung $= 9{,}80665\ \frac{m}{s^2}$
G_n Normgewichtskraft des Körpers, also bei g_n

Dynamisches Grundgesetz für freien Fall

$$G = mg$$
$$G_n = mg_n$$

Dynamisches Grundgesetz für Tangenten- und Normalenrichtung

F_N Zentripetalkraft
ρ Krümmungsradius
für Kreisbogen ist $\rho = r$

$$F_N = ma_N = m\frac{v^2}{\rho} = m\rho\omega^2$$

$$F_T = ma_T$$

F_N, F_T	m	a_N, a_T	v	ρ	ω
$N = \frac{kgm}{s^2}$	kg	$\frac{m}{s^2}$	$\frac{m}{s}$	m	$\frac{1}{s}$

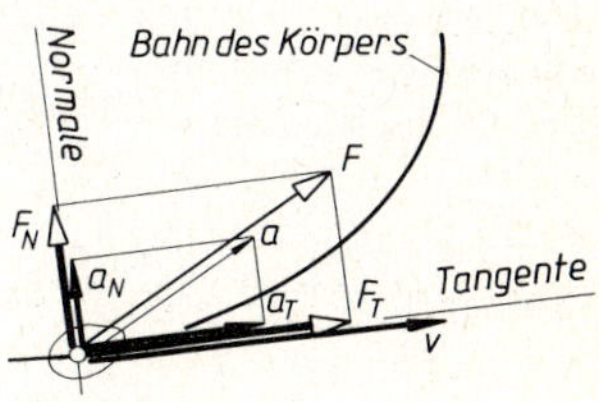

Energieerhaltungssatz

W_E	=	W_A	+	W_z	−	W_a
Energie am Ende des Vorganges	=	Energie am Anfang des Vorganges	+	zugeführte Arbeit	−	abgeführte Arbeit (meist Reibarbeit W_R)

potentielle Energie W_{pot} (Energie der Lage)

$W_{pot} = Gh = mgh$

kinetische Energie W_{kin} (Bewegungsenergie)

$W_{kin} = \frac{m}{2}(v_2^2 - v_1^2)$

W_{kin} = Beschleunigungsarbeit W_b

W	m	g	h	G	v_1, v_2
J = Nm = Ws	kg	$\frac{m}{s^2}$	m	N	$\frac{m}{s}$

(siehe 6.9)

Impulserhaltungssatz (Antriebssatz)

$F_{res}(t_2 - t_1) = m(v_2 - v_1)$

für den „kräftefreien“ Körper ($F_{res} = 0$) gilt

$m v_2 - m v_1 = 0$

$m v_1 = m v_2 =$ konstant (siehe 6.8. Stoß)

F_{res}	t	m	v
N = $\frac{kgm}{s^2}$	s	kg	$\frac{m}{s}$

d'Alembertscher Satz

Körper freimachen, Beschleunigungsrichtung eintragen, Trägheitskraft

$T = ma$

entgegengesetzt zur Beschleunigungsrichtung eintragen,
Gleichgewichtsbedingungen unter Einschluß der Trägheitskraft (oder -kräfte) ansetzen.

T	m	a
N = $\frac{kgm}{s^2}$	kg	$\frac{m}{s^2}$

6.12. Dynamik der Drehung (Rotation)

Dynamisches Grundgesetz, allgemein

$M_{res} = J\alpha$

M_{res}	J	α
Nm = $\frac{kgm^2}{s^2}$	kgm^2	$\frac{1}{s^2}$

M_{res} resultierendes Moment
J Trägheitsmoment nach 6.13
α Winkelbeschleunigung nach 6.4

Trägheitsmoment J Definitionsgleichung

$J = \Sigma \Delta m r^2$

$J = \int dm\, \rho^2$

Berechnungsgleichungen in 6.13

Verschiebesatz (Steiner)

$J_0 = J_s + ml^2$

J_0 Trägheitsmoment für gegebene parallele Drehachse 0 – 0
J_s Trägheitsmoment für parallele Schwerachse S – S
ml^2 Masse m mal Abstandsquadrat der beiden Achsen

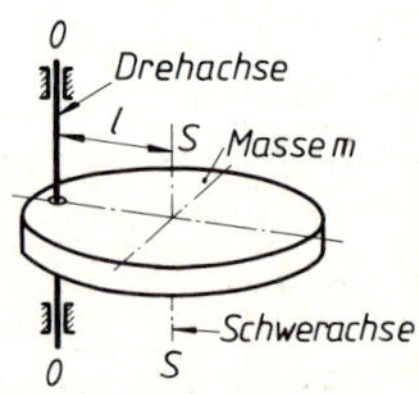

Trägheitsradius i

$i = \sqrt{\frac{J}{m}}$ $\quad i = \frac{D_i}{2}$

i, D_i	J	m
m	kgm^2	kg

Reduktion der Trägheitsmomente J_1, J_2 ... bei Getrieben	$J_{red} = J_1 + J_2 \left(\frac{n_2}{n_1}\right)^2 + J_3 \left(\frac{n_3}{n_1}\right)^2 + \ldots$	n Drehzahl
resultierendes Beschleunigungsmoment M_{res} der Antriebsachse 1	$M_{res} = J_{red}\, \alpha_1$	α_1 Winkelbeschleunigung
Drehenergie W (Drehwucht)	$W = \frac{J}{2} (\omega_2^2 - \omega_1^2)$ = Beschleunigungsarbeit W_b	
Energieerhaltungssatz der Drehung	$\frac{J}{2}\omega_2^2 = \frac{J}{2}\omega_1^2 \pm M_{res}\,\varphi$ Drehwucht am Ende des Vorganges = Drehwucht am Anfang des Vorganges ± zu- oder abgeführter Arbeit des resultierenden Moments aller Kräfte	
Impulserhaltungssatz (Antriebssatz)	$M_{res} (t_2 - t_1) = J (\omega_2 - \omega_1)$	
für den „kräftefreien“ Körper ($M_{res} = 0$) gilt	$J\,\omega_2 - J\,\omega_1 = 0$ $J\,\omega_1 = J\,\omega_2$ = konstant	

M_{res}	t	J	ω
J = Nm = Ws	s	kgm^2	$\frac{1}{s}$

Fliehkraft F_z	$F_z = m r_s \omega^2 = m \frac{v^2}{r_s}$	r_s Abstand des Körperschwerpunktes S von Drehachse ω Winkelgeschwindigkeit v Umfangsgeschwindigkeit des Schwerpunktes um die Drehachse

F_z	m	r_s	ω	v
N = $\frac{kgm}{s^2}$	kg	m	$\frac{1}{s}$	$\frac{m}{s}$

6.13. Gleichungen für Trägheitsmomente J (Massenmomente 2. Grades)

Art des Körpers	Trägheitsmoment J (J_x um die x-Achse; J_z um die z-Achse); ρ Dichte
Rechteck, Quader 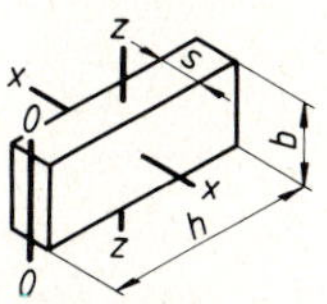	$J_x = \frac{1}{12} m (b^2 + h^2) = \frac{1}{12} \rho h b s (b^2 + h^2)$ bei geringer Plattendicke s ist $J_z = \frac{1}{12} m h^2 = \frac{1}{12} \rho b h^3 s;\quad J_0 = \frac{1}{3} m h^2 = \frac{1}{3} \rho b h^3 s$ Würfel mit Seitenlänge a: $J_x = J_z = m \frac{a^2}{6}$
Kreiszylinder 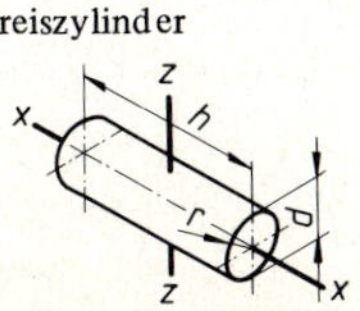	$J_x = \frac{1}{2} m r^2 = \frac{1}{8} m d^2 = \frac{1}{32} \rho \pi d^4 h = \frac{1}{2} \rho \pi r^4 h$ $J_z = \frac{1}{16} m (d^2 + \frac{4}{3} h^2) = \frac{1}{64} \rho \pi d^2 h (d^2 + \frac{4}{3} h^2)$

6. Dynamik

Art des Körpers	Trägheitsmoment J (J_x um die x-Achse; J_z um die z-Achse); ρ Dichte
Hohlzylinder 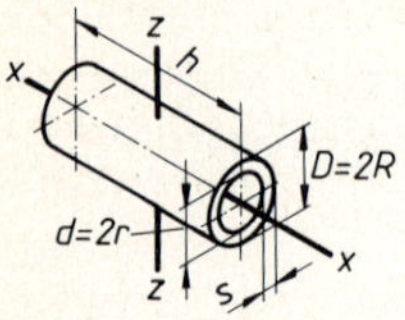	$J_x = \frac{1}{2} m (R^2 + r^2) = \frac{1}{8} m (D^2 + d^2) = \frac{1}{32} \rho \pi h (D^4 - d^4)$ $J_x = \frac{1}{2} \rho \pi h (R^4 - r^4)$; $J_z = \frac{1}{4} m (R^2 + r^2 + \frac{1}{3} h^2) = \frac{1}{16} m (D^2 + d^2 + \frac{4}{3} h^2)$
Kreiskegel 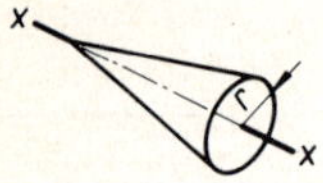	$J_x = \frac{3}{10} m r^2$ Kreiskegelstumpf: $J_x = \frac{3}{10} m \frac{R^5 - r^5}{R^3 - r^3}$
Zylindermantel	$J_x = \frac{1}{4} m d_m^2 = \frac{1}{4} \rho \pi d_m^3 hs$ $J_z = \frac{1}{8} m (d_m^2 + \frac{2}{3} h^2) = \frac{1}{8} \rho \pi d_m hs (d_m^2 + \frac{2}{3} h^2)$ Hohlzylinder mit Wanddicke $s = \frac{1}{2} (D - d)$ sehr klein im Verhältnis zum mittleren Durchmesser $d_m = \frac{1}{2} (D + h)$
Kugel 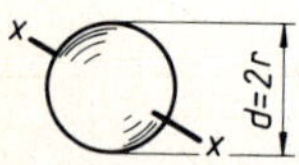	$J_x = \frac{2}{5} m r^2 = \frac{1}{10} m d^2 = \frac{1}{60} \rho \pi d^5 = \frac{8}{15} \rho \pi r^5$
Hohlkugel (Kugelschale)	$J_x = J_z = \frac{1}{6} m d_m^2 = \frac{1}{6} \rho \pi d_m^4 s$ Wanddicke $s = \frac{1}{2} (D - d)$ sehr klein im Verhältnis zum mittleren Durchmesser $d_m = \frac{1}{2} (D + d)$
Ring 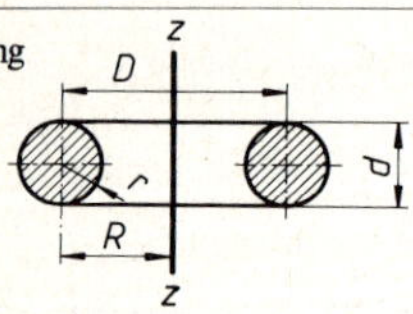	$J_z = m (R^2 + \frac{3}{4} r^2) = \frac{1}{4} m (D^2 + \frac{3}{4} d^2)$ $\qquad m = 2\pi^2 r^2 R \rho$ $J_z = \frac{1}{16} \rho \pi^2 D d^2 (D^2 + \frac{3}{4} d^2) = \frac{1}{4} m D^2 \left[1 + \frac{3}{4}\left(\frac{d}{D}\right)^2\right]$
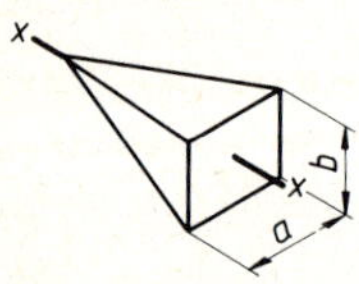	$J_x = \frac{1}{20} m (a^2 + b^2)$

6.14. Gegenüberstellung einander entsprechender Größen und Definitionsgleichungen für Schiebung und Drehung

Geradlinige (translatorische) Bewegung			Drehende (rotatorische) Bewegung		
Größe	Definitionsgleichung	Einheit	Größe	Definitionsgleichung	Einheit
Weg s	Basisgröße	m	Drehwinkel φ	$\frac{\text{Bogen } b}{\text{Radius } r}$	rad = 1
Zeit t	Basisgröße	s	Zeit t	Basisgröße	s
Masse m	Basisgröße	kg	Trägheitsmoment J	$J = \int dm\,\rho^2$	kgm^2
Geschwindigkeit v	$v = \frac{ds}{dt} \left(= \frac{\Delta s}{\Delta t}\right)$	$\frac{m}{s}$	Winkelgeschwindigkeit ω	$\omega = \frac{d\varphi}{dt} \left(= \frac{\Delta\varphi}{\Delta t}\right)$	$\frac{rad}{s} = \frac{1}{s}$
Beschleunigung a	$a = \frac{dv}{dt} \left(= \frac{\Delta v}{\Delta t}\right)$	$\frac{m}{s^2}$	Winkelbeschleunigung α	$\alpha = \frac{d\omega}{dt} \left(= \frac{\Delta\omega}{\Delta t}\right)$	$\frac{rad}{s^2} = \frac{1}{s^2}$
Beschleunigungskraft F_{res}	$F_{res} = ma$	$N = \frac{kgm}{s^2}$	Beschleunigungsmoment M_{res}	$M_{res} = J\alpha$	$Nm = \frac{kgm^2}{s^2}$
Arbeit W_{trans}	$W_{trans} = Fs$	J = Nm = Ws	Arbeit W_{rot}	$W_{rot} = M\varphi$	J = Nm = Ws
Leistung P_{trans}	$P_{trans} = \frac{W_{trans}}{t} = Fv$	$\frac{J}{s} = \frac{Nm}{s} = W$	Leistung P_{rot}	$P_{rot} = \frac{W_{rot}}{t} = M\omega$	$\frac{J}{s} = \frac{Nm}{s} = W$
Wucht W_{trans}	$W_{trans} = \frac{m}{2} v^2$	$Nm = \frac{kgm^2}{s^2}$	Drehwucht W_{rot}	$W_{rot} = \frac{J}{2} \omega^2$	$Nm = \frac{kgm^2}{s^2}$
Arbeitssatz (Wuchtsatz)	$W_{trans} = \frac{m}{2} (v_2^2 - v_1^2)$	$Nm = \frac{kgm^2}{s^2}$	Arbeitssatz (Wuchtsatz)	$W_{rot} = \frac{J}{2} (\omega_2^2 - \omega_1^2)$	$Nm = \frac{kgm^2}{s^2}$
Impulserhaltungssatz	$F_{res}(t_2 - t_1) = m(v_2 - v_1)$ Kraftstoß = Impulsänderung		Impulserhaltungssatz	$M_{res}(t_2 - t_1) = J(\omega_2 - \omega_1)$ Momentenstoß = Drehimpulsänderung	

7. Hydrostatik

7.1. Statik der Flüssigkeiten

Druck p auf ebene und gewölbte Flächen

$$p = \frac{F}{A}$$

p	F	A
$\frac{N}{m^2} = Pa$	N	m^2

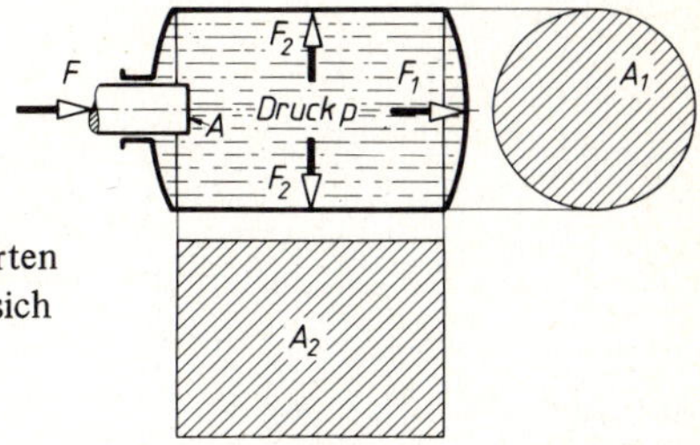

Der Druck, der von außen auf irgendeinen Teil der abgesperrten Flüssigkeit ausgeübt wird (z.B. durch Kolbenkraft), pflanzt sich auf alle Teile nach allen Richtungen hin unverändert fort.
(1 Pascal (Pa) = 1 Newton durch Quadratmeter (N/m^2).

Triebkraft F_1 (Kolbenkraft)

$$F_1 = \frac{\pi d_1^2}{4} p$$

Last F_2 (Kolbenkraft)

$$F_2 = \frac{\pi d_2^2}{4} p$$

$$F_2 = F_1 \left(\frac{d_2}{d_1}\right)^2 \eta$$

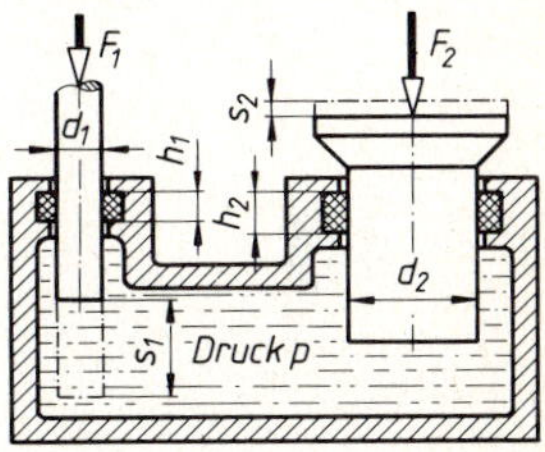

Hydraulische Presse

Wirkungsgrad η
μ Reibzahl zwischen Kolben und Dichtung

$$\eta = \frac{1 - 4\mu \frac{h_2}{d_2}}{1 + 4\mu \frac{h_1}{d_1}}$$

F_1, F_2	p	d, h, s	η, μ
N	$\frac{N}{m^2} = Pa$	m	1

Kolbenwege s_1, s_2

$$s_2 = s_1 \left(\frac{d_1}{d_2}\right)^2$$

Druckübersetzung

$$\frac{p_2}{p_1} = \frac{d_1^2}{d_1^2 - d_2^2}$$

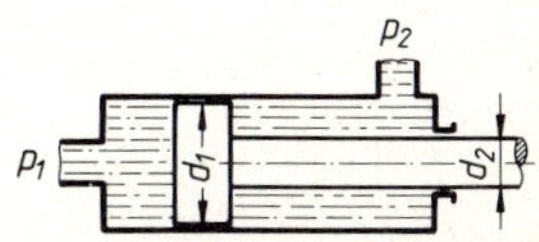

$$\frac{p_2}{p_1} = \frac{d_1^2}{d_2^2}$$

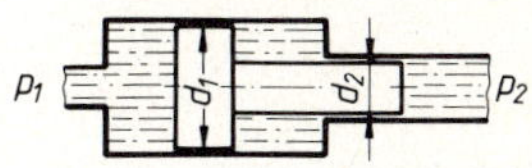

hydrostatischer Druck p infolge der Schwerkraft (Schweredruck)

$$p = \rho g h$$

$$p_{abs} = \rho g h + p_{amb}$$

ρ Dichte
g Fallbeschleunigung
p_{abs} absoluter Druck
p_{amb} umgebender Atmosphärendruck

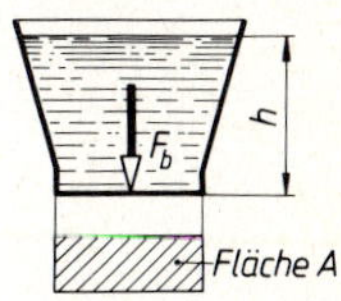

Bodenkraft F_b

$$F_b = \rho g h A$$

F_b	p	ρ	g	h
N	$\frac{N}{m^2} = Pa$	$\frac{kg}{m^3}$	$\frac{m}{s^2}$	m

7. Hydrostatik

Seitenkraft F_s
I_s Flächenmoment 2. Grades der gedrückten Fläche A bezogen auf Schwerachse S–S

$$F_s = \rho g h_s A = \rho g y_s \sin\alpha \, A$$

$$h_s = y_s \sin\alpha\,; \qquad y_s = \frac{h_s}{\sin\alpha}$$

$$y_D = y_s + e = y_s + \frac{I_s}{A y_s}\,; \qquad e = \frac{I_s}{A y_s}$$

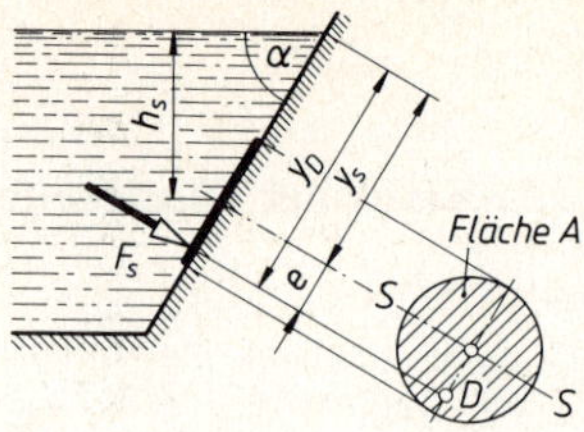

Abstand e

$$e = \frac{h^2}{12 y_s} \quad \text{für Rechteckfläche}$$

$$e = \frac{d^2}{16 y_s} \quad \text{für Kreisfläche}$$

F_s	ρ	g	A	I	V_v	h, y, e, d
N	$\frac{kg}{m^3}$	$\frac{m}{s^2}$	m^2	m^4	m^3	m

Auftrieb F_a

$$F_a = V_v \rho g$$

V_v verdrängtes Flüssigkeitsvolumen

8. Hydrodynamik

8.1. Strömungsgleichungen

Machsche Zahl *Ma*

$$Ma = \frac{w}{c}$$

w Strömungsgeschwindigkeit
c Schallgeschwindigkeit

Bis $Ma < 0{,}3$ können die Strömungen von Gasen als inkompressibel angesehen werden.

Reynoldssche Zahl *Re*

$$Re = \frac{w d \rho}{\eta} = \frac{w d}{\nu}$$

w mittlere Durchflußgeschwindigkeit
d Durchmesser bei Kreisröhren
ρ Dichte
ν kinematische Zähigkeit
η dynamische Zähigkeit

kritische Strömungsgeschwindigkeit w_{kr}

$$w_{kr} = \frac{Re\,\eta}{d\rho}$$

Re	w	d	ρ	η	ν
1	$\frac{m}{s}$	m	$\frac{kg}{m^3}$	$\frac{Ns}{m^2}$	$\frac{m^2}{s}$

kinematische Zähigkeit ν

$$\nu = \frac{\eta}{\rho}$$

Umrechnungen der Zähigkeit

für die dynamische Zähigkeit η das Poise (P):
1 Ns/m² = 10 P (Poise) = 1000 cP (Zentipoise)
1 P = 0,1 Ns/m² = 100 cP (Zentipoise)

für die kinematische Zähigkeit ν das Stokes (St):
1 m²/s = 10^4 St (Stokes)
1 St = 10^{-4} m²/s = 100 cSt (Zentistokes)

Umrechnung aus Englergraden in m²/s:
$\nu = (7{,}32\ E - 6{,}31/°E)\ 10^{-6}$ in m²/s

Umrechnungen °E in cSt

°E	cSt	°E	cSt
1	1	4,5	33,4
1,5	6,25	5	37,4
2	11,8	5,5	41,4
2,5	16,7	6	45,2
3	21,2	6,5	49,0
3,5	25,4	8	60,5
4	29,6	10	76,0

Strömungsgeschwindigkeit w_x im Abstand x von der Rohrachse

$$w_x = 2w\left[1 - \left(\frac{2x}{d}\right)^2\right]$$

$$w = \frac{\dot V}{A}$$

$\dot V$ Volumenstrom in m³/s
A Querschnitt in m²

turbulente und laminare Strömung wird durch die kritische Reynoldszahl bestimmt; für Kreisrohr ist $Re_{kr} = 2300$

bei $Re < 2300$:
laminare Strömung, stellt sich auch nach Störung wieder ein

bei $Re > 2300$:
bleibt einmal gestörte Strömung turbulent

Bei $Re > 3000$ stets turbulente Strömung

Kontinuitätsgleichung

$\dot V$ Volumenstrom
$\dot m$ Massenstrom

$$\dot V = A_1 w_1 = A_2 w_2 = \text{konstant}$$

$$\dot m = A_1 w_1 \rho_1 = A_2 w_2 \rho_2$$

$\dot V$	A	w	$\dot m$	ρ
$\frac{m^3}{s}$	m²	$\frac{m}{s}$	$\frac{kg}{s}$	$\frac{kg}{m^3}$

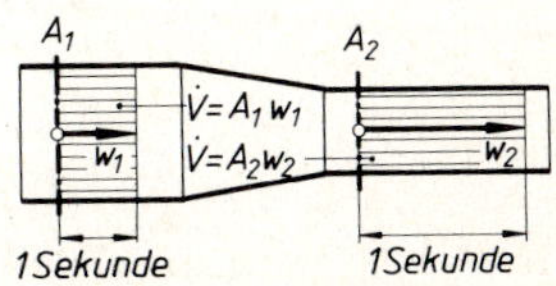

8. Hydrodynamik

Bernoullische Druckgleichung

$\frac{\rho}{2} w^2$ Geschwindigkeitsdruck

$\rho g h$ Schweredruck (7.1)

$$p_1 + \rho g h_1 + \frac{\rho}{2} w_1^2 = p_2 + \rho g h_2 + \frac{\rho}{2} w_2^2 = \text{konstant}$$

p	ρ	g	h	w
$\frac{\text{N}}{\text{m}^2} = \text{Pa}$	$\frac{\text{kg}}{\text{m}^3}$	$\frac{\text{m}}{\text{s}^2}$	m	$\frac{\text{m}}{\text{s}}$

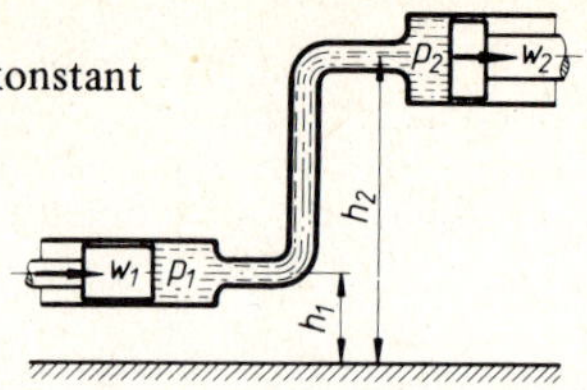

für Leitungen ohne Höhenunterschied

$$p_1 + \frac{\rho}{2} w_1^2 = p_2 + \frac{\rho}{2} w_2^2$$

Der Gesamtdruck (statischer Druck p + Geschwindigkeitsdruck $\rho w^2/2$ = Staudruck q) der Flüssigkeit ist an jeder Stelle einer Horizontalleitung gleich groß.

Messung des statischen Drucks p_s

$$p_s = p_1 = p_2 + \rho g h$$

(siehe auch 7.1)

p_2 Luftdruck

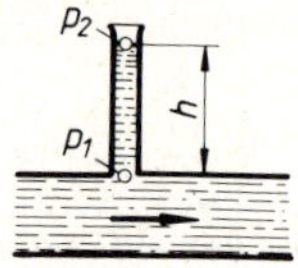

Messung des Gesamtdrucks p_g

$$p_g = p_s + \frac{\rho}{2} w^2 = p_s + q$$

q Staudruck

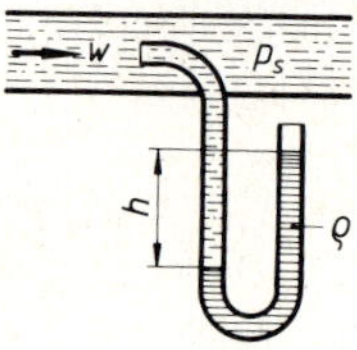

Messung des Staudrucks q

(Prandtlsches Staurohr)

$$q = p_g - p_s = \beta \frac{\rho}{2} w^2$$

$\beta \approx 1°$ bis ca. $17°$ Anströmwinkel zwischen Rohrachse und Strömungsrichtung

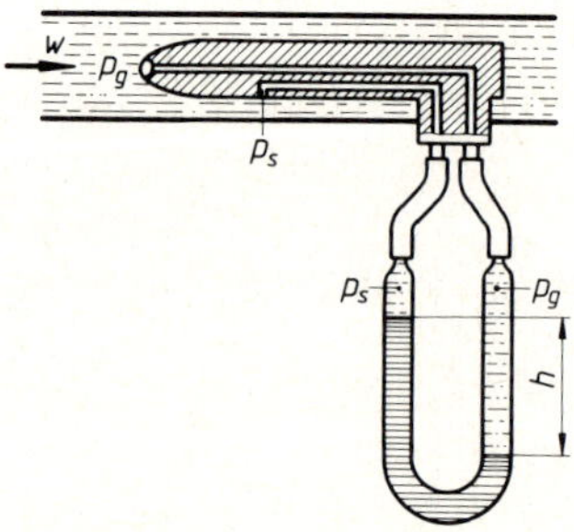

Volumenstrom $\dot{V}$ (theoretischer)

$$\dot{V} = \sqrt{\frac{2(p_1 - p_2)}{\rho\left(\frac{1}{A_2^2} - \frac{1}{A_1^2}\right)}}$$

$\dot{V}$	p	ρ	A
$\frac{\text{m}^3}{\text{s}}$	$\frac{\text{N}}{\text{m}^2} = \text{Pa}$	$\frac{\text{kg}}{\text{m}^3}$	m^2

$p_1 - p_2 = \Delta p$ $\quad$ Δp Wirkdruck

Massenstrom $\dot{m}$ [1]) (praktischer)

$$\dot{m} = \alpha \frac{A_2}{\sqrt{1 - m^2}} \sqrt{2\rho(p_1 - p_2)}$$

Für Staurand (Blende) nach Prandtl:
$\alpha = 0{,}598 + 0{,}395\ \text{m}^2$

α Durchflußzahl (DIN 1952)

m Querschnittsverhältnis = A_2/A_1

(Einheiten siehe folgende Seite)

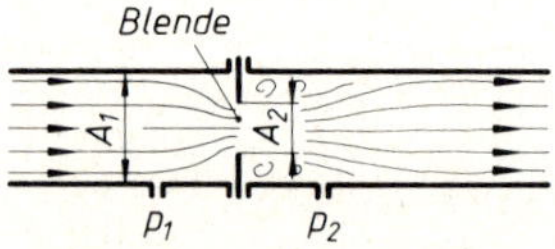

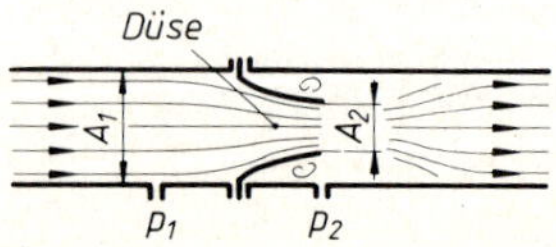

praktischer Volumenstrom $\dot{V}$ und Massenstrom $\dot{m}$ bei Gasen und Flüssigkeiten

$$\dot{V} = 0{,}04\,\alpha\,\epsilon\,m\,D_t^2\,\sqrt{\frac{\Delta p}{\rho_1}}$$

$\dot{V}$	α, ϵ, m	D_t	Δp	ρ_1
$\frac{m^3}{h}$	1	mm	$\frac{N}{m^2}$ = Pa	$\frac{kg}{m^3}$

$$\dot{m} = 0{,}04\,\alpha\,\epsilon\,m\,D_t^2\,\sqrt{\Delta p\,\rho_1}$$

$\dot{m}$	α, ϵ, m	D_t	Δp	ρ_1
$\frac{kg}{h}$	1	mm	$\frac{N}{m^2}$ = Pa	$\frac{kg}{m^3}$

Durchflußzahl α (DIN 1952) ist oberhalb bestimmter *Re*-Zahlen konstant; Expansionszahl ϵ berücksichtigt Dichteänderung des Mediums infolge des Druckabfalls ($\epsilon = 1$ für inkompressible Medien); Dichte ρ_1 ist auf statischen Druck p_1 vor Drosselstelle bezogen; D_t lichte Weite der Rohrleitung bei Betriebstemperatur; $\Delta p = p_1 - p_2$ Wirkdruck.

8.2. Ausflußgleichungen

Geschwindigkeitszahl φ

abhängig von Zähigkeit der Flüssigkeit

$\varphi_{Wasser} = 0{,}97 \ldots 0{,}99$

Kontraktionszahl α

berücksichtigt Einschnürung des Flüssigkeitsstrahles und dadurch Verringerung der Ausflußmenge

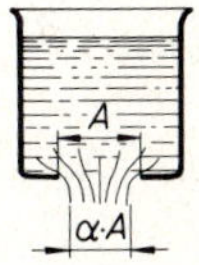

$\alpha \approx 0{,}6$ bei scharfer Kante

$\alpha \approx 0{,}75$ bei gebrochener Kante

$\alpha \approx 0{,}9$ bei kleinem Abrundungsradius

Ausflußzahl μ

$\mu = \alpha\varphi$

μ ist abhängig von Form der Öffnung

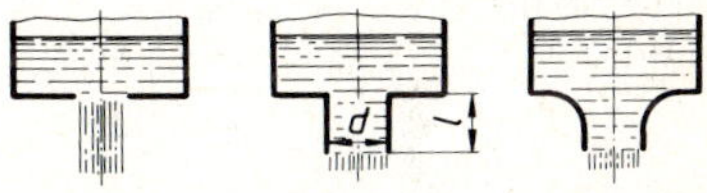

$\mu = 0{,}62 \ldots 0{,}64$ $\mu = 0{,}82$ bei $l \approx 2{,}5d$ $\mu = 0{,}97 \ldots 0{,}99$

offenes Gefäß, konstante Druckhöhe h

$\dot{V}$ Volumenstrom

$$w = \varphi\sqrt{2gh}$$

$$\dot{V} = \mu A\sqrt{2gh}$$

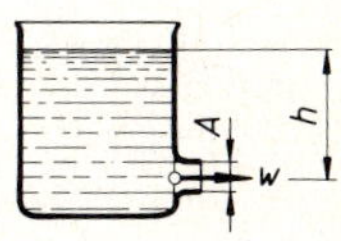

geschlossenes Gefäß, konstante Druckhöhe h

$\dot{V}$ Volumenstrom

$\dot{m}$ Massenstrom

$p_ü$ Überdruck über dem Flüssigkeitsspiegel

$$w = \varphi\sqrt{2\left(gh + \frac{p_ü}{\rho}\right)}$$

$gh + p_ü/\rho = \Delta p_ü$ = Überdruck, mit Manometer in Austrittshöhe gemessen

$$\dot{V} = \mu A\sqrt{2\left(gh + \frac{p_ü}{\rho}\right)}$$

$$\dot{m} = \dot{V}\rho$$

w	g	h	$\dot{V}$	$\dot{m}$	A	p	ρ	V	t	μ, φ
$\frac{m}{s}$	$\frac{m}{s^2}$	m	$\frac{m^3}{s}$	$\frac{kg}{s}$	m^2	$\frac{N}{m^2}$ = Pa	$\frac{kg}{m^3}$	m^3	s	1

8. Hydrodynamik

Dichtebestimmung von Gasen	Fließen unter gleichen Bedingungen zwei Flüssigkeiten oder Gase mit den Dichten ρ_1, ρ_2 aus gleichen Gefäßen, so gilt $\frac{t_1}{t_2} = \frac{w_2}{w_1} = \sqrt{\frac{\rho_1}{\rho_2}}$ (Einheiten siehe oben)
offenes Gefäß mit sinkendem Flüssigkeitsspiegel	$V = \mu A w_m t$ $V = \mu A t \frac{\sqrt{2gh_1} + \sqrt{2gh_2}}{2}$
bei völliger Entleerung	$V = \frac{1}{2} \mu A t \sqrt{2gh_1}$
Ausflußzeit t	$t = \frac{2V}{\mu A \sqrt{2gh_1}}$ (Einheiten siehe oben)
mittlere Geschwindigkeit w_m	$w_m = \frac{(w_1 + w_2)}{2}$
Ausfluß unter Gegendruck	$w = \varphi \sqrt{2g(h_1 - h_2)}$ $\dot{V} = \mu A \sqrt{2g(h_1 - h_2)}$

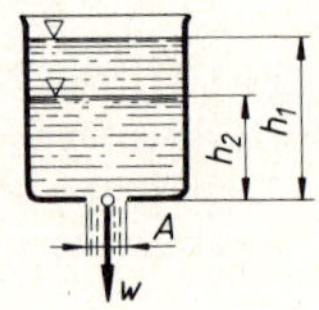

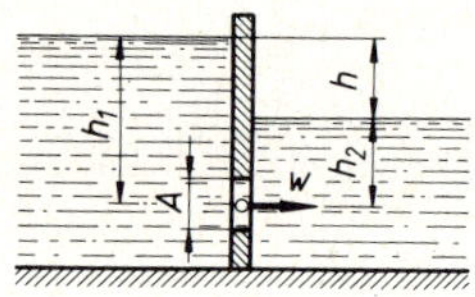

8.3. Widerstände in Rohrleitungen

Druckabfall Δp in kreisförmigen Rohren	$\Delta p = \lambda \frac{l \rho}{2d} w^2$	$\lambda = 0{,}015 \ldots 0{,}02$ für überschlägige Berechnungen für Luft, Wasser, Dampf d Rohrdurchmesser l Rohrlänge λ Rohrreibungszahl
Rohrreibungszahl λ für glattes Kreisrohr und laminare Strömung ($Re \leqslant 2300$)	$\lambda = \frac{64}{Re} = \frac{\Delta p \, 2d}{w^2 \rho l}$	
Druckabfall Δp	$\Delta p = 32 \eta w \frac{l}{d^2}$	η dynamische Zähigkeit (8.1)
für turbulente Strömung	$\lambda = 0{,}3164\, Re^{-0{,}25}$ $\lambda = 0{,}0054 + 0{,}396\, Re^{-0{,}3}$ $\lambda = 0{,}0032 + 0{,}221\, Re^{-0{,}237}$	bis $Re = 100\,000$ bis $Re = 2\,000\,000$ für $Re = 10^5 \ldots 3{,}23 \cdot 10^6$
Rohrreibungszahl λ für rauhes Kreisrohr für körnige Rauhigkeiten	$\lambda = \frac{1}{[2 \lg (d/k) + 1{,}14]^2}$	$\frac{k}{d}$ relative Wandrauhigkeit d Rohrdurchmesser in mm k absolute Wandrauhigkeit nach 8.6

p	l, d	ρ	w	λ	η
$\frac{N}{m^2}$ = Pa	m	$\frac{kg}{m^3}$	$\frac{m}{s}$	1	$\frac{Ns}{m^2}$

Rohrreibungszahl λ für Stahlrohrleitungen	$\lambda = \lambda_{glatt} + \frac{0{,}86 \cdot 10^{-3}}{d^{0{,}28}} \left(\lg \frac{Re}{(10^5\, d)^{1{,}1}} \right)^{7/4}$ λ_{glatt} wie für turbulente Strömung
unrunde Querschnitte	Es gelten die Gleichungen für Kreisrohre mit $d = 4a$, mit $a = \frac{\text{Querschnittsfläche } A}{\text{benetzter Umfang } U}$ Umstellung auch bei Re-Zahl: $Re = \frac{4wA}{U\nu}$ ν kinematische Zähigkeit (8.1)
Druckabfall Δp für Krümmer und Ventile	$\Delta p = \zeta \frac{\rho}{2} w^2$ ζ Widerstandszahl nach 8.7 bis 8.9
Druckabfall Δp in einer Abzweigung	$\Delta p = \zeta_a \frac{\rho}{2} w^2$ ζ_a, ζ_g Widerstandszahlen nach 8.9
Druckabfall Δp im Gesamtstrom nach der Abzweigung	$\Delta p = \zeta_g \frac{\rho}{2} w^2$

Δp	ζ	ρ	w
$\frac{N}{m^2}$ = Pa	1	$\frac{kg}{m^3}$	$\frac{m}{s}$

8.4. Dynamische Zähigkeit η, kinematische Zähigkeit ν und Dichte ρ von Wasser

Temperatur in °C	0	10	20	30	40	50	60	70	80	90	100
10^{-6} η in Ns/m²	1780	1300	1000	805	658	560	470	403	353	314	285
10^{-6} ν in m²/s	1,78	1,31	1,01	0,81	0,66	0,56	0,48	0,42	0,37	0,33	0,3
ρ in kg/m³	1000	1000	998		992		983		972		958

8.5. Staudruck q in N/m² und Geschwindigkeit w in m/s für Luft und Wasser

Luft 15 °C, 1,013 bar = 1,013 · 10⁵ N/m²

q	9,8	39	49	88	98	157	196	245	294	390	490
w	4	8	8,95	12	12,65	16	17,9	20	21,9	25,3	28,3

Wasser

q	9,8	20	29	69	98	128	177	245	490	980
w	0,14	0,2	0,28	0,4	0,447	0,5	0,6	0,7	1	1,4

Wasser

q	1960	2940	3920	4900	7840	9800	19 600	29 400	39 200
w	2	2,45	2,83	3,16	4	4,47	6,33	7,73	8,95

8.6. Absolute Wandrauhigkeit k

Wandwerkstoff	absolute Rauhigkeit k mm
Gezogene Rohre aus Buntmetallen, Glas, Kunststoffen, Leichtmetallen	0 . . . 0,0015
Gezogene Stahlrohre	0,01 . . . 0,05
feingeschlichtete, geschliffene Oberfläche	bis 0,010
geschlichtete Oberfläche	0,01 . . . 0,040
geschruppte Oberfläche	0,05 . . . 0,1
Geschweißte Stahlrohre handelsüblicher Güte	
neu	0,05 . . . 0,10
nach längerem Gebrauch, gereinigt	0,15 . . . 0,20
mäßig verrostet, leicht verkrustet	bis 0,40
schwer verkrustet	bis 3
Gußeiserne Rohre	
inwendig bitumiert	0,12
neu, nicht ausgekleidet	0,25 . . . 1
angerostet	1 . . . 1,5
verkrustet	1,5 . . . 3
Betonrohre	
Glattstrich	0,3 . . . 0,8
roh	1 . . . 3
Asbestzementrohre	0,1

8.7. Widerstandszahlen ζ für plötzliche Rohrverengung

Querschnittsverhältnis	$\frac{A_2}{A_1}$ = 0,1	0,2	0,3	0,4	0,6	0,8	1,0
	ζ = 0,46	0,42	0,37	0,33	0,23	0,13	0

8.8. Widerstandszahlen ζ für Ventile

Ventilart	DIN-Ventil	Reform-Ventil	Rhei-Ventil	Koswa-Ventil	Freifluß-Ventil	Schieber
ζ =	4,1	3,2	2,7	2,5	0,6	0,05

8.9. Widerstandszahlen ζ von Leitungsteilen

Krümmer

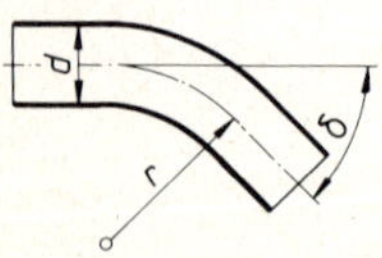

		$\frac{d}{r}$	1	2	4	6	10
Krümmer	glatt	$\delta = 15°$	0,03	0,03	0,03	0,03	0,03
	glatt	$\delta = 22{,}5°$	0,045	0,045	0,045	0,045	0,045
	glatt	$\delta = 45°$	0,14	0,09	0,08	0,075	0,07
	glatt	$\delta = 60°$	0,19	0,12	0,10	0,09	0,07
	glatt	$\delta = 90°$	0,21	0,14	0,11	0,09	0,11
	rauh	$\delta = 90°$	0,51	0,30	0,23	0,18	0,20

Gußkrümmer 90°		NW	50	100	200	300	400	500
		$\zeta =$	1,3	1,5	1,8	2,1	2,2	2,2

scharfkantiges Knie

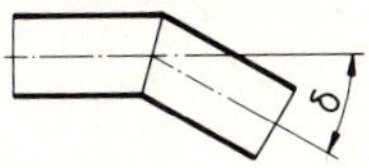

	$\delta =$	22,5°	30°	45°	60°	90°
glatt	$\zeta =$	0,07	0,11	0,24	0,47	1,13
rauh	$\zeta =$	0,11	0,17	0,32	0,68	1,27

Kniestück

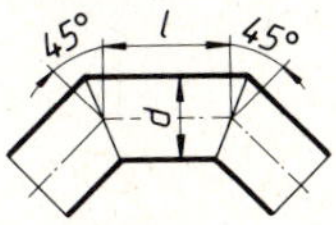

	$\frac{l}{d} =$	0,71	0,943	1,174	1,42	1,86	2,56	6,28
glatt	$\zeta =$	0,51	0,35	0,33	0,28	0,29	0,36	0,40
rauh	$\zeta =$	0,51	0,41	0,38	0,38	0,39	0,43	0,45

Kniestück

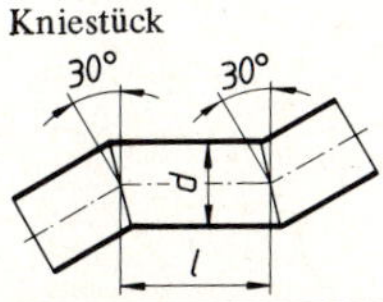

	$\frac{l}{d} =$	1,23	1,67	2,37	3,77
glatt	$\zeta =$	0,16	0,16	0,14	0,16
rauh	$\zeta =$	0,30	0,28	0,26	0,24

Stromabzweigung
(Trennung)

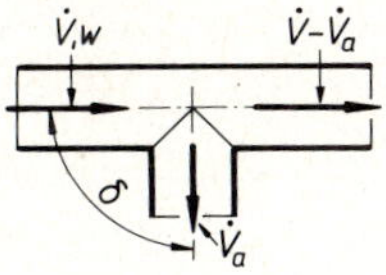

	$\frac{\dot V_a}{\dot V} =$	0	0,2	0,4	0,6	0,8	1
$\delta = 90°$	$\zeta_a =$	0,95	0,88	0,89	0,95	1,10	1,28
	$\zeta_g =$	0,04	−0,08	−0,05	0,07	0,21	0,35
$\delta = 45°$	$\zeta_a =$	0,9	0,66	0,47	0,33	0,29	0,35
	$\zeta_g =$	0,04	−0,06	−0,04	0,07	0,20	0,33

Zusammenfluß
(Vereinigung)

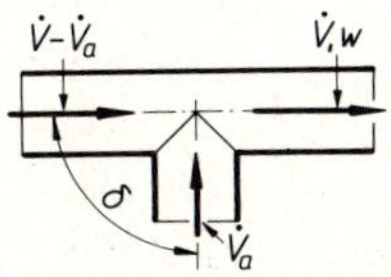

	$\frac{\dot V_a}{\dot V} =$	0	0,2	0,4	0,6	0,8	1
$\delta = 90°$	$\zeta_a =$	−1,1	−0,4	0,1	0,47	0,72	0,9
	$\zeta_g =$	0,04	0,17	0,3	0,4	0,5	0,6
$\delta = 45°$	$\zeta_a =$	0,9	−0,37	0	0,22	0,37	0,38
	$\zeta_g =$	0,05	0,17	0,18	0,05	−0,2	−0,57

für Warmwasserheizungen	Durchmesser $d =$	14 mm	20	25	34	39	49
Bogenstück 90°	$\zeta =$	1,2	1,1	0,86	0,53	0,42	0,51
Knie 90°	$\zeta =$	1,7	1,7	1,3	1,1	1,0	0,83

9. Festigkeitslehre

9.1. Grundlagen

Normalspannung σ	$\sigma = \dfrac{\Delta F_N}{\Delta A}$	
Schubspannung τ	$\tau = \dfrac{\Delta F_T}{\Delta A}$	
Formänderung	zur Normalspannung σ gehört eine Dehnung ϵ, zur Schubspannung τ eine Winkeländerung γ (Schiebung, Gleitung)	

σ, τ	F	A
$\dfrac{N}{mm^2}$	N	mm^2

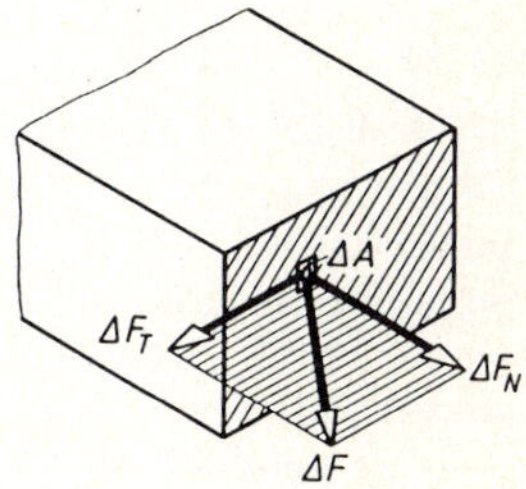

Einachsiger Spannungszustand

Schnitt senkrecht zur Achse	$\sigma = \dfrac{F}{A}$
Schnitt schräg zur Achse	$\sigma_\varphi = \dfrac{\sigma}{2}(1 + \cos 2\varphi)$ $\tau_\varphi = \dfrac{\sigma}{2} \sin 2\varphi$

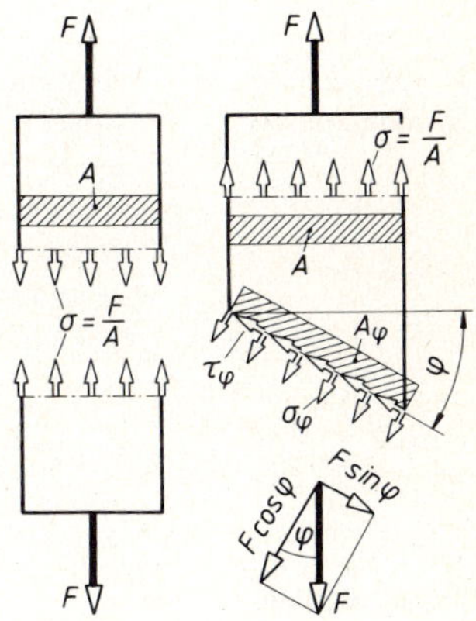

Ebener Spannungszustand

Bedingung	Scheibe konstanter Dicke, sämtliche Komponenten der angreifenden Spannungen liegen in Scheibenebene. Wegen Momentengleichgewichts am Flächenteilchen muß $\tau_{xy} = \tau_{yx} = \tau$ sein
Normalspannung σ_φ	$\sigma_\varphi = \dfrac{\sigma_y + \sigma_x}{2} + \dfrac{\sigma_y - \sigma_x}{2} \cos 2\varphi - \tau \sin 2\varphi$
Schubspannung τ_φ	$\tau_\varphi = \dfrac{\sigma_y - \sigma_x}{2} \sin 2\varphi + \tau \cos 2\varphi$

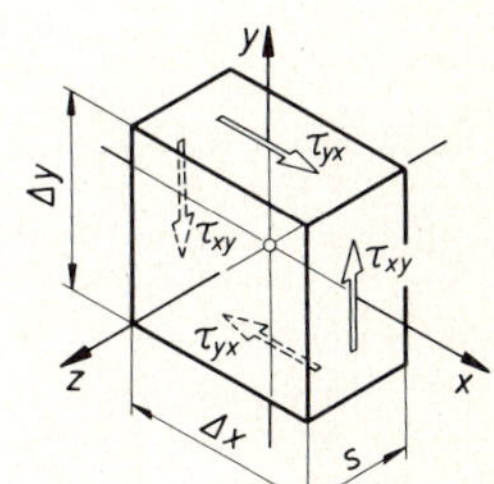

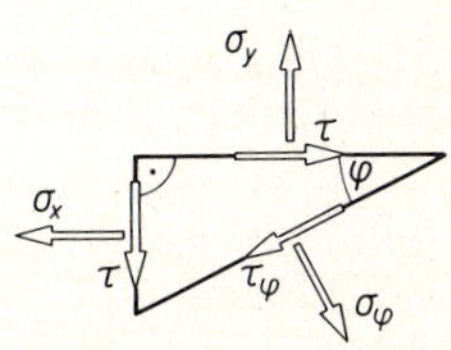

9. Festigkeitslehre

Haupt-spannungen σ_1, σ_2	$\sigma_{1,2} = \frac{\sigma_y + \sigma_x}{2} \pm \sqrt{\left(\frac{\sigma_y - \sigma_x}{2}\right)^2 + \tau^2}$
Schnittwinkel φ_1, φ_2	$\tan 2\varphi_1 = -\frac{2\tau}{\sigma_y - \sigma_x}$ $\varphi_2 = \varphi_1 + \frac{\pi}{2}$
maximale Schub-spannung τ_{max} (in Schnittebene, die gegen Hauptrichtungen 1,2 um 45° gedreht sind)	$\tau_{max} = \pm \sqrt{\left(\frac{\sigma_y - \sigma_x}{2}\right)^2 + \tau^2} = \pm \frac{\sigma_1 - \sigma_2}{2}$
Spannungssumme	$\sigma_\varphi + \sigma_{\varphi + (\pi/2)} = \sigma_x + \sigma_y = \sigma_1 + \sigma_2$
Mohrscher Spannungskreis	Kreis mit Radius $\tau_{max} = (\sigma_1 - \sigma_2)/2$ um Punkt $[\sigma = (\sigma_x + \sigma_y)/2; \tau = 0]$ ergibt zeichnerisch die Spannungen in den verschiedenen Schnittebenen. σ_1 und σ_y sind relative Größtwerte (z. B. können σ_2 und σ_x negativ und absolut größer sein als σ_1 und σ_y)

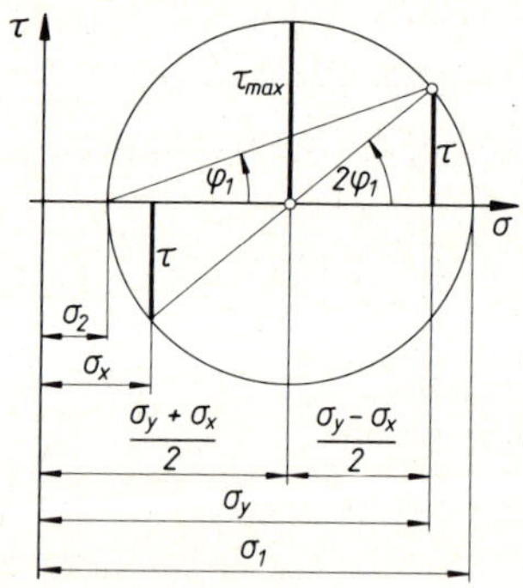

Formänderung

Verlängerung Δl	$\Delta l = l - l_0$	l_0 Ursprungslänge
Dehnung ϵ	$\epsilon = \frac{\Delta l}{l_0} = \frac{l - l_0}{l_0}$ (bei Druck: Stauchung)	
Hookesches Gesetz für Normalspannung	$\frac{\sigma}{\epsilon} = E =$ konstant E Elastizitätsmodul (9.5)	
Bruchdehnung δ_0 beim Zerreißversuch	$\delta = \frac{\Delta l_B}{l_0} \cdot 100$ in %	Δl_B nach Zerreißen gebliebene Verlängerung
Querdehnung ϵ_y in y-Richtung	$\epsilon_y = \epsilon_z = -\mu \epsilon_x$	μ Poisson-Zahl

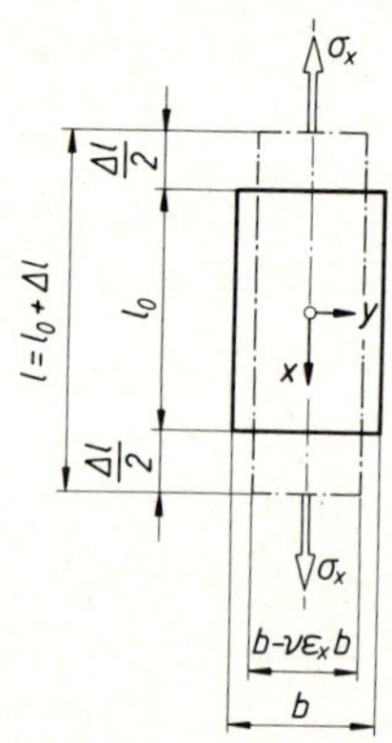

Poisson-Zahl μ	$\mu = \frac{\text{Querdehnung } \epsilon_y}{\text{Dehnung } \epsilon}$	$\mu_{\text{Stahl}} = 0{,}3$ (auch für Leichtmetall) $\mu_{\text{GG}} = 0{,}25$ $\mu_{\text{Gummi}} = 0{,}5$
Dehnung ϵ_x infolge sämtlicher Normalspannungen	$\epsilon_x = \frac{1}{E}[\sigma_x - \mu(\sigma_y + \sigma_z)]$	ϵ_y und ϵ_z durch zyklisches Vertauschen von x, y und z
Volumendehnung e	$e = \epsilon_x + \epsilon_y + \epsilon_z = \frac{1-2\mu}{E}(\sigma_x + \sigma_y + \sigma_z)$	
Hookesches Gesetz für Schubspannungen	$\frac{\tau}{\gamma} = G =$ konstant	γ Schiebung G Schubmodul (9.5)
Modulverhältnis	$\frac{G}{E} = \frac{1}{2(1+\mu)}$	

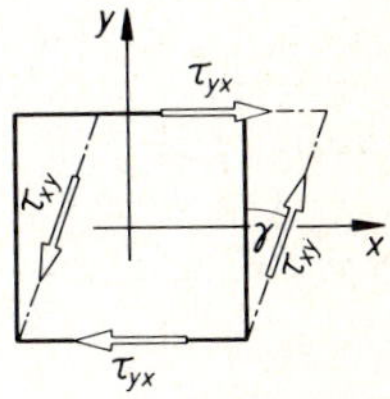

9.2. Zug- und Druckbeanspruchung (siehe auch 9.33)

vorhandene Zug- oder Druckspannung $\sigma_{z,d}$	$\sigma_{z,\,d\,vorh} = \frac{F_{max}}{A} \leqslant \sigma_{zul}$ (Spannungsnachweis)	Bei *Zug:* Bohrungen und Nietlöcher vom tragenden Querschnitt abziehen. Bei *Druck:* Schlanke Stäbe auf Knickung nachrechnen. Bei Querschnittsänderungen gehört zum kleineren Querschnitt die größere Spannung und umgekehrt.
erforderlicher Querschnitt A_{erf}	$A_{erf} = \frac{F_{max}}{\sigma_{zul}}$ (Querschnittsnachweis)	
zulässige Belastung F_{max}	$F_{max} = A\,\sigma_{zul}$ (Belastungsnachweis)	
Verlängerung Δl	$\Delta l = l - l_0 = \epsilon l_0 = \frac{\sigma l_0}{E} = \frac{F l_0}{EA}$	
Formänderungsarbeit W	$W = \frac{F\,\Delta l}{2} = \frac{\sigma^2 V}{2E} = \frac{c}{2}\Delta l^2 = \frac{c}{2} f^2$ $c = \frac{F}{\Delta l} = \frac{F}{f} \mathrel{\hat{=}} \tan\alpha$	V Volumen in mm³ c Federrate in N/mm f Federweg in mm
Stäbe gleicher Spannung (σ_{zul}) in jedem Querschnitt	$A_{x\,erf} = A_0\, e^m = \frac{F}{\sigma_{zul}} e^m$ $m = \frac{10^{-9} \varrho g x}{\sigma_{zul}}$	e = 2,71828... Basis des natürlichen Logarithmus $g = 9{,}81$ m/s² Fallbeschleunigung

$\sigma_{z,d}, E$	F	A	$\Delta l, l, l_0, f$	ϵ	W
$\frac{\text{N}}{\text{mm}^2}$	N	mm²	mm	1	Nmm

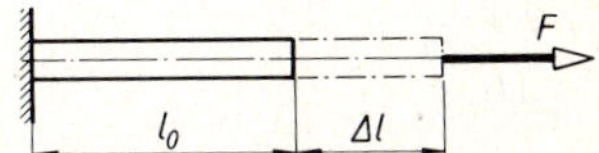

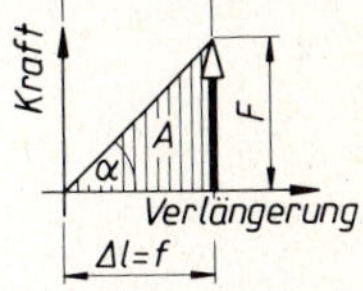

A_x, A_0	F	σ_{zul}	ϱ	g	x
mm²	N	$\frac{\text{N}}{\text{mm}^2}$	$\frac{\text{kg}}{\text{m}^3}$	$\frac{\text{m}}{\text{s}^2}$	mm

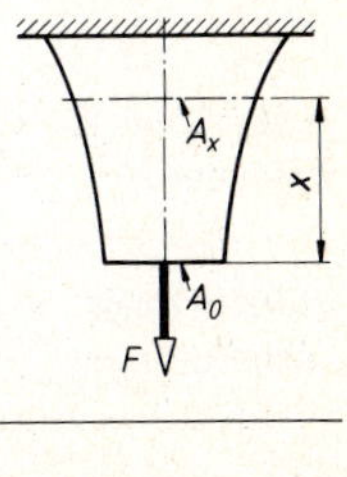

9. Festigkeitslehre

größte Spannung σ_{dyn} bei dynamischer Belastung G_{dyn}	$\sigma_{dyn} = \sigma_0 + \sqrt{\sigma_0^2 + 2\sigma_0 E \frac{h}{l}}$
größte Dehnung ϵ_{dyn} bei dynamischer Belastung G_{dyn}	$\epsilon_{dyn} = \epsilon_0 + \sqrt{\epsilon_0^2 + 2\epsilon_0 \frac{h}{l}}$
bei plötzlich aufgebrachter Last ohne vorherigen freien Fall ($h = 0$) ist	$\sigma_{dyn} = 2\sigma_0$ $\epsilon_{dyn} = 2\epsilon_0$
größte Verlängerung Δl_{dyn}	$\Delta l_{dyn} = \frac{\sigma_{dyn}}{E} l$

G_{dyn} Gewichtskraft eines plötzlich frei am Seil fallenden Körpers
E Elastizitätsmodul
h Fallhöhe
l Seillänge
A Seilquerschnitt

$\sigma_0 = \frac{G_{dyn}}{A}$

σ, E	$h, l, \Delta l$	ϵ	G_{dyn}	A
$\frac{N}{mm^2}$	mm	1	N	mm^2

Verlängerung Δl_ϑ bei Temperaturänderung $\Delta\vartheta$	$\Delta l_\vartheta = l_0 \alpha \Delta\vartheta$
Länge l_ϑ nach Temperaturänderung $\Delta\vartheta$	$l_\vartheta = l_0 (1 + \alpha \Delta\vartheta)$
Wärmespannung σ_ϑ	$\sigma_\vartheta = \alpha \Delta\vartheta E$

α Längenausdehnungskoeffizient (10.16)
$\Delta\vartheta$ Temperaturdifferenz
E E-Modul (9.5)

$\Delta l_\vartheta, l_0, l_\vartheta$	α	$\Delta\vartheta$	σ_ϑ, E
mm	$\frac{1}{K}$	K	$\frac{N}{mm^2}$

9.3. Biegebeanspruchung (siehe auch 9.34)

vorhandene Biegespannung $\sigma_{b\,vorh}$	$\sigma_{b\,vorh} = \frac{M_{b\,max}}{W} \leqslant \sigma_{b\,zul}$ (Spannungsnachweis)
erforderliches Widerstandsmoment W_{erf}	$W_{erf} = \frac{M_{b\,max}}{\sigma_{b\,zul}}$ (Querschnittsnachweis)
zulässige Belastung $M_{b\,max}$	$M_{b\,max} = W \sigma_{b\,zul}$ (Belastungsnachweis)
größte Zugspannung $\sigma_{z\,max}$	$\sigma_{z\,max} = \sigma_{b2} = \frac{M_b e_2}{I} = \frac{M_b}{W_2} \leqslant \sigma_{z\,zul}$
größte Druckspannung $\sigma_{d\,max}$	$\sigma_{d\,max} = \sigma_{b1} = \frac{M_b e_1}{I} = \frac{M_b}{W_1} \leqslant \sigma_{d\,zul}$

Diese Gleichung nur anwenden, wenn $e_1 = e_2 = e$ ist! Sonst Gleichung für unsymmetrischen Querschnitt benutzen!

W axiales Widerstandsmoment nach 9.8
I axiales Flächenmoment 2. Grades nach 9.8

σ_b	M_b	W	I	e
$\frac{N}{mm^2}$	Nmm	mm^3	mm^4	mm

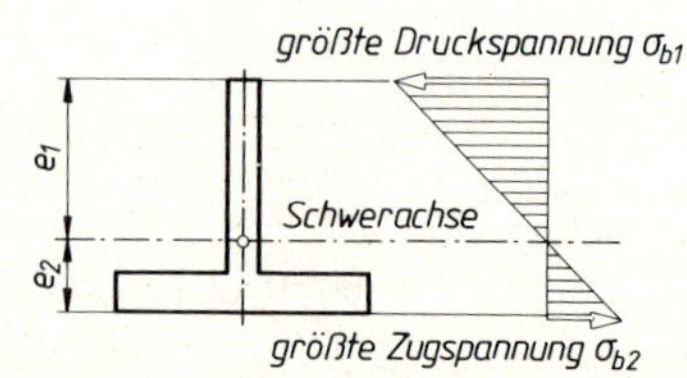

Bestimmung des maximalen Biegemomentes $M_{b\,max}$

Stützkräfte bestimmen, rechnerisch ($\Sigma F_y = 0$, $\Sigma M = 0$) oder zeichnerisch (Seileckfläche ≙ Biegemomentenfläche), worin

$$\boxed{M_b = H y\, m_K\, m_L}$$

M_b	H, y	m_K	m_L
Nmm	mm	$\frac{N}{mm}$	$\frac{mm}{mm}$

H Polabstand in mm

$m_K = a$ N/mm Kräftemaßstab

$m_L = b$ mm/mm Längenmaßstab

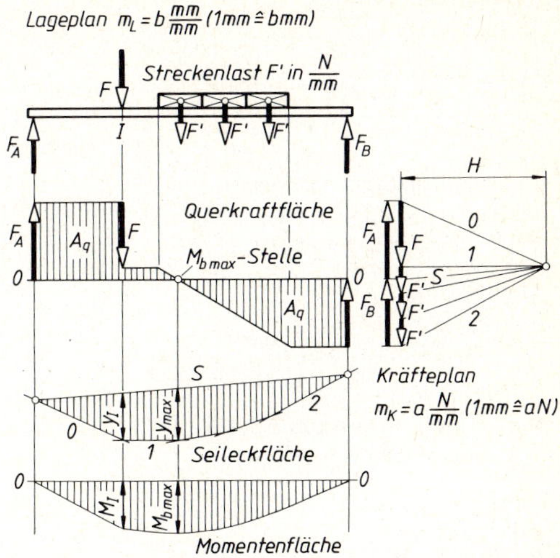

Querkraftfläche zeichnen und Nulldurchgänge festlegen.

$M_{b\,max}$ entweder aus Querkraftfläche links oder rechts vom Nulldurchgang ($M_b \mathrel{\hat=} A_q$) berechnen,
oder: In den Querschnitt x stellen und die Momente rechts oder links vom Querschnitt addieren, Summe ist $M_{b(x)}$.

Bestimmung der Durchbiegung f

(siehe auch 9.7)

Stützkräfte und tabellierte Größen bestimmen (Mohrsches Verfahren)

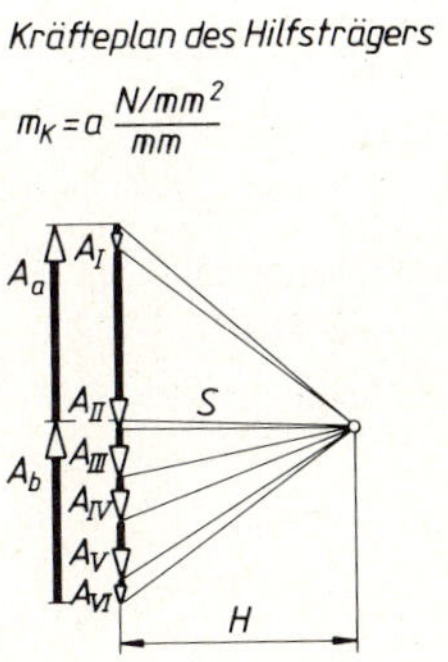

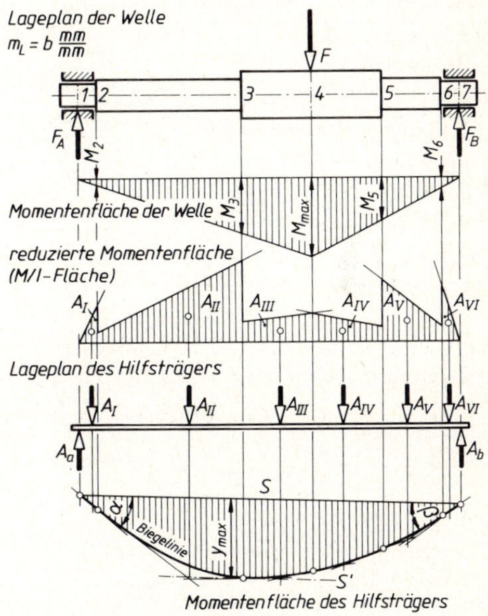

Querschnittsstelle	Durchmesser d in mm	Flächenmoment I in mm^4	Biegemoment M in Nmm	Quotient M/I in N/mm^3	Fläche A mit Flächeninhalt (Hilfskräfte) in N/mm^2

Mit den nach Tabelle berechneten Größen wird:

$$f_{max} = \frac{1}{E} y_{max} H m_L m_K$$

$$\tan\alpha = \frac{A_a}{E} \qquad \tan\beta = \frac{A_b}{E}$$

$m_K = a \frac{N/mm^2}{mm}$ Kräftemaßstab

$m_L = b \frac{mm}{mm}$ Längenmaßstab

H Polabstand in mm
A_a, A_b Hilfsstützkräfte
E Elastizitätsmodul in N/mm² (9.5)

Hat der Träger gleichbleibenden Querschnitt (I = konstant), wird statt M/I-Fläche nur M-Fläche aufgezeichnet.

$$f_{max} = \frac{1}{EI} y_{max} H m_L m_K$$

$$\tan\alpha = \frac{A_a}{EI} \qquad \tan\beta = \frac{A_b}{EI}$$

9.4. Flächenmomente 2. Grades I, Widerstandsmomente W, Trägheitsradius i

(siehe auch 9.8, 9.9, 9.10)

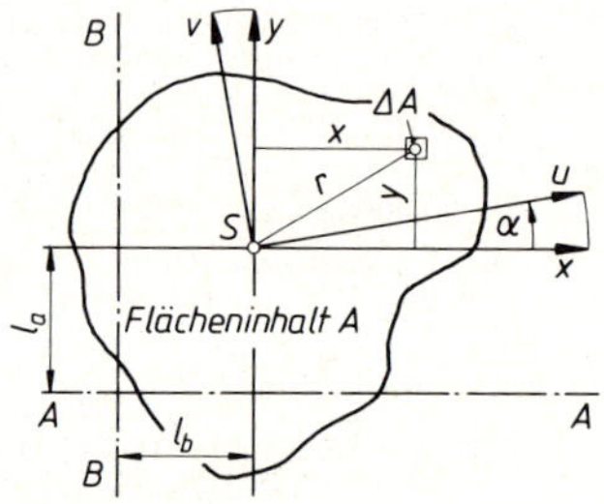

axiales Flächenmoment I_x	$I_x = \Sigma y^2 \Delta A$ (bezogen auf x-Achse)	
axiales Flächenmoment I_y	$I_y = \Sigma x^2 \Delta A$ (bezogen auf y-Achse)	
polares Flächenmoment I_p	$I_p = \Sigma r^2 \Delta A = I_x + I_y$	
Zentrifugalmoment I_{xy}	$I_{xy} = \Sigma xy \Delta A$	
Trägheitsradius i	$i = \sqrt{\frac{I}{A}}$	für I kann I_x, I_y, I_p eingesetzt werden, ergibt dann i_x, i_y, i_p A Flächeninhalt
bezogen auf Achsen, parallel zu den Schwerachsen A–A oder B–B	$I_A = I_x + A l_a^2$ $I_B = I_y + A l_b^2$ $I_{AB} = I_{xy} + A l_a l_b$ (Verschiebesatz von Steiner)	axiales Flächenmoment bezogen auf A–A axiales Flächenmoment bezogen auf B–B Zentrifugalmoment
bei Drehung um Winkel α	$I_u = \frac{I_x + I_y}{2} + \frac{I_x - I_y}{2} \cos 2\alpha - I_{xy} \sin 2\alpha$ $I_v = \frac{I_x + I_y}{2} + \frac{I_x - I_y}{2} \cos 2\alpha + I_{xy} \sin 2\alpha$ $I_{uv} = \frac{I_x - I_y}{2} \sin 2\alpha + I_{xy} \cos 2\alpha$	

Hauptflächenmomente $I_{\mathrm{I}}, I_{\mathrm{II}}$ (zeichnerisch mit Trägheitskreis)	$I_{\mathrm{I}} = I_{\max} = \frac{I_x - I_y}{2} + \frac{1}{2}\sqrt{(I_y - I_x)^2 + 4 I_{xy}^2}$ $I_{\mathrm{II}} = I_{\min} = \frac{I_x + I_y}{2} - \frac{1}{2}\sqrt{(I_y - I_x)^2 + 4 I_{xy}^2}$	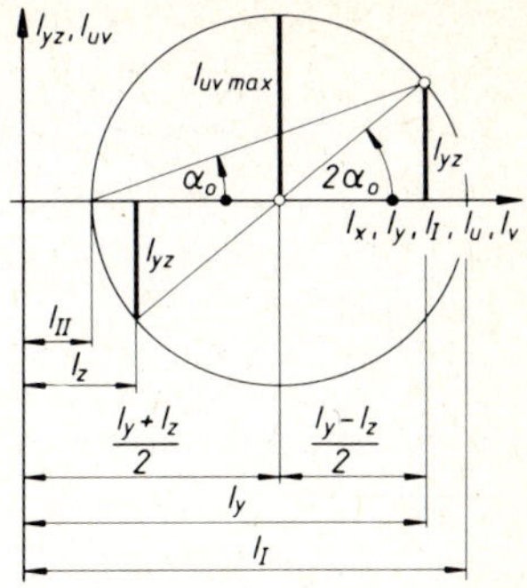
Lage der Hauptachsen ($I_{\mathrm{uv}} = 0$)	$\tan 2\alpha_0 = \frac{2 I_{xy}}{I_y - I_x}$	
axiales Widerstandsmoment W_x, W_y	$W_x = \frac{I_x}{e_x}$; $W_y = \frac{I_y}{e_y}$	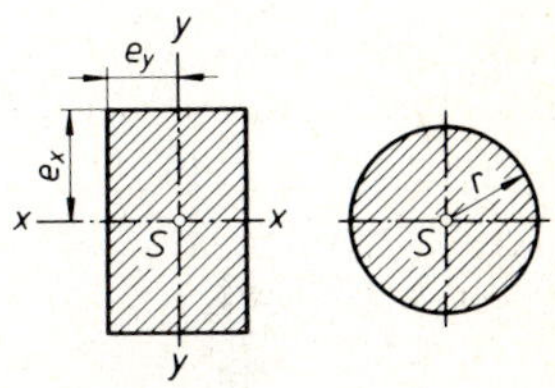
polares Widerstandsmoment W_{p}	$W_{\mathrm{p}} = \frac{I_{\mathrm{p}}}{r}$	
axiales Widerstandsmoment bei unsymmetrischem Querschnitt	$W_{x1} = \frac{I_x}{e_1}$; $W_{x2} = \frac{I_x}{e_2}$	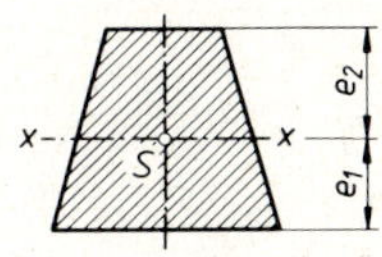

Flächenmomente 2. Grades zusammengesetzter Flächen unsymmetrischer Querschnitte:

1. Querschnitt in Teilflächen bekannter Schwerpunktslage zerlegen,
2. Schwerpunkte der Teilflächen bestimmen (5.7),
3. Flächenmomente der Teilflächen, bezogen auf ihre eigene Schwerachse nach 9.8 berechnen,
4. Lage des Gesamtschwerpunktes bestimmen, wenn Gesamtschwerachse Bezugsachse ist,
5. Flächenmoment nach Verschiebesatz von Steiner bestimmen.

9.5. Elastizitätsmodul E und Schubmodul G verschiedener Werkstoffe in N/mm²

Werkstoff	E	G
Stahl und Stahlguß	200 000 . . . 210 000	80 000 . . . 83 000
Grauguß	75 000 . . . 105 000	30 000 . . . 60 000
Temperguß	90 000 . . . 100 000	50 000 . . . 60 000
Messing (Ms 63)	100 000 . . . 110 000	35 000 . . . 42 000
Zinnbronze (SnBz 6)	110 000 . . . 115 000	40 000
Al Cu Mg	72 000	–
Kunstharz	4 000 . . . 16 000	–
Fichte (‖/⊥) [1]	11 000/ 550	–
Buche (‖/⊥) [1]	16 000/1 500	–
Esche (‖/⊥) [1]	13 400/1 100	28 000

[1] parallel / senkrecht zur Faserrichtung

9.6. Träger gleicher Biegebeanspruchung

Längs- und Querschnitt des Trägers	Begrenzung des Längsschnittes	Gleichungen zur Berechnung der Querschnitts-Abmessungen
Die Last F greift am Ende des Trägers an:		
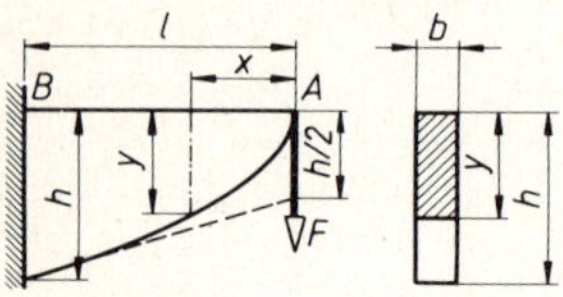	obere Begrenzung: Gerade untere Begrenzung: Quadratische Parabel	$y=\sqrt{\frac{6F}{b\,\sigma_{zul}}x}$; $h=\sqrt{\frac{6Fl}{b\,\sigma_{zul}}}$; $y=h\sqrt{\frac{x}{l}}$ Durchbiegung in A: $f=\frac{8F}{bE}\left(\frac{l}{h}\right)^3$
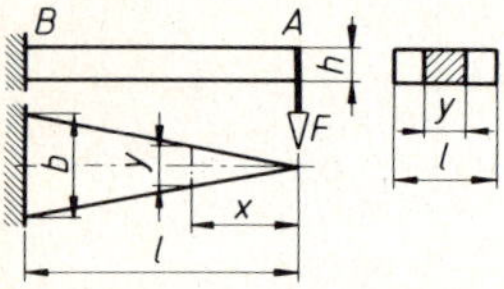	Gerade	$y=\frac{6F}{h^2\sigma_{zul}}x$; $b=\frac{6Fl}{h^2\sigma_{zul}}$; $y=\frac{bx}{l}$ Durchbiegung in A: $f=\frac{6F}{bE}\left(\frac{l}{h}\right)^3$
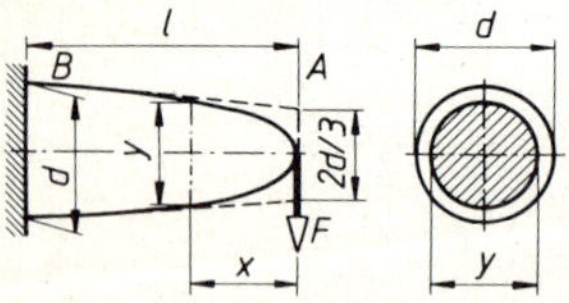	Kubische Parabel	$y=\sqrt[3]{\frac{32F}{\pi\,\sigma_{zul}}x}$; $d=\sqrt[3]{\frac{32Fl}{\pi\,\sigma_{zul}}}$; $y=d\sqrt[3]{\frac{x}{l}}$ Durchbiegung in A: $f=\frac{3}{5}\cdot\frac{Fl^3}{EI}$; $I=\frac{\pi d^4}{64}$
Die Last F ist gleichmäßig über den Träger verteilt:		
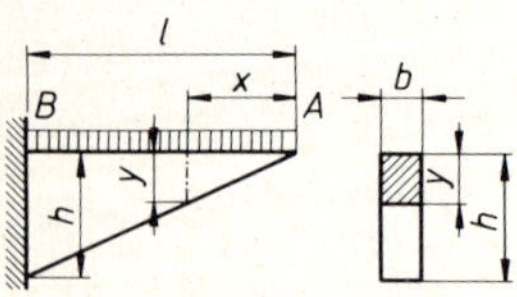	Gerade	$y=x\sqrt{\frac{3F}{bl\,\sigma_{zul}}}$; $h=\sqrt{\frac{3Fl}{b\,\sigma_{zul}}}$; $y=\frac{hx}{l}$ $F=F'l$ F' Streckenlast in $\frac{N}{m}$
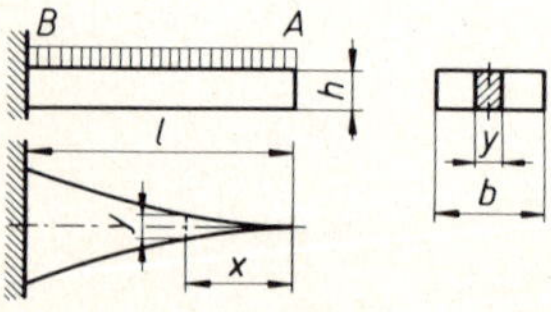	Quadratische Parabel	$y=\frac{3F}{l\,\sigma_{zul}}\left(\frac{x}{h}\right)^2$; $b=\frac{3Fl}{h^2\sigma_{zul}}$; $y=\frac{bx^2}{l^2}$ Durchbiegung in A: $f=\frac{3F}{bE}\left(\frac{l}{h}\right)^3$

Die Last F wirkt in C:

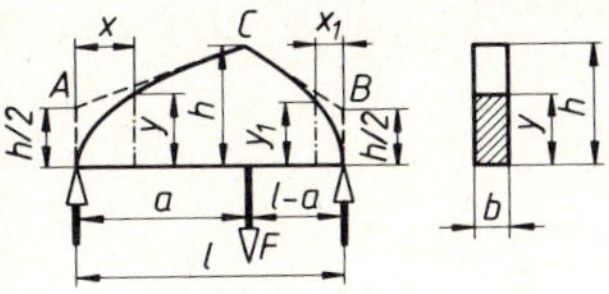

obere Begrenzung: zwei Quadratische Parabeln

$$y = \sqrt{\frac{6F(l-a)}{b\,l\,\sigma_{zul}}\,x} = h\sqrt{\frac{x}{a}}$$

$$y_1 = \sqrt{\frac{6Fa}{b l\,\sigma_{zul}}\,x_1} = h\sqrt{\frac{x_1}{l-a}}$$

$$h = \sqrt{\frac{6F(l-a)a}{b\,l\,\sigma_{zul}}}$$

Die Last F ist gleichmäßig über den Träger verteilt:

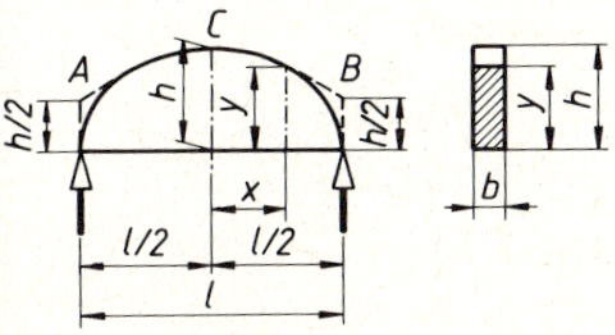

obere Begrenzung: Ellipse

$$\frac{x^2}{\left(\frac{l}{2}\right)^2} + \frac{y^2}{h^2} = 1\,; \quad h = \sqrt{\frac{3Fl}{4b\,\sigma_{zul}}}$$

Durchbiegung in C:

$$f = \frac{1}{64}\cdot\frac{Fl^3}{EI} = \frac{3}{16}\cdot\frac{F}{bE}\left(\frac{l}{h}\right)^3$$

9.7. Stützkräfte, Biegemomente und Durchbiegungen bei Biegeträgern von gleichbleibendem Querschnitt

F	Einzellast oder Resultierende der Streckenlast
F'	auf die Längeneinheit bezogene Streckenlast
F_A, F_B	Stützkräfte in den Lagerpunkten A und B
M_{max}	maximales Biegemoment
I	axiales Flächenmoment 2. Grades
E	Elastizitätsmodul des Werkstoffes
f	Durchbiegung

Die strichpunktierte Linie gibt den Momentenverlauf über der Balkenlänge an. Positive Momentenlinien laufen nach oben, negative nach unten.

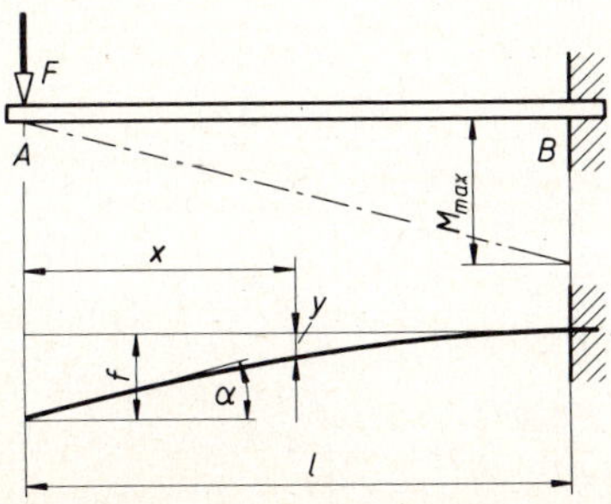

$$F_B = F$$

$$M_{max} = Fl$$

$$f = \frac{Fl^3}{3EI}$$

$$\tan\alpha = \frac{Fl^2}{2EI} = \frac{3f}{2l}$$

$$y = \frac{Fl^3}{EI}\left(1 - \frac{3x}{2l} + \frac{x^3}{2l^3}\right)$$

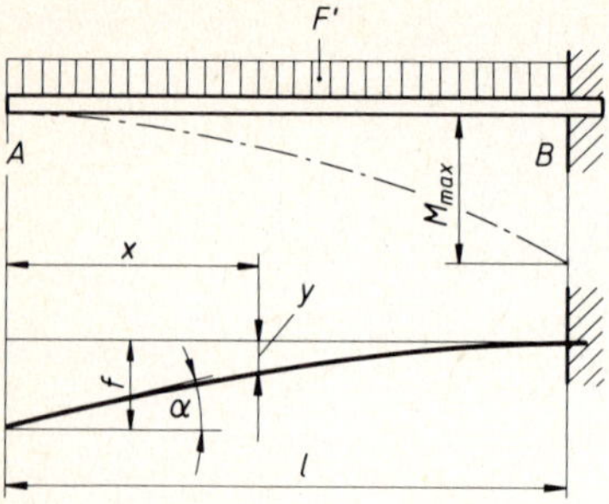

$$F_B = F = F'l \qquad f = \frac{Fl^3}{8\,EI} = \frac{F'l^4}{8\,EI}$$

$$M_{\max} = \frac{Fl}{2} \qquad \tan\alpha = \frac{Fl^2}{6\,EI} = \frac{4f}{3\,l}$$

$$y = \frac{F'l^4}{24\,EI}\left(\frac{x^4}{l^4} - 4\,\frac{x}{l} + 3\right)$$

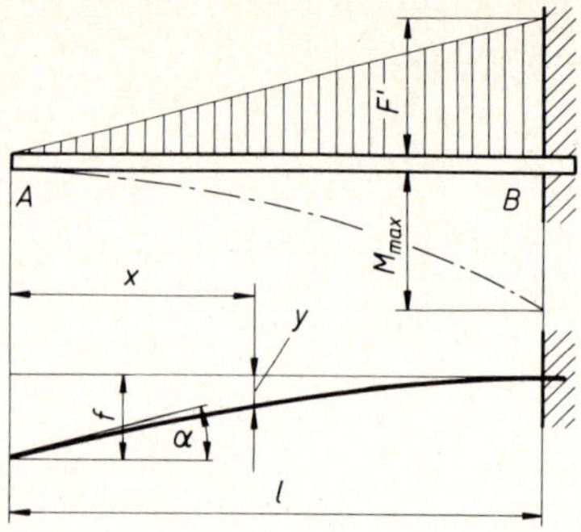

$$F_B = F = \frac{F'l}{2} \qquad f = \frac{Fl^3}{15\,EI}$$

$$M_{\max} = \frac{Fl}{3} \qquad \tan\alpha = \frac{Fl^2}{12\,EI} = \frac{5f}{4\,l}$$

$$y = \frac{F'l^4}{120\,EI}\left(\frac{x^5}{l^5} - 5\,\frac{x}{l} + 4\right)$$

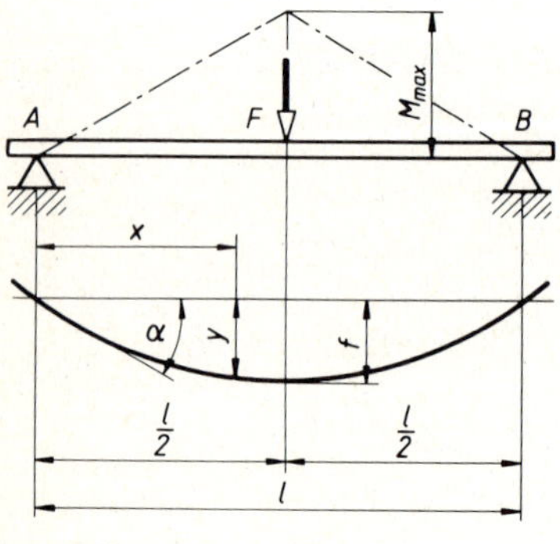

$$F_A = F_B = \frac{F}{2} \qquad f = \frac{Fl^3}{48\,EI}$$

$$M_{\max} = \frac{Fl}{4} \qquad \tan\alpha = \frac{Fl^2}{16\,EI} = \frac{3f}{l}$$

$$y = \frac{Fl^2x}{16\,EI}\left(1 - \frac{4x^2}{3\,l^2}\right) \text{ für } x \leqslant \frac{l}{2}$$

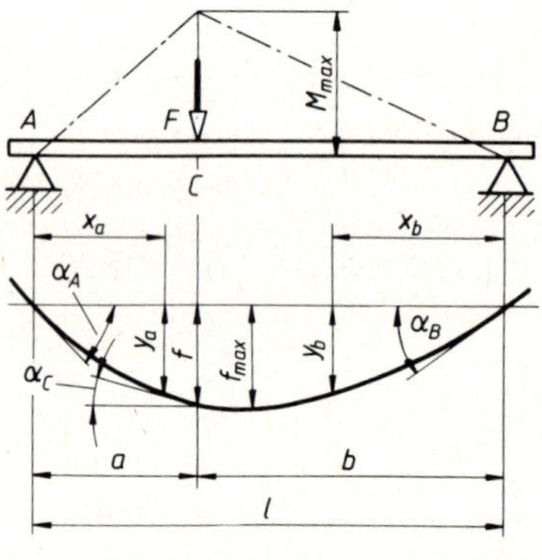

$$F_A = F\,\frac{b}{l} \qquad F_B = F\,\frac{a}{l} \qquad M_{\max} = F\,\frac{ab}{l}$$

$$f = \frac{Fa^2b^2}{EI\,3\,l} \qquad f_{\max} = f\,\frac{l+a}{3\,a}\sqrt{\frac{l+a}{3\,b}}$$

$$\tan\alpha_A = f\left(\frac{1}{a} + \frac{1}{2\,b}\right) \qquad \tan\alpha_B = f\left(\frac{1}{b} + \frac{1}{2a}\right)$$

$$y_a = \frac{Fab^2x_a}{6\,EIl}\left(1 + \frac{l}{b} - \frac{x_a^2}{ab}\right)$$

$$y_b = \frac{Fa^2bx_b}{6\,EIl}\left(1 + \frac{l}{a} - \frac{x_b^2}{ab}\right)$$

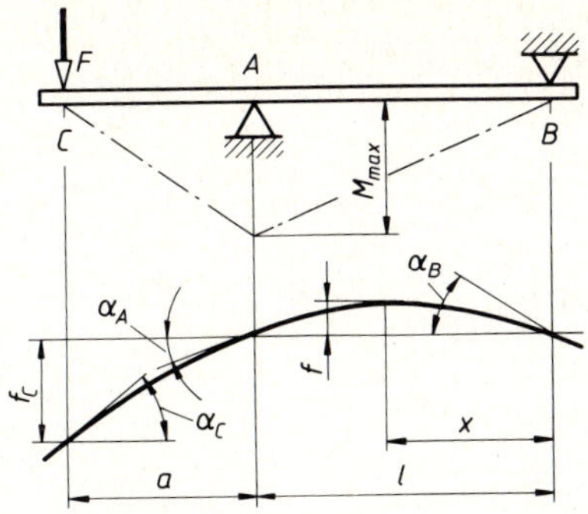

$$F_A = F\left(1+\frac{a}{l}\right) \qquad F_B = F\frac{a}{l}$$

$$M_{max} = Fa = M_A$$

$$f = \frac{Fl^3 a}{EI\,9\sqrt{3}\,l} \qquad \tan\alpha_A = \frac{Fal}{3EI}$$

$$\text{für } x = 0{,}577\,l \qquad \tan\alpha_B = \frac{Fal}{6EI}$$

$$f_C = \frac{Fl^3 a^2}{3EIl^2}\left(1+\frac{a}{l}\right) \qquad \tan\alpha_C = \frac{Fa\,(2l+3a)}{6EI}$$

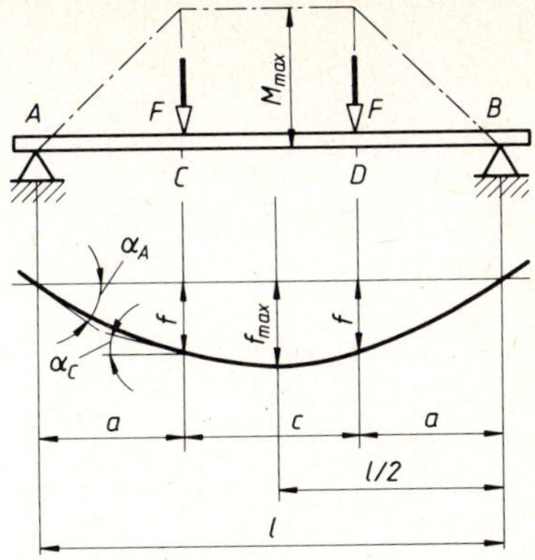

$$F_A = F_B = F \qquad M_{max} = Fa$$

$$f = \frac{Fl^3 a^2}{2EIl^2}\left(1-\frac{4a}{3l}\right)$$

$$f_{max} = \frac{Fl^3 a}{8EIl}\left(1-\frac{4a^2}{3l^2}\right)$$

$$\tan\alpha_A = \frac{Fa\,(a+c)}{2EI}$$

$$\tan\alpha_C = \tan\alpha_D = \frac{Fac}{2EI}$$

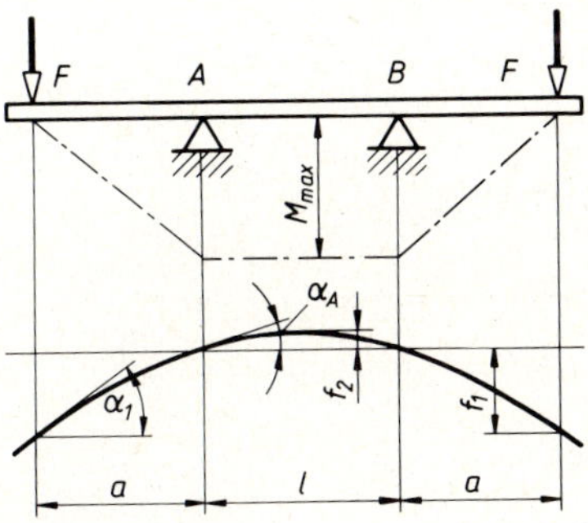

$$F_A = F_B = F$$

$$M_{max} = Fa$$

$$f_1 = \frac{Fa^2}{EI}\left(\frac{a}{3}+\frac{l}{2}\right) \qquad f_2 = \frac{Fal^2}{8EI}$$

$$\tan\alpha_1 = \frac{Fa\,(l+c)}{2EI} \qquad \tan\alpha_A = \frac{Fal}{2EI}$$

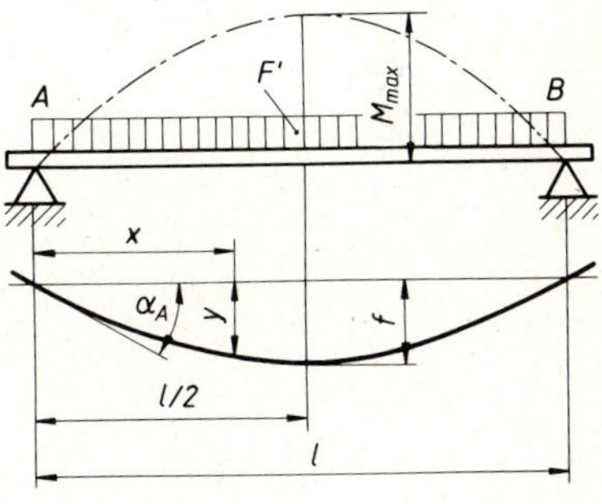

$$F_A = F_B = \frac{F'l}{2}$$

$$M_{max} = \frac{F'l^2}{8}$$

$$f \approx 0{,}013\,\frac{Fl^3}{EI} \qquad \tan\alpha_A = \frac{F'l^3}{24EI} = \frac{16f}{5l}$$

$$y = \frac{F'l^3 x}{24EI}\left(1-\frac{x}{l}\right)\left(1+\frac{x}{l}-\frac{x^2}{l^2}\right)$$

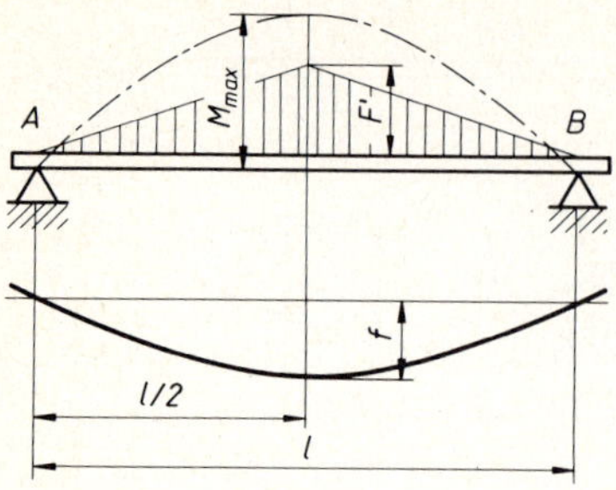

$$F_A = F_B = \frac{F'l}{4}$$

$$M_{\max} = \frac{Fl}{6} = \frac{F'l^2}{12}$$

$$f = \frac{Fl^3}{60EI} = \frac{F'l^4}{120EI}$$

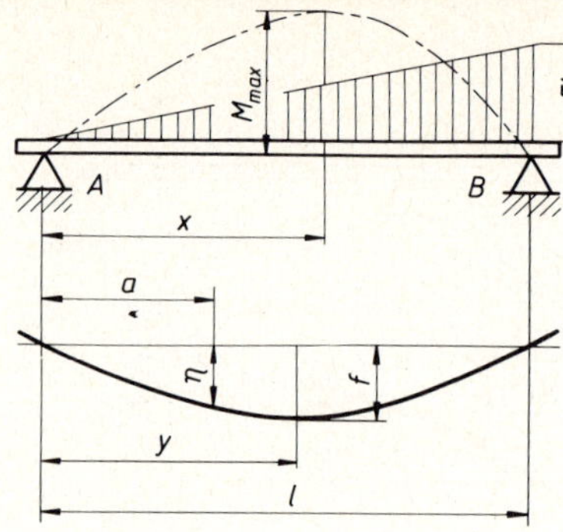

$$F_A = \frac{F'l}{6} \qquad F_B = \frac{F'l}{3}$$

$$M_{\max} = 0{,}064\, F'l^2 \quad \text{bei } x = 0{,}5774\, l$$

$$f = \frac{F'l^4}{153{,}4\, EI} \quad \text{bei } y = 0{,}5193\, l$$

$$\eta = \frac{F'l^3 a}{360\, EI} \left(1 - \frac{a^2}{l^2}\right) \left(7 - 3\,\frac{a^2}{l^2}\right)$$

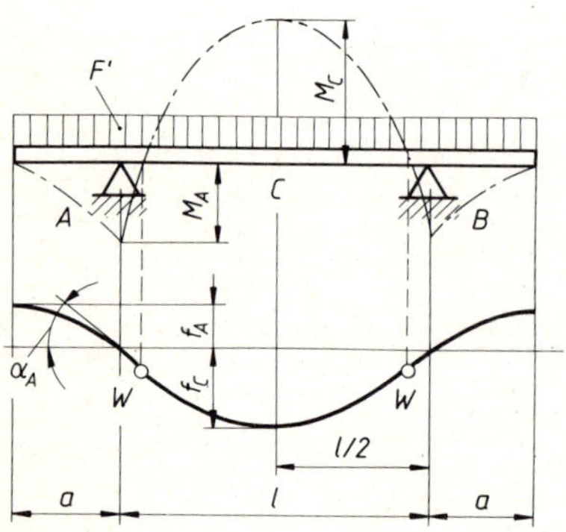

$$F_A = F_B = F'\left(\frac{l}{2} + a\right)$$

$$M_A = \frac{F'a^2}{2} \qquad M_C = \frac{F'l^2}{2}\left[\frac{1}{4} - \left(\frac{a}{l}\right)^2\right]$$

$$f_A = \frac{F'l^4}{4EI}\left[\frac{a}{6l} - \left(\frac{a}{l}\right)^3 - \frac{1}{2}\left(\frac{a}{l}\right)^4\right]$$

$$f_C = \frac{F'l^4}{16EI}\left[\frac{5}{24} - \left(\frac{a}{2}\right)^2\right]$$

$$\tan \alpha_A = \frac{F'l^3}{4EI}\left[\frac{1}{6} - \left(\frac{a}{l}\right)^2\right]$$

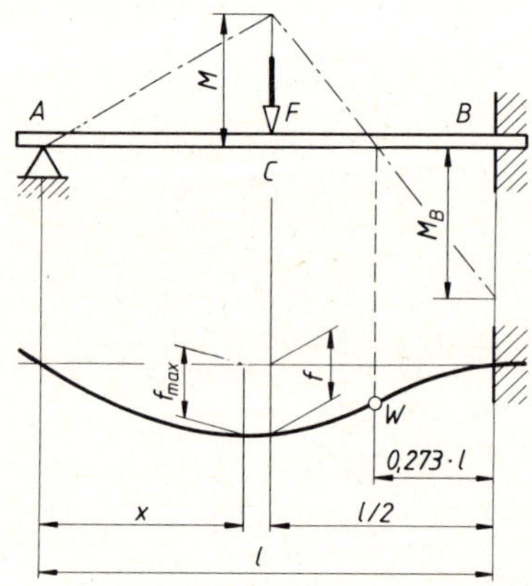

F in Stabmitte

$$F_A = \frac{5}{16}F \qquad F_B = \frac{11}{16}F$$

$$M = \frac{5}{32}Fl \qquad M_B = \frac{3}{16}Fl$$

$$f = \frac{7\,Fl^3}{768\,EI}$$

$$f_{\max} = \frac{Fl^3}{48\sqrt{5}\,EI} \quad \text{bei } x = 0{,}447\, l$$

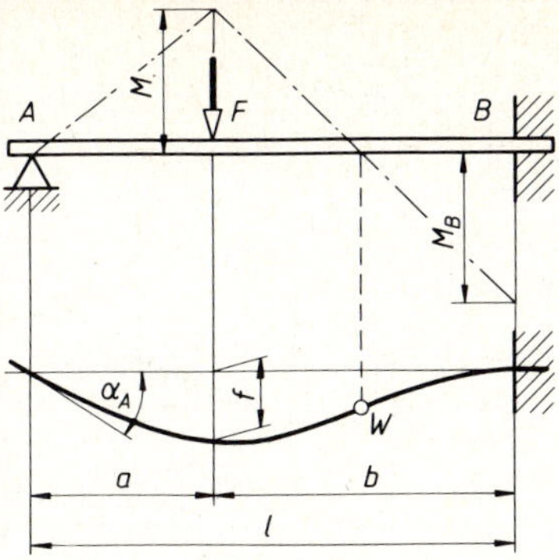

$$F_A = F \frac{b}{l^2}\left(1 + \frac{a}{2l}\right) \qquad F_B = F - F_A$$

$$M = Fa\left[1 + \frac{1}{2}\left(\frac{a}{b}\right)^3 - \frac{3a}{2l}\right]$$

$$M_B = \frac{Fl}{2}\left[\frac{a}{l} - \left(\frac{a}{l}\right)^3\right]$$

$$f = \frac{Fa^2b^3}{4EIl^2}\left(1 + \frac{a}{3l}\right) \qquad \tan\alpha_A = \frac{Fab^2}{4EIl}$$

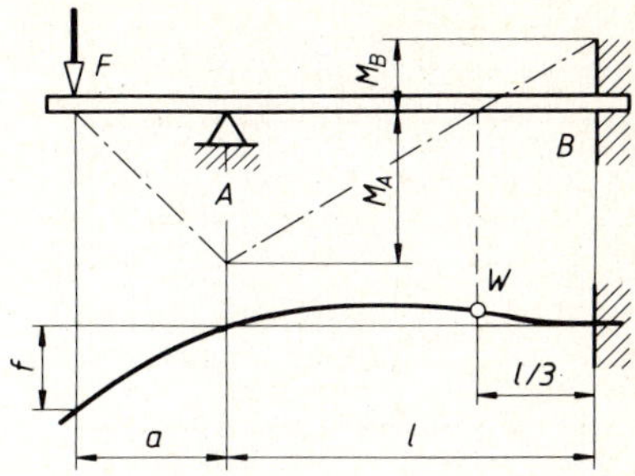

$$F_A = F\left(1 + \frac{3a}{2l}\right) \qquad F_B = F\frac{3a}{2l}$$

$$M_A = Fa \qquad M_B = \frac{Fa}{2}$$

$$f = \frac{Fl^3}{EI}\left[\frac{1}{3}\left(\frac{a}{l}\right)^3 + \frac{1}{4}\left(\frac{a}{l}\right)^2\right]$$

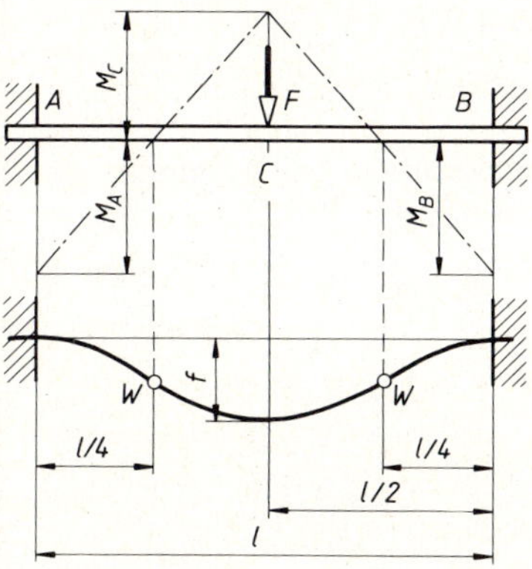

F in Stabmitte

$$F_A = F_B = \frac{F}{2}$$

$$M_C = \frac{Fl}{8} = M_A = M_B$$

$$f = \frac{Fl^3}{192\,EI}$$

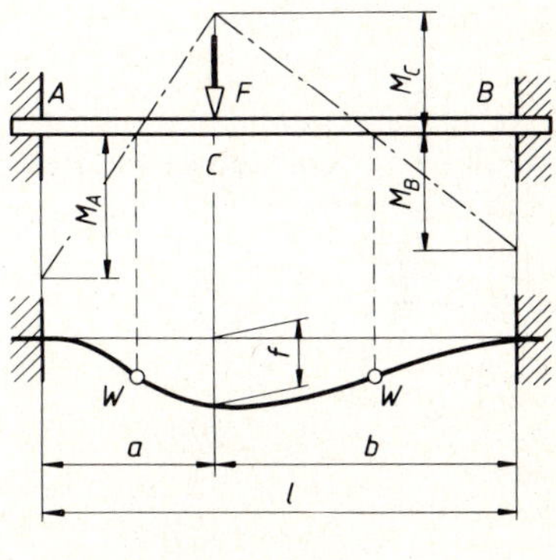

$$F_A = F\left(\frac{b}{l}\right)^2\left(3 - 2\frac{b}{l}\right)$$

$$F_B = F\left(\frac{a}{l}\right)^2\left(3 - 2\frac{a}{l}\right)$$

$$M_A = Fa\left(\frac{b}{l}\right)^2$$

$$M_B = Fb\left(\frac{a}{l}\right)^2 \qquad f = \frac{Fa^3b^3}{3\,EIl^3}$$

$$M_C = 2Fb\left(\frac{a}{l}\right)^2\left(1 - \frac{a}{l}\right)$$

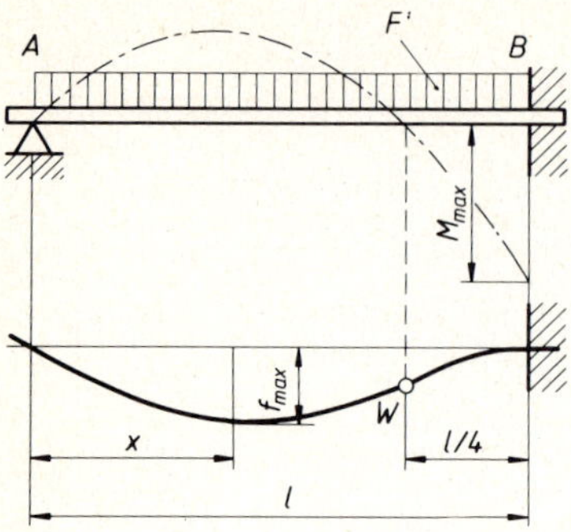

$$F_A = \frac{3}{8} F'l \qquad F_B = \frac{5}{8} F'l$$

$$M_{\max} = \frac{F'l^2}{8}$$

$$f_{\max} = \frac{F'l^4}{185\,EI} \qquad \text{bei } x = 0{,}4215\,l$$

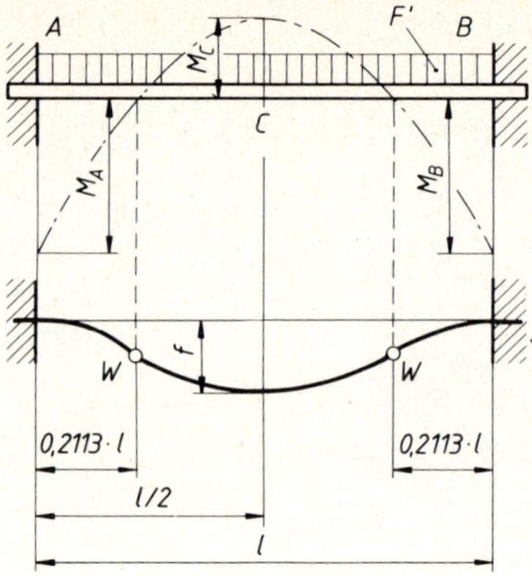

$$F_A = F_B = \frac{F'l}{2}$$

$$M_A = M_B = \frac{F'l^2}{12} = M_{\max} \qquad M_C = \frac{F'l^2}{24}$$

$$f = \frac{F'l^4}{384\,EI}$$

9.8. Axiale Flächenmomente 2. Grades I, Widerstandsmomente W und Trägheitsradius i verschiedener gestalteter Querschnitte für Biegung und Knickung

(die Gleichungen gelten für die eingezeichneten Achsen)

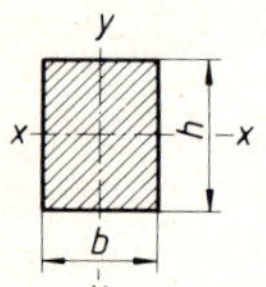	$I_x = \frac{bh^3}{12}$ $I_y = \frac{hb^3}{12}$ $W_x = \frac{bh^2}{6}$ $W_y = \frac{hb^2}{6}$ $i_x = 0{,}289\,h$ $i_y = 0{,}289\,b$	$i = 0{,}289\,h$
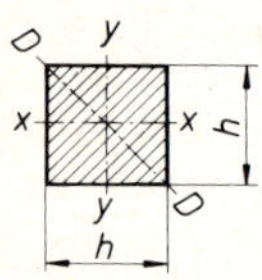	$I_x = I_y = I_D = \frac{h^4}{12}$ $W_x = W_y = \frac{h^3}{6}$	$i = 0{,}289\,h$ $W_D = \sqrt{2}\,\frac{h^3}{12}$
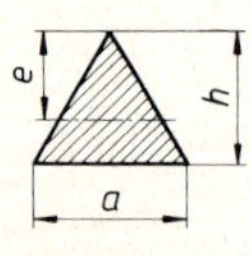	$I = \frac{ah^3}{36}$ $W = \frac{ah^2}{24}$	$e = \frac{2}{3}h$ $i = 0{,}236\,h$

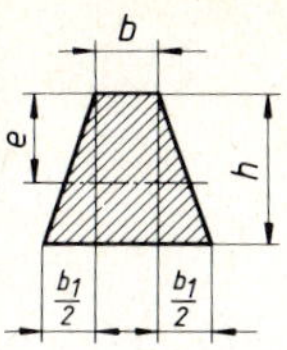	$I = \frac{6b^2 + 6bb_1 + b_1^2}{36(2b + b_1)} h^3$ $W = \frac{6b^2 + 6bb_1 + b_1^2}{12(3b + 2b_1)} h^2$ $e = \frac{1}{3} \frac{3b + 2b_1}{2b + b_1} h$
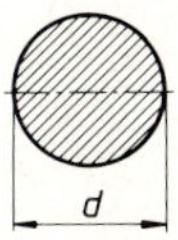	$I = \frac{\pi d^4}{64} \approx \frac{d^4}{20}$ $W = \frac{\pi d^3}{32} \approx \frac{d^3}{10}$ $i = \frac{d}{4}$
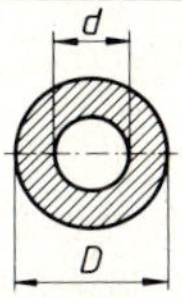	$I = \frac{\pi}{64}(D^4 - d^4)$ $W = \frac{\pi}{32} \frac{D^4 - d^4}{D}$ $i = 0{,}25\sqrt{D^2 + d^2}$
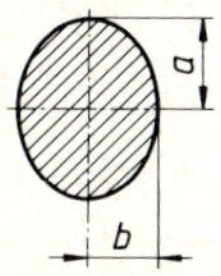	$I_x = \frac{\pi a^3 b}{4}$ $I_y = \frac{\pi b^3 a}{4}$ $i_x = \frac{a}{2}$ $W_x = \frac{\pi a^2 b}{4}$ $W_y = \frac{\pi b^2 a}{4}$ $i_y = \frac{b}{2}$
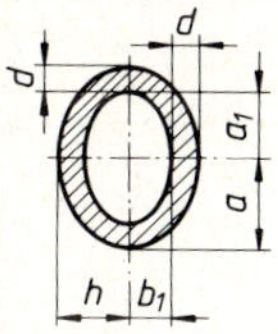	$I_x = \frac{\pi}{4}(a^3 b - a_1^3 b_1) \approx \frac{\pi}{4} a^2 d (a + 3b)$ $W_x = \frac{I_x}{a} \approx \frac{\pi}{4} a d (a + 3b)$
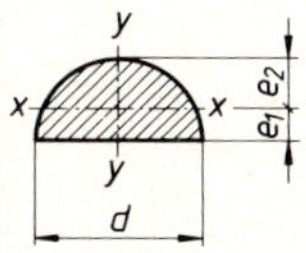	$I_x = 0{,}0068\, d^4$ $I_y = 0{,}0245\, d^4$ $W_{x1} = 0{,}0238\, d^3$ $W_{x2} = 0{,}0323\, d^3$ $W_y = 0{,}049\, d^3$ $i_x = 0{,}132\, d$ $e_1 = \frac{4r}{3\pi} = 0{,}4244\, r$
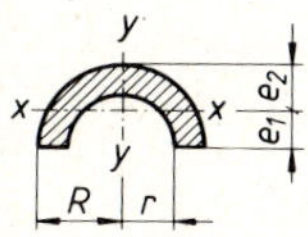	$I_x = 0{,}1098(R^4 - r^4) - 0{,}283 R^2 r^2 \frac{R - r}{R + r}$ $I_y = \pi \frac{R^4 - r^4}{8}$ $W_y = \frac{\pi(R^4 - r^4)}{8R}$ $W_{x1} = \frac{I_x}{e_1}$ $W_{x2} = \frac{I_x}{e_2}$ $e_1 = \frac{2(D^3 - d^3)}{3\pi(D^2 - d^2)}$
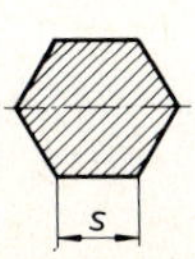	$I = \frac{5\sqrt{3}}{16} s^4 = 0{,}5413\, s^4$ $W = \frac{5}{8} s^3 = 0{,}625\, s^3$ $i = 0{,}456\, s$

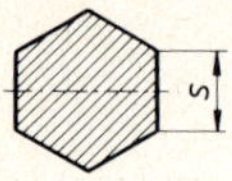

$$I = \frac{5\sqrt{3}}{16}\, s^4 = 0{,}5413\, s^4$$

$$W = 0{,}5413\, s^3 \qquad i = 0{,}456\, s$$

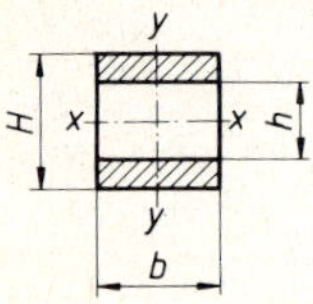

$$I_x = \frac{b}{12}(H^3 - h^3) \qquad I_y = \frac{b^3}{12}(H - h)$$

$$W_x = \frac{b}{6H}(H^3 - h^3) \qquad W_y = \frac{b^2}{6}(H - h)$$

$$i_x = \sqrt{\frac{H^3 - h^3}{12(H - h)}} \qquad i_y = 0{,}289\, b$$

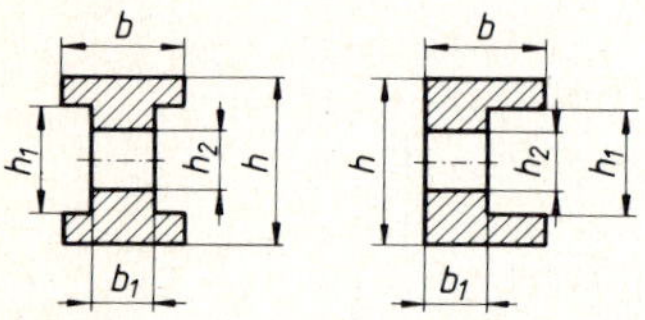

$$I = \frac{b(h^3 - h_1^3) + b_1(h_1^3 - h_2^3)}{12}$$

$$W = \frac{b(h^3 - h_1^3) + b_1(h_1^3 - h_2^3)}{6h}$$

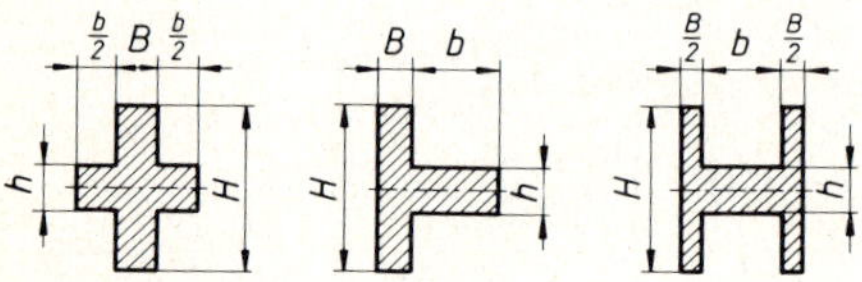

$$I = \frac{BH^3 + bh^3}{12}$$

$$W = \frac{BH^3 + bh^3}{6H}$$

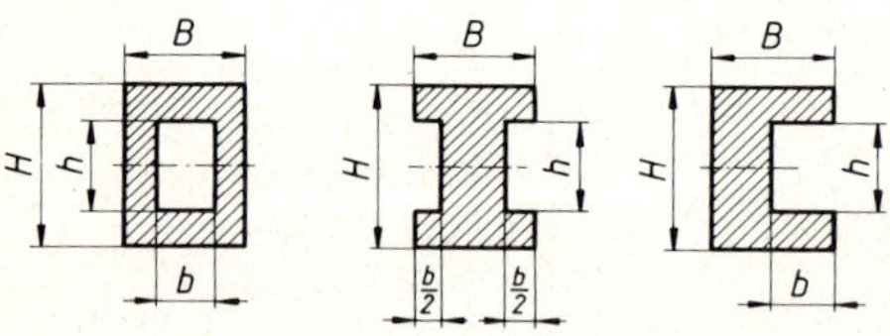

$$I = \frac{BH^3 - bh^3}{12}$$

$$W = \frac{BH^3 - bh^3}{6H}$$

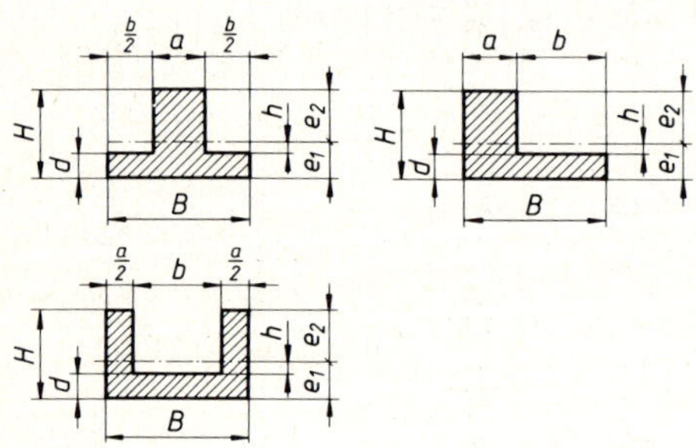

$$I = \frac{1}{3}(Be_1^3 - bh^3 + ae_2^3)$$

$$e_1 = \frac{1}{2} \cdot \frac{aH^2 + bd^2}{aH + bd}$$

$$e_2 = H - e_1$$

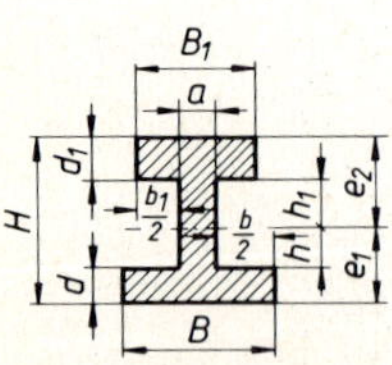

$$I = \frac{1}{3}(Be_1^3 - bh^3 + B_1 e_2^3 - b_1 h_1^3)$$

$$e_1 = \frac{1}{2} \cdot \frac{aH^2 + bd^2 + b_1 d_1 (2H - d_1)}{aH + bd + b_1 d_1}$$

$$e_2 = H - e_1$$

9.9. Axiale Flächenmomente 2. Grades *I*, Widerstandsmomente *W* und Querschnittsflächen *A* von Rundstahl für Biegung und Knickung

Beachte: Die *polaren* Flächen- und Widerstandsmomente I_p, W_p für Torsion sind die *doppelten* Beträge der aufgeführten Tafelwerte; Ablesebeispiel am Tabellenende

Durchmesser *d* mm	Querschnitt *A* $\cdot 10^2\,mm^2$	Flächenmoment *I* $\cdot 10^4\,mm^4$	Widerstandsmoment *W* $\cdot 10^3\,mm^3$	Durchmesser *d* mm	Querschnitt *A* $\cdot 10^2\,mm^2$	Flächenmoment *I* $\cdot 10^4\,mm^4$	Widerstandsmoment *W* $\cdot 10^3\,mm^3$
5	0,1964	0,00307	0,0123	35	9,621	7,366	4,21
5,5	0,2376	0,00449		35,5	9,898	7,796	
6	0,2827	0,00636	0,0212	36	10,18	8,245	4,58
6,5	0,3318	0,00876		36,5	10,46	8,712	
7	0,3848	0,0118	0,0337	37	10,75	9,200	4,97
7,5	0,4418	0,0155		37,5	11,04	9,707	
8	0,5027	0,0201	0,0503	38	11,34	10,78	5,38
8,5	0,5674	0,0256		38,5	11,64	10,24	
9	0,6362	0,0322	0,0716	39	11,96	11,36	5,82
9,5	0,7088	0,0400		39,5	12,25	11,95	
10	0,7854	0,0491	0,0982	40	12,57	12,57	6,28
10,5	0,8659	0,0597		40,5	12,88	13,21	
11	0,9503	0,0719	0,1307	41	13,20	13,87	6,76
11,5	1,039	0,0859		41,5	13,53	14,56	
12	1,131	0,1018	0,1696	42	13,85	15,27	7,27
12,5	1,227	0,1198		42,5	14,19	16,02	
13	1,327	0,1402	0,2157	43	14,52	16,78	7,80
13,5	1,431	0,1630		43,5	14,86	17,58	
14	1,539	0,1886	0,2694	44	15,21	18,40	8,36
14,5	1,651	0,2170		44,5	15,55	19,25	
15	1,767	0,2485	0,3313	45	15,90	20,13	8,94
15,5	1,887	0,2833		45,5	16,26	21,04	
16	2,011	0,3217	0,4021	46	16,62	21,98	9,56
16,5	2,138	0,3638		46,5	16,98	22,95	
17	2,270	0,4100	0,4823	47	17,35	23,95	10,19
17,5	2,405	0,4604		47,5	17,72	24,99	
18	2,545	0,5153	0,5726	48	18,10	26,06	10,85
18,5	2,688	0,5750		48,5	18,47	27,16	
19	2,835	0,6397	0,6734	49	18,86	28,30	11,55
19,5	2,986	0,7098		49,5	19,24	29,47	
20	3,142	0,7854	0,7854	50	19,64	30,68	12,27
20,5	3,301	0,8669		50,5	20,03	31,93	
21	3,464	0,9547	0,9092	51	20,43	33,32	13,02
21,5	3,630	1,049		51,5	20,83	34,53	
22	8,801	1,150	1,045	52	21,24	35,89	13,80
22,5	3,976	1,258		52,5	21,65	37,15	
23	4,155	1,374	1,194	53	22,06	38,73	14,61
23,5	4,337	1,497		53,5	22,48	40,21	
24	4,524	1,629	1,357	54	22,90	41,74	15,46
24,5	4,714	1,769		54,5	23,33	43,31	
25	4,909	1,917	1,534	55	23,76	44,92	16,33
25,5	5,107	2,076		55,5	24,19	46,57	
26	5,309	2,243	1,726	56	24,63	49,28	17,24
26,5	5,515	2,421		56,5	25,07	50,02	
27	5,726	2,609	1,932	57	25,52	51,82	18,18
27,5	5,940	2,807		57,5	25,97	53,66	
28	6,158	3,017	2,155	58	26,42	55,55	19,16
28,5	6,379	3,239		58,5	26,88	57,49	
29	6,605	3,472	2,35	59	27,34	59,48	20,16
29,5	6,835	3,718		59,5	27,81	61,52	
30	7,069	3,976	2,65	60	28,27	63,62	21,21
30,5	7,306	4,248		60,5	28,75	65,76	
31	7,548	4,533	2,93	61	29,22	67,97	22,28
31,5	7,793	4,833		61,5	29,71	70,22	
32	8,042	5,147	3,22	62	30,19	72,53	23,39
32,5	8,296	5,477		62,5	30,68	74,90	
33	8,553	5,821	3,53	63	31,17	77,33	24 54
33,5	8,814	6,182		63,5	31,67	79,81	
34	9,079	6,560	3,86	64	32,17	82,35	25,74
34,5	9,348	6,954		64,5	32,67	84,96	

Durchmesser d mm	Querschnitt A $\cdot 10^2 mm^2$	Flächenmoment I $\cdot 10^4 mm^4$	Widerstandsmoment W $\cdot 10^3 mm^3$	Durchmesser d mm	Querschnitt A $\cdot 10^2 mm^2$	Flächenmoment I $\cdot 10^4 mm^4$	Widerstandsmoment W $\cdot 10^3 mm^3$
65	33,18	87,62	26,96	97	73,90	434,6	89,60
65,5	33,70	90,35		97,5	74,66	443,6	
66	34,21	93,14	28,22	98	75,43	452,8	92,40
66,5	34,73	96,00		98,5	76,20	462,1	
67	35,26	98,92	29,53	99	76,98	471,5	95,26
67,5	35,78	101,9		99,5	77,76	481,5	
68	36,32	105,0	30,87	100	78,54	490,9	98,18
68,5	36,85	108,1		100,5	79,33	500,8	
69	37,39	111,3	32,25	101	80,12	510,8	101,2
69,5	37,94	114,5		101,5	80,91	521,0	
70	38,48	117,9	33,67	102	81,71	531,3	104,2
70,5	39,04	121,3		102,5	82,52	541,8	
71	39,59	124,7	35,14	103	83,32	552,5	107,3
71,5	40,15	128,3		103,5	84,13	563,3	
72	40,72	131,9	36,64	104	84,95	574,3	110,4
72,5	41,28	135,6		104,5	85,77	585,4	
73	41,85	139,4	38,19	105	86,59	596,7	113,7
73,5	42,43	143,3		105,5	87,42	608,1	
74	43,01	147,2	39,78	106	88,25	619,7	116,9
74,5	43,59	151,2		106,5	89,08	631,5	
75	44,18	155,3	41,42	107	89,92	643,4	120,3
75,5	44,77	159,5		107,5	90,76	655,5	
76	45,36	163,8	43,10	108	91,61	667,8	123.7
76,5	45,96	168,1		108,5	92,46	680,3	
77	46,57	172,6	44,82	109	93,31	692,9	127,1
77,5	47,17	177,1		109,5	94,17	705,7	
78	47,78	181,7	46,59	110	95,03	718,7	130,7
78,5	48,40	186,4		110,5	95,90	731,8	
79	49,02	191,2	48,40	111	96,77	745,2	134,3
79,5	49,64	196,1		111,5	97,64	758,7	
80	50,27	201,1	50,27	112	98,52	772,4	137,9
80,5	50,90	206,1		112,5	99,40	786,3	
81	51,53	211,3	52,17	113	100,3	800,4	141,6
81,5	52,17	216,6		113,5	101,2	814,6	
82	52,81	221,9	54,13	114	102,1	829,1	145,5
82,5	53,46	227,4		114,5	103,0	843,7	
83	54,11	233,0	56,14	115	103,9	858,5	149,3
83 5	54,76	238,6		115,5	104,8	873,6	
84	55,42	244,4	58,19	116	105,7	888,8	153,2
84,5	56,08	250,3		116,5	106,6	904,2	
85	56,74	256,2	60,29	117	107,5	919,8	157,2
85,5	57,41	262,3		117,5	108,4	935,7	
86	58,09	268,5	62,45	118	109,4	951,7	161,3
86,5	58,77	274,8		118,5	110,3	967,9	
87	59,45	281,2	64,65	119	111,2	984,4	165,4
87,5	60,13	287,7		119,5	112,2	001	
88	60,82	294,4	66,90	120	113,1	1 018	169,6
88,5	61,51	301,1		120,5	114,0	1 035	
89	62,21	308,0	69,21	121	115,0	1 052	173,9
89,5	62,91	315,0		121,5	115,9	1 070	
90	63,62	322,1	71,57	122	116,9	1 087	178,3
90,5	64,33	329,3		122,5	117,9	1 105	
91	65,04	336,6	73,98	123	118,8	1 124	182,7
91,5	65,76	344,1		123,5	119,8	1 142	
92	66,48	351,7	76,45	124	120,8	1 161	187,2
92,5	67,20	359,4		124,5	121,7	1 179	
93	67,93	367,2	78,97	125	112,7	1 198	191,7
93,5	68,66	375,2		125,5	123,7	1 218	
94	69,40	383,2	81,54	126	124,7	1 237	196,4
94,5	70,14	391,5		126,5	125,7	1 257	
95	70,88	399,8	84,17	127	126,7	1 277	201,1
95,5	71,63	408,3		127,5	127,7	1 297	
96	72,38	416,9	86,86	128	128,7	1 318	205,9
96,5	73,14	425,7		128,5	129,7	1 338	

Durchmesser d mm	Querschnitt A $\cdot 10^2\,mm^2$	Flächenmoment I $\cdot 10^4\,mm^4$	Widerstandsmoment W $\cdot 10^3\,mm^3$	Durchmesser d mm	Querschnitt A $\cdot 10^2\,mm^2$	Flächenmoment I $\cdot 10^4\,mm^4$	Widerstandsmoment W $\cdot 10^3\,mm^3$
129	130,7	1 359	210,8	139	151,7	1 832	263,7
129,5	131,7	1 381		139,5	152,8	1 859	
130	132,7	1 402	215,7	140	153,9	1 886	269,4
130,5	133,8	1 424		140,5	155,0	1 913	
131	134,8	1 446	220,7	141	156,1	1 940	275,2
131,5	135,8	1 468		141,5	157,3	1 968	
132	136,8	1 490	225,8	142	158,4	1 996	281,1
132,5	137,8	1 513		142,5	159,5	2 024	
133	138,9	1 536	231,0	143	160,6	2 053	287,1
133,5	140,0	1 559		143,5	161,7	2 082	
134	141,0	1 583	236,2	144	162,9	2 111	293,1
134,5	142,1	1 606		144,5	164,0	2 140	
135	143,1	1 630	241,5	145	165,1	2 170	299,3
135,5	144,2	1 655		145,5	166,3	2 200	
136	145,3	1 679	247,0	146	167,4	2 230	305,5
136,5	146,3	1 704		146,5	168,6	2 261	
137	147,4	1 729	252,4	147	169,7	2 292	311,9
137,5	148,5	1 755		147,5	170,9	2 323	
138	149,6	1 780	258,0	148	172,0	2 355	318,3
138,5	150,7	1 806		148,5	173,2	2 387	

Ablesebeispiel: Für $d = 10$ mm ist $A = 0{,}7854 \cdot 10^2\,mm^2$; $I = 0{,}0491 \cdot 10^4\,mm^4$; $W = 0{,}0982 \cdot 10^3\,mm^3$

9.10. Axiale Flächenmomente 2. Grades *I* und Widerstandsmomente *W* von Kreisringquerschnitten für Biegung und Knickung

D Außendurchmesser, *s* Ringdicke Ablesebeispiel siehe 9.9

D mm	s mm	I $\cdot 10^4\,mm^4$	W $\cdot 10^3\,mm^3$
80	10	137	34,2
	12	153	38,2
	14	165	41,2
90	10	204	45,3
	12	229	50,9
	14	250	55,6
	16	267	59,3
100	10	291	58,2
	12	327	65,4
	14	359	71,8
	16	385	77,0
110	10	397	72,2
	12	450	81,8
	14	497	90,4
	16	537	97,6
120	10	527	87,8
	12	601	100
	14	666	111
	16	724	121
	18	773	129
130	10	683	105
	12	782	120
	14	871	134
	16	949	146
	18	1019	157
140	12	997	142
	14	1114	159
	16	1218	174
	18	1311	187
	20	1395	199

D mm	s mm	I $\cdot 10^4\,mm^4$	W $\cdot 10^3\,mm^3$
150	12	1248	166
	14	1397	186
	16	1534	205
	18	1656	221
	20	1766	235
	22	1866	249
	24	1955	261
160	14	1727	216
	16	1899	237
	18	2056	257
	20	2200	275
	22	2329	291
	24	2445	306
170	14	2104	244
	16	2320	273
	18	2517	296
	20	2699	318
	22	2863	337
	24	3013	354
180	14	2534	282
	16	2798	311
	18	3042	338
	20	3268	363
	22	3475	386
	24	3663	407
190	14	3017	318
	16	3338	351
	18	3636	383
	20	3914	413
	22	4168	439
	24	4401	463

D mm	s mm	I $\cdot 10^4$ mm^4	W $\cdot 10^3$ mm^3
200	16	3944	394
	18	4303	430
	20	4638	464
	22	4948	495
	24	5231	523
	26	5499	550
	28	5743	574
	30	5968	597
210	16	4619	440
	18	5047	481
	20	5448	519
	22	5819	554
	24	6166	587
	26	6488	618
	28	6786	646
	30	7062	673
220	16	5342	486
	18	5873	534
	20	6346	577
	22	6791	617
	24	7203	655
	26	7589	690
	28	7949	723
	30	8282	753
230	16	6207	540
	18	6787	590
	20	7341	638
	22	7862	684
	24	8351	726
	26	8809	766
	28	9238	803
	30	9637	838
240	18	7785	649
	20	8434	703
	22	9042	753
	24	9546	796
	26	10154	846
	28	10659	888
	30	11133	928
250	18	8880	710
	22	10334	827
	26	11633	931
	30	12778	1022
	34	13790	1103
260	18	10073	775
	22	11746	904
	26	13243	1019
	30	14577	1121
	34	15691	1207
270	18	11369	842
	22	13286	984
	26	15000	1111
	30	16539	1225
	34	17914	1327
280	18	12774	912
	22	14947	1068
	26	16909	1208
	30	18674	1334
	34	20257	1447
290	18	14289	986
	22	16743	1155
	26	18970	1308
	30	20983	1447
	34	22798	1573
300	20	17330	1155
	24	19966	1331
	28	22363	1491
	32	24535	1636
	36	26479	1765
	40	28262	1884
320	20	21302	1331
	24	24558	1535
	28	27580	1724
	32	30390	1900
	36	32905	2057
	40	35186	2199
340	20	25838	1520
	24	29912	1759
	28	33665	1980
	32	37115	2183
	36	40277	2369
	40	43165	2539
360	20	30977	1721
	24	35935	1996
	28	40526	2251
	32	44773	2487
	36	48680	2704
	40	52276	2904
	44	55582	3088
380	20	36756	1935
	24	42718	2248
	28	48262	2540
	32	53400	2811
	36	58379	3073
	40	62593	3294
	44	66671	3509
400	20	43210	2160
	24	50304	2515
	28	56927	2846
	32	63103	3156
	36	68852	3443
	40	74194	3710
	44	79154	3958
	48	83744	4187

9.11. Warmgewalzter rundkantiger U-Stahl

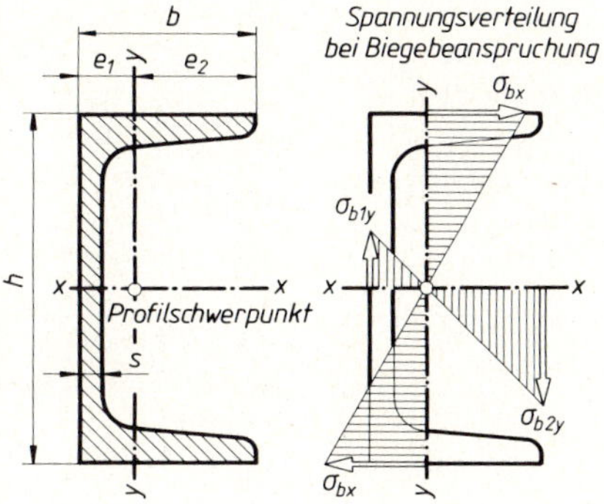

Beispiel für die Bezeichnung eines U-Stahls und für das Auswerten der Tabelle:

U 100 DIN 1026 – USt 37-2

Höhe	$h = 100$ mm
Breite	$b = 50$ mm
Flächenmoment 2. Grades	$I_x = 206 \cdot 10^4\,\text{mm}^4$
Widerstandsmoment	$W_x = 41{,}2 \cdot 10^3\,\text{mm}^3$
Flächenmoment 2. Grades	$I_y = 29{,}3 \cdot 10^4\,\text{mm}^4$
Widerstandsmoment	$W_{y1} = 18{,}9 \cdot 10^3\,\text{mm}^3$
	$W_{y2} = 8{,}49 \cdot 10^3\,\text{mm}^3$
Oberfläche je Meter Länge	$A'_0 = 0{,}372\,\text{m}^2/\text{m}$
Profilumfang	$U = 0{,}372$ m
Trägheitsradius	$i_x = \sqrt{I_x/A} = 39{,}1$ mm

Beachte: Das Flächenmoment 2. Grades I ist nach DIN 1304 (Februar 1978) die Bezeichnung für das Flächenträgheitsmoment.

Kurz-zeichen U	h mm	b mm	s mm	Quer-schnitt A mm²	e_1/e_2 mm	I_x $\cdot 10^4$ mm⁴	W_x $\cdot 10^3$ mm³	I_y $\cdot 10^4$ mm⁴	W_{y_1} $\cdot 10^3$ mm³	W_{y_2} $\cdot 10^3$ mm³	Oberfläche je Meter Länge A'_0 m²/m ¹)	Gewichtskraft je Meter Länge G' N/m
30 × 15	30	15	4	221	5,2/ 9,8	2,53	1,69	0,38	0,73	0,39	0,103	17,0
30	30	33	5	544	13,1/19,9	6,39	4,26	5,33	4,07	2,68	0,174	41,9
40 × 20	40	20	5	366	6,7/13,3	7,58	3,79	1,14	1,70	0,86	0,142	28,2
40	40	35	5	621	13,3/21,7	14,1	7,05	6,68	5,02	3,08	0,200	47,8
50 × 25	50	25	5	492	8,1/16,9	16,8	6,73	2,49	3,07	1,47	0,181	37,9
50	50	38	5	712	13,7/24,3	26,4	10,6	9,12	6,66	3,75	0,232	54,8
60	60	30	6	646	9,1/20,9	31,6	10,5	4,51	4,98	2,16	0,215	49,7
65	65	42	5,5	903	14,2/27,8	57,5	17,7	14,1	9,93	5,07	0,273	69,5
80	80	45	6	1100	14,5/30,5	106	26,5	19,4	13,4	6,36	0,312	84,7
100	100	50	6	1350	15,5/34,5	206	41,2	29,3	18,9	8,49	0,372	104,0
120	120	55	7	1700	16,0/39,0	364	60,7	43,2	27,0	11,1	0,434	130,9
140	140	60	7	2040	17,5/42,5	605	86,4	62,7	35,8	14,8	0,489	157,1
160	160	65	7,5	2400	18,4/46,6	925	116	85,3	46,4	18,3	0,546	184,8
180	180	70	8	2800	19,2/50,8	1350	150	114	59,4	22,4	0,611	215,6
200	200	75	8,5	3220	20,1/54,9	1910	191	148	73,6	27,0	0,661	248,0
220	220	80	9	3740	21,4/58,6	2690	245	197	92,1	33,6	0,718	288,0
240	240	85	9,5	4230	22,3/62,7	3600	300	248	111	39,6	0,775	325,7
260	260	90	10	4830	23,6/66,4	4820	371	317	134	47,7	0,834	372
280	280	95	10	5330	25,3/69,7	6280	448	399	158	57,3	0,890	410,5
300	300	100	10	5880	27,0/73,0	8030	535	495	183	67,8	0,950	452,8
320	320	100	14	7580	26,0/74,0	10870	679	597	230	80,7	0,982	583,7
350	350	100	14	7730	24,0/76,0	12840	734	570	238	75,0	1,05	595,3
380	380	102	13,5	8040	23,8/78,2	15760	829	615	258	78,6	1,11	619,1
400	400	110	14	9150	26,5/83,5	20350	1020	846	355	101	1,18	704,6

¹) Die Zahlenwerte geben zugleich den Profilumfang U in m an.

9.12. Warmgewalzter gleichschenkliger rundkantiger Winkelstahl

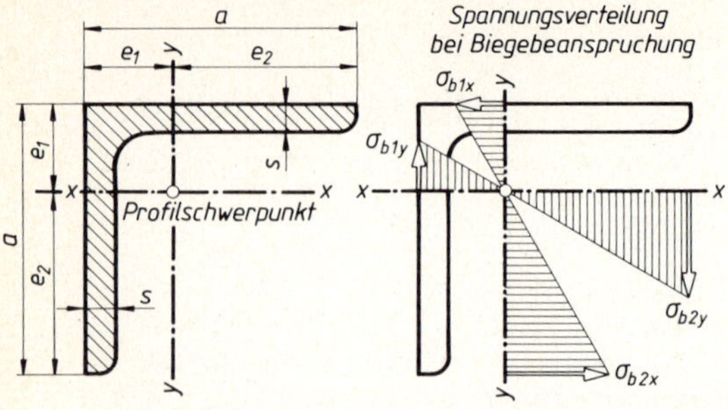

Beispiel für die Bezeichnung eines gleichschenkligen Winkelstahls und für das Auswerten der Tabelle:

L 40 × 6 DIN 1028 – USt 37-2

Schenkelbreite	a = 40 mm
Schenkeldicke	s = 6 mm
Flächenmoment 2. Grades	$I_x = 6{,}33 \cdot 10^4\,mm^4$
Widerstandsmoment	$W_{x1} = 5{,}28 \cdot 10^3\,mm^3$
	$W_{x2} = 2{,}26 \cdot 10^3\,mm^3$
Oberfläche je Meter Länge	$A'_0 = 0{,}16\,m^2/m$
Profilumfang	$U = 0{,}16\,m$
Trägheitsradius	$i_x = \sqrt{I_x/A} = 11{,}9\,mm$

Kurzzeichen	a/s mm	Querschnitt A mm²	e_1/e_2 mm	$I_x = I_y$ $\cdot 10^4\,mm^4$	$W_{x_1} = W_{y_1}$ $\cdot 10^3\,mm^3$	$W_{x_2} = W_{y_2}$ $\cdot 10^3\,mm^3$	Oberfläche je Meter Länge A'_0 m²/m¹)	Gewichtskraft je Meter Länge G' N/m
20 × 4	20/ 4	145	6,4/ 13,6	0,48	0,75	0,35	0,08	11,2
25 × 5	25/ 5	226	8 / 17	1,18	1,48	0,69	0,10	17,4
30 × 5	30/ 5	278	9,2/ 20,8	2,16	2,35	1,04	0,12	21,4
35 × 5	35/ 5	328	10,4/ 24,6	3,56	3,42	1,45	0,14	25,3
40 × 6	40/ 6	448	12 / 28	6,33	5,28	2,26	0,16	34,5
45 × 6	45/ 6	509	13,2/ 31,8	9,16	6,94	2,88	0,17	39,2
50 × 6	50/ 6	569	14,5/ 35,5	12,8	8,83	3,61	0,19	43,8
50 × 8	50/ 8	741	15,2/ 34,8	16,3	10,7	4,68	0,19	57,1
55 × 8	55/ 8	823	16,4/ 38,6	22,1	13,5	5,73	0,21	63,4
60 × 6	60/ 6	691	16,9/ 43,1	22,8	13,5	5,29	0,23	53,2
60 × 10	60/10	1110	18,5/ 41,5	34,9	18,9	8,41	0,23	85,2
65 × 8	65/ 8	985	18,9/ 46,1	37,5	19,8	8,13	0,25	75,9
70 × 7	70/ 7	940	19,7/ 50,3	42,4	21,5	8,43	0,27	72,4
70 × 9	70/ 9	1190	20,5/ 49,5	52,6	25,7	10,6	0,27	91,6
70 × 11	70/11	1430	21,3/ 48,7	61,8	29,0	12,7	0,27	110,1
75 × 8	75/ 8	1150	21,3/ 53,7	58,9	27,7	11,0	0,29	88,6
80 × 8	80/ 8	1230	22,6/ 57,4	72,3	32,0	12,6	0,31	94,7
80 × 10	80/10	1510	23,4/ 56,6	87,5	37,4	15,5	0,31	116,7
80 × 12	80/12	1790	24,1/ 55,9	102	42,3	18,2	0,31	138,3
90 × 9	90/ 9	1550	25,4/ 64,6	116	45,7	18,0	0,35	119,4
90 × 11	90/11	1870	26,2/ 63,8	138	52,7	21,6	0,36	144,0
100 × 10	100/10	1920	28,2/ 71,8	177	62,8	24,7	0,39	147,9
100 × 14	100/14	2620	29,8/ 70,2	235	78,9	33,5	0,39	201,8
110 × 12	110/12	2510	31,5/ 78,5	280	88,9	35,7	0,43	193,3
120 × 13	120/13	2970	34,4/ 85,6	394	115	46,0	0,47	228,7
130 × 12	130/12	3000	36,4/ 93,6	472	130	50,4	0,51	231,0
130 × 16	130/16	3930	38,0/ 92	605	159	65,8	0,51	302,6
140 × 13	140/13	3500	39,2/100,8	638	163	63,3	0,55	269,5
140 × 15	140/15	4000	40,0/100,0	723	181	72,3	0,55	308,0
150 × 12	150/12	3480	41,2/108,8	737	179	67,7	0,59	268,0
150 × 16	150/16	4570	42,9/107,1	949	221	88,7	0,59	351,9
150 × 20	150/20	5630	44,4/105,6	1150	259	109	0,59	433,6
160 × 15	160/15	4610	44,9/115,1	1100	245	95,6	0,63	355,0
160 × 19	160/19	5750	46,5/113,5	1350	290	119	0,63	442,8
180 × 18	180/18	6190	51,0/129,0	1870	367	145	0,71	476,7
180 × 22	180/22	7470	52,6/127,4	2210	420	174	0,71	575,3
200 × 16	200/16	6180	55,2/144,8	2340	424	162	0,79	475,9
200 × 20	200/20	7640	56,8/143,2	2850	502	199	0,79	588,3
200 × 24	200/24	9060	58,4/141,6	3330	570	235	0,79	697,7
200 × 28	200/28	10500	59,9/140,1	3780	631	270	0,79	808,6

¹) Die Zahlenwerte geben zugleich den Profilumfang U in m an.

9.13. Warmgewalzter ungleichschenkliger rundkantiger Winkelstahl

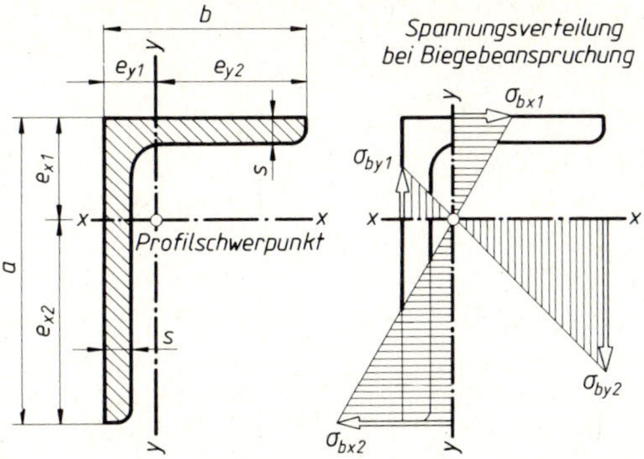

Beispiel für die Bezeichnung eines ungleichschenkligen Winkelstahls und für das Auswerten der Tabelle:

L 30 × 20 × 4 DIN 1029 – USt 37-2

Schenkelbreite	a = 30 mm, b = 20 mm
Schenkeldicke	s = 4 mm
Flächenmoment 2. Grades	$I_x = 1{,}59 \cdot 10^4\ \text{mm}^4$
Widerstandsmoment	$W_{x1} = 1{,}54 \cdot 10^3\ \text{mm}^3$
Widerstandsmoment	$W_{x2} = 0{,}81 \cdot 10^3\ \text{mm}^3$
Oberfläche je Meter Länge	$A'_0 = 0{,}097\ \text{m}^2/\text{m}$
Profilumfang	$U = 0{,}097$ m
Gewichtskraft je Meter Länge	$G' = 14{,}2$ N/m
Trägheitsradius	$i_x = \sqrt{I_x/A} = 9{,}27$ mm

Kurzzeichen	a mm	b mm	s mm	Querschnitt A mm²	e_{x_1}/e_{y_1} mm	I_x $\cdot 10^4\text{mm}^4$	W_{x_1} $\cdot 10^3\text{mm}^3$	W_{x_2} $\cdot 10^3\text{mm}^3$	I_y $\cdot 10^4\text{mm}^4$	W_{y_1} $\cdot 10^3\text{mm}^3$	W_{y_2} $\cdot 10^3\text{mm}^3$	Oberfläche je Meter Länge A'_0 m²/m ¹)	Gewichtskraft je Meter Länge G' N/m
30 × 20 × 4	30	20	4	185	10,3/5,4	1,59	1,54	0,81	0,55	1,02	0,38	0,097	14,2
40 × 20 × 4	40	20	4	225	14,7/4,8	3,59	2,44	1,42	0,60	1,25	0,39	0,117	17,4
45 × 30 × 5	45	30	5	353	15,2/7,8	6,99	4,60	2,35	2,47	3,17	1,11	0,146	27,2
50 × 40 × 5	50	40	5	427	15,6/10,7	10,4	6,67	3,02	5,89	5,50	2,01	0,177	32,9
60 × 30 × 7	60	30	7	585	22,4/7,6	20,7	9,24	5,50	3,41	4,49	1,52	0,175	45,0
60 × 40 × 6	60	40	6	568	20,0/10,1	20,1	10,1	5,03	7,12	7,05	2,38	0,195	43,7
65 × 50 × 5	65	50	5	554	19,9/12,5	23,1	11,6	5,11	11,9	9,52	3,18	0,224	42,7
65 × 50 × 9	65	50	9	958	21,5/14,1	38,2	17,8	8,77	19,4	13,8	5,39	0,224	73,7
75 × 50 × 7	75	50	7	830	24,8/12,5	46,4	18,7	9,24	16,5	13,2	4,39	0,244	63,8
75 × 55 × 9	75	55	9	1090	24,7/14,8	59,4	24,0	11,8	26,8	18,1	6,66	0,254	84,2
80 × 40 × 6	80	40	6	689	28,5/8,8	44,9	15,8	8,73	7,59	8,63	2,44	0,234	53,1
80 × 40 × 8	80	40	8	901	29,4/9,5	57,6	19,6	11,4	9,68	10,2	3,18	0,234	69,3
80 × 65 × 8	80	65	8	1100	24,7/17,3	68,1	27,6	12,3	40,1	23,2	8,41	0,283	84,9
90 × 60 × 6	90	60	6	869	28,9/14,1	71,7	24,8	11,7	25,8	18,3	5,61	0,294	66,9
90 × 60 × 8	90	60	8	1140	29,7/14,9	92,5	31,1	15,4	33,0	22,0	7,31	0,294	87,9
100 × 50 × 6	100	50	6	873	34,9/10,4	87,7	25,1	13,8	15,3	14,7	3,86	0,292	67,2
100 × 50 × 8	100	50	8	1150	35,9/11,3	116	32,3	18,0	19,5	17,3	5,04	0,292	88,2
100 × 50 × 10	100	50	10	1410	36,7/12,0	141	38,4	22,2	23,4	19,5	6,17	0,292	108,9
100 × 65 × 9	100	65	9	1420	33,2/15,9	141	42,5	21,0	46,7	29,4	9,52	0,321	108,9
100 × 75 × 9	100	75	9	1510	31,5/19,1	148	47,0	21,5	71,0	37,0	12,7	0,341	115,7
120 × 80 × 8	120	80	8	1550	38,3/18,7	226	59,0	27,6	80,8	43,2	13,2	0,391	119,6
120 × 80 × 10	120	80	10	1910	39,2/19,5	276	70,4	34,1	98,1	50,3	16,2	0,391	147,1
120 × 80 × 12	120	80	12	2270	40,0/20,3	323	80,8	40,4	114	56,0	19,1	0,391	174,6
130 × 65 × 10	130	65	10	1860	46,5/14,5	321	69,0	38,4	54,2	37,4	10,7	0,381	143,2
130 × 75 × 10	130	75	10	1960	44,5/17,3	337	75,7	39,4	82,9	47,9	14,4	0,401	151,0
130 × 75 × 12	130	75	12	2330	45,3/18,1	395	87,2	46,6	96,5	53,3	17,0	0,401	179,5
130 × 90 × 10	130	90	10	2120	41,5/21,8	358	86,3	40,5	141	65,0	20,6	0,430	162,8
130 × 90 × 12	130	90	12	2510	42,4/22,6	420	99,1	48,0	165	73,0	24,4	0,430	193,2
150 × 75 × 9	150	75	9	1950	52,8/15,7	455	86,2	46,8	78,3	49,9	13,2	0,441	150,0
150 × 75 × 11	150	75	11	2360	53,7/16,5	545	101	56,6	93,0	56,0	15,9	0,441	182,4
150 × 90 × 10	150	90	10	2320	49,9/20,3	532	107	53,1	145	71,0	20,9	0,469	178,5
150 × 90 × 12	150	90	12	2750	50,8/21,1	626	123	63,1	170	81,0	24,7	0,469	211,8
150 × 100 × 10	150	100	10	2420	48,0/23,4	552	115	54,1	198	85,0	25,8	0,489	186,3
150 × 100 × 12	150	100	12	2870	48,9/24,2	650	133	64,2	232	96,0	30,6	0,489	221,6
150 × 100 × 14	150	100	14	3320	49,7/25,0	744	150	74,1	264	106	35,2	0,489	255,9
160 × 80 × 12	160	80	12	2750	57,2/17,7	720	126	70,0	122	69,0	19,6	0,469	211,8
200 × 100 × 10	200	100	10	2920	69,3/20,1	1220	176	93,2	210	104	26,3	0,587	225,6
200 × 100 × 14	200	100	14	4030	71,2/21,8	1650	232	128	282	129	36,1	0,587	309,9
250 × 90 × 10	250	90	10	3320	94,5/15,6	2170	230	140	161	103	21,7	0,667	255,9
250 × 90 × 14	250	90	14	4590	96,5/17,3	2960	307	192	216	125	29,7	0,667	353,0

¹) Die Zahlenwerte geben zugleich den Profilumfang U in m an.

9. Festigkeitslehre

9.14. Warmgewalzte schmale I-Träger

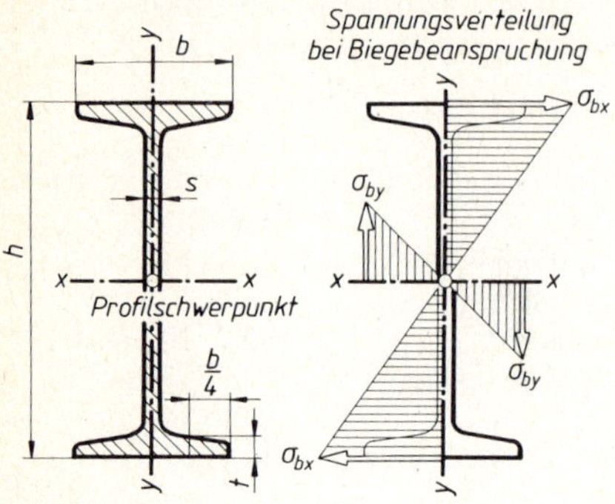

Beispiel für die Bezeichnung eines schmalen I-Trägers mit geneigten inneren Flanschflächen und für das Auswerten der Tabelle:

I 80 DIN 1025 – USt 37-2

Höhe	$h = 80$ mm
Breite	$b = 42$ mm
Flächenmoment 2. Grades	$I_x = 77{,}8 \cdot 10^4 \text{mm}^4$
Widerstandsmoment	$W_x = 19{,}5 \cdot 10^3 \text{mm}^3$
Oberfläche je Meter Länge	$A'_0 = 0{,}304$ m²/m
Profilumfang	$U = 0{,}304$ m
Trägheitsradius	$i_x = \sqrt{I_x/A} = 32$ mm

Kurzzeichen I	h mm	b mm	s mm	t mm	Querschnitt A mm²	I_x $\cdot 10^4 \text{mm}^4$	W_x $\cdot 10^3 \text{mm}^3$	I_y $\cdot 10^4 \text{mm}^4$	W_y $\cdot 10^3 \text{mm}^3$	Oberfläche je Meter Länge A'_0 m²/m ¹)	Gewichtskraft je Meter Länge G' N/m
80	80	42	3,9	5,9	758	77,8	19,5	6,29	3,00	0,304	58,4
100	100	50	4,5	6,8	1060	171	34,2	12,2	4,88	0,370	81,6
120	120	58	5,1	7,7	1420	328	54,7	21,5	7,41	0,439	110
140	140	66	5,7	8,6	1830	573	81,9	35,2	10,7	0,502	141
160	160	74	6,3	9,5	2280	935	117	54,7	14,8	0,575	176
180	180	82	6,9	10,4	2790	1450	161	81,3	19,8	0,640	215
200	200	90	7,5	11,3	3350	2140	214	117	26,0	0,709	258
220	220	98	8,1	12,2	3960	3060	278	162	33,1	0,775	305
240	240	106	8,7	13,1	4610	4250	354	221	41,7	0,844	355
260	260	113	9,4	14,1	5340	5740	442	288	51,0	0,906	411
280	280	119	10,1	15,2	6110	7590	542	364	61,2	0,966	471
300	300	125	10,8	16,2	6910	9800	653	451	72,2	1,03	532
320	320	131	11,5	17,3	7780	12510	782	555	84,7	1,09	599
340	340	137	12,2	18,3	8680	15700	923	674	98,4	1,15	668
360	360	143	13,0	19,5	9710	19610	1090	818	114	1,21	746
380	380	149	13,7	20,5	10700	24010	1260	975	131	1,27	824
400	400	155	14,4	21,6	11800	29210	1460	1160	149	1,33	908
425	425	163	15,3	23,0	13200	36970	1740	1440	176	1,41	1020
450	450	170	16,2	24,3	14700	45850	2040	1730	203	1,48	1128
475	475	178	17,1	25,6	16300	56480	2380	2090	235	1,55	1256
500	500	185	18,0	27,0	18000	68740	2750	2480	268	1,63	1383
550	550	200	19,0	30,0	21300	99180	3610	3490	349	1,80	1638
600	600	215	21,6	32,4	25400	139000	4630	4670	434	1,92	1952

¹) Die Zahlenwerte geben zugleich den Profilumfang U in m an.

9.15. Warmgewalzte I-Träger, IPE-Reihe

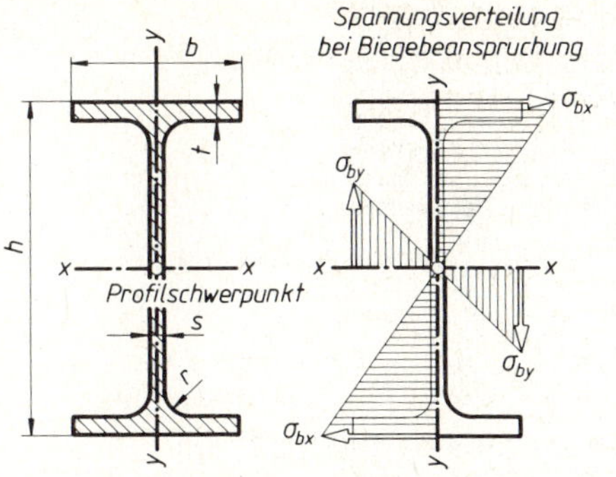

Beispiel für die Bezeichnung eines mittelbreiten I-Trägers mit parallelen Flanschflächen und für das Auswerten der Tabelle:

IPE 80 DIN 1025 – USt 37-2

Höhe	$h = 80$ mm
Breite	$b = 46$ mm
Flächenmoment 2. Grades	$I_x = 80{,}1 \cdot 10^4\,\text{mm}^4$
Widerstandsmoment	$W_x = 20{,}0 \cdot 10^3\,\text{mm}^3$
Oberfläche je Meter Länge	$A'_0 = 0{,}328\,\text{m}^2/\text{m}$
Profilumfang	$U = 0{,}328$ m
Trägheitsradius	$i_x = \sqrt{I_x/A} = 32{,}4$ mm

Kurzzeichen IPE	b mm	t mm	h mm	s mm	r mm	Querschnitt A mm²	I_x $\cdot 10^4$ mm⁴	W_x $\cdot 10^3$ mm³	I_y $\cdot 10^4$ mm⁴	W_y $\cdot 10^3$ mm³	Oberfläche je Meter Länge A'_0 m²/m [1]	Gewichtskraft je Meter Länge G' N/m
80	46	5,2	80	3,8	5	764	80,1	20,0	8,49	3,69	0,328	59
100	55	5,7	100	4,1	7	1030	171	34,2	15,9	5,79	0,400	79
120	64	6,3	120	4,4	7	1320	318	53,0	27,7	8,65	0,475	102
140	73	6,9	140	4,7	7	1640	541	77,3	44,9	12,3	0,551	126
160	82	7,4	160	5,0	9	2010	869	109	68,3	16,7	0,623	155
180	91	8,0	180	5,3	9	2390	1320	146	101	22,2	0,698	184
200	100	8,5	200	5,6	12	2850	1940	194	142	28,5	0,768	220
220	110	9,2	220	5,9	12	3340	2770	252	205	37,3	0,848	257
240	120	9,8	240	6,2	15	3910	3890	324	284	47,3	0,922	301
270	135	10,2	270	6,6	15	4590	5790	429	420	62,2	1,041	353
300	150	10,7	300	7,1	15	5380	8360	557	604	80,5	1,155	414
330	160	11,5	330	7,5	18	6260	11770	713	788	98,5	1,254	482
360	170	12,7	360	8,0	18	7270	16270	904	1040	123	1,348	560
400	180	13,5	400	8,6	21	8450	23130	1160	1320	146	1,467	651
450	190	14,6	450	9,4	21	9880	33740	1500	1680	176	1,605	761
500	200	16,0	500	10,2	21	11600	48200	1930	2140	214	1,738	893
550	210	17,2	550	11,1	24	13400	67120	2440	2670	254	1,877	1032
600	220	19,0	600	12,0	24	15600	92080	3070	3390	308	2,014	1200

1) Die Zahlenwerte geben zugleich den Profilumfang U in m an.

9.16. Knickung im Maschinenbau (siehe auch 9.35)

1. Lösungsweg

Gegeben: Querschnittsabmessungen und damit axiales Flächenmoment I, Stablänge l, Belastungsfall

Gesucht: Zulässige Druckkraft F oder vorhandene Knicksicherheit ν

Schlankheitsgrad λ $\quad \lambda = \frac{s}{i}$

Trägheitsradius i_{min} $\quad i_{min} = \sqrt{\frac{I_{min}}{A}}$

I_{min} kleinstes Flächenmoment 2. Grades des Querschnittes in mm^4 (9.8)
s freie Knicklänge in mm
i Trägheitsradius in mm (9.8)
$i = \frac{d}{4}$ für Kreisquerschnitt

Vergleich des Schlankheitsgrades λ mit Grenzschlankheitsgrad λ_0 nach 9.17

Beachte:
Meistens kann $s = l$ gesetzt werden (Fall 2)

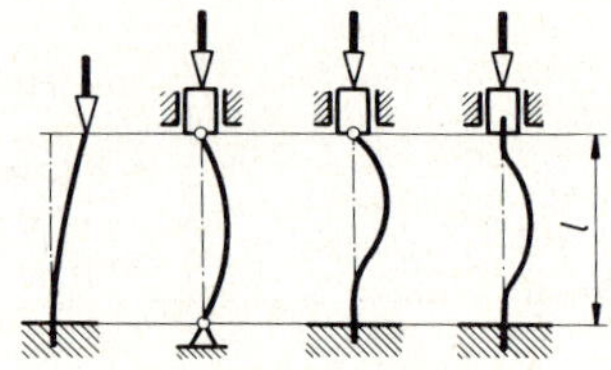

bei $\lambda > \lambda_0$ weiterrechnen nach Euler:

Knickkraft F_K nach Euler und Knickspannung σ_K $\quad F_K = \frac{E I_{min} \pi^2}{s^2}$ oder $\sigma_K = \frac{E \pi^2}{\lambda^2}$

zulässige Druckkraft F oder Knicksicherheit ν_{vorh} $\quad F = \frac{F_K}{\nu}$ oder $\nu_{vorh} = \frac{F_K}{F}$

σ_K, σ_d, E	F_K, F	λ, ν	s, i	I	A
$\frac{N}{mm^2}$	N	1	mm	mm^4	mm^2

bei $\lambda < \lambda_0$ weiterrechnen nach Tetmajer (9.17):

Knickspannung σ_K mit Tetmajer-Gleichung aus 9.17 berechnen!

vorhandene Druckspannung σ_d oder Knicksicherheit ν $\quad \sigma_d = \frac{F}{A}$ oder $\sigma_d = \frac{\sigma_K}{\nu}$ oder $\nu = \frac{\sigma_K}{\sigma_d}$

2. Lösungsweg

Gegeben: Druckkraft F, Knicksicherheit ν, Stablänge l, Belastungsfall

Gesucht: Erforderlicher Durchmesser d

Knickkraft F_K $\quad F_K = F\nu$

erforderliches Flächenmoment I_{min} $\quad I_{min} = \frac{F_K s^2}{E \pi^2}$ $\qquad I = \frac{d^4}{20}$ bei Kreisquerschnitt

erforderlicher Durchmesser d bei Kreisquerschnitt und Trägheitsradius i	$d_{erf} = \sqrt[4]{20\, I_{min}}$ $i = \sqrt{\frac{I_{min}}{A}} = \frac{d}{4}$
Schlankheitsgrad λ	$\lambda = \frac{s}{i}$

Vergleich des Schlankheitsgrades λ mit Grenzschlankheit λ_0 nach 9.17.

Ist $\lambda > \lambda_0$ war Annahme richtig, d.h. gefundener Durchmesser d kann ausgeführt werden.

Bei $\lambda < \lambda_0$ muß mit angenommenem Durchmesser d nach Tetmajer weitergerechnet werden; zweckmäßig wird d größer d_{erf} angenommen, dann Schlankheitsgrad $\lambda = 4\,s/d$ (bei Kreisquerschnitt!) *neu* berechnet, mit Tetmajer-Gleichung (9.17) die Knickspannung σ_K bestimmt, ebenso die vorhandene Druckspannung $\sigma_d = F/A$ und dann überprüft, ob

Knicksicherheit ν	$\nu_{vorh} = \frac{\sigma_K}{\sigma_d} \geqslant \nu_{erf}$ ist. Ist $\nu_{vorh} < \nu_{erf}$; muß mit größerem d die Rechnung wiederholt werden!

9.17. Grenzschlankheitsgrad λ_0 für Eulersche Knickung und Tetmajer-Gleichungen

Werkstoff	Elastizitätsmodul E in $\frac{N}{mm^2}$	Grenzschlankheitsgrad λ_0	Tetmajer-Gleichung für Knickspannung σ_K in $\frac{N}{mm^2}$
Nadelholz	10 000	100	$\sigma_K = 29{,}3 - 0{,}194 \cdot \lambda$
Grauguß	100 000	80	$\sigma_K = 776 - 12 \cdot \lambda + 0{,}053 \cdot \lambda^2$
St 37	210 000	105	$\sigma_K = 310 - 1{,}14 \cdot \lambda$
St 50 und St 60	210 000	89	$\sigma_K = 335 - 0{,}62 \cdot \lambda$
Nickelstahl (< 5 % Ni)	210 000	86	$\sigma_K = 470 - 2{,}3 \cdot \lambda$

Beachte: Die Eulergleichung gilt nur, solange der errechnete Schlankheitsgrad λ gleich oder *größer* ist als der hier in der Tafel angegebene Grenzschlankheitsgrad λ_0.

Die Tetmajer-Gleichungen sind Zahlenwertgleichungen mit σ_K in N/mm²!

9.18. Abscheren (siehe auch 9.36)

vorhandene Abscherspannung τ_a	$\tau_{a\,vorh} = \frac{F}{A} \leqslant \tau_{a\,zul}$ (Spannungsnachweis)
erforderlicher Querschnitt A	$A_{erf} = \frac{F}{\tau_{a\,zul}}$ (Querschnittsnachweis)
zulässige Belastung F_{max}	$F_{max} = A\,\tau_{a\,zul}$ (Belastungsnachweis)
Abscherfestigkeit τ_{ab}	$\tau_{aB} = 0{,}85\,R_m$ (für Flußstahl) $\tau_{aB} = 1{,}1\,R_m$ (für Grauguß) (R_m nach 9.31 und 9.32)

τ_a	F	A
$\frac{N}{mm^2}$	N	mm^2

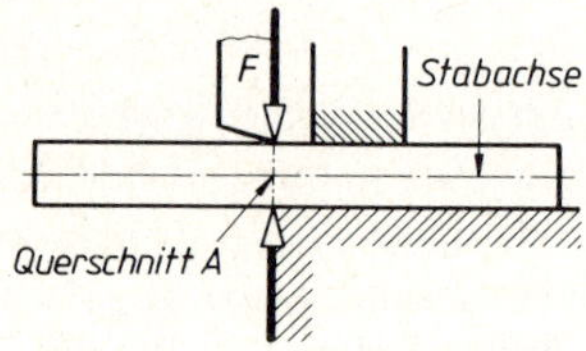

9.19. Torsion (siehe auch 9.37)

vorhandene Torsionsspannung τ_t	$\tau_{t\,vorh} = \frac{T}{W_p} \leqslant \tau_{t\,zul}$ (Spannungsnachweis)
erforderliches polares Widerstandsmoment W_p	$W_{p\,erf} = \frac{T}{\tau_{t\,zul}}$ (Querschnittsnachweis)
zulässiges Torsionsmoment T_{max}	$T_{max} = W_p\,\tau_{t\,zul}$ (Belastungsnachweis)
erforderliches polares Widerstandsmoment W_p	$T = 9{,}55 \cdot 10^6\,\frac{P}{n}$ (Zahlenwertgleichung)
Verdrehwinkel φ in Grad (°)	$\varphi = \frac{180°}{\pi}\,\frac{\tau_t\,l}{G r}$ $\varphi = \frac{180°}{\pi}\,\frac{T l}{W_p r G}$ $\varphi = \frac{180°}{\pi}\,\frac{T l}{I_p G}$

τ_t	T	W_p
$\frac{N}{mm^2}$	Nmm	mm^3

W_p polares Widerstandsmoment (9.20)

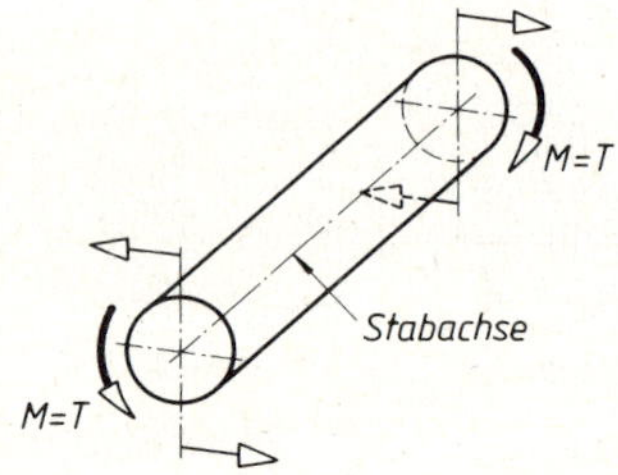

T	P	n
Nmm	kW	min^{-1}

G Schubmodul in N/mm^2 nach 9.5
l Verdrehlänge in mm
r Wellenradius in mm
T Torsionsmoment in Nmm
W_p polares Widerstandsmoment in mm^3
I_p polares Flächenmoment in mm^4 nach 9.20

Formänderungs-arbeit W	$W = T\frac{\varphi}{2} = \frac{\tau_t^2 V}{4G} = \frac{c}{2}\varphi^2$ $c = \frac{T}{\varphi} \hat{=} \tan\alpha$ V Volumen in mm³ c Federrate in N/mm φ Drehwinkel in rad	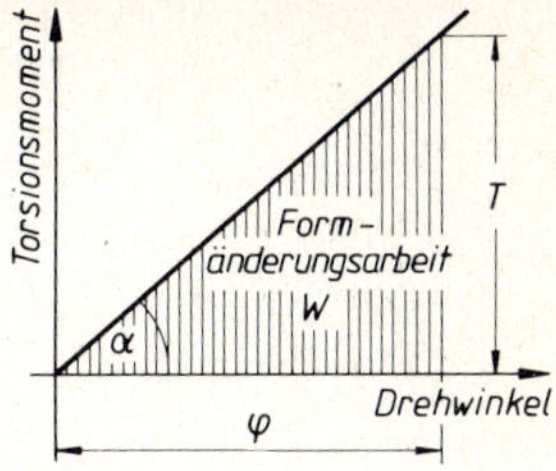

9.20. Polare Flächenmomente I_p und Widerstandsmomente W_p

Form des Querschnittes	Widerstandsmoment W_p	Flächenmoment I_p	Bemerkungen
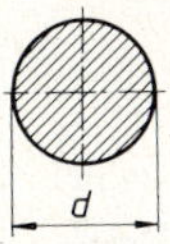	$W_p = \frac{\pi}{16} d^3 \approx \frac{d^3}{5}$ $\approx 0{,}2\, d^3$	$I_p = \frac{\pi}{32} d^4 \approx \frac{d^4}{10}$ $\approx 0{,}1\, d^4$	τ_{max} am Umfang
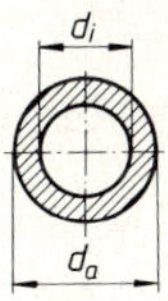	$W_p = \frac{\pi}{16} \cdot \frac{d_a^4 - d_i^4}{d_a}$	$I_p = \frac{\pi}{32}(d_a^4 - d_i^4)$	τ_{max} am Umfang
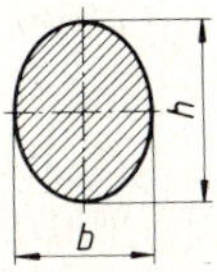	$W_p = \frac{\pi}{16} n b^3$ $\frac{h}{b} = n > 1$	$I_p = \frac{\pi}{16} \cdot \frac{n^3 b^4}{n^2 + 1}$	τ_{max} an den Endpunkten der kleinen Achse
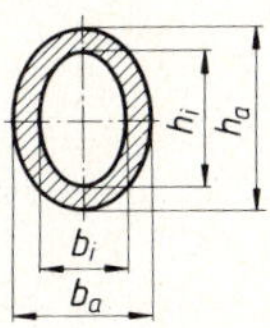	$\frac{h_a}{b_a} = \frac{h_i}{b_i} = n > 1 \qquad \frac{h_i}{h_a} = \frac{b_i}{b_a} = \alpha < 1$ $I_p = \frac{\pi}{16} \cdot \frac{n^3}{n^2+1} \cdot b_a^4 (1 - \alpha^4)$ $W_p = \frac{\pi}{16} n b_a^3 (1 - \alpha^4)$		τ_{max} an den Endpunkten der kleinen Achse
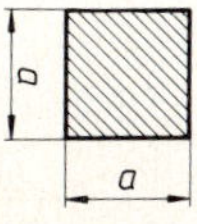	$W_p = 0{,}208\, a^3$	$I_p = 0{,}141\, a^4$	τ_{max} in der Mitte der Seiten

Form des Querschnittes	Widerstandsmoment W_p	Flächenmoment I_p	Bemerkungen
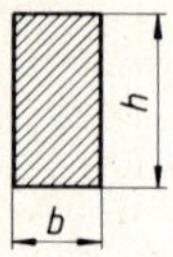	$\frac{h}{b} = n > 1$ $W_p = c_1 b^3$	$I_p = c_2 b^4$	τ_{max} in der Mitte der langen Seiten

n	1	1,5	2	3	4	6	8	10
c_1	0,208	0,346	0,493	0,801	1,150	1,789	2,456	3,123
c_2	0,1404	0,2936	0,4572	0,7899	1,1232	1,789	2,456	3,123

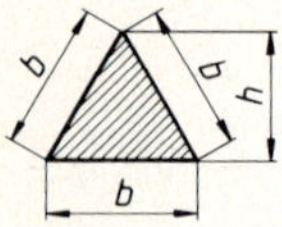	$W_p = 0{,}05\, b^3 = \frac{h^3}{13}$ $W_p = \frac{h^3}{13} = \frac{2 I_p}{h}$	$I_p = \frac{h^4}{26}$ $I_p = \frac{b^4}{46{,}2}$	τ_{max} in der Mitte der Seiten
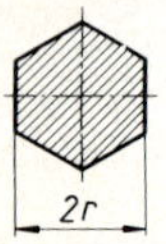	$W_p = 0{,}436\, r A$ $W_p = 1{,}511\, r^3$ A Querschnittsfläche	$I_p = 0{,}553\, r^2 A$ $I_p = 1{,}847\, r^4$	τ_{max} in der Mitte der Seiten
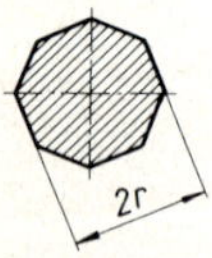	$W_p = 0{,}447\, r A$ $W_p = 1{,}481\, r^3$ A Querschnittsfläche	$I_p = 0{,}520\, r^2 A$ $I_p = 1{,}726\, r^4$	τ_{max} in der Mitte der Seiten
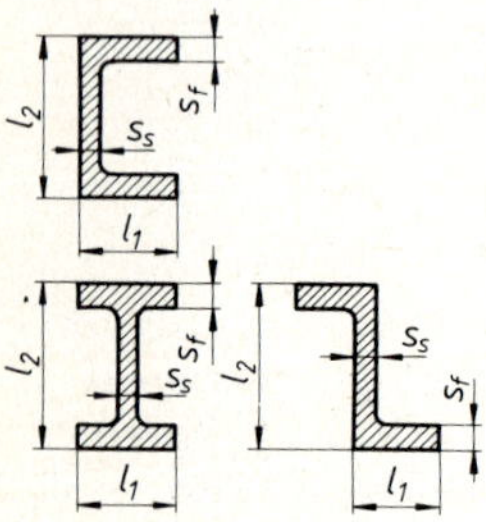	$W_p = \frac{1}{3} \cdot \frac{l_{t1} s_f^3 + l_{t2} s_s^3}{s_f}$ $W_p = \frac{I_p}{s_f}$ [ ]: $l_{t1} = 2 l_1 - s_f$ $l_{t2} = l_2 - 1{,}6\, s_f$ I: $l_{t1} = 2 l_1 - 1{,}26\, s_f$ $l_{t2} = l_2 - 1{,}67\, s_f + 1{,}76\, s_f$	$I_p = \frac{1}{3} (l_{t1} s_f^3 + l_{t2} s_s^3)$	τ_{max} in den langen Seiten der Flansche

9.21. Zusammengesetzte Beanspruchung bei gleichartigen Spannungen

Zug und Biegung

resultierende Zugspannung $\sigma_{res\,Zug}$ und resultierende Druckspannung $\sigma_{res\,Druck}$

$$\sigma_{res\,Zug} = \sigma_z + \sigma_{bz} \qquad c = \frac{i^2}{a} = \frac{I}{A a}$$

$$\sigma_{res\,Zug} = \frac{F}{A} + \frac{F a e}{I} \leqq \sigma_{z\,zul}$$

$$\sigma_{res\,Druck} = \sigma_{bz} - \sigma_z$$

$$\sigma_{res\,Druck} = \frac{F a e}{I} - \frac{F}{A} \leqq \sigma_{d\,zul}$$

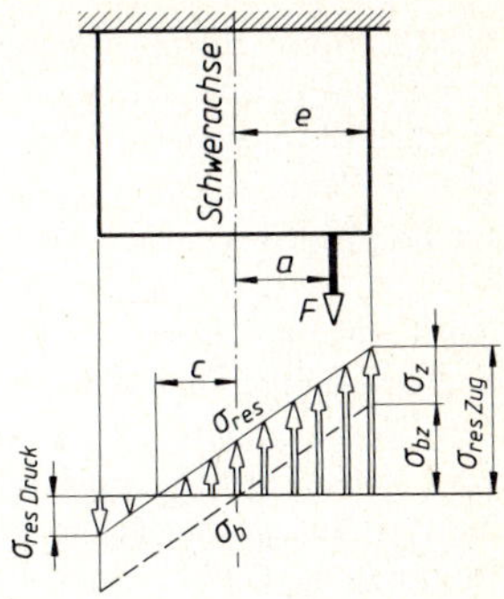

Druck und Biegung

resultierende Druckspannung $\sigma_{res\,Druck}$ und resultierende Zugspannung $\sigma_{res\,Zug}$

$$\sigma_{res\,Druck} = \sigma_d + \sigma_{bd} \qquad c = \frac{i^2}{a} = \frac{I}{A a}$$

$$\sigma_{res\,Druck} = \frac{F}{A} + \frac{F a e}{I} \leqq \sigma_{d\,zul}$$

$$\sigma_{res\,Zug} = \sigma_{bd} - \sigma_d$$

$$\sigma_{res\,Zug} = \frac{F a e}{I} - \frac{F}{A} \leqq \sigma_{z\,zul}$$

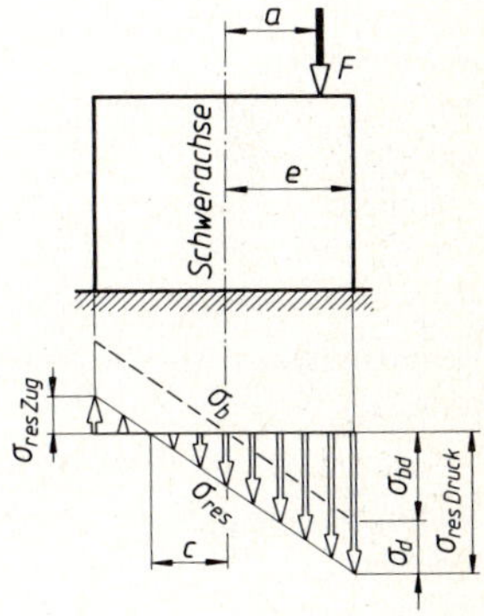

Torsion und Abscheren

maximale Schubspannung τ_{max} in den Umfangspunkten B

$$\tau_{max} = \tau_s + \tau_t = \frac{16 F}{3 \pi d^2} + \frac{8 F}{\pi d^2}$$

$$\tau_{max} = 4{,}24 \frac{F}{d^2}$$

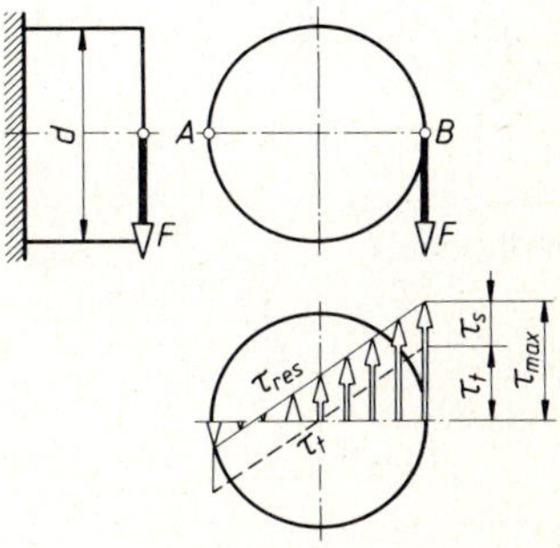

9.22. Zusammengesetzte Beanspruchung bei ungleichartigen Spannungen

Gleichzeitiges Auftreten von Normal- und Schubspannungen ergibt *mehrachsigen* Spannungszustand, so daß algebraische Addition (wie bei Zug/Druck und Biegung oder Torsion und Abscheren) nicht möglich ist. Es wird die *Vergleichsspannung* σ_v eingeführt, die unmittelbar mit dem Festigkeitskennwert des Werkstoffes bei einachsigem Spannungszustand verglichen wird und nach einer der aufgestellten *Festigkeitshypothesen* ermittelt werden kann.

Bei Biegung und Torsion z. B. besteht das innere Kräftesystem aus dem Biegemoment $M_b = Fx$, dem Torsionsmoment $T = Fr$ und der Querkraft $F_q = F$. Größte Normalspannung tritt in den Punkten A, B auf, größte Torsionsschubspannung am Kreisumfang. Querkraft-Schubspannung kann bei langen Stäben vernachlässigt werden.

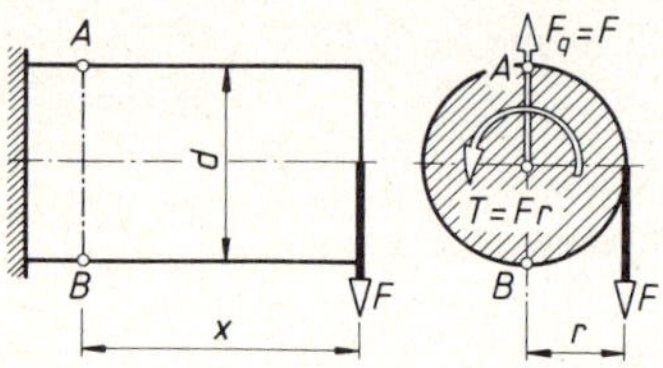

Maximalwerte σ und τ zur Bestimmung der Vergleichsspannung σ_v in Wellen von Kreisquerschnitt	$\sigma_{max} = \frac{M_b}{W} = \frac{32\,Fx}{\pi d^3} = \sigma$ und $\tau_{max} = \frac{T}{W_p} = \frac{16\,Fr}{\pi d^3} = \tau$	
Dehnungshypothese (C. Bach)	$\sigma_v = 0{,}35\,\sigma + 0{,}65\,\sqrt{\sigma^2 + 4\,\tau^2}$	
Schubspannungshypothese (Mohr)	$\sigma_v = \sqrt{\sigma^2 + 4\,\tau^2}$	Diese Gleichungen gelten nur, wenn σ und τ durch gleichen Belastungsfall entstehen (z.B. beide durch wechselnde Belastung), sonst ist mit dem „Anstrengungsverhältnis α_0" zu rechnen !
Hypothese der größten Gestaltänderungsenergie	$\sigma_v = \sqrt{\sigma^2 + 3\,\tau^2}$	
Anstrengungsverhältnis α_0	$\alpha_0 = \frac{\sigma_{zul}}{\varphi\ \tau_{zul}}$	φ ist für jede Hypothese verschieden, siehe folgende α_0-Werte
Dehnungshypothese	$\sigma_v = 0{,}35\,\sigma + 0{,}65\,\sqrt{\sigma^2 + 4\,(\alpha_0\tau)^2}$	$\alpha_0 = \frac{\sigma_{zul}}{1{,}3\,\tau_{zul}}$
Schubspannungshypothese	$\sigma_v = \sqrt{\sigma^2 + 4\,(\alpha_0\tau)^2}$	$\alpha_0 = \frac{\sigma_{zul}}{2\,\tau_{zul}}$
Hypothese der größten Gestaltänderungsenergie	$\sigma_v = \sqrt{\sigma^2 + 3\,(\alpha_0\tau)^2}$	$\alpha_0 = \frac{\sigma_{zul}}{1{,}73\,\tau_{zul}}$

Zug/Druck und Torsion

Normalspannung σ	$\sigma = \pm \frac{F}{A}$	Beide Spannungen zur Vergleichsspannung σ_v zusammensetzen, siehe oben
Schubspannung τ	$\tau = \frac{T}{W_p}$	

Zug/Druck und Schub

Normalspannung σ	$\sigma = \pm \frac{F}{A}$	Beide Spannungen zur Vergleichsspannung σ_v zusammensetzen, siehe oben
Schubspannung τ	$\tau = \frac{F_q}{A}$	

Biegung und Torsion

Normalspannung σ	$\sigma = \frac{M_b}{W}$	Beide Spannungen zur Vergleichsspannung σ_v zusammensetzen, siehe oben
Schubspannung τ	$\tau = \frac{T}{W_p}$	
Vergleichsmomente M_v und d_{erf} für Wellen mit Kreisquerschnitt	$M_v = \sqrt{M_b^2 + 0{,}75\,(\alpha_0\,T)^2}$ $d_{erf} = \sqrt[3]{\frac{32\,M_v}{\pi\,\sigma_{b\,zul}}}$ (Hypothese der größten Gestaltänderungsenergie)	$\alpha_0 \approx 1{,}0$ – wenn σ_b und τ_t im gleichen Belastungsfall $\alpha_0 \approx 0{,}7$ – wenn σ_b wechselnd (III) und τ_t schwellend (II) oder ruhend (I)

9.23. Beanspruchung durch Fliehkraft

umlaufender Ring Zugspannung in Umfangsrichtung σ_t (Tangentialspannung)	$\sigma_t = \rho\,\omega^2\,r_m^2$	
Vergrößerung des Radius Δr_m	$\Delta r_m = \frac{\rho\,\omega^2\,r_m^3}{E}$ $r_m = \frac{r_a + r_i}{2}$	

σ_t	ρ	ω	r	E	μ
$\frac{N}{m^2}$	$\frac{kg}{m^3}$	$\frac{1}{s}$	m	$\frac{N}{m^2}$	1

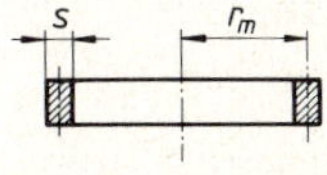

ρ Dichte des Werkstoffes
ω Winkelgeschwindigkeit
E E-Modul (9.5)
r_m mittlerer Radius
s Dicke $\ll r_m$
μ Poissonzahl (9.1)

umlaufende zylindrische Scheibe gleicher Dicke, Einheiten siehe umlaufender Ring

Tangentialspannung σ_t	$\sigma_t = \rho\omega^2 r_a^2 \dfrac{3+\mu}{8}\left[1+\dfrac{r_i^2}{r_a^2}+\dfrac{r_i^2}{r_m^2}-\dfrac{(1+3\mu)r_m^2}{(3+\mu)r_a^2}\right]$	μ Poissonzahl (9.1)
Radialspannung σ_r	$\sigma_r = \rho\omega^2 r_a^2 \dfrac{3+\mu}{8}\left[1+\dfrac{r_i^2}{r_a^2}-\dfrac{r_i^2}{r_m^2}-\dfrac{r_m^2}{r_a^2}\right]$	

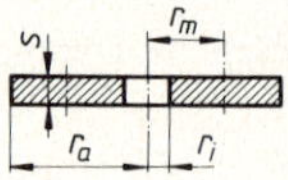

umlaufender Hohlzylinder, Einheiten siehe umlaufender Ring

μ Poissonzahl (9.1)

Tangentialspannung σ_t	$\sigma_t = \rho\omega^2 r_m \dfrac{3-2\mu}{8(1-\mu)}\left[1+\dfrac{r_i^2}{r_a^2}+\dfrac{r_i^2}{r_m^2}-\dfrac{(1+2\mu)r_m^2}{(3-2\mu)r_a^2}\right]$
Radialspannung σ_r	$\sigma_r = \rho\omega^2 r_a^2 \dfrac{3-2\mu}{8(1-\mu)}\left[1+\dfrac{r_i^2}{r_a^2}-\dfrac{r_i^2}{r_m^2}-\dfrac{r_m^2}{r_a^2}\right]$
Axialspannung σ_x	$\sigma_x = \rho\omega^2 r_a^2 \dfrac{2\mu}{8(1-\mu)}\left[1+\dfrac{r_i^2}{r_a^2}-2\dfrac{r_m^2}{r_a^2}\right]$

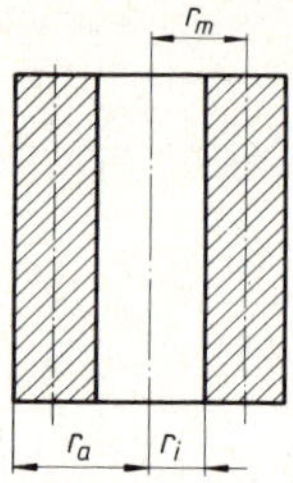

9.24. Flächenpressung, Lochleibungsdruck, Hertzsche Pressung

Einheiten: Kraft F in N; Flächenpressung p in N/mm²; Längen und Durchmesser in mm

Flächenpressung p ebener Flächen

$$p = \frac{\text{Normalkraft } F_N}{\text{Berührungsfläche } A}$$

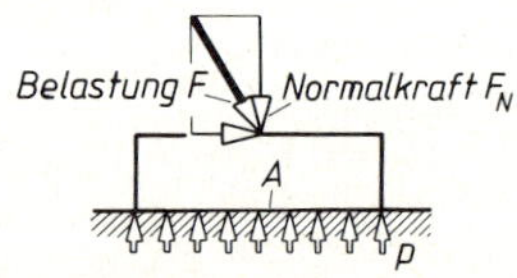

Flächenpressung p der Prismenführung

$$p = \frac{F}{(B-b)\,l} = \frac{F}{2\,l\,T\tan\alpha}$$

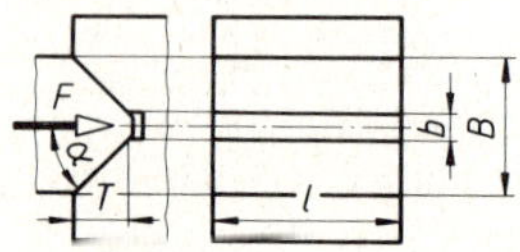

Flächenpressung p im Kegelzapfen

$$p = \frac{4F}{\pi(D^2-d^2)} = \frac{F}{\pi\,l\,d_m\tan\alpha}$$

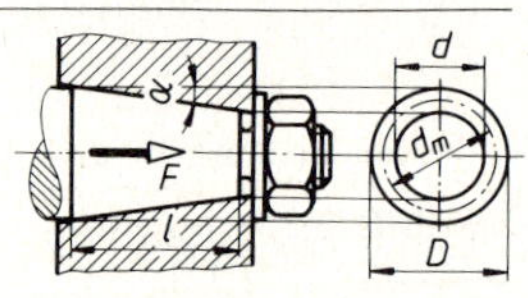

Flächenpressung p in Kegelkupplung

$$p = \frac{F}{\pi\,d_m\,B\sin\alpha}$$

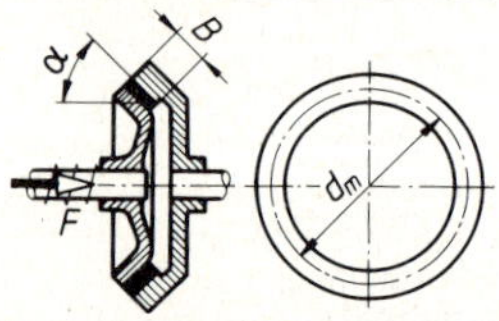

Flächenpressung p im Gewinde

$$p = \frac{F\,P}{\pi\,d_2\,H_1\,m}$$

m Mutterhöhe
P Steigung eines Ganges

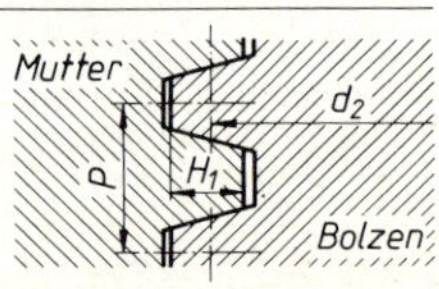

Flächenpressung p im Gleitlager	$p = \dfrac{F}{d\,l}$ F Radialkraft d Lagerdurchmesser l Lagerlänge
Lochleibungsdruck σ_l = Flächenpressung am Nietschaft	$\sigma_l = \dfrac{F_1}{d_1 s}$ 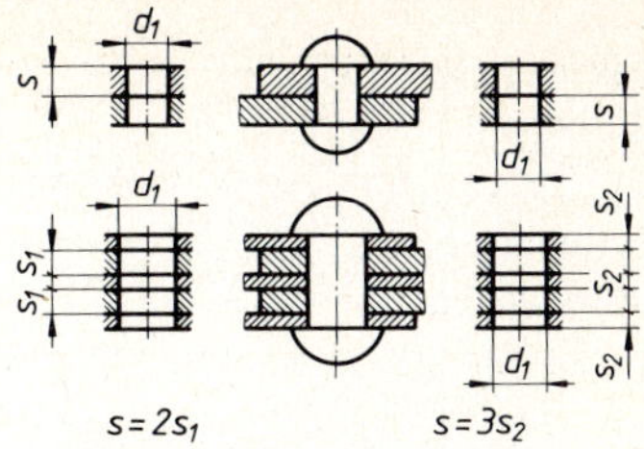 F_1 Kraft, die ein Niet zu übertragen hat; d_1 Lochdurchmesser = Durchmesser des geschlagenen Nietes (9.44); s kleinste Summe aller Blechdicken in *einer* Kraftrichtung!
Pressung p_{max} Kugel gegen Ebene	$p_{max} = \dfrac{1{,}5\,F}{\pi a^2} = \dfrac{1}{\pi}\sqrt[3]{\dfrac{1{,}5\,F E^2}{r^2(1-\mu^2)^2}}$ $a = \sqrt[3]{\dfrac{1{,}5\,(1-\mu^2)Fr}{E}} = 1{,}11\sqrt[3]{\dfrac{Fr}{E}}$ $\delta = \sqrt[3]{\dfrac{2{,}25\,(1-\mu^2)^2 F^2}{rE^2}} = 1{,}23\sqrt[3]{\dfrac{F^2}{rE^2}}$ 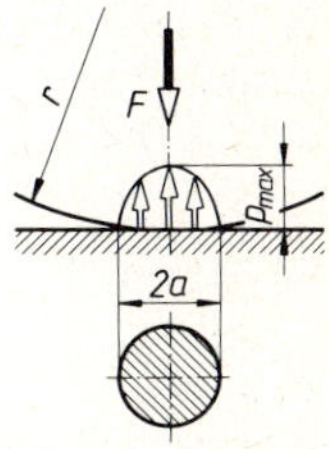 μ Poisson-Zahl (9.1); $E = 2E_1E_2/(E_1+E_2)$ bei unterschiedlichen Werkstoffen (9.5) δ gesamte Annäherung beider Körper
Pressung p_{max} Kugel gegen Kugel	Gleichungen wie Kugel gegen Ebene, mit $1/r = (1/r_1) + (1/r_2)$. Für Hohlkugel ist $1/r_2$ negativ einzusetzen
Pressung p_{max} Walze gegen Ebene	$p_{max} = \dfrac{2F}{\pi b l} = \sqrt{\dfrac{FE}{2\pi l r(1-\mu^2)}}$ $b = \sqrt{\dfrac{8Fr(1-\mu^2)}{\pi E l}} = 1{,}52\sqrt{\dfrac{Fr}{El}}$ 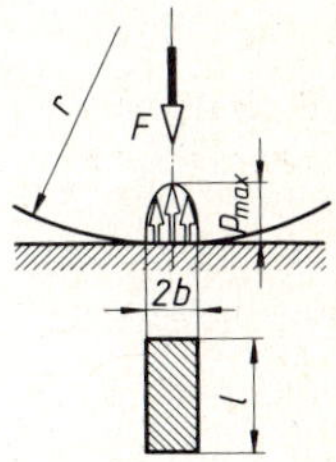
Pressung p_{max} Walze gegen Walze (parallele Achsen)	Gleichungen wie Walze gegen Ebene, mit $1/r = (1/r_1) + (1/r_2)$. Für Hohlzylinder ist $1/r_2$ negativ einzusetzen

9.25. Hohlzylinder unter Druck

Radialspannung σ_r im Abstand r	$\sigma_r = \dfrac{r_i^2}{r_a^2 - r_i^2}\left[p_i\left(1 - \dfrac{r_a^2}{r^2}\right) + p_a\dfrac{r_a^2}{r_i^2}\left(-1 + \dfrac{r_i^2}{r^2}\right)\right]$
Tangentialspannung σ_t im Abstand r	$\sigma_t = \dfrac{r_i^2}{r_a^2 - r_i^2}\left[p_i\left(1 + \dfrac{r_a^2}{r^2}\right) - p_a\dfrac{r_a^2}{r_i^2}\left(1 + \dfrac{r_i^2}{r^2}\right)\right]$ p_i Innenpressung, p_a Außenpressung 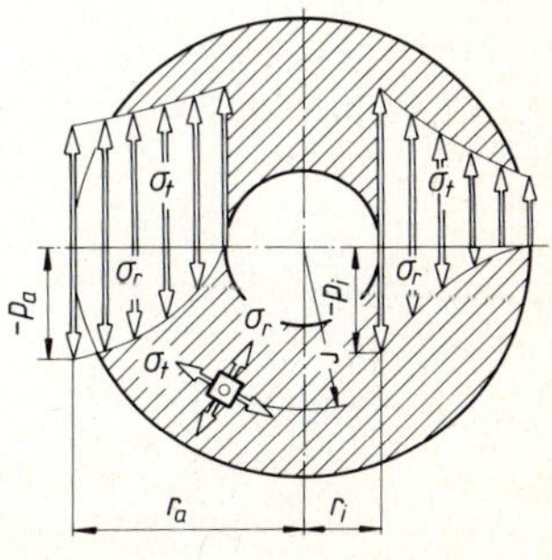

Spannung am Innenrand	$\sigma_r = -p_i; \quad \sigma_t = \dfrac{p_i(r_a^2 + r_i^2) - 2p_a r_a^2}{r_a^2 - r_i^2}$
Spannung am Außenrand	$\sigma_r = -p_a; \quad \sigma_t = \dfrac{2p_i r_i^2 - p_a(r_a^2 + r_i^2)}{r_a^2 - r_i^2}$
Schrumpfmaß für Preßverbindung	$\dfrac{r_{a1} - r_{i2}}{r_i} = p\,\dfrac{1}{E}\left(\dfrac{r_i^2 + r_{a2}^2}{r_{a2}^2 - r_i^2} + \dfrac{r_i^2 + r_{i1}^2}{r_i^2 - r_{i1}^2}\right)$ p erforderliche Pressung 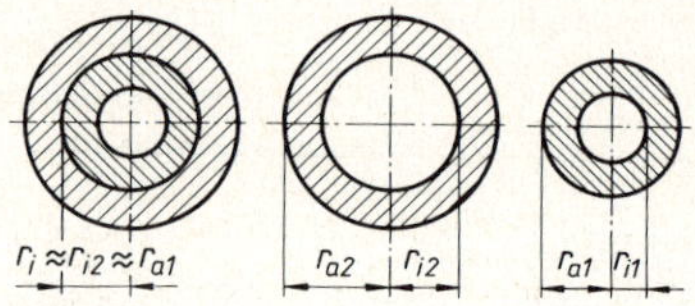

9.26. Dauerfestigkeit, Gestaltfestigkeit, zulässige Spannung, Sicherheit

Dauerfestigkeit σ_D (σ_{Sch}, τ_{Sch}, σ_W, τ_W, σ_A, τ_A) siehe Dauerfestigkeitsschaubilder (DFS) nach 9.27 bis 9.29	ist derjenige größte Spannungsausschlag, den ein glatter, polierter Probestab bei dynamischer Belastung „dauernd" ohne Bruch oder unzulässige Verformung aushält
Ausschlagfestigkeit σ_A (τ_A)	ist der ertragbare Spannungsausschlag bei bestimmter Mittelspannung σ_m (τ_m)
Gestaltfestigkeit	ist die durch die Nennspannung gekennzeichnete Dauerfestigkeit eines Bauteils beliebiger Gestalt Sie wird beeinflußt durch: Oberflächenbeschaffenheit (Oberflächenbeiwert b_1) Größe und Form des Bauteils (Größenbeiwert b_2) Kerben und Querschnittsübergänge (Kerbwirkungszahl β_k nach 9.30 oder mit $\beta_k = 1 + (\alpha_k - 1)\,\eta_k$ und Kerbformzahl α_k sowie Kerbempfindlichkeitszahl nach Seite 207)
Oberflächenbeiwert b_1	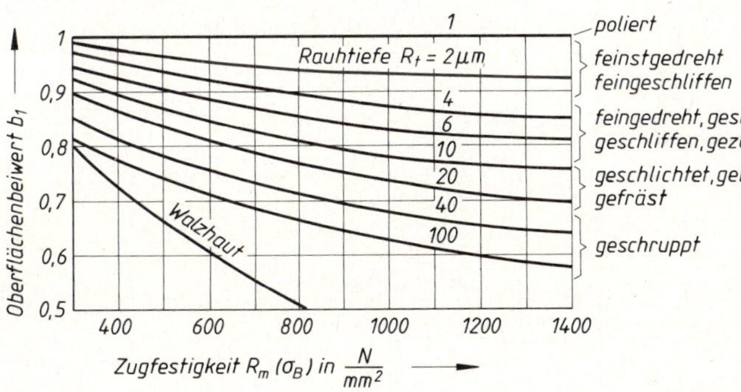
Größenbeiwert b_2	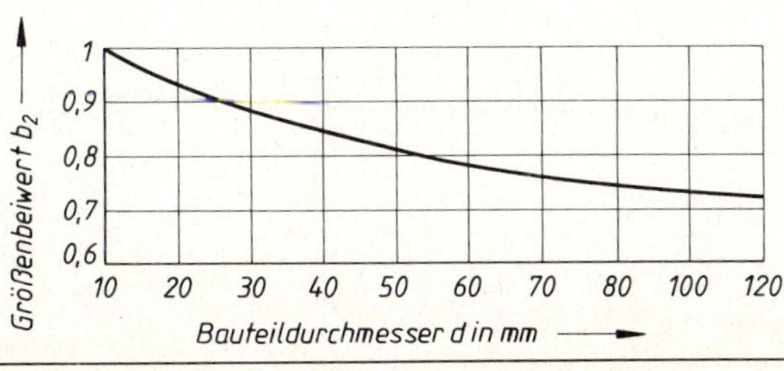

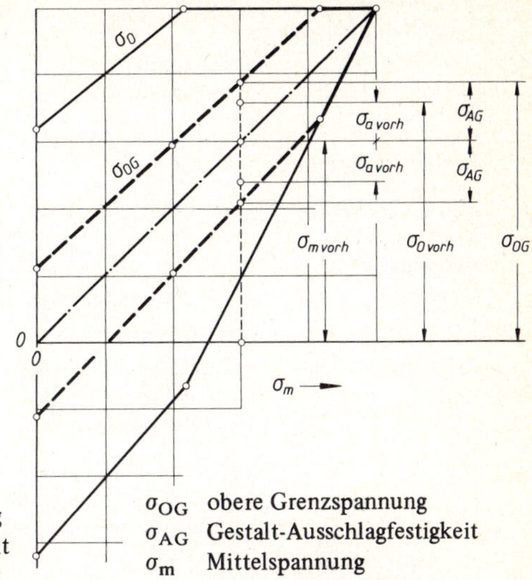

σ_{OG} obere Grenzspannung
σ_{AG} Gestalt-Ausschlagfestigkeit
σ_m Mittelspannung
σ_a Spannungsausschlag

9. Festigkeitslehre

zulässige Spannung bei dynamisch belasteten Bauteilen	$\sigma_{zul} = \frac{\sigma_D b_1 b_2}{\nu \beta_k}$ Sicherheit $\nu = 1{,}2 \ldots 2$ für gekerbte Bauteile	σ_D steht für alle Dauerfestigkeitswerte: $\sigma_{Sch}, \tau_{Sch}, \sigma_W, \tau_W, \sigma_A, \tau_A$ σ_{zul} steht auch für τ_{zul} oder $\sigma_{a\,zul}$
Kerbwirkungszahl β_k (9.30)	$\beta_k = 1 + (\alpha_k - 1)\,\eta_k$ $\alpha_k > \beta_k > 1$	α_k Kerbformzahl η_k Kerbempfindlichkeitszahl
Sicherheit ν allgemein	$\nu = \frac{\text{Grenzspannung (Festigkeitswert)}}{\text{vorhandene Spannung (Nennspannung } \sigma_n)}$	
Grenzspannungen	Zugfestigkeit R_m Streckgrenze R_e 0,2-Dehngrenze $R_{p\,0,2}$ Schwellfestigkeit σ_{Sch}, τ_{Sch} Wechselfestigkeit σ_W, τ_W Ausschlagfestigkeit σ_A, τ_A Die Festigkeitswerte können den Dauerfestigkeitsschaubildern 9.27, 9.28, 9.29 entnommen werden. Ausgewählte Festigkeitswerte stehen in den Tafeln 9.31 und 9.32.	
Sicherheit ν gegen Gewaltbruch	$\nu = \frac{\text{Bruchfestigkeit } (R_m, \tau_B)}{\text{vorhandene Maximalspannung } (\sigma_{vorh}, \tau_{vorh})}$	
Sicherheit ν gegen elastische Verformung	$\nu = \frac{\text{Streckgrenze oder 0,2-Dehngrenze } (R_e, \tau_S, R_{p\,0,2}, \tau_{0,2})}{\text{vorhandene Maximalspannung } (\sigma_{vorh}, \tau_{vorh})}$	
Sicherheit ν gegen Dauerbruch, allgemein	$\nu = \frac{\text{Dauerfestigkeit } (\sigma_D, \tau_D, \sigma_{Sch}, \tau_{Sch}, \sigma_W, \tau_W, \sigma_A, \tau_A)}{\text{vorhandene Maximalspannung } (\sigma_{vorh}, \tau_{vorh}, \sigma_a, \tau_a)}$	
Sicherheit ν gegen Dauerbruch von Bauteilen, allgemein	$\nu = \frac{\sigma_D b_1 b_2}{\sigma_{vorh} \beta_k}$	σ_D, σ_{vorh}: $\frac{N}{mm^2}$ b_1, b_2, β_k, ν: Einheit Eins
Sicherheit ν gegen Dauerbruch von Bauteilen bei Grund-beanspruchung σ_m mit überlagertem Spannungs-ausschlag σ_a	$\nu = \frac{\sigma_A b_1 b_2}{\sigma_{a\,vorh} \beta_k} = \frac{\sigma_{AG}}{\sigma_{a\,vorh}}$	σ_a ist der vorhandene Spannungsausschlag bei bestimmter Mittelspannung σ_m, zu berechnen aus Ausschlagkraft oder Ausschlagmoment

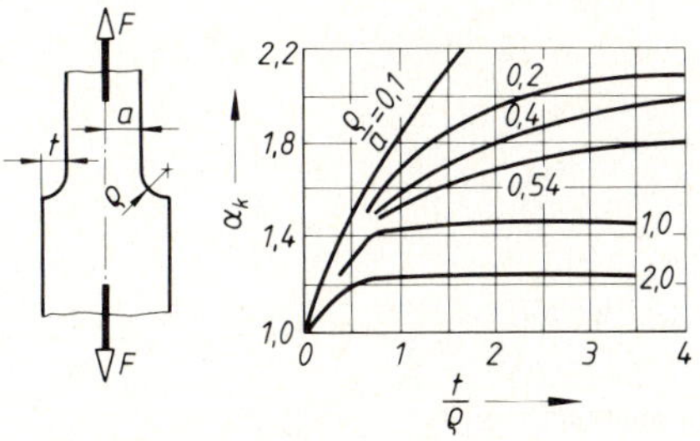

Formzahlen α_k zugbeanspruchter Flachstäbe mit Hohlkehlen in Abhängigkeit von der Kerbschärfe t/ρ

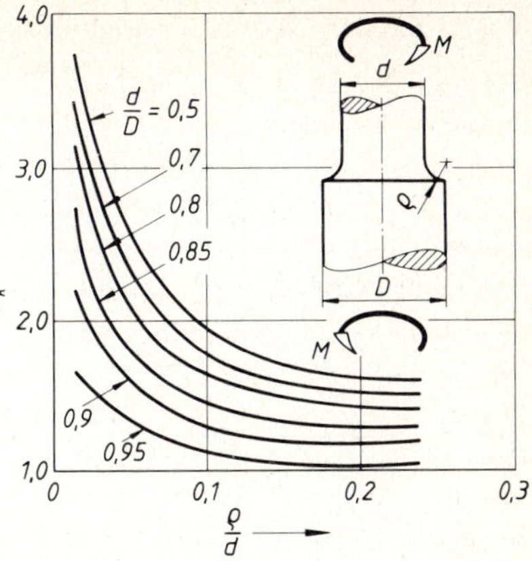

Formzahlen α_k für abgesetzte Wellen bei Torsion

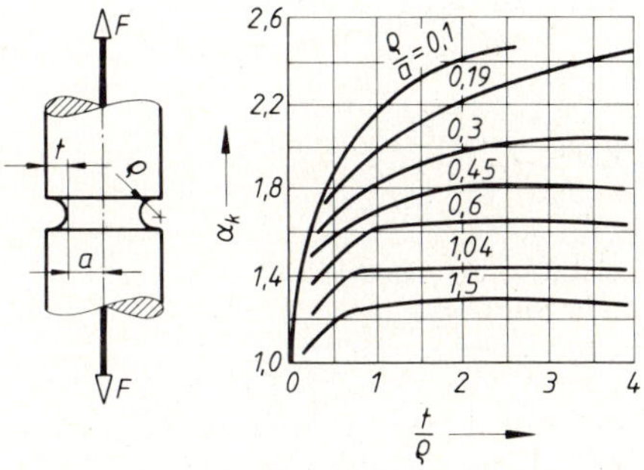

Formzahlen α_k zugbeanspruchter Rundstäbe mit Umlaufkerbe in Abhängigkeit von der Kerbschärfe t/ρ

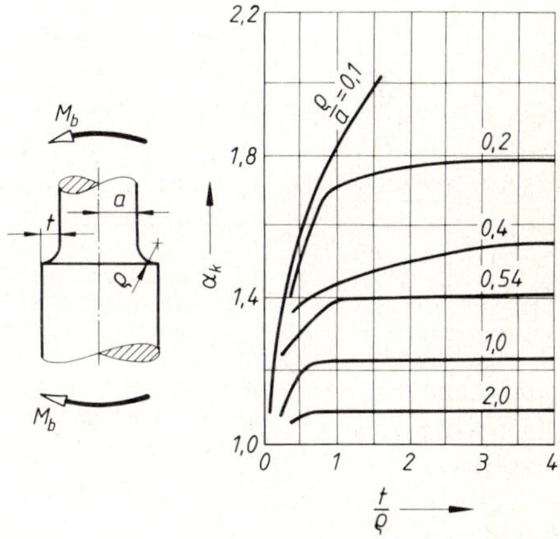

Formzahlen α_k für abgesetzte Wellen bei Biegung

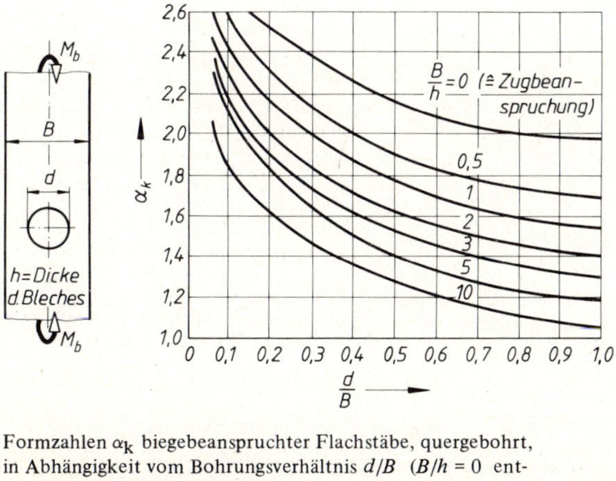

Formzahlen α_k biegebeanspruchter Flachstäbe, quergebohrt, in Abhängigkeit vom Bohrungsverhältnis d/B ($B/h = 0$ entspricht der Zugbeanspruchung)

Kerbempfindlichkeitszahlen η_k

Werkstoff	η_k
St 37	0,3...0,5
St 50	0,35...0,6
St 60	0,4...0,6
St 70	0,55...0,65
30 Cr 4	0,55
25 CrMo 4	0,85
30 CrNiMo 8	0,93
Federstahl	0,90...1,00
GG-26	0,20
Leichtmetalle	0,3...0,7

9. Festigkeitslehre

9.27. Zug-Druck-Dauerfestigkeitsschaubilder für verschiedene Werkstoffe

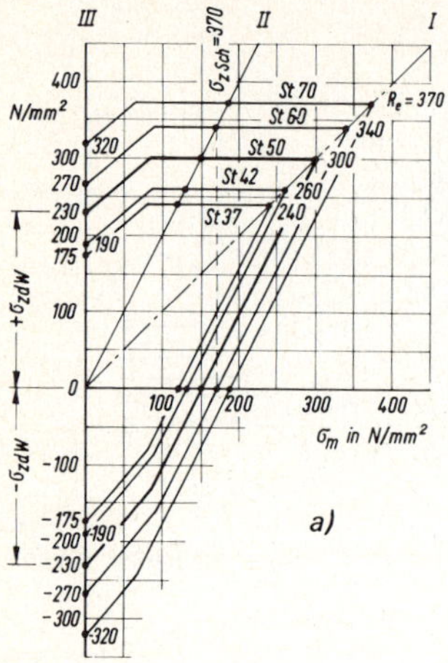

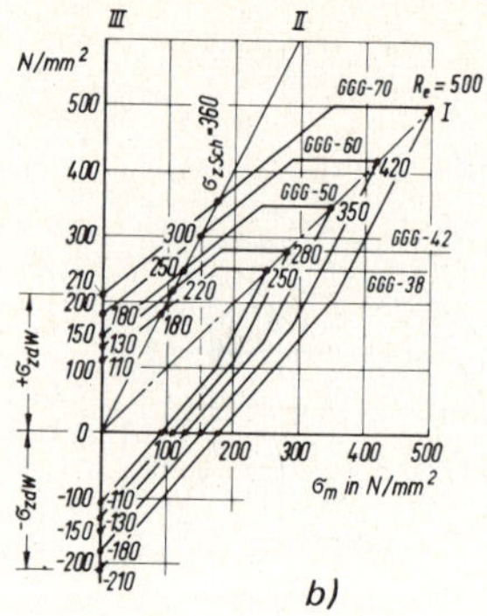

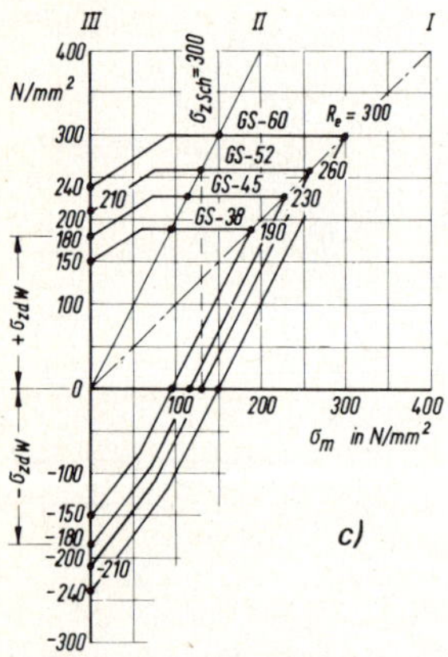

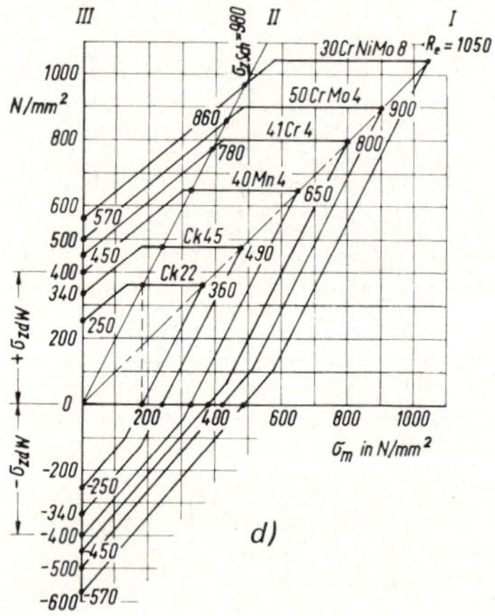

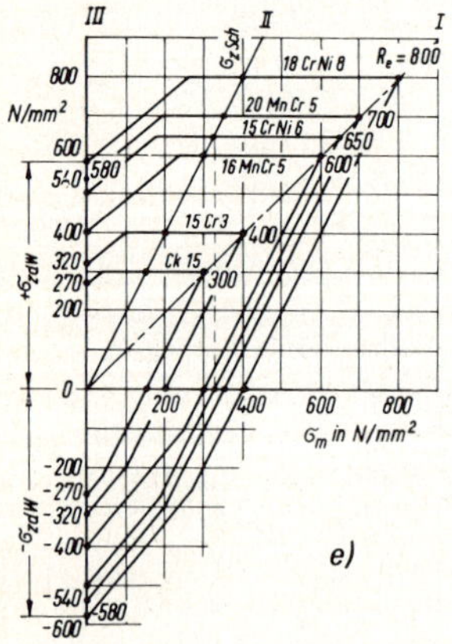

a) Baustähle nach DIN 17 100
b) Kugelgraphitguß nach DIN 1693
c) Stahlguß nach DIN 1681
d) Vergütungsstähle nach DIN 17 200
e) Einsatzstähle nach DIN 17 210

9.28. Biege-Dauerfestigkeitsschaubilder für verschiedene Werkstoffe

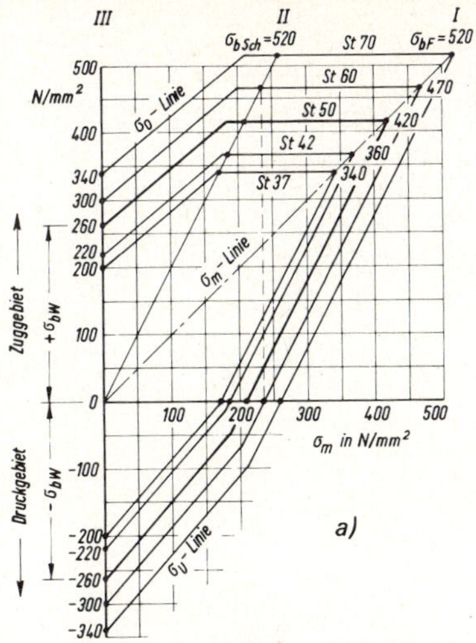

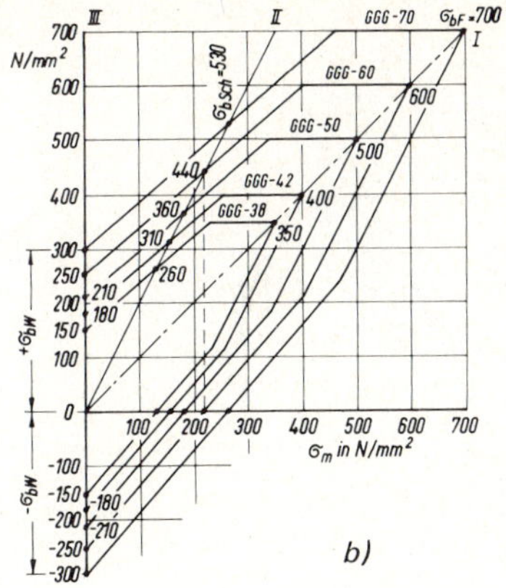

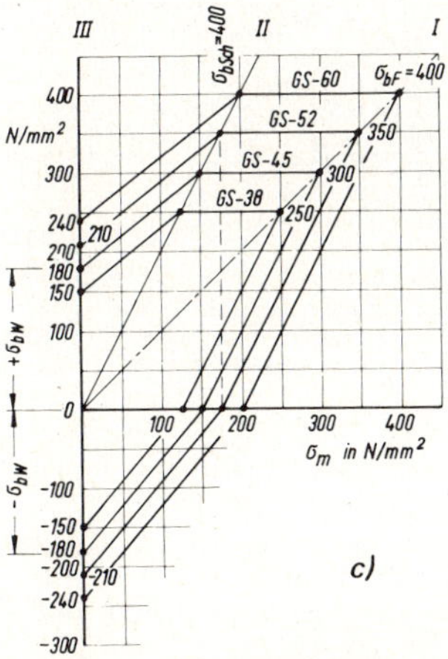

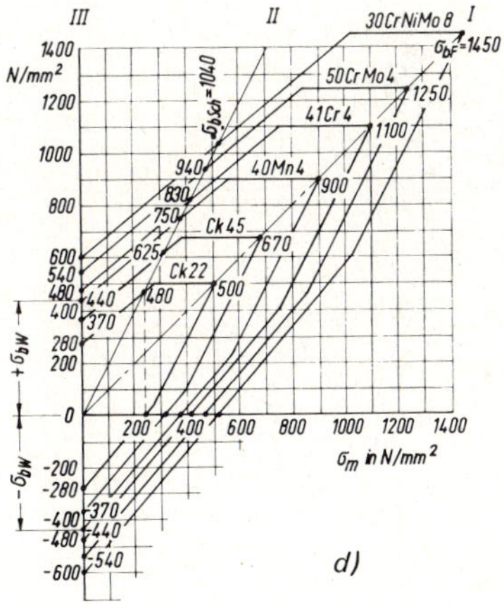

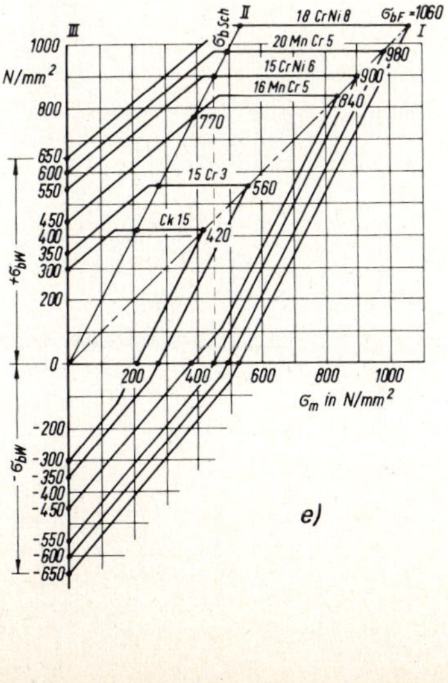

a) Baustähle nach DIN 17 100
b) Kugelgraphitguß nach DIN 1693
c) Stahlguß nach DIN 1681
d) Vergütungsstähle nach DIN 17 200
e) Einsatzstähle nach DIN 17 210

9.29. Torsions(Verdreh)-Dauerfestigkeitsschaubilder für verschiedene Werkstoffe

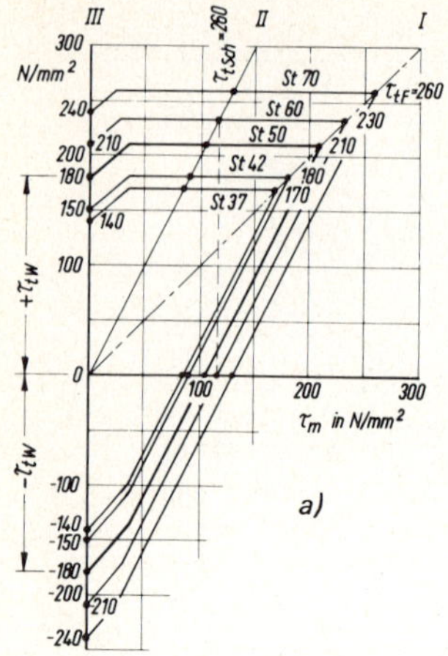

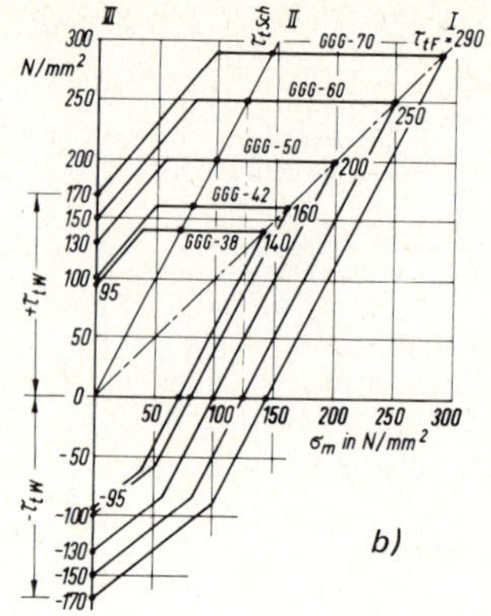

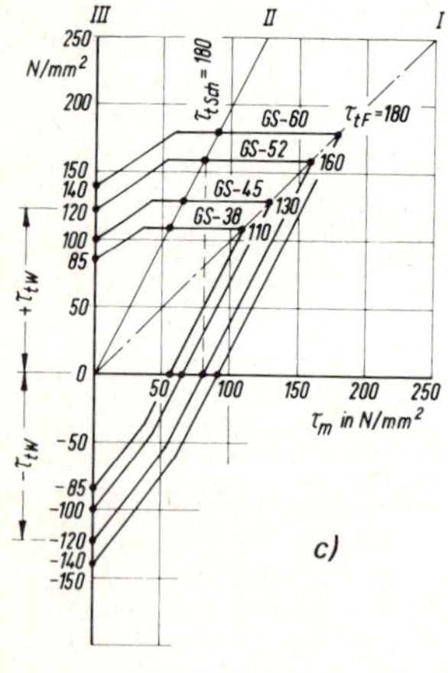

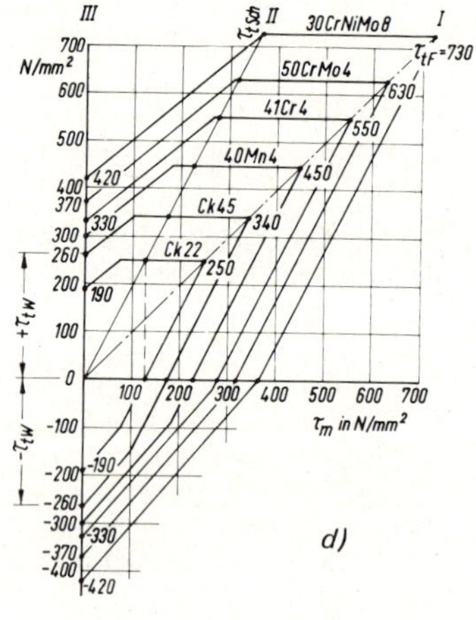

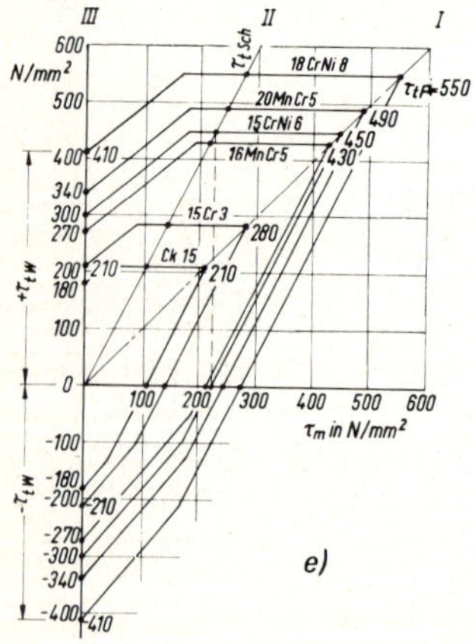

a) Baustähle nach DIN 17 100
b) Kugelgraphitguß nach DIN 1693
c) Stahlguß nach DIN 1681
d) Vergütungsstähle nach DIN 17 200
e) Einsatzstähle nach DIN 17 210

9.30. Richtwerte für die Kerbwirkungszahl β_k

Kerbform	Beanspruchung	Werkstoff	β_k
Hinterdrehung in Welle (Rundkerbe)	Biegung	St 37 ... 60	1,5 ... 2,2
Hinterdrehung in Welle (Rundkerbe)	Verdrehung	St 37 ... 60	1,3 ... 1,8
Eindrehung füı Sg-Ring in Welle	Biegung und Verdrehung	St 37 ... 60	3 ... 4
abgesetzte Welle (Lagerzapfen)	Biegung	St 37 ... 60	1,5 ... 2,0
abgesetzte Welle (Lagerzapfen)	Verdrehung	St 37 ... 60	1,3 ... 1,8
Paßfeder – Nut in Welle	Biegung	St 37 ... 60	1,5
Paßfeder – Nut in Welle	Biegung	Cr-Ni-St	1,8
Paßfeder – Nut in Welle	Verdrehung	St 37 ... 60	2,3
Paßfeder – Nut in Welle	Verdrehung	Cr-Ni-St	2,8
Querbohrung in Achse (Schmierloch)	Biegung und Verdrehung	St 37 ... 80	1,4 ... 1,7
Flachstab mit Bohrung	Zug	St 37	1,6 ... 1,8
Flachstab mit Bohrung	Biegung	St 37	1,3 ... 1,5
Welle an Übergangsstelle zu festsitzender Nabe	Biegung und Verdrehung	St 37 ... 60	2

9.31. Festigkeitswerte in N/mm^2 für verschiedene Stahlsorten

Werkstoff	Elastizitäts-modul E	R_m [1]	R_e [1] $R_{p0,2}$	σ_{zSch}	σ_{zW}	σ_{bSch}	σ_{bW}	τ_{tSch}	τ_{tW}	Schub-modul G
St 37	210 000	370	240	240	175	340	200	170	140	80 000
St 42	210 000	420	260	260	190	360	220	180	150	80 000
St 50	210 000	500	300	300	230	420	260	210	180	80 000
St 52	210 000	520	320	320	240	430	280	220	190	80 000
St 60	210 000	600	340	340	270	470	300	230	210	80 000
St 70	210 000	700	370	370	320	520	340	260	240	80 000
50 Cr Mo 4	210 000	–	900	860	500	940	540	630	370	80 000
20 Mn Cr 5	210 000	–	700	700	540	980	600	490	340	80 000
Al Cu Mg	72 000	420	280	190	110	270	150	130	90	28 000

1) Neue Bezeichnungen: R_m für σ_{zB}, R_e für σ_S, $R_{p0,2}$ für $\sigma_{0,2}$

9.32. Festigkeitswerte in N/mm^2 für verschiedene Graugußsorten [1]

Werkstoff	Elastizitäts-modul E	R_m	σ_{bB}	σ_{dB}	σ_{zW}	σ_{bW}	τ_{tW}	σ_{dSch}	Schub-modul G
GG 12	75 000	120	250	550	30	50	40	140	30 000
GG 14	80 000	140	280	650	40	60	50	170	35 000
GG 18	100 000	180	340	800	50	80	70	200	40 000
GG 22	120 000	220	400	950	60	100	80	240	49 000
GG 26	120 000	260	460	1100	70	120	90	280	50 000
GG 30	120 000	300	480	1200	80	140	100	320	60 000
GTW 35	170 000	350	–	$R_{p0,2} = 190$	100	140	120	250	68 000
GTS 35	170 000	350	–		80	120	100	200	68 000

1) Für 15 bis 30 mm Wanddicke; für 8 bis 15 mm 10 % höher, für > 30 mm 10 % niedriger; Dauerfestigkeitswerte im bearbeiteten Zustand; für Gußhaut 20 % Abzug.

9.33. Zug-, Druck- und Längenänderung

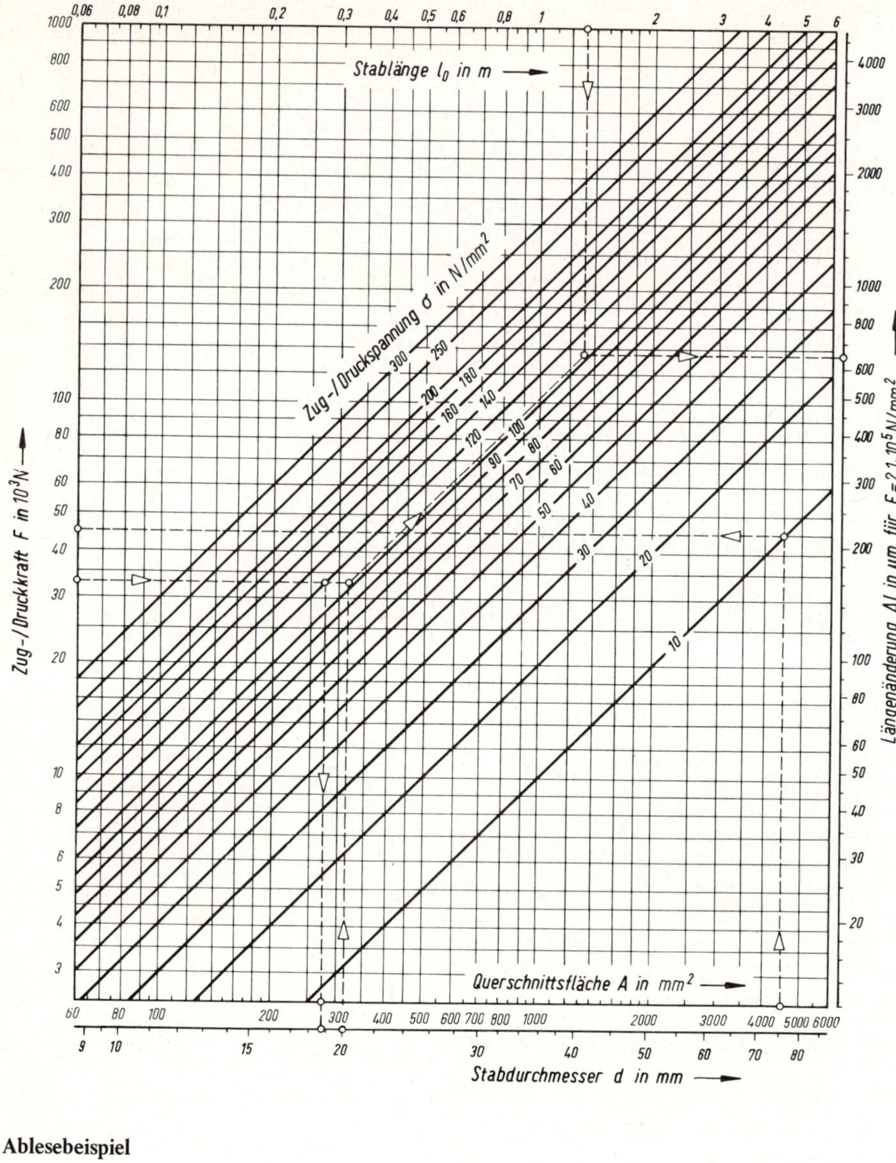

Ablesebeispiel

Gegeben: Stahl-Zugstab mit $F = 33 \cdot 10^3$ N = 33 000 N; $l_0 = 1{,}3$ m; $\sigma_{z\,zul} = 120$ N/mm²

Gesucht: Durchmesser d; Längenänderung (Verlängerung) Δl

Lösung: Von $F = 33 \cdot 10^3$ N nach rechts zum Schnitt mit der Spannungslinie 120 N/mm²; von dort nach unten ergibt $d = 18{,}7$ mm.

Mit $d = 20$ mm (gewählt) nach oben zum Schnitt mit der Kraftlinie $F = 33 \cdot 10^3$ N, dann parallel zu den Spannungslinien zum Schnitt mit der Senkrechten bei $l_0 = 1{,}3$ m. Von dort nach rechts ergibt $\Delta l = 650\ \mu$m = 0,65 mm.

Die vorhandene Spannung liegt bei etwa 106 N/mm².

9.34. Biegung

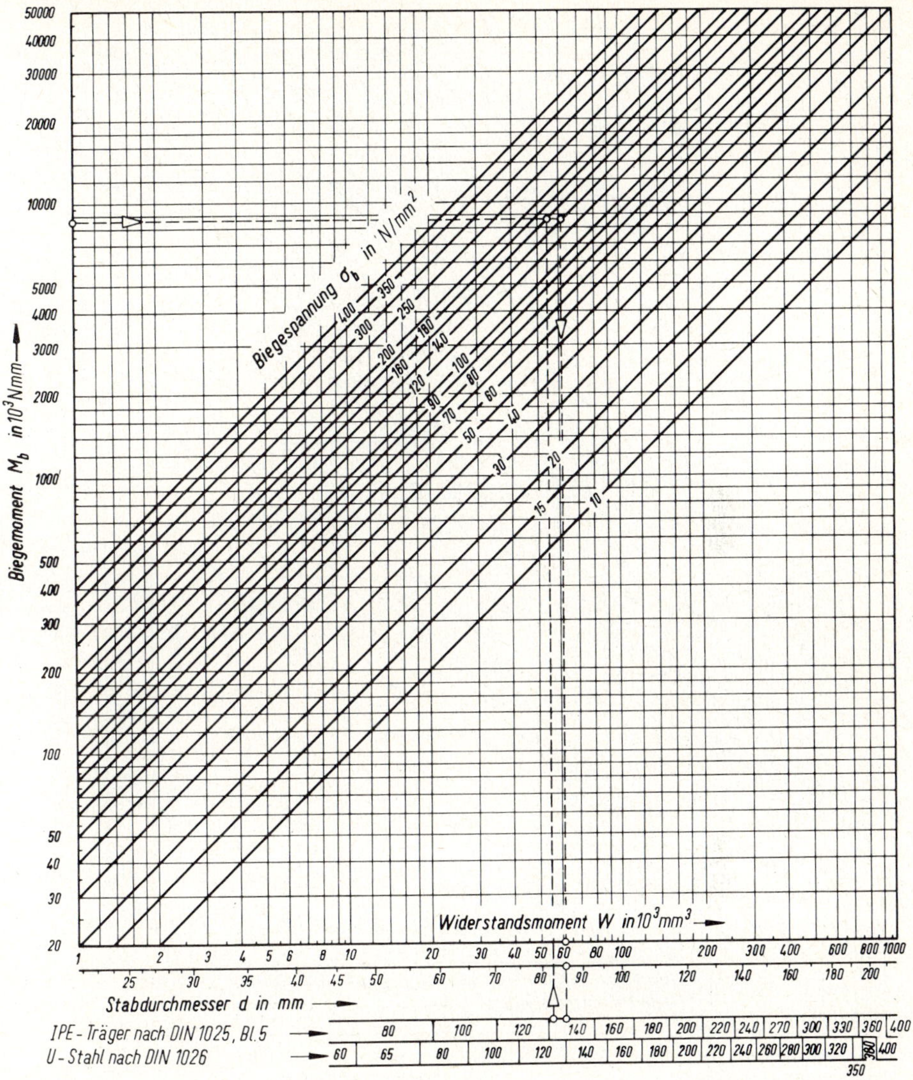

Ablesebeispiel

Gegeben: $M_b = 8600 \cdot 10^3$ Nmm; $\sigma_{b\,zul} = 140$ N/mm²

Gesucht: Erforderliches Widerstandsmoment W; zugehöriger Stabdurchmesser d; zugehöriges Doppel-T-Profil; Biegespannung für den Fall, daß IPE 120 gewählt würde.

Lösung: Von $M_b = 8600 \cdot 10^3$ Nmm nach rechts zum Schnitt mit der Spannungslinie 140 N/mm² ergibt unten $W_{erf} = 61{,}4 \cdot 10^3$ mm³ und $d_{erf} = 85{,}5$ mm sowie das Profil IPE 140. Von der rechten Kante des Trägerfeldes 120 nach oben ergibt mit M_b-Linie den Schnittpunkt auf der Spannungslinie $\sigma_{b\,vorh} = 160$ N/mm².

9.35. Knickung

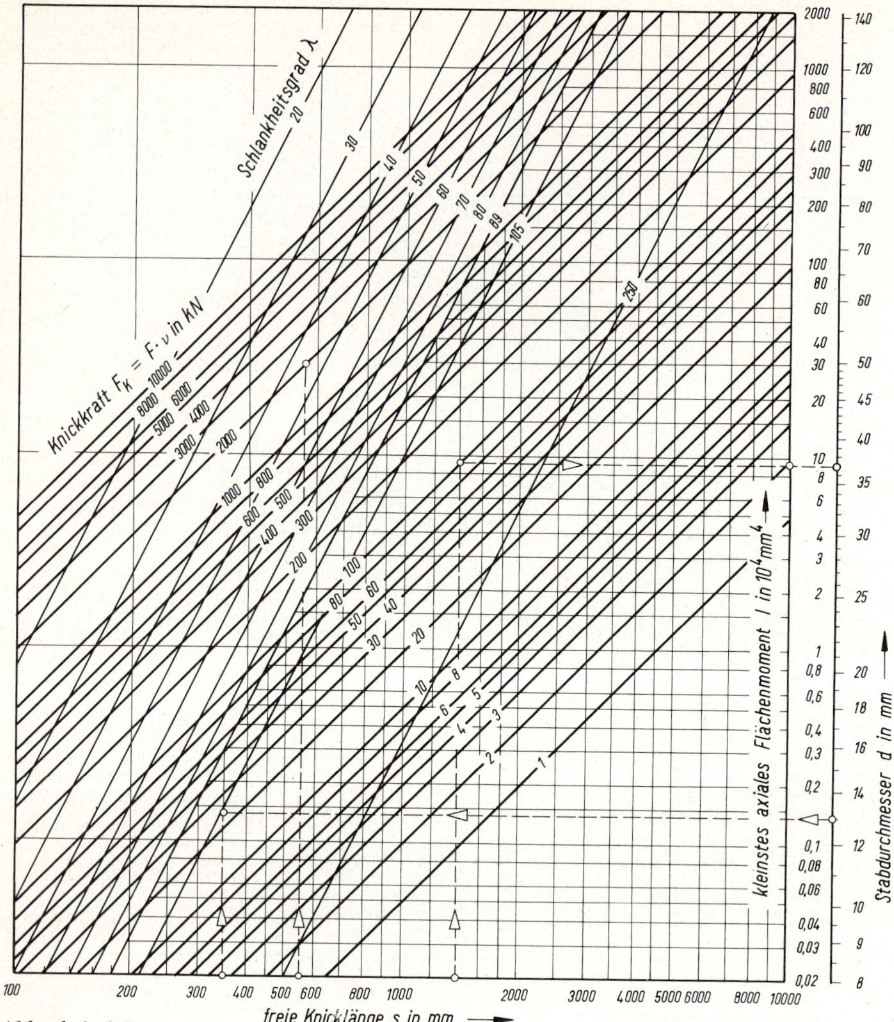

Ablesebeispiele

Gegeben: Knickkraft $F_K = F\nu = 100$ kN; freie Knicklänge $s = l = 1400$ mm; Werkstoff St 50

Gesucht: Erforderliches axiales Flächenmoment I; erforderlicher Stabdurchmesser d

Lösung: Von $s = 1400$ mm nach oben zum Schnitt mit $F_K = 100$ kN-Linie. Schlankheitsgrad $\lambda > 89$, also Eulerbereich. Vom Schnittpunkt nach rechts ergibt $I_{erf} = 9{,}2 \cdot 10^4$ mm^4 und $d_{erf} = 37{,}2$ mm.

Gegeben: Stabdurchmesser $d = 13$ mm; Knicklänge $s = 350$ mm; Sicherheit $\nu = 4$

Gesucht: Betriebskraft F

Lösung: Von $s = 350$ mm nach oben zum Schnitt mit der Waagerechten von $d = 13$ mm aus ergibt $F_K = 23{,}7$ kN ($\lambda \approx 105$, Eulerbereich); daraus $F = F_K/\nu = 5{,}93$ kN $= 5930$ N.

Gegeben: Knickkraft $F_K = 2000$ kN, freie Knicklänge $s = 550$ mm

Gesucht: Zugehöriger Bereich

Lösung: Schlankheitsgrad $\lambda \approx 45$, also Tetmajerbereich.

9.36. Abscheren

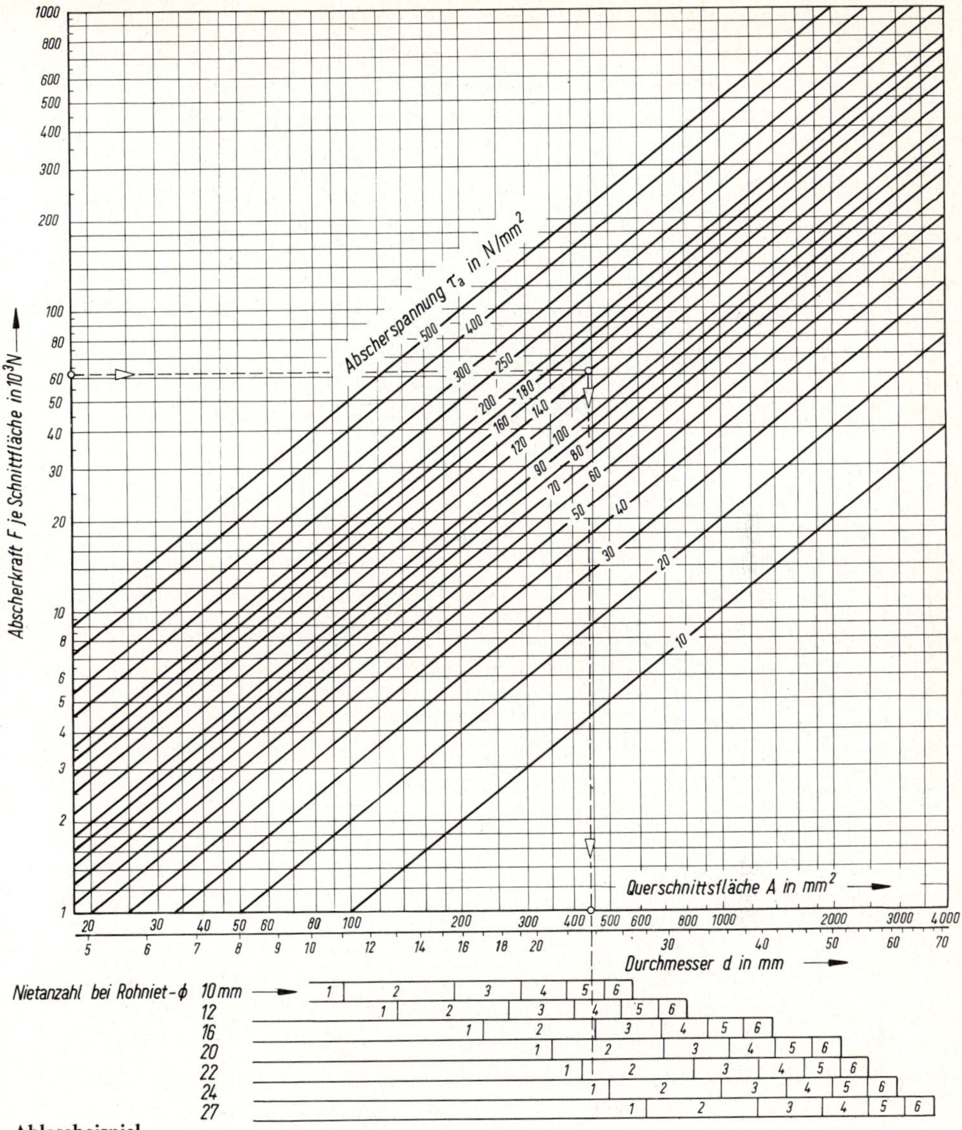

Ablesebeispiel

Gegeben: Zweischnittige Nietverbindung soll $F_{ges} = 124 \cdot 10^3$ N übertragen. Zulässige Abscherspannung $\tau_{a\,zul} = 140$ N/mm².

Gesucht: Nietdurchmesser und Nietzahl

Lösung: Abscherkraft je Schnittfläche beträgt $62 \cdot 10^3$ N; also von $F = 62 \cdot 10^3$ N nach rechts zum Schnitt mit der Spannungslinie 140 N/mm². Von dort nach unten zeigt Querschnittsfläche $A = 440$ mm². Verlängerung nach unten in die Nietfelder zeigt: 5 Niete $d = 10$ mm oder 4 Niete $d = 12$ mm oder 2 Niete $d = 16$ mm; ebenso 2 Niete von 20 mm oder 22 mm Durchmesser.

Gewählt wird: 2 Niete mit $d = 16$ mm, weil das beste Ausnutzung ist (rechts im Nietfeld).

9.37. Torsion und Verdrehwinkel

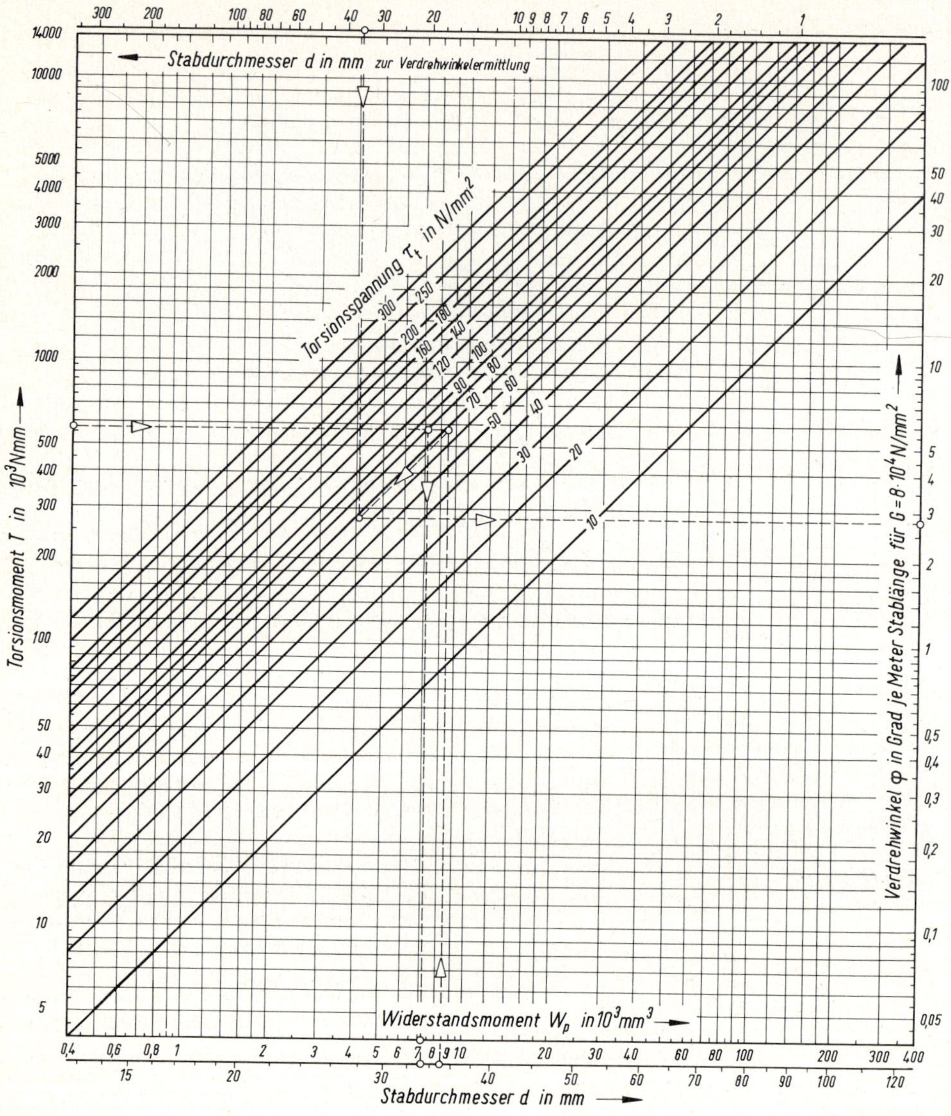

Ablesebeispiel

Gegeben: Torsionsmoment $T = 570 \cdot 10^3$ Nmm; $\tau_{t\,zul} = 80$ N/mm²

Gesucht: Wellendurchmesser d, vorhandene Torsionsspannung und Verdrehwinkel.

Lösung: Von $M_t = 570 \cdot 10^3$ Nmm nach rechts zum Schnitt mit Spannungslinie 80 N/mm² ergibt unten $W_{p\,erf} = 7{,}125 \cdot 10^3$ mm³ und $d_{erf} = 33$ mm. Gewählt wird $d = 35$ mm; von dort nach oben ergibt mit T-Linie $\tau_{t\,vorh} = 66{,}5$ N/mm².

Von oben bei $d = 35$ mm nach unten zum Schnitt mit Spannungslinie 66,5 N/mm² ergibt rechts $\varphi = 2{,}8°$/m (Grad je Meter Wellenlänge).

9.38. Stahlbaugrundlagen, Omegaverfahren

Auszüge aus DIN 1050

Lastannahmen, Einteilung der Lasten	*Hauptlasten (H)* sind: ständige Last, Verkehrslast (einschließlich Schnee-, aber ohne Windlast), freie Massenkräfte von Maschinen.
	Zusatzlasten (Z) sind: Windlast, Bremskräfte, waagerechte Seitenkräfte (z.B. von Kranen), Krane, die nur selten zu Montage- und Reparaturarbeiten benutzt werden (sonst Hauptlasten), Wärmewirkungen (betriebliche und atmosphärische).
Lastfälle	Für Berechnung und Festigkeitsnachweis unterscheiden: Lastfall *H* Summe der Hauptlasten, Lastfall *HZ* Summe der Haupt- und Zusatzlasten. Wird ein Bauteil (abgesehen vom Eigengewicht) nur durch Zusatzlasten beansprucht, so gilt die größte davon als Hauptlast.
maßgebender Lastfall	Für *Bemessung und Spannungsnachweis* ist jeweils der Lastfall maßgebend, der die größten Querschnitte ergibt.
Bemessungsregeln, Zugstäbe	Bei *ausmittiger Zugkraft* in einem Stab, der aus einem einzelnen Winkel besteht, darf der Nachweis der Biegespannung unterbleiben, wenn die Spannung aus der Längskraft 0,8 σ_{zul} nicht überschreitet.
Stützweite	Als *Stützweite* ist der Abstand der Auflagermitten oder der Achsen der stützenden Träger in Rechnung zu stellen.
Lagerung	Bei *Lagerung unmittelbar auf Mauerwerk* oder Beton darf als Stützweite die um 1/20, mindestens aber um 12 cm vergrößerte Lichtweite angenommen werden. (Zulässige Druckspannungen und Pressungen beachten!)
Anschlüsse	An Kopf und Fuß von nur auf *Druck beanspruchten Stützen* brauchen bei winkelrechter Bearbeitung der Endquerschnitte und bei Anordnung ausreichend dicker Auflagerplatten die Verbindungsmittel der Anschlußteile (Schaftblech, Winkel usw.) nur für ein Viertel der Stützlast bemessen zu werden.
Niete	In der Regel Halbrundniete nach DIN 124, nur in besonderen Fällen Senkniete nach DIN 302. Siehe 9.44.
Paßschrauben (DIN 7986)	Für Lochdurchmesser von 20...30 mm Spiel < 0,3 mm. Am selben Anschluß mit Nieten nur Paßschrauben verwenden!
Anschlüsse	Jeder Querschnitt ist mit mindestens 2 Nieten oder Schrauben anzuschließen, ausgenommen leichte Vergitterungen (z.B. bei Masten), Geländer und untergeordnete Bauglieder.

9. Festigkeitslehre

Berechnungen

Omegaverfahren (ω-Verfahren)

ist zur knicksicheren Ausbildung von Druckstäben im Hoch-, Kran- und Brückenbau behördlich vorgeschrieben.

Omegaspannung σ_ω

$$\sigma_\omega = \frac{F\,\omega}{A} \leqq \sigma_{zul}$$

σ_ω, σ_{zul}	F	A	ω
$\frac{N}{mm^2}$	N, kN	mm^2	1

F Druckkraft im Stab
ω Knickzahl nach 9.39
σ_{zul} zulässige Spannung nach DIN 120 und DIN 1050 (siehe 9.40 und 9.41)

Schlankheitsgrad λ

$$\lambda = \frac{s_K}{i}$$

s_K Knicklänge in mm
i Trägheitsradius in mm (siehe 9.11 und folgende)

obere Schlankheitsgrade λ
$\lambda < 20$ keine Knickrechnung nötig, nur Druckrechnung

für Knickstäbe in Stahlbauten	$\lambda = 250$
für Knickstäbe in Brückenbauten	$\lambda = 150$
für Einzelstäbe in zusammengesetzten Knickstäben	$\lambda = 50$

Entwurfsgleichung für elastischen Bereich ($\lambda > \approx 100$)

$$I_{erf} = 0{,}12\,F s_K^2$$

(für Lastfall H und HZ)

F in kN, s_K in m, I_{erf} in cm^4, A_{erf} in cm^2, k Profilwert, I_{erf} ist das erforderliche *kleinste* axiale Flächenmoment 2. Grades

Entwurfsgleichung für unelastischen Bereich ($\lambda < \approx 100$)
(Profilwerte $k = A/i^2$ siehe Bild)

$$A_{erf} = \frac{F}{14} + 0{,}577\,k\,s_K^2$$

(für St 37 und Lastfall H)

$$A_{erf} = \frac{F}{21} + 0{,}718\,k\,s_K^2$$

(für St 52 und Lastfall HZ)

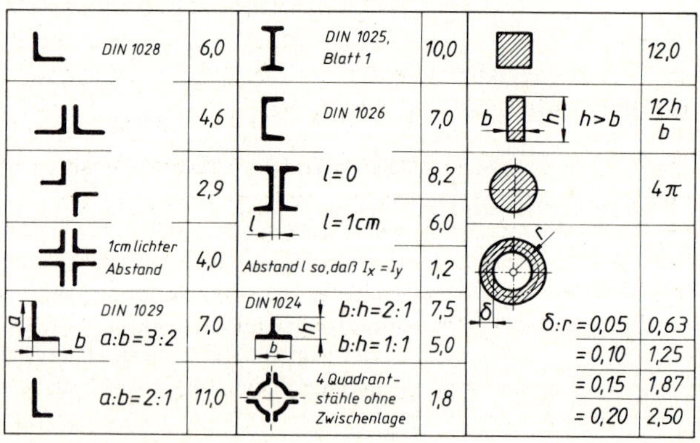

Profilwerte k für Druckstäbe (Näherungswerte)

Säulen aus GG nach Omegaverfahren mit σ_{Kzul}

ω und σ_{Kzul} in Abhängigkeit vom Schlankheitsgrad λ für Grauguß ($\lambda > 100$ unzulässig)

λ	0	10	20	30	40	50	60	70	80	90	100
ω	1,00	1,01	1,05	1,11	1,22	1,39	1,67	2,21	3,50	4,43	5,45
σ_{Kzul} in N/mm²	88,3	87,3	84,3	79,4	72,6	63,7	53	40,2	25,5	19,5	16

(Zwischen λ = 0...80 wurde parabolischer Verlauf angenommen)

Säulen aus GG mit veränderlichem Querschnitt mit ideellem Flächenmoment $I_i = \mu I_m$ berechnen.

$i = 0{,}25\sqrt{D^2 + d^2}$ für Kreisringquerschnitt

$$\mu = 0{,}34 + 0{,}66\sqrt{I_0/I_m}$$
$$\mu = 0{,}61 + 0{,}39\sqrt{I_0/I_m}$$
$$\mu = 0{,}20 + 0{,}8\sqrt[3]{(I_0/I_m)^2}$$

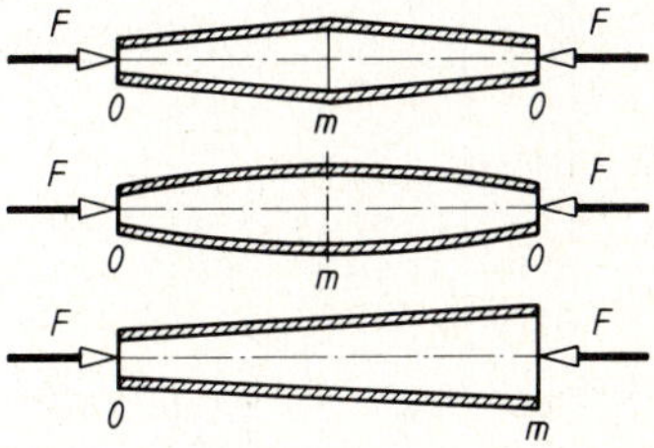

Werte des Faktors μ für Säulen mit stetig veränderlichem Querschnitt

Berechnung mehrteiliger Knickstäbe

für Stoffachse $x-x$ wie einteiliger Druckstab

$$\sigma_{vorh} = \omega_x \frac{F}{A} \leqslant \sigma_{zul}$$

für stofffreie Achse $y-y$ mit ideellem Schlankheitsgrad λ_{yi}

$$\lambda_{yi} = \sqrt{\lambda_y^2 + \frac{n}{2}\lambda_1^2}$$

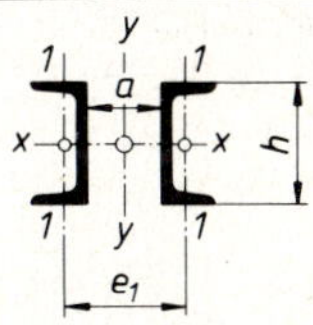

Stoffachse $x-x$ und stofffreie Achse $y-y$; $n = 2$

λ_y Schlankheitsgrad des Gesamtstabes für stofffreie Achse $y-y$

λ_1 Schlankheitsgrad des Einzelstabes mit Knicklänge s_1 und Flächenmoment I_1

n Anzahl der Druckstäbe

Bei zwei stofffreien Achsen wird λ_y für diejenige Achse bestimmt, die kleineres I ergibt.

Bei Stäben mit einer stofffreien Achse ist I_1 das Flächenmoment 2. Grades für Achse 1–1 des Einzelquerschnittes; bei Stäben mit zwei stofffreien Achsen ist I_1 für diejenige Achse des Einzelstabes zu berechnen, für die sich das kleinste I ergibt.

λ jedes freien Einzelstabes (zwischen zwei Verbindungen) muß < 50 sein. Ist bei gedrungenen Stäben $\lambda_1 < \sqrt{\lambda_x^2 - \lambda_y^2}$, dann ist die Berechnung für x-Achse, d.h. λ_x, maßgebend.

Schwerpunktsentfernung e_1 soll nicht größer als Querschnittshöhe h in Richtung der stofffreien Achse $y-y$ sein.

Bindebleche sind mindestens in den Drittelpunkten der Gesamtknicklänge und an den Stabenden vorgeschrieben.

9.39. Knickzahlen ω

St 33 und St 37 ($\sigma_{d\ zul}$ = 140 N/mm²)

λ	0	1	2	3	4	5	6	7	8	9
20	1,04	1,04	1,04	1,05	1,05	1,06	1,06	1,07	1,07	1,08
30	1,08	1,09	1,09	1,10	1,10	1,11	1,11	1,12	1,13	1,13
40	1,14	1,14	1,15	1,16	1,16	1,17	1,18	1,19	1,19	1,20
50	1,21	1,22	1,23	1,23	1,24	1,25	1,26	1,27	1,28	1,29
60	1,30	1,31	1,32	1,33	1,34	1,35	1,36	1,37	1,39	1,40
70	1,41	1,42	1,44	1,45	1,46	1,48	1,49	1,50	1,52	1,53
80	1,55	1,56	1,58	1,59	1,61	1,62	1,64	1,66	1,68	1,69
90	1,71	1,73	1,74	1,76	1,78	1,80	1,82	1,84	1,86	1,88
100	1,90	1,92	1,94	1,96	1,98	2,00	2,02	2,05	2,07	2,09
110	2,11	2,14	2,16	2,18	2,21	2,23	2,27	2,31	2,35	2,39
120	2,43	2,47	2,51	2,55	2,60	2,64	2,68	2,72	2,77	2,81
130	2,85	2,90	2,94	2,99	3,03	3,08	3,12	3,17	3,22	3,26
140	3,31	3,36	3,41	3,45	3,50	3,55	3,60	3,65	3,70	3,75
150	3,80	3,85	3,90	3,95	4,00	4,06	4,11	4,16	4,22	4,27
160	4,32	4,38	4,43	4,49	4,54	4,60	4,65	4,71	4,77	4,82
170	4,88	4,94	5,00	5,05	5,11	5,17	5,23	5,29	5,35	5,41
180	5,47	5,53	5,59	5,66	5,72	5,78	5,84	5,91	5,97	6,03
190	6,10	6,16	6,23	6,29	6,36	6,42	6,49	6,55	6,62	6,69
200	6,75	6,82	6,89	6,96	7.03	7,10	7,17	7,24	7,31	7,38
210	7,45	7,52	7,59	7,66	7,73	7,81	7,88	7,95	8,03	8,10
220	8,17	8,25	8,32	8,40	8,47	8,55	8,63	8,70	8,78	8,86
230	8,93	9,01	9,09	9,17	9,25	9,33	9,41	9,49	9,57	9,65

St 52 ($\sigma_{d\ zul}$ = 210 N/mm²)

λ	0	1	2	3	4	5	6	7	8	9
20	1,06	1,06	1,07	1,07	1,08	1,08	1,09	1,09	1,10	1,11
30	1,11	1,12	1,12	1,13	1,14	1,15	1,15	1,16	1,17	1,18
40	1,19	1,19	1,20	1,21	1,22	1,23	1,24	1,25	1,26	1,27
50	1,28	1,30	1,31	1,32	1,33	1,35	1,36	1,37	1,39	1,40
60	1,41	1,43	1,44	1,46	1,48	1,49	1,51	1,53	1,54	1,56
70	1,58	1,60	1,62	1,64	1,66	1,68	1,70	1,72	1,74	1,77
80	1,79	1,81	1,83	1,86	1,88	1,91	1,93	1,95	1,98	2,01
90	2,05	2,10	2,14	2,19	2,24	2,29	2,33	2,38	2,43	2,48
100	2,53	2,58	2,64	2,69	2,74	2,79	2,85	2,90	2,95	3,01
110	3,06	3,12	3,18	3,23	3,29	3,35	3,41	3,47	3,53	3,59
120	3,65	3,71	3,77	3,83	3,89	3,96	4,02	4,09	4,15	4,22
130	4,28	4,35	4,41	4,48	4,55	4,62	4,69	4,75	4.82	4,89
140	4,96	5,04	5,11	5,18	5,25	5,33	5,40	5,47	5,55	5,62
150	5,70	5,78	5,85	5,93	6,01	6,09	6,16	6,24	6,32	6,40
160	6,48	6,57	6,65	6,73	6,81	6,90	6,98	7,06	7,15	7,23
170	7,32	7,41	7,49	7,58	7,67	7,76	7,85	7,94	8,03	8,12
180	8,21	8,30	8,39	8,48	8,58	8,67	8,76	8,86	8,95	9,05
190	9,14	9,24	9,34	9,44	9,53	9,63	9,73	9,83	9,93	10,03
200	10,13	10,23	10,34	10,44	10,54	10,65	10,75	10,85	10,96	11,06
210	11,17	11,28	11,38	11,49	11,60	11,71	11,82	11,93	12,04	12,15
220	12,26	12,37	12,48	12,60	12,71	12,82	12,94	13,05	13,17	13,28
230	13,40	13,52	13,63	13,75	13,87	13,99	14,11	14,23	14,35	14.47

9.40. Zulässige Spannungen im Stahlhochbau

a) Zulässige Spannungen in N/mm^2 für Bauteile

Spannungsart	Werkstoff St 37		Werkstoff St 52	
	Lastfall H	HZ	H	HZ
Druck und Biegedruck, wenn Nachweis auf Knicken und Kippen nach DIN 4114 erforderlich ist	140	160	210	240
Zug und Biegezug, Biegedruck, wenn Ausweichen der gedrückten Gurte nicht möglich ist	160	180	240	270
Schub	90	105	135	155
Lochleibungsdruck bei Verbindung durch Niete oder Paßschrauben	280	320	420	480

b) Zulässige Spannung in N/mm^2 der Verbindungsmittel

Spannungsart		Niete (DIN 124 und DIN 302) USt 36-1 für Bauteile aus St 37		Niete R St 44-2 für Bauteile aus St 52		Paßschrauben (DIN 7968) 4.6 für Bauteile aus St 37		Paßschrauben 5.6 für Bauteile aus St 52		Rohe Schrauben (DIN 7990) 4.6	
	Lastfall	H	HZ	H	HZ	H	HZ	H	HZ	H	HZ
Abscheren	$\tau_{a\,zul}$	140	160	210	240	140	160	210	240	112	126
Lochleibungsdruck	$\sigma_{l\,zul}$	280	320	420	480	280	320	420	480	240	270
Zug	$\sigma_{z\,zul}$	48	54	72	81	112	112	150	150	112	112

9.41. Zulässige Spannungen im Kranbau

a) Zulässige Spannungen in N/mm^2 für Bauteile

Spannungsart	Werkstoff St 37		Werkstoff St 52-3	
	H	HZ	H	HZ
Zug- und Vergleichsspannung	160	180	240	270
Druckspannung, Nachweis auf Knicken	140	160	210	240
Schubspannung	92	104	138	156

Außer dem Allgemeinen Spannungsnachweis auf Sicherheit gegen Erreichen der Fließgrenze ist für Krane mit mehr als 20 000 Spannungsspielen noch ein *Betriebsfestigkeitsnachweis* auf Sicherheit gegen Bruch bei zeitlich veränderlichen, häufig wiederholten Spannungen für die Lastfälle H zu führen. Zulässige Spannungen beim Betriebsfestigkeitsnachweis siehe Normblatt.

b) Zulässige Spannungen in N/mm^2 für Verbindungsmittel

Spannungsart		Niete (DIN 124 u. DIN 302) U St 36-1		Niete R St 44-2		Paßschrauben (DIN 7968) 4.6		Paßschrauben 5.6		Schrauben (DIN 7990) 4.6		Schrauben 5.6	
	Lastfall	H	HZ	H	HZ	H	HZ	H	HZ	H	HZ	H	HZ
Abscheren	einschnittig zweischnittig	84 112	96 128	126 168	144 192	84 112	96 128	126 168	144 192	70	80	70	80
Lochleibungsdruck	einschnittig zweischnittig	210 280	240 320	315 420	360 480	210 280	240 320	315 420	360 480	160	180	160	180
Zug	einschnittig zweischnittig	30 30	30 30	45 45	45 45	100 100	110 110	140 140	154 154	100	110	140	154

9.42. Metrisches ISO-Gewinde

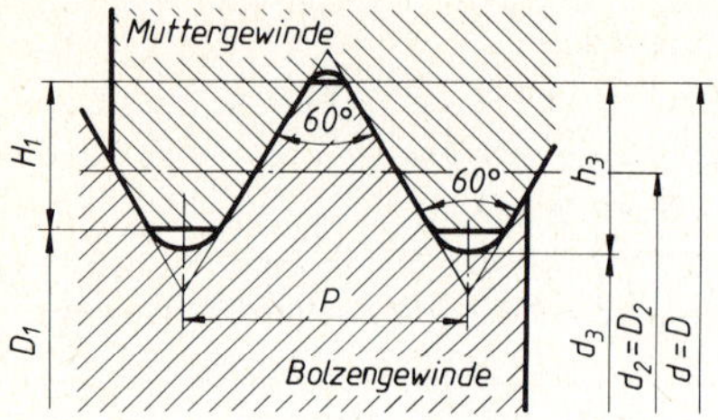

Bezeichnung des Metrischen Regelgewindes z.B.

M 12	Gewinde-Nenndurchmesser $d = D = 12$ mm

Maße in mm

Gewinde-Nenndurchmesser $d = D$ Reihe 1	Reihe 2	Steigung P	Steigungswinkel α in Grad	Flankendurchmesser $d_2 = D_2$	Kerndurchmesser d_3	D_1	Gewindetiefe[1] h_3	H_1	Spannungsquerschnitt A_s mm²	polares Widerstandsmoment W_{ps} mm³
3		0,5	3,40	2,675	2,387	2,459	0,307	0,271	5,03	3,18
	3,5	0,6	3,51	3,110	2,764	2,850	0,368	0,325	6,78	4,98
4		0,7	3,60	3,545	3,141	3,242	0,429	0,379	8,73	7,28
	4,5	0,75	3,40	4,013	3,580	3,688	0,460	0,406	11,3	10,72
5		0,8	3,25	4,480	4,019	4,134	0,491	0,433	14,2	15,09
6		1	3,40	5,350	4,773	4,917	0,613	0,541	20,1	25,42
8		1,25	3,17	7,188	6,466	6,647	0,767	0,677	36,6	62,46
10		1,5	3,03	9,026	8,160	8,376	0,920	0,812	58,0	124,6
12		1,75	2,94	10,863	9,853	10,106	1,074	0,947	84,3	218,3
	14	2	2,87	12,701	11,546	11,835	1,227	1,083	115	347,9
16		2	2,48	14,701	13,546	13,835	1,227	1,083	157	554,9
	18	2,5	2,78	16,376	14,933	15,294	1,534	1,353	192	750,5
20		2,5	2,48	18,376	16,933	17,294	1,534	1,353	245	1082
	22	2,5	2,24	20,376	18,933	19,294	1,534	1,353	303	1488
24		3	2,48	22,051	20,319	20,752	1,840	1,624	353	1871
	27	3	2,18	25,051	23,319	23,752	1,840	1,624	459	2774
30		3,5	2,30	27,727	25,706	26,211	2,147	1,894	561	3748
	33	3,5	2,08	30,727	28,706	29,211	2,147	1,894	694	5157
36		4	2,18	33,402	31,093	31,670	2,454	2,165	817	6588
	39	4	2,00	36,402	34,093	34,670	2,454	2,165	976	8601
42		4,5	2,10	39,077	36,479	37,129	2,760	2,436	1120	10574
	45	4,5	1,95	42,077	39,479	40,129	2,760	2,436	1300	13222
48		5	2,04	44,752	41,866	42,587	3,067	2,706	1470	15899
	52	5	1,87	48,752	45,866	46,587	3,067	2,706	1760	20829
56		5,5	1,91	52,428	49,252	50,046	3,374	2,977	2030	25801
	60	5,5	1,78	56,428	53,252	54,046	3,374	2,977	2360	32342
64		6	1,82	60,103	56,639	57,505	3,681	3,248	2680	39138
	68	6	1,71	64,103	60,639	61,505	3,681	3,248	3060	47750

[1]) H_1 ist die Tragtiefe (siehe Festigkeitslehre: Flächenpressung im Gewinde)

9.43. Metrisches ISO-Trapezgewinde

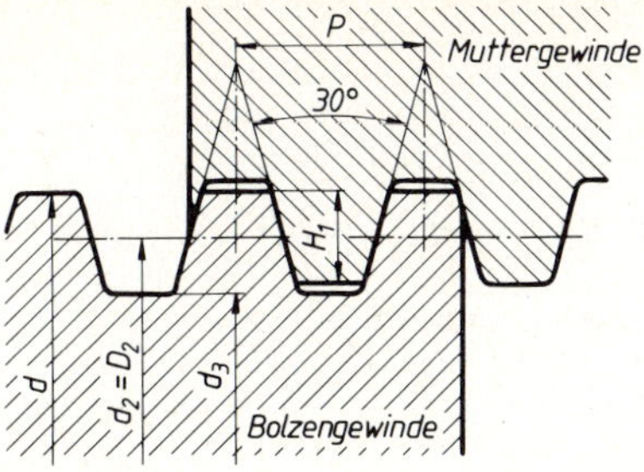

Bezeichnung für

a) eingängiges Gewinde z.B.

Tr 75 x 10 — Gewindedurchmesser d = 75 mm, Steigung P = 10 mm = Teilung

b) zweigängiges Gewinde z.B.

Tr 75 x 20 P 10 — Gewindedurchmesser d = 75 mm, Steigung P_h = 20 mm, Teilung P = 10 mm

$$\text{Gangzahl } z = \frac{\text{Steigung } P_h}{\text{Teilung } P} = \frac{20 \text{ mm}}{10 \text{ mm}} = 2$$

Maße in mm

Gewinde-durchmesser d	Steigung P	Steigungs-winkel α in Grad	Tragtiefe H_1 $H_1 = 0{,}5\,P$	Flanken-durchmesser $D_2 = d_2$ $D_2 = d - H_1$	Kern-durchmesser d_3	Kern-querschnitt $A_3 = \frac{\pi}{4} d_3^2$ mm²	polares Wider-standsmoment $W_p = \frac{\pi}{16} d_3^3$ mm³
8	1,5	3,77	0,75	7,25	6,2	30,2	46,8
10	2	4,05	1	9	7,5	44,2	82,8
12	3	5,20	1,5	10,5	9	63,6	143
16	4	5,20	2	14	11,5	104	299
20	4	4,05	2	18	15,5	189	731
24	5	4,23	2,5	21,5	18,5	269	1243
28	5	3,57	2,5	25,5	22,5	398	2237
32	6	3,77	3	29	25	491	3068
36	6	3,31	3	33	29	661	4789
40	7	3,49	3,5	36,5	32	804	6434
44	7	3,15	3,5	40,5	36	1018	9161
48	8	3,31	4	44	39	1195	11647
52	8	3,04	4	48	43	1452	15611
60	9	2,95	4,5	55,5	50	1963	24544
65	10	3,04	5	60	54	2290	30918
70	10	2,80	5	65	59	2734	40326
75	10	2,60	5	70	64	3217	51472
80	10	2,43	5	75	69	3739	64503
85	12	2,77	6	79	72	4071	73287
90	12	2,60	6	84	77	4656	89640
95	12	2,46	6	89	82	5281	108261
100	12	2,33	6	94	87	5945	129297
110	12	2,10	6	104	97	7390	179203
120	14	2,26	7	113	104	8495	220867

9.44. Niete und Schrauben für Stahl- und Kesselbau

Rohnietdurchmesser d	mm	10	12	(14)	16	(18)	20	22	24	27	30	(33)	36
Nietlochdurchmesser d_1	mm	11	13	15	17	19	21	23	25	28	31	34	37
Nietquerschnitt $A_1 = \frac{d_1^2 \pi}{4}$	mm²	95	133	177	227	284	346	415	491	616	755	908	1075
Sechskantschraube		M10	M12	–	M16	–	M20	M22	M24	M27	M30	M33	M36
Blechdicken s	mm	4...6		> 6...8		> 8...12		> 12...18		> 18			

d_1 Durchmesser des geschlagenen Nietes — Größen in ( ) möglichst vermeiden

9.45. Metrisches ISO-Feingewinde

Maße in mm

Gewinde-Nenn-durchmesser $d = D$	Steigung P	Steigungswinkel α	Flanken-durchmesser $d_2 = D_2$	Kerndurchmesser d_3	Kerndurchmesser D_1	Gewindetiefe [1] h_3	Gewindetiefe [1] H_1	Spannungsquerschnitt A_s mm²	polares Widerstandsmoment W_{ps} mm²
8	1	2,48	7,35	6,773	6,917	0,614	0,542	39,2	69,15
12	1	1,61	11,35	10,773	10,917	0,614	0,542	96,1	265,8
16	1	1,19	15,35	14,773	14,917	0,614	0,542	178	670,9
20	1	0,94	19,35	18,773	18,917	0,614	0,542	285	1360
12	1,5	2,48	11,026	10,16	10,376	0,92	0,812	88,1	233,4
20	1,5	1,44	19,026	18,16	18,376	0,92	0,812	272	1262
30	1,5	0,94	29,026	28,16	28,376	0,92	0,812	642	4590
42	1,5	0,67	41,026	40,16	40,376	0,92	0,812	1294	13134
56	1,5	0,50	55,026	54,16	54,376	0,92	0,812	2341	31948
20	2	1,95	18,701	17,546	17,835	1,227	1,083	258	1169
30	2	1,27	28,701	27,546	27,835	1,227	1,083	621	4368
42	2	0,90	40,701	39,546	39,835	1,227	1,083	1264	12684
56	2	0,67	54,701	53,546	53,835	1,227	1,083	2301	31132
72	2	0,52	70,701	69,546	69,835	1,227	1,083	3862	67706
90	2	0,41	88,701	87,546	87,835	1,227	1,083	6099	134373
100	2	0,37	98,701	97,546	97,835	1,227	1,083	7562	185505
30	3	1,95	28,051	26,319	26,752	1,841	1,624	580	3945
42	3	1,37	40,051	38,319	38,752	1,841	1,624	1206	11814
56	3	1,01	54,051	52,319	52,752	1,841	1,624	2222	29539
72	3	0,78	70,051	68,319	68,752	1,841	1,624	3759	65023
100	3	0,56	98,051	96,319	96,752	1,841	1,624	7418	180230
42	4	1,85	39,402	37,093	37,67	2,454	2,165	1149	10986
56	4	1,37	53,402	51,093	51,67	2,454	2,165	2144	28005
72	4	1,05	69,402	67,093	67,67	2,454	2,165	3658	62417
90	4	0,84	87,402	85,093	85,67	2,454	2,165	5842	125973
125	4	0,60	122,402	120,093	120,67	2,454	2,165	11546	349988
160	4	0,46	157,402	155,093	155,67	2,454	2,165	19174	748985
72	6	1,61	68,103	64,639	65,505	3,681	3,248	3460	57407
90	6	1,27	86,103	82,639	83,505	3,681	3,248	5591	117926
110	6	1,03	106,103	102,639	103,505	3,681	3,248	8556	223239
140	6	0,80	136,103	132,639	133,505	3,681	3,248	14181	476372
180	6	0,62	176,103	172,639	173,505	3,681	3,248	23880	1041005

[1] H_1 ist die Tragtiefe

9.46. Geometrische Größen an Sechskantschrauben

Bezeichnung einer Sechskantschraube M10, Länge $l = 90$ mm.
Festigkeitsklasse 8.8: Sechskantschraube M10 × 90 DIN 931–8.8

Maße in mm, Kopfauflagefläche A_p in mm²

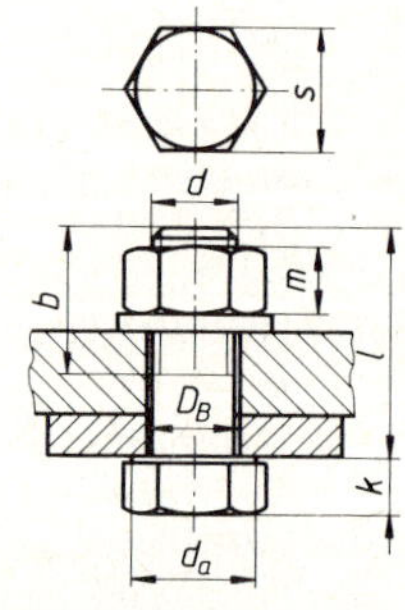

Gewinde	$d_a \mathrel{\hat=} s$	k	l [1]	b [2]	b [3]	D_B fein	D_B mittel	A_p [4]	A_p [5]
M5	8	3,5	18 ... 30	16	22	5,3	5,5	9,4	35
M6	10	4	20 ... 50	18	24	6,4	6,6	24,6	41,8
M8	13	5,5	25 ... 50	22	28	8,4	9	41,2	65,5
M10	17	7	28 ... 50	26	32	10,5	11	83,2	102
M12	19	8	30 ... 60	30	36	13	14	75	96
M14	22	9	35 ... 70	34	40	15	16	112	171
M16	24	10	40 ... 80	38	44	17	18	125	190
M18	27	12	40 ... 80	42	48	19	20	176	251
M20	30	13	40 ... 80	46	52	21	22	236	318
M22	32	14	45 ... 80	50	56	23	24	249	392
M24	36	15	50 ... 80	54	60	25	26	373	490
M27	41	17	55 ... 80	60	66	28	30	485	535
M30	46	19	60 ... 100	66	72	31	33	645	710

[1] gestuft: 18, 20, 25, 28, 30, 35, 40, ...
[2] für $l \leq 125$ mm
[3] für $l > 125 ... 200$ mm
[4] für Sechskantschrauben
[5] für Innen-Sechskantschrauben

10. Wärmelehre

10.1. Grundbegriffe

absoluter Druck p_{abs}

$p_{abs} = p_{amb} + p_e$ (bei Überdruck)

$p_{abs} = p_{amb} - p_e$ (bei Unterdruck)

p_e atmosphärische Druckdifferenz, Überdruck

p_{amb} umgebender Atmosphärendruck

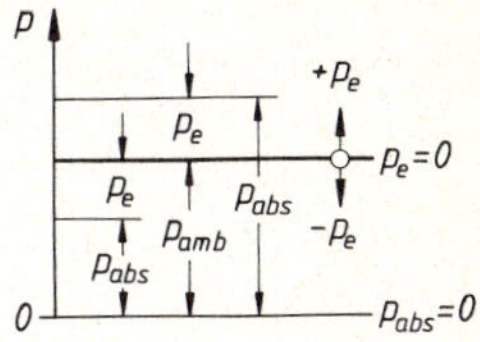

Normvolumen V_n

ist das Volumen einer beliebigen Gasmenge im Normzustand. Einheit m^3.

Physikalischer Normzustand: $T = 273{,}15$ K; $\vartheta = 0\,°C$, $p = 101\,325\ N/m^2 \approx 1{,}013$ bar

Das molare Normvolumen des idealen Gases beträgt $V_{mn} = 22{,}415\ m^3/kmol$

spezifisches Volumen v (10.9)

$$v = \frac{V}{m} = \frac{1}{\rho}$$

v in m^3/kg (10.9)
V Volumen in m^3
m Masse in kg
ρ Dichte in kg/m^3 (10.9)

Beachte: v ist der Quotient aus Volumen V und Masse m; ρ ist der Quotient aus Masse m und Volumen V. Die Wichte $\gamma = \rho g$ soll nicht mehr benutzt werden!

spezifisches Normvolumen v_n (10.9)

$$v_n = \frac{V_n}{m}$$

ist das spezifische Volumen im Normzustand (siehe oben)

Wärme Q

$$Q = mc\Delta\vartheta = mc(\vartheta_2 - \vartheta_1)$$

1 Joule (J) = 1 Nm = 1 Ws.
Das J ist die gesetzliche Einheit der Energie, der Wärme und der Arbeit; das Kelvin (K) ist die gesetzliche Einheit der Temperatur (1 K = 1 °C).

Q	m	c	$\Delta\vartheta$	ϑ_2, ϑ_1
J	kg	$\frac{J}{kg\,K}$	K	K oder °C

m Masse
c spezifische Wärmekapazität (10.10 und 10.11)
K und °C siehe 10.7

spezifische Wärme q

$$q = \frac{Q}{m}$$

q	Q	m
$\frac{J}{kg}$	J	kg

spezifische Wärmekapazität c (10.10 und 10.11)

gibt die Wärme (Wärmemenge) in J an, die erforderlich ist, um 1 kg oder 1 g eines Stoffes um 1 Kelvin (1 K) zu erwärmen. c ist temperatur- und druckabhängig.

mittlere spezifische Wärmekapazität c_{m12} zwischen ϑ_1 und ϑ_2 (10.10 und 10.11)

$$c_{m12} = \frac{c_{m02}\,\vartheta_2 - c_{m01}\,\vartheta_1}{\vartheta_2 - \vartheta_1}$$

c_{m02} ist mittlere spezifische Wärmekapazität zwischen 0 °C und ϑ_2,
c_{m01} entsprechend zwischen 0 °C und ϑ_1

Mischungstemperatur ϑ_g (Gemischtemperatur)

$$\vartheta_g = \frac{m_1 c_1 \vartheta_1 + m_2 c_2 \vartheta_2}{m_1 c_1 + m_2 c_2}$$

K und °C siehe 10.7

ϑ	m	c
K oder °C	kg	$\frac{J}{kg\,K}$

Schmelzenthalpie q_s (10.12)	gibt die Wärme in J an, die nötig ist, um die Stoffmenge 1 kg des Stoffes bei der jeweiligen Schmelztemperatur zu schmelzen.
Verdampfungs-enthalpie q_v (10.13 und 10.15)	gibt die Wärme in J an, die nötig ist, um die Stoffmenge 1 kg des Stoffes bei der jeweiligen Siedetemperatur in den gasförmigen Zustand zu überführen.
Energieprinzip *(H. v. Helmholtz)*	Der Energieinhalt eines abgeschlossenen Systems kann bei irgendwelchen Veränderungen innerhalb des Systems weder zu- noch abnehmen: $\Delta U = \Delta Q + \Delta W$ ΔU Zuwachs an innerer Energie ΔW Arbeit ΔQ Wärme
thermischer Wirkungsgrad η_{th}	$\eta_{th} = \frac{\Delta W}{\Delta Q_1} = \frac{\Delta Q_1 - \lvert\Delta Q_2\rvert}{\Delta Q_1} = 1 - \frac{\lvert\Delta Q_2\rvert}{\Delta Q_1}$

ΔU	ΔQ	ΔW
J	J	Nm = J

1 J = 1 Nm = 1 Ws

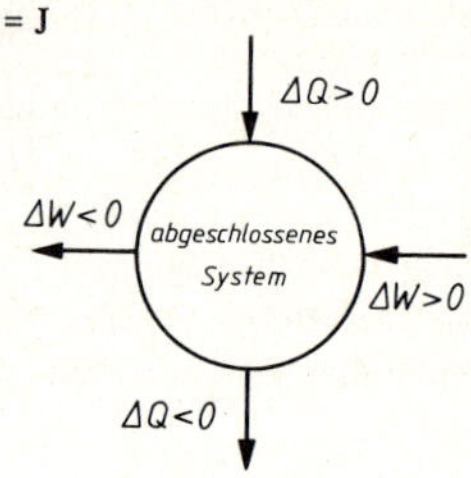

10.2. Wärmeausdehnung

Wärmeausdehnung fester Körper (10.16)

Längenzunahme Δl nach Erwärmung	$\Delta l = l_1 \alpha (\vartheta_2 - \vartheta_1)$
Länge l_2 nach Erwärmung	$l_2 = l_1 [1 + \alpha (\vartheta_2 - \vartheta_1)]$
Volumenzunahme ΔV nach Erwärmung	$\Delta V \approx V_1 \alpha_V (\vartheta_2 - \vartheta_1)$
Volumen V_2 nach Erwärmung	$V_2 \approx V_1 [1 + \alpha_V (\vartheta_2 - \vartheta_1)]$

l	V	α, α_V	ϑ
m	m^3	$\frac{1}{K}$	K oder °C

α Längenausdehnungskoeffizient (10.16)

α_V Volumenausdehnungskoeffizient (10.16): $\alpha_V \approx 3\,\alpha$ für feste Körper

V_1 Volumen vor Erwärmung

K und °C siehe 10.7

Wärmeausdehnung flüssiger Körper (10.17)

Volumenzunahme ΔV nach Erwärmung	$\Delta V = V_1 \frac{\alpha_V (\vartheta_2 - \vartheta_1)}{1 + \alpha_V \vartheta_1}$
Volumen V_2 nach Erwärmung	$V_2 = V_1 \frac{1 + \alpha_V \vartheta_2}{1 + \alpha_V \vartheta_1}$

V	α_V	ϑ
m^3	$\frac{1}{K}$	K oder °C

K und °C siehe 10.7

Wärmeausdehnung von Gasen

Vollkommene Gase dehnen sich bei Erwärmung um $1\,K = 1\,°C$ (bei gleichbleibendem Druck) um den 273,15ten Teil des Volumens aus, das sie bei $0\,°C = 273{,}15\,K$ und $101\,325\,Pa$ (Normvolumen) einnehmen. $1\,Pa = 1\,N/m^2$. Temperatur-Umrechnung siehe 10.7.

Raumausdehnungskoeffizient α_V (konstant für alle vollkommenen Gase)	$\alpha_V = \frac{1}{273{,}15}\,\frac{m^3}{m^3\,K} = \frac{1}{273{,}15}\,\frac{1}{K}$ oder $\alpha_V = \frac{1}{273{,}15}\,\frac{m^3}{m^3\,°C} = \frac{1}{273{,}15}\,\frac{1}{°C} = 0{,}00366\,\frac{1}{°C}$
Gesetz von Gay-Lussac	$\frac{V_1}{V_2} = \frac{T_1}{T_2}$ gilt bei p = konstant; $\frac{p_1}{p_2} = \frac{T_1}{T_2}$ gilt bei V = konstant
Gesetz von Boyle-Mariotte	$\frac{V_1}{V_2} = \frac{p_2}{p_1}$ gilt bei ϑ = konstant
Volumenzunahme ΔV nach Erwärmung	$\Delta V = \frac{V_0}{273{,}15}(T_2 - T_1) = \frac{V_1}{T_1}(T_2 - T_1)$
Volumen V_2 nach Erwärmung	$V_2 = V_1\,\frac{T_2}{T_1}$

V	T	p
m^3	K	$\frac{N}{m^2} = Pa$

T Temperatur (thermodynamische Temperatur). Zwischen dieser und der Celsiustemperatur ϑ eines Körpers gilt: $T = \vartheta + 273{,}15\,K$ (siehe 10.7)

10.3. Wärmeübertragung

Wärmeleitung (10.18 bis 10.20)

Wärmeleitung	ist der Wärmetransport von Teilchen zu Teilchen innerhalb eines Stoffes.
Wärmeleitfähigkeit λ (10.18 bis 10.20)	gibt die Wärme in J an, die in 1 s bei einem Durchtrittsquerschnitt von $1\,m^2$ und einem Temperaturunterschied von 1 K durch die Stoffdicke von 1 m hindurchströmt. λ ändert sich mit der Temperatur und bei Gasen auch mit dem Druck.
Wärmestrom Φ bei ebener Wand und bei dünnwandigem Rohr	$\Phi = \lambda\,\frac{A}{s}(\vartheta_1 - \vartheta_2)$ $\Phi = \frac{\text{Wärme } Q}{\text{Zeit } t}$ $A = \pi d L$ innere Mantelfläche ϑ_1, ϑ_2 Oberflächentemperaturen s Wanddicke t Zeit

Φ	λ	A	s, l, D, d	ϑ
W	$\frac{J}{m\,s\,K} = \frac{W}{K\,m}$	m^2	m	°C

Beachte: Weil 1 Joule je Sekunde gleich 1 Watt ist (1 J/s = 1 W), wird für die Einheit der Wärmeleitfähigkeit λ das Watt je Kelvin und Meter (W/Km) benutzt.

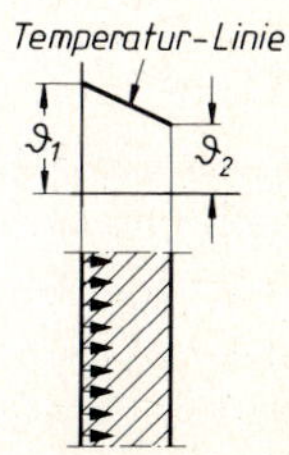

Wärmestrom Φ bei dickwandigem Rohr	$\Phi = \frac{2\pi\lambda l}{\ln\frac{D}{d}}(\vartheta_1 - \vartheta_2)$	*l* Rohrlänge in m *D* Außendurchmesser in m *d* Innendurchmesser in m *s* Wanddicke in m ln natürlicher Logarithmus Φ Wärmestrom in J/s = W *Beachte:* $1\,\frac{J}{s} = W$
Wärmestrom Φ bei ebener mehrschichtiger Wand	$\Phi = \frac{A(\vartheta_1 - \vartheta_2)}{\Sigma\frac{s}{\lambda}}$	
Wärmestrom Φ bei mehrschichtigem Hohlzylinder	$\Phi = \frac{2\pi l(\vartheta_1 - \vartheta_2)}{\Sigma\frac{1}{\lambda}\ln\frac{D}{d}}$	
Wärmestrom Φ bei mehrschichtiger Hohlkugel	$\Phi = \frac{2\pi(\vartheta_1 - \vartheta_2)}{\Sigma\frac{1}{\lambda}(\frac{1}{d} - \frac{1}{D})}$	

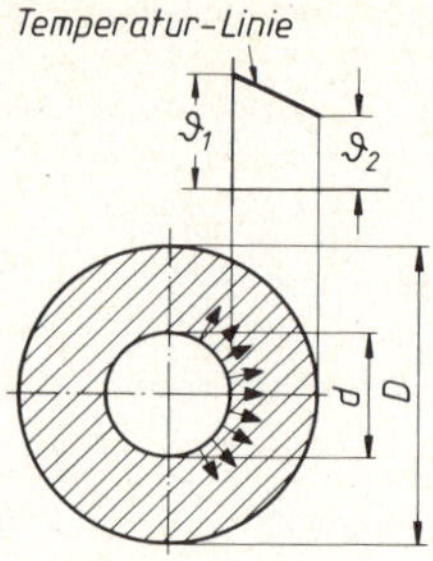

Wärmeübergang (10.21)

Wärmeübergang	ist die Wärmeübertragung durch Konvektion von einem flüssigen oder gasförmigen Medium an eine feste Wand und umgekehrt.
Wärmeübergangszahl α (Wärmeübergangskoeffizient)	gibt die Wärme in J an, die bei einer Berührungsfläche von 1 m² und einer Temperaturdifferenz von 1 K in 1 s übergeht. Die große Zahl von Einflußgrößen macht die Bestimmung von α schwierig.
Wärmestrom Φ	$\Phi = \alpha A(\vartheta_{fl} - \vartheta_w)$

Φ	α	A	ϑ
W	$\frac{J}{m^2sK} = \frac{W}{m^2K}$	m²	K

A wärmeübertragende Fläche
ϑ_{fl} mittlere Temperatur des strömenden Mediums
ϑ_w Wandtemperatur

Formeln für Wärmeübergangszahl $\alpha_{Luft,\,20\,°C}$ in J/m² sK = W/m² K (nach *Jürges*)

für Luftgeschwindigkeit	$w < 5$ m/s	$w > 5$ m/s
glatte, polierte Wand	$\alpha = 5{,}6 + 3{,}9\,w$	$\alpha = 7{,}1\ w^{0,78}$
Wand mit Walzhaut	$\alpha = 5{,}8 + 3{,}9\,w$	$\alpha = 7{,}14\,w^{0,78}$
rauhe Wand	$\alpha = 6{,}2 + 4{,}2\,w$	$\alpha = 7{,}52\,w^{0,78}$

Wärmedurchgang

ist die Wärmeübertragung von einem flüssigen oder gasförmigen Körper durch eine Trennwand auf einen kälteren flüssigen oder gasförmigen Körper.

Teilvorgänge:
Wärmeübergang Flüssigkeit (ϑ_1) → Wandoberfläche (ϑ_{w1})
Wärmeleitung Wandoberfläche (ϑ_{w1}) → Wandoberfläche (ϑ_{w2})
Wärmeübergang Wandoberfläche (ϑ_{w2}) → kältere Flüssigkeit (ϑ_2)

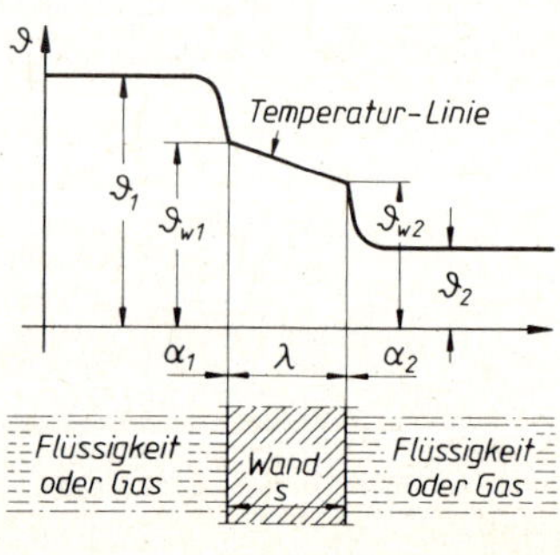

Wärmedurchgangszahl k (10.22) (Wärmedurchgangskoeffizient)	gibt die Wärme in J an, die bei einer Wandfläche von 1 m^2 und einer Temperaturdifferenz von 1 K in 1 s hindurchgeht
Wärmestrom Φ	$\Phi = kA(\vartheta_1 - \vartheta_2)$ A Durchgangsfläche t Durchgangszeit

Φ	k	A	ϑ
W	$\frac{J}{m^2 sK} = \frac{W}{m^2 K}$	m^2	K

Wärmedurchgangszahl k für ebene mehrschichtige Wand	$k = \dfrac{1}{\frac{1}{\alpha_1} + \sum \frac{s}{\lambda} + \frac{1}{\alpha_1}}$
für mehrschichtigen Hohlzylinder	$k = \dfrac{1}{\frac{1}{\alpha_1} + \frac{d_i}{2} \sum \frac{1}{\lambda} \ln \frac{D}{d} + \frac{d_i}{\alpha_a D_a}}$
für mehrschichtige Hohlkugel	$k = \dfrac{1}{\frac{1}{\alpha_i} + \frac{d_i}{2} \sum \frac{1}{\lambda} \left(\frac{1}{d} - \frac{1}{D}\right) + \frac{d_i^2}{\alpha_a D_a^2}}$

k, α	λ	s, d, D	$\ln(D/d)$
$\frac{W}{K m^2}$	$\frac{W}{K m}$	m	1

d_i Innendurchmesser der innersten Schicht
D_a Außendurchmesser der äußersten Schicht
$\frac{D}{d} > 1$ Durchmesserverhältnis einer Schicht
ln natürlicher Logarithmus

Wärmestrahlung (10.23)

Stefan-Boltzmannsches Gesetz	$\Phi_s = C_s A T^4$ Φ_s Strahlungsfluß

Φ	C	A	T	ϵ
W	$\frac{J}{m^2 sK^4} = \frac{W}{m^2 K^4}$	m^2	K	1

allgemeine Strahlungskonstante	$C_s = 5{,}67 \cdot 10^{-8} \dfrac{J}{m^2 sK^4} = 5{,}67 \cdot 10^{-8} \dfrac{W}{m^2 K^4}$
Strahlungsfluß Φ des wirklichen Körpers	$\Phi = CAT^4 = \epsilon C_s A T^4$ $\Phi = \epsilon Q_s$
Strahlungsfluß Φ	$\Phi_{1,2} = C_{1,2} A (T_1^4 - T_2^4)$
Strahlungsaustauschzahl $C_{1,2}$	$C_{1,2} = \dfrac{1}{\frac{1}{C_1} + \frac{1}{C_2} - \frac{1}{C_s}} = \dfrac{C_s}{\frac{1}{\epsilon_1} + \frac{1}{\epsilon_2} - 1}$

$\epsilon = C/C_s$ Emissionsverhältnis
C Strahlungszahl, beide nach 10.23
A parallel gegenüberstehende Flächen der Temperatur T_1, T_2
C_1, C_2 Strahlungszahlen der Körper
ϵ_1, ϵ_2 Emissionsverhältnis nach 10.23

10.4. Gasmechanik

allgemeine Zustandsgleichung idealer Gase	$\frac{p_1 v_1}{T_1} = \frac{p_2 v_2}{T_2}$; $\frac{p_1 V_1}{T_1} = \frac{p_2 V_2}{T_2}$ $\frac{pv}{T} = \frac{p_0 v_0}{273\ \mathrm{K}}$; $\frac{pV}{T} = \frac{p_0 V_0}{273\ \mathrm{K}}$ $pv = R_i T$; $pV = mR_i T$; $p = \rho R_i T$	p Druck v spezifisches Volumen R_i spezifische Gaskonstante (individuelle Gaskonstante) T Temperatur V Volumen m Masse ρ Dichte

p	v	R_i	T	V	m	ρ
$\frac{\mathrm{N}}{\mathrm{m}^2} = \mathrm{Pa}$	$\frac{\mathrm{m}^3}{\mathrm{kg}}$	$\frac{\mathrm{J}}{\mathrm{kg\,K}}$	K	m^3	kg	$\frac{\mathrm{kg}}{\mathrm{m}^3}$

spezifische Gaskonstante R_i (10.24)	ist eine Stoffkonstante, die durch Messung der zugehörigen Größen p, v, T bestimmt werden kann. Sie stellt die Raumschaffungsarbeit dar, die von 1 kg Gas verrichtet wird, wenn diese Gasmenge bei p = konstant um 1 K erwärmt wird: $R_i = c_p - c_v$ (c_p spezifische Wärmekapazität bei p = konstant, c_v bei V = konstant, Werte in 10.11) $R_i = \frac{R}{M}$ M molare Masse oder stoffmengenbezogene Masse (siehe 10.24)
universelle Gaskonstante R	$R = 8315\ \frac{\mathrm{J}}{\mathrm{kmol\,K}}$ R ist von der chemischen Beschaffenheit eines Gases unabhängig
molares Normvolumen V_{mn}	$V_{mn} = 22{,}415\ \frac{\mathrm{m}^3}{\mathrm{kmol}}$ (bei 0 °C und 101 325 Pa; 1 Pa = 1 N/m²) v_0 ist (unabhängig von der Gasart) das von 1 kmol eingenommene Volumen beim physikalischen Normzustand (10.1)
spezifische Wärmekapazitäten c_v und c_p bei konstantem Volumen und bei konstantem Druck (10.11)	$c_v = \frac{1}{\kappa - 1} R_i$ $c_p = \frac{\kappa}{\kappa - 1} R_i$ $R_i = c_p - c_v$

c_v, c_p	κ	R_i
$\frac{\mathrm{J}}{\mathrm{kg\,K}}$	1	$\frac{\mathrm{J}}{\mathrm{kg\,K}}$

1 Nm = 1 J = 1 Ws

Verhältnis $\kappa = c_p/c_v$ (10.24)

innere Energie U	$U = mc_v\,\Delta\vartheta$
spezifische innere Energie u	$u = c_v\,\Delta\vartheta$ $u = \frac{U}{m}$
Änderung der spezifischen inneren Energie Δu	$\Delta u = u_2 - u_1 = c_v(\vartheta_2 - \vartheta_1)$

m	U	u	c_v	$\Delta\vartheta$, ϑ_1, ϑ_2
kg	J	$\frac{\mathrm{J}}{\mathrm{kg}}$	$\frac{\mathrm{J}}{\mathrm{kg\,K}}$	K

äußere Arbeit W (absolute) eines Gases (Volumen-änderungsarbeit)

$$W = \sum_{v_1}^{v_2} \Delta W = \sum_{v_1}^{v_2} p \, \Delta v$$

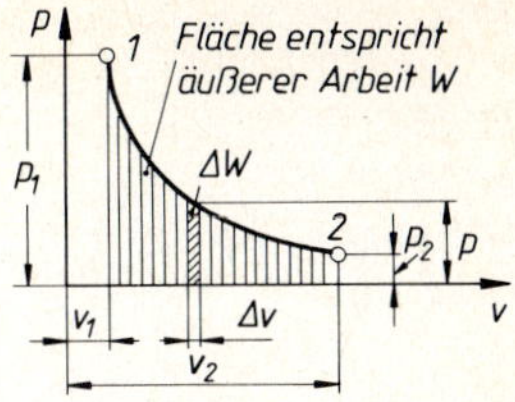

technische Arbeit W_t (Druckänderungsarbeit)

$$W_t = \sum_{p_1}^{p_2} \Delta W_t = \sum_{p_1}^{p_2} v \, \Delta p$$

W, W_t	p	v
$\frac{J}{kg}$	$\frac{N}{m^2} = Pa$	$\frac{m^3}{kg}$

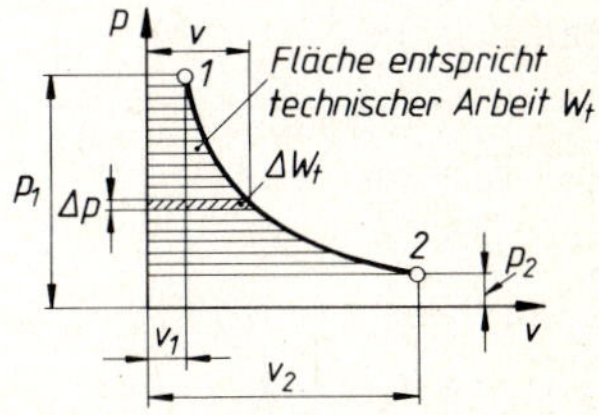

Enthalpie H

$$H = m c_p \Delta\vartheta$$

spezifische Enthalpie h

$$h = c_p \Delta\vartheta$$

Änderung der spezifischen Enthalpie Δh

$$\Delta h = h_2 - h_1 = c_p (\vartheta_2 - \vartheta_1)$$

H	h	m	c_p	$\Delta\vartheta, \vartheta_1, \vartheta_2$
J	$\frac{J}{kg}$	kg	$\frac{J}{kg\,K}$	K

10.5. Gleichungen für Zustandsänderungen und Carnotscher Kreisprozeß

Isochore (isovolume) Zustandsänderung

Das Gasvolumen v bleibt während der Zustandsänderung konstant (v = konstant); damit ist auch p/T = konstant:

$$\frac{p_1}{T_1} = \frac{p_2}{T_2} = \text{konstant}$$

$$\frac{p_1}{p_2} = \frac{T_1}{T_2} = \frac{273° + \vartheta_1}{273° + \vartheta_2}$$

$q(u)$	c	T	h	κ
$\frac{J}{kg}$	$\frac{J}{kg\,K}$	K	$\frac{J}{kg}$	1

s	W	v	p
$\frac{J}{kg\,K}$	$\frac{J}{kg}$	$\frac{m^3}{kg}$	$\frac{N}{m^2} = Pa$

c_p, c_v nach 10.11
κ nach 10.24

zu- oder abgeführte Wärme Δq	$\Delta q = c_v (T_2 - T_1) = \frac{R_i}{\kappa - 1} (T_2 - T_1)$
Änderung der inneren Energie Δu	$\Delta u = c_v (T_2 - T_1) = \frac{R_i}{\kappa - 1} (T_2 - T_1)$
Änderung der Enthalpie Δh	$\Delta h = c_p (T_2 - T_1)$
Änderung der Entropie Δs	$\Delta s = c_v \ln \frac{T_2}{T_1}$
technische Arbeit W_t (äußere Arbeit $W = 0$)	$W_t = v(p_1 - p_2) = (\kappa - 1)\Delta u$

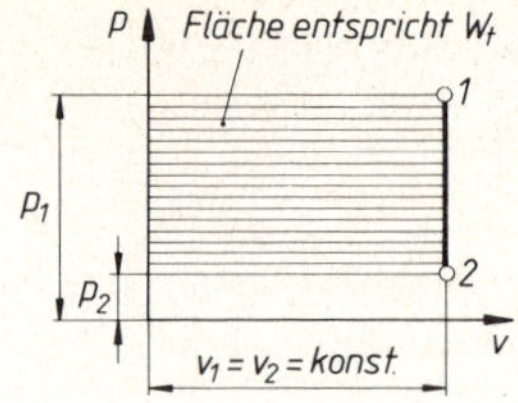

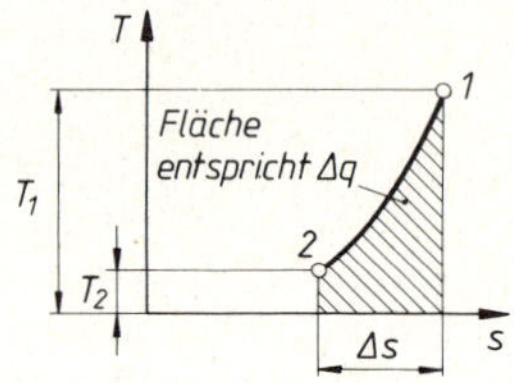

Isobare Zustandsänderung

Der Gasdruck p bleibt während der Zustandsänderung konstant (p = konstant); damit ist auch v/T = konstant:

$$\frac{v_1}{T_1} = \frac{v_2}{T_2} = \text{konstant}$$

$$\frac{v_1}{v_2} = \frac{T_1}{T_2} = \frac{273\,\text{K} + \vartheta_1}{273\,\text{K} + \vartheta_2} = \frac{V_1}{V_2}$$

$q\,(u)$	c	T	h	κ
$\frac{\text{J}}{\text{kg}}$	$\frac{\text{J}}{\text{kg K}}$	K	$\frac{\text{J}}{\text{kg}}$	1

s	W	v	p
$\frac{\text{J}}{\text{kg K}}$	$\frac{\text{J}}{\text{kg}}$	$\frac{\text{m}^3}{\text{kg}}$	$\frac{\text{N}}{\text{m}^2} = \text{Pa}$

c_p, c_v nach 10.11
κ nach 10.24

zu- oder abgeführte Wärme Δq	$\Delta q = c_p (T_2 - T_1) = \frac{\kappa}{\kappa - 1} R_i (T_2 - T_1)$
Änderung der inneren Energie Δu	$\Delta u = c_v (T_2 - T_1)$
Änderung der Enthalpie Δh	$\Delta h = c_p (T_2 - T_1)$
Änderung der Entropie Δs	$\Delta s = c_p \ln \frac{T_2}{T_1}$
äußere Arbeit W (technische Arbeit $W_t = 0$)	$W = p(v_2 - v_1) = \frac{\kappa - 1}{\kappa} \Delta q$

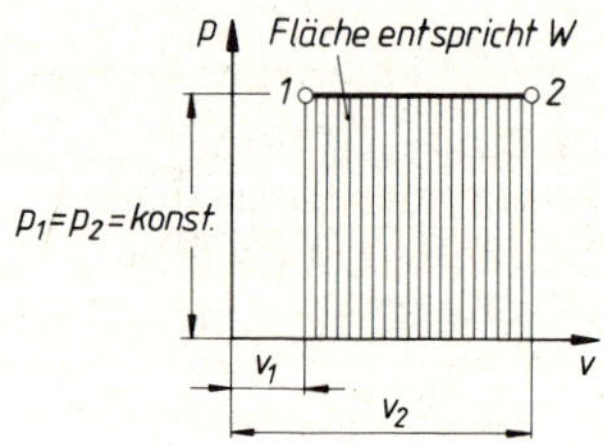

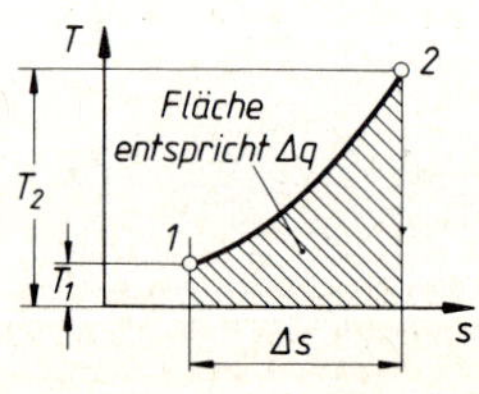

Isotherme Zustandsänderung

Die Temperatur T bleibt während der Zustandsänderung konstant (T = konstant); damit ist auch pv = konstant:

Einheiten siehe oben (isochore Zustandsänderung)

$$p_1 v_1 = p_2 v_2 = \text{konstant}$$

$$\frac{p_1}{p_2} = \frac{v_2}{v_1}$$

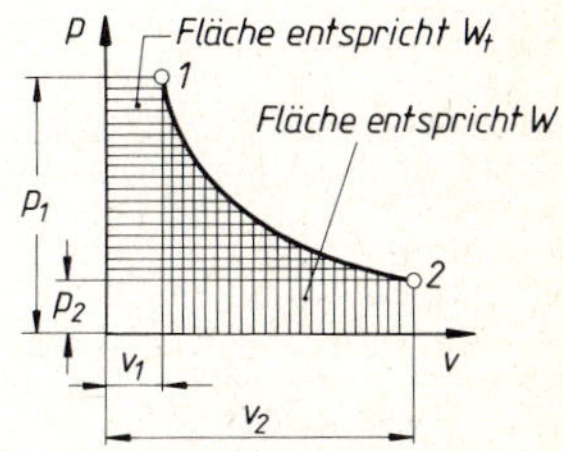

zu- oder abgeführte Wärme Δq	$\Delta q = R_i T \ln \frac{v_2}{v_1} = R_i T \ln \frac{p_1}{p_2}$

Änderung der inneren Energie $\Delta u = 0$
ebenso Änderung der Enthalpie $\Delta h = 0$

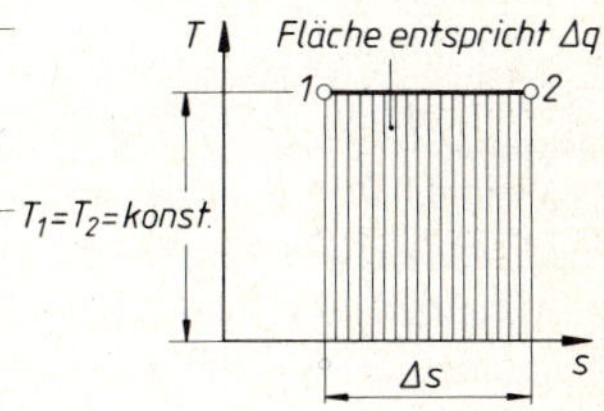

Änderung der Entropie Δs	$\Delta s = R_i \ln \frac{v_2}{v_1} = R_i \ln \frac{p_1}{p_2}$
äußere Arbeit W (technische Arbeit $W_t = \Delta q$)	$W = W_t = \Delta q = R_i T \ln \frac{v_2}{v_1} = R_i T \ln \frac{p_1}{p_2}$

Adiabate (isentrope) Zustandsänderung

Während der Zustandsänderung wird Wärme weder zu- noch abgeführt ($\Delta q = 0$, a (so auch $\Delta s = 0$); damit wird pv^{κ} = konstant:

Einheiten siehe oben (isochore Zustandsänderung)

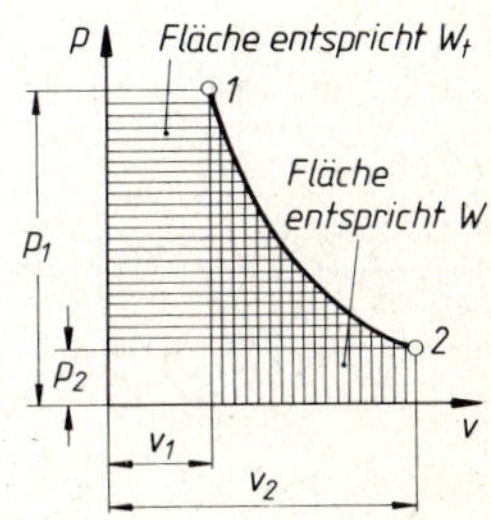

$$p_1 v_1^{\kappa} = p_2 v_2^{\kappa} = \text{konstant}$$

$$\frac{p_1}{p_2} = \left(\frac{v_2}{v_1}\right)^{\kappa} = \left(\frac{T_1}{T_2}\right)^{\kappa/\kappa-1}$$

$$\frac{T_1}{T_2} = \left(\frac{v_2}{v_1}\right)^{\kappa-1} = \left(\frac{p_1}{p_2}\right)^{\kappa-1/\kappa}$$

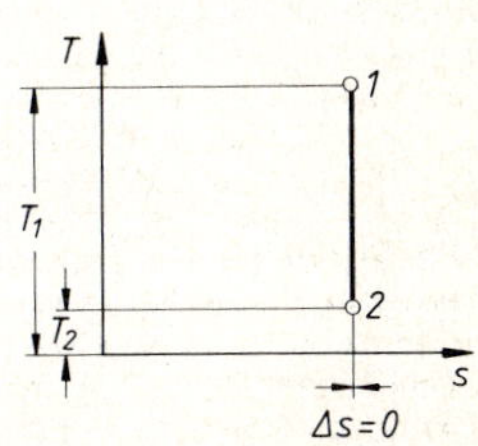

Änderung der inneren Energie Δu (≅ |äußere Arbeit W|)	$\Delta u = c_v (T_2 - T_1)$

Änderung der Enthalpie Δh	$\Delta h = c_p(T_2 - T_1) = \frac{\kappa}{\kappa - 1} p_1 v_1 \; \frac{T_2}{T_1} - 1$ $\Delta h = \frac{\kappa}{\kappa - 1} p_1 v_1 \left[\left(\frac{p_2}{p_1}\right)^{\kappa - 1/\kappa} - 1\right] = \frac{\kappa}{\kappa - 1} p_1 v_1 \left[\left(\frac{v_1}{v_2}\right)^{\kappa - 1} - 1\right]$
Änderung der Entropie Δs	$\Delta s = 0$
äußere Arbeit W ($\hat{=} \lvert\Delta u\rvert$)	$W = c_v(T_1 - T_2) = \frac{1}{\kappa - 1}(p_1 v_1 - p_2 v_2) = \frac{p_1 v_1}{\kappa - 1}\left(1 - \frac{T_2}{T_1}\right)$ $W = \frac{p_1 v_1}{\kappa - 1}\left[1 - \left(\frac{p_2}{p_1}\right)^{\kappa - 1/\kappa}\right] = \frac{p_1 v_1}{\kappa - 1}\left[1 - \left(\frac{v_1}{v_2}\right)^{\kappa - 1}\right]$
technische Arbeit W_t ($\hat{=} \lvert\Delta h\rvert$)	$W_t = c_p(T_1 - T_2) = \frac{\kappa}{\kappa - 1}(p_1 v_1 - p_2 v_2) = \frac{\kappa}{\kappa - 1} p_1 v_1 \left(1 - \frac{T_2}{T_1}\right)$ $W_t = \kappa A = \frac{\kappa}{\kappa - 1} p_1 v_1 \left[1 - \left(\frac{p_2}{p_1}\right)^{\kappa - 1/\kappa}\right] = \frac{\kappa}{\kappa - 1} p_1 v_1 \left[1 - \left(\frac{v_1}{v_2}\right)^{\kappa - 1}\right]$

Polytrope Zustandsänderung

Allgemeinste Zustandsänderung nach dem Gesetz pv^n = konstant; die anderen Zustandsänderungen sind Sonderfälle der polytropen Zustandsänderung; Exponent n kann von $-\infty$ bis $+\infty$ variieren.

Einheiten siehe oben (isochore Zustandsänderung)

$$p_1 v_1^n = p_2 v_2^n = \text{konstant}$$

$$\frac{p_1}{p_2} = \left(\frac{v_2}{v_1}\right)^n = \left(\frac{T_1}{T_2}\right)^{\frac{n}{n-1}}$$

$$\frac{T_1}{T_2} = \left(\frac{v_2}{v_1}\right)^{n-1} = \left(\frac{p_1}{p_2}\right)^{\frac{n-1}{n}}$$

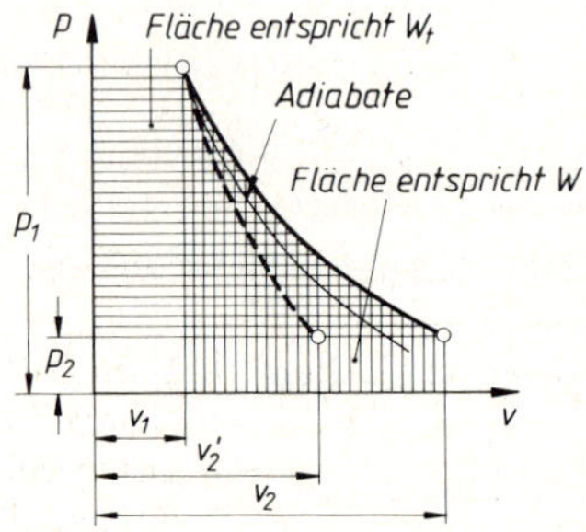

zu- oder abgeführte Wärme Δq	$\Delta q = c_v \frac{n - \kappa}{n - 1}(T_2 - T_1)$
Änderung der inneren Energie Δu	$\Delta u = c_v(T_2 - T_1)$
Änderung der Enthalpie Δh	wie bei adiabater Zustandsänderung, wenn für κ der Exponent n eingesetzt wird

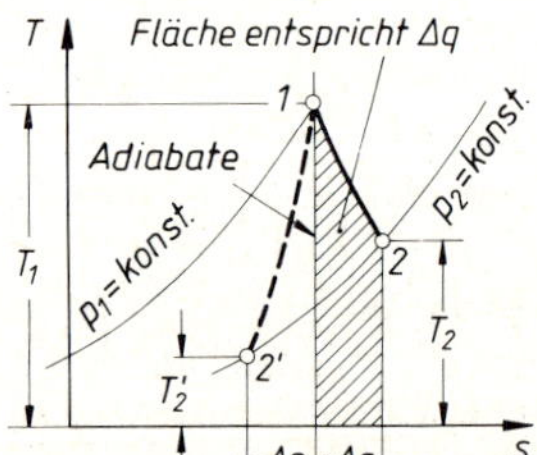

Änderung der Entropie Δs	$\Delta s = c_v \frac{n-\kappa}{n-1} \ln \frac{T_2}{T_1}$
äußere Arbeit W und technische Arbeit W_t	wie bei adiabater Zustandsänderung, wenn für κ der Exponent n eingesetzt wird

Carnotscher Kreisprozeß

1–2 isotherme Kompression
2–3 adiabate Kompression
3–4 isotherme Expansion
4–1 adiabate Expansion

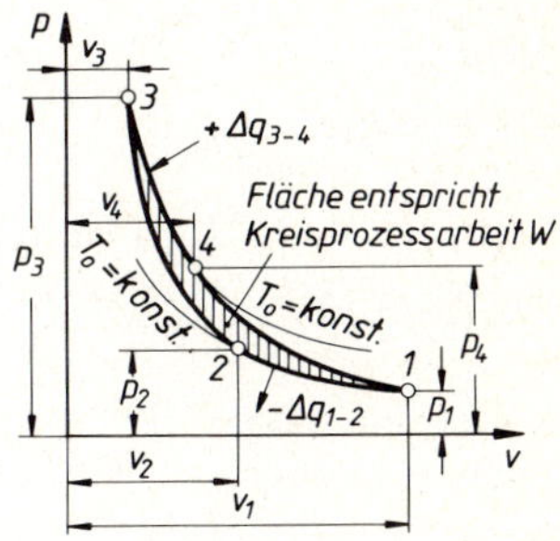

Kreisprozeß-arbeit W	$W = R_i (T_u - T_o) \ln \frac{p_1}{p_2}$
thermischer Wirkungsgrad η_{th}	$\eta_{th} = 1 - \frac{T_u}{T_o}$

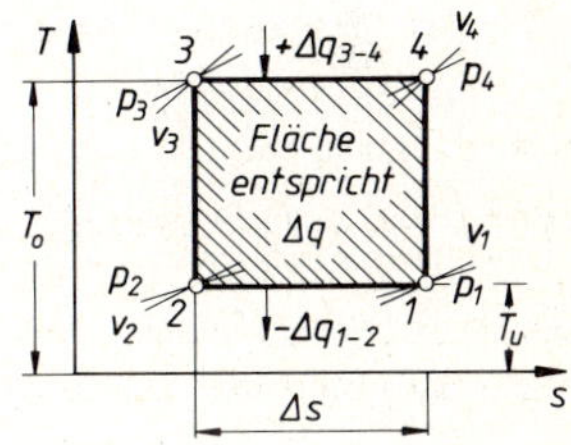

10.6. Gleichungen für Gasgemische

Gesetz von Dalton	Nach *Dalton* nimmt jeder Gemischpartner das gesamte zur Verfügung stehende Gemischvolumen ein, als ob die anderen Partner nicht vorhanden wären. Daher steht jedes Einzelgas unter einem Teildruck (Partialdruck) und die Summe aller Partialdrücke ergibt den Gesamtdruck	
Gesamtdruck p_g Gesamtmasse m_g Gesamtvolumen V_g (bei n Einzelgasen) des Gemisches	$p_g = p_1 + p_2 + \dots p_n$ $m_g = m_1 + m_2 + \dots m_n$ $V_g = V_1 + V_2 + \dots V_n$	$\dot{m}_n = \frac{m_n}{m_g}$ Massenanteil; $\Sigma \dot{m} = 1$ $r_n = \frac{V_n}{V_g}$ Raumanteil; $\Sigma r = 1$
Gaskonstante R_g des Gemisches (10.24)	$R_g = \dot{m}_1 R_1 + \dot{m}_2 R_2 + \dots \dot{m}_n R_n$	

p	m	V	$\dot{m}_n, r_n$
$Pa = \frac{N}{m^2}$	kg	m^3	Einheit Eins (Verhältnisgrößen)

Partialdruck p_n des Gemisches	$p_n = \dot{m}_n \frac{R_n}{R_g} p_g = r_n p_g$	
spezifische Wärmekapazität c_{pg} des Gemisches	$c_{pg} = \dot{m}_1 c_{p1} + \dot{m}_2 c_{p2} + \ldots \dot{m}_n c_{pn}$ $c_{vg} = \dot{m}_1 c_{v1} + \dot{m}_2 c_{v2} + \ldots \dot{m}_n c_{vn}$	$c_{p1} \ldots$, $c_{v1} \ldots$ sind die spezifischen Wärmekapazitäten der Einzelgase (10.11)
Dichte ρ_g des Gemisches	$\rho_g = r_1 \rho_1 + r_2 \rho_2 + \ldots r_n \rho_n$	$\rho_1 \ldots$ Dichten der Einzelgase (10.24)
Temperatur ϑ_g des Gemisches	siehe 10.1	

10.7. Temperatur-Umrechnungen

ϑ	in Grad Celsius (°C):	$\vartheta = \frac{5}{9}(\vartheta_F - 32) = T - 273{,}15 = \frac{5}{9}(T_R - 491{,}67)$
ϑ_F	in Grad Fahrenheit (°F):	$\vartheta_F = 1{,}8\,\vartheta + 32 = 1{,}8\,T - 459{,}67 = T_R - 459{,}67$
T	in Grad Kelvin (K):	$T = \vartheta + 273{,}15 = \frac{5}{9}\vartheta_F + 255{,}37 = \frac{5}{9} T_R$
T_R	in Grad Rankine (°R):	$T_R = 1{,}8\,\vartheta + 491{,}67 = \vartheta_F + 459{,}67 = 1{,}8\,T$

10.8. Temperatur-Fixpunkte

Sauerstoff (Siedepunkt)	−182,97 °C
Wasser (Tripelpunkt)	0,01 °C
Wasser (Siedepunkt)	100,00 °C
Schwefel (Siedepunkt)	444,60 °C
Silber (Schmelzpunkt)	960,80 °C
Gold (Schmelzpunkt)	1 063,00 °C

10.9. Spezifisches Normvolumen v_n und Dichte ρ_n (0 °C und 101 325 N/m²)

Gasart	chemisches Kurzzeichen	v_n in $\frac{m^3}{kg}$	ρ_n in $\frac{kg}{m^3}$
Kohlendioxid	CO_2	0,506	1,977
Kohlenoxid	CO	0,800	1,250
Luft	–	0,774	1,293
Methan	CH_4	1,396	0,717
Sauerstoff	O_2	0,700	1,429
Stickstoff	N_2	0,799	1,251
Wasserdampf	H_2O	1,243	0,804
Wasserstoff	H_2	11,111	0,090

10.10. Mittlere spezifische Wärmekapazität c_m fester und flüssiger Stoffe zwischen 0 °C und 100 °C in J/(kg K)

Aluminium	896	Kork	2010	Steinzeug	773
Beton	1005	Kupfer	390	Ziegelstein	920
Blei	130	Marmor	870	Alkohol	2430
Eichenholz	2390	Messing	386	Ammoniak	4187
Eis	2050	Nickel	444	Aceton	2300
Eisen (Stahl)	450	Platin	134	Benzol	1840
Fichtenholz	2720	Quarzglas	725	Glycerin	2430
Glas	796	Quecksilber	138	Maschinenöl	1675
Graphit	870	Sandstein	920	Petroleum	2093
Gußeisen	544	Schamotte	796	Schwefelsäure	1380
Kieselgur	870	Silber	234	Wasser	4187

10.11. Mittlere spezifische Wärmekapazität c_p, c_v in J/(kgK) nach *Justi* und *Lüder*

ϑ in °C		CO	CO_2	Luft	CH_4	O_2	N_2	H_2O	H_2
0	c_p	1038,13	707,43	1004,64	2155,79	912,55	1038,13	1854,40	14 232,40
	c_v	740,92	519,06	715,81	1636,73	653,02	740,92	1393,94	10 109,19
100	c_p	1042,31	870,69	1008,83	2260,44	920,92	1042,31	1866,96	14 316,12
	c_v	745,11	682,32	719,99	1741,38	661,39	745,11	1406,50	10 192,91
200	c_p	1046,50	916,73	1013,01	2453,00	933,48	1046,50	1887,89	14 399,84
	c_v	749,29	728,36	724,18	1933,93	673,95	749,29	1427,43	10 276,63
300	c_p	1054,87	958,59	1021,38	2637,18	950,22	1050,69	1908,82	14 441,70
	c_v	757,67	770,22	732,55	2118,12	690,69	753,48	1448,36	1 946,49
400	c_p	1063,24	987,90	1029,76	2808,81	966,97	1059,06	1938,12	14 483,56
	c_v	766,04	799,53	740,92	2289,74	707,43	761,85	1477,66	10 360,35
500	c_p	1075,80	1021,38	1042,31	2955,32	979,52	1074,43	1971,61	14 483,56
	c_v	778,60	833,01	753,48	2436,25	719,99	770,22	1511,15	10 360,35
600	c_p	1088,36	1050,69	1050,69	3147,87	992,08	1075,82	2000,91	14 525,42
	c_v	791,15	862,31	761,85	2628,81	732,55	778,60	1540,45	10 402,21
700	c_p	1096,73	1071,62	1059,06	3302,57	1004,64	1084,17	2030,21	14 567,28
	c_v	799,53	883,25	770,22	7283,69	745,11	786,97	1569,75	10 444,07
800	c_p	1109,30	1092,55	1071,62	3436,71	1017,20	1096,73	2067,88	14 651,00
	c_v	812,08	904,18	782,78	2917,64	757,67	799,53	1607,42	10 527,79
900	c_p	1121,85	1113,48	1084,17	3570,66	1025,57	1105,10	2101,37	14 692,86
	c_v	824,64	925,11	795,34	3051,59	766,04	807,90	1640,91	10 569,65
1000	c_p	1130,22	1130,22	1092,55	3658,56	1033,94	1117,66	2134,86	14 734,72
	c_v	833,01	941,85	803,71	3139,50	744,41	820,46	1674,40	10 611,51

10.12. Schmelzenthalpie q_s fester Stoffe in J/kg bei p = 101 325 N/m²

Aluminium	$3{,}9 \cdot 10^5$	Grauguß	$0{,}96 \cdot 10^5$	Nickel	$2{,}3 \cdot 10^5$	Zink	$1{,}1 \cdot 10^5$
Blei	$0{,}23 \cdot 10^5$	Kupfer	$1{,}7 \cdot 10^5$	Platin	$1{,}0 \cdot 10^5$	Zinn	$0{,}6 \cdot 10^5$
Eis	$3{,}4 \cdot 10^5$	Magnesium	$2{,}0 \cdot 10^5$	Stahl	$2{,}5 \cdot 10^5$		

10.13. Verdampfungs- und Kondensationsenthalpie q_V in J/kg bei 101 325 N/m²

Alkohol	$8{,}7 \cdot 10^5$	Quecksilber	$2{,}85 \cdot 10^5$	Stickstoff	$2{,}01 \cdot 10^5$
Benzol	$4{,}4 \cdot 10^5$	Sauerstoff	$2{,}14 \cdot 10^5$	Wasser	$22{,}5 \cdot 10^5$
				Wasserstoff	$5{,}0 \cdot 10^5$

10.14. Schmelzpunkt fester Stoffe in °C bei p = 101 325 N/m²

Aluminium	658	Gold	1063	Messing	900
Blei	327	Graphit	3600	Platin	1770
Chrom	1765	Iridium	2455	Silber	960
Diamant	3500	Kupfer	1084	Wolfram	3350
Eisen (rein)	1528	Magnesium	655	Zink	419
Elektron	625	Mangan	1260	Zinn	232

10.15. Siede- und Kondensationspunkt einiger Stoffe in °C bei p = 101 325 N/m²

Alkohol	78	Helium	−269	Sauerstoff	−183
Benzin	95	Kohlenoxid	−190	Silber	2000
Benzol	80	Kupfer	2310	Stickstoff	−196
Blei	1525	Magnesium	1100	Wasser	100
Eisen (rein)	2500	Mangan	1900	Wasserstoff	−253
Glycerin	290	Methan	−164	Zink	915
Gold	2650	Quecksilber	357	Zinn	2200

10.16. Längenausdehnungskoeffizient α fester Stoffe in 1/K zwischen 0 °C und 100 °C (Volumenausdehnungskoeffizient $\alpha_V \approx 3\,\alpha$)

Aluminium	$23{,}5 \cdot 10^{-6}$	Invarstahl	$1{,}6 \cdot 10^{-6}$	Porzellan	$3{,}0 \cdot 10^{-6}$
Baustahl	$12{,}0 \cdot 10^{-6}$	Jenaer Glas	$4{,}5 \cdot 10^{-6}$	PVC	$78{,}1 \cdot 10^{-6}$
Blei	$29{,}2 \cdot 10^{-6}$	Kunststoffe	$(10–50) \cdot 10^{-6}$	Quarzglas	$0{,}6 \cdot 10^{-6}$
Bronze	$17{,}5 \cdot 10^{-6}$	Kupfer	$16{,}5 \cdot 10^{-6}$	Widia	$5{,}3 \cdot 10^{-6}$
Chromstahl	$11{,}0 \cdot 10^{-6}$	Magnesium	$26{,}0 \cdot 10^{-6}$	Wolfram	$4{,}5 \cdot 10^{-6}$
Glas	$9{,}0 \cdot 10^{-6}$	Messing	$18{,}4 \cdot 10^{-6}$	Zinn	$23{,}0 \cdot 10^{-6}$
Gold	$14{,}2 \cdot 10^{-6}$	Nickel	$14{,}1 \cdot 10^{-6}$	Zinnbronze	$17{,}8 \cdot 10^{-6}$
Gußeisen	$9{,}0 \cdot 10^{-6}$	Platin	$8{,}9 \cdot 10^{-6}$	Zink	$30{,}1 \cdot 10^{-6}$

10.17. Volumenausdehnungskoeffizient α_V von Flüssigkeiten in 1/K bei 18 °C

Äthylalkohol	$11{,}0 \cdot 10^{-4}$	Glycerin	$5{,}0 \cdot 10^{-4}$	Schwefelsäure	$5{,}6 \cdot 10^{-4}$
Äthyläther	$16{,}3 \cdot 10^{-4}$	Olivenöl	$7{,}2 \cdot 10^{-4}$	Wasser	$1{,}8 \cdot 10^{-4}$
Benzol	$12{,}4 \cdot 10^{-4}$	Quecksilber	$1{,}8 \cdot 10^{-4}$		

10.18. Wärmeleitzahlen λ fester Stoffe bei 20 °C in $10^3 \frac{J}{m\,h\,K}$; Klammerwerte in $\frac{W}{mK}$

Stoff	λ	
Aluminium	754	(209
Asbestwolle	0,3	(0,08)
Asphalt	2,5	(0,69)
Bakelit	0,8	(0,22)
Beton	4,6	(1,28)
Blei	126	(35)
Duraluminium	628	(174)
Eichenholz, radial	0,6	(0,17)
Eis bei 0 °C	8,1	(2,25)
Eisenzunder (1000 °C)	5,9	(1,64)
Fensterglas	4,2	(1,17)
Fichtenholz, axial	0,84	(0,23)
–, radial	0,42	(0,12)
Gips, trocken [1])	1,5	(0,42)
Gold	1120	(310)
Graphit	500	(140)
Hartgummi	0,6	(0,17)
Kesselstein, amorph [1])	4	(1,1)
–, gipsreich [1])	5,5	(1,53)
–, kalreich [1])	1,8	(0,5)
Kies	1,3	(0,36)
Kohle, amorph	0,63	(0,17)
–, graphitisch	4,2	(1,17)
Korkplatten	0,17	(0,05)
Kupfer	1360	(380)
Leder	0,6	(0,17)
Linoleum	0,67	(0,19)
Magnesium	510	(142)
Marmor	10,5	(2,92)
Messing	376	(104)
Mörtel und Putz	3,4	(0,94)
Nickel	293	(81)
Nickelstahl (30% Ni)	42	(11,7)
Porzellan [1])	4,5	(1,3)
Quarzglas	5,0	(1,39)
Ruß	0,17	
Sandstein	6,7	
Schamottestein [1])	3	(0,8)
–, (1000 °C)	3,6	(1,0)
Schaumgummi [1])	0,2	(0,06)
Schnee [1])	0,5	(0,14)
Silber	1500	(420)
Stahl (0,1% C)	193	(54)
– (0,6% C)	150	(42)
– (V 2 A)	54	(15)
Ziegelmauer, außen	3,1	(0,86)
–, innen	2,5	(0,7)
Zink	406	(113)
Zinn	239	(66)

[1]) Mittelwerte

10.19. Wärmeleitzahlen λ von Flüssigkeiten bei 20 °C in $\frac{J}{m\,h\,K}$; Klammerwerte in $\frac{W}{m\,K}$

Stoff	λ	
Ammoniak	1 800	(0,5)
Äthylalkohol	700	(0,19)
Aceton	600	(0,17)
Benzin	500	(0,14)
Glycerin	1 000	(0,28)
– mit 50% Wasser	1 500	(0,42)
Paraffinöl	460	(0,13)
Quecksilber	33 000	(9,2)
Spindelöl	500	(0,14)
Transformatorenöl	460	(0,13)
Wasser	2 200	(0,61)
Xylol	470	(0,13)

10.20. Wärmeleitzahlen λ von Gasen in Abhängigkeit von der Temperatur (Ungefährwerte) in $\frac{J}{m\,h\,K}$; Klammerwerte in $\frac{W}{m\,K}$

	0 °C	200 °C	400 °C	600 °C	800 °C	1000 °C
Luft	84 (0,023)	47 (0,013)	188 (0,052)	222 (0,062)	251 (0,07)	281 (0,078)
Wasserdampf	63 (0,017)	117 (0,032)	197 (0,055)	293 (0,081)		
Argon	59 (0,016)	92 (0,026)	126 (0,035)	155 (0,043)	184 (0,05)	209 (0,058)

10.21. Wärme-Übergangszahlen α für Dampferzeuger bei normalen Betriebsbedingungen (Mittelwerte)

	in $\frac{J}{m\,h\,K}$		in $\frac{W}{m\,K}$
Verdampfer	$\alpha_1 = (83 \ldots 209) \cdot 10^3$	zwischen Feuergas und Wand	23 ... 58
	$\alpha_2 = (210 \ldots 420) \cdot 10^6$	zwischen Wand und Wasser	$(58 \ldots 117) \cdot 10^3$
Überhitzer	$\alpha_1 = (125 \ldots 209) \cdot 10^3$	zwischen Rohrwand und Feuergas oder Dampf	35 ... 58
Lufterhitzer	$\alpha_1 = (42 \ldots 83) \cdot 10^3$	zwischen Blechwand und Luft oder Feuergas	12 ... 23
Wasservorwärmer	$\alpha_1 = (63 \ldots 126) \cdot 10^3$	zwischen Feuergas und Rohrwand	17 ... 35
	$\alpha_2 = (210 \ldots 330) \cdot 10^6$	zwischen Rohrwand und Wasser	$(58 \ldots 92) \cdot 10^3$

10.22. Wärmedurchgangszahlen k bei normalem Kesselbetrieb (Mittelwerte)

in $\frac{J}{m^2 h\,K}$		in $\frac{W}{m^2 K}$
$(42 \ldots 126) \cdot 10^3$	für Wasservorwärmer	11,7 ... 35
$(83 \ldots 209) \cdot 10^3$	für Verdampferheizfläche	23 ... 58
$(83 \ldots 251) \cdot 10^3$	für Berührungsüberhitzer	23 ... 70
$(33 \ldots 63) \cdot 10^3$	für Plattenlufterhitzer	9,2 ... 17,5

10.23. Emissionsverhältnis ϵ und Strahlungszahl C bei 20 °C

	ϵ	C in $\frac{J}{m^2 h\,K^4}$	C in $\frac{W}{m^2 K^4}$
absolut schwarzer Körper	1	$20{,}8 \cdot 10^{-5}$	$5{,}78 \cdot 10^{-8}$
Aluminium, unbehandelt	0,07 ... 0,09	$(1{,}47 \ldots 1{,}88) \cdot 10^{-5}$	$(0{,}41 \ldots 0{,}52) \cdot 10^{-8}$
–, poliert	0,04	$0{,}796 \cdot 10^{-5}$	$0{,}22 \cdot 10^{-8}$
Glas	0,93	$19{,}3 \cdot 10^{-5}$	$5{,}36 \cdot 10^{-8}$
Gußeisen, ohne Gußhaut	0,42	$8{,}8 \cdot 10^{-5}$	$2{,}44 \cdot 10^{-8}$
Kupfer, poliert	0,045	$0{,}92 \cdot 10^{-5}$	$0{,}26 \cdot 10^{-8}$
Messing, poliert	0,05	$1{,}05 \cdot 10^{-5}$	$0{,}29 \cdot 10^{-8}$
Öle	0,82	$16{,}96 \cdot 10^{-5}$	$4{,}71 \cdot 10^{-8}$
Porzellan, glasiert	0,92	$19{,}17 \cdot 10^{-5}$	$5{,}32 \cdot 10^{-8}$
Stahl, poliert	0,28	$5{,}86 \cdot 10^{-5}$	$1{,}63 \cdot 10^{-8}$
Stahlblech, verzinkt	0,23	$4{,}69 \cdot 10^{-5}$	$1{,}30 \cdot 10^{-8}$
–, verzinnt	0,06 ... 0,08	$(1{,}3 \ldots 1{,}7) \cdot 10^{-5}$	$(0{,}36 \ldots 0{,}47) \cdot 10^{-8}$
Dachpappe	0,91	$18{,}92 \cdot 10^{-5}$	$5{,}26 \cdot 10^{-8}$

10.24. Spezifische Gaskonstante R_i, Dichte ρ und Verhältnis $\kappa = \frac{c_p}{c_v}$ einiger Gase

Gasart	Atomzahl	R_i in $\frac{J}{kg\,K}$	ρ in $\frac{kg}{m^3}$ [1])	κ	molare Masse M in $\frac{kg}{kmol}$ (gerundet)
Argon (Ar)	1	208	1,7821	1,66	40
Acetylen (C_2H_2)	4	320	1,1607	1,26	26
Ammoniak (NH_3)	4	488	0,7598	1,31	17
Helium (He)	1	2 078	0,1786	1,66	4
Kohlendioxid (CO_2)	3	189	1,9634	1,30	44
Kohlenoxid (CO)	2	297	1,2495	1,40	28
Luft	–	287	1,2922	1,40	–
Methan (CH_4)	5	519	0,7152	1,32	16
Sauerstoff (O_2)	2	260	1,4276	1,31	32
Stickstoff (N_2)	2	297	1,2499	1,40	28
Wasserdampf (H_2O)	3	462	–	1,40	18
Wasserstoff (H_2)	2	4 158	0,0899	1,41	2

[1]) Die Werte gelten für die Temperatur von 0 °C und für einen Druck von 101 325 $\frac{N}{m^2}$ = 1,01325 bar.

11. Elektrotechnik

11.1. Größen und Einheiten aus der Elektrotechnik

(weitere Größen und Einheiten siehe Physik 2.1)

elektrische Stromstärke I (Basisgröße)	Einheit der elektrischen Stromstärke I ist die Basiseinheit **Ampere** (Kurzzeichen A): 1 A ist die Stärke eines zeitlich unveränderlichen elektrischen Stromes, der, durch zwei im Vakuum parallel im Abstand 1 m voneinander angeordnete, geradlinige, unendlich lange Leiter von vernachlässigbar kleinem, kreisförmigem Querschnitt fließend, zwischen diesen Leitern je 1 m Leiterlänge elektrodynamisch die Kraft $F = \frac{1}{5\,000\,000}\,\mathrm{N} = 2 \cdot 10^{-7}\,\mathrm{N} = 2 \cdot 10^{-7}\,\frac{\mathrm{kg\,m}}{\mathrm{s}^2} = 2 \cdot 10^{-7}\,\mathrm{m\,kg\,s^{-2}}$ hervorrufen würde.
elektrische Spannung U, elektrische Potentialdifferenz (abgeleitete Größe)	Einheit der elektrischen Spannung U oder der elektrischen Potentialdifferenz U ist das **Volt** (Kurzzeichen V): 1 V ist gleich der elektrischen Spannung oder elektrischen Potentialdifferenz zwischen zwei Punkten eines fadenförmigen, homogenen und gleichmäßig temperierten metallischen Leiters, in dem bei einem zeitlich unveränderlichen elektrischen Strom der Stärke 1 A zwischen den beiden Punkten die Leistung 1 W umgesetzt wird. $1\,\mathrm{V} = 1\,\frac{\mathrm{W}}{\mathrm{A}} = 1\,\frac{\mathrm{Nm}}{\mathrm{sA}} = 1\,\frac{\mathrm{kgm}^2}{\mathrm{s}^3\,\mathrm{A}} = 1\,\mathrm{m^2\,kg\,s^{-3}\,A^{-1}}$
elektrischer Widerstand R (abgeleitete Größe)	Einheit des elektrischen Widerstandes R ist das **Ohm** (Kurzzeichen Ω): 1 Ω ist gleich dem elektrischen Widerstand zwischen zwei Punkten eines fadenförmigen, homogenen und gleichmäßig temperierten metallischen Leiters, durch den bei der elektrischen Spannung 1 V zwischen den beiden Punkten ein zeitlich unveränderlicher elektrischer Strom der Stärke 1 A fließt. $1\,\Omega = 1\,\frac{\mathrm{V}}{\mathrm{A}} = 1\,\frac{\mathrm{W/A}}{\mathrm{A}} = 1\,\frac{\mathrm{W}}{\mathrm{A}^2} = 1\,\frac{\mathrm{Nm}}{\mathrm{sA}^2} = 1\,\frac{\mathrm{kgm}^2}{\mathrm{s}^3\,\mathrm{A}^2} = 1\,\mathrm{m^2\,kg\,s^{-3}\,A^{-2}}$
elektrischer Leitwert G (abgeleitete Größe)	Einheit des elektrischen Leitwertes G ist das **Siemens** (Kurzzeichen S): 1 S ist gleich dem elektrischen Leitwert eines Leiters vom elektrischen Widerstand 1 Ω: $1\,\mathrm{S} = 1\,\frac{1}{\Omega} = 1\,\frac{\mathrm{A}}{\mathrm{V}} = 1\,\frac{\mathrm{A}}{\mathrm{W/A}} = 1\,\frac{\mathrm{A}^2}{\mathrm{W}} = 1\,\frac{\mathrm{A}^2\,\mathrm{s}}{\mathrm{Nm}} = 1\,\frac{\mathrm{s}^3\,\mathrm{A}^2}{\mathrm{kg\,m}^2} = 1\,\mathrm{m^{-2}\,kg^{-1}\,s^3\,A^2}$

11. Elektrotechnik

Elektrizitätsmenge Q, elektrische Ladung (abgeleitete Größe)	Einheit der Elektrizitätsmenge Q oder der elektrischen Ladung Q ist das **Coulomb** (Kurzzeichen C): 1 C ist gleich der Elektrizitätsmenge oder elektrischen Ladung, die während der Zeit 1 s bei einem zeitlich unveränderlichen elektrischen Strom der Stärke 1 A durch den Querschnitt des Leiters fließt. Einheiten der Elektrizitätsmenge oder elektrischen Ladung sind auch alle Produkte, die aus einer gesetzlichen Einheit der elektrischen Stromstärke und einer gesetzlichen Zeiteinheit gebildet werden. $1\,\mathrm{C} = 1\,\mathrm{A}\cdot 1\,\mathrm{s} = 1\,\mathrm{A\,s} = 1\,\mathrm{s\,A}$
elektrische Kapazität C (abgeleitete Größe)	Einheit der elektrischen Kapazität C ist das **Farad** (Kurzzeichen F): 1 F ist gleich der elektrischen Kapazität eines Kondensators, der durch die Elektrizitätsmenge 1 C auf die elektrische Spannung 1 V aufgeladen wird. $1\,\mathrm{F} = 1\,\frac{\mathrm{C}}{\mathrm{V}} = 1\,\frac{\mathrm{As}}{\mathrm{V}} = 1\,\frac{\mathrm{As}}{\mathrm{W/A}} = 1\,\frac{\mathrm{A^2s^2}}{\mathrm{Nm}} = 1\,\frac{\mathrm{A^2s^4}}{\mathrm{kg\,m^2}} = 1\,\mathrm{m^{-2}kg^{-1}s^4A^2}$
elektrische Flußdichte D, Verschiebung (abgeleitete Größe)	Einheit der elektrischen Flußdichte D oder der Verschiebung D ist das **Coulomb durch Quadratmeter** (Kurzzeichen $\mathrm{C/m^2}$): 1 $\mathrm{C/m^2}$ ist gleich der elektrischen Flußdichte oder Verschiebung in einem Plattenkondensator, dessen beide im Vakuum parallel zueinander angeordnete, unendlich ausgedehnte Platten je Fläche 1 $\mathrm{m^2}$ gleichmäßig mit der Elektrizitätsmenge 1 C aufgeladen werden. Einheiten der elektrischen Flußdichte oder Verschiebung sind auch alle Quotienten, die aus einer gesetzlichen Einheit der Elektrizitätsmenge und einer gesetzlichen Flächeneinheit gebildet werden. $1\,\frac{\mathrm{C}}{\mathrm{m^2}} = 1\,\frac{\mathrm{As}}{\mathrm{m^2}} = 1\,\mathrm{m^{-2}sA}$
elektrische Feldstärke E (abgeleitete Größe)	Einheit der elektrischen Feldstärke E ist das **Volt durch Meter** (Kurzzeichen V/m): 1 V/m ist gleich der elektrischen Feldstärke eines homogenen elektrischen Feldes, in dem die Potentialdifferenz zwischen zwei Punkten im Abstand 1 m in Richtung des Feldes 1 V beträgt. Einheiten der elektrischen Feldstärke sind auch alle Quotienten, die aus einer gesetzlichen Einheit der elektrischen Spannung und einer gesetzlichen Längeneinheit gebildet werden. $1\,\frac{\mathrm{V}}{\mathrm{m}} = 1\,\frac{\mathrm{W/A}}{\mathrm{m}} = 1\,\frac{\mathrm{Nm}}{\mathrm{s\,Am}} = 1\,\frac{\mathrm{kg\,m}}{\mathrm{s^3A}} = 1\,\mathrm{m\,kg\,s^{-3}A^{-1}}$
magnetischer Fluß Φ (abgeleitete Größe)	Einheit des magnetischen Flusses Φ ist das **Weber** (Kurzzeichen Wb): 1 Wb ist gleich dem magnetischen Fluß, bei dessen gleichmäßiger Abnahme während der Zeit 1 s auf Null in einer ihn umschlingenden Windung die elektrische Spannung 1 V induziert wird. Das Weber darf auch als Voltsekunde (Kurzzeichen Vs) bezeichnet werden. $1\,\mathrm{Wb} = 1\,\mathrm{Vs} = 1\,\frac{\mathrm{W}}{\mathrm{A}}\mathrm{s} = 1\,\frac{\mathrm{Nm}}{\mathrm{sA}}\mathrm{s} = 1\,\frac{\mathrm{kg\,m^2}}{\mathrm{s^2A}} = 1\,\mathrm{m^2kg\,s^{-2}A^{-1}}$

magnetische Flußdichte B, Induktion (abgeleitete Größe)	Einheit der magnetischen Flußdichte B oder Induktion B ist das **Tesla** (Kurzzeichen T): 1 T ist gleich der Flächendichte des homogenen magnetischen Flusses 1 Wb, der die Fläche 1 m^2 senkrecht durchsetzt. Einheiten der magnetischen Flußdichte oder Induktion sind auch alle Quotienten, die aus einer gesetzlichen Einheit des magnetischen Flusses und einer gesetzlichen Flächeneinheit gebildet werden. $1\,\mathrm{T} = 1\,\frac{\mathrm{Wb}}{\mathrm{m}^2} = 1\,\frac{\mathrm{Vs}}{\mathrm{m}^2} = 1\,\frac{\mathrm{kg\,m}^2}{\mathrm{s}^2\,\mathrm{A\,m}^2} = 1\,\frac{\mathrm{kg}}{\mathrm{s}^2\,\mathrm{A}} = 1\,\mathrm{kg\,s}^{-2}\,\mathrm{A}^{-1}$
Induktivität L (abgeleitete Größe)	Einheit der Induktivität L ist das **Henry** (Kurzzeichen H): 1 H ist gleich der Induktivität einer geschlossenen Windung, die, von einem elektrischen Strom der Stärke 1 A durchflossen, im Vakuum den magnetischen Fluß 1 Wb umschlingt. $1\,\mathrm{H} = 1\,\frac{\mathrm{Wb}}{\mathrm{A}} = 1\,\frac{\mathrm{Vs}}{\mathrm{A}} = 1\,\frac{\mathrm{kg\,m}^2}{\mathrm{s}^2\,\mathrm{A}^2} = 1\,\mathrm{m}^2\,\mathrm{kg\,s}^{-2}\,\mathrm{A}^{-2}$
magnetische Feldstärke H (abgeleitete Größe)	Einheit der magnetischen Feldstärke H ist das **Ampere durch Meter** (Kurzzeichen A/m): 1 A/m ist gleich der magnetischen Feldstärke, die ein durch einen unendlich langen, geraden Leiter von kreisförmigem Querschnitt fließender elektrischer Strom der Stärke 1 A im Vakuum außerhalb des Leiters auf dem Rand einer zum Leiterquerschnitt konzentrischen Kreisfläche vom Umfang 1 m hervorrufen würde. Einheiten der magnetischen Feldstärke sind auch alle Quotienten, die aus einer gesetzlichen Einheit der elektrischen Stromstärke und einer gesetzlichen Längeneinheit gebildet werden. $1\,\frac{\mathrm{A}}{\mathrm{m}} = 1\,\mathrm{A\,m}^{-1}$

11.2. Gleichstrom

Ohmsches Gesetz	$U = IR \qquad I = \frac{U}{R} \qquad R = \frac{U}{I}$ $I = \frac{U_q}{R_{ges}} = \frac{U_q}{R + R_i}$ U_q Quellenspannung U, U_q | I | R — V | A | Ω 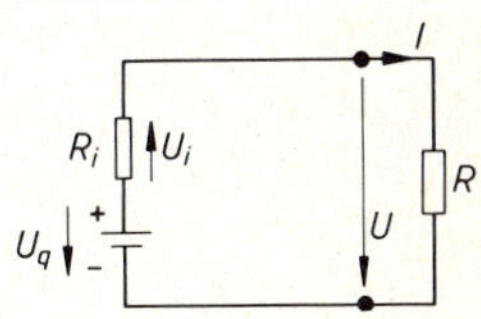
spezifischer elektrischer Widerstand ρ	ist der Widerstand eines Leiters von 1 m Länge und 1 mm^2 Querschnitt bei der Temperatur 20 °C Siehe 11.9
spezifische elektrische Leitfähigkeit γ	$\gamma = \frac{1}{\rho}$; siehe 11.9

11. Elektrotechnik

Widerstand R eines Leiters von Gesamtlänge l

$$R = \rho \frac{l}{A} = \frac{l}{\gamma A}$$

R	ρ	γ	l	A
Ω	$\frac{\Omega\,\text{mm}^2}{\text{m}}$	$\frac{\text{m}}{\Omega\,\text{mm}^2}$	m	mm^2

Temperaturabhängigkeit des Widerstandes

$$R_\vartheta = R_{20}(1 + \alpha\,\Delta\vartheta)$$

$$\frac{R_{\text{warm}}}{R_{\text{kalt}}} = \frac{\tau + \vartheta_{\text{warm}}}{\tau + \vartheta_{\text{kalt}}}$$

$$\tau = \frac{1}{\alpha} - 20\ ^\circ\text{C}$$

R_ϑ Widerstand bei Temperatur ϑ
R_{20} bei 20 °C
τ, α Temperaturbeiwert, siehe 11.9
$\Delta\vartheta = \vartheta - 20\ ^\circ\text{C}$
ϑ_{warm} wärmere Temperatur
ϑ_{kalt} kältere Temperatur

für Kupfer gilt

$$R_\vartheta = R_{20}\left(1 + \frac{\Delta\vartheta}{255\ ^\circ\text{C}}\right); \quad \Delta\vartheta = \frac{R_\vartheta - R_{20}}{R_{20}} \cdot 255\ ^\circ\text{C}$$

Reihenschaltung (Hintereinanderschaltung) von Widerständen

$$R_{\text{ges}} = R_1 + R_2 + R_3 + \ldots R_n$$

$$U_{\text{ges}} = U_1 + U_2 + U_3 + \ldots U_n$$

$$U_1 : U_2 : U_3 \ldots = R_1 : R_2 : R_3 \ldots$$

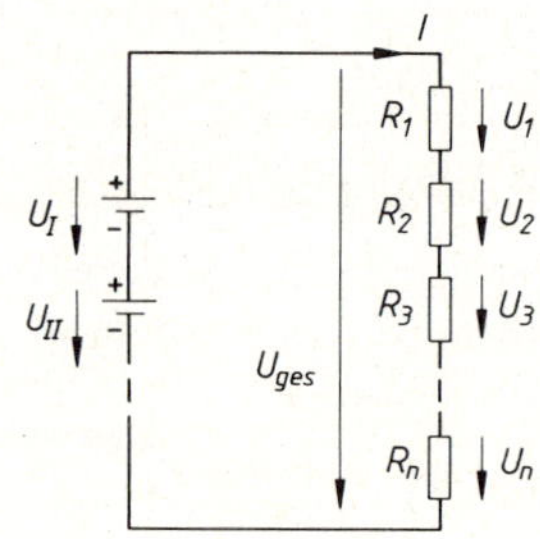

Parallelschaltung von Widerständen

$$\frac{1}{R_{\text{ges}}} = \frac{1}{R_1} + \frac{1}{R_2} + \frac{1}{R_3} + \ldots \frac{1}{R_n}$$

$$R_{\text{ges}} = \frac{R_1\,R_2}{R_1 + R_2} \quad \text{(für zwei Widerstände)}$$

von Leitwerten

$$G_{\text{ges}} = G_1 + G_2 + G_3 + \ldots G_n$$

$$U_{\text{ges}} = U_1 = U_2 = U_3 = \ldots U_n$$

$$I_{\text{ges}} = I_1 + I_2 + I_3 + \ldots I_n$$

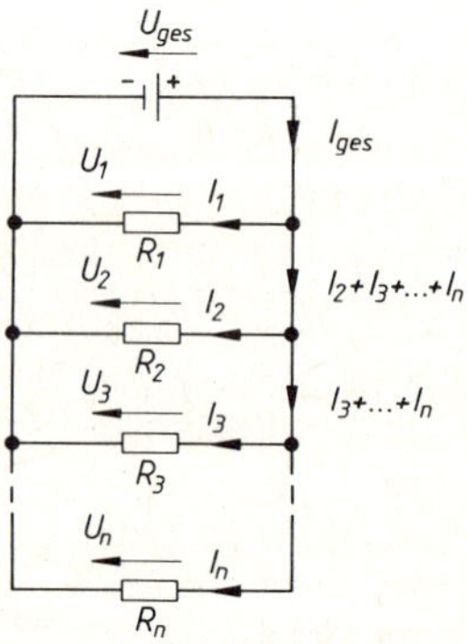

Erster Kirchhoffscher Satz

Für jeden Knotenpunkt ist die Summe der zufließenden gleich der Summe der abfließenden Ströme.

$$\Sigma I_{\text{zu}} = \Sigma I_{\text{ab}}; \qquad I_{\text{ges}} = I_1 + I_2 + I_3 + \ldots I_n$$

$$I_1 = \frac{U_{\text{ges}}}{R_1}; \qquad I_2 = \frac{U_{\text{ges}}}{R_2}; \qquad I_3 = \frac{U_{\text{ges}}}{R_3}$$

Die Stromstärken in den einzelnen Teilen einer Stromverzweigung verhalten sich umgekehrt wie die Widerstände.

Stromverhältnis

$$I_1 : I_2 : I_3 : \ldots I_n = \frac{1}{R_1} : \frac{1}{R_2} : \frac{1}{R_3} : \ldots \frac{1}{R_n}$$ für zwei parallele Zweige gilt: $$\frac{I_1}{I_2} = \frac{R_2}{R_1}$$

Die Spannungen an Parallelschaltungen sind gleich.

$$U_{\text{ges}} = U_1 = U_2 = U_3 = U_n$$

Zweiter Kirchhoffscher Satz	In einem Stromkreis (und auch in jeder Masche eines Netzes) ist die Summe der Quellenspannungen gleich der Summe der Spannungsabfälle. $U_I + U_{II} = IR_1 + IR_2 + IR_3 + ... + IR_n$; $U_{I,II} = \Sigma IR$ Die Spannungsabfälle verhalten sich wie die Widerstände.
Spannungsverhältnis	$U_1 : U_2 : U_3 : ... : U_n = R_1 : R_2 : R_3 : ... : R_n$
elektrische Leistung P des Gleichstromes	$P = UI = I^2 R = \frac{U^2}{R}$
elektrische Arbeit W des Gleichstromes	$W = Pt = UIt = I^2 Rt = \frac{U^2 t}{R}$ 1 Ws = 1 J = 1 Nm
Stromkosten K in DM (ohne Grundgebühr)	$K = kW$ k E-Werk-Tarif in DM/kWh; W elektrische Arbeit in kWh

P	U	I	W	R	t
W	V	A	Ws	Ω	s

11.3. Elektrochemie

chemische Vorgänge bei der Trockenbatterie

	Kathode	Elektrolyt	Anode
geladen	MnO_2	NH_4Cl	Zn
entladen	Mn_2O_3, H_2O NH_3	$ZnCl_2$	–

chemische Vorgänge beim Blei-Akkumulator

	– Platte	Elektrolyt	+ Platte
geladen	Pb	H_2SO_4	PbO_2
entladen	$PbSO_4$	$2H_2O$	$PbSO_4$

chemische Vorgänge beim Nickel-Kadmium-Akkumulator

geladen	Cd	2KOH	$2Ni(OH)_3$
entladen	$Cd(OH)_2$	2KOH	$2Ni(OH)_2$

praktisch umgesetzte Stoffmenge m

$$m = cIt\eta$$

$$c = \frac{\text{Grammatom}}{\text{Wertigkeit} \cdot 26{,}8\ \text{Ah}}$$

m	c	I	t	η
g	$\frac{g}{Ah}$	A	h	1

c elektro-chemisches Grammäquivalent (siehe 11.11)

η Stromausbeute: 1 für Ag   0,95 für Ni
1 für Cu   0,15 für Cr

1 Farad (F) = 96 500 As = 26,8 Ah

11. Elektrotechnik

Stromstärke I im Stromkreis galvanischer Elemente

$$I = \frac{U_q}{R + R_i} \qquad I_{max} = I_{Elem\ zul}$$

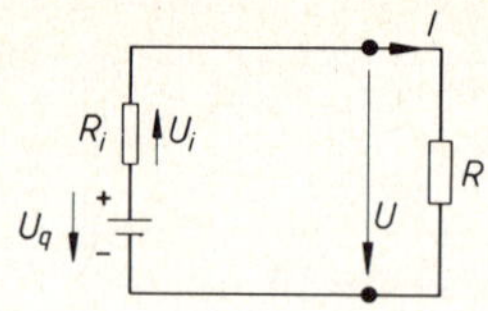

Klemmenspannung U bei Belastung

$$U = U_q - IR_i = U_q - U_i$$

Kurzschluß-Strom I_K

$$I_K = \frac{U_q}{R_i} \text{ und damit } U_i = U_q$$

bei Leerlauf: $U = U_q$ und damit $U_i = 0$

Stromstärke bei Parallelschaltung von „n" gleichen Elementen

$$I = \frac{U_q}{R + \frac{R_i}{n}} \qquad I_{max} = nI_{Elem\ zul}$$

$$U = U_1 = U_2 = U_3 = U_n$$

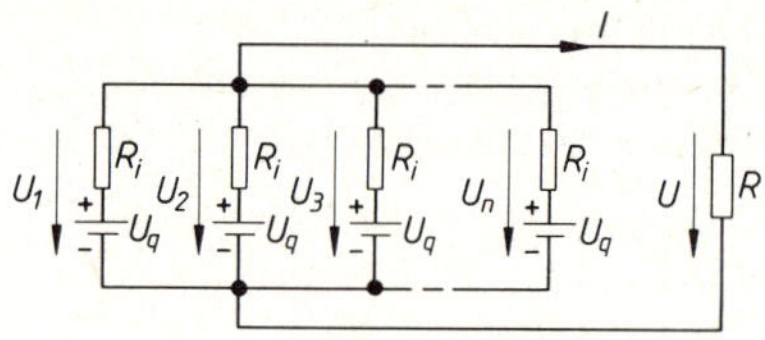

Stromstärke bei Hintereinanderschaltung von „n" gleichen Elementen

$$I = \frac{nU_q}{R_a + nR_i}$$

$$U = U_1 + U_2 + U_3 + U_n$$

U_q Leerlaufspannung in V
R Lastwiderstand im Stromkreis in Ω
R_i innerer Widerstand des galvanischen Elementes in Ω

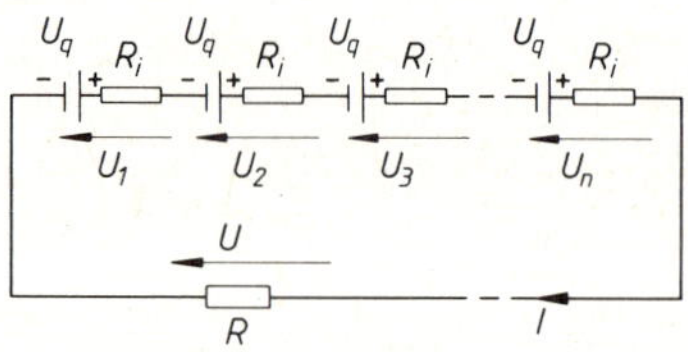

11.4. Magnetisches Feld

magnetischer Fluß Φ

$$\Phi = \frac{V}{R_m} = \frac{NI}{R_m}$$

$$R_m = R_{mE} + R_{mL}$$

Φ	I	N	R_m
Wb = Vs	A = $\frac{Nm}{Wb}$	1	$\frac{A}{Vs} = \frac{A}{Wb}$

$V = \Theta = NI$ magnetische Spannung (Durchflutung, Amperewindungszahl)
R_m magnetischer Widerstand
N Windungszahl

Stromrichtung und Magnetfeldrichtung bilden eine Rechtsschraube

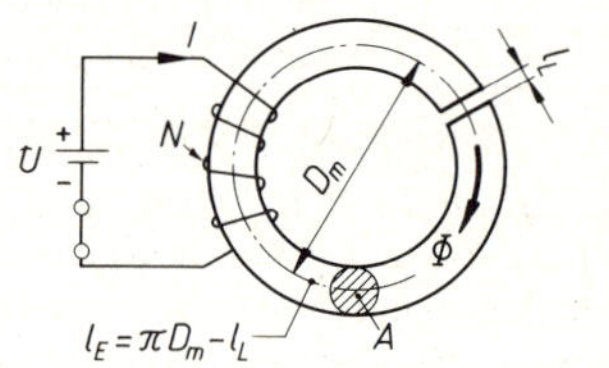

magnetische Flußdichte B (magnetische Induktion)

$$B = \frac{\Phi}{A}$$

B	A
T = $\frac{Vs}{m^2}$	m^2

A Magnetquerschnitt
T Tesla, 1 T = 1 Vs/m^2

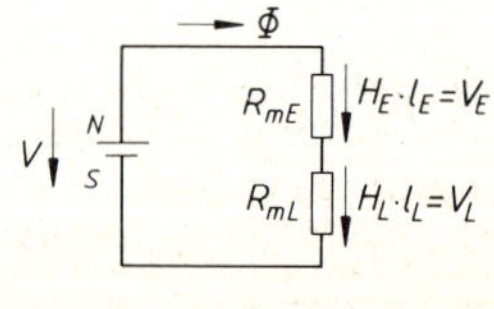

magnetische Feldstärke H

$$H = \frac{NI}{l}$$

l Länge des zu magnetisierenden Raumes

H	N	I	l
$\frac{A}{m}$	1	A	m

magnetischer Widerstand R_{mE} oder Leitwert Λ des Eisens oder der Luft R_{mL}

$$R_{mE} = \frac{l_E}{A\,\mu} = \frac{l_E}{A\,\mu_0\,\mu_r} \qquad R_{mL} = \frac{l_L}{A\,\mu_0} \qquad \Lambda = \frac{1}{R_m}$$

l_E Länge des magnetischen Leiters Eisen

μ spezifische magnetische Leitfähigkeit (absolute Permeabilität) des Materials

A Querschnitt des magnetischen Leiters

magnetische Flußdichte B (Induktion) und magnetische Feldstärke H (Erregung)

$$B = \mu_0\,\mu_r\,H$$

$\mu = \mu_0\,\mu_r$ absolute Permeabilität

$\mu_r = B/B_0$ relative Permeabilität

$\mu_0 = B_0/H$ magnetische Feldkonstante $= 4\,\pi \cdot 10^{-7}$ Vs/Am

B_0 Flußdichte im Vakuum

$\mu_r = 1$ für Luft, $\mu_r \approx 1$ für Cu und Ag

B	μ_r	μ_0	H
$\frac{Vs}{m^2}$	1	$\frac{Vs}{Am}$	$\frac{A}{m}$

magnetische Feldkonstante μ_0

$$\mu_0 = \frac{4\pi}{10^7}\,\frac{Vs}{Am} = 1{,}256\,637 \cdot 10^{-6}\,\frac{Vs}{Am} \approx 1{,}2566 \cdot 10^{-6}\,\frac{Vs}{Am}$$

$$\mu_0 = 1{,}256\,637 \cdot 10^{-6}\,\frac{Wb}{Am} = 1{,}256\,637 \cdot 10^{-6}\,\frac{H}{m} = 1{,}256\,637 \cdot 10^{-6}\,\frac{N}{A^2}$$

Wb Weber = Vs, H Henry = Vs/A, N Newton

Wegen der starken Veränderlichkeit von μ_r bei ferromagnetischen Werkstoffen rechnet man nicht mit $B = \mu_0\mu_r H$, sondern benutzt die Magnetisierungskurve (siehe 11.12).

Durchflutungsgesetz

$$\Theta = NI = H_E\,l_E + H_l\,l_l + \ldots = V_E + V_l$$

H_E erforderliche Feldstärke aus Magnetisierungskurve (11.12)

$H_l = B_l/\mu_0$ erforderliche Feldstärke für Luftspalt

l_E mittlere Eisenweglänge

l_l mittlere Luftspaltlänge

V, NI	H	l
A	$\frac{A}{m}$	m

magnetische Feldstärke in der Umgebung eines gestreckten Leiters

$$H_a = \frac{I}{2\,\pi\,r_a}$$

r_a Radius außerhalb des Leiters

magnetische Feldstärke im Innern eines gestreckten Leiters

$$H_i = \frac{I}{2\,\pi\,r^2}\,r_i$$

r_i Radius innerhalb des Leiters

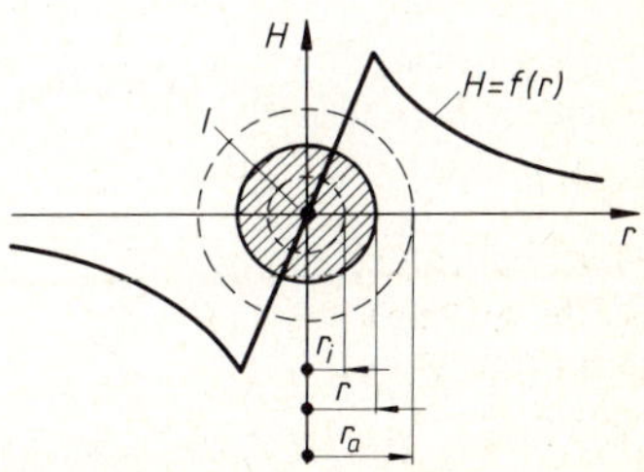

11. Elektrotechnik

Induktionsgesetz bei linearer Änderung des magnetischen Flusses oder des Stromes in einer Leiterschleife (Spule)

$$U_q = N_2 \frac{\Delta\Phi}{\Delta t} = M \frac{\Delta I}{\Delta t}$$

U_q	ΔI	L, M	Δt	N
V	A	$H = \frac{Vs}{A}$	s	1

U_q induzierte Quellenspannung
N Windungszahl
$\Delta\Phi = \Phi_1' - \Phi_1$ Magnetflußänderungsbetrag
$\Delta I = I_1' - I_1$ Stromänderungsbetrag
Δt zeitliche Dauer der Änderung
M Gegeninduktivität: $M = N_1 N_2 \lambda$

Die Richtung des Flusses Φ_2 erhält man über die Lenzsche Regel. (Alle induzierten elektrischen Größen suchen ihre Ursache zu behindern.)

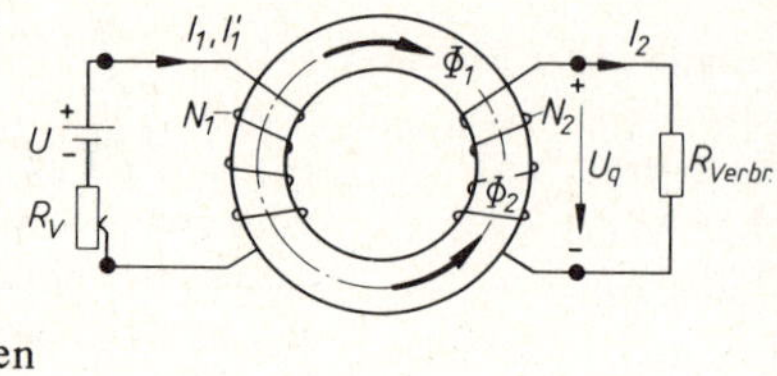

induzierte Quellenspannung im geraden Leiter

$$U_q = B v l$$

B magnetische Induktion
v relative Geschwindigkeit des Feldlinienschnittes
l wirksame Leiterlänge

B	v	l
$\frac{Vs}{m^2}$	$\frac{m}{s}$	m

Induktivität L einer Spule

$$L = N^2 \Lambda = N^2 \cdot \frac{\mu_0 \mu_r A}{l}$$

L	N	Λ	μ_0	μ_r	A	l
$\frac{Vs}{A}$	1	$\frac{Vs}{A}$	$\frac{Vs}{Am}$	1	m^2	m

N Windungszahl
Λ magnetischer Leitwert
A Querschnitt
l Länge des zu magnetisierenden Raumes

μ_0 siehe magnetische Feldkonstante

Reihenschaltung von Induktivitäten

$$L_{ges} = L_1 + L_2 + L_3 + \ldots L_n$$
$$U = U_1 + U_2 + U_3 + \ldots U_n$$

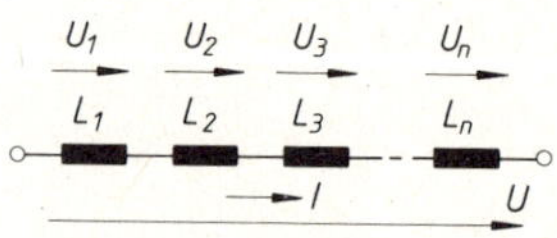

Parallelschaltung von Induktivitäten

$$\frac{1}{L_{ges}} = \frac{1}{L_1} + \frac{1}{L_2} + \frac{1}{L_3} + \ldots \frac{1}{L_n}$$
$$I = I_1 + I_2 + I_3 + \ldots I_n$$
$$U = U_1 = U_2 = U_3 = \ldots U_n$$

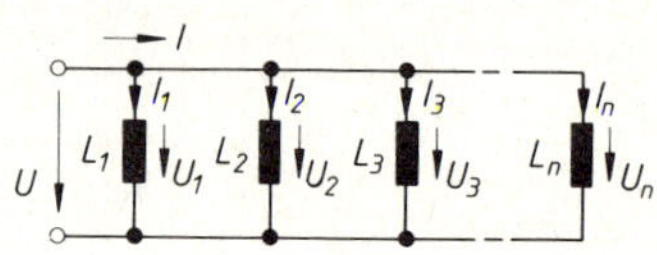

Kraft F auf einen zum Magnetfeld senkrecht stehenden geraden Leiter

$$F = B I l$$
$$F = \mu_0 H I l$$

μ_0 siehe magnetische Feldkonstante

F	B	I	l, l_a	H
N	$\frac{Vs}{m^2}$	A	m	$\frac{A}{m}$

Kraft F zwischen zwei parallelen Leitern

$$F = \frac{\mu_0}{2\pi l_a} I_1 I_2 l$$

l_a senkrechter Abstand

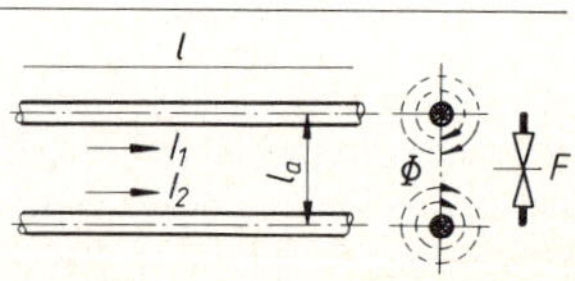

Tragkraft F oder Zugkraft eines Magneten

$$F = \frac{1}{2} H B A$$

H Feldstärke im Luftspalt
B Flußdichte im Luftspalt
A Querschnitt des Magnetpoles

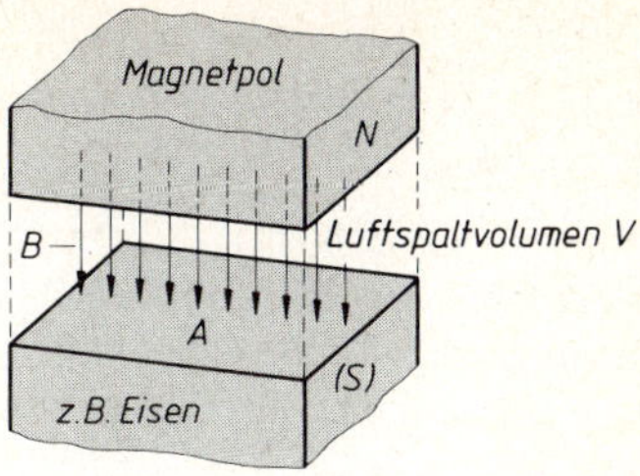

magnetische Energie W im Luftspaltvolumen V

$$W = \frac{1}{2} H B V = \frac{1}{2} \mu_0 H^2 V$$

Energie des magnetischen Feldes der erregten Spule

$$W = \frac{1}{2} L I^2$$

W	H	B	V	μ_0	L	I	t, τ
Ws = Nm = J	$\frac{\text{A}}{\text{m}}$	$\frac{\text{Vs}}{\text{m}^2}$	m^3	$\frac{\text{Vs}}{\text{Am}}$	$\frac{\text{Vs}}{\text{A}}$	A	s

μ_0 siehe magnetische Feldkonstante, S. 247

Einschalten einer Spule

Momentanstrom i (I_0 Endstromstärke)

$$i = I_0 \left(1 - e^{-\frac{R t}{L}}\right)$$

Zeitkonstante τ

$$\tau = \frac{L}{R}$$

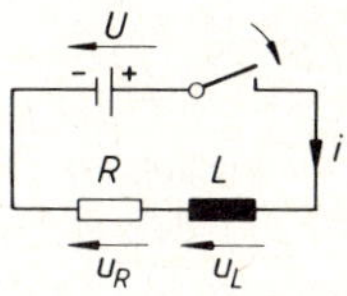

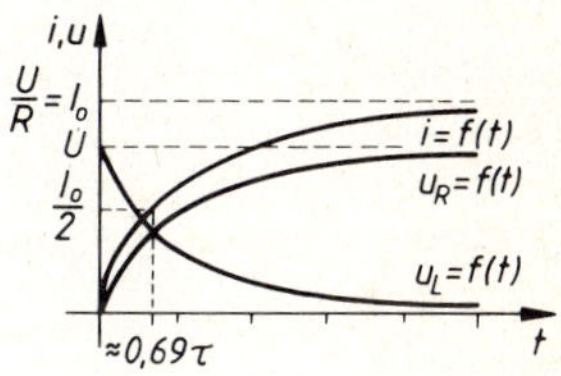

(Einheiten siehe oben)

Ausschalten einer Spule

Momentanstrom i (I_0 Anfangsstromstärke)

$$i = I_0 \, e^{-\frac{R t}{L}}$$

Zeitkonstante τ

$$\tau = \frac{L}{R'}$$

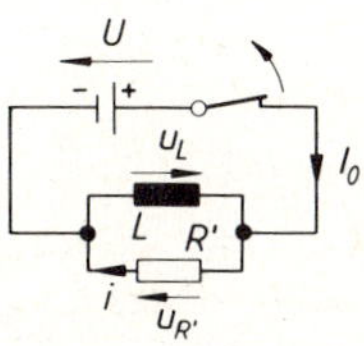

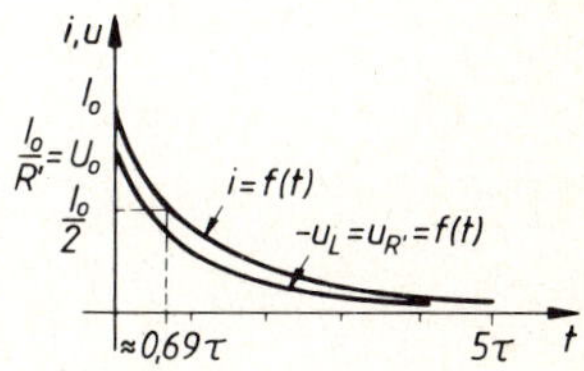

R ohmscher Widerstand der Spule
R' ohmscher Widerstand der Spule und Schaltwiderstand
L Induktivität der Spulen

11.5. Elektrisches Feld

elektrischer Verschiebungsfluß ψ	$\psi \mathrel{\hat{=}} I t = Q$
elektrische Verschiebungsdichte	$D = \frac{\psi}{A} \mathrel{\hat{=}} \frac{Q}{A}$
elektrische Feldstärke E	$E = \frac{U}{l} = \frac{F}{Q}$
elektrische Verschiebungsdichte und elektrisierende Feldstärke E	$D = \epsilon E = \epsilon_0 \epsilon_r E$
absolute Dielektrizitätskonstante ϵ	$\epsilon = \epsilon_0 \epsilon_r$ $\epsilon_0 = \frac{D_0}{E}$

ψ, Q	I	t	A	E	U	l	F	D	ϵ_0, ϵ
As = C	A	s	m^2	$\frac{V}{m}$	V	m	N	$\frac{As}{m^2}$	$\frac{As}{Vm} = \frac{F}{m}$

ϵ_r	C	W
1	F	Ws = Nm

$\left(1\ N = 1 \frac{kgm}{s^2}\right)$

Q verschobene elektrische Ladung
A Feldraumquerschnitt zwischen den Kondensatorplatten
l Feldlinienlänge (z.B. Plattenabstand)
ϵ_0 elektrische Feldkonstante = $8{,}854 \cdot 10^{-12}\ \frac{F}{m}$
ϵ_r Dielektrizitätszahl = D/D_0
F Kraft

$$\epsilon_0 = 8{,}85419 \cdot 10^{-12}\ \frac{As}{Vm} = 8{,}85419 \cdot 10^{-12}\ \frac{F}{m}$$

(F ist die Einheit Farad)

Kapazität C eines Plattenkondensators	$C = \frac{Q}{U} = \frac{\epsilon_0 \epsilon_r A}{l}$ $1\ \text{Farad (F)} = \frac{1\ \text{Coulomb}}{1\ \text{Volt}} = \frac{1\ As}{V}$ 1 Mikrofarad (μF) = 10^{-6} F 1 Picofarad (pF) = 10^{-12} F

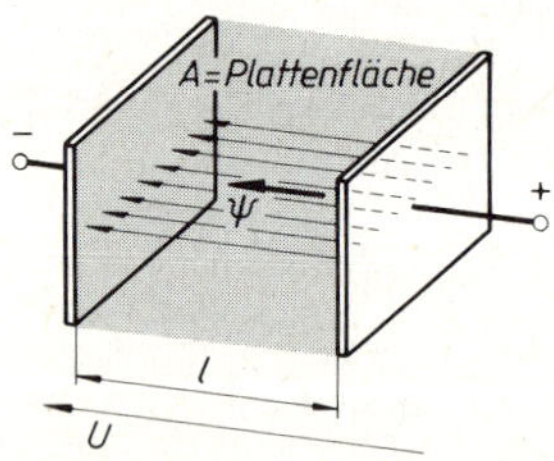

Kapazität C eines Zylinderkondensators	$C = \frac{Q}{U} = \frac{\epsilon_0 \epsilon_r 2\pi l}{\ln \frac{r_a}{r_i}}$ (Einheiten siehe oben)
elektrische Feldstärke eines Zylinderkondensators an der Stelle x	$E_{rx} = \frac{U}{r_x \ln \frac{r_a}{r_i}}$ Feldstärkeverhältnis $\frac{E_{r_i}}{E_{r_a}} = \frac{r_a}{r_i}$ r_a Außenradius, r_x beliebiger Radius r_i Innenradius, ln natürlicher Logarithmus

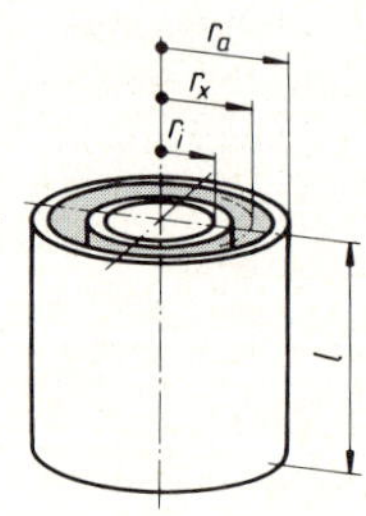

Parallelschaltung von Kondensatoren	$Q = Q_1 + Q_2 + Q_3 + \ldots + Q_n$ $C_{ges} = C_1 + C_2 + C_3 + \ldots + C_n$

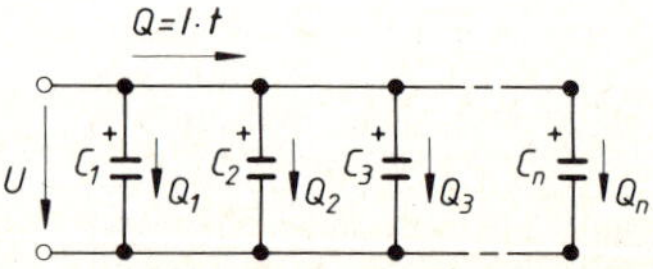

Reihenschaltung von Kondensatoren

$$U = U_1 + U_2 + U_3 + \dots + U_n$$

$$\frac{1}{C_{ges}} = \frac{1}{C_1} + \frac{1}{C_2} + \frac{1}{C_3} + \dots + \frac{1}{C_n}$$

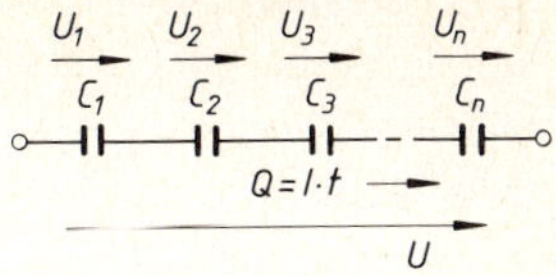

zwei Kondensatoren in Reihe

$$C_{ges} = \frac{C_1 C_2}{C_1 + C_2}$$

Spannungsverhältnis $\frac{U_1}{U_2} = \frac{C_2}{C_1}$

Kraft F zwischen zwei elektrischen punktförmigen Ladungen mit Abstand l

$$F = \frac{Q_1 Q_2}{4\pi\epsilon l^2}$$

Coulombsches Gesetz

F	Q_1, Q_2	ϵ	l	U	A	W	t, τ
N	As	$\frac{As}{Vm}$	m	V	m^2	Ws = Nm	s

ϵ siehe absolute Dielektrizitätskonstante

Kraft F zwischen zwei elektrisch geladenen parallelen Platten

$$F = \frac{\epsilon U^2 A}{2 l^2}$$

Energie W des elektrischen Feldes

$$W = \frac{1}{2} C U^2 = \frac{1}{2} Q U = \frac{1}{2} \frac{Q^2}{C}$$

Aufladen des Kondensators

Momentanspannung u_c (U_0 Endspannung)

$$u_c = U_0 \left(1 - e^{-\frac{t}{RC}}\right)$$

Zeitkonstante τ

$$\tau = CR$$

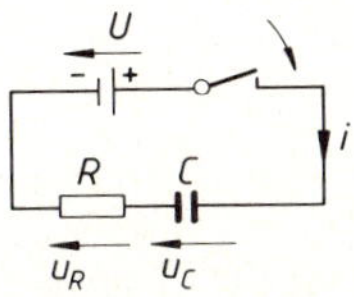

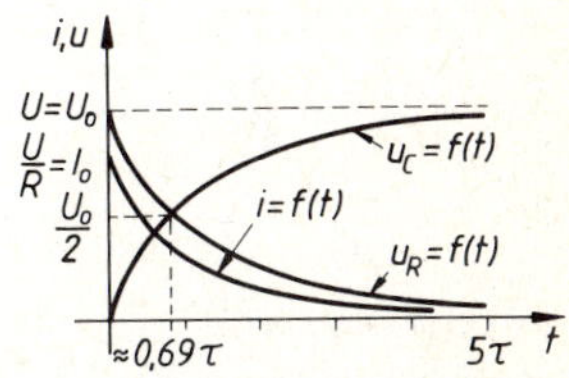

Entladen des Kondensators

Momentanspannung u_c (U_0 Anfangsspannung)

$$u_c = U_0 e^{-\frac{t}{R'C}}$$

Zeitkonstante τ

$$\tau = CR'$$

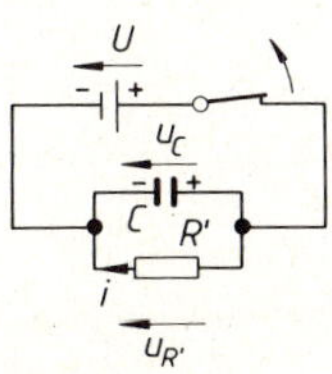

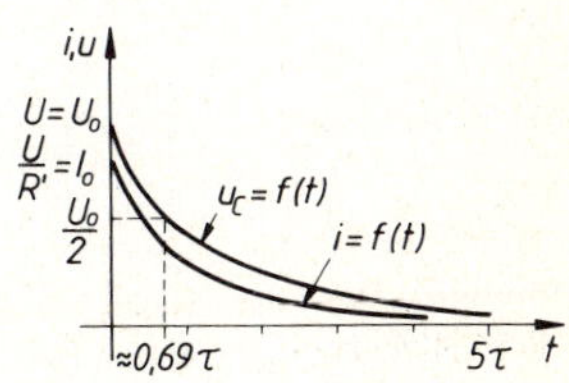

R ohmscher Widerstand des Kondensators
R' ohmscher Widerstand des Kondensators und Schaltwiderstand
C Kapazität der Kondensatoren

11.6. Wechselstrom

Frequenz f (Schwingungszahl)

ist die Anzahl der Schwingungen (Perioden) in der Sekunde, gemessen in Hertz (Hz): 1 Hz = 1/s

1 Kilohertz (kHz) = 1000 Hz; 1 Megahertz (MHz) = 10^6 Hz = 1 000 000 Hz

Kreisfrequenz ω

$$\omega = 2\pi f = \frac{2\pi}{T}$$

$$T = \frac{1}{f}$$

T Periodendauer in s

φ Nullphasenwinkel

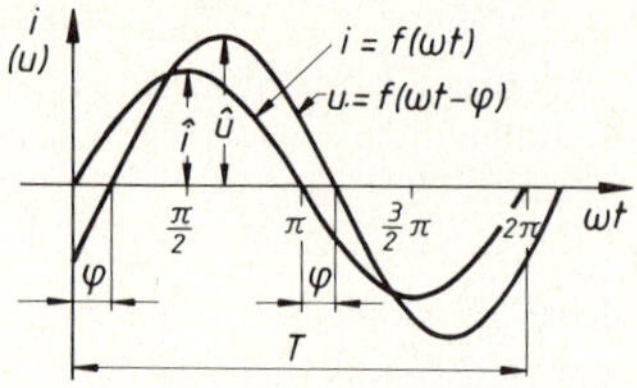

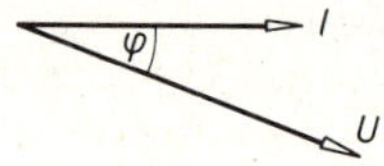

Drehzahl n

$$n = \frac{60\,f}{p}$$

ω	f	T, t	n	p
$\frac{1}{s}$	Hz $\triangleq \frac{1}{s}$	s	min^{-1}	1

p Anzahl der Pol*paare* einer E-Maschine

Augenblickswert i des Stromes

$$i = \hat{i}\,\sin(\omega t \pm \varphi_i)$$

$\hat{i}$ Scheitelwert des Stromes

Augenblickswert u der Spannung

$$u = \hat{u}\,\sin(\omega t \pm \varphi_i)$$

$\hat{u}$ Scheitelwert der Spannung

hier sind φ_i und φ_u Null

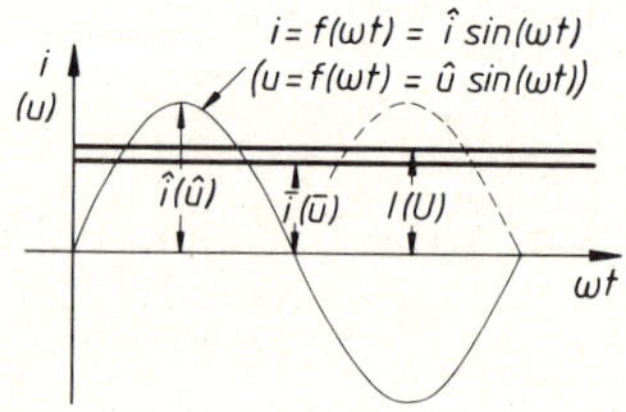

Effektivwert $I\,(U)$ des sinusförmigen Stromes (Spannung)

$$I = \frac{\hat{i}}{\sqrt{2}} \approx 0{,}707\,\hat{i}$$

$$U = \frac{\hat{u}}{\sqrt{2}} \approx 0{,}707\,\hat{u}$$

$\underline{I} = I(\cos\omega t + \mathrm{j}\sin\omega t) = I\,e^{\mathrm{j}\omega t} = I\,\angle\omega t$ (in komplexer Darstellung)

$\underline{U} = U(\cos\omega t + \mathrm{j}\sin\omega t) = U\,e^{\mathrm{j}\omega t} = U\,\angle\omega t$

Gleichrichtwert $|\bar{i}|$ ($|\bar{u}|$) des sinusförmigen Stromes (Spannung)

$$|\bar{i}| = \frac{2}{\pi}\,\hat{i} \approx 0{,}637\,\hat{i}$$

$$|\bar{u}| = \frac{2}{\pi}\,\hat{u} \approx 0{,}637\,\hat{u}$$

Der arithmetische Mittelwert $\bar{i}$, ($\bar{u}$) ist bei rein sinusförmigen Wechselgrößen Null

Augenblickswert P_t der Leistung

$$P_t = u\,i$$

P	Q	S	$U, u, \hat{u}$	$I, i, \hat{i}$	$\cos\varphi$	Z, R, X
W	var	VA	V	A	1	Ω

11. Elektrotechnik

Wirkleistung P (mittlere Leistung während der Dauer einer Periode)

$$P = UI\cos\varphi = \sqrt{S^2 - Q^2}$$

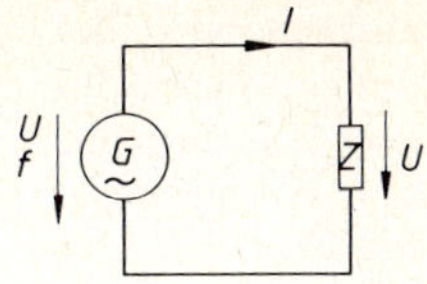

Scheinleistung S

$$S = UI = I^2 Z = \frac{U^2}{Z} = \sqrt{P^2 + Q^2}$$

Blindleistung Q

$$Q = \sqrt{S^2 - P^2} = UI\sin\varphi$$

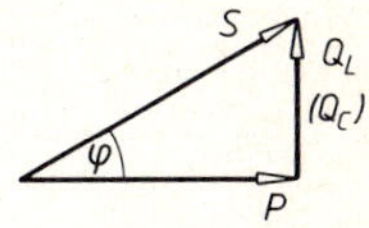

Leistungsfaktor λ

$$\lambda = \cos\varphi = \frac{P}{S} = \frac{U_w}{U} = \frac{I_w}{I} = \frac{R}{Z} = \frac{G}{y}$$

Ohmsches Gesetz für Wechselstrom

$$\underline{I} = \frac{\underline{U}}{\underline{Z}}$$

Z, R, X, X_C, X_L	L	C	ω	Y, G, B_C, B_L
Ω	$H = \frac{Vs}{A}$	$F = \frac{As}{V}$	$\frac{1}{s}$	S

Wirkspannung $U_w = U_R$

$$U_w = \frac{P}{I} = U\cos\varphi$$

$$U_w = IR$$

Wirkstrom I_w

$$I_w = \frac{P}{U} = I\cos\varphi$$

$$I_w = \frac{U}{R} = UG$$

Wirkwiderstand R

$$R = \frac{P}{I^2} = \lambda Z = Z\cos\varphi$$

Blindspannung U_L oder U_C

$$U_L = \frac{Q_L}{I} = U\sin\varphi = IX_L$$

$$U_C = \frac{Q_C}{I_C} = U\sin\varphi = IX_C$$

Blindstrom I_L oder I_C

$$I_L = \frac{Q_L}{U} = I\sin\varphi = \frac{U}{X_L} = UB_L$$

$$I_C = \frac{Q_C}{U} = I\sin\varphi = \frac{U}{X_C} = UB_C$$

induktiver Widerstand X_L

$$X_L = \omega L = \frac{U}{I_L}$$

kapazitiver Blindwiderstand X_C

$$X_C = \frac{1}{\omega C} = \frac{1}{2\pi f C} = \frac{U}{I_C}$$

Blindwiderstand X

$$X = \frac{Q}{I^2} = Z\sqrt{1-\lambda^2} = \omega L - \frac{1}{\omega C}$$ (bei X_L und X_C in Reihe)

Zusammensetzung von in Reihe geschalteten ohmschen und induktiven Widerständen

$$Z = \sqrt{R^2 + X_L^2} = \sqrt{R^2 + (\omega L)^2} = \frac{U}{I} \qquad \varphi = \arctan\frac{X_L}{R} = \frac{U_L}{U_R}$$

$$\underline{Z} = R + j\omega L = Z\,e^{j\omega t} = Z\angle\omega t = \frac{\underline{U}}{\underline{I}}$$

(in komplexer Darstellung)

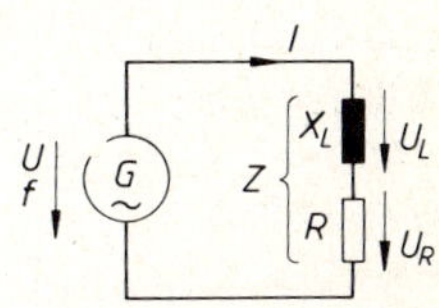

Zur übersichtlicheren Darstellung sind hier und in folgenden Zeigerdiagrammen die Operatoren (Widerstände und Leitwerte) ebenfalls mit Richtungspfeil angegeben.

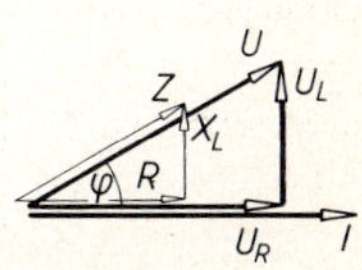

Zusammensetzung von in Reihe geschalteten ohmschen und kapazitiven Widerständen

$$Z = \sqrt{R^2 + X_C^2} = \sqrt{R^2 + \left(\frac{1}{\omega C}\right)^2} = \frac{U}{I} \qquad \varphi = \arctan \frac{X_C}{R} = \frac{U_C}{U_R}$$

$$\underline{Z} = R - \mathrm{j}\,\frac{1}{\omega C} = Z\,\mathrm{e}^{-\mathrm{j}\omega t} = Z \underline{/-\omega t} = \frac{\underline{U}}{\underline{I}}$$

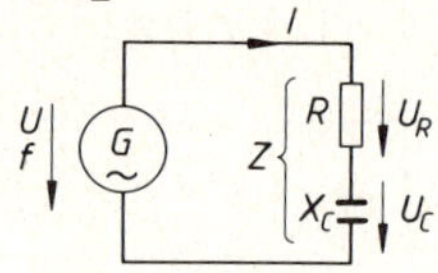

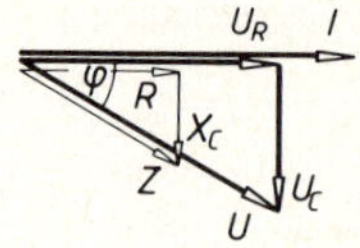

Zusammensetzung von in Reihe geschalteten ohmschen, induktiven und kapazitiven Widerständen

$$Z = \sqrt{R^2 + \left(\omega L - \frac{1}{\omega C}\right)^2} = \frac{U}{I} \qquad \varphi = \arctan \frac{X_L - X_C}{R}$$

in komplexer Darstellung:

$$\underline{Z} = R + \mathrm{j}\left(\omega L - \frac{1}{\omega C}\right) = \frac{\underline{U}}{\underline{I}}$$

$\omega = 2\pi f$ Kreisfrequenz

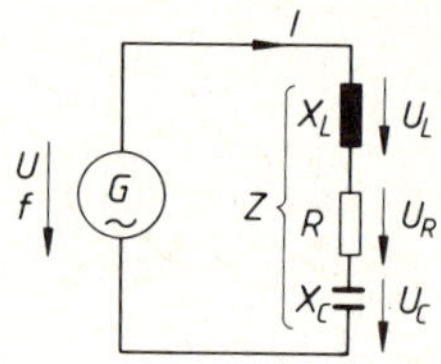

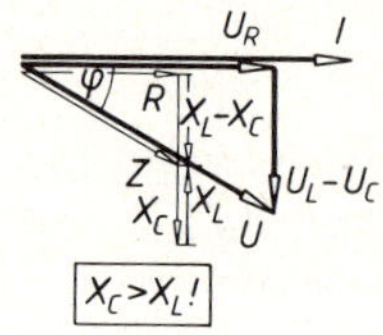

Zusammensetzung von parallel geschalteten ohmschen und induktiven Widerständen

$$Z = \frac{1}{Y} = \frac{1}{\sqrt{G^2 + B_L^2}} \qquad G = \frac{1}{R},\; B_L = \frac{1}{X_L}$$

$$Z = \frac{U}{I} \qquad \varphi = \arctan \frac{-B_L}{G}$$

in komplexer Darstellung:

$$\underline{Z} = \frac{R\,\mathrm{j}\,\omega L}{R + \mathrm{j}\,\omega L} = \frac{\underline{U}}{\underline{I}}$$

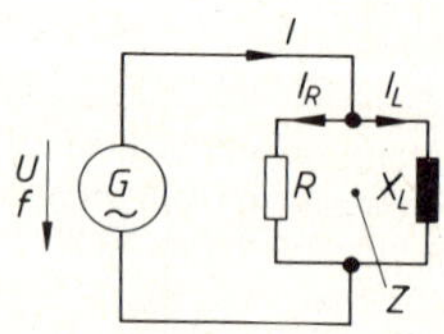

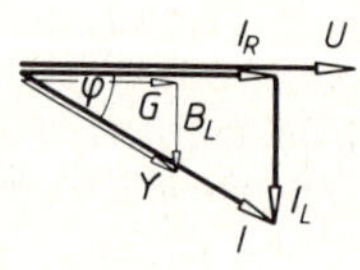

Zusammensetzung von parallel geschalteten ohmschen und kapazitiven Widerständen

$$Z = \frac{1}{Y} = \frac{1}{\sqrt{G^2 + B_C^2}} = \frac{U}{I} \qquad G = \frac{1}{R}, \quad B_C = \frac{1}{X_C}$$

$$\varphi = \arctan \frac{B_C}{G} = \frac{I_C}{I_R}$$

in komplexer Darstellung:

$$\underline{Z} = \frac{R \cdot \frac{1}{\mathrm{j}\omega C}}{R + \frac{1}{\mathrm{j}\omega C}} = \frac{\underline{U}}{\underline{I}}$$

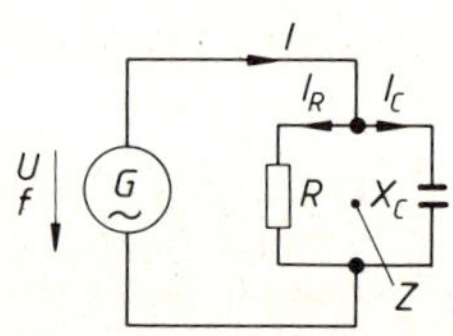

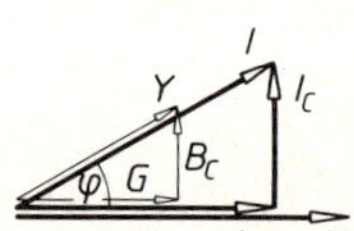

Zusammensetzung von Spule mit Verlusten und einem parallelgeschalteten kapazitiven Widerstand

$$Z = \frac{1}{Y} = \frac{1}{\sqrt{G^2 + (B_L - B_C)^2}} \qquad G = \frac{R}{Z_{Sp}^2}, \qquad B_C = \frac{1}{X_C}$$

$$Z = \frac{U}{I} \qquad B_L = \frac{X_L}{Z_{Sp}^2}$$

$$Z_{Sp} = \frac{U}{I_{Sp}} \qquad Z_{Sp}^2 = R^2 + X_L^2$$

$$\varphi = \arctan \frac{B_C - B_L}{G}$$

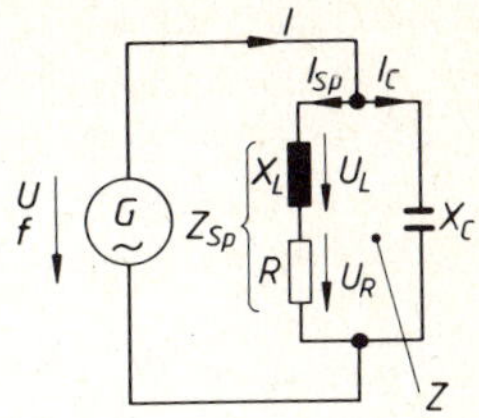

in komplexer Darstellung:

$$\underline{Z} = \frac{(R + j\omega L) \cdot \frac{1}{j\omega C}}{R + j\omega L + \frac{1}{j\omega C}} = \frac{\underline{U}}{\underline{I}}$$

$$\underline{Z}_{Sp} = R + j\omega L = Z_{Sp} \angle \omega t = \frac{\underline{U}}{\underline{I}_{Sp}}$$

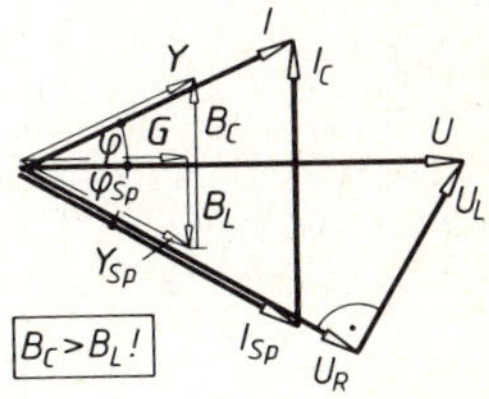

Reihenresonanz
(Spannungsresonanz)

Resonanzbedingung $\quad X_L = X_C \quad X_L = \omega L$

$U_L = U_C \quad X_C = \frac{1}{\omega C}$

Resonanzfrequenz $\quad \omega_r = \frac{1}{\sqrt{LC}} \quad f_r = \frac{\omega_r}{2\pi}$

Resonanzwiderstand $\quad R_r = R$

Dämpfung $\quad d = \omega_r CR = \frac{R}{\omega_r L}$

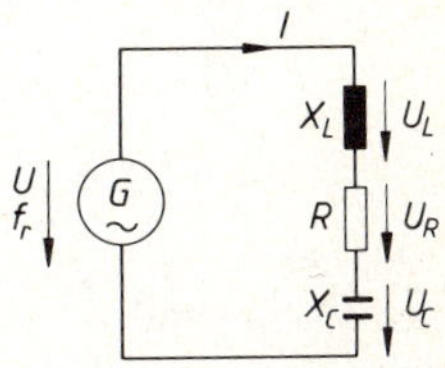

$X_L = X_C$, $U_L = U_C$!

L	C	ω_r	R, Z, X_L, X_C	B_L, B_C	d
H	F	$\frac{1}{s}$	Ω	S	1

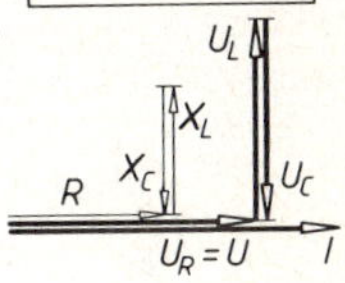

Parallelresonanz
(Stromresonanz)

Resonanzbedingung $\quad B_L = B_C \quad B_L = \frac{X_L}{Z_{Sp}^2} \quad B_C = \frac{1}{X_C}$

$I_L = I_C$

Näherungslösungen:

a) Resonanzfrequenz, wenn R in Reihe mit X_L $\quad \omega_r = \sqrt{\frac{1}{LC} - \frac{R^2}{L^2}}$

b) Resonanzfrequenz, wenn R in Reihe mit X_C $\quad \omega_r = \frac{1}{\sqrt{LC - (CR)^2}}$

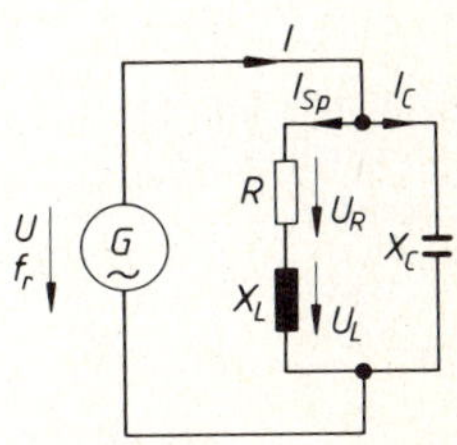

Resonanzwiderstand gilt für a) und b) $\quad R_r = \frac{L}{CR}$

Wellenwiderstand (Kennwiderstand) $\quad Z_W = \sqrt{\frac{L}{C}}$

Speisestrom $\quad I = \frac{U}{R_r}$

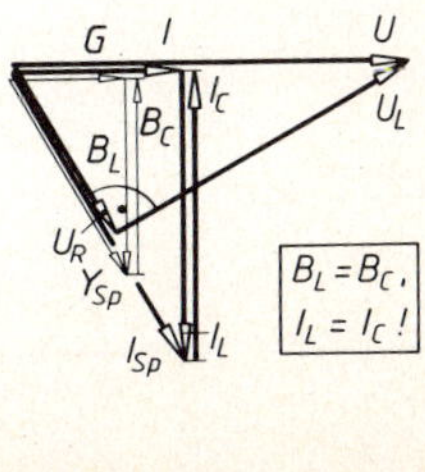

Näherungslösungen (nur bei geringer Dämpfung):

Resonanzfrequenz

$$\omega_r = \frac{1}{\sqrt{LC}}$$

Resonanzwiderstand

$$R_r = \frac{L}{C(R_L + R_C)}$$

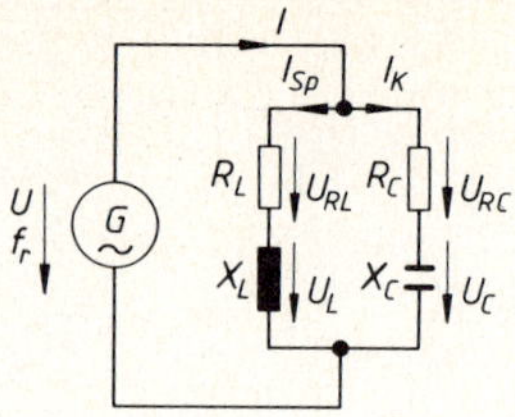

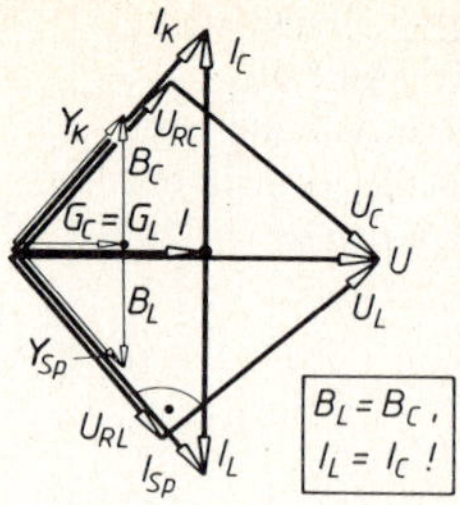

Schwingkreisstrom

$$I_{Schw} = \frac{U}{\sqrt{L/C}} = \frac{I}{R_L + R_C} \cdot \sqrt{\frac{L}{C}} = I_L = I_C$$

Spulengüte	$g = \frac{1}{d_L}$	aus Bauteillisten nach Firmenangaben entnehmen
Kondensator-Verlustfaktor	$\tan\delta \mathrel{\hat{=}} d_C$	

Kreisdämpfung $\quad d = d_L + d_C = \frac{1}{R_r\,\omega_r\,C} = \frac{\omega_r L}{R_r} = \frac{Z_W}{R_r}$

11.7. Drehstrom

Augenblickswert u der Strangspannungen

$$u_1 = \hat{u}\sin\omega t$$
$$u_2 = \hat{u}\sin(\omega t - 120°)$$
$$u_3 = \hat{u}\sin(\omega t - 240°)$$
$$\underline{U}_1 = U\,e^{j\,0°} = U\underline{/0°} = U$$
$$\underline{U}_2 = U\,e^{-j\,120°} = U\underline{/-120°}$$
$$\underline{U}_3 = U\,e^{-j\,240°} = U\underline{/-240°} = U\underline{/+120°}$$

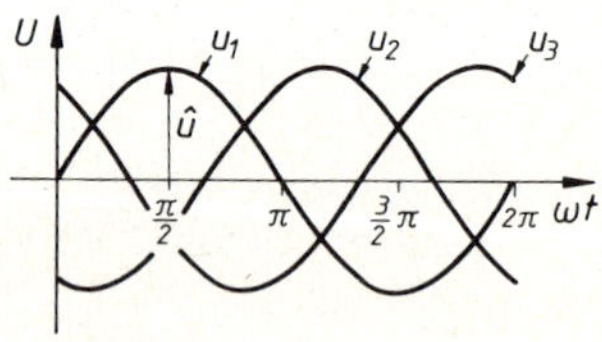

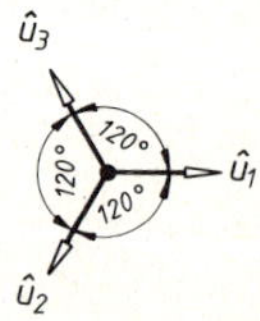

Sternschaltung des Verbrauchers (symmetrische Belastung)

$$U = \sqrt{3}\,U_{Str}$$
$$I = I_{Str}$$
$$I_N = 0$$

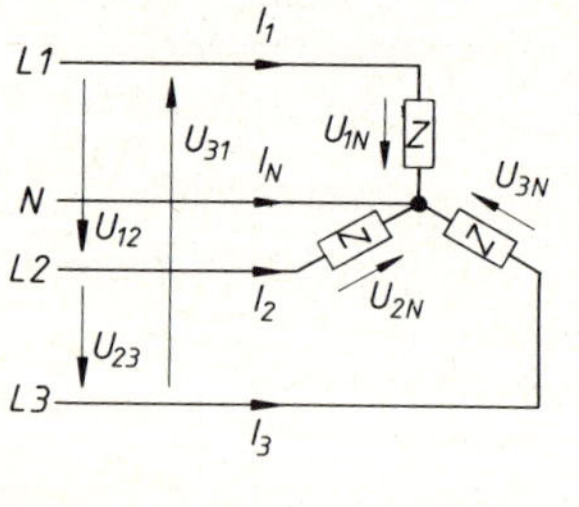

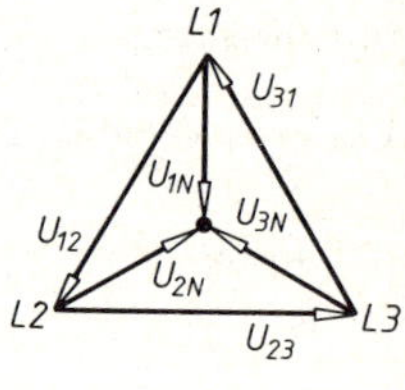

U	Leiterspannung
U_N	Strangspannung
I	Leiterstrom
I_N	Neutralleiterstrom

Dreieckschaltung des Verbrauchers (symmetrische Belastung)

$U = U_{Str}$; $I = \sqrt{3}\, I_{Str}$ I_{Str} Strangstrom

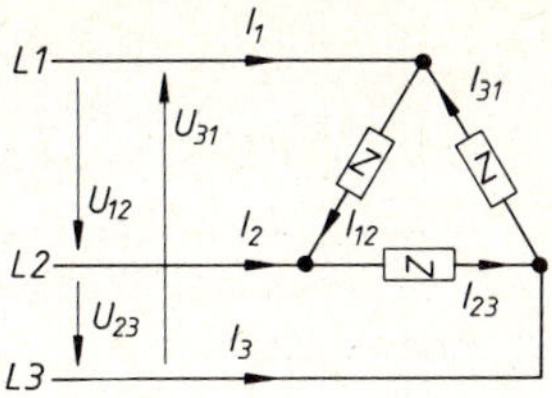

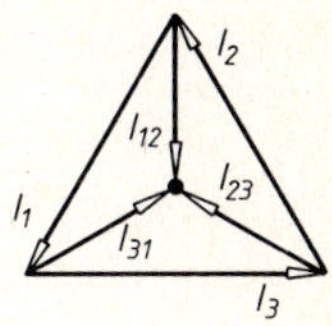

Gesamtwirkleistung P eines Verbrauchers bei Stern- und Dreieckschaltung und symmetrischer Belastung

$$P = \sqrt{3}\, UI \cos\varphi$$

$\cos\varphi$ Leistungsfaktor des Verbrauchers

P	U	I	W	t
W	V	A	Ws	s

... bei unsymmetrischer Belastung

$$P = P_{Str1} + P_{Str2} + P_{Str3}$$

a) Verbraucher in Dreieckschaltung

Es ergeben sich ungleiche Leiterströme bei ungleicher gegenseitiger Phasenverschiebung ($\neq 120°$)

b) Verbraucher in Sternschaltung mit N-Leiter

Der N-Leiter führt einen Ausgleichsstrom. Die Strangspannungen sind gleich groß

c) Verbraucher in Sternschaltung ohne N-Leiter

Es ergeben sich ungleiche Strangspannungen bei ungleicher gegenseitiger Phasenverschiebung ($\neq 120°$)

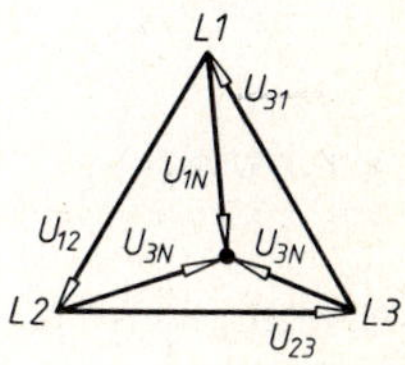

Gesamtarbeit W bei symmetrischer Belastung

$$W = Pt = \sqrt{3}\, UIt \cos\varphi$$

11.8. Grundlagen der Meßtechnik

Strommessung

Korrektur des Meßwertes:

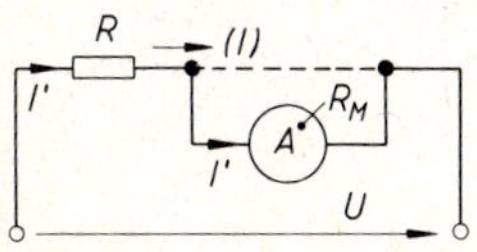

$$I = I' \frac{R + R_M}{R}$$

R_M ist auf dem Instrument angegeben (je kleiner R_M, desto kleiner der Meßfehler)

Meßbereichserweiterung:

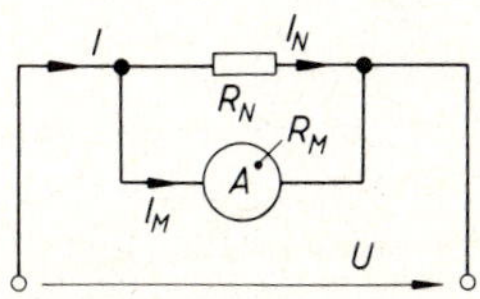

$$R_N = \frac{R_M}{n-1}$$

$$n = \frac{I}{I_M}$$

11. Elektrotechnik

Spannungsmessung

Meßbereichserweiterung:

$R_V = R_M (n - 1)$

$n = \frac{U}{U_M}$

$R_M = U_{M\,max}\, r_M$

r_M in Ω/V (je Meßbereich gleich) auf Instrument angegeben (je größer r_M, desto kleiner der Meßfehler)

$U_{M\,max}$ in V ist die Spannung bei Vollausschlag je Meßbereich

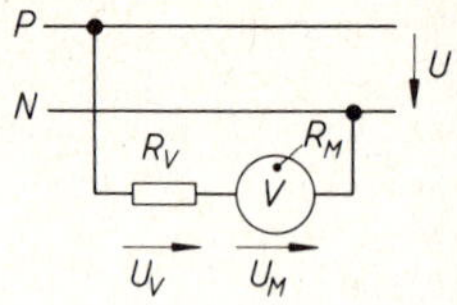

Widerstandsmessung

mit Strom und Spannung:

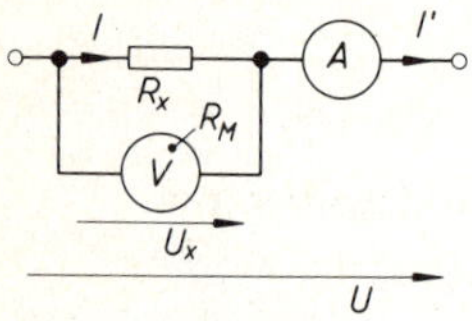

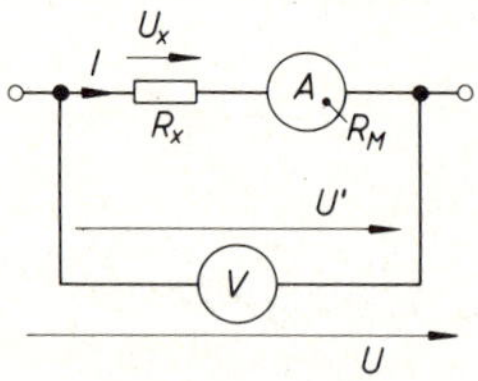

ohne Korrektur:
nur für kleine Widerstände

$R_x \ll R_M;\ R_x = \frac{U}{I'}$

mit Korrektur:

$R_x = \frac{U_x}{I};\ I = I' - \frac{U}{R_M}$

ohne Korrektur:
nur für große Widerstände

$R_x \gg R_M;\ R_x = \frac{U'}{I}$

mit Korrektur:

$R_x = \frac{U}{I};\ U = U' - I R_M$

mit Schleifdrahtbrücke:

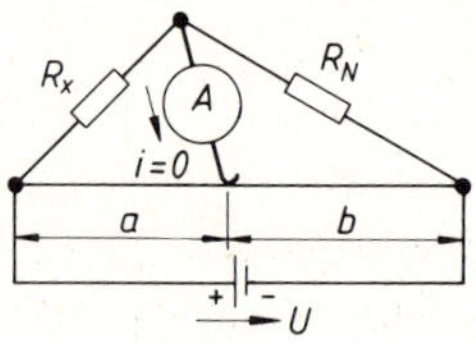

$R_x = R_N \frac{a}{b}$

R_n bekannter Normalwiderstand

Leistungsmessung

mit Leistungsmesser:

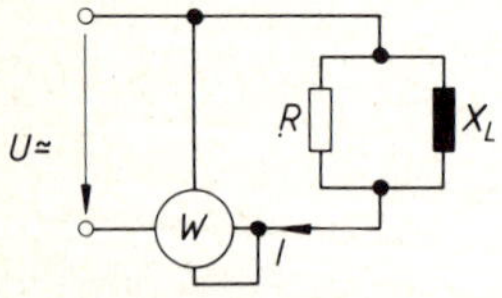

bei Wechselstrom wird die Wirkleistung angezeigt

mit Strom- und Spannungsmesser:

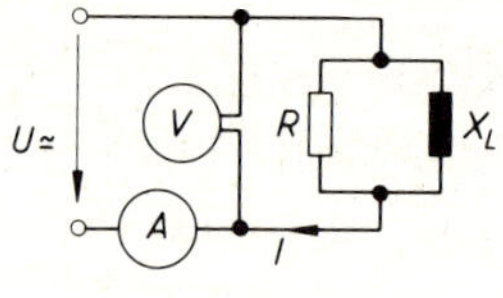

bei Gleichstrom: $P = UI$

bei Wechselstrom: $S = UI$, nur Betrag

Die Kombination beider Verfahren ermöglicht das Messen des Leistungsfaktors $\cos\varphi = P/S$

11.9. Spezifischer elektrischer Widerstand ρ, spezifische elektrische Leitfähigkeit γ bei 20 °C und Temperaturbeiwerte

Werkstoff	chemisches Zeichen	Dichte in kg/dm³	spez. elektr. Widerstand ρ in Ω mm²/m	elektrische Leitfähigkeit γ in S m/mm²	Temperaturbeiwert α in 1/K	Temperaturbeiwert τ in K
Silber	Ag	10,5	0,0158	63,5	+ 0,003 77	+ 245
Kupfer	Cu	8,9	0,0175	57,1	+ 0,003 9	+ 237
Aluminium	Al	2,7	0,0282	35,4	+ 0,003 7	+ 250
Wolfram	W	19,1	0,055	18,2	+ 0,004 1	+ 224
Zink	Zn	7,1	0,06	16,5	+ 0,003 7	+ 250
Messing	–	8,6	0,074	13,5	+ 0,001 5	+ 646
Platin	Pt	21,3	0,094	10,64	+ 0,003 9	+ 237
Nickel	Ni	8,7	0,10...0,12	10,0...8,5	+ 0,004 0	+ 230
Eisen	Fe	7,9	0,12...0,14	8,3...7,1	+ 0,004 8	+ 189
Blei	Pb	11,34	0,21	4,8	+ 0,003 87	+ 239
Nickelin	–	8,7	0,43	2,3	+ 0,000 23	+ 4 330
Konstantan	–	8,9	0,50	2,0	– 0,000 005	–200 000

11.10. Relative Dielektrizitätswerte ϵ_r einiger Isolierstoffe bei +20 °C und deren Durchschlagsfestigkeit E_{max} bei 50 Hz

Stoff	ε_r	E_{max} kV/mm	Stoff	ε_r	E_{max} kV/mm
Luft	1	3	Wasser	80	—
Mineralöl	2,5	8	Styroflex	2,4	100
Clophen	5	20	Tempa S	15	15
Porzellan	6	32	Kondensa N	40	—
Glas	6	20 . . . 40	— C, F	70	15
Hartpapier	6	18	Epsilan	bis 7000	—
Glimmer	7	25			

11.11. Elektrochemische Grammäquivalente

Stoff	Grammatom in g	Wertigkeit	elektrochemisches Grammäquivalent in g/Ah
Blei Pb	207,21	2	3,859
Chrom Cr	52,01	6	0,323
Kadmium Cd	112,41	2	2,097
Kobalt Co	56,94	2	1,099
Kupfer Cu	63,57	2	1,186
Nickel Ni	58,69	2	1,095
Silber Ag	107,88	1	4,026
Wasserstoff H	≈ 1,00	1	0,0374 = 1/26,8

11. Elektrotechnik

11.12. Magnetisierungskurven

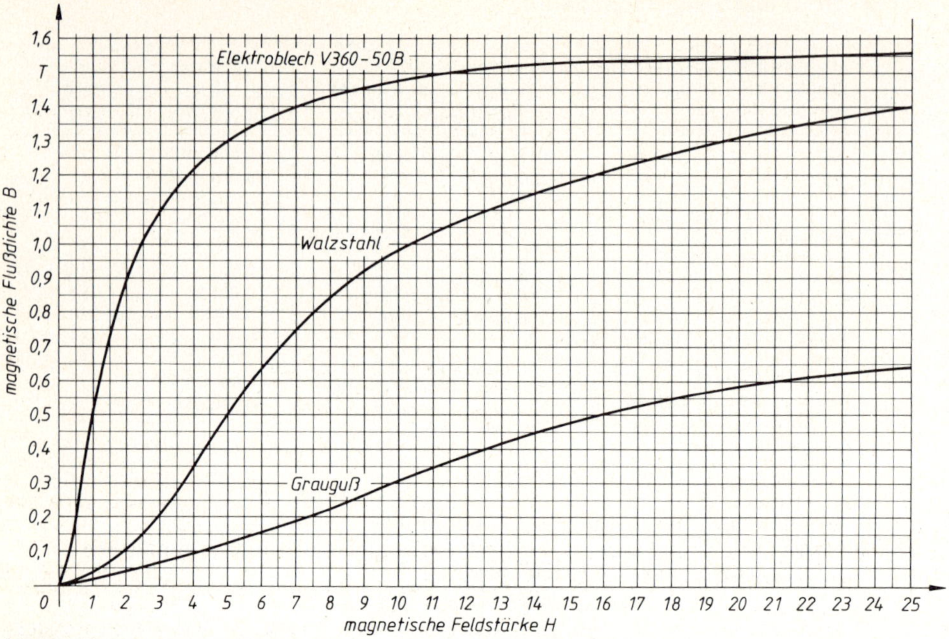

11.13. Leitungsquerschnitte

	Kupfer						**Aluminium**					
	Gruppe 1		Gruppe 2		Gruppe 3		Gruppe 1		Gruppe 2		Gruppe 3	
A	I_{zul}	Sicherung	I_{zul}	Sicherung	I_{zul}	Sicherung	I_{zul}	Sicherung	I_{zul}	Sicherung	I_{zul}	Sicherung
mm^2	A	A	A	A	A	A	A	A	A	A	A	A
0,75	–	–	13	10	16	16	–	–	–	–	–	–
1	12	10	16	15	20	20	–	–	–	–	–	–
1,5	16	16	20	20	25	25	–	–	–	–	–	–
2,5	21	20	27	25	34	35	16	16	21	20	27	25
4	27	25	36	35	45	50	21	20	29	25	35	35
6	35	35	47	50	57	63	27	25	37	35	45	50
10	48	50	65	63	78	80	38	35	51	50	61	63
16	65	63	87	80	104	100	51	50	68	63	82	80
25	88	80	115	100	137	125	69	63	90	80	107	100
35	110	100	143	125	168	160	86	80	112	100	132	125
50	140	125	178	160	210	200	110	100	140	125	165	160
70	–	–	220	225	260	260	–	–	173	160	205	200
95	–	–	265	260	310	300	–	–	210	200	245	225
120	–	–	310	300	365	350	–	–	245	225	285	260
150	–	–	355	350	415	430	–	–	280	260	330	300
185	–	–	405	350	475	430	–	–	320	300	375	350
240	–	–	480	430	560	500	–	–	380	350	440	430
300	–	–	555	430	645	600	–	–	435	350	510	430
400	–	–	–	–	770	700	–	–	–	–	605	500
500	–	–	–	–	880	800	–	–	–	–	690	600

A genormter Querschnitt; I_{zul} zulässiger Strom für Dauerbetrieb; Sicherung nach VDE 0100 Ü

Gruppe 1: Isolierte Einzelleiter in Rohre eingezogen (Rohrverlegung) oder fest in Rohre eingefalzt (Rohrdrähte).

Gruppe 2: Kabel und kabelähnliche Leitungen. Isolierte Einzelleiter in Gummi oder Kunststoff eingebettet.

Gruppe 3: Einadrige Leitungen, blank in Luft verlegt oder isoliert für ortsveränderliche Verbraucher.

Sachwortverzeichnis

Dein Englischbuch enthält folgende Teile:

Units 1 2 3 4	die vier Kapitel des Buches
Getting ready for a test	Hier kannst du dich gezielt auf einen Test vorbereiten.
EXTRA: Text File	viele interessante Texte zum Lesen (passend zu den Units)
Skills File (SF)	Beschreibung wichtiger Lern- und Arbeitstechniken
Grammar File (GF)	Zusammenfassung der Grammatik
Vocabulary	Wörterverzeichnis zum Lernen der neuen Wörter jeder Unit
Dictionary	alphabetisches englisch-deutsches Wörterverzeichnis zum Nachschlagen

Die Units bestehen aus diesen Teilen:

Lead-in	Einstieg in das neue Thema
Part A, B, C, D	neuer Lernstoff mit vielen Aktivitäten
Practice	Übungen

In den Units findest du diese Überschriften und Symbole:

Exploring language	Hier lernst du anhand von Beispielen, neue sprachliche Strukturen zu verstehen und richtig anzuwenden.
STUDY SKILLS	Einführung in Lern- und Arbeitstechniken
MEDIATION COURSE	In drei Kapiteln lernst du, zwischen zwei Sprachen zu vermitteln.
EVERYDAY ENGLISH	Übungen zum Bewältigen wichtiger Alltagssituationen
LISTENING	Aufgaben zu Hörtexten auf der CD
VIEWING	Aufgaben zu Filmausschnitten
REVISION	Übungen zur Wiederholung
WORDS	Übungen zu Wortfeldern und Wortverbindungen
Extra	zusätzliche Aktivitäten und Übungen
	Partnerarbeit / Gruppenarbeit
	nur auf CD / auf CD und im Schülerbuch
	Filmausschnitte auf DVD
	Schlage unbekannte Wörter in einem Wörterbuch nach.

Contents

Die folgenden Angebote sind nicht obligatorisch abzuarbeiten. Die Auswahl der Übungen und Übungsteile richtet sich nach den Schwerpunkten des schulinternen Curriculums.

You and yours

Stand up!

Our one world

Love reading

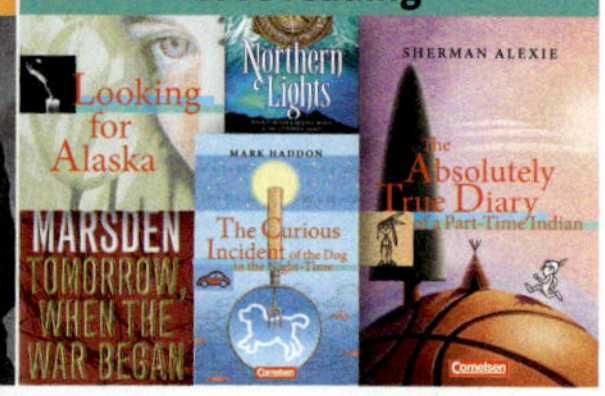

ATMOSPHERE
EARTH
1
2
3
4

5

1 What's going on?

a) *Look at the photos and speculate about the teenagers (who, where, what, why, ...).*

b) *Choose a photo and imagine what one of the teenagers in the photo is thinking. Make notes on their unspoken thoughts. Find other people in your class who have chosen the same photo and exchange ideas.*

c) **Extra** *Take similar photos of yourselves, print them out and write speech bubbles to go with them. Display them in class.*

6

2 Going out

a) *Listen and take notes. Compare what you discussed in 1a) and wrote in 1b) with what you've found out about the teenagers now.*

b) *Together, try to remember how many mini-scenes you listened to. Where did they each take place?*

c) *Listen again. Divide up the questions in your group and try to answer them.*

1 Bella is interested in a new boy. Why?
2 Amber's mum is strict. What about?
3 Amber thinks her boyfriend's brother does something too much. What?
4 Amber is annoyed with her boyfriend. Why?
5 Sam criticizes Josh's girlfriend. How?
6 Paige tries to calm Amber down. How?
7 In the end they all go to the cinema. Why?
8 Amber wants to sit next to Paige. Why?
9 Bella and Sam are fine with that. Why?

Collect all your answers and decide together whether they are right.

d) Line-up: *Read the statements below. Do you agree or disagree with them? For each statement do a line-up in class. Everyone shows their opinion from 'I totally agree' on the left to 'I totally disagree' on the right. Stand in the line at the position you think corresponds best with your opinion.*

– Strict parents help me to grow up right.
– Boyfriends and girlfriends are too possessive.

GOT FRIENDS?

1 Forum on friends

a) *In your opinion, what makes a 'real friend'?*

heartdancer
15 Sep, 5:44 pm
Just looked at my Facebook page. Aaagghh! I haven't got a single friend. I argued with my mum the other evening and she de-friended me. I'm all alone.

dove999
15 Sep, 5:49 pm
Who cares about Facebook friends? People collect them like stamps. They think it shows how wonderful they are: 'Look at how many friends I've got. I'm amazing!'

caspianboy
15 Sep, 5:52 pm
Yeah, dove999, it really just shows how insecure they are. They wouldn't recognize a real friend if they saw one. You'd better find some real friends, heartbreaker.

heartdancer
15 Sep, 6:00 pm
So, caspianboy, you would recognize a real friend, right? How many of your 100 (150? 200?) social networking friends are real friends? Ten? If you're lucky!

dove999
15 Sep, 6:06 pm
What's a real friend anyway? Is it that old saying 'A friend in need is a friend indeed'?

heartdancer
15 Sep, 6:18 pm
Nah! The actor Peter Ustinov got it right: 'I do not believe that friends are necessarily the people you like best, they are merely the people who got there first.'

caspianboy
15 Sep, 6:20 pm
The writer C.S. Lewis has got a really good quotation on friends but I can't find it right now …

dove999
15 Sep, 6:30 pm
Who's C.S. Lewis anyway? I think, this has to be the best quotation. Oscar Wilde: 'True friends stab you in the front.' I love it!

b) *Explain what dove999 and caspianboy think about 'friends' on social networking sites. What do you think a 'real friend' means to them?*

c) *Consider the following words and phrases (an English–English dictionary will help):*
- in need
- necessarily, merely
- stab you in the front

Now discuss the meaning of the three quotations in the forum.

d) *Imagine real-life situations which are good examples of the quotations. Write them down and read them to the class.*

e) *Which of the three quotations do you personally like best – and why?*

f) **Extra** *Write a comment to add to the forum. React to the other comments, say what made you think, what surprised/annoyed you, etc. Include your own idea of what a real friend is. You can put your comment in your DOSSIER.*

▸ *WB 1 (p. 2)*

2 My best friend dumped me!

a) *Look at the picture of the girl. What does it tell you about what she's like and how she's feeling? Consider clothes, body language, face, ...*

My best friend dumped me

by Haylie, California

"We can't be friends anymore."

I was sitting at home, reading a magazine, when the text message popped up on my cell. It was from Samantha, my best friend, the person I cared about most in the world after my family. *What?* I thought. *Is this some kind of joke?* My fingers flew as I texted her right back: Why??? *Seriously, what did I do?* I thought. I was so confused. I thought we were doing great. But then came her list of reasons. She was *really* unhappy with me – and she didn't hold back in telling me about it. I cared too much about what other people thought of me. I was really clingy, but I also insisted that we have a big circle of friends around us all the time. It could never be just her and me. "What, am I not enough?" she asked.

Samantha and I had been best friends for almost a year, ever since she'd come to my school as the new girl. I liked her right from the start. She was down-to-earth and friendly, and she didn't care too much about what others thought of her. We just kind of clicked. Samantha liked the same things I liked, and she'd never betray a trust or tell your secrets – she just wasn't like that. Because she was new at our school and made friends easily, she became popular in the good way – *everyone* really liked her. She was *really* special to me, and for some reason I was always kind of scared I might lose her friendship.

I guess that's why I acted the way I did. All those things she said about me were actually true. At first I got really mad and said they weren't. But after I calmed down, I really thought about the way I'd been acting for the past few months. And the more I thought, the more I could see she was right. I had blown it big time.

Guilty as charged

First of all, I was *clingy*. I'd been so scared of losing Samantha's friendship that I'd stuck to her like glue. I'd go over to her house almost every day and call her a billion times on her cell phone just to talk. One time, she wasn't answering so I ended up calling her *brother's* cell phone to reach her! He wasn't too happy about that! I think I kind of burned her out with my neediness. You can have too much of a good thing!

Then there was the thing about always needing lots of friends around. Partly I just wanted to include everyone because I hate it when *I'm* the one being excluded. But mostly I did it because I was insecure. When I was surrounded by friends, I could prove to myself that I was "popular".

At the time, I didn't get how much that hurt Samantha. But when I thought about it later, I realized I wouldn't like to hang out with a friend if every single time, she also had to be with three or four of her other friends. It's great to be part of a group, and it's really nice to include everyone, but most people also want some one-on-one time with their best friend. If your best friend never wanted that, you'd end up feeling like you weren't very important to her.

The sad thing was, Samantha really was important to me. I just didn't do a very good job of showing her that. I spent so much time worrying that Samantha might not want to be my friend that I forgot how to be a sensitive friend to her.

It's really over

When I finally realized what I'd done, I felt terrible. I'd hurt my very best friend and ruined our friendship. I apologized over and over again, but Samantha just ignored me. She wouldn't talk to me at all. I got my other friends to apologize for me, but she ignored them too. That's when I realized that Samantha was more than just mad at me. She was done with our friendship. So, as much as it hurt, I had to accept that it was totally over.

After a long time, we slowly started talking at school again. Now we've gotten back to being friends, but not best friends. We'll never be as close as we were because the way I acted pushed a wedge between us that won't go away. I wish we had the chance to start over again – I'd be a better friend this time.

I hope you learn from my mistakes too, because believe me … it's no fun being dumped by your best friend. ■

(abridged from Discovery Girls *magazine, June/July 2009)*

b) *Summarize the reasons why Samantha no longer wanted to be friends with Haylie.*

c) "It always takes two people for a problem to come up between them." *Do you think the end of the friendship was just Haylie's fault? Discuss your opinions in a group.*

d) *Suggest what Haylie could have done before the break-up to stay friends with Samantha. And what could she do now?*

e) **Extra** *In one of the paragraphs missing from Haylie's story, she explains what she has learned from her experience. Imagine you are Haylie and write that paragraph. Compare what you wrote with Haylie's actual words (which your teacher has).*

▸ *WB 2–6 (pp. 3–5)*

P1 STUDY SKILLS Peer evaluation

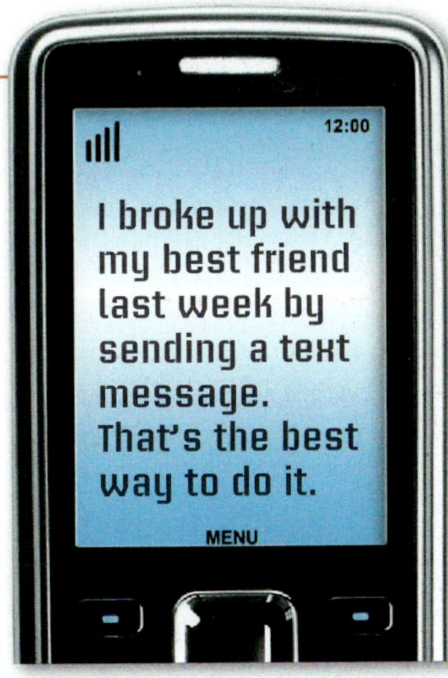

a) A writing task

Read the statement on the right. Discuss in writing why you agree or disagree with it.
First, in a group, collect as many arguments for and against as you can.
On your own, write an outline:
1. *Introduction*
2. *Arguments for*
3. *Arguments against*
4. *Conclusion, including your opinion*

Then write a draft, proof-read it carefully (grammar, spelling, order, ideas, ...) and write your final version.

b) Evaluate your partner's work

Swap what you have written with a partner.
Step 1: *Read your partner's work and make notes (you might like to use the evaluation sheet your teacher has):*
- *How well does it discuss the problem?*
- *Does it have the right structure?*
- *Are the ideas linked well?*

Step 2: *Underline or highlight in green parts of the text you think are good. Underline or highlight in blue parts of the text where you think there are mistakes or parts that don't sound right to you.*

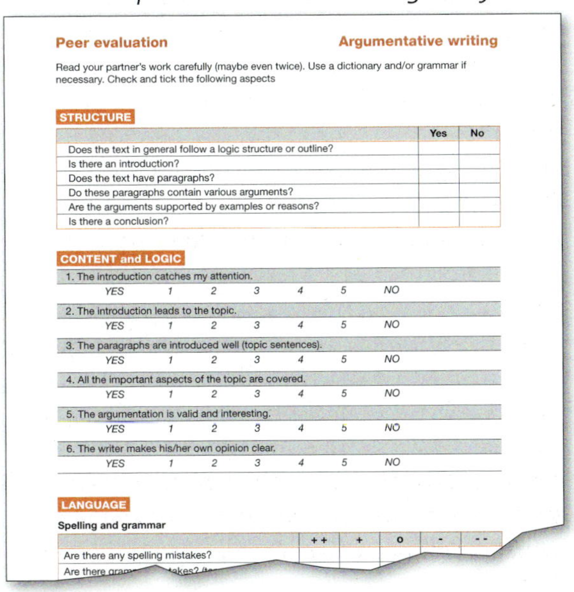
Peer evaluation **Argumentative writing**

Read your partner's work carefully (maybe even twice). Use a dictionary and/or grammar if necessary. Check and tick the following aspects

STRUCTURE

	Yes	No
Does the text in general follow a logic structure or outline?		
Is there an introduction?		
Does the text have paragraphs?		
Do these paragraphs contain various arguments?		
Are the arguments supported by examples or reasons?		
Is there a conclusion?		

CONTENT and LOGIC

1. The introduction catches my attention.
YES 1 2 3 4 5 NO
2. The introduction leads to the topic.
YES 1 2 3 4 5 NO
3. The paragraphs are introduced well (topic sentences).
YES 1 2 3 4 5 NO
4. All the important aspects of the topic are covered.
YES 1 2 3 4 5 NO
5. The argumentation is valid and interesting.
YES 1 2 3 4 5 NO
6. The writer makes his/her own opinion clear.
YES 1 2 3 4 5 NO

LANGUAGE

Spelling and grammar

	++	+	o	-	--
Are there any spelling mistakes?					
Are there gram... takes? ...					

Think about grammar (tenses, word order, ...), vocabulary (collocations, spelling, appropriate for the context) and logic.
Step 3: *Think about how you could correct the parts that you think have mistakes. Make notes.*

STUDY SKILLS Peer evaluation

Helping each other out
Reading and trying to correct each other's work can be very helpful in finding mistakes and improving your style. Discussing your ideas together makes it easier to find mistakes and think of ways of correcting them.

How to do it
- Read each other's work carefully.
- Make notes on how well it is written.
- Mark the good parts and what you think needs correcting.
- Note down corrections you would make.
- Discuss each other's ideas together and correct your own text as you now think necessary.

c) Talk to your partner

Discuss each other's work. Say what you think is very good. Make your suggestions for corrections and try to agree on a good version. Check in dictionaries or the Grammar File, or ask other students or your teacher for help if necessary.

▸ SF Outlining (p. 131) • SF Writing Course (pp. 150–151) • SF Peer evaluation (p. 136) • WB 7–8 (pp. 5–6)

P2 WORDS Emotions and relationships

a) *Look at the following verbs connected with emotions and relationships. Most of them are used on pages 8–10. Find pairs (one from each box) that have a similar meaning and write them down.*

be best friends • be caring • become good friends with sb. • be done with sb. • be really special to sb. • burn sb. out • calm down • feel guilty/sorry • get mad • get on sb.'s nerves • hurt sb. • leave sb. • stick to sb. • trick sb. • trust sb. • worry about sth./sb.

be clingy • be close • become less angry • be helpful • be insecure about sth./sb. • believe in sb. • betray sb. • be very important to sb. • click with sb. • decide a relationship is over • dump sb. • feel like apologizing • get angry • make sb. annoyed • make sb. feel bad • make sb. tired

be best friends – be close
become good friends with sb. – ...

b) *On a large piece of paper, draw a line and label it as below. Then arrange the verbs from the box on the right along the line from most positive to most negative. There is not one correct solution. Discuss your line of verbs with a partner.*

like • look down on • dislike • love • idolize • admire • fancy • respect • be attracted to • get along well with • look up to • take interest in • be pleased by • be excited about • hate • be in love with • care about • be annoyed by

P3 Extra WORDS Perfect partners

a) *Make eight 'personality cards'. On one side write down the name of a very popular or unpopular celebrity. On the other write 'male' or 'female', as appropriate.*
Then make eight 'relationship cards'. Write a verb from task 2a) or 2b) above on them.

b) *Put your personality and relationship cards face down in two piles.*

Partner A: Pick one card from the personality pile and five cards from the relationship pile and lay them out in front of Partner B.

Partner B: You are a dating counsellor. Advise Partner A about their perfect partner by interpreting the cards.

Partner A: First listen and then react to the counsellor's advice.
Then both partners swap their roles.

Britney Spears | *admire* | *like*
hate | *fancy* | *be annoyed by*

Partner B: *Your perfect partner seems to be Britney Spears. You fancy her when she is on the stage and you admire her beautiful voice. You like her because – just like you – she hates drugs and is annoyed by wild parties.*
Partner A: *I completely agree with you. I'm so excited about this. We are perfectly suited to each other. She might be older than me, but she's such a friendly person and would never hurt anyone.*
Or:
Are you joking? I could never imagine being with Britney Spears because ...

P4 REVISION Me and mine (Position of adverbs and adverbials)

a) *Go to page 167 in the Grammar File and read about the position of adverbs in English sentences.*

b) *Put the adverbs in brackets in the correct position in the sentences. There may be more than one correct answer.*

1 My friend Tony had an accident on his way to school because he was tired. (almost)
My friend Tony almost had an accident ...
2 He goes to bed before midnight. (never)
3 My sister speaks French. (well)
4 She loves France and has travelled there. (often)
5 We have decided not to go to the party. (already)
6 I have enough time to finish my book. (at last)
7 I can't meet you at the cinema. (unfortunately)
8 I clean my room on Saturday mornings. (always)
9 Then the whole family has lunch together. (usually)
10 My sister goes to football. (in the afternoon)

c) *Check your answers on page 196. If you got any wrong, look at the Grammar File again and then discuss the correct answer with your partner.*

▸ *GF 1.2: Adverbs/Phrases of place and time (p. 167)*

P5 REVISION Friends and friendship (Modals and their substitutes)

Remember

	Present	Past	Future
können:	I can	I could/I was able to	I will be able to
dürfen:	I may/I can	I was allowed to/I could	I will be allowed to
müssen:	I must/I have to	I had to	I will have to

▸ *GF 5: Modals and their substitutes (pp. 177–180)*

a) *Complete these statements.*

1 Good friends ... to know what the other thinks. (müssen nicht miteinander reden)
2 Often a real friend ... when you have a problem. (wird helfen können)
3 With the internet, friends ... 24/7 – if their computers are on! (können kommunizieren)
4 In blogs, people ... about their friends. (sollten nicht lügen dürfen)

b) *Complete the dialogue with modals or their substitutes. There may be more than one correct answer.*

Father Don't stay out too late. I ... stay out so late at your age.

Son Yes, Dad, I know. You ... do anything unless Granny said so.

Father Don't be rude about my mum. I ... talk to her about anything, you know.

Son And I can talk to you about anything, I know. But I don't think I ... tell you everything. I'm 16, you know.

Father Well, I ... talk to my parents about everything either. But sometimes I did and I was glad I did. They ... give me some really good advice.

Son And I ... get really good advice from my friends now.

Father Oh, really? Did you get good advice from them the other week when you missed the last bus and I ... pick you up from town at one in the morning?

Son Dad, you know that was an accident. How ... we know they were going to cancel the last bus?

Father Well, your sister knew. Of course, she's had a good education, so she ... read the notice on the bus stop!

ADDICTIONS

1 Addicted to games

a) *Estimate the number of hours you spend a week on these activities:*

video games • social networking sites • texting • e-mails • surfing the internet

Then, over the course of the next week, keep a log of how many hours it really is.

1 in 12 Teens Addicted to Video Games

A new nationwide survey of 1,178 American children, aged 8 to 18, suggests that about 1 in 12 teens are addicted to video games.

"It's not that the games are bad," said Douglas Gentile, the study's author. "It's not that the games are addictive. It's that some kids use them in a way that is out of balance and harms other areas of their lives."

On average, teens had few symptoms of addiction: boys typically had more than two, girls less than two. But 12% of boys and 8% of girls had at least six symptoms – enough to be considered addicted.

Symptoms included spending more and more time and money on video games; feeling annoyed or nervous when playing less; escaping problems through play; spending more time at the controller instead of on chores or homework; lying about how much they played; and stealing games or money to play more.

Those who researchers called "pathological gamers" received poorer grades in school and were more than twice as likely to have attention-deficit disorder and hand and wrist pain from playing for long hours. They were also more likely to have a video game system in their bedroom.

News not all bad

Fortunately, the news is not all bad for gamers. Video games are supposed to be good for hand-eye coordination and researchers have shown that is true. Another recent study compares gamers to bilingual people: they are said to think faster and are better at multitasking.

A little fix in the morning

Former games addict Carl Blunt describes his life as a gamer.

"I was addicted to a war game, the sort that has a series of levels. Gamers call these levels 'maps'. The main thing is: playing the game makes you feel good. Of course you want to feel good all the time, so you play as much as you can. As soon as you wake up you play a couple of maps. You need that little fix before you go to school.

"And then at school your mind is always on the game. You're in class but you're thinking about the map you're going to play when you get home. In fact, that's all you think about.

"It takes up all your free time. Wherever I was, I was always working out how I could play a map. Man, it was bad. I mean, the moment I got home from school I'd start playing video games. I'd play all evening. I'd only stop for dinner. Then play until I went to bed. And the next day I'd do exactly the same. I spent so much time on it."

b) *Read the article. Then make a list of symptoms of addiction to video games and of the benefits of playing. Add your own ideas for other symptoms and benefits and then compare lists with a partner.*

c) *Which of the symptoms of addiction did Carl Blunt use to have? Explain what he sees as the main problem of video game addiction.*

"No, it doesn't connect to an X-Box!"

2 Role play

a) *Divide the class into four big groups. Each group works together on one role (Kerry Jones, Mrs Jones, school counsellor, Jaz). Study your role card carefully. Collect useful phrases you might need during the role play.*

b) *Now divide the class into groups of four so that there is one person for each role in every group. You are meeting in the student counsellor's room at school to discuss Kerry's computer use. Do the role play.*

Kerry Jones

You spend several hours on video games and Facebook every day. You really enjoy the games and have made lots of interesting friends on Facebook. You think the games make you better at solving problems and that Facebook lets you keep in touch with lots of people.

School counsellor

You have arranged a meeting because Mrs Jones has phoned you. She is very worried about Kerry's computer use. You've spoken to Kerry's teachers and you think there is a problem. You want to help Kerry to reduce the time he/she spends on the computer.

Mrs Jones

You are worried that Kerry is currently spending too much time on the computer, not doing enough work for school and not meeting friends any more. You have tried talking to Kerry about this but he/she just gets angry and refuses to discuss or admit the problem.

Jaz

You're one of Kerry's friends. You also like video games but don't have much time to play as you're a keen footballer too and your parents are very strict about homework. You used to see Kerry more but only really talk to him/her on Facebook nowadays.

► WB 9 (p. 7)

3 Hard sell

AMNESIAC
You are Amnesiac. You wake up on the distant planet of Vigo with no memory of your previous life. Fight your way to the center of the Imperium in search of your identity and those who have damaged your mind. The fate of the galaxy is in your hands.
In stores and online now
Who are you?
Why are you on Vigo?
Why have they taken your memory?

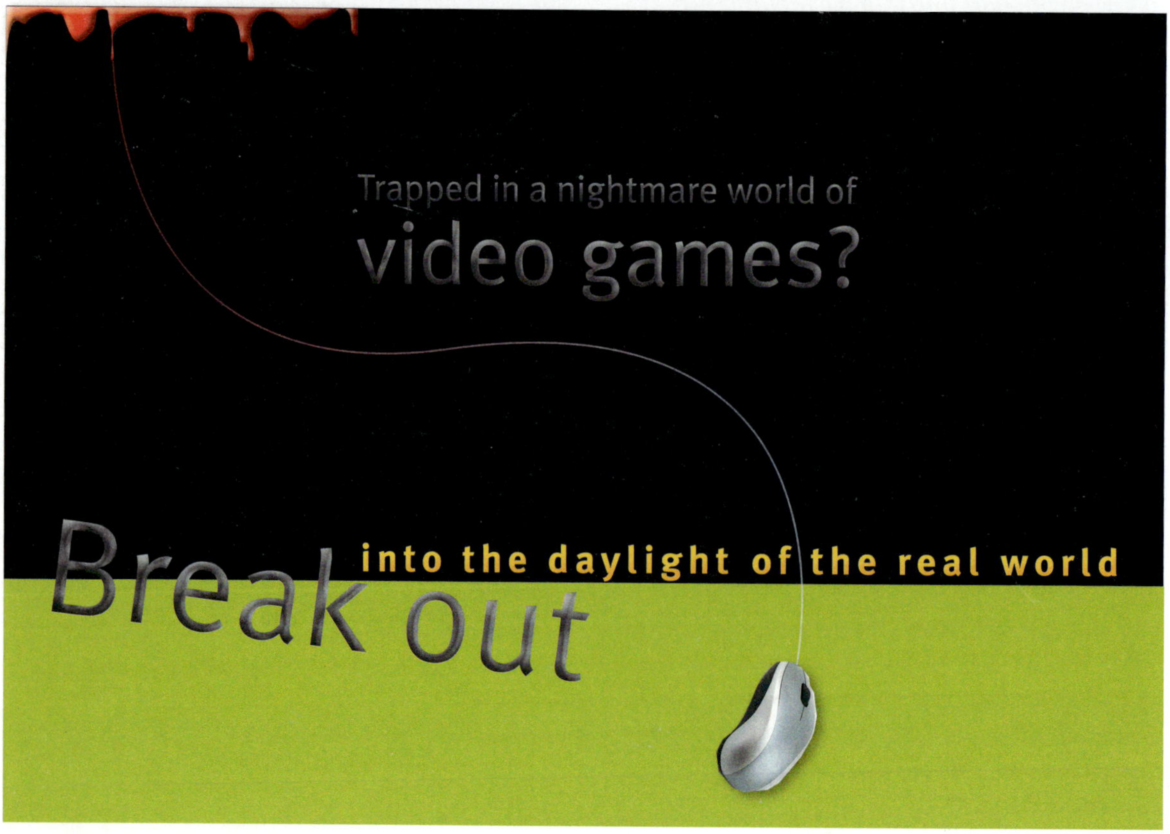
Trapped in a nightmare world of
video games?
Break out
into the daylight of the real world

a) *Look at the two adverts on page 16. Write answers to the following questions about them.*

1 Which advert did you look at first? Why?
2 What are the two adverts for?
3 What are they trying to do and who is their target group?
4 Where would these adverts appear?

b) *Describe the graphics and the design (colours, layout, font, font size and colour, ...). Explain why the images suit the advert – or not.*

c) *Analyse the words.*
- *Make sure you know what all the words mean. Use a dictionary if necessary.*
- *How does the language grab your attention? Give examples.*

d) *Say which advert you think works best. Give reasons.*

e) **Extra** *Bring in one of your favourite print adverts and analyse it in the same way. Say why you like it.*

▸ *SF Understanding adverts (p. 144)*

4 Extra Designing your own advert

After looking at how print adverts work, use your imagination and produce your own advert.

Step 1

First brainstorm some ideas.

– What are you going to advertise?	An idea? A product? A real one or an imaginary one?
– Who is your target group?	Teenagers, children, women, men, ...?
– Where will your advert appear?	Billboard, magazine, internet, ...?

Step 2

Divide up the work.

– Who will work on the graphics? What will they be like?	What would suit the product and appeal to the target market: a drawing, photos, ...? What colours would work?
– Who will write the text?	How will the words grab people's attention? Can you use imagery or repetition? Can you write something funny? Will there be a story element?
– Who will think about the layout of text and graphics?	Where will you put the text on the graphics? What size, colour and font will you use?

Step 3

Produce the parts of your advert. Before you put them all together, look at everything again. How could you make the advert more effective? Proofread the text and make corrections.

Step 4

Display your adverts in class. Form groups with one person from each advert group. Walk round and look at the adverts. The experts present their advert to the group.

P1 WORDS The meanings of adverbs

Think about the meanings of the adverbs in blue and choose the correct one from each pair.

It is a sad fact that **luckily • unfortunately** some young people develop an addiction to illegal drugs. **However • Perhaps** this is because they don't feel accepted for who they are, but there are **usually • probably** many other reasons. This is **certainly • probably** a big problem in western societies. **Hopefully • Sadly** most of these young people do not admit that they have an addiction, which is **almost • exactly** why the families and other people caring for them **never • usually** have a hard time helping them. **At first • Of course**, there are bigger problems too. There are **definitely • maybe** even more young people who are addicted to the legal drugs – alcohol and cigarettes.

"Unfortunately, a few years back we had to start accepting advertising."

P2 Exploring language | The English for German 'sollen'

Look at these sentences (the first two are from page 14). The words in blue can be translated by German 'sollen'. The meanings of the English words are explained more in brackets.

1. They **are supposed to be** good for hand-eye coordination. (what people say)
2. They **are said to** think faster. (what people say)
3. Children **shouldn't** spend too many hours on the computer every day. (the right thing to do or not to do)
4. They **ought to** do more sport. (the right thing to do)
5. Of course, adults **had better** set a good example or shut up. (the best thing to do in a situation)

Pia is writing an e-mail to her American friend, Nick. Look at what she is thinking. How can she say it in English? (There may be more than one correct answer.)

Ich weiß, ich sollte öfter schreiben.

Oder wir skypen einfach. Ja, das sollten wir tun. Dann können wir umsonst richtig miteinander reden.

Du solltest dich aber bei Facebook oder MySpace anmelden.

Twitter soll aber auch ganz gut sein. Bist du schon dabei? Ich nicht.

Ich habe gelesen, dass Facebook in den USA am populärsten sein soll.

Ich sollte jetzt besser aufhören, es ist schon sehr spät.

▸ GF 5.3: Modals – what do they express? (pp. 179–180) • WB 10 (p. 8)

P3 EVERYDAY ENGLISH Caring for others

a) Read the dialogue below. Then listen to the CD. Take notes and try to complete the dialogue.

A: I saw Jesse the other day.
B: Oh, yeah. How is he?
A: He didn't ... too good.
B: No? I haven't seen him for ages.
A: That's because he's ... playing video games.
B: Do you think he's ...?
A: I don't know. He was always ... video games.
B: I am too.
A: Yeah, but you don't play ... You're not ... to them.
B: Maybe not.
A: You have lots of other ... Jesse is hooked. He doesn't do anything else.
B: Yeah, I remember when he said he needed his ... every day.
A: Yes, I think he may ...

b) Work out the conversation in English together.

A: Begrüße B.
B: Grüße auch. Sage, dass du keine Lust mehr hast, mit Alex und Jana auszugehen.
A: Frage, was los ist.
B: Sage, sie waren am Samstag wieder betrunken.
A: Frage, ob B meint, sie seien süchtig.
B: Bejahe dies. Sage, dass sie immer zu viel trinken, wenn sie ausgehen.
A: Sage, dass du denkst, dass sie Hilfe brauchen.
B: Sage, du hast es ihnen gesagt. Sie hätten aber gesagt, dass sie nicht süchtig seien.
A: Du meinst, dass man es oft nicht merkt, wenn man süchtig ist. Du denkst, ihr solltet euch um Hilfe kümmern.

P4 LISTENING Radio adverts

a) Copy the table below. Then listen to four radio adverts and fill in the table. Check your answers in a group.

	product or problem	for or against	speakers
ad 1			
ad 2			
...			

b) Listen again.
How does each ad get its message across? Think about
- *the information given*
- *sound effects*
- *tone of voice*
- *humour*
- *surprises*
- *emotional elements*
- *...*

Radio – a medium that reaches people everywhere

c) How effective are the adverts? Individually, rank them on a scale from 1 (very bad) to 10 (excellent). Then discuss your ranking in a group and choose the best ad.

d) Extra Write a description of your own favourite radio ad without mentioning what exactly it is advertising. Read out your description in class. Can anyone guess what the ad is for or against?

▸ WB 11–12 (p. 8)

I hate my dad (abridged from *Love Lessons* by Jacqueline Wilson)

Read the first sentence of the text and talk to your partner: What might the text be about? Make a list of common reasons for problems between teenagers and their parents.

I hate my dad.

I know lots of teenage girls say that but they don't really mean it. Well, I don't *think* they do. I don't really know any other teenage girls. That's one of the reasons I hate Dad. He keeps me a virtual prisoner.

I'm interrogated[1] if I slip down the road to Krishna's Korner Shop. I'm not allowed to go into town by myself. I can't go to see any films. I can't eat in McDonald's.

Dad even fussed[2] about me making a simple bus ride by myself to go to Miss Roberts for maths tuition. He took my sister Grace and me out of school ages ago, when I'd just gone into the Juniors and she was still at the finger-painting stage. Dad said *he* was going to educate us.

We were left to get on with it for ages, but this summer we had a home visit from a Mr Miles, who was from some kind of education authority. He wanted to know what provision[3] Dad was making for my GCSE coursework. Dad said he didn't believe in examinations. Mr Miles smiled through Dad's tirade, obviously[4] having heard it all before.

'What do you want to do when you're older, Prudence and Grace?' he asked.

Grace mumbled something about working with animals. Dad won't let us have any proper[5] pets because he says he's allergic to them. Grace has a lot of secret, unsatisfactory pets, like the blackbird in the garden and the toads in the compost heap and for a while she kept a wormery hidden under her bed. Grace's pets are not exactly cuddly[6].

'You'll certainly need to pass lots of exams if you want to be a vet[7],' said Mr Miles.

Dad snorted. 'You'll find our Grace has got no more brains[8] than a donkey,' he said unkindly. 'She'll get a job in a shop somewhere and be happy enough.'

'In your bookshop?'

'She can help sell the books, but I doubt[9] she's up to the business side of things,' said Dad. 'But Prudence can do all the cataloguing and buying and book fairs.'

'Is that what you want to do, Prudence – run your father's business?' said Mr Miles.

I swallowed[10]. 'I – I'd like to go to art college.' Dad glared at me. 'For goodness' sake, I've told you to forget that nonsense. You don't need to go away to college to learn drawing and painting; you can do that already.'

'But I *want* to go, Dad.'

Dad was furious with me for arguing in front of Mr Miles, but decided not to pursue[11] it. 'All right, all right, go to art college, waste three years,' he said. He nodded triumphantly at Mr Miles. 'I guarantee she can pass her art GCSE standing on her head.'

'I dare say[12],' said Mr Miles. 'But I think you'll find art colleges require quite a few GCSEs, plus three good A-levels. You're going to have to make more provision for your daughter's education, Mr King. Otherwise we might have to pursue the matter[13] through the courts.'

'The courts!' said Mum, panicking.

'You've got no power to do any such thing,' said Dad, hands on his hips. 'You can't stop parents home-educating their children.'

'Not if they've been home-educated right from the start. But your girls have attended school in the past, so I think you'll find we have every power. However, let's hope we can avoid any unpleasant action. We all want what's best for Prudence and Grace.'

Dad seemed sure Mr Miles was bluffing, but nevertheless[14] he fixed up for me to go to this Miss Roberts for maths tuition on Wednesday afternoons. I only went once. It was unbearable[15].

Miss Roberts used to teach maths at a girls'

---

[1] (to) interrogate [ɪn'terəgeɪt] *verhören* [2] (to) fuss [fʌs] *sich aufregen* [3] (to) make provision [prə'vɪʒn] *Vorkehrungen treffen* [4] obviously ['obviəsli] *offensichtlich* [5] proper ['prɒpə] *richtig* [6] cuddly ['kʌdli] *kuschelig* [7] vet *Tierarzt, -ärztin* [8] brains [breɪnz] *Intelligenz* [9] (to) doubt *bezweifeln* [10] (to) swallow ['swɒləʊ] *schlucken* [11] (to) pursue [pə'sju:] *(weiter)verfolgen* [12] I dare say. [deə] *hier: Das nehme ich an.* [13] matter *Angelegenheit, Sache* [14] nevertheless [ˌnevəðə'les] *trotzdem* [15] unbearable [ʌn'beərəbl] *unerträglich*

school way back in the sixties. She seemed preserved[1] in that time. She bent over me, trying to explain some supposedly simple point about algebra.

I couldn't understand any of it. I wrote down random[2] letters of the alphabet but I couldn't tease[3] any meaning from them. I expect letters to arrange themselves into words. If I'm doing sums I need numbers – though I'm actually useless with numbers too. I can't always add up accurately. The shop takings rarely[4] balance on a Saturday when I help out.

Miss Roberts tried hard to be patient with me. She explained it over and over again, raising[5] her voice and speaking s-l-o-w-l-y.

I paid her the twenty pounds for the tuition and she gave me a cup of tea.

'Don't look so woebegone[6], Prudence,' she said. 'Your father says you're a very bright girl. I'm sure you'll catch on[7] in no time.'

I thanked her politely.

I didn't go back. For the last three Wednesdays I've walked into town and spent my tuition fee. Sixty whole pounds.

I've never had so much money in my life before. Dad gives Grace and me one pound every Saturday. He behaves as if he's bestowing[8] solid gold upon us, and even has the nerve to lecture[9] us, telling us not to waste it on rubbish. I've always saved mine up to buy sketchpads and soft pencils and crayons[10].

I know I am very weird. I can't seem to help[11] it. I don't know how to be a proper teenager. I bought a couple of teenage magazines out of my stolen tuition money. They were astonishing[12], especially the problem pages. I knew I didn't look anything like girls my own age, but I didn't realize my experiences were so different.

I've had *no* experiences; *they've* had plenty. The girls writing to the problem pages spoke a different language and behaved as if they were from a totally different planet. They wore astonishing clothes and got up to astonishing things with their boyfriends. I read these letters feeling hot, my heart beating.

The only letters I could identify with in any way were the ones where the girls moaned[13] about their mums and dads. They said they couldn't stick[14] their parents. Their mums wouldn't let them have a nose stud or platform heels[15]; their dads nagged about bad marks at school and got mad if they didn't come home till midnight.

'They should try having my mum and dad,' I muttered[16], as I flicked[17] through them by torchlight[18] under the bedcovers.

Working with the text

1 Understanding the story

Describe Prudence's situation. How do her problems with her dad compare with your list from page 20?

2 Characters of the story

a) *Look at the following lines of the extract and describe how you think the characters are feeling.*

ll. 38–41: Prudence and her father
ll. 49–50: Prudence
ll. 50–51: her father
l. 68: her mother
ll. 69–70: her father

b) *Which words helped you to understand how they were feeling?*

3 Narrating the story

Read the part about Miss Roberts again (ll. 83–104). Write the scene from Miss Roberts's perspective. What effect does changing the narrator have on the story?

► *SF Reading literature (pp. 141–143)* • *WB 13 (p. 9)*

---

[1] preserved *konserviert* [2] random ['rændəm] *beliebige(r,s)* [3] (to) tease [ti:z] *herauskitzeln* [4] rarely *selten* [5] (to) raise one's voice *die Stimme erheben* [6] woebegone ['wəʊbɪgɒn] *(fml) bekümmert* [7] (to) catch on *kapieren* [8] (to) bestow sth. upon sb. [bɪ'stəʊ] *(fml) jm. etwas schenken* [9] (to) lecture sb. ['lektʃə] *jn. belehren* [10] crayon ['kreɪən] *Buntstift* [11] I can't help it. *Ich kann nicht anders.* [12] astonishing [ə'stɒnɪʃɪŋ] *erstaunlich* [13] (to) moan [məʊn] *jammern* [14] (to) stick ausstehen [15] platform heels [ˌplætfɔ:m 'hi:lz] *Plateausohlen* [16] (to) mutter *murmeln* [17] (to) flick through sth. *etwas durchblättern* [18] torch ['tɔ:tʃ] *Taschenlampe*

THE WORDS PAGE

P1 Antonyms, synonyms, word families

a) Match the expressions 1–10 to the words a–j.

1 a big test at the end of a term or a school year
2 a young person aged 13–19
3 a class
4 exercises and tasks you have to do outside school
5 what you call somebody who is very clever
6 all you can remember about what you have learned and experienced
7 the place you go to learn every day
8 what you get at a school or university
9 someone who attends a school
10 (to) catch on

a course
b education
c exam
d homework
e intelligent
f knowledge
g school
h student
i teenager
j (to) understand

b) Work with a partner. Try to find an antonym and/or a synonym for all the words (a–j above). Then add as many words from the same word families or collocations with the words as you can, e.g. course: training, class, do a course, take a course, ...
Use an English–English dictionary or a collocations dictionary for help.

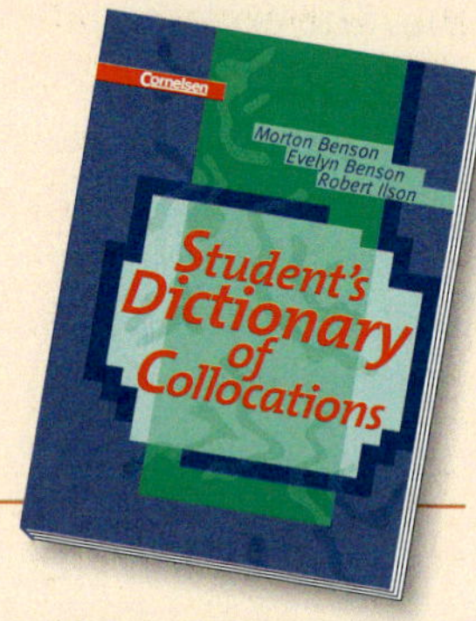

P2 False friends

a) Look at this sentence from "I hate my dad" (p. 21, ll. 116–117):
I don't know how to be a **proper** teenager.

'Proper' is both an English and a German word. They are spelled the same but they don't mean the same:
proper = richtig, ordentlich ***proper = neat, clean, tidy***
'Proper' is a false friend, i.e. a word that looks or sounds similar in English and German but has a different meaning.

b) Write down the correct German translations of the English words in blue.

1 What's the **meaning** of this?
2 I **wonder** what's for dinner this evening.
3 Haylie has a big **circle** of friends.
4 Everything Samantha said was **actually** true.
5 Haylie called her a **billion** times.
6 Can you find your home town on this **map**?
7 How much time do you **spend** on the computer?
8 Jack's not **brave** enough to ask her out.
9 They **became** friends as soon as Samantha started at the school.

c) Write down the correct English translations of the German words in orange.

1 Hast du eine **Meinung** dazu?
2 Du wirst **dich** über das Abendessen **wundern**.
3 Kannst du mir deinen **Zirkel** leihen?
4 Wir stehen **aktuell** auf Platz vier.
5 Das Universum enthält viele **Billionen** Sterne.
6 Die Unterlagen sind in dieser **Mappe**.
7 Kannst du ein paar Euro für die Tsunami-Opfer **spenden**?
8 Lass mal die Sau raus. Sei nicht so **brav**!
9 Was **bekomme** ich dafür?

► WB 14–15 (p. 10)

P3 VIEWING Teens like you?

a) *Look at the stills on the right. They are from a short film about US teenagers. Discuss when you think the film was made and give reasons.*

b) *Describe the setting and the people in the stills. Speculate about what is happening: who are the people? How are they related?*

c) **Extra** *Write a thought bubble (big enough for all to read) for one of the characters from the stills. Show the thought bubbles for each character in class. Vote for the best ones.*

d) *Divide the class into two groups, A and B. Group A face the TV. Group B have their backs to it. Group A watch a scene from the film with their hands over their ears. Group B listen to the scene.*

After that, Group A make notes on: the setting, the characters' actions and appearance, the events that take place in the scene

Group B make notes on: the number of speakers, their voices and feelings, what is said, the background noises or music.

Work in pairs (one from Group A, one from Group B). Use your notes and exchange information about the scene. Present your ideas to the class.

e) *Groups A and B now swap roles and do the same with a second scene from the film.*

f) *Now all watch four scenes from the film with the sound. What were you surprised by? What else did you find out? Who do you think this film was made for – teenagers or parents?*

g) *The teenagers in the film have a number of problems with their parents. Which of the problems do teenagers still have with their parents today?*

Kay

Sally

Bill

STUDY SKILLS Analysing films (1)

Feature films are **basically stories** told **using sound and moving pictures**. Documentary films also sometimes tell stories. So you can analyse a feature film and some documentaries with the same categories you use for **narrative literature: plot, setting/atmosphere and characters**. Films, however, also work via sound, music, lighting, camera work and special effects.

► *SF Analysing films (p.157)*

BOY MEETS GIRL AROUND THE WORLD

a) *Boy meets girl: the oldest situation in the world. But how does it happen where you live? How do people get together, fall in love, start a relationship? And what happens after that? Quickly note down some ideas. Then read about getting together in some other places around the world.*

Troy, 16, Cicero, Illinois, USA

I have a kind of ritual when I'm going on a date, especially a first date. I take a shower and make sure I smell good. I always wear my favorite clothes so that I feel good. Mostly we'll meet at a Starbucks or something and then go see a movie. Then after that we'll hang out in the mall and maybe get a pizza or a drink somewhere. If I'm lucky, she'll have a car and drive me home afterwards – and I'll get more than just a goodnight kiss.

Maya, 17, Chandigarh, India

Dating in Chandigarh is very different from what we see in American films and TV shows. Marriages here are arranged by parents in about 80% of the cases. So it's your parents who look for a suitable boy or girl for you. After they choose one, you meet the boy or girl, at your house or theirs, with your parents. If you happen to like each other (you are supposed to say 'Yes' or 'No' the same day or in the next few days), then you can start dating.

Yamila, 17, Irbid, Jordan

We go on dates, in a group, and sometimes just as a couple. Our parents mustn't know, of course – they wouldn't let us go on a date if they did. Irbid has hundreds of internet coffee houses. That's where my girlfriends and I go. There are boys there too, but we don't mix in the internet cafés – we go online and chat with boys, boys we know, about music and sports and what's going on. And even sex. Sometimes we arrange to meet.

Tau, 16, Molepolole, Botswana

In our village we don't really go on dates. In Setswana culture, that's not really allowed. The idea is that boys and girls should not mix until they get married. But we're mixed at school and there is this place in the village where we meet after school and hang out together. That's where you can find a girlfriend. I want a girlfriend who is sexy, fun and a good dresser. And she should be faithful, of course, not a girl who looks at other boys.

b) *Work in groups of four, with one student working on each teenager. Take notes on how 'getting together' happens for your teenager. Then report on your teenager to the others. Together, compare and contrast how 'getting together' happens for these teenagers and for teenagers where you live.*

c) *Think about what else you would like to know about dating, relationships, marriage, etc. for your teenager. With your ideas, write a letter to them, asking these questions and telling them how you feel about these things. Read each other's letters and suggest corrections and improvements.* ► **Text File 1** *(pp. 108–110)*

P1 MEDIATION Out in a boat (Oral mediation)

There are many situations where you might have to use your English and German knowledge to mediate between the two languages. For example, you're on holiday and a boy or girl says something in English that only you understand. You explain it to the others in your group. Or the same thing happens with an announcement at an airport. Or a visitor to your country needs help with the instructions on a ticket machine.
This first part of your mediation course deals with spoken mediation.

a) Only the gist

The most important thing to remember: don't try and translate word for word. You only need to get across the most important information.

1. *Listen to the speaker and note down what you think is important.*
2. *Compare your results with a partner and agree on what is most important. Then each mediate what you heard into German.*
3. *Now read the text on the right and note down the important parts – or highlight them on a copy. Compare results and then mediate into English. Use a dictionary if you need to.*
4. *Listen to someone else mediating the text and compare.*

Ihre Vorbereitung aufs Drachenbootfahren

Drachenbootfahren ist Wassersport. Das heißt, dass Sie ganz sicher nass werden, vor allem, wenn Sie mit anderen Anfängern in einem Boot sitzen. Bringen Sie also trockene Sachen mit, damit Sie sich nach dem Training umziehen können. Ihre Wertsachen wie Schlüssel, Handy, Papiere oder Geldbörse geben Sie bitte dem Team-Captain, der hat einen wasserdichten Sack dabei, den er am Boot befestigt, sodass auch bei einer sehr feuchten Fahrt oder gar einer Kenterung nichts verloren gehen kann. Jugendliche unter 18 Jahren müssen eine Rettungsweste tragen. Sie bekommen aber eine ganz dünne, die beim Paddeln nicht behindert.

b) Help! I didn't get that.

If you don't understand something in English, ask the speaker to slow down, say it again or explain what they mean. Collect and write down as many polite phrases as you can for asking someone to repeat something, speak more slowly or explain what they mean.

c) Help! How do I say that?

If you can't think of the right words when mediating into English, try paraphrasing.
Partner B: Go to page 106.
Partner A: You probably do not know the English words for the items in these pictures. Paraphrase them for your partner. Do they understand what you mean? Then listen to your partner.

d) Can you do it?

Listen to parts 1 and 2 and take notes.
Partner A: Mediate part 1 for your partner and ask them for feedback on how well you did.
Partner B: Give your partner feedback.
Partner B: Mediate part 2.
Partner A: Give feedback.

Remember

- Only get the gist across. Don't translate.
- Paraphrase words you don't know.
- Ask an English speaker to slow down, repeat or explain.

► *SF Mediation Course (pp. 145–146)* • *WB 16 (p. 11)* • **Skills check** *WB (pp. 12–21)*

Unit 2 Stand up!

On 10 December 1948, the United Nations passed the Universal Declaration of Human Rights. Here are short versions of six of its 30 articles:

- Article 1: All humans are born free and equal. They should act towards each other in a spirit of brotherhood.
- Article 5: No one shall suffer torture or inhuman treatment.
- Article 12: Everyone has the right to privacy.
- Article 19: Everyone has the right to freedom of opinion and expression.
- Article 21: Everyone has the right to take part in the government of his or her country.
- Article 26: Everyone has the right to education.

A

B

C

D

E

1 Human rights illustrated

a) *Each of the illustrations on p. 26 comments on human rights. Match the illustrations to five of the UN articles listed above. Give reasons for your choice.*

b) *Make a list of violations of human rights that you have heard about or read about recently.*

▸ *SF Describing and analysing pictures (p. 128)*

2 Human rights in poetry

a) *Emmanuel Jal was a child soldier in the civil war in Sudan. He wrote a long poem about his experiences with the title "Forced to sin". Read the excerpts from Jal's poem printed below.*

b) *What are some of the topics of the poem? Which one is the most important for you? Say why. How is the poem connected with the Universal Declaration of Human Rights?*

c) *In groups of five, discuss how you would order the different parts below.*

d) *Listen to Jal reciting his poem and compare his order with your order of the parts.*

e) *Each member of the group learn one part of the poem, and then recite it, taking turns, in Jal's original order.*

A
Ah! The children of Darfur.
Your empty bellies on the telly and it's you that I'm fighting for.

B
Sometimes you gotta lose to win.
Never give up. Never give in.
Left home at the age of seven.

C
One year later, live with an AK-47 by my side.
Slept with one eye open wide.
Run, duck, play dead and hide.
I've seen my people die like flies.

D
Left home. Don't even know the day I'll ever return.
My country is war-torn.
Music I used to hear was bombs and fire of guns.
So many people die that I don't even cry no more.

E
Ask God a question what am I here for?
And why are my people poor?
And why, why when the rest of the children
were learning how to read and write,
I was learning how to fight?

www.emmanueljal.com

3 Extra Human rights in your own life

In what way are human rights protected in your own life? Or perhaps you feel they are in danger? Exchange your ideas with a partner and agree on five examples.

▸ *WB 1 (p. 22)*

SPEAK OUT

1 First Amendment (from the novel *Speak* by Laurie Halse Anderson)

Melinda, the narrator of the novel, is in the 8th grade at an American high school. In this extract she's in her History class.

Mr. Neck storms into class, a bull chasing thirty-three red flags. We slide into our seats. I think for sure he's going to explode. Which he does, but in an unpredictable, faintly educational way.

IMMIGRATION. He writes it on the board. I'm pretty sure he spelled it right.

Mr. Neck: "My family has been in this country for over two hundred years. We built this place, fought in every war from the first one to the last one, paid taxes, and voted."

A cartoon thought bubble forms over the heads of everyone in the class. ("WILL THIS BE ON THE TEST?")

Mr. Neck: "So tell me why my son can't get a job."

A few hands creep skyward. Mr. Neck ignores them. It is a pretend question, one he asked so he could give the answer. I relax. This is like when my father complains about his boss. The best thing to do is to stay awake and blink sympathetically.

His son wanted to be a firefighter, but didn't get the job. Mr. Neck is convinced that this is some kind of reverse discrimination. He says we should close our borders so that real Americans can get the jobs they deserve. The job test said that I would be a good firefighter. I wonder if I could take a job away from Mr. Neck's son.

I tune out and focus on my doodle, a pine tree. [...]

Mr. Neck writes on the board again: "DEBATE: America should have closed her borders in 1900." That strikes a nerve. Several nerves. I can see kids counting backward on their fingers, trying to figure when their grandparents or great-grandparents were born, when they came to America, if they would have made the Neck Cut. When they figure out they would have been stuck in a country that hated them, or a place with no schools, or a place with no future, their hands shoot up. They beg to differ with Mr. Neck's learned opinion.

I don't know where my family came from. Someplace cold, where they eat beans on Thursday and hang their wash on the line on Monday. I don't know how long we've been in America. We've been in this school district since I was in first grade; that must count for something. I start an apple tree.

The arguments jump back and forth across the room. A few suck-ups quickly figure out which side Mr. Neck is squatting on, so they fight to throw out the "foreigners". Anyone whose family immigrated in the last century has a story to tell about how hard their relatives have worked, the contributions they make to the country, the taxes they pay. A member of the Archery Club tries to say that we are all foreigners and we should give the country back to the Native Americans, but she's buried under disagreement. Mr. Neck enjoys the noise, until one kid challenges him directly.

Brave Kid: "Maybe your son didn't get that job because he's not good enough. Or he's lazy. Or the other guy was better than him, no matter what his skin color. I think the white people who have been here for two hundred years are the ones pulling down the country. They don't know how to work – they've had it too easy."

The pro-immigration forces erupt in applause and hooting.

Mr. Neck. "You watch your mouth, mister. You are talking about my son. I don't want to hear any more from you. That's enough debate – get your books out."

The Neck is back in control. Show time is over. I try to draw a branch coming out of a tree trunk for the 315th time. It looks so flat, a cheap, cruddy drawing. I have no idea how to make it come alive. I am so focused I don't notice at first that David Petrakis My Lab Partner has stood up. The class stops talking. I put my pencil down.

Mr. Neck: "Mr. Petrakis, take your seat."

David Petrakis is never, ever in trouble. He is the kid who wins perfect attendance records, who helps the staff chase down bugs in the computer files of report cards. What is he thinking? Has he flipped, finally cracked under the pressure of being smarter than everyone?

David: "If the class is debating, then each student has the right to say what's on his mind."

Mr. Neck: "I decide who talks in here."

David: "You opened a debate. You can't close it just because it is not going your way."

Mr. Neck: "Watch me. Take your seat, Mr. Petrakis."

David: "The Constitution does not recognize different classes of citizenship based on time spent living in the country. I am a citizen, with the same rights as your son, or you. As a citizen, and as a student, I am protesting the tone of this lesson as racist, intolerant, and xenophobic."

Mr. Neck: "Sit your butt in that chair, Petrakis, and watch your mouth! I try to get a debate going in here and you people turn it into a race thing. Sit down or you're going to the principal."

David stares at Mr. Neck, looks at the flag for a minute, then picks up his books and walks out of the room. He says a million things without saying a word. I make a note to study David Petrakis. I have never heard a more eloquent silence.

Fact File

The Constitution of the United States (1789) set up the country's system of government. Many other democracies such as Germany have a basic law influenced by the US Constitution.
Since 1789, 27 amendments have been made to the Constitution. The first ten were made together in 1791 and are known as the Bill of Rights. The First Amendment guarantees freedom of speech and the press, freedom of religion, freedom of assembly and the right to protest to the government.

Working with the text

1 Understanding the story

After looking at the Fact File, give reasons why this chapter of the novel is called 'First Amendment'.

2 The main characters

a) *Write a character description of Mr Neck. Find examples of implicit and explicit characterization in the text and note the line numbers.*

b) *Contrast Mr Neck's views on immigration and human rights with David's.*

3 The topic: freedom of speech

Where do you see the limits to freedom of speech? Are there things one should not be allowed to say?

4 Extra Game

Divide into five groups. Each group chooses a scene from the story and does a ***freeze frame****. The other groups describe what they see and say where it belongs in the text.*

STUDY SKILLS Characterization in fiction

The author of a story can describe or portray a character **directly or explicitly** by giving information through the narrator or other characters. Characterization is **indirect or implicit** when we learn about the character by what they say or do or through the setting they are put in.

► *SF Reading literature (pp. 141–143)* • **Text File 2** *(p. 111)* • *WB 2 (p. 23)*

2 VIEWING 'That's enough debate'

a) *Watch the film extract. What is different from the novel? What is the same?*

b) *In the novel, Melinda is the narrator. How is this reflected in the film and why do you think it is done this way?*

c) *Look at the four stills from the film and describe the characters' facial expressions and posture. The words in the box below may help.*

The eyes/lips/forehead/eyebrows ...
His/Her arms/fingers/shoulders ...
The way ... stands/walks/moves his head/ arms ... suggest(s)/tell(s) us/express(es)/ show(s)/look(s)/mean(s)/makes us think ...
angry/authoritarian/bored/excited/fed up/ determined/dominant/insecure/ worried/sarcastic/alarmed/ not paying attention/nervous ...

d) *Watch the film extract again. Imitate the hand positions of Melinda and Mr Neck and imagine how they feel. How is their character reflected by their body language?*

e) *Which types of camera angle can you identify in pictures 1 and 3? Explain how these camera angles help to characterize the people in this scene.*

f) **Extra** *Watch the scene again, looking for implicit and explicit ways of characterizing Mr Neck.*

1

2

3

4

STUDY SKILLS Analysing films (2)

Characterization in film
Explicit characterization in films can be achieved through voiceover comments.
Implicit characterization is achieved through what the character says and through their body language and facial expressions.

Camera angles
The camera can be used to present the characters in a certain way. Different **camera angles** have different effects.

Low-angle shot: The camera looks up at the character from below. This can make people appear important or scary.
Eye-level shot: The camera is level with the character's face. This is a rather neutral position.
High-angle shot: The camera looks down from above. This tends to make the characters seem less powerful.

► *SF Analysing films (p. 157)*

3 Free speech – hate speech

a) *Hate speech is spreading fast on modern electronic media. The snippets below all deal with the topic of hate speech. Read them and write down where you think each of them came from. The texts are (1) from the advice page of a magazine, (2) an internet chat room, (3) a student essay, (4) a scientific report, (5) a dictionary, (6) a blog.*

A 2 I dont give a damn if you or anyone wants to dis me. That's what FREE SPEECH is. That's what i think. DONT interfere with my life and i'll leave u alone 2.

B 3 Hate speech has led to much controversy in recent discussions. The problem is that if we try to prevent hate speech, we go against the basic right which allows us to express our opinions. In this paper, I will ask if the 'right' to freedom of expression can ever be challenged.

C 6 It's my right to call someone an ugly bitch online, if that's what I want to do. And if they go and jump off a bridge, is it my fault? I can tell them they're stupid, and I wish they would get out of my life, but no one should blame me if they do what I tell them. They kill themselves for other reasons.

D 5 Hate speech: Spoken or written communication which will probably be seen as offensive by minorities or anyone who sees themselves as a victim.

b) *Compare your results with those of your partner. With the help of the information in the study skills box, explain your decisions.*

c) *Choose the text you most agree with or disagree with. Give reasons.*

d) **Extra** *'Sticks and stones may break my bones, but names can never hurt me.' Explain this saying. Do you agree with it?*

E 4 Although there is no significant difference in the percentage of foreign students and UK students who say that they have been victims of hate speech, 7 % of all male foreign students experienced it as against 4 % of UK males and 2 % of all females.

F 1 There's nothing you can do about hate talk. Don't try to – just try to get used to living with it. There are lots of people who are always talking crap online, so you'd better ignore it and forget it.

STUDY SKILLS **Identifying style and register**

The way people speak changes depending on the topic and who they are addressing. The style may be formal, neutral, informal or very informal (slang).

- Formal language: less common words, complex sentences, no short forms
- Informal language: common words, short forms, use of questions, conversational style (e.g. frequent use of pronouns), unusual spelling
- The language used is also influenced by the topic: scientific reports will often contain numbers, formulas or statistics, letters of advice often use imperatives, legal texts are written in a very precise language, etc.

▸ SF Identifying style and register (p. 143) • WB 3 (p. 24)

P1 REVISION Free to decide (Simple form and progressive form)

Present or present perfect? Complete the sentences with the correct tense of the verbs in brackets. Decide if you need the simple form or the progressive form.

Mr Brown is successful, quite successful. He's a manager. He ... (be) a manager for ten years now. He ... (enjoy) being a manager very much. Mr Brown ... (be) a keen hiker too. He ... (often go) hiking with his friend Mr Green. Actually, right now they ... (go) on a short hiking trip in the north of Scotland. They ... (fly) back to England next Monday. Mr Brown's wife ... (wait) for her husband. Impatiently! There are problems. Their only son Matthew, who ... (celebrate) his 16th birthday this month, ... (decide) to leave school and join the army. He says he ... (think) about it for a long time and now he ... (know) that it ... (be) the right thing for him to do. He ... (want) to experience real life and do something useful, like fighting for his country. Mrs Brown ... (worry) because she ... (find) the army jobs too dangerous. Matthew's decision will be a surprise for Mr Brown too. He is the manager of a humanitarian organization that ... (give) help to child soldiers in Africa.

▸ *GF 3: Aspect: the simple form and the progressive form (pp. 173–174)*

P2 REVISION Censorship (Simple past vs. past progressive)

a) *Apart from the example in the first sentence, there are six more places in this text where the past progressive would be better than the simple past. Decide which form fits each gap best.*
Remember: The past progressive is used to describe an action or event that was in progress and not yet complete at a particular time in the past.

Jimmy Preston ... (get) *was getting* more and more nervous. The 16-year-old schoolboy from Connecticut ... (stand) backstage in a New York City theater, waiting for his call to go on stage. He ... (read) his text once again. Jimmy ... (have to) speak a powerful monologue, and he ... (want) to get it right. He ... (play) the role of an ex-soldier from the Iraq War. In the play the ex-soldier ... (describe) the psychological problems he ... (suffer) now he was back home from Iraq.

The lights in the theater dimmed. It was time for Jimmy to go on stage. He quickly ... (move) forward, looking confused, like the soldier whose role he ... (play).

Jimmy started his monologue: "My symptoms didn't appear straightaway. Then everything ... (hit) me all at once. I had nightmares. I couldn't sleep ..."

Two months ago Jimmy and the other actors, his mates from the school drama club, ... (rehearse) because they wanted to put on the play *Voices in Conflict* for parents and friends at their school. When they ... (get) ready for the first night, their head teacher suddenly ... (ban) the drama project. Some parents didn't like the school putting on an anti-war play. The story ... (reach) the newspapers in New York and shortly afterwards the drama club got an invitation to perform there.

Back on the New York stage Jimmy's nerves had gone and he ... (do) his monologue confidently: "I can't seem to find happiness in anything ..."

b) *Write the beginning of a story. Start by describing the setting and what the characters are doing, then let something happen. Here is an example:*

It was cold outside and the Smith family was sitting round the fire. Soft music was playing and ... Suddenly somebody knocked on the window ...

▸ *WB 4 (p. 24)*

P3 Exploring language | Activity verbs and state verbs

a) *There are two groups of verbs: activity verbs and state verbs.*
Activity verbs *describe activities (e.g. go, write) or events (e.g. rain). We can use activity verbs in the simple and progressive forms.*

We always **talk** about the industrial revolution in History.
You **are talking** about my son.

State verbs *(e.g. know) don't describe activities or events, but states. We generally use them only in the simple form.*

I **know** where my family came from.
The Constitution **does not recognize** different classes of citizenship.

Which eight of the following verbs are state verbs (and not used in the progressive)? Use each one of the eight in a sentence.

believe – belong to – cost – discuss – explain – hate – mean – own – prefer – take – want – watch

b) *Now look at these sentences:*

I **think** for sure that Mr. Neck is going to explode.
(think = *meinen, glauben* – a state ▸ simple, not progressive)

What **is** Neck **thinking**?
(think = *überlegen, über etwas nachdenken* – an activity, in progress ▸ progressive)

Some verbs are used as activity verbs and as state verbs – with different meanings. As activity verbs, they can be used either in the simple form or – if the activity is in progress – in the progressive form. As state verbs, they are always used in the simple form.

Simple present or progressive? Complete the following pairs of sentences with the right form of the verb in brackets. Then translate the sentences into German.

1 Now I ... (see) why Ben isn't here. He ... (see) his teacher.
2 Just a minute, I ... (taste) the soup ... Hm, it ... (taste) good today.
3 I ... (look) at this job advert. It ... (look) interesting.

c) *Look at stills 1 and 4 on p. 30. Describe the pictures in detail, say who is doing what and speculate about the thoughts and feelings of Melinda, David and their classmates.*

You could use the following verbs:
appear, believe, dream, hate, have, imagine, know, look, seem, sit, stand, stare, think, understand, want, wish, wonder

d) *There are 14 mistakes in this text. Sometimes the writer has wrongly used the progressive for state verbs, and sometimes they have not used the progressive for activity verbs that describe an activity in progress. Correct the mistakes.*

I am not thinking that my friends want me to be with them any longer. Do they meet tonight without me? They have all said that they are busy with homework but I am having a feeling that they do something together. I heard someone say something about the cinema. I am not meaning that they are wanting to hurt me, but right now they act strangely towards me. Look, there they are, putting their heads together in deep conversation. Do they talk about me? I am betting that they make fun of my clothes because they keep turning their heads towards me. I guess they are hating me. Huh? What's that? Alex is waving! It's looking as if he's waving at me. Am I understanding this correctly? Yes, now he clearly calls me over ...

▸ *GF 3.2–3.3: Activity verbs and state verbs (p. 174)* • *WB 5–6 (p. 25)*

GET INVOLVED

1 Voting

Many young people in Britain want to be more involved in politics, but they are only allowed to vote when they are 18. Should this be changed? Read the following online article on the topic.

Home

Should the voting age be 16?

The government-backed Youth Citizenship Commission says 66 % of people want the voting age lowered to 16. Do you agree?

Open thread
guardian.co.uk, Friday 26 June 2009 10.30 BST
Article history

The prime minister, Gordon Brown, meeting teenagers – but are they old enough to vote?

The Youth Citizenship Commission, set up in 2007 to look at young people's relationship with citizenship, says that 66 % of people it surveyed support the lowering of the voting age to 16.

Opponents say that 16-year-olds are not mature enough to choose a government, and fear that they may be too easily influenced. Supporters of the commission's findings argue that reform in 1970, which lowered the voting age from 21 to 18 for all public elections in the UK, did not have any catastrophic impact on the political landscape. They claim that if one can "leave school, work full-time and pay taxes, leave home, get married and join the armed forces", surely one can vote. The Labour party has officially adopted Votes at 16 as policy – joining the Liberal Democrats, the Scottish National party and the Green party. But what's your take? Are 16-year-olds too young to vote?

a) *List arguments for and against lowering the voting age given in the article.*

b) *The article says that lowering the voting age to 18 'did not have any catastrophic impact on the political landscape' (ll. 9–10). Explain.*

c) *Identify typical elements of print and online articles in the* Guardian *text above.*

STUDY SKILLS Analysing newspaper articles

Elements of print and online articles
The **headline** in large type gives an idea of what the article is about and attracts the reader's attention. The **sub-heading** goes into greater detail than the headline. A **caption** describes a photo or another picture. A **byline** states who the article is by, or who took the photo.

Elements of online articles only
Online papers give their **web address**, the **date** and sometimes the **time** the article was published. The term **open thread** tells readers that they can write comments on the article. Words in blue or underlined are hyperlinks that can be clicked on for further information. The **article history** tells readers when the article was first published and when it was last modified.

▸ *SF Analysing newspaper articles (p. 144)* • **Text File 3** *(pp. 112–113)* • **Text File 4** *(pp. 114–117)*

d) These are some of the comments readers of the online article made:

- shud b able 2 vote by txt innit
- Given that half of 16-year olds leave school without 5 good GCSEs, the idea that they are informed enough to vote is laughable and the prospect of them voting is terrifying.
- NO, they aren't adults. And they shouldn't be able to join armed forces either
- yes it shud be coz people arent dum when they are 16. by the way i love michael jackson may he rest in peace god bless him
- They can already vote – it's called the X-factor, Big Brother, Britain's Got Talent.

Choose one of the comments above and explain the reader's intention.
Write your own comment on the Guardian *article, making your own opinion on voting at 16 clear.*

e) **Extra** *What kind of newspaper do you prefer – online or print? Explain your preference. Do a class survey.*

2 VIEWING Vote!

a) *During the 2008 US presidential election campaign some Hollywood stars made a short film to encourage people to vote. Collect ideas on what you might see in this film. Then watch it.*

b) *List features of the film that you find unusual. Explain why they may have been used and discuss what effect they may have had on people watching the film.*

c) *Watch the film again. Write down as many reasons as you can which people give for wanting to vote. Compare your list with a partner's.*

3 Responsibilities

a) *On 20 September 2009, US President Barack Obama gave a speech to young students nationwide, which was broadcast live to all the schools in the country. Note down key words that you expect to hear.*

b) *Listen to the speech. While you listen, put these topics in the order they come up in the speech:*

A Setting goals
B Getting up early
C Asking for help
D Not giving up
E Fulfilling responsibilities
F Working hard

c) *Listen again. Find examples for each topic. Take notes and compare with a partner.*

d) *Which of President Obama's topics speak to you most, and which ones leave you cold? Would it be a good idea if the German President or Chancellor gave a speech to students here during school time? If so, what topics should they address?*

► *WB 7–8 (pp. 26–27)*

P1 Exploring language | Emphasis

a) *Find five different ways the writer uses emphasis in the following text. Try to do it without first looking at the box below.*

Yes, it was President Obama who came to our school yesterday and gave a speech. So we were listening to the President himself. And he does smile a lot when he meets people. I think that he really enjoyed his visit. Never in my life have I seen such an enthusiastic crowd of kids at our school.

Now look at the box below and check.

b) *Rewrite the following sentences, adding emphasis as shown in brackets.*

Obama's mother helped him with his lessons early every morning. (It was ...)
She never allowed him to sleep in from Monday to Friday. (Never ...)
She made him work hard (... did ...), but he was pleased about it (... really ...).
The lessons were always interesting, he said. (-self pronoun)

c) **Extra** *Read the following text, then make four statements to your partner about facts in the text that you could emphasize, e.g. 'It was X who/which ...'.*

The US Stars and Stripes is the most famous flag in the world, not the British Union Jack. George Washington asked Betsy Ross to make the very first flag in 1776. Betsy Ross did not design the flag, she only sewed it. In fact George Washington probably designed it. The Stars and Stripes has become the United States' most important national symbol. The flag is always at his side when a US president addresses his people.

Emphasis

When you talk or write, you might want to put special emphasis on certain words or expressions.

1 *When speaking, any word can be emphasized by* ***stressing*** *it:*
None of it will matter unless all of you fulfill **your** responsibilities.

2 *You can use* ***certain words*** *to add emphasis, like really, ever and completely here:*
I want you to really work at it.
Don't ever give up on yourself.
Not every homework assignment will seem completely relevant to your life.

3 *You can use an* ***emphasizing -self pronoun*** *to stress a noun or pronoun.*
So my **mother** decided to teach me extra lessons **herself**.

4 *You can change the* ***word order****, putting the part you want to emphasize at the front:*
It's you who can decide to stand up for kids who are being teased or bullied.
That's the opportunity an education can provide. (*Not stressed:* An education can provide that opportunity.)

5 *Some adverbials with negative meaning can go at the beginning of a sentence for special emphasis, but then an auxiliary verb must come before the subject. This we call inversion.*
Never should you give up.
No way do you love all the books you have to read for school.

6 *You can use do, does or did to stress the verb which follows it.*
No one's born being good at things, but you **do** become good at things through hard work.

► *GF 12: Emphasis (pp. 193–194) • WB 9 (p. 27)*

P2 Common verbs and their collocations

a) *Combinations of words that happen very often are called collocations. Which collocations do the verbs* ***do*** *and* ***make*** *form with nouns (left)? Which collocations do* ***get*** *and* ***go*** *form with adjectives (right)?*

do / make		
	friends	the work
	nothing	a cake
	well	a call
	the dishes	a favour
	an exercise	a deal
	a speech	a drawing
	business	a project

get / go		
	angry	dressed
	bad (*food*)	drunk
	blind	hard
	bored	involved
	crazy	ready
	deaf	red

b) *Partner A: Find a good German translation for each collocation.*
Partner B: Make up an English sentence with the collocation in it. Take turns.

P3 Common adjectives and their collocations ▸

a) *Use one of the adjectives* ***hard, heavy*** *and* ***strong*** *to fill the gaps. It will help you if you check the three adjectives in all their meanings in a dictionary.*

1 He won't be able to lift such a *heavy* bag. He's only nine years old.
2 She's got a really ... timetable this term.
3 It's been a long ... day today.
4 My teachers always made a ... impression on me.
5 It was a ... exam and the final question was just too difficult.
6 There is a ... chance that he will get the job.
7 He's been a ... smoker and drinker all his adult life.
8 Although I have ... views on this, I can see your point too.
9 It was a very ... meal – far too much meat and not enough vegetables.
10 There was a ... and unpleasant smell coming from the kitchen.
11 They have had a ... life in this country.
12 I'm not so good at maths but I am quite ... in physics.
13 Her ... breathing told me that she was deeply asleep.

b) *Compare your results with a partner.*

P4 Collocations in politics

a) *Work out which verb goes with which noun. Use a dictionary if necessary.*

achieve • break • cause • discriminate against • elect • lose • support • vote

an aim • Conservative • a mayor • minorities • a movement • a promise • support • trouble

b) *Use each collocation in a sentence beginning with* ***If*** *or* ***When****:*
If you want to achieve an aim, you will have to work hard for it and be prepared for problems.

▸ *WB 10 (p. 28)*

MAKE A CHANGE

1 Street scene

a) *Look at the photo. Describe what you see in it. How does the scene make you feel?*

b) *Write a thought bubble for each person you see in the photo.*

c) **Extra** *A reporter comes to the scene and interviews one of the people. Write the interview with a partner and then act it out in front of the class.*

2 We are all bystanders

(abridged and adapted from *Greater Good Magazine*, III Fall/Winter 2006–2007)

Peggy liked Stewart. They went to high school together, and Peggy always used to say hi when she passed Stewart in the hall. However every day when Stewart boarded their school bus, a couple of boys used to tease him mercilessly. And every day, Peggy just used to sit in her seat, silent.

"I was dying inside for him," she said. "There were enough of us on the bus who were feeling awful. We could have done something. But none of us said anything."

Peggy still can't explain why she didn't defend Stewart. She had known his tormentors since they were all little kids, and she didn't find them threatening. She thinks if she had said something, other kids might have joined in to make the teasing stop.

"I think I would say something now, but I don't know for sure," she said. "Maybe if I saw someone being beaten up and killed, I'd just stand there. That still worries me."

We've all found ourselves in similar situations: the times we've seen someone harassed on the street and didn't get involved; when we've driven past a car stranded by the side of the road, assuming another driver would stop to help; even when we've noticed litter on the sidewalk and left it for someone else to pick up. We witness a problem, think about some kind of positive action, then respond by doing ... nothing. Something prevents us. We remain bystanders.

a) *Read the article above and say in two sentences what it is about.*

b) *Why didn't Peggy speak up for Stewart when he was in trouble?*

c) *Make up a scene in which Peggy finally decides to speak up for Stewart. Work in groups of four and then act out the scene on the bus.*

d) *The text gives examples of bystander situations. Think of more examples.*

e) *Read the text below and say why bystanders remain passive when others are in need.*

The bystander effect (abridged and adapted from an article in the *Toronto Star*, March 29, 2007)

Psychologists say that a person is less likely to help someone in need when other people are around. The more witnesses there are, the less likely it is one will get involved. That's because most people assume someone else will take responsibility. In an emergency, most people will wait to see what others do before offering to help. An individual bystander will be considerably influenced by the ways in which other bystanders are reacting. Everyone waits for someone else to take action yet no one is willing to step forward first.

f) Extra *Get into groups and make use of all the information on bystanders that you have. Discuss solutions to the problem of the bystander effect and prepare a one-minute talk.*

g) Extra Albert Einstein is reported to have said: 'The world is a dangerous place, not because of those who do evil, but because of those who look on and do nothing.'
From all you have learned, would you agree with this comment? Why or why not?

3 Filming injustice

a) *World-famous musician Peter Gabriel is the co-founder of the human rights organization Witness. Their motto is 'See it, film it, change it'. Does this give you any idea of what they do?*

b) *Listen to Peter Gabriel's talk. He mentions four names and two years – note them down. Then answer these questions:*

1 Who got Gabriel interested in human rights and when? 1985 a singer Bono
2 What human rights organization was supported on the tour that Gabriel went on? Amnesty International
3 When did Witness get started? 1992
4 What is the name of the website that Gabriel mentions?

c) *Listen to the talk again and find the following more detailed information:*

1 How did Gabriel himself suffer inhuman treatment when he was a young boy and how did he feel about it?
2 Why couldn't he walk away from the topic of human rights after the tour?
3 How can cameras help with human rights?
4 What exactly does Witness do?
5 What would Gabriel like to do with all the film material from the cameras?

d) *Cameras are often used 'for fun' to record violence. Contrast this with the use of cameras by Witness. Explain the difference.*

▸ *WB 11 (p. 28)*

P1 MEDIATION An e-mail to Britain (Written mediation)

a) *You have received an e-mail from a class in your exchange school in Britain. It says: 'Our citizenship class is doing a project on what other countries do to prevent crimes of violence. Can you give us some help?' Use the advice below for your reply.*

Find the main ideas
Read the whole text, then decide and write down for every section what the most important ideas are and what will be useful for the project in Britain. Compare your ideas with those of your partner and decide on a final list of points.

Check your vocabulary
Check with your classmates or in a dictionary for any words you need.

Mediate the text into English
Use your notes to put the main ideas of the German text into simple sentences that are easy to understand for young people in Britain. Don't stay too close to the German text. Explain what the text says instead of translating it.

Finish your reply
Check that you have covered all the important points on your list. Check for grammar and spelling. Finally, write a short e-mail to the class in Britain to tell them that the text is attached.

ZivilCOURAGE zeigen!

Was jeder im Alltag gegen Gewalt und Rassismus tun kann
Grundsätzlich gilt: Spielen Sie nicht den Helden. Es ist immer richtig, den Notruf der Polizei (Tel. 110) zu verständigen.

In der Bahn, im Bus: Es wird jemand angegriffen, erniedrigt, verletzt. Sie können den/die Fahrer/in auffordern, die Polizei zu rufen. Sie können andere Mitfahrende auffordern, mit Ihnen laut zu pfeifen und zu rufen: „Hört auf, hört auf!" Anfangs machen dabei wenige, dann in der Regel immer mehr mit. Jetzt wird die Situation für Gewalttäter/innen riskant, weil sie unüberschaubar und unberechenbar ist.

Bei Schlägereien: Wenn Kinder, Jugendliche oder Erwachsene sich schlagen, schlagen Sie Alarm, machen Sie Krach, stellen Sie Öffentlichkeit (aus sicherer Entfernung) her. Machen Sie andere auf die Schlägerei aufmerksam. Zeigen Sie, dass Sie bereit sind, gemäß Ihren Möglichkeiten einzugreifen. Eine Kleinigkeit zu tun ist besser, als über große Heldentaten nachzudenken. Ein einziger Schritt, ein kurzes Ansprechen, jede Aktion verändert die Situation und kann andere dazu anregen, ihrerseits einzugreifen.

Viele Kinder und Jugendliche behaupten, zur Rede gestellt, alles sei „nur ein Spaß" gewesen. Nennen Sie dann die vorausgegangene „Gewalt" beim Namen: „Dann lassen Sie mal den roten Fleck (die blutende Lippe, ...) sehen, nennen Sie das einen Spaß? Ich nenne das Körperverletzung."

b) *After you send your reply, you get another e-mail. Your British friends are going to take part in an anti-bullying conference and have invited you to take part too. Make a notice in German for your notice board with the relevant information about the trip and the conference.*

Many thanks for the information you sent us.
In connection with our project, some people in our class are going to attend this year's Actionwork anti-bullying conference – which is in our town. Our school is helping to organize it. It starts on Easter Tuesday and lasts three days. We would like to invite you and another five students from your school to join us. Families here have offered to be your hosts, so your only expense will be getting here.
These conferences attract hundreds of young people from around the country and abroad. This year the conference will focus on the good work that young people do to stop bullying and violence in their communities and schools. There will be lots of workshops. We are going to the one on 'Active Bystanders', which is what you would probably call people who show 'Zivilcourage'. If you are interested in coming, let us know and we can discuss the details.

► *SF Mediation Course (pp. 145–146)* • *WB 12 (pp. 29–30)*

P2 WORDS The language of violence and non-violence ▸

a) The words and expressions in the box on the left are taken from a newspaper article. Find synonyms from the box on the right.

- achieve a compromise
- express one's anger
- accept differences
- be aggressive
- apologize
- provoke somebody
- reduce stress
- show sympathy
- show respect
- be kind

- be tolerant
- annoy somebody
- be polite
- calm somebody down
- be violent
- reach an agreement
- say sorry
- say what is upsetting you
- show you understand
- be nice

b) Write the pairs on cards, one pair per card, and order them from non-violent to violent. Compare your order with your partner's.

P3 EVERYDAY ENGLISH SPEAKING Role play: staying cool in a conflict

Partner A: You are annoyed. Say one of the sentences 1–6 below.
Partner B: Try to stay calm, keeping in mind the tips in the box below right.
Swap roles after two turns. At the end, think about which sentence was most or least de-escalating.

1 Bus passenger sitting opposite you:
'Why are you looking at me like that?'

2 Man bumping into you:
'Can't you watch where you're going?'

3 Person waiting in a queue at a shop:
'What do you think you're doing? I was here first.'

4 Woman in street to you about your dog:
'Do you always let your dog do its business on the pavement?'

5 Train passenger annoyed about your mobile:
'Do you have to talk at the top of your voice the whole time?'

6 Troublemaker in the street:
'I just don't like the look of your face.'

Tip

When somebody speaks to you in such a way that you feel they are attacking you or not allowing you your rights, it's good to stay cool and polite, and to try to de-escalate.

How to behave in difficult situations
- It's better to begin a sentence with 'I' instead of 'You'.
- Do not take unfriendliness personally.
- Say sorry but don't beg.
- Don't make things worse by saying things like 'Mind your own business' or 'Shut up'.
- Keep your voice calm. It can make a lot of difference.

Some phrases to calm somebody down
- I'm sorry. I didn't realize that ...
- I think there is a misunderstanding ...
- My mistake, I'm sorry.
- How stupid of me. I must be more careful...
- Sorry but we disagree on this.
- I see what you mean but it is not how I feel.

▸ *WB 13–14 (p. 30)*

P4 Remembering the past (*used to* + infinitive)

*With **used to + infinitive**, you can talk about actions and states which took place regularly in the past but don't take place any longer.*
Peggy always **used to say hi** when she passed Stewart in the hall.
She **used to be scared** to get involved.
*It is also possible to use **would** instead of **used to** but mainly only for actions and not for states.*
Peggy **would always say hi** when she passed Stewart in the hall.

a) *Peggy and Stewart meet as adults and talk about the time when they were teenagers. Make sentences with **used to + infinitive**.*

Peggy
1 Our fathers ... be very good friends.
2 I ... hate Math at school.
3 I ... feel bad when the others teased you.

Stewart
4 Your father ... visit our farm.
5 I ... hate history.
6 I ... wonder why nobody seemed to care.

b) *Tell your partner about some of the things you used to do when you were younger.*
I used to play in the garden all day long. / I would play in the garden all day long.

P5 WRITING Protesters and police

a) *Last Saturday afternoon some people were injured during a demonstration in the capital of a former British colony. Read the following statements by people who saw what happened.*

'There were about 250 of them, demonstrating for freedom of speech – as if they haven't got it already – marching to the parliament building, and haven't they got anything better to do? The police officers moved forward to stop them. Quite right in my opinion. They had to use their batons because the protesters were in the way. Then I saw some of them fighting with the police, so it was all their own fault. Four or five officers were injured and were taken to hospital. I hope the people who did it go to prison.'

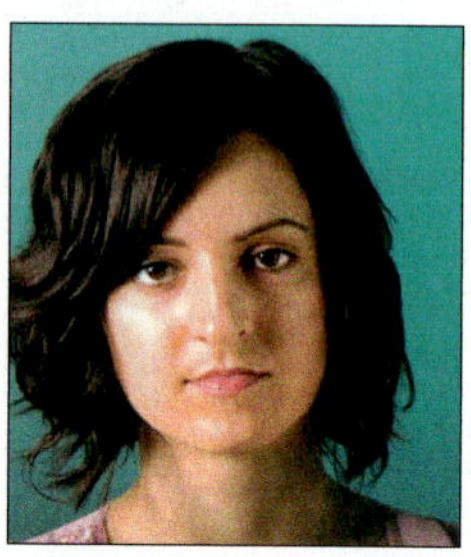

'The marchers came from People's Park and they were going to the parliament building. It happened right in front of me. They wanted to turn into Victoria Street, but there was a group of police officers there and suddenly they ran forward and attacked the marchers with batons. I was shocked because there were 200 to 250 people protesting peacefully against this new law to limit freedom of speech. Some of them ran away and some were hit on the head as they tried to fight back. I counted 15 protesters taken away in ambulances.'

'I was standing at the corner of the street. I'd say there were at least 200 people marching, coming into Victoria Street, and the police were waiting for them. Suddenly the police ran towards the marchers and started hitting them with batons, hitting people on the head. It was awful. Some of the protesters ran away, but some of them fought with the police. Soon there were about 20 people lying on the ground, five of them officers. Then the ambulances came.'

b) *In groups, decide what are the facts and what are people's opinions. Then write your own reports, including the facts but not any opinions.*
► *WB 15 (p. 31)*

P 6 LISTENING WTNX News Time

a) *Listen to the news from Haybrook, Illinois. Put these stories into the correct order:*

1 Court decision on use of language
2 Report on possible extremist activities
3 Dress shop doesn't accept the way assistant dresses
4 Latest statistics show big rise
5 Haybrook murder case still not solved

b) *Listen again and correct the sentences.*

- Speaking Spanish will be allowed at St Joseph's after the court's decision.
- The majority of prisoners are likely to get involved in terrorist activities again.
- A week after a manager gave a young Muslim woman a job, she was fired for wearing the hijab.
- Five cities in Illinois had a population increase of over 60 per cent in the last five years.
- A woman was shot in the stomach from the balcony of a third-floor apartment.

P 7 READING A campaigner for human rights

Bianca Jagger was born in Nicaragua in 1950. At the time, the country was suffering under a right-wing dictatorship. As a child she used to go on political protests with her mother. At 16 she was given the chance to study politics in Paris. In 1970, she married Mick Jagger of the Rolling Stones and spent a few years among the jet set, mixing with celebrities in the art and fashion world. It was at the beginning of the 80s that she started making headlines in a different way. She was deeply involved in drawing attention to human rights problems all over the world.

In South America Bianca Jagger campaigned for the protection of the tropical rain forests and for indigenous rights. In Bosnia she did everything she could to help stop the genocide and bring those responsible to an international court. She has been in the front line working to help the orphans of Africa, whose parents have died of AIDS. She made a significant speech at the start of Amnesty International's important "Stop Violence Against Women" campaign and has been a witness concerning violations of human rights at many international courts and committees. In addition, she writes articles for leading newspapers and regularly appears on television programmes in Britain and the US. She has spoken out worldwide against the death penalty and is now giving her attention to the international trade in young children for sex.

In 2004 she received the Right Livelihood Award, also known as the Alternative Nobel Prize for her work in the field of human rights, social justice and environmental protection. In her acceptance speech she said: "There is much each one of us can do to make a difference (...) We need to stand up for our principles and values, human rights, civil liberties and the rule of law. If we don't, our world will further descend into chaos."

Divide the class into four groups. Each member of a group first works individually on their task and then compares the result with other members of their section.

Group 1*: Choose ten key words from the text.*
Group 2*: Summarize the text in one sentence.*
Group 3*: Summarize the text in three sentences.*
Group 4*: Write down six phrases to express your own reaction to the text.*

Form new groups of four (one from each of the groups above), and share your results. Discuss the best method of preparing for a talk.

► *WB 16 (p. 31)*

1 WORDS Getting involved

Choose the correct words to complete the sentences.

1 The students are going to ... (produce/protect/protest) against higher bus fares on Saturday. Let's all join their protest ... (march/mark/match)!

2 What can we do to ... (raise/rate/rise) money for our youth club holiday programme? – We could organize a charity match and ask people to ... (deserve/donate/deliver) money.

3 Our local councillor took ... (part/place/turns) in a radio discussion last week. She spoke ... (down/up/through) for a lower voting age.

4 Would you like to ... (sell/spend/support) our environmental project? We want to ... (protect/share/revise) Cornwall's coasts.

5 How many people took part in the ... (deal/debate/departure)? – All the teenagers who ... (viewed/visited/volunteered) the European Parliament.

2 WORDS We need jobs!

Jenna and her friends are looking for summer jobs. Complete what she says with a future form of a verb from the box. Sometimes more than one form is possible.

1 I ... a job on the internet. I'm sure I ... something suitable there.

2 Our teachers ... us with the application. I hope it ... too difficult.

3 ... you ... your father's boss for a job? I think he ... you a chance.

4 Perhaps they ... help at the new café in my street. My best friend and I ... to the manager.

5 Have you heard about Sam? He ... as a gardener. I certainly ... that.

apply • ask • find • give • help • look for • need • not be • not do • work

3 WORDS Paraphrasing

a) *If you can't think of the English word for something that you want to say, you have to paraphrase it. Here are some examples. Match the words in the box with the definitions.*

Fahrgeld • Klassensprecher/in • Untertitel • Ernte • Angestellte(r) • Schülerzeitung

1 It's a magazine that is written and sold by students.

2 It's somebody who represents the class.

3 They're words that translate what is said in a film into a different language and appear on the bottom of the screen.

4 It's the money that you pay to travel by bus, tram, tube, taxi, etc.

5 It is a person who gets money for working for a company.

6 It's the collecting, digging or picking of fruits and vegetable.

b) *Now look up the words in a German–English dictionary.*

4 READING Working out the meaning of words

a) Try to work out the meaning of the following words or phrases. The tips will help you.

1 **Tip** You know a similar word in German.

- A *(to) charter* a plane kaufen
- B *(to) explode*
- C *(to) renovate* an old building renovieren

2 **Tip** You understand the word from its context.

- A It was a *blazing* summer day – 37 degrees in the shade.
- B The food was *inedible* – we sent it straight back to the kitchen.
- C The hotel offered great *facilities* such as a pool, a tennis court and a very nice restaurant.

3 **Tip** You know the main part of the word.

- A *Disconnect* the mouse from the computer.
- B Her statement is just *untrue.*
- C He's a real *worrier.*

4 **Tip** You know a similar English word.

- A an *adult* dog
- B a boy *aged* 13
- C a *debatable* question

b) Read the text below. You probably don't know the underlined words. Try to guess their meaning and say which of the tips in a) can help you.

If you are looking for a job, you should be aware that there are common <u>requirements</u> for all <u>employees</u>. This refers also to teenage workers. First of all, employers expect you to be hardworking. This might sound <u>self-evident</u> but <u>laziness</u> is one of the major reasons for being <u>fired</u>. In addition, your boss counts on your <u>dependability</u>. That is often <u>related to</u> being punctual. So, start using a <u>planner</u> and do not depend on your memory. It will soon get too difficult to remember all the appointments from school, work and private activities.

5 SPEAKING I've got a suggestion

There are different ways of suggesting things. Use the phrases in the box on the right to express the ideas below.

1 Du möchtest mit deinem Freund/deiner Freundin heute Abend tanzen gehen: *Let's ...*
2 Du hast eine Idee. Du möchtest mit deinen Freunden zu einer Live-Talkshow gehen.
3 Du schlägst vor, am nächsten Wochenende ein Picknick zu machen.
4 Du schlägst deinem Besuch vor, heute Abend ins Kino zu gehen.
5 Du sagst deiner Freundin, dass du an ihrer Stelle einfach zu Hause fernsehen würdest.
6 Du empfiehlst einigen Touristen, einen Spaziergang am Fluss zu machen.

Making suggestions:
- Let's ...
- I suggest that we ...
- If I were you, I'd ...
- What I'd recommend is ...
- What do you think about ...?
- Why don't we...?

1 READING Mosquito box

Read the text. Then answer the questions below, using keywords.

Beware of mosquitoes

The Mosquito Box is an electronic device invented in 2005 to stop teenagers from hanging around businesses and private property. It produces a very high sound about 16 kHz to 18 kHz, which is extremely irritating and which only disturbs people younger than 25 years, because people's hearing gets poorer the older one gets. Depending on the particular equipment, this high frequency noise can be heard at a distance of about 40 to 60 metres.

In 2006, the first Mosquito Boxes were put on sale, and since then they have been promoted as a safety device for preventing teenage gangs from annoying customers and residents alike. They are also said to lower vandalism and crime in public areas. Therefore the Mosquito Box is supported by business associations, such as the Association of Convenience Stores. More than 3,000 have been sold in Great Britain so far, but they are also used throughout Europe, Canada and the USA.

The Mosquito Box has caused a debate on human rights. On the one hand supporters point out the rights of shopkeepers, who are afraid of losing income due to badly-behaved teenagers. Critics, on the other hand, claim that the Mosquito Box discriminates against young people creating "a dangerous and widening divide between the young and the old," as Sir Al Aynsley-Green, the children's commissioner for England, warned. That's why he supports the 'Buzz off' campaign, initiated by the UK Youth Parliament, aiming to make Mosquito Boxes illegal because the devices are affecting all children and teenagers regardless of their behaviour. So, it was a huge success for the young people when Kent County Council decided to ban all Mosquito Boxes from council property in 2008.

1 What kind of sound does a Mosquito Box make?
2 How far does the sound reach? From … to …
3 When was the Mosquito Box first sold?
4 Why is this device supported by businesses? (Give two reasons.)
a) …
b) …
5 What does Sir Al Aynsley-Green criticize?
6 Who organized the 'Buzz off' campaign?
7 What is the campaign's aim?

2 READING Events

Five teenagers are looking for events they might be interested in. Read the teenagers' statements (1–4), then read the announcements (A–E) from a youth club notice board. Decide which event would suit each person. There is one more event than there are people.

1 **Megan:**
I love where I live, but it's ten miles from the nearest town and we're too young to drive cars yet. At least you can get back from town by public transport on a Saturday night now – thanks to our protests. But you still think twice about going out because it's so expensive.

2 **Ethan:**
I'm really interested in politics but I don't know any other young people here who are. I think that politicians in Britain should be more open to learn from other countries. There are lots of good ideas coming from the other side of the Channel, for example.

3 **Jill:**
I now have lots of different rights. But for some reason I'm still "too young" to select the person who will represent me in Parliament and make sure these rights are respected. Something needs to be done about this senseless situation.

4 **Ben:**
I love living where I do. I couldn't imagine living in the mountains or in a metropolitan area. Unfortunately a lot of people from big cities come to our town. And that often causes massive problems for the countryside.

A

Political Friday

This week's debate will be all about lowering the voting age to 16. Frank Lloyd is a local councillor who thinks that young people learn so much in the two years from 16 to 18 that 16 is too early for voting. Diana Gee, from Radio Kent, says 16-year-olds know enough to vote. It promises to be an interesting discussion.

B

Teen rules, OK?

Sunday 10 am. Local citizens' advice bureau officer Diane Fry explains what young people can and can't do. Find out about your rights and duties in many areas: voting, working, travelling at reduced fares, drinking, smoking, driving, passports, boyfriends, girlfriends, etc., etc.

C

Coastal clean-up

Once again local clubs are being asked to come along to the beach (meet at North Bay) this Saturday morning to tidy it up after the summer season. Please take part. Wear gloves, bring plastic bags and give a couple of hours of your time for our most popular place.

D

Protest march

Saturday, 2 pm. Young people over 14 have to pay full fare on our local buses, which is a problem if you need the bus to get out and about at the weekend. It's a £10 bus ride to and from the discos and clubs in Canterbury. Half-fare would be £5. Join our march to the town hall and demand "Teeny fares for teens"!

E

Visit to the European Parliament for young people

Find out how Europe works. Come on our coach trip to the European Parliament in Brussels. There are 50 seats available and the trip only costs £15 because it is EU-sponsored. We leave Dover at 4 am (sorry!) and arrive home at midnight. Passport needed!

3 READING Sunderland votes in UKYP election

Read this text from a magazine.
Then decide if the statements below (1–11) are true, false or not given in the text.

Over 16,000 young people will be entitled to vote in the Sunderland constituency in this year's election to the UK Youth Parliament. Voting will take place at 55 schools over 7 days from 26th February and a week later, on the evening of 5th March, the names of the four young people elected will be announced.

UK Youth Parliament is an organization in which young people aged 11 to 18 come together to debate issues relevant to their age group and to plan campaigns to achieve their goals. About 600 members (MYPs) are elected nationally and can sit not just in the UK Youth Parliament, but also in their respective regional youth parliaments.

A record 22 candidates are standing in the Sunderland area this year. The youngest, eleven-year-old Will Mitchell from West Winton Primary School, is campaigning for a more efficient system of recycling at local schools. 'At the moment, schools have to pay for the collection of all rubbish. It would be better if the collection was free for anything that can be recycled. That would give schools a reason to reduce rubbish and recycle as much as possible.'

For Barbara McKenzie, 16, from St Ambrose School for Girls, cheaper public transport for students is a matter of urgency. 'We need to reduce the price of travelling by bus and train now. Young people need to be mobile, but they can't be expected to pay high fares while still at school. We should only have to pay half of what adults pay.' The manifesto of 17-year-old Nathan Wilde focuses on the lack of facilities for young people. 'There isn't a suitable venue for music concerts in the area. The places we have to use are too small, or they aren't available when we need them.'

Nathan, a student at Thornbrook Technology College, said: 'I think it's important that our voices are heard. There's so much negative stuff about young people in the media, but a lot of us really want to work to improve things for everyone.'

The UK Youth Parliament meets at different locations each year. This year's main sitting is scheduled to take place at the Jordanstown campus of the University of Ulster in Northern Ireland , where successful candidates will have three days to debate and to plan new campaigns. During the year, there is also likely to be an afternoon sitting in the chamber of the House of Commons. MYPs are the only group to have been granted this privilege in the history of parliament.

1. In the Sunderland constituency seven young people will be chosen for the UK Youth Parliament.
2. Students elected for the UK Parliament need to have excellent marks in English.
3. They discuss topics that are important for teenagers and organize activities.
4. Will Mitchell criticizes schools for producing too much waste.
5. Barbara McKenzie normally goes to school by bus.
6. She speaks out for cheaper tickets for public transport.
7. There should be more buses in the evenings.
8. Nathan Wilde is campaigning for better locations for youth events.
9. He wants to improve the image of teenagers in the media.
10. The UK Youth Parliament comes together in Jordanstown regularly.
11. The UK Youth Parliament is permitted to have a meeting in the Houses of Parliament.

4 MEDIATION A job advertisement

Portsmouth City Council Youth Service
is shortly going to employ a

Trainee Youth Club Leader

Your responsibilities:
- you will organize activities for young people
- you will work with the local youth officer
- you will look after the youth club facilities

Please send your application and CV to:
Portsmouth City Council, Civic Offices, Guildhall Sq,
Portsmouth, PO1 2AL

We're going to give you full training in all aspects of the job. We're going to want to interview you if you are really interested in young people. Good communicative skills will be necessary. Computer skills and some experience with working with young people will be an advantage. We will require the successful applicant to channel young people's energies into worthwhile projects.

Write down in German what information the advertisement gives you about:
- *the trainee's tasks,*
- *the training itself,*
- *the skills and the knowledge the trainee needs,*
- *how and where to apply.*

5 MEDIATION Helping a visitor to Germany

In your local newspaper you have found two events which will take place this evening. Leave a message in English for your Scottish friend, who is interested in politics, describing briefly what will happen. Give the main information. Write down notes.

WAS?
Wir werden eine DVD zeigen, die in anschaulicher Form die politischen Ziele der größten Parteien in Deutschland erklärt. Wir zeigen den Film (45 Min.) mit englischen Untertiteln.

WANN UND WO?
Freitag, 19 Uhr, Jugendzentrum Schillerstraße

WIE?
Comicfiguren und lustige Zeichnungen werden die unterschiedlichen Intentionen in den großen Gebieten Außenpolitik, Innenpolitik, Gesundheit und Wirtschaft illustrieren.

WAS NOCH?
Anschließend werden wir diskutieren. Danach kann zu Live-Musik der Gruppe Poll Position getanzt werden.

WAS?
Live-Polit-Talk mit Studiogästen. Thema: „Wohin, Europa?“ Moderation: Tom Meyer; Gäste: EU-Abgeordnete aus Deutschland, den Niederlanden, Belgien und Großbritannien. Dauer: 90 Minuten.

WANN UND WO?
Freitag, 18 Uhr, Fernsehzentrum Köln

WIE?
Meyer wird jungen Europa-Abgeordneten Fragen zur Zukunft Europas stellen. Insbesondere wird es um die Integration junger Wählerinnen und Wähler in politische Planungen gehen. Meyer wird in dieser Sendung in seinem Element sein, spricht er doch neben seiner Muttersprache noch Niederländisch, Französisch und natürlich Englisch.

Hi Lindsay,
I've found this in the newspaper and thought you might be interested. Call me on my mobile if you'd like to go to one of these events.
Event 1:
-

6 SPEAKING Summer jobs

You and your friend are looking for a job to earn some extra pocket money. Below are some possibilities, but you can also use your own ideas. Discuss the advantages and disadvantages of the different jobs (e.g. working hours, the money you get, skills/knowledge you need ...). Try to agree on one job. Talk together for five minutes.

7 SPEAKING My school

Imagine some students from England have come on a visit. Give them a five-minute presentation on your school. You may have to do some research first. Prepare the presentation before you talk. Use notes in English. Include the following points:

- history of the school building
- facts and figures (number of students and teachers; head teacher; ...)
- facilities (e.g. computer room; gym; science rooms ...)
- clubs and extracurricular activities
- students' involvement in school matters (e.g. class spokesperson; school newspaper ...)
- your personal attitude towards your school
- ...

How am I doing?

Reading

Tasks 1–3 in the test were reading tasks. Check your answers on page 106.

▸ *SF Reading Course (pp. 139–140)* • *SF How to do well in a test (pp. 158–160)*

Mediation

Tasks 4 and 5 were mediation tasks. The following questions will help you to assess how you did. Ask your teacher for a copy of the assessment sheet[1] and fill it in.

Assessment sheet	☹		😐		☺	
Name ...	1	2	3	4	5	Comments
4 MEDIATION A job advertisement						
a) It was easy for me to take notes on the English text in German.						
b) In my notes, I concentrated on the most important information and didn't translate word for word.						
c) I found information on all the important points.						
5 MEDIATION Helping a visitor to Germany						
d) I found it easy to use German texts to write a message in English.						
e) In my message, I only gave the most important information about the events (when, where, what). I didn't translate word for word.						
f) I used short and simple sentences.						
g) If I didn't know an important word in English I tried to paraphrase it or to use a similar word or phrase.						

▸ *SF Mediation Course (pp. 145–146)*

Speaking

1 Look at the checklist on the right and talk about how well you did in task 6, the dialogue about summer jobs.

2 Now copy and fill in the assessment sheet[1] below about your classmate's presentation in task 7 (My school).

- We listened to each other and tried to agree on one job.
- Our answers were long enough.
- We both showed interest in what our partner said.
- We were able to keep the conversation going.

Assessment sheet	☹		😐		☺	
Name ...	1	2	3	4	5	Comments
Did your classmate ...						
1 ... speak clearly and loudly?						
2 ... talk about all the important points?						
3 ... have problems finding the right words?						
4 ... make grammar or vocabulary mistakes?						
5 ... look at the audience and not at his/her notes most of the time?						

▸ *SF Giving a presentation (p. 132)* • *SF Speaking Course (pp. 148–149)*

[1] assessment sheet *Beurteilungsbogen*

Unit 3 Our one world

Energy

1,500,000 years ago

Humans (Homo erectus) learn to control fire. They grow in numbers because now they can eat cooked food and preserve it, be active at night and protect themselves from wild animals.

1769

James Watt invents his improved steam engine. Steam is the power behind the Industrial Revolution.

Life sciences

1543

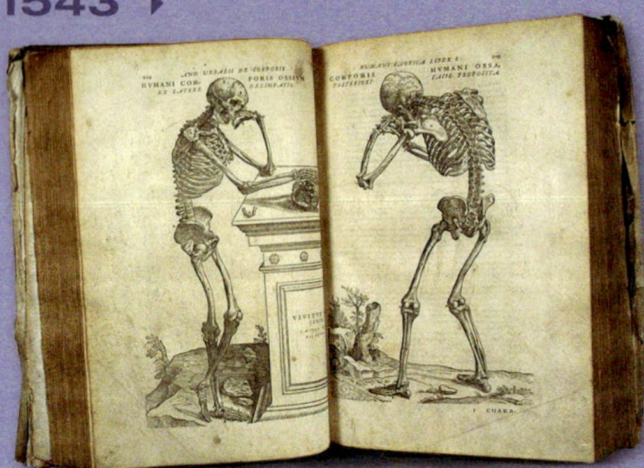

With his book *De humani corporis fabrica* (*On the fabric of the human body*), Flemish physician Andreas Vesalius revolutionizes medicine and founds modern human anatomy.

1859

Charles Darwin publishes *On the Origin of Species*, explaining how evolution works and showing that all species, including humans, have evolved over time from common ancestors.

1 Inventions and discoveries

a) *Read about some milestones in the fields of* ***energy*** *and* ***life sciences****. Choose one and explain one of the following aspects to the class:*

- *why it was important for humanity in the past*
- *why it is still important for your life today*
- *how this field might develop in the future*

b) *Form a* ***double circle*** *in class. When your teacher names an invention or discovery, exchange ideas on its importance with your partner. After one minute your teacher will name a second invention or discovery and the inner circle will move one place clockwise. Exchange ideas on the second item with your new partner.*
Then continue in the same way with a third, fourth, … invention or discovery.

c) **Extra** *What other milestone could you add to the fields* ***energy*** *or* ***life sciences****?*

1879 ▸

One of Thomas Edison's many inventions is a practical electric light bulb.

The future? ▸

Will climate change destroy our civilization? Or will renewable energy like wind or solar power save us? And will we one day be able to use nuclear fusion, which powers the sun, and have endless energy?

1953 ▸

Using the results of work by Rosalind Franklin and Maurice Wilkins, Francis Crick and James Watson make the first correct model of the structure of DNA, discovering the secret of life on earth.

The future? ▸

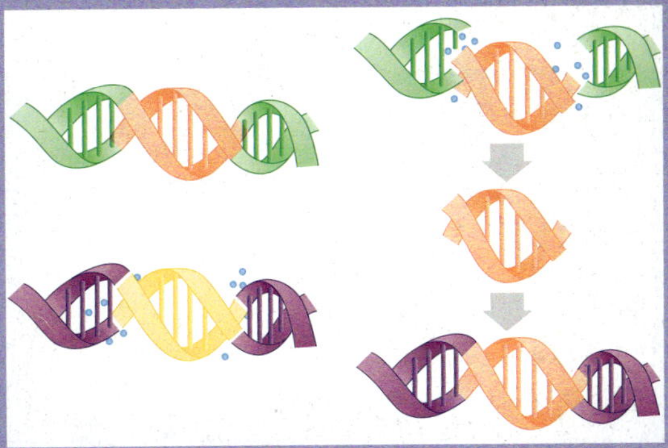

Genetic engineering (GE) might let us cure diseases, clean up pollution and even design new life-forms – but how can we be sure what effects life-forms made by GE will have on our planet?

2 **Unit task (1)**

While you are working on this unit, research one item from these two fields or from others, like ***transport, communication, …****, in more detail.*
Prepare a presentation on the item.
Consider the inventor or discoverer's life, how the invention or discovery affected the world when it was made, why it is still important today and how the field might develop in the future.

▸ *WB 1–3 (p. 32)*

The future? ▸

Communication

Transport

…

HOW OUR WORLD WORKS

1 Science – what is it good for?

a) *Discuss in your group why you are or are not interested in science. Then agree on two good reasons why people should have an understanding of some areas of science and two ways of making science more popular. Collect all the ideas in class.*

b) *Read one of the two extracts* **A** *or* **B**, *which both come from books about science. Your partner reads the other.*

Think of a good title for your extract.
Write four comprehension questions for your extract.

c) *Swap titles and questions, read the other extract and answer the questions.*
Then discuss the title suggestions and the answers to the questions together.

d) *Exchange your ideas with another pair.*

A My own starting point was a school science book. The book was a standard 1950s schoolbook – battered, unloved – but near the front it had an illustration that just captivated me: a cutaway diagram showing the Earth's interior.

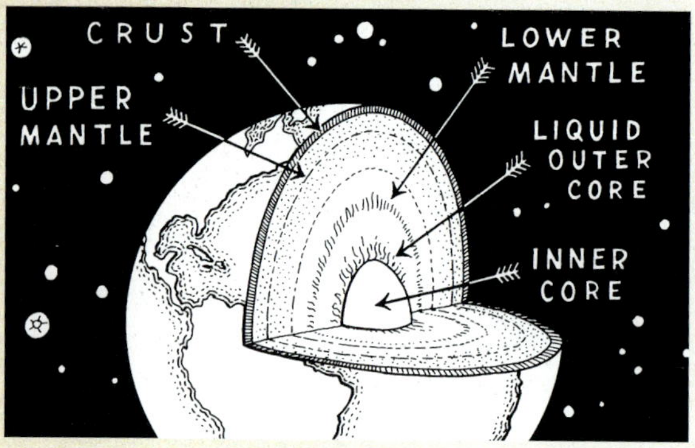

I suspect, in honesty, my initial interest was based on a private image of unsuspecting motorists plunging over the edge of a sudden four-thousand-mile cliff running between Central America and the North Pole, but gradually my attention did turn to the scientific importance of the drawing and the realization that the Earth consisted of layers, ending in the centre with a glowing sphere of iron and nickel, which was as hot as the Sun, according to the caption, and I remember thinking with real wonder: 'How do they know that?'

Then, much later, I was on a long flight across the Pacific, staring out the window at the moonlit ocean, when it occurred to me uncomfortably that I didn't know the first thing about the only planet I was ever going to live on. I had no idea, for example, why the oceans were salty but the Great Lakes weren't. I didn't know whether the oceans were growing more salty or less and whether I should be concerned about it or not. I didn't know what a proton was, or a protein, didn't know a quark from a quasar, didn't understand how geologists could look at a layer of rock on a canyon wall and tell you how old it was – didn't know anything, really. I became gripped by a quiet, unusual but insistent urge to know a little about these matters and to understand above all how people figured them out. That to me remained the greatest of all amazements – how scientists work things out. How does anybody know how much the Earth weighs or how old its rocks are or what really is way down there in the centre? How can they know how and when the universe started and what it was like when it did? How do they know what goes on inside an atom? And how, come to that – or perhaps above all – can scientists so often seem to know nearly everything but then still not be able to predict an earthquake or even tell us whether we should take an umbrella with us to the races next Wednesday?

Abridged from A Short History of Nearly Everything *by Bill Bryson*, 2003

B The most important thing that science has taught us about our place in the Universe is that we are not special. The process began with the work of Nicolaus Copernicus in the sixteenth century, which suggested that the Earth is not the centre of the Universe, and gained momentum after Galileo, early in the seventeenth century, used a telescope to obtain the crucial evidence that the Earth is indeed a planet orbiting the Sun. In the centuries that followed, astronomers found that just as the Earth is an ordinary planet, the Sun is an ordinary star (one of several hundred billion stars in our Milky Way galaxy) and the Milky Way itself is just an ordinary galaxy (one of several hundred billion in the visible Universe).

While all this was going on, biologists tried and failed to find any evidence for a special 'life force' that distinguishes living matter from non-living matter, concluding that life is just a rather complicated form of chemistry. For human life turned out to be no different from any other kind of life on Earth. As the work of Charles Darwin and Alfred Wallace established in the nineteenth century, all you need to make human beings out of amoebas is the process of evolution by natural selection, and plenty of time.

In his *New Guide to Science*, Isaac Asimov said that the reason for trying to explain the story of science to non-scientists is that:

> No one can really feel at home in the modern world and judge the nature of its problems – and the possible solutions to those problems – unless one has some intelligent notion of what science is up to.

I couldn't put it better myself. Science is one of the greatest achievements (arguably *the* greatest achievement) of the human mind, and the fact that progress has actually been made, in the most part, by ordinarily clever people building step by step from the work of their predecessors makes the story more remarkable, not less. Almost any of the readers of this book, had they been in the right place at the right time, could have made the great discoveries described here. And since the progress of science has by no means come to a halt, some of you may yet be involved in the next step in the story.

Abridged from Science: a History *by John Gribbin, 2003*

e) *Discuss the most important ideas in the two extracts. Which are the same or similar? Which are different? Compare and contrast what the extracts say with the ideas you had in 1a).*

f) **Extra** *Use everything you have found out and write a short comment on 'The importance of science in modern society'.*

2 WRITING Describing objects

a) *Look at lines 14–16 of extract A on page 54. What is Bryson describing there? Now listen to the person describing something. How quickly can you guess what it is?*

b) **Extra** *Copy the table on the right. Listen to the description again and add words to the table. Compare your results with a partner's. Then add other words to the table that could be useful for describing objects.*

shape	square, ...
made of	metal, ...
size	a diameter of ..., huge, ...
colour	black, ...
texture	rough, smooth, ...
location	... km/cm/... from ..., ...
appearance	looks like, ...
comparisons	...er than ..., ...

c) **Extra** *Think of an object you use in everyday life. Write a description of it. Read your description to a partner. How quickly can they guess what it is?*

► **Text File 5** *(pp. 118–119)* • *SF Describing objects and processes (p. 156)* • *WB 4 (p. 33)*

3 Changing the world

a) Look quickly at the headline of the article, the sub-headings and the pictures and say what you think the article is generally about.

The Washington Post

Self-Adjusting Lenses for the Poor

By Mary Jordan
Washington Post Foreign Service
Saturday, January 10, 2009

Oxford, England. Joshua Silver remembers the first day he helped a man see. Henry Adjei-Mensah, a tailor in Ghana, could no longer see well enough to thread the needle of his sewing machine. He was too poor to afford glasses or an optometrist. Then Silver, an atomic physicist at Oxford University, handed him a pair of self-adjusting glasses he had designed, and suddenly the tailor's world came into crystal-clear focus. "He grinned and started operating his machine very fast," said Silver, 62, who aims to distribute his special glasses throughout the developing world. Silver said he wants to provide eyeglasses to more than a billion people with poor eyesight. [...]

Third world without glasses

In the United States, Britain and other wealthy nations, 60 to 70 per cent of people wear glasses, Silver said. But in many developing countries, only about 5 per cent have glasses because so many people, especially those in rural areas, have little or no access to optometrists. Even if they could visit an eye doctor, the cost of glasses can be more than a month's wages. This means that many school-children cannot see the blackboard, bus drivers can't see clearly and others can no longer fish, teach or do other jobs. [...]

One size fits all

The glasses, which are now being made in China, are not sleek. In fact, Silver acknowledged, people call them ugly. He said the design is being improved, but the current model [...] has thick dark frames with round lenses. The glasses work on the principle that the more liquid is pumped into a thin sac in the plastic lenses, the stronger the correction.
Silver has attached plastic syringes filled with silicone oil on each side of the glasses; the wearer adds or subtracts the clear liquid with a little dial on the pump until the focus is right. After that, the syringes are removed and the [...] glasses are ready to go.

Currently, Silver said, a pair costs about $19, but his hope is to cut that to a few dollars. [...]
Silver said there has been some resistance from the eyewear industry. Years ago, one vision company offered a "substantial amount of money" to him if he sold them his technology, but Silver said no because he was not sure that it would be used to bring low-cost glasses to the poor. [...]

(Abridged and adapted)

b) Read the whole article and take notes on the most important information. Then talk to a partner to make sure you understand how Silver's invention works.

c) Prepare a one-minute speech to convince somebody to support Joshua Silver's work. Work in groups of three. Each group member makes notes from a different point of view for their speech: A as Joshua Silver; B as Henry Adjei-Mensah; C as a student in Germany.

Your speech could explain:
- why lots of people do not have glasses
- how Silver's invention can help those people
- who is already being helped
- why Silver will not sell his idea
- why your listeners should help
- how they could help

d) Each student gives his or her speech to the group. Who was most convincing? Why?

▸ **Text File 6** *(pp. 120–122)* • *SF Speaking Course (pp. 148–149)* • *SF Peer evaluation (p.136)*

P1 WORDS Compound nouns

Tip

Compound nouns consist of two or more words. They often come in the following types:
noun + noun (e.g. schoolbook) **gerund + noun** (e.g. chewing gum)
noun + gerund (e.g. winemaking) **adjective + noun** (e.g. secondary school)
They are sometimes written as two words, sometimes as one, sometimes with a hyphen.

a) *Look at the words in the two boxes and make up 20 meaningful compound nouns with them. Arrange them in the four types shown above, e.g.* noun + noun: love affair. *Check in a dictionary (a collocations dictionary if you can) to find out whether they really exist, what they mean and how they are pronounced.*

Nouns: air • climate • computer • earth • eye • fire • life • light • school • steam • wind
Gerunds: developing • driving • sewing • starting
Adjectives: black • elementary • green • solar

Nouns: board • bulb • change • country • engine • escape • force • form • game • house • licence • machine • point • power • quake • school • sight • system • wear
Gerunds: conditioning • surfing

b) *Choose verbs from the right (or choose your own) and combine them with the compound nouns.*

attend • break • cause • circulate • control • damage • design • destroy • discover • enjoy • evolve • get • grow • help • improve • invent • lose • make • need • operate • play • pump • run up/down • threaten • turn on/off • use • wipe • write on

P2 WRITING Describing processes

a) *As well as describing objects and places, you might sometimes need to describe processes. Look at lines 40–49 of the article on page 56. Which process is described here? Find the verbs and the time expressions used in the description. Why are they well-chosen for describing a process? What tenses are the verbs in? Are there any passive forms?*

b) *Describe the process used to generate electricity with solar power, which is shown in the diagram. The words on the diagram and in the box will help you. Use passive forms where necessary.*

sun's rays • reflect • heat (v.) • flow through • transfer • be used to • drive • generate

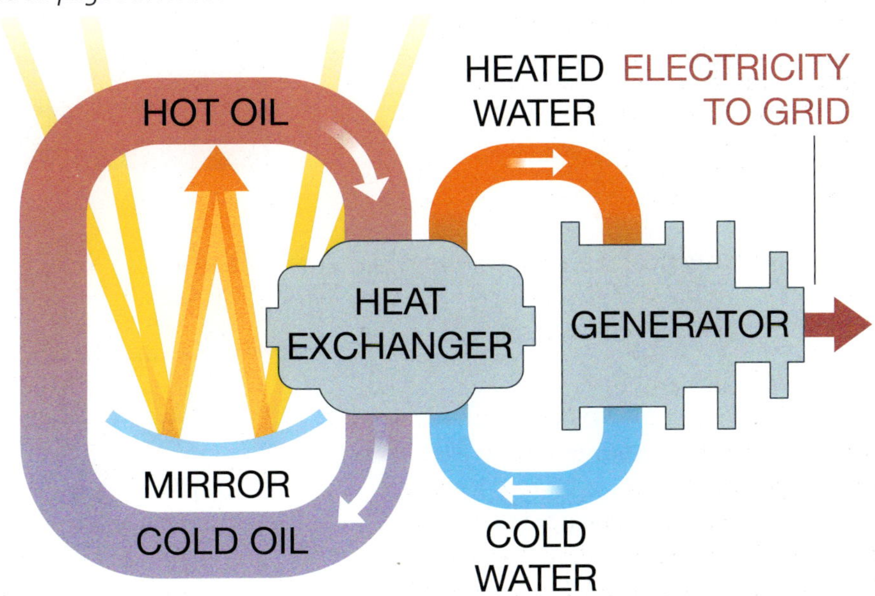

► SF Describing objects and processes (p. 156) • WB 5–6 (pp. 33–34)

P3 LISTENING Dial4Light

a) Listening for gist: *Listen to the radio interview. Find out which country the report is about, what its topic is and who the presenter is talking to.*

b) Listening for detail: *Listen again. Take notes on how Dial4Light works, including these points:*
– when the street lights in the town go off
– why the town turns them off
– how long the lights stay on under the Dial4Light system
– in how many streets
– how much the system saves the town

c) **Extra** *Use your notes and write a short description of how the Dial4Light system works.*

d) **Extra** *Listen to the interview again. What word does Lena often use to fill gaps when she's explaining something? The word can also mean 'said'. What sort of language is this?*

P4 REVISION Photosynthesis (Passive: mixed bag)

In Biology you have learned about photosynthesis. What can you remember? Fill in the gaps in the following text. Use passive constructions with these verbs:

absorb • can store • capture • partly convert • emit • produce (2x) • understand

The process of photosynthesis *has been understood* since the 1800s: sugar ... in plants using water, carbon dioxide and the sun's energy. Water ... by the roots of the plant. Light energy ... by chlorophyll in the plant's leaves. During this process oxygen ... The sugar that ... ... into starch that ... in the plant.

▸ *GF 4: The passive (pp. 175–177)*

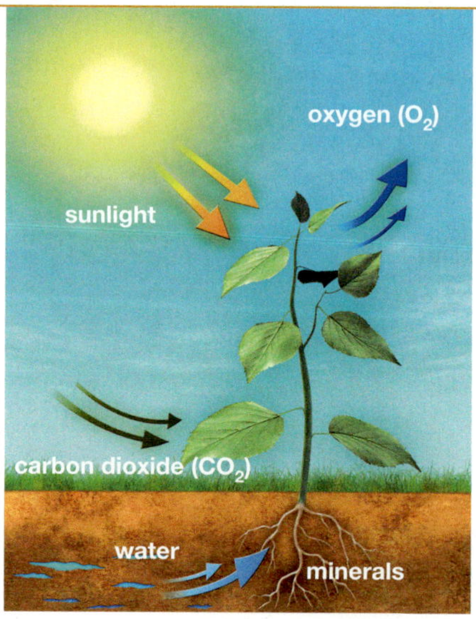

P5 Fighting climate change (Passive: progressive tenses)

Write sentences using passive progressive in the present and past tense.

1 In 1970/old rainforests/New Zealand/still cut down.
In 1970, the old rainforests of New Zealand were still being cut down.
2 Then/global warming/not talk about/by anyone.
3 Nowadays/the same/do/to rainforests/around the world.
4 So even today/number of trees taking CO_2 out of the atmosphere/reduce considerably.
5 On the other hand/millions of tonnes of CO_2/produce/every day/by people driving to work/flying away on holiday.
6 Different solutions/discuss/to reduce carbon emissions.
7 Emission levels/of cars and factories/limit
8 Further steps and laws/plan/to fight climate change.

▸ *WB 7–9 (pp. 34–35)*

P 6 MEDIATION COURSE What do I have to do? (Translation)

Translation is a special kind of mediation, something that only professional translators need to do. For most everyday use, ordinary mediation of the general meaning is more appropriate. But in certain cases, it might be important to do an exact translation of something, e. g. of the technical instructions that come with some new equipment like a digital camera or MP3 player, or of a recipe, or instructions on how to get somewhere. For this kind of thing, an exact translation will be useful.

a) Get the gist

Don't start translating straightaway. Read the whole text first to get a general idea of what it is about. ***Read the text on the right. What is it generally about?***

b) 'Exact' is NOT 'word for word'

When translating from English into German, don't try to do it word for word. That won't work. ***Translate this sentence word for word. Is it good German?*** *After you've read through the whole text, translate it sentence by sentence.* ***Now read that whole sentence again and try to translate it into good German.*** *Do a rough translation first – leave gaps where you have problems. Go back to those parts afterwards* ***Translate all the sentences you can understand easily. Leave the difficult ones and go back to them later when you use a dictionary.*** *Only write on every other line – you will need space for corrections. Using a pencil also makes corrections easier.*

Using the R-09HR

Turning power on/off

Using the AC adaptor

NOTE
Be sure to use the AC adaptor when connecting to a PC.
If the batteries become exhausted while copying a song, the song may be corrupted.

1. Check that power is turned off.
If the power is on, turn it off. Press and hold the [POWER switch] on the R-09HR to turn power on or off.

2. Plug the DC plug of the AC adaptor into the [AC Adapter Jack] on the R-09HR.
Place the AC adaptor so that its lamp light is on the top side.
(it lights up when connected to an AC outlet)

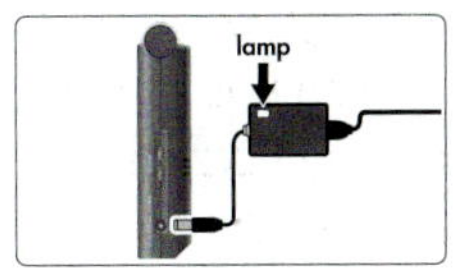

3. Plug the AC adaptor into an electrical power outlet.

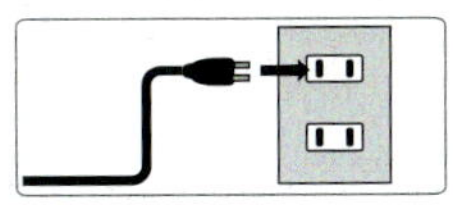

4. Turn power on.
Pressing and holding down the [POWER switch] turns on the power and shows an R-09HR image in the display.
To turn off power, press and hold down the [POWER switch].

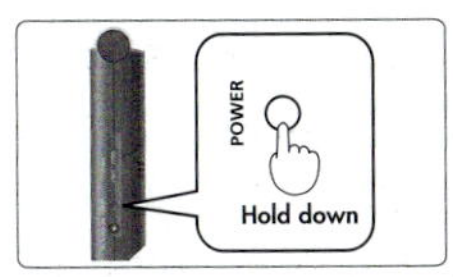

NOTE
- Be sure to use the AC adaptor supplied with this product.
- If the [HOLD Switch] is in the on position, no operations can be performed.
Be sure to slide it to the off position. (→ p. 12)

MEMO
- If the AC adaptor is connected while power is on, the power supply is drawn from the AC adaptor.
- You may still hear some sound when the power is switched on, but this is normal, and does not indicate a malfunction.

20

c) Using a dictionary

When you look up words in a dictionary, read the whole entry to make sure you find the right meaning for your context. ***What are the right German translations of these words (underlined in blue)?***

exhaust • switch • jack • outlet • perform • slide • indicate

d) Finishing and correcting

When you have finished your translation, cover the English text and read your German translation carefully. Does it make sense? Is it good German or does some of it sound a little strange? Correct anything you think is not right yet. Check with the English version when you make corrections, so that you do not change the meaning.

▸ SF Mediation Course (p. 145–146) • WB 10 (p. 36)

OUR FRAGILE WORLD

1 Carbon footprints and global warming

According to scientists, emissions of carbon dioxide (CO_2) into the atmosphere are one of the causes of global warming, perhaps the biggest problem the world faces today.

And where do those CO_2 emissions come from? From people like you. All the modern technology you use allows you to have a comfortable lifestyle: it keeps you warm, it lets you communicate with your friends, it lets you travel. But almost everything you do as an individual releases CO_2 into the atmosphere: like boiling water to make some tea, turning your heating on when you're cold, watching TV, getting the bus to school, texting your friends, buying a bottle of coke, or flying to Majorca on holiday.

The amount of CO_2 you personally produce every year is known as your carbon footprint. So how big is YOUR footprint?

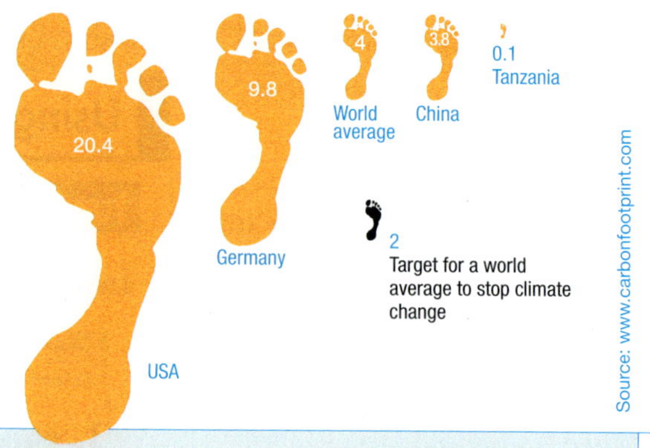

THE AVERAGE PERSON IN THE UK PRODUCES 9.8 TONNES OF CO2 PER YEAR, SO THAT'S THEIR CARBON FOOTPRINT. THE PIE CHART BELOW SHOWS HOW THE AVERAGE PERSONAL FOOTPRINT IN THE UK IS MADE UP.

9.8

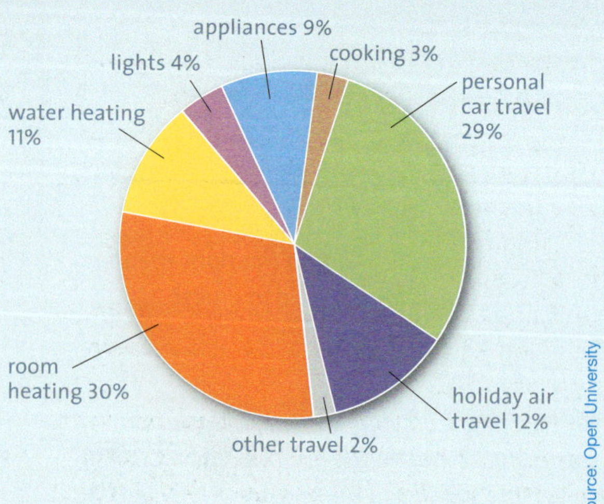

a) *Read "Carbon footprints and global warming". Then name one of the main causes of global warming.*

b) *Look at the seven examples of everyday activities in "Carbon footprints and global warming" (ll. 11–15). Discuss with a partner why and how you think they release carbon dioxide into the atmosphere.*

A We boil water in an electric kettle at home. That uses electricity.

B Yeah, oil and gas are burned to produce electricity. That releases CO_2 into the atmosphere.

Collect the ideas in class.

c) *Look at the carbon footprints and the pie chart for the UK. Explain what they tell you about carbon emissions worldwide and in the UK.*

d) **Extra** *Find out how these countries' carbon footprints have changed in the meantime.*

e) **Extra** *Use the carbon footprint calculator at www.EnglishG.de/footprint and calculate your own carbon footprint. Are you above or below average? Compare what makes up your individual footprint with that of the average person from the UK.*

► *SF Talking about statistics (p. 129)*

2 Welcome to the future (abridged from *The Carbon Diaries 2015* by Saci Lloyd)

It's 2015. The UK wants to fight global warming. So the government is introducing carbon rationing on January 8th to reduce the country's carbon footprint. Now everyone will have a carbon allowance of 200 points a month. Nearly everything people do, like drive the car, listen to music and have a shower, will cost them carbon points. What will this mean for 16-year-old Laura Brown, her older sister Kim and their family?

Sat, Jan 3rd

Dad sat us all down tonight and took us thru a disgusting government online form to work out what our family CO allowance is. It's heavy. Basically we've got a carbon allowance of 200 Carbon Points per month to spend on travel, heat and food. All other stuff like clothes and technology and books have already got the Carbon Points built into the price, so say you wanna buy a PC but it's been shipped over from China and built using dirty fossil fuel then you're gonna pay a lot more for it in Euros – cos you're paying for all the energy that's gone into making it.

And the worst thing is, me and Kim have to give up loads of our points for the family energy allowance, which leaves us some pathetic amount for travel, college, going out ... The car's gonna be cut way back, all of us get access to the PC, TV, HD, stereo for only two hours a day, heating is down to 16 °C in the living room and 1 hour a day for the rest of the house, showers max 5 minutes, baths only at weekend. We've got to choose – hairdryer, toaster, microwave, smartphone, kettle, lights, PDA, e-pod, fridge or freezer and on and on. Flights are a real no-no and shopping, travelling and going out not much better. It's all kind of a choice.

Mon, Jan 5th

Carbon cards came today ...

They've got these little blocks down one side going from green to red and as you use up your year's ration they fade away one by one till you're down to the last red and then you're all alone, sobbing in the dark. Kim won't unwrap her card, she says if she touches it then that's all her youth gone. I felt pretty shaky unwrapping mine, not that I really have a youth in my family. My sister's got it.

Thurs, Jan 8th

Rationing.

Back to college, and I got in late cos I had to take Mum to her bus stop. Her eyes filled up with tears as we walked past the Saab. She whispered, 'It's not for ever,' and stroked the bonnet. I pretended not to see.

We missed the first bus, so we had to wait 15 minutes in the drizzle till the next one. When it finally came I leapt on, swiped my card and was scooting upstairs, only to see Mum behind me going thru her purse, bag and pockets. She looked up at me.

'Laura, darling, I can't find my card. Can you lend me some ...'

The driver shook his head. 'No carbon card, no ride, love.'

'But, please ...'

A woman out in the rain shouted: 'Get off, yer stoopid cow! You're holding us up.'

And then Mum started to cry. I went back down and walked her off the bus. 'We'll have to go home and get your card, Mum.'

'Found it! In the lining! Bastards!' Mum shook the green plastic at the bus, now rumbling off into the traffic. 'Oh, I shouldn't get so upset. Sweetie, let's pop into Alfredo's for a cup of tea.'

'I'm so sorry, Laura.' Mum stirred her dodgy brown tea. 'I know I should be strong, but I feel so responsible for my generation – we're the ones who've messed it all up for you. I mean, what's going to become of you young things? Woodstock, freedom, women's rights, the Magic Bus ... that's what it was all about – but you'll never know ... Don't forget, I'm your mother and I'm always here if you need to talk.'

I kept quiet. I once worked out that if Mum had actually been to Woodstock, she'd be about 70 by now.

When I finally got to college there was a huge queue at the entrance cos everyone had to swipe their CO cards at the turnstile and the swipe machine kept breaking down. I don't know what we were swiping for anyway – the building was freezing cold.

'Welcome to the future,' muttered Adisa. 'They're ripping us off already.'

Adi's my best mate. He's so deep.

Tues, Jan 13th

My family has disappeared. Dad spends all night in his study on his laptop, Mum is always lost on a bus somewhere and Kim basically lives in her room – an evil ball of silent sulk. I actually feel sick being in the same atmosphere, she's radiating so much wicked energy. She's definitely got the TV going 24/7 in her room. I can hear it thru the wall.

Weds, Jan 14th

I woke up this morning and it was freezing, freezing cold. I'm only allowed heat on in my room between 7 and 8. I went and looked at the Smart Meter in the hall. It's this thing that tells you everything that's going on with energy in the house. Even for our one hour of heat Dad's locked the bedroom temp at 15 °C. What a joke – it's not even enough to melt the frost on the windows.

Thurs, Jan 15th

There's heavy snowstorms all over southern Europe.

Mon, Jan 19th

The blizzards in Europe are getting worse – and spreading north. Italy has just lost all its electricity. The news showed this footage of the Vatican going black, window after window.

Tues, Jan 20th

We had a powercut in the night. The house is so cold now, it feels like 200 years of evil chill creeping into my bones. Cuts give me the creeps – you know when you go to switch the light on and it's dead?

▸ **Text File 7** *(pp. 123–124)*

Working with the text

1 Carbon rationing

Explain how carbon rationing in the novel works. Then find parts of the text that show what Laura and other characters feel about it.

2 Utopia or dystopia?

A utopia paints an ideal picture of a future society, a dystopia creates a nightmare vision of it. Which sort is The Carbon Diaries 2015*? Could its vision become reality for you in the future? Give reasons.*

3 Give it up?

a) *Look at ll. 19–28. Which of the things could you give up? Which not? Explain why.*

b) **Extra** *How would you manage on 200 carbon points a month? In the week ahead, save some energy and reduce your carbon footprint. How? Take two-minute showers? Give up toast? Turn off your mobile? Stop watching TV? ...? Decide on one idea and do that for a week. Write about your experience and display what you write in class.*

▸ *WB 11–13 (pp. 37–38)*

P1 REVISION What will happen if ...? (Conditional sentences 1)

a) What will happen if we don't get a grip on global warming? Complete the conditional sentences.
1 If we *don't do* (not do) something about global warming, more polar ice *will start* (start) to melt.
2 If a lot of polar ice ... (melt), it ... (cause) sea levels to rise.
3 Coastal areas and islands all over the world ... (be affected) if sea levels ... (rise).
4 If governments around the world ... (not do) enough about it, climate change ... (speed up).
5 ... (there be) many more serious weather events if climate change ... (speed up).
6 So let's do something, because if we ... (not take) the first step, nobody else will.

b) An old song starts like this: 'In the year 2525, if man is still alive, if woman can survive, they may find ...' What do you think humans may find, if they are still alive in the year 2525? Use conditional sentences to talk about the possibilities for humans in the future.

P2 REVISION What would you do? (Conditional sentences 2)

What would you do if ...? Write two conditional sentences (type 2) for each option below. Be careful with the verb forms. Don't forget that you can also use past auxiliaries other than 'would', like 'might', 'should' and 'could'. Write what you would do you if ...
1 ... you met the girl/boy of your dreams.
If I met the boy/girl of my dreams, I ...
2 ... you were going to be a mother/father soon.
3 ... you had to live on a desert island.
4 ... you were seen dating an older person.
5 ... you woke up tomorrow as a member of the opposite sex.
6 ... you could talk to animals.
7 ... you were able to understand what other people are thinking.
8 ... you discovered how to travel through time.

▸ GF 6: Conditional sentences (pp. 181–182)

P3 WORDS Saying numbers

a) Saying English numbers (very important in science and technology) is not as easy as you think! – Partner B: Go to page 106.
Partner A: Read the numbers, dates, etc. below out loud. Your partner should write them down. Then listen together. Did you say them right? Did your partner get them right? Discuss any problems. Then listen to your partner and do the same.

1,500,000	55%	1990s
967	9.8	35 + 72 = 107
1879 AD	99,265	6 x 7 = 42
363 BC	1/3	49 ÷ 7 = 7
22/09/2015	1/2	$4^2 = 16$
Feb 27, 2018	32° C	$\sqrt{25} = 5$
23rd	30 km/h	

*b) Work out together how you would say the following numbers (**m** at the beginning = **miles**):*
900 mph • 19 mps • 1,000,000 mpd • 40,000 mph • 100,000,000,000 • 100,000 • 16,000 • 3,000 • 30,000 • 200,000,000 • 12,000,000 mpm

c) The numbers above all come from a song. What do you think the song could be about?

d) Listen for the numbers in the song and try to hear what they refer to. Get as many as you can. Compare your results with a partner and make corrections. Then do the same with another pair.

e) Extra What is the message of the song?

▸ WB 14–17 (pp. 38–39)

OUR FUTURE WORLD?

1 Tonight's films on TV

a) *What was the last film you watched on TV? What sort of films do you like (comedy, science fiction, thrillers, ...)? Who's your favourite actor/ director?*

b) *Read the reviews below. Do you agree with the ratings (number of stars) given at the end? Which of the two films would you most like to see? Explain why.*

Moon (2009)

★★★★★

(Friday 8.00 pm, Sky One)

This is the intelligent first film from David Bowie's son, Duncan Jones, with a great performance by Sam Rockwell as a lonely miner working for three years on the dark side of the moon, with just a robot, Gerty, for company (voice of Kevin Spacey).

When Sam starts to get painful headaches and hallucinations, he almost has a fatal accident in a lunar rover. Back at the base (with no memory of how he got there), Sam meets a younger, angrier clone of himself, who claims to be there on the same three-year job Sam started all those years ago. What is going on?

Although it has few digital effects, Jones's low-budget film is an exciting, sensitive investigation into what it is, and takes, to be human.

I, Robot (2004)

★★☆☆☆

(Friday 9.00 pm, Virgin 1)

In the year 2035 robots are a part of everybody's everyday life. They are programmed to help humans and can never harm them. Or can they?

US Robotics (USR) plans to introduce its latest robot: the NS-5. When Detective Del Spooner (Will Smith) investigates the suicide of USR researcher Dr Alfred Lanning (James Cromwell), he becomes convinced it's a case of murder, not suicide, and that the NS-5 robots are responsible for it. He accepts the help of robot psychologist Dr Susan Calvin (Bridget Moynahan) and the hunt begins.

I, Robot looks great. Director Alex Proyas does a great job linking the fantastic digital effects with the action. But the story is illogical and never properly explains the relations between humans and robots in this new world. So when the robots go crazy, it makes no sense.

And Will Smith's talents as an actor don't help. In fact, he's no better than a robot himself.

2 Analysing a film review

a) *On the right are some common features of film reviews. Examine the two reviews above and list which features they contain.*

b) *What else should a film review contain in your opinion? Give reasons. Add these to your list.*

Plot summary

• Credits: when/where made, names of people involved • Opinions on: acting, casting, characters, effects, camera work, music, setting, story
• Themes/message: ... • Overall effect: ...
• Recommendation: strengths/weaknesses,

3 Writing a film review

a) *Choose a film you know well or have seen recently. Your task will be to write a review of it.*

b) *Look back at the reviews on page 64 to find language that might be useful in a review, e.g. 'a great performance by', 'looks great', ...*

c) *Swap reviews with a partner. Read your partner's review considering the features of a film review that you have just learned about. Give your partner feedback. Explain why you found the review useful or not. Say especially what was missing from your point of view.*

STUDY SKILLS | **Writing a film review**

- Decide which of the features of a film review you want to use (see page 64 and the list you made in 2b).
- Order the features sensibly in an outline.
- Make notes on your film for all these features.
- Use your notes and outline to write your review.
- Find a way of attracting your reader's attention at the beginning.
- Don't spoil the film for others by giving away too much of the story or saying how it ends.

▸ *SF Writing a film review (p. 156)*

4 VIEWING Who's the real Sam Bell?

a) *Imagine you wake up one morning and find a clone of yourself at home. How would you react? Write down how your first conversation with him/her might go.*

b) When Sam Bell, a miner at a base on the moon, wakes up after an accident in a rover, he finds another man there too, another Sam Bell who looks just like him.

Watch an extract from the 2009 film Moon *and answer the questions:*

1. How are the two Sam Bells getting along? How do you know?
2. What does the injured Sam Bell think of the other Sam's character?
3. What does he want to know from Gerty, the base computer?
4. What does he find out and how does he react to it?

c) *Check your answers with a partner. Then discuss how you think the injured Sam Bell is feeling.*

d) *Look at the film extract together again and discuss the following:*

1. Describe what the injured Sam Bell's movements tell you about his state of mind at the beginning of the extract.
2. When do his movements change and what does this show?
3. How does the film show what Gerty thinks and feels about Sam's situation?
4. When does the music start? What sort of music is it and what effect does this have?

e) *How did the film extract affect you? What do you think of Sam's situation? Do you feel sorry for him? Explain why or why not.*

f) **Extra** *The film* Moon *presents a negative example of how a technology – in this case cloning – could be used. In a group, collect other examples of technologies and list their pros and cons.*
Use your lists in a class discussion on the topic.

THE WORDS PAGE

P1 Phrasal verbs

a) *A* ***phrasal verb*** *is a combination of a verb and a short adverb, or 'adverb particle'. The main stress in a phrasal verb is on the adverb, e.g. find sth.* ***out****, use sth.* ***up****. Here are a few examples from this unit:*

clean up pollution (p. 53); how people figured them out (p. 54); human life turned out to be no different (p. 55); the swipe machine kept breaking down (p. 62).

Using a different adverb with the same verb can change its meaning dramatically. Compare:

I broke down and cried when she broke up with me. On the way home the car broke down and a fire broke out.

If a phrasal verb has an ***object*** *and the object is a noun, it can come before or after the adverb:*

I used up all my **carbon points** last week.
I used all my **carbon points** up last week.

If the object is a pronoun, it must come before the adverb.

My carbon points? Oh, I used **them** up last week.

calm • come • cut • end • hang • hurry • look • slow • write

Add ***up*** *or* ***down*** *to the verbs in the box and complete the sentences. Think about the right tenses and whether the verbs should be used in the active or passive.*

1. Charles Darwin *wrote down* his ideas on evolution in his book *On the Origin of Species.*
2. Some great scientists ... in prison.
3. Many scientists made their discoveries because solutions ... accidentally.
4. Darwin was sometimes very annoyed by the attacks on his theory and people had to ... him ....
5. I must ... – I'm late for my science lesson.
6. In order to build a new laboratory, the company ... a lot of trees ...
7. You can ... the laws of gravity in your science books.
8. Can we ... a poster of Max Planck instead of Charles Darwin?
9. Thinking about too many things at once makes people ...

b) *Phrasal verbs are mainly used in informal English. Formal written English often uses other verbs with a similar meaning.*

I soon caught on that stars are like our sun.
I soon understood that stars are like our sun.

Replace the underlined verbs with phrasal verbs made from the two boxes. Look up words you do not know in a dictionary if necessary.

chill • go • put • turn • work

down • off • on • out

1. They relaxed in the comfortable seats on the plane.
2. She'll dress in her prettiest clothes today.
3. The meeting continued longer than expected.
4. Did you hear the bomb explode last night?
5. Can you reduce the volume, please?
6. I wonder how scientists first calculated the speed of light.

c) **Extra** *Try to tell an interesting or exciting story using phrasal verbs made from the two boxes below. Always check they exist in a dictionary before you use them.*

drive • go • get • show • call • set • put • carry • work • turn • find

about • across • ahead • along • away • back • by • down • forward • in • off • on • out • over • through • up

► WB 18–21 (pp. 40–41)

P2 UNIT TASK (2) Milestones in science

Now that you have researched a milestone of science for your unit task as described on page 53, it is time to put your presentation together. You have already learned how to do this.

▸ *SF Research (p. 130) • SF Outlining (p. 131) • SF Giving a presentation (p. 132)*

But how can you give a successful group presentation? This page will help you.

a) *Look at the following phrases and match them to the different roles in a group presentation – team leader, co-leader, presenters.*

- Hello. We're going to give a presentation today about ...
- I'd like to say a few words about our topic before <name> talks about ... and <name> looks at ...
- In this first part of our presentation, I want to look at ...
- Just let me turn on the OHP.
- <name> is going to use presentation software for his/her part.
- Now the next part of the presentation is about ... and I'm going to hand over to <name> for that.
- OK, now has anybody got any questions?
- So, let me end the presentation by summing up. ...
- Thanks <name>. Now, as <name> told you, this next part of our presentation ...
- We'll take questions from you at any time, but it would be easier if you asked questions at the end.
- You all know the members of our group.

b) *Listen to a group presentation. Take notes on the topic they are talking about. Use your notes to give a short oral summary of the main points of the presentation.*

c) *Carefully read the skills box on the right. Then listen again. Take notes on how well the students did. Discuss and evaluate the presentation in your group.*

d) *Give your presentation on a milestone of science. Listen to the other groups. Take notes and ask questions.*

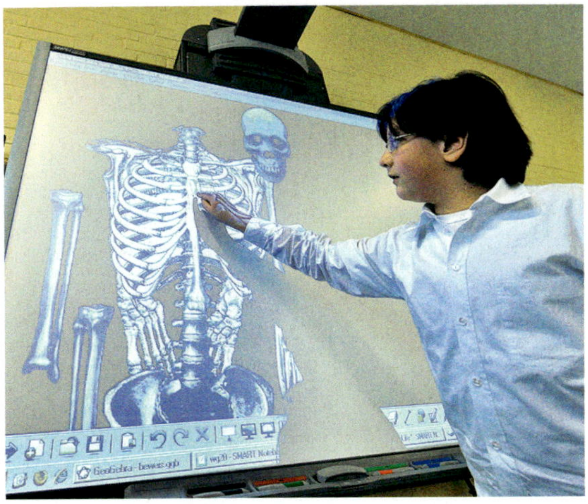

STUDY SKILLS Giving a group presentation

Each person in the group or team has one of the following roles:
The **team leader** is the person in charge. He/She welcomes the audience, introduces the topic, makes clear when questions will be accepted (during or after the presentation), and finishes the presentation, thanking the audience for listening and taking questions.
The **co-leader** keeps an eye on the time, makes sure all visual aids and media (computer, ...) are in order.
Individual **presenters** each cover a different aspect of the topic and introduce the next speaker. Everybody must know what everybody else is going to do so that no one repeats information unnecessarily.
Rehearse your presentation together. Give each other feedback.

When giving a **computer-aided presentation**,
- do not use too many effects,
- make sure the images and text on your slides are big enough to be seen by everybody,
- only use key words on your slides,
- check that the classroom technology works,
- consider using video or sound to support your presentation.

▸ *SF Giving a group presentation (p. 132)*

1 WORDS For a greener world

a) *Which of the words doesn't belong in the group? Write it down.*

1 wood • plastic • paper • glass
2 oil • coal • wind • gas
3 waste • recycle • reduce • save
4 pollute • destroy • burn • protect
5 dangerous • safe • poisonous • threatening

b) *Now use each of the words you have written down in a sentence, e.g. wood: Wood is a natural material.*

c) *Match the beginning of the sentences (1–7) to the correct endings (a–g).*

1 **Organic** food is good for you → f
2 Locally grown products
3 You can buy super clothes for little money
4 Having solar equipment on the roof
5 Give clothes that you don't need any more
6 Use recycled paper
7 Take empty bottles back to the shop

a reduces your electricity bill.
b are better for the environment.
c so they can be used again.
d to charity collections.
e at second-hand shops.
f as it hasn't been treated with **chemicals**.
g to save trees.

2 Our green holidays (Questions in the simple past/present perfect)

Lucy and her friend Sharon each went on a "green holiday" with their parents. After the holidays, Lucy is writing an e-mail to Sharon. Read Lucy's statements. Then complete her questions to Sharon. Use the simple past or present perfect.

1 Hi Sharon. I'm back from my "green holiday" in France. I went with my parents. *Who did you go with?*
2 We came back yesterday. *When ...?*
3 I haven't washed all my dirty clothes yet. *Have you ...?*
4 We stayed at a "green hotel" in the south. *Where ...?*
5 We've stayed there before. *Have you ...?*
6 We ate lots of wonderful fish in France. *What ...?*
7 Most of the food we had came from the area. *Where ...?*
8 We only had vegetables from the garden. *Did ... too?*
9 I actually helped with the gardening. *... too?*
10 I even learned how to use kitchen herbs. *Have you ever ...?*
11 But we also went down to the beach every day. *... too?*
12 So I was really pleased with our "green holiday". *Were ... too?*
13 In fact, it was the best holiday I've ever had. *Was ... too?*
14 I have already decided to go there again next year. *Have you already ...?*

3 Better or worse? (Comparison)

a) *Compare the following things. Use the adjectives from the box.*
Example: Cars are more comfortable than bikes, but bikes are cleaner.

cheap • clean • comfortable • effective • environmentally friendly • healthy • light • popular • safe • trendy

1 car – bike
2 plastic bottle – glass bottle
3 new clothes – second-hand clothes
4 food from your garden – fast food
5 nuclear energy – solar energy

b) *Two things are almost the same, one is different. Make sentences with the adjective in brackets.*
Example: Surfing is as dangerous as climbing. Dancing is less dangerous.

1 surfing/climbing/dancing (dangerous)
2 learning a new language / learning an instrument / learning a poem (difficult)
3 Mumbai/Singapore/Hamburg (crowded)
4 tigers/bears/deer (threatened)

c) *Complete the sentences with the words in brackets. Give your opinion.*

1 A camping holiday is ... a holiday in a hotel. (exciting)
A camping holiday is as exciting as / more / less exciting than a holiday in a hotel.
2 A sports holiday is ... a holiday on the beach. (cool)
3 Gardening is ... going to a gym. (relaxing)
4 Cooking your own food is ... going out for meals. (good)
5 Buying clothes made in Germany is ... buying clothes from Asia. (environmentally friendly)

4 SPEAKING Expressing opinions

Use the phrases from the table and discuss the topics below (1–3) with a partner. Don't forget to give reasons and examples.

Giving an opinion	Asking for an opinion	Agreeing	Disagreeing
– I (don't) think/ believe/feel that ... – In my opinion ... – From my point of view ... – I'm quite sure that ...	– What do you think about ...? – What is your opinion on ...? – How do you feel about ...? – Do you agree with me?	– That's right/true/ correct (but ...) – I feel the same. – I think so too. – You are (absolutely) right.	– I'm afraid I can't agree with you. – I'm sorry but I don't think ... – I can't believe that it is true that ... – Actually, I see it differently ...

1 Going on holiday with friends is better than going with your parents.
2 Online friends are not real and often lie about their identity.
3 Couples from different cultural backgrounds have more problems than couples from the same culture.

5 WORDS A teenage magazine

a) *Zink! is a US teenage magazine with eight sections:*

THEATRE – MUSIC – CINEMA & TV – BOOKS – COMPUTER – SPORTS – RELATIONS – RELIGION

Make lists of typical words for each section. First use the words from the box – some words can go into more than one section. Then add more words.

MUSIC	SPORTS	...
rehearsal	pitch	
...		

actor • athletics • audience • cable TV • Christianity • church • comic • divorced • ex-girlfriend • Hindu • husband • install • label • link • lovers • match • menu • Muslim • narrator • news network • novel • pitch • play • playlist • poem • prime-time TV • rehearsal • release • save • scene • sound file • stage • train

b) *You want to tell your friend about some of the things you have read in* Zink!. *Choose the right word for each sentence.*

1 A new play is starting soon at the theatre. *Zink!* went to the rehearsals/research/rituals.
2 The Huddersfield Half Pipes did pretty well, but you just can't collect/compare/impress them with a team like the South London Skaters.
3 Helsinki Motel have just installed/released/reviewed their new album. We thinks it's hot.
4 *Zink!* says this new software is cheap and easy to install/join/repair.
5 *Avatar* is going to be recycled/rehearsed/repeated. Don't miss it if you haven't seen it yet. *Zink!* loves it.
6 *Zink!* recommends a concert/playlist/tune of religious music at Bath Abbey tomorrow.

6 I'd never fall in love ... (Prepositions)

Which of the two words in brackets fits the sentences?
Complete the sentences with the correct prepositions.

1 I'd never fall in love ... a boy my age! (in/with)
2 It won't work. We're just too different ... each other. (from/of)
3 You can't judge a person ... the clothes they wear. (after/by)
4 What do your parents feel ... your new boyfriend? (about/of)
5 If I had known he'd be so upset ... what I said, I would have been more careful. (about/across)
6 ... my point of view, he's just jealous. (From/Out of)
7 The best thing ... my parents is that they aren't prejudiced. (about/at)
8 His parents are so strict. He has to be home ... 10 o'clock – always! (by/for)
9 ... my opinion, he's very ugly. (After/In)
10 We're so fed up ... our parents. They never understand! (of/with)

1 LISTENING What can we do this weekend?

Copy the table below. Now listen to two girls talking about their plans for the weekend. While listening, complete the table in key words.

- *You will listen to the conversation **twice**.*
- *You have 20 seconds at the end of the recording to complete your notes.*

Helen's ideas for Saturday evening	Tina's arguments against Helen's ideas – write down one for each idea
1 see *Romeo and Juliet* at the theatre	
2 play a new computer game at Helen's house	
3 listen to music, each girl at home	
4 listen to music and watch TV	

5 In the end, Helen decides to ...

2 LISTENING Living together

Listen to a radio phone-in. While listening, answer the questions below using one to seven words.

- *You will hear the recording **twice**.*
- *You will have 15 seconds at the end of the recordings to complete your answers.*
- *You now have 30 seconds to look at the questions.*

1 What is the topic of the radio show?
2 What attitude does Sharon's dad have towards Sharon's activities?
3 What does Sean's girlfriend find strange?
4 What did Afra's family think about her relationship?
5 How did Afra feel when they finally split up?
6 When did Bob get to know his girlfriend?
7 What makes their relationship easy? (Name two aspects.)

3 LISTENING Radio adverts

Listen to three radio adverts. While listening, note down the correct answer.
- *You will hear the recordings only* ***once****.*
- *You will have 10 seconds at the end of the recordings to complete your answers.*
- *You now have 30 seconds to look at the task.*

1 This advert is for
- A beautiful flowers.
- B expensive chocolate.
- C a health and fitness hotel.

It addresses
- A women.
- B men.
- C women and men.

2 This advert is for a book that helps to
- A find a suitable partner.
- B divorce in a fair way.
- C stay happily married.

It addresses
- A women.
- B men.
- C women and men.

3 This advert is for a
- A fitness class.
- B holiday on the beach.
- C men's health magazine.

It addresses
- A women.
- B men.
- C women and men.

4 WRITING An environmentally-friendly school

Imagine your school wants to become more environmentally friendly. These ideas have come up:
- *The canteen should stop selling drinks in plastic bottles.*
- *Teachers should hand out fewer photocopies to save paper.*
- *Everyone should use recycled paper.*

Write a text of at least 200 words about whether you like or dislike these ideas. Give reasons for your opinion. You can also suggest alternatives.

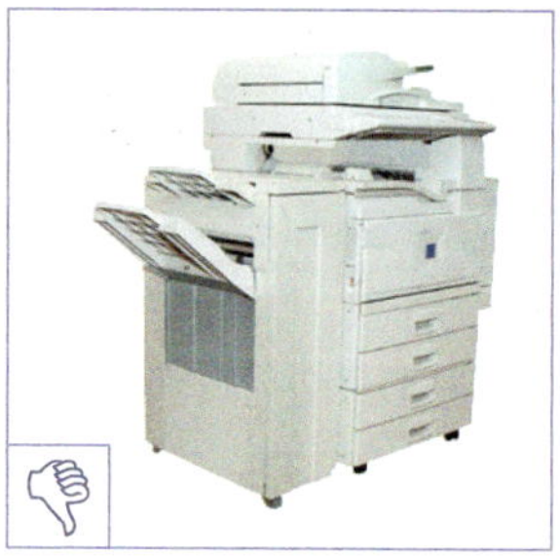

Self-evaluation

Listening

The first three tasks in the test were listening tasks. Check your answers on p. 106. The following questions will help you to think about how you did.

1 What was difficult in the tasks?

a) I didn't understand the task.
b) People spoke quickly.
c) I found the accents difficult.
d) There was a lot of information. I couldn't find the exact answers.
e) I didn't have time to write the answers to the questions.
f) There were words and phrases that I just couldn't understand.
g) I didn't have time to finish all the tasks.

2 How did you do the tasks?

a) I looked quickly at the tasks first but only read them carefully while I was listening.
b) I read the tasks carefully first so I knew what I had to do and what I had to listen for.
c) I wrote as many answers as I could the first time I heard the text and checked them (or filled in gaps) the second time.
d) There were lots of things I couldn't understand and I panicked.

► *SF Listening (p. 137)* • *SF How to do well in a test (pp. 158–160)*

Writing

The fourth task in your test was a writing task. Work with a partner. Exchange the texts you've written and read your partner's text. Copy and fill in the assessment sheet[1] below.

Assessment sheet	☹		😐		☺	
Name of partner:	1	2	3	4	5	Comments
Did your partner ...						
1 ... write about all three ideas?						
2 ... explain his/her opinion clearly?						
3 ... write enough?						
4 ... use interesting vocabulary and phrases?						
5 ... write longer sentences with linking words?						

► *SF Writing Course (pp. 150–151)*

[1] assessment sheet *Beurteilungsbogen*

1 Pick up a book

a) *Work in a group of four with a* ***placemat****. First look closely at the painting on the left for a few minutes. Then imagine you've just picked up a book that has this painting on the cover. Do the following tasks in your part of the placemat.*

- *Think of a title for the book.*
- *Write down what sort of book it is: a novel, a book of short stories, a drama, or a collection of poems.*
- *Write the first sentence of the novel or first short story. Or the first speech of the drama. Or the title and first line of the first poem in the collection.*

Then discuss all your ideas in your group and agree which should go in the middle of the placemat. Read these out to the class.

b) **Extra** *Think about your imagined book some more, then use your ideas to write the publisher's blurb for the book.*

2 What I read last

a) *Think about the last book you read (not one you had to read for school) and make notes about it (title, type of book, what language, why you read it, whether you enjoyed it, ...)*

b) *Make* ***appointments*** *with two students and exchange information about the last book you read.*

c) **Extra** *Which book that you heard about would you most like to read? Note its title. Collect all these favourites in class. Which is the most popular book?*

3 Extra Reading habits

a) *What are the three sorts of things you read most? Write them down from 1 to 3. Here are some ideas:*
celebrity news in magazines • lyrics • video game info • popular series of novels (*Harry Potter, Alex Rider, Twilight, ...*) • online newspapers • Facebook • blogs • chat rooms • text messages • ...

b) *Collect the class's results and make a class survey 'Our favourite reads'.*

CAN'T PUT IT DOWN: FABULOUS FICTION

1 What are you going to read?

You want a really good novel to read while you're on holiday this summer, a real page-turner that you can't put down. Tell your group which of the following you would choose – or why you would choose none of these. The phrases on the right might help. Which book gets most votes?

- I've seen the film and ...
- I like love stories/thrillers/historical novels/...
- It looks as if it's a ... story.
- It sounds exciting/interesting/...
- I love the cover. / I don't like it at all because ...
- I've already read one of ...'s books.
- ... recommends it so it must be good.
- I'm interested in ...

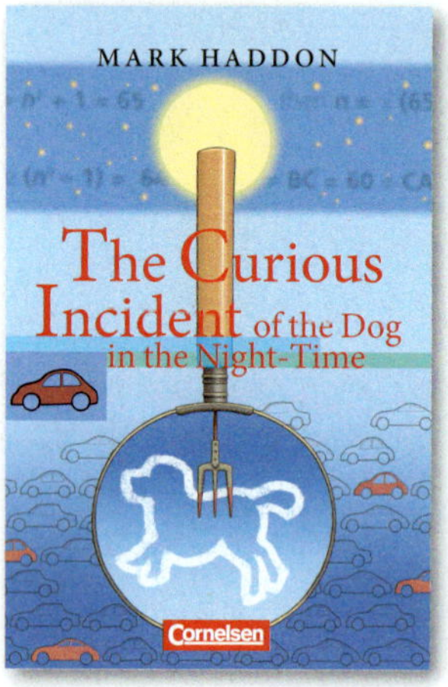

Late one night, Christopher finds his neighbour's dog dead in the neighbour's garden – killed with a garden fork. Christopher decides to find out who murdered the dog, which leads him on a journey of discovery. Through the eyes of the teenage narrator, readers will not only be given a look into the extraordinary mind of the protagonist, but will examine elements of life they take for granted while being led through an unusual detective story.

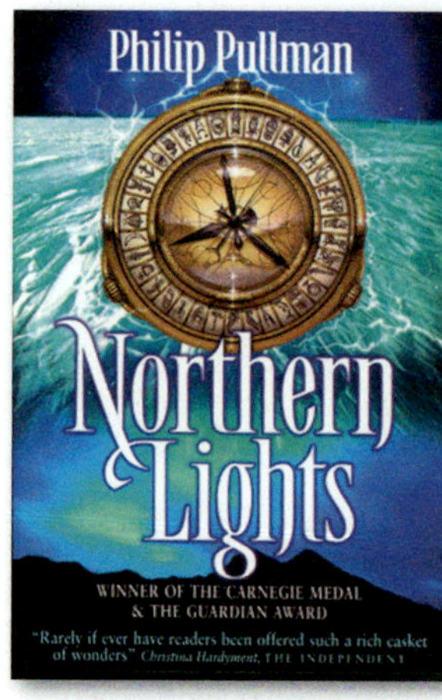

'Without this child, we shall all die.' The destiny that awaits Lyra and her animal dæmon will take them to the frozen lands of beautiful witches and armoured bears. Her journey will have consequences far beyond her own world.

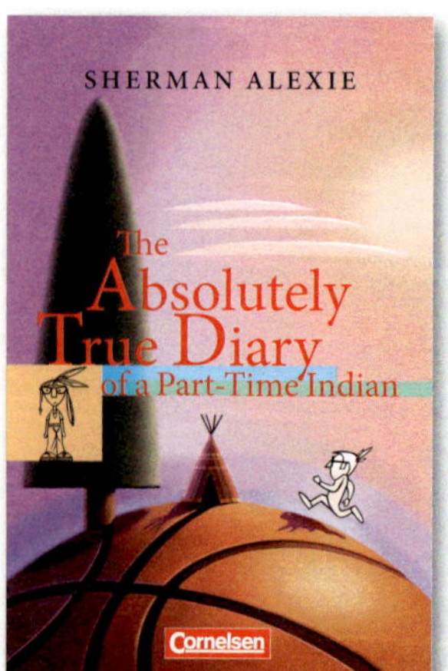

Junior is a member of the Spokane tribe living on a reservation in the north-west of the USA. At his Native American school he is always being beaten up by the other kids. When he realizes that the school cannot offer him any kind of future, he decides to go to a white school in the next town – where he stands out as the only Indian. Torn between both worlds, Junior has to find out where he belongs and who he is.

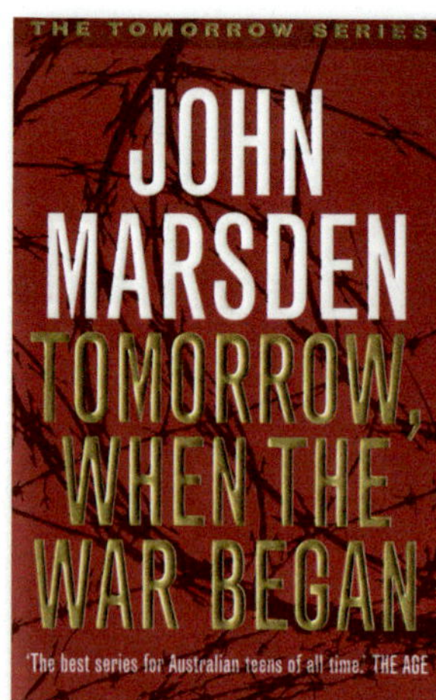

Ellie and her friends leave home one quiet morning, wave goodbye to their parents, and head up into the hills to camp out for a while. But the world is about to change forever. Their lives will never be the same again.

2 Reading a novel

Read through the tips for extensive reading below. Then, in 15 minutes at most, read the first 81 lines of the novel Looking for Alaska *by John Green.*

Tip

When you're reading a novel, or any longer text in a foreign language, try to read as if it was in your own language, without stopping at every difficult word or expression. After all, you want to enjoy what you're reading or inform yourself about something. This is called 'extensive reading' – and you probably do it like this in German too. The more you practise reading longer texts, the easier you will find it to enjoy real, authentic English writing. You have already learned how to understand new words without using a dictionary by considering
- pictures, diagrams or symbols,
- the context,
- any similarity to words you know in German, French, Latin, ...,
- parts of the new word that you already know.

▸ *SF Reading course (pp. 139–140)*

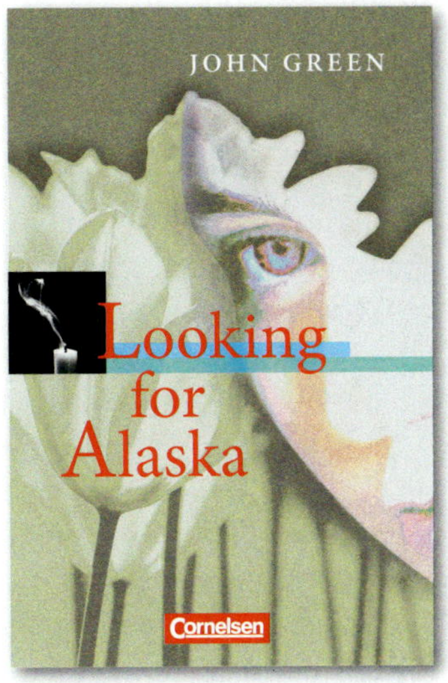

before

one hundred thirty-six days before

THE WEEK BEFORE I left my family and Florida and the rest of my minor life to go to boarding school in Alabama, my mother insisted on throwing me a going-away party. To say that I had low expectations would be to underestimate the matter dramatically. Although I was more or less forced to invite all my "school friends," i.e., the ragtag bunch of drama people and English geeks I sat with by social necessity in the cavernous cafeteria of my public school, I knew they wouldn't come. Still, my mother persevered, awash in the delusion that I had kept my popularity secret from her all these years. She cooked a small mountain of artichoke dip. She festooned our living room in green and yellow streamers, the colors of my new school. She bought two dozen champagne poppers and placed them round the edge of our coffee table.

And when that final Friday came, when my packing was mostly done, she sat with my dad and me on the living-room couch at 4:56 P.M. and patiently awaited the arrival of the Good-bye to Miles Cavalry. Said cavalry consisted of exactly two people: Marie Lawson, a tiny blonde with rectangular glasses, and her chunky (to put it charitably) boyfriend, Will.

"Hey, Miles," Marie said as she sat down.

"Hey," I said.

"How was your summer?" Will asked.

"Okay. Yours?"

"Good. We did *Jesus Christ Superstar*. I helped with the sets. Marie did lights," said Will.

---

4 minor ['maɪnə] *klein, unbedeutend*
4 boarding school ['bɔːdɪŋ ˌskuːl] *Internat*
6 expectation [ˌekspek'teɪʃn] *Erwartung*
6 dramatically [drə'mætɪkli] *hier: in höchstem Maße*
10 (to) persevere [ˌpɜːsɪ'vɪə] *beharrlich sein*
11 awash in [ə'wɒʃ] *erfüllt von*
19 said [sed] *besagte(r,s)*

“That’s cool.” I nodded knowingly, and that about exhausted our conversational topics. I might have asked a question about *Jesus Christ Superstar*, except that 1. I didn’t know what it was, and 2. I didn’t care to learn, and 3. I never really excelled at small talk. My mom, however, can talk small for hours, and so she extended the awkwardness by asking them about their rehearsal schedule, and how the show had gone, and whether it was a success.

“I guess it was,” Marie said. “A lot of people came, I guess.” Marie was the sort of person to guess a lot.

Finally, Will said, “Well, we just dropped by to say good-bye. I’ve got to get Marie home by six. Have fun at boarding school, Miles.”

“Thanks,” I answered, relieved. The only thing worse than having a party that no one attends is having a party attended only by two vastly, deeply uninteresting people.

They left, and so I sat with my parents and stared at the blank TV and wanted to turn it on but knew I shouldn’t. I could feel them both looking at me, waiting for me to burst into tears or something, as if I hadn’t known all along that it would go precisely like this. But I *had* known. I could feel their pity as they scooped artichoke dip with chips intended for my imaginary friends, but they needed pity more than I did: I wasn’t disappointed. My expectations had been met.

“Is this why you want to leave, Miles?” Mom asked.

I mulled it over for a moment, careful not to look at her. “Uh, no,” I said.

“Well, why then?” she asked. This was not the first time she had posed the question. Mom was not particularly keen on letting me go to boarding school and had made no secret of it.

“Because of me?” my dad asked. He had attended Culver Creek, the same boarding school to which I was headed, as had both of his brothers and all of their kids. I think he liked the idea of me following in his footsteps. My uncles had told me stories about how famous my dad had been on campus for having simultaneously raised hell and aced all his classes. That sounded like a better life than the one I had in Florida. But no, it wasn’t because of Dad. Not exactly.

“Hold on,” I said. I went into Dad’s study and found his biography of François Rabelais. I liked reading biographies of writers, even if (as was the case with Monsieur Rabelais) I’d never read any of their actual writing. I flipped to the back and found the highlighted quote (“NEVER USE A HIGHLIGHTER IN MY BOOKS,” my dad had told me a thousand times. But how else are you supposed to find what you’re looking for?)

“So this guy,” I said, standing in the doorway of the living room. “François Rabelais. He was this poet. And his last words were ‘I go to seek a Great Perhaps.’ That’s why I’m going. So I don’t have to wait until I die to start seeking a Great Perhaps.”

And that quieted them. I was after a Great Perhaps, and they knew as well as I did that I wasn’t going to find it with the likes of Will and

33 awkwardness [ˈɔːkwədnəs] *Peinlichkeit*
41 vastly [vɑːstli] *äußerst, völlig*
46 pity [ˈpɪti] *Mitleid*
47 intended for sb. [ɪnˈtendɪd] *für jn. gedacht*
50 (to) mull sth. over [mʌl] *über etwas nachdenken*
53 (to) pose a question [ˈpəʊz] *eine Frage stellen*
60 (to) raise hell [ˌreɪz ˈhel] *ein Höllenspektakel machen*
60 (to) ace classes [eɪs] *Bestnoten bekommen*
71 poet [ˈpəʊɪt] *Dichter/in*
75 the likes of [laɪks] *Leute wie*

Marie. I sat back down on the couch, between my mom and my dad, and my dad put his arm around me, and we stayed there like that, quiet on the couch together, for a long time, until it seemed okay to turn on the TV, and then we ate artichoke dip for dinner and watched the History Channel, and as going-away parties go, it certainly could have been worse.

Before you go on reading, check how well you have understood the story so far by answering these questions:

- Who is Miles and where is he from?
- What interesting facts do you find out about him?
- Where is he going soon?
- What happens at his going-away party?
- Why does he want to leave?

Compare and discuss your answers with a partner. What else can you add? Then read on to the end of the extract.

one hundred twenty-eight days before

FLORIDA WAS PLENTY HOT, certainly, and humid, too. Hot enough that your clothes stuck to you like Scotch tape, and sweat dripped like tears from your forehead into your eyes. But it was only hot outside, and generally I only went outside to walk from one air-conditioned location to another.

This did not prepare me for the unique sort of heat one encounters fifteen miles south of Birmingham, Alabama, at Culver Creek Preparatory School. My parents' SUV was parked in the grass just a few feet outside my dorm room, Room 43. But each time I took those few steps to and from the car to unload what now seemed like far too much stuff, the sun burned through my clothes and into my skin with a vicious ferocity that made me genuinely fear hellfire.

Between Mom and Dad and me, it only took a few minutes to unload the car, but my unair-conditioned dorm room, although blessedly out of the sunshine, was only modestly cooler. The room surprised me: I'd pictured plush carpet, wood-paneled walls, Victorian furniture. Aside from one luxury – a private bathroom – I got a box. With cinder-block walls coated with thick layers of white paint and a green-and-white-checkered linoleum floor, the place looked more like a hospital than the dorm room of my fantasies. A bunk bed of unfinished wood with vinyl mattresses was pushed against the room's back window. The desks and dressers and bookshelves were all attached to the walls in order to prevent creative floor planning. *And no air-conditioning.*

I sat on the lower bunk while Mom opened the trunk, grabbed a stack of the biographies my dad had agreed to part with, and placed them on the bookshelves.

"I can unpack, Mom," I said. My dad stood. He was ready to go.

"Let me at least make your bed," Mom said.

91 dorm room ['dɔːm ˌruːm] *Zimmer im Internat*
94 vicious ['vɪʃəs] *brutal, wütend*
94 ferocity [fəˈrɒsəti] *Heftigkeit*
94 genuinely ['dʒenjuɪnli] *echt, wirklich*
101 cinder-block ['sɪndə blɒk] *Leichtbaustein*
106 dresser ['dresə] *(AE) Kommode*
108 trunk [trʌŋk] *Überseekoffer, Kiste*
109 (to) part with sth. *sich von etwas trennen*

"No, really. I can do it. It's okay." Because you simply cannot draw these things out forever. At some point, you just pull off the Band-Aid and it hurts, but then it's over and you're relieved.

"God, we'll miss you," Mom said suddenly, stepping through the minefield of suitcases to get to the bed. I stood and hugged her. My dad walked over, too, and we formed a sort of huddle. It was too hot, and we were too sweaty, for the hug to last terribly long. I knew I ought to cry, but I'd lived with my parents for sixteen years, and a trial separation seemed overdue.

"Don't worry," I smiled. "I's a-gonna learn how t'talk right Southern." Mom laughed.

"Don't do anything stupid," my dad said.

"Okay."

"No drugs. No drinking. No cigarettes." As an alumnus of Culver Creek, he had done the things I had only heard about: the secret parties, streaking through hay fields (he always whined about how it was all boys back then), drugs, drinking, and cigarettes. It had taken him a while to kick smoking, but his badass days were now well behind him.

"I love you," they both blurted out simultaneously. It needed to be said, but the words made the whole thing horribly uncomfortable, like watching your grandparents kiss.

"I love you, too. I'll call every Sunday." Our rooms had no phone lines, but my parents had requested I be placed in a room near one of Culver Creek's five pay phones.

They hugged me again – Mom, then Dad – and it was over. Out the back window, I watched them drive the winding road off campus. I should have felt a gooey, sentimental sadness, perhaps. But mostly I just wanted to cool off, so I grabbed one of the desk chairs and sat down outside my door in the shade of the overhanging eaves, waiting for a breeze that never arrived. The air outside sat as still and oppressive as the air inside. I stared out over my new digs: Six one-story buildings, each with sixteen dorm rooms, were arranged in a hexagram around a large circle of grass. It looked like an oversize old motel. Everywhere, boys and girls hugged and smiled and walked together. I vaguely hoped that someone would come up and talk to me. I imagined the conversation.

"Hey. Is this your first year?"

"Yeah. yeah. I'm from Florida."

"That's cool. So you're used to the heat."

"I wouldn't be used to this heat if I were from Hades," I'd joke. I'd make a good first impression. *Oh, he's funny. That guy Miles is a riot.*

That didn't happen, of course. Things never happened like I imagined them.

Bored, I went back inside, took off my shirt, lay down on the heat-soaked vinyl of the lowerbunk mattress, and closed my eyes.

115 Band-Aid ['bændeɪd] *Heftpflaster*
117 suitcase ['su:tkeɪs] *Koffer*
121 trial separation [ˌtraɪəl ˌsepə'reɪʃn] *Trennung auf Probe*
121 overdue [ˌəʊvə'dju:] *überfällig*
128 (to) streak ['stri:k] *(infml) blitzen (nackt laufen)*
130 (to) kick sth. *mit etwas aufhören*
136 (to) request [rɪ'kwest] *bitten*
145 digs [dɪgz] *(pl, infml) Bude, Bleibe*
145 one-story ['stɔ:ri] *(AE) einstöckig*
155 impression [ɪm'preʃn] *Eindruck*
156 (to) be a riot ['raɪət] *(infml) unglaublich lustig sein*

I'd never been born again with the baptism and weeping and all that, but it couldn't feel much better than being born again as a guy with no known past. I thought of the people I'd read about – John F. Kennedy, James Joyce, Humphrey Bogart – who went to boarding school, and their adventures – Kennedy, for example, loved pranks. I thought of the Great Perhaps and the things that might happen and the people I might meet and who my roommate might be (I'd gotten a letter a few weeks before that gave me his name, Chip Martin, but no other information). Whoever Chip Martin was, I hoped to God he would bring an arsenal of high-powered fans, because I hadn't packed even one, and I could already feel my sweat pooling on the vinyl mattress, which disgusted me so much that I stopped thinking and got off my ass to find a towel to wipe up the sweat with. And then I thought, *Well, before the adventure comes the unpacking.*

I managed to tape a map of the world to the wall and get most of my clothes into drawers before I noticed that the hot, moist air made even the walls sweat, and I decided that now was not the time for manual labor. Now was the time for a magnificently cold shower.

When I opened the bathroom door after my shower, a towel wrapped around my waist, I saw a short, muscular guy with a shock of brown hair. He was hauling a gigantic army-green duffel bag through the door of my room. He stood five feet nothing, but was well-built, like a scale model of Adonis, and with him arrived the stink of stale cigarette smoke. *Great,* I thought. *I'm meeting my roommate naked.* He heaved the duffel into the room, closed the door, and walked over to me.

"I'm Chip Martin," he announced in a deep voice, the voice of a radio deejay. Before I could respond, he added, "I'd shake your hand, but I think you should hold on damn tight to that towel till you can get some clothes on."

I laughed and nodded my head at him (that's cool, right? the nod?) and said, "I'm Miles Halter. Nice to meet you."

"Miles, as in to go before I sleep?" he asked me.

"Huh?"

"It's a Robert Frost poem. You've never read him?"

I shook my head no.

"Consider yourself lucky." He smiled.

I grabbed some clean underwear, a pair of blue Adidas soccer shorts, and a white T-shirt, mumbled that I'd be back in a second, and ducked back into the bathroom. So much for a good first impression.

"So where are your parents?" I asked from the bathroom.

"My parents? The father's in California right now. Maybe sitting in his La-Z-Boy. Maybe driving his truck. Either way, he's drinking. My mother is probably just now turning off campus."

"Oh," I said, dressed now, not sure how to respond to such

---

161 baptism ['bæptɪzəm] *Taufe*
166 prank [præŋk] *Streich*
177 drawer [drɔː] *Schublade*
182 waist [weɪst] *Taille*
183 (to) haul [hɔːl] *schleppen*
183–184 duffel bag ['dʌfl] *(AE) Reisetasche*
206 La-Z-Boy ['leɪzibɔɪ] *(Markenname) Liegesessel*

personal information. I shouldn't have asked, I guess, if I didn't want to know.

Chip grabbed some sheets and tossed them onto the top bunk. "I'm a top bunk man. Hope that doesn't bother you."

"Uh, no. Whatever is fine."

"I see you've decorated the place," he said, gesturing toward the world map. "I like it."

And then he started naming countries. He spoke in a monotone, as if he'd done it a thousand times before.

Afghanistan.

Albania.

Algeria.

American Samoa.

Andorra.

And so on. He got through the A's before looking up and noticing my incredulous stare.

"I could do the rest, but it'd probably bore you. Something I learned over the summer. God, you can't imagine how boring New Hope, Alabama, is in the summertime. Like watching soybeans grow. Where are you from, by the way?"

"Florida," I said.

"Never been."

"That's pretty amazing, the countries thing," I said.

"Yeah, everybody's got a talent. I can memorize things. And you can ...?"

"Um, I know a lot of people's last words." It was an indulgence, learning last words. Other people had chocolate: I had dying declarations.

"Example?"

"I like Henrik Ibsen's. He was a playwright." I knew a lot about Ibsen, but I'd never read any of his plays. I didn't like reading plays. I liked reading biographies.

"Yeah, I know who he was," said Chip.

"Right, well, he'd been sick for a while and his nurse said to him, 'You seem to be feeling better this morning,' and Ibsen looked at her and said, 'On the contrary,' and then he died."

Chip laughed. "That's morbid. But I like it."

I sat down next to him, and he looked over at me and suddenly said, "Listen. I'm not going to be your entrée to Culver Creek social life."

"Uh, okay," I said, but I could hear the words catch in my throat. "Basically you've got two groups here," he explained, speaking with increasing urgency. "You've got the regular boarders, like me, and then you've got the Weekday Warriors; they board here, but they're all rich kids who live in Birmingham and go home to their parents' air-conditioned mansions every weekend. Those are the cool kids. I don't like them, and they don't like me, and so if you came here thinking that you were hot shit at public school so you'll be hot shit

---

212 (to) bother sb. ['bɒðə] *jm. etwas ausmachen*
234 indulgence [ɪn'dʌldʒəns] *Luxus*
238 playwright ['pleɪraɪt] *Dramatiker/in*
244 on the contrary ['kɒntrəri] *im Gegenteil*
251 (to) increase [ɪn'kri:s] *zunehmen*
251 urgency ['ɜ:dʒənsi] *Dringlichkeit*
251 regular ['regjələ] *(bes. AE) normal*
252 (to) board [bɔ:d] *Internatsschüler/in sein*

here, you'd best not be seen with me. You did go to public school, didn't you?"

"Uh ...," I said. Absentmindedly, I began picking at the cracks in the couch's leather, digging my fingers into the foamy whiteness.

"Right, you did, probably, because if you had gone to a private school your freakin' shorts would fit." He laughed.

I wore my shorts just below my hips, which I thought was cool. Finally I said, "Yeah, I went to public school. But I wasn't hot shit there, Chip. I was regular shit."

"Ha! That's good. And don't call me Chip. Call me the Colonel."

I stifled a laugh. "The *Colonel*?"

"Yeah. The Colonel. And we'll call you ... hmm. Pudge."

"Huh?"

"Pudge," the Colonel said. "Because you're skinny. It's called irony, Pudge. Heard of it? Now, let's go get some cigarettes and start this year off right."

We walked five doors down to Room 48. A dry-erase board was taped to the door using duct tape. In blue marker, it read: *Alaska has a single!*

The Colonel explained to me that *1.* this was Alaska's room, and that *2.* she had a single room because the girl who was supposed to be her roommate got kicked out at the end of last year, and that *3.* Alaska had cigarettes, although the Colonel neglected to ask whether *4.* I smoked, which *5.* I didn't.

He knocked once, loudly. Through the door, a voice screamed, "Oh my God come in you short little man because I have the best story."

We walked in. I turned to close the door behind me, and the Colonel shook his head and said, "After seven, you have to leave the door open if you're in a girl's room," but I barely heard him because the hottest girl in all of human history was standing before me in cutoff jeans and a peach tank top. And she was talking over the Colonel, talking loud and fast.

(*Abridged from* Looking for Alaska *by John Green*)

270 Pudge [pʌdʒ] *etwa: Moppel*
270 skinny [ˈskɪni] *(infml) mager*
278 (to) kick sb. out *(infml) jn. rausschmeißen*
279 (to) neglect [nɪˈglekt] *versäumen*

Working with the text

1 Your impression of the story

Say whether you like the story so far or not. Would you like to read on? Give reasons for your answers.

2 Did you get it?

a) *Read the following quotations from the story and explain their context. Share your ideas with a partner.*

– l. 10: I knew they wouldn't come.
– ll. 37–38: "I've got to get Marie home by six. Have fun at boarding school, Miles."
– ll. 57–58: I think he liked the idea of me following in his footsteps.
– ll. 98–99: The room surprised me: ...

b) *Now pick out sentences from the story on your own and ask each other to explain the context in which they are used.*

c) **Extra** *Make notes for an oral summary of the beginning of* Looking for Alaska. *Then do a chain summary in class. Student A starts with the first sentence of the oral summary. Student B continues with the next, then Student C and so on. Each student contributes one sentence.*

► *SF Speaking Course (pp. 148–149)*

3 The setting

a) *Partner A: Scan the text for descriptions of the appearance and atmosphere of Miles's home in Florida.*
Partner B: Scan the text for descriptions of the appearance and atmosphere of his boarding school in Alabama.
Discuss together what they are like and how they are different.

b) *Now explain Miles's decision to leave home and go to school somewhere else.*

4 The characters of Miles and Chip

a) *Describe the character of Miles. Remember to include direct as well as indirect clues to his appearance and personality.*

b) *Explain what impression Chip (the Colonel) makes on Miles. Find evidence for your ideas in the story.*

c) *What is your own impression of Chip? Say whether you'd like to make friends with him or not. Give reasons.*

5 How does the Colonel see it?

a) *Imagine you're Chip Martin (the Colonel) and you want to tell Alaska about your first meeting with Miles from your point of view. Make some notes and work out what you would say. Use the first person.*

b) *Present your monologues to each other in a small group.*
Listen closely so that you can evaluate each other's work. Which of the monologues best captures Chip's personality? Explain why.

► *SF Peer evaluation (p. 136)*

c) **Extra** *Discuss the possible reasons why John Green chose to tell his story from the perspective of Miles. What advantages might that have? What disadvantages? Thinking about the relationships between the characters might give you some ideas.*
Note down how the story would be different if it was told by an omniscient third-person narrator.

STUDY SKILLS Point of view

An author can choose to tell a story from different perspectives, using different kinds of narrator:

A limited point of view
A first-person narrator tells a story from his/her personal perspective. So he/she does not know everything that is going on. A third-person narrator is also sometimes limited to the experience of one or more characters and does not know every character's thoughts and feelings.

An unlimited point of view
Often, a third-person narrator is someone who knows everything about every character and can describe their actions and reveal their thoughts and feelings. We also call this sort of narrator an omniscient narrator.

► *SF Reading literature (pp. 141–143)*

3 LISTENING Listening to a novel

a) *Think about when, where and why people listen to audiobooks.*

b) *Listen to an extract from the audiobook of* Looking for Alaska. *The words below might help.*

- SAT = Scholastic Aptitude Test *Zulassungsprüfung für das Studium an einer amerikanischen Universität*
- honk [hɒŋk] *hupen, hier: drücken*
- boob [bu:b] *(infml) Busen*

c) *Explain what happened to Alaska in the summer and what Alaska does to Miles. How does he feel about this?*

d) *From what you have heard about Alaska, describe her character. Compare the two ways she is characterized: her actions and words (direct characterization), or what Miles says about her (indirect characterization)?*

e) **Extra** *Note down the advantages and disadvantages of listening to audiobooks as compared to reading a book. Does it make a difference if the audiobook is in English or your own language?*
Compare your ideas with a partner.
Then compare your ideas in a group.

► *SF Reading literature (pp. 141–143)*

4 Extra Not just a writer

I happened to see a book by John Green the other day. Have you heard of him? He was born in Indianapolis and studied English and Religious Studies, a pretty unusual combination. And now he writes fiction for young adults. In fact, he's a good writer. How do I know? He's an award-winning novelist, so he can't be bad. His first novel, Looking for Alaska, won the Michael L. Printz Award for Excellence in Young Adult Literature in 2006, when he was just 29. Wow! Enough to make him a celebrity or pretty famous at least.
But John Green isn't just a writer. He's well-known in another pretty weird way too. It all started back in 2007. John and his brother Hank decided that, for a whole year, they would not communicate with each other in writing, but only by video blog. They called this project Brotherhood 2.0 and they put their video blogs on the Brotherhood 2.0 website – and on YouTube, where lots of people saw them, learned to love them and gave them a nickname. Which is why reviews of John Green's books often start something like this: 'This book is by John Green – you might know him better as one of the vlogbrothers.'

a) *Read the short article about John Green. Imagine what reasons a writer could have for communicating only by video for a whole year. Discuss your ideas with a partner. Then collect them in class.*

b) *Find the 'vlogbrothers' on the internet and find out more about them.*

c) *Write down the names of six people you do not live with or see at school every day. How do you communicate with these people? Compare your answers in your group. What do you notice?*

d) *Find out something interesting about your favourite author, write it down on an index card. Collect all the cards for everyone to read.*

P1 VIEWING Video book reviews

a) *Have you ever watched book reviews on an online video site? Or filmed your own video book reviews and put them online?*
Where else can you find written or video reviews of books?

b) *If you were going to film a review of a book, how could you make it interesting visually?*
Brainstorm ideas in a group. Pick the best three ideas and tell the class.
Collect all the ideas on the board.

c) *On the right are stills from two reviews of the same book. Watch the first minute of each review without the sound. Say which you would now prefer to watch. Give reasons.*
Take a vote in class and decide which review to watch first.

d) *Watch your preferred video first.*
Note down all the ways the reviewer tries to make their video more visually interesting. Did they use any of the ideas you collected on the board? Did they have better ideas? Which of the ideas on the board would have made the review more interesting?

e) *Watch the second video and do the same. Then answer the following questions.*

1. Which review used better visual ideas?
2. Which review gave you a better idea of what the book is about? How?
3. Which review most made you want or not want to read the book? Why?

f) *Discuss your answers with a partner.*

g) **Extra** *Watch the two reviews again and do the following tasks:*

1. Describe what you have learned about the main characters of the book. How does this change or underline what you already knew about them?
2. The boy talks a lot about the two parts of the novel, the 'before' and the 'after'. How are they different?
3. The girl is especially interested in famous last words. How many does she quote? Which did you find most interesting?
4. What emotional reaction to the book do both reviewers mention?

P 2 Preparing and presenting a book report

a) *Give a book report on an interesting book you have read. You might find the Study Skills box on the right and the useful language given below helpful.*

b) *Match the sections of useful language (A–D) to the parts of a book report in the Study Skills box.*

A
- ... is a thriller / a fantasy / a collection of short stories / a book for young adults / a classic / ... by ...
- It deals with environmental problems / the historical events of ... / the period ...
  It's about this Australian girl who ...
- The story is set in ...
- It begins with ...
- The main character is introduced at a moment when he/she ...
- Later ...
- I'm going to read a short extract from the book. I find it very moving/thrilling/...
  It starts when the protagonist ...
  I chose the moment when the hero ...
  It is the scene after ...
- ... creates a very unusual/frightening/romantic/... atmosphere in ...
  The book is full of sudden developments.
  I love the way ... uses language. It's so poetic/memorable/funny/striking/...

B
- This is one of the best books I have ever read.
- It's so thrilling/exciting/funny, I couldn't put it down.
- I highly recommend it.
- It's a great read for your holidays/boring weekends/...

C
- This is what Stephen King said about this book: "My all-time favorite ... Astonishing."
- I'd like to start with this really funny/interesting/weird/shocking/... quotation from the book.
- Look at the cover of my book.

STUDY SKILLS | **Giving a book report**

Introduction
Grab your audience's attention right from the start.

About the book
- Give its title, author and genre.
- Give a short summary of the plot – don't give away the ending!
- Read an extract.
- Say something about specific features of the book (setting, language, atmosphere, developments, pace).

Background information
- Say when and where the book was published.
- Talk a little about the author.

Your opinion
Finish with a clear statement of your opinion.

D
- ... was first published in ... in ...
- It is ...'s first/second/... novel/...
- ... comes from ... and lives in ... He/She's ... years old and loves ...
- This book won the ...

c) **Extra** *Film a video version of your book report and show it to the class.*
Or have a book slam in class. Each student presenting a book has three minutes to convince the class that their book is the best.
Vote for the best book at the end.

► *SF Giving a presentation (p. 132)*

A QUICK FIX: SHORT STORIES

How to do it

By Dave Eggers

The woman, named Puma, was forty-four, shaped like a gymnast, and had too many friends. She had lived in the same city, full of Mormons, for twenty-five years, and she was not impetuous or jealous or callous or cruel. Thus, the friends she had made twenty-five years ago were still her friends now, and because her job – she was a veterinary surgeon, specializing in toucans – brought her in contact with new people all the time, she added friends with now-troubling regularity. Which was fine, it was nice to have new companions, but at this point Puma could no longer be a good friend to all of them – to even half of them. She did the calculations one day: ten friends from her first few years in the city, and (at the very least) three more added every year thereafter. This brought her to a total, now, of about eighty-five good friends and close acquaintances, and this number, given birthdays and anniversaries and sympathy calls and favors and lunches and various gift-giving showers, made her life untenable. Every day was something, every day was everyone. She couldn't enjoy her time with any one of them, knowing that she was neglecting the rest. And she certainly couldn't enjoy time alone, because at this point even an hour to herself – when she hadn't, for example, seen William and Jeanette's new baby, now five months old! – was decadent, selfish, and utterly foreign. Her friends had made her unfriendly, her chums had sapped her charm. Something had to be done; she had to make a break. So she stopped answering her phone, and no longer took walks. She ordered her groceries online, and pretended her email didn't work. And for a day, one glorious day, this worked. But they found her. Of course they did. They found her at work, at her home. They dropped cute notes in her mailbox, fastened them under her car's windshield wipers. They did so because her friends were good friends, were persistent and not to be easily put off. They worried, they wished her well. But this only made Puma more perturbed, more desperate to be free, and more determined to bring them all together, for a grand dinner one night, where she would deal with the problem once and for all. It was extreme, yes, but also necessary, and thankfully possible, for among her too-many friends (and the only ones she would spare) she had a caterer, an expert in untraceable and fast-acting poisons, and an excellent attorney.

---

3 impetuous [ɪm'petjʊəs] *impulsiv, ungestüm*
4 callous ['kæləs] *herzlos*
6 veterinary surgeon ['vetərɪnəri 'sɜːdʒən] *Tierarzt/-ärztin*
6 toucan ['tuːkæn] *Tukan (südamerikanischer Vogel)*
8 regularity [ˌregjʊ'lærɪti] *Regelmäßigkeit*
9 companion [kəm'pænjən] *Freund/in, Gefährte/Gefährtin*
12 thereafter [ˌθɜər'ɑːftə] *danach*
14 acquaintance [ə'kweɪntəns] *Bekannte/r*
16 untenable [ʌn'tenəbl] *unhaltbar*
18 neglect [nɪ'glekt] *vernachlässigen*
21 selfish *egoistisch*
23 chum *(infml) Kumpel*
23 sap sth. *etwas schwächen*
28 fasten ['fɑːsn] *befestigen*
29 windshield wiper ['wɪndʃiːld 'waɪpə] *Scheibenwischer*
30 persistent [pə'sɪstənt] *beharrlich*
30 put sb.off *jn. abschrecken*
32 perturbed [pə'tɜːbd] *beunruhigt*
36 spare [speə] *verschonen*
37 untraceable [ʌn'treɪsəbl] *unauffindbar*
38 attorney [ə'tɜːni] *(AE) Rechtsanwalt/-anwältin*

Working with the text

1 Did you get it?

a) *Sum up the plot of the story in one or two sentences.*

b) *Friendship – what makes a good friend, losing a friend, collecting friends, dating, etc.– was an important topic in Unit 1 of this book. Explain this story's view of the problem of collecting friends.*

2 Analysing the story

a) *Read the Study Skills box on the right. Then read "How to do it" again. Make notes on how it matches the features of a short story described in the box.*

- Is it short?
- Are the characters, plot and setting limited?
- How many characters are developed?
- Is there a beginning, climax and resolution?
- Or is there an abrupt start, a surprise or open ending?

b) *Compare and discuss your ideas in a group.*

3 A few details

Consider whether the following details are significant or not and discuss in class:

- the main character's name
- her level of fitness
- her job
- the large number of friends she has
- the jobs of some of the friends she is inviting to dinner

4 Extra Another point of view

Imagine you are one of Puma's friends. Rewrite lines 24–34 of the story from your point of view. Explain how you feel about your invitation to a grand dinner.

5 The dinner

Continue the story, describing what happens at Puma's grand dinner.

STUDY SKILLS Short stories

What makes a short story:

- Short stories are ... **short**. How short? They can be less than a page or more than 50.
- Short stories usually focus on a **single plot and setting.** They usually have fewer characters and cover **shorter periods of time** than novels.
- Often there is just **one main character**: other characters are **not developed** or are just **stereotypes**.
- Short stories may have a clear **beginning** (introducing the setting, situation and main characters), **climax** (point of highest interest/drama/action) and a **resolution** (when the story comes to an end) – but modern short stories often **start abruptly**, in the middle of the action, and may have a **surprise ending** or **be open-ended**.

► *SF Reading literature (pp. 141–143)*

6 Extra Short short stories

The American writer Ernest Hemingway once wrote a six-word short story:
For sale: baby shoes. Never worn.

Other writers later came up with these:

Computer, did we bring batteries? Computer?
Eileen Gunn

Longed for him. Got him. Shit.
Margaret Atwood

We crossed the border; they killed us.
Howard Waldrop

Do you think they can really be called stories? Write your own six-word story.

LIFELINES: SAVED BY POETRY

1 Unwanted literature

a) *Discuss in your group what role poetry plays in your life. You could*
- talk about whether or how often you read or listen to poetry and what you like or dislike about it,
- comment on songs you listen to (do you agree that songs are like poems?),
- mention poets you know/have heard of,
- recite your favourite poem (in English, German, or another language) and talk about why you like it and what it means for you.
- …

London Airport
Last night in London Airport
I saw a wooden bin
labelled UNWANTED LITERATURE
IS TO BE PLACED HEREIN.
So I wrote a poem
and popped it in.

Christopher Logue (born 1926)

b) *Now read the poem "London Airport" and comment on its relevance for your discussion in a).*

2 Tell me a story

a) *Summarize the story told in the poem "Willow pattern".*

b) *What image does the poet choose to describe the Emperor's feelings in the sixth verse? Explain why it is a good image or not. Which words in the verse carry the emotion most?*

c) **Extra** *Which elements from the poem can you discover on the plate right?*

Willow pattern
Look. On my plate
is a blue garden.
It happened in China
a long time ago.

There on a bridge
the soldiers are running
to capture the princess,
the Emperor's daughter.

She left with the young man
she wanted to marry.
They fled to an island
that lay on a lake.

The Emperor was angry.
He ordered his soldiers
to capture the princess
and kill the young man.

But the man and the princess
were turned into bluebirds.
They flew from the island
and never returned.

The Emperor, in sadness,
turned into a willow.
And always he droops
as he weeps in his sorrow.

He weeps on my plate
in a blue garden.
It happened in China
a long time ago.

Tony Mitton (born 1951)

d) *Make sure everyone in the group knows the fairy tale "Little Red Riding Hood". Then read the poem below. What's different?*

Little Red Riding Hood and the Wolf

As soon as Wolf began to feel
That he would like a decent meal,
He went and knocked on Grandma's door.
When Grandma opened it, she saw
The sharp white teeth, the horrid grin,
And Wolfie said, 'May I come in?'
Poor Grandmamma was terrified,
'He's going to eat me up!' she cried.
And she was absolutely right.
He ate her up in one big bite.
But Grandmamma was small and tough,
And Wolfie wailed, 'That's not enough!
I haven't yet begun to feel
That I have had a decent meal!'
He ran around the kitchen yelping,
'I've *got* to have another helping!'
Then added with a frightful leer,
'I'm therefore going to wait right here
Till Little Miss Red Riding Hood
Comes home from walking in the wood.'
He quickly put on Grandma's clothes,
(Of course he hadn't eaten those.)
He dressed himself in coat and hat.
He put on shoes and after that
He even brushed and curled his hair,
Then sat himself in Grandma's chair.
In came the little girl in red.
She stopped. She stared. And then she said,
'What great big ears you have, Grandma.'
'All the better to hear you with,' the Wolf replied.
'What great big eyes you have, Grandma,' said Little Red Riding Hood.
'All the better to see you with,' the Wolf replied.
He sat there watching her and smiled.
He thought, I'm going to eat this child.
Compared with her old Grandmamma
She's going to taste like caviare.
Then Little Red Riding Hood said, *'But Grandma, what a lovely great big furry coat you have on.'*
'That's wrong!' cried Wolf, 'Have you forgot
To tell me what big teeth I've got?
Ah well, no matter what you say,
I'm going to eat you anyway.'
The small girl smiles. One eyelid flickers.
She whips a pistol from her knickers.
She aims it at the creature's head
And *bang bang bang*, she shoots him dead.
A few weeks later, in the wood,
I came across Miss Riding Hood,
But what a change! No cloak of red,
No silly hood upon her head.
She said, 'Hello, and do please note
My lovely furry WOLFSKIN COAT.'

Roald Dahl (1916–1990)

e) *Do you find the poem funny? What makes it funny?*

f) *Examine the rhyme and rhythm of the poem. What do you notice about them? What advantages does this kind of rhyme and rhythm have for moving the story along or learning the poem by heart?*

► *SF Reading literature (pp. 141–143)*

STUDY SKILLS Rhyme and rhythm

Poems, like music, use **poetic devices** like **rhyme** and **rhythm**.

Rhyme

- Matching sounds at the end of lines are called **end-rhymes**.
- Rhymes within a line give you an internal **rhyme**.

Both create a pattern you can hear. When this pattern continues through a poem, it gives the poem a **rhyme scheme**, which you can write down like this: AABBCC; ABAB.

Rhythm

The sequence of stressed and unstressed long and short syllables gives a poem its **rhythm**.

If this rhythm is (more or less) regular, the poem is written in a certain **metre**.

3 Paint me a picture

Castaway

The sea is a numberless army
Surrounding my desert isle.
The wind is its heartless general,
Howling mile after mile.
As wave after wave hits the beaches,
I catch sight of a hopeful white sail;
Then storm clouds hide the horizon
And all hope disappears in the gale.

Stephen Brock (born 1961)

The eagle

He clasps the crag with crooked hands;
Close to the sun in lonely lands,
Ring'd with the azure world, he stands.

The wrinkled sea beneath him crawls;
He watches from his mountain walls,
And like a thunderbolt he falls.

Alfred, Lord Tennyson (1809–1892)

Haiku

dawn is delicious
soup made from dew and birdsong
drink it with your ears

Sue Cowling (born 1946)

Amsterdam Avenue

Siren screams and car horns
Clog the air.
Still, the sparrow's song
Survives the blare.
And, though six-storied buildings
Crowd the sky,
The sun scissors through and shines –
And so will I.

Nikki Grimes (born 1950)

Stopping by woods on a snowy evening

Whose woods these are I think I know,
His house is in the village though;
He will not see me stopping here
To watch his woods fill up with snow.

My little horse must think it queer
To stop without a farmhouse near
Between the woods and frozen lake
The darkest evening of the year.

He gives his harness bells a shake
To ask if there is some mistake.
The only other sound's the sweep
Of easy wind and downy flake.

The woods are lovely, dark and deep,
But I have promises to keep,
And miles to go before I sleep,
And miles to go before I sleep.

Robert Frost (1874–1963)

a) *Choose one of the poems on this page and draw the most vivid picture it creates in your mind.*

STUDY SKILLS Imagery

To express emotions and to create such emotions in the reader's mind and senses, poets paint pictures with words. Some are immediately clear; others take time to make sense to you. This **imagery** often comes in the form of **metaphors** or **similes**, which show us a new way of seeing things.
In a **metaphor**, a poet talks about something as if it is something else, e.g. **The garden was a sea of flowers**, or as if it can do something that, in the real world, it cannot, e.g. **Time flies.**
In a **simile**, a poet creates an image by comparing one thing with another, e.g. **A face as white as snow** or **She fights like a tiger.**

► *SF Reading literature (pp. 141–143)*

azure ['æʒə] *azurblau* castaway ['kɑ:stəweɪ] *Schiffbrüchige(r)* (to) catch sight of sth. *etwas erblicken* (to) clasp [klɑ:sp] *umklammern* (to) clog (-gg-) [klɒg] *verstopfen* crag [kræg] *Fels* (to) crawl [krɔ:l] *kriechen* crooked ['krʊkɪd] *krumm, schief* dew [dju:] *Morgentau* downy ['daʊni] *flaumig, fedrig* flake [fleɪk] *Flocke(n)* gale [geɪl] *Sturm* harness ['hɑ:nɪs] *Pferdegeschirr* paw [pɔ:] *Tatze* (to) scissor ['sɪzə] *schneiden* sparrow ['spærəʊ] *Spatz* sweep [swi:p] *wischende Bewegung* wrinkled ['rɪŋkld] *faltig, zerknittert*

STUDY SKILLS Sounds and language

Repetition of letters, sounds and words can help a poet create more effective images and underline the feeling, rhythm or the meaning of a poem.
In **alliteration**, the same letter/sound is repeated at the beginning of two or more neighbouring words, e.g. **Godric Gryffindor**, **Helga Hufflepuff**, **Rowena Ravenclaw** and **Salazar Slytherin**.
In **assonance**, the same vowel sound is repeated, e.g. **The fat cat sat on the mat.**
Whole verses may be repeated, as in a chorus. Language that brings feelings, images or memories into the reader's mind also adds to the effect a poem creates.

▸ *SF Reading literature (pp. 141–143)*

b) *Find a metaphor in "Castaway" and a simile in "The eagle". What do they describe? Talk or write about the picture they paint for you.*

c) *How are the meanings and the sounds of the words in the first line of "The eagle" used to create a picture in the reader's mind?*

d) *Choose one of the other poems on p. 92 and list the poetic devices used. Explain why they are effective, or not, in creating a picture.*

e) **Extra** *In several of the poems on p. 92, decisions are made. Find some of these decisions and explain what they are about.*

4 Show me what you feel

She dwelt among the untrodden ways

She dwelt among the untrodden ways
Beside the springs of Dove,
A maid whom there were none to praise
And very few to love:

A violet by a mossy stone
Half-hidden from the eye!
– Fair as a star, when only one
Is shining in the sky.

She lived unknown, and few could know
When Lucy ceased to be;
But she is in her grave, and, oh,
The difference to me!

William Wordsworth (1770–1850)

Sonnet number one

The moon doth shine as bright as in the
day.
I sit upon the see-saw wondering why
She left me. Boys and girls come out to play.
But I'm bereft. I think I'm going to cry.
I gave her chocolate and I praised her skill
At skateboarding and at football not to
mention
Arm wrestling. As we slowly climbed the
hill
To fetch some water, did I sense a tension?
She seemed preoccupied. She hardly spoke.
And as we turned the handle to the well
I asked her, Jill, please tell me it's a joke.
She said, I've found another bloke. I fell,
I rolled, head over heels into the dark
Down to the bottom where I broke my heart.

Roger Stevens (born 1948)

---

bereft [bɪ'reft] *(fml) beraubt* bloke [bləʊk] *Kerl* (to) cease [siːs] *(fml) aufhören* doth shine [dʌθ] *(old) = does shine, shines* dwelt [dwelt] *(fml, old) wohnte* grave [greɪv] *Grab* handle ['hændl] *Griff* hardly ['hɑːdli] *kaum* head over heels [hiːlz] *Hals über Kopf* maid [meɪd] *(fml, old) Jungfer, Mädchen* (to) praise [preɪz] *loben, preisen* preoccupied [pri'ɒkjuːpaɪd] *beschäftigt, abgelenkt* (to) roll [rəʊl] *rollen* see-saw ['siː sɔː] *Wippe* tension ['tenʃn] *Spannung* untrodden [ʌn'trɒdn] *(fml) unbeschritten* well [wel] *Brunnen*

a) *Read the four poems on pp. 93–94 and identify which express which feelings from the word circle below:*

passion love boredom heartbreak admiration pleasure pain thrill despair excitement anger disappointment wonder sadness joy happiness loss

Meeting Midnight

I met Midnight.
Her eyes were sparkling pavements after frost.
She wore a full-length, dark blue raincoat with a hood.
She winked. She smoked a small cheroot.

I followed her.
Her walk was more a shuffle, more a dance.
She took the path to the river, down she went.
On Midnight's scent,
I heard twelve cool syllables, her name,
chime from the town.
When those bells stopped,

Midnight paused by the water's edge.
She waited there.
I saw a girl in purple on the bridge.
It was One O'Clock.
Hurry, Midnight said, *it's late, it's late.*
I saw them run together.
Midnight wept.
They kissed full on the lips
and then I slept.

The next day I bumped into Half-Past Four.
He was a bore.

Carol Ann Duffy (born 1955)

Come. And be my baby

The highway is full of big cars
going nowhere fast
And folks is smoking anything that'll burn
Some people wrap their lives around a cocktail glass
And you sit wondering
where you're going to turn.
I got it.
Come. And be my baby.

Some prophets say the world is gonna end tomorrow
But others say we've got a week or two
The paper is full of every kind of blooming horror
And you sit wondering
what you're gonna do.
I got it.
Come. And be my baby.

Maya Angelou (born 1928)

b) *Now that you have recognized some of the feelings, say which poem you like best and why.*

c) *Examine your favourite poem's rhymes, rhyme scheme, rhythm and line lengths. Explain why they are suitable (or not) for the message and tone of the poem.*

d) *Practise reciting your favourite poem. Then recite it to the class. Or recite another poem, song or rap you know.*

e) **Extra** *Find your favourite word, image, rhyme, idea and line from the four poems. Use them to write your own poem. (It doesn't have to rhyme!)*

f) **Extra** *Imagine one of the four poems is a hit song. Which would it be? Give your reasons.*

blooming ['blu:mɪŋ] *(old, infml) verflixt* (to) chime [tʃaɪm] *(Uhr) schlagen* (to) pause [pɔ:z] *eine Pause machen* on the scent [sent] *auf der Spur* shuffle ['ʃʌfl] *Schlurfen* sparkling ['spɑ:klɪŋ] *glitzernd* (to) wink [wɪŋk] *zwinkern*

5 Give me an insight

a) *Look at the titles of the poems. Imagine what they could be about. Then read each poem and note down your impressions of them.*

Absent

Dear Teacher,
my body's arrived
it sits at a table
a pen in its hand
as if it is able
to think and to act
perhaps write down the answer
to the question you've asked

but don't let that fool you

My mind is elsewhere
My thoughts are far away

So, apologies, teacher,
I'm not here today.

Bernard Young (born 1952)

The world is a beautiful place

The world is a beautiful place
to be born into
if you don't mind happiness
not always being
so very much fun
if you don't mind a touch of hell
now and then
just when everything is fine
because even in heaven
they don't sing
all the time
The world is a beautiful place
to be born into
if you don't mind some people dying
all the time
or maybe only starving
some of the time
which isn't half so bad
if it isn't you.

Lawrence Ferlinghetti (born 1919)

Natural numbers

Example: Divide 5,000 buffaloes
by fifty hunters = almost nothing left.

1. Divide 200 elephants
by seventeen ivory poachers =

2. Divide two rainforests
by eight logging companies =

3. Divide one beautiful planet
by one greedy species =

Mike Johnson (born 1951)

Dreams

Here we are all, by day; by night we're
hurled
By dreams, each one, into a several world.

Robert Herrick (1591–1674)

b) *Compare your impressions with a partner and add to your notes if necessary.*
Share your impressions in a group. Then, together, rank the poems from 1 (most insight) to 4 (least insight).

c) *Now read the poems again and consider the following:*
- the text type of "Absent" and the layout of its verses
- what the text type of "Natural numbers" reminds you of
- the layout and the punchline of "The world is a beautiful place"
- the rhyme scheme in "Dreams"and the flow of the two lines

Considering what you have found out, change – if necessary – the rankings you gave the poems in b).

---

absent ['æbsənt] *abwesend* (to) fool sb. [fu:l] *jm. etwas vormachen* hell [hel] *Hölle* (to) hurl [hɜ:l] *schleudern* ivory ['aɪvəri] *Elfenbein* logging ['lɒgɪŋ] *Abholzung* poacher ['pəʊtʃə] *Wilddieb/in* several *(fml, old) separat* (to) starve [stɑ:v] *hungern*

P1 Create your own poems

One way of creating a poem is to follow a certain pattern, for example the pattern of a **cinquain**, which gets its name from the French cinq (five) because it always has five lines.

Line 1 – 2 syllables introducing the topic
Line 2 – 4 syllables saying something about the topic
Line 3 – 6 syllables saying how it feels
Line 4 – 8 syllables continuing the topic
Line 5 – 2 syllables finishing the topic, often with a twist

Football.
Beautiful game.
Great being in the team.
It's a way of life: enjoy it
and score.

Two other pattern poems are:
Haiku: a three-line Japanese poetry form. The first and last lines have 5 syllables, the second line 7. Haiku are often about the seasons of the year and the natural world and try to capture a moment of beauty.
Acrostic: the first letters of each line of an acrostic make up a word that is the topic of the poem.

Feet dribble the ball
Outside the left back.
One-two down
The touchline with
Ben, then send in
A magnificent cross for
Lynne to
Lift it over the goalie and score.

Think of a topic that is important to you and write your own cinquain.
and/or
What's your favourite season? Or your favourite place to go and enjoy the natural world? Make a few notes about it and create a haiku.
and/or
Create an acrostic about the same topic as your cinquain. Or use somebody's name or their job.

P2 Poems paint pictures

a) *Now turn a picture (one of these, another one from somewhere else in this book, or one of your own) into a poem. Try to focus on the emotions and the atmosphere the picture conveys and find the right words and rhythm.*

b) *Use your poems to create a class collection which you could display, show to parents, ...*

▸ WB 1–3 (p. 42–43)

ALL THE WORLD'S A STAGE: THRILLING THEATRE

1 What's going on?

a) *Below are photos from different productions of a play for young people. Speculate about them on your own and note down some ideas on the following:*

- *what the play is about*
- *when it takes place (past, present, future)*
- *where it is set*
- *what the relationship of the characters to each other is like*
- *...*

b) *Present and discuss your ideas in your group.*

1

2

3

4

2 Kirsty and Gideon (abridged from *Fairytaleheart* by Philip Ridley)

Characters
Kirsty
Gideon

The stage of an abandoned community centre in the East End of London. Most of the windows are broken and boarded over (concealing the snowy, March evening outside), so what is about to be described is, for the moment, barely discernible.

There's a couple of old chairs, several boxes, a table and various scattered detritus. The table is covered with painting materials: brushes, tubes of paint, spray paint, whatever is needed to have created –

The fairytale backdrop. This covers most of the stage and has been created by adapting and painting found objects: a pile of boxes has become a mountain; an old mantelpiece, a cave; a sheet of corrugated iron, a river; a large mirrorball, a sun or moon. Also depicted are birds, flowers and butterflies.

Some distance from the main backdrop – and lying flat on the ground – is a large mirror. Flowers have been painted around it, giving the impression of a pond.

The general effect is of a magical landscape, somewhere between a painting and a sculpture. The magical quality will eventually intensify by the shimmering light of –

Candles. These are everywhere on stage: across the floor, on table. Candles of all shapes and sizes. Most are in coloured-glass containers. They are, of course, unlit at present.

Pause.

Then –

The entrance at the back of the auditorium noisily unlocks and –

Kirsty enters. She is fifteen years old and carrying a bag of hastily packed clothes in one hand and a torch in the other. She is shivering against the cold outside. Hardly surprising, considering her clothing – obviously her 'party best': a dress decorated with silver sequins and rhinestones, silver stilettos and a short, white, fake-fur coat. Her hair is neatly styled and highlighted with silver glitter. She's tried hard to make an impression and succeeded.

Kirsty closes the door behind her and switches on the torch. The beam of light pokes through the darkness like a luminous finger.

Kirsty — Hello?

Slight pause.

Anyone there?

Kirsty walks through the auditorium and up onto stage. She seems familiar with the community hall as a whole, but not the paints and backdrop, etc. She treads carefully round the candles, then shines torch over backdrop.

Pause.

She puts bag down, then – a little awkwardly – picks up a brush, dips it into some paint, and adds some colour to one of the butterflies.

Pause.

Then –

The entrance at the back of the auditorium noisily unlocks and –

Gideon enters. He is fifteen years old and carrying a well-worn duffel bag in one hand and a torch in the other. His hair is longish and aspires to be dreadlocks. He is well insulated against the cold: a thick and baggy (albeit worn) jumper, a couple of coats, scarf, gloves and paint-spattered boots. Nothing really goes together but – on him – it works.

Kirsty turns torch off and puts brush down.

Gideon — Who ... who's there?

Closes door and fumbles to light torch.

Who are you?

Kirsty — Don't panic.

Gideon — I don't mean you any harm.

Kirsty — Don't mean me any – What are you prattling on about?

Turns on her torch.

I said, Don't panic.

Gideon turns on his torch and approaches stage.

Gideon — ... You're Kirsty.

Kirsty — How d'you know my bloody name?

---

1 (to) abandon [ə'bændən] *vernachlässigen* **7** various ['veəriəs] *verschieden* **8** brush [brʌʃ] *Pinsel* **16** (to) depict [dɪ'pɪkt] *(fml) darstellen* **17** butterfly ['bʌtəflaɪ] *Schmetterling* **24** eventually [ɪ'ventʃuəly] *schließlich, irgendwann* **32** entrance ['entrəns] *Eingang* **36** torch [tɔːtʃ] *Taschenlampe* **48** slight [slaɪt] *klein* **51** familiar with [fə'mɪliə] *vertraut mit* **64** well-worn [ˌwel'wɔːn] *abgenutzt* **64** duffel bag ['dʌfl bæg] *(BE) Sporttasche* **67** baggy ['bægi] *weit* **67** albeit [ˌɔːl'biːɪt] *obwohl* **67** jumper ['dʒʌmpə] *Pullover* **81** (to) approach [ə'prəʊtʃ] *sich nähern* **83** bloody ['blʌdi] *(infml, rude) verdammt*

Gideon Must have heard it around.

Gets on stage.

Slight pause.

You live in the block of flats by the playground, don't you.

Kirsty Yes, that's where I live. Heard that around too, did you?

Gideon Must have.

Kirsty You'll be telling me my flat number next.

Gideon Thirteen.

Kirsty You been spying on me?

Gideon No.

Starts removing coats, gloves and scarf.

How did you get in?

Kirsty I unlocked the door.

Gideon With what?

Kirsty A pilchard with rigor mortis – What do you think I unlocked it with? A key!

Gideon The only key belongs to me.

Kirsty Correction. It belongs to your Dad. Who's the caretaker of the estate. And, as this is the community hall of said estate – or, it was – then the key is ... blah, blah, blah.

Slight pause.

Gideon You been spying on me?

Kirsty It's a small estate.

Pause.

Gideon So where did you get your key from?

Kirsty You get a degree in being nosy or something?

Gideon Don't tell me if you don't want to.

Slight pause.

Kirsty It's my Mum's, if you must know.

Gideon Your Mum died, didn't she?

Kirsty You asking me or telling me?

Slight pause.

Yes, she died. Two years ago. Two years and seven months.

Slight pause.

Kirsty Before she got sick she used to help out here. Help out – what am I saying? She ran it. When it was really a community centre. When the windows weren't boarded up. When people used to come to have tea and gossip. Or play bingo. Disco for kids. Mum knew everyone's name. This was her ... her ...

Gideon Her kingdom.

Slight pause.

Kirsty It was.

Gideon I've heard people on the estate talk about her. She was real popular, your Mum. Beautiful too, they say.

Slight pause.

Kirsty Bloody hell, it's like a fridge in here.

Gideon There's no electric.

Kirsty I know.

Gideon Then you should have dressed properly.

Kirsty I am dressed properly. I'm just not dressed ... suitably.

Gideon You're welcome to one of my coats.

Kirsty ... They look a bit damp.

Gideon My jumper then. It's warm with body heat.

Kirsty ... I'd rather not.

Gideon But your lips are blue.

Kirsty Must be the lipstick.

Gideon Blue tights too, eh?

Kirsty You leave my tights out of this.

Gideon I'm wearing thermal pants.

Kirsty Thank you for sharing that with me.

Gideon It's snowing outside.

Kirsty So that's what that white stuff's called.

Gideon Ain't you got any thermal knickers?

Kirsty glares and gasps.

Slight pause.

Gideon takes flask from duffel bag.

Gideon You want something warm to drink?

Kirsty No, thank you.

Gideon It's peppermint tea with a drop of lavender oil.

Kirsty That's supposed to tempt me?

Gideon Lavender helps you relax.

Kirsty I am bloody relaxed!

Gideon pours himself a drink. He takes a few noisy slurps.

---

101 pilchard ['pɪltʃəd] *Sardine* **101** rigor mortis [ˌrɪgə 'mɔːtɪs] *Totenstarre* **106** estate [ɪ'steɪt] *Wohnsiedlung* **115** (to) get a degree in sth. [dɪ'griː] *etwas studieren* **115** nosy ['nəʊzi] *(infml) neugierig* **135** kingdom ['kɪŋdəm] *Königreich* **143** electric [ɪ'lektrɪk] *(infml) = electricity* **150** damp [dæmp] *feucht* **163** ain't [eɪnt] *(infml) = haven't, isn't* **166** flask [flɑːsk] *Thermosflasche* **171** (to) tempt [tempt] *in Versuchung führen* **174** (to) pour [pɔː] *eingießen*

Kirsty glances at him, irritated.
Slight pause.
Gideon takes a sandwich, wrapped in silver foil, from his duffel bag.

Gideon — Something to eat?
Kirsty — I dread to ask. What is it?
Gideon — Tofu and pine nut sandwich.
Kirsty — Bloody hell! Ain't you got anything as basic as crisps and a Coke?
Gideon — Not on me, no.
Kirsty — I'm not hungry.

Gideon takes a bite from the sandwich. He eats as noisily as he drinks.
Kirsty's irritation increases. Until –

Kirsty — Must you?
Gideon — What?
Kirsty — Eat ... like that!
Gideon — Like what?

Slight pause.

I'll save the rest for later.

Puts sandwich and flask back in duffel bag.
Pause.

Snow makes everything look beautiful.

Kirsty — Take more than snow to make this dump of an estate beautiful.
Gideon — You're wrong ... Snow falling in the night sky. Like ... like twinkling bits of ... starlight. There! How's that? And as it falls it changes colour. The street lights, you see –
They turn the snow orange and yellow. Like burning feathers. Yes! It settles. The grey concrete – it's gone. Piles of rubbish – gone. In their place? A twinkling wonderland. When you walk – crunch, crunch, crunch. Apart from that – silence.

Slight pause.

Your eyes look a bit bloodshot.

Kirsty — ... It's the cold. Makes my eyes water.
Gideon — Wanna handkerchief?

Takes handkerchief from pocket.

Kirsty — Ugh! No! I've got a clean one thank you.

Rummages in her bag. Unable to find a handkerchief, she uses a T-shirt.
Slight pause.

Gideon — You going to the launderette?
Kirsty — Launder–? Oh, no.

Slight pause.

Gideon — *indicating her coat* Hope that's not real fur.
Kirsty — This? Baby seal. Culled it myself – Of course it's not real fur! What do you think of me?

Slight pause.

Gideon — I'll light the candles. That'll warm things up. Mind over matter and all that.

Starts to light candles.

Kirsty — I've never seen so many.
Gideon — Every time I come I bring a few more. Some are amazing. Look at this one. Got gold bits in it.
Kirsty — ... Why?
Gideon — Makes it look nice.
Kirsty — Don't see the point. Candle's a candle. All that's important is the flame.

Slight pause.

What's that smell?

Gideon — Some of them are aromatic.
Kirsty — Harry – what?
Gideon — Smell of roses.

Holds candle out for Kirsty to smell.

Kirsty — Gold! Roses! They'll be tap-dancing and cooking you pizza next.
Gideon — You've got bits in your hair.
Kirsty — ... What?
Gideon — Sparkling bits.
Kirsty — Oh, that's hair gel. It's special. Got glitter in it. What did you think it was? Metallic dandruff?
Gideon — No, I didn't think that.

Slight pause.

Kirsty — Well, I dread to think what's in your hair. When was the last time you washed it?
Gideon — Hair don't need washing. It cleans itself. The body's natural oils keep it healthy. Have a feel.
Kirsty — You keep your natural oils to yourself.

---

176 irritated ['ɪrɪteɪtɪd] *gereizt* **181** (to) dread [dred] *fürchten, nicht wagen* **201** dump [dʌmp] *(infml) Kaff, Dreckloch* **224** launderette [lɔːn'dret] *Waschsalon* **227** (to) indicate ['ɪndɪkeɪt] *deuten auf* **229** seal [siːl] *Robbe* **229** (to) cull [kʌl] *erlegen* **259** dandruff ['dændrʌf] *(Kopf-)Schuppen*

*Gideon*__ Don't you like the style?

*Kirsty*__ Oh, it's a *style*, is it?

*Gideon*__ Dreadlocks – well, almost, sort of.

*Kirsty*__ Dirty rat's tails – well, totally, definitely.

Slight pause.

*Gideon*__ My name's Gideon.

*Kirsty*__ I know.

*Gideon*__ How?

*Kirsty*__ I ... Oh, don't start all that again. As I said, small estate. New face, 'Who's that?' 'Oh, that's the new caretaker's son. His name's Gideon.' All there is to it.

Pause.

*Gideon*__ The caretaker's not my Dad.

*Kirsty*__ What?

*Gideon*__ My real Dad left me and Mum years ago. I was a baby. Never seen him since. Or heard from him. Can't remember what he looks like or anything. Mum had a photograph once – but she burnt it. Don't blame her. I'd have done the same if someone said, 'I love you', one day, then packed their bags and cleared off the next, without so much as a 'take care of yourself'. So it was just me and Mum. Until she met this bloke. A few months ago. Love at first sight or some such thing. Mum just looked at him and ... pow! She sort of ... changed. You know? Like before ... we agreed on everything, me and Mum. We'd giggle and stuff. Now she giggles with him and ... Don't mind! Me! Not a bit. Anyway! Where was I ...? Yes! That's it! This bloke was just about to start a new job. Caretaker. Here. So ... well, blah, blah, blah as you'd say.

Pause.

Kirsty takes unlit candle from table and approaches Gideon.

*Kirsty*__ Let me help.

*Gideon*__ Sorry?

*Kirsty*__ The candles.

Gideon lights Kirsty's candle.

She starts lighting other candles.

Slight pause.

*Kirsty*__ Where were you living before? When it was just you and your Mum?

*Gideon*__ Oh, lots of places. Lived next to a warehouse once. Every Saturday night they'd have a rave. Ever been to one?

*Kirsty*__ ... No.

*Gideon*__ Music's so loud. Deafening. Used to make my bed shake. Real poltergeist stuff. Amazing.

*Kirsty*__ Didn't you complain?

*Gideon*__ Why? Only people dancing.

*Kirsty*__ Must have kept you awake, though.

*Gideon*__ Sleep through anything, me. You like dancing?

Takes small ghetto blaster from duffel bag.

Got some amazing music here!

*Kirsty*__ I'm not into music.

*Gideon*__ How can you not be into music? It's like saying, 'I'm not into picking my nose.'

*Kirsty*__ Well, I'm not into picking my nose either.

*Gideon*__ No, but you do it. Being into it or not's got nothing to do with it. You just do it. Same with music.

*Kirsty*__ Music and snot. Why have I never seen the connection before?

Slight pause.

*Gideon*__ Last place we lived was under a flyover. Nothing but traffic all night. I slept through a car crash once. Police, sirens, ambulance, everything.

*Kirsty*__ How come?

*Gideon*__ Told you, sleep through anything, me.

*Kirsty*__ No – How come you were living under a flyover?

*Gideon*__ Oh, we were in a caravan. Staying with some friends of Mum's.

*Kirsty*__ Gypsies?

*Gideon*__ Not really. Just ... well, just travellers, I guess. Gave me and Mum a caravan

---

273 tail [teɪl] *Schwanz* **295** (to) clear off [ˌklɪər‿ˈɒf] *(infml) abhauen* **304** (to) giggle [gɪgl] *kichern* **323** warehouse [ˈweəhaʊs] *Lagerhaus* **346** snot [snɒt] *(infml) Rotz* **350** flyover [ˈflaɪəʊvə] *Straßenüberführung* **361** Gypsies *(pl)* [ˈdʒɪpsi] *Roma/Sinti*

to ourselves. They let me paint it. I put shooting stars and comets and rainbows all over. Looked amazing. At night we'd sit round a little campfire. Mum'd tell stories. She tells the most amazing things my Mum. I loved that place. It was right by the canal too. I love the sound of running water, don't you?

Kirsty We've got a leaking toilet at the moment so the charm's lost on me.

Gideon I remember one night. Lying in Mum's arms. By the campfire. Everything a flickering gold. And ... oh, as I lay there, the sound of the traffic seemed to change. Wasn't traffic anymore. It was tropical insects. Jungle sounds. And I imagined the concrete pillars of the flyover were gigantic tree trunks. And the canal was a vast river. Like the Nile or something. Full of crocodiles and hippos. And I imagined all the exotic birds asleep in the undergrowth. Flamingoes, cockatoos, parrots. And the insects. Beautiful, glittering things. Butterflies, with wings all colours of the rainbow. And then ... then I actually felt something gently touch my fingertips. Guess what it was?

Kirsty ... A butterfly?

Gideon A rat!

Kirsty No!

Gideon The biggest, ugliest, slimiest rat you'd ever seen. Big, pink tail. Yellow teeth. It'd crawled out of the canal and was nibbling at my thumbnail.

Kirsty Hope you killed it.

Gideon Why? Wasn't hurting anyone.

Slight pause.

Kirsty Bet your Mum was glad to get out of that caravan and come here.

Gideon She was in love. She'd have gone anywhere and been happy.

Kirsty But ... how did you feel?

Gideon Oh, live anywhere, me. Warehouse, council flat –

Kirsty No – Your Mum being with this new bloke. Didn't it bother you at all?

Gideon I'm glad Mum's happy.

Kirsty That's not what I asked.

Slight pause.

Gideon Turn your torch off.

Kirsty What? Oh, yes.

They both turn their torches off. All the candles are lit now.

Gideon Magic or what?

Kirsty and Gideon look at the candlelit space.

Kirsty It does feel a bit warmer.

Gideon Sweltering, me.

He removes jumper to reveal a skimpy T-shirt underneath. Kirsty looks at him.

Slight pause.

What's wrong?

Kirsty Oh – there's a hole in your shirt.

Gideon One in my jeans too.

Bends over to reveal hole near his backside.

Good for ventilation. When I fart it –

Kirsty That's quite enough, thank you.

Gideon takes some painting materials over to mirror on floor and starts mixing paint.

Kirsty You haven't spoken to many girls, have you?

Gideon What?

Kirsty Girls!

Gideon Girls! Oh ... Sure! Zillions of times!

Pause.

Kirsty What you doing?

Gideon Mixing paint.

Kirsty No! Here! All this!

Slight pause.

Gideon A few weeks ago, when I first got here, I thought the whole estate was ... well, amazing. Honestly. And Mum's boyfriend – he had the keys to everything! One key ... one key let me into vast underground chambers. Where boilers vibrated and buzzed. Like ... sleeping giants. Yes! That's it! Another key took me to the highest roof I'd ever been on. The view goes on for miles. At night the city lights

---

373 leaking [li:kɪŋ] *undicht sein* **382** pillar ['pɪlə] *Pfeiler* **411** council flat ['kaʊnsl flæt] *Sozialwohnung* **424** (to) swelter ['sweltə] *(vor Hitze) verschmachten* **425** skimpy ['skɪmpi] *knapp* **431** backside ['bæksaɪd] *Hintern* **432** (to) fart [fɑ:t] *furzen* **451** chamber ['tʃeɪmbə] *Kammer, Raum* up like a ... a billion flickering candles. All different colours. Another key –

Kirsty Let you in here.

Slight pause.

Gideon It felt so ... so safe and comfortable. You know! Warm with all the people who'd used this place. To drink tea and gossip. Bingo.Disco.

Kirsty ... You felt that?

Slight pause.

Gideon So I asked Mum's boyfriend if I could have the only key – the only *other* key.

Kirsty And you started to come here?

Gideon Every evening.

Kirsty Eight o'clock.

Gideon On the dot. Not that you've been spying, of course.

Slight pause.

Kirsty And you're ... painting this – what?

Pause.

Gideon Just think of this: all this rubbish taken out. Windows mended. Walls given a lick of paint. Something bright and cheerful. Floor, swept and polished. Perhaps a carpet. Above, lights – oh, yeah, the electric's back on. And up here, on the stage – we're doing a play or something. And out there ...

Indicates audience.

The audience! I can imagine them. Their faces. See them almost. Can you?

Kirsty ... No.

Gideon You're not trying hard enough.

Kirsty looks out into the audience with Gideon.

They're out there!

Pause.

Hear them?

Kirsty ... No.

Gideon Concentrate.

Kirsty I am. And I can't.

Gideon I'm sure if you try –

Kirsty Don't push it!

Slight pause.

Gideon What ... what was I saying? The audience. One day they'll ... they'll be out there for real. A theatre. That's it. Amazing, eh?

Pause.

Kirsty You're bonkers.

Gideon I ... I believe if you ... if you show people something interesting then they'll take an interest.

Kirsty Who said that? Your Mum?

Gideon What if she did?

Kirsty Listen. If you show people round here something interesting, they'll steal it. That's if it was interesting in the first place. Which all this, believe me, ain't.

Gideon But ... but people ... people –

Kirsty You don't know the first thing about people. You know what people want? What they *really* want? TV. Betting shop. Flash car. Pub. Video and takeaway curry on Saturday night –

Gideon But ... but I want to give them something else too.

Kirsty What? A bunch of poncey actors.

Gideon No, no. We can do our own stuff. Write it, act it. Me, you, my Mum, your Dad –

Kirsty My Dad! Ha!

Gideon Please don't 'Ha!'. Please.

Slight pause.

Let me ... try to explain.

Slight pause.

Kirsty It's all yours.

Pause.

Well?

Gideon I'm trying to remember – Yes! Got it.

Slight pause.

Imagine this: you're a member of a tribe in the middle of a jungle –

Kirsty I'm what?

Gideon Give me a chance.

Slight pause.

You're a member of a tribe in the middle of a jungle. The date – it has no meaning for you. Why? Because things have remained the same for

---

473 on the dot [dɒt] *genau* **479** (to) mend [mend] *reparieren* **481** cheerful ['tʃɪəfl] *heiter, fröhlich* **482** (to) polish ['pɒlɪʃ] *polieren* **482** carpet ['kɑ:pɪt] *Teppich* **508** bonkers ['bɒŋkəz] *(infml) verrückt* **523** flash [flæʃ] *protzig* **527** poncey ['pɒnsi] *affektiert* millenniums. Since the beginning of time. And for you – for you in particular – all your life has been the same. You live with your Dad. In that mud hut over there. See it? Since your Mum died you look after your Dad. You fetch water from the nearby spring. You fish in the river. Your Dad's everything. See the hut yet?

Kirsty ... Yes.

Gideon And then ... a scream! Out in the jungle.

Kirsty What is it?

Gideon Someone's been killed.

Kirsty Who?

Gideon A member of the tribe.

Kirsty How?

Gideon There's a monster in the jungle. Some hideous thing. Claws. Teeth.

Kirsty Perhaps a Giant Rat, eh?

Gideon Very likely. And this Giant Rat is knocking off members of your tribe one by one. At night you tremble in fear as the Giant Rat howls and roars. What d'you think we should do?

Kirsty We've got to kill it.

Gideon You and the rest of your tribe get together. You arm yourself with sharpened lengths of bamboo –

Kirsty Is that all?

Gideon 'Fraid so. You scared?

Kirsty A little.

Gideon But you've got to go.

Kirsty Don't know if I can.

Gideon Aha! So that night the Witchdoctor sits the tribe round a fire. The Witchdoctor gives everyone a ... a relaxing drink made from the pusy boils of giant frogs.

Hands her imaginary drink.

Have a sip.

Kirsty The pusy boils of giant frogs?

Gideon And a few worms.

Slowly, Kirsty drinks.

And as the pus 'n' worm mixture takes effect, the Witchdoctor says, 'You're a member of a tribe in the middle of a jungle. Your tribe is being threatened by the terrible Giant Rat. It must be killed. I know you are afraid. But you must face this fear ...'

Slight pause.

The next morning you sharpen your bamboo and go out into the jungle. In the distance you can hear the Giant Rat's massive pink tail slither through the undergrowth. You say, 'In my dreams I have already faced the Giant Rat. I am not afraid.'

Pause.

Kirsty ... And?

Gideon There is no 'and'.

Kirsty You mean ... that's it?

Gideon Yes.

Kirsty And you think that explains something?

Gideon ... Doesn't it?

Kirsty You've been reading too many books.

Gideon It's supposed to explain ... supposed to ...

Kirsty Listen, I don't know what orbit you're in, but tell me when the shuttle lands and we might actually have a conversation –

Gideon You listen! You live on an estate. An estate full of cracked concrete. Graffiti. Ruined community centres. You know the date very well. It's one of millions of facts that fill your mind. You get these facts from computers. Television. Newspapers. Faxes. Internet. You do not believe in Giant Rats. And yet – you're afraid. You don't know why. But something scares you. Oh, it doesn't have sharp teeth or claws or a gigantic, pink tail. But still you're so, so afraid. The fear makes you feel so alone. Makes you cry. Makes you want to run away.

---

568 hideous ['hɪdiəs] *grauenhaft* **577** (to) arm [ɑːm] *bewaffnen* **578** length [leŋθ] *Stück* **587** pusy ['pʌsi] *eitrig* **588** boil [bɔɪl] *Furunkel* **598** (to) threaten ['θretn] *bedrohen* **605** massive ['mæsɪv] *riesig* **634** (to) scare [skeə] *erschrecken*

Working with the text

1 What's it all about?

a) *Compare the play and what happens in it with the ideas you talked about on page 97.*

b) *Write a short summary of the play for a flyer advertising a production of it. Try to make it sound interesting for the reader, but don't give too much of the story away.*

2 Reading the play

a) *Read all the stage directions on page 98 again. As you're reading, stop every now and again, close your eyes, and try to imagine how it would look on stage.*

b) *Read through lines 167–196 (pages 99–100) together. Then discuss how this should look on stage. Where are the two characters standing, sitting (close together, far apart, ...)?*
What movements, actions do they make, when? How do they look at each other? What tone of voice do they use in their speeches?
Now read through the same lines again, as if you are on stage yourselves.

c) *Sum up in a sentence for each character what the stage directions tell you about Kirsty (lines 34–43) and Gideon (lines 63–70).*

d) *What do lines 75–95 reveal about Kirsty's character? Choose adjectives that describe her:*
aggressive • funny • hard • kind • lonely • panicky • suspicious • worried • ...

e) *What do lines 198–213 reveal about Gideon's character? Choose an adjective to describe him:*
crazy • gentle • imaginative • kind • poetic • silly • unrealistic • weird

STUDY SKILLS Reading drama

A play cannot be read in the same way as a novel or short story. Why is that?

- Plays are written mainly to be **performed**, not read.
- Most plays are written from the **points of view of various characters.** (Plays for one character are rather rare.)
- Plays consist of a series of speeches and stage directions. When reading a play you try to **imagine it on stage**, with the characters' expressions, gestures, movements, actions, tone of voice, etc.
- **Dramatic dialogue** may sound like real-life dialogue but is very different. It cuts out unnecessary talking and is used to reveal character or motives, give crucial information, build suspense, highlight important moments, create a dramatic climax and move the action forward.

► *SF Reading literature (pp. 141–143)*

f) **Extra** *Look for other pieces of dialogue that reveal aspects of the characters of Kirsty and Gideon's character. Explain to your partner what they reveal.*

3 Performing

Choose an extract of between 50 and 100 lines from the play. Work out together how you would perform it. Experiment with intonation, gestures, movement and expressions. Learn your lines. Rehearse the extract. Then act it out for the class or film it.

4 Extra What next?

Imagine how the play could continue.
How will Kirsty react to Gideon's last speech? Is she running away from anything? What problems does Gideon have? How could they play a role? Will any other characters appear?
Write the next part of the play.

► *WB 4 (p. 43)*

Unit 1 Part D

P1 MEDIATION Out in a boat (Oral mediation)

c) *Help! How do I say that?*
If you can't think of the right words when mediating into English, try paraphrasing.

Partner B: *Listen to your partner paraphrasing some words. Do you know what they mean? You probably do not know the English words for the items in the pictures. Paraphrase them for your partner. Do they understand what you mean?*

Unit 3 Part B

P3 WORDS Saying numbers

a) *Partner B: Listen to your partner and write down the numbers. Did you get them right? Did your partner say them right? Discuss any problems. Then read the following numbers, dates, etc. to your partner and do the same.*

3.8m	65%	1960s
1,498	44.75	$9 + 19 = 28$
1492 AD	155,711	$5 \times 5 = 25$
754 BC	1/4	$108 \div 12 = 9$
17/06/1954	3/4	$5^2 = 25$
Mar 06, 1888	68° F	$\sqrt{16} = 4$
32nd	100 mph	

Getting ready for a test 1 Key to the practice tests

▸ *pp. 44–51*

1 READING Mosquito box ▸ *p. 46*

1 (very) high, (extremely) irritating, only heard by young people (16–18 kHz)
2 43–61 m
3 In 2006
4 a) improves safety around shops / stops teenagers from annoying customers
b) lowers vandalism / reduces crime (in public areas)
5 It discriminates against young people / creates a (dangerous and widening) divide between generations (young and old people).
6 The UK Youth Parliament
7 make the Mosquito Box illegal / ban it

2 READING Events ▸ *p. 47*

1 D; 2 E; 3 A; 4 C;

3 READING Sunderland ▸ *p. 48*

1 false; *2* not given; *3* true; *4* false; *5* not given; *6* true; *7* not given; *8* true; *9* true; *10* false; *11* true

Getting ready for a test 2 Key to the practice tests

▸ *pp. 68–73*

1 LISTENING What can we do this weekend?

▸ *p. 71*

1 It's boring / read poems in school / been to ballet in Manchester (*Swan Lake*) / needs something more modern
2 not interested in computers
3 wants to do something together
4 doesn't like dancing / has often seen the film
5 do something on her own / stay at home (watch TV, read her new comic) alone / without Tina

2 LISTENING Living together ▸ *p. 71*

1 mixed relationships / relationships (couples) with different religious background
2 tolerant/easy-going
3 going to church every week / telling the priest (Father O'Neill) what he's done wrong / confessing (to the priest)
4 not happy/not pleased/ ... *(Adjektive mit ähnlicher Bedeutung)*
5 unhappy/terrible/sad/ ... *(Adjektive mit ähnlicher Bedeutung)*
6 on holiday (in Ireland)
7 same language / both speak English / cheap flights / know something about their countries / neighbouring countries

3 LISTENING Radio adverts ▸ *p. 72*

1 A / B; *2* C / C; *3* A / B

Does My Head Look Big In This?
Randa Abdel-Fattah

A380

TF 1 Amal's decision (abridged from *Does my head look big in this?* by Randa Abdel-Fattah)

What kinds of decisions have you made in your life? Were they easy or difficult?

Form groups of four to read the following text. Each member of the group will get a card from your teacher. Read the first part (ll. 1–35) and do the tasks on your card. Share your findings with the group. Then pass your card to another member of your group and work on the next part of the text (ll. 36–67). Share your findings again. Do the same for the final two parts (ll. 68–139 and l. 140 to end).

1 I'm lying in bed trying to figure out if I'm really ready to go ahead with my decision as I watch a guy on television try to persuade me that for forty-nine dollars and ninety-nine cents I can buy a can opener that will also slice a watermelon and probably pluck my eyebrows. I can't sleep from stressing about whether I've got the guts to do it. To wear the hijab, the head scarf, full-time.

I'm an Australian-Muslim-Palestinian. That means I was born an Aussie and whacked with some bloody confusing identity hyphens. I'm in Year Eleven and in four days' time I'll be entering my first day of term three at McCleans.

I'm terrified. But at the same time I feel like my passion and conviction in Islam are bursting inside me and I want to prove to myself that I'm strong enough to wear a badge of my faith. God says that men and women should act and dress modestly. The way I see it, I'd rather follow God's fashion dictates than some ugly solarium-tanned old fart in Milan who's getting by on a pretty self-serving theory of less is more when it comes to female dress.

What will Adam say?

Adam? Who gives a crap about Adam?

Not me. Uh-uh. Nope.

He'll probably laugh.

Hey, that's not fair. He's not like that.

2 I end up entering English with everybody already comfortably seated. I close the door behind me and am confronted by an instantly silent classroom, lines of faces staring up at me from their desks.

As I walk past the desks my eyes meet Adam's and he looks taken aback. He wriggles in his seat and is suddenly fascinated by the corner of his desk. I feel like somebody has got a stapler and started punching holes all over my guts. Then at approximately 11.45 a.m. on Friday, 24 May, we're in Chemistry and Adam's passing me a bunsen burner when I suddenly notice his sleeves are pulled up and I get a glimpse of his forearms. I'm telling you, I'm usually a 1) smile, 2) eyes, 3) skin, and 4) six-pack kind of girl. But the sight of Adam's forearms, with his veins bulging against his muscles and his shirt sleeves begging for oxygen just about made me dizzy. I started to notice his eyes – a deep navy-blue. OK there's a bit of dot-to-dot acne, but his imperfections are what kept me up all that Friday and Saturday night as I fantasized about cuddling up to his forearms, stroking his hair and listening to him tell me I'm the most beautiful girl in the world.

3 Simone, Eileen and I walk through the crowd. There are lots of people we don't recognize hanging around, huddled together, dancing, laughing, gossiping and drinking.

We end up sitting on the edge of the pergola studying the crowd and wondering why we bothered to come. Simone is on her fifth cigarette and is telling me how difficult it is to suck her stomach in as she inhales and

---

12 guts *(infml) Mut* **14** head scarf [skɑːf] *Kopftuch* **17** (to) whack [wæk] *(infml) hauen* **18** hyphen ['haɪfn] *Bindestrich* **26** modestly ['mɒdɪstli] *sittsam* **28** old fart [fɑːt] *(infml, rude) „alter Sack"* **32** (to) not give a crap *(infml, rude) sich einen Dreck scheren* **44** taken aback [ə'bæk] *verblüfft*

Eileen's gone to the bathroom to fix her hair. I'm watching everybody, fascinated by the effect of alcohol on people. There's a girl who, when she arrived, had been looking at the floor as she walked, tugging her top down and avoiding eye contact. She's on a chair now doing a cheerleader routine. A guy who walked in with a scowl on his face is now clowning around in an attempted solo Zorba dance.

Simone suddenly motions at us to look towards the pool area. "Check it out!" She points to a circle of people cheering on Tia, as she stands on a table and slips her top off, throwing it into the crowd. She only has her bra on and is laughing and trying to keep her balance as she dances, winking at people in the crowd and blowing them kisses.

Adam appears before us. We smile sheepishly at him and I try to regain my composure, smoothing out my clothes and hijab.

"Can I speak to you alone?" he asks me and I stare back at him in surprise.

"Yeah, OK." I jump off the edge and walk with him through the crowd and inside, where the music is pumping loudly and people are dancing in a frenzy. I squash myself through a couple when a guy comes up to me and puts his arms around my shoulders, and I nearly choke on his breath.

"Scarf girl!" he shouts happily. "Helloooo scarf girl! Tell me, do you have hair? Take off your scarf and belly dance for us!" He laughs in my face and I want to gag, wondering why they don't make it compulsory to serve cool mints with alcohol. "Hey," he whispers in my ear, "the story goes that Adam's planning on getting you in the sack! Woo hoo! Who said you Middle Eastern girls don't have fun?"

My face crumbles into shock and I quickly walk away. I reach Adam and he grabs my hand, leading me away from the crowd and through the house to another courtyard.

I feel almost panicky, wondering whether I've just heard a drunken joke or if it's true. I sit on a chair, not knowing if I should stay or go. Adam sits on a table, smiling at me.

"I've been looking all over for you."

"Have you?"

"Yep. So? Are you having fun?"

"Me? Yeah, yeah ... sure I am. Cool party."

I crack my knuckles nervously.

"So ..." My head is going to burst through my scarf and explode into a shattered pulp on the floor. He doesn't say anything, just dangles his legs and stares at me with an intensity that makes me feel giddy. I look away, down at my hands, up again at his face, and then down again. I don't want things to change. I want things to stay as perfect as they are between us. I want to forget about what that guy just told me and for Adam to stop leaning towards me.

4 His face is inches from mine and as he moves in to kiss me I jolt back.

"I ... I ..."

"What's wrong? I thought you liked me – I thought –"

"Adam, I ... I don't do that stuff ..."

"What stuff?"

"Kissing – I mean dating – I mean, you know, physical –"

"Why not?"

"Because ..." I can feel my face blushing, "well, sex before marriage is uh-uh."

"Who said we were going to have sex, anyway?"

My face is now unbelievably cooked with embarrassment and I fidget uncomfortably in my seat.

"I did hear a rumour, though."

"You can't be serious."

"I heard ... you know, that you wanted to ..."

"What? Do it with you? Shit, Amal, how bloody naive are you?!" He runs his fingers through his hair and shakes his head. "If I was going to sleep with you, don't you think you'd have something to say about it? Look, Amal, just because I want to kiss you doesn't mean I'm running a Durex account at the local chemist."

---

83 routine *Nummer (bei einer Vorstellung)* **84** scowl [skaʊl] *missmutiger Gesichtsausdruck* **91** bra [brɑː] *BH* **92** (to) wink *zwinkern* **103** in a frenzy ['frenzi] *wild, unbändig* **110** (to) gag *(infml) an etwas würgen* **111** compulsory [kəm'pʌlsəri] *verpflichtend* **133** giddy *schwindelig* **141** (to) jolt back *zurückzucken* **155** (to) fidget ['fɪdʒɪt] *zappeln*

"I should hope not," I say lightly, making an effort to smile at him.

"So you don't date then?"

"Er ... no."

"I don't get it ... that means you can never live for the moment. You'll always be repressing yourself."

I shake my head. "I don't see it like that."

"So if you meet a guy and you like him and he likes you ... what happens? You just ignore your feelings?"

"No. But I'm not ... look, I don't believe in the 'playing the field' and 'try before you buy' philosophies, OK? I don't want physical intimacy with a list of people in my life."

"Hey, whatever you believe in is up to you. I thought we had something more than *friendship*. But I guess we are different. *Too different.*" He lets out a bitter laugh.

I feel like I'm about to suffocate on the tension and I run out of the courtyard and through the house. Tia bumps into me on my way out and stands in front of me, bursting into laughter as she looks me up and down.

"Piece of friendly advice: you should take that thing off before you do the dirty with him. It might get in his way."

I push her. She sprawls back on to the floor, her glass smashing next to her.

"You bitch!" she cries. "You could have cut me. How dare you! Why don't you just get out of our country and go back to some desert cave where you belong?"

I stand over her, my heart drumming in my chest. "This is *my* country and if you ever forget it again I'm going to rip your head off!" I turn away and plough through the crowd to find Eileen and Simone.

1 The characters

a) *Make a list of all the characters, then think of adjectives to describe them. Rate them from 1 to 5, depending how much (5) or how little (1) they impress you. Justify your grading.*

b) *Find out what Amal's feelings are on the following topics: fashion, boys, parties, alcohol, sex and head scarves. Illustrate how close or far away her feelings are from yours: draw a circle on paper to represent yourself and arrange the topics according to the distance between you and Amal. Compare illustrations with a partner.*

c) *Everyone prepares questions for Adam and Amal about what they said and did at the party. The class divides into two groups. In one group a boy plays Adam, and in the other a girl plays Amal. After Adam and Amal have answered questions in their groups, they change places and answer questions from the other group.*
With these answers in mind, write a letter of support to either Amal or Adam.

d) *Explain Amal's reaction to the comments she gets from a boy and a girl at the party (ll. 103–117, 189–203).*

2 Over to you

a) *At one point Amal talks about "passion and conviction" (l. 22). Do you know of any examples of people acting out of passion and conviction?*

b) *Do your decisions about how you dress affect others? If so, in what way?*

---

187 (to) suffocate ['sʌfəkeɪt] *ersticken*

TF 2 Checks and balances[1]

1 What do you know?

Say what you already know about politics in the USA. Can you name any US Presidents, past and present? What is the Constitution?

2 LISTENING The US system of government

a) *Look at the chart and listen.*

b) *Then try to complete a copy of the chart with the information you have heard. Listen again and add any missing information.*

c) *Compare your chart with that of a partner. Then ask each other questions to see if you have understood everything.*

d) *Do some research on the President and members of Congress. How are they elected and for how long? Add the information to your chart.*

3 A government puzzle

Make five statements about the US system of government and write them down. For each statement you will need three of these pieces.

- are there for life
- The nine judges
- the basic law
- is to pass laws for the whole country
- that the President has
- The most important job
- that Congress has
- who sit on the Supreme Court
- The veto is
- The Supreme Court is
- that all other laws have to agree with
- the branch of government
- that interprets the laws
- a power
- The Constitution is

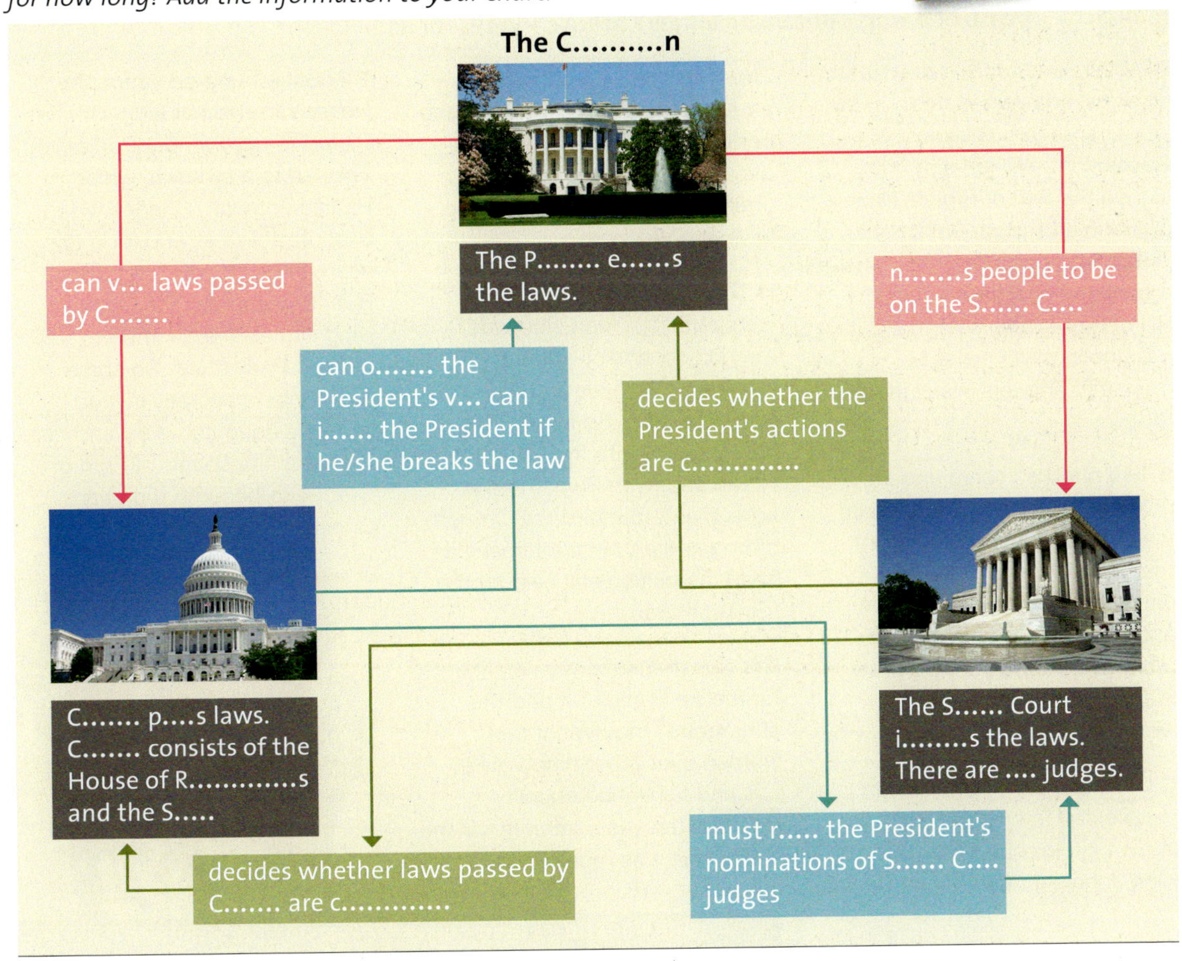

[1] checks and balances ['bælənsɪz] *gegenseitige Kontrolle (checks) und Machtgleichgewicht (balances) der Regierungsgewalten*

TF 3 The monarchy and Parliament

1 The royal family

a) *What do you know about the Queen and other members of the royal family? Why are people so interested in them?*

b) *Do you think the following statements are true or false? Check your answers when you have finished 3 on the next page.*

The British monarch ...
... chooses the Prime Minister.
... writes a speech telling the government what to do.
... is head of the Church of England.
... is elected by Members of Parliament.

The Queen opening Parliament

2 From absolute monarchy to parliamentary democracy

a) *Read the six texts A–F carefully and work out what the correct order is. Then you can complete the texts with these dates:* **1215 • 1534 • 1649 • 1689 • 1832 • 1918 • 1969**.

b) *Match these six titles to the texts:* **More men get the vote • An early Parliament • A new kind of monarchy • Death of a king • Britain no longer Catholic • Votes for all**

A William and Mary arrived with an army, and James fled[1]. In ___, a year after this 'Glorious[2] Revolution', William and Mary signed the Bill[3] of Rights. This guaranteed Parliament's rights. Britain had become a constitutional monarchy. The Bill of Rights also said that a Catholic could never be monarch, and this is still the law today.

B Two hundred years ago only rich men (and no women) could vote. Several reform bills went through Parliament (the first, called the Reform Act[4], in ___) and gave democratic rights to more and more people. But by the end of the 19th century women still did not have the vote.

C Up to the early 13th century, people had few rights. However, in ___ a group of barons made King John sign the Magna Carta. The King agreed to consult[5] a council of barons before taking certain decisions. This council became a place for talking (French: parler) and discussing laws: a parliament.

D Three centuries later, King Henry VIII (the man who was married six times) wanted a divorce[6] from his first wife. The Pope[7] said no. So in ___ King Henry broke with the Church of Rome and, with Parliament's agreement, founded the Church of England and made himself its head, a position still held by the monarch today.

E It was thanks to women like Emmeline Pankhurst and the suffragette[8] movement that women over 30 got the vote in ___, and full voting equality followed ten years later. In ___ the voting age was reduced to what it is today – 18.

F About a hundred years after Henry VIII, another king, Charles I, tried to rule without Parliament. This led to a civil war, which Parliament won. Charles was executed[9] in ___, and for a few years England was a republic. But 40 years later the Catholic King James II again tried to rule without Parliament. So some of its members secretly invited James's daughter Mary and her Protestant husband William of Orange to become King and Queen.

Emmeline Pankhurst being arrested outside Buckingham Palace

[1] (to) flee – fled – fled *fliehen* [2] glorious ['glɔːriəs] *ruhmreich* [3] bill *Gesetzentwurf* [4] act *Gesetz* [5] (to) consult [kən'sʌlt] *zurate ziehen* [6] divorce *Scheidung* [7] Pope *Papst* [8] suffragette [ˌsʌfrə'dʒet] *Kämpferin für das Frauenrecht* [9] (to) execute *hinrichten*

3 Britain's political system today

KING/QUEEN
the official head of state

GOVERNMENT

PRIME MINISTER
the leader of the biggest party in the House of Commons

CABINET[10] MINISTERS
for defence, education, health, etc.

PARLIAMENT

HOUSE OF LORDS
about 730 members (unelected peers[11])

HOUSE OF COMMONS
about 650 Members of Parliament (MPs) elected for a maximum of five years

EUROPEAN PARLIAMENT
Members of the European Parliament (MEPs) elected for five years

OTHER PARLIAMENTS OR ASSEMBLIES
the Scottish Parliament, the Welsh Assembly and the Northern Ireland Assembly

VOTERS
Every Briton over 18 may vote in a general election (for the House of Commons), in the European elections, for other Parliaments or assemblies (in certain areas) and in local elections.

→ elects → chooses → officially appoints[12] → can usually control

a) *Study the diagram and decide who or what statements 1–8 below refer to.*

1. He/She is the most powerful British politician and has the same sort of job as the German *Bundeskanzler/in*.
2. He/She has no real power. The speech he/she gives at the opening of Parliament is written by the government.
3. Its role is to make the laws.
4. It can delay bills and suggest amendments, but it has little power.
5. It helps to make European laws.
6. They make important decisions. Each is head of a government department.
7. Almost all of them belong to a party such as Labour, the Conservatives or the Liberal Democrats.
8. They were created to give more independence to parts of the United Kingdom other than England.

b) *Choose one of these three group tasks:*

1 Compare the history of voting rights in Britain and Germany. Make a chart with two columns: one for Britain, one for Germany.

2 Prepare a presentation on Emmeline Pankhurst and the suffragettes. Use information from history books, the internet, etc.

3 How do you think the British system could be made more democratic? Exchange your ideas and then write one or two paragraphs for a political leaflet suggesting a programme of changes.

---

[10] cabinet ['kæbɪnət] *Kabinett* [11] peer [pɪə] *Adlige(r)* [12] (to) appoint [ə'pɔɪnt] *ernennen*

TF 4 Europe united

1 What does Europe mean to me?

a) *Describe the chart below. The skills box below right will help.*

Say
- what the chart is about,
- what form of chart it is,
- where the statistics come from,
- when they are from,
- what you have learned from the chart.

YOUNG PEOPLE AND EUROPE
What the European Union means for Europeans aged 15–30

Freedom to travel, study and work anywhere in the EU	90%
A way to protect the rights of citizens	72%
A means[1] of improving the economic situation in the EU	71%
A European government	56%
A lot of bureaucracy[2], a waste of time and money	40%
The risk of losing our cultural identity/diversity[3]	35%

Source: The European Commission (Flash Eurobarometer 202, February 2007)

b) *What does the European Union mean for you? Decide on six issues[4]. You can use the issues from the chart above, or replace some of them with your own ideas. Discuss possible ideas in your group first. Here are some possibilities:*
- democracy
- more crime
- other countries' economic problems
- the euro
- unemployment
- too much immigration
- …

c) *When you have agreed on your issues, make a table like this and complete it for yourself.*

Issue	1 Peace	2 Ability to go where I want	3 …
unimportant			
less important			
important			
very important			

d) *Produce a bar chart for your group's results like the one at the top of the page. Give each answer a score: unimportant = 0, less important = 25, important = 50, very important = 100. Divide the scores for each issue by the number of people in your group.*
Display the bar charts in class.
Discuss the other groups' results.

SOCIAL STUDIES SKILLS | **Interpreting a chart**

- Charts contain statistics on an issue[4] or question. This question/issue is normally shown at the top or bottom of a chart.
- The statistics in a chart can show the situation at a particular time (a source shows the date of the statistics), or it may show changes over time.
- Make sure you know what the numbers in a chart are: ordinary[5] numbers, percentages, rankings, …
- Graphics illustrate the statistics. Common charts are bar charts, pie charts and line graphs[6].

▸ *SF Talking about statistics (p. 129)*

Activate your English
- This group's results are similar to …
- The most important issue for them is …
- Their results are completely different from ours.
- I find their results very interesting/strange/hard to believe/…
- I'm very surprised by …

[1] means [miːnz] *(pl.* means*)* *Mittel* [2] bureaucracy [bjʊəˈrɒkrəsi] *Bürokratie* [3] diversity [daɪˈvɜːsəti] *Vielfalt* [4] issue [ˈɪʃuː] *Streitfrage, Thema*
[5] ordinary [ˈɔːdnri] *gewöhnlich* [6] graph [græf] *Diagramm*

2 Young people in Europe

a) *Read part of a speech by the President of the European Parliament, Jerzy Buzek from Poland. He made it in Brussels on 11 November, 2009, to 89 young Europeans born in November 1989.*

My dear fellow[1] European Citizens, young people from across the 27 Member States of the European Union,

Let me begin by welcoming each and every one of you to the European Parliament today.

Most of you celebrated your 20th birthday this Monday 9 November. So I want to wish you all a very Happy Birthday!

You share your birthday with a most significant moment in the history of our shared European continent, the reunification[2] of not just Germany, but the reintegration of Europe.

You are from a different generation, one that has grown up entirely[3] in a free and democratic Europe. We would like to hear from you. Tell us, what does Europe mean to each of you?

You live in a European Union which is a community of shared values. Your dignity[4] and your freedom are protected and guaranteed. Whether you have come here today from Tallinn or Toledo, whether from Belfast or Budapest, you share in the same European rights. You can travel freely between these places, study or work wherever you choose throughout 27 Member States. You have the freedom to choose how to live your life, which religion to practise[5] or none, whom you want to associate with, what you want to say, think and believe. In a free and democratic society, that is your right. You have a right to hope for a better future and to work to realize[6] that future.

Perhaps you also have a vision of how our European Union will look 20 years from now? Will we have welcomed new Member States? In our reunited continent of democracy and human rights, how should we view our neighbours who are still striving for[7] these freedoms ?

We would all be delighted[8] to hear from you. Tell us what you think of this European Union of ours, what it means to you and how you would like to see it develop.

Ladies and Gentlemen, dear young citizens of Europe, thank you all once again for providing us in the European Parliament with this wonderful opportunity to hear from you.

The floor is yours[9].

b) *Explain why these young people were chosen to go to Brussels for Buzek's speech and what he would like to find out from them.*

c) *Make a list of the important shared values of the European Union that the President of the European Parliament mentions. Compare this list to the issues on your charts from 1, p. 114.*

d) *Imagine you were one of the young people in Brussels. Use what you have discussed and learnt on these pages. Make notes and write a reply of about 150 words to Buzek's speech. Say what the EU means for you and how you think it should develop. Make this speech in class.*

[1] fellow ['feləʊ] *Mit-* [2] reunification [ˌriːˌjuːnɪfɪ'keɪʃn] *Wiedervereinigung* [3] entirely [ɪn'taɪəli] *völlig* [4] dignity ['dɪgnəti] *Würde* [5] (to) practise *ausüben* [6] (to) realize *verwirklichen* [7] (to) strive for sth. [straɪv] *nach etwas streben* [8] delighted [dɪ'laɪtɪd] *erfreut* [9] The floor is yours. *Sie haben das Wort.*

3 Airbus – a European dream?

Over the last 40 years, Airbus, a truly[1] European company, has become one of the world's two largest aircraft[2] producers.

It all started with a group of European aircraft companies in 1969. These companies – from France, Germany, Spain and the United Kingdom – had enough good ideas, but still did not build many planes. On their own, they were too small to compete with a huge American producer like Boeing. So they came together and founded Airbus.

Would it be possible for companies from four different countries to work together successfully? Roger Béteille, one of Airbus's founding fathers, was worried that national interests would make it difficult. But in the end all the partners agreed, firstly, to produce different parts at sites[3] in each country and, secondly, to use just one assembly line[4] and test flight centre in Toulouse, France.

This meant that Airbus had to develop a transport system to move large aircraft parts from all over Europe to Toulouse, by road and sea and also with huge cargo planes[5] called Belugas. Today, 15 sites in France, Germany, Spain and the UK produce parts which are then transported to the Airbus assembly lines – there are three today – in Toulouse and Hamburg and in Tianjin in Northern China.

The A380 can carry up to 525 passengers.

Starting with the A300 in the 1970s, Airbus has always produced aircraft that use little fuel and are quiet and cheap to run. Today the company produces a range[6] of eco-efficient planes with seats for between 107 and 525 passengers.

So is Airbus a perfect model of European co-operation? When things are going well, it seems so.

The A380 transport system

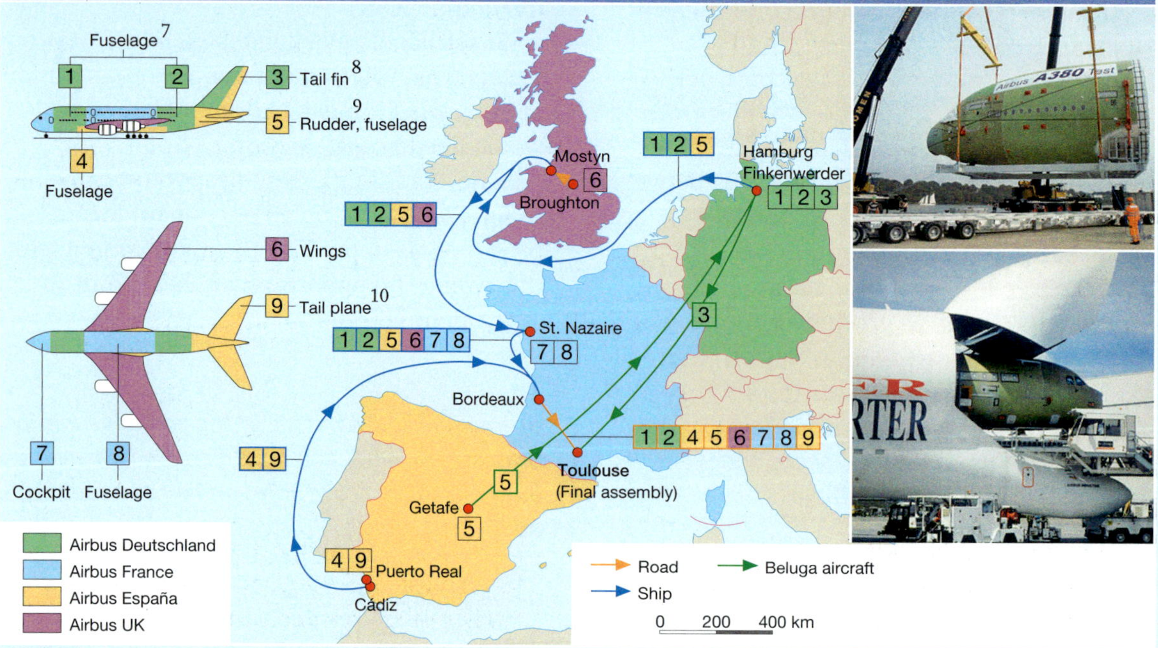

[1] truly ['tru:li] *wahrhaft* [2] aircraft ['eəkrɑ:ft] *Flugzeug* [3] site *Standort* [4] assembly line [ə'sembli laɪn] *Montagestraße*
[5] cargo plane ['kɑ:gəʊ pleɪn] *Frachtflugzeug* [6] range [reɪndʒ] *Sortiment, Reihe* [7] fuselage ['fju:zəlɑ:ʒ] *Flugzeugrumpf*
[8] tail fin ['teɪlfɪn] *Heckruder* [9] rudder ['rʌdə] *Seitenruder* [10] tail plane ['teɪlpleɪn] *Leitwerk*

But there are problems too. For example, the fact that production sites in different countries used different computer software was one reason behind big delays in delivering the A380 to the company's customers. These delays have caused a fall in profits[1], so that since 2007 production sites have been sold off and thousands of jobs lost. When Airbus has to decide where to cut jobs, it is then that national governments disagree, and national interests begin to play at least as big a role as the idea of European cooperation.

Sam – Apprentice[2]

'I joined Airbus as an apprentice after secondary school. I took part in an intercultural awareness[3] programme, working with British, French and German apprentices. It was a most enjoyable experience, from which I learned a lot and made a number of great friends from all three countries. I feel very lucky to have this apprenticeship. I would like to continue along the Airbus career path as far as I can, and later look for a chance to work in another country.'

a) *Read about Airbus, then try to answer these questions:*

1 What are the advantages for European countries of building airplanes together?

2 When does European cooperation become difficult for Airbus?

3 Why does Sam enjoy being an apprentice at Airbus?

b) *Look at the map on p. 116 and with the help of the skills and language boxes say:*

- what sort of map this is,
- which aircraft parts are produced in which countries and how they get to Toulouse.

c) *Do you agree or disagree with the following?*
It would be a better idea if Airbus planes were all made in one place.
Make notes on your reasons and use them to discuss the question in class. You could think about

European cooperation • transport problems • the environment • jobs in our country • competing with US companies • ...

SOCIAL STUDIES SKILLS | **Talking about maps**

When you talk about maps,
- look at the title and the key[4] and make sure you understand what the map is about,
- start with a general statement about the map, then talk about the details.

Activate your English

- This is a physical[5]/political/thematic map.
- The map shows ...
- Broughton/... is located/situated[6] in/near ...
- ... is about ... km away from ...
- ... is between ... and ...
- The wings/... are produced/made/... in ...
- They are carried/taken/transported/shipped/flown from ... to ...
- They are transported by road/ship/air/cargo plane ...
- The aircraft parts are put together in ...

4 Your opinion

Discuss one of the following with a partner:
- Should people fly less to protect our environment?
- Is this kind of European teamwork worth it for political and economic reasons or is it a waste of energy and time?

[1] fall in profits ['prɒfɪts] *Rückgang der Gewinne* [2] apprentice [ə'prentɪs] *Auszubildende/r* [3] intercultural awareness [ˌɪntəkʌltʃərəl‿ə'weənəs] *interkulturelles Bewusstsein* [4] key *Legende* [5] physical ['fɪzɪkl] *physisch* [6] (to) be situated ['sɪtʃueɪtɪd] *liegen, gelegen sein*

TF 5 Into space

1 On the way out

a) *Look at the pictures on this page and read the text below.*
Collect all the words belonging to the word field "universe" and use them to describe the pictures.

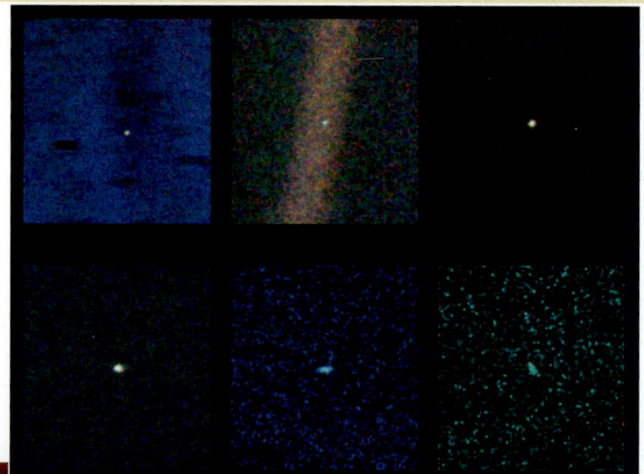

Earth and the outer planets from nearly 6 billion kilometres away. Photos taken by Voyager 1 on its way through our solar system.

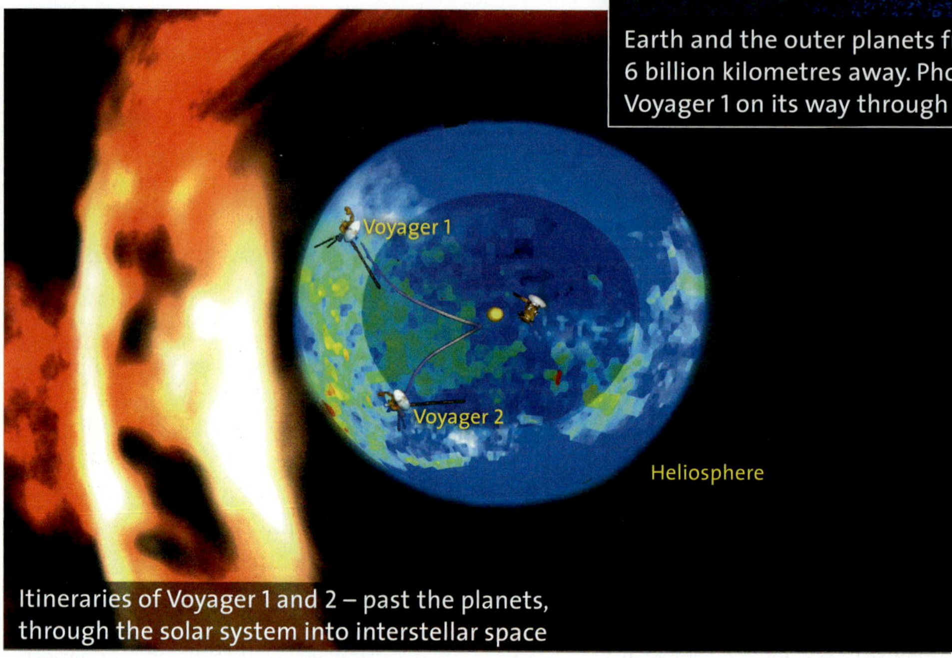

Itineraries of Voyager 1 and 2 – past the planets, through the solar system into interstellar space

Voyagers 1 and 2 lifted off in August and September 1977 to explore the outer planets Jupiter (0.8 billion km from the sun), Saturn (1.4 billion km), Uranus (2.8 billion km) and Neptune (4.5 billion km). Both spacecraft sent such extraordinary pictures and scientific data back to NASA that more money was made available and their mission was extended. By the end of the 1980s, Voyager 1 and 2 had passed the outer planets and begun their trip out of the solar system at a speed of nearly one million miles a day. Right now the spacecraft are travelling through the heliosphere, the huge "bubble" that surrounds the solar system. No other human-made object has ever been further away from planet Earth and the journey is continuing every day. The information the two Voyagers are sending back has helped to solve some of the many mysteries of the universe, and data is still coming in. Although the spacecraft's nuclear batteries are slowly running low, they are expected to be a source of electrical power until sometime after 2025. By that time the spacecraft will probably have left the heliosphere and reached interstellar space. One of the last photos that Voyager 1 was able to make of Earth became known as the "pale[1] blue dot". It shows Earth from a distance of about 6 billion km away.

b) *With a partner, prepare five quiz questions based on this page. Make two of them easy, the other three more difficult. Then two pairs get together and do the quizzes.*

---

[1] pale *blass*

2 Exploring space – at what price?

"How do you put a price on a dream? I would go to space even if it was a one-way ticket, if it meant going and never returning, if it meant losing my life over it!" Anousheh Ansari had spent her childhood staring out into space and dreaming of travelling there. Her dream came true. She paid $ 20 million to fly to the International Space Station and so became the first female space tourist. She had to do seven months' training, and in 2010 a film called *Space Tourists* was released about her journey.

Ansari is one of a very exclusive group of tourists who have visited the ISS at enormous cost. But there are cheaper alternatives: you can experience weightlessness and view Earth from space in what is known as a suborbital flight with Virgin Galactic. There are already more than 340 would-be astronauts on their waiting list. You can book online or go to their official travel agent in Munich. Tickets cost $ 200,000 and a deposit of $ 20,000 is payable when you book.

The wish to explore space seems to be part of the human curiosity which has always driven us onwards to new horizons. Space travel has long been the subject of science fiction in books and in films. In 1969 NASA's Apollo programme set two men on the moon and this event captured the imagination of the whole world.

At that time NASA was using up almost five per cent of the US budget. Nowadays its finances have been severely cut back to about 0.5 per cent, although they are still substantial. Many argue that so much money should not be spent on space travel while people are suffering from disease and extreme poverty on Earth. At 0.5 per cent of the total budget, space expenditure may seem like a drop in the ocean, but to put it into perspective, the gross domestic product of Niger in Africa is around half of what the US spent on NASA in 2009.

Even in the US itself, many politicians believe that more money needs to be spent on health and education at home. The table below shows the US government spending in these areas for 2009.

NASA	$ 18.7 billion
Health and Human Services	$ 68.5 billion
Department of Education	$ 59.2 billion

On the other hand, space research has been extremely useful to us given its numerous medical and technological breakthroughs relevant to our daily life. In fact, the space programme may even be essential because our planet will soon be so hopelessly over-populated that we might have to move out into space. The famous astrophysicist Stephen Hawking believes that we will have to send people to live on other planets within the next 100 years to make sure that humans survive. For him the world is such a dangerous place that we cannot put our faith in this planet as our only home in the future. Getting to another planet and making it a suitable home for humanity will be a great challenge. But will moving out into space be a dream or a nightmare?

a) *List the reasons given in the text for and against space research and space tourism.*

b) *Find more arguments both for and against space research. Decide which side you are on, join three people who are of the same opinion and compare your arguments. Then have a class discussion.*

c) *Choose one of the following:*
- Free space flights are on offer. Write a letter to the company explaining why you should win such a flight.
- Your cousin in Australia has won a space flight. Explain to him/her why you think he/she should not accept it.

d) *Find examples of important discoveries and by-products resulting from space exploration.*

TF 6 Electric wind

(abridged from *The Boy Who Harnessed the Wind* by William Kamkwamba and Bryan Mealer)

From an early age William Kamkwamba wanted to become a scientist, but after primary school his father was unable to pay for him to go to secondary school. Before you read about William, talk about what it takes to become a scientist or an inventor.

Often while we fixed our radios, people would approach us and say, "Look at the little scientists! Keep it up, boys, and one day you'll have a good job."

I'd become very interested in how things worked, yet never thought of this as science. In addition to radios, I'd also become fascinated by how cars worked, especially how petrol operated an engine. I stopped the truckers in the trading center and asked them, "What makes this truck move? How does your engine work?" But no one could tell me. They'd just smile and shake their heads. Really, how can you drive a truck and not know how it works?

Even my father, who I assumed knew everything, said: "The fuel burns and releases fire and ... well, I'm not really sure."

If solving such mysteries was the job of a scientist, then a scientist is exactly what I wanted to become.

Getting to know the library

Because my family still couldn't afford my school fees, I was forced to stay home doing nothing. I started wasting time in the trading center playing *bawo*. Someone also taught me a wonderful game called chess, which I started playing every day. But chess and *bawo* weren't enough to keep my mind occupied. I needed a better hobby, something to trick my brain into being happy. I missed school so terribly.

I remembered that the previous year a group called the Malawi Teacher Training Activity had opened a small library in Wimbe Primary School that was stocked with books donated by the American government. Perhaps reading could keep my brain from getting soft while being a dropout.

The library was in a small room near the main office. A woman was sitting behind a desk when I walked in. She smiled. "Come to borrow some books?" she said. This was Mrs. Edith Sikelo, a teacher at Wimbe who taught English and social studies and also operated the library. I nodded yes, then asked, "What are the rules of this place?" I'd never used such a facility.

Mrs. Sikelo took me behind a curtain to a smaller room, where three floor-to-ceiling shelves were filled with books. It smelled sweet and musty, like nothing I'd ever encountered. I took another deep breath. Mrs. Sikelo then explained the rules for borrowing books and showed me the collection.

After about a month, the school term finally ended and [my friend] Gilbert was free to hang out. One morning we went to the library to kill some time – we often stayed for hours, just sitting in chairs and reading – but today Mrs. Sikelo was in a rush.

"You boys spend hours in here taking my time," she said, "but today I have an appointment. Just find something quickly."

"Yes, madame."

Finding a book

I squatted down to grab one of the dictionaries, and when I did, I noticed a book I'd never seen, pushed into the shelf and slightly concealed. *What is this?* I thought. Pulling it out, I saw it was an American textbook called *Using Energy*, and this book has since changed my life.

The cover featured a long row of windmills – though at the time I had no idea what a *windmill* was. I opened the book and began to read.

(to) harness ['hɑːnɪs] *nutzen* **51** facility [fə'sɪləti] *Einrichtung* **56** (to) encounter sb./sth. [ɪn'kaʊntə] jm./etwas begegnen **73** (to) conceal [kən'siːl] *verstecken* **77** windmill *Windmühle, -rad*

"Energy is all around you every day," it said. "Sometimes energy needs to be converted to another form before it is useful to us. How can we convert forms of energy? Read on and you'll see."

I read on. It explained how Archimedes used his "Death Ray" – which was really a lot of mirrors – to reflect the sun onto the enemy ships until, one by one, they caught fire and sank. That was an example of how you can use the sun to produce energy.

Just like with the sun, windmills could also be used to generate power.

Suddenly it all snapped together. All I needed was a windmill, and then I could have lights. No more kerosene lamps that burned our eyes and sent us gasping for breath. With a windmill, I could stay awake at night reading instead of going to bed at seven with the rest of Malawi.

But most important, a windmill could also rotate a pump for water and irrigation. Having just come out of the hunger – and with famine still affecting many parts of the country – the idea of a water pump now seemed incredibly necessary. With a windmill, we'd finally release ourselves from the troubles of darkness and hunger. In Malawi, the wind was one of the few consistent things given to us by God, blowing in the treetops day and night. A windmill meant more than just power, it was freedom.

Standing there looking at this book, I decided I would build my own windmill. I'd never built anything like it before, but I knew if windmills existed on the cover of that book, it meant another person had built them. I felt confident I could build one, too.

Looking to a dark future

My father tried negotiating again with [my teacher] Mister Tembo, but [my head teacher] W. M. Phiri had already forbidden me to return. The Minister of Education was visiting various schools to ensure that all the students had paid their fees.

I was sitting on a chair in the yard when my father returned with the bad news. His eyes were pale and troubled, as if he'd wrestled with a ghost. I recognized the look on his face. It was one I knew well.

I couldn't blame my father for the famine or our troubles. But for the next week I couldn't look him in the eyes. Whenever I did, I saw the rest of my life.

My greatest fear was coming true: I would end up just like him, another poor Malawian farmer laboring in the soil, thin and dirty, with hands as rough as animal hides and feet that knew no shoes. I loved my father and respected him deeply, but I did not want to end up like him. If I did, my life would never be determined by me, but by rain and the price of fertilizer and seeds. I would do what every Malawian was supposed to do, what was written by God and the constitution: I would grow maize, and if I was lucky, maybe a little tobacco. And years when the crops were good and there was a little extra to sell, perhaps I could buy some medicine and a new pair of shoes. But most of the time, I knew, there would be hardly enough to simply survive. My future had been chosen, and thinking about it now scared me so much I wanted to be sick.

Busy building

When I wasn't in the scrapyard digging for treasure, I'd hang out at the library or sit in my hammock and read. Even if my father didn't fully understand my windmill, he felt so bad about my schooling that he no longer forced me to work in the field.

So with my father's blessing, the mornings and afternoons became my time to study. As I planned my windmill, I pored through chapters in *Explaining Physics* about electricity and how it moves and behaves and how it can be harnessed. Going to the library, I renewed the same three books over and over until one day Mrs. Sikelo raised her eyebrow.

"William, are you still preparing for exams? What are you up to?"

---

102 irrigation [ˌɪrɪ'geɪʃn] Bewässerung **103** famine ['fæmɪn] *Hungersnot* **120** (to) negotiate [nɪ'gəʊʃɪeit] *verhandeln* **143** fertilizer ['fɜːtəlaɪzə] *Dünger* **143** seeds *(pl)* *Saatgut* **155** scrapyard *Schrottplatz* **157** hammock ['hæmək] *Hängematte*

"Nothing," I said. "Just building something. You'll see."

Enjoying success

Once the windmill was fastened we looked at each other and smiled. It felt sturdy and very strong. Sweat poured down my face and cooled with the breeze. I could hardly wait to watch the blades spin. While Geoffrey made his way down the tower, I remained atop my perch taking in the scenery. Then something strange began to happen. A line of people began trickling through the alleys from the shops and heading in my direction. They'd seen the tower from the market and were walking toward my house. Within a few minutes, a dozen people were gathered at the base. One of them was named Kalino.

"What is this thing?" he asked.

Since there's no word in Chichewa for windmill, I used the phrase *magetsi a mphepo.* "Electric wind," I answered.

"What does it do?"

"Generates electricity from the wind. I'll show you."

"That's impossible," Kalino said, smiling.

Aside from my family, about thirty adults had now gathered, and just as many children. They pointed at me. "Let's see how crazy this boy really is."

"Quiet down! This is going to be a good show." Just then a gust of wind slammed against my body, and the blades kicked up like mad. The tower rocked once, knocking me off balance. I held the bulb before me, waiting for my miracle. It flickered once. Just a flash at first, then a surge of bright, magnificent light. My heart nearly burst.

"Look," someone said. "He's made light!" "It's true what he said!"

A gang of school kids pushed through the crowd so they could see better.

"Electric wind!" I shouted. "I told you I wasn't mad!" One by one, the crowd began to cheer. They raised their hands in the air clapping and shouting, "*Wachitabwina!* Well done!" "You did it, William!"

For the next month, about thirty people showed up each day to stare at the light.

"We doubted you, but look at you now!"

"How did you manage such a thing?" they asked.

"Hard work and lots of research," I'd say, trying not to sound too smug.

1 William's story

a) *Talk about your first reactions to William's story.*

b) *With a partner, say what happened. Partner A begins with one sentence on the first part (ll. 1–23), Partner B adds one sentence, Partner A finalizes the summary for that part. Partner B starts on the second part (ll. 24–68), and so on.*

c) *Mrs Sikelo, the librarian, was very impressed with William. Imagine she had wanted to tell her boss about him, explaining what he had done and suggesting he should be getting some support. Write the letter.*

2 A profile of William

Get into five groups. Each group collects information from the text on one of these topics: William's personality, his interests, his attitude towards his country, his feelings for his father, his motivation for building a windmill. Then form new groups with one expert for each topic. Share your findings. Prepare a complete profile on William.

3 The media

Listen to the interview with William and compare it with what you have read. What additional information does it give you?

---

179 blade *(Windmühlen-)Flügel* **181** perch *(hoher) Sitz* **103** smug *selbstzufrieden*

TF 7 Global warming – how does it affect us?

1 What's happening?

a) *Describe the photos and say what the diagram below shows.*

Glaciers in Austria's Zillertal: 1905 (left) and 2003 (right)

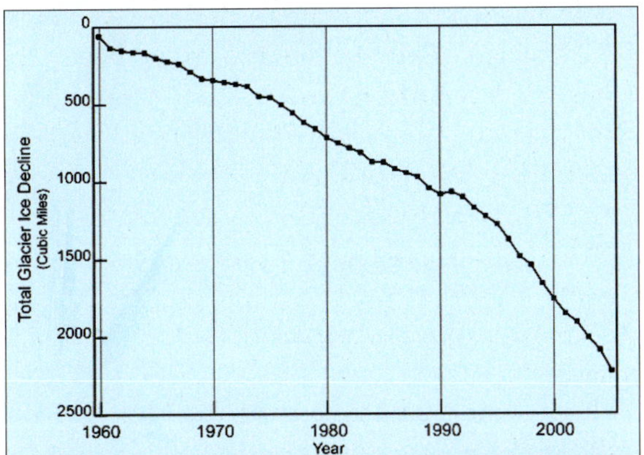

Cumulative decrease in global glacier ice

Activate your English

- The photo/graph ... shows/gives information about ...
- It says that ... / It shows ...
- This is a photo of ...
- In 2003, glaciers ... compared with 1905.

► *SF Talking about statistics (p. 129)*

b) *Give reasons for the differences between the two photos. Make notes. Present your ideas to the class.*

c) *Analyse the diagrams below. How do they support your ideas from b)?*

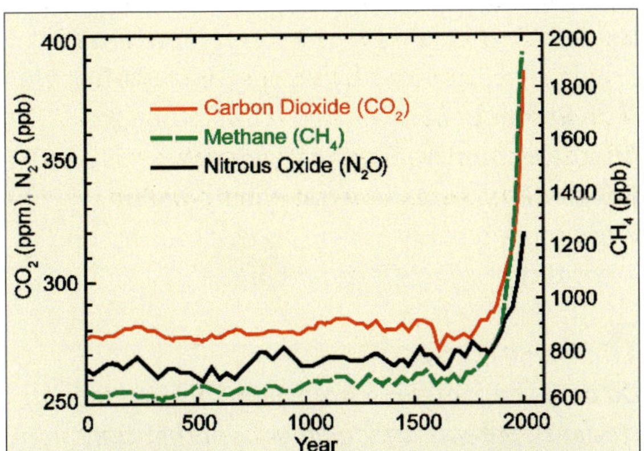

2,000 years of greenhouse gas concentrations

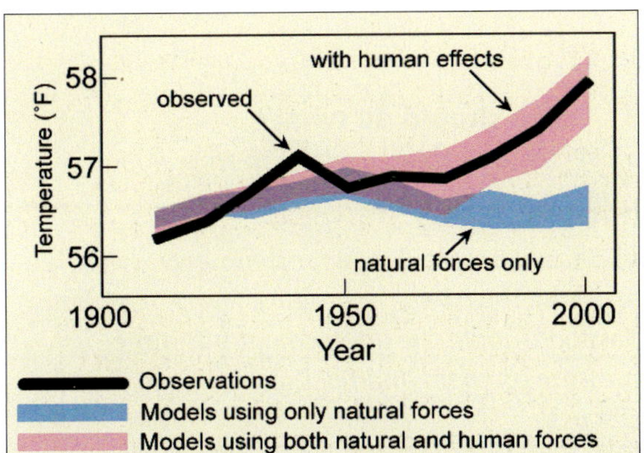

Human and natural influences on the climate

2 Causes and effects

a) *Explain how the atmosphere regulates the earth's climate. Use the information given in the picture below.*

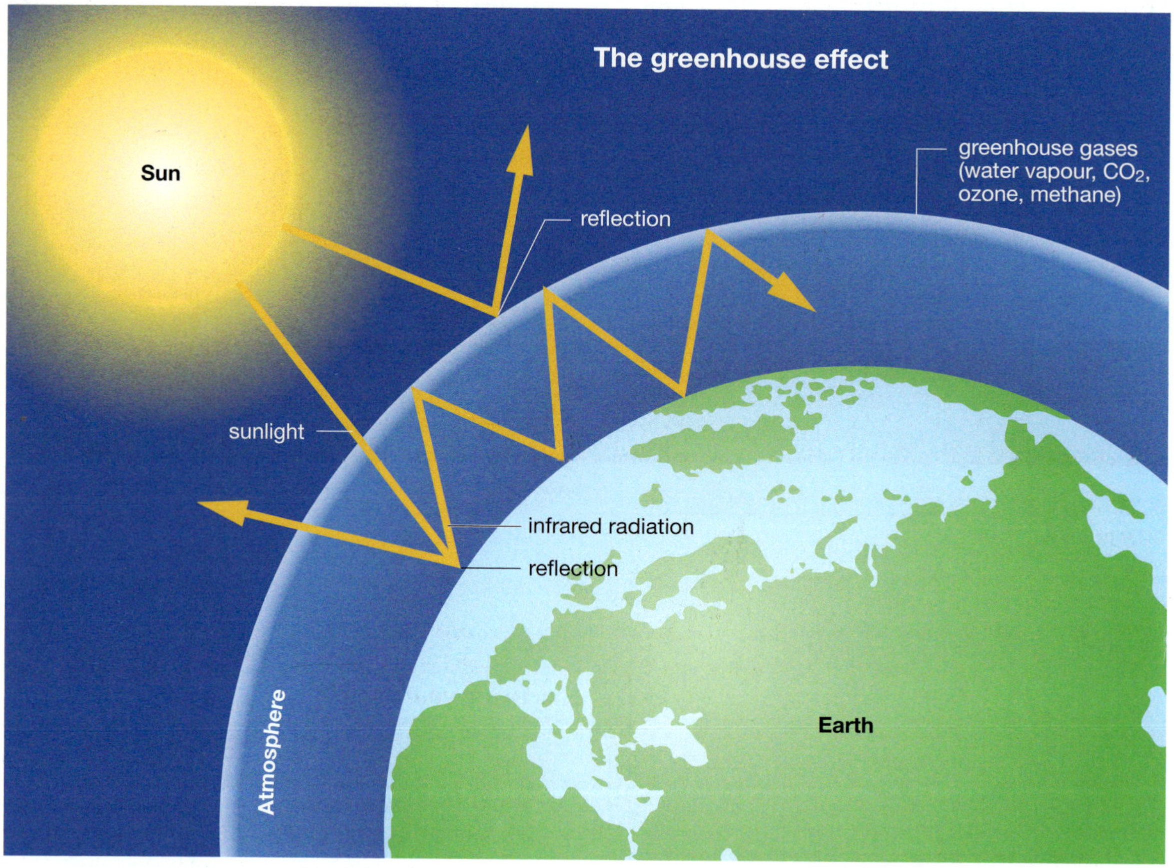

b) *What effect does an increase of the concentration of greenhouse gases in the atmosphere have on the earth's climate? Draw a flow chart by putting the steps in the box on the right in the correct order.*

- temperatures in the atmosphere rise
- fewer infrared rays can leave the earth
- more greenhouse gases are produced
- the layer of greenhouse gases around the earth gets thicker

3 Who should do what?

a) *What can you yourself do to stop global warming?*

b) *Should people decide for themselves whether and how they want to produce fewer greenhouse gases or should the government put more pressure on them and tell them what to do? Discuss.*

4 Project

Choose a country (e.g. the Maldives or Bangladesh). Find out what effects global warming is already having on this country and what future effects it could have.

OR

Do a survey for your school magazine, asking students, parents and teachers whether they think they are doing enough to prevent global warming.

Skills File – Inhalt

Im **Skills File** findest du Hinweise zu Arbeits- und Lerntechniken. Was du in den Skills-Kästen der Units gelernt hast, wird hier näher erläutert.

Was du bereits aus Band 5 von English G 21 kennst, ist mit **REVISION** gekennzeichnet, z. B.

- **REVISION Research**, Seite 130
- **REVISION Paraphrasing**, Seite 147.

Viele neue Hinweise helfen dir bei der Arbeit mit Hör- und Lesetexten, beim Sprechen, beim Schreiben von eigenen Texten und beim Lernen von Methoden.

STUDY AND LANGUAGE SKILLS

SF REVISION Using a bilingual dictionary

Wann brauche ich ein zweisprachiges Wörterbuch?

Du verstehst einen Text nicht, weil er zu viele Wörter enthält, die dir unbekannt sind, und die Worterschließungstechniken (► *Working out the meaning of words, p. 136*) helfen dir nicht weiter?
Du sollst einen Text auf Englisch schreiben, und dir fehlt das eine oder andere Wort, um deine Ideen auszudrücken? Du willst z. B. über die Ankunft eines Einwanderers in einem neuen Land schreiben und kennst das Wort für „Grenze" nicht? Dann hilft dir ein zweisprachiges Wörterbuch.

Wie benutze ich ein zweisprachiges Wörterbuch?

- Die **Leitwörter** *(running heads)* oben auf der Seite helfen dir, schneller zu finden, was du suchst. Auf der linken Seite steht das erste Stichwort, auf der rechten Seite das letzte Stichwort der Doppelseite.
- **drehen** ist das **Stichwort** *(headword)*. Stichwörter sind alphabetisch geordnet: **d** vor **e**, **da** vor **de** und **dre** vor **dri** usw.
- Die ***kursiv* gedruckten** Hinweise helfen dir, die für deinen Text passende Bedeutung zu finden.
- Die **Ziffern** 1, 2 usw. zeigen, dass ein Stichwort mehrere ganz verschiedene Bedeutungen hat.
- **Beispielsätze** und **Redewendungen** sind dem Stichwort zugeordnet. In den Beispielsätzen und Redewendungen ersetzt eine **Tilde** (~) das Stichwort.
- Im englisch-deutschen Teil der meisten Wörterbücher findest du außerdem Hinweise auf **unregelmäßige Verbformen**, auf die **Steigerungsformen der Adjektive** und Ähnliches.
- Die **Lautschrift** gibt Auskunft darüber, wie das Wort ausgesprochen und betont wird.
- Bei kniffligen Wörtern gibt es in vielen Wörterbüchern **Info-Boxes**, in denen dir mehr Hilfen und Hinweise gegeben werden.

Dr.

Dr. (*Abk. für* **Doktor**) Dr., Doctor
Drache dragon
Drachen *Papierdrachen* kite; *Fluggerät* hang glider

Drehbuch screenplay, script
drehen **1** *Verb mit Obj* turn; *Film* shoot*; *Zigarette* roll **2**: ***sich ~*** turn; *schnell* spin*; ***sich ~ um*** *übertragen* be* about
Drehkreuz turnstile; **Drehorgel** barrel organ ['ɔːgən]; **Drehort** location; **Drehstuhl** swivel chair; **Drehtür** revolving door
Drehung turn; *um eine Achse* rotation
Drehzahl (number of) revolutions *Pl od.* revs *Pl*
Drehzahlmesser rev counter
drei three
Drei three; *Note etwa* C; ***ich habe eine ~ geschrieben*** I got a C
dreidimensional **1** *Adj* three-dimensional **2** *Adv*: ***etwas ~ darstellen*** depict sth. three-dimensionally; **Dreieck** triangle ['traɪæŋgl]; **dreieckig** triangular [traɪ'æŋgjʊlə]

bringen

bring (**herbringen; mitbringen**) wird nur verwendet, wenn jemand oder etwas zum Ort des Sprechers oder Hörers gebracht wird:

Schön, dass du zu meiner Party	I'm glad you can come to my party. Can

take (**weg-, hinbringen; mitnehmen**) wird verwendet, wenn jemand oder etwas woanders hingebracht oder mitgenommen wird:

Kannst du morgen deinen Bruder zur Schule bringen?	Can you take your brother to school tomorrow?

Also: Lies immer erst den **gesamten Wörterbucheintrag**, bevor du dich für eine bestimmte Übersetzung entscheidest. Nimm nicht einfach die erste Übersetzung, die dir angeboten wird.
Wenn du unsicher bist, ob du die richtige Übersetzung gefunden hast, schau dir den Eintrag zu dieser Übersetzung an. Wenn du z. B. überprüfen willst, ob „spin" im zweiten Satz unten die richtige Übersetzung für „drehen" ist, such einen Eintrag unter „spin" und lies ihn dir durch.

„drehen" = ?

She's a good dancer, she loves to ... round and round as fast as she can.

Lots of Hollywood stars come to Berlin to ... their films here.

SF REVISION Using an English–English dictionary

Wenn du englische Texte liest oder selbst einen englischen Text schreibst, kannst du ein einsprachiges englisches Wörterbuch zur Hilfe nehmen. Hier findest du mehr über ein englisches Wort heraus als in einem zweisprachigen Wörterbuch:

- Das einsprachige Wörterbuch erklärt die **Bedeutung** eines englischen Wortes **auf Englisch**. Manche Wörter haben mehrere Bedeutungen. Lies alle Einträge und Beispielsätze genau und vergleiche sie mit deinem englischen Text, um die richtige Bedeutung herauszufinden.
- Das Wörterbuch hilft dir auch, die passende **Verbindung mit anderen Wörtern** zu finden, z.B. zu Verben, Präpositionen oder in bestimmten Wendungen. Das ist besonders nützlich, wenn du selbst einen englischen Text schreiben willst und nach den richtigen Wörtern suchst.

deadly ['dedli] *adj*
1 *able or likely to kill people* {= lethal}: This is no longer a deadly disease.
deadly to The HSN virus is deadly to chickens.
a deadly weapon The new generation of biological weapons is more deadly than ever.
2 (*only before noun*) {= complete}: ***deadly silence*** There was deadly silence after his speech.
a deadly secret Don't tell anyone – this is a deadly secret.
in deadly earnest *completely serious:* Don't you laugh – I am in deadly earnest!
3 (*informal*) *very boring*: Many TV programmes are pretty deadly!
4 *always able to achieve something*: The new Chelsea striker is said to be a deadly goal scorer.

SF REVISION Using a grammar

Vielleicht hast du beim Schreiben oder Korrigieren deiner Klassenarbeiten schon einmal bemerkt, dass du immer die gleichen Fehler machst. Um diese Fehler zu vermeiden, kannst du ein Grammatikbuch zu Hilfe nehmen, das dir bei der Verwendung bestimmter grammatischer Strukturen helfen kann. In einem zweiten Schritt kannst du mit einer Grammatik auch an der Verbesserung deines Stils arbeiten, wenn es z.B. um die Verwendung von Partizipien in formalen Texten geht.

Schritt 1: Lege eine individuelle Fehlerstatistik an, d.h. notiere dir aus den Korrekturen deiner Klassenarbeiten die Fehlersorten *Wortschatz, Grammatik, Satzbau, Stil, ...*
Schritt 2: Suche dir aus dem Bereich, in dem am häufigsten Fehler auftreten, einen Schwerpunkt heraus, z.B. *Grammatik* ▸ *tenses.*
Schritt 3: Suche im Inhaltsverzeichnis deiner Grammatik die betreffenden Kapitel heraus und lies sie dir nochmals gründlich durch. Vergleiche sie mit den Fehlern, die du in deinen Klassenarbeiten machst.
Schritt 4: Schreib dir einige wenige Mustersätze und Merkregeln zu diesen grammatischen Strukturen auf einen Merkzettel. Vor der nächsten Klassenarbeit solltest du ihn dir nochmals anschauen.

He goes to school every day.
he, she it, ein -s muss mit!!!

SF REVISION Learning words

- Lerne neue und wiederhole alte Vokabeln regelmäßig – am besten jeden Tag ca. 15 Minuten.
- Schreib die neuen Wörter auch auf und überprüfe die Schreibweise mithilfe des Dictionary oder Vocabulary.
- Sammle **Gegensatzpaare**, z. B. **alive** – **dead**, **majority** – **minority**, **find** – **lose**.
- Sammle Wörter mit **gleicher Bedeutung**, z. B. **(to) train** – **(to) practise**.
- Sammle Wörter in **Wortfamilien**, z. B. **(to) dance**, **dance**, **dancer**, **dancing lessons**, **shop**, **shopper**, **shopping**, **shopping list**, **shop assistant**, ...
- Sammle und ordne Wörter in **Wortnetzen** (networks) – ein Beispiel siehst du rechts.
- Lerne Wörter in **Kollokationen** und in sinnvollen **Zusammenhängen**.
- Besonders gut prägen sie sich ein, wenn Du Beispielsätze bildest oder kurze Texte schreibst, in denen Du die neuen Wörter verwendest.

Wortnetz *(network)*
Topic: Youth
People: teenagers, young people, adolescents, ...
Education: school, college, university, professional training, ...
Lifestyle: fashion, music, sports, dancing, hanging out, dating, ...
Aims: good job, family, having fun, travelling, adventure, volunteering, ...

SF REVISION Describing and analysing pictures

Wenn du ein Bild **beschreiben** sollst, lies zuerst die Bildunterschrift, falls es eine gibt. Sieh dir dann das Bild genau an um zu sehen, worum es vor allem geht.
This picture/photo/poster/cartoon is about .../shows ...
Beschreibe das Bild nun systematisch – vom Vordergrund zum Hintergrund, von oben nach unten, von links nach rechts.
In the centre/foreground/background of the photo you can see ...
The poster shows three almost identical pictures next to each other. The picture on the left/right/behind .../between ... and .../ in front of ...
In the cartoon there are two ..., one on the left, one ...
Um zu beschreiben, was die Personen auf dem Bild tun, verwende das present progressive.
The young woman is holding the book upside down.

Wenn du aufgefordert wirst, ein Bild zu **analysieren**, sollst du herausfinden, was das Bild bewirken will, ob es sein Ziel erreicht und wenn ja, wie es dies tut. Stelle dir bei einem Bild oder Foto folgende Fragen: Was will der Zeichner oder Fotograf sagen und wie sagt er/sie es (Technik, Farbgebung, ...)? Welche Wirkung hat das Bild auf den Betrachter bzw. auf mich selbst?
The picture/photo clearly shows that .../wants us to .../provides proof of .../ makes the point that ... /...
It's a good example of ... / ... is very attractive because ...

Frage bei einem Plakat oder einer Karikatur, ggf. aber auch bei einem Foto: Wer war der Auftraggeber (Zeitung/Zeitschrift, Wohltätigkeitsorganisation, politische Kampagne, Werbekampagne, ...)? Wann entstand das Plakat/die Karikatur? Was will die Abbildung sagen bzw. kritisieren, wozu ruft sie auf?
The poster/cartoon was meant to show voters / readers of the paper / ...
It's very eye-catching through its use of ...
It speaks to the reader directly by ...
The layout/use of colour ...
... is criticizing/making fun of ...
... makes the point that ...

SF REVISION Talking about statistics

Welche Arten von Diagrammen gibt es?

Diagramme bilden statistische Vergleiche zwischen mindestens zwei Sachverhalten grafisch ab. Die **Überschrift** des Diagramms ist sehr wichtig, denn sie gibt bereits genaue Informationen darüber, worum es bei der betreffenden Abbildung geht. Die **Darstellungsform** richtet sich häufig danach, ob man Zahlen oder Prozentsätze miteinander vergleichen will:

- ***Bar chart* (Säulendiagramm)**: Anzahl oder Größe von zwei oder mehr Dingen
- ***Pie chart* (Kreis-/Tortendiagramm)**: prozentuale Verteilung
- ***Table* (Tabelle)**: Vergleich unterschiedlicher Daten anhand von Zahlen und Prozentsätzen
- ***Line graph* (Kurvendiagramm)**: Entwicklung im Verhältnis unterschiedlicher Größen

Australia's population in millions

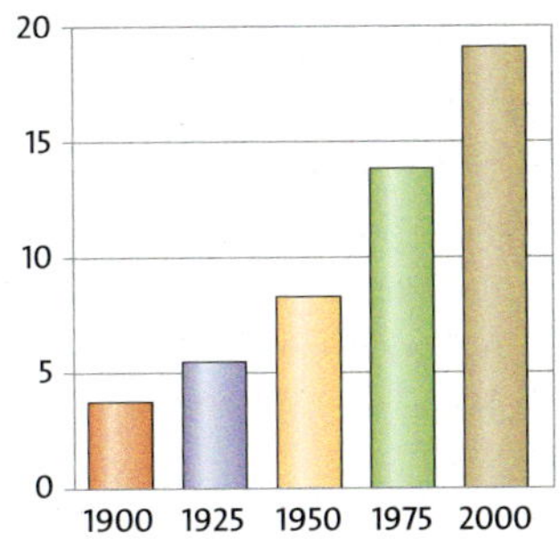

Wie beschreibe ich ein Diagramm?

Um ein Diagramm zu beschreiben, solltest du folgende Fragen beantworten:

- What is the graph/chart about?
  The bar/pie chart is about ... / It deals with ... / It is taken from ...
- What does the graph/chart/table refer to/compare?
  The pie chart compares the size/number of ... / It shows the different ... in ... / It is divided into ... slices which show ... / The graph/chart/table shows the relation between ... and ... / The table compares the population in terms of / with regard to ...
- What does the chart tell you? What information does it give you?
  ... has the largest/second largest/... / ... is twice/three times /... as big as ... / A huge majority/small minority is ... / ... per cent are ... / There are more than/ nearly twice as many ... as there are ...

Australia: origin of immigrants 2006

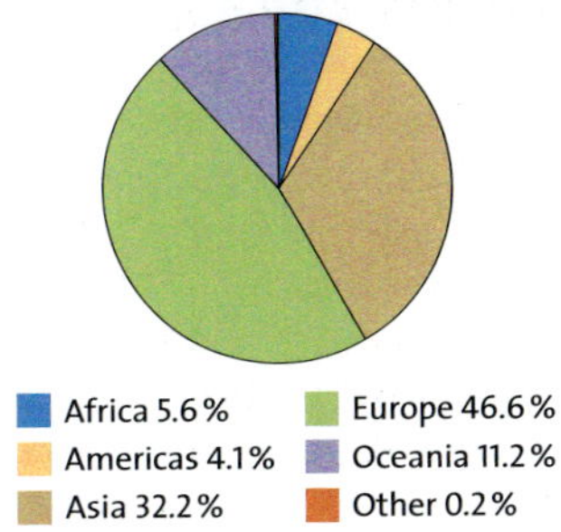

Manchmal kann es hilfreich sein, wenn du auch noch Aussagen über den Zeitraum der Statistik und/oder die Form der Darstellung machst:
It covers a period of ... months/years. / It shows a development of three months/ years from 2002 to 2005. / The vertical/horizontal line shows/represents ... / The figures are expressed as a percentage of the total population / total number of ...

Country	Population (2008)
USA	304,721,000
Germany	82,400,996
UK	60,776,238
Australia	21,373,760

Achte bei der Beschreibung von Diagrammen auf die **Zeitformen** des Englischen:

- Benutze das *simple past*, wenn du dich auf einen Zeitpunkt in der Vergangenheit beziehst: **The rainfall was 2207 mm in Cairns in 2008.**
- Das *simple present* verwendest du bei allgemeingültigen Aussagen (**The average rainfall in Cairns is 1992 mm per year**) oder wenn du deine Schlussfolgerungen wiedergibst.
- Benutze das *present perfect*, wenn du dich auf einen Zeitraum beziehst, der von der Vergangenheit bis heute reicht: **Three millions Asians have come to Australia since 2000.**

Shark attacks in Australia 2000–2009

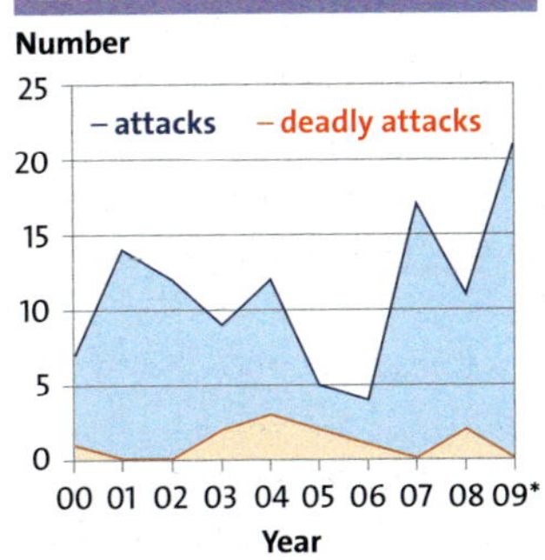

*up to June

Wenn du dich auf die Zahlen bzw. Größen eines Diagramms beziehst, dann verwende **amount** für nicht zählbare Nomen: **A large amount of meat/rain/ food/...** Für zählbare Nomen benutzt du das englische Wort **number**: **The number of immigrants/Asians/people/...**

SF REVISION Research

Material sammeln (recherchieren)

Wenn du über ein Thema etwas schreiben oder einen Vortrag halten sollst, suchst du zuerst Informationen in Büchern oder in Zeitschriften, im Internet und in anderen Quellen. Verwende möglichst englischsprachige Quellen.

Damit du die Übersicht behältst, solltest du das Gefundene in einem Ordner sammeln und von vornherein sortieren. Orientiere dich dafür an der Gliederung bzw. *outline*, die du für deinen Text oder deine Präsentation vorbereitet hast (▸ *Outlining, p. 131*). Du kannst deine Materialien auch danach ordnen, ob es sich um sachliche Informationen, also Tatsachen, oder um persönliche Meinungen handelt.

Wichtiges herausschreiben (exzerpieren)

Sichte das Material und entscheide, welche Informationen du tatsächlich verwenden möchtest. Du kannst die betreffenden Passagen markieren (▸ *Marking up a text, p. 138*), herausschreiben oder auch ausschneiden und in fortlaufender Reihenfolge auf DIN-A4-Blätter kleben. Vergiss die Quellenangabe nicht. Deine eigenen Gedanken fügst du in Stichpunkten an den entsprechenden Stellen hinzu. Wenn du eine Präsentation vorbereitest, kannst du am Rand notieren, welche Medien du jeweils einsetzen möchtest.

Aus Materialien, die du im Internet gefunden und in elektronischen Ordnern gesammelt hast, überträgst du die wichtigen Informationen mit „Kopieren“ und „Einfügen“ in ein neues Dokument, wo du sie dann bearbeiten (also kürzen, ergänzen, umschreiben usw.) kannst.

Zitieren, umschreiben, Quellen angeben

Formuliere deinen Text oder deine Präsentation mit deinen eigenen Worten – schreibe nicht einfach aus deinen Quellen ab. Wenn du deine Argumentation einmal mit einer Expertenaussage unterstützen oder deinen Text mit einem Auszug aus einem Buch, einem Interview o.Ä. interessanter und abwechslungsreicher gestalten möchtest, markiere solche Zitate durch Anführungszeichen und gib Autor und Quelle einschließlich Seitenzahl an (bei Internetquellen die Webadresse und das Datum des Aufrufs). Das gilt auch dann, wenn du eine fremde Aussage mit eigenen Worten umschreibst. Gib auch bei einer Abbildung den Fundort an.

Kündige in deiner mündlichen Präsentation deine Zitate an und erkläre schwierige Wörter. Schaffe logische Übergänge zu deinen eigenen Argumenten.

Aber denk daran: Lange Zitate können deine Leser oder Zuhörer auch ermüden und erwecken leicht den Eindruck, dass du selbst nur wenig zu sagen hast. In der Kürze liegt die Würze!

http://www.shootingjozi.net/assets/images/gallery/142.jpg (17 April, 2010)

SF REVISION Outlining

Wenn du zu einem komplexen Thema einen Text schreiben oder eine Präsentation vorbereiten sollst, sammelst du zunächst Informationen und Unterlagen (▸ *Research, p. 130*). Eine zuvor erstellte Gliederung (*outline*) hilft dir dabei, denn so weißt du von vornherein genau, was du suchst. Und auch beim Ordnen deines Materials solltest du dich gleich an einer *outline* orientieren.

Outlines werden in Stichpunkten oder kurzen Sätzen verfasst. Schreibe dir zunächst deine Hauptpunkte auf. Bestimme dann Unterthemen und überlege dir, mit welchen Beispielen und Erläuterungen du deine Gedanken dazu unterstützen möchtest. Wenn du eine Mindmap erstellt hast, kannst du sie für deine Gliederung verwenden.

Achte auf eine logische Reihenfolge deiner Gedanken. Sie sollen sich in deiner *outline* widerspiegeln. Beim Gliedern kannst du verschiedene Möglichkeiten der Aufzählung (Zahlen, Groß- und Kleinbuchstaben, ...) nutzen. Mach dir einen Vermerk, z. B. am Rand des Blattes, welche Zitate, Statistiken, Bilder, Medienbeiträge usw. du an welcher Stelle einsetzen möchtest.

Die *outline* dient dir als Vorlage für deinen Text bzw. als Ausgangspunkt für deine Präsentation. Darüber hinaus kannst du sie dazu verwenden, deinen Lesern oder Zuhörern einen Überblick über dein Thema zu geben, indem du sie deinem Text oder deiner Präsentation voranstellst, z. B. bei einem mündlichen Vortrag auf einer Folie.

Building Golden Gate Bridge

OUTLINE

I. Location
- A. where it is
- B. how you got north of the city before
  - 1. by road
  - 2. by ferry → map of SF

II. History
- A. 1921: Joseph Strauss has idea for bridge
  - 1. how people liked it
  - 2. time for a new design
- B. 1933: Team design
  - 1. GGB statistics → table
  - 2. the colour

Merke dir also:
- Eine Gliederung (*outline*) hilft dir beim Recherchieren und beim Ordnen deines Materials.
- Bestimme zuerst die Hauptpunkte, dann die Unterthemen.

SF REVISION Giving a presentation

Vorbereitung

- Ordne deine Gedanken und notiere sie, z. B. auf nummerierten Karteikarten oder als Mindmap.
- Bereite ein Poster, eine Folie oder ein Handout. (▸ *Handouts, p. 133*) vor. Schreib groß und für alle gut lesbar.
- Überlege dir einen guten Einstieg: eine überraschende Tatsache, etwas Lustiges, ein Zitat aus dem Buch, das du vorstellen möchtest, ...
- Übe deine Präsentation zu Hause vor einem Spiegel. Sprich laut, deutlich und langsam, mach Pausen.
- Reicht die Zeit?

Durchführung

- Bevor du beginnst, bereite deine Medien vor und sortiere deine Vortragskarten.
- Warte, bis es ruhig ist. Schau die Zuhörer an.
- Erkläre zu Anfang, worüber du sprechen wirst: ein Land, ein kontroverses Thema, ein spannendes Buch, ...
- Lies nicht von deinen Karten ab, sondern sprich frei.
- Schreibe die Gliederung sowie unbekannten Wortschatz und Eigennamen an die Tafel.

> I'm going to talk about Saci Lloyd's novel *The Carbon Diaries 2015.*

Schluss

- Sag, dass du fertig bist, und frag die Zuhörer, ob sie Fragen haben.
- Bedanke dich fürs Zuhören.

> If you want to know the surprising end of the story, you'll have to read the novel yourself. It's worth it!

SF Giving a group presentation ▸ *Unit 3 (p. 67)*

Wird ein Projekt von mehreren Teilnehmern bearbeitet, wird das Produkt meist von allen Teammitgliedern gemeinsam präsentiert. Dabei hat jede Person eine bestimmte Rolle:

- Der oder die **Leiter/in der Gruppe (*team leader*)** hat die Gesamtverantwortung für die Präsentation. Er/Sie begrüßt die Zuhörer, stellt das Thema vor, erläutert den Ablauf der Präsentation, steuert die Diskussion, fasst die Ergebnisse zusammen und bedankt sich im Namen der Gruppe bei den Zuhörern.
- Der oder die **Stellvertreter/in (*co-leader*)** kontrolliert die Vollständigkeit und Einsatzbereitschaft des Präsentationsmaterials und der Medien.
- Die einzelnen **Referenten (*presenters*)** stellen die unterschiedlichen Aspekte des Projektes dar und leiten zum nachfolgenden Sprecher über.

> Here's an overview of our presentation. Just let me turn on the OHP.

> My part of the presentation deals with ...

Alle Beteiligten des Projektes müssen die Beiträge jedes einzelnen Teammitgliedes kennen, um keine Informationen zu wiederholen, keine Lücken entstehen zu lassen und in der Diskussion aufeinander Bezug nehmen zu können.

Das Team sollte den Ablauf der Präsentation – einschließlich des Medieneinsatzes – mehrmals wiederholen. Dabei können sich die Teammitglieder gegenseitig konstruktives Feedback geben.

SF REVISION Handouts

Ein Handout enthält die wichtigsten Informationen einer Präsentation. Man kann es vor, während oder nach der Präsentation austeilen:

- vor oder während der Präsentation, damit die Zuhörer die Gliederung des Vortrags verstehen und ihm besser folgen können;
- nach der Präsentation, damit die Zuhörer später noch einmal nachlesen und sich besser an die Präsentation erinnern können.

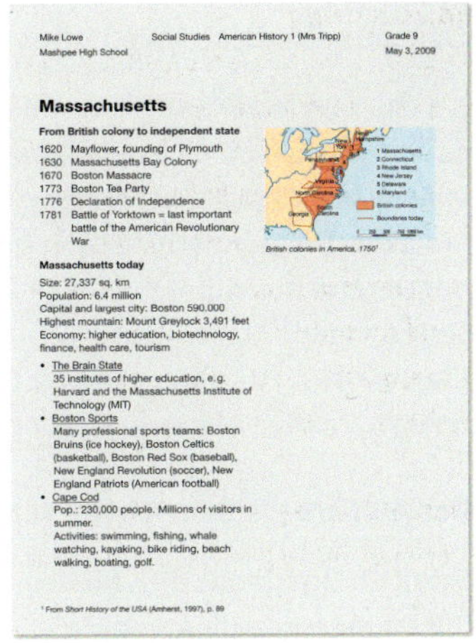

Mike Lowe | Social Studies American History 1 (Mrs Tripp) | Grade 9
Mashpee High School | May 3, 2009

Massachusetts

From British colony to independent state

1620 Mayflower, founding of Plymouth
1630 Massachusetts Bay Colony
1670 Boston Massacre
1773 Boston Tea Party
1776 Declaration of Independence
1781 Battle of Yorktown = last important battle of the American Revolutionary War

British colonies in America, 1750[1]

Massachusetts today

Size: 27,337 sq. km
Population: 6.4 million
Capital and largest city: Boston 590.000
Highest mountain: Mount Greylock 3,491 feet
Economy: higher education, biotechnology, finance, health care, tourism

- The Brain State
  35 institutes of higher education, e.g. Harvard and the Massachusetts Institute of Technology (MIT)
- Boston Sports
  Many professional sports teams: Boston Bruins (ice hockey), Boston Celtics (basketball), Boston Red Sox (baseball), New England Revolution (soccer), New England Patriots (American football)
- Cape Cod
  Pop.: 230,000 people. Millions of visitors in summer.
  Activities: swimming, fishing, whale watching, kayaking, bike riding, beach walking, boating, golf.

[1] From *Short History of the USA* (Amherst, 1997), p. 89

Ein Handout sollte übersichtlich strukturiert sein, z. B. durch eine Überschrift, deinen Namen, das Datum, durch Teilüberschriften, Beispiele, tabellarische oder grafische Übersichten. Du kannst in ganzen Sätzen schreiben, z. B. bei einer Zusammenfassung, oder in Stichpunkten.

Abbildungen sollten mit einer Bildunterschrift einer Quellenangabe versehen sein. Mit Symbolen kann man ein Handout übersichtlicher gestalten und die wesentlichen Informationen hervorheben.

Lass ausreichend Platz für die Notizen der Zuhörer, z. B. durch einen breiten Rand an der Seite oder im unteren Teil des Blattes.

SF REVISION Visual aids in presentations

Präsentationsmedien wie Poster, Overhead-Folien, Tafelzeichnungen und Computerpräsentationen geben einem Vortrag Struktur und erleichtern den Zuhörern das Verständnis.

1. Verwende eine **Schriftgröße**, die von überall im Klassenraum gelesen werden kann. Überprüfe vor deiner Präsentation die Lesbarkeit von verschiedenen Stellen im Klassenzimmer aus.
2. Deine Folien, Poster usw. sollten eine **klare Struktur** haben. Benutze Fettdruck, Großbuchstaben und Symbole, um besonders wichtige Dinge hervorzuheben.
3. **Vermeide zu viele Informationen auf einmal.** Eine Idee pro Folie reicht bei einer elektronischen Präsentation vollkommen aus. Vermeide längere Texte. Lies deine Folien nicht vor – sie geben nur den Extrakt deiner Aussagen wieder oder stellen zusätzliches Material zur Verfügung.
4. **Bilder, Illustrationen und Grafiken** unterstützen das Gesagte und die Anschaulichkeit deines Vortrags. Auch hier gilt: auf die Größe achten!
5. Die einzelnen Visualisierungen brauchen einen **klaren Ablaufplan**. Verwende sie nacheinander und gib deinen Zuhörern die Möglichkeit, sie parallel zu deinem Vortrag lange genug wahrzunehmen.
6. Vermeide es, während der Präsentation selbst auf deine visuellen Hilfsmittel zu schauen. Halte zu jeder Zeit den **Blickkontakt** mit deinen Zuhörern aufrecht und achte auf deine **Körpersprache**. Verstecke dich nicht hinter einem Skript. Auch ein Lächeln kann sehr überzeugend sein!

SF REVISION Project skills

Organisation ist (fast) alles

Bei einer Projektarbeit, die du mit anderen gemeinsam durchführst, kommt es darauf an, dass du dich und deine Arbeit sehr gut organisierst und die einzelnen Phasen eines Projektes berücksichtigst. Meistens findet die Bearbeitung eines Projektauftrags innerhalb einer gewissen Zeitspanne statt, während parallel dazu der Unterrichtweitergeht. Oft findet also ein Großteil der Arbeit außerhalb des Unterrichts statt – ein guter Grund, um nochmals auf die einzelnen Schritte einer Projektarbeit zu schauen, die dir helfen sollen, zur verabredeten *deadline* dein fertiges Produkt abgeben zu können.

Projektarbeit Schritt für Schritt

Schritt 1: Entscheide dich für dein Thema
Zuerst musst du dir darüber klar werden, welches Thema dich interessieren könnte. Zu welchem Thema weißt du vielleicht schon etwas, sodass du auf diesem Wissen aufbauen kannst?

Schritt 2: Finde deine Projektpartner
Nun musst du Mitschülerinnen und Mitschüler finden, die dein Thema ebenfalls interessant finden. Bei einer Projektarbeit kommt es auch darauf an, dass sich Menschen mit unterschiedlichen Talenten in einer Gruppe finden: Wer kennt sich gut mit dem Internet aus, wer kann zeichnen, wer schreiben, ...?

Schritt 3: Tauscht eure Ideen aus
Was weiß eure Gruppe schon über das gewählte Thema? Wie soll eure Arbeit aussehen? Sammelt alle Ideen und Anregungen – vielleicht in Form einer *placemat* oder Mindmap? Vergesst nicht, euch auch auf die Form eures Handlungsproduktes, dem Ergebnis eurer Projektarbeit, zu einigen. Das kann zum Beispiel ein Poster, ein Text, ein Booklet oder eine Präsentation sein.

Schritt 4: Plant eure Arbeit
Wer übernimmt welche Aufgabe? Setzt euch einen realistischen Zeitrahmen und überprüft regelmäßig euren Arbeitsstand.

Schritt 5: Recherchiert Material
Für euer Produkt braucht ihr Informationen, Material, Bilder und vieles mehr. Stellt sicher, dass jeder etwas beiträgt.
▸ *Research, p. 130*

Schritt 6: Seid effizient
Haltet euch nicht zu lange an Materialien und Ideen auf, die euch nicht zum Ziel führen. Bei der Auswahl helfen euch unter anderem die Lesetechniken *skimming* und *scanning*.
▸ *Skimming and scanning, p. 139*

Schritt 7: Schreibt eine Outline
Wenn ihr ausreichend Material zusammengetragen habt, dann ordnet es anhand einer Outline an.
▸ *Outlining, p. 131*

Schritt 8: Beginnt mit der Herstellung eures Produktes

Beginnt recht zügig, die einzelnen Teile eures Produktes zusammenzufügen. Text, Bilder, aber auch Poster oder elektronische Präsentationen brauchen viel Zeit. Zeigt euch regelmäßig den Stand eurer Arbeiten, um mögliche Fehler frühzeitig zu bemerken.

Schritt 9: Kontrolliert gemeinsam das Produkt

Bevor ihr fertig seid, müsst ihr einen letzten Durchgang der Fehlersuche und -korrektur durchführen. Auch an Stil und Layout kann man jetzt noch Verbesserungen vornehmen.

Schritt 10: Präsentiert eure Ergebnisse

Wenn ihr eure Ergebnisse in einer Präsentation vorstellen wollt, müsst ihr diese gut vorbereiten. Denkt an eine aussagekräftige Visualisierung und ein Handout.

▸ *Giving a presentation, p. 132*
▸ *Giving a group presentation, p. 132*
▸ *Handouts, p. 133*
▸ *Visual aids in presentations, p. 133*

Schritt 11 (fakultativ): Beurteile deine eigene Arbeit

Denke zum Schluss an dein nächstes Projekt und beurteile daraufhin nochmals das gerade durchgeführte. Was ist euch gut gelungen? Worauf müsst ihr das nächste Mal stärker achten?

▸ *Peer evaluation, p. 136*

Schritt 12: Genießt die Ergebnisse

Ihr habt ganz selbstständig eine Aufgabe gemeistert und seid sicherlich zu tollen Ergebnissen gekommen. Genießt die Produkte der anderen Gruppen, lasst euch Zeit beim Anschauen und lobt eure Mitschülerinnen und Mitschüler für die Dinge, die ihnen besonders gut gelungen sind!

SF Peer evaluation ▸ Unit 1 (p. 11)

In allen Klassenstufen ist die Zusammenarbeit im Unterricht wichtig. Dabei geht es aber nicht nur um das gemeinsame Erstellen von Arbeitsprodukten, sondern zunehmend auch darum, die erbrachten Leistungen einzuschätzen und gegenseitig zu beurteilen. Damit die Rückmeldungen (*evaluations*) zielgerichtet und hilfreich sein können, muss man systematisch vorgehen und sich an bestimmte Regeln halten.

Schriftliches Englisch beurteilen *(evaluation of written English)*

Hier nimmt der Partner die Rolle eines Korrektors ein. Im gemeinsamen Gespräch soll ermittelt werden, wie sich der Stil, die Sprache, aber auch der Inhalt des betreffenden Textes verbessern lassen. In folgenden Schritten geht man vor:

Schritt 1: Der Text des Partners muss in Ruhe und genau gelesen werden.

Schritt 2: Positive Aspekte des Gesamtausdrucks werden notiert.

Schritt 3: Besonders gelungene Passagen werden im Text unterstrichen, damit sie als Beispiele herangezogen werden können.

Schritt 4: Verbesserungsvorschläge werden notiert. Das können einfache Rechtschreibkorrekturen sein, aber auch strukturelle oder inhaltliche Verbesserungen; in diesen Bereichen führt die individuelle Rückmeldung am schnellsten zum Erfolg.

Schritt 5: Man sollte auch immer über Verbesserungsmöglichkeiten sprechen – erst im Austausch der Ideen werden die Aspekte klar formuliert und helfen dem Verfasser weiter.

Mündliches Englisch beurteilen *(evaluation of spoken English)*

Gleichgültig, welche Art von mündlicher Leistung – ob nun ein Dialog oder ein Vortrag – evaluiert wird, kann man immer nach den gleichen Kriterien vorgehen:

1. Inhalt: Die Informationen sind sinnvoll ausgewählt und strukturiert und belegen ein sicheres Verständnis des Themas.

2. Strategie: Die Sprache wurde klar und gut formuliert eingesetzt, Lücken in Lexik und Grammatik konnten kompensiert werden, das Interesse der Zuhörer wurde geweckt.

3. Stil/Ausdruck: Die Sprache wurde präzise eingesetzt, der Wortschatz war differenziert, besondere Redemittel (z.B. zur Strukturierung oder zur Betonung) wurden eingesetzt.

Am effektivsten ist es, wenn man einen vorgefertigten Feedback-Bogen (*evaluation sheet*) verwendet, der es erlaubt, Kategorien des Sprechens schnell und zielgerichtet wahrzunehmen und zu beurteilen.

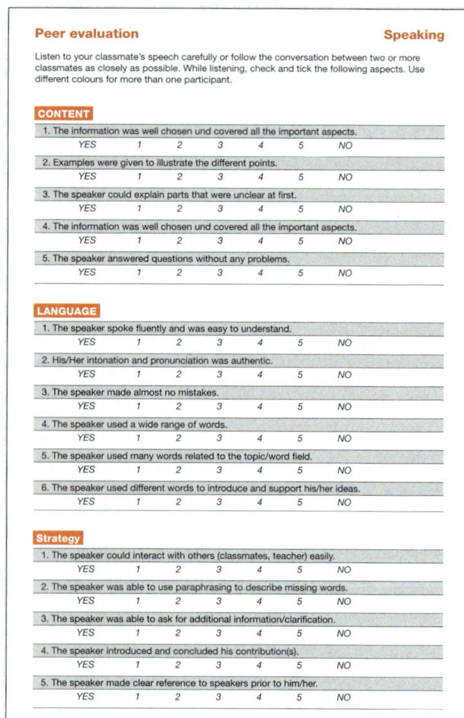
Peer evaluation **Speaking**

Listen to your classmate's speech carefully or follow the conversation between two or more classmates as closely as possible. While listening, check and tick the following aspects. Use different colours for more than one participant.

CONTENT

1. The information was well chosen und covered all the important aspects.
   YES 1 2 3 4 5 *NO*
2. Examples were given to illustrate the different points.
   YES 1 2 3 4 5 *NO*
3. The speaker could explain parts that were unclear at first.
   YES 1 2 3 4 5 *NO*
4. The information was well chosen und covered all the important aspects.
   YES 1 2 3 4 5 *NO*
5. The speaker answered questions without any problems.
   YES 1 2 3 4 5 *NO*

LANGUAGE

1. The speaker spoke fluently and was easy to understand.
   YES 1 2 3 4 5 *NO*
2. His/Her intonation and pronunciation was authentic.
   YES 1 2 3 4 5 *NO*
3. The speaker made almost no mistakes.
   YES 1 2 3 4 5 *NO*
4. The speaker used a wide range of words.
   YES 1 2 3 4 5 *NO*
5. The speaker used many words related to the topic/word field.
   YES 1 2 3 4 5 *NO*
6. The speaker used different words to introduce and support his/her ideas.
   YES 1 2 3 4 5 *NO*

Strategy

1. The speaker could interact with others (classmates, teacher) easily.
   YES 1 2 3 4 5 *NO*
2. The speaker was able to use paraphrasing to describe missing words.
   YES 1 2 3 4 5 *NO*
3. The speaker was able to ask for additional information/clarification.
   YES 1 2 3 4 5 *NO*
4. The speaker introduced and concluded his contribution(s).
   YES 1 2 3 4 5 *NO*
5. The speaker made clear reference to speakers prior to him/her.
   YES 1 2 3 4 5 *NO*

LISTENING AND READING SKILLS

SF REVISION Listening

Vor dem Hören

- Frag dich, was du schon über das Thema weißt.
- Nutze Überschriften oder Bilder um zu erahnen, was dich z. B. bei einer Geschichte erwarten könnte.
- Lies dir die Aufgaben auf deinem Aufgabenblatt genau durch und überlege, auf welche Informationen du dich konzentrieren musst.
- Bereite dich darauf vor, Notizen zu machen. Leg z. B. eine Tabelle oder Liste an.

Während des Hörens

Listening for gist:
Konzentriere dich beim ersten Hören auf allgemeine Informationen, z. B. die Personen (unterschiedliche Stimmen), das Thema, die Umgebung (Geräusche), die Atmosphäre (die Sprechweise der Leute).

Listening for detail:
- Mach dir noch einmal bewusst, worauf du genau achten willst (Hörauftrag), besonders bei Durchsagen (*announcements*), die du vielleicht nur einmal hören kannst.
- Gerate nicht in Panik, wenn du meinst, du hättest gerade etwas Wichtiges verpasst. Konzentriere dich auf die nächste wichtige Information.
- Lass dich nicht von anderen Einzelheiten oder Geräuschen ablenken.
- Mach nur kurze Notizen, z. B. Anfangsbuchstaben, Symbole oder Stichworte.
- Manche Signalwörter machen es dir leichter, den Hörtext zu verstehen.
  Aufzählung: **and**, **another**, **too**
  Gegensatz: **although**, **but**
  Grund, Folge: **because**, **so**, **so that**
  Vergleich: **larger/older/... than**, **as ... as**, **more**, **most**
  Reihenfolge: **before**, **after**, **then**, **next**, **later**, **when**, **at last**, **at the same time**
- Auch andere Details wie z. B. die Stimme, der Akzent oder der Tonfall des Sprechers oder der Sprecherin können dir helfen, Informationen über seine oder ihre Gefühle, Herkunft usw. zu bekommen.
- Unterteile Telefonnummern beim Aufschreiben: 0171 572 4258.

Nach dem Hören

- Vervollständige deine Notizen sofort.
- Wenn du den Text ein zweites Mal hören kannst, konzentriere dich auf das, was du beim ersten Mal nicht genau verstanden hast.
- Schau dir noch einmal die Aufgabenstellung an. Sollst du die gehörten Informationen nutzen, um einen neuen Text zu schreiben? Dann achte auf die richtige Textform: Bericht, Beschreibung, ...

SF REVISION Taking notes

Worum geht es beim Notizen machen?

Wenn du beim Lesen oder Zuhören Notizen machst, kannst du dich später besser daran erinnern, wenn du etwas vortragen, nacherzählen oder einen Bericht schreiben sollst.

Wie mache ich Notizen?

In Texten oder Gesprächen gibt es immer wichtige und unwichtige Wörter. Die wichtigen Wörter werden **Schlüsselwörter *(key words)*** genannt und nur die solltest du notieren. Meist sind das Substantive und Verben, manchmal auch Adjektive oder Zahlen.

Deine Notizen sollten knapp sein:

- Verwende Ziffern (z. B. „7" statt „seven").
- Verwende Symbole und Abkürzungen, z. B. ✔ (für Ja) und + (für und) oder GB für Great Britain, K für Katrina.
  Du kannst auch eigene Symbole erfinden.
- Verwende not oder ✗ statt „doesn't" oder „don't".

SF REVISION Marking up a text

Wann sollte ich einen Text markieren?

Du hast einen Text mit vielen Fakten vor dir liegen und sollst später über bestimmte Dinge berichten. Dann wird es dir helfen, die für dich wichtigen Informationen im Text zu markieren.

Wie gehe ich am besten vor?

Lies den Text und markiere nur die für dein Thema wichtigen Informationen. Nicht jeder Satz enthält Informationen, die für deine Aufgabe wichtig sind, und oft reicht es aus, nur ein oder zwei Wörter in einem Satz zu markieren.

- Du kannst wichtige Wörter einkreisen.
- Du kannst sie unterstreichen.
- Du kannst sie mit einem Textmarker hervorheben.

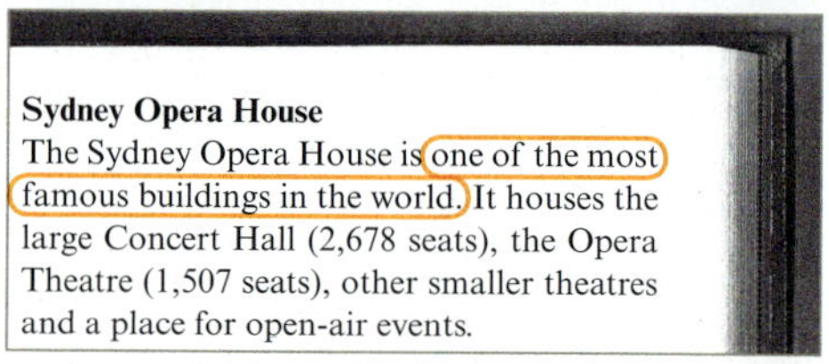

Sydney Opera House
The Sydney Opera House is one of the most famous buildings in the world. It houses the large Concert Hall (2,678 seats), the Opera Theatre (1,507 seats), other smaller theatres and a place for open-air events.

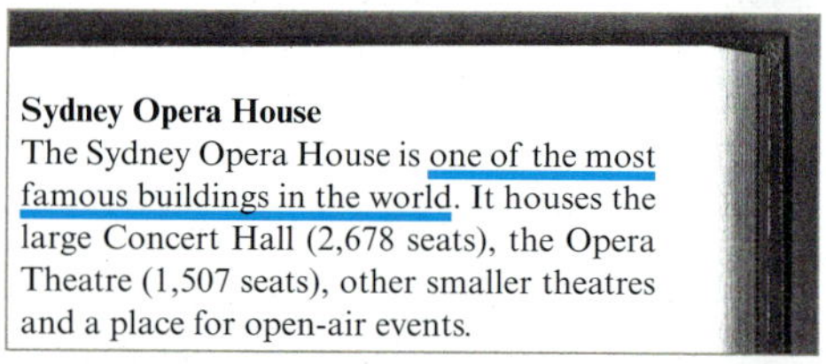

Sydney Opera House
The Sydney Opera House is <u>one of the most famous buildings in the world</u>. It houses the large Concert Hall (2,678 seats), the Opera Theatre (1,507 seats), other smaller theatres and a place for open-air events.

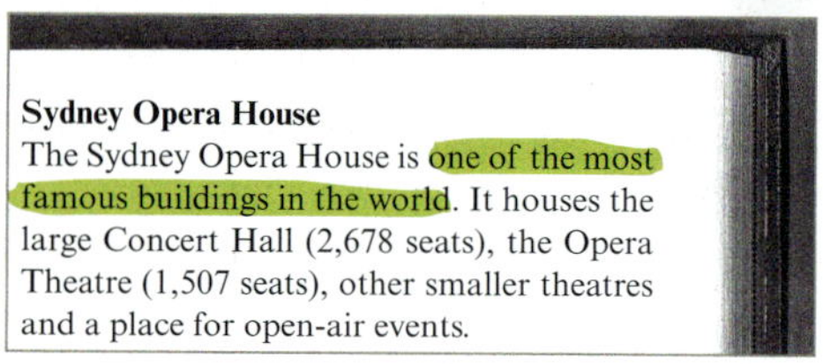

Sydney Opera House
The Sydney Opera House is one of the most famous buildings in the world. It houses the large Concert Hall (2,678 seats), the Opera Theatre (1,507 seats), other smaller theatres and a place for open-air events.

ABER:
Markiere nur auf Fotokopien von Texten oder in deinen eigenen Büchern.

REVISION Reading course – Zusammenfassung

Working out the meaning of words

Das Nachschlagen unbekannter Wörter im Wörterbuch kostet Zeit und nimmt auf Dauer den Spaß am Lesen. Oft geht es auch ohne Wörterbuch:

1. Bilder und Zeichen erklären und ergänzen oft Dinge aus dem Text. Schau sie dir deshalb vor und nach dem Lesen genau an.
2. Manche Wörter erklären sich aus dem Textzusammenhang, z. B. *When we **reached** the station, Judy bought our tickets.*
3. Zu manchen englischen Wörtern fallen dir vielleicht deutsche, französische oder lateinische Wörter ein, die ähnlich geschrieben oder ausgesprochen werden, z. B. **excellent**, **millionaire**, **nation**, **reality**.
4. Es gibt neue Wörter, in denen du bekannte Teile entdeckst, z. B. **friendliness**, **helpless**, **understandable**, **gardener**, **tea bag**, **waiting room**.

Skimming and scanning

Beim **Skimming** überfliegst du einen Text schnell, um dir einen **Überblick** zu verschaffen. Du willst dabei herausfinden, worum es in dem Text geht. Achte dabei auf

- die **Überschrift**,
- die **Zwischenüberschriften** und hervorgehobene Wörter oder Sätze,
- die **Bilder** und **Bildunterschriften**,
- den **ersten Satz** und den **letzten Satz** jedes Absatzes,
- **Grafiken**, **Statistiken** und die **Quelle** des Textes.

Beim **Scanning** suchst du nach **bestimmten Informationen**. Dazu suchst du den Text nach Schlüsselwörtern (*key words*) ab und liest nur dort genauer, wo du sie findest. Geh dabei so vor:

Schritt 1: Denk an die Schlüsselwörter und geh mit deinen Augen oder dem Finger schnell durch den Text, in breiten Schlingen wie bei einem „S" oder „Z" oder von oben nach unten wie bei einem„U". Die gesuchten Wörter werden dir sofort „ins Auge springen".

Schritt 2: Wenn das gesuchte Wort nicht im Text vorkommt, überlege dir andere, themenverwandte Wörter (z. B. **lesson** → **school**, **subject**) und suche nach diesen.

Finding the main ideas of a text

Zeitungsartikel, Berichte oder Kommentare verstehst du besser, wenn du ihre wesentlichen Aussagen erkennst und dir klar machst, wie sie zusammenhängen. Die wichtigsten Aussagen findest du so:

1. Jeder Text hat ein Thema mit mindestens einer Hauptaussage, z. B.: *Drinking soda is one of the worst things you can do to your health.* Diese Hauptaussage findest du oft im **ersten Absatz**.

2. Die Hauptaussage wird in der Regel durch weitere Aussagen bzw. Gedanken unterstützt, z. B.: *Experts agree that sugary soft drinks and fast food are the main reasons why so many American teenagers are fat.*

3. Diese weiteren Aussagen bzw. Gedanken werden oft durch Beispiele und Begründungen ergänzt, z. B.: *About 7% of the calories that they take in come from soft drinks alone.*

Careful reading

Schwierige Texte musst du besonders sorgfältig und konzentriert lesen, damit du alle darin enthaltenen Informationen und Gedanken verstehst.

1. Lies den Text genau. Welches sind seine wesentlichen Aussagen? (▸ *Finding the main ideas of a text, pp. 136–137*)

2. Manchmal musst du dir die Antwort auf eine Frage aus einzelnen Informationen erschließen, die du an verschiedenen Stellen im Text findest. Nimm zum Beispiel den Text auf S. 38: Warum heißt es in der Überschrift, wir seien alle *bystanders*? Für die Antwort musst du mehrere Aussagen aus dem Text zusammentragen:

FACTS: Concrete example: Peggy, who did not act when Stewart was bullied by other boys. Everybody has experienced similar situations where we witness a problem, realize we should do something and still don't do anything.
CONCLUSION: We are all bystanders or at least we are all at risk of remaining bystanders.

Text types: fiction and non-fiction

Wenn du einen Text liest, ist es sinnvoll sich klar zu machen, ob er von einer vom Autor erdachten Welt handelt (*fictional text*, deutsch: Dichtung) oder sich mit der Wirklichkeit auseinandersetzt (*non-fictional text*, deutsch: Sachtext).

Fiktionale Texte sind z. B. Kurzgeschichten und Romane. Der Autor wählt Figuren (*characters*) aus und erzählt von ihren Gefühlen und Handlungen, von deren Motiven und Hintergründen. Die Handlungen finden in einem oder mehreren Handlungsrahmen statt, z. B. an einem Ort, zu einer bestimmten Zeit und unter bestimmten Umständen (*setting*). Die Ereignisse können aus verschiedenen Perspektiven erzählt werden (*point of view*). Oft verwendet der Autor für seine Geschichte eine anschauliche Sprache, z. B. ausschmückende Adjektive, Metaphern, Vergleiche, direkte Rede oder er lässt den Leser an den Gedanken seiner Figuren oder des Erzählers teilhaben.

Nicht-fiktionale Texte sind z. B. Berichte in Zeitungen, wissenschaftliche Artikel, Aufsätze oder Kommentare. Hier informiert der Autor über ein Thema der realen Welt oder nimmt Stellung dazu.

Es gibt auch Texte, die ein **Mischform** aus beiden Textarten sind.

SF REVISION Reading literature

Sachtexte und literarische Texte

Wie bei allen Texten handelt es sich auch bei englischen Texten entweder um Sachtexte oder um literarische Texte. **Sachtexte** – z. B. Zeitungsberichte oder Reden – wollen vorwiegend informieren oder zu etwas auffordern. **Literarische Texte**, die oft in einer besonderen Form oder Sprache verfasst sind, zeigen eine Welt oder Umgebung, die der Autor oder die Autorin erdacht hat. Im Englischen nennt man diese Texte auch *fiction*, weil sie von einer erdachten oder erfundenen (englisch: *fictional*) Welt handeln, im Gegensatz zu *non-fiction*, die sich mit der wirklichen Welt auseinandersetzt. Manche Texte liegen in einem Grenzbereich dazwischen.

Alles, was für das Lesen von Texten im Allgemeinen gilt (▸ *Reading Course, pp. 139–140*), trifft auch für das Lesen von Literatur zu. Deshalb ist es ratsam, auch in literarischen Texten Dinge zu markieren, die auffallen oder wichtig erscheinen.

Literarische Gattungen und ihre Merkmale

Grundsätzlich unterscheidet man drei Arten von literarischen Texten bzw. **literarischen Gattungen** (*genre*): Gedichte (Lyrik = *poetry*), Erzähltexte (Epik = *prose literature* oder *fiction*; damit wird der Begriff *fiction* im Englischen auch in einem etwas anderen, engeren Sinne gebraucht) und Dramen (Dramatik = *drama*).

Die Gattungen unterscheiden sich meist bereits in ihrer äußeren Form. In der Regel
- bestehen Gedichte aus gebundener Sprache, d. h. aus Verszeilen und Strophen *(lines/verses and stanzas)*,
- haben Erzähltexte fortlaufenden Text *(prose)*,
- ist ein Drama in Monologen und Dialogen *(monologues/dialogues)* als direkte Rede gesetzt.

Man kann Literatur einfach zum Vergnügen lesen, zum Beispiel, weil die Geschichte, ein bestimmtes Thema oder die dargestellten Personen interessant, spannend oder unterhaltend erscheinen. Zum besseren Verständnis kann es aber beitragen, wenn man etwas über formale, stilistische oder technische Besonderheiten des Textes weiß. Dann kann man sich beim Lesen überlegen, warum der Autor oder die Autorin wohl ausgerechnet diese Mittel einsetzt und welcher Eindruck oder welches Gefühl dadurch während des Lesens entsteht. Solche Besonderheiten sind beispielsweise

in Erzähltexten *(prose literature/fiction)*
- die Entwicklung der Handlung *(plot)*, die sich in verschiedene Handlungsstränge *(subplots)* unterteilen kann,
- die Figur des Erzählers *(narrator)*, dessen Beziehung zur Handlung oder Verhältnis zu anderen handelnden Personen die Erzählperspektive *(point of view)* prägt; im Englischen unterscheidet man zwischen einem *limited* und einem *unlimited point of view*, was gleichzeitig beschreibt, wie viel der Erzähler über die Geschehnisse und deren Vorgeschichte und Auswirkungen weiß,
- die Beschreibung der Figuren *(characters)*, die direkt oder indirekt erfolgen kann *(direct or indirect characterization)*,
- die Atmosphäre *(atmosphere)*,

It was one January morning, very early – a pinching, frosty morning – the cove all grey with hoar-frost, the ripple lapping softly on the stones, the sun still low and only touching the hilltops and shining far to seaward. The captain had risen earlier than usual and set out down the beach [...] I remember his breath hanging like smoke in his wake as he strode off.

From Treasure Island *by Robert Louis Stevenson*

In Erzähltexten wird der Schauplatz (*setting*) häufig durch bildhafte Adjektive, Vergleiche und Metaphern beschrieben.

- der Aufbau von Spannung (*suspense*),
- die vom Autor gewählte Form oder Strukturierung des Erzähltextes als Roman (*novel*), Kurzgeschichte (*short story*) o.Ä., die durch ihre charakteristischen Elemente die Aussage des Textes mitformen.

in Gedichten *(poetry)*
- die äußere Aufteilung in Strophen (*stanzas*),
- die Verwendung von Reim am Ende, aber auch innerhalb der Zeile (*end rhyme and internal rhyme*), wobei ein Muster (*rhyme scheme*) entstehen kann, das z.T. auf etablierte Formen zurückgreift (z.B. beim Sonett) oder auch ein ganz individuell neues Schema begründet,
- ein Rhythmus (*rhythm*), dessen Folge von betonten und unbetonten Silen ein mehr oder minder regelmäßiges Metrum (*metre*) ergeben kann,
- eine auffällige bildhafte Sprache (*imagery: metaphors, similes and symbols*),
- weitere strukturelle Elemente wie das Verwenden eines Refrains (*refrain*), inhaltliche oder formale Wiederholungen (*repetitions*) oder lautliche Besonderheiten (*alliteration, assonance*),

Castaway

The sea is a numberless army
Surrounding my desert isle.
The wind is its heartless general,
Howling mile after mile.
As wave after wave hits the beaches,
I catch sight of a hopeful white sail;
Then storm clouds hide the horizon
And all hope disappears in the gale.

Stephen Brock

Gedichte können Reime und Metaphern enthalten.

in Dramen *(drama)*
- die Art und Weise, wie Handlung in Dialogen (*dialogues*) und Monologen (*monologues*) sichtbar gemacht wird,
- Textmerkmale, die daher rühren, dass der Text für die Aufführung auf einer Bühne (*stage performance*) geschrieben wurde,
- die Aufteilung der Handlung in Akte und Szenen (*acts and scenes*), durch deren Anordnung Spannung entwickelt werden kann,
- die Konstellation von Charakteren, die Held bzw. Heldin (*protagonist*), Gegner (*antagonist*) oder Partner sein können; sie ist der Auslöser für einen oder mehrere Grundkonflikte (*conflicts*), die das Drama prägen,
- die dramatische Sprache, die alltäglich klingen kann, aber verschiedene Funktionen hat: Information über Motive und Hintergründe oder Pläne, Beschreibung der Charaktere, Vorantreiben der Handlung, Spannungsaufbau,
- die Bedeutung von Bühnenanweisungen (*stage directions*).

Enter Jack.

Gwendolen — *(Catching sight of him.)* Ernest! My own Ernest!
Jack — Gwendolen! Darling! *(Offers to kiss her.)*
Gwendolen — *(Draws back.)* A moment! May I ask if you are engaged to be married to this young lady? *(Points to Cecily.)*
Jack — *(Laughing.)* To dear little Cecily! Of course not! What could have put such an idea into your pretty little head?
Gwendolen — Thank you. You may! *(Offers her cheek.)*
Cecily — *(Very sweetly.)* I knew there must be some misunderstanding, Miss Fairfax. The gentleman *whose arm is at present round your waist* is my guardian, Mr. John Worthing.

From The Importance of Being Earnest *by Oscar Wilde*

In einem Drama ergeben sich sowohl aus den Dialogen als auch als den Bühnenanweisungen (*stage directions*) Handlungsanweisungen für die Darsteller.

Es kommt auch vor, dass man – vor allem literarische – Texte nicht nur verstehen, sondern umsetzen muss, indem man sie darstellt oder einfach nur ausdrucksvoll spricht, indem man eigene Formen von Literatur verfasst, sie um- oder weiterschreibt. Gerade dann ist es wichtig, dass man die Besonderheiten des zugrundeliegenden Textes klar analysiert.

Über literarische Texte sprechen

Wenn man über literarische Texte schreiben oder sprechen will, sind folgende Formulierungen hilfreich:

The story/novel/play/poem/song is about ...
The story is set in ...
The text tells the story of ...
The author uses a ...

XY is the narrator of the story; he/she only has a limited point of view.
The main character/hero/is ...
He/She comes across as a strong/weak/aggressive/brave/... person.
He/She is characterized indirectly by his/her way of ...

I liked it/didn't like it when ...
I found the ending/story/characters interesting/funny/confusing ...
The words and expressions in the text create an exciting/thrilling/... atmosphere.
It makes me feel compassionate for ... / frustrated / ... like/unlike the main character.
The text conveys a happy/sad/angry/... feeling.

The poem consists of ... verses/stanzas, each with ... lines.
The lines of the poem (don't) rhyme.
Every other line rhymes.
The speaker of the poem describes/utters/is in doubt about ...
I think ... is a metaphor for/symbol of ...
In lines ... and ... you can find an alliteration/parallelism/rhetorical question.
This focuses our attention on the fact that ...
With it the author wants to express ...

In the play the dramatist is concerned with the issue/topic ...
In the dialogue between ... and ... there is a lot of emotion/tension/anger/humour/arrogance ...
The action takes place during ... / in ...
The stage directions are (not) very detailed.
In the play a conflict develops between ... and ... which refers to ...
At the end there is a lot of suspense whether there will be a catastrophe or a happy ending.

SF Identifying style and register ▸ *Unit 2 (p. 31)*

Je nach Situation, Themenbereich und beabsichtigter Wirkung können sich Menschen spezifischer Sprachstile *(style, register)* bedienen, die sich hinsichtlich der Wortwahl und der Satzstrukturen voneinander unterscheiden.
Man spricht allgemein von den folgenden Stilebenen:

- **Förmliche Sprache *(formal language)*:** Gebrauch von weniger geläufigen Wörtern (oft Fachbegriffe, Latinismen oder Gräzismen), sehr schwierige Satzstrukturen (viele Nebensätze, Partizipien), keine Verkürzungen (wie z.B. *he's*).
- **Neutrale Sprache *(neutral language)*:** Allgemein leichter verständlich. Die Wortwahl weist auf keine Wertung hin. Keine umgangssprachlichen Wörter oder Wendungen, leicht nachvollziehbarer Satzaufbau.
- **Umgangssprache *(informal language)*:** Viele einfachere Wörter, oftmals Abbildung gesprochener Sprache – häufiger Gebrauch von Verkürzungen, hohe Frequenz an Fragen („You know what I mean?"), dabei auch oft fehlerhafte Verwendung der Grammatik.
- **Saloppe Umgangssprache *(slang)*:** Einfachstes sprachliches Niveau, oft mit fehlerhafter Verwendung von Grammatik und Lexik, bildhafte Ausdrücke und Redewendungen, verstärkter Gebrauch verknappter Satz- und Wortstrukturen.

SF Understanding adverts ▸ *Unit 1 (pp. 16–17)*

Werbung folgt fast immer dem so genannten AIDA-Prinzip:

- ***Attention:*** Zuerst muss die Aufmerksamkeit des Kunden gewonnen werden. Das erreicht man meist durch Bildbotschaften, oft in Kombination oder im Kontrast mit einer Überschrift oder einem Slogan.
- ***Interest:*** Nun wird das Interesse der potenzieller Kunden geweckt, die wissen möchten, was hinter den auffälligen Botschaften der Werbeanzeige steht.
- ***Desire:*** Die dargebotene Produktinformation muss so gestaltet sein, dass der Kunde ein spontanes Verlangen verspürt, das Produkt besitzen zu wollen.
- ***Action:*** Um ihm oder ihr nun noch die (Kauf-)Entscheidung zu erleichtern, muss man ihm klar machen, wie leicht es ist aktiv zu werden und das Produkt zu kaufen.

Nach dem gleichen Prinzip funktionieren auch Werbeanzeigen, die dem Betrachter weniger einen Kauf als vielmehr ein Verhalten nahe legen wollen.

SF Analysing newspaper articles ▸ *Unit 2 (p. 34)*

Zeitungsartikel setzen sich größtenteils mit aktuellen Vorgängen auseinander, je nach gewählter Textsorte (z. B. Nachricht, Reportage, Kommentar oder Leserbrief/ *letter to the editor*) mit der Absicht der Informations- oder Meinungsvermittlung geschieht dies mehr oder minder objektiv. Folgende Aspekte spielen bei ihrer Analyse eine Rolle:

- **Inhalt *(contents)*:** Aus dem Text, aber auch den möglicherweise beigefügten Illustrationen muss der Informationsgehalt erschlossen werden (*wh-questions*).
- **Aufbau *(structure)*:** Die innere Struktur eines Artikels wird oft durch das Layout unterstützt, z. B. durch die Überschrift (*headline*), die Unter- oder Zwischenüberschrift (*subheading*) oder Bildunterschriften (*captions*). In der so genannten *byline* wird die Verfasserin bzw. der Verfasser des Artikels genannt.
- **Stil *(style and register)*:** Besonders in seriösen Zeitungen wird ein förmlicher Stil bevorzugt.
- **Argumentation *(argumentation)*:** Die Verfasserin bzw. der Verfasser stellt bestimmte Thesen auf, die mit Argumenten unterstützt werden. Als Leser sollte man diese Argumentation nachvollziehen und stets kritisch hinterfragen.
- **Grafische Gestaltung *(layout)*:** Zeitungen können sich voneinander durch ihre Gestaltung unterscheiden, z. B. durch die Art, Größe und evtl. Farbe der Schrift, die Art der Seitenaufteilung oder die spezifische Verwendung von Illustrationen und Fotos.

Für die Beiträge in Online-Zeitungen gilt all dies entsprechend. Hyperlinks und Foren (*open threads*) ermöglichen den Lesern weitere Recherche und Kommentierung.

MEDIATION COURSE – Zusammenfassung

Sprachmittlung (*mediation*) ist die Überführung eines Inhalts von einer Ausgangssprache in eine Zielsprache wie es zum Beispiel geschieht, wenn sich zwei Menschen miteinander verständigen wollen, die nicht dieselbe Sprache sprechen, und ein Dritter die Mittlerrolle übernimmt.

Unter Sprachmittlung versteht man sowohl freie Formen der Übertragung in die jeweils andere Sprache, bei denen der Inhalt gekürzt und zusammengefasst wird (das ist Mediation im engeren Sinne des Wortes), als auch strenge Formen, bei denen ein Text ungekürzt und wortgetreu in eine andere Sprache übersetzt wird.

Sprachmittlung kann sowohl mündlich als auch schriftlich und in beide Sprachrichtungen (zum Beispiel vom Englischen ins Deutsche und umgekehrt) erfolgen, wobei die wörtliche Übersetzung in der Schule in der Regel nur schriftlich erfolgt.

Oral and written mediation ▸ *Unit 1 (p. 25), Unit 2 (p. 40)*

Bei der Mediation im engeren Sinne wird immer auch gekürzt, d. h. nur die wichtigsten Informationen werden ausgewählt und in die andere Sprache übertragen. Insofern kann man die Mediation auch als eine Art mündliche oder schriftliche *summary* in der jeweils anderen Sprache bezeichnen. Alle Tipps und Hilfsmittel, die zu einer erfolgreichen *summary* beitragen (im Schriftlichen z. B. die Wegstreich- oder Zettelmethode), können also auch bei der Mediation angewendet werden. (▸ *Summary writing, p. 147*)
Folgende Tipps sind für schriftliche wie mündliche Formen der Mediation hilfreich:

- Die gegebene Situation sowie die Wünsche und Bedürfnisse des Adressaten sollten berücksichtigt werden. Es macht einen Unterschied, ob man für die eigene Großmutter, für einen Freund oder für die zukünftige Chefin sprachmittelt.
- Der Text sollte nur die wichtigen und zentralen Informationen wiedergeben, die zum Gesamtverständnis notwendig sind. Unwichtige Informationen sollte man weglassen.
- Die Struktur und die Logik des Originaltextes dürfen geändertwerden, wenn die Botschaft auf diese Weise klarer und verständlicher beim Adressaten ankommt.
- Begriffe, z. B. Fachtermini, deren Übersetzung man nicht kennt oder für die es in der anderen Sprache vielleicht gar keine Entsprechung gibt, muss man umschreiben. Dies kann z. B. mit Relativsätzen geschehen:
  It's somebody/a person who ... / It's something that you use ... / It's an animal that ... / It's a place that/where ...
  (▸ *Paraphrasing, p. 147*)

Bei der Mediation kann es also notwendig sein, Informationen *hinzuzufügen*, nämlich dann, wenn ein bestimmter Name, ein Begriff oder eine Tätigkeit dem Adressaten aufgrund kultureller Unterschiede vermutlich nichts sagt. In diesem Fall sollte man eine zusätzliche Erläuterung geben, also ausführlicher sein, als es der Ausgangstext ist:
In Hindelang erlebten wir den Almabtrieb. → **In Hindelang we saw the 'Almabtrieb', the ceremonial driving down of cattle from the mountain pastures into the valley in the autumn.**

Speziell bei der mündlichen Sprachmittlung ist es wichtig, genau auf die Reaktionen des Gegenübers zu achten und auf diese ggf. mit weiteren Erläuterungen einzugehen. Auch Rückfragen sind möglich. In der mündlichen Sprachmittlung können unterstützend auch Gestik und Mimik eingesetzt werden.

Translation ▸ *Unit 3 (p. 59)*

Für Übersetzungen gilt als Faustregel: „So nah am Originaltext wie möglich, so frei wie nötig". Einerseits soll die Übersetzung die allgemeine Tendenz und Aussage des Originals, aber auch seine Formulierungen bis ins Detail so genau wie möglich wiedergeben. Andererseits soll man dem so entstandenen Text möglichst gar nicht ansehen, dass er eine Übersetzung aus einer anderen Sprache ist; er soll sich also so natürlich lesen, als sei er selbst das Original.

So dürfen Ausdrücke und Redensarten (*idioms and sayings*) nicht Wort für Wort übersetzt werden, sondern man muss ihre Entsprechung in der Zielsprache finden – wenn es denn überhaupt eine gibt:
He acted like a bull in a China shop. → Er verhielt sich wie ein Elefant im Porzellanladen.
It's Greek to me. → Ich verstehe nur Bahnhof.
The early bird catches the worm. → Morgenstund hat Gold im Mund.

Auch sollten bestimmte grammatische Strukturen wie z. B. englische Partizipialkonstruktionen aufgelöst und so formuliert werden, wie es in der Zielsprache üblich ist:
Standing at the window he saw his friend. → Er stand am Fenster, als er seinen Freund sah.

Für eine gelungene Übersetzung sollte man Folgendes beachten:

- Am besten beginnt man nicht sofort mit dem Übersetzen, sondern versucht zunächst, den Text in seiner Gesamtheit zu erfassen, indem man ihn mehrmals vollständig durchliest. Wenn man mit einer Kopie arbeitet, kann man dabei unklare oder schwierige Passagen markieren; unbekannte Wörter lassen sich im Wörterbuch nachschlagen und ihre Übersetzung notieren.
- Eine Rohübersetzung lässt sich schrittweise korrigieren, wenn man von vornherein Platz für Verbesserungen (Leerzeilen) lässt. Am Schluss wird der Text ins Reine geschrieben.
- Nach der Fertigstellung sollte die Übersetzung nochmals geprüft werden: auf Zusammenhang und Verständlichkeit („Ergibt dieser Abschnitt überhaupt einen Sinn?"), auf Vollständigkeit (übersehen werden oft so genannte „kleine" Wörter, z. B. *however, yet, also* die Überschrift, manchmal auch ein Nebensatz) und auf die Idiomatik („Klingt der Text stilistisch gut und richtig?").

SPEAKING AND WRITING SKILLS

SF REVISION Paraphrasing

Worum geht es beim Paraphrasing?

„Paraphrasing" bedeutet, etwas mit anderen Worten zu erklären. Das ist hilfreich, wenn dir ein bestimmtes Wort nicht einfällt oder wenn dein Gegenüber dich nicht verstanden hat. Paraphrasing ist auch besonders nützlich für **mediation** (▸ *Mediation, p. 140*).

Wie gehe ich beim Paraphrasing vor?

- Man kann mit einem Ausdruck umschreiben, der dieselbe Bedeutung hat:
  'To wonder' is the same as 'to ask yourself'.
  Oder man sagt das Gegenteil:
  'Alive' is the opposite of 'dead'.
- Manchmal braucht man mehrere Wörter, z.B. wenn man etwas beschreibt oder erklären will, wie man etwas verwendet. Dabei verwendet man ein allgemeines Wort (**general word**) und nennt weitere Eigenschaften:
  A skyscraper is a very tall building.
- Oder du umschreibst das Wort mit **... is/are like ...**
  A lodge is like a small house or cabin. You find it in the country.
- Du kannst auch einen Relativsatz (**relative clause**) verwenden:
  She is somebody who looks after small children. – Ah, she's a nanny!
  A ticket office is a shop where you can buy tickets for shows and concerts.

SF REVISION Brainstorming

Was ist Brainstorming und wofür ist es gut?

Bei vielen Aufgaben ist es nützlich, wenn du im ersten Schritt möglichst viele Ideen zum Thema sammelst. Beim Sammeln und beim Auswerten der Ideen helfen dir die folgenden Techniken.

Drei verschiedene Brainstorming-Techniken

Technik 1: Making a list
Schreib die Ideen so auf, wie sie dir einfallen, und zwar für jede Idee eine neue Zeile. Lies im zweiten Schritt alle deine Ideen durch. Überlege, welche Ideen davon für dein Thema sinnvoll sind und nummeriere sie nach Nützlichkeit.

6. watch DVDs
3. swimming pool
no jobs for parents
parents not at home
1. sleep late – every morning
~~hang out~~
2. no homework
5. disco/party with friends
watch TV
4. see friends cinema

Technik 2: Making a mind map
Leg eine Mindmap an. Überlege dafür, welche Oberbegriffe zu deinem Thema passen. Verwende unterschiedliche Farben für jeden Oberbegriff. Ergänze jede Idee, die zu einem Oberbegriff passt, auf einem Nebenast. Nimm dafür nur wichtige Schlüsselwörter. Du kannst statt Wörtern auch Symbole verwenden und Bilder ergänzen.

Technik 3: The 5 Ws
Schreib die Fragewörter **Who? What? When? Where? Why?** in eine Tabelle. Die Ideen, die dir zu der jeweiligen Frage kommen, werden darunter geschrieben.

REVISION Speaking course – Zusammenfassung

Having a conversation

Ein Gespräch beginnen

Ein Gespräch auf Englisch zu beginnen ist einfacher, als du vielleicht denkst. Es gibt immer mehrere Möglichkeiten:

- **Wenn du etwas erfragen willst** (z. B. den Weg oder die Uhrzeit) **oder um Hilfe bitten möchtest:**
  Excuse me, do you know ... • Excuse me, can you tell me ... • Excuse me, do you know where... • Could you help me, please?
- **Wenn du jemanden begrüßen möchtest oder kennenlernst:**
  Hi! • Hello! • Good morning. • (bei Erwachsenen) Good afternoon.
  Oft kann man das Gespräch dann mit einer allgemeinen Bemerkung weiterführen: **Great day today! • Nice concert, isn't it? • ...**
  Oft hört man zur Begrüßung auch **How are you?** oder **How do you do?** Das sind einfache Begrüßungsformeln, auf die keine ausführliche Antwort erwartet wird. Am besten sagst du einfach **Fine, thanks. How about you?**
- **Wenn du jemanden wiedertriffst:**
  Hi, ..., how are things? • Hi, how is it going? • How are you? • Hi, good to see/meet you.

Ein Gespräch führen

Für den weiteren Verlauf des Gesprächs sind diese Wendungen nützlich:

- **Sich vorstellen:** **By the way, my name's ... • I'm ...**
- **Sich kennen lernen:** **Have you ... before? • Have you ever ...? • What about you?**
- **Sich bedanken/auf Dank reagieren:** **Thanks! • Thanks for your help. • You're welcome.**
- **Sich verabschieden:** **See you tomorrow/next week. • Bye!**

Und wenn du einmal etwas nicht verstanden hast, kannst du nachfragen:
Sorry, I didn't get that. • Sorry, can you say that again, please?

Asking for, confirming, giving information

Ein Gespräch ist mehr als nur der Austausch von Informationen; es kommt auch auf einen höflichen und angenehmen Ton an. Das gilt natürlich auch für Gespräche auf Englisch. Diese Wendungen können hilfreich sein:

- **Asking for information:** Oft beginnt man eine Anfrage oder Auskunft mit **Excuse me... • Excuse me, could you tell me, ... • Would you mind telling me ... • Sorry, I'd just like to know ... • I'm not quite sure about ... • Is it/Are they ...? • Is it right that ...? • Can I just ask ... • Excuse me, I've just got a question. • Excuse me, do you think you could ...?**
- **Confirming information:** Wenn du nachfragen oder sicher gehen möchtest, dass du etwas richtig verstanden hast, kannst du das z. B. so tun: **Can I just confirm ...? • Is it right that ...? • Have I got that right ...? • ..., (is that) right? • Could you just say that again, please?** Auch question tags drücken den Wunsch nach Bestätigung aus: **This is the library, isn't it?**

Denke auch daran, dich für die erhaltenen Informationen freundlich zu bedanken.

– **Giving information:** Auch wenn du selbst eine Auskunft erteilst, versuche freundlich und höflich zu sein, z. B. mit einer kurzen Einleitung:
Sure. • Of course, no problem. • Well, just a second. • Give me a minute to think about it.
Wenn du nicht weiter helfen kannst, drückst du dein Bedauern aus:
Oh, I'm sorry, I don't know. • Sorry, I'm afraid I can't help you.

Giving an oral summary

Wenn du etwas, was du gehört, gesehen oder gelesen hast, für jemanden anderen zusammenfassen willst, tust du dies oft spontan. Du hast also nicht lange Zeit zum Überlegen und solltest auch nicht zu lange reden.

– Gib **nur das Wesentliche** des Inhalts wieder. Du brauchst dich nicht unbedingt an die chronologische Reihenfolge der Handlung zu halten:
I watched that film ... last night. • Yesterday I read that web article about ... • I've recently come across that ad/article about ... • I've just read that story about ...
– Verwende das **Präsens** zum Nacherzählen:
There's this kid ... In this one scene he's running away from ... then it starts raining ... and he's trying ... so she has to get out of the car ...
– **Halte deine Meinung** zu dem betreffenden Film, Buch usw. **zurück**. Natürlich kannst du durch die Art und Weise, wie du erzählst, indirekt deinen Eindruck wiedergeben, z. B. durch den Ton deiner Stimme, deine Körpersprache und deine Wortwahl.

Having a discussion

Seine Meinung sagen und erklären

– **Expressing an opinion:** In einer Diskussion ist es gut, wenn du möglichst klar und deutlich sagst, was du zu einer bestimmten Frage denkst:
I think ... • I feel ... • In my opinion ...
– **Giving reasons and examples**: Es ist aber noch wichtiger, dass du Beispiele und Argumente nennst, die deine Meinung unterstützen – schließlich willst du deine Gesprächspartner ja überzeugen: **because ... • First ... / Second ... • For example ... • Let me explain ... • That's why ...**

Auf andere reagieren

– **Asking for clarification:** Manchmal ist es notwendig nachzuhaken:
Could you say that again? • Sorry, but I don't understand what you mean.
– **Agreeing with someone:** Die Meinung eines anderen unterstützt du mit
I agree (with you/...). • That's a good point. • You're right.
– **Disagreeing with someone:** Oft widerspricht man nicht direkt, sondern leitet seine Reaktion z. B. mit **Sorry, ...** ein. Zeig immer Respekt für die Meinung anderer.
I don' t think you can say ... • I see what you mean but ... • No, that's not right. • Sorry, I don't agree with you. • Yes, but ..., • Well, I don't think you can say that ... • Ah, come on, ...

REVISION Writing course – Zusammenfassung

The steps of writing

1. Brainstorming – Ideen sammeln und ordnen (▸ *Brainstorming, p. 147*)

2. Schreiben. Dabei achte darauf,
- deine Sätze zu verbinden und auszubauen (*Writing better sentences*),
- deinen Text gut zu strukturieren (*Using paragraphs*),
- bei einem Bericht die 5 Ws abzudecken (▸ *Writing a report, p. 152*),
- bei einem Leserbrief an eine Zeitschrift eine höfliche Anrede und Schlussformel zu verwenden (▸ *Writing a letter to a magazine, p. 152*).

3. Deinen Text inhaltlich und sprachlich überprüfen (*Correcting your text*)

Writing better sentences

Linking words verbinden Sätze und machen sie interessanter. Verwende z. B.
- **Time phrases** wie **at 7 o'clock**, **every morning**, **in the afternoons**, **a few minutes later**, **suddenly**, **then**, **next ...**,
- **Konjunktionen** wie **although**, **and**, **because**, **but**, **so ... that**, **that**, **when**, **while**,
- **Relativpronomen** wie **who**, **which** und **that**.

Auch mit **Adjektiven** und **Adverbien** kannst du deine Sätze verbessern.
- **Adjektive** bestimmen Personen, Orte, Gegenstände oder Erlebnisse genauer und machen sie ebenfalls interessanter:
  The man looked into the room. → **The young man looked into the empty room.**
- Mit **Adverbien** kannst du beschreiben, wie jemand etwas macht:
  The young man looked nervously into the empty room.

Using paragraphs

Structuring a text

Einen Text versteht man viel besser, wenn er in Absätze gegliedert ist:
- eine Einleitung (**beginning**) – hier schreibst du, worum es geht;
- einen Hauptteil (**middle**) – hier schreibst du mehr über dein Thema,
- einen Schluss (**end**) – hier bringst du den Text zu einem interessanten Ende.

Am Anfang eines Absatzes sind kurze, einleitende Sätze (**topic sentences**) gut, die den Lesern sofort sagen, worum es geht, z. B.
- Orte: **My trip to ... was fantastic. / ... is famous for ... / ... is a great place.**
- Personen: **... is great/funny/interesting/clever/...**
- Aktivitäten: **... is great fun. / Lots of people ... every day.**

Wie kann ich meine Absätze interessant gestalten?

- Beginne mit einem interessanten Einstiegssatz:
  Guess what happened to me today! / Did I tell you that ...?
- Fang für jeden neuen Aspekt einen neuen Absatz an.
- Beende deinen Text mit einer Zusammenfassung oder etwas Persönlichem.

Linking ideas

Damit sich dein Text flüssig liest und beim Leser Interesse weckt, solltest du auf gute Übergange von einem Absatz zum nächsten achten. Die folgenden Formulierungen kannst du verwenden

- um zu zeigen, wie dein Text aufgebaut ist:
  In the article, the writer describes how ... Firstly, he states that ... Secondly, ...
  Then he goes on to say that ... Another point he makes is that ... Finally, ...
- um etwas zu begründen:
  Because of / As a result of the growing population, ...
  ... had been in trouble with the police, so ...
- um zwei oder mehr Gedanken einander gegenüberzustellen:
  Although one could say that ..., I believe ...
  While most people would ..., the Prime Minister has said ...
  Serious scientists all say that ... However/But some politicians ...
- um Beispiele zu geben:
  This is true in a number of cases, for example / for instance / e.g. ...
- um Ergebnisse und Folgen zu erklären:
  As a consequence, / All in all, one can say that ...
  To sum up, I would like to say ...

Correcting your text

Lies jeden Text, den du geschrieben hast, mehrmals durch
- um zu sehen, ob er vollständig und gut verständlich ist,
- um ihn auf Fehler zu überprüfen, z. B. **Rechtschreibfehler *(spelling mistakes)*** und **Grammatikfehler *(grammar mistakes)***.

Spelling mistakes

Beachte folgende Regeln:
- Manche Wörter haben Buchstaben, die man nicht spricht, aber schreibt, z. B. **talk**, **climb**.
- Manchmal ändert sich die Schreibweise, wenn ein Wort eine Endung erhält, z. B. **take** → **taking**, **terrible** → **terribly**, **lucky** → **luckily**, **try** → **tries** (aber **stay** → **stays**), **run** → **running**, **drop** → **dropped**.
- Beim Plural tritt manchmal noch ein *-e* zum *-s*, z. B. **church** → **churches**.

Grammar mistakes

Diese Tipps helfen dir, typische Fehler zu vermeiden:
- Im **simple present** wird in der 3. Person Singular **-s** angehängt: **she knows**
- **Unregelmäßige Verben**: Manche Verben bilden die Formen des *simple past* und des Partizip Perfekt *(past participle)* unregelmäßig. Die unregelmäßigen Formen musst du lernen. Die Liste steht auf S. 280–281.
  go – went – gone; **buy – bought – bought**
- **Verneinung**: Im *simple present* werden Vollverben mit **don't/doesn't** verneint, im *simple past* mit **didn't**.
- **Satzstellung**: Im Englischen gilt immer (auch im Nebensatz):

a) subject – verb – object (SVO): **... when I saw my brother.**
... als ich meinen Bruder sah.

b) Orts- vor Zeitangabe: **I bought a nice book in the city yesterday**.

Writing different types of text

SF REVISION Writing a report – organizing ideas

Hierauf kommt es bei einem Bericht an:
- Gib dem Leser eine **schnelle Orientierung**, was passiert ist.
- Beginne mit **wichtigen Informationen** und gib erst dann Detailinformationen.
- Gib Antwort auf die **5 Ws**: **Who? What? When? Where? Why?** und manchmal auch auf **How?**.
- Verwende das *simple past*.

SF REVISION Writing a letter to a magazine

Wenn du auf einen Zeitschriftenartikel reagieren und einen Leserbrief schreiben möchtest,
- beginne deinen Brief mit **Dear + (Name der Zeitschrift/des Autors des Artikels)**,
- lege deine Meinung dar und begründe sie (**I would like to comment on ..., I agree/disagree with ..., I think ..., That is why ..., For example, ...**),
- beende deinen Brief mit **Yours sincerely** oder **Yours**.

SF REVISION Writing formal letters

Bei Briefen unterscheidet man zwischen privaten Briefen (*informal letters*) und Geschäftsbriefen (*formal letters*). Da du mit Geschäftsbriefen ein Anliegen bei einer Behörde, einer Firma oder einer Organisation verfolgst, sollten sie knapp, präzise, objektiv, aber trotzdem höflich formuliert sein (*KISS rule: Keep it short and simple*).

① Schreibe deine Adresse (ohne Namen) und das Datum in die rechte obere Ecke. Verwende keine typisch deutschen Buchstaben wie z. B. ß, ä, ö oder ü.

② Die Anschrift steht links.

③ Die Anrede lautet *Dear Sir or Madam*. Wenn du den Namen des Adressaten kennst, beginne deinen Brief mit *Dear Mr/Mrs/Ms ...*

④ Verwende Langformen (*I am, I would like* statt *I'm, I'd like* usw.), vermeide unnötige Abkürzungen.

⑤ Nenne zu Beginn den Grund deines Briefes.

⑥ Bedanke dich bei Bitten und Anfragen im Voraus (*I look forward to hearing from you. Thank you.*).

⑦ Beende den Brief mit *Yours faithfully*, wenn du den Adressaten nicht kennst. Hast du den Adressaten am Anfang des Briefes mit Namen angeredet, dann schreibe *Yours sincerely*. (Im amerikanischen Englisch heißt es dagegen in beiden Fällen *Sincerely*.)

⑧ Unterschreibe den Brief und tippe zusätzlich deinen Namen.

① Schillerstr. 17
37067 Goettingen
Germany

② Jane Hall
Meadows Home Farm Shop
Harston
Cambridge CB22 4BE
Great Britain

4 May 2010

③ Dear Ms Hall

⑤ I ④ am writing to you about the advertisement from April 21st in the Cambridge Weekly News. I would love to ④ work for you at Meadows Home Farm this summer.

I am 16 years old and I have a good level of English but would like to improve my speaking skills. I am hard-working, friendly and a fast learner. At home I look after two horses so farm work is not new to me. I have also worked in a sports shop so I have experience in serving people and working in a team. My hobbies are horse riding, playing volley ball and hiking. Please find my CV with this letter.

Thank you for your time. I look forward to hearing from ⑥ you.

⑦ Yours sincerely

⑧ *Tamara Wille*
Tamara Wille

SF REVISION Argumentative writing

„Schriftliche Diskussion"

Argumentative writing ist ähnlich der deutschen Erörterung die **schriftliche Diskussion eines Gedankens oder eines Themas**. Dabei müssen Argumente, Beispiele und Belege zu einer logisch aufgebauten Struktur zusammengefügt werden.

Oft verlangt die Aufgabenstellung von dir, dass du **Argumente für und gegen etwas** findest (z. B. *"Students should wear school uniforms." Discuss.*). Manchmal musst du auch eine Problemstellung oder eine Frage mit Argumenten belegen (häufig als W-Frage formuliert, z. B. *What should young people do in their free time?*). In beiden Fällen sollst du – in der Regel am Ende deines Textes – auch deine **eigene Meinung** äußern. Bemühe dich aber dennoch um einen **objektiven Stil**. Formulierungen wie *That's total nonsense* oder *I think it's very stupid* sind völlig fehl am Platz!

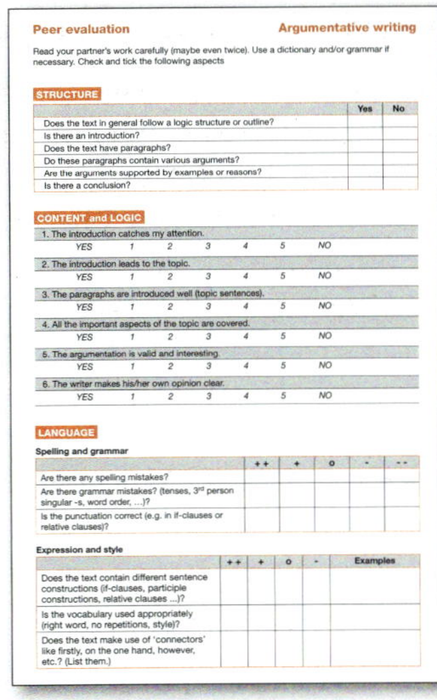

Peer evaluation | **Argumentative writing**

Read your partner's work carefully (maybe even twice). Use a dictionary and/or grammar if necessary. Check and tick the following aspects

STRUCTURE

	Yes	No
Does the text in general follow a logic structure or outline?		
Is there an introduction?		
Does the text have paragraphs?		
Do these paragraphs contain various arguments?		
Are the arguments supported by examples or reasons?		
Is there a conclusion?		

CONTENT and LOGIC

1. The introduction catches my attention.
   YES 1 2 3 4 5 NO
2. The introduction leads to the topic.
   YES 1 2 3 4 5 NO
3. The paragraphs are introduced well (topic sentences).
   YES 1 2 3 4 5 NO
4. All the important aspects of the topic are covered.
   YES 1 2 3 4 5 NO
5. The argumentation is valid and interesting.
   YES 1 2 3 4 5 NO
6. The writer makes his/her own opinion clear.
   YES 1 2 3 4 5 NO

LANGUAGE

Spelling and grammar

	++	+	o	-	- -
Are there any spelling mistakes?					
Are there grammar mistakes? (tenses, 3rd person singular -s, word order, ...)?					
Is the punctuation correct (e.g. in if-clauses or relative clauses)?					

Expression and style

	++	+	o	-	Examples
Does the text contain different sentence constructions (if-clauses, participle constructions, relative clauses ...)?					
Is the vocabulary used appropriately (right word, no repetitions, style)?					
Does the text make use of 'connectors' like firstly, on the one hand, however, etc.? (List them.)					

Wie gehe ich vor?

Vorbereitung:

- Lies die Aufgabenstellung sorgfältig, achte besonders auf die Arbeitsanweisungen oder „Operatoren" (▸ *How to do well in a test: Aufgabenstellungen verstehen, p. 159*) und entscheide, um welche Art von *argumentative writing* es sich handelt.
- Werde dir über deine eigene Meinung zum Thema klar.
- Sammle Ideen, Argumente, Belege und Beispiele (▸ *Brainstorming, p. 147*) und ordne sie, z. B. in einer Mindmap.
- Fertige eine Gliederung (▸ *Outlining, p. 131*).

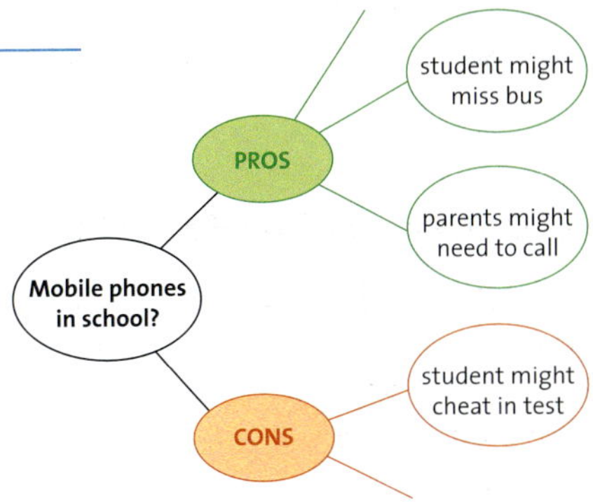

Verfassen des Textes:

- Wie fast jeder Text ist auch das Ergebnis deines *argumentative writing* grundsätzlich in drei Hauptabschnitte gegliedert: Mit der Einleitung führst du zum Thema hin und weckst das Interesse deiner Leser, im Hauptteil entwickelst du deine Argumente (dies kann auch in mehreren Absätzen geschehen), mit dem Schluss fasst du zusammen und präsentierst deine Meinung oder auch einen Kompromiss.
- Verbinde die einzelnen Teile gut miteinander (z. B. mit **on the one hand, on the other hand, first/second/third, however, additionally, moreover, contrary to that**) und belege und begründe die jeweiligen Argumente (**that's why, because, a reason for it is**).
- Im Schlussteil (**all in all, to come to a conclusion, I would like to finish by saying**) solltest du keine neuen Argumente mehr anführen.

Introduction	Most students have mobiles. Should they be allowed in school?
Main body	Pros: student might miss bus parents might need to call ... Cons: student might cheat in test ...
Conclusion	More disadvantages than advantages → Should not be allowed

Überprüfen des Geschriebenen:

- Wie immer beim schriftlichen Arbeiten solltest du deinen Text am Ende überprüfen und korrigieren (▸ *Correcting your text, p. 151*). In Zweifelsfällen hilft dir ein Wörterbuch (▸ *Using a bilingual dictionary, p. 126, Using an English–English dictionary, p. 127*).

SF REVISION Writing a CV

Das Leben auf einen Blick

Dein Lebenslauf ist eine **klar gegliederte Zusammenfassung** deiner persönlichen Daten, Fähigkeiten und Erfahrungen und gibt Auskunft über die wichtigen Stationen deines Lebens. Da der Adressat sich schnell informieren will, ist es wichtig, dass der Lebenslauf fehlerfrei und übersichtlich, d.h. in der Regel in tabellarischer Form, erstellt worden ist.

Wie sollte ein Lebenslauf aussehen?

Weil Lebensläufe ganz persönliche, individuelle Dokumente sind, unterscheiden sie sich inhaltlich natürlich stark voneinander. Dennoch gelten bestimmte **inhaltliche und formale Regeln** – für englische Lebensläufe manchmal andere als für deutsche:

- Der Lebenslauf muss Namen, Kontaktdaten (Adresse, Telefonnummer, ggf. E-Mail-Adresse) und Nationalität enthalten. Das Geburtsdatum oder Auskünfte zur Familie sind nicht unbedingt notwendig.
- Die Lebensstationen sollten zeitlich lückenlos dargestellt werden. Sie können chronologisch (also beginnend mit den frühesten Daten) oder umgekehrt chronologisch (beginnend mit der Gegenwart) angeordnet sein.
- Die Daten und Informationen werden nach unterschiedlichen Aspekten gegliedert, z.B. *Education* (welche Schulen hast du wann besucht?), *Qualification/Skills* (welche besonderen Fähigkeiten hast du?), *Work experience* (wo hast du schon gearbeitet?), *Achievements* (hast du vielleicht eine Auszeichnung erhalten, einen Preis gewonnen oder etwas Besonderes erreicht?), *Hobbies and interests, References* (schriftliche Beurteilungen, Empfehlungsschreiben).
- Empfehlungsschreiben musst du, außer wenn es ausdrücklich verlangt wird, nicht sofort zur Verfügung stellen, sondern kannst sie auf Nachfrage zusenden.
- Im Englischen kann der Lebenslauf z.B. zusätzlich zu den nüchternen Daten und Fakten auch einige persönliche Ausführungen enthalten. In einem solchen *personal statement* kannst du einige deiner persönlichen Vorzüge hervorheben und erläutern, warum du die betreffende Position oder diesen bestimmten Arbeitsplatz anstrebst. Übertreibe es aber nicht – also nicht: *I am a very clever and intelligent person*, sondern etwas bescheidener (und leichter zu belegen): *I have always been quite successful at school.*
- In der Regel musst du einem englischen Lebenslauf kein Bild beifügen. Auch unterschreiben musst du ihn nicht.

SF REVISION Summary writing

Wenn du einen Lese- oder Hörtext oder einen Filmausschnitt zusammenfassen möchtest, schreibst du eine *summary*. Dabei gehst du folgendermaßen vor:

1. Lies dir den Text noch mindestens einmal genau durch (bzw. hör ihn dir ein weiteres Mal an oder sieh dir den Filmausschnitt noch einmal an). Bei einem Lesetext markierst du wichtige Passagen oder machst am Rand des Textes kurze Anmerkungen. Auch bei Hörtexten und Filmausschnitten machst du dir Notizen (► *Listening, p. 137*).
2. Wenn es sich um einen geschriebenen Text handelt, lies ihn jetzt ein weiteres Mal, Satz für Satz. Wenn du mit einer Kopie arbeitest, unterstreiche die Passagen im Text, die dir Antwort auf die **5 Ws** geben:

   Who? Who does ... / Who is the ... about?
   What? What happens? / What does he/she do?
   When? When does it take place?
   Where? Where does it happen?
   Why? Why does he/she act in this way?

   Zusätzlich zum Unterstreichen kannst du alle Sätze, Satzteile und Wortgruppen einklammern, die *nicht* zu den wesentlichen Gedanken des Autors gehören. Dazu gehören auch Beispiele, Vergleiche, symbolhafte Ausdrücke, Zitate, direkte Rede, ausschmückende Adjektive und andere Textteile, die der Beschreibung dienen.
3. Notiere dir alles, was du nicht eingeklammert hast, in Stichpunkten auf einem separaten Blatt Papier. Überprüfe noch einmal, ob du wirklich alle unnötigen Textstellen weggelassen hast.
4. Alternativ kannst du deine Notizen auch so anfertigen: Teile ein Blatt Papier in zwei Spalten ein. Notiere die Hauptaussagen des Textes auf der linken Seite. Suche dann zu diesen Aussagen Beispiele, Erläuterungen, Zitate, Zahlenund Fakten. Entscheide, welche du für besonders wichtig hälst, und notiere sie auf der rechten Seite deines Arbeitsblatts, neben den Hauptaussagen.
5. Nun schreibe mit deinen eigenen Worten einen neuen Text im *simple present* (auch wenn du eine Geschichte zusammenfasst, die in der Vergangenheit spielt). Bringe die Informationen in eine logische Reihenfolge. So kannst du anfangen:
   The story is about ... • The text describes ... • The article shows ... • In the story we get to know ...
   Im Hauptteil solltest du die wichtigsten Ereignisse einer Geschichte oder die Hauptpunkte eines Artikels wiedergeben. Verwende dafür deine Notizen zu den 5 Ws. Schreib den Text nicht ab, sondern verwende deine eigenen Worte.
6. Überprüfe deinen Entwurf noch einmal. Enthält dein Text wirklich die wichtigsten Gedanken, Ereignisse, Ideen aus dem Original? Achte auch auf sprachliche Fehler, besonders auf
   - die Rechtschreibung,
   - die Verwendung des *simple present*,
   - die Wortstellung,
   - logische Übergänge zwischen den Sätzen durch *linking words* (*and, therefore, that's why, but, because ...*).
7. Bringe den korrigierten Entwurf in eine Reinschrift.

SF Writing a film review ▸ *Unit 3 (p. 65)*

In einer Filmbesprechung (*film review*) gibst du einen Überblick über die Eckdaten und den Inhalt eines Films und gibst eine persönliche Einschätzung.

Schritt 1: Mach dir Notizen zu den Rahmendaten des Films. Wann und wo wurde er gedreht? Wer führte Regie (*director*), wer waren die Hauptdarsteller (*starring actors*) und der Nebendarsteller (*supporting actors*)? Um welche Art von Film (*genre*) handelt es sich? Was ist die Handlung (*plot*) des Films? Was gibt es über die schauspielerische Leistung (*acting*) der Haupt- und Nebendarsteller zu sagen, was über die Kameraführung (*camera work*), die Musik (*soundtrack*), den Drehort (*setting*), die Kostüme (*costumes*), eventuell auch Requisiten (*props*) und Spezialeffekte (*special effects*)? Entscheide, auf welche dieser Aspekte du dich in deiner Besprechung beziehen möchtest.

Schritt 2: Überlege und notiere dir, was die **Aussage** des Films (*message*) ist.

Schritt 3: Überlege dir, wie dir der Film **gefallen** hat und ob du den Lesern **empfehlen** würdest, sich den Film ebenfalls anzusehen (*recommendation*). Notiere dir ein bis zwei wichtige Gründe dafür.

Schritt 4: Schreibe deine Filmbesprechung. Beginnen kannst du mit dem Filmtitel, einem interessanten oder lustigen Zitat oder einer Szene aus dem Film. Erzähle aber nicht zu viele Details – und verrate nicht das spannende Ende!

SF Describing objects and processes ▸ *Unit 3 (p. 55, p. 57)*

Im Alltag begegnen uns recht häufig Beschreibungen von Gegenständen und Vorgängen, sei es auf Deutsch oder in einer Fremdsprache. Dabei kann es sich z. B. um Bedienungsanleitungen (*manuals*), Wegbeschreibungen (*giving directions*) oder um Personen- und Bildbeschreibungen handeln.

Damit eine Beschreibung ein objektives und nachvollziehbares sprachliches „Abbild" des betreffenden Gegenstands oder Vorgangs darstellt, muss man bezüglich der Wortwahl, des Stils und der Struktur folgende Aspekte beachten:

- Äußerst wichtig ist die Reihenfolge in der Beschreibung. Bei einem Vorgang ist dies der zeitliche Ablauf, bei einem Gegenstand oder einem Bild kann es die Richtung von oben nach unten, von links nach rechts, vom Hintergrund zum Vordergrund o. Ä. sein. Die einmal gewählte Reihenfolge sollte konsequent eingehalten werden, um dem Leser oder Zuhörer das Verständnis zu erleichtern.
- Die zu verwendende Zeitform ist das Präsens (*present tense*).
- Größen, Farben, Formen, Zeiten und andere objektiv messbare Größen sind – wenn nötig – möglichst genau anzugeben.
- Hilfreich bei der Beschreibung sind treffende Adjektive, auch Relativsätze und Vergleiche, Passivkonstruktionen sowie notwendige Fachbegriffe. Besonders bei der Vorgangsbeschreibung ist es wichtig, die einzelnen Teilvorgänge geschickt miteinander zu verbinden (*linking words*) und auch bezüglich ihrer Funktion oder Wirkung kurz zu erläutern.

VIEWING SKILLS

SF Analysing films ▸ *Unit 1 (p. 23), Unit 2 (p. 30)*

Da es manchmal schwer ist, einem fremdsprachlichen Film zu folgen, sollte man vorher möglichst viel über den betreffenden Film in Erfahrung zu bringen:
Welchem Genre gehört er an – handelt es sich um einen Dokumentarfilm (*documentary*), einen Spielfilm (feature film) wie z. B. ein *western*, einen *thriller*, ein *science-fiction/sci-fi movie* oder ein *melodrama*? Oder ist es ein Videoclip oder ein Werbefilm? In welchem Land und wann wurde er gedreht?
Wo und wann spielt er? Werden Untertitel angeboten oder ist es eine synchronisierte Fassung (*dubbed version*)?

Bei vielen filmischen Elementen spielen ähnliche Gesichtspunkte eine Rolle wie bei der Rezeption von Literatur; deshalb werden Filme manchmal auch als eine Form von Literatur bezeichnet. Solche vergleichbaren Aspekte sind die Besetzung und Charakterisierung der Rollen (*cast*), der Schauplatz (*setting*) und die Handlung (*plot*). Andere Mittel dagegen sind filmspezifisch und müssen besonders beachtet werden: Ton und Beleuchtung (*sound and light effects, music, voice-over comments*), technische Effekte (*special effects*) und Kameraführung (*camera work*).

Durch die Kameraführung werden besondere Akzente gesetzt, zum Beispiel hinsichtlich der Beziehung, in der die Charaktere zueinander stehen. Auch die Stimmung oder Spannung in einer Szene wird von der Kameraführung beeinflusst. Ebenso lenkt die Kamera die Aufmerksamkeit der Zuschauer und macht klar, worauf sie sich konzentrieren sollen. Folgende Möglichkeiten stehen der Regie und den Kameraleuten zur Verfügung:

Mittels der Kameraperspektive (*camera angle*) können Besonderheiten in den Macht- oder Abhängigkeitsbeziehungen der Figuren ausgedrückt werden. Man unterscheidet zwischen *low-angle, eye-level* und *high-angle shots*. Ein weiteres Gestaltungsmittel ist die Bewegung der Kamera (*camera movement*), zum Beispiel beim Heranfahren an eine Szene oder ein Objekt im Zoom oder bei einzelnen Aufnahmen, die als Nahaufnahme (*close shot*) oder aus der Distanz (Totale – *long shot*) gefilmt werden können.

Wenn man eine Szene oder einen ganzen Film sehr intensiv analysieren möchte, hilft es, ein Filmtagebuch (*viewing log*) anzulegen, in dem man die Handlung oder einzelne wichtige Szenen nach den W-Fragen und filmischen Besonderheiten aufschlüsselt.

Die Erkenntnisse über einen Film, aber auch Fragen der Identifikation und des persönlichen Urteils über einen Film können schließlich in einer Filmkritik (*film review*) mündlich oder schriftlich zusammengefasst werden.

▸ *SF Writing a film review, p. 156*

EXAM SKILLS

SF REVISION How to do well in a test

▸ *Getting ready for a test (pp. 44–51, 68–73)*

Countdown zum Testerfolg

Ein Test ist angekündigt? Kein Grund zur Panik. Wichtig ist, dass du weißt, worauf du dich vorbereiten musst. Im Zweifelsfall frag deine Lehrerin oder deinen Lehrer. Der Countdown kann beginnen!

Eine Woche vor dem Test

1. Lies noch einmal die **Texte** der zuletzt durchgenommenen Unit. Fasse mündlich oder schriftlich zusammen, worum es ging.
2. Wiederhole den **Wortschatz** der Unit mit Hilfe des *Vocabulary* oder des *Wordmaster*. Schreibe dir die Wörter und Wortverbindungen, die du immer wieder vergisst, auf ein Blatt Papier. Eine Mindmap oder ein Wortfeld helfen beim Behalten.
3. Geh auch noch mal die neue **Grammatik** durch. Aufgaben zur Selbstüberprüfung und zum Üben findest du im *Practice*-Teil, im *Grammar File* (S. 165–196), in deinem *Workbook* und im *e-Workbook*.

Zwei Tage vor dem Test

1. Wiederhole den **Wortschatz**. Manche Wörter sitzen noch nicht? Schreibe einen kurzen Text, in dem du sie verwendest.
2. Lies die **Texte** ein weiteres Mal.
3. Erkläre einem Freund oder einer Freundin die neue **Grammatik**. Das klappt nicht richtig? Dann lies nochmal im *Grammar File* nach.

Am Abend vor dem Test

1. Entspanne dich. Du kannst lesen, dich in die Badewanne legen, Musik hören, fernsehen, ...
2. Geh zur gewohnten Zeit ins Bett.

Am Morgen des Tests

1. Steh rechtzeitig auf, damit du nicht hetzen musst.
2. Lies irgendetwas „zum Aufwärmen“, aber schau nicht mehr in dein Schülerbuch.

Während des Tests

1. Denk daran: Du hast dich gut vorbereitet. Es gibt keinen Grund, nervös zu sein.
2. Konzentriere dich auf den Test, lass dich nicht ablenken.
3. Lies dir die Aufgaben genau durch. Dann löse zuerst die Aufgaben, die dir einfach scheinen. Wende dich erst danach den schwereren Aufgaben zu.
4. Aufgaben, die du bearbeitet hast, hakst du ab. So siehst du, wie du vorankommst, und behältst den Überblick.
5. Schau ab und zu auf die Uhr. Du solltest dir für den Schluss noch etwas Zeit einplanen, um deine Antworten noch einmal durchzulesen und wenn nötig zu korrigieren.

Aufgabenstellungen verstehen

Bevor du anfängst, die Aufgaben zu bearbeiten, vergewissere dich, dass du genau weißt, was du tun sollst. Lies die Aufgabe Wort für Wort langsam und gründlich und von Anfang bis Ende durch. Du kannst besonders wichtige Teile der Aufgabenstellung unterstreichen und die Aufgabe, wenn nötig, für dich in einzelne Schritte unterteilen.

Den folgenden Arbeitsanweisungen begegnest du häufig:

Add Verbinde eine Information oder einen Sachverhalt mit einer/einem anderen auf die geforderte Art und Weise.

Choose Wähle zwischen verschiedenen Möglichkeiten die passende Information aus.

Comment Kommentiere einen Sachverhalt durch die Darstellung deiner eigenen Meinung dazu. Begründe und erläutere sie möglichst genau.

Compare Vergleiche Dinge, Wörter oder Sachverhalte, indem du prüfst, ob und auf welche Weise sie gleiche oder verschiedene Eigenschaften, Aussehen, Bedeutungen oder Funktionen haben.

Complete Ergänze eine Information, indem du sie an dem dafür vorgesehenen Platz einträgst und damit z. B. einen Satz sinnvoll beendest.

Describe Beschreibe ein Objekt oder eine Person, d. h. stelle dar, wie sie aussehen, wie das Objekt funktioniert oder die Personen handeln. Vermeide eigene Wertungen wie z. B. „beautiful", „useful" oder „great".

Discuss Diskutiere ein Thema, eine Behauptung oder eine Aussage. Untersuche möglichst viele Seiten davon, z. B. Vor- und Nachteile, und stelle diese geordnet dar.

Explain Erkläre einen Sachverhalt, d. h. gib wesentliche Fakten über ihn und erläutere, wie sie logisch zusammenhängen.

Fill in Trage die geforderten Informationen in den dafür vorgesehenen Platz ein, z. B. in eine Lücke oder eine Tabelle.

List Schreibe einzelne oder mehrere Informationen übersichtlich und geordnet auf, z. B. in einer Reihe, Tabelle oder einem anderen Verzeichnis.

Listen Höre dir einen Text, einzelne Informationen oder Sachverhalte an.

Match Ordne die angegebenen Informationen einander zu, wie es die Aufgabe erfordert. Finde z. B. Satzanfänge und passende Satzenden und füge sie zusammen.

Use Verwende eine Tatsache, ein Wort usw. so, wie es in der Aufgabe gefordert wird.

Write a ... Schreibe etwas in einem geforderten Textformat auf, z. B. deinen Kommentar zu etwas oder eine Geschichte.

Ein besonderer Aufgabentyp sind **Multiple-choice-Fragen**. Tipps für den Umgang mit solchen Aufgaben findest du im folgenden Abschnitt. ►►

Multiple-choice-Aufgaben

Bei Multiple-choice-Aufgaben ist auf Folgendes zu achten:
- Die betreffende Frage oder der Satz sollten sehr genau gelesen werden.
- Bevor man sich die Lösungsangebote anschaut, deckt man sie mit Papier ab und überlegt, was die richtige Antwort sein könnte. Wenn diese dann auch als Lösungsmöglichkeit angeboten wird, ist sie wahrscheinlich richtig.
- Man sollte erst alle vorgegebenen Lösungen lesen, bevor man sich für eine entscheidet.
- Nur **eine** der Antworten sollte angekreuzt werden – es sei denn, es heißt in der Aufgabenstellung ausdrücklich, dass mehrere Antworten richtig sein können.
- Man sollte im ersten Durchgang alle Aufgaben so gut bearbeiten, wie man kann, also keine auslassen. Zum Schluss geht man dann zu denjenigen Fragen zurück, bei denen man unsicher ist.
- Wenn das alles nichts hilft, sollte man nicht mehr nach der *richtigen* Antwort suchen, sondern nach den *falschen*. Wenn man von vier Antwortmöglichkeiten drei als falsch identifiziert hat, kann man daraus schließen, dass die vierte Antwort die richtige ist.

Mündliche Prüfungen (*oral exams*)

Neben schriftliche Klassenarbeiten, Tests und Klausuren treten im Lauf der Zeit ergänzend mündliche Prüfungen der kommunikativen Fähigkeiten in den Bereichen „Vortragen (monologisches Sprechen)" und „Sprechen miteinander (dialogisches Sprechen)".
In diesen Prüfungen geht es um ein klar umrissenes Thema und einen Arbeitsauftrag, der auch aus einem Bildimpuls bestehen kann. Vor Beginn bekommt man ausreichend Zeit, sich mit dem Thema zu beschäftigen, sich Stichworte zu notieren und auch eine kleine Strukturskizze der Argumente anzufertigen. Für Vortragsprüfungen (so genannte Präsentationsprüfungen) sind manchmal mehrere Tage Vorbereitungszeit vorgesehen. Gesprächsprüfungen hingegen werden meist spontan und mit geringer Vorbereitungszeit (ca. 20 Minuten) angesetzt.
Für die Vorbereitung einer **Vortragsprüfung** können die SF-Abschnitte *Giving a presentation* (p. 132) und *Visual aids in presentations* (p. 133) hilfreich sein. Wichtig ist es, sowohl den Wortschatz für den Themenbereich (z. B. das Wortfeld „Environment") sicher zu beherrschen, als auch die Redemittel für die Moderation („I'm going to talk about …") noch einmal zu üben. Nichts ist schlimmer, als in einer Präsentation lange nach den richtigen Wörtern suchen zu müssen. Notfalls muss man das gesuchte Wort umschreiben (▸ *SF Paraphrasing, p. 147*).
In einer **Gesprächsprüfung** kommt es nicht nur auf Inhalte an, sondern auch darauf, dass man sich auf die Redebeiträge der Vorredner bezieht (▸ *Having a discussion, p. 149*). Trotz der verkürzten Vorbereitungszeit ist es auch hier ratsam, sich einige Stichpunkte zu notieren, auf die man während des Gesprächs zurückgreifen kann. Themen- und Moderationswortschatz werden natürlich ebenso benötigt wie in der Vortragsprüfung.

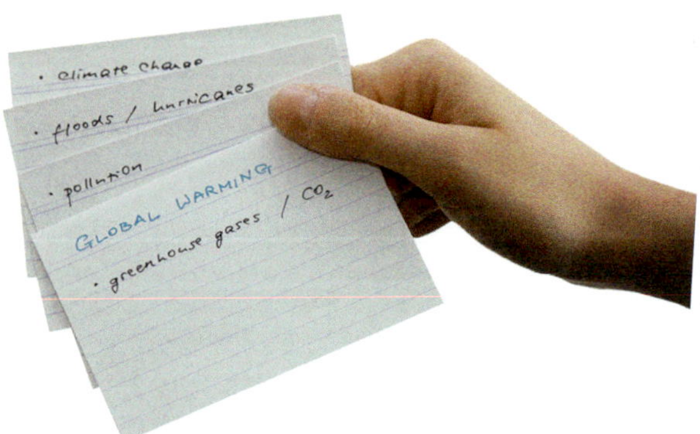

GLOSSARY

abridged [ə'brɪdʒd]	gekürzt	An **abridged** version of a text is a shortened version.
act	Akt	Traditionally, plays are divided into **acts**.
action	Handlung	everything that happens in a story or play **External** ~ describes actual events that happen. **Internal** ~ is what goes on in a character's mind.
acrostic [ə'krɒstɪk]	Akrostichon	a poem in which the first letters of the lines form a word or phrase
adapted	bearbeitet, adaptiert	An **adapted** text has been changed to be suitable for its readers.
alliteration [əˌlɪtə'reɪʃn]	Alliteration	repetition of the same consonant sound in words close together in a poem, e.g. 'Along came a crowd of crazy cats.'
antonym ['æntənɪm]	Antonym, Gegenwort	*Slow* is an **antonym** of *fast*.
article	Artikel	a story or report in a newspaper or magazine **print** ~ *(gedruckter Artikel)* • **online** ~ *(Artikel im Internet)*
assonance ['æsənəns]	Assonanz	repetition of the same vowel sound in words close together, e.g. 'Oh no, my mobile's broken.'
atmosphere	Atmosphäre, Stimmung	the feeling or mood created in a piece of literature
audiobook	Hörbuch	a sound recording of a book
author ['ɔːθə]	Schriftsteller/in, Autor/in	the writer of a piece of literature
biography [baɪ'ɒgrəfi]	Biografie	the story of a person's life • **autobiography** [ˌɔːtəʊbaɪ'ɒgrəfi] – the story of a person's life written by the person
character	Figur, Charakter	a person in a story; the qualities of a person • **main** ~ *(Hauptfigur)*
characterization [ˌkærəktəraɪ'zeɪʃn]	Figurencharakterisierung	the way an author presents characters to readers **Implicit** or **indirect** ~ is when the reader finds out about a character through his/her words, actions. **Explicit** or **direct** ~ is when the author describes a person's character.
chorus ['kɔːrəs]	Refrain	Everyone joined in with the **chorus** of the song.
chronological [ˌkrɒnə'lɒdʒɪkl]	chronologisch	(events) arranged as they happened in time
cinquain [sɪŋ'keɪn]	Cinquain	a type of five-line poem
climax ['klaɪmæks]	Höhepunkt	the most exciting or important point in the action of a story or play
collection	Sammlung, Anthologie	a number of short stories or poems in one book
comedy ['kɒmədi]	Komödie, Lustspiel	a play, often meant to be funny or amusing, with a happy ending
conflict ['kɒnflɪkt]	Konflikt, Widerstreit	the key struggle between different characters in a piece of literature
context ['kɒntekst]	Zusammenhang, Kontext	the situation in which events happen and which helps you understand them
dialogue	Dialog	conversation in a story or play between two or more people
drama	Drama, Theater, Schauspiel, Stück	If you like acting, join the school **drama** club. adj: **dramatic** [drə'mætɪk] *(dramatisch)*
dystopia [dɪs'təʊpɪə]	Dystopie	an imaginary place or society in which life is terrible or a piece of literature describing such a place

ending	Schluss, Ende	Most comedies have happy **endings**.
essay ['eseɪ]	Aufsatz, Essay	a short piece of writing on a particular subject, often written at school or university
event	Ereignis	The events of a story make up the **plot**.
exaggeration [ɪg,zædʒə'reɪʃn]	Übertreibung	**Exaggeration** makes characters or events larger than life and memorable.
extract ['ekstrækt]	Auszug	a part taken from a longer piece of literature
fairy tale	Märchen	a traditional fantasy story
fantasy ['fæntəsi]	Fantasie	a story set in an imagined world where unreal or unlikely things happen
fiction	Erzählliteratur, Belletristik	*Robinson Crusoe* is a famous work of **fiction**.
flashback ['flæʃbæk]	Rückblende	Events that happened before the story takes place are sometimes told in **flashbacks**.
foreshadowing [fɔː'ʃædəʊɪŋ]	Vorahnung, Andeutung	What she saw in her dream was a **foreshadowing** of what would happen the next day.
genre	Genre, Gattung	a type or style of literature, e.g. science fiction
haiku ['haɪkuː]	Haiku	three-line poem with lines of 5, 7 and 5 syllables, originally from Japan
heading	Überschrift	a title printed at the beginning of a text
headline	Schlagzeile, Überschrift	the heading of a newspaper or magazine article, especially on the front page
hero, heroine ['hɪərəʊ, 'herəʊɪn]	Held/in	the main character in a piece of literature
humour ['hjuːmə]	Humor; humoristischer Text	what makes something funny; a piece of funny writing
image ['ɪmɪdʒ]	Bild, Vorstellung	The **images** the writer uses help you to create pictures in your mind.
imagery ['ɪmɪdʒəri]	bildhafte Sprache, Metaphorik	Metaphors and similes are both types of **imagery**.
irony ['aɪrəni]	Ironie	humorous use of words saying the opposite of what you really mean • adj: **ironic** [aɪ'rɒnɪk] *(ironisch)*
line	Zeile	A sonnet always has 14 **lines**.
lyrics ['lɪrɪks]	Text eines Lieds	I don't like the music but the **lyrics** are great.
message	Botschaft, Aussage	The **message** of the story is: love is wonderful but it can also hurt.
metaphor ['metəfɔːr]	Metapher	'He looked at us with *eyes of stone*' – that's a very strong **metaphor**. adj: **metaphorical** [metə'fɒrɪkl] *(metaphorisch)*
metre	Metrum	a regular rhythm pattern in a poem
monologue ['mɒnəlɒg]	Monolog	a long speech in a play by one person, especially when alone
moral ['mɒrəl]	Moral	the message of a piece of literature or something that you can learn from it
motif [məʊ'tiːf]	Motiv, Leitgedanke	a subject, idea or phrase that is developed in the course of a piece of literature

narrator [nə'reitə]	Erzähler	the character or 'voice' in a piece of literature who is telling the story, not the same as the author, e.g. Miles is the **narrator** of *Looking for Alaska*, John Green is the author. • **first-person ~** *(Ich-Erzähler)* • **third-person ~** *(personaler Erzähler)* • **omniscient ~** [ɒm'nɪsɪənt] *(allwissender, auktorialer Erzähler)*
non-fiction	nichtfiktionale Texte, Sachtexte	I never read novels. I prefer **non-fiction**.
novel ['nɒvl]	Roman	*Looking for Alaska* was John Green's first **novel**.
novelist ['nɒvəlɪst]	Romanautor/in	My favourite **novelist** is James Joyce.
open-ended; open ending	offen, nicht entschieden	In an **open-ended** story, the reader is left to think about what really happens.
parody ['pærədi]	Parodie	a piece of writing that copies the style of something or somebody to be amusing
(to) perform [pə'fɔ:m]	auftreten; aufführen	The actor Jon Wyatt **performed** as Hamlet last night. Our drama club is **performing** *Woyzeck* next month.
performance [pə'fɔ:məns]	Vorstellung, Auftritt	Wyatt's **performance** was described as 'fantastic'.
personification [pəˌsɒnɪfɪ'keɪʃn]	Verkörperung, Personifizierung	representing something (an object, an animal, an idea) as a person, like Midnight in Carol-Ann Duffy's poem "Meeting Midnight" (p. 94).
perspective [pə'spektɪv]	Blickwinkel, Perspektive	the point of view from which a character sees things
play	Stück, Schauspiel	*Hamlet* is probably the most famous **play** in English literature.
playwright ['pleɪraɪt]	Dramatiker/in	someone who writes plays
plot	Handlung, Plot	the sequence of events of a story or play
poem	Gedicht	I prefer **poems** to novels because of their rhythm and imagery.
poet	Dichter/in	someone who writes poems
poetry	Lyrik	I love literature but almost never read **poetry**.
point of view	Standpunkt, Erzählperspektive	the situation from which a character sees, writes or evaluates something **unlimited/limited ~ ~ ~** *(unbegrenzte/begrenzte Perspektive)*
production	Inszenierung, Aufführung	There is a great new **production** of *The Mousetrap* at our local theatre.
prose	Prosa	writing that is not poetry or drama
protagonist [prə'tægənɪst]	Protagonist/in	a main character in a piece of literature
punchline ['pʌntʃlaɪn]	Pointe	the last (often surprising) sentence or few words of a joke or story that make it funny
quotation	Zitat	a short extract from a piece of literature that shows something interesting or useful
realistic	realistisch	A **realistic** story shows things as they really are.
recite [rɪ'saɪt]	vortragen, rezitieren	Learn the poem so you can **recite** it to the class.
register ['redʒɪstə]	Register, Stilebene	the level and style of a text
repetition [ˌrepə'tɪʃn]	Wiederholung	Songs and poetry often create effects by use of **repetition**.
resolution [ˌrezə'lu:ʃn]	Auflösung, Lösung	the moment at the end of a drama, novel, etc., where all the conflicts are solved
review [rɪ'vju:]	Besprechung, Rezension	a report discussing a piece of literature or a film and giving an opinion on it

rhyme [raɪm]	Reim; sich reimen	a word that has or ends in the same sound as another word, e.g. *cat* **rhymes** with *hat* • **end-~** *(Endreim)* • **internal ~** *(Reim inmitten der Zeile)* • **~ scheme** *(Reimschema)*
rhythm ['rɪðəm]	Rhythmus	the pattern of stress in a poem
satire ['sætaɪər]	Satire	a piece of writing criticizing someone or something by making fun of them so that people will clearly see their faults
scene	Szene	A play or the acts of a play are divided into **scenes**.
science fiction (SF)	Science-Fiction	a genre that deals with imagined results of scientific discoveries, usually in the future
setting	Schauplatz, Handlungsrahmen	the time and place and sometimes the atmosphere of a piece of literature
(to) be set in	spielen in	*Looking for Alaska* **is set in** Alabama.
simile ['sɪməli:]	Vergleich	a poetic device comparing one thing to another, e.g. 'Her skin was white as snow'
sonnet ['sɒnɪt]	Sonnett	poem with 14 lines of 10 or 11 syllables each
speech	Rede, Sprechbeitrag	I only had a small part in the play, just three **speeches**.
stage directions [steɪdʒ də'rekʃnz]	Bühnen-, Regieanweisungen	notes in a play describing the scene and telling actors when to enter and exit and what to do
stanza ['stænzə]	Strophe	Poems are often divided into **stanzas** or verses.
stereotype ['sterɪətaɪp]	Klischeevorstellung, Stereotyp	I can't identify with this character. She's just the **stereotype** of a romantic schoolgirl.
story	Geschichte, Erzählung	*Treasure Island* is an exciting **story**.
short story	Kurzgeschichte	"The Garden Party" is a famous **short story** by Katherine Mansfield.
stress	Betonung; betonen	Each line of a sonnet has five **stressed** syllables.
style	Stil	the way a piece of literature is written, e.g. a thriller might have an exciting **style**
stylistic device [staɪ'lɪstɪk dɪ'vaɪs]	stilistisches Mittel	Poets create effects with **stylistic devices** like metaphors, rhymes or repetition.
suspense [sə'spens]	Spannung	It's a great thriller, full of **suspense**.
symbol ['sɪmbl]	Symbol	A heart is a **symbol** of love.
synonym ['sɪnənɪm]	Synonym	a word that means the same as another word, like *big* = *large*
tension ['tenʃn]	Spannung	The atmosphere of **tension** in the book makes it so exciting.
text	Text	any form of written material, e.g. **argumentative ~** *(Erörterung)* • **descriptive ~** *(Beschreibung)* • **expository ~** *(Darlegung)* • **fictional ~** *(Erzähltext)* • **instructive ~** *(Lehrtext)* • **non-fictional ~** *(Sachtext)*
text type	Textsorte	An argumentative text is a common **text type** in exams.
title	Titel	the name of a piece of literature
tone [təʊn]	Ton	Roald Dahl's poems always have a humorous **tone**.
tragedy ['trædʒədi]	Tragödie	a serious play with an unhappy ending, in which the main character(s) often die(s)
utopia [ju:'təʊpɪə]	Utopie	a story about an imagined place where everything is perfect
verse [vɜ:s]	Vers, Dichtung; Strophe	A narrative poem is a story told in **verse**.
free verse	freier Vers, reimlose Dichtung	poetry with no regular rhythm or rhyme scheme
writer	Autor/in, Schriftsteller/in	someone who writes

Grammar File – Inhalt

Additional information

We **stood watching** the street artists.
Wir standen da und sahen den Straßenkünstlern zu.

Abschnitte mit der Überschrift **Additional information** enthalten Grammatik, die du verstehen solltest, aber nicht selbst anwenden musst.

GF 1 REVISION Word order Wortstellung

1.1 S – V – O

S – V – O

Subject – Verb – Object

		Subject	Verb	Object	
1		Rob	likes	ice cream.	
		The Clarks	have bought	a house	in Bath.
2		Ella	didn't like	the film.	
		Ava	can't speak	German	very well.
3	Can	Jamie	speak	German?	
	Did	you	like	the film?	

Die wichtigste Wortstellungsregel ist **Subject – Verb – Object** (Subjekt – Prädikat – Objekt). Sie gilt in bejahten und verneinten Aussagesätzen (1, 2) und in Fragen (3).

! Beachte die Unterschiede zum Deutschen:

1 We're going to have **a big party.**
Wir werden **eine große Party** veranstalten.

1 Die Teile des Prädikats (*are going to have*) dürfen nicht durch das Objekt (*a big party*) getrennt werden.

2 We **often** have fish **on Fridays.**
Wir essen **freitags oft** Fisch.

2 Prädikat und Objekt (*have fish*) dürfen nicht durch Adverbien (*often*) oder Zeitangaben (*on Fridays*) getrennt werden.

3 Yesterday **we** celebrated Grandpa's birthday.
Gestern feierten **wir** Opas Geburtstag.
When I arrived, **the film** had already begun.
Als ich ankam, hatte **der Film** schon begonnen.

3 Die Wortstellung ist auch dann S – V – ..., wenn der Satz mit einer Zeitangabe (*yesterday*) oder einem Nebensatz (*When I arrived*) beginnt.

4 He'll go out with you if you ask **him.**
..., wenn du **ihn** fragst.
Elisabeth told me that she loves **Jeremy.**
..., dass sie **Jeremy** liebt.

4 Die Wortstellung S – V – O gilt auch in Nebensätzen (*if you ask him; that she loves Jeremy*).

1.2 Adverbs / Phrases of place and time

1 Unfortunately it started to rain.
Luckily they had their anoraks with them.
At first I couldn't see anything.
Maybe we should start without him.

2 We don't often get up before 10 on Sundays.
I usually make breakfast for everybody.
We had never been to Spain before.

3 Try to speak clearly, then you'll do well.
The guide answered the questions politely.
They went outside and played in the garden.
We're flying to France tomorrow.

We were in Italy last summer.

Wir waren letzten Sommer in Italien.

4 That camera looks very/quite/too expensive.
She really believes she'll be famous one day.
I almost fell off my bike when I saw the dog.

Every Friday evening we do the shopping.
Sometimes you can see foxes from my window.
In Britain, school usually starts at 8.45 or 9.00.

Adverbien / Orts- und Zeitangaben

1 **Satzadverbien** wie *luckily, unfortunately, maybe, suddenly, finally, at last, at first, of course* beziehen sich auf den ganzen Satz. Sie stehen in der Regel am Satzanfang.

2 **Adverbien der unbestimmten Zeit oder Häufigkeit** wie *already, always, ever, just, never, often, sometimes, usually* stehen gewöhnlich vor dem Vollverb.

3 Nach dem Vollverb (+ Objekt) stehen gewöhnlich
- **Adverbien der Art und Weise** (*clearly, politely, well*)
- **Ortsangaben** (*outside, in Bristol, on the roof*)
- **Zeitangaben** (*tomorrow, a year ago, in 2008*).

! Wenn ein Satz mit einer Orts- und einer Zeitangabe endet, dann gilt die Regel **Ort vor Zeit** – wie im Alphabet: **O vor Z**.

4 **Gradadverbien** wie *very, quite, too, really, almost* stehen meist direkt vor dem Wort, auf das sie sich beziehen.

◄ Manchmal stehen Adverbien, Ortsangaben und Zeitangaben auch an anderen Stellen im Satz.

In English: Word order

1 The most important word order rule is **S – V – O**.

2 In contrast to German,
- the parts of the verb are not separated by the object — *Jake **is going to have** **a birthday party**.*
- verb and object are not separated by adverbs or time phrases — *I **always** **go shopping** **on Friday evening**.*
- the word order S – V in the main clause does not change when there is an adverb or a subordinate clause at the beginning of the sentence — ***Perhaps** **you can help** me with the dishes.* / ***If you like,** **we can go** to the cinema.*
- the word order in the subordinate clause is the same as in the main clause — *Dad will help you **if you ask him**.*

3
- **Sentence adverbs** like *luckily, maybe, finally* go in front-position — ***Luckily** she was able to stop the car.*
- **Adverbs of indefinite time** or **frequency** usually come before the main verb — *I **often help** Dad in the garden.*
- **Adverbs of manner, place** and **definite time** usually come after the main verb (and its object, if there is one) — *He **answered the questions politely**.* / *We'll **leave home early** and **arrive in Italy in the evening**.*
- **Adverbs of degree** usually come before the word they relate to — *That wasn't **too difficult**, was it?*

GF 2 The tenses Die Zeitformen

2.1 Tense and time

1a Emily is visiting her aunt in Bath right now.
1b Next week she's visiting her uncle in Bristol.

2a I bought a new computer last week.
2b If Dad bought a new computer, he would give my sister his old one.

I've been in the team since 2007.	**Present perfect**
Ich bin seit 2007 in der Mannschaft.	**Präsens**
I'll take the fish, please.	***will*-future**
Ich nehme den Fisch, bitte.	**Präsens**

▸ *The simple form and the progressive form: GF 3 (pp. 173–174)*

Grammatische Zeitform und wirkliche Zeit

◂ Die **grammatischen Zeitformen** können sich auf verschiedene **Zeiten in der Wirklichkeit** beziehen: In Satz **1a** bezieht sich das *present progressive* auf die Gegenwart, in Satz **1b** auf die Zukunft. In Satz **2a** bezieht sich das *simple past* auf die Vergangenheit, in Satz **2b** auf die Zukunft.

◂ Außerdem werden im Englischen und im Deutschen in vergleichbaren Situationen oft unterschiedliche Zeitformen verwendet.

2.2 Talking about the present

Über die Gegenwart sprechen

The simple present

Das ***simple present*** wird verwendet,

Dave Wilson **usually** gets the bus to school.
On Mondays his mother takes him in the car.
He **never** cycles to school because it's too far.

◂ um über Handlungen und Ereignisse zu sprechen, die **wiederholt, regelmäßig, immer** oder **nie** geschehen (oft mit Zeitangaben wie *always, usually, sometimes, often, every week, on Mondays, never* usw.).

Dave and his family live in Manchester.
He plays hockey and collects models of old cars.
His dad works for a computer company.

◂ um über **Dauerzustände** sowie über **Hobbys** und **Berufe** zu sprechen.

The present progressive

Das ***present progressive*** wird verwendet,

What's Dave doing? – **Just now** he's cleaning his bike.

◂ um über Handlungen und Ereignisse zu sprechen, die **jetzt gerade** im Gange sind (oft mit Angaben wie *at the moment, now, just*).

Dave (on the phone) I'm busy, Jack. I'm cleaning my bike.

! Die Handlung, um die es geht, kann für einen Augenblick unterbrochen sein, z. B. durch ein Telefonat. Wichtig ist, dass sie noch nicht abgeschlossen ist.

This week Dave's grandma is staying at the Wilsons' because Dave's mum is ill.

◂ um über **vorübergehende Zustände** zu sprechen (begrenzter Zeitraum: *this week*).

Additional information

I'm always **forgetting** my keys.
He's always **making** the same mistake.

◂ Das *present progressive* kann mit *always* verwendet werden, um Verärgerung oder Überraschung auszudrücken.

In English: Talking about the present

Simple present:	when something happens regularly, often, always or never
	when we talk about something permanent, for example hobbies, jobs, abilities
Present progressive:	when an action or event is in progress and not yet complete

2.3 Talking about the past

Über die Vergangenheit sprechen

The simple past

Last Friday Katie's family flew to Spain.
Two years ago they went to Italy.
Letzten Freitag ist Katies Familie nach Spanien geflogen / flog Katies Familie nach Spanien. ...

Yesterday Katie went to town with a friend. **First** they looked round the shops and Katie bought a CD. **Then** they tried on shoes in four shops, but they didn't buy any. **After that** they had an ice cream.

Das ***simple past*** wird verwendet,

- um über abgeschlossene Handlungen und Ereignisse zu sprechen, die **zu einem bestimmten Zeitpunkt in der Vergangenheit** stattfanden (oft mit genauen Zeitangaben wie *last Friday, two years ago, yesterday, in 2006,* ...).
- wenn man über vergangene Ereignisse berichtet oder eine Geschichte erzählt (oft mit *first ..., then ..., after that ...*).

! Im Deutschen steht oft das Perfekt, wo im Englischen das *simple past* stehen muss.

„Früher ...": *used to* + infinitive / *would* + infinitive

We used to live in Manchester.
Wir wohnten früher in Manchester.
Manchester United used to be my favourite team.
Früher war Manchester United meine Lieblingsmannschaft.
I used to spend lots of money on sports magazines.
Ich habe früher immer viel Geld für Sportzeitschriften ausgegeben.

Wenn man beschreiben will, was **früher der Fall war**, aber heute nicht mehr, dann kann man die Konstruktion ***used to* + Infinitiv** verwenden.

Grandpa would visit us every Sunday after church.
Opa besuchte uns jeden Sonntag nach der Kirche. /
Opa pflegte uns jeden Sonntag nach der Kirche zu besuchen.
We would often go for long walks in the woods.
Wir haben oft lange Spaziergänge im Wald gemacht. /
Wir pflegten lange Spaziergänge im Wald zu machen.

Zum Ausdruck von **früher gewohnheitsmäßig wiederholten Handlungen** wird auch ***would* + Infinitiv** verwendet.

The past progressive

Yesterday at 3.30 Angela was walking home from school. It was raining, so lots of people were hurrying to the bus stop.

Angela was just crossing the road when she saw her boyfriend.

Das ***past progressive*** wird verwendet,

- um über Handlungen und Ereignisse zu sprechen, die **zu einem bestimmten Zeitpunkt in der Vergangenheit** noch im Gange, also noch nicht abgeschlossen waren.
- wenn man beschreiben will, was gerade vor sich ging *(she was just crossing the road)*, als etwas anderes passierte *(she saw her boyfriend)*.

The past perfect (simple)

When Emma arrived home, her parents had already eaten.
Als Emma zu Hause eintraf, hatten ihre Eltern bereits gegessen.

I couldn't buy a bus ticket because I had forgotten my money.
Ich konnte keine Busfahrkarte kaufen, weil ich mein Geld vergessen hatte.

Das ***past perfect*** (Plusquamperfekt, Vorvergangenheit) wird verwendet, um auszudrücken, dass etwas **vor etwas anderem in der Vergangenheit** stattgefunden hatte.

▶▶▶

The past perfect progressive

Emma was very tired when she arrived home because she had been studying for a test all day.
... denn sie hatte den ganzen Tag für einen Test gelernt.

We had been playing tennis for half an hour when it started to rain.
Wir hatten eine halbe Stunde Tennis gespielt, ...

Das ***past perfect progressive*** wird verwendet, um auszudrücken, dass eine Handlung **vor einem Zeitpunkt in der Vergangenheit** begonnen hatte und bis (oder fast bis) zu jenem Zeitpunkt andauerte.

In English: Talking about the past

Simple past:	when we want to say or ask when something happened when we talk about things in the past or tell a story
Past progressive:	when an action or event was in progress at a particular time in the past
Past perfect:	when an action or event had already happened before a time in the past
Past perfect progressive:	when an action or event had already begun before a time in the past and had continued up to (or almost up to) that time

2.4 Talking about the past and the present

Über die Vergangenheit und die Gegenwart sprechen

Present perfect und ***present perfect progressive*** haben mit der **Vergangenheit und** mit der **Gegenwart** zu tun.

The present perfect (simple)

Das ***present perfect*** wird verwendet,

1 Will Smith is great. I've seen all his films.
2 My sister loves books about horses. She's read hundreds of them.
3 Mel has lost her mobile. Now she can't phone her friends and her mum is angry.
4 I've bought some new jeans, look. They'll look good with my red top.
5 Luke has **already** done his Maths homework, but he has**n't** started his French **yet**.
6 I've **never** been to Paris. Have you **ever** been there?
– No, I haven't. But I've **always** wanted to go.

◂ um über Handlungen und Ereignisse zu sprechen, die **irgendwann in der Vergangenheit** geschehen sind. Oft hat das Geschehen **Auswirkungen auf die Gegenwart oder die Zukunft (3, 4)**.
Ein genauer Zeitpunkt wird nicht genannt. Häufig werden jedoch Adverbien der unbestimmten Zeit wie *already, always, just, not ... yet, often, never* in *present perfect*-Sätzen verwendet **(5, 6)**.

We've had our new car **since April.**
Wir haben unser neues Auto seit April.

***since* + Zeitpunkt**

We've had our new car **for three months.**
Wir haben unser neues Auto seit drei Monaten.

***for* + Zeitraum**

◂ um über **Zustände** zu sprechen, die in der Vergangenheit begonnen haben und jetzt noch andauern (oft mit ***since*** bzw. ***for*** = deutsch „seit").
Zustandsverben, die oft mit der einfachen Form des *present perfect* verwendet werden, sind z. B. *be, have, know, like, hate.*

▸ *Zustandsverben: 3.3 (p. 174)*

How long have you lived in Bristol?
Wie lange wohnt ihr in Bristol?
– **Since last August.**
– Seit letztem August.
– **For two years.**
– Seit zwei Jahren.

Mit ***How long ...?*** + *present perfect* kann man fragen, seit wann oder wie lange ein Zustand schon andauert.

! Im **Deutschen** benutzt man meist das **Präsens**, aber im **Englischen** muss das ***present perfect*** stehen:
Ich kenne ihn seit ... *I've known him since/for ...*

The present perfect progressive

1 I've been writing e-mails all day.
Ich schreibe (schon) den ganzen Tag E-Mails.

2 Anna has been playing in the hockey team since May.
Anna spielt seit Mai in der Hockeymannschaft.

3 We've been learning French for four years.
Wir lernen seit vier Jahren Französisch.

Das ***present perfect progressive*** wird verwendet, um auszudrücken, dass eine Handlung **in der Vergangenheit** begonnen hat und jetzt noch andauert (auch wenn die Handlung nicht ununterbrochen im Gange war wie etwa in den Sätzen 2 und 3).

! Auch in diesen Fällen benutzt man im **Deutschen** meist das **Präsens**. Im **Englischen** steht das ***present perfect progressive***:
Wir spielen seit ... *We've been playing since/for ...*

In English: Talking about the past and the present

Present perfect:	when we want to say that something has happened (not when it happened)
	when we want to say since when or how long a state has already lasted
Present perfect progressive:	when an action or event began in the past and has continued up to (or almost up to) the present

2.5 Talking about the future

Über die Zukunft sprechen

The *will*-future

I'll be 15 next October.
It will be cold and windy, and we will get some rain in the afternoon.

Das **Futur mit *will*** wird verwendet,

◄ um **Vorhersagen** über die Zukunft zu äußern. Oft geht es dabei um Dinge, die man nicht beeinflussen kann, z. B. das Alter oder das Wetter.

I suppose Ella will be late again as usual.
Ich nehme an, Ella kommt wie üblich wieder zu spät.

◄ um eine **Vermutung** auszudrücken (oft eingeleitet mit *I suppose, I think, I'm sure, I expect, maybe*).

Just a moment. I'll open the door for you.
Moment. Ich mache Ihnen die Tür auf.
I won't tell anyone what's happened. I promise.
Ich sage niemandem, was passiert ist. ...

◄ wenn man sich **spontan** – also ohne es im Voraus geplant zu haben – zu etwas **entschließt**. Oft geht es dabei um **Hilfsangebote** oder **Versprechen**.

The *going to*-future

After school I'm going to study IT – I hope.
Nach der Schule werde ich IT studieren / habe ich vor, IT zu studieren ...
My boyfriend says he's going to be an engineer.
Mein Freund sagt, er will Ingenieur werden.

Das **Futur mit *going to*** wird verwendet,

◄ um über **Vorhaben** und **Pläne** für die Zukunft zu sprechen.

Look at those clouds. There's going to be a storm.
... Es wird ein Gewitter geben.

◄ um auszudrücken, dass etwas **wahrscheinlich gleich geschehen wird** – es gibt bereits deutliche **Anzeichen** dafür.

The present progressive (future meaning)

We're driving to Scotland next weekend to visit my grandparents.
I'm meeting a friend in town tomorrow at 12.
All my friends are coming to my birthday party on Friday.

Auch das ***present progressive*** kann futurische Bedeutung haben. Es wird verwendet, wenn etwas **für die Zukunft fest geplant** oder **fest verabredet** ist (manchmal spricht man vom *diary future*). Durch eine Zeitangabe *(next weekend; tomorrow)* oder aus dem Zusammenhang muss klar sein, dass es um etwas Zukünftiges geht.

►►►

The simple present (future meaning)

The next train to Bath goes in ten minutes.
Our cookery classes start on 2 September.

Auch das ***simple present*** kann futurische Bedeutung haben. Es wird verwendet, wenn ein **zukünftiges Geschehen** durch einen **Fahrplan**, ein **Programm** oder Ähnliches festgelegt ist (manchmal spricht man vom *timetable future*). Verben wie *arrive, leave, go, open, close, start, stop* werden häufig so verwendet.

The future progressive

This time next week my sister will be flying to Spain – and I'll be doing my Maths exam.
Nächste Woche um diese Zeit wird meine Schwester (gerade) nach Spanien fliegen – und ich werde dabei sein, meine Mathe-Prüfung zu machen.

Das ***future progressive*** wird verwendet, um über Handlungen und Ereignisse zu sprechen, die **zu einem zukünftigen Zeitpunkt im Gange** sein werden (noch nicht abgeschlossen sein werden).
Typische Zeitangaben sind *a week today* („heute in einer Woche"), *this time next week* oder Ähnliches.

The future perfect

On Friday we will have finished all our exams.
Am Freitag werden wir alle unsere Prüfungen geschafft haben.

And **by the end of next week** we'll have received our results.
Und bis Ende nächster Woche werden wir unsere Ergebnisse erhalten haben.

Das ***future perfect*** wird verwendet um auszudrücken, dass etwas **zu einem bestimmten Zeitpunkt in der Zukunft geschehen oder getan sein wird**. (Meist wird dieser Zeitpunkt auch genannt – hier: *on Friday; by the end of next week.*)

In English: Talking about the future

***will*-future:**	for predictions or assumptions about the future
	for spontaneous decisions (e.g. offers and promises)
***going to*-future:**	for intentions and plans for the future
	when something will very probably happen (there are already signs of it happening)
Present progressive:	when something is definitely planned or arranged for the future
Simple present:	for future events that are a fixed part of a timetable, programme, schedule, etc.
Future progressive:	when an action or event will be in progress at a point of time in the future
Future perfect:	when an action or event will be complete at a point of time in the future

GF 3 Aspect: the simple form and the progressive form
Aspekt: die einfache Form und die Verlaufsform

3.1 Simple and progressive form in contrast

Einfache Form und Verlaufsform im Vergleich

Tense	Simple form	Progressive form
present tense	sing(s)	am/are/is singing
present perfect	have/has sung	have/has been singing
past tense	sang	was/were singing
past perfect	had sung	had been singing
***will*-future**	will sing	will be singing

Anders als im Deutschen gibt es im Englischen eine **einfache Form *(simple form)*** und eine **Verlaufsform *(progressive form)*** des Verbs. Mit diesen Formen bringt man im Englischen zum Ausdruck,
- ob eine Handlung regelmäßig oder wiederholt stattfindet oder ob sie sich gerade im Verlauf befindet,
- ob eine Handlung abgeschlossen ist oder ob sie noch andauert.

Vergleiche die folgenden Beispiele.

The simple form

1a Tom works at a garage on Saturdays. *(regelmäßig, jeden Samstag)*

2a Mr Jones goes to work by bike. *(immer, jeden Tag)*

3a Olivia has written two letters this morning. *(sie ist fertig und kann die Briefe jetzt abschicken)*

◄ Die ***simple form*** wird verwendet
- für regelmäßig oder wiederholt stattfindende Handlungen (**1a**)
- für Dauerzustände (wenn etwas immer so ist) (**2a**)
- für abgeschlossene Handlungen (**3a**).

The progressive form

1b Tom is working at the garage right now. *(er ist gerade dabei, die Arbeit ist im Gange)*

2b This week Mr Jones is going to work by bus. *(nur diese Woche, denn sein Rad ist kaputt)*

3b Olivia has been writing letters all morning. *(sie ist noch dabei)*

◄ Die ***progressive form*** wird verwendet
- für Handlungen, die gerade im Verlauf sind (**1b**)
- für vorübergehende Zustände (wenn etwas nur vorübergehend der Fall ist) (**2b**)
- für Handlungen, die noch nicht abgeschlossen sind (**3b**).

He was doing the dishes when he heard a funny noise.
Er war gerade beim Abwaschen, ...

! Im Deutschen gibt es keine Verlaufsform. Aber manchmal sagt und hört man Sätze wie „Ich bin gerade dabei, meine Hausaufgaben zu machen" oder „Er war (gerade) beim Abwaschen", um zum Ausdruck zu bringen, dass etwas im Gange und noch nicht abgeschlossen ist bzw. war.

! Beachte: Nur **Tätigkeitsverben *(activity verbs)*** wie *do, drink, go, sit, write* können in der *progressive form* verwendet werden.

► *Tätigkeits- und Zustandsverben: 3.2–3.3 (p. 174)*

▶▶▶

3.2 **Activity verbs**

(in a shop window) This shop repairs bikes!
(on the phone) Jack is repairing his bike. Can he call you back?

It gets dark very early here in winter.
At 6 o'clock it was already getting dark.

Tätigkeitsverben

Tätigkeitsverben bezeichnen **Tätigkeiten** *(do, go, read, repair, ...)* oder **Vorgänge** *(become, get, rain, ...)*. Sie können sowohl in der *simple form* als auch in der *progressive form* verwendet werden.

3.3 **State verbs**

Zustandsverben

Zustandsverben *(state verbs)* bezeichnen keine Tätigkeiten oder Vorgänge, sondern **Zustände**. Sie werden in der Regel **nur in der *simple form*** verwendet.

Zu den **Zustandsverben** gehören

The price doesn't include breakfast.
Emily seems really happy at her new school.
Jake's uncle owns a nice house in the country.

– Verben, die **Eigenschaften**, **Besitz** oder **Zugehörigkeit** ausdrücken: *be, include, seem, sound, mean* („bedeuten"), *need, own, belong, ...*

Do you believe their story?
I don't know the answer to question 5.
Anna didn't understand what Julie meant.

– Verben des **Meinens** und des **Wissens**: *believe, know, mean* („meinen"), *remember, suppose, understand, ...*

Lucy doesn't like people who talk a lot.
I don't mind waiting for you here.
We prefer brown bread to white. It's healthier.

– Verben des **Mögens** und **Wollens**: *like, love, hate, mind, prefer, want, ...*

States and activities

Julie has dark hair.	**state:**	*haben*
Julie is having a shower.	**activity:**	*duschen*
We were having fun/a great time.	**activity:**	*Spaß/eine tolle Zeit haben, erleben*
Do I look silly with my hair like this?	**state:**	*aussehen*
I didn't see the man. I wasn't looking.	**activity:**	*(hin)schauen, gucken*
The flowers smell wonderful.	**state:**	*riechen*
Sophie is smelling the roses.	**activity:**	*riechen (an etwas)*
The pasta tastes good.	**state:**	*schmecken*
I'm tasting the soup.	**activity:**	*kosten, probieren*
I think that's a great idea.	**state:**	*denken, meinen*
He was thinking of moving to Paris.	**activity:**	*überlegen, nachdenken*

Einige wenige englische Verben können als **Tätigkeits- oder als Zustandsverb** verwendet werden (mit jeweils unterschiedlichen deutschen Entsprechungen).

Als **Zustandsverb** stehen diese Verben immer in der *simple form*.

Als **Tätigkeitsverb** kommen sie in beiden Formen vor.

Vergleiche die Beispiele links.

In English: Activity verbs and state verbs

1 **Activity verbs** *(do, read, watch, work, ...)* can be used in the simple form and in the progressive form:
*Tom **does** his homework every evening. Look, Tom **is doing** his homework now.*
2 **State verbs** *(seem, belong, believe, know, like, need, ...)* are not used in the progressive form:
*I **believe** you. (not: ~~I'm believing~~ you.)*
3 A few verbs are used as state verbs and as activity verbs – with different meanings:
*The soup **tastes** good. Look, Grandpa **is tasting** the soup now.*

GF 4 REVISION The passive Das Passiv

4.1 Active and passive

Active: **Alexander Fleming** discovered penicillin in 1928.
Alexander Fleming entdeckte 1928 das Penicillin.

Passive: **Penicillin** was discovered in 1928.
Penicillin wurde 1928 entdeckt.

Active: The manager asked **Mel** to help out.
Passive: **Mel** was asked to help out.
Mel wurde gebeten auszuhelfen.

Active: The manager paid **her** £6 an hour.
Passive: **She** was paid £6 an hour.
Ihr wurden £6 die Stunde bezahlt. / Sie erhielt £6 die Stunde.

Aktiv und Passiv

◄ Beide Sätze beschreiben denselben Sachverhalt, betrachten ihn aber aus unterschiedlichen Blickwinkeln:

Der **Aktivsatz** handelt von Fleming und informiert uns über eine Entdeckung, die er 1928 machte.

Der **Passivsatz** handelt von Penicillin und informiert uns über den Zeitpunkt seiner Entdeckung.

◄ Das Passiv lässt sich im Englischen von allen Verben bilden, die im Aktivsatz ein Objekt haben.

4.2 Use

1 A new sports centre has been opened in Paddington. ... ist eröffnet worden ...

2 The first goal was scored in the seventh minute. ... wurde erzielt ...

3 Breakfast is served from 7 to 10.30 am. ... wird serviert ...

4 The two bank robbers have been sentenced to ten years. ... sind verurteilt worden ...

... müssen vor dem 15. Juli zurückgegeben werden.

The woman was taken to hospital.
Man brachte die Frau ins Krankenhaus.

Their CDs can be ordered online now.
Man kann ihre CDs jetzt online bestellen.

Gebrauch

Mit einem **Passivsatz** kann man Handlungen beschreiben, ohne zu sagen, wer die Handlung ausführt.

Oft ist nicht bekannt oder dem Sprecher nicht wichtig, wer die Handlung ausführt (Sätze 1 und 2), manchmal ist es auch offensichtlich und daher nicht erwähnenswert (Sätze 3 und 4).

Das Passiv findet man oft in Nachrichten, in Zeitungsartikeln (z. B. über Unfälle, Sportereignisse, Verbrechen), in offiziellen Texten, in technischen Beschreibungen und auf Schildern.

Das Passiv wird im Englischen häufiger verwendet als im Deutschen. Einem englischen Passivsatz entspricht oft ein deutscher Aktivsatz mit „man“.

►►►

4.3 Form

Form

The passive

Simple present	I am often invited to parties.
Present progressive	Some new shops are being built in Carlton Street.
Simple past	The bridge was completed in 1952.
Past progressive	I couldn't mail you. My computer was being repaired.
Present perfect (simple)	All the sandwiches have been eaten.
Past perfect (simple)	Ed didn't go to the party because he hadn't been invited.
***will*-future and modal auxiliaries**	The last match of the season will be played next Friday. Mobile phones must be turned off during lessons. Concert tickets can be bought online.
***going to*-future**	Look, the lions are going to be fed soon.
Future perfect	I hope my bike will have been repaired by Saturday.

Das Passiv bildet man mit einer **Form von *be*** und der 3. Form des Verbs (Partizip Perfekt, *past participle*).

Bei den *progressive forms* wird das Passiv mit *being* gebildet: *are being built; was being repaired*.

4.4 Passive sentences with *by* ...

The *Times* **is read** by 2 million people every day.
... wird jeden Tag von 2 Millionen Menschen gelesen.

This picture **was painted** by a 12-year-old girl.
... wurde von einem 12-jährigen Mädchen gemalt.

Part of this building **was destroyed** by fire.
... wurde durch ein Feuer zerstört.

Passivsätze mit *by* ...

Wenn man in einem Passivsatz den „Täter" oder „Verursacher" der Handlung nennen möchte, verwendet man die Präposition ***by*** („von", „durch").

4.5 The passive of verbs with two objects

<u>Active</u>	Indirect object	Direct object
The manager offered	her	**a part-time job.**

Der Geschäftsführer bot ihr eine Teilzeitstelle an.

<u>Passive</u> (English)

Subject	
She	was offered **a part-time job.**

<u>Passive</u> (German)

Dativobjekt		Subjekt	
Ihr	wurde	eine Teilzeitstelle	angeboten.

* Manchmal wird auch im Englischen das Sachobjekt zum Subjekt des Passivsatzes. In diesem Fall wird das Personenobjekt mit *to* angehängt: A part-time job was offered <u>to</u> her.

Das Passiv von Verben mit zwei Objekten

Manche Verben haben zwei Objekte nach sich:
- ein **indirektes Objekt** (meist eine Person, daher auch: **Personenobjekt**)
- ein **direktes Objekt** (meist eine Sache, daher auch: **Sachobjekt**).

◄ <u>Im Englischen</u> wird meist das **indirekte Objekt** (das **Personenobjekt**) zum **Subjekt des Passivsatzes**. *
Diese Art des Passivs nennt man *personal passive* (deutsch: „persönliches Passiv").

◄ <u>Im Deutschen</u> kann nur das **direkte Objekt** (das **Sachobjekt**) zum **Subjekt des Passivsatzes** werden.
Die Dativform des Personenobjekts bleibt im deutschen Passivsatz erhalten: *Ihr wurde ... angeboten.*

Weitere Beispiele für das *personal passive* findest du auf der nächsten Seite.

We were given the necessary information.
Man hat uns die nötigen Informationen gegeben.

I've been promised a new computer if I pass my exams.
Mir ist ein neuer Computer versprochen worden, wenn ich meine Prüfungen bestehe.

The students were shown the film of the book.
Den Studenten wurde die Verfilmung des Buches gezeigt.

We were told the true story about the first Thanksgiving.
Uns wurde die wahre Geschichte über ... erzählt. / Man erzählte uns die wahre Geschichte über ...

◄ Häufig vorkommende Verben mit zwei Objekten sind *give, offer, pay, promise, send, show, tell.*

Vergleiche die englischen Passivsätze mit ihren deutschen Übersetzungen – im Deutschen verwendet man oft einen Aktivsatz.

In English: The passive

1 The **passive** is used more in English than in German. In German an active sentence with 'man' is often preferred.
2 We find the passive mainly in news reports, official texts, signs, etc. when the 'doer' of the action is not named (because the 'doer' is not known or not important or because it's clear who does the action): *The thief was arrested.* (it's clear who did it: the police)
3 If you want to name the 'doer', you use ***by*** (German 'von', 'durch'): *Penicillin was discovered in 1928* ***by*** *A. Fleming.* *Our car was damaged* ***by*** *falling stones.*
4 In English, the indirect object of an active sentence (the 'person object') can be the subject of a passive sentence ('personal passive'):
Active: *They've offered* ***him*** *a job in London.*
Passive: ***He*** *has been offered a job in London.*

GF 5 REVISION Modals and their substitutes
Modalverben und ihre Ersatzverben

5.1 Modal auxiliaries

1 Can you play the piano?
2 – Yes, I can. / No, I can't.

3 Sue is good at drawing. She should study art.

4 Could you do the exercise? I couldn't.

5 Can we help you in the kitchen, Mum?
6 We can play tennis on Saturday if you like.

Modale Hilfsverben

Modale Hilfsverben wie ***can, may, must, should*** drücken aus, was jemand tun **kann, darf, muss, soll** usw.

– Sie werden zusammen mit dem **Infinitiv eines Vollverbs** verwendet (1). Nur in Kurzantworten können sie allein stehen (2).
– Sie haben nur eine Form, es gibt also keine Endungen auf *-s, -ing* oder *-ed* (3).
– Frage und Verneinung werden ohne *do/does/did* gebildet (4).
– Sie beziehen sich in der Regel auf die Gegenwart oder die Zukunft (5, 6).

▶▶▶

5.2 Substitutes

1 I'd love to be able to speak Spanish.
2 Being able to speak Spanish must be great.
3 We weren't allowed to use a dictionary.

Ersatzverben

Modale Hilfsverben können **nicht alle Zeitformen** bilden. Daher gibt es zu bestimmten modalen Hilfsverben **Ersatzverben** mit ähnlicher Bedeutung, von denen man den Infinitiv (1), die *-ing*-Form (2) und alle Zeitformen (3, *simple past*) bilden kann.

„können": *can – (to) be able to*

My little brother can / is able to swim.

present: *can* und *am/is/are able to*

Tim could / was able to read when he was four.
I could smell fire, but I couldn't see any smoke.

past: *could* und *was/were able to*
could steht vor allem in verneinten Sätzen und Fragen sowie mit Verben der Wahrnehmung *(smell, see, hear, ...)*.

Jacob hasn't been able to finish his essay.

present perfect: *have/has been able to*

I'm taking driving lessons, so next year I'll be able to drive.

will-future: *will/won't be able to*

„dürfen": *can, may – (to) be allowed to*

Can / May I have a sleepover on Friday, Mum?
We aren't allowed to stay up late in the week.

present: *can, may* und *am/is/are allowed to*

Under-12s couldn't / weren't allowed to see the film without an adult.

past: *could* und *was/were allowed to*

I've always been allowed to have pets.

present perfect: *have/has been allowed to*

Will you be allowed to go to the party on Friday?

will-future: *will/won't be allowed to*

Jeans must not be worn at this school.
At my school we're not allowed to wear jeans.

! Für ausdrückliche **Verbote** wird *must not (mustn't)* oder *be not allowed to* verwendet.

„müssen": *must – (to) have to*

Teacher You must work harder, Noah.
His teacher says Noah has to work harder.
I needn't get up at 6 tomorrow. / I don't have to get up at 6 tomorrow.

present: *must* und *have/has to*
(*have/has to* ist häufiger als *must*)
! **Verneinung:**
needn't oder *don't/doesn't have to*

I had to rewrite my essay.
We didn't have to wait long.

past: *had to*
! **Verneinung:** *didn't have to*

Lauren has had to go to the dentist's.

present perfect: *have/has had to*

You will have to go to the dentist's too if you eat so many sweets.

will-future: *will/won't have to*

Everyone needs to take a break now and again.
You don't need to wait for me.
I didn't need to tell her. She knew it already.
Do we need to book a table?

◄ Auch das Vollverb *need to* wird verwendet, um zu sagen, dass jemand etwas tun muss oder nicht zu tun braucht.

5.3 Modals – what do they express?

Modalverben – was drücken sie aus?

Ability (Fähigkeit)

I can speak French and a little German.	Ich **kann** Französisch und ein bisschen Deutsch.
My sister could read when she was only four.	Meine Schwester **konnte** lesen, als sie erst vier war.

Request (Bitte / Aufforderung)

Can I borrow this CD?	**Kann** ich diese CD ausleihen?
Can/Could you be quiet, please?	**Kannst/Könntest** du bitte leise sein?
Would you help me to wash the dishes?	**Würdest** du mir helfen abzuwaschen?

Permission / Prohibition (Erlaubnis / Verbot)

Can/May I use your phone, please?	**Kann/Darf** ich mal dein Telefon benutzen, bitte?
You can't take photos in the museum.	Du **darfst** im Museum **nicht** fotografieren.
In 1968, children could leave school at 15.	... **konnten/durften** Kinder mit 15 die Schule verlassen.
But they couldn't vote till they were 21.	Aber sie **konnten/durften** erst mit 21 wählen.
You mustn't tell Mel about the concert. It's a surprise.	Du **darfst** Mel **nichts** von dem Konzert erzählen. ...

Suggestion (Vorschlag)

Can/Can't we go on a bike trip?	**Können** wir **(nicht)** eine Radtour machen?
Shall we eat first and go shopping later?	**Sollen/Wollen** wir erst essen ...?
Couldn't you ask your grandma?	**Könntest** du **nicht** deine Oma fragen?
You could talk to your teacher.	Du **könntest (doch)** mit deiner Lehrerin sprechen.

Offer (Angebot)

Can/Could I get you a drink?	**Kann** ich Ihnen (vielleicht) etwas zu trinken holen?
Would you like to stay for dinner?	**Möchten** Sie (**nicht**) zum Essen bleiben?
Shall I help you with the dishes?	**Soll** ich dir beim Abwasch helfen?

Refusal, rejection (Weigerung, Ablehnung)

My parents won't let me stay out after ten.	Meine Eltern **wollen nicht**, dass ich nach zehn noch draußen bin.
I can't get in. The gate won't open.	... Das Tor **will nicht** aufgehen / geht nicht auf.
He knew the answer, but he wouldn't tell me.	..., aber er **wollte** sie mir nicht sagen / ..., aber er **weigerte sich**, sie mir zu sagen.

Necessity, strong obligation (Notwendigkeit, Zwang)

You needn't tell Mel about the concert. She already knows.	Du **brauchst** Mel **nicht** von dem Konzert zu erzählen. ...
You've got a temperature. You must stay in bed.	Du hast Fieber. Du **musst** im Bett bleiben.

►►►

Obligation, advice (Verpflichtung, Ratschlag)

Dogs should be left outside.	Hunde **sollten** draußen gelassen werden / draußen bleiben.
You should tell her the truth. / You ought to tell her the truth.	Du **solltest** ihr die Wahrheit sagen.

I'd better go now. It's late.
Ich sollte jetzt besser gehen. ...
It's cold. You'd better (= had better) not go out.

We're not supposed to use our mobiles at school.
Wir sollen ... unsere Handys nicht benutzen.
I was supposed to be home by ten but I missed the bus, and now I'm in trouble.

◄ Auch *had better* und *be supposed to* können für das deutsche **„sollen"** verwendet werden:
- *had better* ist stärker als *should* und *ought to*; es bringt zum Ausdruck, was jemand in einer bestimmten Situation am besten tun sollte
- *be supposed to* drückt aus, dass etwas von jemandem erwartet wird bzw. wurde, z. B. weil etwas vereinbart wurde.

The Carpenters are supposed to be very rich. They're said to have six houses.
Die Carpenters sollen sehr reich sein. Sie sollen sechs Häuser haben. / Man sagt, sie hätten sechs Häuser.
Carrots are supposed to be good for your eyes.

◄ *be supposed to* (oder *be said to*) wird verwendet, wenn etwas (angeblich) der Fall sein soll („die Leute sagen", „man sagt").

Possibility, probability (Möglichkeit, Wahrscheinlichkeit)

That must be Luke.	Das **muss** Luke sein.
– No, it can't be Luke. Luke is in Spain.	– Nein, das **kann nicht** Luke sein. Luke ist in Spanien.
Where's Dad? – He could be at Grandma's.	... – Er **könnte** bei Oma sein.
Sarah may still be at her friend's.	Sarah ist **vielleicht** noch bei ihrer Freundin.
John might come today if he's in town.	John kommt **vielleicht** heute vorbei, ...
Kathy should be here by now. / Kathy ought to be here by now.	Kathy **sollte** jetzt (eigentlich) hier sein.
There's somebody at the door. It will be Janet.	Es ist jemand an der Tür. Das **wird** Janet sein.

In English: Modals and their substitutes

1 Modal auxiliaries (or **modals**) like *can, could, may, might, must,* etc.

– have only one form:	*Tom may come tomorrow.*		
– form negatives and questions without *do/does/did*:	*They can't hear you. Can you hear them?*		
– are followed by an infinitive without *to*:	*You should relax more.*		
– usually refer to the present or future:	*Could I have a glass of water, please?*		
	Can you call me back tomorrow?		
– can express more than one speech function:	***can***	*I can play tennis.*	(ability)
		Can I borrow your ruler?	(request)
		You can borrow my pen.	(permission)
		That can't be Joe. Joe's in Italy.	(possibility)
– cannot form all tenses.			

2 Substitutes are used to form other tenses:

– *can* („können") – *(to) be able to:*	*I'll be able to drive next year.*
– *can, may* („dürfen") – *(to) be allowed to:*	*Were you allowed to use a dictionary in the test?*
– *must* („müssen") – *(to) have to:*	*I had to do extra homework yesterday.*

GF 6 REVISION Conditional sentences Bedingungssätze

Subordinate clause	Main clause
If you give me your number,	I'll call you.

Wenn du mir deine Nummer gibst, rufe ich dich an.

Main clause	Subordinate clause
I'll call you	if you give me your number.
Ich rufe dich an,	wenn du mir deine Nummer gibst.

Bedingungssätze („Wenn ..., dann ...“-Sätze) bestehen aus einem **Hauptsatz** *(main clause)* und einem **Nebensatz** *(subordinate clause)*.
Der Nebensatz wird in der Regel durch die Konjunktion ***if*** („wenn/falls“) eingeleitet und nennt eine Bedingung. Der *if*-Satz kann vor dem Hauptsatz stehen (er wird dann mit einem Komma abgetrennt) oder auf den Hauptsatz folgen (ohne Komma).

Es gibt **drei Grundtypen** von Bedingungssätzen:

if + present	*will*-future
If I miss the bus,	I'll take a taxi.

Wenn ich den Bus verpasse, nehme ich ein Taxi.

If Dan misses the bus, he can/should/must take a taxi.
If you miss the bus, take a taxi.

◄ **Typ 1 („Was ist, wenn ...“-Sätze)**
Diese Bedingungssätze beziehen sich auf die **Gegenwart** oder die **Zukunft**. Sie drücken aus, was unter bestimmten Bedingungen **geschieht/geschehen wird** oder **nicht geschieht/nicht geschehen wird**.
Statt des Futurs mit *will* können im Hauptsatz auch die modalen Hilfsverben *can, should, must* usw. oder ein Imperativ stehen.

if + past	*would* + infinitive
If I missed the bus,	I would take a taxi.

Wenn ich den Bus verpasste/verpassen würde, würde ich ein Taxi nehmen.

If Dan missed the bus, he could/might take a taxi.

◄ **Typ 2 („Was wäre, wenn ...“-Sätze)**
Diese Bedingungssätze beziehen sich auch auf die **Gegenwart** oder die **Zukunft**. Sie drücken aus, was unter bestimmten Bedingungen **geschehen** oder **nicht geschehen würde**.
Statt *would* können im Hauptsatz auch *could* oder *might* stehen.

if + past perfect	*would have* + past participle
If I had missed the bus,	I would have taken a taxi.

Wenn ich den Bus verpasst hätte, hätte ich ein Taxi genommen.

If Dan had missed the bus, he could/might have taken a taxi.

◄ **Typ 3 („Was wäre gewesen, wenn ...“-Sätze)**
Diese Bedingungssätze beziehen sich auf die **Vergangenheit**. Sie drücken aus, was unter bestimmten Bedingungen **geschehen** oder **nicht geschehen wäre**.
Der *if*-Satz nennt eine Bedingung, die nicht eingetreten ist *(Ich habe **nicht** den Bus verpasst)*. Der Sprecher stellt sich nur vor, was geschehen wäre, aber in Wirklichkeit nicht geschehen ist *(Ich hätte ein Taxi genommen)*.
Statt *would have* können im Hauptsatz auch *could have* oder *might have* stehen.

Additional information

If I **knew** the answer, I **would have told** you.
If I **had had** his chances in life, I**'d be** rich now.
If she **could have told** you the reason, she **would have done**.

◄ Wie im Deutschen sind **je nach Situation auch Mischformen** möglich, besonders bei Typ 2 und Typ 3.
Es kommen also auch andere Kombinationen von Zeitformen vor als die oben beschriebenen.

►►►

In English: Conditional sentences

Type 1:			
	present	***will*-future** or **modal auxiliary + infinitive**	! No present tense in the main clause.
	If you give me your number,	*I will/can call you.*	
Type 2:			
	past	***would/could/might* + infinitive**	! No *would* in the *if*-clause.
	If you gave me your number,	*I would/could/might call you.*	
Type 3:			
	past perfect	***would have/could have/might have* + past participle**	
	If you had given me your number,	*I would have/could have/might have called you.*	

GF 7 REVISION Relative clauses Relativsätze

7.1 Defining relative clauses

1 Do you know **the girl** who/that works at the Oxfam shop?
... das Mädchen, das im Oxfam-Shop arbeitet?

2 That's **the shop** which/that sells cheap books and CDs.
... der Laden, der billige Bücher und CDs verkauft.

Bestimmende Relativsätze

Bestimmende Relativsätze werden mit den Relativpronomen ***who*** oder ***that*** für **Personen (1)** und ***which*** oder ***that*** für **Dinge (2)** eingeleitet.

Ein bestimmender Relativsatz gibt Informationen über ein Nomen, die **zum Verständnis des Satzes notwendig** sind. Ohne die Relativsätze
– *... the girl who/that works at the Oxfam shop* bzw.
– *... the shop which/that sells cheap books and CDs*
wüsste man nicht, welches Mädchen bzw. welcher Laden gemeint ist.

! Beachte, dass ein bestimmender Relativsatz nicht durch Kommas abgetrennt wird.

7.2 Contact clauses

1 Lilly is **the girl** who I met at the library.
or Lilly is **the girl** I met at the library.
... das Mädchen, das ich ... kennengelernt habe.

2 These are **the photos** that Dad took.
or These are **the photos** Dad took.
... die Fotos, die Dad gemacht hat.

3 Jake is **the boy** [who invited] us to the party.
... der Junge, der uns auf die Party eingeladen hat.

Relativsätze ohne Relativpronomen

Wenn das Relativpronomen **Objekt des Relativsatzes** ist, wird es oft **weggelassen (1, 2)**.
Relativsätze ohne Relativpronomen werden *contact clauses* genannt.

! Wenn das **Relativpronomen direkt vor dem Verb** steht, ist es **Subjekt** und darf **nicht** weggelassen werden **(3)**. Vergleiche:
– *... the boy who invited us to the party*
(„... der Junge, der uns ... eingeladen hat")
– *... the boy who we invited to the party* oder
... the boy we invited to the party
(„... der Junge, den wir ... eingeladen haben")

7.3 Relative clauses with *which* to refer to a whole clause

We're moving to Leeds in the summer, which means I'll have to change school.
..., was bedeutet, dass ich die Schule wechseln muss.

My sister thinks I should do a language course in France in the holidays, which is a good idea.
..., was ich für eine gute Idee halte.

Satzbezogene Relativsätze mit *which*

Relativsätze mit *which* können sich auch auf einen ganzen Satz beziehen. Sie kommentieren die Aussage im vorausgehenden Hauptsatz.

Im Deutschen werden solche Relativsätze mit „was" eingeleitet.

! Beachte das Komma vor satzbezogenen Relativsätzen.

Additional information

7.4 Non-defining relative clauses

Agatha Christie, **who died in 1976**, wrote about 70 detective novels and 17 plays.

At 11.35 we landed at Atlanta International, **which is one of the world's busiest airports.**

Nicht bestimmende Relativsätze

Nicht bestimmende Relativsätze kommen hauptsächlich in geschriebenem Englisch vor. Sie geben **zusätzliche Informationen**, die zum Verständnis des Satzes nicht notwendig sind.

! – In nicht bestimmenden Relativsätzen können *who, which* und *whose* verwendet werden, aber nicht *that*!
– Nicht bestimmende Relativsätze werden durch Kommas abgetrennt.

In English: Relative clauses

1. A **defining relative clause** gives **necessary** information about the noun that it refers to:
   *That's the boy **who sold Jack the cheap DVDs**.*
   We can only leave out the relative pronoun when it is the **object** of the relative clause:
   *That's the boy **who Jack asked about cheap DVDs**.* or
   *That's the boy **Jack asked about cheap DVDs**.* (contact clause)
2. Relative clauses with ***which*** can **refer to the whole main clause**:
   *I got an 'A' in my Maths test**, which was a big surprise**.*
3. A **non-defining relative clause** gives **extra** information about the noun that it refers to:
   *My friend Michael**, whose parents are German,** is bilingual.*

GF 8 REVISION Indirect speech Die indirekte Rede

8.1 Statements — Aussagesätze

Kate	I **love** basketball. I'**m training** hard for our next match.	
Direct speech	Kate says, 'I **love** basketball. I'**m training** hard for our next match.'	◄ In der **direkten Rede** wird **wörtlich** wiedergegeben, was jemand sagt, schreibt oder denkt.
Indirect speech (reporting verb: simple present)	Kate says that she loves basketball. She says she's training hard for their next match.	◄ In der **indirekten Rede** (*indirect* oder *reported speech*) wird berichtet, was jemand sagt, schreibt oder denkt. Einleitende Verben sind *say, tell sb., answer, add, explain, think*.
Indirect speech (reporting verb: simple past)	Kate said that she loved basketball. She told me she was training hard for their next match.	◄ Steht das **einleitende Verb im *simple past*** (*said, told sb., answered* usw.), werden die Zeitformen der direkten Rede meist um eine Zeitstufe in die Vergangenheit „zurückverschoben" *(backshift of tenses)*.

! Im Englischen steht vor der indirekten Rede **kein Komma** und das Wort *that* wird oft weggelassen.

Backshift of tenses after a reporting verb in the past

present	► **past**	***will*-future**	► ***would* + infinitive**
past	► **past perfect**	***going to*-future**	► ***was/were going to* + infinitive**
present perfect	► **past perfect**	***can, may***	► ***could, might***

! Verben im *past perfect* bleiben unverändert, da man sie nicht weiter „zurückverschieben" kann.
In der Umgangssprache bleiben *past*-Formen der direkten Rede oft unverändert, werden also nicht ins *past perfect* „zurückverschoben":
Gina I didn't go out last Friday. ► Gina said she didn't go out last Friday.

8.2 Questions — Fragen

Wenn das einleitende Verb im *simple past* steht *(asked, wanted to know)*, erfolgt auch bei **Fragen** in der indirekten Rede die Rückverschiebung der Zeiten.

Direct question (yes/no question)	'Do you train every day, Kate?'	◄ Handelt es sich bei der direkten Frage um eine **Frage ohne Fragewort** *(yes/no question)*, dann wird die indirekte Frage mit ***if*** oder ***whether*** („ob") eingeleitet.
Indirect question	Alex asked Kate **if/whether** she trained every day.	
Direct question (with question word)	'**When** did you join the team?'	◄ Wenn die direkte **Frage mit einem Fragewort** beginnt (*why, how, what, when, where* usw.), dann wird das Fragewort in der indirekten Frage beibehalten.
Indirect question	Alex wanted to know **when** Kate had joined the team. ..., wann Kate sich der Mannschaft angeschlossen hat.	**!** Die Wortstellung in indirekten Fragen ist wie in Aussagesätzen: **S – V – ...** Es gibt keine Umschreibung mit *do/does/did*.

8.3 Advice, requests, commands

Ratschläge, Bitten, Aufforderungen

Kate advised Alex not to miss their next match.
Kate riet Alex, ihr nächstes Spiel nicht zu verpassen.

◀ **Ratschläge** können mit ***advise sb. to do sth.*** (bzw. ***advise sb. not to do sth.***) wiedergegeben werden.

Alex asked Kate to get him some tickets.
Alex bat Kate, ihm Eintrittskarten zu besorgen.

◀ **Bitten** werden meist mit ***ask sb. to do sth.*** (bzw. ***ask sb. not to do sth.***) wiedergegeben.

◀ **Aufforderungen** und **Anordnungen** werden meist mit ***tell sb. to do sth.*** (bzw. ***tell sb. not to do sth.***) wiedergegeben.

In English: Indirect speech

1 If the reporting verb is in the past *(said, told sb., asked, ...)*, there is usually a 'backshift' of tenses (present ▸ past, present perfect ▸ past perfect etc.).
Kate: 'I've hurt my knee.' ▸ *Kate* ***said*** *that she* ***had hurt*** *her knee.*

2 In indirect questions the word order is the same as in statements: **subject – verb** – ...
Alex wanted to know when ***Kate had joined the team****.*

3 Indirect advice can be given with *advise sb.* + *to*-infinitive.
Kate ***advised Alex not to miss*** *the next match.*

4 In indirect requests and commands the *to*-infinitive is used after *ask sb.* and *tell sb.*
Alex ***asked Kate to get*** *him some tickets.* *The doctor* ***told me not to do*** *any sport.*

GF 9 REVISION The *to*-infinitive Der Infinitiv mit *to*

9.1 Verb + object + *to*-infinitive

Kim **helped** me to write my French essay.
Kim half mir, meinen französischen Aufsatz zu schreiben.

Sharon **asked** me not to use her photo.
Sharon bat mich, ihr Foto nicht zu verwenden.

Grandma **expects** us to save our pocket money.
Oma erwartet, dass wir unser Taschengeld sparen.

Ed **would like** me to go to town with him.
Ed möchte, dass ich mit ihm in die Stadt fahre.

We **want** you to help us to clean up the beach.
Wir wollen, dass du uns hilfst, den Strand zu säubern.

Verb + Objekt + *to*-Infinitiv

Nach bestimmten Verben kann ein **Objekt + *to*-Infinitiv** stehen, z.B. ***ask/help/invite/teach sb. (not) to do sth***.

Nach den entsprechenden deutschen Verben steht meist ein Infinitiv mit „zu":
jn. bitten/jm. helfen/..., etwas (nicht) zu tun.

◄ Auch nach den Verben ***cause, expect, tell, want, would like, would love*** kann ein **Objekt + *to*-Infinitiv** stehen.

! Nach den entsprechenden deutschen Verben steht ein Nebensatz mit „dass". Auf die englischen Verben darf jedoch kein *that*-Satz folgen:
*Wir **wollen**, dass du uns hilfst*. *We **want** you to help us*.
Nicht: *We want ~~that you help~~ us*.

9.2 Question word + *to*-infinitive

We **don't know** what to do.
(... what we should/could do)
Wir wissen nicht, was wir tun sollen/könnten.

Let's **ask** someone how to get to the bus station.
..., wie wir zum Busbahnhof kommen (können).

Can you **tell** us which direction to take?
..., welche Richtung wir nehmen müssen?

They **wondered** whether to go or to stay.
..., ob sie gehen oder bleiben sollten.

Fragewort + *to*-Infinitiv

Der *to*-Infinitiv steht oft nach einem **Fragewort** (*what, who, when, where, how* usw.) sowie nach *whether* („ob"). Er entspricht meist einem Nebensatz mit modalem Hilfsverb *(can, could, might, must, should)*.

Die Kombination aus Fragewort und *to*-Infinitiv steht oft nach den Verben *ask, explain, find out, know, show, tell, wonder*.

9.3 The *to*-infinitive instead of a relative clause

1 I expect **the last (person)** to arrive will be Jo.
(... the last person who arrives ...)
Tim was **the first (one)** to tell me the news.
(... the first one who told me ...)
We're **the only shop** to offer this service.
(... the only shop that offers this service)
Sophie was **the only person/the only one** to say what she thought.
(... the only person/one who said ...)

2 Who was **the youngest (girl or boy)** to take part in the competition?
(... the youngest girl or boy who took part ...)

Der *to*-Infinitiv anstelle eines Relativsatzes

Der *to*-Infinitiv kann **anstelle eines Relativsatzes** stehen:

1 nach *the first, the last, the next, the only*

! Nach *the only* muss ein Nomen oder *one/ones* stehen.

2 nach einem Superlativ.

1 There are **clothes** to wash and **meals** to cook.
(... clothes that I/we must wash ...)
James is **the person** to ask about computers.
(... the person who you should ask)
Luigi's is the **place** to go for a good pizza.
(... the place that you must/should go to)
Look, this is **the way** to do it.
(... the way that you should do it)

2 I'm looking for **someone** to share a flat with.
(... someone who I can share a flat with)
Lucy doesn't know **anybody** to play with.
(... anybody who she can/could play with)
There's **nothing** to do and **nowhere** to go.
(... nothing that I can do and nowhere that I can go)

Der *to*-Infinitiv kann **anstelle eines Relativsatzes mit modalem Hilfsverb** stehen:

1 nach einem **Nomen** (häufig nach *person, place, way*)

2 nach den Zusammensetzungen mit ***some-, any-*** und ***no-*** (*someone, something, somewhere, anything, nowhere* usw.).

In English: The *to*-infinitive

The *to*-infinitive is used

- after *ask, cause, expect, help, tell, want, would like, ...* + object — *Dad* ***would like you to help*** *him.*
- after a question word, instead of a subordinate clause — *I don't know* ***who to ask****.*
- after *the first (person), the last (one)*, etc., instead of a relative clause — *Sue is always* ***the first to arrive****.* *Tom was* ***the oldest to join*** *us.*
- after nouns and *someone, anything, nowhere*, etc., instead of a relative clause — *I've got* ***some letters to write****.* *Is there* ***anybody to ask****?*

*(to) disturb [dɪˈstɜːb] *stören*

GF 10 REVISION The gerund Das Gerundium

10.1 The gerund as subject and object

Subject
Cycling is fun.
Radfahren macht Spaß.

Object
I love cycling.
Ich liebe das Radfahren. / Ich fahre sehr gern Rad.

I like riding **motorbikes.**
Ich fahre gern Motorrad.
Cycling **in the rain** can be fun too.
Radfahren im Regen kann auch Spaß machen. / Im Regen Rad zu fahren kann auch Spaß machen.

Das Gerundium als Subjekt und als Objekt

Wenn die *-ing*-Form eines Verbs die Funktion eines **Nomens** hat, wird sie **Gerundium** *(gerund)* genannt. Das Gerundium kann **Subjekt** oder **Objekt** eines Satzes sein.

Wie ein Verb kann das Gerundium erweitert werden, z.B. durch ein Objekt (hier: *motorbikes*) oder eine Orts- oder Zeitangabe (hier: *in the rain*).

1 Nobody **enjoys** going to the dentist's.
Niemand geht gern zum Zahnarzt.
Imagine living in California!
Stell dir vor, in Kalifornien zu leben!
Tom **suggested** going for an ice cream.
Tom schlug vor, ein Eis essen zu gehen.

! Beachte:

◄ 1 Nach einigen Verben – z.B. ***dislike, enjoy, finish, imagine, miss, practise, suggest*** – muss ein weiteres Verb als Gerundium stehen:
I ***enjoy*** *going ...; He* ***suggested*** *going ...*
Anders als im Deutschen darf nach diesen Verben **kein Infinitiv** stehen!
Also nicht: *I ~~enjoy to go~~ ...; He ~~suggested to go~~ ...*

2 When it **started** raining / to rain we all went home.
Als es anfing zu regnen, gingen wir alle nach Haus.
Will **loves** doing / to do crazy things.
Will liebt es, verrückte Sachen zu machen.

◄ 2 Nach ***begin/start, continue, hate, like, love, prefer*** kann jedoch – <u>bei gleicher Bedeutung</u> – entweder ein Gerundium oder ein *to*-Infinitiv stehen.

3 I'll never **forget** talking to Robbie Williams.
Ich werde nie vergessen, wie ich mit Robbie Williams gesprochen habe.
I **forgot** to phone Grandpa. I'm sorry.
Ich habe vergessen, Opa anzurufen. Es tut mir leid.

I **remember** posting the letter last Friday.
Ich erinnere mich daran, letzten Freitag den Brief eingeworfen zu haben.
I must **remember** to post this card tomorrow.
Ich muss daran denken *(= ich darf nicht vergessen)*, morgen diese Karte einzuwerfen.

I've **stopped** talking to Rob. We had a fight.
Ich habe aufgehört, mit Rob zu reden. / Ich rede nicht mehr mit Rob. ...
I **stopped** to talk to Jo. We chatted for a while.
Ich hielt an, um mit Jo zu reden.

I can't open the door. – **Try** kicking it.
... Probier mal, dagegen zu treten.
I **tried** to kick the door open and hurt myself.
Ich versuchte/bemühte mich, die Tür aufzutreten ...

◄ 3 Nach ***forget, remember, stop, try*** kann entweder ein Gerundium oder ein *to*-Infinitiv stehen, aber mit <u>unterschiedlicher Bedeutung</u>:

– ***forget doing*** *sth.*	vergessen, dass/wie man etwas *(in der Vergangenheit)* getan hat
forget to do *sth.*	vergessen, etwas zu tun
– ***remember doing*** *sth.*	sich daran erinnern, dass man etwas *(in der Vergangenheit)* getan hat
remember to do *sth.*	daran denken, etwas zu tun
– ***stop doing*** *sth.*	aufhören, etwas zu tun
stop to do *sth.*	anhalten, um etwas *(anderes)* zu tun
– ***try doing*** *sth.*	etwas (aus)probieren
try to do *sth.*	versuchen/sich bemühen, etwas zu tun

10.2 The gerund after prepositions

Das Gerundium nach Präpositionen

Boots are made for walking. So let's go!
... zum Wandern ...
In future, don't use my mobile without asking.
... ohne zu fragen
You can save petrol by driving more slowly.
... indem man langsamer fährt

Nach einer Präposition *(by, for, of, without, ...)* muss ein Verb als Gerundium stehen.

My little brother is **afraid** of sleeping in the dark.
... hat Angst davor, im Dunkeln zu schlafen.

I'm very **keen** on playing rugby.
Ich spiele leidenschaftlich gern Rugby.

Is there any **hope** of winning the final match?
Besteht Hoffnung, das Endspiel zu gewinnen?
What are his **reasons** for leaving school?
Was sind die Gründe dafür, dass er die Schule verlässt?

Sue **is talking** about moving to London.
Sue redet davon, nach London zu ziehen.
I don't **feel** like going out tonight. Do you?
Ich habe keine Lust, heute Abend auszugehen. Und du?

Adjektiv/Nomen/Verb + Präposition + Gerundium:

–	*(to) be*	***afraid of*** ***good/bad at*** ***interested in*** ***keen on*** ***sick/tired of***	***doing*** *sth.*	**Adjektiv + Präposition**
–	*the*	***advantage of*** ***chance of*** ***hope of*** ***reason for***	***doing*** *sth.*	**Nomen + Präposition**
–	*(to)*	***dream of*** ***feel like*** ***talk about*** ***think of***	***doing*** *sth.*	**Verb + Präposition**

Additional information

10.3 The gerund with 'its own subject'

Das Gerundium mit „eigenem Subjekt"

1a **Ella** can't **imagine moving** to Africa.
Ella kann sich nicht vorstellen, nach Afrika zu ziehen.
1b **Ella** can't **imagine** <u>her family</u> **moving** to Africa.
Ella kann sich nicht vorstellen, dass ihre Familie nach Afrika zieht.

◄ In Satz **1b** hat das Gerundium ein „eigenes Subjekt": *moving* bezieht sich auf *her family* (und nicht auf *Ella*, das Subjekt des ganzen Satzes).

2a His parents talked **about** <u>**him**</u> **going** to Paris.
2b His parents talked **about** <u>**his**</u> **going** to Paris.
Seine Eltern redeten davon, dass er nach Paris fährt.

◄ Wenn wie in Satz **2a** das Subjekt des Gerundiums ein Personalpronomen ist, dann steht es in der Objektform: ***him*** (nicht: *he*). In sehr formellem Englisch wird wie in Satz **2b** oft ein Possessivpronomen bevorzugt: ***his*** *going ...*

In English: The gerund

1. A **gerund** is an *-ing* form used as a noun. It can be the subject or the object of a sentence. .... ***Singing*** *is fun. I like* ***singing****.*
2. After some verbs *(enjoy, imagine, suggest, ...)* we use a gerund, <u>not</u> an infinitive. .... *Lucy* <u>*suggested*</u> ***asking*** *the head teacher.*
3. Verbs which follow a <u>preposition</u> take the form of a gerund. .... *Don't cross the road* <u>*without*</u> ***looking****.*
4. Gerunds can have <u>their own subject</u>. .... *Is there any chance of* <u>*Pete/him*</u> ***winning****?*

GF 11 REVISION Participles Partizipien

11.1 Participle forms

Formen des Partizips

Present participle *(-ing)*:

work → **working**		try → **trying**	
dance → **dancing**		plan → **planning**	

◀ Das **Partizip Präsens** *(present participle)* bildet man durch Anhängen von ***-ing*** an den Infinitiv. Beachte die Besonderheiten bei der Schreibung.

Past participle, regular verbs *(-ed)*:

work → **worked**	try → **tried**
dance → **danced**	plan → **planned**

◀ Das **Partizip Perfekt** *(past participle)* eines regelmäßigen Verbs wird durch Anhängen von ***-ed*** an den Infinitiv gebildet. Beachte auch hier die Besonderheiten bei der Schreibung.

Past participle, irregular verbs:

build → **built**	grow → **grown**
make → **made**	see → **seen**
teach → **taught**	write → **written**

Unregelmäßige Verben haben eigene *past participle*-Formen, die man einzeln lernen muss.

▸ *Unregelmäßige Verben (pp. 280–281)*

11.2 Participle clauses instead of relative clauses

Partizipialsätze anstelle von Relativsätzen

Partizipialsätze können Relativsätze verkürzen und werden daher oft anstelle von Relativsätzen verwendet.

The girl talking **to Leo** is my sister.
(The girl who is talking to Leo ...)
The man driving **the red car** didn't stop.
(The man who was driving the red car ...)

◀ Das ***present participle*** entspricht einem Relativpronomen + Verb im **Aktiv**: *is talking; was driving.*

We often buy strawberries grown **in California**.
(... strawberries which were grown ...)
The girls chosen **for the team** were only 15.
(The girls who were chosen for the team ...)

◀ Das ***past participle*** entspricht einem Relativpronomen + Verb im **Passiv**: *were grown; were chosen.*

11.3 The present participle after certain verbs

Das Partizip Präsens nach bestimmten Verben

Verb of perception + object + present participle

	Verb	Object	Present participle	
1 I	heard	people	shouting.	
2 Rob	saw	two men	running	out of the bank.
3 Sue	noticed	some men	getting	into a blue car.
4 We	watched	the car	driving	down the street.

Mit einem **Verb der Wahrnehmung + Objekt + Partizip Präsens** sagt man, dass man etwas wahrnimmt, das gerade im Verlauf ist.

Verben der Wahrnehmung sind *feel, hear, listen to, notice, see, smell, watch.*

1 Ich hörte Leute schreien.
2 Rob sah zwei Männer aus der Bank laufen.
3 Sue bemerkte, wie/dass einige Männer in ein blaues Auto stiegen.
4 Wir beobachteten, wie das Auto die Straße hinunterfuhr.

Im Deutschen verwendet man einen Infinitiv (1, 2) oder einen Nebensatz mit „wie" oder „dass" (3, 4).

Additional information

1 Rob **watched the car** <u>stop</u> at the corner.
2 He **saw a man** <u>get out</u>.
3 Rob **heard him** <u>shout</u> something to the others.
4 Then he **watched the car** <u>disappear</u> round the corner.

1 Rob beobachtete, wie das Auto an der Ecke anhielt.
2 Er sah einen Mann aussteigen.
3 Rob hörte, wie er den anderen etwas zurief.
4 Dann beobachtete er, wie/dass das Auto um die Ecke verschwand.

Nach **Verben der Wahrnehmung + Objekt** kann auch ein **Infinitiv** stehen (ohne *to*). Damit drückt man aus, dass das Geschehen **vollständig – von Anfang bis Ende –** wahrgenommen wird. Oft handelt es sich um kurze Handlungen. Vergleiche:

– *I saw a man* ***cross*** *the street.*
  (Er überquerte die Straße.)
– *I saw a man* ***crossing*** *the street when a car hit him.*
  (Er war dabei, die Straße zu überqueren, wurde aber angefahren, bevor er die andere Straßenseite erreichte.)

Additional information

We **stood** <u>watching</u> the street artists.
Wir standen da und sahen den Straßenkünstlern zu.

We **sat** <u>chatting</u> in a café.
Wir saßen in einem Café und unterhielten uns.

The dog **came** <u>running</u> towards me.
Der Hund kam auf mich zugerannt.

Das Partizip Präsens kann nach **Verben der Ruhe** *(stand, sit, stay, lie)* und nach **Verben der Bewegung** *(come, go)* stehen.

11.4 Participle clauses instead of adverbial clauses

Partizipialsätze anstelle von adverbialen Nebensätzen

Time

Seeing **Ellis Island for the first time**, Ava was very excited. (When Ava saw Ellis Island for the first time, ...)
Als Ava zum ersten Mal Ellis Island sah, ...

Arriving **at the station**, we went straight to the platform.
Als wir am Bahnhof ankamen, ...

Asked **to turn down his MP3 player**, the boy started to shout at the bus driver. (When he was asked to turn down ...)
Als er gebeten wurde, seinen MP3-Spieler leiser zu stellen, ...

Partizipialsätze können **Nebensätze der Zeit** oder **des Grundes** verkürzen.

Solche Partizipialsätze gehen oft dem Hauptsatz voran. Sie sind **typisch für das geschriebene Englisch**.

In gesprochenem Englisch werden meist adverbiale Nebensätze bevorzugt.

Reason

Feeling **tired**, Emily took the bus home.
(Because/Since she felt tired, ...)
Weil/Da sie sich müde fühlte, ...

Being **a doctor**, Marie knew exactly what to do.
Weil/Da sie Ärztin ist, ...

Warned **by his wife**, the man was able to escape.
(Because he was warned by his wife, ...)
Von seiner Frau gewarnt, ... / Weil er ... gewarnt wurde, ...

Having + past participle

1 Having passed **his exams,** Mike applied for a job.
(After he had passed his exams, ...)
Nachdem Mike seine Prüfungen bestanden hatte, ...

2 Having been **to Italy twice,** we decided to go to Spain.
(Because/Since we had been to Italy twice, ...)
Da wir schon zweimal in Italien gewesen waren, ...

Not having seen **the film,** I bought the DVD.
(Because/Since I hadn't seen the film, ...)
Da ich den Film nicht gesehen hatte, ...

Partizipialsätze mit ***having* + Partizip Perfekt** drücken immer **Vorzeitigkeit** aus.

Partizipialsätze mit ***having* + Partizip Perfekt** entsprechen

1 einem adverbialen Nebensatz der **Zeit**, meist mit *after* eingeleitet

2 einem adverbialen Nebensatz des **Grundes**.

Additional information

1a **Reading** a really boring book, I fell asleep.
Als/Weil ich ein wirklich langweiliges Buch las, ...

1b **When/While reading** a really boring book, I fell asleep. *or* I fell asleep **when/while reading** a really boring book.

◄ Nicht immer ist eindeutig zu erkennen, ob ein Partizipialsatz einem Nebensatz der Zeit oder einem Nebensatz des Grundes entspricht (Satz **1a**).

Durch Voranstellen der **Konjunktion *when*** oder ***while*** macht man deutlich, dass der Satz **zeitlich** zu verstehen ist (Satz **1b**).

2a I saw a huge black dog **when/while walking** down the street.
(= I was walking down the street)
Ich habe einen riesigen schwarzen Hund gesehen, als/während ich die Straße hinunterging.

2b I saw a huge black dog **walking** down the street.
(= the dog was walking down the street)
Ich habe gesehen, wie ein riesiger schwarzer Hund die Straße hinunterging.

◄ Wenn der Hauptsatz ein Objekt enthält (hier: *a huge black dog*), gibt es oft große Bedeutungsunterschiede, je nachdem, ob der Partizipialsatz mit Konjunktion (Satz **2a**) oder ohne Konjunktion (Satz **2b**) verwendet wird.

3 **Although asked** to stop by the police, the man drove on.
He will have to wait outside **until asked** to enter.
If posted before 12 o'clock, the letter should arrive tomorrow.

◄ Partizipialsätze können auch durch andere Konjunktionen eingeleitet werden, z. B. ***although, until, if, after, before*** (Sätze **3**).

11.5 Participle clauses giving additional information

'I'll be back at 6,' he shouted, banging **the door** behind him.
... rief er und knallte die Tür hinter sich zu.

Using **a knife,** he was able to open the door.
Indem er ein Messer benutzte, ...

Lynn ran down the stairs, losing **a shoe.**
..., wobei sie einen Schuh verlor.

Partizipialsätze zur Angabe von Zusatzinformationen

Partizipialsätze werden oft verwendet, um Zusatzinformationen zu geben oder die Begleitumstände einer Handlung zu beschreiben. (Meist handelt es sich um zeitgleich oder fast zeitgleich stattfindende Handlungen oder Vorgänge.)

Im Deutschen steht meist ein Hauptsatz mit „und" oder ein Nebensatz mit „indem" oder „wobei".

In English: Participles

Participle clauses can be used

- instead of relative clauses ... *The girl **talking to Jack** ... / Wine **produced in Australia** ...*
- after verbs of perception + object ... *I can **see somebody running** down the street.*
  (when the action is not yet completed)
- instead of adverbial clauses of time or reason ... ***Travelling** by train, you meet some interesting people.*
  ***Not having** much money, we stayed at a small B&B.*
- to give additional information ... *Maggie ran down the road, **singing** her favourite song.*

GF 12 Emphasis Hervorhebung

Word stress

nicht betont	He says he'**ll** do his Maths homework now.
zur Hervorhebung betont	He says he will do his Maths homework now.

◄ Man kann **beim Sprechen** einzelne Wörter oder Satzteile stark **betonen**, um sie hervorzuheben.
Bei Hilfsverben (z. B. *is, have, will, would*) wird dann die Langform benutzt.

Es gibt auch eine Reihe **besonderer Wörter und Strukturen zur Hervorhebung**:

Certain adverbs

I couldn't answer some of the interviewer's questions. I felt really/so/completely stupid.
I'll never go to an interview unprepared again.
Don't ever make the same mistake!

◄ Bestimmte **Adverbien** werden benutzt, um einzelne Wörter oder Satzteile hervorzuheben.
Beispiele: *really, completely, so, such, never, ever.*

Emphasizing pronouns

The work itself isn't difficult. You just need the right tools. (Die Arbeit selbst ...)
So I'm going to repair the motorbike myself.

◄ **Verstärkende Pronomen** auf ***-self/-selves*** werden benutzt, um Nomen oder Pronomen hervorzuheben.

It's ... / It was ... + relative clause

It's **French** that I don't like. German is OK.
It was **me** who/that told him about the party.
It was **in the shopping mall** that I first met my boyfriend.

◄ Man kann einen Satz mit ***It's ... that/who ...*** oder ***It was ... that/who ...*** beginnen, um ein Nomen, ein Pronomen oder eine adverbiale Bestimmung hervorzuheben. Beachte, dass Pronomen nach *It's/It was* in der Objektform stehen (*It was **me** ...*).

It was **my grandparents** who/that paid for the flat, not my parents.

◄ Oft wird mit dieser Konstruktion ein Gegensatz ausgedrückt.

It's **the tenses** that I don't always get right. The rest of the grammar is OK.

! Auch bei Pluralnomen steht das Verb im Singular:
*It **was** my **grandparents** ... / It'**s** the **tenses** ...*

▶▶▶

'Negative' adverbials + inversion

Never **have I seen** so many people.
Noch nie habe ich so viele Leute gesehen.

Under no circumstances **did he want** to see her again.
Unter keinen Umständen wollte er sie wiedersehen.

◂ In eher förmlichem Englisch können einige **Adverbien** und **adverbiale Bestimmungen** mit **einschränkender oder verneinender Bedeutung** besonders betont werden, indem man sie an den Satzanfang stellt.
Beispiele: *never, rarely („selten"), hardly („kaum"), no way, under no circumstances („unter keinen Umständen").*
Beachte, dass sich in diesem Fall die Wortstellung ändert (Inversion):

	Hilfsverb	**Subjekt**	**Vollverb**
Never	*have*	*I*	*seen ...*
Under no circumstances	*did*	*he*	*want to ...*

Emphatic *do/does/did*

ohne Hervorhebung	I **think** you should talk to your teacher.
mit Hervorhebung	I do **think** you should talk to your teacher. Ich bin wirklich der Meinung ...
ohne Hervorhebung	Well, you needn't help me, but you **promised.**
mit Hervorhebung	Well, you needn't help me, but you did **promise.** ... aber eigentlich hast du es versprochen.

◂ Im *simple present* oder *simple past* kann man der Aussage eines Satzes Nachdruck verleihen, indem man betontes ***do***, ***does*** oder ***did*** vor das Vollverb stellt.
Das Vollverb selbst steht dann im Infinitiv.
Im Deutschen benutzt man in solchen Fällen meist verstärkende Adverbien wie „wirklich" oder „doch".

Do **have** another biscuit.
Nehmen Sie doch noch einen Keks.

Oh do **be** quiet!
Oh sei jetzt endlich still!

◂ Oft werden auf diese Weise Aufforderungen und Anweisungen verstärkt.

In English: Emphasis

To **emphasize** a word or sentence part you can ...

1 stress it in speech	*Lucy is doing volunteer work in **South Africa**, not South America.*
2 use adverbs such as *really, completely, ever, never*	*That's a **completely** crazy idea. Don't **ever** suggest such a thing again.*
3 use *myself, yourself, ourselves* etc. to emphasize a noun or pronoun	***Liz** can repair her computer **herself**.* *Can't **we** design the website **ourselves**?*
4 use *It's/It was ... that/who ...* to put the stressed word at the beginning of the sentence	***It's** tomorrow **that** we're doing the Maths test.* ***It was** the French **who** signed the agreement, not the Chinese.*
5 use inversion after negative adverbials such as *never, rarely, under no circumstances*	***Never** had they seen such a fantastic sight.*
6 use *do/does/did* in the *simple present* and *simple past* to stress the full verb	*I **do** like her new boyfriend. He **does** seem to be right for her.* *We **did** enjoy our meal. It was delicious.*

Grammatical terms (Grammatische Fachbegriffe)

active ['æktɪv]	Aktiv	*Beckham* ***scored*** *the final goal.*
activity verb [æk'tɪvəti vɜːb]	Tätigkeitsverb	*do, go, make, read, repair*
adjective ['ædʒɪktɪv]	Adjektiv	*good, red, new, boring*
adverb ['ædvɜːb]	Adverb	*always, badly, here, really, today*
adverb of frequency ['friːkwənsi]	Häufigkeitsadverb	*always, often, never*
adverb of indefinite time [ɪnˌdefɪnət 'taɪm]	Adverb der unbestimmten Zeit	*already, ever, just, never*
adverb of manner ['mænə]	Adverb der Art und Weise	*badly, happily, quietly, well*
adverbial [æd'vɜːbiəl]	Adverbialbestimmung	*I play football* ***on Sunday mornings****.*
adverbial clause [ædˌvɜːbiəl 'klɔːz]	adverbialer Nebensatz	*I went to bed* ***because I was tired****.*
article ['ɑːtɪkl]	Artikel	*the, a/an*
aspect ['æspekt]	Aspekt	
auxiliary [ɔːg'zɪliəri]	Hilfsverb	*be, have, do; will, can, must*
backshift of tenses ['bækʃɪft]	Verschiebung der Zeitformen	*'****I'm*** *glad.' ► He said he* ***was*** *glad.*
command [kə'mɑːnd]	Befehl, Aufforderungssatz	*Open your books. Don't talk.*
comparison [kəm'pærɪsn]	Steigerung	*old – older – oldest*
complex sentence [ˌkɒmpleks 'sentəns]	Satzgefüge (Verbindung aus Haupt- und Nebensatz)	*I can't go to school because I'm ill.*
conditional sentence [kənˌdɪʃənl 'sentəns]	Bedingungssatz	*I'd call him if I knew his number.*
conjunction [kən'dʒʌŋkʃn]	Konjunktion	*and, or, but; because, before*
contact clause ['kɒntækt klɔːz]	Relativsatz ohne Relativpronomen	*She's the girl* ***I love****.*
countable noun ['kaʊntəbl]	zählbares Nomen	*girl – girls, pound – pounds*
defining relative clause [dɪ'faɪnɪŋ]	bestimmender Relativsatz	*There's the girl* ***who helped me****.*
definite article ['defɪnət]	bestimmter Artikel	*the*
direct speech [ˌdaɪrekt 'spiːtʃ]	direkte Rede, wörtliche Rede	*'****I'm sorry****.'*
emphasis ['emfəsɪs]	Hervorhebung, Betonung	
future perfect [ˌfjuːtʃə 'pɜːfɪkt]	vollendete Zukunft, Futur II	*On Friday we will have finished our exams.*
future progressive [ˌfjuːtʃə prə'gresɪv]	Verlaufsform des *will-future*	*A week today I will be lying on the beach.*
gerund ['dʒerənd]	Gerundium	*I like* ***dancing****.* ***Dancing*** *is fun.*
***going to*-future**	Futur mit *going to*	***I'm going to watch*** *TV tonight.*
***if*-clause** ['ɪf klɔːz]	*if*-Satz, Nebensatz mit *if*	***If I see Jack****, I'll tell him.*
imperative [ɪm'perətɪv]	Imperativ (Befehlsform)	*Open your books. Don't talk.*
indirect speech [ˌɪndərekt 'spiːtʃ]	indirekte Rede	*Sam said* ***(that) he was sorry****.*
infinitive [ɪn'fɪnətɪv]	Infinitiv (Grundform des Verbs)	*(to) open, (to) see, (to) read*
inversion [ɪn'vɜːʃn]	Inversion, Umkehrung	*Never before* ***had she*** *lied to me.*
irregular verb [ɪˌregjələ 'vɜːb]	unregelmäßiges Verb	*(to) go – went – gone*
main clause	Hauptsatz	***I like Scruffy*** *because I like dogs.*
modal, modal auxiliary [ˌməʊdl‿ɔːg'zɪliəri]	Modalverb, modales Hilfsverb	*can, could, may, must*
negative statement [ˌnegətɪv 'steɪtmənt]	verneinter Aussagesatz	*I don't like bananas.*
non-defining relative clause [dɪ'faɪnɪŋ]	nicht bestimmender Relativsatz	*Madison****, who lives in Atlanta,*** *goes to M. L. King High School.*
noun [naʊn]	Nomen, Substantiv	*Sophie, girl, brother, time*
object ['ɒbdʒɪkt]	Objekt	*My sister is writing* ***a letter****.*
object form ['ɒbdʒɪkt fɔːm]	Objektform (der Personalpronomen)	*me, you, him, her, it, us, them*
participle ['pɑːtɪsɪpl]	Partizip	*planning, taking; planned, taken*
participle clause [ˌpɑːtɪsɪpl 'klɔːz]	Partizipialsatz	*I saw a boy* ***playing in the street****.*
passive ['pæsɪv]	Passiv	*The goal* ***was scored*** *by Beckham.*
past participle [ˌpɑːst 'pɑːtɪsɪpl]	Partizip Perfekt	*cleaned, planned, gone, taken*
past perfect [ˌpɑːst 'pɜːfɪkt]	Plusquamperfekt, Vorvergangenheit	*He cried – he* ***had hurt*** *his knee.*

past perfect progressive [ˌpɑːst ˌpɜːfɪkt prəˈgresɪv]	Verlaufsform des *past perfect*	*She* ***had been working*** *in the garden since 12 o'clock.*
past progressive [ˌpɑːst prəˈgresɪv]	Verlaufsform der Vergangenheit	*At 7.30 I* ***was having*** *dinner.*
personal passive [ˌpɜːsənl ˈpæsɪv]	persönliches Passiv	*I was offered a job.*
personal pronoun [ˌpɜːsənl ˈprəʊnaʊn]	Personalpronomen (persönliches Fürwort)	*I, you, he, she, it, we, they; me, you, him, her, it, us, them*
plural [ˈplʊərəl]	Plural, Mehrzahl	
positive statement [ˌpɒzətɪv ˈsteɪtmənt]	bejahter Aussagesatz	*I like oranges.*
possessive determiner [pəˌzesɪv dɪˈtɜːmɪnə]	Possessivbegleiter (besitzanzeigender Begleiter)	*my, your, his, her, its, our, their*
possessive form [pəˌzesɪv fɔːm]	*s*-Genitiv	*Jo's brother; my sister's room*
possessive pronoun [pəˌzesɪv ˈprəʊnaʊn]	Possessivpronomen	*mine, yours, his, hers, ours, theirs*
preposition [ˌprepəˈzɪʃn]	Präposition	*after, at, in, next to, under*
present participle [ˌpreznt ˈpɑːtɪsɪpl]	Partizip Präsens	*cleaning, planning, going, taking*
present perfect [ˌpreznt ˈpɜːfɪkt]	*present perfect*	*We****'ve made*** *a cake for you.*
present perfect progressive	Verlaufsform des *present perfect*	*We****'ve been waiting*** *for an hour.*
present progressive [ˌpreznt prəˈgresɪv]	Verlaufsform der Gegenwart	*The Hansons* ***are having*** *lunch.*
pronoun [ˈprəʊnaʊn]	Pronomen, Fürwort	
quantifier [ˈkwɒntɪfaɪə]	Mengenangabe	*some, a lot of, many, much*
question tag [ˈkwestʃən tæg]	Frageanhängsel	*This place is great,* ***isn't it?***
question word [ˈkwestʃən wɜːd]	Fragewort	*what?, when?, where?, how?*
reflexive pronoun [rɪˌfleksɪv ˈprəʊnaʊn]	Reflexivpronomen	*myself, yourself, themselves*
regular verb [ˌregjələ ˈvɜːb]	regelmäßiges Verb	*(to) help – helped – helped*
relative clause [ˌrelətɪv ˈklɔːz]	Relativsatz	*There's the girl* ***who helped me****.*
relative pronoun [ˌrelətɪv ˈprəʊnaʊn]	Relativpronomen	*who, that, which, whose*
reported speech [rɪˌpɔːtɪd ˈspiːtʃ]	indirekte Rede	*Sam said* ***(that) he was sorry****.*
request [rɪˈkwest]	Bitte	*Can you help me with this?*
short answer [ˌʃɔːt‿ˈɑːnsə]	Kurzantwort	*Yes, I am. / No, I don't.*
simple past [ˌsɪmpl ˈpɑːst]	einfache Form der Vergangenheit	*Jo* ***wrote*** *two letters yesterday.*
simple present [ˌsɪmpl ˈpreznt]	einfache Form der Gegenwart	*I always* ***go*** *to school by bike.*
singular [ˈsɪŋgjələ]	Singular, Einzahl	
state verb [ˈsteɪt vɜːb]	Zustandsverb	*be, know, like, own, sound, want*
statement [ˈsteɪtmənt]	Aussagesatz	
subject [ˈsʌbdʒɪkt]	Subjekt	***My sister*** *is writing a letter.*
subject form [ˈsʌbdʒɪkt fɔːm]	Subjektform (der Personalpronomen)	*I, you, he, she, it, we, they*
subordinate clause [səˌbɔːdɪnət ˈklɔːz]	*Nebensatz*	*I like Scruffy* ***because I like dogs****.*
substitute [ˈsʌbstɪtjuːt]	Ersatzverb (eines modalen Hilfverbs)	*be able to, be allowed to, have to*
tense [tens]	Zeitform	
uncountable noun [ʌnˈkaʊntəbl]	nicht zählbares Nomen	*bread, milk, money, news, work*
verb [vɜːb]	Verb	*hear, open, help, go*
verb of perception [pəˈsepʃn]	Verb der Wahrnehmung	*feel, hear, listen to, see, smell*
***will*-future**	Futur mit *will*	*I think it* ***will be*** *cold tonight.*
word order [ˈwɜːd‿ˌɔːdə]	Wortstellung	
yes/no question	Entscheidungsfrage	*Are you 13? Do you like comics?*

Unit 1, Part A, P4 (p. 13): Lösung

1 My friend Tony almost had an accident on his way to school.
2 He never goes to bed before midnight.
3 My sister speaks French well.
4 She loves France and has travelled there often. / … and has often travelled there.
5 We have already decided not to go to the party.
6 At last I have enough time to finish my book.
7 Unfortunately, I can't meet you at the cinema. / … at the cinema unfortunately.
8 I always clean my room on Saturday mornings.
9 Then the whole family usually has lunch together.
10 In the afternoon my sister goes to football. / … to football in the afternoon.

Diese Wörterverzeichnisse findest du in deinem Englischbuch:

- Das **Vocabulary** (S. 197–230) enthält alle Wörter und Wendungen aus Band 6, die du lernen musst. Sie stehen in der Reihenfolge, in der sie in den Units vorkommen.
- Das **Dictionary** (S. 231–279) enthält den Wortschatz der Bände 1 bis 6 in alphabetischer Reihenfolge. Dort kannst du nachschlagen, was ein Wort bedeutet, wie man es ausspricht oder wie es genau geschrieben wird.

So ist das Vocabulary aufgebaut:

- Hier siehst du, wo die Wörter vorkommen.
  p. 17 = Seite 17
  p. 18/P 1 = Seite 18, Übung 1
- Die Lautschrift zeigt dir, wie ein Wort ausgesprochen und betont wird. (→ Englische Laute: S. 284)
- Eingerückte Wörter lernst du am besten zusammen mit dem vorausgehenden Wort, weil die beiden zusammengehören.
- Die blauen Kästen solltest du dir besonders gut ansehen.
- Auf den Seiten 204, 212 und 223 findest du Zusammenstellungen von Wörtern und Wendungen zu Themenfeldern der Units 1–3. Neue Wörter oder Wendungen sind durch ⁺ gekennzeichnet.

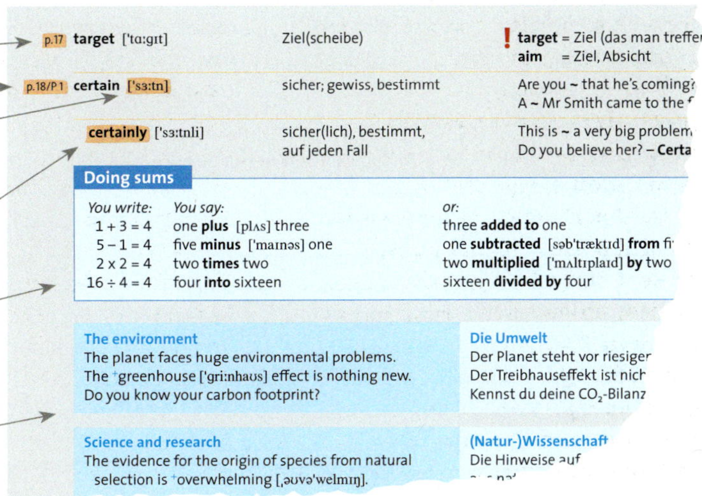
p.17 **target** ['tɑːɡɪt] Ziel(scheibe) ! **target** = Ziel (das man treffe… **aim** = Ziel, Absicht
p.18/P 1 **certain** ['sɜːtn] sicher; gewiss, bestimmt Are you ~ that he's coming? A ~ Mr Smith came to the …
certainly ['sɜːtnli] sicher(lich), bestimmt, auf jeden Fall This is ~ a very big problem… Do you believe her? – **Certa**…

Doing sums
You write: *You say:* *or:*
1 + 3 = 4 one **plus** [plʌs] three three **added to** one
5 – 1 = 4 five **minus** ['maɪnəs] one one **subtracted** [səb'træktɪd] **from** fi…
2 x 2 = 4 two **times** two two **multiplied** ['mʌltɪplaɪd] **by** two
16 ÷ 4 = 4 four **into** sixteen sixteen **divided by** four

The environment The planet faces huge environmental problems. The ⁺greenhouse ['griːnhaʊs] effect is nothing new. Do you know your carbon footprint?
Die Umwelt Der Planet steht vor riesiger… Der Treibhauseffekt ist nich… Kennst du deine CO_2-Bilanz…

Science and research The evidence for the origin of species from natural selection is ⁺overwhelming [ˌəʊvə'welmɪŋ].
(Natur-)Wissenschaft Die Hinweise auf…

Abkürzungen:			
n = *noun*		*v* = *verb*	
adj = *adjective*		*adv* = *adverb*	
prep = *preposition*		*conj* = *conjunction*	
pl = *plural*		*no pl* = *no plural*	
p. = page		pp. = pages	
= somebody		= something	
jn. = jemanden		jm. = jemandem	
AE = *American English*		*infml* = *informal*	
BE = *British English*		*fml* = *formal*	

Symbole:

! Hier stehen Hinweise auf Besonderheiten, bei denen man leicht Fehler machen kann.

◄► ist das „Gegenteil"-Zeichen: **alive ◄► dead** (**alive** ist das Gegenteil von **dead**)

~ Die **Tilde** in den Beispielsätzen steht für das neue Wort.

Ⓕ verwandtes Wort im Französischen
Ⓛ verwandtes Wort im Lateinischen

Unit 1: You and yours

p. 7	(to) **go on**	los sein, abgehen, laufen	Is anything **going ~** tonight? – Yes, Jack's having a party. Dan and Sue are together?! How long has this been **going ~**?
	(to) **criticize (for)** ['krɪtɪsaɪz]	kritisieren (wegen)	He **~d** me **for** not listening to him. Ⓕ critiquer
	in the end	schließlich, am Ende, zum Schluss	At first no one clapped, but **in the end** everybody joined in. ! **in the end** = schließlich; **at the end (of)** = am Ende (von). **At the end of** the concert everybody clapped.
	possessive [pə'zesɪv]	besitzergreifend, vereinnahmend	Nina's boyfriend is so ~ that she can't even go out with her girlfriends. Ⓕ possessif, -ve

PART A Got friends?

p.8	**single** ['sɪŋgl]	einzige(r, s), nur ein(e/n)	There was a ~ cake left and I bought it. He's 34 and hasn't had a ~ girlfriend yet. **!** **single** = **1.** ledig; **2.** Einzel- **3.** einzige(r, s) *(nur ein/e)* Ⓛ singuli, -ae, -a
	insecure [ˌɪnsɪ'kjʊə]	unsicher	I felt ~ when I started to wear glasses.
	secure [sɪ'kjʊə]	sicher; selbstsicher	She has a very ~ job: she's a teacher. He seems very ~ but actually he's quite shy. Ⓛ securus, -a, -um
	You**'d better** ... *(= You **had** better ...)*	Du solltest lieber ...	It's cold: we**'d better** (= we **had better**) take our pullovers. ► Grammar File 5.3: Modals (p. 179)
p.9	(to) **dump** sb. [dʌmp]	jn. sitzen lassen, mit jm. Schluss machen	= to chuck sb., to end a relationship with sb.
	clingy ['klɪŋi] *(infml)*	anhänglich, klammernd	
	(to) **insist (on** sth.**)** [ɪn'sɪst]	bestehen (auf etwas)	I didn't want to go to Granny's but Mum **~ed**. Dad always **~s on** me helping him clean the car. Ⓕ insister
	down-to-earth [ˌ--'-]	praktisch, nüchtern	He's not a dreamer but a very **~-to-~** sort of person. *(= steht mit beiden Füßen auf dem Boden.)*
	kind of ['kaɪnd‿əv] *(infml)*	irgendwie (schon)	He isn't really stupid, he's ~ **of** not intelligent. You like her? – **Kind ~**, but she annoys me too.
	(to) **click** [klɪk] *(infml)*	sich auf Anhieb gut verstehen	They met at a party and **~ed** straightaway.
	(to) **betray** sb./sth. [bɪ'treɪ] *(fml)*	jn./etwas verraten	The spy was **~ed** by a friend and caught.
	trust [trʌst]	Vertrauen; vertrauliche Mitteilung	(to) **betray a ~** = etwas Vertrauliches ausplaudern
	(to) **be special (to** sb.**)** ['speʃl]	(jm.) besonders, außergewöhnlich sein; (jm.) viel bedeuten	This ring is ~ **to** me as it was my grandma's. The dodo was a ~ bird because it couldn't fly. Ⓕ spécial,e
p.10	**friendship** ['frendʃɪp]	Freundschaft	
	(to) **act** [ækt]	handeln, sich verhalten	Simon is **~ing** strangely. I wonder what's wrong. Ⓛ agere **!** (to) **act** = **1.** handeln, sich verhalten; **2.** spielen, schauspielern
	mad (at sb.**)** [mæd] *(bes. AE, infml)*	wütend (auf jn.)	**!** **mad** = **1.** *(especially BE)* wahnsinning, verrückt; **2.** wütend
	the more ... the more ...	je mehr ... desto mehr ...	**The more** I do now, **the more** I can relax later. Is it true that **the prettier** a girl is, **the more** boyfriends she has?
	guilty ['gɪlti]	schuldbewusst; schuldig	I felt so ~ because I forgot my mum's birthday. He would never steal anything. He can't be ~.
	I'd go *(= I would go)*	ich pflegte zu gehen; ich ging oft	► Grammar File 2.3: „Früher" (p. 169)

	(to) **end up doing** sth.	schließlich etwas tun	My uncle started his career doing the dishes in a hotel. He **~ed up owning** the hotel.
	partly ['pɑːtli]	zum Teil, teilweise	Tomorrow's weather: ~ sunny, ~ cloudy. (L) partim
	(to) **exclude** sb./sth. **(from** sth.) [ɪk'skluːd]	jn./etwas ausschließen (von etwas)	There are gentlemen's clubs in London which still ~ women. (F) exclure (L) excludere
	mostly ['məʊstli]	hauptsächlich, meistens	The milk we drink is ~ from cows.
	(to) **prove** sth. **(to** sb.**)** [pruːv]	(jm.) etwas beweisen, nachweisen	! noun: **proof** – verb: (to) **prove** (F) prouver (L) probare
	sensitive ['sensətɪv]	einfühlsam, empfindsam; empfindlich, sensibel	She's a good listener and ~ to my feelings. Don't say anything about his big nose: he's very ~ about it.
	very best/most/... ['veri]	allerbeste(r, s), allermeiste(r, s), ...	! **very** + superlative = German *aller-* The ~ best book I have ever read is *Oliver Twist.* The ~ first film I saw was *Peter Pan.*
	(to) **ignore** [ɪg'nɔː]	nicht beachten, ignorieren	 She completely **~d** me. It was as if I just wasn't there. (F) ignorer (L) ignorare
	(to) **get** sb. **to do** sth.	jn. dazu bringen, etwas zu tun; jn. zwingen, etwas zu tun	If you don't want to clean your room, **get** your sister **to do** it for you. She always says yes. = (to) **make** sb. **do** sth.
	total ['təʊtl]	Gesamt-, gesamt, völlig, total	The ~ costs, with drinks, were over £300. Smoking is **~ly** banned in all UK pubs.
p.11/P 1	**evaluation** [ɪˌvælju'eɪʃn]	Beurteilung, Einschätzung	What is your ~ of the problem? Can we solve it? (F) l'évaluation *(f)*
	task [tɑːsk]	Aufgabe	= a job that has to be done
	(to) **break up (with** sb.**)** [ˌbreɪk‿'ʌp]	Schluss machen (mit jm.), sich trennen (von jm.)	My parents have **broken** ~ and are getting divorced soon.
	(to) **evaluate** [ɪ'væljueɪt]	beurteilen, einschätzen; auswerten	From 1 to 10, how would you ~ his talent? The new design is still being **~d**. (F) évaluer
	(to) **note** sth. **down** [ˌnəʊt 'daʊn]	(sich) etwas notieren	= (to) write sth. down quickly (F) noter (L) notare
p.12/P 2	**emotion** [ɪ'məʊʃn]	Gefühl, Emotion	! stress: **emotion** [-'--] (F) l'émotion *(f)*
	nerve [nɜːv]	Nerv	If you didn't have **~s**, your body wouldn't feel pain. She **had the ~** to ask if I could do the job for her! *(= besaß die Frechheit)*
	(to) **get on** sb.'s **nerves**	jm. auf die Nerven gehen	My little brother often **~s on** my **nerves**.
	(to) **feel like doing** sth. [fiːl]	Lust haben, etwas zu tun	Do you **~ like coming** to a concert with me?

(to) **look down on** sb.	auf jn. herabsehen	 Why do some drivers **~ ~ on** other people's cars? (to) look down on sb. ◄► (to) look up to sb.
(to) **dislike** [dɪs'laɪk]	nicht mögen, nicht leiden können	**!** No infinitive after **dislike**: I **dislike** gett**ing** up early. *not:* I dislike ~~to get up~~ early.
(to) **idolize** ['aɪdəlaɪz]	vergöttern, abgöttisch lieben	

PART B Addictions

p.14 **addiction (to** sth.**)** [ə'dɪkʃn]	Sucht (nach etwas)	The official name for an **~ to** shopping is *oniomania.* Ⓕ l'addiction *(f)*
(to) **be addicted (to** sth.**)** [ə'dɪktɪd]	süchtig sein (nach etwas), abhängig sein (von etwas)	He didn't know he **was ~ to** games until his computer crashed and he started sweating.
(to) **be addictive** [ə'dɪktɪv]	süchtig/abhängig machen	Smoking **is** very **~**: if you start, it's very difficult to stop.
addict ['ædɪkt]	Süchtige(r), Abhängige(r)	**!** stress: **<u>a</u>ddict** ['--]
nationwide [ˌneɪʃn'waɪd]	landesweit, im ganzen Land	U2's **~** tour of the USA starts tomorrow. The new disease was first noticed in the south and then spread **~**.
(to) **suggest** sth. [sə'dʒest]	auf etwas hindeuten	He fell asleep, which **~ed** the lesson was boring.
study ['stʌdi]	Studie	**!** verb: (to) **study** – noun: **study**
(to) **harm** sb./sth. [hɑːm]	jn. verletzen; einer Sache schaden	No animals were **~ed** while making the film. His last film didn't help his career; it **~ed** it.
harm [hɑːm]	Schaden	Doctors say this drug causes more **~** than good. There was an accident, but no one came to **~**. My dog **means no ~**: he just wants to play. *(= er meint es nicht böse)*
symptom ['sɪmptəm]	Symptom, Anzeichen	**!** stress: **<u>sy</u>mptom** ['--] A headache and a sore throat are among the **~s** of a cold.
(to) **consider** sb. **(to be)** sth. [kən'sɪdə]	jn. als etwas betrachten, jn. für etwas halten	The Beatles are **~ed (to be)** one of the greatest bands ever. Ⓕ considérer Ⓛ considerare
chore [tʃɔː]	(Haus-)Arbeit; *(lästige)* Pflicht	What **~s** do you do at home? – I have to do the dishes and walk the dog.
fortunately ['fɔːtʃənətli]	glücklicherweise	Jane got to the bus stop ten minutes late but **~** the bus was late too.
unfortunately [ʌn'fɔːtʃənətli]	leider, unglücklicherweise	**Unfortunately** there is nothing we can do.
(to) **be supposed to do/be** sth. [sə'pəʊzd]	tun sollen; angeblich sein sollen	We**'re** not **~ to** use our mobiles at school, but some of us do. He must be rich. He**'s ~ to** own three houses. ► Grammar File 5.3: Modals (p.179)

	coordination [kəʊˌɔːdɪ'neɪʃn]	Koordinierung, Koordination	Mr Jones is responsible for the ~ of the teams. You need good ~ if you want to catch a ball.
p.15	**in fact** [ɪn 'fækt]	um genau zu sein	Yes, I know her. **In ~**, we were in the same class. Ⓕ en fait
	(to) **take** sth. **up** [ˌteɪk_'ʌp]	etwas in Anspruch nehmen, etwas einnehmen *(Zeit, Raum)*	I don't want to **~ up** too much of your time. These old comics **~ up** a lot of space in my room.
	counsellor ['kaʊnsələ]	Berater/in	John's parents are having problems. They're going to see a ~. Ⓕ conseiller, -ère
	(to) **arrange** [ə'reɪndʒ]	vereinbaren; planen; anordnen	The meeting was **~d** for Tuesday at 9 am. I'm **arranging** a party for next weekend. Please ~ the chairs around the table. Ⓕ arranger
	current ['kʌrənt]	aktuelle(r, s), gegenwärtige(r, s); gebräuchlich	This song is the ~ number 1 in the UK. The word 'thou' [ðaʊ] means 'du' but it's not ~ any more. Now people say 'you'. Ⓕ courant,e
	(to) **refuse (to do sth.)** [rɪ'fjuːz]	sich weigern (etwas zu tun); verweigern, ablehnen	He **~d to** help her although she had problems. She asked him to help, but he **~d**. Ⓕ refuser
	(to) **admit (-tt-)** [əd'mɪt]	zugeben, eingestehen	After a long discussion I **~ted** I was wrong. Do you ~ stealing the watch? Ⓕ admettre Ⓛ admittere
	keen [kiːn]	begeistert, leidenschaftlich	Tiger is a ~ golfer: he plays every week.
p.16	**memory** ['meməri]	Gedächtnis; Erinnerung; Speicher *(Computer)*	Grandpa is very old but still has a good ~. My first ~ is of my third birthday. How much ~ does your computer have? Ⓕ la mémoire Ⓛ memoria
	distant ['dɪstənt]	(weit) entfernt, fern	a ~ country, a ~ relative, the ~ past, the ~ future Ⓕ distant,e Ⓛ distans
	previous ['priːviəs]	frühere(r, s), vorherige(r, s)	The ~ owner of our car was from Manchester. Last night I watched football on TV and on the ~ evening I watched rugby. Ⓛ praevius, -a, -um 
	search [sɜːtʃ]	Suche	verb: (to) **search** – noun: **search**
	(to) **damage** ['dæmɪdʒ]	beschädigen, schädigen	The house was **~d** in the storm. Alcohol can seriously ~ your health.
	fate [feɪt]	Schicksal, Bestimmung	 'This is how ~ knocks at the door!' – Ludwig van Beethoven Ⓛ fatum
	galaxy ['gæləksi]	Sternsystem, Galaxie	Earth's ~ is called the **Milky Way**.
	nightmare ['naɪtmeə]	Albtraum	= a frightening dream

p.17	**target** ['tɑ:gɪt]	Ziel(scheibe)	! **target** = Ziel (das man treffen/erreichen will) **aim** = Ziel, Absicht
p.18/P 1	(to) **accept** [ək'sept]	annehmen, akzeptieren	I've asked 20 people to my party and 13 have already **~ed** the invitation. (F) accepter (L) accipere
	certain ['sɜ:tn]	sicher; gewiss, bestimmt	Are you ~ that he's coming? – Yes, he promised. A ~ Mr Smith came to the flat today. (F) certain,e (L) certus, -a, -um
	certainly ['sɜ:tnli]	sicher(lich), bestimmt, auf jeden Fall	This is ~ a very big problem, but we'll manage it. Do you believe her? – **Certainly**! She never lies.
	society [sə'saɪəti]	(die) Gesellschaft	! *No article:* **modern ~** and its problems = die moderne Gesellschaft und ihre Probleme (F) la société (L) societas
	hopefully ['həʊpfəli]	hoffentlich	**Hopefully**, my dad will get a new job. =I hope my dad will get a new job.
	at first [ət 'fɜ:st]	zuerst, anfangs, am Anfang	**At ~** John seems rude, but soon I realized he was just shy.
	even more/taller/... ['i:vn]	(sogar) noch mehr/größer/...	The Eiffel Tower is tall, the CN Tower is taller, but the Burj Khalifa is **~ taller**: it's the tallest building in the world.

	cigarette [ˌsɪgə'ret]	Zigarette	My dad used to smoke 20 **~s** a day. (F) la cigarette
p.18/P 2	they **ought to** do more sport [ɔ:t]	sie sollten mehr Sport treiben	= they **should** do more sport ► Grammar File 5.3: Modals (p.179)

PART C I hate my dad

p.20	**obviously** ['ɒbviəsli]	offensichtlich	The dog was wet. It had ~ been raining outside.
	proper ['prɒpə]	richtige(r, s), ordentliche(r, s)	When we said good night, she gave me a ~ kiss. Adverb: **properly** – Please do your homework ~.
	brain [breɪn]	Gehirn	Your ~ is inside your head. You think with it.
	brains *(pl)* [breɪnz]	Verstand, Intelligenz	He hasn't got enough ~ to be a doctor.
	(to) **doubt** [daʊt]	bezweifeln	! silent letter **b**: **dou<u>b</u>t** [daʊt] We've waited two hours. I ~ she's coming. (F) douter (L) dubitare
	doubt [daʊt]	Zweifel, Bedenken	I can't say yes because I still have too many **~s**.
	(to) **guarantee** [ˌgærən'ti:]	garantieren, versprechen	The Basic Law **~s** many freedoms. I ~ that I will help you tomorrow. ! spelling: **g<u>u</u>arantee**
	matter ['mætə]	Angelegenheit, Sache	If our neighbours are loud again, we'll ask the police to deal with the ~.

	(to) **stop** sb. **doing** sth. [stɒp]	jn. daran hindern, etwas zu tun	I wanted to visit the Queen but a guard **~ped** me **getting** into the palace.
	unpleasant [ʌn'pleznt]	unangenehm	**unpleasant ◄► pleasant** ['pleznt] angenehm
	nevertheless [ˌnevəðə'les]	trotzdem	Generally, I don't like TV soaps. **Nevertheless**, I sometimes watch *Marienhof*.
p. 21	(to) **preserve** [prɪ'zɜ:v]	konservieren; erhalten, bewahren	(to) save and keep
	(to) **bend** [bend], **bent, bent**	sich beugen	Yoga helps you to ~. 
	sum [sʌm]	Summe	(to) **do sums** = rechnen
	(to) **add up** [ˌæd‿'ʌp]	addieren, zusammenzählen	Ⓛ addere

Doing sums

You write:	*You say:*	*or:*	
1 + 3 = 4	one **plus** [plʌs] three	three **added to** one	**equals/is** four.
5 − 1 = 4	five **minus** ['maɪnəs] one	one **subtracted** [səb'træktɪd] **from** five	
2 x 2 = 4	two **times** two	two **multiplied** ['mʌltɪplaɪd] **by** two	
16 ÷ 4 = 4	four **into** sixteen	sixteen **divided by** four	
$2^2 = 4$	two **squared** [skweəd]	**the square of** two	
√16 = 4	the **square root** [ˌskweə 'ru:t] of sixteen		

	rare [reə]	selten	**rare ◄► common** adv: **rarely** – I've ~ seen such a lovely face. Ⓕ rare Ⓛ rarus, -a, -um
	(to) **raise** sth. [reɪz]	etwas (er)heben	After the accident he couldn't ~ his arm above his shoulder.
	(to) **lower** sth. [ləʊə]	etwas hinunterlassen; senken	They **~ed** the boat into the water. She **~ed** her voice and told me her secret. (to) **raise ◄►** (to) **lower**
	(to) **catch on (to** sth.**)** [ˌkætʃ‿'ɒn]	(etwas) kapieren, begreifen	Our dog **~es on** very fast. She learns a new trick every week.
	I can't help it.	Ich kann nicht anders.; Ich kann es nicht ändern.	Sorry, I **can't help laughing** – it's so funny. *(= ich kann nicht anders, als zu lachen)*
	(to) **identify (with)** [aɪ'dentɪfaɪ]	identifizieren; sich identifizieren (mit)	The bank robber was **identified** by an old lady. I really **~ with** you: I understand how you feel.
p. 22/P 1	**knowledge** *(no pl)* ['nɒlɪdʒ]	Wissen; Kenntnis(se)	! verb: (to) **know** [nəʊ] – noun: **knowledge** ['nɒlɪdʒ]
p. 22/P 2	**false** [fɔ:ls]	falsch	'Bekommen' and '(to) become' are examples of '~ friends'. **true ◄► false** Ⓛ falsus, -a, -um
p. 23/P 3	(to) **view** [vju:] *(fml)*	betrachten, sehen; fernsehen	How do you ~ the problem? Can we solve it? A study of **~ing** trends shows teenagers watch more TV now than 20 years ago. Ⓛ videre

Family	**Familie**
My ancestors came from Poland.	Meine Vorfahren kamen aus Polen.
We've lived here for five generations.	Wir leben hier seit fünf Generationen.
Many of my relatives are very artistic.	Viele meiner Verwandten sind künstlerisch sehr begabt.
My older brother is a role model for me.	Mein älterer Bruder ist ein Vorbild für mich.
Childhood days	**Kinder- und Jugendzeit**
I was born in ... on 3rd May, 1992.	Ich wurde am 3. Mai 1992 in ... geboren.
My sister grew up in the 90s.	Meine Schwester ist in den 90er-Jahren aufgewachsen.
I spent my childhood in ...	Ich verbrachte meine Kindheit in ...
At the age of seven I moved to ...	Mit sieben / Im Alter von sieben Jahren zog ich nach ...
I made friends with lots of kids my age.	Ich habe mich mit vielen Kindern in meinem Alter angefreundet.
As a young teenager I was/liked (to) ...	Als junge(r) Teenager/in war/mochte ich ...
I'll move out as soon as I'm 18.	Sobald ich 18 werde, ziehe ich aus.
Adult life	**Erwachsenenleben**
I share a room/flat with ...	Ich teile mir ein Zimmer/eine Wohnung mit ...
I'm planning to move in with my girlfriend.	Ich habe vor, bei meiner Freundin einzuziehen.
I feel very much at home in/with ...	Ich fühle mich in/bei ... sehr zu Hause.
Most people I know are single.	Die meisten Leute, die ich kenne, sind ledig.
My best friend has got married to a teacher.	Mein bester Freund hat eine Lehrerin geheiratet.
They want to have a baby.	Sie wünschen sich ein Baby.
My cousin +gave birth to healthy twins.	Meine Cousine brachte gesunde Zwillinge zur Welt.
Not only married couples argue – partners do too.	Nicht nur Ehepaare, sondern auch Partner streiten sich.
It's always hard to end a relationship.	Es ist immer schwer, eine Beziehung zu beenden.
My uncle and his wife have broken up.	Mein Onkel und seine Frau haben sich getrennt.
My aunt got divorced from her husband.	Meine Tante wurde von ihrem Ehemann geschieden.
Being a single parent is hard work.	Alleinerziehend zu sein ist harte Arbeit.
Old age	**Alter**
I'd like to retire at the age of 63.	Ich würde gern mit 63 in den Ruhestand gehen.
Some old people's homes are very nice.	Manche Altenheime sind sehr schön.
My grandmother +lived to be 98 years old.	Meine Großmutter wurde 98 Jahre alt.
I inherited a magnificent desk from her.	Ich habe einen herrlichen Schreibtisch von ihr geerbt.
Likes and dislikes	**Was man mag, was man nicht mag**
I love/like/hate going to the zoo.	Ich liebe/mag es/mag es gar nicht, in den Zoo zu gehen.
I can't stand people who show off.	Ich kann Leute nicht ausstehen, die angeben.
I enjoy being with my friends.	Ich bin gern mit meinen Freunden zusammen.
My favourite dish is pizza.	Mein Lieblingsessen ist Pizza.
I'm into folk music.	Ich stehe auf Folkmusik.
I much prefer Belgium to France.	Belgien gefällt mir viel besser als Frankreich.
Friendship and conflicts	**Freundschaft und Konflikte**
I know that I can always depend on you.	Ich weiß, dass ich mich immer auf dich verlassen kann.
Sometimes I'm jealous of you.	Manchmal bin ich neidisch auf dich.
Let's not argue.	Lass uns nicht streiten.
Stop calling me names.	Hör auf, mich zu hänseln.
Mind your own business.	Das geht dich nichts an.
I'm very disappointed in you.	Ich bin sehr von dir enttäuscht.
I didn't mean to hurt you.	Ich wollte dich nicht verletzen.
I'd like to apologize to you.	Ich möchte mich bei dir entschuldigen.
Please forgive me for being rude.	Entschuldige bitte, dass ich unhöflich war.

PART D Boy meets girl around the world

p.24	**ritual** ['rɪtʃuəl]	Ritual	! stress: **ri̲tual** ['---]
	especially [ɪ'speʃəli]	besonders, vor allem, insbesondere	I love chocolate, ~ if it's from Belgium. Ⓕ spécialement
	afterwards ['ɑːftəwədz]	nachher, danach	We met him in 2008 and saw him again soon ~.
	marriage ['mærɪdʒ]	Ehe	verb: (to) **marry** – noun: **marriage** Ⓕ le mariage
	(to) **happen to do** sth. ['hæpn]	etwas zufällig(erweise) tun	Do you ~ **to** know the way to the post office? He **~ed to** be in London at the same time as me.
	faithful (to sb./sth.**)** ['feɪθfəl]	(jm./einer Sache) treu	When you marry, you promise to be ~ **to** your wife or husband.
p.25/P1	**oral** ['ɔːrəl]	mündlich	We have two exams next week: a written exam and an ~ exam. = spoken Ⓕ oral,e
	(to) **slow down** [ˌsləʊ 'daʊn]	langsamer werden	
	(to) **speed up** [ˌspiːd‿'ʌp]	schneller werden	(to) **slow down** ◄► (to) **speed up**

Unit 2: Stand up!

p.26	(to) **stand up (for** sth./sb.**)**	eintreten/sich einsetzen (für etwas/jn.)	A good way to avoid bullies is to have a big brother who **~s up for** you.
	declaration [ˌdeklə'reɪʃn]	Erklärung, Mitteilung	! *German* **Erklärung** = **1. explanation** *(Erläuterung)* **2. declaration** *(Mitteilung)* Ⓕ la déclaration Ⓛ declaratio
	human ['hjuːmən]	menschlich, Menschen-	! **human** ◄► **inhuman** [ɪn'hjuːmən] Ⓕ humain,e Ⓛ humanus, -a, -um
	spirit ['spɪrɪt]	Geist; Seele	team ~, community ~, fighting ~, the human ~ ! *German* **Geist** = **1. ghost** *(Gespenst)* **2. spirit** *(Seele)* Ⓕ l'esprit *(m)* Ⓛ spiritus
	brotherhood ['brʌðəhʊd]	Brüderlichkeit	
	torture ['tɔːtʃə]	Folter	Ⓕ la torture
	treatment ['triːtmənt]	Behandlung *(auch medizinisch)*	He needed ~ on his leg after the accident. She suffered terrible ~ in prison. Ⓕ le traitement
	privacy ['prɪvəsi]	Privatsphäre	! adj: **pri̲vate** ['praɪvət] – n: **pri̲vacy** ['prɪvəsi]
p.27	**belly** ['beli] *(infml)*	Bauch	= stomach

(to) **give in** [ˌgɪv‿'ɪn]	sich ergeben, nachgeben	The soldiers couldn't escape and **gave ~**. My dad doesn't really smoke any more but sometimes he **~s in** and has just one cigarette.
(to) **return** [rɪ'tɜːn]	zurückkehren	I left London on 23rd May and **~ed** on 4th June. Ⓕ retourner

PART A Speak out

p.28 (to) **speak out** [ˌspiːk‿'aʊt]	seine Meinung (offen) sagen	If you think something in the world is wrong, you should publicly **~ out** against it.
amendment (to sth.**)** [ə'mendmənt]	(Ab-)Änderung (einer Sache); *(oft* **A~***)* Verfassungszusatz *(zur Verfassung der USA)*	If we make a small **~ to** this document, it will be perfect. Ⓕ l'amendement *(m)* The 18th **Amendment** made alcohol illegal.
(to) **explode** [ɪk'spləʊd]	explodieren, ausrasten	A bomb has **~d**, killing 33 people. When my mum saw my bedroom, she **~d**.
faint ['feɪnt]	schwach, leicht *(ein wenig)*	As I went past the house, I heard a **~** cry. Her face looks **~ly** like the Queen's.
tax [tæks]	Steuer	The **~ on** petrol is about 70 % of the price. Ⓕ la taxe
bubble ['bʌbl]	(Luft-)Blase	a **speech ~** a **thought ~** 
(to) **complain (to** sb. **about** sth./sb.**)** [kəm'pleɪn]	sich beklagen/beschweren (bei jm. über etwas/jn.)	My mum had to **~ to** the waiter **about** the quality of the food. Ⓕ se plaindre
(to) **be awake** [ə'weɪk]	wach sein	**awake ◄► asleep**
sympathetic [ˌsɪmpə'θetɪk]	mitfühlend, verständnisvoll, wohlwollend	**!** ~~*German* **sympathisch** = *English* **sympathetic**~~ *German* **sympathisch** = *English* nice, friendly
sympathy (for sb.**)** ['sɪmpəθi]	Mitgefühl, Verständnis, Anteilnahme (für jn., jm. gegenüber)	Lots of people expressed their **~** after my grandfather died.
(to) **convince** sb. **(of** sth.**)** [kən'vɪns]	jn. (von etwas) überzeugen	After a long argument, he **~d** me **of** the disadvantage of my plan. Ⓕ convaincre Ⓛ convincere
backwards ['bækwədz], **backward** ['bækwəd] *(bes. AE)*	rückwärts	My dream is to travel **~** through time and see my grandfather as a little boy.
forwards ['fɔːwədz], **forward** ['fɔːwəd] *(bes. AE)*	vorwärts	It's easier to count **forwards** from 1 to 100 than to count **backwards** from 100 to 1.
(to) **figure** sth. **(out)** ['fɪgə]	etwas ausrechnen; etwas herausfinden *(oft mit Zahlen)*	I can't **~ out** how this machine works.
district ['dɪstrɪkt]	Gegend, Bezirk	Sophie lives in the Cotham **~** of Bristol.

argument ['ɑːgjumənt]	Argument	He listed five **~s** against my idea. ! stress: **argument** ['---] **argument** = **1.** Streit, Auseinandersetzung **2.** Argument
contribution [ˌkɒntrɪ'bjuːʃn]	Beitrag	Please could you **make a ~** to our local soup kitchen? *(= einen Beitrag leisten)* Ⓕ la contribution Ⓛ tributum
(to) **contribute** (sth.) **(to/towards** sth.) [kən'trɪbjuːt]	(etwas) beitragen; einen Beitrag leisten (für etwas)	I'm shy and don't ~ much **to** class discussions. Ⓕ contribuer Ⓛ contribuere
disagreement [ˌdɪsə'griːmənt]	Uneinigkeit; Meinungsverschiedenheit	We all knew he was rich. But there was ~ about exactly how much money he had. My parents had a little ~ last Monday and haven't talked to each other since then.
agreement [ə'griːmənt]	Einigung; Vereinbarung	We **reached** ~ after a long discussion. *(= Wir haben uns geeinigt ...)*
(to) **challenge** sb. **(to** sth.) ['tʃælɪndʒ]	jn. herausfordern (zu etwas)	He **~d** me **to** a game of chess after school. Maths doesn't really ~ me at the moment.
lazy ['leɪzi]	faul	**lazy ◄► hard-working**
no matter what ['mætə]	ganz gleich, was	I don't want to see him ... **no** ~ who he is, **no** ~ where he has come from, **no** ~ why he is here, and **no** ~ how often he says he loves me.
forces *(pl)* ['fɔːsɪz]	Kräfte	the armed ~ *(= die Streitkräfte, das Militär)*, security **~**, the ~ of nature *(= Naturgewalten)*, market ~ Ⓕ les forces *(f, pl)*
pressure ['preʃə]	Druck, Belastung	We're always under a lot of ~ just before a test. Ⓕ la pression Ⓛ pressus
(to) **debate** (sth.) [dɪ'beɪt]	debattieren (über etwas); hin und her überlegen	We **~d** the topic of bringing mobiles to school. Our visitors **~d** whether to go or stay.
constitution [ˌkɒnstɪ'tjuːʃn]	Verfassung	Ⓕ la constitution Ⓛ constitutio
citizenship ['sɪtɪzənʃɪp]	Staatsangehörigkeit, Staatsbürgerschaft	My uncle moved to the UK 20 years ago and has now applied for British **~**.
citizen ['sɪtɪzən]	(Staats-)Bürger/in	If they say yes, my uncle will become a British **~**. Ⓕ le/la citoyen, -ne
p.29 **intolerant (of** sth./sb.) [ɪn'tɒlərənt]	intolerant (etwas/jm. gegenüber)	**intolerant ◄► tolerant** ['tɒlərənt]
xenophobic [ˌzenə'fəʊbɪk]	fremdenfeindlich, xenophob	Ⓕ xénophobe
(to) **turn** sb./sth. **into** sth.	jn./etwas in etwas verwandeln	He **~ed** the rabbit **into** a bird. It was magic!
silence ['saɪləns]	Stille, Schweigen	The orchestra finished playing, there was ~ for five seconds, then everybody cheered. Ⓕ le silence Ⓛ silentium
silent ['saɪlənt]	still, schweigend	Being quiet is not enough: be absolutely **~**. Ⓕ silencieux, -se Ⓛ silens
(to) **influence** ['ɪnfluəns]	beeinflussen	The Beatles still ~ musicians today. Ⓕ influencer
the press [pres]	die Presse, Zeitungen	His death was a big story on TV and in **the ~**.
assembly [ə'sembli]	Versammlung	Has Obama made his speech to the UN General **Assembly**? Ⓕ l'assemblée *(f)*

p.30 **eyebrow** ['aɪbraʊ]	Augenbraue	
authoritarian [ɔːˌθɒrɪ'teəriən]	autoritär	an ~ leader, system, state, government, parent, teacher
(to) **be fed up (with** sth.**)** [ˌfed_'ʌp]	die Nase voll haben (von etwas)	I'**m ~ ~ with** you. You're boring and I can't stand being with you any more.
dominant ['dɒmɪnənt]	dominant, vorherrschend	! stress: **d<u>o</u>minant** ['---]
sarcastic [sɑː'kæstɪk]	sarkastisch	When she said my essay was 'the best story in the world', I think she meant it **~ally**.
(to) **alarm** sb. [ə'lɑːm]	jn. beunruhigen, erschrecken	I don't want to ~ you, but there's a problem. You look **~ed**. Is there something wrong?
attention [ə'tenʃn]	Aufmerksamkeit	Listen to me, please. Can I have everybody's ~? (F) l'attention *(f)* (L) attentio

attention

(to) **attract/grab/catch** sb.'s ~	It was her smile that first **attracted** my ~. I shouted to **grab** her ~.	..., das mir ins Auge fiel. ..., um sie auf mich aufmerksam zu machen.
(to) **pay/give ~ to** sb.	Don't **pay** any **~ to** him: he's nobody. Please **give** me your full ~.	Achte/Höre nicht auf ihn ... Schenken Sie mir bitte Ihre volle Aufmerksamkeit.
(to) **draw** sb.'s **~ to** sth.	May I **draw** your **~ to** a few mistakes?	Kann ich dich auf ein paar Fehler aufmerksam machen?
(to) **come to** sb.'s ~	Sorry, sir, but it has **come to** our ~ that you have not paid for your food.	... wir haben bemerkt, dass ...

(to) **analyse** ['ænəlaɪz]	analysieren	! stress: (to) **<u>a</u>nalyse**: ['---]
facial ['feɪʃl]	Gesichts-	Some religions say that men must have ~ hair.
angle ['æŋgl]	Winkel; Blickwinkel	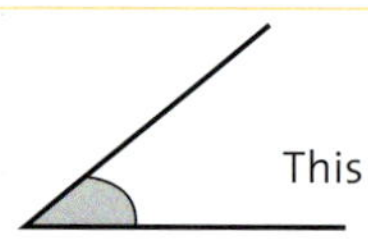 This is a 40° **angle**. He drew the bridge from an unusual **~**: he was lying under it! (F) l'angle *(m)* (L) angulus
low [ləʊ]	niedrig	Mali has a **~er** standard of living than Germany. **low ◄► high**
shot [ʃɒt]	(Film-)Aufnahme, Dreh	! verb: (to) **shoot** = **1.** schießen; **2.** drehen – noun: **shot** = **1.** Schuss; **2.** Dreh
p.31 **controversy** ['kɒntrəvɜːsi]	Auseinandersetzung, Kontroverse	There was a lot of ~ about that building at first, but now people like it. (L) controversia
communication [kəˌmjuːnɪ'keɪʃn]	Kommunikation	! stress: **communic<u>a</u>tion** [-,--'--] (F) la communication (L) communicatio
(to) **communicate (with** sb.**)** [kə'mjuːnɪ'keɪt]	(mit jm.) kommunizieren, sich (mit jm.) verständigen	If you want to **~ with** foreigners, the best thing to do is learn their language. (F) communiquer (L) communicare

	offensive [ə'fensɪv]	beleidigend, Anstoß erregend	I consider your behaviour not just rude but ~.
	significant [sɪg'nɪfɪkənt]	bedeutend, wichtig	You made a ~ contribution to the team's victory.
	male *(adj; n)* [meɪl]	männlich; männliche Person	Most of the workers here are ~. The police are looking for a 40-year-old white ~.
	female *(adj; n)* ['fiːmeɪl]	weiblich; weibliche Person	'Hostess' is the ~ form of 'host'. **Females** often earn less money than males.
	depending (on) [dɪ'pendɪŋ]	je nachdem (wie)	Dad takes between 20 and 40 minutes to get to work, ~ **on** how much traffic there is.
	(to) **address** sb. [ə'dres]	jn. ansprechen, anreden	You ~ the Queen as 'Your Majesty' or 'Ma'am'.
	neutral ['njuːtrəl]	neutral	Switzerland was ~ in World War II. Ⓕ neutre Ⓛ neuter, -utra, -utrum
	frequent ['friːkwənt]	häufig	People who fly often are called '~ flyers'. Ⓕ fréquent,e Ⓛ frequens
	(to) **contain** [kən'teɪn]	enthalten	 Ⓕ contenir Ⓛ continere
	precise [prɪ'saɪs]	präzise, genau	You say you saw him 'about' ten days ago, but can you be more ~? Ⓕ précis,e
p.32/P 1	**decision (on** sth.**)** [dɪ'sɪʒn]	Entscheidung (über etwas)	The court will **make** its ~ tomorrow. (= ... seine Entscheidung treffen/fällen) Ⓕ la décision
	humanitarian [hjuːˌmænɪ'teəriən]	humanitär	Oxfam is a ~ charity that helps people all over the world.
p.32/P 2	**censorship** ['sensəʃɪp]	Zensur	Press ~ is common in dictatorships. Ⓕ la censure Ⓛ censura
	psychological [ˌsaɪkə'lɒdʒɪkl]	psychisch, psychologisch	! silent **p**: **psychological** [ˌsaɪkə'lɒdʒɪkl]
	psychology [saɪ'kɒlədʒi]	Psychologie	! silent **p** and different stress: **psychology** [ˌ-'---]
	psychologist [saɪ'kɒlədʒɪst]	Psychologe, Psychologin	! silent **p** and different stress: **psychologist** [ˌ-'---]
	conflict ['kɒnflɪkt]	Konflikt, Auseinandersetzung	The ~ in Palestine has been going on for years.
p.33/P 3	**state** [steɪt]	Zustand	 ! **state** = **1.** Staat; **2.** Zustand Ⓛ status

PART B Get involved

p.34 (to) **back** sth./sb. [bæk]	etwas/jn. unterstützen	The UN is **~ing** the USA's plan to end the war. = (to) support sth./sb.
(to) **want** sth. **done**	wollen, dass etwas geschieht; wollen, dass etwas getan wird	She **wanted** her hair **cut** so she went to the hairdresser's.
mature [mə'tʃʊə]	reif, vernünftig	She's younger than him, but much more ~. (F) mature (L) maturus, -a, -um
(to) **fear** sth./sb. [fɪə]	vor etwas/jm. Angst haben; etwas/jn. (be)fürchten	'The only thing we have to ~ is fear itself.' – President Franklin D. Roosevelt, 1882–1945 ! **verb:** (to) **fear** – noun: **fear**
findings *(pl)* ['faɪndɪŋz]	Ergebnisse *(einer Untersuchung u.Ä.)*	The committee's **~s** show that cats are now more popular than dogs.
(to) **argue** ['ɑ:gju:]	argumentieren, behaupten	He tried to ~ that Shakespeare was German! ! (to) **argue** = **1.** sich streiten, sich zanken **2.** argumentieren
impact ['ɪmpækt]	Auswirkung	Laptops have had a huge ~ on the way we relax. (F) l'impact *(m)*
political [pə'lɪtɪkl]	politisch	! nouns: **politics**, **politician** – adj: **political**
(to) **claim** [kleɪm]	behaupten	The stranger **~ed** to be the mayor of London.

certainly – surely

You use **certainly** when you have **no doubts** so **certainly** means *sicher(lich)* in the sense *zweifellos, bestimmt, ganz sicher, auf jeden Fall.*

It's **certainly** very warm today.
Do you agree? – I **certainly** do.
I'd **certainly** like to see that film again.

You use **surely** when you have doubts or can't really believe that something is true.
Sentences with **surely** are really questions (= Is it really true that ...?) and often have a question mark.

Surely that's not snow, in the middle of July.	Das ist doch nicht (wirklich) Schnee, mitten im Juli?
You don't believe that, **surely**?	Das glaubst du doch wohl nicht wirklich, oder?
We'll be home by ten, **surely**?	Wir sind doch bestimmt vor 22 Uhr zu Hause, oder?

party ['pɑ:ti]	Partei	! **party** = **1.** Party, Feier; **2.** Partei

Political parties in Britain

These are the biggest parties in Britain:*

National parties:	Seats (2010)	Political views
the **Conservative** Party [kən'sɜ:vətɪv]	307	centre-right, supports the free market economy
the **Liberal Democrats** [ˌlɪbrəl 'deməkræts]	57	centre, supports the rights of the individual
the **Labour** Party ['leɪbə]	258	centre-left, supports working people
the **Green** Party	1	centre-left, protects the environment
Non-English parties:		
the **Scottish National** Party	6	centre-left, wants Scotland to be a separate country
Plaid Cymru [ˌplaɪd 'kʌmrɪ] *(Welsh: the Party of Wales)*	3	centre-left, wants Wales to be a separate country

* There are different parties in Northern Ireland.

	(to) **adopt** [ə'dɒpt]	adoptieren; beschließen, sich entscheiden (für) *(Maßnahme, Politik)*	Our neighbours can't have their own children, so they've **~ed** a boy from a children's home. The new government has **~ed** very green plans.
	policy (on) ['pɒləsi]	Politik *(politische Maßnahme, Linie, Verfahrensweise)*	! *German* **Politik** = **1. politics** *(no pl) (politisches Leben/Geschehen)*: Are you interested in **politics**? **2. policy** *(politische Maßnahmen, Linie)*: economic **policies** *(Wirtschaftspolitik)*, **policy on** education *(Bildungspolitik)*
	element ['elɪmənt]	Element	! stress: **element** ['---]
	further ['fɜːðə]	weitere(r, s), zusätzliche(r, s)	If you're interested, write to us for ~ details.
p.35	**given** his intelligence *(fml)*	angesichts/bei seiner Intelligenz	**Given** her beauty, it's no surprise that Granny attracted lots of boys when she was young. **Given that** he is rich, he dresses like a beggar. *(= Angesichts der Tatsache, dass er reich ist, ...)*
	laughable ['lɑːfəbl]	lächerlich	The idea that the world is round used to be ~.
	prospect ['prɒspekt]	Aussicht, Vorstellung	50 years ago there was no ~ of a black US president. Ⓛ prospectus
	terrifying ['terɪfaɪɪŋ]	schrecklich, unheimlich	= very frightening
	(to) **rest** [rest]	ruhen, sich ausruhen	Some believe that God **~ed** on the seventh day. We **~ed** for an hour then continued our walk.
	peace [piːs]	Frieden	 Ⓕ la paix Ⓛ pax
	peaceful ['piːsfl]	friedlich; ruhig	The march began **~ly** but got violent later. Babies look so ~ when they're asleep.
	(to) **fulfil (-ll-),** *(AE:* **fulfill)** [fʊl'fɪl]	erfüllen; ausführen	Will the new president ~ what he promised? He **~led** his dream at 57 and got a sports car.
p.36/P1	**emphasis** ['emfəsɪs]	Betonung, Hervorhebung	! *German* **Betonung** = **1. stress** *(less formal)* **2. emphasis** *(more formal)*
	(to) **emphasize** sth. ['emfəsaɪz]	etwas betonen, etwas hervorheben	Germans sometimes ~ 'Hyde Park' on the word 'Hyde', but that's wrong. Why did you highlight the word? – I wanted to ~ it.
	(to) **sleep in** [ˌsliːp‿'ɪn]	ausschlafen	On Sundays I ~ **in** till about 11 am. ! (to) **sleep in** = ausschlafen (to) **fall asleep** = einschlafen
	assignment [ə'saɪnmənt]	Arbeit, Aufgabe, Auftrag	The journalist's next ~ was in Iran. ! *Often used in AE for* **homework**: I can't come with you because I have a Math ~ to finish.
	relevant (to sth.**)** ['reləvənt]	relevant (für etwas)	! stress: **relevant** ['---]

Human rights	Menschenrechte
In many countries people's basic rights are +at risk.	In vielen Ländern sind die Grundrechte der Menschen gefährdet.
Many suffer from +extreme [ɪk'stri:m] poverty.	Viele leiden unter extremer Armut.
Not all countries allow freedom of speech.	Nicht in allen Länder herrscht das Recht auf freie Meinungsäußerung.
Censorship is a big problem.	Zensur ist ein großes Problem.
The US civil rights movement fought +racial ['reɪʃl] discrimination.	Die US-Bürgerrechtsbewegung kämpfte gegen Rassendiskriminierung.
But +racism ['reɪsɪzəm] has not entirely disappeared.	Aber der Rassismus ist nicht völlig verschwunden.
Freedom of religion is in danger.	Die Religionsfreiheit ist in Gefahr.
Everybody has the right to an education.	Jeder hat das Recht auf Erziehung.
The freedom of assembly must not be +restricted [rɪ'strɪktɪd].	Die Versammlungsfreiheit darf nicht eingeschränkt werden.

Democracy in action	Demokratie in Aktion
The 'Basic Law' is the German constitution.	Das 'Grundgesetz' ist die deutsche Verfassung.
The +chancellor ['tʃɑ:nsələ] is the head of government.	Der/Die Kanzler/in ist der/die Regierungschef/in.
In a general election, voters elect a new parliament.	In den Parlamentswahlen wählen die Wähler/innen ein neues Parlament.
I love watching debates from parliament.	Ich sehe mir sehr gern Parlamentsdebatten an.
When the president has signed a law, it +comes into force.	Wenn der/die Präsident/in ein Gesetz unterzeichnet hat, tritt es in Kraft.
Should the voting age be lowered to 16?	Sollte das Mindestwahlalter auf 16 Jahre gesenkt werden?
The British Prime Minister is the leader of the largest party in parliament.	Der/Die britische Premierminister/in ist der/die Parteivorsitzende der größten Partei im Parlament.
Parties sometimes form coalition governments.	Parteien bilden manchmal Koalitionsregierungen.
Parties that are not in government form the opposition.	Parteien, die nicht in der Regierung sind, bilden die Opposition.
What's our mayor's policy on transport?	Welche Linie vertritt unser Bürgermeister in Verkehrsfragen?
I think the state should pay for education.	Ich finde, die öffentliche Hand sollte für Bildung zahlen.
Isn't that what people pay taxes for?	Zahlen die Leute nicht dafür Steuern?
Three candidates are standing.	Drei Kandidaten/-innen bewerben sich.

Justice and the law	Recht und Gesetz
The legal system should be independent from politics.	Das Rechtssystem sollte von der Politik unabhängig sein.
Taking +bribes [braɪb] is illegal.	Es ist illegal, Bestechungsgelder anzunehmen.
The +Supreme [su:'pri:m] Court decides in +constitutional [ˌkɒnstɪ'tju:ʃənl] questions.	Der Oberste Gerichtshof / das Verfassungsgericht entscheidet in Fragen der Verfassung.
Judges have a very responsible job.	Richter/innen haben einen sehr verantwortungsvollen Beruf.
The crime rate has been quite +stable ['steɪbl].	Die Kriminalitätsrate ist ziemlich stabil gewesen.
She was +accused [ə'kju:zd] of +robbery ['rɒbəri].	Sie wurde des Raubes beschuldigt.
The +defendant [dɪ'fendənt] was found guilty and sentenced to 15 months in prison.	Der/Die Angeklagte wurde für schuldig befunden und zu 15 Monaten Gefängnis verurteilt.
The defence considered this punishment too +harsh [hɑ:ʃ].	Die Verteidigung hielt diese Strafe für zu hart.
The court +sits again next Monday.	Das Gericht tagt am kommenden Montag wieder.

PART C Make a change

p.38	**bystander** ['baɪstændə]	Zuschauer/in, „Dabeistehende(r)"	Lots of **~s** saw Grandma fall, but no one helped.
	(to) **pass** sb./sth. [pɑːs]	an etwas/jm. vorbeigehen/-fahren	If you ~ a shop on the way home, please buy me a newspaper. Ⓕ passer
	(to) **board (**sth.**)** [bɔːd]	(in etwas) einsteigen, an Bord (von etwas) gehen	The gate had actually closed, but luckily we were still allowed to ~ the plane.
	merciless ['mɜːsɪləs]	gnadenlos	Vlad III was a ~ king who killed all his enemies.
	(to) **defend** sb./sth. **(against** sb./sth.**)** [dɪ'fend]	jn./etwas verteidigen (gegen jn./etwas)	Leningrad was **~ed against** the German army from September 1941 to January 1944. Ⓕ défendre Ⓛ defendere
	threatening ['θretnɪŋ]	drohend, bedrohlich	Those clouds look ~: I think it's going to rain.
	(to) **threaten** sb. ['θretn]	jn. bedrohen, jm. drohen	He **~ed** me with a knife and I ran away.
	similar (to sth./sb.**)** ['sɪmələ]	(etwas/jm.) ähnlich	'Silent' and 'quiet' aren't the same, but very ~. Ⓕ similaire Ⓛ similis, -e
	(to) **assume** [ə'sjuːm]	annehmen, ausgehen von	She **~d** he was African because of his skin colour, but he was actually German. Ⓛ assumere
	(to) **witness** sth. ['wɪtnəs]	bei/von etwas Zeuge sein	Did anyone ~ the accident? ! noun: **witness to** sth. – verb: (to) **witness** sth.
	(to) **respond (to** sth.**)** [rɪ'spɒnd] *(fml)*	reagieren (auf etwas); antworten (auf etwas)	If I need help, he **responds** fast. (= **reacts**) I said hi, but he didn't **respond**. (= **answer**) Ⓕ répondre Ⓛ respondere
	(to) **remain** [rɪ'meɪn] *(fml)*	bleiben	My parents are divorced but they have **~ed** quite good friends. = (to) **stay** Ⓛ remanere
p.39	(to) **be likely to do/be** sth. ['laɪkli]	etwas wahrscheinlich tun/sein	How **~ are** we **to go** to Spain this year? It**'s ~ to be** sunny in the afternoon.
	sb. **in need** [niːd]	ein/e Notleidende(r)	I gave £1 to a man **in ~** who was begging outside a shop.
	(to) **be around** [ə'raʊnd]	da sein, anwesend sein, in der Nähe sein	Friends **are** always ~ when you need them.
	individual [ˌɪndɪ'vɪdʒuəl]	einzelne(r, s)	The ~ members of the team were very good, but as a group, they played terribly. Ⓕ individuel, le Ⓛ individuus, -a, -umi
	considerable [kən'sɪdərəbl] *(fml)*	erheblich, beträchtlich	**Considerable** progress was made at the UN peace conference last week. Ⓕ considérable
	(to) **be willing to do** sth. ['wɪlɪŋ]	bereit/gewillt sein, etwas zu tun	Are you really **~ to** help me? I don't want to make you do something you don't want to do.
	(to) **step forward (-pp-)** ['fɔːwəd]	vortreten, sich melden	The teacher asked who would like to help and ten students immediately **~ped forward**.
	injustice [ɪn'dʒʌstɪs]	Ungerechtigkeit, Unrecht	He suffered great ~ when he went to prison because he hadn't committed the crime. Ⓕ l'injustice *(f)* Ⓛ iniustitia
	justice ['dʒʌstɪs]	Gerechtigkeit; Recht, Justiz	Peace without ~ isn't really peace at all. The ~ systems in the UK and USA are similar. Ⓕ la justice Ⓛ iustitia
p.40/P 1	(to) **attend** sth. [ə'tend]	etwas besuchen, an etwas teilnehmen	Emily **~ed** the same school as her mother. I was unable to ~ the meeting because I was ill. Ⓛ attendere

	(to) **last** [lɑːst]	(an-, fort)dauern	! *German* **dauern** = **1.** *(Zeit benötigen)* (to) **take**: It normally **takes** 30 minutes to get home, but last night it **took us** an hour. **2.** *(andauern, im Gange sein)* (to) **last**: A football match **lasts** 90 minutes.
	expense [ɪk'spens]	Kosten	Before buying a dog, think of the ~ of keeping it. I had it repaired at my ~. *(= auf meine Kosten)*
p.41/P 2	**non-violence** [ˌnɒn'vaɪələns]	Gewaltlosigkeit, Gewaltfreiheit	Gandhi used ~ to make the British leave India.
p.41/P 3	**misunderstanding** [ˌmɪsʌndə'stændɪŋ]	Missverständnis	There was a ~ about my meal. I had ordered chicken but the waiter brought me fish.
p.42/P 5	(to) **demonstrate (for/ against** sth.**)** ['demənstreɪt]	(für/gegen etwas) demonstrieren	In London yesterday, 20,000 people **~d against** the war.
	(to) **march** [mɑːtʃ]	marschieren, demonstrieren	They're **~ing**. Ⓕ marcher
	police officer [pə'liːs_ˌɒfɪsə]	Polizist/in	
	(to) **injure** sb. ['ɪndʒə]	jn. verletzen	! *German* **verletzen** = **1.** (to) **hurt** *(cause pain)* **2.** (to) **injure** *(break, cut, etc. a part of the body)*
	(to) **limit** sth. **(to)** ['lɪmɪt]	etwas einschränken; etwas beschränken/begrenzen (auf)	This new law **~s** our right to go on strike. The audience was **~ed to** 500 people. Ⓕ limiter

Unit 3: Our one world

p.52	**discovery** [dɪ'skʌvəri]	Entdeckung	! verb: (to) **discover** – noun: **discovery** Ⓕ la découverte
	steam engine ['stiːm_ˌendʒɪn]	Dampfmaschine	
	life sciences *(pl)* ['laɪf ˌsaɪənsɪz]	Biowissenschaften	= the study of humans, animals and plants
	anatomy [ə'nætəmi]	Anatomie	! stress: **anatomy** [-'---]
	evolution [ˌiːvə'luːʃn]	Evolution	= the way life-forms change over generations
	(to) **evolve** [ɪ'vɒlv]	sich entwickeln	Over time, Berlin **~d** from a village into a city.
	common ['kɒmən]	gemeinsam	Germany and Austria have a ~ language. ! **common** = **1.** weit verbreitet Ⓕ commun/e **2.** gemeinsam Ⓛ communis, -e
p.53	**invention** [ɪn'venʃn]	Erfindung	! verb: (to) **invent** – nouns: **inventor, invention** Ⓕ l'invention *(f)* Ⓛ inventio
	light bulb ['laɪt bʌlb]	Glühlampe	**light bulbs** 

renewable [rɪ'nju:əbl]	erneuerbar	We need to depend on ~ sources of energy.
solar ['səʊlə]	Solar-, Sonnen-	**!** stress: **so̲lar** ['--]
power ['paʊə]	Kraft, Energie, Strom	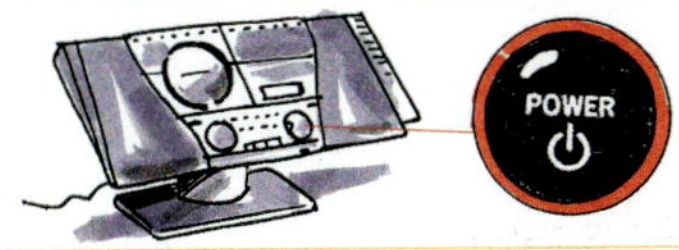
nuclear ['nju:kliə]	Kern-, Atom-	Hiroshima was destroyed by a ~ bomb in 1945. Ⓕ nucléaire
(to) **power** sth. ['paʊə]	etwas antreiben, etwas mit Energie versorgen	Cars that are **~ed** by electricity are better for the environment.
genetic engineering [dʒəˌnetɪk‿ˌendʒɪ'nɪərɪŋ]	Gentechnik	
(to) **cure** sth./sb. [kjʊə]	etwas/jn. heilen	Will doctors soon be able to ~ AIDS?
form [fɔ:m]	Gestalt	**!** **form** = **1.** *(class)* Klasse **2.** *(shape)* Gestalt

PART A How our world works

p.54 (to) **captivate** ['kæptɪveɪt] *(fml)*	fesseln, faszinieren	Her beauty **~s** me. I can think of nothing else.
interior [ɪn'tɪəriə]	Innere	The car looks small from outside but its ~ is surprisingly big. Ⓕ l'intérieur *(m)*
core [kɔ:]	Kern	The ~ of all his problems is his poverty.
(to) **suspect** [sə'spekt]	vermuten	Look at those dark clouds. I ~ it's going to rain. **!** *You usually* **suspect** *sth.* **bad**. Ⓛ suspicari
honesty ['ɒnəsti]	Ehrlichkeit	**!** silent letter **h**: **h̲onesty** ['ɒnəsti]
initial [ɪ'nɪʃl]	anfängliche(r, s)	My ~ reaction was to say no, but then I thought about it a bit more. Ⓕ initial,e
(to) **be based on** sth. [beɪst]	auf etwas basieren	The new film **is ~ on** a novel by Dickens.
motorist ['məʊtərɪst]	Autofahrer/in	**Motorists** are warned to avoid the city centre.
edge [edʒ]	Rand, Kante	We live on the ~ of the town, not in the centre. I hurt my leg on the ~ of the table.
gradual ['grædʒʊəl]	allmählich, langsam	He **~ly** started to realize he might be wrong. **gradual** ◄► **sudden** Ⓕ graduel,e
scientific [ˌsaɪən'tɪfɪk]	(natur)wissenschaftlich	**!** nouns: **science, scientist** – adj: **scientific** Ⓕ scientifique
importance [ɪm'pɔ:təns]	Wichtigkeit, Bedeutung	The book is of great ~ to me. Ⓕ l'importance *(f)*
realization [ˌri:əlaɪ'zeɪʃn]	Erkenntnis	**!** verb: (to) **realize** – noun: **realization**
(to) **consist of** sth. [kən'sɪst]	aus etwas bestehen	My family **~s of** my parents, my two sisters and me. Ⓕ consister (en/dans) Ⓛ consistere
sphere [sfɪə]	Kugel	The earth, like all planets, is a ~ in shape.
iron ['aɪən]	Eisen	**!** silent letter **r**: **ir̲on** ['aɪən]
according to [ə'kɔ:dɪŋ]	laut, zufolge	It's true **~ to** the papers, but can we trust them?
(to) **occur to** sb. **(-rr-)** [ə'kɜ:]	jm. einfallen	The idea **~red to** me in a dream.

concerned (about sth./sb.**)** [kən'sɜːnd]	besorgt (um etwas/jn.)	If you're ~ **about** the environment, get involved. I'm very ~ **about** Bill. He never looks happy.
(to) **grip (-pp-)** [grɪp]	*(von Film, Buch)* fesseln, faszinieren	This film doesn't really ~ me. In fact, it's boring.
urge [ɜːdʒ]	Bedürfnis, Verlangen	The music was so beautiful that he suddenly had the ~ to cry.
amazement [ə'meɪzmənt]	Erstaunen, Verwunderung	When he told me the news, I reacted with ~.
universe ['juːnɪvɜːs]	Universum	! stress: **universe** ['---]
(to) **predict** [prɪ'dɪkt]	voraussagen, vorhersagen	I can't ~ the result accurately; I can only guess. (F) prédire (L) praedicere
umbrella [ʌm'brelə]	Regenschirm	an **umbrella** 
p.55 (to) **obtain** [əb'teɪn] *(fml)*	erhalten, erwerben	= (to) get (F) obtenir (L) obtinere
crucial ['kruːʃl]	äußerst wichtig, entscheidend	This is not just important, it's ~. (F) crucial,e
evidence *(no pl)* ['evɪdəns]	Beweis(e), Hinweis(e)	There was just one **piece of** ~ to suggest that Mr Wainwright was the murderer. ! *German* **Beweis** = **1.** proof (sth. that *shows you* that sth. is true) **2.** evidence (sth. that *suggests* that sth. is true)
(to) **orbit** sth. ['ɔːbɪt]	etwas umkreisen	Before Copernicus, people used to believe that the sun **~ed** the earth.
(to) **fail (to do** sth.**)** [feɪl]	versagen (beim Versuch, etwas zu tun)	I **~ed to** lift the rock: it was just too heavy.
(to) **distinguish** A **from** B [dɪ'stɪŋgwɪʃ]	A von B unterscheiden	Bill and Ben are twins, but you can ~ Bill **from** Ben because his hair is longer. (F) distinguer
rather ['rɑːðə] *(bes. BE)*	ziemlich	Olivia is a ~ nice girl: yes, I ~ like her. = quite a nice girl
complicated ['kɒmplɪkeɪtɪd]	kompliziert	This is too ~ for me: I just don't understand it.
for [fɔː] *(fml, old-fashioned)*	denn	'Yes!' she cried. 'I will marry you! **For** I love you!' ! **for** = **1.** *(preposition)* für; **2.** *(conjunction)* denn
(to) **turn out (to be** sth.**)** [ˌtɜːn_'aʊt]	sich (als etwas) herausstellen	She looked poor but it **~ed out** that she's rich. The murderer **~ed out to be** the police officer.
(to) **establish** [ɪ'stæblɪʃ]	feststellen	Scientists have **~ed** a link between climate change and earthquakes.
solution (to) [sə'luːʃn]	(Auf-)Lösung (für)	The **~s to** *Getting ready for a test* are on p. 106. (F) la solution (L) solutio
notion ['nəʊʃn] *(fml)*	Vorstellung, Idee	Democracy is based on the ~ of freedom. (F) la notion (L) notio
predecessor ['priːdɪsesə]	Vorgänger/in, Vorläufer/in	Barack Obama's ~ was George Bush. The ~ of the CD was the cassette. (F) le prédécesseur
remarkable [rɪ'mɑːkəbl]	beachtlich, außergewöhnlich	My grandmother died at the ~ age of 105.

since [sɪns]	weil, da	I won't eat **~** we're going to a restaurant later. ❗ **since** = **1.** seit; **2.** weil
by no means [miːnz]	keineswegs	He's **by no ~** a millionaire, but he's still very rich.
object ['ɒbdʒɪkt]	Gegenstand	Ⓕ l'objet *(m)*
p.56 (to) **adjust (to)** [ə'dʒʌst]	(sich) einstellen (auf); (sich) anpassen (an)	**Adjust** the car mirror to see what's behind you. It took a long time to **~ to** the speed of city life. Ⓕ ajuster
lens [lenz]	Linse *(in der Optik)*; (Brillen-)Glas	I can't see the board very well – I think I need new **~es** for my glasses.

the rich, the poor, etc.

We can use **the + adjective** to talk about whole groups of people, e.g. the rich, the poor, etc.

***The old** are less active than **the young**.*
Here, 'The old' means 'all old people', so we could also say: ***Old people** are less active than **young people**.*

Compare:
***The rich** have more power than **the poor**.* = ***Rich people** have more power than **poor people**.*
*We should help **the homeless** more.* = *We should help **homeless people** more.*

But when we talk about one person or about a few people, we use *woman*, *man*, *people*, etc.
*I bought a magazine from **a poor woman**.* ❗ not: ... from ~~a poor~~
***The rich man** spent the night in a beautiful hotel.* not: ~~The rich~~ spent ...
***The homeless people** got on the bus in front of the hostel.* not: ~~The homeless~~ got on ...

tailor ['teɪlə]	Schneider/in	
needle ['niːdl]	Nadel	
(to) **be able to afford** sth. [ə'fɔːd]	sich etwas leisten können	Now that Mum has a new job, we'll **be able to ~** a holiday abroad.
(to) **come into focus** ['fəʊkəs]	scharf werden	If someone in a photo is **in focus**, you can see them clearly. If they are **out of focus**, you can't. ❗ **focus** = **1.** Schwer-, Mittel-, Hauptpunkt **2.** Brennpunkt
(to) **grin (-nn-)** [grɪn]	grinsen	He was so happy he was **~ning** from ear to ear.
(to) **aim (at)** [eɪm]	beabsichtigen; zielen (auf)	He **~s** to have his own business when he's 25. She **~ed** her gun **at** the bird but missed.
(to) **provide** sb. **with** sth. [prə'vaɪd]	jm. etwas zur Verfügung stellen, jn. mit etwas ausstatten	My dad travels a lot for his company, so they have **~d** him **with** a nice big car. Ⓛ providere
access (to) ['ækses]	Zugang (zu)	 Ⓕ l'accès *(m)* Ⓛ accessus No **access**

wages *(pl)* ['weɪdʒɪz]	Lohn	His **~s** are about £300 a week.
(to) **acknowledge** [ək'nɒlɪdʒ] *(fml)*	zugeben	He **~d** that he was wrong and apologized. = (to) admit
thick [θɪk]	dick	! *German* **dick** = **1. fat** *(person, animal)* **2. thick** *(book, cloud, pullover, sauce, skin, wall)*
frame [freɪm]	Gestell, Rahmen	

thin [θɪn]	dünn	Philip used to be fatter but now he's quite ~. **thin ◄► thick/fat**
syringe [sɪ'rɪndʒ]	Injektionsspritze	Ⓕ la seringue

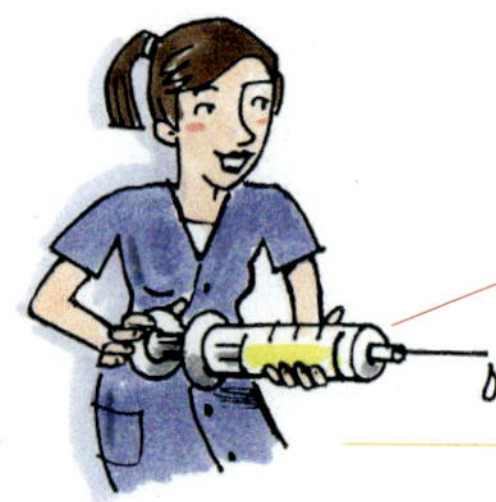

oil [ɔɪl]	Öl	
(to) **remove** [rɪ'muːv] *(fml)*	entfernen, beseitigen	Ⓛ removere

resistance *(no pl)* [rɪ'zɪstəns]	Widerstand	Sophie Scholl was a famous member of the German ~ to Hitler. Ⓕ la résistance
vision ['vɪʒn]	Sehvermögen	When old people's ~ becomes bad, they need glasses.
substantial [səb'stænʃl] *(fml)*	erheblich, beträchtlich	= considerable Ⓕ substantiel, -le
amount (of) [ə'maʊnt]	Menge, Betrag	You can add a small **~ of** salt to the soup. £300! I wouldn't pay that ~ for a pair of jeans.
p.57/P 2 (to) **reflect** [rɪ'flekt]	zurückwerfen, reflektieren, spiegeln	A mirror **~s** images. Ⓕ refléter Ⓛ reflectere
(to) **transfer (-rr-)** [træns'fɜː]	übertragen	Can the disease be **~red** through kissing? Ⓕ transférer Ⓛ transferre
(to) **drive** [draɪv]	(an)treiben	This machine is **~n** by water power.
(to) **generate** ['dʒenəreɪt]	erzeugen	Steam is **~d** by the boiling of water. Ⓕ générer Ⓛ generare
p.58/P 4 **photosynthesis** [ˌfəʊtəʊ'sɪnθəsɪs]	Photosynthese	! stress: **photosynthesis** [ˌ--'---]

	(to) **absorb** [əb'sɔ:b, əb'zɔ:b]	absorbieren, aufnehmen	Over time, immigrants are usually **~ed** into the culture of their new country.
	(to) **store** [stɔ:]	speichern	Squirrels often ~ food for the winter.
	(to) **capture** ['kæptʃə]	(ein)fangen	The lion was **~d** 30 km from the zoo. (F) capter (L) capere, captare
	(to) **convert** [kən'vɜ:t]	umwandeln	The old castle has been **~ed** into a hospital. (F) convertir (L) convertere
	(to) **emit (-tt-)** [i'mɪt] *(fml)*	ausstoßen, freisetzen, abgeben	Poisonous gases were **~ted** from the factory. (L) emittere
	emission [i'mɪʃn]	Emission, (Schadstoff-)Ausstoß	! stress: **emission** [-'--]  (F) l'émission *(f)*
	carbon dioxide (CO_2) [ˌkɑ:bən daɪ'ɒksaɪd]	Kohlendioxid (CO_2)	! stress: **dioxide** [-'--] *Sometimes* **carbon** *is used alone to mean* CO_2*, especially in compound nouns, e.g.* **~ emissions, ~ footprint** ['fʊtprɪnt] *(CO_2-Fußabdruck)*
	root [ru:t]	Wurzel	
	leaf [li:f], *pl* **leaves** [li:vz]	Blatt	
p.58/P 5	**tonne** [tʌn]	Tonne *(Gewichtseinheit)*	! pronunciation: [tʌn]
	(to) **discuss** sth. [dɪ'skʌs]	über etwas diskutieren, etwas besprechen	We need to ~ the problem before we can find a solution. ! noun: **discussion** – verb: (to) **discuss** sth.
p.59/P 6	**appropriate** [ə'prəʊpriət]	passend, angemessen	We're going to a posh party at the weekend and need to wear ~ clothes. (F) approprié/e
	recipe ['resəpi]	Kochrezept	This cake is so delicious! Can I have the recipe? ! pronunciation: **recipe** ['---]

PART B Our fragile world

p.60	**fragile** ['frædʒaɪl]	zerbrechlich; gebrechlich	 (F) fragile (L) fragilis, -e
	(to) **release** [rɪ'li:s]	freilassen *(Gefangene)*; freisetzen, ablassen *(Gas)*	After 25 years the murderer was **~d** from prison. How much CO_2 do cars ~?

heating ['hi:tɪŋ]	Heizung	It was really cold in our classroom today. The ~ wasn't working.
appliance [ə'plaɪəns]	(Haushalts-)Gerät	Most homes have **~s** like dishwashers and washing machines.
kettle ['ketl]	(Wasser-)Kessel, Wasserkocher	Let's have a cup of tea. Turn the ~ on, please. 
p.61 (to) **ration** ['ræʃən]	rationieren	During the war, the government **~ed** food so that everybody would have enough.
disgusting [dɪs'gʌstɪŋ]	ekelhaft, widerlich	Your feet smell ~. I feel sick.
(to) **disgust** [dɪs'gʌst]	anwidern, anekeln	They were behaving like animals. It **~ed** me.
form [fɔ:m]	Formular	! **form** = **1.** Klasse; **2.** Gestalt; **3.** Formular
basically ['beɪsɪkli]	im Grunde, im Prinzip	*Appliance* and *machine* ~ mean the same thing, but *appliances* are usually found in the home.
fossil fuel [ˌfɒsl 'fju:əl]	fossiler Brennstoff	Oil, petrol, gas and **coal** [kəʊl] *(Kohle)* are all **fossil ~s**.
loads of [ləʊdz] *(BE, infml)*	viel, viele	= lots of
pathetic [pə'θetɪk]	jämmerlich; lächerlich	We found a ~ little dog in the park. Dad says his wages are **~ally** low.
freezer ['fri:zə]	Tiefkühltruhe, -schrank	Please get some ice cream from the ~.
(to) **freeze** [fri:z], **froze** [frəʊz], **frozen** ['frəʊzn]	(ge)frieren; zufrieren; einfrieren	Rivers and lakes sometimes ~ in winter. Don't throw that food away, you can ~ it. ! It's **freezing** outside. (= It's very cold outside.)
(to) **fade away** [ˌfeɪd_ə'weɪ]	schwächer werden	The sound of the car **~d away** into the distance.
(to) **sob (-bb-)** [sɒb]	schluchzen	She was **~bing** so much she couldn't breathe.
(to) **unwrap (-pp-)** [ʌn'ræp]	auspacken, auswickeln	He **~ped** his presents excitedly. ! silent letter **w: unwrap** [ʌn'ræp]
(to) **wrap (-pp-)** [ræp]	einwickeln	I need to ~ this present and take it to the post office. ! silent letter **w: wrap** ['ræp]
(to) **swipe** a card [swaɪp]	eine Karte durchziehen	We had to ~ a card at the door to get into our hotel room.
(to) **hold** sb./sth. **up** [ˌhəʊld_'ʌp]	jn./etwas aufhalten	Sorry for **~ing** you **up**; I needed the toilet. = (to) delay sb./sth.
(to) **pop** somewhere **(-pp-)** [pɒp] *(BE, infml)*	(schnell) irgendwo hingehen	Dad's not at home. He's **~ped** over to the shop to get a newspaper.
p.62 (to) **rip** sb. **off (-pp-)** [ˌrɪp_'ɒf] *(infml)*	jn. übers Ohr hauen, jn. abzocken	I wouldn't shop there. It's much too expensive and they'll ~ you **off** if they can.
study ['stʌdi]	Arbeitszimmer	! **study** *(n)* = **1.** Studie; **2.** Arbeitszimmer
evil ['i:vl]	übel, schlimm; böse *(bösartig, feindselig)*	There was an ~ smell in the room, as if an ~ monster had died there.
(to) **radiate** ['reɪdieɪt]	ausstrahlen, abstrahlen (L) radiare	Her smile **~s** confidence and happiness.

	wicked ['wɪkɪd]	böse, schlecht	! pronunciation: **wicked** ['--]
	24/7 [ˌtwentifɔːˈsevn]	rund um die Uhr, sieben Tage die Woche	= twenty-four hours, seven days a week
	meter ['miːtə]	*(Gas-, Strom-)*Zähler	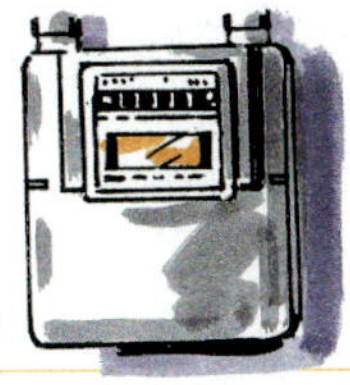 a **gas meter**
	(to) **melt** [melt]	schmelzen	The sun came out, and the snow began to **~**. The sun **~ed** the ice on the windows.
	blizzard ['blɪzəd]	Schneesturm	
	footage *(no pl)* ['fʊtɪdʒ]	Film(material)	The documentary used some old ~ from 1942.
	chill [tʃɪl]	Kühle, Kälte	The heating is on but there's still a ~ in the room.
	(to) **creep** [kriːp]**, crept, crept** [krept]	kriechen	Hoping she wouldn't see me, I tried to ~ slowly past her.
	(to) **give** sb. **the creeps** [kriːps] *(infml)*	jm. unheimlich sein; jm. nicht geheuer sein	Let's get out of this place. It **gives** me **the** ~. That man **gives** me **the** ~. He looks so scary.
	(to) **switch** sth. **on** [ˌswɪtʃ_'ɒn]	etwas anschalten	= (to) turn sth. on (to) **switch on** ◄► (to) **switch off**
p. 63/P 1	(to) **affect** sth./sb. [ə'fekt]	etwas/jn. betreffen; sich auf etwas/jn. auswirken	The rain didn't ~ us because we were inside. I was badly **~ed** by the accident. (to) **affect** sth./sb. = (to) have an **effect** on sth./sb. Ⓛ afficere
p. 63/P 2	**sex** [seks]	Geschlecht	What ~ is your dog, male or female? Teens are sometimes shy of the opposite ~. Ⓕ le sexe Ⓛ sexus ! **sex** = **1.** Sex, Geschlechtsverkehr **2.** Geschlecht

PART C Our future world

p. 64	**miner** ['maɪnə]	Bergarbeiter/in	
	robot ['rəʊbɒt]	Roboter	! stress: **robot** ['--]
	investigation (into sth.**)** [ɪnˌvestɪ'geɪʃn]	Untersuchung (von etwas)	The ~ **into** the accident took six months. ! **investigation into sth.**
	(to) **investigate** [ɪn'vestɪgeɪt]	ermitteln	Police are **investigating** a murder that happened last night. Ⓛ investigare
	suicide ['suːɪsaɪd]	Selbstmord	After being unhappy for years, he committed ~. Ⓕ le suicide
	sense [sens]	Sinn	The five **~s** are the **~s** of **sight**, **hearing**, **smell**, **taste** and **touch**. I don't get this. It **makes no** ~ at all. *(= Es ergibt gar keinen Sinn.)*
	review [rɪ'vjuː]	Rezension, Kritik	Before I buy a book, I try to read a few **~s** of it.
	message ['mesɪdʒ]	Botschaft, Aussage	The film's ~ is that we must all love each other.
	overall [ˌəʊvər'ɔːl]	Gesamt-, allgemeine(r, s)	To get an ~ view of the subject, you need to learn more about it.

	recommendation [ˌrekəmen'deɪʃn]	Empfehlung	 Ⓕ la recommandation
	(to) **recommend** sth. **(to** sb.**)** [ˌrekə'mend]	(jm.) etwas empfehlen	May I ~ the fish to you, sir? Ⓕ recommander **!** No infinitive after **recommend**: I'd ~ hav<u>ing</u> the fish. *or* I'd ~ that you have the fish. *(Ich würde empfehlen, den Fisch zu nehmen.)*
p. 65	**feature** ['fiːtʃə]	*(physisches)* Merkmal, Kennzeichen	The prettiest ~ of this town is its park. **!** *German* **Merkmal** = **1. characteristic** *(describing sb.'s character)* **2. feature** *(describing a place or thing)*
	sensible ['sensəbl]	vernünftig	I wouldn't cycle in the rain. It would be more ~ to take a bus. **!** *false friends:* **sensible** ['sensəbl] = vernünftig **sensitive** ['sensətɪv] = sensibel
	(to) **spoil** sth. **(for** sb.**)** [spɔɪl]	(jm.) etwas verderben	Don't tell me how the book ends, because that would ~ the story **for** me.
	(to) **give** sth. **away** [ˌgɪv_ə'weɪ]	etwas verraten	He was shot because he had **given** secrets ~ to the enemy.
p. 66/P 1	**volume** ['vɒljuːm]	Lautstärke	
	(to) **calculate** ['kælkjuleɪt]	berechnen, ausrechnen	I've **~d** we'll need £40 for the shopping. Ⓕ calculer
p. 67/P 2	(to) **hand over (to** sb.**)** [ˌhænd_'əʊvə]	(die Führung / das Wort) übergeben (an jn.)	After five years, the junta **~ed over to** a new president. That's all from me. Now I'll **~ ~ to** my colleague John Smith.
	(to) **cover** ['kʌvə]	behandeln, abdecken	In History last term, we **~ed** the 18th century. Any more questions? – No, you've **~ed** them all. **!** (to) **cover** = **1.** bedecken, zudecken **2.** behandeln, abdecken
	(to) **aid** sb. [eɪd] *(fml)*	jm. helfen	A good dictionary should ~ you with your English. Ⓕ aider

The environment

The planet faces huge environmental problems.
The +greenhouse ['gri:nhaʊs] effect is nothing new.
High carbon dioxide (CO_2) emissions lead to global warming and climate change.
Do you know your carbon footprint?
+Methane ['mi:θeɪn] is a greenhouse gas.
Plants absorb CO_2 and release oxygen.
+Environmentalists [ɪn,vaɪrən'mentəlɪst] are worried about +glacier ['glæsiə] +retreat [rɪ'tri:t].
Cars have a big environmental impact.
Oil, coal, gas and wood are fossil fuels.
Germany's energy resources are limited.
We should use more renewable energy.
Public transport is environmentally friendly.
+Non-deposit [dɪ'pɒzɪt] bottles produce waste.
The recycling of waste helps to save energy.
Deserts are areas of very low rainfall.
Earthquakes cannot be reliably predicted.
Pollution is a serious global problem, not just for the Third World.
+Drinking water is +scarce [skeəs] in this area.
+Overfishing is bad for the +ecosystem ['i:kəʊsɪstəm].
The tiger is an +endangered [ɪn'deɪndʒəd] species.
Its survival is at risk.

Die Umwelt

Der Planet steht vor riesigen Umweltproblemen.
Der Treibhauseffekt ist nichts Neues.
Ein hoher Ausstoß an Kohlendioxid führt zu Erderwärmung und Klimawandel.
Kennst du deine CO_2-Bilanz?
Methan ist ein Treibhausgas.
Pflanzen nehmen CO_2 auf und setzen Sauerstoff frei.
Umweltschützer machen sich Sorgen über den Rückgang der Gletscher.
Autos haben einen großen Einfluss auf die Umwelt.
Öl, Kohle, Gas und Holz sind fossile Brennstoffe.
Deutschlands Energiequellen sind begrenzt.
Wir sollten mehr erneuerbare Energie verwenden.
Öffentliche Verkehrsmittel sind umweltfreundlich.
Einwegflaschen erzeugen Müll.
Müll wiederaufzubereiten hilft Energie zu sparen.
Wüsten sind Gegenden mit sehr wenig Niederschlag/Regen.
Erdbeben können nicht verlässlich vorausgesagt werden.
Umweltverschmutzung ist ein ernstes weltweites Problem, nicht nur für die Dritte Welt.
Trinkwasser ist in dieser Region knapp.
Überfischung ist schlecht für das Ökosystem.
Der Tiger ist eine bedrohte Tierart.
Sein Überleben ist in Gefahr.

Science and research

Scientists are usually curious.
The life sciences deal with living +organisms ['ɔ:gənɪzəm].
The discovery of +penicillin [,penə'sɪlən] made it possible to treat and cure many diseases.
The evidence for the origin of species from natural selection is +overwhelming [,əʊvə'welmɪŋ].
A lot of research is done in physics, chemistry and medicine.
+Astronomers [ə'strɒnəmə] study objects in space, like planets, stars and galaxies.
All findings are carefully recorded.

(Natur-)Wissenschaft und Forschung

Wissenschaftler sind normalerweise neugierig.
Biowissenschaften beschäftigen sich mit lebenden Organismen.
Die Entdeckung des Penicillins ermöglichte die Behandlung und Heilung vieler Krankheiten.
Die Hinweise auf / Beweise für den Ursprung der Arten aus natürlicher Auslese sind überwältigend.
In Physik, Chemie und Medizin wird viel Forschung betrieben.
Astronomen/-innen erforschen Gegenstände im Weltall wie Planeten, Sterne und Galaxien.
Alle Ergebnisse werden sorgfältig aufgezeichnet.

Technology

A steam engine is used to power a generator.
With nuclear energy, the problem of waste +disposal [dɪ'spəʊzl] has not been solved yet.
Nuclear +radiation [,reɪdi'eɪʃn] is very dangerous.
The use of solar and wind energy is getting more and more +efficient [ɪ'fɪʃnt].
Nuclear fusion would provide lots of energy.
A generator is a machine that generates electricity.
+Civil engineers build roads and bridges.
Some inventors and discoverers are poor.
The world of computers is also called 'IT' (information technology).

Technologie

Mit einer Dampfmaschine lässt sich ein Generator antreiben.
Im Fall der Kernenergie ist das Problem der Müllbeseitigung noch nicht gelöst.
Kernstrahlung ist sehr gefährlich.
Die Nutzung von Solar- und Windenergie wird immer effizienter.
Die Kernfusion würde eine Menge Energie bereitstellen.
Ein Generator ist eine Maschine, die Strom erzeugt.
Bauingenieure/-innen bauen Straßen und Brücken.
Manche Erfinder/innen und Entdecker/innen sind arm.
Die Welt der Computer wird auch als „IT“ (Informationstechnologie) bezeichnet.

Irregular verbs → S. 280–281 · List of names, places and countries → S. 282–284

Unit 4: Love reading

PART A Can't put it down: fabulous fiction

p.76 **fabulous** ['fæbjələs] *(infml)*	fabelhaft, fantastisch	You'll love this book: it's really ~. (F) fabuleux, se (L) fabulosus, -a, -um
historical [hɪ'stɒrɪkl]	historisch, geschichtlich	This old book is of great ~ importance. (F) historique
curious ['kjʊəriəs]	seltsam; wissbegierig	He wears ~ clothes, as if he wants to look old. She's a ~ girl and always loves to find out new things. (F) curieux, se (L) curiosus, -a, -um
incident ['ɪnsɪdənt]	Vorfall, Zwischenfall	The march finished without ~. (F) l'incident *(m)*
(to) **examine** [ɪg'zæmɪn]	prüfen, untersuchen	Let's ~ all the ideas before we decide. I had a stomach ache, so the doctor **~d** me. (F) examiner (L) examinare
(to) **take** sth. **for granted** ['grɑːntɪd]	etwas für (allzu) selbstverständlich halten	In Europe we ~ fresh water **for granted**.
(to) **stand out** [ˌstænd‿'aʊt]	hervorstechen, auffallen	Charles **~s out** because of his very large ears. My dad says the summer of 1976 **~s** ~ as the hottest of his life so far.
destiny ['destɪni]	Schicksal	My parents say that ~ brought them together. = **fate** *(but more positive)* (F) le destin
(to) **await** [ə'weɪt] *(fml)*	bevorstehen, erwarten	What **~s** us on our journey through life? ! *German* **erwarten** = **1.** Wir erwarten etwas. = We **expect** sth. **2.** Etwas erwartet uns. = Sth. **awaits** us.
witch [wɪtʃ]	Hexe	 a **witch**
armoured ['ɑːməd]	gepanzert	an **armoured** car  (F) armé/e (L) armatus, -a, -um
beyond [bɪ'jɒnd]	jenseits (von), über ... hinaus/hinweg	The road leads ~ the village and into the fields. If you look ~ his big nose, he's quite handsome.
(to) **be about to do** sth. [ə'baʊt]	im Begriff sein, etwas zu tun	 I **was** ~ **to** go to bed when the doorbell rang.

p.77	**after all** [ˌɑːftər‿ˈɔːl]	schließlich	Why isn't Jo here? **After ~**, it was her who told us to come. Tim said he wouldn't be at the party, but then he came ~ ~.
	symbol (of sth.) [ˈsɪmbl]	Symbol (für etwas)	The heart is the ~ **of** love. **!** stress: **symbol** [ˈ--] Ⓕ le symbole
	similarity (to, between) [ˌsɪməˈlærəti]	Ähnlichkeit (mit, zwischen)	The twins look very different: there's no ~ **between** them at all. **!** adjective: **similar** – noun: **similarity**
	minor [ˈmaɪnə]	klein, unbedeutend	Bach was considered a ~ musician ... Ⓕ mineur/e
	major [ˈmeɪdʒə]	groß, bedeutend	... until he was rediscovered as a ~ composer in the 19th century. Ⓕ majeur/e
	boarding school [ˈbɔːdɪŋ ˌskuːl]	Internat	My grandmother's family lived in Jamaica and she went to ~ **school** in England.
	expectation [ˌekspekˈteɪʃn]	Erwartung	I'm not sure who will win, but my ~ is that it will be the Conservatives. Ⓛ expectatio **!** verb: (to) **expect** – noun: **expectation**
p.78	**awkwardness** [ˈɔːkwədnəs]	Peinlichkeit, Unbehaglichkeit; Unbeholfenheit	The ~ of the silence was made even worse when somebody started to laugh. He tries to hide his ~ by talking very loudly.
	awkward [ˈɔːkwəd]	peinlich, unbehaglich; unbeholfen; ungünstig	This is a bit ~, but I don't want you at my party. Although she's pretty, she's very ~ with boys. This is an ~ time: we're just having dinner.
	vast [vɑːst]	riesig	The country has ~ gold resources, worth billions. Ⓛ vastus, -a, -um
	vastly [ˈvɑːstli]	äußerst, völlig	Without his beard, he looked ~ different.
	pity for sb. [ˈpɪti]	Mitleid mit jm.	I feel real ~ **for** people who can't find a job.
	(to) **intend** [ɪnˈtend]	beabsichtigen	Mr Smith **~s** to get married next month. That meat wasn't **~ed** for you, but for the dog.
p.79	**genuine** [ˈdʒenjuɪn]	echt, wirklich	
	carpet [ˈkɑːpɪt]	Teppich	

p.80	**suitcase** [ˈsuːtkeɪs]	Koffer	a heavy **suitcase**
	trial [ˈtraɪəl]	Test, Probe, Versuch	**Trials** of the new drug will take place next year.
	separation [ˌsepəˈreɪʃn]	Trennung	The friends met again after a ~ of ten years. **!** verb: (to) **separate** – noun: **separation** Ⓕ la séparation Ⓛ separatio

	(to) **request** sth. **(from** sb.**)** [rɪ'kwest] *(fml)*	(jn.) um etwas bitten	We ~ an answer **from** you by tomorrow. ! noun: **request** – verb: (to) **request**
	impression [ɪm'preʃn]	Eindruck	He made the ~ of being very confident. What ~ does this song make? Is it sad, happy? (F) l'impression *(f)* (L) impressio
p.81	**drawer** [drɔː]	Schublade	 a **drawer**
	waist [weɪst]	Taille	! **waist** [weɪst] = Taille **waste** [weɪst] = Verschwendung
p.82	(to) **bother** sb. ['bɒðə]	jn. stören; jn. belästigen	Would it ~ you if we stayed home this summer? I don't want to ~ you, sir, but a man has been waiting to see you for over an hour.
	on the contrary ['kɒntrəri]	im Gegenteil	You hate me! – **On the ~**, I love you! (F) au contraire (L) e contrario
	(to) **increase (by)** [ɪn'kriːs]	ansteigen, zunehmen (um); erhöhen (um)	The number of road accidents has **~d** again. They've **~d** the price **by** 10 %. Last week it was lower.
	(to) **decrease (by)** [dɪ'kriːs]	abnehmen, nachlassen, zurückgehen (um); reduzieren, verringern (um)	The storm was over and the wind **~d** again. The ship **~d** speed as it entered the harbour. (to) decrease ◄► (to) **increase**
p.83	(to) **neglect** [nɪ'glekt]	vernachlässigen; versäumen *(zu tun)*	The children were cruelly **~ed** by their parents. I **~ed** to inform you of my new address. (F) négliger (L) neglegere
p.84	(to) **reveal** [rɪ'viːl]	offenbaren, preisgeben, verraten	The murderer isn't usually **~ed** until the end of the film. (F) révéler
p.86/P 1	**visual** ['vɪʒuəl]	optisch, visuell	! stress: **visual** ['---] (F) visuel, le
p.87/P 2	**development** [dɪ'veləpmənt]	Entwicklung	The situation has changed. There have been some interesting new **~s**. ! verb: (to) **develop** – noun: **development** (F) le développement
	pace [peɪs]	Tempo	Is this ~ OK for you, or shall we run a bit slower?
	classic ['klæsɪk]	Klassiker	I think the song 'Thriller' is a ~ of the 1980s.
	period ['pɪərɪəd]	Zeit(-raum, -spanne)	The second half of the 20th century was a ~ of peace in western Europe. (F) la période
	extract (from) ['ekstrækt]	Auszug (aus)	At the cinema, they always show **~s from** other films before the one you've come to see. ! stress: **extract** ['--] (F) l'extrait *(m)*
	moving ['muːvɪŋ]	bewegend	My mum usually finds love films ~.
	thrilling ['θrɪlɪŋ]	aufregend, spannend	I love to get excited by a really ~ book.
	memorable ['memərəbl]	unvergesslich	I'll never forget my first time in London: it was a really ~ experience. (F) mémorable (L) memorabilis, -e
	striking ['straɪkɪŋ]	auffallend	His most ~ feature is his friendliness.

PART B A quick fix: short stories

p.88	**thus** [ðʌs] *(fml)*	daher, folglich	He is only 16. **Thus** he is unable to drive. *or:* He is **thus** unable to drive. = ... so he can't drive.
	acquaintance [ə'kweɪntəns]	Bekannte(r)	I wouldn't say he's a real friend: he's just an ~.
	selfish ['selfɪʃ]	egoistisch	You never think of other people! You're so ~!
	chum [tʃʌm] *(infml)*	Kumpel	= friend, mate
	groceries *(pl)* ['grəʊsəriz]	Lebensmittel	I need to go to the corner shop for some cheese and eggs and other ~.
	(to) **be desperate to be/do** sth. ['despərət]	unbedingt etwas sein/tun wollen	I was so ~ **to** escape that I didn't think of the danger. Ⓕ désespéré,e Ⓛ desperatus, -a, -um
	attorney [ə'tɜ:ni] *(bes AE)*	(Rechts-)Anwalt, Anwältin	
p.89	**abrupt** [ə'brʌpt]	abrupt, plötzlich	There was an ~ change in the weather, which was a surprise for us all.

PART C Lifelines: saved by poetry

p.90	**lifeline** ['laɪflaɪn]	Rettungsleine	
	(to) **comment (on** sth.**)** ['kɒment]	sich (zu etwas) äußern, einen Kommentar (zu etwas) abgeben	He refused to ~ **on** the news until he had looked at the facts more closely. Ⓕ commenter
	(to) **mention** ['menʃn]	erwähnen; nennen	Did I ~ that I was going on holiday next week? He **~ed** the names of several famous poets. Ⓕ mentionner
	(to) **recite** [rɪ'saɪt]	vortragen, rezitieren, aufsagen	Learn the poem so that you can ~ it to the class.
	pattern ['pætn]	Muster	I like the ~ of your pullover, but not the colour.
p.91	**sharp** [ʃɑ:p]	scharf	Careful, that knife is very ~.
	coat [kəʊt]	Mantel	It's cold today. You'll need a pullover and a ~.

	(to) **brush** [brʌʃ]	bürsten; putzen	Please ~ your hair and your teeth.
	creature ['kri:tʃə]	Lebewesen	Last night I watched a scary film about **~s** from another planet. Ⓕ la créature Ⓛ creatura
	(to) **match** [mætʃ]	zusammenpassen	Some people say blue and brown don't ~.
	sequence ['sɪ:kwəns]	Abfolge, Reihenfolge	What's the next number in this ~? 2, 4, 16, ... Ⓕ la séquence
p.92	**beneath** [bɪ'ni:θ] *(fml)*	unter	= under

	promise ['prɒmɪs]	Versprechen	He **made** a ~ to her. She thought he would **keep** his ~, but in the end he **broke** his ~. ! verb: (to) **promise** – noun: **promise** Ⓕ la promesse Ⓛ promissum
p. 93	(to) **praise** [preɪz]	loben, preisen	He **~d** me by saying I was the best student he had ever known.
	(to) **cease** [si:s] *(fml)*	aufhören	Suddenly the noise **~d** and all was silent. = (to) stop Ⓕ cesser Ⓛ cessare
	grave [greɪv]	Grab	Grandpa was buried in Africa and I have never visited his ~.
	tension ['tenʃn]	Spannung	There was ~ when I came in, as if everyone was afraid of what I would say. Ⓕ la tension
	hardly ['hɑ:dli]	kaum	He has ~ any friends, just Tom and Jon. ► Grammar File 12: Emphasis (p. 193)
	handle ['hændl]	Griff, Klinke	
	bloke [bləʊk] *(infml, BE)*	Kerl	That Dave seems a posh kind of ~, doesn't he? = guy
	(to) **roll** [rəʊl]	rollen	Tears **~ed** down his face as he heard the news.
p. 94	**admiration (for)** [ˌædmə'reɪʃn]	Bewunderung (für)	I have great ~ **for** Rooney as a footballer. ! verb: (to) **admire** – noun: **admiration** Ⓕ l'admiration *(f)* Ⓛ admiratio
	(for) pleasure ['pleʒə]	(zum) Vergnügen	I didn't stay up till midnight **for** ~! I was studying for my English test. Ⓕ le plaisir
	excitement [ɪk'saɪtmənt]	Aufregung, Erregung	The ~ about the next day made it hard to sleep.
	disappointment [ˌdɪsə'pɔɪntmənt]	Enttäuschung	Don't go to that restaurant. The meal we had there was a big ~. ! verb: (to) **disappoint** – noun: **disappointment**
	anger ['æŋgə]	Wut, Ärger	! adj: **angry** – noun: **anger**
	joy [dʒɔɪ]	Freude	= great happiness Ⓕ la joie
	loss [lɒs]	Verlust	The motorist had suffered so much ~ of blood that the doctors were unable to save him.
	(to) **pause** [pɔ:z]	eine Pause machen	After an hour on the road, we **~d** to have lunch.
	pause [pɔ:z]	Pause	There was a short ~ before he started playing.
p. 95	**insight** ['ɪnsaɪt]	Verständnis; Einsicht, Einblick	Her work shows a deep ~ into the human mind.
	absent ['æbsənt]	abwesend	Why were you ~? – I was ill, sir. Ⓕ absent Ⓛ absens
	hell [hel]	Hölle	Some religions believe in heaven and ~.
	flow [fləʊ]	Fluss, Strom	! verb: (to) **flow** – noun: **flow**
p. 96	**twist** [twɪst]	(überraschende) Wendung	Roald Dahl is famous for writing stories with a ~ at the end.

	magnificent [mæg'nɪfɪsənt]	großartig, herrlich	This beautiful bridge is a ~ example of modern architecture. (F) magnifique (L) magnificus, -a, -um

PART D All the world's a stage: thrilling theatre

p.98	(to) **abandon** [ə'bændən]	verlassen, im Stich lassen	He went to live with another woman, **~ing** his wife and children. (F) abandonner
	various ['veəriəs]	verschieden	There are ~ ways to solve this problem. (F) varié,e (L) varius, -a, -um
	brush [brʌʃ]	Pinsel	! verb: (to) **brush** – noun: **brush**
	(to) **depict** [dɪ'pɪkt] *(fml)*	darstellen, abbilden	The novel **~s** the life of a man on a desert island.
	butterfly ['bʌtəflaɪ]	Schmetterling	 a **butterfly**
	eventually [ɪ'ventʃuəli]	schließlich, irgendwann	I waited for him at school, and he ~ came after two hours. ! *false friends:* **eventually** = schließlich; **perhaps** = eventuell
	entrance ['entrəns]	Eingang	I entered the building through the main ~. (F) l'entrée *(f)*
	torch [tɔːtʃ]	Taschenlampe	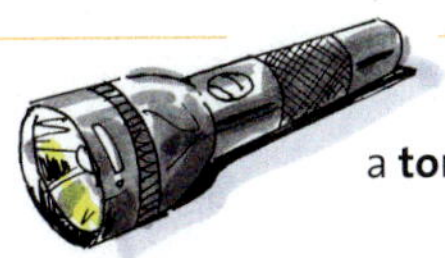 a **torch**
	slight [slaɪt]	klein, leicht, unwichtig	I have a ~ headache, but it will go away.
	familiar with [fə'mɪliə]	vertraut mit	Are you ~ **with** Elgar's music? – Yes, I know a few pieces. (L) familiaris, -e
	(to) **approach** [ə'prəʊtʃ]	sich nähern	As we **~ed** our house, we saw that the front door was open. (F) s'approcher
p.99	**estate** [ɪ'steɪt]	Wohnsiedlung	He lives in the middle of a huge ~ of new flats.
	kingdom ['kɪŋdəm]	Königreich	The United **Kingdom** is a constitutional monarchy.
	damp [dæmp]	feucht	Those clothes aren't dry yet: they're still ~.
	(to) **tempt** [tempt]	in Versuchung führen	I was **~ed** to have some more chocolate, but knew that I shouldn't. (L) temptare
	(to) **pour** [pɔː]	eingießen	He **~ed** the wine into six glasses.
p.100	**irritated** ['ɪrɪteɪtɪd]	gereizt	I felt ~ because she was behaving so rudely. ! *false friends:* **irritated** = gereizt; **confused** = irritiert
	launderette [lɔːn'dret]	Waschsalon	Our washing machine is broken, so we will have to go to the ~ until it has been repaired.
	(to) **indicate** sth. ['ɪndɪkeɪt]	deuten auf etwas	Unable to speak, the injured man just **~d** the parts of his body that hurt. (F) indiquer (L) indicare

p.101 **tail** [teɪl] Schwanz

p.103	(to) **mend** [mend]	reparieren	My watch is broken. I need to have it **~ed**. = (to) repair
	cheerful ['tʃɪəfl]	heiter, fröhlich	He was poor but always ~.
	(to) **polish** ['pɒlɪʃ]	polieren	He **~ed** his shoes till they shone.
	(to) **concentrate (on** sth.**)** ['kɒnsntreɪt]	sich konzentrieren (auf etwas)	Be quiet, I can't ~ **on** my homework. (F) se concentrer
p.104	(to) **arm** [ɑːm]	bewaffnen	The enemy was **~ed** with only bows and arrows. (F) armer (L) armare
	length [leŋθ]	Länge; Dauer; Stück	The unit of ~ is the metre. The ~ of the play is two hours and 20 minutes. He hit me with a ~ of rope.
	massive ['mæsɪv]	riesig, massig	! stress: **massive** ['--] (F) massif, -ve
	(to) **scare** sb. [skeə]	jn. erschrecken, jm. Angst machen	Being alone in that big dark forest really **~d** me. = (to) frighten
p.105	**aggressive** [ə'gresɪv]	aggressiv	Some people get ~ after drinking alcohol. ! stress: **aggressive** [-'--] (F) aggressif, -ve
	panicky ['pænɪki] *(infml)*	in Panik, panisch	I tried to calm him down, but he was still ~.
	suspicious (of/about) [sə'spɪʃəs]	misstrauisch (gegenüber); verdächtig	I'm still ~ **about** his version of the story. I don't think I believe him. There was a ~ man waiting in the shadows.
	gentle ['dʒentl]	sanft(mütig)	The dog looks aggressive, but he's really very ~.
	imaginative [ɪ'mædʒɪnətɪv]	fantasievoll, einfallsreich	My aunt always has really exciting and ~ ideas about what to do at the weekend.
	gesture ['dʒestʃə]	Geste, Handbewegung	This ~ means 'peace' or 'victory'. (F) le geste (L) gestus

Das **Dictionary** (S. 231–279) enthält den Wortschatz der Bände 1 bis 6 von *English G 21*.
Wenn du wissen möchtest, was ein Wort bedeutet, wie man es ausspricht oder wie es genau geschrieben wird, kannst du hier nachschlagen.

Im **Dictionary** werden folgende **Abkürzungen und Symbole** verwendet:

jm. = jemandem	sb. = somebody	*pl* = *plural*	*AE* = *American English*
jn. = jemanden	sth. = something	*no pl* = *no plural*	*infml* = *informal*

° Mit diesem Kringel sind Wörter markiert, die nicht zum Lernwortschatz gehören.
▸ Der Pfeil verweist auf Kästchen im **Vocabulary** (S. 197–230), in denen du weitere Informationen zu diesem Wort findest.

Die **Fundstellenangaben** zeigen, wo ein Wort zum ersten Mal vorkommt.
Die Ziffern in Klammern bezeichnen Seitenzahlen:

I = Band A1 • II = Band A2 • III = Band A3 •
IV = Band A4 • V = Band A5 • VI = Band A6
VI 1 (15) = Band 6, Unit 1, Seite 15
VI 1 (34/210) = Band 6, Unit 1, Seite 210 (im Vocabulary, zu Seite 34)
VI 1 (10/G) = Band 6, Unit 1, Seite 10; wird im *Glossary* (S. 161–164) behandelt

Tipp

Auf der **Audio-CD im Workbook** findest du sowohl dieses englisch-deutsche Wörterverzeichnis als auch ein deutsch-englisches Wörterverzeichnis mit dem Lernwortschatz der Bände 1–6.

1

1800s [eɪti:n ˈhʌndrədz]**: in the mid-1800s** Mitte des 19. Jahrhunderts V
1950s [ˌnaɪnti:nˈfɪftiz] die Fünfzigerjahre (des 20. Jahrhunderts) III
24/7 [ˌtwentifɔ:ˈsevn] rund um die Uhr, sieben Tage die Woche; fortlaufend, ununterbrochen VI 3 (62)
9/11 [ˌnaɪn_ɪˈlevn] Nine Eleven *(der Terroranschlag am 11. September 2001)* IV

A

a [ə]
1. ein, eine I
2. **once/twice a week** einmal/zweimal pro Woche III • **a bit** ein bisschen, etwas II • **a few** ein paar, einige II • **a lot (of)** eine Menge, viel, viele II • **He likes her a lot.** Er mag sie sehr. I
abandon [əˈbændən] verlassen, im Stich lassen VI 4 (98)
abbey [ˈæbi] Abtei II
abbreviation [əˌbri:viˈeɪʃn] Abkürzung IV
able [ˈeɪbl]**: be able to do sth.** etwas tun können; fähig sein/in der Lage sein, etwas zu tun II
Aboriginal [ˌæbəˈrɪdʒənəl] Aborigine- *(die Ureinwohner/innen Australiens betreffend)* V • **the Aboriginal people** *die Ureinwohner/innen Australiens* V
Aborigine [ˌæbəˈrɪdʒəni] *Ureinwohner/in Australiens* V
about [əˈbaʊt]
1. über I
2. ungefähr II
ask about sth. nach etwas fragen I • **be about to do sth.** im Begriff sein, etwas zu tun VI 4 (76) • **know about sth.** von etwas wissen; über etwas Bescheid wissen II • **learn about sth.** etwas über etwas erfahren, etwas über etwas herausfinden II • **This is about Mr Green.** Es geht um Mr Green. I • **What about ...?** 1. Was ist mit ...? / Und ...? I; 2. Wie wär's mit ...? I • **What are you talking about?** Wovon redest du? I • **What was the best thing about ...?** Was war das Beste an ...? II
above [əˈbʌv] über, oberhalb (von) III • **above all** vor allem VI 3 (54)
abridged [əˈbrɪdʒd] gekürzt VI 1 (10/G)
abroad [əˈbrɔ:d] im Ausland II
go abroad ins Ausland gehen/fahren II
abrupt [əˈbrʌpt] abrupt, plötzlich VI 4 (89)
absent [ˈæbsənt] abwesend VI 4 (93)
absolute [ˈæbsəlu:t] absolut V
absolutely [ˌæbsəˈlu:tli] absolut, völlig IV
absorb [əbˈsɔ:b, əbˈzɔ:b] absorbieren, aufnehmen VI 3 (58)
accent [ˈæksənt] Akzent II
accept [əkˈsept] annehmen, akzeptieren VI 1 (18)
access (to) [ˈækses] Zugang (zu) VI 3 (56)
accident [ˈæksɪdənt] Unfall II; Zufall VI 1 (13)
accommodation [əˌkɒməˈdeɪʃn] Unterkunft IV
according to [əˈkɔ:dɪŋ] laut, zufolge VI 3 (54)
accurate [ˈækjərət] genau, akkurat III
AC [ˌeɪˈsi:] *siehe* **air conditioning**
achieve [əˈtʃi:v] erreichen, erzielen, zustande bringen IV • **achieve an end** ein Ziel erreichen IV
achievement [əˈtʃi:vmənt] Leistung, Errungenschaft V
acid [ˈæsɪd] Säure IV
acknowledge [əkˈnɒlɪdʒ] zugeben VI 3 (56)
acquaintance [əˈkweɪntəns] Bekannte(r) VI 4 (88)
acrobat [ˈækrəbæt] Akrobat/in III
across [əˈkrɒs]
1. (quer) über II
2. hinüber, herüber III
acrostic [əˈkrɒstɪk] Akrostichon VI 4 (96/G)
act [ækt]
1. aufführen, spielen I
°act sth. out etwas vorspielen
2. handeln, sich verhalten VI 1 (10)
action [ˈækʃn] Action; Handlung, Tat III
active [ˈæktɪv] aktiv III
activist [ˈæktəvɪst] Aktivist/in IV
activity [ækˈtɪvəti] Aktivität, Tätigkeit I
actor [ˈæktə] Schauspieler/in II

actual ['æktʃuəl] eigentlich VI 4 (78)
actually ['æktʃuəli] eigentlich, tatsächlich, übrigens, zwar IV
ad [æd] Anzeige, Inserat; *(im Fernsehen)* Werbespot IV
AD [ˌeɪ 'diː] *(from Latin: Anno Domini)* nach Christus III
adapt [ə'dæpt] adaptieren VI 2 (38/G)
add (to) [æd] hinzufügen, ergänzen, addieren (zu) I
add up [ˌæd‿'ʌp] addieren, zusammenzählen VI 1 (21)
addict ['ædɪkt] Süchtige(r), Abhängige(r) VI 1 (14)
addicted [ə'dɪktɪd]: **be addicted (to sth.)** süchtig (nach etwas) sein, abhängig (von etwas) sein VI 1 (14)
addiction (to sth.) [ə'dɪkʃn] Sucht (nach etwas) VI 1 (14)
addictive [ə'dɪktɪv]: **be addictive** süchtig/abhängig machen VI 1 (14)
address [ə'dres] Anschrift, Adresse II
address sb. [ə'dres] jn. ansprechen, anreden VI 2 (31) • **°address sth.** sich mit etwas befassen
adjust (to sth.) [ə'dʒʌst] sich (an etwas) gewöhnen, sich (auf etwas) einstellen IV • **adjust sth. (to sth.)** (sich) einstellen (auf); (sich) anpassen (an) VI 3 (56) • **°self-adjusting** sich selbst regulierend VI 3 (56)
admiration (for) [ˌædmə'reɪʃn] Bewunderung (für) VI 4 (93)
admire [əd'maɪə] bewundern IV
admit (-tt-) [əd'mɪt] zugeben, eingestehen VI 1 (15)
adopt [a'dɒpt] adoptieren; beschließen, sich entscheiden (für) *(Maßnahme, Politik)* VI 2 (34)
adult ['ædʌlt] Erwachsene(r) III
adult life das Leben als Erwachsene(r) III
advanced [əd'vɑːnst] fortgeschritten; für Fortgeschrittene V
advantage (over sb./sth.) [əd'vɑːntɪdʒ] Vorteil (gegenüber jm./etwas) IV
adventure [əd'ventʃə] Abenteuer II
advert ['ædvɜːt] Anzeige, Inserat; *(im Fernsehen)* Werbespot II
advertise ['ædvətaɪz] Werbung machen (für); inserieren V
advertisement [əd'vɜːtɪsmənt] Anzeige; Inserat; *(im Fernsehen)* Werbespot V
advertiser ['ædvətaɪzə] Inserent/in; Werbekunde/-kundin V
advertising ['ædvətaɪzə] Werbung V
advice *(no pl)* [əd'vaɪs] Rat, Ratschlag, Ratschläge V • **Take my advice.** Hör auf meinen Rat. V

advise sb. [əd'vaɪz] jn. beraten V
adviser [əd'vaɪzə] Berater/in V
°affairs *(pl)* [ə'feəz] Angelegenheiten
affect sth./sb. [ə'fekt] etwas/jn. betreffen VI 3 (63)
afford [ə'fɔːd]: **be able to afford sth.** sich etwas leisten können VI 3 (56)
afraid [ə'freɪd]
1. be afraid (of) Angst haben (vor) I
2. I'm afraid leider II
after ['ɑːftə] nach *(zeitlich)* I
after all schließlich VI 4 (77)
after that danach I • **after-school** nach dem Unterricht stattfindende(r, s) V
after ['ɑːftə] nachdem II
afternoon [ˌɑːftə'nuːn] Nachmittag I • **in the afternoon** nachmittags, am Nachmittag I • **on Friday afternoon** freitagnachmittags, am Freitagnachmittag I
afterwards ['ɑːftəwədz] nachher, danach VI 1 (24)
again [ə'gen] wieder; noch einmal I
now and again ab und zu, von Zeit zu Zeit III
against [ə'genst] gegen I
age [eɪdʒ] Alter III • **at (the age of) 16** mit 16; im Alter von 16 III
she's my age sie ist in meinem Alter V • **under age** minderjährig V
agency ['eɪdʒənsi]: **news agency** Nachrichtenagentur IV
aggressive [ə'gresɪv] aggressiv VI 4 (105)
ago [ə'gəʊ]: **a minute ago** vor einer Minute I
agree [ə'griː]: **agree (on)** sich einigen (auf) I • **agree (to sth.)** sich (zu etwas) bereit erklären V
agree (with sb.) (jm.) zustimmen I
agreement [ə'griːmənt] Abkommen, Vertrag V; Einigung; Vereinbarung VI 2 (28) • **reach (an) agreement** sich einigen VI 2 (28)
agriculture ['ægrɪkʌltʃə] Landwirtschaft IV
ahead (of sb./sth.) [ə'hed] (jm./etwas) voraus V • **the road ahead** die Straße vor uns V
aid [eɪd] *(fml)* helfen VI 3 (67)
computer-aided computergestützt VI 3 (67)
AIDS [eɪdz] AIDS V
aim [eɪm] Ziel III
aim (to do sth.) [eɪm] beabsichtigen (etwas zu tun), zielen (auf) VI 3 (56)
air [eə] Luft II

air conditioning *(no pl)* ['eə kənˌdɪʃənɪŋ] Klimatisierung, Klimaanlage V
airport ['eəpɔːt] Flughafen III
°AK-47 Kalaschnikow, sowjetisch-russisches Sturmgewehr
alarm sb. [ə'lɑːm] jn. beunruhigen, erschrecken VI 2 (30)
alarm clock [ə'lɑːm klɒk] Wecker I
album ['ælbəm] Album II
alcohol ['ælkəhɒl] Alkohol III
A-level exams, A-levels *(pl)* ['eɪ ˌlevl] *die höchsten Abschlussprüfungen des Schulsystems in England, Wales und Nordirland* V
alive [ə'laɪv]: **be alive** leben, am Leben sein IV • **keep sth. alive** etwas am Leben halten IV
all [ɔːl] alle; alles I • **2 all** 2 beide (2:2 unentschieden) III • **all day** den ganzen Tag (lang) I • **all over the world** auf der ganzen Welt III
all right [ɔːl 'raɪt] gut, in Ordnung II • **All the best** Viele Grüße IV
all the time die ganze Zeit I • **all we have to do now ...** alles, was wir jetzt (noch) tun müssen, ... II
from all over the world aus der ganzen Welt II • **This is all wrong.** Das ist ganz falsch. I • **all year round** das ganze Jahr hindurch IV
allergic (to sth.) [ə'lɜːdʒɪk] allergisch (gegen etwas) III
alliteration [əˌlɪtə'reɪʃn] Alliteration VI 4 (93/G)
allow [ə'laʊ] erlauben, zulassen II
be allowed to do sth. [ə'laʊd] etwas tun dürfen II
°allowance [ə'laʊəns] erlaubte Menge
all-time [ˌɔːl'taɪm]: **my all-time favourite** mein Liebling aller Zeiten VI 4 (87)
almost ['ɔːlməʊst] fast, beinahe II
alone [ə'ləʊn] allein I
along [ə'lɒŋ]: **along the road** entlang der Straße / die Straße entlang II • **get along** zurechtkommen IV
along with sb./sth. [ə'lɒŋ] neben jm./etwas, (zusammen) mit jm./etwas V
alphabet ['ælfəbet] Alphabet I
already [ɔːl'redi] schon, bereits II
also ['ɔːlsəʊ] auch IV • **not only ... but also ...** nicht nur ... sondern auch ... IV
although [ɔːl'ðəʊ] obwohl III
altogether [ˌɔːltə'geðə] insgesamt V
always ['ɔːlweɪz] immer I
am [ˌeɪ‿'em]: **7 am** 7 Uhr morgens/vormittags I

amazement [ə'meɪzmənt] Erstaunen, Verwunderung VI 3 (54)
amazing [ə'meɪzɪŋ] erstaunlich, unglaublich II
ambition [æm'bɪʃn] Ehrgeiz V
ambitious [æm'bɪʃəs] ehrgeizig V
ambulance ['æmbjələns] Krankenwagen III
amendment (to sth.) [ə'mendmənt] (Ab-)Änderung (einer Sache); *(oft* **Amendment***)* Verfassungszusatz *(zur Verfassung der USA)* VI 2 (28)
American football [ə,merɪkən 'fʊtbɔ:l] Football I
°**amnesiac** [æm'ni:ziæk] ein(e) unter Gedächtnisschwund Leidende(r)
among [ə'mʌŋ] unter, zwischen *(mehreren Personen oder Dingen)* IV
amount (of) [ə'maʊnt] Menge, Betrag VI 3 (56)
an [ən] ein, eine I
analyse ['ænəlaɪz] analysieren VI 2 (30)
anarchy ['ænəki] Anarchie V
anatomy [ə'nætəmi] Anatomie VI 3 (52)
ancestor ['ænsestə] Vorfahr/in IV
ancient ['eɪnʃənt] antik; alt V
ancient cities antike Städte V • **in ancient Rome** im antiken/alten Rom V • **the ancient world** die Antike V
and [ənd, ænd] und I • **and now for** und jetzt ... *(kündigt ein neues Thema an)* III • **nice and cool/clean/...** schön kühl/sauber/... I
angel ['eɪndʒl] Engel II
anger ['æŋgə] Wut, Ärger, Zorn VI 4 (93)
angle ['æŋgl] Winkel; Blickwinkel VI 2 (30)
angry (about sth./with sb.) ['æŋgri] wütend, böse (über etwas/auf jn.) II
animal ['ænɪml] Tier I
anniversary [,ænɪ'vɜ:səri] Jahrestag IV • **anniversary of sb.'s death** Todestag IV
announce [ə'naʊns] bekanntgeben III
announcement [ə'naʊnsmənt] Bekanntgabe, Ankündigung; Durchsage; Ansage III
annoy [ə'nɔɪ] ärgern, verärgern V
be/get annoyed (with sb., about sth.) sich (über jn./etwas) ärgern V
annoying [ə'nɔɪɪŋ] ärgerlich, lästig V
anorak ['ænəræk] Anorak, Windjacke III

another [ə'nʌðə] ein(e) andere(r, s); noch ein(e) I • **another 70 metres** weitere 70 Meter, noch 70 Meter II
answer ['ɑ:nsə] (be)antworten I
answer (the phone) rangehen *(ans Telefon)* IV
answer (to) ['ɑ:nsə] Antwort (auf) I
anti- ['ænti] anti-, gegen- V
anti-social asozial, antisozial V
antonym ['æntənɪm] Antonym IV
any ['eni]: **any ...?** (irgend)welche ...? I • **not (...) any** kein(e) I
not (...) any more nicht mehr II
any irgendeine(r) V
anybody ['enibɒdi]: **anybody?** (irgend)jemand? II • **not (...) anybody** niemand II • **anybody** jede(r) (beliebige) V
anymore *(AE)* [,eni'mɔ:]: **not (...) anymore** nicht mehr VI 1 (9)
anyone ['eniwʌn]: **anyone?** (irgend) jemand? III • **not (...) anyone** niemand III • **anyone** jede(r) (beliebige) V
anything ['eniθɪŋ]: **anything?** (irgend)etwas? II • **Did you do anything special?** Habt ihr irgendetwas Besonderes gemacht? I
not (...) anything nichts II • **anything** alles, egal was V
anyway ['eniweɪ]
1. sowieso I
2. **trotzdem** II
Anyway, ... ['eniweɪ] Aber egal, ... / Wie dem auch sei, ... V
anywhere ['eniweə]: **anywhere?** irgendwo(hin)? II • **not (...) anywhere** nirgendwo(hin) II
anywhere überall hin V
apart [ə'pɑ:t] voneinander getrennt, auseinander IV
apart from [ə'pɑ:t] außer V
apartment [ə'pɑ:tmənt] Wohnung IV
apologize (to sb. for sth.) [ə'pɒlədʒaɪz] sich (bei jm. für etwas) entschuldigen V
°**appeal to sb./sth.** [ə'pi:l] *(den Verstand, das Gefühl usw.)* ansprechen
appear [ə'pɪə] erscheinen, auftauchen III
°**appearance** [ə'pɪərəns] Aussehen, äußere Erscheinung
appetite ['æpɪtaɪt] Appetit III
°**applause** [ə'plɔ:z] Beifall
apple ['æpl] Apfel I
appliance [ə'plaɪəns] (Haushalts-) Gerät VI 3 (60)
applicant ['æplɪkənt] Bewerber/in V
application [,æplɪ'keɪʃn] Bewerbung V • **letter of application** Bewerbungsschreiben V

apply for [ə'plaɪ] sich bewerben (um/für etwas); etwas beantragen IV
appointment [ə'pɔɪntmənt] Termin, Verabredung I
approach [ə'prəʊtʃ] sich nähern VI 4 (99)
appropriate [ə'prəʊpriət] passend, angemessen VI 3 (59) • **as appropriate** wie zutreffend
April ['eɪprəl] April I
°**archery** ['ɑ:tʃəri] Bogenschießen
architect ['ɑ:kɪtekt] Architekt/in III
archive ['ɑ:kaɪv] Archiv IV
are [ɑ:] bist; sind; seid I • **How are you?** Wie geht es dir/Ihnen/euch? II • **The pencils are 35 p.** Die Bleistifte kosten 35 Pence. I
area ['eəriə] Gebiet, Gegend; Bereich III
argue ['ɑ:gju:]
1. sich streiten, sich zanken I
1. argumentieren, behaupten VI 2 (34)
argument ['ɑ:gjumənt]
1. Streit, Auseinandersetzung II • **have an argument** eine Auseinandersetzung haben, sich streiten II
2. Argument, Begründung VI 2 (28)
argumentative writing [,ɑ:gju'mentətɪv] Erörterung V
arm [ɑ:m] Arm I
arm [ɑ:m] bewaffnen VI 4 (104)
the armed forces *(pl)* die Streitkräfte VI 2 (28/207)
armchair ['ɑ:mtʃeə] Sessel I
armoured ['ɑ:məd] gepanzert VI 4 (76)
army ['ɑ:mi] Armee, Heer IV • **join the army** zum Militär gehen VI 2 (32)
around [ə'raʊnd] in ... umher, durch, um ... (herum) III • **around six** um sechs Uhr herum, gegen sechs III
around the lake um den See (herum) III • **around the town** in der Stadt umher, durch die Stadt III • **be around** da sein, anwesend sein, in der Nähe sein VI 2 (39)
look around sich umsehen III
turn around sich umdrehen IV
walk/run/jump around herumgehen/-rennen/-springen, umhergehen/-rennen/-springen III
arrange [ə'reɪndʒ] vereinbaren; planen; (an)ordnen VI 1 (15)
arrival [ə'raɪvl] Ankunft III
arrive [ə'raɪv] ankommen, eintreffen II
arrow ['ærəʊ] Pfeil IV • **bow and arrow** Pfeil und Bogen IV

art [ɑːt] Kunst I • **rock art** *(no pl)* Felsmalerei(en) V
article ['ɑːtɪkl] (Zeitungs-)Artikel I
artificial [ˌɑːtɪ'fɪʃl] künstlich, Kunst- III
artistic [ɑː'tɪstɪk] künstlerisch; künstlerisch begabt V
as [əz, æz]
1. als, während II
2. wie II • **as you know** wie du weißt II
3. as nice/big/exciting as so schön/groß/aufregend wie II
just as ... as ebenso ... wie IV
as soon as sobald, sowie II
4. weil V
as if [əz‿'ɪf] als ob IV
ask [ɑːsk] fragen I • **ask about sth.** nach etwas fragen I • **ask questions** Fragen stellen I • **ask sb. for sth.** jn. um etwas bitten II **ask someone out (on a date)** sich mit jm. verabreden; jn. einladen, mit ihr/ihm auszugehen V • **ask sb. the way** jn. nach dem Weg fragen II
asleep [ə'sliːp]**: be asleep** schlafen II • **fall asleep** einschlafen V
assembly [ə'sembli] Versammlung VI 2 (29)
assess [ə'ses] einschätzen, beurteilen V
assessment [ə'sesmənt] Einschätzung, Beurteilung V
assignment [ə'saɪnmənt] Arbeit, Aufgabe, Auftrag VI 2 (36); *(AE)* Hausaufgabe IV
assistant [ə'sɪstənt] Verkäufer/in I
assonance ['æsənəns] Assonanz VI 4 (93/G)
assume [ə'sjuːm] annehmen, ausgehen von VI 2 (38)
at [ət, æt]**: at 7 Hamilton Street** in der Hamiltonstraße 7 I • **at 8.45** um 8.45 I • **at (the age of) 16** mit 16; im Alter von 16 III • **at break** in der Pause *(zwischen Schulstunden)* II • **at home** zu Hause, daheim I • **at first** zuerst, anfangs, am Anfang VI 1 (18) • **at last** endlich, schließlich I • **at least** zumindest, wenigstens I • **at night** nachts, in der Nacht I • **at school** in der Schule I • **at sea** auf See II **at that table** an dem Tisch (dort) / an den Tisch (dort) I • **at the back (of the room)** hinten, im hinteren Teil (des Zimmers) II • **at the bottom (of)** unten, am unteren Ende (von) II • **at the chemist's/doctor's/hairdresser's** beim Apotheker/Arzt/Friseur III • **at the end (of)** am Ende (von) I • **at the moment** im Moment, gerade, zurzeit I • **at the Shaws' house** im Haus der Shaws, bei den Shaws zu Hause I • **at the station** am Bahnhof I • **at the top (of)** oben, am oberen Ende, an der Spitze (von) I • **at the weekend** am Wochenende I • **at work** bei der Arbeit / am Arbeitsplatz I
ate [et, eɪt] *siehe* **eat**
atheism ['eɪθiɪzəm] Atheismus V
atheist ['eɪθiɪst] Atheist(in) V
atheistic [ˌeɪθi'ɪstɪk] atheistisch V
athletics [æθ'letɪks] Leichtathletik III
atmosphere ['ætməsfɪə] Atmosphäre; Stimmung V
°**atom** ['ætəm] Atom
attach to [ə'tætʃ] anhängen, anheften (an) *(an Brief, Mail)* V; befestigen VI 3 (56)
attack [ə'tæk] Angriff III • **heart attack** Herzinfarkt IV
attack [ə'tæk] angreifen III
attend sth. [ə'tend] etwas besuchen, an etwas teilnehmen VI 2 (40)
°**attendance record** [ə'tendəns ˌrekɔːd] Anwesenheitsliste
attention [ə'tenʃn] Aufmerksamkeit VI 2 (30) • **attract/catch/grab sb.'s attention** jm. ins Auge fallen; sich (bei jm.) aufmerksam machen VI 2 (30/208) • **come to sb.'s attention** auf etwas aufmerksam werden VI 2 (30/208) • **draw sb.'s attention to sth.** jn. auf etwas aufmerksam machen VI 2 (30/208) **give attention (to sth./sb.)** jm. zuhören, auf jn. hören/aufpassen VI 2 (30/208) • **pay attention (to sth./sb.)** jm. zuhören, auf jn. hören/aufpassen VI 2 (30/208)
°**attention-deficit disorder** [ə'tenʃn ˌdefɪsɪt dɪsˌɔːdə] Aufmerksamkeitsdefizitsstörung
attitude to/towards ['ætɪtjuːd] Haltung gegenüber, Einstellung zu IV
attorney [ə'tɜːni] (Rechts-)Anwalt, Anwältin VI 4 (88)
attract [ə'trækt] anziehen, anlocken V • **attract sb.'s attention** jm. ins Auge fallen; sich (bei jm.) aufmerksam machen VI 2 (30/208)
attractive [ə'træktɪv] attraktiv, verlockend V
audience ['ɔːdɪəns] Zuschauer/innen, Zuhörer/innen, Publikum V
°**audiobook** ['ɔːdiəʊbʊk] Hörbuch
August ['ɔːgəst] August I
aunt [ɑːnt] Tante I • **auntie** ['ɑːnti] Tante II
author ['ɔːθə] Autor/in V
authoritarian [ɔːˌθɒrɪ'teəriən] autoritär VI 2 (30)
auto ['ɔːtəʊ] *(AE)* Auto, PKW IV
autobiography [ˌɔːtəʊbaɪ'ɒgrəfi] Autobiografie IV
autumn ['ɔːtəm] Herbst I
available [ə'veɪləbl] erhältlich; vorrätig IV
avenue ['ævənjuː] Allee, Boulevard IV
average ['ævərɪdʒ] Durchschnitt; durchschnittlich IV
avoid [ə'vɔɪd] vermeiden V
await [ə'weɪt] *(fml)* erwarten, bevorstehen VI 4 (76)
awake [ə'weɪk]**: be awake** wach sein VI 2 (28)
award [ə'wɔːd] Auszeichnung, Preis V
away [ə'weɪ] weg, fort I • **get away from sth./sb.** von etwas/jm. weggehen, sich entfernen III
put sth. away wegräumen IV
awesome ['ɔːsəm] *(AE, infml)* klasse, großartig IV
awful ['ɔːfl] furchtbar, schrecklich II
awkward ['ɔːkwəd] peinlich, unbehaglich; unbeholfen; ungünstig VI 4 (78)
awkwardness ['ɔːkwədnəs] Peinlichkeit, Unbehaglichkeit; Unbeholfenheit VI 4 (78)

B

baby ['beɪbi] Baby I • **have a baby** ein Baby/Kind bekommen II
back [bæk]**: at the back (of the room)** hinten, im hinteren Teil (des Zimmers) II • **back home** zurück zu Hause IV • °**back and forth** hin und her
back sth./sb. [bæk] etwas/jn. unterstützen VI 2 (34)
back door [ˌbæk 'dɔː] Hintertür II
background ['bækgraʊnd] Hintergrund II • **background file** *etwa:* Hintergrundinformation II
°**backstage** [ˌbæk'steɪdʒ] hinter der Bühne
backwards, backward *(bes. AE)* ['bækwədz, 'bækwəd] rückwärts VI 2 (28)
bacon ['beɪkən] Schinkenspeck II
bacteria *(pl)* [bæk'tɪəriə] Bakterien IV

bad [bæd] schlecht, schlimm I
bad timing schlechtes Timing, schlechte Wahl des Zeitpunkts III
badge [bædʒ] Abzeichen, Button V
badminton ['bædmɪntən] Badminton, Federball I • **badminton racket** Federballschläger III
bag [bæg] Tasche, Beutel, Tüte I; Handtasche III
bagel ['beɪgl] Bagel *(ringförmiges Brötchen)* IV
°**baggy** ['bægi] weit
balcony ['bælkəni] Balkon V
ball [bɔ:l]
1. Ball *(zum Sport)* I
2. Ball *(Tanz)* II
°**3.** Klumpen
balloon [bə'lu:n] Heißluftballon; Luftballon II
ban (-nn) [bæn] sperren; ein (Aufenthalts-)Verbot erteilen V
banana [bə'nɑ:nə] Banane I
band [bænd] Band, (Musik-)Gruppe I
banjo ['bændʒəʊ] Banjo III
bank [bæŋk] Bank, Sparkasse I
bank robber ['bæŋk ˌrɒbə] Bankräuber/in I
bar [bɑ:] Bar II
bar chart ['bɑ: tʃɑ:t] Balkendiagramm V
barbecue ['bɑ:bɪkju:] Grillfest, Grillparty V
bark [bɑ:k] bellen II
°**base** [beɪs] Station, Basis
baseball ['beɪsbɔ:l] Baseball I
baseball cap Baseballmütze II
based [beɪst]**: be based on sth.** auf etwas basieren VI 3 (54)
basic ['beɪsɪk] grundlegend, Grund-; einfach, elementar V
Basic Law Grundgesetz *(der Bundesrepublik)* V
basically ['beɪsɪkli] im Grunde, im Prinzip VI 3 (61)
basket ['bɑ:skɪt] Korb I • **a basket of apples** ein Korb Äpfel I
basketball ['bɑ:skɪtbɔ:l] Basketball I
bass [beɪs] Kontrabass; Bassgitarre III • **bass guitar** Bassgitarre III
double bass Kontrabass III
bat [bæt]**: table tennis bat** Tischtennisschläger III
bath [bɑ:θ] Bad, Badewanne II
have a bath baden, ein Bad nehmen II
bathe [beɪð] *(AE)* baden *(sich waschen)* V
bathroom ['bɑ:θru:m; 'bɑ:θrʊm] Badezimmer I
°**baton** ['bætɒn] Schlagstock
°**battery** ['bætri] Batterie, Akku
bay [beɪ] Bucht III
BC [ˌbi: 'si:] v. Chr. IV
be [bi:]**, was/were, been** sein I
be into sth. *(infml)* etwas mögen III • **be a farmer, a teacher, ...** Bauer/Bäuerin, Lehrer/in, ... werden IV
beach [bi:tʃ] Strand II • **on the beach** [bi:tʃ] am Strand II
bean [bi:n] Bohne IV
bear [beə] Bär II • **teddy bear** Teddybär III
beat [bi:t]**, beat, beaten** schlagen; besiegen III • **beat sb. up** jn. zusammenschlagen VI 2 (38)
beaten ['bi:tn] *siehe* **beat**
beautiful ['bju:tɪfl] schön I
beauty ['bju:ti] Schönheit III
became [bɪ'keɪm] *siehe* **become**
because [bɪ'kɒz] weil I
because of [bɪ'kɒz‿əv] wegen IV
become [bɪ'kʌm]**, became, become** werden II
bed [bed] Bett I • **Bed and Breakfast (B&B)** [ˌbed‿ən 'brekfəst] Frühstückspension I • **double bed** Doppelbett V • **go to bed** ins Bett gehen I • **put sb. to bed** jn. ins Bett bringen III • **single bed** Einzelbett V
bedroom ['bedru:m; 'bedrʊm] Schlafzimmer I
beef [bi:f] Rindfleisch V
been [bi:n] *siehe* **be**
before [bɪ'fɔ:] vor *(zeitlich)* I • **the day before yesterday** vorgestern II
before [bɪ'fɔ:] bevor II
before [bɪ'fɔ:] (vorher) schon mal II
beg [beg] betteln V
began [bɪ'gæn] *siehe* **begin**
beggar ['begə] Bettler/in V
begin (-nn-) [bɪ'gɪn]**, began, begun** beginnen, anfangen (mit) I
beginner [bɪ'gɪnə] Anfänger/in V
beginning [bɪ'gɪnɪŋ] Anfang, Beginn III
begun [bɪ'gʌn] *siehe* **begin**
behave [bɪ'heɪv] sich verhalten, sich benehmen V
behaviour [bɪ'heɪvjə] Verhalten, Benehmen V
behind [bɪ'haɪnd] hinter I • **leave behind** zurücklassen IV
believe [bɪ'li:v] glauben III
believe in sth./sb. an etwas/jn. glauben IV/VI 1 (12) • **She couldn't believe her eyes.** Sie traute ihren Augen kaum. III
bell [bel] Klingel, Glocke I
belly ['beli] Bauch VI 2 (27)
belong (to) [bɪ'lɒŋ] gehören (zu) II
below [bɪ'ləʊ] unter, unterhalb (von) III
bend [bend]**, bent, bent** sich beugen VI 1 (21)
beneath [bɪ'ni:θ] *(fml)* unter VI 4 (92)
°**benefit** ['benɪfɪt] Vorteil, Nutzen
bent [bent] *siehe* **bend**
beside [bɪ'saɪd] neben V
besides [bɪ'saɪdz] außerdem IV
besides [bɪ'saɪdz] außer V
best [best] am besten II • **All the best** Viele Grüße IV • **Best wishes** Viele Grüße IV • **the best** ... der/die/das beste ...; die besten ... I
What was the best thing about ...? Was war das Beste an ...? II
bet (-tt-) [bet]**, bet, bet** wetten III
You bet! *(infml)* Aber klar! / Und ob! IV
betray sb./sth. [bɪ'treɪ] jn./etwas verraten VI 1 (9) • **betray a trust** etwas Vertrauliches ausplaudern VI 1 (9/198)
better ['betə] besser I • **like sth. better** etwas lieber mögen II
You'd better ... (= You had better ...) Du solltest lieber ... VI 1 (8)
between [bɪ'twi:n] zwischen II
beyond [bɪ'jɒnd] jenseits (von), über ... hinaus/hinweg VI 4 (76)
Bible ['baɪbl] Bibel IV
big [bɪg] groß I • **big wheel** Riesenrad III
bike [baɪk] Fahrrad I • **bike tour** Radtour II • **ride a bike** Rad fahren I
bilingual [ˌbaɪ'lɪŋgwəl] zweisprachig IV
bill [bɪl] *(AE)* (Geld-)Schein, Banknote V
°**Bill of Rights** [bɪl] Zusatzartikel 1-10 zu den Grundrechten der USA
°**billboard** *(especially AE)* ['bɪlbɔ:d] Reklametafel
billion ['bɪliən] Milliarde V
bin [bɪn] Mülltonne II
binoculars *(pl)* [bɪ'nɒkjuləz] Fernglas IV
biography [baɪ'ɒgrəfi] Biografie III
biological [ˌbaɪə'lɒdʒɪkl] biologisch IV
biology [baɪ'ɒlədʒi] Biologie I
bird [bɜ:d] Vogel I
birth [bɜ:θ] Geburt IV • **birth rate** Geburtsrate V • **date of birth** Geburtsdatum IV
birthday ['bɜ:θdeɪ] Geburtstag I
Happy birthday. Herzlichen Glückwunsch zum Geburtstag. I • **My birthday is in May.** Ich habe im

Mai Geburtstag. I • **My birthday is on 13th June.** Ich habe am 13. Juni Geburtstag. I • **When's your birthday?** Wann hast du Geburtstag? I • **for his birthday** zu seinem Geburtstag III
biscuit ['bɪskɪt] Keks, Plätzchen I
bit [bɪt]**: a bit** ein bisschen, etwas II
°**bitch** *(infml, rude)* [bɪtʃ] Schlampe
black [blæk] schwarz I
blame sb. (for) [bleɪm] jm. die Schuld geben (an); jm. Vorwürfe machen (wegen) III
blanket ['blæŋkɪt] Decke *(zum Zudecken)* V
bled [bled] *siehe* **bleed**
bleed [bli:d]**, bled, bled** bluten IV
bleep [bli:p] piepsen II
bleep [bli:p] Piepton II
°**bless** [bles] segnen
blessing ['blesɪŋ] Segen IV
blew [blu:] *siehe* **blow**
blind [blaɪnd] blind III
°**blink** [blɪŋk] blinzeln
blizzard ['blɪzəd] Schneesturm VI 3 (62)
block [blɒk] blockieren, (ver)sperren IV
block [blɒk] (Häuser-, Wohn-)Block IV
blog [blɒg] Blog (*Weblog, digitales Tagebuch*) IV
bloke [bləʊk] *(infml, BE)* Kerl, Typ VI 4 (94)
blond *(bei Frauen oft:* **blonde***)* [blɒnd] blond IV
blood [blʌd] Blut III
blouse [blaʊz] Bluse II
blow [bləʊ]**, blew, blown** pusten, blasen; wehen III
blown [bləʊn] *siehe* **blow**
blue [blu:] blau I
blues [blu:z] Blues III
°**blurb** [blɜ:b] Klappentext, kurzer Werbetext
board [bɔ:d] (Wand-)Tafel I • **on the board** an der/die Tafel I
board (sth.) [bɔ:d] (in etwas) einsteigen, an Bord (von etwas) gehen VI 2 (38)
boarding school ['bɔ:dɪŋ ˌsku:l] Internat VI 4 (77)
boat [bəʊt] Boot, Schiff I
body ['bɒdi] Körper I
bodyguard ['bɒdigɑ:d] Bodyguard, Leibwächter/in, Leibwache IV
boil [bɔɪl] kochen *(Flüssigkeit, Speise)* IV
bold (type) [ˌbəʊld 'taɪp] Fettdruck V
bomb [bɒm] Bombe IV
bone [bəʊn] Knochen IV
book [bʊk] Buch I • °**book slam** *etwa:* Bücher-Wettstreit
booklet ['bʊklət] Broschüre II
boot [bu:t] Stiefel I
boot camp ['bu:t kæmp] Erziehungslager *(für junge Straftäter/innen)* V
border ['bɔ:də] Grenze IV
bored [bɔ:d]**: get bored** sich langweilen; gelangweilt sein IV
boring ['bɔ:rɪŋ] langweilig I
born [bɔ:n]**: be born** geboren sein/werden II
borough ['bʌrə, *AE:* 'bɜ:rou] (Stadt-)Bezirk III
borrow sth. ['bɒrəʊ] sich etwas (aus)leihen, etwas entleihen II
boss [bɒs] Boss, Chef/in I
both [bəʊθ] beide I
bother sb. ['bɒðə] jn. stören; jn. belästigen VI 4 (82)
bottle ['bɒtl] Flasche I • **a bottle of milk** eine Flasche Milch I
bottle cap (Flaschen-)Deckel V
bottom ['bɒtəm] unteres Ende II
at the bottom (of) unten, am unteren Ende (von) II
bought [bɔ:t] *siehe* **buy**
bow [bəʊ] Bogen *(Waffe und zum Musizieren)* IV • **bow and arrow** Pfeil und Bogen IV
bowl [bəʊl] Schüssel I • **a bowl of cornflakes** eine Schale Cornflakes I
box [bɒks] Kasten, Kästchen, Kiste I
box office ['bɒks‿ˌɒfɪs] (Theater-, Kino-)Kasse III
boy [bɔɪ] Junge I • **boy!** *(AE, infml)* Mann! Mensch! III
boycott ['bɔɪkɒt] Boykott IV
boyfriend ['bɔɪfrend] (fester) Freund VI 1 (7)
bracket ['brækɪt] Klammer *(in Texten)* IV • **round brackets** runde Klammern IV • **square brackets** eckige Klammern IV
brain [breɪn] Gehirn VI 1 (20)
brains *(pl)* [breɪnz] Verstand, Intelligenz VI 1 (20)
brainstorm ['breɪnstɔ:m] brainstormen *(so viele Ideen wie möglich sammeln)* III
°**branch** [brɑ:ntʃ] Ast, Zweig
brave [breɪv] tapfer, mutig IV
bread *(no pl)* [bred] Brot I
break [breɪk]**, broke, broken** (zer)brechen; kaputt machen; kaputt gehen II • **break a rule/order** gegen eine Regel/Anordnung verstoßen IV • **break out** ausbrechen VI 3 (66) • **break sth. open** etwas aufbrechen IV
break up (with sb.) Schluss machen (mit jm.), sich trennen (von jm.) VI 1 (11)
break [breɪk] Pause I • **at break** in der Pause *(zwischen Schulstunden)* II • **take a break** eine Pause machen IV
break down [ˌbreɪk 'daʊn]
1. eine Panne haben V
2. zusammenbrechen V
breakfast ['brekfəst] Frühstück I
have breakfast frühstücken I
°**break-up** ['breɪkʌp] Auflösung, Trennung
breathe [bri:ð] atmen IV
bridge [brɪdʒ] Brücke I
bridle path ['braɪdl ˌpɑ:θ] Reitweg III
brief [bri:f] kurz (gefasst), knapp, von kurzer Dauer V • **be brief** sich kurz fassen V
bright [braɪt] hell, leuchtend II; klug, intelligent, „hell" VI 1 (21)
bring [brɪŋ]**, brought, brought** (mit-, her)bringen I
British ['brɪtɪʃ] britisch II
broadcast ['brɔ:dkɑ:st]**, broadcast broadcast** senden; *(eine Sendung)* ausstrahlen IV
broke [brəʊk] *siehe* **break**
broken ['brəʊkən] *siehe* **break**
broken ['brəʊkən] gebrochen; zerbrochen, kaputt II
brother ['brʌðə] Bruder I
brotherhood ['brʌðəhʊd] Brüderlichkeit VI 2 (26)
brought [brɔ:t] *siehe* **bring**
brown [braʊn] braun I
brush [brʌʃ] bürsten; fegen; putzen VI 4 (91)
brush [brʌʃ] Pinsel VI 4 (98)
°**BST** = *British Summer Time (Britische oder Westeuropäische Sommerzeit)*
bubble ['bʌbl] (Luft-)Blase VI 2 (28)
speech bubble Sprechblase VI 2 (28/206) • **thought bubble** Denkblase VI 2 (28/206)
bucket ['bʌkɪt] Eimer V
Buddhism ['bʊdɪzm] Buddhismus V
Buddhist ['bʊdɪst] Buddhist/in, buddhistisch V
budgie ['bʌdʒi] Wellensittich I
°**bug** [bʌg] (Programm)fehler
build [bɪld]**, built, built** bauen II
the ship was built in Bristol das Schiff wurde in Bristol gebaut II
builder ['bɪldə] Bauarbeiter/in V
building ['bɪldɪŋ] Gebäude II
built [bɪlt] *siehe* **build**

bulb [bʌlb]**: light bulb** Glühlampe VI 3 (53)
bulletin board ['bʊlətɪn bɔ:d] schwarzes Brett, Anschlagtafel IV
bully ['bʊli] einschüchtern, tyrannisieren II
bully ['bʊli] (Schul-)Tyrann III
bummer ['bʌmə]**: What a bummer!** *(infml)* So ein Mist! Wie schade! III
bump into sb./sth. [bʌmp] sich an etwas stoßen; gegen jn. stoßen V
bunk (bed) [bʌŋk] Etagenbett, Koje II
burn [bɜ:n] brennen; verbrennen IV
bury ['beri] begraben, vergraben; beerdigen IV
bus [bʌs] Bus I
bush [bʊʃ] Busch, Strauch V • **the bush** der Busch *(unkultiviertes, „wildes" Land in Australien, Afrika)* V
bus pass ['bʌs pɑ:s] Bus-Monatskarte III
bus stop ['bʌs stɒp] Bushaltestelle III
business ['bɪznəs] Unternehmen; Geschäfte V • **business people** *(pl)* Geschäftsleute V • **do business (with)** Geschäfte machen (mit); Handel treiben (mit) V • **do one's business** *(dog or baby)* sein Geschäft machen/verrichten VI 2 (41)
Mind your own business. Das geht dich nichts an! / Kümmere dich um deine eigenen Angelegenheiten! II
start a business ein Unternehmen gründen V
busy ['bɪzi]
1. beschäftigt I
2. belebt, verkehrsreich; hektisch III
but [bət, bʌt]
1. aber I
2. sondern IV • **not only ... but also ...** nicht nur ... sondern auch ... IV
°**butt** [bʌt] *(infml)* Hinterteil
butter ['bʌtə] Butter IV
butterfly ['bʌtəflaɪ] Schmetterling VI 4 (98)
button ['bʌtn] Knopf III
buy [baɪ]**, bought, bought** kaufen I
by [baɪ]
1. von I
2. an; (nahe) bei II
3. by two degrees/ten per cent um zwei Grad/zehn Prozent V
by asking indem du fragst V • **by car/bike/...** mit dem Auto/Rad/... II • **by day and by night** bei Tag und bei Nacht V • **by far** bei weitem; mit Abstand V • **by no means** keineswegs VI 3 (55) • **by the end of the song** (spätestens) bis zum Ende des Lieds III • **by the way** übrigens; nebenbei (bemerkt) III
Bye. [baɪ] Tschüs! I
°**byline** ['baɪlaɪn] Zeile mit Angabe des Verfassers eines Zeitungsartikels
bystander ['baɪstændə] *(gleichgültige(r))* Zuschauer/in, „Dabeistehende(r)" VI 2 (38)

C

cabin ['kæbɪn] Hütte III
café ['kæfeɪ] *(kleines)* Restaurant, Imbissstube, Café I
cafeteria [,kæfə'tɪəriə] Cafeteria, Selbstbedienungsrestaurant II
cage [keɪdʒ] Käfig I
cake [keɪk] Kuchen, Torte I
calculate ['kælkjuleɪt] berechnen, ausrechnen VI 3 (66)
°**calculator** ['kælkjuleɪtə] Taschenrechner
calendar ['kælɪndə] Kalender I
call [kɔ:l] rufen; anrufen; nennen I
be called heißen, genannt werden II • **call for help** um Hilfe rufen V
call sb. names jn. mit Schimpfwörtern hänseln, jm. Schimpfwörter nachrufen III
call [kɔ:l]
1. Ruf, Schrei; Anruf II
give sb. a call jn. anrufen V
make a call ein Telefongespräch führen, telefonieren II
°**2.** Aufruf
calm [kɑ:m] ruhig, still V • **keep calm** ruhig/still bleiben; Ruhe bewahren V
calm down [,kɑ:m 'daʊn] sich beruhigen II • **calm sb. down** jn. beruhigen II
came [keɪm] *siehe* **come**
camel ['kæml] Kamel II
camera ['kæmərə] Kamera, Fotoapparat I
camp [kæmp] zelten III
camp [kæmp] Camp, Lager IV
campaign [kæm'peɪn] Kampagne V
campground ['kæmp,graʊnd] *(AE)* Zeltplatz III
camping gear ['kæmpɪŋ ,gɪə] Campingausrüstung IV
campsite ['kæmpsaɪt] Zeltplatz III
can [kæn] Dose V
can [kən, kæn]
1. können I
2. dürfen I
Can I help you? Kann ich Ihnen helfen? / Was kann ich für Sie tun? *(im Geschäft)* I
canal [kə'næl] Kanal III
cancel ['kænsəl] absagen V; streichen VI 1 (13)
cancer ['kænsə] Krebs *(Krankheit)* V
candidate ['kændɪdət] Kandidat/in; Bewerber/in V
candle ['kændl] Kerze IV
cannot [kæ'nɒt] kann nicht IV
canoe [kə'nu:] Kanu III
canoe [kə'nu:] paddeln, Kanu fahren III
canyon ['kænjən] Cañon IV
cap [kæp] Mütze, Kappe II
capital ['kæpɪtl] Hauptstadt III
capital letter [,kæpɪtl 'letə] Großbuchstabe III
captain ['kæptɪn] Kapitän/in III
caption ['kæpʃn] Bildunterschrift IV
captivate ['kæptɪveɪt] *(fml)* fesseln, faszinieren VI 3 (54)
capture ['kæptʃə] (ein)fangen VI 3 (58)
car [kɑ:] Auto I
caravan ['kærəvæn] Wohnwagen II
carbon ['kɑ:bən] Kohlenstoff; *(oft auch kurz für:)* Kohlendioxid VI 3 (58/219) • **carbon dioxide (CO_2)** Kohlendioxid (CO_2) VI 3 (58)
carbon footprint „CO_2-Fußabdruck", CO_2-Bilanz VI 3 (58/219)
card [kɑ:d] (Spiel-, Post-)Karte I
swipe a card eine Karte durchziehen VI 3 (61)
care (about) [keə] sich interessieren (für); sich kümmern (um); wichtig nehmen III • **I care about the environment.** Die Umwelt liegt mir am Herzen. III • **I don't care about money.** Geld ist mir egal. III • **Who cares?** Ist doch egal! / Na und? III
care [keə]**: take care of sth.** sich um etwas kümmern III
career [kə'rɪə] Karriere III
careful ['keəfl] vorsichtig I
caretaker ['keəteɪkə] Hausmeister/in II
carpet ['kɑ:pɪt] Teppich VI 4 (79)
car park ['kɑ: pɑ:k] Parkplatz III
carrot ['kærət] Möhre, Karotte I
carry ['kæri] tragen V
cart [kɑ:t] Wagen, Karren IV
cartoon [kɑ:'tu:n] Cartoon (Zeichentrickfilm; Bilderwitz) II
case [keɪs] Fall II
casino [kə'si:nəʊ] (Spiel)kasino IV
°**casting** ['kɑ:stɪŋ] Auswahlverfahren in der Vorproduktion von Inszenierungen

castle ['kɑːsl] Burg, Schloss II
cat [kæt] Katze I
°**catastrophic** [ˌkætəˈstrɒfɪk] katastrophal, verhängnisvoll
catch [kætʃ], **caught, caught** fangen; erwischen II • **be catching** ansteckend sein V • **catch sb.'s attention** jm. ins Auge fallen; sich (bei jm.) aufmerksam machen VI 2 (30/208)
catch on (to sth.) [ˌkætʃ_ˈɒn] (etwas) kapieren, begreifen VI 1 (21)
cathedral [kəˈθiːdrəl] Kathedrale, Dom III
cattle *(pl)* [ˈkætl] Vieh, Rinder IV
caught [kɔːt] *siehe* **catch**
cause [kɔːz] verursachen IV
cause [kɔːz] Ursache IV
cave [keɪv] Höhle V
CD [ˌsiːˈdiː] CD I • **CD player** CD-Spieler I
cease [siːs] *(fml)* aufhören VI 4 (94)
ceilidh [ˈkeɪli] *Musik- und Tanzveranstaltung, vor allem in Schottland und Irland* III
ceiling [ˈsiːlɪŋ] (Zimmer-) Decke V
celebrate [ˈselɪbreɪt] feiern IV
celebration [ˌseləˈbreɪʃn] Feier IV
celebrity [səˈlebrəti] berühmte Persönlichkeit, Prominente(r) III
cell [sel] Zelle V
cello [ˈtʃeləʊ] Cello III
cellphone [ˈselfəʊn] *(kurz auch:* **cell***)* *(AE)* Mobiltelefon, Handy III
censorship [ˈsensəʃɪp] Zensur VI 2 (32)
cent (c) [sent] Cent I
cent: per cent [pəˈsent] Prozent III
centimetre (cm) [ˈsentɪmiːtə] Zentimeter III
central [ˈsentrəl] Zentral-, Mittel- III
centre [ˈsentə] Zentrum, Mitte I
century [ˈsentʃəri] Jahrhundert II
certain [ˈsɜːtn] sicher; gewiss, bestimmt VI 1 (18) • **certainly** sicher(lich), bestimmt, auf jeden Fall VI 1 (18)
► S.210 certainly – surely
certificate [səˈtɪfɪkət] Urkunde, Zeugnis, Bescheinigung V
°**chain** [tʃeɪn] Kette
chair [tʃeə] Stuhl I
challenge sb./sth. [ˈtʃælɪndʒ] jn. herausfordern (zu etwas) VI 2 (28)
champion [ˈtʃæmpiən] Meister/in, Champion I
championship [ˈtʃæmpiənʃɪp] Meisterschaft III
chance [tʃɑːns] Chance II
change [tʃeɪndʒ]
1. Wechselgeld I
2. (Ver-)Änderung, Wechsel IV **climate change** Klimaveränderung, -wandel VI 3 (53)
change [tʃeɪndʒ]
1. umsteigen III
2. (sich) (ver-)ändern IV
3. wechseln IV
4. umtauschen IV
5. umwandeln IV
6. **change stations** *(Radio)* umschalten IV
7. sich umziehen IV
chapel [ˈtʃæpl] Kapelle, Kirche *(für manche protestantische Gemeinden)* V
°**chapter** [ˈtʃæptə] Kapitel
character [ˈkærəktə] Charakter, Persönlichkeit IV
characteristic [ˌkærəktəˈrɪstɪk] (charakteristisches) Merkmal IV
characterization [ˌkærəktəraɪˈzeɪʃn] Charakterisierung VI 2 (29/G)
charge (at sb.) [tʃɑːdʒ] stürmen; (jn.) angreifen IV
charge [tʃɑːdʒ]: **be in charge of sth./sb.** für etwas/jn. verantwortlich sein; etwas leiten V
charged [tʃɑːdʒ]: **guilty as charged** schuldbewusst; schuldig VI 1 (10)
charity [ˈtʃærəti] Wohlfahrtsorganisation II
chart [tʃɑːt] Diagramm I
chase sb. [tʃeɪs] jn. jagen; jm. hinterherjagen IV
chat (-tt-) [tʃæt] chatten, plaudern II
chat [tʃæt] Chat, Unterhaltung II
chat room [ˈtʃæt ruːm] Chatroom III
chat show Talkshow II
cheap [tʃiːp] billig, preiswert II
cheat [tʃiːt]: **cheat sb.** jn. betrügen V • **cheat on sb.** jn. betrügen, jm. untreu sein V
check [tʃek] (über)prüfen, kontrollieren I
checklist [ˈtʃeklɪst] Checkliste III
check out (of a hotel) [ˌtʃek_ˈaʊt] (aus einem Hotel) auschecken, abreisen V
checkpoint [ˈtʃekpɔɪnt] Kontrollpunkt *(zur Selbstüberprüfung)* I
cheer [tʃɪə] jubeln II
cheerful [ˈtʃɪəfl] heiter, fröhlich VI 4 (103)
cheerleader [ˈtʃɪəliːdə] Cheerleader *(Stimmungsanheizer/in bei Sportereignissen)* IV
cheese [tʃiːz] Käse I
chemist [ˈkemɪst] Drogerie, Apotheke II • **at the chemist's** beim Apotheker III
chew [tʃuː] kauen V • **chew gum** Kaugummi kauen V
chewing gum [gʌm] Kaugummi V
°**Chichewa** [tʃɪˈtʃeɪwə] eine der Amtssprachen in Malawi
chicken [ˈtʃɪkɪn] Huhn; (Brat-)Hähnchen I
chief [tʃiːf] Häuptling IV
child [tʃaɪld], *pl* **children** [ˈtʃɪldrən] Kind I • **children's home** Kinderheim V • °**child soldier** Kindersoldat/in
childhood [ˈtʃaɪldhʊd] Kindheit V
childproof [ˈtʃaɪldpruːf] kindersicher V
chill [tʃɪl] Kühle, Kälte VI 3 (62)
chill out [ˌtʃɪl_ˈaʊt] *(infml)* sich entspannen, relaxen III
Chinese [tʃaɪˈniːz] chinesisch IV
chips *(pl)* [tʃɪps]
1. *(BE)* Pommes frites I
2. *(AE)* Chips IV
chocolate [ˈtʃɒklət] Schokolade I
°**choice** [tʃɔɪs] Wahl, Auswahl
choir [ˈkwaɪə] Chor I
choose [tʃuːz], **chose, chosen** (sich) aussuchen, (aus)wählen I
chore [tʃɔː] (Haus-)Arbeit; (lästige) Pflicht VI 1 (14)
chorus [ˈkɔːrəs] Refrain VI 4 (93/G)
chose [tʃəʊz] *siehe* **choose**
chosen [ˈtʃəʊzn] *siehe* **choose**
Christ [kraɪst] Christus IV
Christian [ˈkrɪstʃən] Christ/in, christlich V
Christianity [ˌkrɪstiˈænəti] Christentum V
Christmas [ˈkrɪsməs] Weihnachten V • **at Christmas** an/zu Weihnachten V • **Christmas tree** Christ-, Weihnachtsbaum V • **for Christmas** zu Weihnachten V
chuck sb. [tʃʌk] *(infml)* mit jm. Schluss machen V
chum *(infml)* [tʃʌm] Kumpel VI 4 (88)
church [tʃɜːtʃ] Kirche I • **go to church** in die Kirche gehen III
cigarette [ˌsɪgəˈret] Zigarette VI 1 (18)
cinema [ˈsɪnəmə] Kino II • **go to the cinema** ins Kino gehen II
°**cinquain** [sɪŋˈkeɪn] Cinquain *(fünfzeiliges Gedicht)*
circle [ˈsɜːkl] Kreis III
circumstances *(pl)* [ˈsɜːkəmstənsɪz]: **under no circumstances** unter keinen Umständen (194/Grammar File)
circus [ˈsɜːkəs] (runder) Platz III
citizen [ˈsɪtɪzən] (Staats)Bürger/in VI 2 (28)
citizenship [ˈsɪtɪzənʃɪp] Staatsangehörigkeit, Staatsbürgerschaft *(auch als Schulfach* Sozialkunde/Politik*)* VI 2 (28)

city ['sɪti] Stadt, Großstadt I
city centre [ˌsɪti 'sentə] Stadtzentrum, Innenstadt I
civilization [ˌsɪvəlaɪ'zeɪʃn] Zivilisation V
civil rights *(pl)* [ˌsɪvl 'raɪts] Bürgerrechte IV
civil war [ˌsɪvl 'wɔː] Bürgerkrieg IV
claim [kleɪm] behaupten VI 2 (34)
clap **(-pp-)** [klæp] (Beifall) klatschen IV
clarification [ˌklærəfɪ'keɪʃn] Klarstellung, Klärung V
clarinet [ˌklærɪ'net] Klarinette III
class [klɑːs]
1. (Schul-)Klasse I • **class teacher** Klassenlehrer/in I
2. Unterricht; Kurs IV
classic [klæsɪk] klassisch III
classic ['klæsɪk] Klassiker VI 4 (87)
classical ['klæsɪkl] klassisch III
classmate ['klɑːsmeɪt] Klassenkamerad/in, Mitschüler/in I
classroom ['klɑːsruːm; 'klɑːsrʊm] Klassenzimmer I
clause [klɔːz] (Teil-, Glied-)Satz III
clean [kliːn] sauber II
clean [kliːn] sauber machen, putzen I • **clean one's teeth** sich die Zähne putzen III • **°clean sth. up** etwas sauber machen, etwas säubern
cleaner ['kliːnə] Putzfrau, -mann II
clear [klɪə] klar, deutlich I
clever ['klevə] klug, schlau I
cleverness ['klevənəs] Klugheit, Schlauheit IV
click *(infml)* [klɪk] sich auf Anhieb gut verstehen VI 1 (9)
click on sth. [klɪk] etwas anklicken II
cliff [klɪf] Klippe III
climate ['klaɪmət] Klima V
climate change Klimaveränderung, -wandel VI 3 (53)
climax ['klaɪmæks] Höhepunkt V
climb [klaɪm] klettern; hinaufklettern (auf) I • **Climb a tree.** Klettere auf einen Baum. I
clingy *(infml)* ['klɪŋi] anhänglich, klammernd VI 1 (9)
clinic ['klɪnɪk] Klinik II
clock [klɒk] (Wand-, Stand-, Turm-) Uhr I
°clockwise ['klɒkwaɪz] im Uhrzeigersinn
°clone [kləʊn] Klon, Kopie
close (to) [kləʊs]
1. nahe (bei, an) III
2. eng V
That was close. Das war knapp. II

close [kləʊz] schließen, zumachen I
closed [kləʊzd] geschlossen II
closely ['kləʊsli]**: look closely at sth.** etw. genau anschauen III
°close-up ['kləʊs‿ʌp] Closeup *(Großaufnahme als Einstellungsgröße bei Filmaufnahmen)*
clothes *(pl)* [kləʊðz, kləʊz] Kleider, Kleidungsstücke I
clothing ['kləʊðɪŋ] Kleidung IV
piece of clothing Kleidungsstück IV
cloud [klaʊd] Wolke II
cloudy ['klaʊdi] bewölkt II
clown [klaʊn] Clown/in I
club [klʌb] Klub; Verein I
°co- [kəʊ] Mit-, Ko-
°CO [ˌsiː‿'əʊ] *(falsche) Abkürzung für Kohlendioxid*
CO_2 [ˌsiː‿əʊ'tuː] CO_2 VI 3 (58)
coach [kəʊtʃ] Trainer/in III • **life coach** Lebensberater/in V
coal [kəʊl] Kohle VI 3 (61/220)
coast [kəʊst] Küste II
°coastal ['kəʊstl] Küsten-
coat [kəʊt] Mantel VI 4 (91)
coconut ['kəʊkənʌt] Kokosnuss V
coffee ['kɒfi] Kaffee IV • **coffee to go** Kaffee zum Mitnehmen IV
°coffee house Café, Kaffeehaus
coin [kɔɪn] Münze V
cola ['kəʊlə] Cola I
cold [kəʊld] kalt I • **be cold** frieren I • **freezing cold** eisig; eiskalt VI 3 (61/220) • **°leave sb. cold** jn. kaltlassen
cold [kəʊld] Erkältung II • **have a cold** erkältet sein, eine Erkältung haben II
collapse [kə'læps] zusammenbrechen; einstürzen IV
collect [kə'lekt] sammeln I
collection [kə'lekʃn] Sammlung IV
collector [kə'lektə] Sammler/in II
college ['kɒlɪdʒ] Hochschule, Fachschule III
collocation [ˌkɒlə'keɪʃn] Kollokation *(Wörter, die oft zusammen vorkommen)* IV
colonist ['kɒlənɪst] Kolonist/in; Siedler/in IV
colony ['kɒləni] Kolonie IV
colour ['kʌlə] Farbe I • **What colour is ...?** Welche Farbe hat ...? I
colourful ['kʌləfl] bunt IV
column ['kɒləm]
1. Säule III
2. Spalte V
°combination [ˌkɒmbɪ'neɪʃn] Kombination

come [kʌm]**, came, come** kommen I • **°come alive** lebendig werden
come from stammen von/aus IV
come home nach Hause kommen I • **come in** hereinkommen I
Come on. 1. Na los, komm. II;
2. Ach komm! / Na hör mal! II
come together zusammenkommen IV • **come true** wahr werden II • **°come up** auftauchen
come up with sth. sich etwas ausdenken, sich etwas einfallen lassen IV
comedy ['kɒmədi] Comedyshow, Komödie II
comfort ['kʌmfət] trösten IV
comfortable ['kʌmftəbl] bequem I
comic ['kɒmɪk] Comic-Heft I
comment ['kɒment] Kommentar IV
comment (on sth.) ['kɒment] sich äußern (über/zu etwas); einen Kommentar abgeben (zu etwas) VI 4 (90)
°commission [kə'mɪʃn] Kommission
commit **(-tt-)** [kə'mɪt]**: commit a crime** ein Verbrechen begehen IV
committee [kə'mɪti] Ausschuss, Komitee V
common ['kɒmn]
1. weit verbreitet, häufig V
2. gemeinsam VI 3 (52)
Commonwealth ['kɒmənwelθ]**: the Commonwealth** *Gemeinschaft der Länder des ehemaligen Britischen Weltreichs* III
communicate (with sb.) [kə'mjuːnɪ'keɪt] (mit jm.) kommunizieren, sich (mit jm.) verständigen VI 2 (31)
communication [kəˌmjuːnɪ'keɪʃn] Kommunikation VI 2 (31)
community [kə'mjuːnəti] Gemeinschaft, Gemeinde V • **community hall** Gemeinschaftshalle, -saal / Gemeindehalle, -saal III
community service gemeinnützige Arbeit V
commuter [kə'mjuːtə] Pendler/in V
company ['kʌmpəni] Firma, Gesellschaft III
compare [kəm'peə] vergleichen II
comparison [kəm'pærɪsn] Steigerung; Vergleich II
competition [ˌkɒmpə'tɪʃn] Wettbewerb III
complain (to sb. about sb./sth.) [kəm'pleɪn] sich beklagen/beschweren (bei jm. über etwas/jn.) VI 2 (28)
complete [kəm'pliːt]
1. komplett, vollständig V
°2. abgeschlossen

complete [kəm'pli:t] vervollständigen; abschließen, beenden V
complicated ['kɒmplɪkeɪtɪd] kompliziert VI 3 (55)
°**comprehension** [ˌkɒmprɪ'henʃn] Verständnis
computer [kəm'pju:tə] Computer I **computer-aided** computergestützt VI 3 (67) • **computer science** Computerwissenschaft, Informatik III
°**con** [kɒn]**: pros and cons** *(pl)* Vor- und Nachteile
concentrate (on sth.) ['kɒnsntreɪt] sich konzentrieren (auf etwas) VI 4 (103)
concern [kən'sɜ:n]**: To whom it may concern** *(bes. AE)* Sehr geehrte Damen und Herren IV
concerned (about sth./sb.) [kən'sɜ:nd] besorgt (um etwas/jn.) VI 3 (54)
concert ['kɒnsət] Konzert II
conclude (sth. from sth.) [kən'klu:d] (etwas aus etwas) schließen V
conclusion [kən'klu:ʒn] Schluss(folgerung) V • **draw a conclusion** einen Schluss ziehen V
concrete ['kɒŋkri:t] Beton, Beton- V
confident ['kɒnfɪdənt] selbstbewusst, (selbst)sicher V
confirm [kən'fɜ:m] bestätigen V
conflict ['kɒnflɪkt] Konflikt, Auseinandersetzung VI 2 (32)
confuse [kən'fju:z] verwirren IV
confusion [kən'fju:ʒn] Verwirrung IV
Congratulations! [kənˌgrætʃu'leɪʃnz] Herzlichen Glückwunsch! III
connect A with/to B [kə'nekt] A mit B verbinden V
connection [kə'nekʃn] Verbindung V
conscious ['kɒnʃəs] bei Bewusstsein V • **conscious of sth.** sich einer Sache bewusst V
consequence ['kɒnsɪkwəns] Folge, Konsequenz IV
consider [kən'sɪdə]
°**1.** nachdenken über, berücksichtigen, in Betracht ziehen
2. consider sb./sth. (to be) sth. jn./etwas als etwas betrachten, jn./etwas für etwas halten VI 1 (14)
considerable [kən'sɪdərəbl] *(fml)* erheblich, beträchtlich VI 2 (39)
consist of sth. [kən'sɪst] aus etwas bestehen VI 3 (54)
console ['kɒnsəʊl]**: game console** Spielkonsole V

Constitution [ˌkɒnstɪ'tju:ʃn] Verfassung VI 2 (28)
constitutional monarchy [ˌkɒnstɪ'tju:ʃənl] konstitutionelle Monarchie V
°**construction** [kən'strʌkʃn] Konstruktion
contact sb. ['kɒntækt] sich mit jm. in Verbindung setzen; mit jm. Kontakt aufnehmen III
contact ['kɒntækt] Kontakt IV **contact details** Kontaktdaten V
contain [kən'teɪn] enthalten VI 2 (31)
context ['kɒntekst] Zusammenhang, Kontext IV
continent ['kɒntɪnənt] Kontinent IV
continue [kən'tɪnju:] weitermachen (mit); weiterreden; weitergehen II
contrary ['kɒntrəri]**: on the contrary** im Gegenteil VI 4 (82)
contrast (to/with sth., between two things) ['kɒntrɑ:st] Gegensatz (zu) V
contrast sth. and/with sth. [kən'trɑ:st] A mit B kontrastieren *(die Unterschiede aufzeigen)* V
contribute [kən'trɪbju:t] (etwas) beitragen; einen Beitrag leisten (für etwas) VI 2 (28)
contribution [ˌkɒntrɪ'bju:ʃn] Beitrag VI 2 (28) • **make a contribution** einen Beitrag leisten VI 2 (28/207)
control (over) [kən'trəʊl] Kontrolle (über) V • **under control** unter Kontrolle IV
controller [kən'trəʊlə] Steuergerät, Regler VI 1 (14)
controversy ['kɒntrəvɜ:si] Auseinandersetzung, Kontroverse VI 2 (31)
conversation [ˌkɒnvə'seɪʃn] Gespräch, Unterhaltung II
°**conversational** [ˌkɒnvə'seɪʃənl] Unterhaltungs-, Gesprächs-
convert [kən'vɜ:t] umwandeln, verwandeln VI 3 (58)
°**convey** [kən'veɪ] vermitteln
convict ['kɒnvɪkt] Sträfling, Strafgefangene(r) V
convince sb. (of sth.) [kən'vɪns] jn. (von etwas) überzeugen VI 2 (28)
convinced [kən'vɪnst]**: be convinced** überzeugt sein VI 2 (28)
cook [kʊk] kochen, zubereiten II
cook [kʊk] Koch, Köchin II
cooker ['kʊkə] Herd I
cookie ['kʊki] *(AE)* Keks IV
cool [ku:l]
1. kühl I
2. cool I
coordination [kəʊˌɔ:dɪ'neɪʃn] Koordinierung, Koordination VI 1 (14)
copy ['kɒpi] kopieren II

copy ['kɒpi] Kopie, Abschrift IV
core [kɔ:] Kern VI 3 (54)
corn [kɔ:n] *(AE, no pl)* Mais IV
corner ['kɔ:nə] Ecke I • **on the corner of Sand Street and London Road** Sand Street, Ecke London Road II
cornflakes ['kɔ:nfleɪks] Cornflakes I
correct [kə'rekt] korrigieren, verbessern II
correct [kə'rekt] richtig, korrekt II
correction [kə'rekʃn]
1. Korrektur, Berichtigung IV
2. (Sehstärken-)Korrektur VI 3 (56)
°**correspond (with sth.)** [ˌkɒrə'spɒnd] (mit etwas) übereinstimmen
cost [kɒst]**, cost, cost** kosten III
cost [kɒst] Preis, Kosten IV
costume ['kɒstju:m] Kostüm, Verkleidung I
cotton ['kɒtn] Baumwolle IV
could [kəd, kʊd]**: he could ...** er konnte ... II
could [kəd, kʊd]**: we could ...** wir könnten ... II
°**could** [kəd, kʊd]**: I could have done** ich hätte machen können
counsellor ['kaʊnsələ] Berater/in VI 1 (15)
count [kaʊnt] zählen II
countdown ['kaʊntdaʊn] Countdown III
counter ['kaʊntə]
1. Spielstein II
2. Theke, Ladentisch IV
country ['kʌntri] Land *(auch als Gegensatz zur Stadt)* II • **in the country** auf dem Land II
couple ['kʌpl]**: a couple of** ein paar/Paar III
course [kɔ:s] Kurs, Lehrgang III
course: of course [əv 'kɔ:s] natürlich, selbstverständlich I
°**course** ['kɔ:s]**: over the course of** im Laufe von
court [kɔ:t]
1. Platz, Court III
2. Gericht(shof) IV
cousin ['kʌzn] Cousin, Cousine I
cover ['kʌvə]
1. zudecken, bedecken IV
2. abdecken, behandeln VI 3 (67)
cover ['kʌvə]
1. (CD-)Hülle I
°**2.** (Buch-)Umschlag
cow [kaʊ] Kuh II
°**crack** [kræk] zusammenbrechen, verrückt werden
°**crap** [kræp] *(infml)* Mist
crash [kræʃ] abstürzen III • **crash in(to) sth.** gegen etwas fahren/laufen V

crazy ['kreɪzi] verrückt III
cream [kriːm] Sahne; Creme IV
cream cheese [ˌkriːm 'tʃiːz] Frischkäse IV
create [kri'eɪt] (er)schaffen, kreieren V
creative [kri'eɪtɪv] kreativ, einfallsreich IV
creature ['kriːtʃə] Lebewesen VI 4 (91)
creep [kriːp], **crept, crept** 1. sich langsam bewegen VI 3 (62) °2. kriechen
creeps [kriːps]: **give sb. the creeps** jm. unheimlich sein; jm. nicht geheuer sein VI 3 (62)
crept [krept] *siehe* **creep**
crew [kruː] Crew, (Schiffs-)Mannschaft III
cricket ['krɪkɪt] Kricket III
crime [kraɪm] Verbrechen; Kriminalität IV • **commit a crime** ein Verbrechen begehen IV • **crime film** Krimi IV • **crime rate** Kriminalität(srate) V • **crime story** Krimi IV
crisis ['kraɪsɪs] Krise IV
crisps *(pl)* [krɪsps] Kartoffelchips I
critic ['krɪtɪk] Kritiker/in IV
criticize (for) ['krɪtɪsaɪz] kritisieren (wegen) VI 1 (7)
crocodile ['krɒkədaɪl] Krokodil II
cross [krɒs] überqueren; (sich) kreuzen II
°**cross** [krɒs] Flanke, Querpass
crosswalk ['krɒswɔːk] *(AE)* Fußgängerüberweg IV
crowd [kraʊd] (Menschen-)Menge III
crowded ['kraʊdɪd] voller Menschen, überfüllt III
crucial ['kruːʃl] äußerst wichtig, entscheidend VI 3 (55)
°**cruddy** *(infml)* ['krʌdi] schlecht
cruel ['kruːəl] grausam IV
cry [kraɪ] 1. schreien I • **cry in pain** vor Schmerzen schreien I 2. weinen III
culture ['kʌltʃə] Kultur V
cup [kʌp] 1. Tasse II • **a cup of tea** eine Tasse Tee II 2. Pokal III
cupboard ['kʌbəd] Schrank I
cure [kjʊə] heilen VI 3 (53)
curious ['kjʊəriəs] seltsam; neugierig VI 4 (76)
current ['kʌrənt] aktuelle(r, s), gegenwärtige(r, s); gebräuchlich VI 1 (15)
curriculum vitae [kəˌrɪkjələm 'viːtaɪ] *(BE)* Lebenslauf V
cut (-tt-) [kʌt], **cut, cut** schneiden II; reduzieren VI 3 (56) • °**cut sth. down** etwas zurückschneiden; *(Baum)* fällen, *(Wald)* abholzen **cut sth. off** etwas abschneiden, abtrennen III • **cut sth. out** ausschneiden III • **cut the grass** Rasen mähen IV
cut [kʌt] Schnitt IV
°**cutaway** ['kʌtəweɪ] Querschnittsbild
CV [ˌsiː 'viː] *(BE)* Lebenslauf V
cycle ['saɪkl] (mit dem) Rad fahren II
cycle path ['saɪkl pɑːθ] Radweg II

D

dad [dæd] Papa, Vati; Vater I
°**dæmon** ['diːmən] Dämon
daily ['deɪli] täglich IV
damage ['dæmɪdʒ] beschädigen, schädigen VI 1 (16)
damn [dæm] verdammt IV °**I don't give a damn.** Es ist mir egal.
damp [dæmp] feucht VI 4 (99)
dance [dɑːns] tanzen I
dance [dɑːns] Tanz I • **dance floor** Tanzfläche III
dancer ['dɑːnsə] Tänzer/in II
dancing ['dɑːnsɪŋ] Tanzen I **dancing lessons** Tanzstunden, Tanzunterricht I
danger (to) ['deɪndʒə] Gefahr (für) I
dangerous ['deɪndʒərəs] gefährlich II
dark [dɑːk] 1. dunkel I 2. dunkelhaarig V
dark [dɑːk]: **after dark** nach Einbruch der Dunkelheit IV
darling ['dɑːlɪŋ] Liebling, Schatz V
date [deɪt] 1. Datum I • **date of birth** Geburtsdatum IV • **to date** bis heute, bis dato V 2. Verabredung, Date V • **go on a date with sb.** mit jm. ausgehen V
date [deɪt] *(bes. AE)* mit jm. (aus) gehen; sich (regelmäßig) mit jm. treffen III
daughter ['dɔːtə] Tochter I
day [deɪ] Tag I • **by day and by night** bei Tag und bei Nacht V **one day** eines Tages I • **days of the week** Wochentage I • **the day before yesterday** vorgestern II • **that day** an jenem Tag III
daylight ['deɪlaɪt] Tageslicht VI 1 (16)
dead [ded] tot I • °**play dead** sich totstellen
deaf [def] taub, gehörlos III
deal with sb./sth. [diːl], **dealt, dealt** sich mit jm./etwas beschäftigen; handeln von etwas IV
deal [diːl] Angebot IV • **make a deal** ein Abkommen / eine Abmachung treffen III • **It's a deal!** Abgemacht! III
dealt [delt] *siehe* **deal**
dear [dɪə] Schatz, Liebling I • **Oh dear!** Oje! II
dear [dɪə]: **Dear Jay ...** Lieber Jay, ... I **Dear Sir or Madam ...** Sehr geehrte Damen und Herren IV
death [deθ] Tod IV • **death rate** Sterberate V • **death sentence** Todesstrafe IV • **fall to one's death** zu Tode stürzen IV
debate [dɪ'beɪt] Debatte V
debate (sth.) [dɪ'beɪt] debattieren (über etwas); hin und her überlegen VI 2 (28)
debts *(pl)* [dets] Schulden IV
December [dɪ'sembə] Dezember I
decide (on sth.) [dɪ'saɪd] sich entscheiden (für etwas), (etwas) beschließen II
decision (on sth.) [dɪ'sɪʒn] Entscheidung (über etwas) VI 2 (32) • **make a decision** eine Entscheidung treffen/fällen VI 2 (32/209)
declaration [ˌdeklə'reɪʃn] Erklärung, Mitteilung VI 2 (26)
decrease [dɪ'kriːs] abnehmen, nachlassen, zurückgehen (um); reduzieren, verringern (um) VI 4 (82)
deep [diːp] tief IV
deer, *pl* **deer** [dɪə] Reh, Hirsch II
°**de-escalate** [ˌdiː'eskəleɪt] deeskalieren
defence [dɪ'fens] Verteidigung III
defend sb./sth. (against sb./sth.) [dɪ'fend] jn./etwas verteidigen (gegen jn./etwas) VI 2 (38)
definite ['defɪnət] fest, bestimmt; endgültig, eindeutig V
°**de-friend sb.** *(infml)* [ˌdiː'frend] jm. die Freundschaft kündigen
degree [dɪ'griː] Grad II
delay [dɪ'leɪ] aufhalten IV
delay [dɪ'leɪ] Verspätung IV
deli ['deli] Deli *(Lebensmittelgeschäft mit Fastfoodrestaurant)* IV
delicious [dɪ'lɪʃəs] köstlich, lecker II
deliver [dɪ'lɪvə] (aus)liefern, austragen IV
democracy [dɪ'mɒkrəsi] Demokratie; demokratischer Staat V
democrat ['deməkræt] Demokrat/in V

democratic [ˌdeməˈkrætɪk] demokratisch V
demonstrate (for/against sth.) [ˈdemənstreɪt] (für/gegen etwas) demonstrieren VI 2 (42)
dentist [ˈdentɪst] Zahnarzt, -ärztin IV
department store [dɪˈpɑːtmənt stɔː] Kaufhaus II
departure [dɪˈpɑːtʃə] Abfahrt; Abflug IV
depend on sth./sb. [dɪˈpend] sich auf etwas/jn verlassen IV
depending (on) [dɪˈpendɪŋ] je nachdem (wie) VI 2 (31)
dependable [dɪˈpendəbl] zuverlässig IV
depict [dɪˈpɪkt] *(fml)* darstellen VI 4 (98)
describe sth. (to sb.) [dɪˈskraɪb] (jm.) etwas beschreiben II
description [dɪˈskrɪpʃn] Beschreibung II
desert [ˈdezət] Wüste IV • **desert island** Wüsteninsel VI 3 (63)
deserve [dɪˈzɜːv] verdienen *(zu Recht bekommen)* V
design [dɪˈzaɪn] Muster, Entwurf; Design, Gestaltung V • **design school** Kunsthochschule V
design [dɪˈzaɪn] entwickeln, entwerfen I
desk [desk] Schreibtisch I
desperate [ˈdespərət]: **be desperate to be/do sth.** unbedingt etwas sein/tun wollen VI 4 (88)
despite [dɪˈspaɪt] trotz V
destination [ˌdestɪˈneɪʃn] (Reise-)Ziel V
destiny [ˈdestɪni] Schicksal VI 4 (76)
destroy [dɪˈstrɔɪ] zerstören III
detail [ˈdiːteɪl] Detail, Einzelheit III **contact details** Kontaktdaten V
detailed [ˈdiːteɪld] ausführlich, detailliert V
detective [dɪˈtektɪv] Detektiv/in I **detective story** Krimi VI 4 (76)
determination [dɪˌtɜːmɪˈneɪʃn] Entschlossenheit V
determined [dɪˈtɜːmɪnd] (fest) entschlossen V
develop (from ... into ...) [dɪˈveləp] entwickeln; sich (aus ... zu ...) entwickeln V • **developing country** Entwicklungsland V • **developing world** Entwicklungsländer VI 3 (56)
development [dɪˈveləpmənt] Entwicklung VI 4 (87)
device [dɪˈvaɪs]: **poetic device** poetisches (Stil-)Mittel VI 4 (91/G)
diagonal [daɪˈægənəl] diagonal, schräg IV
dial (-ll-) [ˈdaɪəl] wählen *(Telefonnummer)* II
°**dial** [ˈdaɪəl] Anzeige *(eines Geräts)*
dialect [ˈdaɪəlekt] Dialekt, Mundart V
dialogue [ˈdaɪəlɒg] Dialog VI 4 (105/G)
°**diameter** [daɪˈæmɪtə] Durchmesser
diamond [ˈdaɪəmənd] Diamant V
diary [ˈdaɪəri] Tagebuch; Terminkalender I
dice, *pl* **dice** [daɪs] Würfel II **throw the dice** würfeln II
dictator [dɪkˈteɪtə] Diktator/in V
dictatorship [ˌdɪkˈteɪtəʃɪp] Diktatur V
dictionary [ˈdɪkʃənri] Wörterbuch, *(alphabetisches)* Wörterverzeichnis I
did [dɪd] *siehe* **do** • **Did you go?** Bist du gegangen? / Gingst du? I **we didn't go** [ˈdɪdnt] wir sind nicht gegangen/wir gingen nicht I
die (of) *(-ing form:* **dying***)* [daɪ] sterben (an) II
difference [ˈdɪfrəns] Unterschied III
different (from) [ˈdɪfrənt] verschieden, unterschiedlich; anders (als) I
difficult [ˈdɪfɪkəlt] schwierig, schwer I
°**digital effects** [ˌdɪdʒɪtəl_ɪˈfekts] Digitaleffekte *(in Filmen)*
°**dim (-mm-)** [dɪm] schwächer werden
dining room [ˈdaɪnɪŋ ruːm; ˈdaɪnɪŋ rʊm] Esszimmer I
dinner [ˈdɪnə] Abendessen, Abendbrot I • **have dinner** Abendbrot essen I
dinosaur [ˈdaɪnəsɔː] Dinosaurier IV
dioxide [daɪˈɒksaɪd]: **carbon dioxide (CO_2)** Kohlendioxid (CO_2) VI 3 (58)
direct [dəˈrekt] direkt V
direct [dəˈrekt] Regie führen III
direct speech [dəˈrekt] direkte Rede III
directions *(pl)* [dəˈrekʃnz] Wegbeschreibung(en) II • **stage directions** Regieanweisungen VI 4 (105/G)
director [dəˈrektə] Regisseur/in III
dirt [dɜːt] Schmutz, Dreck V
dirt bike [ˈdɜːt baɪk] Geländemotorrad V
dirt road [ˈdɜːt rəʊd] unbefestigte Straße V
dirty [ˈdɜːti] schmutzig II
°**dis sb.** *(infml for* **disrespect***)* [dɪs] jn. beleidigen, jn. „dissen", jn. respektlos behandeln
disabled [dɪsˈeɪbld] (körper)behindert III
disadvantage [ˌdɪsədˈvɑːntɪdʒ] Nachteil IV
disagree (with sb. on sth.) [ˌdɪsəˈgriː] (zu etwas) anderer Meinung sein (als jemand), (zu etwas) nicht übereinstimmen (mit jm.) II
disagreement [ˌdɪsəˈgriːmənt] Uneinigkeit; Meinungsverschiedenheit VI 2 (28)
disappear [ˌdɪsəˈpɪə] verschwinden II
disappoint sb. [ˌdɪsəˈpɔɪnt] jn. enttäuschen IV
disappointed (with/in sb., with/about sth.) [ˌdɪsəˈpɔɪntɪd] enttäuscht (von jm./etwas) IV
disappointment [ˌdɪsəˈpɔɪntmənt] Enttäuschung VI 4 (93)
discipline [ˈdɪsəplɪn] Disziplin V
disc jockey [ˈdɪsk dʒɒki] Diskjockey III
disco [ˈdɪskəʊ] Disko I
discover [dɪˈskʌvə] entdecken; herausfinden II
°**discoverer** [dɪsˈkʌvərə] Entdecker/in
discovery [dɪˈskʌvəri] Entdeckung VI 3 (52)
discriminate against sb. [ˌdɪˈskrɪmɪneɪt] jn. diskriminieren, jn. benachteiligen IV
discrimination (against) [dɪˌskrɪmɪˈneɪʃn] Diskriminierung (von), Benachteiligung (von) IV
discuss sth. [dɪˈskʌs] über etwas diskutieren, etwas besprechen VI 3 (58)
discussion [dɪˈskʌʃn] Diskussion II
disease [dɪˈziːz] *(ansteckende)* Krankheit IV
disgust [dɪsˈgʌst] anwidern, anekeln VI 3 (61)
disgusting [dɪsˈgʌstɪŋ] ekelhaft, widerlich VI 3 (61)
dish [dɪʃ] Gericht *(Speise)* III
dishes *(pl)* [ˈdɪʃɪz] Geschirr I • **do the dishes** das Geschirr abwaschen I
dishwasher [ˈdɪʃwɒʃə] Geschirrspülmaschine I
dislike [dɪsˈlaɪk] nicht mögen, nicht leiden können VI 1 (12)
dislikes *(pl)* [ˈdɪslaɪks]: **likes and dislikes** *(pl)* Vorlieben und Abneigungen V
display [dɪsˈpleɪ] Display IV • **be on display** ausgestellt sein IV
°**display** [dɪˈspleɪ] zeigen, ausstellen
distance [ˈdɪstəns] Entfernung IV
distant [ˈdɪstənt] (weit) entfernt, fern VI 1 (16)
distinguish A from B [dɪˈstɪŋgwɪʃ] A von B unterscheiden VI 3 (55)

district ['dɪstrɪkt] Gegend, Bezirk VI 2 (28)
diver ['daɪvə] Taucher/in V
divide (into) [dɪ'vaɪd] (sich) teilen (in), (sich) aufteilen (in) II
divorced [dɪ'vɔːst] geschieden I
DJ ['diːdʒeɪ] Diskjockey III
DJ ['diːdʒeɪ] (Musik/CDs/Platten) auflegen *(in der Disko)* III
do [duː], **did, done** tun, machen I
do a gig einen Auftritt haben, ein Konzert geben III • **do a good job** gute Arbeit leisten II • **do an exercise** eine Übung machen II **do a project** ein Projekt machen, durchführen II • **do sb. a favour** jm. einen Gefallen tun IV • **do sport** Sport treiben I • °**do sth. about sth.** etwas an etwas ändern • **do the dishes** das Geschirr abwaschen I • **How am I doing?** Wie komme ich voran? (Wie sind meine Fortschritte?) III • **learning by doing** Lernen durch Handeln/Tun V
doctor ['dɒktə] Arzt/Ärztin, Doktor I • **at/to the doctor's** beim/zum Arzt III
documentary [ˌdɒkju'mentri] Dokumentarfilm II
dog [dɒg] Hund I • **walk the dog** den Hund ausführen V
doll [dɒl] Puppe IV
dollar ($) ['dɒlə] Dollar IV
dolphin ['dɒlfɪn] Delfin V
dominant ['dɒmɪnənt] dominant, vorherrschend VI 2 (30)
donate [dəʊ'neɪt] spenden, schenken V
done [dʌn] *siehe* **do**
don't [dəʊnt]: **Don't listen to Dan.** Hör/Hört nicht auf Dan. I • **I don't like ...** Ich mag ... nicht. / Ich mag kein(e) ... I
°**doodle** ['duːdl] Kritzelei
door [dɔː] Tür I
doorbell ['dɔːbel] Türklingel I
dossier ['dɒsieɪ] Mappe, Dossier *(des Sprachenportfolios)* I
double ['dʌbl] zweimal, doppelt, Doppel- I • **double bed** Doppelbett V
double bass [ˌdʌbl 'beɪs] Kontrabass III
doubt [daʊt] bezweifeln VI 1 (20)
doubt [daʊt] Zweifel, Bedenken VI 1 (20)
dough [dəʊ] Teig IV
down [daʊn] hinunter, herunter, nach unten I • **down there** (nach) dort unten II • **down-to-earth** praktisch, nüchtern VI 1 (9)

download [ˌdaʊn'ləʊd] runterladen, downloaden II
downstairs [ˌdaʊn'steəz] unten; nach unten I
downtown ['daʊntaʊn] Stadtzentrum IV • **downtown bus** *(AE)* Bus in Richtung Stadtzentrum IV
Dr., Dr ['dɒktə] Dr. IV
draft [drɑːft] Entwurf IV
dragon ['drægən] Drache III
drama ['drɑːmə]
1. Schauspiel, darstellende Kunst I
2. Fernsehspiel; Drama IV
dramatic [drə'mætɪkli] dramatisch
dramatically [drə'mætɪkli] dramatisch, in höchstem Maße VI 4 (77/G)
drank [dræŋk] *siehe* **drink**
draw [drɔː], **drew, drawn** zeichnen III
draw a conclusion [drɔː] einen Schluss ziehen V
draw sb.'s attention to sth. [drɔː] jn. auf etwas aufmerksam machen VI 2 (30/208)
draw [drɔː] Unentschieden III
drawer [drɔː] Schublade VI 4 (81)
drawing ['drɔːɪŋ] Zeichnung III
drawn [drɔːn] *siehe* **draw**
dream [driːm] Traum I • **dream house** Traumhaus I
dream (of, about) [driːm] träumen (von) III • **dream on** weiterträumen III
dress [dres] sich kleiden, sich anziehen IV
dress [dres] Kleid I
dressed [drest]: **get dressed** sich anziehen I
°**dresser** ['dresə]: **She's a good dresser.** Sie ist immer gut gekleidet.
drew [druː] *siehe* **draw**
°**dribble** ['drɪbl] dribbeln (mit)
drink [drɪŋk] Getränk I
drink [drɪŋk], **drank, drunk** trinken I
drinker ['drɪŋkə] Trinker/in VI 2 (37)
drive [draɪv], **drove, driven**
1. *(also* **drive a/the car***) (ein Auto / mit dem Auto)* fahren II • **driving instructor** Fahrlehrer/in V
2. (an)treiben VI 3 (57)
drive [draɪv] (Auto)fahrt IV
driven ['drɪvn] *siehe* **drive**
driver ['draɪvə] Fahrer/in II
driving licence ['draɪvɪŋ ˌlaɪsəns] Führerschein, Fahrerlaubnis V
drop (-pp-) [drɒp]
1. fallen lassen I
2. fallen I
drop sb. off jn. absetzen (aussteigen lassen) IV
drove [drəʊv] *siehe* **drive**
drown [draʊn] ertrinken IV

drug [drʌg] Droge; Medikament V
drug dealer Dealer/in V
drum [drʌm] Trommel; Schlagzeug III • **drumstick** Trommelstock III **play the drums** Schlagzeug spielen III
drunk [drʌŋk]
1. *siehe* **drink**
2. betrunken IV • **get drunk** sich betrinken V
dry [draɪ] trocken III
°**duck** [dʌk] sich ducken
dump sb. [dʌmp] sitzen lassen, mit jm. Schluss machen VI 1 (9)
during *(prep)* ['djʊərɪŋ] während III
dust [dʌst] Staub IV
dustbin ['dʌstbɪn] Mülltonne II
dusty ['dʌsti] staubig V
duvet ['duːveɪ] Bettdecke, Federbett V
DVD [ˌdiː viː 'diː] DVD I
°**dystopia** [dɪs'təʊpiə] Dystopie

E

each [iːtʃ] jeder, jede, jedes (einzelne) I • **each other** einander, sich (gegenseitig) III
eagle ['iːgl] Adler V
ear [ɪə] Ohr I
earache ['ɪəreɪk] Ohrenschmerzen II
early ['ɜːli] früh I
earn money [ɜːn] Geld verdienen V
earring ['ɪərɪŋ] Ohrring I
earth [ɜːθ] *(also* **Earth***)* Erde V
down-to-earth praktisch, nüchtern VI 1 (9)
earthquake ['ɜːθkweɪk] Erdbeben IV
earthworm ['ɜːθwɜːm] Regenwurm IV
east [iːst] Osten; nach Osten; östlich II • **eastbound** ['iːstbaʊnd] Richtung Osten III • **eastern** ['iːstən] östlich, Ost- III
easy ['iːzi] leicht, einfach I • **easy-to-read** leicht zu lesende(r, s) V
easy-going [ˌiːzi 'gəʊɪŋ] gelassen, unbeschwert V
eat [iːt], **ate, eaten** essen I
eaten ['iːtn] *siehe* **eat**
economic [ˌiːkə'nɒmɪk] wirtschaftliche(r, s); Wirtschafts- V
economy [ɪ'kɒnəmi] (Volks-)Wirtschaft V
edge [edʒ] Rand, Kante VI 3 (54)
edit ['edɪt] redigieren III
editor ['edɪtə] Redakteur/in III
educate ['edʒukeɪt] unterrichten; erziehen; aufklären V

education [ˌedʒuˈkeɪʃn] (Schul-, Aus-)Bildung; Erziehung IV
°**educational** [ˌedʒuˈkeɪʃenl] pädagogisch
effect (on) [ɪˈfekt] Wirkung, Auswirkung (auf) IV • °**digital effects** Digitaleffekte *(in Filmen)*
effective [ɪˈfektɪv] effektiv, wirksam, wirkungsvoll V
e-friend [ˈiːfrend] Brieffreund/in *(im Internet)* I
°**e.g.** [ˌiː ˈdʒiː] z.B.
egg [eg] Ei I
eightish [ˈeɪtɪʃ] ungefähr acht (Jahre/Uhr) IV
either [ˈaɪðə, ˈiːðə]: **either ... or ...** entweder ... oder ... V • **not (...) either** auch nicht II
elect sb. sth. [ɪˈlekt] jn. zu etwas wählen IV
election [ɪˈlekʃn] Wahl *(von Kandidaten bei einer Abstimmung)* IV
electric [ɪˈlektrɪk] elektrisch, Elektro- III
electrical engineer [ɪˌlektrɪkəl ˌendʒɪˈnɪə] Elektrotechniker/in V
electricity [ɪˌlekˈtrɪsəti] Strom, Elektrizität III • **static electricity** elektrische Aufladung IV
electronic [ɪˌlekˈtrɒnɪk] elektronisch III
element [ˈelɪmənt] Element VI 2 (34)
elementary school [ˌelɪˈmentri skuːl] *(USA) Grundschule (für 6- bis 11-Jährige)* IV
elephant [ˈelɪfənt] Elefant I
elevator [ˈelɪveɪtə] *(AE)* Fahrstuhl, Aufzug II
°**eloquent** [ˈeləkwənt] eloquent, gewandt
else [els]: **anybody/anything else** sonst (noch) jemand/etwas **anywhere else** sonst (noch) irgendwo(hin) • **somebody else** jemand anders • **something else** etwas anderes • **somewhere else** woanders(hin) • **who/what/where/why/... else?** wer/was/wo/warum/... (sonst) noch? III
e-mail [ˈiːmeɪl] *(also* **email***)* E-Mail I
embarrassed [ɪmˈbærəst] verlegen IV
embarrassing [ɪmˈbærəsɪŋ] peinlich IV
emergency [ɪˈmɜːdʒənsi] Notfall, Not- IV
emission [iˈmɪʃn] Emission, (Schadstoff-)Ausstoß VI 3 (58)
emit (-tt-) [iˈmɪt] ausstoßen, freisetzen, abgeben VI 3 (58)
emotion [ɪˈməʊʃn] Gefühl, Emotion VI 1 (12)
°**emotional** [ɪˈməʊʃənl] emotionell
emphasis [ˈemfəsɪs] Betonung, Hervorhebung VI 2 (36)
emphasize [ˈemfəsaɪz] betonen, hervorheben VI 2 (36)
employer [ɪmˈplɔɪə] Arbeitgeber/in V
empty [ˈempti] leer I
emu [ˈiːmjuː] Emu V
enclose [ɪnˈkləʊz] etwas *(einem Brief)* beilegen V
encourage [ɪnˈkʌrɪdʒ] (jn.) ermutigen, ermuntern; (etwas) fördern V
encyclopedia [ɪnˌsaɪkləˈpiːdiə] Enzyklopädie, Lexikon II
end [end] Ende; Schluss I • **at the end (of)** am Ende (von) I **achieve an end** ein Ziel erreichen IV **end-rhyme** Endreim VI 4 (91/G) **in the end** schließlich, am Ende, zum Schluss VI 1 (7)
end [end]
1. zu Ende gehen IV
2. **(etwas) beenden** V • **end a relationship** mit jm. Schluss machen V • **end up doing sth.** schließlich etwas tun VI 1 (10)
ending [ˈendɪŋ] Ende, (Ab-)Schluss *(einer Geschichte, eines Films usw.)* III • **happy ending** Happyend II **have an open ending** offen sein, nicht entschieden sein VI 4 (89/G)
endless [ˈendləs] endlos V
enemy [ˈenəmi] Feind/in II
energetic [ˌenəˈdʒetɪk] dynamisch, tatkräftig, energisch V
energy [ˈenədʒi] Energie, Kraft V °**light energy** Lichtmenge
engine [ˈendʒɪn]: **steam engine** Dampfmaschine VI 3 (52)
engineer [ˌendʒɪˈnɪə] Ingenieur/in II
engineering [ˌendʒɪˈnɪərɪŋ] Technik VI 3 (53) • **genetic engineering** Gentechnik VI 3 (53)
English [ˈɪŋglɪʃ] Englisch; englisch I
enjoy [ɪnˈdʒɔɪ] genießen I
enough [ɪˈnʌf] genug I
enroll for/in/on sth. [ɪnˈrəʊl] sich (für etwas) anmelden IV
enter [ˈentə]
1. betreten IV • **enter a country** in ein Land einreisen IV
2. eingeben, eintragen II
entertain sb. [ˌentəˈteɪn] jn. unterhalten IV
entertainment [ˌentəˈteɪnmənt] Unterhaltung (Vergnügen) IV
entrance [ˈentrəns] Eingang VI 4 (98)
entry [ˈentri]
1. Eintrag, Eintragung *(im Wörterbuch/Tagebuch)* III
2. Einsendung, Beitrag *(zu einem Wettbewerb)* III
environment [ɪnˈvaɪrənmənt] Umwelt IV
environmental [ɪnˌvaɪrənˈmentl] Umwelt- IV
epidemic [ˌepəˈdemɪk] Epidemie V
equal [ˈiːkwəl] gleich IV
equal (-ll-) [ˈiːkwəl] gleich sein VI 1 (21/203) • **2 plus 3 equals 5** 2 plus 3 ist (gleich) 5 VI 1 (21/203)
equalize [ˈiːkwəlaɪz] ausgleichen; das Ausgleichstor erzielen III
equator [ɪˈkweɪtə] Äquator V
equipment [ɪˈkwɪpmənt] Ausrüstung III
eraser [ɪˈreɪzə(r), ɪˈreɪsə(r)] *(AE)* Radiergummi IV
°**erupt** [ɪˈrʌpt] ausbrechen
escape from sb./sth. [ɪˈskeɪp] vor jm./aus etwas fliehen; entkommen IV
especially [ɪˈspeʃəli] besonders, vor allem, insbesondere VI 1 (24)
essay (about, on) [ˈeseɪ] Aufsatz (über) I
establish [ɪˈstæblɪʃ] feststellen VI 3 (55)
estate [ɪˈsteɪt] Wohnsiedlung VI 4 (99)
°**estimate** [ˈestɪmeɪt] schätzen
etc. (et cetera) [etˈsetərə] usw. (und so weiter) IV
ethnic [ˈeθnɪk] ethnisch, Volks- IV
euro (€) [ˈjʊərəʊ] *(also* **Euro***)* Euro I
evaluate [ɪˈvæljueɪt] beurteilen, einschätzen; auswerten VI 1 (11)
evaluation [ɪˌvæljuˈeɪʃn] Beurteilung, Einschätzung VI 1 (11) • **peer evaluation** Partnerbeurteilung
even [ˈiːvn]
1. sogar II
even more/taller (sogar) noch mehr/größer/... VI 1 (18)
2. (sogar) schon III
evening [ˈiːvnɪŋ] Abend I • **in the evening** abends, am Abend I • **on Friday evening** freitagabends, am Freitagabend I
event [ɪˈvent] Ereignis II
eventually [ɪˈventʃuəli] schließlich, irgendwann VI 4 (98)
ever [ˈevə] je, jemals III • **ever?** je? / jemals? / schon mal? II **more than ever** mehr als je (zuvor), mehr denn je V • **ever since** (ununterbrochen) seit VI 1 (9) **for ever** für immer VI 3 (61)
every [ˈevri] jeder, jede, jedes I
everybody [ˈevribɒdi] jeder, alle II
everyday *(adj)* [ˈevrideɪ] Alltags-; alltäglich III

everyone ['evriwʌn] jeder; alle III
everything ['evriθɪŋ] alles I
everywhere ['evriweə] überall I
evidence *(no pl)* ['evɪdəns] Beweis(e), Hinweis(e) VI 3 (55) • **piece of evidence** Beweis, Hinweis VI 3 (55)
evil ['i:vl] übel, schlimm; böse *(bösartig, feindselig)* VI 3 (62)
evolution [ˌi:və'lu:ʃn] Evolution VI 3 (52)
evolve [ɪ'vɒlv] sich entwickeln VI 3 (52)
exact [ɪg'zækt] genau III
exam [ɪg'zæm] Prüfung V
examine [ɪg'zæmɪn] prüfen, untersuchen VI 4 (76)
example (of) [ɪg'zɑ:mpl] Beispiel (für) I • **for example** zum Beispiel I
excellent ['eksələnt] ausgezeichnet, hervorragend IV
except [ɪk'sept] außer, bis auf IV
°**excerpt (from sth.)** ['eksɜ:pt] Auszug (aus etwas)
exchange [ɪks'tʃeɪndʒ] (Schüler-) Austausch III
exchange [ɪks'tʃeɪndʒ] aus-, umtauschen III; *(Geld)* wechseln III
°**exchanger** [ɪks'tʃeɪndʒə]**: heat exchanger** Wärmetauscher
excited [ɪk'saɪtɪd] *(positiv)* aufgeregt, begeistert II
excitement [ɪk'saɪtmənt] Aufregung, Erregung VI 4 (93)
exciting [ɪk'saɪtɪŋ] aufregend, spannend II
exclude sb./sth. (from sth.) [ɪk'sklu:d] jn./etwas (von etwas) ausschließen VI 1 (10)
Excuse me, ... [ɪk'skju:z mi:] Entschuldigung, ... / Entschuldigen Sie, ... I
execution [ˌeksɪ'kju:ʃn] Hinrichtung IV
exercise ['eksəsaɪz] Übung, Aufgabe I • **do an exercise** eine Übung machen II • **exercise book** Schulheft, Übungsheft I • **pre-writing exercise** Übung vor dem Schreiben III
exhibition (on) [ˌeksɪ'bɪʃn] Ausstellung (über) IV
exist [ɪg'zɪst] existieren V
expect [ɪk'spekt] erwarten, annehmen, vermuten IV
expectancy [ɪk'spektənsi]**: life expectancy** Lebenserwartung V
expectation [ˌekspek'teɪʃn] Erwartung VI 4 (77)
expense [ɪk'spens] Kosten VI 2 (40) **at my expense** auf meine Kosten VI 2 (40/214)
expensive [ɪk'spensɪv] teuer I
experience [ɪk'spɪəriəns] Erfahrung; Erlebnis IV • **work experience** *(no pl)* Arbeits-, Praxiserfahrung(en) V
experience [ɪk'spɪərɪəns] erfahren, erleben V
experienced [ɪk'spɪəriənst] erfahren IV
°**expert** ['ekspɜ:t] Experte, Expertin, Fachmann, Fachfrau
explain sth. to sb. [ɪk'spleɪn] jm. etwas erklären, erläutern II
explanation [ˌeksplə'neɪʃn] Erklärung II
explicit [ɪk'splɪsɪt] explizit, klar, ausdrücklich VI 2 (29/G)
explode [ɪk'spləʊd] explodieren, ausrasten VI 2 (28)
explore [ɪk'splɔ:] erkunden, erforschen I
explorer [ɪk'splɔ:rə] Entdecker/in, Forscher/in II
explosion [ɪk'spləʊʒn] Explosion IV
express [ɪk'spres] äußern, zum Ausdruck bringen, ausdrücken V
expression [ɪk'spreʃn] Ausdruck III **freedom of expression** Redefreiheit VI 2 (26)
°**extensive** [ɪk'stensɪv] ausgedehnt, ausführlich • **extensive reading** extensives Lesen
extra ['ekstrə] zusätzlich I
extract (from) ['ekstrækt] Auszug (aus) VI 4 (87)
extracurricular activities *(kurz:* **extracurriculars***)* [ˌekstrəkə'rɪkjələz] *schulische Angebote außerhalb des regulären Unterrichts, oft als Arbeitsgemeinschaften* IV
extraordinary [ɪk'strɔ:dnri] außergewöhnlich IV
°**extremist** [ɪk'stri:mɪst] Extremist/in
eye [aɪ] Auge I • **eye-level** auf gleicher Höhe mit den Augen VI 2 (30) • **keep an eye on sth./ sb.** nach jm./etwas Ausschau halten IV • **She couldn't believe her eyes.** Sie traute ihren Augen kaum. III
eyebrow ['aɪbraʊ] Augenbraue VI 2 (30)
eyeglasses *(pl)* ['aɪˌglɑ:sɪz] Brille VI 3 (56)

F

°**fabric** ['fæbrɪk] Bau, Struktur
fabulous ['fæbjələs] *(infml)* fabelhaft, fantastisch VI 4 (76)
face [feɪs] Gesicht I • **face down** mit der Schrift nach unten
°**face sth.** [feɪs] mit dem Gesicht zu etwas sitzen/stehen
facial ['feɪʃl] Gesichts- VI 2 (30)
fact [fækt] Tatsache, Fakt III • **in fact** um genau zu sein VI 1 (15)
factory ['fæktri] Fabrik II
factual text ['fæktʃu:l] Sachtext IV
fade away [ˌfeɪd_ə'weɪ] schwächer werden VI 3 (61)
fail to do sth. [feɪl] versagen (beim Versuch, etwas zu tun) VI 3 (55)
failure ['feɪljə] ungenügend IV
faintly ['feɪntli] schwach, leicht *(ein wenig)* VI 2 (28)
fair [feə]
1. fair, gerecht II
2. hell *(Haut; Haare)* V
faith (in sb./sth.) [feɪθ] Vertrauen (in jn./etwas); Glaube V
faithful (to sb./sth.) ['feɪθfəl] (jm./einer Sache) treu VI 1 (24)
faithfully ['feɪθfəli]**: Yours faithfully** *(BE)* mit freundlichen Grüßen IV
fall [fɔ:l]**, fell, fallen** fallen, stürzen; hinfallen II • **fall asleep** einschlafen V • **fall down** runterfallen; hinfallen II • **fall in love (with sb.)** sich verlieben (in jn.) IV • **fall off** herunterfallen (von) II • **fall to one's death** zu Tode stürzen IV
°**fall** [fɔ:l] *(AE)* Herbst
fallen ['fɔ:lən] *siehe* **fall**
false [fɔ:ls] falsch VI 1 (22) • **false friend** *ein Wort, das wie ein Wort in einer anderen Sprache ähnlich aussieht aber eine andere Bedeutung hat* VI 1 (22/202)
familiar with [fə'mɪliə] vertraut mit VI 4 (98)
family ['fæməli] Familie I • **family man** Familienmensch IV • **family tree** (Familien-)Stammbaum I
famous (for) ['feɪməs] berühmt (für, wegen) II
fan [fæn] Fan, Anhänger/in III
fan [fæn] Ventilator V
fancy sth. ['fænsi] *(infml)* Lust auf/zu etwas haben V • **fancy sb.** auf jn. stehen VI 1 (12)
fancy ['fænsi] schick, ausgefallen *(etwas abwertend)* V
fantastic [fæn'tæstɪk] fantastisch, toll I
fantasy ['fæntəsi] Fantasy *(Genre)* V
far [fɑ:] weit (entfernt) I • **by far** bei weitem; mit Abstand V • **far and wide** weit und breit IV • **so far** bis jetzt, bis hierher III
faraway ['fɑ:rəweɪ] abgelegen III
farm [fɑ:m] Bauernhof, Farm II
farmer ['fɑ:mə] Bauer/Bäuerin, Landwirt/in; (Fisch-)Züchter/in III

farmhouse ['fɑːmhaʊs] Bauernhaus III
fascinate ['fæsəneɪt] faszinieren V
fashion ['fæʃn] Mode II • **military-style fashion** Mode im Militärstil V
fast [fɑːst] schnell II
fat [fæt] dick IV
fate [feɪt] Schicksal, Bestimmung VI 1 (16)
father ['fɑːðə] Vater I
fault [fɔːlt] Schuld, Fehler IV • **it's your fault** du hast Schuld IV
favour ['feɪvə]**: do sb. a favour** jm. einen Gefallen tun IV
favourite ['feɪvərɪt] Lieblings- I **my favourite colour** meine Lieblingsfarbe I
favourite ['feɪvərɪt] Favorit/in; Liebling III • **my all-time favourite** mein Liebling aller Zeiten VI 4 (87)
fear (of) ['fɪə] Furcht, Angst (vor) III
fear sth./sb. [fɪə] vor etwas/jm. Angst haben; etwas/jn. (be)fürchten VI 2 (34)
fearless ['fɪələs] furchtlos V • **the fearless** die Furchtlosen V
feature ['fiːtʃə] *(physisches)* Merkmal, Kennzeichen VI 3 (65)
February ['februəri] Februar I
fed [fed]
1. *siehe* **feed**
2. be fed up (with sth.) die Nase voll haben (von etwas) VI 2 (30)
feed [fiːd]**, fed, fed** füttern I
°**feedback** ['fiːdbæk] Reaktion, Feedback
feel [fiːl]**, felt, felt** fühlen; sich fühlen II; sich anfühlen II • **feel like doing sth.** Lust haben, etwas zu tun VI 1 (12) • **I feel sick.** Mir ist schlecht. IV
feeling ['fiːlɪŋ] Gefühl III
feet [fiːt] *Plural von „foot"* I
fell [fel] *siehe* **fall**
felt [felt] *siehe* **feel**
felt tip ['felt tɪp] Filzstift I
female ['fiːmeil] weiblich VI 2 (31)
female ['fiːmeɪl]
1. weibliche Person VI 2 (31)
2. Weibchen II
fence [fens] Zaun IV
ferry ['feri] Fähre III
festival ['festɪvl] Fest, Festival II
fetch [fetʃ] holen, abholen IV
few [fjuː] wenige IV • **a few** ein paar, einige II
fewer ['fjuːə] weniger IV
fiction ['fɪkʃn] Belletristik; Prosaliteratur IV
fiddle ['fɪdl] *(infml)* Fiedel, Geige III **play the fiddle** Geige spielen III

field [fiːld]
1. Feld, Acker, Weide II • **in the field** auf dem Feld II
°**2.** (Sach-)Gebiet
fight sth. [faɪt]**, fought, fought** etwas bekämpfen VI 3 (61) • **fight (for)** kämpfen (für, um) III
fight [faɪt] Kampf IV
figure ['fɪgə] Zahl, Ziffer, Betrag V
figure sth. (out) ['fɪgə] etwas ausrechnen; etwas herausfinden *(oft mit Zahlen)* VI 2 (28)
°**file** [faɪl] **1.** Datei; **2.** Ordner
file [faɪl]**: background file** *etwa:* Hintergrundinformation II
grammar file *Grammatikanhang* I • **skills file** *Anhang mit Lern- und Arbeitstechniken* I
fill sth. (with sth.) [fɪl] etwas (mit etwas) (aus)füllen IV
filling ['fɪlɪŋ] (Brot-)Belag IV
film [fɪlm] Film I • **crime film** Krimi IV • **film star** Filmstar I
film [fɪlm] filmen III
final ['faɪnl] Finale, Endspiel III
final ['faɪnl] letzte(r, s); End- III
finally ['faɪnəli] endlich, schließlich IV
finance ['faɪnæns] Finanzwesen V
financial [faɪ'nænʃl] finanziell, Finanz- V
find [faɪnd]**, found, found** finden I **find out (about)** herausfinden (über) I • **find sb. guilty (of a crime)** jn. (eines Verbrechens) schuldig befinden VI 1 (10)
findings *(pl)* ['faɪndɪŋz] Ergebnisse *(einer Untersuchung u.Ä.)* VI 2 (34)
fine [faɪn]
1. gut, ausgezeichnet; in Ordnung II
2. *(gesundheitlich)* gut II
I'm/He's fine. Es geht mir/ihm gut. II • °**be fine with sth.** mit etwas kein Problem haben
fine [faɪn] Geldstrafe IV
finger ['fɪŋgə] Finger I
finish ['fɪnɪʃ] beenden, zu Ende machen; enden I
fire ['faɪə]
1. Feuer, Brand II • **There's no smoke without fire.** Wo Rauch ist, ist auch Feuer. IV
2. *(von Waffen)* Feuer, Schüsse VI 2 (27)
°**fire sb.** [faɪə] jn. entlassen, feuern
firefighter ['faɪəfaɪtə] Feuerwehrmann, -frau IV
fireman ['faɪəmən] Feuerwehrmann II
fireproof ['faɪəpruːf] feuerbeständig, -fest V

fire station ['faɪə ˌsteɪʃn] Feuerwache IV
firewoman ['faɪəˌwʊmən]**,** *pl* **firewomen** Feuerwehrfrau II
first [fɜːst]
1. erste(r, s) I
2. zuerst, als Erstes I
at first zuerst, anfangs, am Anfang VI 1 (18) • **be first** der/die Erste sein I • **for the first time** zum ersten Mal II • **First Nations** die Ersten Nationen *(indianische Ureinwohner/innen Kanadas)* III
first floor [ˌfɜːst flɔː] erster Stock *(BE)* / Erdgeschoss *(AE)* IV
fish, *pl* **fish/fishes** [fɪʃ] Fisch I
fish [fɪʃ] fischen, angeln III
fisherman ['fɪʃəmən]**,** *pl* **fishermen** ['fɪʃəmən] Angler, Fischer III
fist [fɪst] Faust IV
fit (-tt-) [fɪt] passen I
fitness ['fɪtnəs] Fitness VI 4 (89)
°**fix** *(infml)* [fɪks] Dosis, Schuss
°**fix** [fɪks] anbringen, befestigen
flag [flæg] Fahne, Flagge V
flash [flæʃ] aufblitzen; leuchten IV
flash [flæʃ] Lichtblitz III
flashback ['flæʃbæk] Rückblende V
flat [flæt] Wohnung I
flat [flæt] flach, eben II
flattered ['flætəd]**: be/feel flattered** sich geschmeichelt fühlen V
flavour ['fleɪvə] Geschmack, Geschmacksrichtung II
flea market ['fliː ˌmɑːkɪt] Flohmarkt III
flew [fluː] *siehe* **fly**
flexible ['fleksəbl] flexibel, anpassungsfähig V
flight [flaɪt] Flug II
floor [flɔː]
1. Fußboden I • **dance floor** Tanzfläche III
2. Stock(werk) IV • **first floor** erster Stock *(BE)* / Erdgeschoss *(AE)* IV • **ground floor** *(BE)* Erdgeschoss IV • **on the second floor** im zweiten Stock *(BE)* / im ersten Stock *(AE)* IV
flow [fləʊ] fließen IV
flow [fləʊ] Fluss, Strom VI 4 (93)
flow chart Flussdiagramm I
flower ['flaʊə] Blume; Blüte II
flown [fləʊn] *siehe* **fly**
flu [fluː] Grippe II
flute [fluːt] Querflöte III
fly [flaɪ]**, flew, flown** fliegen II
flying instructor Fluglehrer/in V
fly [flaɪ] Fliege V
flyer ['flaɪə] Flugblatt, Flyer IV

focus ['fəʊkəs]
1. Schwerpunkt, Mittelpunkt, Hauptpunkt V
2. Brennpunkt VI 3 (56/217) • **be in focus** scharf sein VI 3 (56/217) • **be out of focus** unscharf sein VI 3 (56/217) • **come into focus** scharf werden VI 3 (56)
focus (on) ['fəʊkəs] sich konzentrieren (auf) V
fog [fɒg] Nebel II
foggy ['fɒgi] neblig II
folk (music) ['fəʊk ˌmjuːzɪk] Folk *(meist englischsprachige, volkstümliche Musik mit Elementen der Rockmusik)* III
folks [fəʊks] *(infml, bes. AE)* Leute III
follow ['fɒləʊ] folgen; verfolgen I
the following ... die folgenden ... III
font [fɒnt] Schrift(art) V
food [fuːd] Essen; Lebensmittel; Futter I
foot [fʊt], *pl* **feet** [fiːt]
1. Fuß I • **on foot** zu Fuß III
2. Fuß *(Längenmaß; ca. 30 cm)* IV
footage *(no pl)* ['fʊtɪdʒ] Film(material) VI 3 (62)
football ['fʊtbɔːl] Fußball I
football boots Fußballschuhe, -stiefel I • **football pitch** Fußballplatz, -feld II
footballer ['fʊtbɔːlə] Fußballspieler/in III
footnote ['fʊtnəʊt] Fußnote, Anmerkung IV
footprint ['fʊtprɪnt] Fußabdruck VI 3 (60) • **carbon footprint** „CO_2-Fußabdruck", CO_2-Bilanz VI 3 (60/219)
for [fə, fɔː]
1. für I • **for a moment** einen Moment lang II • **for a while** eine Weile, einige Zeit IV • **for breakfast/lunch/dinner** zum Frühstück/Mittagessen/Abendbrot I • **for ever** für immer VI 3 (61) • **for example** zum Beispiel I • **for his birthday** zu seinem Geburtstag III
for lots of reasons aus vielen Gründen I • **for miles** meilenweit II • **(in prison) for murder** (im Gefängnis) wegen Mordes IV • **for sale** *(auf Schild)* zu verkaufen IV
for the first time zum ersten Mal II • **for three days** drei Tage (lang) I • **for years** seit Jahren III • **just for fun** nur zum Spaß I • **What for?** [ˌwɒt 'fɔː] Wofür? II • **What's for homework?** Was haben wir als Hausaufgabe auf? I
2. *(fml, old-fashioned)* denn VI 3 (55)
force sb. to do sth. [fɔːs] jn. dazu bringen/jn. zwingen, etwas zu tun IV
force [fɔːs] Gewalt V • **use force** Gewalt anwenden V
forces *(pl)* [fɔːsɪz] Kräfte VI 2 (28)
the armed forces die Streitkräfte VI 2 (28/207) • **market forces** Marktkräfte VI 2 (28/207) • **natural forces** Naturgewalten VI 2 (28/207)
security forces Sicherheitskräfte VI 2 (28/207)
foreground ['fɔːgraʊnd] Vordergrund II
forehead ['fɔːhed, 'fɒrɪd] Stirn IV
foreign ['fɒrɪn]
1. ausländisch V • **foreign language** Fremdsprache V
°**2.** fremd
foreigner ['fɒrɪnə] Ausländer/in V
forest ['fɒrɪst] Wald II
forever [fər'evə]
1. endlos; ewig V
°**2.** für immer
forgave [fə'geɪv] *siehe* **forgive**
forget (-tt-) [fə'get], **forgot, forgotten** vergessen III
forgive sb. for sth. [fə'gɪv], **forgave, forgiven** jm. etwas vergeben, verzeihen IV
forgiven [fə'gɪvn] *siehe* **forgive**
forgot [fə'gɒt] *siehe* **forget**
forgotten [fə'gɒtn] *siehe* **forget**
fork [fɔːk] Gabel III
form [fɔːm] bilden IV
form [fɔːm]
1. (Schul-)Klasse I • **form teacher** Klassenlehrer/in I
2. Gestalt VI 3 (53)
3. Formular VI 3 (61)
formal ['fɔːml] formell, förmlich V
format ['fɔːmæt] Format V
former ['fɔːmə] ehemalige(r, s), frühere(r, s) V
formula ['fɔːmjələ] Formel V
fort [fɔːt] Fort III
°**forth** [fɔːθ]: **back and forth** hin und her
fortunately ['fɔːtʃənətli] glücklicherweise VI 1 (14)
fortune ['fɔːtʃuːn] Vermögen; Glück V
forum ['fɔːrəm] Forum IV
forwards ['fɔːwədz] *(bes. AE:* **forward***)* vorwärts VI 2 (28) • **look forward to sb./sth.** sich auf jn./etwas freuen IV
fossil fuel [ˌfɒsl 'fjuːəl] fossiler Brennstoff VI 3 (61)
fought [fɔːt] *siehe* **fight**
foul [faʊl] foulen III
found [faʊnd] *siehe* **find**
found [faʊnd] gründen IV
fox [fɒks] Fuchs II
fragile ['frædʒaɪl] zerbrechlich; gebrechlich VI 3 (60)
frame [freɪm] Gestell, Rahmen VI 3 (56)
freak out [ˌfriːk‿'aʊt] ausflippen V
free [friː]
1. frei I • **free time** Freizeit, freie Zeit I • **free-time activities** Freizeitaktivitäten II
2. kostenlos I
free [friː] freilassen V
freedom ['friːdəm] Freiheit V
freeway ['friːweɪ] *(USA, Australien)* Autobahn IV
freeze [friːz], **froze, frozen** (ge)frieren; zufrieren; einfrieren VI 3 (61)
°**freeze frame** ['friːz ˌfreɪm] Standbild
freezer ['friːzə] Tiefkühltruhe, -schrank VI 3 (61)
French [frentʃ] Französisch I
French fries [ˌfrentʃ 'fraɪz] *(bes. AE)* Pommes frites IV
frequent ['friːkwənt] häufig VI 2 (31)
Friday ['fraɪdeɪ, 'fraɪdi] Freitag I
fridge [frɪdʒ] Kühlschrank I
friend [frend] Freund/in I • **make friends (with)** Freunde finden; sich anfreunden (mit) II
friendliness ['frendlinəs] Freundlichkeit IV
friendly ['frendli] freundlich II; sympathisch VI 2 (28/206)
friendship ['frendʃɪp] Freundschaft VI 1 (10)
fries ['fraɪz]: **(French) fries** *(bes. AE)* Pommes frites IV
frighten ['fraɪtn] verängstigen, erschrecken V
frightening ['fraɪtnɪŋ] schrecklich, erschreckend V
frisbee ['frɪzbi] Frisbee IV
frog [frɒg] Frosch II
from [frəm, frɒm]
1. aus I
2. von I
dresses from the 60s Kleider aus den 60ern / aus den 60er Jahren II
from all over the UK / England aus dem gesamten Vereinigten Königreich / aus ganz England III
from all over the world aus der ganzen Welt II • **from Monday to Friday** von Montag bis Freitag III • **from my point of view** aus meiner Sicht; von meinem Standpunkt aus gesehen II • **I'm from ...** Ich komme/bin aus ... I • **Where are you from?** Wo kommst du her? I

front [frʌnt]**: at the front** vorne, im vorderen Teil III • **in front of** vor *(räumlich)* I • **to the front** nach vorn I • **front door** [ˌfrʌnt 'dɔː] Wohnungstür, Haustür I • **front page** Titelseite III
frost [frɒst] Frost VI 3 (62)
froze [frəʊz] *siehe* **freeze**
frozen ['frəʊzn] *siehe* **freeze**
fruit [fruːt] Obst, Früchte; Frucht I **fruit salad** Obstsalat I • **pick fruit** Obst pflücken IV
fry [fraɪ] braten III
fuel ['fjuːəl] Brenn-, Treib-, Kraftstoff VI 3 (61)
fulfil (-ll-), *(AE:* **fulfill***)* [fʊl'fɪl] erfüllen; ausführen VI 2 (35)
full [fʊl] voll I
°**full-time** [ˌfʊl'taɪm] ganztags
fun [fʌn]
1. Spaß I • **have fun** Spaß haben, sich amüsieren I • **Have fun!** Viel Spaß! I • **just for fun** nur zum Spaß I • **Riding is fun.** Reiten macht Spaß. I
2. lustige(r, s) V
funeral ['fjuːnərəl] Trauerfeier IV
funny ['fʌni] witzig, komisch I
furniture *(no pl)* ['fɜːnɪtʃə] Möbel III
further ['fɜːðə] weiter VI 2 (34)
fusion ['fjuːʒn]**: nuclear fusion** Kernfusion VI 3 (53)
future ['fjuːtʃə] Zukunft I
°**future** ['fjuːtʃə] zukünftig, künftig

G

°**gain momentum** [geɪn] in Schwung/Fahrt kommen
galaxy ['gæləksi] Sternsystem, Galaxie VI 1 (16)
gallery ['gæləri] Galerie III
game [geɪm] Spiel I • **a game of football** ein Fußballspiel II **game console** Spielkonsole V
gamer ['geɪmə] Gamer VI 1 (14)
gang [gæŋ] Bande, Gang V
°**gap** [gæp] Pause; Lücke
garage ['gærɑːʒ] Garage II
garbage ['gɑːbɪdʒ] *(AE)* Müll, Abfall IV
garden ['gɑːdn] Garten I
gas [gæs]
1. Gas IV
2. *(AE)* Benzin IV • **gas station** *(AE)* Tankstelle IV
gate [geɪt] Flugsteig III
gave [geɪv] *siehe* **give**
GCSE exams [ˌdʒiː siː‿es‿'iː] *(also* **GCSEs***) (GB) der mittleren Reife oder Fachoberschulreife vergleichbare Schulabschlussprüfung(en)* VI 1 (20)
gear *(no pl)* [gɪə] Ausrüstung IV **camping gear** Campingausrüstung IV • **sports gear** Sportausrüstung, Sportsachen II
general ['dʒenrəli] allgemeine(r, s) III
generally ['dʒenrəl] im Allgemeinen III
generate ['dʒenəreɪt] erzeugen VI 3 (57)
generation [ˌdʒenə'reɪʃn] Generation V
generator ['dʒenəreɪtə] Generator VI 3 (57)
genetic [dʒə'netɪk] genetisch VI 3 (53) • **genetic engineering** Gentechnik VI 3 (53)
genre ['ʒɒnrə] *(fml)* Genre VI 4 (87)
gentle ['dʒentl] sanft(mütig) VI 4 (105)
gentleman ['dʒentlmən], *pl* **gentlemen** ['dʒentlmən] Herr V **Ladies and gentlemen** Meine Damen und Herren V
genuine ['dʒenjuɪn] echt, wirklich VI 4 (79)
geography [dʒi'ɒgrəfi] Geografie, Erdkunde I
German ['dʒɜːmən] Deutsch; deutsch; Deutsche(r) I
Germany ['dʒɜːməni] Deutschland I
gesture ['dʒestʃə] Geste, Handbewegung VI 4 (105)
get (-tt-) [get]**, got, got**
1. bekommen, kriegen II
2. holen, besorgen II
3. gelangen, (hin)kommen I
4. get angry/hot/... wütend/heiß/... werden II
5. get off (the train/bus) (aus dem Zug/Bus) aussteigen I • **get on (the train/bus)** (in den Zug/Bus) einsteigen I
6. get up aufstehen I
I don't get it. Das versteh ich nicht. / Das kapier ich nicht. II
get sth. across (to sb.) (jm.) etwas klarmachen/rüberbringen V
get along zurechtkommen IV
get away from sth./sb. von etwas/jm. weggehen, sich entfernen III
get bored sich langweilen, gelangweilt sein IV • **get drunk** sich betrinken V • **get involved (in)** sich engagieren (für, bei); sich beteiligen (an) IV • **get lost** sich verlaufen III • **get married** heiraten V **get on sb.'s nerves** jm. auf die Nerven gehen VI 1 (12/199) • **get out (of a car)** (aus einem Auto) aussteigen V • **Get out of my sight.** Geh mir aus den Augen. IV • °**get out of sb.'s life** aus dem Leben von jm. verschwinden • **get ready (for)** sich fertig machen (für), sich vorbereiten (auf) I • **get sb. to do sth.** jn. zwingen, etwas zu tun; jn. dazu bringen, etwas zu tun VI 1 (10)
get sth. right etwas richtig machen III • **get sth. wrong** etwas falsch machen III • **get things ready** Dinge fertig machen, vorbereiten I • **get together** sich treffen VI 1 (24) • **get used to sth./sb.** sich gewöhnen an jn./etwas IV
What can I get you? Was kann/darf ich euch/Ihnen bringen? II
getting by in English [ˌgetɪŋ 'baɪ] *etwa:* auf Englisch zurechtkommen I
ghost [gəʊst] Gespenst, Geist V
giant ['dʒaɪənt] riesige(r, s), Riesen- IV
gig [gɪg] *(infml)* Gig, Auftritt III **do a gig** einen Auftritt haben, ein Konzert geben III
giraffe [dʒə'rɑːf] Giraffe II
girl [gɜːl] Mädchen I
girlfriend ['gɜːlfrend] Freundin III
gist [dʒɪst] das Wesentliche III
give [gɪv]**, gave, given** geben I **give sth. back** etwas zurückgeben I • **give sb. a call** jn. anrufen V **give sb. a hug** jn. umarmen IV **give information** Information(en) angeben V • **give attention (to sth./sb.)** jm. zuhören, auf jn. hören/aufpassen VI 2 (30/208) **give an impression** einen Eindruck vermitteln VI 4 (80/226) • **give a smile** lächeln IV • **give sb. a smile** jn. anlächeln IV • **give a source** eine Quelle angeben IV • **give a speech** eine Rede halten IV • **give sth. away** etwas verraten VI 3 (65) **give in** sich ergeben, nachgeben VI 2 (27) • **give sb. the creeps** jm. unheimlich sein; jm. nicht geheuer sein VI 3 (62) • **give (sth./sb.) up** (etwas/jn.) aufgeben V • **give up on sb./oneself** jn./sich aufgeben VI 2 (36)
given ['gɪvn]
1. *siehe* **give**
2. given his intelligence *(fml)* angesichts/bei seiner Intelligenz VI 2 (35) • **given that he is rich** *(fml)* angesichts der Tatsache, dass er reich ist VI 2 (35)
glad [glæd] froh, dankbar IV
glass [glɑːs] Glas I • **a glass of water** ein Glas Wasser I

glasses *(pl)* ['glɑ:sɪz] (eine) Brille I
global ['gləʊbl] weltweit, Welt- V
global warming Erwärmung der Erdatmosphäre V
gloves *(pl)* [glʌvz] Handschuhe II
glue [glu:] (auf-, ein)kleben II
glue [glu:] Klebstoff I • **glue stick** ['glu: stɪk] Klebestift I
go [gəʊ], **went, gone**
1. gehen I; fahren II
2. **go hard/bad/deaf/blind/crazy/...** hart/schlecht/taub/blind/verrückt/... werden III • **go red in the face** rot werden V • **go abroad** ins Ausland gehen/fahren II • °**go against sth.** einer Sache widersprechen • **go ahead** in Führung gehen III • **go by** vergehen, vorübergehen *(Zeit)* V • **go by car/bike/...** mit dem Auto/Rad/... fahren II • **go for a run** laufen gehen IV • **go for a walk** spazieren gehen, einen Spaziergang machen II • **go home** nach Hause gehen I °**go into doing sth.** für etwas aufgewendet werden • **go off** 1. losfahren, -gehen IV; 2. *(Waffe)* losgehen; *(Bombe)* explodieren IV °**go off** *(Licht)* ausgehen • **go on** 1. weitergehen; weiterreden III; 2. angehen *(Licht)* III 3. los sein, abgehen, laufen VI 1 (7) • **go on a date with sb.** mit jm. ausgehen V **go on a hike** eine Wanderung machen IV • **go on a trip** einen Ausflug machen II • **go on a walk** eine Wanderung / einen Spaziergang machen IV • **go on doing sth.** etwas weiter tun IV • **go on holiday** in Urlaub fahren II • **go on to do sth.** dann etwas tun IV **go on tour** auf Tournee gehen VI 2 (39) • **go out** weg-, raus-, ausgehen I • **go out with sb.** mit jm. (aus)gehen V • **go riding/shopping/swimming** reiten/einkaufen/schwimmen gehen I • **go skiing** Ski laufen/fahren III • **go surfing** wellenreiten gehen, surfen gehen II • **go to** führen nach *(Straße, Weg)* II • **go to bed** ins Bett gehen I **go to mass** die Messe besuchen IV • **go to the cinema** ins Kino gehen II • **go to university** mit dem Studium anfangen V • **go well** gut (ver)laufen, gutgehen II • **go with** gehören zu, passen zu III **Let's go.** Auf geht's! *(wörtlich:* Lass uns gehen.) I • **coffee to go** Kaffee zum Mitnehmen IV • **What are you going to do?** Was wirst du tun? / Was hast du vor zu tun? I

goal [gəʊl]
1. Tor *(im Sport)* III • **score a goal** ein Tor schießen, einen Treffer erzielen III
2. Ziel V • **set a goal** ein Ziel setzen VI 2 (35)
°**goalie** ['gəʊli] *(infml) siehe* **goalkeeper**
goalkeeper ['gəʊlki:pə] Torwart, Torfrau III
goat [gəʊt] Ziege IV
God [gɒd] Gott IV
gold [gəʊld] Gold III
gone [gɒn]
1. *siehe* **go**
2. **be gone** weg sein, nicht da sein II
good [gʊd]
1. gut I • **Good afternoon.** Guten Tag. *(nachmittags)* I • **Good luck (with ...)!** Viel Glück (bei/mit ...)! I **Good morning.** Guten Morgen. I **Good night, Goodnight.** Gute Nacht. VI 1 (24)
2. brav II
Goodbye. [ˌgʊd'baɪ] Auf Wiedersehen. I • **say goodbye** sich verabschieden I
good-looking [ˌgʊd'lʊkɪŋ] gut aussehend V
goods *(pl)* [gʊdz] Waren, Güter V
goose bumps *(pl)* ['gu:s ˌbʌmps] Gänsehaut *(AE)* IV
goose pimples *(pl)* ['gu:s 'pɪmpəlz] *(BE)* Gänsehaut IV
gorge [gɔ:dʒ] Schlucht IV
gorgeous ['gɔ:dʒəs] *(infml)* äußerst schön und attraktiv V
gorilla [gə'rɪlə] Gorilla IV
gossip ['gɒsɪp] schwatzen, klatschen, tratschen III
got [gɒt] *siehe* **get**
got [gɒt]: **I've got ...** Ich habe ... I **I haven't got a chair.** Ich habe keinen Stuhl. I
°**gotta** ['gɒtə] *(infml)* = **have got to**
gotten *(AE)* ['gɒtn] *siehe* **get**
govern ['gʌvən] regieren V
government ['gʌvənmənt] Regierung *(als Schulfach etwa:* Staatskunde*)* IV
governor ['gʌvənə] Gouverneur/in IV
grab **(-bb-)** [græb] schnappen, packen III • **grab sb.'s attention** jm. ins Auge fallen; sich (bei jm.) aufmerksam machen VI 2 (30/208)
grade [greɪd]
1. *(AE)* Jahrgangsstufe, Klasse IV
2. (Schul-)Note, Zensur IV
gradual ['grædʒʊəl] allmählich, langsam VI 3 (54)

graduate ['grædʒueɪt] *(AE)* den Schulabschluss machen IV *(BE)* den Hochschulabschluss machen IV
graffiti [grə'fi:ti] Graffiti V
grammar ['græmə] Grammatik I **grammar file** *Grammatikanhang* I **grammar school** Gymnasium III
grand [grænd] eindrucksvoll, beeindruckend IV
grandchild ['græntʃaɪld], *pl* **grandchildren** ['-tʃɪldrən] Enkel/in I
granddaughter ['grændɔ:tə] Enkelin II
grandfather ['grænfɑ:ðə] Großvater I
grandma ['grænmɑ:] Oma I
grandmother ['grænmʌðə] Großmutter I
grandpa ['grænpɑ:] Opa I
grandparents ['grænpeərənts] Großeltern I
grandson ['grænsʌn] Enkel II
granny ['græni] Oma II
granted ['grɑ:ntɪd]: **take sth. for granted** etwas für (allzu) selbstverständlich halten VI 4 (76)
grape [greɪp] Weintraube IV
°**graphics** *(pl)* ['græfɪks] Grafik(en), grafische Darstellung
grass [grɑ:s] Gras, Rasen IV • **cut the grass** Rasen mähen IV
grateful ['greɪtfl] dankbar V
grave [greɪv] Grab VI 4 (94)
great [greɪt] großartig, toll I
great-grandmother/-father [ˌgreɪt 'grænmʌðə], [ˌgreɪt 'grænfɑ:ðə] Urgroßmutter/-vater III
greedy ['gri:di] gierig; habgierig V
green [gri:n] grün I
greet [gri:t] begrüßen IV
grew [gru:] *siehe* **grow**
grey [greɪ] grau II
grid [grɪd] Gitter; Rechteckschema IV
grin **(-nn-)** [grɪn] grinsen VI 3 (56)
grip **(-pp-)** [grɪp] *(von Film, Buch)* fesseln, faszinieren VI 3 (54)
°**grip** [grɪp]: **get a grip on sth./sb.** etwas in den Griff bekommen
groceries *(pl)* ['grəʊsəriz] Lebensmittel VI 4 (88)
ground [graʊnd] (Erd-)Boden III
ground floor [ˌgraʊnd 'flɔ:] *(BE)* Erdgeschoss IV
Ground Zero [ˌgraʊnd 'zɪərəʊ] Bodennullpunkt *(Bezeichnung für das zerstörte World Trade Center in New York)* IV
group [gru:p] Gruppe I • **group word** Oberbegriff II • **target group** Zielgruppe VI 1 (17)

grow [grəʊ], **grew, grown**
1. wachsen II • **grow up** erwachsen werden; aufwachsen III
2. *(Getreide usw.)* anbauen, anpflanzen IV
grown [grəʊn] *siehe* **grow**
growth [grəʊθ] Wachstum, Zunahme V
grumble ['grʌmbl] murren, nörgeln II
guarantee [ˌgærən'tiː] garantieren, versprechen VI 1 (20)
guard [gɑːd] Wachposten IV
guess [ges] raten, erraten, schätzen II; annehmen VI 1 (10) • **Guess what!** [ˌges 'wɒt] Stell dir vor! / Stellt euch vor! II
guest [gest] Gast I
guide [gaɪd] Fremdenführer/in, Reiseleiter/in IV • **(travel) guide** Reiseführer *(Buch)* V
guided tour [ˌgaɪdɪd 'tʊə] Führung IV
guilty ['gɪlti]: **find sb. guilty (of a crime)** jn. (eines Verbrechens) schuldig befinden VI 1 (10) • **guilty as charged** schuldbewusst; schuldig VI 1 (10)
guinea pig ['gɪni pɪg] Meerschweinchen I
guitar [gɪ'tɑː] Gitarre I • **play the guitar** Gitarre spielen I
gum [gʌm]: **chewing gum** Kaugummi V • **chew gum** Kaugummi kauen V
gun [gʌn] Schusswaffe IV
guy [gaɪ] Typ, Kerl II • **guys** *(pl)* Leute II
gym [dʒɪm] Sporthalle, Turnhalle; Fitnessstudio IV

H

°**habit** ['hæbɪt] Gewohnheit
had [hæd] *siehe* **have**
°**haiku** ['haɪkuː] Haiku
hair *(no pl)* [heə] Haar, Haare I
hairdresser ['heədresə] Friseur/in III
at the hairdresser's beim Friseur III
half [hɑːf], *pl* **halves** [hɑːvz]
1. Hälfte III
2. Halbzeit III
half [hɑːf] halbe(r, s) II • **half an hour** eine halbe Stunde II • **half past 11** halb zwölf (11.30 / 23.30) I
half-time Halbzeit(pause) III
three and a half days/weeks dreieinhalb Tage/Wochen IV
half-pipe ['hɑːfpaɪp] Halfpipe *(halbierte Röhre für Inlineskater)* III
hall [hɔːl]
1. Flur, Diele I
2. Halle, Saal III • **community hall** Gemeinschaftshalle, -saal III
sports hall Sporthalle III
hallway ['hɔːlweɪ] *(AE)* Korridor, Gang IV
hamburger ['hæmbɜːgə] Hamburger I
hamster ['hæmstə] Hamster I
hand sb. sth. [hænd] jm. etwas reichen IV • **hand over (to sb.)** die Führung (an jn.) übergeben VI 3 (67)
hand [hænd] Hand I • **second-hand** gebraucht; aus zweiter Hand III
handkerchief ['hæŋkətʃiːf] Taschentuch IV
handle ['hændl] Griff VI 4 (94)
handout ['hændaʊt] Arbeitsblatt, Informationsblatt, Handout IV
handsome ['hænsəm] attraktiv, gut aussehend V
hang sb. [hæŋ] jn. hängen IV
hang sth. (up) [hæŋ], **hung, hung** etwas aufhängen IV
hang out [ˌhæŋ‿'aʊt], **hung, hung** *(infml)* hängen, rumhängen, abhängen III
happen (to) ['hæpən] geschehen, passieren (mit) I • **happen to do sth.** etwas zufällig(erweise) tun VI 1 (24)
happiness ['hæpinəs] Glück IV
happy ['hæpi] glücklich, froh I
Happy birthday. Herzlichen Glückwunsch zum Geburtstag. I
happy ending Happyend II
harass ['hærəs, hə'ræs] belästigen V
harbour ['hɑːbə] Hafen III
hard [hɑːd] hart; schwer, schwierig II • **work hard** hart arbeiten II
hardly ['hɑːdli] kaum VI 4 (94)
°**hard sell** [ˌhɑːd 'sel] aggressive Verkaufstechnik
hard-working [ˌhɑːd'wɜːkɪŋ] fleißig V
harm [hɑːm] Schaden VI 1 (14)
mean no harm es nicht böse meinen VI 1 (14/200)
harm sth. [hɑːm] jn. verletzen; einer Sache schaden VI 1 (14)
harvest ['hɑːvɪst] Ernte IV
hat [hæt] Hut I
hate [heɪt] hassen, gar nicht mögen I
°**hate speech** ['heɪt ˌspiːtʃ] Hetzrede
have [həv, hæv], **had, had** haben, besitzen II • **have an argument** eine Auseinandersetzung haben, sich streiten II • **have a baby** ein Baby/Kind bekommen II • **have a bath** baden, ein Bad nehmen II • **have a cold** erkältet sein, eine Erkältung haben II • **have a massage** sich massieren lassen II • **have a sauna** in die Sauna gehen II • **have a shower** (sich) duschen I • **have a sore throat** Halsschmerzen haben II • **have a temperature** Fieber haben II
have breakfast frühstücken I
have dinner Abendbrot essen I
have ... for breakfast ... zum Frühstück essen/trinken I • **have fun** Spaß haben, sich amüsieren I
Have fun! Viel Spaß! I • **have a good/great time** sich gut amüsieren III • **have sex** miteinander schlafen, sich lieben V • **have sth. done** etwas machen lassen V
have to do tun müssen I
have got: I've got ... [aɪv 'gɒt] Ich habe ... I • **I haven't got a chair.** Ich habe keinen Stuhl. I
he [hiː] er I
head [hed] Kopf I • **nod (one's head)** (mit dem Kopf) nicken III
shake one's head den Kopf schütteln III
head for/to/towards sth. [hed] auf etwas zugehen, -fahren, -steuern V
headache ['hedeɪk] Kopfschmerzen II
heading ['hedɪŋ] Überschrift IV
headline ['hedˌlaɪn] Schlagzeile III
headphones *(pl)* ['hedfəʊnz] Kopfhörer III
head teacher [ˌhed 'tiːtʃə] Schulleiter/in III
health [helθ] Gesundheit; Gesundheitslehre IV
healthy ['helθi] gesund II
hear [hɪə], **heard, heard** hören I
heard [hɜːd] *siehe* **hear**
hearing ['hɪərɪŋ] Hören, auditive Wahrnehmung VI 3 (64/221)
heart [hɑːt] Herz I • **heart attack** Herzinfarkt IV
heat [hiːt] Hitze V • **heat exchanger** Wärmetauscher
heating ['hiːtɪŋ] Heizung VI 3 (60)
heaven ['hevn] Himmel *(im religiösen Sinn)* IV
heavy metal [ˌhevi 'metl] Heavymetal III
hedgehog ['hedʒhɒg] Igel II
held [held] *siehe* **hold**
helicopter ['helɪkɒptə] Hubschrauber, Helikopter II
hell [hel] Hölle VI 4 (93)
Hello. [hə'ləʊ] Hallo. / Guten Tag. I
helmet ['helmɪt] Helm III

help [help] helfen I • **Can I help you?** Kann ich Ihnen helfen? / Was kann ich für Sie tun? *(im Geschäft)* I • **help (sb.) out** (jm.) aushelfen V • **I can't help it.** Ich kann nicht anders; Ich kann es nicht ändern. VI 1 (21) • **I can't help laughing.** Ich kann nicht anders, als zu lachen. VI 1 (21/203)
help [help] Hilfe I
helpful ['helpfl] hilfreich, nützlich IV
helpless ['helpləs] hilflos IV
her [hə, hɜ:]
1. ihr, ihre I
2. sie; ihr I
herb [hɜ:b] (Gewürz-)Kraut III
here [hɪə]
1. hier I • **round here** hier (in der Gegend) IV
2. hierher I
Here you are. Bitte sehr. / Hier bitte. I
heritage ['herɪtɪdʒ] Erbe IV
hero ['hɪərəʊ], *pl* **heroes** ['hɪərəʊz] Held/in II
hers [hɜ:z] ihrer, ihre, ihrs II
herself [hɜ:'self]
1. sich III
2. selbst IV
Hey! [heɪ] Hallo! III
Hi! [haɪ] Hallo! I • **Say hi to your parents for me.** Grüß deine Eltern von mir. I
hid [hɪd] *siehe* **hide**
hidden ['hɪdn] *siehe* **hide**
hide [haɪd], **hid, hidden** sich verstecken; (etwas) verstecken I
high [haɪ] hoch III
highlight ['haɪ,laɪt] Höhepunkt III
°**highlight** ['haɪlaɪt] *(einen Textabschnitt farbig)* hervorheben, markieren
°**highly** ['haɪli] sehr, höchst, wärmstens
high school ['haɪ sku:l] *(USA) Schule für 14- bis 18-Jährige* IV
highway ['haɪweɪ] *(USA)* Fernstraße *(oft mit vier oder mehr Spuren)* IV
°**hijab** [hɪ'dʒɑ:b] Hidschab
hijacker ['haɪdʒækə] (Flugzeug-)Entführer/in IV
hike [haɪk] wandern IV
hike [haɪk] Wanderung, Marsch IV
hiker ['haɪkə] Wanderer, Wanderin VI 2 (32)
hill [hɪl] Hügel II
hilly ['hɪli] hügelig III
him [hɪm] ihn; ihm I
himself [hɪm'self]
1. sich III
2. selbst IV
Hindu ['hɪndu:] Hindu V
Hinduism ['hɪndu:ɪzm] Hinduismus V
hip hop ['hɪp ,hɒp] Hiphop IV
hippo ['hɪpəʊ] Flusspferd II
his [hɪz]
1. sein, seine I
2. seiner, seine, seins II
historical [hɪ'stɒrɪkl] historisch, geschichtlich VI 4 (76)
history ['hɪstri] Geschichte I
hit **(-tt-)** [hɪt], **hit, hit**
1. schlagen III
2. treffen IV
°**hit song** [,hɪt 'sɒŋ] Hit
hobby ['hɒbi] Hobby I
hockey ['hɒki] Hockey I • **hockey pitch** Hockeyplatz, -feld II
hockey shoes Hockeyschuhe I
hold [həʊld], **held, held** halten II
hold a competition einen Wettbewerb veranstalten III • **hold sb./sth. up** jn./etwas aufhalten VI 3 (61)
hole [həʊl] Loch I
holiday(s) ['hɒlədeɪ] Ferien I • **be on holiday** in Urlaub sein II • **go on holiday** in Urlaub fahren II
holiday home Ferienhaus, -wohnung III
home [həʊm] Heim, Zuhause I
at home daheim, zu Hause I
children's home Kinderheim V
come home nach Hause kommen I • **get home** nach Hause kommen I • **go home** nach Hause gehen I • **old people's home** Altenheim, Seniorenresidenz V
homeland ['həʊmlænd] Heimat(land) IV
homeless ['həʊmləs] obdachlos IV
► S.217 the rich, the poor, etc.
homeowner ['həʊm,əʊnə] Eigenheimbesitzer/in IV
hometown ['həʊm,taʊn] Heimat(stadt) IV
homework *(no pl)* ['həʊmwɜ:k] Hausaufgabe(n) I • **do homework** die Hausaufgabe(n) machen I
What's for homework? Was haben wir als Hausaufgabe auf? I
honest ['ɒnɪst] ehrlich V
honesty ['ɒnəsti] Ehrlichkeit VI 3 (54)
°**hooked** [hʊkt] abhängig, süchtig
Hooray! [hu'reɪ] Hurra! II
hope [həʊp] hoffen I • **I hope so.** Ich hoffe es. II
hope (of) [həʊp] Hoffnung (auf) III
hopeful ['həʊpfʊl] hoffnungsvoll IV
hopefully ['həʊpfəli] hoffentlich VI 1 (18)
hopeless ['həʊpləs] hoffnungslos IV • **You're hopeless.** Dir ist nicht zu helfen. IV
horizon [hə'raɪzn] Horizont V
horrible ['hɒrəbl] scheußlich, grauenhaft II
horror ['hɒrə] Entsetzen, Grauen, Horror III
horse [hɔ:s] Pferd I • **(horse) racing** Pferderennsport V
hose [həʊz] Schlauch IV
hospital ['hɒspɪtl] Krankenhaus II
He's gone to hospital. Er ist ins Krankenhaus gegangen. III • **He's in hospital.** Er ist im Krankenhaus. III
host [həʊst] Gastgeber IV
hostel ['hɒstl] Herberge, Wohnheim III • **youth hostel** Jugendherberge III
hostess ['həʊstes] Gastgeberin *(in USA auch: Frau, die in einem Restaurant die Gäste in Empfang nimmt)* IV
hot [hɒt] heiß I • **hot chocolate** heiße Schokolade I • **hot-water bottle** Wärmflasche II
hotel [həʊ'tel] Hotel II
hotline ['hɒtlaɪn] Hotline II
hour ['aʊə] Stunde I • **half an hour** eine halbe Stunde II • **a 24-hour supermarket** ein Supermarkt, der 24 Stunden geöffnet ist III • **a two-hour operation** eine zweistündige Operation III
house [haʊs] Haus I • **at the Shaws' house** im Haus der Shaws / bei den Shaws zu Hause I
how [haʊ] wie I • **How about you grabbing that table?** Wie wär's, wenn ihr den Tisch dort schnappt? IV • **How are you?** Wie geht es dir/Ihnen/euch? II • **How do you know ...?** Woher weißt/kennst du ...? I • **how many?** wie viele? I • **how much?** wie viel? I • **How much is/are ...?** Was kostet/kosten ...? / Wie viel kostet/kosten ...? I • **How old are you?** Wie alt bist du? I • **How was ...?** Wie war ...? I • **How shall I put it?** Wie soll ich es formulieren/ausdrücken? IV
how to do sth. wie man etwas tut / tun kann / tun soll IV
however [haʊ'evə] trotzdem IV
hug (-gg-) [hʌg] umarmen IV
hug [hʌg] Umarmung IV • **give sb. a hug** jn. umarmen IV
huge [hju:dʒ] riesig, sehr groß III
human ['hju:mən] *(also* **human being***)* Mensch, menschliches Wesen IV
human ['hju:mən] menschlich, Menschen- VI 2 (26)

humanitarian [hju:ˌmænɪ'teəriən] humanitär VI 2 (32)
°**humanity** [hju:'mænɪti] Menschheit
hundred ['hʌndrəd] hundert, Hundert I
hung [hʌŋ] *siehe* **hang**
hunger ['hʌŋgə] Hunger V
hungry ['hʌŋgri] hungrig I • **be hungry** Hunger haben, hungrig sein I
hunt [hʌnt] Jagd III
hunt [hʌnt] jagen III
hurry ['hʌri] eilen; sich beeilen II
hurry up sich beeilen I
hurry ['hʌri]**: be in a hurry** in Eile sein, es eilig haben I
hurt [hɜ:t]**, hurt, hurt** wehtun; verletzen I
hurt [hɜ:t] verletzt II
husband ['hʌzbənd] Ehemann II
hut [hʌt] Hütte IV
hutch [hʌtʃ] (Kaninchen-)Stall I
°**hyperlink** ['haɪpəlɪŋk] Hyperlink

I

I [aɪ] ich I • **I'm** [aɪm] ich bin I
I'm from ... Ich komme aus ... / Ich bin aus ... I • **I'm ... years old.** Ich bin ... Jahre alt. I • **I'm sorry.** Entschuldigung. / Tut mir leid. I
ice [aɪs] Eis II
ice cream [ˌaɪs 'kri:m] (Speise-)Eis I
ice hockey ['aɪs hɒki] Eishockey III
ice rink ['aɪs rɪŋk] Schlittschuhbahn II
ID [ˌaɪ 'di:] Ausweis IV
idea [aɪ'dɪə]
1. Idee, Einfall I
°**2.** Vorstellung
ideal [aɪ'di:əl] Ideal, Idealvorstellung V
°**ideal** [aɪ'di:əl] ideal
identification [aɪˌdentɪfɪ'keɪʃn] Ausweis IV
identify (with) [aɪ'dentɪfaɪ] identifizieren; sich identifizieren (mit) VI 1 (21)
identity [aɪ'dentɪti] Identität IV
idolize ['aɪdəlaɪz] vergöttern, abgöttisch lieben VI 1 (12)
if [ɪf]
1. wenn, falls II
2. ob II
ignore [ɪg'nɔ:] nicht beachten, ignorieren VI 1 (10)
ill [ɪl] krank II
illegal [ɪ'li:gl] illegal, ungesetzlich IV
illness ['ɪlnəs] Krankheit IV
illogical [ɪ'lɒdʒɪkl] unlogisch VI 3 (64)
illustrate ['ɪləstreɪt] veranschaulichen, illustrieren IV
image ['ɪmɪdʒ] Bild V
imagery ['ɪmɪdʒəri] Metaphorik V
imaginable [ɪ'mædʒɪnəbl] vorstellbar, erdenklich V
°**imaginary** [ɪ'mædʒɪnəri] imaginär *(nur in der Vorstellung vorhanden, nicht wirklich)*
imagination [ɪˌmædʒɪ'neɪʃn] Fantasie, Vorstellung(skraft) IV
imaginative [ɪ'mædʒɪnətɪv] fantasievoll, einfallsreich VI 4 (105)
imagine sth. [ɪ'mædʒɪn] sich etwas vorstellen III • **imagine doing sth.** sich vorstellen, etwas zu tun V
imitate ['ɪmɪteɪt] nachmachen III
immediately [ɪ'mi:diətli] sofort IV
immigrant ['ɪmɪgrənt] Einwanderer/Einwanderin IV
immigrate ['ɪmɪgreɪt] einwandern IV
immigration [ˌɪmɪ'greɪʃn] Einwanderung IV
impact ['ɪmpækt] Auswirkung VI 2 (34)
impatient [ɪm'peɪʃnt] ungeduldig V
imperfect [ɪm'pɜ:fɪkt] unvollkommen, mangelhaft V
impersonal [ɪm'pɜ:sənl] unpersönlich V
implicit [ɪm'plɪsɪt] implizit, unausgesprochen VI 2 (29/G)
impolite [ˌɪmpə'laɪt] unhöflich V
importance [ɪm'pɔ:təns] Wichtigkeit, Bedeutung VI 3 (54)
important [ɪm'pɔ:tnt] wichtig II
impossible [ɪm'pɒsəbl] unmöglich II
impress [ɪm'pres] beeindrucken V
impression [ɪm'preʃn] Eindruck VI 4 (80)
impressive [ɪm'presɪv] beeindruckend, eindrucksvoll III
improve [ɪm'pru:v] (sich) verbessern III
°**improvement** [ɪm'pru:vmənt] Verbesserung
in [ɪn] in I • **the best view in the world** die beste Aussicht der Welt IV • **in 2050** im Jahr 2050 II • **in ... Street** in der ...straße I • **in English** auf Englisch I • **in front of** vor *(räumlich)* I • **in here** hier drinnen I • **in next to no time** im Nu III
in other places an anderen Orten, anderswo III • **in school** *(AE)* in der Schule IV • **in the afternoon** nachmittags, am Nachmittag I
in the country auf dem Land II
in the evening abends, am Abend I • **in the field** auf dem Feld II
in the morning am Morgen, morgens I • **in the photo/picture** auf dem Foto/Bild I • **in there** dort drinnen I • **in the sky** am Himmel II • **in the world** auf der Welt II • **in the yard** auf dem Hof II
in time [ɪn 'taɪm] rechtzeitig II
inaccurate [ɪn'ækjərət] ungenau V
inactive [ɪn'æktɪv] inaktiv, untätig V
incident ['ɪnsɪdənt] Vorfall, Zwischenfall VI 4 (76)
include [ɪn'klu:d] einschließen IV
incorrect [ˌɪnkə'rekt] inkorrekt, falsch V
increase [ɪn'kri:s] ansteigen, zunehmen (um); erhöhen (um) VI 4 (82)
incredible [ɪn'kredɪbl] unglaublich IV
independent [ˌɪndɪ'pendənt] unabhängig V
index ['ɪndeks] Index, Register V
Indian ['ɪndiən]
1. Inder/in I
2. Indianer/in IV
indicate sth. ['ɪndɪkeɪt] deuten auf etwas VI 4 (100)
°**indigenous** [ɪn'dɪdʒənəs] eingeboren, einheimisch
indirect [ˌɪndə'rekt] indirekt V
indirect speech indirekte Rede III
individual [ˌɪndɪ'vɪdʒuəl] einzelne(r, s) VI 2 (39)
industrial [ɪn'dʌstriəl] industriell III
industry ['ɪndəstri] Industrie III
inexact [ˌɪnɪg'zækt] ungenau V
inexpensive [ˌɪnɪk'spensɪv] preiswert V
infinitive [ɪn'fɪnətɪv] Infinitiv *(Grundform des Verbs)* I
influence ['ɪnfluəns] beeinflussen VI 2 (29)
inform sb. (about/of sth.) [ɪn'fɔ:m] jn. (über etwas) informieren IV
informal [ɪn'fɔ:ml] informell; umgangssprachlich V
information (about/on) *(no pl)* [ˌɪnfə'meɪʃn] Information(en) (über) I • **give information** Information(en) angeben V
informed [ɪn'fɔ:md] (wohl/gut) informiert VI 2 (35)
inhabit [ɪn'hæbɪt] bewohnen, leben in V
inhabitant [ɪn'hæbɪtənt] Einwohner/in, Bewohner/in V
inherit sth. (from sb.) [ɪn'herɪt] etwas (von jm.) erben V
inhuman [ɪn'hju:mən] unmenschlich VI 2 (26/205)
initial [ɪ'nɪʃl] anfängliche(r, s) VI 3 (54)
injure sb. ['ɪndʒə] jn. verletzen VI 2 (42)

injury ['ɪndʒəri] Verletzung II
injustice [ɪn'dʒʌstɪs] Ungerechtigkeit, Unrecht VI 2 (39)
°**inner** ['ɪnə] inner, Innen-
°**innit?** ['ɪnɪt] *(infml; =* **isn't it?***)* nicht wahr?
innovation [ˌɪnə'veɪʃn] Innovation, Neuerung IV
insect ['ɪnsekt] Insekt IV
insecure [ˌɪnsɪ'kjʊə] unsicher VI 1 (8)
inside [ˌɪn'saɪd]
1. innen (drin), drinnen I; Innen- IV
2. nach drinnen II
3. **inside the car** ins Auto (hinein), ins Innere des Autos II
insight ['ɪnsaɪt] Verständnis; Einsicht, Einblick VI 4 (93)
insist (on sth.) [ɪn'sɪst] bestehen (auf etwas) VI 1 (9)
install [ɪn'stɔːl] installieren, einrichten II
installation [ˌɪnstə'leɪʃn] Installation, Einrichtung II
instant message [ˌɪnstənt 'mesɪdʒ] *Nachricht, die man im Internet austauscht (in Echtzeit)* III
instead of [ɪn'sted_əv] anstelle von, statt IV
instructions (on) *(pl)* [ɪn'strʌkʃnz] (Gebrauchs-)Anweisung(en) (zu, hinsichtlich, für), Anleitung(en) II
instructor [ɪn'strʌktə] Lehrer/in, Ausbilder/in V
instrument ['ɪnstrəmənt] Instrument III
intend [ɪn'tend] beabsichtigen VI 4 (78)
interest ['ɪntrəst] Interesse V • **take interest in sb./sth.** sich für jn./etwas interessieren VI 1 (12)
interest sb. ['ɪntrəst] jn. interessieren IV
interested [ɪntrəstɪd]**: be interested (in)** interessiert sein (an), sich interessieren (für) III
interesting ['ɪntrəstɪŋ] interessant I
interior [ɪn'tɪəriə] Innere VI 3 (54)
intermediate [ˌɪntə'miːdɪət] Mittel-, für fortgeschrittene Anfänger/innen V
internal [ɪn'tɜːnəl]**: internal rhyme** Binnenreim VI 4 (91/G)
international [ˌɪntə'næʃnəl] international II
internet ['ɪntənet] Internet I • **surf the internet** im Internet surfen II
°**interpret** [ɪn'tɜːprɪt] deuten, interpretieren
interrupt [ˌɪntə'rʌpt] unterbrechen IV
interview ['ɪntəvjuː] befragen, interviewen IV
interview ['ɪntəvjuː]
1. Interview *(Zeitung, TV, usw.)* V
2. Vorstellungsgespräch V
into ['ɪntə, 'ɪntʊ]
1. in ... (hinein) I
2. **be into sth.** *(infml)* etwas mögen III
intolerant (of sth./sb.) [ɪn'tɒlərənt] intolerant (etwas/jm. gegenüber) VI 2 (29)
°**intonation** [ˌɪntə'neɪʃn] Intonation
introduce sb. (to sb.) [ˌɪntrə'djuːs] jn. (jm.) vorstellen IV
introduce sb. to sth. [ˌɪntrə'djuːs] jn. in etwas einführen IV
introduction (to) [ˌɪntrə'dʌkʃn] Einführung (in) III
invent [ɪn'vent] erfinden III
invention [ɪn'venʃn] Erfindung VI 3 (53)
inventor [ɪn'ventə] Erfinder/in III
°**inversion** [ɪn'vɜːʃn] Inversion, Umstellen von Wörtern im Satz
investigate [ɪn'vestɪgeɪt] ermitteln VI 3 (64)
investigation (into sth.) [ɪnˌvestɪ'geɪʃn] Untersuchung (von etwas) VI 3 (64)
invitation (to) [ˌɪnvɪ'teɪʃn] Einladung (zu) I
invite (to) [ɪn'vaɪt] einladen (zu) I
involved [ɪn'vɒlvd]**: get involved (in)** sich engagieren (für, bei); sich beteiligen (an) IV
iron ['aɪən] Eisen VI 3 (54)
irregular [ɪ'regjələ] unregelmäßig III
irritated ['ɪrɪteɪtɪd] gereizt VI 4 (99)
is [ɪz] ist I
Islam ['ɪzlɑːm] Islam V
island ['aɪlənd] Insel II • **desert island** Wüsteninsel VI 3 (63)
it [ɪt] er/sie/es I • **It's £1.** Er/Sie/Es kostet 1 Pfund. I
IT [ˌaɪ 'tiː], **information technology** IT (Informationstechnologie) II
°**itch** [ɪtʃ] jucken
°**item** ['aɪtəm] Gegenstand
its [ɪts] sein/seine; ihr/ihre I
itself [ɪt'self]
1. sich III
2. selbst IV

J

jacket ['dʒækɪt] Jacke, Jackett II
January ['dʒænjuəri] Januar I
jazz [dʒæz] Jazz III
jealous (of) ['dʒeləs] neidisch (auf); eifersüchtig (auf) V
jeans *(pl)* [dʒiːnz] Jeans I
jet lag ['jet ˌlæg] Jetlag IV
Jew [dʒuː] Jude/Jüdin V
Jewish ['dʒuːɪʃ] jüdisch IV
job [dʒɒb] Aufgabe, Job I • **do a good job** gute Arbeit leisten II
join sb./sth. [dʒɔɪn] sich jm. anschließen; bei jm./etwas mitmachen II • **join the army** zum Militär gehen VI 2 (32)
join in [ˌdʒɔɪn_'ɪn] mitmachen III
joke [dʒəʊk] Witz I
joke [dʒəʊk] scherzen, Witze machen II
journalist ['dʒɜːnəlɪst] Journalist/in IV
journey ['dʒɜːni] Reise, Fahrt III
joy [dʒɔɪ] Freude VI 4 (93)
Judaism ['dʒuːdeɪɪzm] Judaismus V
judge [dʒʌdʒ] Richter/in V
judge sb. (by) [dʒʌdʒ] jn. beurteilen, einschätzen (nach) IV
judo ['dʒuːdəʊ] Judo I • **do judo** Judo machen I
jug [dʒʌg] Krug I • **a jug of milk** ein Krug Milch I
juice [dʒuːs] Saft I
July [dʒu'laɪ] Juli I
jumble sale ['dʒʌmbl seɪl] Wohltätigkeitsbasar I
jump [dʒʌmp] springen II
June [dʒuːn] Juni I
jungle ['dʒʌŋgl] Dschungel IV
junior ['dʒuːniə]
1. Junioren-, Jugend- I
2. **junior (to sb.)** jm. untergeordnet IV
junta ['dʒʌntə, 'hʊntə] Junta V
just [dʒʌst]
1. (einfach) nur, bloß I
2. gerade (eben), soeben II
just then genau in dem Moment; gerade dann II
3. **just like you** genau wie du II
just as ... as ebenso ... wie IV
4. einfach III
justice ['dʒʌstɪs] Gerechtigkeit; Recht, Justiz VI 2 (39)

K

kangaroo [ˌkæŋgə'ruː] Känguru II
keen [kiːn] begeistert, leidenschaftlich VI 1 (15) • **keen to do sth. / on doing sth.** wild darauf sein, etwas zu tun V
keep [kiːp], **kept, kept** (be)halten; aufbewahren III • °**keep a log** Buch führen • **keep an eye on sth./sb.** nach jm./etwas Ausschau halten IV • **keep calm** ruhig/still bleiben; Ruhe bewahren V • **keep**

(on) doing sth. etwas weiter tun; etwas ständig tun IV • **keep in touch** in Verbindung bleiben, Kontakt halten III • **keep quiet** still sein, leise sein IV • **keep sth. alive** etwas am Leben halten IV • **keep sb./sth. out of sth.** jn./etwas (aus etwas) heraushalten V • **keep sth. warm/cool/open/...** etwas warm/kühl/offen/... halten II
keeper ['ki:pə] Torwart, Torfrau III
kept [kept] *siehe* **keep**
ketchup ['ketʃəp] Ketchup IV
kettle ['ketl] (Wasser-)Kessel, Wasserkocher VI 3 (60)
key [ki:] Schlüssel I • **key word** Stichwort, Schlüsselwort I • **key ring** Schlüsselring IV
key [ki:] Haupt-, entscheidende(r, s) V
keyboard ['ki:bɔ:d] Keyboard *(elektronisches Tasteninstrument)* III
kick [kɪk] *(mit dem Fuß)* treten (gegen) IV
kid [kɪd] Kind, Jugendliche(r) I
kill [kɪl] töten I
kilogram (kg) ['kɪləgræm], **kilo** ['ki:ləʊ] Kilogramm, Kilo III • **a kilogram of oranges** ein Kilogramm Orangen III • **a 150-kilogram bear** ein 150 Kilogramm schwerer Bär III
kilometre (km) ['kɪləmi:tə] Kilometer III • **a ten-kilometre walk** eine Zehn-Kilometer-Wanderung III • **square kilometre** Quadratkilometer III
kind (of) [kaɪnd] Art (von) III
kind of scary *(infml)* irgendwie unheimlich III • **We kind of clicked.** *(infml)* Wir haben uns auf Anhieb irgendwie (schon) gut verstanden. VI 1 (9)
kind [kaɪnd] freundlich V
kindergarten ['kɪndəgɑ:tn] Kindergarten; *(USA)* Vorschule *(für 5-bis 6-Jährige)* IV
king [kɪŋ] König I
kingdom ['kɪŋdəm] Königreich VI 4 (99)
kiss [kɪs] (sich) küssen IV
kiss [kɪs] Kuss IV
kitchen ['kɪtʃɪn] Küche I
kite [kaɪt] Drachen I
knee [ni:] Knie I
kneel (down) [ni:l], **knelt, knelt** sich hinknien V
knelt [nelt] *siehe* **kneel**
knew [nju:] *siehe* **know**
knife [naɪf], *pl* **knives** [naɪvz] Messer III
knock (on) [nɒk] (an)klopfen (an) I
know [nəʊ], **knew, known**
1. wissen I
2. kennen I
How do you know ...? Woher weißt du ...?/Woher kennst du ...? I • **know about sth.** von etwas wissen; über etwas Bescheid wissen II • **..., you know.** ..., wissen Sie. / ..., weißt du. I • **You know what, Sophie?** Weißt du was, Sophie? I
knowledge *(no pl)* ['nɒlɪdʒ] Wissen; Kenntnis(se) VI 1 (22)
known [nəʊn]
1. *siehe* **know**
2. bekannt IV
koala [kəʊ'ɑ:lə] Koala V

L

°**label** ['leɪbl] beschriften, etikettieren
°**labelled** ['leɪbəld] mit der Aufschrift
labour ['leɪbə] Arbeit VI 3 (34/210)
ladder ['lædə] *(die)* Leiter IV
lady ['leɪdi] Dame V • **Ladies and gentlemen** Meine Damen und Herren V
laid [leɪd] *siehe* **lay**
lain [leɪn] *siehe* **lie**
lake [leɪk] (Binnen-)See II
lamp [læmp] Lampe I
land [lænd] landen II
land [lænd] Land III • **on land** auf dem Land III
landlady ['lændleɪdi] Vermieterin V
landline ['lændlaɪn] Festnetzleitung V
landlord ['lændlɔ:d] Vermieter V
landscape ['lændskeɪp] Landschaft V
lane [leɪn] Gasse, Weg III
language ['læŋgwɪdʒ] Sprache I
foreign language Fremdsprache V
laptop ['læptɒp] Laptop V
large [lɑ:dz] groß III
lasagne [lə'zænjə] Lasagne I
last [lɑ:st]
1. letzte(r, s) I; • **the last day** der letzte Tag I • **at last** endlich, schließlich I
°**2.** als Letzte(r, s)
last [nn] (adv)
last [lɑ:st] (an-, fort)dauern VI 2 (40)
last-minute [ˌlɑ:st 'mɪnɪt]: **a last-minute shot** ein Schuss in der letzten Minute III
late [leɪt] spät; zu spät I • **be late** zu spät sein/kommen I • **late at night** spät abends V • **Sorry, I'm late.** Entschuldigung, dass ich zu spät bin/komme. I
later ['leɪtə] später I
latest ['leɪtɪst] neueste(r, s) III
laugh [lɑ:f] lachen I • **laugh at sb.** jn. anlachen V • **laugh out loud** laut lachen II
laughable ['lɑ:fəbl] lächerlich VI 2 (35)
laughter ['lɑ:ftə] Gelächter II
launderette [lɔ:n'dret] Waschsalon VI 4 (100)
law [lɔ:]
1. Gesetz IV • **Basic Law** Grundgesetz *(der Bundesrepublik)* V
pass a law ein Gesetz verabschieden V
2. Jura V
lay [leɪ] *siehe* **lie**
lay the table [leɪ], **laid, laid** den Tisch decken I
°**lay sth. out** [leɪ] etwas ausbreiten
layer ['leɪə] Schicht IV
°**layout** ['leɪaʊt] Layout, Gestaltung
lazy ['leɪzi] faul VI 2 (28)
lead (to sth.) [li:d], **led, led** (zu etwas) führen IV
leader ['li:də] (An-)Führer/in, Leiter/in IV
leaf [li:f], *pl* **leaves** [li:vz] Blatt VI 3 (58)
learn [lɜ:n] lernen I • **learn about sth.** etwas über etwas erfahren, etwas über etwas herausfinden II • **learning by doing** Lernen durch Handeln/Tun V
°**learned** ['lɜ:nɪd] *(fml)* gelehrt
least [li:st] am wenigsten IV • **at least** zumindest, wenigstens I
leather ['leðə] Leder III
leave [li:v], **left, left**
1. (weg)gehen; abfahren II
2. verlassen II
3. leave (behind) zurücklassen IV
4. leave sth. out etwas auslassen V
°**5. leave sb. cold** jn. kaltlassen
led [led] *siehe* **lead**
left [left] *siehe* **leave** • **be left** übrig sein II
left [left] linke(r, s) I • **look left** nach links schauen I • **on the left** links, auf der linken Seite I • **take a left** *(AE)* nach links/rechts abbiegen IV • **to the left** nach links III
turn left (nach) links abbiegen II
°**left back** [ˌleft 'bæk] Linksverteidiger/in
leg [leg] Bein I
legal ['li:gl] legal IV
leisure centre ['leʒə sentə] Freizeitzentrum, -park II
lemonade [ˌlemə'neɪd] Limonade I

lend sb. sth. [lend], **lent, lent** jm. etwas leihen II
length [leŋθ] Länge; Dauer; Stück VI 4 (104)
lens [lenz] Linse *(in der Optik)* VI 3 (56)
lent [lent] *siehe* **lend**
lentil ['lentəl] Linse *(Hülsenfrucht)* III
leotard ['li:ətɑ:d] Gymnastikanzug; Turnanzug III
less [les] weniger IV • **more or less** mehr oder weniger IV
lesson ['lesn] (Unterrichts-)Stunde I • **lessons** *(pl)* Unterricht I
let [let], **let, let** lassen II • **Let's ...** Lass uns ... / Lasst uns ... I • **Let's go.** Auf geht's! (*wörtlich:* Lass uns gehen.) I • **Let's look at the list.** Sehen wir uns die Liste an. / Lasst uns die Liste ansehen. I • **let sb. do sth.** jm. erlauben, etwas zu tun; zulassen, dass jd. etwas tut III
letter ['letə]
1. Buchstabe I • **capital letter** Großbuchstabe III • **small letter** Kleinbuchstabe III
2. letter (to) ['letə] Brief (an) II
letter of application Bewerbungsschreiben V
lettuce ['letɪs] (Kopf-)Salat II
level ['levl] (Lern-)Stand, Niveau, Grad V
liberty ['lɪbəti] Freiheit IV
library ['laɪbrəri] Bibliothek, Bücherei I
license plate ['laɪsns pleɪt] *(AE)* Nummernschild IV
lie *(-ing form:* **lying***)* [laɪ], **lay, lain** liegen IV
lie (to sb.) *(-ing form:* **lying***)* [laɪ] jn. (an)lügen V
life [laɪf], *pl* **lives** [laɪvz] Leben I
life coach Lebensberater/in V
life expectancy Lebenserwartung V • **life sciences** *(pl)* Biowissenschaften VI 3 (52) • **life sentence** lebenslängliche Haftstrafe IV
way of life Lebensart III • **real-life** aus dem echten Leben VI 4 (105)
lifeline ['laɪflaɪn] Rettungsleine VI 4 (90)
lifestyle ['laɪfˌstaɪl] Lebensstil VI 3 (60)
lift [lɪft] (an-, hoch)heben IV
lift [lɪft] Fahrstuhl, Aufzug II
light [laɪt] Licht III • **light bulb** Glühlampe VI 3 (53) • **°light energy** Lichtmenge
°lighting ['laɪtɪŋ] Beleuchtung
lights *(pl)* [laɪts] Beleuchtung VI 2 (32)

like [laɪk]
1. wie I • **just like you** genau wie du II • **language like that** solche Sprache IV • **like what?** wie zum Beispiel? IV • **What was the weather like?** Wie war das Wetter? II
2. *(infml)* als ob III
like [laɪk] mögen, gernhaben I
like sth. better etwas lieber mögen II • **like sth. very much** etwas sehr mögen II • **I like dancing/swimming...** Ich tanze/ schwimme... gern. I • **I'd like ... (= I would like ...)** Ich hätte gern ... / Ich möchte gern ... I • **I'd like to go (= I would like to go)** Ich würde gern gehen / Ich möchte gehen I
I wouldn't like to go Ich würde nicht gern gehen / Ich möchte nicht gehen I • **Would you like ...?** Möchtest du ...? / Möchten Sie ...? I
likely ['laɪkli]: **be likely to do/be sth.** etwas wahrscheinlich tun/ sein VI 2 (39)
likes and dislikes *(pl)* [laɪks, 'dɪslaɪks] Vorlieben und Abneigungen V
limit ['lɪmɪt] Begrenzung, Beschränkung III • **speed limit** Geschwindigkeitsbegrenzung, -beschränkung III
limit sth./sb. ['lɪmɪt] etwas einschränken; etwas beschränken/ begrenzen (auf) VI 2 (42)
line [laɪn]
1. Zeile II • **°learn your lines** seinen Text lernen
2. (U-Bahn-)Linie III
3. Schlange, Reihe *(wartender Menschen)* IV • **Line starts here.** Hier anstellen. IV • **line of work** Beruf, berufliche Richtung IV • **be in a line of work** einen Beruf ausüben IV
link [lɪŋk] verbinden, verknüpfen I
link [lɪŋk] Verbindung III
linking word ['lɪŋkɪŋ wɜ:d] Bindewort II
lion ['laɪən] Löwe II
lip [lɪp] Lippe IV
list [lɪst] auflisten, aufzählen II
list [lɪst] Liste I • **put one's name on a list** sich eintragen IV
listen (to) ['lɪsn] zuhören; sich etwas anhören I • **listen for sth.** auf etwas horchen, achten III
listener ['lɪsnə] Zuhörer/in II
literature ['lɪtrətʃə] Literatur V
litter ['lɪtə] Abfälle zurücklassen IV
litter ['lɪtə] Abfall IV

little ['lɪtl]
1. klein I
2. wenig IV • **a little** ein bisschen, ein wenig IV
live [lɪv] leben, wohnen I
standard of living Lebensstandard V
live [laɪv]: **live concert** Livekonzert III • **live music** Livemusik II
lives [laɪvz] *Plural von „life"* I
living-history museum Freilichtmuseum IV
living room ['lɪvɪŋ ru:m; rʊm] Wohnzimmer I
lizard ['lɪzəd] Eidechse V
load [ləʊd] beladen III
loads of [ləʊdz] viel, viele VI 3 (61)
lobby ['lɒbi] Eingangshalle IV
local ['ləʊkl] örtlich, Lokal-; am/vom Ort III
location [ləʊ'keɪʃn] (Einsatz-)Ort, Platz III
loch [lɒx] (Binnen-)See in Schottland III
lock [lɒk] Schleuse III
lock [lɒk] abschließen, zuschließen I • **lock up** abschließen II
°log [lɒg]: **keep a log** Buch führen
°logic ['lɒdʒɪk] Logik
logical ['lɒdʒɪkl] logisch (denkend) V
logo ['ləʊgəʊ] Logo, Markenzeichen III
lonely ['ləʊnli] einsam V
long [lɒŋ] lang I • **a long way (from)** weit entfernt (von) I • **a long time** lange III
°long for sb./sth. [lɒŋ] sich nach jm./ etwas sehnen
longer [lɒŋgə]: **no longer** nicht mehr, nicht länger VI 3 (56)
look [lʊk]
1. schauen, gucken I
2. look different/great/old anders/toll/alt aussehen I • **look after sth./sb.** sich um etwas/jn. kümmern; auf etwas/jn. aufpassen II • **look at** ansehen, anschauen I
look at sth. closely etwas genau anschauen III • **look down on sb.** auf jn. herabsehen VI 1 (12) • **look for** suchen II • **look forward to sb./sth.** sich auf jn./etwas freuen IV • **look left and right** nach links und rechts schauen I • **look around/round** sich umsehen I
look up (from) hochsehen, aufschauen (von) II • **look up to sb.** zu jm. aufsehen IV • **look up words** Wörter nachschlagen III
°look [lʊk]: **the look of sb.'s face** wie jemand aussieht

Lord [lɔːd] Herr(gott) IV
lose [luːz], **lost, lost** verlieren II
loss [lɒs] Verlust VI 4 (93)
lost [lɒst]
1. *siehe* **lose**
2. **get lost** sich verlaufen III
lot [lɒt]: **a lot (of), lots of** eine Menge, viel, viele I / II • **He likes her a lot.** Er mag sie sehr. I • **lots more** viel mehr I • **Thanks a lot!** Vielen Dank! I
loud [laʊd] laut I
love [lʌv] lieben, sehr mögen I
love sth. very much etwas sehr lieben II
love [lʌv]
1. Liebe II • **be in love** verliebt sein V • **fall in love (with sb.)** sich verlieben (in jn.) IV • **Love ...** Liebe Grüße, ... *(Grußformel am Ende eines Briefes)* • **love story** Liebesgeschichte VI 4 (76) • **make love** miteinander schlafen, sich lieben V
2. „Liebes", „Liebling" III
lovely ['lʌvli] schön, hübsch, wunderbar II
low [ləʊ] niedrig VI 2 (30)
lower sth. [ləʊə] etwas hinunterlassen, senken VI 1 (21)
luck [lʌk]: **Good luck (with ...)!** Viel Glück (bei/mit ...)! I
luckily ['lʌkɪli] zum Glück, glücklicherweise II
lucky ['lʌki]: **be lucky** Glück haben III
°**lunar rover** [ˌluːnə 'rəʊvə] Mondfahrzeug
lunch [lʌntʃ] Mittagessen I • **for lunch** zum Mittagessen III
lunch break Mittagspause I
lunchtime ['lʌntʃtaɪm] Mittagszeit III
lyrics *(pl)* ['lɪrɪks] Liedtext(e) III

M

°**Ma'am** [mæm] Majestät
machine [mə'ʃiːn] Maschine, Gerät II
mad [mæd]
1. verrückt I • **mad about** verrückt nach III
2. **mad (at sb.)** *(bes AE, infml)* wütend (auf jn.) VI 1 (10)
madam ['mædəm]: **Dear Sir or Madam ...** Sehr geehrte Damen und Herren IV
made [meɪd]
1. *siehe* **make**
2. **be made of sth.** aus etwas (gemacht) sein III • **be made up of sth.** aus etwas bestehen V
magazine [ˌmægə'ziːn] Zeitschrift, Magazin I
magical ['mædʒɪkl] zauberhaft, wundervoll V
magnet ['mægnət] Magnet V
magnificent [mæg'nɪfɪsənt] großartig, herrlich VI 4 (96)
mail sb. [meɪl] jn. anmailen II
mail sb. sth. jm. etwas schicken, senden *(vor allem per E-Mail)* III
main [meɪn] Haupt- III
mainly ['meɪnli] hauptsächlich, vorwiegend V
maize *(no pl)* [meɪz] *(BE)* Mais IV
°**majesty** ['mædʒəsti]: **Your Majesty** Eure Majestät
major ['meɪdʒə] groß, bedeutend VI 4 (77)
majority [mə'dʒɒrəti] Mehrheit IV
make [meɪk], **made, made** machen; bauen I • **make a call** ein Telefongespräch führen, telefonieren II
make a deal ein Abkommen/eine Abmachung treffen III • **make a decision** eine Entscheidung treffen/fällen VI 2 (32/209) • **make an impression** einen Eindruck machen VI 4 (80/226) • **make a mess** alles durcheinanderbringen, alles in Unordnung bringen I • **make a speech** eine Rede halten IV
make friends (with) Freunde finden; sich anfreunden (mit) II
make love miteinander schlafen, sich lieben V • **make sense** Sinn ergeben VI 3 (64/221) • **make sb. do sth.** jn. zwingen, etwas zu tun; jn. dazu bringen, etwas zu tun V
make sb. sth. jn. zu etwas machen III • **make sth. up** etwas bilden V
make sure sich vergewissern IV
make-up ['meɪkʌp] Make-up II
make-up artist Maskenbildner/in
male [meɪl] männlich VI 2 (31)
male [meɪl]
1. männliche Person VI 2 (31)
2. Männchen II
mall [mɔːl, *BE auch* mæl] (großes) Einkaufszentrum III
man [mæn], *pl* **men** [men] Mann I
°**manage** ['mænɪdʒ] zurechtkommen
manage a problem ['mænɪdʒ] mit einem Problem umgehen, ein Problem lösen V
manager ['mænədʒə] Manager/in III
many ['meni] viele I • **how many?** wie viele? I • **Many thanks.** Vielen Dank. VI 2 (40)
map [mæp] Landkarte, Stadtplan II
March [mɑːtʃ] März I
march [mɑːtʃ] Marsch, Demonstration IV
march [mɑːtʃ] marschieren, demonstrieren VI 2 (42)
marcher ['mɑːtʃə] Demonstrant/in VI 2 (42)
mark [mɑːk] (Schul-)Note, Zensur IV
mark [mɑːk]: **quotation marks** Anführungszeichen, -striche III
mark sth. (up) [ˌmɑːk_'ʌp] etwas markieren, kennzeichnen II
market ['mɑːkɪt] Markt II
market forces Marktkräfte VI 2 (28/207)
marmalade ['mɑːməleɪd] Orangenmarmelade I
marriage ['mærɪdʒ] Ehe VI 1 (24)
married (to) ['mærɪd] verheiratet (mit) I • **get married** heiraten V
marry ['mæri] heiraten III
mass [mæs] Messe *(Gottesdienst)* IV
massage ['mæsɑːʒ] Massage II
have a massage sich massieren lassen II
massive ['mæsɪv] riesig VI 4 (104)
match [mætʃ] Spiel, Wettkampf I
°**match sth. (to sth.)** [mætʃ] etwas (zu etwas) zuordnen
match [mætʃ] zusammenpassen VI 4 (91)
mate [meɪt] *(infml)* Freund/in, Kumpel V
material [mə'tɪəriəl] Material, Stoff II
maths [mæθs] Mathematik I
matter ['mætə]
1. Angelegenheit, Sache VI 1 (20)
no matter what ganz gleich, was VI 2 (28) • **What's the matter?** Was ist los? / Was ist denn? II
°2. Materie
matter ['mætə] wichtig sein V
mattress ['mætrəs] Matratze V
mature [mə'tʃʊə] reif, vernünftig VI 2 (34)
maximum ['mæksɪməm] Maximum V
may [meɪ] dürfen I • °**May he/she rest in peace.** Ruhe in Frieden.
May [meɪ] Mai I
maybe ['meɪbi] vielleicht I
mayor ['meə] Bürgermeister/in IV
me [miː] mir; mich I • °**me and mine** ich und das meinige • **Me too.** Ich auch. I • **more than me** mehr als ich II • **That's me.** Das bin ich. I • **Why me?** Warum ich? I

meal [miːl] Mahlzeit, Essen III
set meal Menü III
mean [miːn], **meant, meant**
1. bedeuten II
2. meinen, sagen wollen I • **mean no harm** es nicht böse meinen VI 1 (14/200)
mean [miːn] gemein IV
meaning ['miːnɪŋ] Bedeutung I
means [miːnz]: **by no means** keineswegs VI 3 (55)
meant [ment] *siehe* **mean**
meat [miːt] Fleisch I
medal ['medl] Medaille III
media *(pl)* ['miːdiə] Medien III
mediate ['miːdieɪt] vermitteln IV
mediation [ˌmiːdi'eɪʃn] Vermittlung, Sprachmittlung, Mediation II
medium ['miːdiəm] mittel-, mittlere(r, s); mittelgroß III
medium ['miːdiəm], *pl* **media** Medium VI 1 (19)
meet [miːt], **met, met**
1. treffen; kennenlernen I
2. sich treffen I
meeting ['miːtɪŋ] Versammlung, Besprechung IV
melt [melt] schmelzen VI 3 (62)
member ['membə]: **member of staff** *(BE)*, **staff member** *(AE)* Mitarbeiter/in IV
membership (of sth.) ['membəʃɪp] Mitgliedschaft (in etwas) V
memorable ['memərəbl] unvergesslich VI 4 (87)
memorial (to sb./sth.) [mə'mɔːriəl] Denkmal (für jn./etwas) V
memory ['meməri]
1. Gedächtnis VI 1 (16)
2. Erinnerung VI 1 (16)
3. Speicher *(Computer)* VI 1 (16)
men [men] *Plural von „man"* I
mend [mend] reparieren VI 4 (103)
mention ['menʃn] erwähnen, nennen VI 4 (90)
menu ['menjuː] Speisekarte; Menü *(Computer)* III
merciless ['mɜːsɪləs] gnadenlos VI 2 (38)
merry-go-round ['merɪgəʊˌraʊnd] Karussel IV
mess [mes]: **make a mess** alles durcheinanderbringen, alles in Unordnung bringen I
°**mess (it) up** [mes] *(infml)* etwas vermasseln
message ['mesɪdʒ]
1. **instant message** *Nachricht, die man im Internet austauscht (in Echtzeit)* III
2. Botschaft, Aussage VI 3 (64)
met [met] *siehe* **meet**
°**metal** [metl] Metall
metaphor ['metəfə, 'metəfɔː] Metapher V
meter ['miːtə] (Gas-, Strom-)Zähler VI 3 (62)
method ['meθəd] Methode IV
metre ['miːtə]
1. Meter II
2. Metrum VI 4 (91/G)
mice [maɪs] *Plural von „mouse"* I
microphone ['maɪkrəfəʊn] Mikrofon III
mid [mɪd]: **in the mid-1800s** Mitte des 19. Jahrhunderts V
middle (of) ['mɪdl] Mitte; Mittelteil I • **the middle of nowhere** *(infml) etwa:* das Ende der Welt V
°**middle-class** [ˌmɪdl 'klɑːs] Mittelstand, -schicht
middle school ['mɪdl ˌskuːl] *(USA) Schule für 11- bis 14-Jährige* IV
might [maɪt]: **you might need help** du könntest (vielleicht) Hilfe brauchen III
migrant worker [ˌmaɪgrənt 'wɜːkə] Wanderarbeiter/in IV
mild [maɪld] mild III
mile [maɪl] Meile *(= ca. 1,6 km)* II
for miles meilenweit II
°**milestone** ['maɪlstəʊn] Meilenstein
military ['mɪlətri] militärisch, Militär- V • **military-style fashion** Mode im Militärstil V
milk [mɪlk] melken IV
milk [mɪlk] Milch I
milkshake ['mɪlkʃeɪk] Milchshake I
Milky Way [ˌmɪlki 'weɪ] Milchstraße VI 1 (16/201)
million ['mɪljən] Million III
millionaire [ˌmɪljə'neə] Millionär/in IV
mime [maɪm] vorspielen, pantomimisch darstellen II
mind (doing) sth. [maɪnd]
1. etwas dagegen haben (etwas zu tun) V • **Do you mind?** Stört es dich/Sie? V • **I don't mind.** Es macht mir nichts aus. V • **if you don't mind** wenn Sie nichts dagegen haben V • **Would you mind ...?** Würden Sie bitte ...? V
2. *(sich kümmern)* **Mind your own business.** Das geht dich nichts an! / Kümmere dich um deine eigenen Angelegenheiten! II
Never mind. Kümmere dich nicht drum. / Macht nichts. II
mind [maɪnd] Verstand, Kopf V
°**state of mind** Geisteszustand
°**your mind is on sth.** du denkst an etwas
mind map ['maɪnd mæp] Mindmap („Gedankenkarte", „Wissensnetz") I
mine [maɪn] meiner, meine, meins II • °**me and mine** ich und das meinige
miner ['maɪnə] Bergarbeiter/in VI 3 (64)
°**mineral** ['mɪnərəl] Mineral
minimum ['mɪnɪməm] Minimum V
minister ['mɪnɪstə]
1. Minister/in IV • **prime minister** Premierminister/in IV
2. Pfarrer/in, Pastor/in IV
minor ['maɪnə] klein, unbedeutend VI 4 (77)
minority [maɪ'nɒrəti] Minderheit IV
mints *(pl)* [mɪnts] Pfefferminzbonbons I
minus ['maɪnəs] minus VI 1 (21/203)
minute ['mɪnɪt] Minute I • **Wait a minute.** Warte mal! / Moment mal! II • **a 30-minute ride** eine 30-minütige Fahrt III
Minuteman ['mɪnɪtˌmən] *Angehöriger der amerikanischen Miliz* IV
mirror ['mɪrə] Spiegel II
Miss White [mɪs] Frau White *(unverheiratet)* I
miss [mɪs]
1. vermissen II
2. verpassen II
Miss a turn. Einmal aussetzen. II
missing ['mɪsɪŋ]: **be missing** fehlen II
mistake [mɪ'steɪk] Fehler I • **by mistake** aus Versehen IV
misunderstanding [ˌmɪsʌndə'stændɪŋ] Missverständnis VI 2 (41)
mix [mɪks] mischen, mixen III
mix [mɪks] sich vermischen VI 1 (24)
mixed-race [ˌmɪkst 'reɪs] gemischtrassig V
mixture ['mɪkstʃə] Mischung III
mobile (phone) ['məʊbaɪl] Mobiltelefon, Handy I
model ['mɒdl] Modell(-flugzeug, -schiff usw.) I; (Foto-)Modell II
modern ['mɒdən] modern V
mole [məʊl] Maulwurf II
mom [mɑːm] *(AE)* Mutti, Mama; Mutter III
moment ['məʊmənt] Augenblick, Moment I • **at the moment** im Moment, gerade, zurzeit I • **for a moment** einen Moment lang II
°**momentum** [mə'mentəm]: **gain momentum** in Schwung/Fahrt kommen
monarch ['mɒnək] Monarch/in V
monarchy ['mɒnəki] Monarchie V

Monday ['mʌndeɪ, 'mʌndi] Montag I • **Monday morning** Montagmorgen I
money ['mʌni] Geld I • **Money doesn't grow on trees.** *Redensart:* Geld wächst nicht auf Bäumen; Geld liegt nicht auf der Straße. III **raise money (for)** Geld sammeln (für) IV
monitor ['mɒnɪtə] Bildschirm, Monitor III
monk [mʌŋk] Mönch V
monkey ['mʌŋki] Affe II
°**monologue** ['mɒnəlɒg] Monolog
monster ['mɒnstə] Monster, Ungeheuer III
month [mʌnθ] Monat I
mood [mu:d] Laune V • **be in a good/bad mood** gute/schlechte Laune haben V
moon [mu:n] Mond II
moped ['məʊped] Moped V
more [mɔ:] mehr I • **lots more** viel mehr I • **more boring (than)** langweiliger (als) II • **more or less** mehr oder weniger IV • **more quickly (than)** schneller (als) II **more than ever** mehr als je (zuvor), mehr denn je V • **more than me** mehr als ich II • **no more music** keine Musik mehr I • **not (...) any more** nicht mehr II • **one more** noch ein(e), ein(e) weitere(r, s) I • **the more ... the more ...** je mehr ... desto mehr ... VI 1 (10)
morning ['mɔ:nɪŋ] Morgen, Vormittag I • **in the morning** morgens, am Morgen I • **Monday morning** Montagmorgen I • **on Friday morning** freitagmorgens, am Freitagmorgen I
mosque [mɒsk] Moschee III
mosquito [mɒs'ki:təʊ] Stechmücke, Moskito V
most [məʊst] (der/die/das) meiste ...; am meisten II • **most people** die meisten Leute I • **(the) most boring ...** der/die/das langweiligste ...; am langweiligsten II
mostly ['məʊstli] hauptsächlich, meistens VI 1 (10)
motel [məʊ'tel] Motel III
mother ['mʌðə] Mutter I
motorist ['məʊtərɪst] Autofahrer/in VI 3 (54)
motorway ['məʊtəweɪ] *(BE)* Autobahn IV
mountain ['maʊntən] Berg II
mouse [maʊs], *pl* **mice** [maɪs] Maus I
mouth [maʊθ] Mund I
move [mu:v]
1. bewegen; sich bewegen II **Move back one space.** Geh ein Feld zurück. II • **Move on one space.** Geh ein Feld vor. II
2. move (to) umziehen (nach, in) II • **move in** einziehen II • **move out** ausziehen II
move [mu:v] Umzug IV
movement ['mu:vmənt] Bewegung II
movie ['mu:vi] Film IV
moving ['mu:vɪŋ] bewegend VI 4 (87)
MP3 player [ˌempi:'θri: ˌpleɪə] MP3-Spieler I
Mr, Mr. ... ['mɪstə] Herr ... I
Mrs, Mrs. ... ['mɪsɪz] Frau ... I
Ms, Ms. ... [mɪz, məz] Frau ... II
much [mʌtʃ] viel I • **how much?** wie viel? I • **How much is/are ...?** Was kostet/kosten ...? / Wie viel kostet/kosten ...? I • **like/love sth. very much** etwas sehr mögen / sehr lieben II • **Thanks very much!** Danke sehr! / Vielen Dank! II
mud [mʌd] Schlamm, Matsch V
muddy ['mʌdi] schlammig, matschig V
muesli ['mju:zli] Müsli I
mug (-gg-) [mʌg] überfallen V
mule [mju:l] Maultier IV • **mule train** Maultierkarawane IV
multi- ['mʌltɪ] viel-, mehr-; multi-, Multi- IV • **multi-coloured** mehrfarbig IV • **multi-millionaire** Multimillionär(in) IV • **multitasking** die Fähigkeit, mehrere Sachen gleichzeitig zu machen VI 1 (14)
multiply ['mʌltɪplaɪ] multiplizieren VI 1 (21/203)
mum [mʌm], **mummy** ['mʌmi], Mama, Mutti; Mutter I
murder ['mɜ:də] (er)morden III
murder ['mɜ:də] Mord III
murderer ['mɜ:dərə] Mörder/in III
museum [mju'zi:əm] Museum I
music ['mju:zɪk]
1. Musik I • **Music is for dancing.** *etwa:* Musik ist zum Tanzen da. III
2. Noten III • **I can read music.** Ich kann Noten lesen. III
musical ['mju:zɪkl] Musical I
musician [mju:'zɪʃn] Musiker/in III
Muslim ['mʊzlɪm] Muslim/Muslima, Muslimin; muslimisch V
must [mʌst] müssen I
mustard ['mʌstəd] Senf IV
mustn't do ['mʌsnt] nicht tun dürfen II
my [maɪ] mein/e I • **My name is ...** Ich heiße ... / Mein Name ist ... I
It's my turn. Ich bin dran / an der Reihe. I
myself [maɪ'self]
1. mir/mich III
2. selbst IV
mystery ['mɪstri] Rätsel, Geheimnis II

N

°**nah** [nɑ:] *(infml)* nein
naked ['neɪkɪd] nackt V • **with the naked eye** mit dem bloßen Auge V
name [neɪm] Name I • My name is ... Ich heiße ... / Mein Name ist ... I • **What's your name?** Wie heißt du? I • **call sb. names** jn. mit Schimpfwörtern hänseln, jm. Schimpfwörter nachrufen III **put one's name on a list** sich eintragen IV
name [neɪm] nennen; benennen II
narrator [nə'reɪtə] Erzähler/in IV
nation ['neɪʃn] Nation, Volk III **the First Nations** die Ersten Nationen *(indianische Ureinwohner/innen Kanadas)* III
national ['næʃnəl] national III **national park** Nationalpark IV
nationality [ˌnæʃə'næləti] Staatsangehörigkeit, Nationalität V
nationwide [ˌneɪʃn'waɪd] landesweit, im ganzen Land VI 1 (14)
Native American [ˌneɪtɪv‿ə'merɪkən] amerikanische(r) Ureinwohner/in, Indianer/in IV
natural ['nætʃrəl] natürlich, Natur- II • **natural forces** Naturgewalten VI 2 (28/207) • **natural selection** natürliche Selektion VI 3 (55)
nature ['neɪtʃə] Natur V
near [nɪə] in der Nähe von, nahe (bei) I
nearby [ˌnɪə'baɪ] *(adj)* nahegelegen; *(adv)* in der Nähe V
nearly ['nɪəli] fast, beinahe IV
neat [ni:t]
1. gepflegt II • **neat and tidy** schön ordentlich II
2. *(AE, infml)* großartig, toll, klasse III
necessary ['nesəsri] notwendig, nötig V
neck [nek] Hals IV
need [ni:d] brauchen, benötigen I
need [ni:d]: **someone in need** ein/e Notleidende(r) VI 2 (39)
needle ['ni:dl] Nadel VI 3 (56)
needn't do ['ni:dnt] nicht tun müssen, nicht zu tun brauchen II

negative ['negətɪv] negativ V
neglect [nɪ'glekt] vernachlässigen; versäumen (zu tun) VI 4 (83)
neighbour ['neɪbə] Nachbar/in I
neighbourhood ['neɪbəhʊd] Gegend, Stadtbereich; Nachbarschaft V
°**neighbouring** ['neɪbərɪŋ] benachbart
Neither. ['naɪðə, 'ni:ðə] Weder noch.; Keiner der beiden. V
nerve [nɜ:v] Nerv VI 1 (12) • **get on sb.'s nerves** jm. auf die Nerven gehen VI 1 (12) • **have the nerve to do sth.** die Frechheit besitzen, etwas zu tun VI 1 (12/199)
nervous ['nɜ:vəs] nervös, aufgeregt I
network ['netwɜ:k] (Fernseh-/Radio-) Sendernetz IV • **social networking** soziales Netzwerk *(vor allem im Internet)* VI 1 (8) **social networking site** *eine Website zur Bildung und Unterhaltung sozialer Netzwerke* VI 1 (8)
neutral ['nju:trəl] neutral VI 2 (31)
never ['nevə] nie, niemals I
Never mind. Kümmere dich nicht drum. / Macht nichts. II
nevertheless [ˌnevəðə'les] trotzdem VI 1 (20)
new [nju:] neu I
news *(no pl)* [nju:z] Nachrichten I
news agency ['nju:z‿ˌeɪdʒənsi] Nachrichtenagentur IV
newspaper ['nju:speɪpə] Zeitung I
do a (news)paper round Zeitungen austragen V
next [nekst]**: be next** der/die Nächste sein I • **the next day** am nächsten Tag I • **the next photo** das nächste Foto I • **What have we got next?** Was haben wir als Nächstes? I
next to [nekst] neben I
nice [naɪs] schön, nett I; sympathisch VI 2 (28/206) • **nice and cool/clean/...** schön kühl/sauber/... I
Nice to meet you. Nett, dich/euch/Sie kennenzulernen. III
°**nickname** ['nɪkneɪm] Spitzname
night [naɪt] Nacht, später Abend I
at night nachts, in der Nacht I
by day and by night bei Tag und bei Nacht V • **late at night** spät abends V • **on Friday night** freitagnachts, Freitagnacht I
nightclub ['naɪtklʌb] Nachtklub III
nightmare ['naɪtmeə] Albtraum VI 1 (16)
nil [nɪl] null III
no [nəʊ] nein I
no [nəʊ] kein, keine I • **by no means** keineswegs VI 3 (55) • **no longer** nicht mehr, nicht länger VI 3 (56) • **no matter what** ganz gleich, was VI 2 (28) • **no more music** keine Musik mehr I • **no people at all** überhaupt keine Menschen IV • **No way!** [ˌnəʊ 'weɪ] Auf keinen Fall! / Kommt nicht in Frage! II; Was du nicht sagst! / Das kann nicht dein Ernst sein! III
no., *pl* **nos.** ['nʌmbə] Nr. III
noble ['nəʊbl] ehrenhaft; adlig IV
nobody ['nəʊbədi] niemand II
nod (-dd-) [nɒd] nicken (mit) II
nod (one's head) (mit dem Kopf) nicken III
noise [nɔɪz] Geräusch; Lärm I
noisy ['nɔɪzi] laut, lärmend II
°**none** [nʌn] keine(r, s)
non-fiction ['nɒnˌfɪkʃn] Sachliteratur IV
non-living [ˌnɒn'lɪvɪŋ] nichtlebend, tot VI 3 (55)
non-violence [ˌnɒn'vaɪələns] Gewaltlosigkeit, Gewaltfreiheit VI 2 (41)
non-violent [ˌnɒn 'vaɪələnt] gewaltlos, gewaltfrei IV
no one ['nəʊ wʌn] niemand III
north [nɔ:θ] Norden; nach Norden; nördlich II • **northbound** ['nɔ:θbaʊnd] Richtung Norden III
north-east [ˌnɔ:θ'i:st] Nordosten; nach Nordosten; nordöstlich II
northern ['nɔ:ðən] nördlich, Nord- III • **north-west** [ˌnɔ:θ'west] Nordwesten; nach Nordwesten; nordwestlich II
nose [nəʊz] Nase I
not [nɒt] nicht I • **not (...) any** kein, keine I • **not (...) any more** nicht mehr II • **not (...) anybody** niemand II • **not (...) anything** nichts II • **not (...) anywhere** nirgendwo(hin) II • **not at all** gar nicht, überhaupt nicht, überhaupt kein(e) IV • **not (...) either** auch nicht II • **not only ... but also ...** nicht nur ... sondern auch ... IV
not (...) yet noch nicht II
note [nəʊt]
1. Mitteilung, Notiz I • **take notes (on)** sich Notizen machen (über, zu) I
2. Ton III
3. *(BE)* (Geld-)Schein, Banknote V
note [nəʊt]
1. (be)merken VI 4 (91)
°**2.** notieren
note sth. down [ˌnəʊt 'daʊn] (sich) etwas notieren VI 1 (11)
nothing ['nʌθɪŋ] nichts II
nothing at all gar nichts, überhaupt nichts IV
notice ['nəʊtɪs] (be)merken IV
notice board ['nəʊtɪs bɔ:d] schwarzes Brett, Anschlagtafel IV
notion ['nəʊʃn] Vorstellung, Idee VI 3 (55)
novel ['nɒvl] Roman IV
November [nəʊ'vembə] November I
now [naʊ] nun, jetzt I • **(and) now for ...** und jetzt ... *(kündigt ein neues Thema an)* III • **now and again** ab und zu, von Zeit zu Zeit III
nowadays ['naʊədeɪz] heutzutage IV
nowhere ['nəʊweə] nirgendwo(hin) V • **the middle of nowhere** *(infml) etwa:* das Ende der Welt V
nuclear ['nju:kliə] Kern-, Atom- VI 3 (53) • **nuclear fusion** Kernfusion VI 3 (53)
number ['nʌmbə] Zahl, Ziffer, Nummer I
number plate ['nʌmbə ˌpləɪt] Nummernschild IV
nun [nʌn] Nonne V
nut [nʌt] Nuss III

O

o [əʊ] null I
obey [ə'beɪ] gehorchen; sich halten an IV
object ['ɒbdʒɪkt] Gegenstand VI 3 (55)
objective [əb'dʒektɪv] objektiv V
observatory [əb'zɜ:vətri] Aussichtsplattform IV
obtain [əb'teɪn] *(fml)* erhalten, erwerben VI 3 (55)
obviously ['ɒbviəsli] offensichtlich VI 1 (20)
occupy ['ɒkju:paɪ] besetzen V
occur (to sb.) [ə'kɜ:] jm. einfallen VI 3 (54)
ocean ['əʊʃn] Ozean IV
o'clock [ə'klɒk]**: eleven o'clock** elf Uhr I
October [ɒk'təʊbə] Oktober I
of [əv, ɒv] von I • **of the summer holidays** der Sommerferien I
a kilogram of oranges ein Kilogramm Orangen III
of course [əv 'kɔ:s] natürlich, selbstverständlich I
°**off** [ɒf]**: off a bridge** von einer Brücke (herunter)

offensive [ə'fensɪv] beleidigend, Anstoß erregend VI 2 (31)
offer ['ɒfə] (an)bieten IV
office ['ɒfɪs] Büro V
office worker ['ɒfɪs ˌwɜːkə] Büroangestellte(r) V
official [ə'fɪʃl] amtlich, Amts- V
often ['ɒfn] oft, häufig I
Oh dear! Oje! II
OHP [ˌəʊ‿ˌeɪtʃ 'piː] Tageslichtprojektor, Polylux V
Oh well ... [əʊ 'wel] Na ja ... / Na gut ... I
oil [ɔɪl] Öl VI 3 (56)
OK [əʊ'keɪ] okay, gut, in Ordnung I
old [əʊld] alt I • **How old are you?** Wie alt bist du? I • **I'm ... years old.** Ich bin ... Jahre alt. I • **old people's home** Altenheim, Seniorenresidenz V
old-fashioned [ˌəʊld'fæʃənd] altmodisch IV
oldie ['əʊldi] *(infml)* Oldie III
oligarchy [ˌɒlɪgɑːki] Oligarchie V
Olympic Games [əˌlɪmpɪk 'geɪmz] Olympische Spiele IV
omniscient [ɒm'nɪsɪənt] *(fml)* allwissend VI 4 (84/G)
on [ɒn]
1. auf I
2. weiter III
3. *(Radio, Licht usw.)* an, eingeschaltet II
be on *(in the cinema, theatre, etc.)* laufen *(im Kino, Theater, usw.)* V
go on angehen III • **on a/my shift** in einer/meiner Schicht IV • **on 13th June** am 13. Juni I • **on foot** zu Fuß III • **on Friday** am Freitag I • **on Friday afternoon** freitagnachmittags, am Freitagnachmittag I • **on Friday evening** freitagabends, am Freitagabend I • **on Friday morning** freitagmorgens, am Freitagmorgen I • **on Friday night** freitagnachts, Freitagnacht I • **on his street** in seiner Straße III • **on the beach** am Strand II **on the board** an die Tafel I • **on the left** links, auf der linken Seite I **on the Missouri River** am Missourifluss IV • **on the phone** am Telefon I • **on the plane** im Flugzeug II • **on the radio** im Radio I • **on the right** rechts, auf der rechten Seite I • **on the scene** vor Ort, zur Stelle IV • **on the second floor** im zweiten Stock *(BE)* / im ersten Stock *(AE)* IV • **on the train** im Zug I • **on their/your/the way (to)** unterwegs (nach) IV • **on the weekend** *(AE)* am Wochenende IV
on top of oben auf IV • **on TV** im Fernsehen I • **What page are we on?** Auf welcher Seite sind wir? I **be on holiday** in Urlaub sein II **go on holiday** in Urlaub fahren II **straight on** geradeaus weiter II
once [wʌns] einmal III • **once/twice a week** (einmal/zweimal) pro Woche III • **at once** 1. gleichzeitig, zugleich, auf einmal V 2. sofort V
one ['wʌn] eins, ein, eine I • **one day** eines Tages I • **one more** noch ein/e, ein/e weitere(r, s) I **a new one** ein neuer / eine neue / ein neues II • **my old ones** meine alten II • **one by one** eins nach dem anderen V • **one tough girl** *(AE, infml) etwa:* ein wirklich toughes Mädchen III • **our one world** unsere einzige Welt VI 3 (52)
°**oniomania** [ˌɒniəʊ'meɪniə] Kaufsucht
onion ['ʌnjən] Zwiebel III
online [ˌɒn'laɪn] online, Online- III
only ['əʊnli]
1. nur, bloß I • **not only ... but also ...** nicht nur ... sondern auch ... IV
2. erst II
3. **the only guest** der einzige Gast I
onto ['ɒntə, 'ɒntʊ] auf (... hinauf) III
open ['əʊpən]
1. öffnen, aufmachen I
2. sich öffnen I
open ['əʊpən] geöffnet, offen I
open-air concert [ˌəʊpən‿'eə ˌkɒnsət] Open-Air-Konzert, Konzert im Freien II • **opening times** Öffnungszeiten IV • **open-ended** VI 4 (89/G) offen, nicht entschieden
opera ['ɒprə] Oper III
opera house ['ɒprə haʊs] Oper, Opernhaus III
operation (on) [ˌɒpə'reɪʃn] Operation (an) III
opinion (on/of) [ə'pɪnjən] Meinung (zu/von) IV • **in my opinion** meiner Meinung nach IV
opponent [ə'pəʊnənt] Gegner/in IV
opportunity [ˌɒpə'tjuːnəti] Gelegenheit, Chance, Möglichkeit V
opposite ['ɒpəzɪt] gegenüber (von) II
opposite ['ɒpəzɪt] entgegengesetzt; gegenüberliegende(r, s) V • **the opposite sex** das andere Geschlecht VI 3 (63/221)
opposite ['ɒpəzɪt] Gegenteil IV
oppressive [ə'presɪv] repressiv, unterdrückerisch V
or [ɔː] oder I
oral ['ɔːrəl] mündlich VI 1 (25)
orange ['ɒrɪndʒ] orange(farben) I
orange ['ɒrɪndʒ] Orange, Apfelsine I • **orange juice** ['ɒrɪndʒ dʒuːs] Orangensaft I
orbit sth. ['ɔːbɪt] etwas umkreisen VI 3 (55)
orchestra ['ɔːkɪstrə] Orchester V
order ['ɔːdə]
1. Befehl, Anweisung, Anordnung V • **break an order** gegen eine Anordnung verstoßen V
°2. Reihenfolge
order ['ɔːdə]
1. bestellen II
2. befehlen V
°3. ordnen
organization [ˌɔːgənaɪ'zeɪʃn] Organisation IV
organize ['ɔːgənaɪz] organisieren, veranstalten III
organized ['ɔːgənaɪzd] (gut) organisiert V
origin ['ɒrɪdʒɪn] Herkunft, Abstammung V; Entstehung, Ursprung VI 3 (52)
original *(n; adj)* [ə'rɪdʒənl] Original; Original-, ursprünglich IV
original version Originalfassung IV
orphan ['ɔːfən] Waise, Waisenkind V
other ['ʌðə] andere(r, s) I • **the others** die anderen I • **the other way round** anders herum II
otherwise ['ʌðəwaɪz] sonst IV
Ouch! [aʊtʃ] Autsch! I
ought ['ɔːt]: **they ought to do more sport** sie sollten mehr Sport treiben VI 1 (18)
our ['aʊə] unser, unsere I
ours ['aʊəz] unsere(r, s) II
ourselves [aʊə'selvz]
1. uns III
2. selbst IV
out [aʊt] heraus, hinaus; draußen II
be out weg sein, nicht da sein I
out of ... aus ... (heraus/hinaus) I
outback ['aʊtbæk]: **the outback** *(Australien)* das Hinterland V
outdoor ['aʊtdɔː] im Freien, Außen- III
outfit ['aʊtfɪt] Outfit *(Kleidung; Ausrüstung)* II
outline ['aʊtlaɪn] Gliederung IV
outside [ˌaʊt'saɪd]
1. draußen I; Außen- IV; in der Natur V
2. nach draußen II
3. **outside the room** vor dem Zimmer; außerhalb des Zimmers I

oven ['ʌvn] Ofen, Backofen IV
over ['əʊvə]
1. über, oberhalb von I • **all over the world** auf der ganzen Welt III **from all over the world** aus der ganzen Welt II • **over here** herüber V • **over there** da drüben, dort drüben I • **over to ...** hinüber zu/nach ... II • **over time** im Laufe der Zeit IV
2. **be over** vorbei sein, zu Ende sein I
overall [,əʊvə'rɔ:l] Gesamt-, allgemein VI 3 (64)
overhead projector [,əʊvəhed prə'dʒektə] Tageslichtprojektor, Polylux V
overseas [,əʊvə'si:z] ausländisch; im Ausland V
own [əʊn] besitzen IV
own [əʊn]**: our own pool** unser eigenes Schwimmbecken II • **on our/my/... own** allein, selbstständig *(ohne Hilfe)* IV
owner ['əʊnə] Besitzer/in, Eigentümer/in IV
°**oxygen** ['ɒksɪdʒən] Sauerstoff
ozone hole ['əʊzəʊn həʊl] Ozonloch V

P

pace [peɪs] Tempo VI 4 (87)
pack [pæk] packen, einpacken II
packet ['pækɪt] Päckchen, Packung, Schachtel I • **a packet of mints** ein Päckchen/eine Packung Pfefferminzbonbons I
paddle ['pædl] paddeln III
paddle ['pædl] Paddel III
pads ['pædz] Knieschützer; Schulterpolster III
page [peɪdʒ] (Buch-, Heft-)Seite I **What page are we on?** Auf welcher Seite sind wir? I • °**page-turner** spannendes Buch
paid [peɪd] *siehe* **pay**
pain [peɪn] Schmerz(en) I • **cry in pain** vor Schmerzen schreien I
paint [peɪnt] (an)malen I; anstreichen II
paint [peɪnt] Farbe, Lack IV
painter ['peɪntə] Maler/in II
painting ['peɪntɪŋ] Gemälde, Bild; Malerei III
pair [peə]**: a pair (of)** ein Paar II
palace ['pæləs] Palast, Schloss III
palm tree [pɑ:m] Palme V
panic *(-ing form:* **panicking***)* ['pænɪk] in Panik geraten III
panicky ['pænɪki] *(infml)* in Panik, panisch VI 4 (105)
pants *(pl)* [pænts] *(AE)* Hose IV
paper ['peɪpə]
1. Papier I
2. Zeitung V
do a paper round Zeitungen austragen V
parade [pə'reɪd] Parade, Umzug IV
paradise ['pærədaɪs] Paradies III
paragraph ['pærəgrɑ:f] Absatz *(in einem Text)* II
Paralympics [,pærə'lɪmpɪks] Paralympische Spiele *(Olympische Spiele für Sportler/innen mit körperlicher Behinderung)* III
paramedic [,pærə'medɪk] Sanitäter/in II
paraphrase ['pærəfreɪz] umschreiben, anders ausdrücken III
parcel ['pɑ:sl] Paket I
pardon ['pɑ:dn] begnadigen IV
parent ['peərənt]**: a single parent** ein(e) Alleinerziehende(r) II
parents ['peərənts] Eltern I
park [pɑ:k] Park I • **car park** Parkplatz III • **national park** Nationalpark IV
park [pɑ:k] parken V
parking lot ['pɑ:kɪŋ lɒt] *(AE)* Parkplatz IV
parliament ['pɑ:ləmənt] Parlament III
parrot ['pærət] Papagei I
part [pɑ:t] Teil I • **take part in sth.** teilnehmen an etwas III
participate (in) [pɑ:'tɪsɪpeɪt] teilnehmen (an) IV
particular [pə'tɪkjələ] bestimmte(r, s), spezielle(r, s) V
partly ['pɑ:tli] zum Teil, teilweise VI 1 (10)
partner ['pɑ:tnə] Partner/in I
party ['pɑ:ti]
1. Party I
2. Partei VI 2 (34)
party ['pɑ:ti] *(infml)* feiern V
pass [pɑ:s]
1. (herüber)reichen, weitergeben I **pass sth. on** etwas weiterleiten, -geben IV • **pass round** herumgeben I
2. bestehen *(Test, Prüfung usw.)* V
3. genehmigen, verabschieden *(Gesetz usw.)* V
4. an etwas/jn. vorbeigehen/-fahren VI 2 (38)
passenger ['pæsɪndʒə] Passagier/in, Fahrgast III
passive ['pæsɪv] Passiv III
past [pɑ:st] Vergangenheit II
past [pɑ:st] vorbei (an), vorüber (an) II • **half past 11** halb zwölf (11.30 / 23.30) I • **quarter past 11** Viertel nach 11 (11.15 / 23.15) I
path [pɑ:θ] Pfad, Weg II • **bridle path** ['braɪdl ,pɑ:θ] Reitweg III
pathetic [pə'θetɪk] jämmerlich; lächerlich VI 3 (61)
°**pathological** [,pæθə'lɒdʒɪkl] pathologisch, krankhaft
patient ['peɪʃnt] geduldig V
patrol [pə'trəʊl] Streife, Patrouille IV
pattern ['pætn] Muster VI 4 (90)
pause [pɔ:z] eine Pause machen VI 4 (94)
pause [pɔ:z] Pause VI 4 (94)
pavement ['peɪvmənt] Gehweg, Bürgersteig IV
°**paw** [pɔ:] Tatze
pay (for) [peɪ]**, paid, paid** bezahlen II • **pay attention (to sth./sb.)** jm. zuhören, auf jn. hören/aufpassen VI 2 (30/208)
PE [,pi:_'i:]**, Physical Education** [,fɪzɪkəl_edʒu'keɪʃn] Sportunterricht, Turnen I
peace [pi:s] Frieden VI 2 (35) • °**May he/she rest in peace.** Ruhe in Frieden.
peaceful ['pi:sfl] friedlich; ruhig VI 2 (35)
pedestrian [pə'destrɪən] Fußgänger/in IV
pedestrian crossing [pə,destrɪən 'krɒsɪŋ] Fußgängerüberweg IV
°**peer** [pɪə] Ebenbürtige(r), Gleichaltrige(r) • **peer evaluation** Partnerbeurteilung
pen [pen] Kugelschreiber, Füller I
penalty ['penəlti] Strafstoß; Elfmeter *(Fußball)* III
pence (p) *(pl)* [pens] Pence *(Plural von „penny")* I
pencil ['pensl] Bleistift I • **pencil case** ['pensl keɪs] Federmäppchen I • **pencil sharpener** ['pensl ʃɑ:pnə] Bleistiftanspitzer I
penny ['peni] *kleinste britische Münze* I
people ['pi:pl] Menschen, Leute I **old people's home** Altenheim, Seniorenresidenz V
pepper ['pepə] Pfeffer V
per [pɜ:, pə] pro III
per cent (%) [pə'sent] Prozent III
percentage [pə'sentɪdʒ] Prozentsatz, prozentualer Anteil V
perfect ['pɜ:fɪkt] perfekt; ideal; vollkommen IV
perform [pə'fɔ:m] eine Vorstellung haben, auftreten; vorführen VI 2 (32/G)

performance [pə'fɔːməns] Vorstellung, Auftritt VI 2 (32/G)
performer: (street) performer [pə'fɔːmə] Straßenkünstler/in III
perhaps [pə'hæps] vielleicht V
period ['pɪəriəd]
1. (Unterrichts-/Schul-)Stunde IV
2. Zeit(-raum, -spanne) VI 4 (87)
person ['pɜːsn] Person I
personal ['pɜːsənl] persönlich III
personality [ˌpɜːsə'næləti] Persönlichkeit V
perspective [pə'spektɪv] Perspektive, Blickwinkel VI 4 (84/G)
persuade [pə'sweɪd] überreden V
pet [pet] Haustier I • **pet shop** Tierhandlung I
petrol ['petrəl] Benzin IV
petrol station ['petrəl ˌsteɪʃn] Tankstelle IV
phone [fəʊn] anrufen I
phone [fəʊn] Telefon I • **on the phone** am Telefon I • **phone number** Telefonnummer I • **pick up the phone** den Hörer abnehmen II
photo ['fəʊtəʊ] Foto I • **in the photo** auf dem Foto I • **take photos** Fotos machen, fotografieren I
°**photocopy** [ˌfəʊtəʊˌkɒpi] Fotokopie
photograph ['fəʊtəgrɑːf] Fotografie VI 4 (101)
photographer [fə'tɒgrəfə] Fotograf/in II
photosynthesis [ˌfəʊtəʊ'sɪnθəsɪs] Photosynthese VI 3 (58)
phrase [freɪz] Ausdruck, (Rede-)Wendung II
piano [pi'ænəʊ] Klavier, Piano I
play the piano Klavier spielen I
pick [pɪk]: **pick fruit/flowers** Obst/Blumen pflücken IV • **pick sb. up** jn. abholen III • **pick sth. up** etwas hochheben, aufheben III
pick up the phone den Hörer abnehmen II
picnic ['pɪknɪk] Picknick II
picture ['pɪktʃə] Bild I • **in the picture** auf dem Bild I
pie [paɪ] Obstkuchen; Pastete II
pie chart ['paɪ tʃɑːt] Tortendiagramm V
piece [piːs]: **a piece of** ein Stück I
a piece of paper ein Stück Papier I
a piece of clothing Kleidungsstück IV • **piece of evidence** Beweis, Hinweis VI 3 (55)
°**pile** [paɪl] Haufen
pilgrim ['pɪlgrɪm] Pilger/in IV
pilot ['paɪlət] Pilot/in IV
pink [pɪŋk] pink(farben), rosa I
pipe [paɪp] Pfeife III
pirate ['paɪrət] Pirat, Piratin I
pitch [pɪtʃ]: **football/hockey pitch** Fußball-/Hockeyplatz, -feld II
pity (for sb.) ['pɪti] Mitleid (mit jm.) VI 4 (78) • **It's a pity (that ...)** Es ist schade, dass ... II
pizza ['piːtsə] Pizza I
place [pleɪs] Ort, Platz I • **place of birth** Geburtsort IV • **take place** stattfinden II • **in other places** an anderen Orten, anderswo III
placement ['pleɪsmənt] Praktikum V
plain [pleɪn] einfach, schlicht IV
plan [plæn] Plan I
plan (-nn-) [plæn] planen II
plane [pleɪn] Flugzeug II • **on the plane** im Flugzeug II
planet ['plænɪt] Planet II
plant [plɑːnt] (ein-, aus-, be-)pflanzen IV
plant [plɑːnt] Pflanze IV
plastic ['plæstɪk] Plastik, Kunststoff IV
plate [pleɪt] Teller I • **a plate of chips** ein Teller Pommes frites I
license plate *(AE)* Nummernschild IV • **number plate** Nummernschild IV
platform ['plætfɔːm] Bahnsteig, Gleis III
play [pleɪ] spielen I • **play a trick on sb.** jm. einen Streich spielen II
°**play dead** sich totstellen • **play football** Fußball spielen I • **play the drums** Schlagzeug spielen III
play the fiddle Geige spielen III
play the guitar Gitarre spielen I
play the piano Klavier spielen I
play the violin Geige spielen III
play [pleɪ] Theaterstück I
player ['pleɪə] Spieler/in I
playwright ['pleɪraɪt] Dramatiker/in VI 4 (82/G)
pleasant ['pleznt] angenehm VI 1 (20/203)
please [pliːz] bitte *(in Fragen und Aufforderungen)* I
pleased [pliːzd]: **be pleased** sich freuen IV
pleasure ['pleʒə] Vergnügen VI 4 (93)
for pleasure (zum) Vergnügen VI 4 (93)
plenty of ['plenti‿əv] reichlich, viel(e) IV
plot [plɒt] Handlung V
plug [plʌg] Stecker III
plus [plʌs] plus VI 1 (21/203)
plutocracy [pluː'tɒkrəsi] Plutokratie V
pm [ˌpiː‿'em]: **7 pm** 7 Uhr abends/19 Uhr I
pocket ['pɒkɪt] Tasche *(an Kleidungsstück)* II • **pocket money** ['pɒkɪt mʌni] Taschengeld II
poem ['pəʊɪm] Gedicht I
poet ['pəʊɪt] Dichter/in VI 4 (78/G)
poetic [pəʊ'etɪk] dichterisch, poetisch VI 4 (87/G) • **poetic device** poetisches (Stil-)Mittel VI 4 (91/G)
poetry ['pəʊətri] Lyrik, Dichtung, Poesie VI 2 (27/G)
point [pɔɪnt] Punkt II • **11.4 (eleven point four)** 11,4 (elf Komma vier) II • **point of view** Standpunkt II • **from my point of view** aus meiner Sicht; von meinem Standpunkt aus gesehen II • **That's a good point.** Das ist ein gutes Argument. V • **There was no point.** Es hatte keinen Sinn. III • **What's the point?** Was soll das? III
point (at/to sth.) [pɔɪnt] zeigen, deuten (auf etwas) II
poison ['pɔɪzn] Gift V
poisonous ['pɔɪzənəs] giftig V
°**polar** ['pəʊlə] Polar-
police *(pl)* [pə'liːs] Polizei I • **police station** Polizeiwache, Polizeirevier II • **police officer** Polizist/in VI 2 (42)
policy (on sth.) ['pɒləsi] Politik (in Bezug auf etwas) VI 2 (34)
polish ['pɒlɪʃ] polieren VI 4 (103)
polite [pə'laɪt] höflich IV
political [pə'lɪtɪkl] politisch VI 2 (34)
politician [ˌpɒlə'tɪʃn] Politiker/in IV
politics ['pɒlətɪks] (die) Politik IV
°**pollute** [pə'luːt] verschmutzen
polluted [pə'luːtɪd] verseucht, verunreinigt V
pollution [pə'luːʃn] Verschmutzung IV
poltergeist ['pəʊltəgaɪst] Poltergeist I
pond [pɒnd] Teich V
ponytail ['pəʊniteɪl] Pferdeschwanz *(Frisur)* III
pool [puːl] Schwimmbad, Schwimmbecken II
poor [pɔː, pʊə]
1. arm I • **poor Sophie** (die) arme Sophie I
2. schlecht VI 1 (14)
► S.217 the rich, the poor, etc.
pop (-pp-) [pɒp] *(BE, infml)* (schnell) irgendwo hingehen VI 3 (62)
pop *siehe* **population**
pop (music) [pɒp] Pop(musik) III
popcorn ['pɒpkɔːn] Popcorn II
popular ['pɒpjələ] populär, beliebt III
population [ˌpɒpju'leɪʃn] Bevölkerung, Einwohner(zahl) III

port [pɔ:t] Hafen(stadt) V
posh [pɒʃ] vornehm, edel *(etwas abwertend)* V
°**position** [pə'zɪʃn] Platz, Stelle, Standort
positive ['pɒzətɪv] positiv V
possession [pə'zeʃən] Besitz, Besitzung; Eigentum V
possessive [pə'zesɪv] besitzergreifend, vereinnahmend VI 1 (7)
possibility [,pɒsə'bɪlɪti] Möglichkeit IV
possible ['pɒsəbl] möglich II
post [pəʊst] Post *(Briefe, Päckchen, ...)* III
post office ['pəʊst_ɒfɪs] Postamt II
postcard ['pəʊstkɑ:d] Postkarte II
poster ['pəʊstə] Poster I
postscript ['pəʊstskrɪpt] Postskript III
potato [pə'teɪtəʊ], *pl* **potatoes** Kartoffel I • **potato chips** *(AE)* Kartoffelchips IV
pound (£) [paʊnd] Pfund *(britische Währung)* I
pound [paʊnd] Pfund *(Gewichtseinheit)*: **a three-pound ball** ein drei Pfund schwerer Ball III
pour [pɔ:] eingießen VI 4 (99)
poverty ['pɒvəti] Armut V
power ['paʊə]
1. Macht; Stärke V
2. Kraft, Energie, Strom VI 3 (53)
°**power cut** *(also* **powercut***)* Stromabschaltung, Stromausfall
power sth. ['paʊə] etwas antreiben, etwas mit Energie versorgen VI 3 (53)
powerful ['paʊəfl] mächtig, einflussreich V
practical ['præktɪkl] praktisch; praxisnah, praxisbezogen V
practice ['præktɪs] *im Lehrwerk:* Übungsteil I
practice ['præktɪs] *(AE)* üben; trainieren IV
practise ['præktɪs] üben; trainieren I
praise [preɪz] loben, preisen VI 4 (94)
pray [preɪ] beten IV
prayer [preə] Gebet IV
precinct ['pri:sɪŋkt]: **shopping precinct** Einkaufsviertel, Einkaufsstraße III
precise [prɪ'saɪs] präzise, genau VI 2 (31)
predecessor ['pri:dɪsesə] Vorgänger/in, Vorläufer/in VI 3 (55)
predict [prɪ'dɪkt] voraussagen, vorhersagen VI 3 (54)
prefer sth. (to sth.) (-rr-) [prɪ'fɜ:] etwas (einer anderen Sache) vorziehen; etwas lieber tun (als etwas) IV
°**preference** ['prefrəns] Vorliebe
prefix ['pri:fɪks] Präfix III
prejudice (against) ['predʒudɪs] Voreingenommenheit (gegen), Vorurteil (gegenüber) IV
prejudiced: ['predʒudɪst]: **be prejudiced (against)** voreingenommen sein (gegen), Vorurteile haben (gegenüber) IV
prepare [prɪ'peə] vorbereiten; sich vorbereiten II • **prepare for** sich vorbereiten auf II
present ['preznt]
1. Gegenwart I
2. Geschenk I
present sth. (to sb.) [prɪ'zent] (jm.) etwas präsentieren, vorstellen I; überreichen III
presentation [,prezn'teɪʃn] Präsentation, Vorstellung I
present-day [,preznt 'deɪ] heutige(r, s) IV
presenter [prɪ'zentə] Moderator/in II
preserve [prɪ'zɜ:v] konservieren; erhalten, bewahren VI 1 (21)
president ['prezɪdənt] Präsident/in IV
°**presidential** [,prezɪ'denʃl]
1. Präsidenten-
2. Präsidentschafts-
press [pres]: **the press** die Presse, Zeitungen VI 2 (29)
pressure ['preʃə] Druck, Belastung VI 2 (28)
pretend [prɪ'tend] so tun, als ob V
°**pretend** [prɪ'tend] Spiel-, rhetorische(r, s)
pretty ['prɪti]
1. hübsch I
2. **pretty cool/good/...** ziemlich cool/gut/... II
prevent sth. [prɪ'vent] etwas verhindern IV • **prevent sb./sth. from doing sth.** jn./etwas daran hindern, etwas zu tun IV
previous ['pri:viəs] frühere(r, s), vorherige(r, s) VI 1 (16)
prewriting exercise [,pri:'raɪtɪŋ] Übung vor dem Schreiben III
price [praɪs] (Kauf-)Preis I
primary school ['praɪməri] *Grundschule in GB, von 4–5 bis 11 Jahren* V
prime minister [,praɪm 'mɪnɪstə] Premierminister/in IV
principal ['prɪnsəpl] *(bes. AE)* Schulleiter/in IV
print [prɪnt] Druck-, Print- VI 2 (34)
print sth. out [,prɪnt_'aʊt] etwas ausdrucken II
prison ['prɪzn] Gefängnis IV • **in prison for murder** im Gefängnis wegen Mordes IV
prisoner ['prɪznə] Gefangene(r) IV
privacy ['prɪvəsi] Privatsphäre VI 2 (26)
private ['praɪvət] privat V
privilege ['prɪvəlɪdʒ] Privileg V
prize [praɪz] Preis, Gewinn I
°**pro** [prəʊ]: **pros and cons** *(pl)* Vor- und Nachteile
probably ['prɒbəbli] wahrscheinlich II
problem ['prɒbləm] Problem II
manage a problem mit einem Problem umgehen, ein Problem lösen V
produce [prə'dju:s] produzieren, erzeugen, herstellen II
°**product** ['prɒdʌkt] Produkt, Erzeugnis
°**production** [prə'dʌkʃn] Inszenierung
professional [prə'feʃənl] professionell IV
professor [prə'fesə] Professor/in V
profile ['prəʊfaɪl] Profil; Beschreibung, Porträt V
program ['prəʊgræm] *(AE)* Programm IV
programme ['prəʊgræm] programmieren; planen IV
programme ['prəʊgræm]
1. Programm I
2. (Fernseh-/Radio-)Sendung IV
progress ['prəʊgres] Fortschritt V
°**in progress** im Gange
project (about, on) ['prɒdʒekt] Projekt (über, zu) I • **do a project** ein Projekt machen, durchführen II
projector [prə'dʒektə]: **video projector** Videoprojektor, Beamer V
promise ['prɒmɪs] versprechen II
promise ['prɒmɪs] Versprechen VI 4 (92)
pronunciation [prə,nʌnsi'eɪʃn] Aussprache I
proof *(no pl)* [pru:f] Beweis(e) II
°**proof-read** ['pru:fri:d] Korrektur lesen; korrigieren
proper ['prɒpə] richtige(r, s), ordentliche(r, s) VI 1 (20)
prospect ['prɒspekt] Aussicht, Vorstellung VI 2 (35)
prostitute ['prɒstɪtju:t] Prostituierte(r) V
protagonist [prə'tægənɪst] Protagonist/in VI 4 (76/G)

protect sb./sth. (from sb./sth.) [prə'tekt] jn./etwas (be)schützen (vor jm./etwas) IV
protective [prə'tektɪv] Schutz-, schützend V
protest (against/about) [prə'test] protestieren (gegen) IV
protest ['prəʊtest] Protest IV
protester [prə'testə] Demonstrant/in VI 2 (42)
proud (of sb./sth.) [praʊd] stolz (auf jn./etwas) II
prove [pru:v] (jm.) etwas beweisen, nachweisen VI 1 (10)
provide sb. with sth. [prə'vaɪd] jm. etwas zur Verfügung stellen, jn. mit etwas ausstatten VI 3 (56)
PS [ˌpi:_'es] **(postscript** ['pəʊstskrɪpt]**)** PS, Postskript *(Nachschrift unter Briefen)* III
psychological [ˌsaɪkə'lɒdʒɪkl] psychisch, psychologisch VI 2 (32)
psychologist [ˌsaɪ'kɒlədʒɪst] Psychologe, Psychologin VI 2 (32)
psychology [ˌsaɪ'kɒlədʒi] Psychologie VI 2 (32)
pub [pʌb] Kneipe, Lokal II
public ['pʌblɪk] öffentlich IV **public transport** öffentlicher Verkehr IV
public ['pʌblɪk]**: the public** die Öffentlichkeit IV
publish ['pʌblɪʃ] veröffentlichen III
°**publisher** ['pʌblɪʃə] Verleger/in, Verlag
pull [pʊl] ziehen I
pullover ['pʊləʊvə] Pullover II
punchline ['pʌntʃlaɪn] Pointe VI 4 (93/G)
punctual ['pʌŋktʃuəl] pünktlich V
punish ['pʌnɪʃ] bestrafen V
punishment ['pʌnɪʃmənt] Bestrafung, Strafe V
punk [pʌŋk] Punker/in II
purple ['pɜ:pl] violett; lila I
purse [pɜ:s] Geldbörse II
push [pʊʃ] drücken, schieben, stoßen I
put (-tt-) [pʊt]**, put, put** legen, stellen, (etwas wohin) tun I • **put sth. away** wegräumen IV • °**put sth. down** etwas aus der Hand legen **put sth. in order** etwas in Ordnung bringen IV • **put sb. to bed** jn. ins Bett bringen III • **put sth. on** etwas anziehen *(Kleidung)*; etwas aufsetzen *(Hut, Helm)* II • °**put a play on** ein Theaterstück aufführen • **put out a fire** ein Feuer löschen IV • put one's name on a list sich eintragen IV • **You know how to put it.** Sie wissen, wie man es formuliert/ausdrückt. IV
puzzled ['pʌzld] verwirrt II
pyjamas *(pl)* [pə'dʒɑ:məz] Schlafanzug II

Q

qualification [ˌkwɒlɪfɪ'keɪʃn] Abschluss, Qualifikation V
quality ['kwɒləti] Eigenschaft; Qualität IV
quarter ['kwɔ:tə]**: quarter past 11** Viertel nach 11 (11.15 / 23.15) I **quarter to 12** Viertel vor 12 (11.45 / 23.45) I
quay [ki:] Kai III
queen [kwi:n] Königin III
question ['kwestʃn] Frage I • **ask questions** Fragen stellen I
questionnaire (on sth.) [ˌkwestʃə'neə] Fragebogen (zu etwas) V
queue [kju:] Schlange, Reihe *(wartender Menschen)* IV
quick [kwɪk] schnell I
quiet ['kwaɪət] leise, still, ruhig I **keep quiet** still sein, leise sein IV
quilt [kwɪlt] Bettdecke, Federbett V
quite [kwaɪt] ziemlich; ganz III
quiz [kwɪz]**,** *pl* **quizzes** ['kwɪzɪz] Quiz, Ratespiel I
quotation [kwəʊ'teɪʃn] Zitat V
quotation marks [kwəʊ'teɪʃn ˌmɑ:ks] Anführungszeichen, -striche III
°**quote** [kwəʊt] zitieren

R

rabbit ['ræbɪt] Kaninchen I
rabbitproof ['ræbɪtpru:f] kaninchensicher, kaninchen-fest V
race (sb./sth.) [reɪs] (mit jm./etwas) um die Wette laufen/schwimmen/fahren/... V
race [reɪs] Rennen, (Wett-)Lauf V
race [reɪs] Rasse V • **mixed-race** gemischtrassig V
racing ['reɪsɪŋ] (Pferde-)Rennsport V
racist ['reɪsɪst] Rassist/in; rassistisch V
racket ['rækɪt] Schläger *(Badminton, Tennis, Squash)* III
radiate ['reɪdieɪt] ausstrahlen, abstrahlen VI 3 (62)
radio ['reɪdiəʊ] Radio I • **on the radio** im Radio I
raft [rɑ:ft] Schlauchboot, Floß IV
raft [rɑ:ft] mit einem Schlauchboot/Floß fahren IV
railway ['reɪlweɪ] Eisenbahn II
rain [reɪn] Regen II
rainfall ['reɪnfɔ:l] Niederschlag *(Regen)*; Regenfälle V
°**rainforest** ['reɪnfɒrɪst] Regenwald
rainproof ['reɪnpru:f] regendicht V
rain [reɪn] regnen II
rainy ['reɪni] regnerisch II • **rainy season** Regenzeit II
raise sth. [reɪz] etwas (er)heben VI 1 (21)
raise [reɪz]**: raise money (for)** Geld sammeln (für) IV
ran [ræn] *siehe* **run**
rang [ræŋ] *siehe* **ring**
ranger ['reɪndʒə] Ranger/in, Aufseher/in III
°**rank** [ræŋk] (an)ordnen
°**ranking** ['ræŋkɪŋ] Rangliste
rap [ræp] Rap(musik) *(rhythmischer Sprechgesang)* I
rapid ['ræpɪd] rapide, schnell V
rapids *(pl)* ['ræpɪdz] Stromschnellen III
rapper ['ræpə] Rapper/in IV
rare [reə] selten VI 1 (21)
rat [ræt] Ratte III
rate [reɪt] Rate V • **birth rate** Geburtsrate V • **death rate** Sterberate V
rate [reɪt] bewerten, einschätzen V
rather ['rɑ:ðə] ziemlich VI 3 (55)
°**rating** ['reɪtɪŋ] Einschätzung
ration ['ræʃən] rationieren VI 3 (61)
ray [reɪ] (Licht-)Strahl V • **ultraviolet rays** *(pl)* ultraviolette Strahlen V
RE [ˌɑ:r_'i:]**, Religious Education** [rɪˌlɪdʒəs_edʒu'keɪʃn] Religion, Religionsunterricht I
reach [ri:tʃ] erreichen III • **reach (an) agreement** sich einigen VI 2 (28)
react (to sth.) [ri'ækt] reagieren (auf/gegen etwas) V
reaction (to) [ri'ækʃn] Reaktion (auf) IV
read [ri:d]**, read, read** lesen I **easy-to-read** leicht zu lesende(r, s) V
°**read** [ri:d] Lesen, Lektüre
reader ['ri:də] Leser/in II
ready ['redi] bereit, fertig I • **get ready (for)** sich fertig machen (für), sich vorbereiten (auf) I • **get things ready** Dinge fertig machen, vorbereiten I
real [rɪəl] echt, wirklich I • **real late** *(AE, infml)* wirklich spät, echt

spät III • **real-life** aus dem echten Leben VI 4 (105)
realistic [ˌriːəˈlɪstɪk] realistisch, wirklichkeitsnah III
reality [riˈæləti] Wirklichkeit, Realität IV • **reality show** Reality-Show IV
realization [ˌriːəlaɪˈzeɪʃn] Erkenntnis VI 3 (54)
realize [ˈrɪəlaɪz] erkennen, merken I
°**real-life** [ˌrɪəl ˈlaɪf] im/aus dem wirklichen Leben
really [ˈrɪəli] wirklich I
reason [ˈriːzn] Grund, Begründung I • **the reason why** der Grund, warum IV • **for lots of reasons** aus vielen Gründen I
receive [rɪˈsiːv] erhalten III
recent [ˈriːsnt] jüngst, aktuell V
recently [ˈriːsntli] vor kurzem, kürzlich, neulich; in letzter Zeit V
recess [ˈriːses] *(AE)* Pause *(zwischen Schulstunden)* IV • **during recess** in der Pause IV
recipe [ˈresəpi] Kochrezept VI 3 (59)
recite [rɪˈsaɪt] vortragen, rezitieren, aufsagen VI 4 (90/227)
recognize [ˈrekəgnaɪz] erkennen IV; anerkennen VI 2 (28)
recommend sth. (to sb.) [ˌrekəˈmend] (jm.) etwas empfehlen VI 3 (64)
recommendation [ˌrekəmenˈdeɪʃn] Empfehlung VI 3 (64)
record [rɪˈkɔːd] aufnehmen, aufzeichnen III
°**record** [ˈrekɔːd]**: attendance record** Anwesenheitsliste
recorder [rɪˈkɔːdə] Blockflöte III
recording [rɪˈkɔːdɪŋ] Aufnahme, Aufzeichnung III
recover (from) [rɪˈkʌvə] sich erholen (von) II
recycled [ˌriːˈsaɪkld] wiederverwertet, wiederverwendet, recycelt II
recycling [ˌriːˈsaɪklɪŋ] Wiederverwertung, Recycling II
red [red] rot I
reddish [ˈredɪʃ] rötlich IV
reduce sth. (by) [rɪˈdʒuːs] etwas reduzieren (um) IV
reef [riːf] Riff V
°**refer to sth.** [rɪˈfɜː] sich auf etwas beziehen
referee [ˌrefəˈriː] Schiedsrichter/in III
reference [ˈrefrəns] Referenz, Empfehlung V
reflect [rɪˈflekt] zurückwerfen, reflektieren, spiegeln VI 3 (57) • °**be reflected (in sth.)** sich (in etwas) spiegeln

reflex [ˈriːfleks] Reflex IV
°**reform** [rɪˈfɔːm] Reform
refuse (to do sth.) [rɪˈfjuːz] sich weigern (etwas zu tun); verweigern, ablehnen VI 1 (15)
register [ˈredʒɪstə] Stilebene, Register VI 2 (31/G)
regular [ˈregjələ] regelmäßig III
rehearsal [rɪˈhɜːsl] Probe *(am Theater)* I
rehearse [rɪˈhɜːs] proben *(am Theater)* I
°**related** [rɪˈleitɪd] verwandt
relations *(pl)* [rɪˈleɪʃnz] Beziehungen IV
relationship [rɪˈleɪʃnʃɪp] Verhältnis, Beziehung V • **end a relationship** mit jm. Schluss machen V
relative [ˈrelətɪv] Verwandte(r) II
relax [rɪˈlæks] (sich) entspannen, sich ausruhen II
relaxed [rɪˈlækst] entspannt V
release [rɪˈliːs]
1. *(CD, Film usw.)* herausbringen, auf den Markt bringen III
2. *(Gefangene)* freilassen VI 3 (60)
3. *(Gas)* freisetzen, ablassen VI 3 (60)
°**relevance** [ˈreləvəns] Relevanz
relevant (to sth.) [ˈreləvənt] relevant (für etwas) VI 2 (36)
reliable [rɪˈlaɪəbl] zuverlässig IV
religion [rɪˈlɪdʒən] Religion IV
religious [rɪˈlɪdʒəs] gläubig, religiös IV
remain [rɪˈmeɪn] *(fml)* bleiben VI 2 (38)
remarkable [rɪˈmɑːkəbl] beachtlich, außergewöhnlich VI 3 (55)
remember sth. [rɪˈmembə]
1. sich an etwas erinnern I
2. sich etwas merken I
remove [rɪˈmuːv] *(fml)* entfernen VI 3 (56)
renewable [rɪˈnjuːəbl] erneuerbar VI 3 (53)
repair [rɪˈpeə] reparieren, ausbessern III
repeat [rɪˈpiːt] wiederholen II
repetition [ˌrepəˈtɪʃn] Wiederholung V
replace sth. (with) [rɪˈpleɪs] etwas ersetzen (durch) III
reply (to) [rɪˈplaɪ] antworten (auf), beantworten; erwidern III
°**reply** [rɪˈplaɪ] Antwort
report (on) [rɪˈpɔːt] Bericht, Reportage (über) I
report (to sb.) [rɪˈpɔːt] jm. berichten, sich bei jm. melden II
reporter [rɪˈpɔːtə] Reporter/in II

represent [ˌreprɪˈzent] repräsentieren, vertreten III
request [rɪˈkwest] Bitte, Wunsch V **on request** auf Wunsch V
request sth. (from sb.) *(fml)* [rɪˈkwest] *(fml)* (jn.) um etwas bitten VI 4 (80)
require sb. to do sth [rɪˈkwaɪə] von jm. verlangen, etwas zu tun V
rescue [ˈreskjuː] Rettung, Rettungsdienst IV
research *(no pl)* [rɪˈsɜːtʃ, ˈriːsɜːtʃ] Recherche, Forschung(en) III
researcher [rɪˈsɜːtʃə, ˈriːsɜːtʃə] Rechercheur/in III; Forscher/in VI 1 (14)
reservation [ˌrezəˈveɪʃn] Reservat IV
resistance *(no pl)* [rɪˈzɪstəns] Widerstand VI 3 (56)
resolution [ˌrezəˈluːʃn] Auflösung, Lösung VI 4 (89/G)
resources *(pl)* [rɪˈzɔːsɪs, rɪˈsɔːsɪz] Mittel, Ressourcen IV
respect (for) [rɪˈspekt] Achtung, Respekt (vor) V • **With respect, ...** Bei allem Respekt, ... V
respect sb./sth. (for sth.) [rɪˈspekt] jn./etwas (wegen einer Sache) achten, respektieren V
respond (to sth.) [rɪˈspɒnd] *(fml)* reagieren (auf etwas); antworten (auf etwas) VI 2 (38)
responsibility (for) [rɪˌspɒnsəˈbɪləti]
1. Verantwortung (für) V • **take responsibility (for)** Verantwortung (für) übernehmen
2. Pflicht VI 2 (35)
responsible (for) [rɪˈspɒnsəbl] verantwortlich (für) V
rest [rest] Rest II
rest [rest] ruhen, sich ausruhen VI 2 (35) • °**May he/she rest in peace.** Ruhe in Frieden.
restart [ˌriːˈstɑːt] neu starten *(Computer)* II
restaurant [ˈrestrɒnt] Restaurant II
restroom [ˈrestˌruːm] *(AE)* (öffentliche) Toilette IV
result [rɪˈzʌlt] Ergebnis, Resultat I
result in sth. [rɪˈzʌlt] zu etwas führen V
résumé [ˈrezəmeɪ] *(AE)* Lebenslauf V
retire [rɪˈtaɪə] in den Ruhestand gehen; sich zurückziehen V
return [rɪˈtɜːn] zurückkehren VI 2 (27)
reveal [rɪˈviːl] offenbaren, preisgeben, verraten VI 4 (84)
°**reverse** [rɪˈvɜːs] umgekehrte(r, s)

review [rɪ'vjuː] Rezension, Kritik VI 3 (64)
revise [rɪ'vaɪz] überarbeiten IV
revision [rɪ'vɪʒn] Wiederholung *(des Lernstoffs)* I
revolution [ˌrevə'luːʃn] Revolution IV
rhino ['raɪnəʊ] Nashorn II
°**rhyme** [raɪm] sich reimen
rhyme [raɪm] Reim VI 4 (91/G)
end-rhyme Endreim VI 4 (91/G)
internal rhyme Binnenreim VI 4 (91/G) • **rhyme scheme** Reimschema VI 4 (91/G)
rhythm ['rɪðəm] Rhythmus III
rich [rɪtʃ] reich II
► S.217 the rich, the poor, etc.
ridden ['rɪdn] *siehe* **ride**
riddle ['rɪdl] Rätsel, Scherzfrage III
ride [raɪd], **rode, ridden** reiten I
ride a (motor)bike (Motor-)Rad fahren I
ride [raɪd]: **(bike) ride** (Rad-)Fahrt, (Rad-)Tour II • **(bus) ride** (Bus-)Fahrt II • **take a ride** eine Spritztour/Fahrt machen III
riding ['raɪdɪŋ] Reiten, Reitsport I
go riding ['raɪdɪŋ] reiten gehen I
riding boots *(pl)* Reitstiefel III **riding hat** Reitkappe, Reiterhelm III
right [raɪt] richtig I • **all right** [ɔːl 'raɪt] gut, in Ordnung II • **be right** Recht haben I • **get sth. right** etwas richtig machen III • **That's right.** Das ist richtig. / Das stimmt. I • **You need a school bag, right?** Du brauchst eine Schultasche, stimmt's? / nicht wahr? I
right (to sth.) [raɪt] Recht (auf etwas) IV • **civil rights** *(pl)* Bürgerrechte IV
right [raɪt] rechte(r, s) I • **look right** nach rechts schauen I • **on the right** rechts, auf der rechten Seite I • **to the right** nach rechts III • **turn right** (nach) rechts abbiegen II • **take a right** *(AE)* nach links/rechts abbiegen IV
right [raɪt]: **right behind you** direkt/genau hinter dir II • **right now** jetzt sofort; jetzt gerade I
°**rigor mortis** [ˌrɪgə 'mɔːtɪs] Totenstarre
rim [rɪm] Rand, Kante IV
ring [rɪŋ] Ring II
ring [rɪŋ], **rang, rung** klingeln, läuten II
ringtone ['rɪŋtəʊn] Klingelton III
riot ['raɪət] Aufruhr, Krawall IV
rip sb. off (-pp-) [ˌrɪp‿'ɒf] jn. übers Ohr hauen, jn. abzocken VI 3 (62)
ripe [raɪp] reif IV
rise [raɪz], **rose, risen** (auf)steigen IV
risen ['rɪzn] *siehe* **rise**
ritual ['rɪtʃuəl] Ritual VI 1 (24)
river ['rɪvə] Fluss II
road [rəʊd] Straße I • **Park Road** [ˌpɑːk 'rəʊd] Parkstraße I
robot ['rəʊbɒt] Roboter VI 3 (64)
rock [rɒk] Fels, Felsen III • **rock art** *(no pl)* Felsmalerei(en) V
rock (music) [rɒk] Rock(musik) III
rode [rəʊd] *siehe* **ride**
role [rəʊl] Rolle III
role model ['rəʊl ˌmɒdl] Vorbild V
role play ['rəʊl pleɪ] Rollenspiel VI 1 (15)
roll [rəʊl] Brötchen II
roll [rəʊl] rollen VI 4 (94)
Roman ['rəʊmən] römisch; Römer, Römerin II
romantic [rəʊ'mæntɪk] romantisch VI 4 (87)
roof ['ruːf] Dach II
room [ruːm, rʊm] Raum, Zimmer I
root [ruːt] Wurzel VI 3 (58)
rope [rəʊp] Seil IV
rose [rəʊz] *siehe* **rise**
°**rough** [rʌf]
1. rau
2. roh, grob
round [raʊnd] rund II • **round brackets** runde Klammern IV
round [raʊnd] um ... (herum); in ... umher II • **round here** hier (in der Gegend) IV • **the other way round** anders herum II
round [raʊnd]: **do a paper round** Zeitungen austragen V
route [ruːt] Strecke, Route IV
routine [ruː'tiːn] Routine IV
°**rover** ['rəʊvə]: **lunar rover** Mondfahrzeug
row [rəʊ] Reihe IV
royal ['rɔɪəl] königlich, Königs II
rubber ['rʌbə] Radiergummi I
rubbish ['rʌbɪʃ] (Haus-)Müll, Abfall II • **rubbish collection** Müllabfuhr II
rucksack ['rʌksæk] Rucksack III
rude [ruːd] unhöflich, unverschämt II
rugby ['rʌgbi] Rugby III
ruin ['ruːɪn] Ruine IV
ruin ['ruːɪn] verderben; ruinieren V
rule [ruːl] Regel, Vorschrift III
break a rule gegen eine Regel verstoßen IV • **set of rules** Regelwerk V
ruler ['ruːlə] Lineal I
run [rʌn] (Wett-)Lauf II • **go for a run** laufen gehen IV
run (-nn-) [rʌn], **ran, run**
1. laufen, rennen I • **run away** weglaufen V
2. verlaufen *(Straße; Grenze)* IV
3. etwas leiten *(Hotel, Firma usw.)* V
rung [rʌŋ] *siehe* **ring**
runner ['rʌnə] Läufer/in II
running shoes ['rʌnɪŋ ʃuːz] Laufschuhe III
running track ['rʌnɪŋ træk] Laufbahn *(Sport)* III
rural ['rʊərəl] ländlich, Land- V
rush [rʌʃ] Ansturm V

S

sad [sæd] traurig II
saddle ['sædl] Sattel III
sadly ['sædli] leider; traurig V
sadness ['sædnəs] Traurigkeit IV
safe [seɪf] Tresor, Safe IV
safe (from) [seɪf] sicher, in Sicherheit (vor) II
safety ['seɪfti] Sicherheit IV
said [sed]
1. *siehe* **say**
2. **be said to do sth.** etwas (angeblich) tun sollen VI 1 (14/180)
°3. besagte(r, s)
sail [seɪl] (mit dem Schiff) fahren; segeln IV
saint [seɪnt] Heilige(r) IV
salad ['sæləd] Salat *(als Gericht oder Beilage)* I
sale [seɪl] (Aus-, Schluss-)Verkauf IV
salmon ['sæmən], *pl* **salmon** Lachs III
salt [sɔːlt] Salz V
same [seɪm]: **the same ...** der-/die-/dasselbe ...; dieselben ... I • **be/look the same** gleich sein/aussehen I
sandwich ['sænwɪtʃ, 'sænwɪdʒ] Sandwich, *(zusammengeklapptes)* belegtes Brot I
sandy ['sændi] sandig IV
sang [sæŋ] *siehe* **sing**
sank [sæŋk] *siehe* **sink**
sarcastic [sɑː'kæstɪk] sarkastisch VI 2 (30)
sat [sæt] *siehe* **sit**
Saturday ['sætədeɪ, 'sætədi] Samstag, Sonnabend I
sauce [sɔːs] Soße III
sauna ['sɔːnə] Sauna II • **have a sauna** in die Sauna gehen II
sausage ['sɒsɪdʒ] (Brat-, Bock-)Würstchen, Wurst I
save [seɪv]
1. retten II
2. sparen II

saw [sɔː] *siehe* **see**
saxophone ['sæksəfəʊn] Saxophon III
say [seɪ], **said, said** sagen I • **It says here: ...** Hier steht: ... / Es heißt hier: ... II • **say goodbye** sich verabschieden I • **Say hi to your parents for me.** Grüß deine Eltern von mir. I • **say sorry** sich entschuldigen II • **They say ...** Man sagt, ... III
°**scale** [skeɪl] Skala
scan (-nn-) [skæn]**: scan a text** einen Text schnell nach bestimmten Wörtern/Informationen absuchen II
scare sb. [skeə] jn. erschrecken, jm. Angst machen VI 4 (104)
scared [skeəd] verängstigt I • **be scared (of)** Angst haben (vor) I
scary ['skeəri] unheimlich; gruselig I • **kind of scary** *(infml)* irgendwie unheimlich III
scene [siːn] Szene I • **on the scene** vor Ort, zur Stelle IV
scenery ['siːnəri] Landschaft III
scent [sent] Duft V
schedule [*AE:* 'skedʒuːl, *BE:* 'ʃedjuːl] *(bes. AE)* Stundenplan IV
scheme [skiːm]**: rhyme scheme** Reimschema VI 4 (91/G)
school [skuːl] Schule I • **at school** in der Schule I • **from school** aus der Schule III • **in school** *(AE)* in der Schule IV • **school bag** Schultasche I • **school office** Sekretariat IV • **school subject** Schulfach I
science ['saɪəns] Naturwissenschaft I • **life sciences** *(pl)* Biowissenschaften VI 3 (52)
science fiction [ˌsaɪəns 'fɪkʃn] Sciencefiction V
scientific [ˌsaɪən'tɪfɪk] (natur)wissenschaftlich VI 3 (54)
scientist ['saɪəntɪst] Naturwissenschaftler/in V
score [skɔː] Spielstand; Punktestand III • **final score** Endstand *(beim Sport)* III • **What's the score?** Wie steht es? *(beim Sport)* III
score (a goal) [skɔː], [gəʊl] ein Tor schießen, einen Treffer erzielen III
Scottish ['skɒtɪʃ] schottisch III
scrapbook ['skræpbʊk] Sammelalbum IV
scream [skriːm] schreien IV
scream [skriːm] Schrei IV
sea [siː] Meer, (die) See I • **at sea** auf See II

search sth./sb. (for sth./sb.) [sɜːtʃ] etwas/jn. (nach etwas/jm.) durchsuchen V
search [sɜːtʃ] Suche VI 1 (16) • **in search of** auf der Suche nach VI 1 (16)
season ['siːzn] Jahreszeit II • **rainy season** Regenzeit II
seat [siːt] Sitz, Platz IV
second ['sekənd] Sekunde I
second ['sekənd] zweite(r, s) I
second-hand [ˌsekənd 'hænd] gebraucht; aus zweiter Hand III
a second-half goal ein Tor in der zweiten Hälfte/Halbzeit III
secondary school ['sekəndri] *weiterführende Schule* V
secret ['siːkrət] Geheimnis IV
secret ['siːkrət] geheim IV
secretly ['siːkrətli] heimlich, insgeheim V
section ['sekʃn] Abschnitt, Teil II; (Themen-)Bereich III
secure [sɪ'kjʊə] sicher; selbstsicher VI 1 (8)
security [sɪ'kjʊərəti] Sicherheit(svorkehrungen) V • **security forces** Sicherheitskräfte VI 2 (28/207)
see [siː], **saw, seen**
1. sehen I
2. see sb. jn. besuchen, jn. aufsuchen II
See? Siehst du? I • **See you.** Bis bald. / Tschüs. I
seek [siːk], **sought, sought,** suchen V
seem (to be / to do) [siːm] (zu sein/tun) scheinen III
seen [siːn] *siehe* **see**
see-through ['siːθruː] durchsichtig IV
segregate ['segrɪgeɪt] trennen *(nach Rasse, Religion, Geschlecht)* IV
segregation [ˌsegrɪ'geɪʃn] Trennung *(nach Rasse, Religion, Geschlecht)* IV
selection (of) [sɪ'lekʃn] Auswahl (an) II • **natural selection** natürliche Selektion VI 3 (55)
self [self]**: self-adjusting** sich selbst regulierend VI 3 (56)
selfish ['selfɪʃ] egoistisch VI 4 (88)
sell [sel], **sold, sold** verkaufen I
°**hard sell** aggressive Verkaufstechnik
semester [sɪ'mestə] Semester *(Schulhalbjahr in den USA)* IV
semi-final [ˌsemi'faɪnl] Halbfinale III
send [send], **sent, sent** senden, schicken II

senior ['siːniə]
1. senior (to sb.) (rang)höher (als jd.) IV
2. leitende(r, s) IV
senior ['siːniə] Rentner/in, Senior/in IV
sense [sens] Sinn VI 3 (64) • **make sense** Sinn ergeben VI 3 (64/221)
sensible ['sensəbl] vernünftig VI 3 (65)
sensitive ['sensətɪv] einfühlsam, empfindsam; empfindlich, sensibel VI 1 (10)
sent [sent] *siehe* **send**
sentence sb. (to sth.) ['sentəns] jn. verurteilen (zu etwas) IV
sentence ['sentəns]
1. Satz I • **sentence for sentence** Satz um Satz III
2. Urteil, Strafe IV • **death sentence** Todesstrafe IV • **life sentence** lebenslängliche Haftstrafe IV
separate ['seprət] getrennt, separat, extra IV
separate ['sepəreɪt] trennen V
separation [ˌsepə'reɪʃn] Trennung VI 4 (80) • **trial separation** (Ehe-) Trennung auf Probe VI 4 (80)
September [sep'tembə] September I
sequence ['siːkwəns] Abfolge, Reihenfolge VI 4 (91)
series, *pl* **series** ['sɪəriːz] (Sende-) Reihe, Serie II
serious ['sɪəriəs] ernst(haft) V
seriously ['sɪəriəs] ernsthaft; *(infml)* sehr V
service ['sɜːvɪs]
1. Dienst (am Kunden), Service II
social services Sozialeinrichtungen V
2. Gottesdienst IV
session ['seʃn]**: training session** Trainingsstunde, -einheit III
set (-tt-) [set], **set, set**
1. set a goal ein Ziel setzen VI 2 (35) • **set a trap (for sb.)** (jm.) eine Falle stellen II • **set sth. up** etwas aufstellen, aufbauen III
2. be set in spielen in V
set [set] Reihe, Set, Satz V • **set of rules** Regelwerk V
set meal [ˌset 'miːl] Menü III
°**Setswana** [set'swɑːnə] Setswana *(neben Englisch die Amtssprache in Botswana)*
setting ['setɪŋ] Schauplatz V
settle down [ˌsetl 'daʊn] zur Ruhe kommen, sesshaft werden V
settler ['setlə] Siedler/in IV

several ['sevrəl] mehrere, verschiedene IV
sew (on) [səʊ], **sewed, sewn** (an)nähen IV
sewn [səʊn] *siehe* **sew**
sex [seks] Sex, Geschlechtsverkehr VI 1 (24) • **have sex** miteinander schlafen, sich lieben V • °**sex education** Sexualkunde • **the opposite sex** das andere Geschlecht VI 3 (63/221)
°**sexy** ['seksi] sexy
shade [ʃeɪd] Schatten *(von der Sonne geschützt)* V
shadow ['ʃædəʊ] Schatten *(Umriss)* III
shake [ʃeɪk], **shook, shaken** zittern; schütteln IV • **shake one's head** den Kopf schütteln III
Shall we ...? [ʃæl] Wollen wir ...? / Sollen wir ...? III
°**shall** [ʃæl]
1. sollen; **2.** dürfen; **3.** werden
shape [ʃeɪp] Form, Gestalt II
share sth. (with sb.) [ʃeə]
1. sich etwas teilen (mit jm.) I; etwas gemeinsam (mit jm.) haben/nutzen IV
2. jm. etwas mitteilen IV
sharp [ʃɑːp] scharf VI 4 (91)
she [ʃiː] sie I
sheep, *pl* **sheep** [ʃiːp] Schaf II
sheet [ʃiːt]
1. Blatt, Bogen *(Papier)* V
2. Laken V
shelf [ʃelf], *pl* **shelves** [ʃelvz] Regal(brett) I
shell [ʃel] Muschel(schale) V
shift [ʃɪft] Schicht *(bei der Arbeit)* IV
shine [ʃaɪn], **shone, shone**
1. scheinen *(Sonne)* II
2. glänzen IV
ship [ʃɪp] Schiff I
shirt [ʃɜːt] Hemd I • **football shirt** (Fußball-)Trikot III
°**shit** [ʃɪt] Mist
shiver ['ʃɪvə] zittern II
shock [ʃɒk] Schock, Schreck V
shocked [ʃɒkt] schockiert III
shocking ['ʃɒkɪŋ] schockierend V
shoe [ʃuː] Schuh I
shone [ʃɒn, *AE* ʃəʊn] *siehe* **shine**
shoot [ʃuːt] **shot, shot**
1. (er)schießen IV • **shoot at sth./sb.** auf jn./etwas schießen V
2. *(Film)* drehen; fotografieren IV
shop [ʃɒp] Laden, Geschäft I
shop assistant ['ʃɒp_ə,sɪstənt] Verkäufer/in I
shop (-pp-) [ʃɒp] einkaufen (gehen) I
shopping ['ʃɒpɪŋ] (das) Einkaufen I
go shopping einkaufen gehen I
shopping list Einkaufsliste I
shopping mall (großes) Einkaufszentrum III • **shopping precinct** Einkaufsviertel, -straße *(autofrei)* III
short [ʃɔːt] kurz I • **a short time** kurz IV
shorts *(pl)* [ʃɔːts] Shorts, kurze Hose I
shot [ʃɒt] *siehe* **shoot**
shot [ʃɒt]
1. Schuss III
2. (Film-)Aufnahme, Dreh VI 2 (30)
should [ʃəd, ʃʊd]: **you should ...** du solltest ... / ihr solltet ... I • **you should have asked** du hättest fragen sollen IV
shoulder ['ʃəʊldə] Schulter I
shout [ʃaʊt] schreien, rufen I
shout at sb. jn. anschreien I
show [ʃəʊ] Show, Vorstellung I
show [ʃəʊ], **showed, shown** zeigen I • **show sb. around** jn. (in der Stadt/im Museum/... herumführen) III
show off [,ʃəʊ_'ɒf], **showed off, shown off** angeben, prahlen IV
shower ['ʃaʊə] Dusche I • **have a shower** (sich) duschen I
shown [ʃəʊn] *siehe* **show**
shut up [,ʃʌt_'ʌp], **shut, shut** den Mund halten II
shy [ʃaɪ] schüchtern, scheu II
sick [sɪk] krank IV • **I feel sick.** Mir ist schlecht. IV
side [saɪd] Seite II • **side door** Seitentür IV
sidetrack ['saɪdtræk]: **get sidetracked** abgelenkt werden V
sidewalk ['saɪdwɔːk] *(AE)* Gehweg, Bürgersteig IV
sight [saɪt]: **Get out of my sight.** Geh mir aus den Augen. IV
sight [saɪt] Sehen, visuelle Wahrnehmung VI 3 (64/221)
sights *(pl)* [saɪts] Sehenswürdigkeiten II
sightseeing ['saɪt,siːɪŋ] Sightseeing; das Anschauen von Sehenswürdigkeiten IV
sign [saɪn] unterschreiben III
sign [saɪn] Schild; Zeichen III
significant [sɪg'nɪfɪkənt] bedeutend; wichtig VI 2 (31)
silence ['saɪləns] Stille, Schweigen VI 2 (29)
silent ['saɪlənt] still, schweigend VI 2 (29) • **silent letter** „stummer" Buchstabe *(nicht gesprochener Buchstabe)* II
silly ['sɪli] albern, dumm II
similar (to sth./sb.) ['sɪmələ] (etwas/jm.) ähnlich VI 2 (38)
similarity (to, between) [,sɪmə'lærəti] Ähnlichkeit (mit, zwischen) VI 4 (77)
simile ['sɪməli] Vergleich VI 4 (93/G)
°**sin (-nn-)** [sɪn] sündigen
since September [sɪns] seit September III • **ever since** (ununterbrochen) seit VI 1 (9)
since [sɪns] weil, da VI 3 (55)
Sincerely (yours) [sɪn'sɪəli] *(AE)* mit freundlichen Grüßen IV
sing [sɪŋ], **sang, sung** singen I
singer ['sɪŋə] Sänger/in II
single ['sɪŋgl]
1. ledig, alleinstehend I • **single bed** Einzelbett V • **a single parent** ein(e) Alleinerziehende(r) II
2. einzige(r, s), nur ein(e/n) VI 1 (8)
not a single friend kein einziger Freund VI 1 (8/198)
sink [sɪŋk] Spüle, Spülbecken I
sink [sɪŋk], **sank, sunk** sinken V
sir [sɜː] Sir *(höfliche Anrede, z. B. für Kunden, Vorgesetzte oder Lehrer)* IV • **Dear Sir or Madam ...** Sehr geehrte Damen und Herren IV
sister ['sɪstə] Schwester I
sister city ['sɪstə ,sɪti] *(AE)* Partnerstadt IV
sit (-tt-) [sɪt], **sat, sat** sitzen; sich setzen I • **sit down** sich hinsetzen II • **sit up** sich aufsetzen II
Sit with me. Setz dich zu mir. / Setzt euch zu mir. I
site [saɪt] *siehe* **website** • **social networking (web)site** *eine Website zur Bildung und Unterhaltung sozialer Netzwerke* VI 1 (8)
situation [,sɪtju'eɪʃn] Situation IV
sixth [sɪksθ] Sechstel V
size [saɪz] Größe I
skate [skeɪt] Inliner/Skateboard fahren I
skateboard ['skeɪtbɔːd] Skateboard I
skates *(pl)* [skeɪts] Inliner I
sketch [sketʃ] Sketch I
ski [skiː] Ski III • **ski slope** Skipiste III
ski [skiː] Ski laufen/fahren III • **go skiing** [skiːɪŋ] Ski laufen/fahren III • **skiing instructor** Skilehrer/in V
skiing: go skiing [skiːɪŋ] Ski laufen/fahren III
skill [skɪl] Fähigkeit, Fertigkeit IV
skills file ['skɪlz faɪl] Anhang mit Lern- und Arbeitstechniken I

skim a text (-mm-) [skɪm] einen Text überfliegen *(um den Inhalt grob zu erfassen)* III
skin [skɪn] Haut IV
skirt [skɜːt] Rock II
sky [skaɪ] Himmel II • **in the sky** am Himmel II
skyline ['skaɪˌlaɪn] Horizont, Skyline IV
skyscraper ['skaɪskreɪpə] Wolkenkratzer IV
°skyward(s) ['skaɪwəd] himmelwärts, nach oben
slang [slæŋ] Slang VI 2 (31)
slave [sleɪv] Sklave, Sklavin II
slavery ['sleɪvəri] Sklaverei IV
sledge [sledʒ] Schlitten III
°sleek [sliːk] elegant
sleep [sliːp]**, slept, slept** schlafen I
sleep in ausschlafen VI 2 (36)
sleep [sliːp] Schlaf III
sleepover ['sliːpəʊvə] Schlafparty III
slept [slept] *siehe* **sleep**
°slid [slɪd] *siehe* **slide**
slide [slaɪd] Folie *(bei Präsentationsprogrammen)* V
°slide [slaɪd]**, slid, slid** rutschen
slight [slaɪt] klein, leicht, unwichtig VI 4 (98)
slogan ['sləʊgən] Slogan, Losung IV
slope: ski slope Skipiste III
slow [sləʊ] langsam II
slow down [ˌsləʊ 'daʊn] langsamer werden VI 1 (25)
slum [slʌm] Slum, Elendsviertel V
small [smɔːl] klein II • **small letters** Kleinbuchstaben III
smart [smɑːt] schlau IV
smell [smel] riechen II
smell [smel] Geruch II; Riechen, olfaktorische Wahrnehmung VI 3 (64/221)
smile [smaɪl] lächeln I • **smile at sb.** jn. anlächeln II
smile [smaɪl] Lächeln II • **give (sb.) a smile** lächeln, jn. anlächeln IV
smoke [sməʊk] rauchen IV
smoke [sməʊk] Rauch IV • **There's no smoke without fire.** Wo Rauch ist, ist auch Feuer. IV
smoker ['sməʊkə] Raucher/in VI 2 (37)
°smooth [smuːð] glatt
smoothie ['smuːði] *dickflüssiger Fruchtshake mit Milch, Joghurt oder Eiscreme* II
smuggle ['smʌgl] schmuggeln IV
snack [snæk] Snack, Imbiss II
snake [sneɪk] Schlange I
°snippet ['snɪpɪt] Ausschnitt
snow [snəʊ] Schnee II
snowball ['snəʊbɔːl] Schneeball IV
so [səʊ]
1. also; deshalb, daher I • **So?** Und? / Na und? II • **So what?** [səʊ 'wɒt] Und? / Na und? II
2. so sweet so süß I • **so far** bis jetzt, bis hierher III • **so (that)** sodass, damit III
3. I hope so. Ich hoffe es. II
I think so. Ich glaube (ja). I
I don't think so. Das finde/glaube ich nicht. I • **Do you really think so?** Meinst du wirklich? / Glaubst du das wirklich? II
4. so has crime die Kriminalität auch V
soap [səʊp] Seife I
soap (opera) ['səʊp ˌɒprə] Seifenoper IV
sob (-bb-) [sɒb] schluchzen VI 3 (61)
so-called [ˌsəʊ'kɔːld] so genannt V
social ['səʊʃl] sozial, Sozial-, gesellschaftlich V • **social networking** soziales Netzwerk *(vor allem im Internet)* VI 1 (8) • **social networking site** *eine Website zur Bildung und Unterhaltung sozialer Netzwerke* VI 1 (8) • **social services** Sozialeinrichtungen V
Social Studies [ˌsəʊʃl 'stʌdiz] Gemeinschaftskunde, Politische Bildung, Sozialkunde IV
society [sə'saɪəti] (die) Gesellschaft VI 1 (18)
sock [sɒk] Socke, Strumpf I
soda ['səʊdə] *(AE)* Limonade IV
sofa ['səʊfə] Sofa I
soft [sɒft] weich, sanft III • **soft drink** alkoholfreies Getränk IV
software ['sɒftweə] Software II
soil [sɔɪl] *(Erdreich)* Erde IV
solar ['səʊlə] Solar-, Sonnen- VI 3 (53)
sold [səʊld]
1. *siehe* **sell**
2. sold out [ˌsəʊld_'aʊt]**: be sold out** ausverkauft/vergriffen sein III
soldier ['səʊldʒə] Soldat/in IV
°child soldier Kindersoldat/in
solution (to) [sə'luːʃn] (Auf-)Lösung (für) VI 3 (55)
solve [sɒlv] lösen IV
some [səm, sʌm] einige, ein paar I
some cheese/juice/money/English etwas Käse/Saft/Geld/Englisch I
somebody ['sʌmbədi] jemand I
Find/Ask somebody who ... Finde/Frage jemanden, der ... II
somehow ['sʌmhaʊ] irgendwie IV
someone ['sʌmwʌn] jemand III
something ['sʌmθɪŋ] etwas I
sometimes ['sʌmtaɪmz] manchmal I
somewhere ['sʌmweə] irgendwo(hin) II
son [sʌn] Sohn I
song [sɒŋ] Lied, Song I
soon [suːn] bald I • **as soon as** sobald, sowie II
sore [sɔː]**: be sore** wund sein, wehtun II • **have a sore throat** Halsschmerzen haben II
sorry ['sɒri]**: (I'm) sorry.** Entschuldigung. / Tut mir leid. I • **Sorry, I'm late.** Entschuldigung, dass ich zu spät bin/komme. I • **Sorry?** Wie bitte? I • **say sorry** sich entschuldigen II
sort [sɔːt] einteilen; sortieren IV
sort (of) [sɔːt] Art, Sorte II
sought [sɔːt] *siehe* **seek**
soul [səʊl] Soul(musik) III
sound [saʊnd] klingen, sich (gut usw.) anhören I
sound [saʊnd] Laut; Klang I
sound file ['saʊnd faɪl] Tondatei, Soundfile III
soup [suːp] Suppe II
sour ['saʊə] sauer III
source [sɔːs] Quelle *(Informationsquelle, Textquelle)* IV
south [saʊθ] Süden; nach Süden; südlich II • **southbound** ['saʊθbaʊnd] Richtung Süden III
south-east [ˌsaʊθ'iːst] Südosten; nach Südosten; südöstlich II
southern ['sʌðən] südlich, Süd- III • **south-west** [ˌsaʊθ'west] Südwesten; nach Südwesten; südwestlich II
souvenir [ˌsuːvə'nɪə] Andenken, Souvenir III
space ['speɪs]
1. Weltraum II
2. Move back one space. Geh ein Feld zurück. II • **Move on one space.** Geh ein Feld vor. II
°3. Platz
spaghetti [spə'geti] Spaghetti II
spark [spɑːk] Funke IV
speak (to) [spiːk]**, spoke, spoken** sprechen (mit), reden (mit) II
speak out seine Meinung (offen) sagen VI 2 (28) • **°speak to sb.** jn. ansprechen
special ['speʃl] besondere(r, s) II
Did you do anything special? Habt ihr irgendetwas Besonderes gemacht? I • **be special (to sb.)** (jm.) besonders, außergewöhnlich sein; (jm.) viel bedeuten VI 1 (9)
species ['spiːʃiːz] Art *(biologisch)*, Spezies V
specific [spə'sɪfɪk] bestimmte(r, s), spezifische(r, s) IV

spectacular [spek'tækjələ] spektakulär IV
°**speculate (about sth.)** ['spekjuleɪt] (über etwas) Vermutungen anstellen, (über etwas) spekulieren
speech [spiːtʃ]
1. Rede IV • °**hate speech** Hetzrede • **make/give a speech** eine Rede halten IV
2. Sprechpassage, -abschnitt VI 4 (105/G)
speech bubble ['bʌbl] Sprechblase VI 2 (28/207)
speed [spiːd] rasen, schnell fliegen III • **speed up** schneller werden VI 1 (25)
speed [spiːd] Geschwindigkeit III
speed limit Geschwindigkeitsbegrenzung, -beschränkung III
spell [spel] buchstabieren I
spelling ['spelɪŋ] Rechtschreibung V
spend [spend], **spent, spent:**
spend money (on) Geld ausgeben (für) II • **spend time (on)** Zeit verbringen (mit) II
spent [spent] *siehe* **spend**
sphere [sfɪə] Kugel VI 3 (54)
spice [spaɪs] Gewürz III
spicy ['spaɪsi] würzig, scharf gewürzt III
spill [spɪl] verschütten IV
spirit ['spɪrɪt] Geist; Seele VI 2 (26)
spit (at sb.) (-tt-) [spɪt], **spat, spat** (jn. an)spucken IV
splash [splæʃ] spritzen IV
spoil sth. (for sb.) [spɔɪl] (jm.) etwas verderben VI 3 (65)
spoke [spəʊk] *siehe* **speak**
spoken ['spəʊkən]
1. *siehe* **speak**
2. mündlich V
spoon [spuːn] Löffel III
sport [spɔːt] Sport; Sportart I • **do sport** Sport treiben I
sports gear *(no pl)* ['spɔːts gɪə] Sportausrüstung, Sportsachen II
sports hall ['spɔːts hɔːl] Sporthalle III
spot (-tt-) [spɒt] entdecken III
spray [spreɪ] spritzen, (be)sprühen, sprayen IV
spray can ['spreɪ ˌkæn] Spraydose V
spread [spred], **spread, spread** (sich) ausbreiten, (sich) verbreiten IV
spring [sprɪŋ]
1. Frühling I
2. Quelle *(Wasser)* IV
spy [spaɪ] Spion/in I
square [skweə]
1. Platz *(in der Stadt)* II
2. Quadrat VI 1 (21/203) • **the square of two is four** zwei im Quadrat ist vier VI 1 (21/203)
square [skweə] quadrieren VI 1 (21/203) • **two squared is four** zwei im Quadrat ist vier VI 1 (21/203)
°**square** [skweə] quadratisch
square brackets [ˌskweə 'brækɪts] eckige Klammern IV
square km (sq km) [skweə] Quadratkilometer III
square root [ˌskweə 'ruːt] Quadratwurzel VI 1 (21/203)
squash [skwɒʃ], *pl* **squash** Kürbis IV
°**squat (-tt-)** [skwɒt] hocken
squatter ['skwɒtə] Haus-, Landbesetzer/in V
squeeze [skwiːz] drücken; (aus)pressen III
squirrel ['skwɪrəl] Eichhörnchen II
stadium ['steɪdiəm] Stadion III
staff [stɑːf] Personal, Belegschaft; Lehrerkollegium IV • **member of staff** *(BE)* Mitarbeiter/in IV • **staff member** *(AE)* Mitarbeiter/in IV
stage [steɪdʒ] Bühne I • °**on stage** auf die/der Bühne • **stage directions** Regieanweisungen VI 4 (105/G)
stairs *(pl)* [steəz] Treppe; Treppenstufen I
stamp [stæmp] Briefmarke I
stand [stænd], **stood, stood**
1. stehen; sich (hin)stellen II
2. ertragen, aushalten, ausstehen II • **I can't stand it.** Ich kann es nicht ertragen/aushalten/ausstehen. II
stand out hervorstechen, auffallen VI 4 (76) • **stand up (for sth./sb.)** eintreten/sich einsetzen (für etwas/jn.) VI 2 (26)
standard of living ['stændəd] Lebensstandard V
star [stɑː]
1. Stern II
2. (Film-, Pop-)Star I
°**starch** [stɑːtʃ] Stärke
stare (at sb./sth.) [steə] (jn./etwas an)starren V
start [stɑːt] starten, anfangen, beginnen (mit) I • **start a business** ein Unternehmen gründen V
start [stɑːt] Anfang V
state [steɪt]
1. Staat III; die öffentliche Hand V
2. Zustand VI 2 (33) • °**state of mind** Geisteszustand
static (electricity) ['stætɪk, ˌstætɪk‿ɪˌlek'trɪsəti] elektrische Aufladung IV
station ['steɪʃn]
1. Bahnhof I • **at the station** am Bahnhof I
2. **(radio/pop) station** (Radio-/Pop-)Sender III
statistics *(pl)* [stə'tɪstɪks] Statistik V
statue ['stætʃuː] Statue II
status ['steɪtəs] Status, Stand V
stay [steɪ] bleiben; wohnen, übernachten II • **stay on** anbleiben VI 3 (58) • **stay out** nicht nach Hause kommen, draußenbleiben III
steady ['stedi] stetig V
steak [steɪk] (Rinder-)Steak IV
steal [stiːl], **stole, stolen** stehlen II
steam [stiːm] Dampf VI 3 (52)
steam engine Dampfmaschine VI 3 (52)
steel [stiːl] Stahl III
steel drum [ˌstiːl 'drʌm] Steeldrum III
steer [stɪə] lenken, steuern III
step [step]
1. Schritt I • **take steps** Schritte machen/unternehmen III • **take sth. a step at a time** etwas eins nach dem anderen tun; etwas Schritt für Schritt tun IV
2. Stufe IV
step (-pp-) [step]: **step forward** vortreten, sich melden VI 2 (39)
stereo ['steriəʊ] Stereoanlage III
stereotype ['steriətaɪp] Klischeevorstellung, Stereotyp VI 4 (89/G)
stew [stjuː] Eintopf(gericht) III
stick (on) [ˌstɪk‿'ɒn], **stuck, stuck** (auf)kleben I
°**stick** [stɪk] Stock
stick: (drum-)stick [stɪk] Trommelstock III
stick out of sth. [stɪk], **stuck, stuck** aus etwas herausragen, herausstehen III
still [stɪl]
1. (immer) noch I
2. trotzdem, dennoch II
still [stɪl] still *(bewegungslos)* IV
°**still** [stɪl] Standfoto
stole [stəʊl] *siehe* **steal**
stolen ['stəʊlən] *siehe* **steal**
stomach ['stʌmək] Magen II
stomach ache Magenschmerzen, Bauchweh II
stone [stəʊn] Stein II
stood [stʊd] *siehe* **stand**
stop (-pp-) [stɒp]
1. aufhören I
2. anhalten I
stop sb. doing sth. jn. daran hindern, etwas zu tun VI 1 (20) • **Stop that!** Hör auf damit! / Lass das! I

stop [stɒp] Halt, Anhalten IV
store *(AE)* [stɔː] Laden V
store [stɔː] speichern VI 3 (58)
storm [stɔːm] Sturm; Gewitter II
stormy ['stɔːmi] stürmisch II
story ['stɔːri] Geschichte, Erzählung I • **crime story** Krimi IV
straight [streɪt] direkt IV
straight on [streɪt_'ɒn] geradeaus weiter II
straightaway [,streɪtə'weɪ] sofort, gleich III
straighten sth. up [,streɪtn_'ʌp] etwas aufräumen, etwas in Ordnung bringen V
°**stranded** ['strændɪd] liegengeblieben
strange [streɪndʒ]
1. seltsam, sonderbar I
2. fremd V
stranger ['streɪndʒə] Unbekannte(r), Fremde(r) V
strawberry ['strɔːbəri] Erdbeere II
street [striːt] Straße I • **at 7 Park Street** in der Parkstraße 7 I
street performer [pə'fɔːmə] Straßenkünstler/in III
strength [streŋθ] Kraft, Stärke V
stress ['stres] Betonung III
stress [stres] betonen V
stressful ['stresfl] anstrengend, stressig V
stretch [stretʃ] sich (er)strecken IV
strict [strɪkt] streng III
strike [straɪk] Streik III • **be on strike** streiken, sich im Streik befinden III • **go on strike** streiken, in den Streik treten III
striking ['straɪkɪŋ] auffallend VI 4 (87)
string [strɪŋ] Saite III
°**stripe** [straɪp] Streifen
strong [strɒŋ] stark II
structure ['strʌktʃə] strukturieren, aufbauen II
structure ['strʌktʃə] Struktur; Gliederung III
stuck [stʌk] *siehe* **stick**
student ['stjuːdənt] Schüler/in; Student/in I • **exchange student** Austauschschüler/in III
studio ['stjuːdiəʊ] Studio I
study ['stʌdi] lernen; studieren III
study ['stʌdi] Studie VI 1 (14)
study ['stʌdi] Arbeitszimmer VI 3 (62)
study hall ['stʌdi hɔːl] *Zeit zum selbstständigen Lernen in der Schule* IV
study skills *(pl)* ['stʌdi skɪlz] Lern- und Arbeitstechniken I
stuff [stʌf] Zeug, Kram I
stupid ['stjuːpɪd] blöd, dämlich V
style [staɪl] Stil III • **military-style fashion** Mode im Militärstil V
sub-heading ['sʌb,hedɪŋ] Zwischenüberschrift IV
subject ['sʌbdʒɪkt]
1. Subjekt I
2. Schulfach I
3. Thema IV
4. Untertan/in; Staatsangehörige(r) *(in einer Monarchie)* IV
subjective [səb'dʒektɪv] subjektiv V
subscribe (to sth.) [səb'skraɪb] etwas abonnieren; etwas abonniert haben V
substantial [səb'stænʃl] erheblich, beträchtlich VI 3 (56)
subtract [səb'trækt] subtrahieren VI 1 (21/203)
suburb ['sʌbɜːb] Vorort V
subway ['sʌbweɪ]: **the subway** *(AE)* die U-Bahn II
succeed (in sth.) [sək'siːd] Erfolg haben, erfolgreich sein (mit etwas, bei etwas) IV
success [sək'ses] Erfolg III
successful [sək'sesfəl] erfolgreich V
such [sʌtʃ]: **such a nice person** so ein netter Mensch III • **such good books** so gute Bücher III • **such as** wie zum Beispiel III
°**suck-up** ['sʌk_ʌp] Streber/in, Schleimer/in
sudden ['sʌdn] plötzlich IV
suddenly ['sʌdnli] plötzlich, auf einmal I
suffer (from) ['sʌfə] leiden (an) IV
suffix ['sʌfɪks] Suffix, Nachsilbe IV
sugar ['ʃʊgə] Zucker II
suggest sth. [sə'dʒest]
1. auf etwas hindeuten VI 3 (56)
°2. vorschlagen
°**suggestion** [sə'dʒestʃn] Vorschlag
suicide ['suːɪsaɪd] Selbstmord VI 3 (64)
suitable ['suːtəbl] geeignet, passend V
suitcase ['suːtkeɪs] Koffer VI 4 (80)
°**suited** ['suːtɪd]: **be suited to sb.** zu jm. passen
°**sulk** [sʌlk] schmollen, eingeschnapptsein, beleidigtsein, maulen
sum (sth.) up (-mm-) [,sʌm_'ʌp] (etwas) zusammenfassen V
To sum up, ... Resümee: ...; Zusammenfassend: ... V
sum [sʌm] Summe VI 1 (21) • **do sums** rechnen VI 1 (21/203)
summarize ['sʌməraɪz] zusammenfassen V
summary ['sʌməri] Zusammenfassung IV
summer ['sʌmə] Sommer I
sun [sʌn] *(also* **Sun***)* Sonne II
Sunday ['sʌndeɪ, 'sʌndi] Sonntag I
sung [sʌŋ] *siehe* **sing**
sunglasses *(pl)* ['sʌnglɑːsɪz] (eine) Sonnenbrille I
sunk [sʌŋk] *siehe* **sink**
sunlight ['sʌnlaɪt] Sonnenlicht VI 3 (58)
sunny ['sʌni] sonnig II
sunrise ['sʌnraɪz] Sonnenaufgang IV
sunscreen ['sʌnskriːn] Sonnenschutzmittel V
sunset ['sʌnset] Sonnenuntergang IV
sunshine ['sʌnʃaɪn] Sonnenschein IV
suntan ['sʌntæn] Sonnenbräune V
have a suntan sonnengebräunt sein III
supermarket ['suːpəmɑːkɪt] Supermarkt I
supper ['sʌpə] Abendessen, Abendbrot IV
support [sə'pɔːt] unterstützen, befürworten V • **support a team** eine Mannschaft unterstützen; Fan einer Mannschaft sein III
support [sə'pɔːt] Unterstützung IV
supporter [sə'pɔːtə]
1. Anhänger/in, Fan III
2. Befürworter/in, Unterstützer/in VI 2 (34)
suppose [sə'pəʊz] annehmen, vermuten I • **be supposed to do/be sth.** tun sollen / angeblich sein sollen VI 1 (14)
sure [ʃʊə, ʃɔː] sicher I • **make sure** sich vergewissern IV
surely [,ʃʊəli] sicher VI 2 (34)
▶ S.210 certainly – surely
surf [sɜːf] surfen V • **go surfing** wellenreiten gehen, surfen gehen II • **surf the internet** im Internet surfen II • **surf instructor** Surflehrer/in V
surfboard ['sɜːfbɔːd] Surfbrett II
surprise (for/to) [sə'praɪz] Überraschung (für) III
surprise sb. [sə'praɪz] jn. überraschen III
surprised (at sth.) [sə'praɪzd] überrascht (über etwas) III
surprising [sə'praɪzɪŋ] überraschend V
surround [sə'raʊnd]: **be surrounded** umgeben sein IV
survey (on) ['sɜːveɪ] Umfrage, Untersuchung (über) II

°**survey sb.** ['sɜːveɪ] jn. befragen
survival [sə'vaɪvl] Überleben II
survive [sə'vaɪv] überleben II
suspect [sə'spekt] vermuten VI 3 (54)
suspense [sə'spens] Spannung V
suspicious [sə'spɪʃəs] misstrauisch (gegenüber); verdächtig VI 4 (105)
swam [swæm] *siehe* **swim**
swap (-pp-) [swɒp] tauschen I **swap sth. (for sth.)** etwas (ein)tauschen (für/gegen etwas) IV
sweat [swet] schwitzen IV
sweat [swet] Schweiß IV
sweatshirt ['swetʃɜːt] Sweatshirt I
sweep [swiːp], **swept, swept** fegen, kehren IV
sweet [swiːt] süß I
sweetheart ['swiːthɑːt] Liebling, Schatz II
sweets *(pl)* Süßigkeiten I
swept [swept] *siehe* sweep
swim (-mm-) [swɪm], **swam, swum** schwimmen I
swimmer ['swɪmə] Schwimmer/in II
swimming ['swɪmɪŋ] Schwimmen I • **go swimming** schwimmen gehen I • **swimming instructor** Schwimmlehrer/in V
swimming pool ['swɪmɪŋ puːl] Schwimmbad, -becken II
swimming trunks [trʌŋks] Badehose III
swimsuit ['swɪmsuːt] Badeanzug III
swipe a card [swaɪp] eine Karte durchziehen VI 3 (61)
switch sth. off [ˌswɪtʃ_'ɒf] etwas ausschalten VI 3 (62/221)
switch sth. on [ˌswɪtʃ_'ɒn] etwas anschalten VI 3 (62)
swum [swʌm] *siehe* **swim**
syllable ['sɪləbl] Silbe I
symbol (of sth.) ['sɪmbl] Symbol (für etwas) VI 4 (77)
sympathetic [ˌsɪmpə'θetɪk] mitfühlend, verständnisvoll, wohlwollend VI 2 (28)
sympathy ['sɪmpəθi] Mitgefühl, Verständnis, Anteilnahme (für jn., jm. gegenüber) VI 2 (28)
symptom ['sɪmptəm] Symptom, Anzeichen VI 1 (14)
synagogue ['sɪnəgɒg] Synagoge III
synonym ['sɪnənɪm] Synonym *(Wort mit gleicher oder sehr ähnlicher Bedeutung)* IV
syringe [sɪ'rɪndʒ] Injektionsspritze VI 3 (56)
system ['sɪstəm] System IV

T

table ['teɪbl]
1. Tisch I • **table tennis** Tischtennis I • **table tennis bat** Tischtennisschläger III
2. Tabelle V • **table of contents** Inhaltsverzeichnis V
tablecloth ['teɪblklɒθ] Tischdecke IV
tail [teɪl] Schwanz VI 4 (101)
tailor ['teɪlə] Schneider/in VI 3 (56)
take [teɪk], **took, taken**
1. nehmen I
2. (weg-, hin)bringen I
3. dauern, *(Zeit)* brauchen III
I can take it. Ich halt's aus. / Ich kann's aushalten. IV • **take a break** eine Pause machen IV
take a left/right *(AE)* nach links/rechts abbiegen IV • **take a trip** *(AE)* einen Ausflug/eine Reise machen IV • **Take another turn.** *(beim Spielen)* Würfel noch einmal. II • **take care of sth./sb.** sich um etwas/jn. kümmern III • **take sth. for granted** etwas für (allzu) selbstverständlich halten VI 4 (76)
take interest in sb./sth. sich für jn./etwas interessieren VI 1 (12)
take notes sich Notizen machen I • **take sth. off** etwas ausziehen *(Kleidung)*; etwas absetzen *(Hut, Helm)* II • **take 10 c off** 10 Cent abziehen I • **take sth. out** etwas herausnehmen I • **take sth. over** etwas übernehmen; etwas in seine Macht bringen IV • **take part in sth.** teilnehmen an etwas III
take photos Fotos machen, fotografieren I • **take place** stattfinden II • **take responsibility (for)** Verantwortung (für) übernehmen V • **take a ride** eine Spritztour/Fahrt machen III • **take sth. a step at a time** etwas eins nach dem anderen tun; etwas Schritt für Schritt tun IV • **take steps** Schritte machen/unternehmen III • **take turns to do sth.** sich abwechseln, etwas zu tun IV • **take sth. up** etwas in Anspruch nehmen, etwas einnehmen (Zeit, Raum) VI 1 (15)
I'll take it. *(beim Einkaufen)* Ich werde es (ihn, sie) nehmen. / Ich nehme es (ihn, sie). I
°**take** [teɪk] *(infml)* Einstellung
takeaway ['teɪkəweɪ] *Restaurant, das auch Essen zum Mitnehmen verkauft; Essen zum Mitnehmen* III
taken ['teɪkən] *siehe* **take**
talent ['tælənt] Talent, Begabung III

talk [tɔːk]**: talk (about)** reden (über), sich unterhalten (über) I
talk (to) reden (mit), sich unterhalten (mit) I
talk [tɔːk] Rede, Gespräch; Vortrag, Referat IV
talk show ['tɔːk ˌʃəʊ] Talkshow V
tall [tɔːl]
1. groß *(Person)* III
2. hoch *(Gebäude, Baum)* IV
Taoism ['taʊɪzm] Taoismus V
Taoist ['taʊɪst] Taoist/in, taoistisch V
tap [tæp] Wasserhahn V
target ['tɑːgɪt] Ziel(scheibe) VI 1 (17)
target group Zielgruppe VI 1 (17)
task [tɑːsk] Aufgabe VI 1 (11)
taste [teɪst] schmecken; kosten, probieren IV
taste [teɪst]
1. Geschmack IV • **be in good/bad taste** geschmackvoll/geschmacklos sein IV
2. Schmecken, gustatorische Wahrnehmung VI 3 (64/221)
taught [tɔːt] *siehe* **teach**
tavern ['tævən] Schenke, Gastwirtschaft IV
tax (on) [tæks] Steuer (auf) VI 2 (28)
taxi ['tæksi] Taxi III
tea [tiː] Tee; (auch:) leichte Nachmittags- oder Abendmahlzeit I
tea bag Teebeutel IV
teach [tiːtʃ], **taught, taught** unterrichten, lehren I
teacher ['tiːtʃə] Lehrer/in I • **head teacher** Schulleiter/in III
team [tiːm] Team, Mannschaft I
tear [teə], **tore, torn** (zer)reißen IV
tear [tɪə] Träne II
tease [tiːz] necken, auf den Arm nehmen III
teaspoon ['tiːspuːn] Teelöffel III
°**technical** ['teknɪkəl] technisch
technique [tek'niːk] (Arbeits-)Verfahren, Technik, Methode IV
technology [tek'nɒlədʒi] Technologie V
teddy bear ['tedi beə] Teddybär III
teen *(bes. AE)* [tiːn]
1. Teenager- III
2. Teenager/in V
teenage ['tiːneɪdʒ] Teenage- V
teenager ['tiːneɪdʒə] Teenager, Jugendliche(r) II
teeth [tiːθ] *Plural von „tooth"* I
telephone ['telɪfəʊn] Telefon I
telephone number Telefonnummer I
television ['telɪvɪʒn] Fernsehen I
tell (about) [tel], **told, told** erzählen (von), berichten (über) I • **Tell me**

your names. Sagt mir eure Namen. I • **tell sb. the way** jm. den Weg beschreiben II
°**telly** ['teli] *(infml)* Fernsehen
temperature ['temprətʃə] Temperatur II • **have a temperature** Fieber haben II
temple ['templ] Tempel V
tempt [tempt] in Versuchung führen VI 4 (99)
tennis ['tenɪs] Tennis I
tense [tens] (grammatische) Zeit, Tempus III
tension ['tenʃn] Spannung VI 4 (94)
tent [tent] Zelt IV
term [tɜ:m] Trimester II
terrible ['terəbl] schrecklich, furchtbar I
terrified ['terɪfaɪd]**: be terrified (of)** schreckliche Angst haben (vor) IV
terrifying ['terɪfaɪɪŋ] schrecklich, unheimlich VI 2 (35)
terrorism ['terərɪzm] Terrorismus IV
test [test] Klassenarbeit, Test, Prüfung II
text [tekst] Text I
text (message) ['tekst ˌmesɪdʒ] SMS II
text sb. [tekst] jm. eine SMS schicken II
°**texture** ['tekstʃə] Materialbeschaffenheit
than [ðæn, ðən] als II • **more than me** mehr als ich II
thank [θæŋk]**: Thank God.** Gott sei Dank. IV • **Thank you.** Danke (schön). I • **Thanks.** Danke. I **Thanks a lot!** Vielen Dank! I **Thanks very much!** Danke sehr! / Vielen Dank! II • **give thanks** danken, feierlich danksagen IV **Many thanks.** Vielen Dank. VI 2 (40)
thank sb. [θæŋk] jm. danken; sich bei jm.bedanken VI 1 (21)
that [ðət, ðæt]
1. das (dort) I
2. jene(r, s) I • **that day** an jenem Tag III • **That's me.** Das bin ich. I **That's right.** Das ist richtig. / Das stimmt. I • **That's up to you.** Das liegt bei dir. / Das kannst/musst du (selbst) entscheiden. III • **that's why** deshalb, darum I
that [ðət, ðæt] dass I
that [ðət, ðæt] der, die, das; die *(Relativpronomen)* III
the [ðə, ði] der, die, das; die I
theatre ['θɪətə] Theater II
their [ðeə]
1. ihr, ihre *(Plural)* I
2. sein oder ihr (= **his or her**) IV
theirs [ðeəz] ihrer, ihre, ihrs II
them [ðəm, ðem]
1. sie; ihnen I • **the two of them** die beiden; alle beide II
2. ihn oder sie (= **him or her**) IV
theme park ['θi:m pɑ:k] Themenpark II
themselves [ðəm'selvz]
1. sich III
2. selbst IV
then [ðen]
1. dann, danach I
2. damals II
Then what? Was dann? II • **just then** genau in dem Moment; gerade dann II
theocracy [θi'ɒkrəsi] Theokratie V
there [ðeə]
1. da, dort I
2. dahin, dorthin I
down there (nach) dort unten II
in there dort drinnen I • **over there** da drüben, dort drüben I
up there dort oben III • **there are** es sind (vorhanden); es gibt I
there's es ist (vorhanden); es gibt I • **there isn't a ...** es ist kein/e ...; es gibt kein/e ... I
thermometer [θə'mɒmɪtə] Thermometer II
these [ði:z] diese, die (hier) I
they [ðeɪ]
1. sie *(Plural)* I • **They say ...** Man sagt, ... III
2. er oder sie (= **he or she**) IV
thick [θɪk] dick VI 3 (56)
thief [θi:f], *pl* **thieves** [θi:vz] Dieb/in II
thin [θɪn] dünn VI 3 (56)
thing [θɪŋ] Ding, Sache I • **What was the best thing about ...?** Was war das Beste an ...? II
think [θɪŋk]**, thought, thought** glauben, meinen, denken I • **Do you really think so?** Meinst du wirklich? / Glaubst du das wirklich? II • **I think so.** Ich glaube (ja). I • **I don't think so.** Das finde/glaube ich nicht. I • **think about** 1. nachdenken über II; 2. denken über, halten von II **think of** 1. denken über, halten von II 2. denken an; sich ausdenken II
third [θɜ:d] dritte(r, s) I • **the Third World** die Dritte Welt VI 3 (56)
thirsty ['θɜ:sti] durstig I • **be thirsty** Durst haben, durstig sein I
this [ðɪs]
1. dies (hier) I
2. diese(r, s) I
This is Isabel. Hier spricht Isabel. / Hier ist Isabel. *(am Telefon)* II
this morning/afternoon/evening heute Morgen/Nachmittag/Abend I • **this way** hier entlang, in diese Richtung II
those [ðəʊz] die (da), jene (dort) I
thought [θɔ:t]
1. *siehe* **think**
2. Gedanke IV
thought bubble ['bʌbl] Denkblase VI 2 (28/207)
thousand ['θaʊznd] tausend, Tausend I
°**thread** [θred] Folge von Diskussionsbeiträgen in einem Blog oder Forum
°**thread** [θred] einfädeln
threaten ['θretn] jn. bedrohen, jm. drohen VI 2 (38)
threatening ['θretnɪŋ] drohend, bedrohlich VI 2 (38)
threw [θru:] *siehe* **throw**
thriller ['θrɪlə] Thriller VI 4 (76)
thrilling ['θrɪlɪŋ] aufregend, spannend VI 4 (87)
throat Hals, Kehle II • **have a sore throat** [sɔ: 'θrəʊt] Halsschmerzen haben II
through [θru:] durch II
throughout October [θru:'aʊt] den ganzen Oktober hindurch IV
throw [θrəʊ]**, threw, thrown** werfen I • **throw the dice** würfeln II **throw up** sich übergeben IV
thrown [θrəʊn] *siehe* **throw**
thunderstorm ['θʌndəstɔ:m] Gewitter V
Thursday ['θɜ:zdeɪ, 'θɜ:zdi] Donnerstag I
thus *(fml)* [ðʌs] daher, folglich VI 4 (88)
ticket ['tɪkɪt]
1. Eintrittskarte I
2. Fahrkarte III
ticket machine ['tɪkɪt məˌʃi:n] Fahrkartenautomat III
ticket office ['tɪkɪt‿ɒfɪs] Kasse *(für den Verkauf von Eintrittskarten)*; Fahrkartenschalter IV
tide [taɪd] Gezeiten, Ebbe und Flut II • **the tide is in** es ist Flut II **the tide is out** es ist Ebbe II
tidy ['taɪdi] aufräumen I
tidy ['taɪdi] ordentlich, aufgeräumt II
tie *(-ing form:* **tying***)* [taɪ] (fest)binden IV
tiger ['taɪgə] Tiger II
tight [taɪt] eng; fest IV
tights *(pl)* [taɪts] Strumpfhose III
till [tɪl] bis *(zeitlich)* I

time [taɪm] Zeit; Uhrzeit I • **in time** rechtzeitig II • **What's the time?** Wie spät ist es? I • **a long time** lange III • **a short time** kurz IV • **time zone** Zeitzone IV
time(s) [taɪmz] Mal(e); -mal II **for the first time** zum ersten Mal II
timeline ['taɪmlaɪn] Zeitstrahl, Zeitleiste IV
timetable ['taɪmteɪbl] Stundenplan I
timing ['taɪmɪŋ]: **bad timing** schlechtes Timing, schlechte Wahl des Zeitpunkts III
tin [tɪn] Dose V
tip [tɪp]
 1. Tipp III
 2. Spitze IV
tired ['taɪəd] müde I • **be tired of sth.** genug von etwas haben, etwas satt haben IV • **get tired of sth.** einer Sache überdrüssig werden, die Lust an etwas verlieren IV
title ['taɪtl] Titel, Überschrift I
to [tə, tu]
 1. zu, nach I • **an e-mail to** eine E-Mail an I • **to Jenny's** zu Jenny I • **to the doctor's** zum Arzt III **to the front** nach vorn I • **I've never been to Bath.** Ich bin noch nie in Bath gewesen. II • **write to** schreiben an I
 2. quarter to 12 Viertel vor 12 (11.45 / 23.45) I • **from Monday to Friday** von Montag bis Freitag III
 3. try to do versuchen, zu tun I
 4. um zu I
toast [təʊst] Toast(brot) I
today [tə'deɪ] heute I
toe [təʊ] Zeh I
together [tə'geðə] zusammen I
toilet ['tɔɪlət] Toilette I • **toilet paper** Toilettenpapier V
told [təʊld] *siehe* **tell**
tolerant (of sth./sb.) ['tɒlərənt] tolerant, verständnisvoll (etwas/jm. gegenüber) VI 2 (29/207)
tomato [tə'mɑːtəʊ], *pl* **tomatoes** Tomate II
tomorrow [tə'mɒrəʊ] morgen I
tone of voice [təʊn] Ton(fall) V
°**tone** [təʊn] Klang, Ton
tonight [tə'naɪt] heute Nacht, heute Abend I
tonne [tʌn] Tonne (Gewichtseinheit) VI 3 (58)
too [tuː]: **from Bristol too** auch aus Bristol I • **Me too.** Ich auch. I
too much/big/... [tuː] zu viel/groß/... I
took [tʊk] *siehe* **take**

tool [tuːl] Werkzeug IV
tooth [tuːθ], *pl* **teeth** [tiːθ] Zahn I
toothache ['tuːθeɪk] Zahnschmerzen II
top [tɒp]
 1. Spitze, oberes Ende I • **at the top (of)** oben, am oberen Ende, an der Spitze (von) I • °**at the top of your voice** aus vollem Hals
 2. Top, Oberteil I
top [tɒp] *(adj)* Spitzen-, oberste(r, s) III
topic ['tɒpɪk] Thema, Themenbereich I • **topic sentence** *Satz, der in das Thema eines Absatzes einführt* II
torch [tɔːtʃ] Taschenlampe VI 4 (98)
tore [tɔː] *siehe* **tear**
°**tormentor** [tɔː'mentə] *(fml)* Peiniger/in
torn [tɔːn] *siehe* **tear**
tortoise ['tɔːtəs] Schildkröte I
torture ['tɔːtʃə] Folter VI 2 (26)
total ['təʊtl] Gesamt-, gesamt, völlig, total VI 1 (10)
touch [tʌtʃ] berühren, anfassen I
touch [tʌtʃ]: **keep in touch** in Verbindung bleiben, Kontakt halten III
touch [tʌtʃ] Tasten, haptische Wahrnehmung VI 3 (64/221)
°**touchline** ['tʌtʃlaɪn] Seitenlinie
tough [tʌf] tough, selbstsicher, zäh III; schwierig, hart IV
tour [tʊə]
 1. *(of the house)* Rundgang, Tour (durch das Haus) I
 2. Tournee • **go on tour** auf Tournee gehen VI 2 (39)
tourist ['tʊərɪst] Tourist/in II **tourist information** Fremdenverkehrsamt II
toward [tə'wɔːd] *(AE)* *siehe* **towards**
towards [tə'wɔːdz]
 1. towards Mr Green auf Mr Green zu, in Mr Greens Richtung I
 2. towards sb. jm. gegenüber VI 2 (26)
towel ['taʊəl] Handtuch II
tower ['taʊə] Turm I
town [taʊn] Stadt I • **the centre of town** die Mitte der Stadt III • **in town** in der Stadt III • **into town** in die Stadt III
track [træk]
 1. Stück, Titel, Track *(auf einer CD)* III
 2. Spur, Fährte; Pfad, Weg V
trade [treɪd] Handel II
trade [treɪd] Handel treiben V
tradition [trə'dɪʃn] Tradition IV
traditional [trə'dɪʃənl] traditionell III

traffic ['træfɪk] Verkehr II
trail [treɪl] (Lehr-)Pfad IV
train [treɪn] Zug I • **on the train** im Zug I • **mule train** Maultierkarawane IV
train [treɪn]
 1. trainieren III
 2. train as ... eine Ausbildung machen zu ... V
trained [treɪnd] ausgebildet V
trainers *(pl)* ['treɪnəz] Turnschuhe II
training session ['seʃn] Trainingsstunde, -einheit III
tram [træm] Straßenbahn III
transfer [træns'fɜː] übertragen VI 3 (57)
translate (from ... into) [træns'leɪt] übersetzen (aus ... in) III
translation [træns'leɪʃn] Übersetzung III
translator [ˌtræns'leɪtə] Übersetzer/in VI 3 (59)
transparency [træns'pærənsi] Folie V
transport *(no pl)* ['trænspɔːt] Transport(wesen) III • **public transport** öffentlicher Verkehr IV
trap [træp] Falle II
trap (-pp-) [træp] (mit einer Falle) fangen III
trash [træʃ] *(AE)* Abfall, Müll V
travel (-ll-) ['trævl] reisen II
Travelcard ['trævlkɑːd] Tages-/Wochen-/Monatsfahrkarte *(der Londoner Verkehrsbetriebe)* III
travel guide ['trævl ˌgaɪd] Reiseführer *(Buch)* V
treason ['triːzn] Hochverrat IV
treat [triːt] behandeln V
treatment ['triːtmənt] Behandlung *(auch medizinisch)* VI 2 (26)
tree [triː] Baum I • **Christmas tree** Christ-, Weihnachtsbaum V **palm tree** Palme V
trend [trend] Trend V
trendy ['trendi] modisch, schick III
trial ['traɪəl] Test, Probe, Versuch VI 4 (80) • **trial separation** (Ehe-)Trennung auf Probe VI 4 (80)
tribal ['traɪbl] Stammes- IV
tribe [traɪb] (Volks-)Stamm IV
trick [trɪk]
 1. (Zauber-)Kunststück, Trick I **do tricks** (Zauber-)Kunststücke machen I
 2. Streich II • **play a trick on sb.** jm. einen Streich spielen II
trick sb. [trɪk] jn. austricksen, reinlegen V
trick sb. into doing sth. [trɪk] jn. mit einer List / einem Trick dazu bringen, etwas zu tun V
tricky ['trɪki] verzwickt, heikel V

trillion ['trɪliən] Billion V
trip [trɪp] Reise; Ausflug I • **go on a trip** einen Ausflug/eine Reise machen II • **take a trip** *(AE)* einen Ausflug/eine Reise machen IV
trombone [trɒm'bəʊn] Posaune III
trouble ['trʌbl] Schwierigkeiten, Ärger II • **be in trouble** in Schwierigkeiten sein; Ärger kriegen II
troublemaker ['trʌbl,meɪkə] Unruhestifter/in V
trousers *(pl)* ['traʊzəz] Hose II
truck [trʌk] Lastwagen, LKW V
true [tru:] wahr II • **come true** wahr werden II
truly ['tru:li]: **Yours truly** *(AE)* mit freundlichen Grüßen IV
trumpet ['trʌmpɪt] Trompete III
°**trunk** [trʌŋk] Baumstamm
trust [trʌst] trauen, vertrauen V
trust [trʌst] Vertrauen; vertrauliche Mitteilung VI 1 (9)
try [traɪ]
1. versuchen I
2. probieren, kosten I
try and do sth. / try to do sth. versuchen, etwas zu tun I • **try sth. on** etwas anprobieren *(Kleidung)* I
T-shirt ['ti:ʃɜ:t] T-Shirt I
tsunami [tsu:'nɑ:mi] Tsunami III
tube [tju:b]: **the Tube** *(no pl) (BE)* die Londoner U-Bahn III
Tuesday ['tju:zdeɪ, -di] Dienstag I
tuition [tju'ɪʃn] (Nachhilfe-)Unterricht V
tune [tju:n]: **tune a radio to a station** ein Radio auf einen Sender einstellen IV • **You're tuned to Radio Bristol.** Sie hören gerade Radio Bristol. IV
tune [tju:n] Melodie III
tunnel ['tʌnl] Tunnel II
turkey ['tɜ:ki] Pute, Truthahn IV
turn [tɜ:n]
1. sich umdrehen II • **turn around** sich umdrehen IV • **turn left/right** (nach) links/rechts abbiegen II
turn to sb. sich jm. zuwenden; sich an jn. wenden II
2. **turn sth. off/on** etwas aus-/einschalten I • **turn sth. down/up** etwas leiser/lauter stellen III
3. **turn out to be sth.** sich (als etwas) herausstellen VI 3 (55)
4. **turn sth. into sth.** jn./etwas in etwas verwandeln VI 2 (29)
turn [tɜ:n]: **(It's) my turn.** Ich bin dran / an der Reihe. I • **Miss a turn.** Einmal aussetzen. II • **Take another turn.** *(beim Spielen)* Würfel noch einmal. II • **take turns to do sth.** sich abwechseln IV

turtle ['tɜ:tl] Wasserschildkröte V
TV [ti:'vi:] Fernsehen I • **on TV** im Fernsehen I • **watch TV** fernsehen I
twice [twaɪs] zweimal III
twin [twɪn]: **twin brother** Zwillingsbruder I • **twins** *(pl)* Zwillinge I
twin town Partnerstadt I
twist [twɪst] *(überraschende)* Wendung VI 4 (96)
typical (of) ['tɪpɪkl] typisch (für) V

U

ugly ['ʌgli] hässlich V
ultimate ['ʌltɪmət] ultimativ, perfekt IV
ultraviolet rays (UV rays) *(pl)* [,ʌltrə,vaɪələt 'reɪz] ultraviolette Strahlen V
umbrella [ʌm'brelə] Regenschirm VI 3 (54)
unable [ʌn'eɪbl]: **be unable to do sth.** etwas nicht können V
unafraid [,ʌnə'freɪd]: **be unafraid** keine Angst haben V
unanswered [,ʌn'ɑ:nsəd] unbeantwortet IV
unavailable [,ʌnə'veɪləbl] nicht erhältlich, nicht vorrätig V
uncle ['ʌŋkl] Onkel I
unclear [,ʌn'klɪə] unklar, undeutlich II
uncomfortable [ʌn'kʌmftəbl] unbequem II
unconscious [ʌn'kɒnʃəs] bewusstlos II
uncool [,ʌn'ku:l] *(infml)* uncool III
under ['ʌndə] unter I
under age [,ʌndər_'eɪdʒ] minderjährig V
under control [kən'trəʊl] unter Kontrolle IV
underground ['ʌndəgraʊnd]: **the underground** die U-Bahn II
underground [,ʌndə'graʊnd] unterirdisch IV
°**underline** ['ʌndə'laɪn]
1. unterstreichen
2. betonen
understand [,ʌndə'stænd], **understood, understood** verstehen, begreifen I
understanding [,ʌndə'stændɪŋ] verständnisvoll IV
°**understanding** [,ʌndə'stændɪŋ] Kenntnis(se)
understood [,ʌndə'stʊd] *siehe* **understand**
underwear *(no pl)* ['ʌndəweə] Unterwäsche V

unequal [ʌn'i:kwəl] ungleich V
unexpected [,ʌnɪk'spektɪd] unerwartet, überraschend V
unfair [,ʌn'feə] unfair, ungerecht II
unfortunately [ʌn'fɔ:tʃənətli] leider, unglücklicherweise VI 1 (14)
unfriendliness [,ʌn'frendlinəs] Unfreundlichkeit VI 2 (41)
unfriendly [ʌn'frendli] unfreundlich II
unhappy [ʌn'hæpi] unglücklich II
unhealthy [ʌn'helθi] ungesund III
uniform ['ju:nɪfɔ:m] Uniform I
unimportant [,ʌnɪm'pɔ:tnt] unwichtig III
uninteresting [ʌn'ɪntrəstɪŋ] uninteressant II
°**Union Jack** [,ju:niən 'dʒæk] britische Nationalflagge
unique [ju'ni:k] einzigartig, einmalig V
unit ['ju:nɪt] Kapitel, Lektion I
unite (with sb./sth.) [ju'naɪt] sich (mit jm./etwas) vereinigen, vereinen V • **the United Kingdom (UK)** [ju,naɪtɪd 'kɪŋdəm], [,ju: 'keɪ] das Vereinigte Königreich *(Großbritannien und Nordirland)* III • **the United States (US)** [ju,naɪtɪd 'steɪts], [,ju:_'es] die Vereinigten Staaten (von Amerika) III
°**universal declaration** [ju:nɪ,vɜ:sl ,deklə'reɪʃn] Allgemeine Erklärung
universe ['ju:nɪvɜ:s] *(also* **Universe***)* Universum VI 3 (54)
university [,ju:nɪ'vɜ:səti] Universität, Hochschule V • **go to university** mit dem Studium anfangen V
unkind [,ʌn'kaɪnd] unfreundlich VI 1 (20)
unknown [,ʌn'nəʊn] unbekannt IV
unless [ən'les] es sei denn, außer (wenn) V
unlike [,ʌn'laɪk] im Gegensatz zu III
unlimited [ʌn'lɪmɪtɪd] unbegrenzt VI 4 (84)
unload [ʌn'ləʊd] entladen III
unlucky [ʌn'lʌki]: **be unlucky** Pech haben V
unnecessary [ʌn'nesəsəri] unnötig VI 4 (105)
unpleasant [ʌn'pleznt] unangenehm VI 1 (20)
unpopular [ʌn'pɒpjələ] unpopulär, unbeliebt V
°**unpredictable** [prɪ'dɪktəbl] unvorhersagbar, unvorhersehbar
unreal [,ʌn'rɪəl] unwirklich V
unrealistic [,ʌnrɪə'lɪstɪk] unrealistisch V
unreliable [,ʌnrɪ'laɪəbl] unzuverlässig V

unsafe [ʌn'seɪf] nicht sicher, gefährlich III
°**unspoken** [ˌʌn'spəʊkən] unausgesprochen
unsure [ˌʌn'ʃʊə, ˌʌn'ʃɔː] unsicher II
untidy [ʌn'taɪdi] unordentlich III
until [ən'tɪl] bis III
unusual [ʌn'juːʒuəl] ungewöhnlich VI 2 (31)
unwanted [ˌʌn'wɒntɪd] unerwünscht, ungewollt V
unwrap (-pp-) [ʌn'ræp] auspacken, auswickeln VI 3 (61)
up [ʌp] hinauf, herauf, nach oben I
up the hill den Hügel hinauf II
up there dort oben III • **That's up to you.** Das liegt bei dir. / Das kannst/musst du (selbst) entscheiden. III • **What's up?** Was ist los? IV • °**be up to sth.** *(infml)* etwas vorhaben, etwas anstellen
upper-class [ˌʌpə 'klɑːs] der Oberschicht zugehörig, vornehm, edel V
uprising ['ʌpraɪzɪŋ] Aufstand V
upset (about) [ˌʌp'set] aufgebracht, gekränkt, mitgenommen (wegen) III
upset sb. **(-tt-)** [ʌp'set], **upset, upset** jn. ärgern, kränken, aus der Fassung bringen III
upstairs [ˌʌp'steəz] oben; nach oben I
urban ['ɜːbən] städtisch, Stadt- V
urge [ɜːdʒ] Bedürfnis, Verlangen VI 3 (54)
us [əs, ʌs] uns I
US [ˌjuː_es] US-amerikanische(r, s) IV
use [juːz] benutzen, verwenden I
use force Gewalt anwenden V
use sth. up etwas aufbrauchen VI 3 (61)
use [juːs] Gebrauch III
used [juːst]: **get used to sth./sb.** sich gewöhnen an jn./etwas IV
I used to be Früher war ich (immer) ... V
useful ['juːsfl] nützlich V
useless ['juːsləs] nutzlos, unfähig IV
usual ['juːʒuəl] gewöhnlich, üblich IV
usually ['juːʒuəli] meistens, gewöhnlich, normalerweise I
°**utopia** [juː'təʊpiə] Utopie

V

vacation [və'keɪʃn, *AE:* veɪ'keɪʃn] *(AE)* Urlaub, Ferien III
valley ['væli] Tal II • **valley floor** Talboden II
valuable ['væljuəbl] wertvoll, nützlich V
value ['væljuː] Wert IV
vandalism ['vændəlɪzəm] Vandalismus, Zerstörungswut V
vandalize ['vændəlaɪz] mutwillig beschädigen, mutwillig zerstören V
various ['veəriəs] verschieden VI 4 (98)
vast [vɑːst] riesig VI 4 (78)
vastly ['vɑːstli] äußerst, völlig VI 4 (78)
vegetable ['vedʒtəbl] (ein) Gemüse III
verse [vɜːs] Vers *(von der Bibel)*; Strophe IV
version ['vɜːʃn] Fassung IV
original version Originalfassung IV
very ['veri]
1. sehr I • **like/love sth. very much** etwas sehr mögen/lieben II
Thanks very much! Danke sehr! / Vielen Dank! II
2. very best/most/... allerbeste(r, s), allermeiste(r, s), ... VI 1 (10)
victim ['vɪktɪm] Opfer III
victory ['vɪktəri] Sieg IV
video ['vɪdiəʊ] Video III • **video projector** Videoprojektor, Beamer V
view (of) [vjuː]
1. Aussicht, Blick (auf) II
2. Ansicht, Meinung III
in my view meiner Ansicht nach III • **point of view** [ˌpɔɪnt_əv 'vjuː] Standpunkt II • **from my point of view** aus meiner Sicht; von meinem Standpunkt aus gesehen II
view [vjuː] betrachten, sehen; fernsehen VI 1 (23)
villa ['vɪlə] Ferienhaus; Villa II
village ['vɪlɪdʒ] Dorf I
vineyard ['vɪnjəd] Weinberg IV
°**violation** [ˌvaɪə'leɪʃn] Verletzung
violence ['vaɪələns] Gewalt, Gewalttätigkeit IV
violent ['vaɪələnt] gewalttätig, gewaltsam IV
violin [ˌvaɪə'lɪn] Violine, Geige III
play the violin Geige spielen III
visibility [ˌvɪzə'bɪləti] Sicht(weite) IV
vision ['vɪʒn]
1. Sehvermögen VI 3 (56)
°**2.** Vision, Vorstellung
visit ['vɪzɪt] besuchen, aufsuchen II
visit ['vɪzɪt] Besuch II
visitor ['vɪzɪtə] Besucher/in, Gast I
visual ['vɪʒuəl] optisch, visuell VI 4 (86) • **visual aids** *(pl)* Anschaungsmaterialien V
°**vivid** ['vɪvɪd] lebendig
vocabulary [və'kæbjələri] Vokabelverzeichnis, Wörterverzeichnis I
voice [vɔɪs] Stimme I • **tone of voice** Ton(fall) V • °**at the top of your voice** aus vollem Hals
voiceover ['vɔɪsəʊvə] Voiceover *(Kommentar einer Figur oder eines Erzählers, der nicht „in der Szene" gesprochen wird, sondern sozusagen „über der Szene")* VI 2 (30)
volleyball ['vɒlibɔːl] Volleyball I
volume ['vɒljuːm] Lautstärke VI 3 (66)
volunteer [ˌvɒlən'tɪə] sich freiwillig melden, sich bereit erklären IV; ehrenamtliche Arbeit leisten für/bei V
volunteer work [ˌvɒlən'tɪə] Arbeit als Freiwillige(r) III
vote [vəʊt]
1. (for/against sb./sth.) für/gegen jn./etwas stimmen IV
2. zur Wahl gehen, wählen V
voting age Wahlalter VI 2 (34)
vote [vəʊt] (die) Stimme(n); Stimmrecht III
vowel sound ['vaʊəl saʊnd] Vokallaut II

W

wages *(pl)* ['weɪdʒɪz] Lohn VI 3 (56)
waist [weɪst] Taille VI 4 (81)
wait (for) ['weɪt fɔː] warten (auf) I
I can't wait to see ... ich kann es kaum erwarten, ... zu sehen I
Wait a minute. Warte mal! / Moment mal! II • **Wait and see!** Wart's ab! III
wake [weɪk], **woke, woken**
1. wake sb. (up) jn. (auf)wecken III
2. wake up aufwachen III
walk [wɔːk] (zu Fuß) gehen, laufen I; spazieren gehen III • **walk on** weiterlaufen III • **walk around** herumlaufen III • °**walk away from sb./sth** von jm./etwas weglaufen • **walk the dog** den Hund ausführen V
walk [wɔːk] Spaziergang II • **go for a walk** spazieren gehen, einen Spaziergang machen II
wall [wɔːl] Wand; Mauer II
wander ['wɒndə] schlendern, herumirren IV
want [wɒnt] (haben) wollen I
want to do tun wollen I • **They want me to say something.** Sie möchten, dass ich etwas sage IV
want sth. (to be) done wollen,

dass etwas geschieht; wollen, dass etwas getan wird VI 2 (34)
war [wɔː] Krieg III
wardrobe ['wɔːdrəʊb] Kleiderschrank I
warm [wɔːm] warm II
warming ['gləʊbl]: **global warming** Erwärmung der Erdatmosphäre V
warn sb. (about/of sth.) [wɔːn] jn. vor etwas warnen IV
warning ['wɔːnɪŋ] Warnung IV
was [wəz, wɒz] *siehe* **be**
wash [wɒʃ] waschen I • **I wash my hands.** Ich wasche mir die Hände. I
washing machine ['wɒʃɪŋ məˌʃiːn] Waschmaschine II
waste sth. (on) [weɪst] etwas verschwenden, vergeuden (für) III
waste [weɪst]
1. Verschwendung IV
2. Abfall V
watch [wɒtʃ] beobachten, sich etwas ansehen; zusehen I
watch TV fernsehen I
°**watch** [wɒtʃ] aufpassen
watch [wɒtʃ] Armbanduhr I
water ['wɔːtə] Wasser I
waterfall ['wɔːtəfɔːl] Wasserfall III
waterproof ['wɔːtəpruːf] wasserdicht, -fest V
wave [weɪv] winken II • **wave at sb.** jm. zuwinken V
wave [weɪv] Welle IV
way [weɪ]
1. Weg; Strecke II • **a long way (from)** weit entfernt (von) I
ask sb. the way jn. nach dem Weg fragen II • **on the way (to)** auf dem Weg (zu/nach) II • **tell sb. the way** jm. den Weg beschreiben II • **What's the best way to get there?** Wie komme ich am besten dahin? III • **I'm on my way.** Ich bin (schon) unterwegs. IV
2. Richtung II • **the other way round** anders herum II • **the wrong way** in die falsche Richtung II • **this way** hier entlang, in diese Richtung II • **which way?** in welche Richtung? / wohin? II
3. **No way!** [ˌnəʊ 'weɪ] Auf keinen Fall! / Kommt nicht in Frage! II; Was du nicht sagst! / Das kann nicht dein Ernst sein! III
4. **by the way** übrigens, nebenbei (bemerkt) III
5. Art und Weise • **way of life** Lebensart III • **the way you ...** so wie du ..., auf dieselbe Weise wie du ... IV
we [wiː] wir I
weak [wiːk] schwach II
weakness ['wiːknəs] Schwäche, Schwachpunkt V
wealth [welθ] Reichtum IV
wealthy ['welθi] reich IV
wear [weə], **wore, worn** tragen, anhaben (Kleidung) I
wearer ['weərə] Träger/in VI 3 (56)
weather ['weðə] Wetter II
weatherproof ['weðəpruːf] wetterbeständig, -fest V
web address ['web əˈdres] Webadresse VI 2 (34)
webcam ['webkæm] Webcam, Internetkamera II
web design ['webdɪˌzaɪn] Webgestaltung V
website ['websaɪt] Website II
Wednesday ['wenzdeɪ, 'wenzdi] Mittwoch I
week [wiːk] Woche I • **days of the week** Wochentage I • **a three-week holiday** ein dreiwöchiger Urlaub III • **once a week** einmal pro Woche III
weekend [ˌwiːk'end] Wochenende I • **at the weekend** am Wochenende I • **on the weekend** *(AE)* am Wochenende IV
weigh [weɪ] wiegen III
weight [weɪt] Gewicht IV
weird [wɪəd] seltsam III
welcome ['welkəm]
1. **Welcome (to Bristol).** Willkommen (in Bristol). I
2. **You're welcome.** Gern geschehen. / Nichts zu danken. I
welcome sb. (to) ['welkəm] jn. begrüßen, willkommen heißen (in) I
They welcome you to ... Sie heißen dich in ... willkommen I
welcoming ['welkəmɪŋ] gastfreundlich, einladend (place) V
well [wel] *(gesundheitlich)* gut; gesund, wohlauf II
well [wel] gut II • **go well** gut (ver)laufen, gutgehen II • **You looked after them well.** Du hast dich gut um sie gekümmert. II
Oh well ... Na ja ... / Na gut ... I
Well, ... Nun, ... / Also, ... I • **well-structured** gut aufgebaut, gut strukturiert V • °**well-worn** abgenutzt
Welsh [welʃ] walisisch; Walisisch II
went [went] *siehe* **go**
were [wə, wɜː]: **(we/you/they) were** *siehe* **be**
west [west] Westen; nach Westen; westlich II • **westbound** ['westbaʊnd] Richtung Westen III
western ['westən] westlich, West- III
wet [wet] feucht, nass II
wetsuit ['wetsuːt] Nassanzug *(Tauch- oder Surfanzug)* V
whale [weɪl] Wal V
what [wɒt]
1. was I
2. welche(r, s) I
like what? wie zum Beispiel? IV
So what? [səʊ 'wɒt] Und? / Na und? II • **Then what?** Was dann? II • **they didn't know what to do** sie wussten nicht, was sie tun sollten; sie wussten nicht, was zu tun war III • **What a bummer!** *(infml)* So ein Mist! / Wie schade! III
What about ...? 1. Was ist mit ...? / Und ...? I; 2. Wie wär's mit ...? I
What are you talking about? Wovon redest du? I • **What can I get you?** Was kann/darf ich euch/Ihnen bringen? II • **What colour is ...?** Welche Farbe hat ...? I
What for? [ˌwɒt 'fɔː] Wofür? II
What have we got next? Was haben wir als Nächstes? I • **What kind of car ...?** Was für ein Auto ...? III • **What page are we on?** Auf welcher Seite sind wir? I • **What's for homework?** Was haben wir als Hausaufgabe auf? I • **What's the best way to get there?** Wie komme ich am besten dahin? III
What's the point? Was soll das? III
What's the time? Wie spät ist es? I • **What's the matter?** Was ist los? / Was ist denn? II • **What's up?** Was ist los? IV • **What's wrong with you?** Was fehlt dir? II
What's your name? Wie heißt du? I • **What was the weather like?** Wie war das Wetter? II
whatever [ˌwɒt'evə] egal; wie dem auch sei; was (auch) immer IV
whatever the movie egal, in welchem Film IV
wheel [wiːl] Rad III • **big wheel** Riesenrad III
wheelchair ['wiːltʃeə] Rollstuhl I
when [wen] wann I • **When's your birthday?** Wann hast du Geburtstag? I
when [wen]
1. wenn I
2. als I
whenever [ˌwen'evə] wann (auch) immer; egal, wann IV
where [weə]
1. wo I
2. wohin I
Where are you from? Wo kommst

du her? I • **He had no idea where to go.** Er hatte keine Ahnung, wo er gehen sollte. IV
wherever [ˌwer'evə] wo(hin) (auch) immer; egal, wo(hin) IV
whether ['weðə] ob IV
which [wɪtʃ] welche(r, s) I • **Which picture ...?** Welches Bild ...? I **which way?** in welche Richtung? / wohin? II
which [wɪtʃ] der, die, das; die *(Relativpronomen)* III
while [waɪl]
1. *(conj)* während III
2. *(n)* **(for) a while** eine Weile, einige Zeit IV
whisper ['wɪspə] flüstern I
whistle ['wɪsl] pfeifen II
whistle ['wɪsl] Pfiff; (Triller-)Pfeife II
white [waɪt] weiß I
who [hu:]
1. wer I
2. wen / wem II
Who did she talk to? Mit wem hat sie geredet? II • **He had no idea who to ask.** Er hatte keine Ahnung, wen er fragen sollte. IV
who [hu:] der, die, das; die *(Relativpronomen)* III
whoever [ˌhu:'evə] wer/wen/wem (auch) immer; egal, wer/wen/wem IV
whole [həʊl] ganze(r, s), gesamte(r, s) II • **the whole of 2006** das ganze Jahr 2006 II
whom [hu:m]: **To whom it may concern** *(bes. AE)* Sehr geehrte Damen und Herren IV
whose [hu:z] wessen II • **Whose are these?** Wem gehören diese? II
whose [hu:z]: **the man whose statue ...** der Mann, dessen Statue ... II
why [waɪ] warum I • **Why me?** Warum ich? I • **that's why** deshalb, darum I
wicked ['wɪkɪd] böse, schlecht VI 3 (62)
wide [waɪd] weit, breit III • **far and wide** weit und breit IV
wife [waɪf], *pl* **wives** [waɪvz] Ehefrau II
wild [waɪld] wild II
wildfire ['waɪldfaɪə] Waldbrand, Buschbrand IV
wildlife ['waɪldlaɪf] Tierwelt, frei lebende Tiere IV
will [wɪl]: **you'll be cold (= you will be cold)** du wirst frieren; ihr werdet frieren II • **you'll have travelled** du wirst gereist sein III
willing ['wɪlɪŋ]: **be willing to do sth.** bereit/gewillt sein, etwas zu tun VI 2 (39)
win (-nn-) [wɪn], **won, won** gewinnen I
win [wɪn] Sieg III
wind [wɪnd] Wind I
window ['wɪndəʊ] Fenster I
windproof ['wɪndpru:f] winddicht V
windy ['wɪndi] windig I
wine [waɪn] Wein IV
winemaker ['waɪnmeɪkə] Winzer/in IV
winemaking ['waɪnmeɪkɪŋ] Weinherstellung IV
wing [wɪŋ] Flügel IV
winner ['wɪnə] Gewinner/in, Sieger/in II
winter ['wɪntə] Winter I
wipe [waɪp] (ab)wischen IV
wish [wɪʃ] sich etwas wünschen III • **You wish!** *etwa:* Das hättest du wohl gerne! III
wish [wɪʃ]: **Best wishes** Viele Grüße IV
witch [wɪtʃ] Hexe VI 4 (76)
with [wɪð]
1. mit I
2. bei I
Sit with me. Setz dich zu mir. / Setzt euch zu mir. I • **be with sb.** mit jm. zusammen sein IV
within [wɪ'ðɪn] innerhalb (von) V
without [wɪ'ðaʊt] ohne I
witness (to sth.) ['wɪtnəs] Zeuge, Zeugin (für/von etwas) V
witness sth. ['wɪtnəs] bei/von etwas Zeuge sein VI 2 (38)
wives [waɪvz] *pl von „wife"* II
woke [wəʊk] *siehe* **wake**
woken [wəʊkn] *siehe* **wake**
wolf [wʊlf], *pl* **wolves** [wʊlvz] Wolf II
woman ['wʊmən], *pl* **women** ['wɪmɪn] Frau I
won [wʌn] *siehe* **win**
wonder ['wʌndə] sich fragen, gern wissen wollen II
°**wonder** ['wʌndə] Staunen
wonderful ['wʌndəfəl] wunderbar II
won't [wəʊnt]: **you won't be cold (= you will not be cold)** du wirst nicht frieren; ihr werdet nicht frieren II
wood [wʊd]
1. Holz II
2. *(also* **woods** *(pl))* Wald, Wälder II
woodpecker ['wʊdpekə] Specht II
word [wɜ:d] Wort I • **word building** Wortbildung II • **word field** Wortfeld III • **word for word** Wort für Wort, wortwörtlich VI 1 (25) • °**word order** Wortstellung
wore [wɔ:] *siehe* **wear**
work [wɜ:k]
1. arbeiten I • **work hard** hart arbeiten II • **work on sb./sth.** an jn./etwas arbeiten I • **work out** klappen, gutgehen IV • **work sth. out** etwas herausfinden, etwas herausarbeiten IV
2. funktionieren III
work [wɜ:k] Arbeit I • **at work** bei der Arbeit / am Arbeitsplatz I **be in a line of work** einen Beruf ausüben IV • **volunteer work** Arbeit als Freiwillige(r) III • **work experience** *(no pl)* Arbeits-, Praxiserfahrung(en) V
worker ['wɜ:kə] Arbeiter/in II
work(place) ['wɜ:kpleɪs] Arbeitsplatz *(Ort)* IV
worksheet ['wɜ:kʃi:t] Arbeitsblatt I
workshop ['wɜ:kʃɒp] Workshop, Lehrgang III
world [wɜ:ld] Welt I • **all over the world** auf der ganzen Welt III **developing world** Entwicklungsländer VI 3 (56) • **from all over the world** aus der ganzen Welt II **in the world** auf der Welt II **the Third World** die Dritte Welt VI 3 (56) • **world music** Weltmusik III
world-famous [ˌwɜ:ld 'feɪməs] weltberühmt IV
worldwide [ˌwɜ:ld'waɪd] weltweit IV
worn [wɔ:n] *siehe* **wear**
worried ['wʌrid]: **be worried (about)** beunruhigt sein, besorgt sein (wegen) I
worry ['wʌri] Sorge, Kummer II **No worries!** *(bes. Australisches E)* Kein Problem! V
worry (about) ['wʌri] sich Sorgen machen (wegen, um) I • **Don't worry.** Mach dir keine Sorgen. I **worry sb.** jm. Sorgen machen, jn. beunruhigen VI 2 (38)
worse (than) [wɜ:s] schlechter, schlimmer (als) II
worst [wɜ:st]: **(the) worst** am schlechtesten, schlimmsten; der/die/das schlechteste, schlimmste ... II
worth [wɜ:θ]: **it is worth doing sth.** es lohnt sich, etwas zu tun IV **It's worth it.** Es lohnt sich. IV **It isn't worth it.** Es lohnt sich nicht. IV

would [wəd, wʊd]
1. würde, würdest, würden II • **I'd like ... (= I would like ...)** Ich hätte gern ... / Ich möchte gern ... I **Would you like ...?** Möchtest du ...? / Möchten Sie ...? I • **I'd like to go (= I would like to go)** Ich würde gern gehen / Ich möchte gehen I • **I wouldn't like to go** ich würde nicht gern gehen / ich möchte nicht gehen I
2. I'd (= I would) go ich pflegte zu gehen; ich ging oft VI 1 (10)
wrap (-pp-) [ræp] einwickeln VI 3 (61)
wrist [rɪst] Handgelenk IV
write [raɪt], **wrote, written** schreiben I • **write down** aufschreiben I • **write to** schreiben an I
writer ['raɪtə] Schreiber/in; Schriftsteller/in II
written ['rɪtn]
1. *siehe* **write**
2. schriftlich V
wrong [rɒŋ] falsch, verkehrt I **get sth. wrong** etwas falsch machen III • **the wrong way** in die falsche Richtung II • **What's wrong with you?** Was fehlt dir? II
wrote [rəʊt] *siehe* **write**

X

xenophobic [ˌzenə'fəʊbɪk] fremdenfeindlich, xenophob VI 2 (29)

Y

yard [jɑːd]
1. Hof II • **in the yard** auf dem Hof II
2. Yard *(Längenmaß, 0,91 m)* IV
yawn [jɔːn] gähnen II
year [jɪə]
1. Jahr I • **a 70-year-old teacher** ein 70-jähriger Lehrer III
2. Jahrgangsstufe I
yellow ['jeləʊ] gelb I
yes [jes] ja I
yesterday ['jestədeɪ, 'jestədi] gestern I • **the day before yesterday** vorgestern II • **yesterday morning/afternoon/evening** gestern Morgen/Nachmittag/Abend I
yet [jet]**: not (...) yet** noch nicht II **yet?** schon? II
yoga ['jəʊgə] Yoga I
yogurt ['jɒgət] Jogurt III
you [juː]
1. du; Sie I
2. ihr I
3. dir; dich; euch I
4. man III
How are you? Wie geht es dir/Ihnen/euch? II • **You're welcome.** Gern geschehen. / Nichts zu danken. I • **you two** ihr zwei I • **You wish!** *etwa:* Das hättest du wohl gerne! III • **°you and yours** du und das Deinige
young [jʌŋ] jung I
your [jɔː]
1. dein/e I
2. Ihr I
3. euer/eure I
°Your Majesty Eure Majestät
yours [jɔːz]
1. deiner, deine, deins II
2. eurer, eure, eures II
Yours faithfully mit freundlichen Grüßen IV • **Yours sincerely** *(BE)* mit freundlichen Grüßen IV
Yours truly *(AE)* mit freundlichen Grüßen IV
yourself [jə'self, jɔː'self]
1. dir/dich III • **about yourself** über dich selbst III
2. selbst IV
yourselves [jə'selvz, jɔː'selvz]
1. euch/sich III
2. selbst IV
youth [juːθ] Jugend III
youth group ['juːθ ˌgruːp] Jugendgruppe IV
youth hostel ['juːθ ˌhɒstəl] Jugendherberge III
yummy ['jʌmi] *(infml)* lecker III

Z

zebra ['zebrə] Zebra II
zero ['zɪərəʊ] null I
zone [zəʊn] Zone, Bereich III **time zone** Zeitzone IV
zoo [zuː] Zoo, Tierpark I

Infinitive	Simple past form	Past participle	
(to) **be**	**was/were**	**been**	sein
(to) **beat**	**beat**	**beaten**	schlagen; besiegen
(to) **become**	**became**	**become**	werden
(to) **begin**	**began**	**begun**	beginnen, anfangen (mit)
(to) **bend**	**bent**	**bent**	sich beugen
(to) **bleed** [iː]	**bled** [e]	**bled** [e]	bluten
(to) **blow**	**blew**	**blown**	wehen, blasen, pusten
(to) **break**	**broke**	**broken**	zerbrechen, kaputt machen
(to) **bring**	**brought**	**brought**	(mit-, her)bringen
(to) **broadcast**	**broadcast**	**broadcast**	ausstrahlen; senden
(to) **build**	**built**	**built**	bauen
(to) **buy**	**bought**	**bought**	kaufen
(to) **catch**	**caught**	**caught**	fangen; erwischen
(to) **choose** [uː]	**chose** [əʊ]	**chosen** [əʊ]	(aus)wählen; (sich) aussuchen
(to) **come**	**came**	**come**	kommen
(to) **creep** [iː]	**crept** [e]	**crept**	kriechen
(to) **cut**	**cut**	**cut**	schneiden
(to) **deal** with [iː]	**dealt** [e]	**dealt** [e]	sich beschäftigen mit
(to) **do**	**did**	**done** [ʌ]	tun, machen
(to) **draw**	**drew**	**drawn**	zeichnen
(to) **drink**	**drank**	**drunk**	trinken
(to) **drive** [aɪ]	**drove**	**driven** [ɪ]	*(ein Auto)* fahren
(to) **eat**	**ate** [et, eɪt]	**eaten**	essen
(to) **fall**	**fell**	**fallen**	(hin)fallen, stürzen
(to) **feed**	**fed**	**fed**	füttern
(to) **feel**	**felt**	**felt**	(sich) fühlen; sich anfühlen
(to) **fight**	**fought**	**fought**	kämpfen
(to) **find**	**found**	**found**	finden
(to) **fly**	**flew**	**flown**	fliegen
(to) **forget**	**forgot**	**forgotten**	vergessen
(to) **forgive**	**forgave**	**forgiven**	vergeben, verzeihen
(to) **get**	**got**	**got** *(AE also:* **gotten***)*	bekommen; holen; werden; (hin)kommen
(to) **give**	**gave**	**given**	geben
(to) **go**	**went**	**gone** [ɒ]	gehen, fahren
(to) **grow**	**grew**	**grown**	wachsen; anbauen, anpflanzen
(to) **hang**	**hung**	**hung**	(etwas) aufhängen
(to) **have (have got)**	**had**	**had**	haben, besitzen
(to) **hear** [ɪə]	**heard** [ɜː]	**heard** [ɜː]	hören
(to) **hide** [aɪ]	**hid** [ɪ]	**hidden** [ɪ]	(sich) verstecken
(to) **hit**	**hit**	**hit**	treffen; schlagen
(to) **hold**	**held**	**held**	halten
(to) **hurt**	**hurt**	**hurt**	wehtun; verletzen
(to) **keep**	**kept**	**kept**	(be)halten; aufbewahren
(to) **kneel** [niːl]	**knelt** [nelt]	**knelt**	sich hinknien
(to) **know** [nəʊ]	**knew** [njuː]	**known** [nəʊn]	wissen; kennen
(to) **lay** the table	**laid**	**laid**	den Tisch decken
(to) **lead** [iː]	**led** [e]	**led** [e]	führen
(to) **leave**	**left**	**left**	(weg)gehen; abfahren; verlassen; zurücklassen
(to) **lend**	**lent**	**lent**	leihen
(to) **let**	**let**	**let**	lassen

Infinitive	Simple past form	Past participle	
(to) **lie**	**lay**	**lain**	liegen
(to) **lose** [uː]	**lost** [ɒ]	**lost** [ɒ]	verlieren
(to) **make**	**made**	**made**	machen; bauen; bilden
(to) **mean** [iː]	**meant** [e]	**meant** [e]	bedeuten; meinen
(to) **meet**	**met**	**met**	(sich) treffen
(to) **pay**	**paid**	**paid**	bezahlen
(to) **put**	**put**	**put**	legen, stellen, *(wohin)* tun
(to) **read** [iː]	**read** [e]	**read** [e]	lesen
(to) **ride** [aɪ]	**rode**	**ridden** [ɪ]	reiten; *(Rad)* fahren
(to) **ring**	**rang**	**rung**	klingeln, läuten
(to) **rise** [aɪ]	**rose**	**risen** [ɪ]	(auf)steigen
(to) **run**	**ran**	**run**	rennen, (ver)laufen
(to) **say** [eɪ]	**said** [e]	**said** [e]	sagen
(to) **see**	**saw**	**seen**	sehen; besuchen, aufsuchen
(to) **seek** [iː]	**sought** [ɔː]	**sought**	suchen
(to) **sell**	**sold**	**sold**	verkaufen
(to) **send**	**sent**	**sent**	schicken, senden
(to) **set** a trap	**set**	**set**	eine Falle stellen
(to) **sew**	**sewed**	**sewn**	(an)nähen
(to) **shake**	**shook**	**shaken**	schütteln
(to) **shine**	**shone** [ɒ, *AE* əʊ]	**shone** [ɒ]	scheinen *(Sonne)*
(to) **shoot** [uː]	**shot** [ɒ]	**shot** [ɒ]	(er)schießen
(to) **show**	**showed**	**shown**	zeigen
(to) **shut up**	**shut**	**shut**	den Mund halten
(to) **sing**	**sang**	**sung**	singen
(to) **sink**	**sank**	**sunk**	sinken
(to) **sit**	**sat**	**sat**	sitzen; sich setzen
(to) **sleep**	**slept**	**slept**	schlafen
(to) **speak**	**spoke**	**spoken**	sprechen
(to) **spend**	**spent**	**spent**	*(Zeit)* verbringen; *(Geld)* ausgeben
(to) **spit**	**spat**	**spat**	spucken
(to) **spread** [e]	**spread** [e]	**spread** [e]	(sich) ausbreiten, (sich) verbreiten
(to) **stand**	**stood**	**stood**	stehen; sich (hin)stellen
(to) **steal**	**stole**	**stolen**	stehlen
(to) **stick**	**stuck**	**stuck**	herausragen, herausstehen; (auf)kleben
(to) **sweep** [iː]	**swept** [e]	**swept** [e]	fegen, kehren
(to) **swim**	**swam**	**swum**	schwimmen
(to) **take**	**took**	**taken**	nehmen; (weg-, hin)bringen; dauern, *(Zeit)* brauchen
(to) **teach**	**taught**	**taught**	unterrichten, lehren
(to) **tear** [eə]	**tore** [ɔː]	**torn** [ɔː]	(zer)reißen
(to) **tell**	**told**	**told**	erzählen, berichten
(to) **think**	**thought**	**thought**	denken, glauben, meinen
(to) **throw**	**threw**	**thrown**	werfen
(to) **understand**	**understood**	**understood**	verstehen
(to) **upset**	**upset**	**upset**	ärgern, kränken, aus der Fassung bringen
(to) **wake** up	**woke**	**woken**	aufwachen; wecken
(to) **wear** [eə]	**wore** [ɔː]	**worn** [ɔː]	tragen *(Kleidung)*
(to) **win**	**won** [ʌ]	**won** [ʌ]	gewinnen
(to) **write**	**wrote**	**written**	schreiben

First names

Adam ['ædəm]
Adisa [ə'di:sə]
Afra ['æfrə]
Alaska [ə'læskə]
Albert ['ælbət]
Alex ['ælɪks]
Alfred ['ælfrɪd]
Alfredo [al'fri:dəʊ]
Amal [ə'mæl, ə'mɑ:l]
Andreas [æn'dreɪəs]
Archimedes [ˌɑ:kɪ'mɪ:dɪ:z]
Bernard ['bɜ:nəd]
Betsy ['betsi]
Bianca [bi'æŋkə]
Bridget ['brɪdʒɪt]
Bryan ['braɪən]
Carol ['kærəl]
Charles [tʃɑ:lz]
Christopher ['krɪstəfə]
David ['deɪvɪd]
Douglas ['dʌgləs]
Duncan ['dʌŋkən]
Edith ['i:dɪθ]
Eileen ['aɪli:n]
Emmanuel [i'mænju:əl]
Emmeline ['eməli:n]
Ernest ['ɜ:nɪst]
Francis ['frɑ:nsɪz]
Galileo [gælɪ'leɪəʊ]
Geoffrey ['dʒefri]
George [dʒɔ:dʒ]
Gerty ['gɜ:ti]
Gideon ['gɪdiən]
Gilbert ['gɪlbət]
Godric ['gɒdrɪk]
Grace [greɪs]
Haylie ['heɪli]
Henry ['henri]
Howard ['haʊəd]
Humphrey ['hʌmfri]
Jaz [dʒæz]
Jeanette [dʒə'net]
Jesus ['dʒi:zəz]
Jill [dʒɪl]
Jimmy ['dʒɪmi]
Joshua ['dʒɒʃjuə]
Junior ['dʒu:niə]
Kalino [kə'li:nəʊ]
Kevin ['kevɪn]
Kirsty ['kɜ:sti]
Laura [lɔ:rə]
Laurie ['lɒri]
Lawrence ['lɒrəns]
Lucy [lu:si]
Lyra ['laɪrə]
Margaret ['mɑ:grət]
Marie [mə'ri:]
Mary ['meəri]
Matthew ['mæθju:]
Maurice ['mɒrɪs]
Maya [meɪə, maɪə]
Melinda [mə'lɪndə]
Michael ['maɪkl]
Mike [maɪk]
Miles [maɪlz]
Nicolaus ['nɪkəlaʊs]
Oscar ['ɒskə]
Peter ['pi:tə]
Prudence ['pru:dəns]
Puma ['pju:mə]
Roald ['rəʊəld]
Robert ['rɒbəts]
Roger ['rɒdʒə]
Rosalind ['rɒsəlɪnd]
Rowena [rəʊ'i:nə]
Saci ['sæʃi]
Salazar ['sæləzɑ:]
Samantha [sə'mænθə]
Sean [ʃɔ:n]
Sharon ['ʃærən]
Sherman ['ʃɜ:mən]
Simone [sɪməʊn]
Stephen ['sti:vn]
Stewart [stju:ət]
Susan ['su:zən]
Tau [taʊ]
Thomas ['tɒməs]
Tony ['təʊni]
Troy [trɔɪ]
Victoria [vɪk'tɔ:riə]
William ['wɪlɪəm]
Yamila [jə'mɪlə]

Family names

Adjei-Mensah [əˌdʒeɪ 'mensə]
Alexie [ə'leksi]
Anderson ['ændəsən]
Angelou ['ændʒəlu:]
Atwood ['ætwʊd]
Baldwin [bɔ:ldwɪn]
Belacqua [bel'ækwə]
Blunt [blʌnt]
Bogart ['bəʊgɑ:t]
Bowie ['bəʊɪ]
Bryson ['braɪsən]
Calvin ['kælvɪn]
Copernicus [kə'pɜ:nɪkəs]
Cowling ['kaʊlɪŋ]
Cromwell ['krɒmwel]
Darwin ['dɑ:wɪn]
Edison ['edɪsən]
Eggers ['egəz]
Einstein ['aɪnstaɪn]
Ferlinghetti [ˌfɜ:lɪŋ'geti]
Franklin ['fræŋklɪn]
Gabriel ['geɪbriəl]
Gentile ['dʒentaɪl]
Gribbin ['grɪbɪn]
Gryffindor ['grɪfɪndɔ:]
Gunn [gʌn]
Haddon ['hædn]
Halse [hæls]
Halter [hɔ:ltə]
Hemingway ['hemɪŋweɪ]
Herrick ['herɪk]
Hufflepuff ['hʌflpʌf]
Jagger ['dʒægə]
Jal [dʒɑ:l]
Johnson ['dʒɒnsən]
Jones [dʒəʊnz]
Jordan ['dʒɔ:dən]
Joyce [dʒɔɪs]
Kamkwamba [kæm'kwæmbə]
Kelso ['kelsəʊ]
Kennedy ['kenədi]
Lanning ['lænɪŋ]
Lawson ['lɔ:sən]
Lewis ['lu:ɪs]
Lloyd [lɔɪd]
Logue [ləʊg]
Marsden ['mɑ:zdən]
Martin ['mɑ:tɪn]
Mealer ['mi:lə]
Miles [maɪlz]
Mitton ['mɪtn]
Moynahan ['mɔɪnəhən]
Pankhurst [ˌpæŋkhɜ:st]
Petrakis [pə'trɑ:kɪs]
Phiri ['fɪri]
Preston ['prestən]
Proyas ['prɔɪəs]
Pullman ['pʊlmən]
Ravenclaw ['reɪvnklɔ:]
Ridley ['rɪdli]
Roberts ['rɒbəts]
Rockwell ['rɒkwel]
Sagan ['seɪgən]
Sikelo [sɪ'keɪləʊ]
Slytherin ['slɪðərɪn]
Smith [smɪθ]
Spacey ['speɪsi]
Spooner ['spu:nə]
Stevens ['sti:vəns]
Tembo ['tembəʊ]
Tennyson ['tenɪsən]
Ustinov ['ju:stɪnɒf]
Vesalius [və'seɪliəs]
Waldrop ['wɔ:ldrɒp]
Wallace ['wɒlɪs]
Washington ['wɒʃɪŋtən]
Watson ['wɒtsən]
Watt [wɒt]
Wilde [waɪld]
Wilkins ['wɪlkɪnz]
Wordsworth ['wɜ:dzwəθ]

Place names

Alabama [ˌælə'bæmə]
Belfast [ˌbel'fɑ:st]
Birmingham *(US)* ['bɜ:mɪŋhæm]
Broughton ['brɔ:tn]
Brussels ['brʌsəlz]
Budapest [ˌbju:də'pest]
California [ˌkælə'fɔ:niə]
Chandigarh ['tʃændɪgɑ:]
Cicero ['sɪsərəʊ]
Connecticut [kə'netɪkət]
Culver Creek [ˌkʌlvə 'kri:k]
Darfur [dɑ:'fʊə]
Florida ['flɒrɪdə]
the **Great Lakes** [ˌgreɪt 'leɪks]
Hades ['heɪdi:z]
Hamburg ['hæmbɜ:g]
Haybrook ['heɪbrʊk]
Illinois [ˌɪlə'nɔɪ]
Irbid ['ɪəbɪd]
London ['lʌndən]
Majorca [mə'jɔ:kə]
Milan [mɪ'læn]
Molepolole [ˌməʊləpə'ləʊleɪ]
Mostyn ['mɒstɪn]
New Hope [ˌnju: 'həʊp]
New York City [ˌnju: ˌjɔ:k 'sɪti]
the **North Pole** [ˌnɔ:θ 'pəʊl]
Orange ['ɒrɪndʒ] *Oranien*
Oxford ['ɒksfəd]
the **Pacific** [pə'sɪfɪk]
Paris ['pærɪs]
Rome [rəʊm]
Spokane [spəʊ'kæn]
Tallinn ['tælɪn]
Tianjin [tiˌæn'dʒɪn]
Toledo [tə'li:dəʊ]
Toulouse [tu:'lu:z]
the **Vatican (City)** ['vætɪkən]
Washington ['wɒʃɪŋtən]
Wimbe ['wɪmbeɪ]
Woodstock ['wʊdstɒk]

Other names

Adonis [ə'dəʊnɪs]
Beluga [bə'lu:gə]
Boeing ['bəʊɪŋ]
Buckingham Palace [ˌbʌkɪŋəm 'pæləs]
the **Colonel** ['kɜ:nəl]
the **Conservative party** [kən'sɜ:vətɪv] *„Konservative Partei"*
the **(River) Dove** [dʌv]
Durex [djʊəreks]
Jupiter ['dʒu:pɪtə]
the **Labour party** ['leɪbə] *„Partei der Arbeit"*
the **Liberal Democrats** [ˌlɪbrəl 'deməkræts] *„Liberaldemokraten"*
Little Red Riding Hood [ˌ--ˌ-'---] *Rotkäppchen*
McCleans [mə'kli:nz]
NASA ['næsə]
Neptune ['neptju:n]
the **Nile** [naɪl] *Nil*
Plaid Cymru [ˌplaɪd 'kʌmrɪ] *(walisisch) „Partei von Wales"*
Pudge [pʌdʒ]
the **Scottish National Party** [ˌskɒtɪʃ 'næʃnəl ˌpɑ:ti]
Saturn ['sætɜ:n]
St Joseph's [ˌseɪnt 'dʒəʊsefs]
United Nations [juˌnaɪtɪd 'neɪʃənz]
Uranus ['jʊərənəs]
Vigo ['vaɪgəʊ]
Voyager ['vɔɪɪdʒə]
Zorba ['zɔ:bə]

Country/Continent	Adjective	Person	People
Afghanistan [æf'gænɪstɑ:n] *Afghanistan*	Afghan ['æfgæn]	an Afghan	the Afghans
Africa ['æfrɪkə] *Afrika*	African ['æfrɪkən]	an African	the Africans
Albania [æl'beɪniə] *Albanien*	Albanian [æl'beɪniən]	an Albanian	the Albanians
Algeria [æl'dʒɪəriə] *Algerien*	Algerian [æl'dʒɪəriən]	an Algerian	the Algerians
America [ə'merɪkə] *Amerika*	American [ə'merɪkən]	an American	the Americans
American Samoa [ə,merɪkən sə'məʊə] *Amerikanisch-Samoa*	American Samoan [sə'məʊən]	an American Samoan	the American Samoans
Andorra [æn'dɔ:rə] *Andorra*	Andorran [æn'dɔ:rən]	an Andorran	the Andorrans
Asia ['eɪʃə, 'eɪʒə] *Asien*	Asian ['eɪʃn, 'eɪʒn]	an Asian	the Asians
Australia [ɒ'streɪliə] *Australien*	Australian [ɒ'streɪliən]	an Australian	the Australians
Austria ['ɒstriə] *Österreich*	Austrian ['ɒstriən]	an Austrian	the Austrians
Belgium ['beldʒəm] *Belgien*	Belgian ['beldʒən]	a Belgian	the Belgians
Bosnia ['bɒzniə] *Bosnien*	Bosnian ['bɒzniən]	a Bosnian	the Bosnians
Botswana [bɒt'swɑ:nə] *Botsuana*	Botswanan [bɒt'swɑ:nən]	a Motswana [mɒt'swɑ:nə]	the Batswana [bæt'swɑ:nə]
Canada ['kænədə] *Kanada*	Canadian [kə'neɪdiən]	a Canadian	the Canadians
China ['tʃaɪnə] *China*	Chinese [,tʃaɪ'ni:z]	a Chinese	the Chinese
Croatia [krəʊ'eɪʃə] *Kroatien*	Croatian [krəʊ'eɪʃn]	a Croatian	the Croatians
the Czech Republic [,tʃek rɪ'pʌblɪk] *Tschechien, die Tschechische Republik*	Czech [tʃek]	a Czech	the Czechs
Denmark ['denmɑ:k] *Dänemark*	Danish ['deɪnɪʃ]	a Dane [deɪn]	the Danes
England ['ɪŋglənd] *England*	English ['ɪŋglɪʃ]	an Englishman/-woman	the English
Europe ['jʊərəp] *Europa*	European [,jʊərə'pi:ən]	a European	the Europeans
Finland ['fɪnlənd] *Finnland*	Finnish ['fɪnɪʃ]	a Finn [fɪn]	the Finns
France [frɑ:ns] *Frankreich*	French [frentʃ]	a Frenchman/-woman	the French
Germany ['dʒɜ:məni] *Deutschland*	German ['dʒɜ:mən]	a German	the Germans
Ghana ['gɑ:nə] *Ghana*	Ghanaian [gɑ:'neɪən]	a Ghanaian	the Ghanaians
(Great) Britain ['brɪtn] *Großbritannien*	British ['brɪtɪʃ]	a Briton ['brɪtn]	the British
Greece [gri:s] *Griechenland*	Greek [gri:k]	a Greek	the Greeks
Holland ['hɒlənd] *Holland, die Niederlande*	Dutch [dʌtʃ]	a Dutchman/-woman	the Dutch
Hungary ['hʌŋgəri] *Ungarn*	Hungarian [hʌŋ'geəriən]	a Hungarian	the Hungarians
India ['ɪndiə] *Indien*	Indian ['ɪndiən]	an Indian	the Indians
Ireland ['aɪələnd] *Irland*	Irish ['aɪrɪʃ]	an Irishman/-woman	the Irish
Italy ['ɪtəli] *Italien*	Italian [ɪ'tæliən]	an Italian	the Italians
Japan [dʒə'pæn] *Japan*	Japanese [,dʒæpə'ni:z]	a Japanese	the Japanese
Jordan ['dʒɔ:dən] *Jordanien*	Jordanian [dʒɔ:'deɪnɪən]	a Jordanian	the Jordanians
Malawi [mə'lɑ:wi] *Malawi*	Malawian [mə'lɑ:wiən]	a Malawian	the Malawians
the Maldives ['mɔ:ldaɪvz, 'mɔ:ldi:vz] *die Malediven*	Maldivian [mɔ:l'dɪviən]	a Maldivian	the Maldivians
Mexico ['meksɪkəʊ] *Mexiko*	Mexican [kə'riən]	a Mexican	the Mexicans
the Netherlands ['neðələndz] *die Niederlande, Holland*	Dutch [dʌtʃ]	a Dutchman/-woman	the Dutch
New Zealand [,nju: 'zi:lənd] *Neuseeland*	New Zealand [,nju: 'zi:lənd]	a New Zealander	the New Zealanders
Nicaragua [,nɪkə'rægjuə] *Nicaragua*	Nicaraguan [,nɪkə'rægjuən]	a Nicaraguan	the Nicaraguans
Norway ['nɔ:weɪ] *Norwegen*	Norwegian [nɔ:'wi:dʒən]	a Norwegian	the Norwegians
Pakistan [,pækɪ'stæn, ,pɑ:kɪ'stɑ:n] *Pakistan*	Pakistani [,pækɪ'stæni, ,pɑ:kɪ'stɑ:ni]	a Pakistani	the Pakistanis
Poland ['pəʊlənd] *Polen*	Polish ['pəʊlɪʃ]	a Pole [pəʊl]	the Poles
Portugal ['pɔ:tʃʊgl] *Portugal*	Portuguese [,pɔ:tʃu'gi:z]	a Portuguese	the Portuguese
Russia ['rʌʃə] *Russland*	Russian ['rʌʃn]	a Russian	the Russians
Scotland ['skɒtlənd] *Schottland*	Scottish ['skɒtɪʃ]	a Scotsman/-woman, a Scot [skɒt]	the Scots, the Scottish
Slovakia [sləʊ'vɑ:kiə, sləʊ'vækiə] *die Slowakei*	Slovak ['sləʊvæk]	a Slovak	the Slovaks
Slovenia [sləʊ'vi:niə] *Slowenien*	Slovenian [sləʊ'vi:niən], Slovene ['sləʊvi:n]	a Slovene, a Slovenian	the Slovenes, the Slovenians

Country/Continent	Adjective	Person	People
Spain [speɪn] *Spanien*	Spanish ['spænɪʃ]	a Spaniard ['spænɪəd]	the Spaniards
Sudan [su'dɑːn] *Sudan*	Sudanese [ˌsuːdə'niːz]	a Sudanese	the Sudanese
Sweden ['swiːdn] *Schweden*	Swedish ['swiːdɪʃ]	a Swede [swiːd]	the Swedes
Switzerland ['swɪtsələnd] *die Schweiz*	Swiss [swɪs]	a Swiss	the Swiss
Tanzania [ˌtænzə'niːə] *Tansania*	Tanzania [ˌtænzə'niːən]	a Tanzanian	the Tanzanians
Turkey ['tɜːki] *die Türkei*	Turkish ['tɜːkɪʃ]	a Turk [tɜːk]	the Turks
the United Kingdom (the UK) [juˌnaɪtɪd 'kɪŋdəm, ˌjuː'keɪ] *das Vereinigte Königreich (Großbritannien und Nordirland)*	British ['brɪtɪʃ]	a Briton ['brɪtn]	the British
the United States of America (the USA) [juˌnaɪtɪd ˌsteɪts_əv_ə'merɪkə, ˌjuː_es_'eɪ] *die Vereinigten Staaten von Amerika*	American [ə'merɪkən]	an American	the Americans
Wales [weɪlz] *Wales*	Welsh [welʃ]	a Welshman/-woman	the Welsh

English sounds (Englische Laute)

Die Lautschrift in den eckigen Klammern zeigt dir, wie ein Wort ausgesprochen wird.
In der folgenden Übersicht findest du alle Lautzeichen.

Vokale (Selbstlaute)

[iː]	green	[ʊ]	book	[ɪə]	here
[i]	happy	[ʌ]	mum	[eə]	where
[ɪ]	in	[ɜː]	T-shirt	[ʊə]	tour
[e]	yes	[ə]	a partner		
[æ]	black	[eɪ]	skate		
[ɑː]	park	[aɪ]	time		
[ɒ]	song	[ɔɪ]	boy		
[ɔː]	morning	[əʊ]	old		
[uː]	blue	[aʊ]	now		

Konsonanten (Mitlaute)

[b]	box	[l]	hello	[ʒ]	television
[p]	play	[r]	red	[tʃ]	teacher
[d]	dad	[w]	we	[dʒ]	Germany
[t]	ten	[j]	you	[θ]	thanks
[g]	good	[f]	full	[ð]	this
[k]	cat	[v]	very	[h]	he
[m]	mum	[s]	sister	[x]	loch
[n]	no	[z]	please		
[ŋ]	sing	[ʃ]	shop		

The English alphabet (Das englische Alphabet)

a	[eɪ]	**h**	[eɪtʃ]	**o**	[əʊ]	**v**	[viː]
b	[biː]	**i**	[aɪ]	**p**	[piː]	**w**	['dʌbljuː]
c	[siː]	**j**	[dʒeɪ]	**q**	[kjuː]	**x**	[eks]
d	[diː]	**k**	[keɪ]	**r**	[ɑː]	**y**	[waɪ]
e	[iː]	**l**	[el]	**s**	[es]	**z**	[zed]
f	[ef]	**m**	[em]	**t**	[tiː]		
g	[dʒiː]	**n**	[en]	**u**	[juː]		

Illustrationen

Roland Beier, Berlin (S. 125–126; 131; 133 Mitte, unten; 134–139; 141; 145–155; 158; 168–230); **Dr. Volkhard Binder**, Berlin (S. 133 oben); **Carlos Borrell**, Berlin (Umschlaginnenseite 2); **Christian Görke**, Berlin (S. 129); **Karin Mall**, Berlin (S. 53 unten re.; 124)

Bildquellen

action press, Hamburg (Inhaltsverz. (u. 35 unten): ZUMA PRESS, INC., Inhaltsverz. (u. 39 unten): ISOPIX SPRL; S. 116 unten re.: REX FEATURES LTD.); **Agentur Focus**, Hamburg (Inhaltsverz. (u. 53 unten li.)); **Alamy**, Abingdon (Inhaltsverz. (u. 77) Alaska cover girl (M): Itani Images; S. 16 oben (M): Carol and Mike Werner; S. 24 oben re.: dbimages, unten li.: Jaggat Images; S. 31 girl (M): PhotoAlto (RF); S. 42 unten: UpperCut Images (RF); S. 50 oben re.: Ian Francis; S. 52 unten li.: Angelo Hornak; S. 53 oben li.: The Art Gallery Collection; S. 85: Corbis RF (RF); S. 93 li.: Mary Evans Picture Library; S. 94 li.: Geraint Lewis; S. 144 unten: Mode Images Limited; S. 156: Beyond Fotomedia GmbH (RF); S. 157 oben: Jeff Morgan 15, unten: Photos 12); **Appian way** (S. 35 oben: Taken from "Five more friends". Courtesy of Appian way); **HL Böhme** (S. 97 Bild 3); **Bridgeman Art**, Berlin/www.bridgemanart.com (S. 90); **www.carbonfootprint.com** (S. 60 oben u. Mitte); **The Cartoon Bank**/www.cartoonbank.com, New York (S. 18 oben: Mick Stevens/Condé Nast Publications; S. 87: the New Yorker Collection/David Sipress); **CartoonStock**, Bath (S. 15: Phil Judd); **Alessio del Cave**, Trentino (S. 96 unten li.); **Centre for Vision in the Developing World**/www.vdw.ox.ac.uk (S. 56); Courtesy of **Alice M. Chalk**, United Kingdom (S. 86 unten); **Cinetext**, Frankfurt/Main (S. 64 re.: 20th Century Fox; S. 157 Mitte: Concorde); **Corbis**, Düsseldorf (S. 9 (u. 10 Hintergrund) sad girl (M): Emely; S. 50 unten Mitte: moodboard (RF); S. 143 unten re.: Rick Gomez); **Cornelsen Verlag GmbH** (S. 22; S. 116 unten li.); **ddp images**, Hamburg (S. 46: AP Photo/Compound Security Systems; S. 67: AP Photo/Axel Heimken); Courtesy of **ECHO BRIDGE ENTERTAINMENT LLC**, Needham, USA (S. 30 Bild 1–4); **Europäisches Parlament**, 2009 (S. 115); **Gareth Evans**, Berlin (S. 25 oben; S. 160); **5W Infographics**, New York/www.5wgraphics.com (S. 57); **Agentur Focus**, Hamburg (Inhaltsverz. (u. 53 unten li.); **Sammlung Gesellschaft für ökologische Forschung**, München (S. 123 oben); **Getty Images**, München (S. 14: Digital Vision/James Woodson (RF); S. 23: Archive Films; S. 27 unten; S. 50 oben li.: Andersen Ross (RF); S. 53 oben re.: Harald Sund; S. 94 re.; S. 96 oben: Comstock Images (RF), unten re.: Tim Hawley; S. 112 oben: AFP/ARTHUR EDWARDS; S. 120: ABC/Ida Mae Astute); **Allan E. Goldstein, Gold Seal Photography and Aerial Images Photography**, Elk Grove Village (S. 19); **Orélie Grimaldi Photographe Auteur**, Paris (S. 97 Bild 2); **Dieter Grote**/glteam.de (S. 58 oben); **Hachette**, London (S. 61: From "The Carbon Diaries" by Saci Lloyd, first published in the UK by Hodder Children's, an imprint of Hachette Children's Books, 338 Euston Road, London NW1 3BH); Courtesy of **Independent Film Company** (S. 65: film still taken from "Moon"); **iStockphoto**, Calgary (S. 18 unten: quavondo; S. 24 oben li.: Kevin Russ; S. 25 funnel: Paul Erickson, sails: Connie Alexander, anchor: Geoffrey Holman; S. 26 Bild D: mandygodbehear; S. 32: Chris Hepburn; S. 42 oben: Christine Glade, Mitte: Johnny Greig; S. 44: Leigh Schindler; S. 68 oben: Robert Byron; S. 106 Mitte: Claudio Arnese, re.: steve weber; S. 107 TF 3 (u. 113 oben li.): Jolande Gerritsen; S. 117: Shelly Perry; S. 140 unten: james steidl; S. 143 li.: AVAVA); © **I Theatre Ltd.**, Singapore (S. 97 Bild 1 u. 4: Photography by Ung Ruey Loon); **Library of Congress**, Washington, D.C. (S. 36: Painting by G. Liebscher, © F. A. Schneider); **Jay Matternes**, Fairfax (S. 52 oben li.); **NASA** (S. 107 TF 5; S. 118); **The New York Times Syndicate**, New York (S. 26 Bild A, Bild C (u. 128): CartoonArts International); © **Pancho**, Paris (S. 26 Bild E); Courtesy of **Pan Macmillan Australia Pty Ltd** (Inhaltsverz. (u. 76 unten re.) Australian cover "Tomorrow when the war began"); **Photolibrary**, London (Inhaltsverz. (u. 77) cover candle (M); S. 24 unten re.: Imagesource (RF); S. 50 unten li.: Comstock (RF)); **Picture-Alliance**, Frankfurt/Main (Inhaltsverz. (u. 52/53 Hintergrund): dieKLEINERT.de/Enno Kleinert; S. 34: Anthony Devlin; S. 38: KEYSTONE; S. 52 oben re.: united archives; S. 107 TF 4 re. (u. 116 oben): dpa; S. 112 unten: dpa_Bildarchiv; S. 113 re.: empics); **Picture-Desk**, London (S. 64 li.: THE KOBAL COLLECTION/LIBERTY FILMS UK); **The Random House Group Ltd.** (S. 54: From "A Short History of Nearly Everything" by Bill Bryson. Published by Doubleday. Reprinted by permission of The Random House Group Ltd.); **Reuters**, Berlin (S. 26 Bild B (u. Hintergrund 26/27): Brian Snyder); **Rex Features Ltd**, London (S. 39 oben); © **ROLAND Corporation**. Mit freundlicher Genehmigung (S. 59); Courtesy of **Jason Sattler**, USA (S. 86 oben); **Schapowalow**, Hamburg (Inhaltsverz. (u. 77) cover tulips (M): Zoellner); **Marion Schönenberger**, Berlin (Inhaltsverz. (u. 6/7)); **Scholastic Ltd**, London (Inhaltsverz. (u. 76 oben re.) cover "Northern Lights". Cover artwork by David Scutt;

S. 107 TF 1 (u. 108): "Does My Head Look Big in This?", Cover artwork by Scholastic Ltd, Copyright © Scholastic Ltd. Reproduced with kind permission of Scholastic Ltd. All Rights Reserved); **Shooting Jozi**, a project of Global Studio 2007 and the individuals who participated (S. 130); **Shutterstock**, New York (Inhaltsverz. unten re.: Yuri Arcurs; S. 8 Hintergrund: Rafa Irusta; S. 9 (u. 11) mobile (M): Jaroslaw Grudzinski; S. 16 unten (M): Rannev; S. 26 oben: keellla; S. 50 oben Mitte: Monkey Business Images, unten re.: Stuart Whitmore; S. 54/55 Hintergrund: Roman Sigaev; S. 58 unten: Andrea Danti; S. 68 unten: Inc; S. 69 oben: Rob Wilson, unten: Gravicapa; S. 71 li.: blueking, re.: PSD photography; S. 72 li.: NatUlrich, Mitte: Vereshchagin Dmitry; S. 106 li.: electra; S. 107 TF 2 (u. 111 re.): Gary Blakeley, TF 4 li.: tatniz, TF 7: Jan Martin Will; S. 111 oben: Condor 36, unten li.: Jonathan Larsen; S. 138: Holger Mette; S. 140 oben: Tatiana Popova; S. 143 oben re.: Monkey Business Images); **Jill Stevens**, Hove, UK (S. 93 re.); © **Tate**, London 2010 (S. 74/75: Painting by Paul Nash "Landscape from a Dream"); **Thomas Thesen**, Seoul (Inhaltsverz. (u. 76 unten li.) cover "The Absolutely True Diary" (M), Inhaltsverz. (u. S. 76 oben li.) cover "The Curious Incident" (M)); **ullsteinbild**, Berlin (S. 52 unten re.; S. 116 Mitte re.: Rauhe); **Umweltbundesamt**, Dessau-Roßlau (S. 72 re.); **U.S. Global Change Research Program** / www.globalchange.gov (S. 123 diagrams); **whiteafrican/ Erik (HASH) Hersman** (S. 107 TF 6 (u. 122))

Titelbild

Corbis, Düsseldorf (cyclist (M): Motofish Images); **iStockphoto**, Calgary (Capitol (M): Cheng Chang)

Textquellen

S. 9–10: *My Best Friend Dumped Me.* Abridged from Discovery Girls magazine, June/July 2009, Vol. 9, No. 4, pp 30–31. © 2009 Discovery Girls, Inc. Reprinted with permission; **S. 14:** *1 in 12 Teens Addicted to Video Games* by PSYCH CENTRAL NEWS EDITOR. Reviewed by John M. Grohol, Psy.D. on April 20, 2009. Source: Association for Psychological Science. Adapted from http://psychcentral.com/news/2009/04/20/1-in-12-teens-addicted-to-video-games/5438.html. (Stand: 3. 11. 2009); **S. 20–21:** *I hate my dad.* Abridged from „LOVE LESSONS" by Jacqueline Wilson. © Jacqueline Wilson 2005. Published by Corgi Books / Random House Children's Books, London; **S. 27:** *Forced to sin.* Excerpts from the poem "Forced to sin" by Emmanuel Jal. © Emmanuel Jal/www.emmanueljal.com. Reprinted by permission of Mark Lea, Co-Manager of Emmanuel Jal./Jal Music, London; **S. 28–29:** *First Amendment.* Excerpt from "Job Day" from SPEAK by Laurie Halse Anderson. Copyright © 1999 by Laurie Halse Anderson. Reprinted by permission of Farrar, Straus and Giroux, LLC; **S. 34:** *Should the voting age be 16?* Copyright Guardian News & Media Ltd 2009; **S. 38:** *We are all bystanders.* Abridged and adapted from Greater Good magazine, Volume III, Issue 2 (Fall/Winter 2006–07). www.greatergoodmag.org; **S. 39:** *The bystander effect.* Abridged and adapted from „Act now to defy ‚bystander effect'" by Craig and Marc Kielbruger, March 29, 2007; **S. 40:** *ZivilCOURAGE zeigen.* SOS-Rassismus-NRW; **S. 54:** *Science – what is it good for? Text A.* Abridged from "A Short History of Nearly Everything" by Bill Bryson. Published by Doubleday. Reprinted by permission of The Random House Group Ltd; **S. 55:** *Text B.* Abridged from „SCIENCE, A HISTORY" by John Gribbin. Published by Penguin; **S. 56:** *Self-Adjusting Lenses for the Poor.* Abridged and adapted from "From a Visionary English Physicist, Self-Adjusting Lenses for the Poor" by Mary Jordan. The Washington Post, January, 10, 2009; **S. 61–62:** *Welcome to the future.* Abridged from "The Carbon Diaries" by Saci Lloyd, first published in the UK by Hodder Children's, an imprint of Hachette Children's Books, 338 Euston Road, London NW1 3BH; **S. 77–83:** *Reading a novel.* Abridged from "Looking for Alaska" by John Green. All rights reserved including the right of reproduction in whole or in part in any form. This extract published by arrangement with Dutton Children's Books, a division of Penguin Young Readers Group, a member of Penguin Group (USA) Inc.; **S. 88:** *How to do it.* From "HOW THE WATER FEELS TO THE FISHES" by Dave Eggers. © 2007, Dave Eggers. Reprinted by permission. All rights reserved. No cuts or changes shall be made to the text of the Story without the written consent of the Author or his agent. No further use of this material in extended distribution, other media, or future editions shall be made without the express written consent of the Wylie Agency (UK) Ltd; **S. 90:** *London Airport* by Christopher Logue, copyright © Christopher Logue, 1996, *Willow Pattern.* Taken from "PLUM" by Tony Mitton. © Toni Mitton. Re-published by Barn Owl Books, London, 2010; **S. 91:** *Little Red Riding Hood and the Wolf.* Copyright © 1982 by Roald Dahl. Taken from "REVOLTING RHYMES" by Roald Dahl. Published by Jonathan Cape Ltd & Penguin Books Ltd; **S. 92:** *Haiku* by Sue Cowling. © Sue Cowling. Reproduced by permission of the author, *Amsterdam Avenue* from JAZMIN'S NOTEBOOK by Nikki Grimes, copyright © 1998 by Nikki Grimes. Used by permission of Dial Books for Young Readers, A Division of Penguin Young Readers Group, A Member of Penguin Group (USA) Inc., 345 Hudson Street, New York, NY 10014. All rights reserved, (u. 142) *Castaway.* Copyright © 2010 by Stephen Brock, Reproduced by permission of the author, *Stopping by Woods on a Snowy Evening* by Robert Frost. Taken from the book, "THE POETRY OF ROBERT FROST" edited by Edward Connery Lathem. Copyright 1923, 1969 by Henry Holt and Company. Copyright 1951 by Robert Frost. Reprinted by arrangement with Henry Holt and Company, LLC; **S. 93:** *Sonnet number one.* Taken from "The Monster That Ate the Universe." published by Macmillan, UK. © Roger Stevens/poetryzone@googlemail.com. Reprinted by kind permission of the author; **S. 94:** *Come. And Be My Baby,* copyright © 1975 by Maya Angelou, from "OH PRAY MY WINGS ARE GONNA FIT ME WELL" by Maya Angelou. Used by permission of Random House, Inc., *Meeting Midnight* by Carol Ann Duffy. Copyright © Carol Ann Duffy by kind permission of the author c/o Rogers, Coleridge & White Ltd., 20 Powis Mews, London W11 1JN; **S. 95:** *Absent.* Copyright © by Bernard Young. Reprinted by kind permission of the author, *The world is a beautiful place.* From "The world is a beautiful place to be born into" by Lawrence Ferlinghetti, from "A CONEY ISLAND OF THE MIND", copyright © 1955 by Lawrence Ferlinghetti. Reprinted by permission of New Directions Publishing Corp., *Natural numbers.* Copyright © by Mike Johnson. Reprinted by kind permission of the author; **S. 98–104:** *Kirsty and Gideon.* Abridged from "Fairytaleheart", published in "Two Plays for Young People: Fairytaleheart and Sparkleshark", by Philip Ridley. Published by Faber and Faber Ltd. © 1998; **S. 108–110:** *Amal's decision.* Abridged from "Does My Head Look Big in This?" Text Copyright © Randa Abdel-Fattah, 2006. Reproduced with the permission of Scholastic Ltd. All Rights Reserved; **S. 115:** *Young people in Europe.* Abridged speech by Jerzy Buzek, President of the European Parliament, 11. 11. 2009. http://www.europarl.europa.eu/president/view/en-de/press/speeches/sp-2009/sp-2009-November/speeches-2009-November-3.html (Stand: 30. 09. 2010). Used with permission; **S. 120–122:** *Electric Wind.* Abridged text totaling 1608 words from "THE BOY WHO HARNESSED THE WIND" by WILLIAM KAMKWAMBA and BRYAN MEALER. Copyright © 2009 BY WILLIAM KAMKWAMBA AND BRYAN MEALER. Reprinted by permission of HarperCollins Publishers; **S. 126:** Auszug v. S. 516 des „English G 2000 Wörterbuch – Das Wörterbuch zum Lehrwerk". Herausgegeben von der Langenscheidt-Redaktion Wörterbücher und der Cornelsen-Redaktion Englisch. © 2002 Cornelsen Verlag GmbH & Co. OHG, Berlin und Langenscheidt KG, Berlin und München.